RONALD REAGAN

ERINNERUNGEN

RONALD REAGAN

ERINNERUNGEN

Ein amerikanisches Leben

Aus dem Amerikanischen von
Till R. Lohmeyer, Dirk Muelder, Hedda Pänke,
Christel Rost, Klaus-Dieter Schmidt

PROPYLÄEN

CIP-Titelaufnahme der Deutschen Bibliothek

Reagan, Ronald:
Erinnerungen : ein amerikanisches Leben / Ronald Reagan.
Aus dem Amerikan. von Till. R. Lohmeyer ... – Berlin : Propyläen,
1990
Einheitssacht.: An American life <dt.>
ISBN 3-549-07227-9

Die amerikanische Originalausgabe erschien bei
Simon & Schuster, Inc., New York

Satz: Utesch Satztechnik GmbH, Hamburg
Druck und Binden: Mohndruck, Gütersloh
Printed in Germany 1990
ISBN 3 549 07227 9

Inhalt

Prolog

Nancy und ich erwachten am frühen Morgen des 19. November 1985 und sahen beim ersten Schimmer des Tageslichts von unserem Schlafzimmerfenster hinaus auf die langgestreckte graue Fläche des Genfer Sees. An seinen Rändern und in den Gärten der herrlichen, am Seeufer gelegenen Residenz aus dem achtzehnten Jahrhundert, die man uns für ein paar Tage zur Verfügung gestellt hatte, lag stellenweise Schnee. In der Ferne konnten wir die majestätischen Gipfel der Alpen erkennen.

Der See war in einen Nebelschleier gehüllt, so daß seine gekräuselte Fläche wie aus Zinn gegossen schien. Der Himmel darüber bildete einen schweren Vorhang aus grauen Wolken.

Es war ein düsteres und doch auch überwältigend schönes Panorama.

Ich hatte diesem Tag seit mehr als fünf Jahren erwartungsvoll entgegengesehen. Seit Wochen hatte man mich bis ins Detail über die politischen Strömungen in der Sowjetunion, die komplexen Probleme der nuklearen Rüstungskontrolle und den neuen Mann im Kreml unterrichtet. In mein Tagebuch hatte ich in der Nacht zuvor notiert: »Lieber Gott, hoffentlich bin ich bereit und nicht mit Informationen überfüttert.«

Weder Nancy noch ich hatten seit unserer Ankunft in Genf drei Tage zuvor sehr gut geschlafen. Während des achtstündigen Flugs von Washington versuchten wir uns an die Scaon versuchten wir uns an die Schweizer Ortszeit anzupassen, indem wir unsere Mahlzeiten an Bord der Air Force One im Vorgriff auf die in Genf üblichen Essenszeiten einnahmen. Nach Meinung der Ärzte half dies, die Auswirkungen der Zeitverschiebung zu reduzieren. Trotzdem schlief ich recht unruhig.

Vielleicht lag es ja an der Zeitumstellung, aber es fiel mir schwer, nicht an das zu denken, was vor mir lag.

George Shultz sagte mir, auch wenn bei diesem ersten Treffen mit Michail Gorbatschow nichts weiter als die Verabredung zu einem weiteren Gipfelgespräch herauskommen sollte, so wäre es schon ein Erfolg. Aber ich wollte mehr als das erreichen.

Ich war der Auffassung, wenn wir die Schranken des Mißtrauens zwischen unseren Ländern je niederreißen wollten, dann mußten wir mit dem Aufbau einer persönlichen Beziehung zwischen den Führern der beiden mächtigsten Nationen der Welt beginnen.

In den vergangenen fünf Jahren hatte ich begriffen, daß es Leute im Kreml gab, die eine echte Angst vor den Vereinigten Staaten hatten. Ich wollte Gorbatschow überzeugen, daß wir Frieden wollten und daß sie nichts von uns zu befürchten hatten. Also war ich mit einem Plan nach Genf gekommen.

Die Russen brachten ihr Team aus Diplomaten und Rüstungskontrollexperten mit, und wir unseres. Aber ich wollte eine Gelegenheit, mit Gorbatschow unter vier Augen zu sprechen. Seit Gorbatschows Amtseinführung acht Monate zuvor hatten er und ich inoffiziell eine Reihe von Briefen ausgetauscht, aus denen ich den Eindruck gewonnen hatte, daß er eine andere Art von Russe sein könnte als die sowjetischen Führer, die wir bis dahin kennengelernt hatten.

Als wir einander an jenem Morgen die Hand schüttelten und ich das Lächeln in seinem Gesicht sah, spürte ich, daß ich mich nicht geirrt hatte, und ein Gefühl des Optimismus kam in mir auf, daß mein Plan gelingen könnte.

Als wir unser erstes Gespräch in Gegenwart unserer Berater aufnahmen, saßen Gorbatschow und ich einander gegenüber. Ich hatte meinem Team mitgeteilt, was ich vorhatte.

Als unsere Fachexperten das Wort erhielten, sagte ich zu ihm: »Während unsere Leute hier über die Notwendigkeit der Rüstungskontrolle reden, könnten Sie und ich doch hinausgehen und frische Luft schnappen.«

Nun, Gorbatschow war schon aus seinem Sessel heraus, bevor ich meinen Satz beenden konnte. Wir gingen zusammen etwa hundert Meter weit einen Hügel hinunter bis zu einem am Seeufer gelegenen Bootshaus.

Die Luft war frisch und sehr kalt. Ich hatte Leute vom Stab des Weißen Hauses gebeten, vor unserer Ankunft ein Feuer im Kamin des

Bootshauses zu entzünden, und das hatten sie getan. Erst später erfuhr ich, daß sie zunächst ein so mächtiges Feuer entfacht hatten, daß ein schöner hölzerner Sims über dem Kamin in Brand geriet, der mit Wasserkrügen gelöscht werden mußte, bevor sie dann noch einmal Feuer machten.

Wir setzten uns an den flackernden Kamin, nur wir beide und unsere Dolmetscher, und ich sagte zu Gorbatschow, meiner Ansicht nach befänden wir uns in einer einzigartigen Zeit und einer einzigartigen Situation: »Hier sind Sie und ich, zwei Männer in einem Raum, wahrscheinlich die einzigen beiden Männer auf der Welt, die den Dritten Weltkrieg auslösen könnten. Aber gleichzeitig sind wir vielleicht auch die einzigen beiden Männer auf der Welt, die der Menschheit den Frieden bringen könnten.«

»Herr Generalsekretär«, fuhr ich fort unter Verwendung eines Zitats, »›wir mißtrauen einander nicht deshalb, weil wir bewaffnet sind, sondern wir sind bewaffnet, weil wir einander mißtrauen‹. Es ist gut, daß wir beide und unsere Leute über Abrüstung reden, aber ist es nicht ebenso wichtig, daß Sie und ich darüber reden, wie wir das Mißtrauen zwischen uns verringern könnten?«

In den vorangegangenen Monaten hatte ich oft an dieses erste Treffen mit Gorbatschow gedacht. Nichts war wichtiger für die Menschheit als die Sicherung ihres Überlebens und das Überleben unseres Planeten. Und doch hatte die Welt seit vierzig Jahren in der Angst vor dem Atomkrieg gelebt. Unsere Beziehungen zu den Sowjets – und ihre zu uns – beruhten auf einer Politik, die als *mutual assured destruction*, gegenseitig garantierte Vernichtung, kurz MAD, bekannt war, und *madness*, Wahnsinn, war sie. Es war das Verrückteste, was ich je gehört hatte: Einfach ausgedrückt, bedeutete es, daß jede der beiden Seiten genügend Nuklearwaffen bereithalten mußte, um die andere zu vernichten. Wenn eine Seite die andere angriff, mußte diese noch genügend Bomben übrigbehalten, um den Angreifer innerhalb weniger Minuten zu vernichten. Nur der Druck auf einen Knopf trennte uns vom Untergang.

Niemand konnte einen Atomkrieg gewinnen – und wie ich Gorbatschow in einem meiner Briefe geschrieben hatte: Es durfte nie dazu kommen.

Zum Zeitpunkt meines Einzugs ins Weiße Haus im Jahre 1981 war die militärische Stärke Amerikas so verkümmert, daß hinsichtlich unserer Fähigkeit, auf einen sowjetischen Angriff angemessen zu reagieren, größte Zweifel angebracht waren: Wegen chronischen Ersatzteilmangels konnten Kampfflugzeuge nicht fliegen und Kriegsschiffe nicht auslaufen; unsere besten Männer und Frauen kehrten dem Militärdienst den Rücken; die Moral unserer Armee war am Zusammenbrechen; unsere strategischen Waffen – die Raketen und Bomber, Kernstück unserer Abschreckung – waren seit zehn Jahren nicht mehr modernisiert worden, während die Sowjetunion eine Kriegsmaschinerie geschaffen hatte, die die unsere auf jedem Gebiet in den Schatten zu stellen drohte.

Ich wollte mich an den Verhandlungstisch setzen und den Wahnsinn der MAD-Politik beenden, aber dazu mußte Amerika zuerst seine militärische Schlagkraft erhöhen, so daß wir mit den Sowjets aus einer Position der *Stärke* und nicht der Schwäche verhandeln konnten.

Mittlerweile war unsere Militärmacht wieder führend auf der Welt. Seit 1981 hatten wir unsere Streitkräfte mit massiven Anstrengungen modernisiert, während ich gleichzeitig meine Bemühungen einleitete, die Russen – vielfach durch stille Diplomatie – an den Verhandlungstisch zu bringen.

Ich wußte sehr wohl, wie oft die Sowjetunion andere Länder getäuscht und internationale Vereinbarungen gebrochen hatte. Ich hatte Gromyko getroffen. Ich hatte mit Breschnew gesprochen. Es war mir bekannt, daß jeder kommunistische Führer seit Lenin die Abschaffung der Demokratie und des freien Unternehmertums zum Ziel gehabt hatte. Diese Strategie war mir aus persönlichen Erfahrungen bekannt: Viele Jahre zuvor war ich mit Kommunisten aneinandergeraten, die die Macht in unserem Land übernehmen und die Demokratie zerstören wollten.

Ich wußte, daß es zwischen unseren beiden Ländern große Unterschiede gab. Aber es stand einfach zuviel auf dem Spiel, als daß wir nicht doch eine gemeinsame Basis finden mußten, um die Gefahr eines Armageddon zu verringern.

Mehr als fünf Jahre lang hatte ich mit meiner Politik der stillen Diplomatie wenig Fortschritte erzielt – ein Grund war vielleicht auch, daß die Sowjetführer, mit denen ich zu tun hatte, rasch nacheinander starben. Aber als wir in Genf eintrafen, war mir, als hätten wir vielleicht doch eine Chance, mit dem neuen Mann im Kreml zu einer Übereinkunft zu kommen.

Während Gorbatschow und ich am Kaminfeuer miteinander sprachen, wurde mir klar, daß er vom sowjetischen Gesellschaftssystem fest überzeugt war und einen Großteil der Propaganda, die er über Amerika gehört hatte, für bare Münze nahm: daß Waffenfabrikanten unser Land regieren, daß die Schwarzen wie Sklaven behandelt werden und daß die Hälfte unserer Bevölkerung auf der Straße schläft.

Doch ich spürte auch, daß er bereit war zuzuhören und vielleicht ahnte, daß es auf beiden Seiten des Eisernen Vorhangs Mythen und falsche Vorstellungen gab, die sich aus Mißverständnissen und unserem potentiell verhängnisvollen gegenseitigen Mißtrauen erklärten.

Ich wußte, daß er auch gewichtige Gründe hatte, das Wettrüsten zu beenden. Die sowjetische Wirtschaft befand sich in einem beklagenswerten Zustand, nicht zuletzt wegen der enormen Rüstungsausgaben. Er mußte wissen, daß die amerikanische Militärtechnologie nach ihrer Modernisierung seit 1981 der seinen nun qualitativ weit überlegen war. Er mußte wissen, daß wir die Sowjets auch hinsichtlich der Höhe unserer Rüstungsausgaben jederzeit schlagen konnten.

»Wir können wählen«, sagte ich. »Wir können eine Abrüstung vereinbaren, wir können aber auch das Wettrüsten fortsetzen, *das Sie, wie Sie mit Sicherheit wissen, nicht gewinnen können.* Wir werden nicht untätig mit ansehen, wie Sie Ihre Überlegenheit an Waffen weiter ausbauen. Aber gemeinsam können wir versuchen, etwas gegen das Wettrüsten zu tun.«

Unsere Begegnung am Kaminfeuer dauerte eineinhalb Stunden, und als sie vorbei war, hatte ich das Gefühl, daß sich im Verhältnis zwischen unseren Ländern etwas Grundlegendes geändert hatte. Nun wußte ich, daß wir die Gespräche fortsetzen mußten. Um den Dichter Robert Frost abzuwandeln: Noch viele Meilen waren zu gehen, bevor wir schlafen konnten.

Als wir den Hügel zum Haus hinaufstiegen, wo unsere Berater noch immer konferierten, sagte ich Gorbatschow: »Wissen Sie, Sie haben die Vereinigten Staaten noch nie gesehen, sind noch nie dort gewesen. Ich glaube, ein Besuch in unserem Land würde Ihnen gefallen. Lassen Sie uns doch einen zweiten Gipfel nächstes Jahr in den USA verabreden! Ich lade Sie hiermit ein.«

»Die Einladung nehme ich an«, erwiderte Gorbatschow und fügte fast im gleichen Atemzug hinzu: »Aber auch Sie haben ja die Sowjetunion noch nie gesehen.« Ich sagte: »Nein«, worauf er meinte: »Dann lassen Sie uns doch einen dritten Gipfel in der Sowjetunion abhalten. Sie kommen nach Moskau.«

»Akzeptiert«, sagte ich.

Unsere Leute konnten es nicht fassen, als ich ihnen sagte, was geschehen war. Zwei weitere Gipfeltreffen schon vereinbart! Sie hätten nicht im Traum daran gedacht, daß das möglich wäre.

Ich begriff die Ironie dessen, was an jenem Morgen unter dem bedeckten Himmel von Genf geschah. Ich hatte einen großen Teil meines Lebens damit verbracht, vor der Bedrohung Amerikas und der übrigen freien Welt durch den Kommunismus zu warnen. Politische Gegner hatten mich des Säbelrasselns bezichtigt und als Rechtsextremisten bezeichnet. Ich hatte die Sowjetunion ein »Reich des Bösen« genannt.

Und jetzt begann ich hier Verhandlungen mit dem Kreml und hatte dessen höchstem Repräsentanten freundlich lächelnd meine Hand gereicht.

Aber ich wußte, daß ich mich nicht geändert hatte. Wenn, dann war die Welt im Begriff, sich zu ändern, und zwar zum Besseren. Die Welt näherte sich der Schwelle zu einem neuen Zeitalter. Uns war die Chance gegeben, sie sicherer und besser zu machen, sowohl für die Gegenwart wie für das beginnende 21. Jahrhundert.

Es gab noch viel zu tun, aber wir hatten in Genf eine Grundlage geschaffen.

Als Nancy und ich zwei Tage später nach Washington zurückflogen, hatte ich Zeit, auf den Weg zurückzuschauen, der mich hierher geführt hatte.

Ich mußte zugeben, daß es eine lange Reise von Dixon, Illinois, und Davenport, Iowa, nach Genf gewesen war.

ERSTER TEIL

Von Dixon nach Washington

1

Hätte ich den gewünschten Job im Kaufhaus Montgomery Ward bekommen, so hätte ich Illinois wahrscheinlich nie verlassen.

Ich habe mich oft gewundert, durch welche scheinbar unbedeutenden Ereignisse ein Lebenslauf seine Richtung erhält, wie eine scheinbar zufällige Wegbiegung einen Menschen von seinem ursprünglichen Ziel weit abbringen und ihn ganz woanders als erwartet hinführen kann. Für mich kam die erste dieser Wegbiegungen im Sommer 1932, tief in der Depression.

Es war eine hoffnungslose, schlimme Zeit. Ich glaube nicht, daß jemand, der sie nicht selbst durchlebt hat, je begreifen kann, wie schwer sie war. »Das Land starb zollweise«, wie Franklin D. Roosevelt es ausdrückte. Millionen von Menschen waren arbeitslos. Die Arbeitslosenrate lag im Landesdurchschnitt bei mehr als 26 Prozent. Jeden Tag wurde im Radio davor gewarnt, auf der Suche nach Arbeit den Heimatort zu verlassen, da es, wie der Sprecher sagte, nirgendwo Arbeit gebe. Es gab keine Jobs, und vielen kam es so vor, als gäbe es auch keine Hoffnung.

In Dixon, der Stadt im Nordwesten von Illinois, in der ich lebte, hatten viele Familien wegen erdrückender Schulden ihr Land verloren; die Zementfabrik, die vielen eine Arbeit gegeben hatte, war geschlossen; im Stadtzentrum drückten sich vor verbarrikadierten Läden ständig Trauben von Männern herum.

Ich hatte Glück gehabt und im Sommer 1932 meine siebte Saison als Badeaufsicht und Rettungsschwimmer im nahe gelegenen Lowell Park hinter mich gebracht. So war es mir möglich gewesen, Geld zu sparen, das ich brauchte, um mich auf die Suche nach einem Job zu begeben. Ich hatte in jenem Sommer mein Collegediplom erworben und den Kopf voller Träume.

Meinem Vater erzählte ich nichts; ich wußte, er glaubte diesen täglichen Rundfunkdurchsagen und hätte doch nur gemeint, es wäre reine Zeitverschwendung, wenn ich Dixon verließ und auf Jobsuche ging. So fuhr ich, als die Sommersaison vorbei war, heimlich per Anhalter nach Chicago, um dort mein Glück als Rundfunksprecher zu suchen. Aber ich bekam nur Absagen. Niemand wollte einen unerfahrenen jungen Mann einstellen, schon gar nicht während der Depression. Und so kehrte ich, nachdem sich meine Träume angesichts dieser Einführung in die Realitäten des Lebens praktisch zerschlagen hatten, abermals per Anhalter im Regen nach Dixon zurück.

Wenn es je eine Zeit gegeben hat, in der mein Lebensmut den Tiefpunkt erreichte, dann war es wahrscheinlich der Tag, an dem ich im Regen, müde, geschlagen und ohne einen Cent, nach Dixon zurücktrampte.

Aber als ich zu Haus ankam, sagte mir mein Vater, er hätte eine gute Nachricht: Die Montgomery Ward Company habe gerade beschlossen, in Dixon eine Filiale zu eröffnen, und suche jemanden, der in der hiesigen High School im Sport eine führende Rolle gespielt hätte, um die Sportabteilung zu leiten. Für den Job gäbe es 12,50 Dollar in der Woche.

Plötzlich hatte ich einen neuen Traum – keinen so verführerischen wie meinen *eigentlichen* Traum, aber einen, der mehr auf Realität zu beruhen schien, und eine Zeitlang in jenem Spätsommer war mir nichts so wichtig wie die Leitung der Sportabteilung der neuen Filiale von Montgomery Ward. Ich war ein begeisterter Sportler, hatte für meine Leistungen im Football in der High School wie auch im College Auszeichnungen bekommen und konnte mich auch für so gut wie jede andere Sportart begeistern. Der Job würde mir nicht nur Gelegenheit geben, meiner Familie in einer Zeit finanziell beizustehen, in der sie wirklich Hilfe brauchte, sondern mir auch den Einstieg in eine Karriere mit Zukunft ermöglichen. Selbst während der Depression stand Montgomery Ward in dem Ruf, sichere Arbeitsplätze zu bieten, und ich wußte, wenn ich mich in der Sportabteilung bewährte, dann würden auch bald Beförderungen folgen.

Ich versprach meinem Vater, ich würde die beste Sportabteilung leiten, die man bei Montgomery Ward je gesehen hätte, und als ich mich beim Geschäftsführer der Filiale um die Stelle bewarb, sagte ich ihm das gleiche und wartete dann auf die Entscheidung.

Die Entscheidung einige Tage später fiel niederschmetternd für mich aus. Den Job bekam ein früherer Superstar des Basketballteams unserer High School.

Ich war in dem Glauben erzogen, daß Gott für jeden Menschen einen Plan hatte und daß auch alle scheinbar zufälligen Schicksalswendungen Bestandteil dieses Plans seien. Meine Mutter – eine kleine Frau mit kastanienbraunem Haar und einem schier grenzenlosen Optimismus – sagte mir, alles, was im Leben geschähe, hätte seinen Sinn. Alles, so meinte sie, sei ein Teil von Gottes Vorsehung, sogar die deprimierendsten Rückschläge, und am Ende würde sich alles zum Besten wenden. Wenn etwas schiefginge, dürfe man sich nicht davon unterkriegen lassen: Man träte beiseite, ginge darüber hinweg und verfolge weiter seinen Weg. Später, so fügte sie hinzu, wird etwas Gutes geschehen, und dann wirst du denken: »Wenn ich damals nicht dieses Problem gehabt hätte, dann wäre diese bessere Sache, die mir danach widerfuhr, nicht geschehen.«

Nachdem mir der Job bei Montgomery Ward durch die Lappen gegangen war, zog ich wieder auf Arbeitssuche. Obwohl ich es damals noch nicht wußte, begab ich mich auf eine Reise, die mich weit fort von Dixon führen und in deren Verlauf sich alle meine Träume und noch mehr erfüllen sollte.

Meine Mutter behielt wie gewöhnlich recht.

Ich wurde am 6. Februar 1911 in einer Wohnung über der Bank von Tampico, Illinois, geboren. Die Familienlegende sagt: Als mein Vater die Treppe heraufgestürmt kam, um seinen neugeborenen Sohn in Augenschein zu nehmen, habe er erklärt: »Er sieht wie ein dicker kleiner Dutchman aus. Aber wer weiß, vielleicht wird er später mal Präsident.«

Während der Schwangerschaft meiner Mutter hatten meine Eltern beschlossen, mich Donald zu nennen. Aber nachdem eine ihrer Schwestern sie in diesem Namensrennen geschlagen und ihren Sohn Donald genannt hatte, wurde ich Ronald.

Ich fand »Ronald« nie robust genug für einen lebenssprühenden amerikanischen Jungen, und sobald ich konnte, bat ich die Leute, mich »Dutch« zu nennen. Das war der Spitzname, der sich aus dem »Dutchman« entwickelte, mit dem mich mein Vater titulierte, wenn er von mir sprach.

Meine Geburt war sehr kompliziert, erzählte man mir, und meiner Mutter wurde geraten, keine weiteren Kinder mehr zu bekommen. So blieben wir zu viert – Jack, Nelle und mein Bruder Neil, der zwei Jahre vor mir zur Welt gekommen war.

Meinem Vater – er hieß John Edward Reagan, aber alle nannten ihn Jack – war von Gott, so nehme ich an, der Beruf eines Verkäufers bestimmt.

Seine Vorfahren waren während der großen Hungersnot in Irland Mitte des vergangenen Jahrhunderts aus der Grafschaft Tipperary über England nach Amerika gekommen, und ihm war die Gabe des Schmeichelns und der Charme eines *Leprechaun*, eines mutwilligen Gnoms der irischen Sagenwelt, verliehen. Ich habe nie einen Menschen getroffen, der eine Geschichte besser erzählen konnte als er.

Er war neunundzwanzig, als ich in sein Leben trat. Wie meine Mutter hatte auch er nur ein paar Jahre Schulunterricht genossen. Er hatte seine beiden Eltern durch eine Lungenkrankheit verloren, die die Leute damals Schwindsucht nannten, als er nicht einmal sechs Jahre alt gewesen war, und eine ältliche Tante hatte ihn aufgezogen und einen ordentlichen irischen Katholiken aus ihm gemacht.

Trotz der Kürze seiner schulischen Ausbildung hatte Jack, wie man so sagt, allerhand auf dem Kasten. Wie viele Amerikaner, deren Wurzeln in die Pionierzeit des 19. Jahrhunderts zurückreichten, war er ruhelos, immer bereit, die Zelte abzubrechen, um auf der Suche nach einem besseren Leben für sich und seine Familie weiterzuziehen.

Mein Vater glaubte leidenschaftlich an die Rechte des Individuums und des werktätigen Menschen und mißtraute der etablierten Autorität, speziell den republikanischen Politikern, die den Staat Illinois regierten und die er für ebenso korrupt hielt wie die berüchtigten Kungler und Funktionäre der demokratischen »Tammany Hall« in New York.

Von ihm habe ich auch den Glauben geerbt, daß alle Männer und Frauen, ungeachtet ihrer Hautfarbe oder Religion, gleich geschaffen sind und daß jeder Mensch allein über sein Schicksal bestimmt, daß also sein Schicksal im Leben weitgehend von seinem eigenen Ehrgeiz und seiner harten Arbeit bestimmt wird.

Obwohl ich glaube, daß Jack alles hätte verkaufen können, waren Schuhe seine Spezialität. Einen großen Teil seines Lebens hatte Jack nur diesen einzigen Traum: Er wollte ein eigenes Schuhgeschäft besitzen... keinen einfachen Schuhladen, sondern den besten, den mit der größten Auswahl in ganz Illinois außerhalb von Chicago.

Nelle Wilson Reagan, meine Mutter, war von schottisch-englischer Abstammung. Sie lernte meinen Vater kurz nach der Jahrhundertwende in einer der winzigen Farmstädte kennen und lieben, die die Pioniere im 19. Jahrhundert auf ihrer Wanderung über den Kontinent nach Westen in der Prärie von Illinois gegründet hatten. Sie heirateten 1904 in Fulton, Illinois, etwa vierzig Meilen von Dixon entfernt.

Während mein Vater ein Zyniker war und meistens das Schlimmste von den Leuten erwartete, war meine Mutter das genaue Gegenteil.

Sie erwartete immer das Beste von den Menschen und bekam oft recht, sogar wenn es sich um die Häftlinge des Ortsgefängnisses handelte, denen sie warme Mahlzeiten brachte.

Ich lernte von meinem Vater den Wert harter Arbeit und ehrgeiziger Pläne und vielleicht auch ein bißchen, wie man eine Geschichte erzählt.

Von meiner Mutter lernte ich den Wert des Gebets, wie man sich ein Wunschziel im Leben steckt und an der Verwirklichung seines Traums arbeitet.

Während mein Vater die katholische Messe nur sporadisch besuchte, ließ sich meine Mutter den sonntäglichen Gottesdienst in der Disciples-of-Christ-Kirche in Dixon nur selten entgehen.

Wie Jack besaß sie eine natürliche und intuitive Intelligenz, mit der sie die Mängel ihrer schulischen Ausbildung weitgehend ausglich. Während mein Vater davon träumte, aus sich etwas zu machen, ging es ihr darum, meinem Bruder und mir zu helfen, etwas im Leben zu erreichen.

Mein Bruder und ich haben unsere Großeltern nicht kennengelernt. Sie alle sind schon vor unserer Geburt gestorben. Mein Vater hatte einen Bruder, aber er lebte weit entfernt von uns, und die Brüder sahen einander selten. Meine Mutter und ihre fünf Schwestern und Brüder hielten dagegen sehr zusammen; eine Schwester war mit einem Farmer verheiratet, ihnen gehörten eine große Farm und ein Laden auf dem Land; eine andere Schwester lebte in Quincy, Illinois, und manchmal waren wir in den Ferien bei ihr. Einmal besuchten wir eine weitere

Schwester meiner Mutter, die ein Hotel in den Ozark-Bergen betrieb; sie hatte einen Sohn, und später – ich weiß nicht, was geschehen war – führte sie das Hotel nicht mehr und zog mit ihrem Sohn zu uns, und wir lebten alle eine Zeitlang zusammen.

Während meiner Kindheit zogen wir oft um. Mein Vater suchte ständig nach einem besseren Leben, und ich war immer »der Neue« in der Klasse. In einem Zeitraum von vier Jahren besuchte ich vier verschiedene Schulen. Wir zogen immer dorthin, wohin der Ehrgeiz meinen Vater trieb.

In meiner Geburtsstadt Tampico lebten nur 820 Menschen. Es gab eine kurze gepflasterte Hauptstraße, eine Bahnstation, zwei oder drei Kirchen und ein paar Geschäfte, unter anderem das, in dem mein Vater arbeitete.

Ich war noch ein Baby, als wir von der Wohnung über der Bank in ein Haus gegenüber einem Park im Zentrum von Tampico zogen, in dem eine Kanone aus dem Bürgerkrieg nebst einer Pyramide aus Kanonenkugeln stand. Eine meiner frühesten Erinnerungen ist, daß ich zusammen mit meinem Bruder den Park durchquerte, um zu dem Eiswagen zu gelangen, der am Bahnhof angehalten hatte.

Wir beiden Knirpse wollten uns ein paar erfrischende Eisstücke von dem Wagen runterholen und krochen über die Bahngeleise, unter einem riesigen Güterzug durch, der gerade eingefahren war. Wir hatten es kaum geschafft, da fuhr der Zug mit lautem Zischen aus dem Dampfkessel wieder an. Unsere Mutter, die rechtzeitig auf der Veranda erschienen war, um unsere Eskapade mitzubekommen, nahm uns in der Mitte des Parks in Empfang und teilte die fällige Bestrafung aus.

Als ich zwei war, zogen wir nach Chicago, wo mein Vater einen aussichtsreichen Job als Schuhverkäufer im Marshall-Field-Kaufhaus bekommen hatte. Wir zogen in eine kleine Wohnung nahe der University of Chicago. Die Beleuchtung bestand aus einer einzigen Gaslampe, die man durch Einwerfen eines Vierteldollars im Flur in Gang setzte.

Jack wurde nicht so gut bezahlt, wie er gehofft hatte. Das hieß, daß Nelle den Suppenknochen mehrere Tage strecken und auch sonst beim Kochen ihre Kreativität entfalten mußte. Sonnabends schickte sie gewöhnlich meinen Bruder zum Schlachter, um ein Stück Leber (Leber war damals nicht sehr beliebt) für unsere Katze zu holen – die es nicht gab. Die Leber wurde unser Sonntagsessen.

In Chicago bekam ich eine ernste Lungenentzündung, und während ich mich erholte, brachte mir einer unserer Nachbarn ein paar Zinnsoldaten seines Sohnes. Ich beschäftigte mich stundenlang damit, sie auf der Bettdecke aufzustellen und »kämpfen« zu lassen. Noch heute finde ich eine Vitrine mit Spielzeugsoldaten faszinierend.

Unser Leben in Chicago machte mich mit einer dichtgedrängten Großstadtwelt von gasbeleuchteten Bürgersteigen und Straßen voller Menschen, Pferdewagen, Straßenbahnen und ein paar Automobilen bekannt. Als ich einmal einen bimmelnden, von Pferden gezogenen Feuerwehrwagen an mir vorbeirasen sah, aus dem eine Dampfwolke stieg, beschloß ich, Feuerwehrmann zu werden.

Wir waren nicht einmal zwei Jahre in Chicago, als man Jack einen Job bei O. T. Johnson's anbot, einem großen Kaufhaus in Galesburg, vierzig Meilen westlich von Chicago, und wir zogen wieder um, diesmal in eine ganz andere Welt. Statt aus lärmendem Straßenverkehr und Menschenmassen bestand sie aus Wiesen und unterirdischen Höhlen, Bäumen und Bächen und den Reizen des Kleinstadtlebens. Von jener Zeit an war ich immer ein Freund von Kleinstädten und einem Leben in freier Natur.

Wir wohnten zuerst in einem Bungalow am Rande von Galesburg, mieteten dann eine Querstraße weiter ein größeres Haus mit einem großen Rasen – und dort war es, wo ich meine Karriere als »großer Naturfreund« begann.

Auf dem Dachboden des Hauses hatte ein früherer Bewohner – ein unbekannter Wohltäter, dem ich viel verdanke – eine riesige Sammlung von Vogeleiern und Schmetterlingen in Glaskästen hinterlassen. Ich bemächtigte mich der Sammlungen im Geiste und verbrachte oft Stunden auf dem Dachboden damit, die prächtigen Farben der Eier und die feinen Zeichnungen der zerbrechlichen Schmetterlingsflügel zu bestaunen. Diese Erfahrung lehrte mich, Gottes Schöpfung mit einer Ehrfurcht zu betrachten, die mich nie mehr verließ.

Als ich in Galesburg eingeschult wurde, war ich schon eine Art Bücherwurm. Ich erinnere mich nicht, wie ich lesen gelernt habe, aber ich weiß noch, daß mein Vater eines Tages, noch vor meinem ersten Schultag, nach Hause kam und mich mit einer Zeitung auf dem Wohnzimmerboden sitzen sah. »Was tust du da?« fragte er, und ich sagte: »Ich lese die Zeitung.«

Er fand mich wohl ein bißchen naseweis, also sagte er: »Okay, lies mir etwas vor«, und ich tat es.

Im nächsten Augenblick rannte er auch schon zur Tür hinaus, die Verandatreppe hinunter und lud all unsere Nachbarn ein, herüberzukommen und seinen fünfjährigen Sohn lesen zu hören.

Ich nehme an, daß ich durch eine Art Osmose lesen lernte: Meine Mutter kam immer zu uns ins Zimmer, wenn es Schlafenszeit war, legte sich zwischen meinen Bruder und mich und las uns eine Geschichte vor. Beim Lesen fuhr sie mit dem Finger die Zeilen entlang, und wir sahen ihr dabei zu. Ich glaube, so habe ich es gelernt.

In der Schule merkte ich, daß ich ein gutes Gedächtnis hatte. Ich konnte mir einen Text ziemlich schnell einprägen, eine Begabung, die mir die Hausaufgaben erleichterte, aber manchmal meinen Bruder ärgerte, der diese Fähigkeit nicht besaß.

Mein Vater war mit seinem Job in Galesburg sehr zufrieden. Aber mein Bruder und ich hörten ihn oft zu Nelle sagen, er würde sich bald weiter verbessern. Jack und Nelle liebten einander sehr, aber in Galesburg gewann ich zum erstenmal den Eindruck, daß es auch einen geheimnisvollen Streitpunkt zwischen ihnen gab.

Manchmal verschwand mein Vater ganz plötzlich und kam tagelang nicht heim, und wenn er dann wieder da war, wurden mein Bruder und ich Zeugen ziemlich heftiger Auseinandersetzungen, die durch die Wände klangen; betraten wir das Zimmer, in dem Jack und Nelle miteinander stritten, sahen sie einander bedeutungsvoll an und wechselten das Thema.

Es gab noch andere Geheimnisse bei uns zu Haus: Manchmal packte uns unsere Mutter unversehens warm ein und fuhr mit uns zu einer ihrer Schwestern, bei der wir dann mehrere Tage blieben. Die unerwarteten Reisen gefielen uns sehr, obwohl sie uns ziemlich rätselhaft vorkamen.

Der Erste Weltkrieg brach aus, als wir in Galesburg lebten. Wie fast jeden Amerikaner jener Jahre erfüllte es auch mich mit Stolz, eine Band »Over There« spielen zu hören und an unsere tapferen Soldaten zu denken, die in einer noblen Mission über den Atlantik fuhren, um unseren Freunden in Europa beizustehen. Es gab Tage, an denen in Galesburg jeder alles fallen ließ, was er gerade in der Hand hatte, und zum

Bahnhof rannte, um einem Truppentransport zuzujubeln, der durch die Stadt kam. Die Abteilfenster standen gewöhnlich offen, und unsere Soldaten in ihren Khakiuniformen winkten uns zu; wir winkten zurück und jubelten. Einmal gab mir meine Mutter einen Penny in die Hand und hob mich hoch. Ich reichte die Münze einem Soldaten und sagte mit meiner Kinderstimme: »Viel Glück.« Ein anderes Mal fand in der Schule eine großartige Veranstaltung statt, auf der für den Krieg gesammelt wurde, und alle vier gingen wir hin. Mein Vater – der als Vater zweier Kinder vom Kriegsdienst freigestellt war – verschwand und überraschte uns, indem er als Schlangenbeschwörer mit Perücke und Hularock auf der Bühne erschien.

Nicht lange nachdem ich die erste Klasse abgeschlossen hatte, zogen wir nach Monmouth, einer College-Stadt nicht weit von Galesburg, wo mein Vater einen Job im größten Kaufhaus der Stadt annahm. Ich werde nie vergessen, was sich am Tag des Waffenstillstands im Zentrum von Monmouth abspielte. Die Straßen füllten sich plötzlich mit Menschen, Freudenfeuer wurden angezündet, und Erwachsene und Kinder marschierten singend mit Fackeln die Straße hinunter. Ich war erst sieben, aber alt genug, um mit allen in Monmouth die Hoffnung zu teilen, daß wir »den Krieg zur Beendigung aller Kriege« geführt hatten. Ich glaube, das Begreifen, daß manche der Jungen im Truppentransportzug, denen ich zugewinkt hatte, anschließend in Europa gefallen waren, machte mich für lange Zeit zu einem Isolationisten.

Nicht lange nach dem Ende des Krieges zogen wir wieder um, diesmal zurück nach Tampico, wo man meinem Vater den Posten des Geschäftsführers im H. C. Pitney General Store angeboten hatte, demselben Geschäft, in dem er zur Zeit meiner Geburt tätig gewesen war, und wir bekamen eine Wohnung über dem Laden. Der Eigentümer, Mr. Pitney, der mehr Investor als Kaufmann war, mochte meinen Vater und versprach ihm, daß er ihm so bald als möglich helfen würde, Teilhaber eines Schuhgeschäfts zu werden.

Etwa ein Jahr später packten wir erneut unsere Habe und fuhren nach Dixon, wo Mr. Pitney in Erfüllung seines Versprechens mit meinem Vater als Partner ein modisches Schuhgeschäft namens Fashion Boot Shop eröffnen wollte.

In Dixon kam ich so richtig zu mir – und entdeckte, warum Jack so oft von daheim verschwand.

2

Mit fast zehntausend Einwohnern war Dixon mehr als zehnmal so groß wie Tampico. Wir zogen 1920 dorthin, als ich neun Jahre alt war, und für mich war es der Himmel.

Dixon hatte eine verkehrsreiche Hauptstraße mit Geschäften, mehreren Kirchen, einer Grundschule und einer High School, einer öffentlichen Bibliothek, einem Postamt, einer Fabrik für Fliegengitter, einer Schuhfabrik und einem Zementwerk. Am Stadtrand erstreckten sich Milchfarmen, soweit das Auge reichte. Es war ein kleines Universum, in dem mir die Maßstäbe und Werte vermittelt wurden, die den Rest meines Lebens bestimmen sollten.

Fast jeder kannte jeden, und weil sich die Einwohner kannten, kümmerten sie sich auch umeinander. Wenn eine Familie schwere Zeiten durchmachte – einen Todesfall oder eine ernste Krankheit –, brachte ein Nachbar ihnen am Abend ein warmes Essen. Wenn ein Farmer bei einem Brand seine Scheune verlor, halfen ihm seine Freunde beim Bau einer neuen. In der Kirche betete man Seite an Seite mit seinen Nachbarn, und wenn sie ein Unglück traf, betete man für sie – und wußte, daß sie dasselbe tun würden, wenn man selbst vom Unglück heimgesucht wurde.

Während ich aufwuchs, erkannte ich, daß Liebe und gemeinsames Streben, die eine Familie einen, mit der stärkste Kitt der Welt sind, und daß sie ihr helfen können, mit den größten Schwierigkeiten fertig zu werden. Ich lernte, daß Arbeit ein wesentlicher Bestandteil des Lebens ist, daß man im allgemeinen nichts geschenkt bekommt – und daß Amerika ein Land war, das denen unbegrenzte Möglichkeiten bot, die wirklich hart arbeiteten. Ich lernte wagemutige und unternehmerische Menschen zu bewundern, mochte es sich um Farmer oder um kleine Kaufleute handeln, die die Arbeit anpackten und Risiken eingingen, um für sich und ihre Kinder etwas aufzubauen; die bis an die Grenzen ihrer Kraft gingen, um ihr Leben zu verbessern.

Ich habe oft über diese wunderbare amerikanische Begabung nachgedacht, diese große Energie der menschlichen Seele, die die Menschen dazu treibt, ein besseres Leben anzustreben und das Glück ihrer Familien und Gemeinden zu steigern. Ich kenne wirklich keine größere Kraft oder Energie auf der Welt.

Ich glaube, das Aufwachsen in einer Kleinstadt ist eine gute Grundlage für jeden, der sich entschließt, eine politische Laufbahn einzuschlagen. Man lernt die Menschen als Individuen kennen, nicht als Gruppen oder Mitglieder bestimmter Interessenvereinigungen. Man entdeckt, daß die meisten Leute trotz ihrer Unterschiede viel gemeinsam haben: Jedes Individuum ist einzigartig, aber alle wollen wir Freiheit, Frieden, Liebe und Sicherheit, ein gutes Zuhause und eine Möglichkeit, Gott auf unsere Weise zu ehren; alle wollen wir vorankommen und unseren Kindern ein besseres Leben sichern, als wir es haben. Wir wollen die Chance, eine Arbeit zu verrichten, die wir uns selbst aussuchen und für die wir einen gerechten Lohn erhalten – und die Möglichkeit, über unser Schicksal selbst zu bestimmen.

Die Wunschträume der Menschen mögen sich voneinander unterscheiden, aber jeder möchte, daß sein Traum wahr wird. Nicht jeder strebt danach, Bankdirektor oder Nuklearwissenschaftler zu werden, aber jeder möchte etwas mit seinem Leben anfangen, worauf er oder sie stolz sein kann, und dabei das Gefühl genießen, etwas geleistet zu haben. Und mehr als jedes andere Land gibt uns Amerika die Freiheit, dies zu tun, die Freiheit, nach den Sternen zu greifen und unsere Träume wahr zu machen.

Später im Leben lernte ich, daß unsere Familie, mit einigen anderen Leuten in Dixon verglichen, »arm« war. Aber das wußte ich nicht, als ich aufwuchs. Und ich hielt unsere Familie nie für benachteiligt. Erst später fiel der Regierung ein, den Menschen zu sagen, sie wären arm.

Wir haben immer zur Miete gewohnt und hatten für Luxusausgaben nie genug Geld. Aber ich erinnere mich nicht, daß ich darunter gelitten hätte. Obwohl meine Mutter manchmal Näharbeiten übernahm, um etwas hinzuzuverdienen, und ich Kleidung und Schuhe meines Bruders »auftragen« mußte, hatten wir stets genug zu essen, auch fand Nelle immer Leute, denen es schlechter ging als uns, und bemühte sich sehr, ihnen zu helfen.

Damals nahmen wir unsere Hauptmahlzeit mittags ein, und sie bestand oft aus einem Gericht, das meine Mutter *oatmeal meat* nannte. Sie mischte Hafermehl mit Hackfleisch (ich nehme an, das Mischungsverhältnis änderte sich jeweils unseren finanziellen Verhältnissen entsprechend) und servierte das Ganze zusammen mit einer Soße, die sie zubereitete, während sie das Hackfleisch briet.

Ich erinnere mich noch, wie sie das erste Mal *oatmeal meat* auf den Tisch brachte. Da lag ein dicker, runder Kloß in einer Soße – etwas, das ich nie zuvor gesehen hatte. Ich biß hinein. Es war saftig und fleischig, das Wunderbarste, was ich je gegessen hatte. Natürlich machte ich mir nicht klar, daß das Gericht aus der Armut geboren war.

Ich möchte wetten, daß heutzutage die Ärzte sagen würden, daß es auch gesund für uns war.

Dixon liegt auf beiden Seiten des Rock River, eines blaugrünen Gewässers, das von bewaldeten Hügeln und Kalksteinklippen gesäumt wird. Der Rock River schlängelt sich auf dem Weg zum Mississippi durch das Farmland des nordwestlichen Illinois.

Der Fluß, oft »Hudson des Westens« genannt, war mein Spielplatz, auf dem ich einige meiner glücklichsten Augenblicke erlebte. Im Winter fror er zu und wurde zu einer Eisbahn, so breit wie zwei Fußballfelder und so lang, wie es mir einfiel. Im Sommer schwamm und angelte ich im Fluß und wagte mich auf nächtlichen Kanufahrten zusammen mit meinen Spielgefährten durch das Rock River Valley, und wir stellten uns vor, Entdeckungsreisende des 19. Jahrhunderts zu sein.

In meinen »geerbten« Overalls kletterte ich die Hügel und Klippen über dem Fluß empor, versuchte (erfolglos), am Ufer Bisamratten zu fangen, und spielte auf den Abhängen oberhalb des Flusses »Cowboys und Indianer«.

Anfangs lebten wir in Dixon auf der Südseite des Flusses. Als wir es uns leisten konnten, zogen wir hinüber in ein größeres Haus auf der Nordseite. Wenn ich an diese Zeit in Dixon zurückdenke, habe ich das Gefühl, daß mein Leben dort so heiter und idyllisch wie nur irgend möglich war und dem von Mark Twains Tom Sawyer sehr nahe kam.

Als ich elf war, ergatterte ich am Vorabend des 4. Juli ein paar verbotene Feuerwerkskörper, darunter auch eine besonders wirkungsvolle Sorte, die als »Torpedo« bekannt war. Als ich mich eines Nachmittags der Brücke über den Rock River näherte, ließ ich einen »Torpedo« gegen eine Ziegelmauer neben der Brücke los. Die Explosion war herrlich laut, aber während ich mich noch an ihr erfreute, hielt ein Wagen neben mir, und der Fahrer befahl mir einzusteigen.

Da man mir beigebracht hatte, nicht in die Autos fremder Leute zu steigen, weigerte ich mich. Erst als er seine Polizeimarke zückte, stieg ich ein. Dann machte ich einen zweiten Fehler. Als wir losfuhren, sagte ich in Abwandlung eines bekannten Liedes: *»Twinkle, twinkle little star, who in the hell you think you are?«* (»Funkle, funkle, kleiner Stern, wer zum Teufel wärst du wohl gern?«)

Auf der Wache führte man mich dem Polizeichef vor, der sehr oft mit meinem Vater Karten spielte. Natürlich erwartete ich, daß er ein Auge zudrücken würde, aber er rief unverzüglich Jack an und setzte ihn über meinen Gesetzesverstoß in Kenntnis. Freundschaft hin, Freundschaft her, Jack mußte 14,50 Dollar Strafe zahlen, was damals eine Menge Geld war. Der Polizeichef nahm das Verbot von Feuerwerkskörpern sehr ernst, und meine Aufmüpfigkeit im Wagen hatte meine Lage nicht gerade verbessert. Es kostete mich eine Menge Jobs, meine Schulden bei Jack abzustottern.

Meine Eltern schärften mir ständig ein, wie wichtig es sei, jeden Menschen als *Individuum* zu beurteilen. Es gab bei uns zu Haus kein größes Vergehen als eine rassistische Bemerkung oder ein anderes Beispiel religiöser oder rassistischer Intoleranz. Es hatte, glaube ich, damit zu tun, daß mein Vater am eigenen Leib erfahren hatte, was Diskriminierung bedeutete. Er war in einer Gegend aufgewachsen, in der an manchen Ladentüren noch Schilder hingen: *»No dogs or Irishmen allowed«* (»Für Hunde und Iren Zutritt verboten«).

Als mein Bruder und ich Kinder waren, gab es noch immer rassistische Engstirnigkeit in weiten Teilen Amerikas, auch in dem Winkel von Illinois, in dem wir lebten.

In einem unserer örtlichen Kinos mußten Schwarze und Weiße getrennt sitzen – die Schwarzen auf der Galerie. Meine Mutter und mein Vater forderten meinen Bruder und mich auf, unsere schwarzen Freunde mit nach Hause zu bringen, sie als gleichberechtigt zu betrachten und ihre religiösen Anschauungen zu respektieren, welcher Art diese auch sein mochten. Der beste Freund meines Bruders war ein Schwarzer, und wenn sie ins Kino gingen, saß Neil mit ihm zusammen auf der Galerie. Meine Mutter sagte immer zu uns: »Behandle deinen Nachbarn so, wie du von ihm behandelt werden möchtest«, und: »Beurteile jeden danach, wie er handelt, nicht danach, was er ist.«

Als mein Vater einmal auf einer Reise als Schuhverkäufer in einem Hotel abstieg, sagte ein Angestellter zu ihm: »Es wird Ihnen hier gefallen, Mister Reagan, wir lassen hier keine Juden rein.«

Mein Vater, der uns die Geschichte später erzählte, sagte, er habe den Mann ärgerlich angesehen und erwidert: »Ich bin katholisch. Wenn es schon soweit ist, daß Sie keine Juden aufnehmen, dann werden Sie eines Tages auch mich nicht mehr nehmen.« Daraufhin habe er seinen Koffer genommen und das Hotel verlassen.

Da es im ganzen Ort kein anderes Hotel mehr gab, verbrachte er die Nacht während eines Schneesturms im Wagen, und ich denke, das hat vielleicht zu seinem ersten Herzanfall geführt.

Ich hatte mein Teil an Boxkämpfen auszufechten, darunter auch einige, die nur deshalb vom Zaun gebrochen wurden, weil ich aus einer irisch-katholischen Familie stammte. In Wirklichkeit waren wir eine konfessionell gemischte Familie, aber einige meiner Klassenkameraden hielten sich daran, daß Jack katholisch war – und in Dixon machte ihn das zu einem gewissen Außenseiter, und mich damit auch. Die anderen Jungen behaupteten, der Keller seiner Kirche sei voll von Gewehren für den Tag, an dem der Papst versuchen würde, die Macht im Land zu übernehmen, und als ich ihnen erklärte, Jack hätte gesagt, diese Geschichte sei Quatsch, nannten sie ihn einen Lügner. Dies wiederum führte dazu, daß ich mich mit einigen von ihnen auf dem Spielplatz prügeln mußte.

Immer noch der große Naturfreund, las ich alles, was ich über Vögel und wildlebende Tiere im Rock River Valley fand. Meine Mutter gab mir ein Buch, *Northern Lights,* das das Leben der großen weißen Wölfe des Nordens schilderte, und ich las es wie ein Lehrbuch, immer wieder, und stellte mir vor, daß ich mit den Wölfen in der Wildnis zusammenlebte. Sie besaß auch ein Buch, das die Ballade »The Shooting of Dan McGrew« von Robert W. Service enthielt. Ich habe sie so oft gelesen, daß ich mich noch Jahre später an jedes Wort erinnerte und, wenn ich mal nicht einschlafen konnte, sie mir aufsagte, bis ich darüber einschlummerte. Klappte es wider Erwarten nicht, ging ich zu »The Cremation of Sam McGee« über, und damit schaffte ich es gewöhnlich.

Ich bin sicher, daß unsere häufigen Umzüge mich in einer bestimmten Weise geprägt haben.

Obwohl ich immer eine Menge Spielgefährten hatte, war ich während dieser ersten Jahre in Dixon ein bißchen introvertiert und schloß wirklich enge Freundschaften eher zögernd. In mancherlei Hinsicht hat mich diese Haltung gegenüber Fremden, diese Angst, ihnen zu nahe zu kommen, wohl nie ganz verlassen. Es ist mir nicht schwergefallen, Freundschaften zu schließen, aber ich neigte dazu, mich ein bißchen zurückzuhalten, manches nur für mich zu bewahren. So wie ich es auf dem Dachboden in Galesburg getan hatte, fand ich auch in den ersten Jahren in Dixon viel Vergnügen dabei, allein zu sein, zu lesen, das Verhalten der wildlebenden Tiere zu studieren und die Natur unserer Umgebung zu erkunden. Ich zeichnete gern Cartoons und Karikaturen und stellte mir eine Zeitlang vor, meinen Lebensunterhalt als Künstler zu verdienen. Ich war ein unersättlicher Leser, und wenn ich einmal einen Romanhelden entdeckt hatte, den ich mochte, pflegte ich alles zu verschlingen, was ich über ihn bekommen konnte. Nachdem ich zum Beispiel eines der *Rover Boys*-Bücher gelesen hatte, wollte ich nicht eher aufhören, bis ich alle gelesen hatte. Genauso verhielt es sich mit *Tarzan* und *Frank Merriwell at Yale.* (Ich las auch *Brown of Harvard,* mochte den Helden aber nicht so sehr wie Merriwell und hegte noch viele Jahre lang ein gewisses Vorurteil gegenüber Harvard.)

Die Bücher über das Dasein im College, mit aufregenden Geschichten über das Leben an den Ivy-League-Universitäten und Rivalitäten auf dem Football-Feld lösten bei mir den ersten meiner Wunschträume aus – wenn man mal von dem Ehrgeiz des Vierjährigen absieht, Feuerwehrmann zu werden.

Mein Vater hatte mit Mr. Pitney ein Abkommen getroffen, nach dem er sich die Teilhaberschaft am Fashion Boot Shop dadurch verdienen sollte, daß er dessen Geschäftsführung übernahm. Und so gingen wir alle lange Zeit davon aus, daß Neil und ich im Geschäft arbeiten würden, sobald wir aus der High School kämen, um es schließlich zu übernehmen, wenn Jack sich zur Ruhe setzte.

Von Zeit zu Zeit half ich im Laden aus, aber ich fand es langweilig. Außerdem hatte ich durch die Bücher über das Leben im College eigene Vorstellungen darüber entwickelt, wie meine Zukunft auszusehen hätte.

Die Romanhelden stammten aus reichen alten Familien von der Ostküste, und das geschilderte glänzende Leben an den Ivy-League-Universitäten war zugegebenermaßen von der Wirklichkeit eines flachshaarigen Jungen in Overalls aus ärmlichen Verhältnissen im ländlichen Illinois ziemlich weit entfernt.

Aber ich las diese Geschichten immer wieder und träumte dann, daß ich selbst auf einem dieser Colleges war, eine Collegejacke trug und schließlich sogar ein Star im Footballteam wurde. Ich hatte einen Traum: so zu werden wie diese Burschen in den Büchern.

Nicht alle meine Helden waren Football-Stars. Ein wundervolles Buch über einen frommen Wanderprediger – *That Printer of Udell's* – beeindruckte mich so, daß ich der Kirche meiner Mutter, den Disciples of Christ, beitreten wollte. Obwohl Jack und Nelle katholisch getraut worden waren, übernahm Nelle die Verantwortung für die religiöse Erziehung ihrer beiden Söhne. Zuerst brachte sie uns in die Sonntagsschule, und dann, als wir älter waren, nahm sie uns mit zum Sonntagsgottesdienst, betonte aber immer wieder, daß wir allein entscheiden müßten, ob wir der Kirche beitreten wollten. Mit zwölf Jahren entschloß ich mich und wurde als Mitglied der Disciples of Christ getauft.

Als Nelle der Meinung war, Neil und ich seien nun alt genug, erklärte sie uns, warum mein Vater manchmal verschwand, und nannte uns den Grund dieser plötzlichen Abwesenheiten von daheim.

Sie sagte, Jack litte an einer Krankheit, die er nicht beherrschen könne – einem Hang zum Alkohol. Sie sagte, er kämpfe dagegen an, mitunter aber erfolglos, und wir sollten ihn deshalb nicht weniger liebhaben, denn es wäre etwas, das er nicht beherrschen könne. Falls er uns je in Verlegenheit brächte, sollten wir uns erinnern, wie nett und lieb er wäre, wenn er nicht getrunken hatte.

Als ich elf Jahre alt war, kam ich an einem kalten, stürmischen Winterabend vom Christlichen Verein Junger Männer nach Hause. Meine Mutter war fort, um irgendwo etwas zu nähen, und ich nahm an, es sei niemand zu Haus. Als ich die Treppe zum Haus hinaufging, wäre ich fast über ein Hindernis nahe der Tür gestolpert; es war Jack, er lag mit ausgestreckten Armen flach auf dem Rücken im Schnee.

Ich beugte mich über ihn, um zu sehen, was mit ihm los war, und roch Whiskey. Er hatte seinen Weg aus einem Speakeasy nach Hause gefunden, aber genau hier die Besinnung verloren. Einen Augenblick sah ich auf ihn hinab und dachte daran, einfach ins Haus zu gehen und mich ins Bett zu legen – als wäre er gar nicht da. Aber das brachte ich nicht fertig. Als ich ihn wecken wollte, schnarchte er nur – so laut, daß ihn mit Sicherheit die ganze Nachbarschaft hörte. So packte ich ihn am Mantel, zerrte ihn ins Haus, brachte ihn ins Bett und ließ meiner Mutter gegenüber nie ein Wort über den Zwischenfall verlauten.

Jack war keiner jener Alkoholiker, die auf Sauftour gingen, wenn sie eine Pechsträhne hatten, oder die ihre Sorgen im Alkohol ertränkten. Nein, es war das Wohlergehen, das Jack nicht ertragen konnte. Wenn alles perfekt lief, dann ließ er sich gehen, vor allem, wenn sich während eines Feiertags oder eines Familientreffens ein Anlaß dazu bot.

Weihnachten hing immer wie eine Bedrohung über der Familie. Wir wußten, daß Feiertage für Jack mit Sicherheit ein Anlaß waren, wieder zu trinken. So war ich zwischen der Vorfreude auf das Fest und der Angst vor dem, was es mit sich bringen konnte, hin- und hergerissen.

Damals herrschte Prohibition, und gewöhnlich fand sich irgend jemand, der ihn verführte, in ein Speakeasy mitzugehen und zu feiern. Und wenn er ging, wußten wir, daß er erst im Morgengrauen nach Hause getorkelt kommen würde – oder vielleicht auch erst etliche Tage später.

Manchmal hielt er es ein paar Jahre lang ohne einen Tropfen aus. Aber wir wußten nie, wann er beschließen würde, erneut zu trinken, und sobald er auch nur ein einziges Glas anrührte, begann das Problem von neuem.

Wie meine Mutter begann ich mich vor den Tagen zu fürchten, an denen er das erste Glas zu sich nahm. Obwohl er keiner von denen war, die ihre Frau oder Kinder im Rausch mißhandeln, konnte er ganz schön mürrisch und grob sein, und mein Bruder und ich hörten ihn heftig fluchen, wenn meine Mutter ihm im Schlafzimmer wegen seines Trinkens Vorhaltungen machte.

Trotzdem habe ich Jack immer gern gehabt, und es ist mir stets gelungen, meine Achtung ihm gegenüber zu bewahren. Vor allem, glaube ich, weil Nelle sich so sehr bemühte, uns klarzumachen, daß er an einer Krankheit litt, gegen die er nichts tun konnte, und weil sie uns ständig daran erinnerte, wie gut er zu uns war, wenn er nicht trank. Wie ich schon sagte: Nelle suchte immer das Gute im Menschen – und fand es auch.

Jeden Sommer dekorierte ein Geschäft in Dixon eines seiner Fenster mit Schaufensterpuppen in der Uniform des Footballteams unserer High School, und als ich heranwuchs, wurde es mein höchstes und edelstes Ziel, auch eines dieser rot-weißen Trikots tragen zu dürfen.

Von unserem Haus aus sah man auf den Sportplatz der High School hinunter, und ich verbrachte ungezählte Nachmittage damit, auf dem Fensterbrett zu sitzen und das Aufeinanderprallen der gepolsterten Körper zu beobachten (und zu belauschen) und von dem Tag zu träumen, an dem ich die Uniform anlegen und an diesem Kampf teilnehmen konnte.

In der Grundschule war ich nicht besonders gut im Sport, und das machte mir Sorgen. Ich konnte ziemlich schnell laufen, aber ich war klein, und beim Zusammenprall der Footballmannschaften auf dem Bolzplatz, wenn alles übereinanderpurzelt, lag ich meist zuunterst, die anderen auf mir drauf. Im Baseball schlug ich jedesmal daneben und fing zu meiner Schande nicht mal den leichtesten *fly ball*. Ich war so miserabel im Baseball, daß ich immer als letzter übrigblieb, wenn unsere Gruppe in die beiden Mannschaften aufgeteilt wurde – mich wollte niemand haben.

Als ich in der achten Klasse war, war ich in einem Spiel am zweiten Mal eingesetzt. Ein Ball wurde geschlagen, kam genau auf mich zu, aber ich merkte es nicht. Alle sahen mich an und warteten darauf, daß ich ihn fing. Aber ich stand einfach nur so da. Der Ball landete hinter mir, und alles stöhnte laut auf: *»Oh, no!«*

Ich hatte ihn nicht gesehen. Ich wußte nicht, daß der Ball auf mich zukam, bis ich ihn zu Boden fallen hörte. So etwas vergißt man nicht.

Mir war damals nicht bewußt, was der Grund für meine Schwierigkeiten war. Deshalb fiel es mir sehr schwer, mich davon zu überzeugen, daß ich mich vor den anderen Jungen nicht zu verstecken brauchte. Ich litt also unter einem Mangel an Selbstvertrauen, der keine geringe Sache ist, wenn man in einer jugendlichen Welt aufwächst, die von Sport und Spielen beherrscht wird. Ich dachte immer gleich: Ich passe nicht in die Mannschaft.

Durch meine Probleme im Sport, und weil ich immer wieder »der Neue« in der Schule gewesen war, fühlte ich mich ziemlich unsicher. Ich nehme an, es ist keineswegs ungewöhnlich, daß Schulkinder unter Minderwertigkeitsgefühlen und Mangel an Selbstvertrauen leiden – ich wäre überrascht, wenn das nicht eine der häufigsten Belastungen der Kindheit wäre –, aber wenn es einem selbst zustößt, kann es das größte Drama der Welt sein, und eine Zeitlang bereitete es mir großen Kummer.

In einer Stadt wie Dixon war der Stummfilm Anfang der zwanziger Jahre noch immer eine Kuriosität, der Tonfilm war noch nicht erfunden, Gastspiele von Vaudeville-Truppen kamen noch selten vor, und vom Fernsehen las man in Science-Fiction-Stories. Wenn die Menschen Unterhaltung suchten, waren sie auf sich selbst angewiesen, und darin war meine Mutter ganz groß.

Sie war der Star einer Gruppe in Dixon, die etwas auf die Bühne brachte, das wir *readings*, Vorträge, nannten: Einwohner Dixons lernten dramatische oder humoristische Passagen aus berühmten Gedichten, Theaterstücken, Reden oder Büchern auswendig und deklamierten sie vor Publikum in der Kirche oder anderswo.

Ob es sich um eine kleine Posse oder um ein großes Drama handelte, Nelle warf sich so richtig in ihre Rolle hinein. Sie mochte das wahnsinnig gern. Die Schauspielerei, glaube ich, war ihre große Liebe.

Eines Tages half sie mir, eine kurze Rede auswendig zu lernen, und wollte mich überreden, sie am Abend bei einem »Vortrag« darzubieten, aber ich weigerte mich. Mein Bruder war schon mehrmals aufgetreten, und das mit großem Erfolg; er konnte wirklich singen und tanzen wie kaum ein anderer, und viele in Dixon meinten, er würde einmal im Showbusiness landen. Aber ich war schüchterner als er und sagte meiner Mutter, ich wollte nicht. Dennoch schien in mir doch ein bißchen Ehrgeiz zu stecken, jedenfalls genug, daß ich meinem Bruder nicht nachstehen wollte, und so ließ ich mich schließlich überreden.

Ich nahm all meinen Mut zusammen, trat an jenem Abend auf die Bühne, räusperte mich und gab mein Theaterdebüt. Ich weiß nicht mehr, was ich sagte, aber nie werde ich die Reaktion vergessen: *Die Leute lachten und applaudierten.*

Das war eine neue Erfahrung für mich, und sie gefiel mir. Ich mochte den Beifall. Für einen Jungen, der unter Minderwertigkeitskomplexen litt, war der Applaus Musik. Ich wußte es damals nicht, aber als ich an jenem Abend die Bühne verließ, hatte sich mein Leben in gewisser Weise verändert.

3

Als ich dreizehn oder vierzehn war, unternahm mein Vater mit uns einen Sonntagsausflug mit dem Auto in die Umgebung von Dixon. Wie gewöhnlich saßen meine Eltern vorn, mein Bruder und ich hinten.

Nelle hatte ihre Brille auf dem Rücksitz liegenlassen, und als wir in die leicht hügelige Prärie außerhalb der Stadt fuhren, setzte ich sie auf.

Im gleichen Moment ließ ich einen Begeisterungsschrei los, so daß Jack fast von der Straße abgekommen wäre. Keiner wußte, warum ich so schrie, ich aber entdeckte eine Welt, von deren Existenz ich bis dahin nichts gewußt hatte.

Bis zu jenem Augenblick hatte ein Baum neben der Straße wie ein grüner Klecks ausgesehen, ein Reklameschild wie ein Nebelfleck, der vorbeihuschte. Plötzlich konnte ich Äste und Zweige an den Bäumen und an den Zweigen sogar Blätter sehen. Auf den Reklametafeln standen Wörter, und daneben waren Bilder. »Guckt mal da!« rief ich und deutete auf eine Herde grasender Kühe, die ich zuvor nicht gesehen hatte.

Ich war verblüfft.

Als ich die Brille meiner Mutter aufsetzte, stellte ich fest, daß ich extrem kurzsichtig war. Und plötzlich eröffnete sich mir eine ganz neue Welt. Ich war deshalb ein so miserabler Baseballspieler gewesen, weil ich einen Ball erst sah, wenn er etwa einen Meter von mir entfernt war. Jetzt wußte ich, wieso man mich immer als letzten in ein Baseballteam gewählt hatte. Und ich wußte auch, warum ich mich immer beeilt hatte, ein Pult in der ersten Reihe der Klasse zu ergattern. Bis dahin hatte ich nicht geahnt, daß die Kinder die Schultafel auch von ganz hinten im Raum sehen konnten.

Am nächsten Tag untersuchte ein Arzt meine Augen, ich erfuhr, wie sehschwach ich wirklich war, und bekam eine eigene Brille – eine dicklinsige, schwarzgerahmte Ungeheuerlichkeit, die ich haßte und derentwegen meine Freunde mich bald »Four Eyes« nannten. Aber ich konnte endlich sehen, und das wog jeden Spott mehr als auf.

In der Schule meldete ich mich fortan immer als einer der ersten, wenn es um die Teilnahme an sportlichen und anderen Aktivitäten ging, und als man beschloß, in Dixon eine Jugendkapelle zu gründen, wollte ich auch dort dabeisein. Ich spielte kein Musikinstrument, aber ich stand schließlich als Tambourmajor vor der Band und war ziemlich stolz.

Mit der Kapelle hatte ich ein recht denkwürdiges und seltsames Erlebnis.

Wir sollten an der Decoration-Day-Parade, die alljährlich am 30. Mai zum Gedenken an unsere gefallenen Soldaten stattfindet, in einem nahe gelegenen Städtchen teilnehmen und die Parade unmittelbar hinter dem berittenen *parade marshall* anführen. Mitten auf der Fahrbahn marschierten wir dann in unseren schmucken weißen Segeltuchhosen, leuchtenden Jacken und hohen Schnabelhüten. Irgendwann wendete der Marschall sein Pferd und ritt an der Kolonne entlang zurück, um nachzusehen, ob alles in Reih und Glied marschierte. Ich paradierte weiter die Straße hinunter, hob und senkte rhythmisch meinen Stock, bis ich nach ein paar Minuten plötzlich merkte, daß die Musik hinter mir immer leiser wurde.

Ich drehte mich um und stellte fest, daß ich ganz allein war. Die Kapelle war verschwunden.

Der Marschall war zurückgeritten, hatte sich dann wieder vor die Kapelle gesetzt und die Parade eine Querstraße hinuntergeführt. Die Kapelle war ihm gefolgt und um die Ecke gebogen, während ich ahnungslos weiter geradeaus marschiert war. Als ich feststellte, was geschehen war, fing ich an zu rennen, lief über mehrere unbebaute Grundstücke und Höfe, erreichte die Kapelle, setzte mich an ihre Spitze und fiel wieder in den richtigen Tritt.

Es war übrigens nicht das letzte Mal, daß man mir nachsagte, ich würde manchmal nach meiner eigenen Musik tanzen.

Als Teenager begannen Neil und ich unsere Eltern mit Vornamen anzureden. Es fing eines Tages damit an, daß Neil nach Rücksprache mit mir die Eltern fragte, ob es, da wir eine so miteinander verschworene Familie seien, nicht angemessen für uns beide wäre, sie als Jack und Nelle anzureden. Sie waren vermutlich zunächst ein wenig schockiert, aber sie stimmten zu, und nach einer Weile fanden sie, glaube ich, Gefallen an der besonderen Intimität, die es dem Verhältnis zwischen uns vieren verlieh.

In der High School hatte mein Bruder einen Mannschaftskameraden im Footballteam, Winston McReynolds, der zugleich sein bester

Freund war. Die beiden waren so unzertrennlich, daß die anderen Spieler Neil und Winston die Spitznamen »Moon« und »Mushmouth« verliehen – Moon und Mushmouth waren die Hauptcharaktere in dem Comic Strip »Moon Mullins«.

»Moon« blieb an ihm hängen, und von da an gab es wohl nur noch einen Menschen, der meinen Bruder Neil nannte – meine Mutter.

Als ich 1924 auf die Dixon High School kam, war ich dreizehn und huldigte dem Football mehr als irgendeiner anderen Sache auf der Welt. Ich wollte unbedingt in die Schulmannschaft aufgenommen werden. Die Tatsache, daß mein Bruder bereits ein Star in diesem Team war, bestärkte mich nur in meinem Entschluß.

Zwar verfügte Dixon High nur über ein einziges Footballteam, doch hatte man die Schule kürzlich auf zwei Standorte aufgeteilt, die in entgegengesetzten Teilen der Stadt lagen. Es gab jetzt einen Northside und einen Southside Campus.

Unsere Familie war gerade auf die Nordseite von Dixon gezogen. Als Anfänger wurde ich dem Northside Campus zugeteilt, aber Moon wollte lieber bei seinen Klassenkameraden auf dem Southside Campus bleiben. Für mich war es wahrscheinlich ein Glück, daß er es tat. Obwohl wir ein enges Verhältnis zueinander hatten, war er doch auch immer mein älterer – und größerer – Bruder, und brüderliche Boxkämpfe und Rivalitäten waren uns nicht fremd. Er war von jeher ein freimütiger und selbstbewußter Typ gewesen, ein bißchen wie Jack, woraus ihm eine natürliche Führungsbegabung erwuchs. Bis zu diesem Augenblick hatte ich wohl immer das Gefühl gehabt, in seinem Schatten zu stehen, doch nun war ich endlich allein auf mich gestellt und wußte, daß ich nicht mehr dauernd mit ihm zu wetteifern hatte.

Als sich die Blätter der Bäume im Rock River Valley in jenem Herbst golden zu färben begannen, schloß ich mich der großen Gruppe von Jungen auf dem Rasen an, auf dem ich meine Helden seit Jahren hatte Football spielen sehen – die zum Wettstreit um die Ehre antraten, das rot-weiße Trikot anlegen zu dürfen.

Langsam ließ der Trainer seinen Blick über die Menge der Jungen schweifen, für die sich in dieser Saison der Zugang zum Football eröffnete. Er wanderte die Reihe herunter, kam zu mir und sah auf mich herab: Ich wog keine fünfzig Kilo und war nur ein Meter sechzig groß.

Nach einem langen Augenblick meinte er, er würde sehen, ob er eine passende Uniform für mich hätte.

Am nächsten Tag hatte der Trainer zwar Schulterpolster und einen Helm für mich gefunden, aber in der ganzen Schule gab es keine vorschriftsmäßigen Hosen, die klein genug für mich waren. Aber dann fand er doch noch irgendwo auf einem Dachboden oder in sonst einem moderigen Winkel ein altertümliches Paar Footballhosen mit dicken Hüftpolstern aus Bambus. Nie zuvor hatte ich Hosen dieser Art gesehen, aber sie paßten.

In den nächsten Tagen kämpfte ich, so gut ich konnte, gegen die größeren Jungen, aber als der Zeitpunkt kam, an dem der Trainer die Liste der Neuaufgenommenen verlas, war meiner nicht darunter. Ich ging tief enttäuscht nach Haus – aber entschlossen, den Einstieg im nächsten Jahr zu schaffen.

Im folgenden Sommer war ich noch immer nicht viel größer als im Jahr zuvor, und ich entschied, daß ich schnellsten etwas unternehmen mußte, um mir für die nächste Saison stärkere Muskeln zuzulegen – und etwas Geld zu verdienen, denn ich hatte beschlossen, für meine Zukunftspläne ein Sparkonto zu eröffnen. Derart doppelt motiviert, nahm ich meinen ersten Job an – zu fünfunddreißig Cent die Stunde – und half mit Spitzhacke und Schaufel bei Bau und Umgestaltung von Häusern in Dixon und Umgebung.

Ich lernte als Vierzehnjähriger in diesem Sommer eine ganze Menge – wie man Fußböden und Schindeldächer legt und Zement verarbeitet. Ich würde gern im Rückblick auf diesen Sommer sagen können, daß ich mir einen makellosen Ruf als unermüdlicher Arbeiter erwarb, aber ein Vorkommnis trübt dieses Bild: Eines Mittags, ich hatte gerade mit der Spitzhacke ausgeholt, um noch ein Stückchen aus dem harten Lehm herauszuhacken, erschien auf unserem Bauplatz mein Vater, um mich zum Lunch abzuholen, und genau in diesem Augenblick ertönte die Trillerpfeife zur Mittagspause.

Ohne die Spitzhacke noch einen Zentimeter zu bewegen, nahm ich die Hände vom Stiel, ließ die Hacke fallen und ging auf Jack zu.

Die Spitzhacke fiel zu Boden und fuhr mit der Spitze in den Lehm – nur wenige Zentimeter vor den Zehen meines Vorarbeiters. Während Jack und ich davongingen, stellte er fest: »Das war die verdammteste Zurschaustellung von Faulheit, die ich je im Leben gesehen habe.«

Im September richtete der Football-Beirat unserer High School eine neue Abteilung für kleine Spieler unter 62 Kilogramm Körpergewicht ein, ich wurde zum Mannschaftskapitän gewählt und spielte zuerst als *tackle* (Außenstürmer) und dann als *guard* (Halbstürmer).

Ich spielte wahnsinnig gern direkt in der Kampflinie: Für mich war das ein himmlisches Gefühl. Es ist eine Situation, wie sie für das Leben nicht typischer sein kann – der Zusammenprall von zwei Körpern, von denen der eine entschlossen ist, voranzukommen, und der andere, Widerstand zu leisten: Mann gegen Mann – blocken, angreifen, die Verteidigungslinie durchbrechen.

Als ich in die elfte Klasse – mein *junior year* – kam, war ich zu einem Meter neunundsiebzig aufgeschossen und wog hundertfünfundvierzig Pfund. Aber obgleich ich den Sprung in die Schulauswahl geschafft hatte, saß ich auch mitten in der Saison noch immer auf der Reservebank. Dann, eines Sonntagmorgens, rief uns der Trainer, der offenbar mit dem Spiel eines unserer *guards* der ersten Wahl unzufrieden war, zu unserer regulären Einsatzbesprechung in den Umkleideraum und las von seiner Liste – ich werde es nie vergessen – die Worte *»Right Guard Reagan«* ab.

Sobald ich einmal in der Mannschaft war, ließ ich den anderen Burschen nie mehr seinen Stammplatz zurückgewinnen. Ich blieb bis zum Ende der Saison erste Wahl, und im folgenden Jahr, als *senior* – ich war inzwischen noch mehr gewachen –, wurde ich von Anfang an in der Spielmannschaft aufgestellt.

In meinem zweiten High-School-Jahr bekam ich einen der besten Jobs, die ich je gehabt habe: Ich nahm meine Sommerbeschäftigung als Badeaufsicht und Rettungsschwimmer im Lowell Park auf, die ich insgesamt sieben Sommer lang ausübte. Der Lowell Park war ein dreihundert Morgen großes Erholungsgebiet am Rock River, so genannt nach dem Dichter James Russell Lowell, dessen Familie der Stadt den Besitz geschenkt hatte. Ich hatte einen Kursus als Rettungsschwimmer beim Verein Christlicher Junger Männer absolviert, und als der Posten eines Bademeisters frei wurde, ging ich zu meinem alten Arbeitgeber vom Bau und teilte ihm mit, ich müßte aufhören.

Ich arbeitete an sieben Tagen in der Woche, zehn bis zwölf Stunden täglich, für fünfzehn – später zwanzig – Dollar die Woche, und einer der stolzesten statistischen Werte meines Lebens weist die Zahl siebenundsiebzig auf – so viele Menschen habe ich in diesen sieben Sommern gerettet.

Außer an Schwimmen und Fußball verlor ich mein Herz an zwei weitere Liebeleien, während ich zur Dixon High School ging. Die erste hieß Margaret und die zweite war die Schauspielerei.

Etwa zur gleichen Zeit, als ich auf die High School kam, stellten die Ältesten unserer Kirchengemeinde einen neuen Pastor ein. An dem Sonntag, als er seine erste Predigt hielt, sah ich mich um und erblickte drei attraktive neue Mitglieder der Gemeinde: seine Töchter.

Vielleicht war es Liebe auf den ersten Blick, ich bin dessen nicht sicher. Aber ich fühlte mich zu einer von ihnen sogleich hingezogen. Sie hieß Margaret Cleaver und war, wie meine Mutter, klein, hübsch, intelligent und hatte kastanienbraunes Haar. Fast sechs Jahre meines Lebens war ich überzeugt, daß sie meine Frau werden würde. Ich war sehr verliebt.

Eines Tages, als ich mit Margaret aus war, kam sie auf Jacks Trinkerei zu sprechen. Er befand sich wieder mal in einer seiner Alkoholphasen, und jemand hatte ihr recht plastisch beschrieben, wie er sich dann aufführte.

Da sie aus einer sehr religiösen, strengen Familie kam, war sie ziemlich empört. Natürlich hatte ich ihr nie etwas von Jacks Problem erzählt, sondern mich bemüht, das Geheimnis für mich zu bewahren.

Ich wollte ihr Jacks Problem erklären, wie Nelle es getan hatte, daß es nämlich eine Krankheit sei, aber sie hatte so etwas noch nie im Leben gehört und wollte es mir nicht abkaufen.

Es brach mir fast das Herz, denn ich fürchtete, nun würde ich sie verlieren.

Als ich nach Haus kam, erzählte ich meiner Mutter davon und sagte, wenn ich Jacks wegen Margaret verlöre, wüßte ich nicht, was ich tun würde, aber wahrscheinlich würde ich mich von ihm lossagen und nie wieder ein Wort mit ihm reden. Nelle empfand großes Mitleid mit mir, bat mich aber, trotzdem Geduld mit Jack zu haben.

Margaret beschloß schließlich, sich lieber mit Jacks Trinken abzufinden, als unser romantisches Verhältnis abzubrechen.

Ein anderer Neuankömmling in Dixon war in jenem Jahr ein neuer Englischlehrer, B. J. Frazer, ein kleiner Mann mit einer Brille, deren Gläser fast so dick wie meine waren. Er brachte mir allerhand über die Schauspielerei bei, was ich mein Leben lang nicht vergaß.

Unser Englischlehrer hatte die Schulaufsätze bis dahin nur hinsichtlich Rechtschreibung und Grammatik beurteilt. B. J. Frazer erklärte nun, er werde sich bei seiner Benotung zum Teil auf die Originalität unserer Essays stützen. Das spornte mich an, in meinen Aufsätzen die Phantasie walten zu lassen, und es dauerte nicht lange, da bat er mich, einige meiner Aufsätze der Klasse vorzulesen. Als ich damit erste Lacher erntete, schrieb ich sie künftig vorwiegend in der Absicht, die Klasse zu unterhalten. Die Lacher vermehrten sich, und ich merkte, daß ich ebensolchen Gefallen daran fand wie an den »Vorträgen« in der Kirche. Für einen Teen, der immer noch ein paar Unsicherheiten mit sich herumschleppte, war die Reaktion der Klassenkameraden natürlich Musik in den Ohren.

Wahrscheinlich aufgrund dieser Erfahrung und der Erinnerung an den Spaß, den ich an den »Vorträgen« bei der Gruppe meiner Mutter gehabt hatte, versuchte ich mich an einer Schüleraufführung, die von Frazer inszeniert wurde. Als ich mein letztes High-School-Jahr erreichte, war ich so süchtig nach diesem Schülertheater, daß ich die Finger nicht mehr davonlassen konnte.

Bis zu Frazers Ankunft in Dixon waren die dramatischen Produktionen unserer High School ein bißchen so wie die »Vorträge« meiner Mutter gewesen: Schüler führten Auszüge aus klassischen Stücken oder altmodische Melodramen auf. B. J. Frazer aber brachte komplette Stücke auf die Bühne, und zwar solche, die gerade am Broadway Furore gemacht hatten, und er nahm diese Aufgabe sehr ernst. Für einen Englischlehrer an einer High School im ländlichen Illinois war er in der Tat erstaunlich aufgeschlossen für Theaterdinge und dachte gründlich darüber nach, worum es bei der Schauspielerei eigentlich ging. Er sagte einem nicht, man solle die Rolle auswendig lernen und dann so und so vortragen. Vielmehr lehrte er uns, daß es wichtig war, unsere Rollen zu analysieren und sich in sie hineinzuversetzen, um dann auf der Bühne auch wirklich die dargestellte Person zu sein.

Während einer Probe unterbrach er uns manchmal behutsam und sagte: »Was will Ihre Gestalt wohl mit diesem Satz sagen? *Warum*, glauben Sie, sagt er gerade das?« Oft begriff man durch diese Frage, daß man sich nicht genügend bemüht hatte, in die Haut der Gestalt zu schlüpfen, um ihre Beweggründe verstehen zu können. Nach einer Weile versuchte ich, beim Lesen eines neuen Stückes immer zuerst zu ergründen, was in dem betreffenden Menschen vorging, indem ich mich in ihn hineinzuversetzen suchte. Dieser – Empathie genannte – Prozeß ist keine schlechte Schulung für jemanden, der in die Politik gehen (oder irgendeiner anderen Berufung folgen) will. Hat man erst einmal den Trick erlernt, sich in einen anderen Menschen zu versetzen, so hilft einem das, mit anderen Leuten besser zurechtzukommen und vielleicht auch zu verstehen, warum sie so denken, wie sie denken – auch wenn sie aus ganz anderen Verhältnissen stammen als man selbst.

Auch in späteren Jahren blieb vielleicht immer etwas von dem kleinen Jungen in mir, der eine gewisse Bestätigung in dem Beifall und der Anerkennung fand, die er zum erstenmal mit neun oder zehn Jahren erhalten hatte. Aber in der High School begann ich meine Unsicherheit abzuschütteln; Erfolg bei den Theateraufführungen der Schule, im Football und im Schwimmen, die Tatsache, daß ich der einzige Junge am Strand war, der den Titel »Life Guard« auf der Brust trug und siebenundsiebzig Menschen gerettet hatte, die Wahl zum Vertreter der Schülerschaft, sogar der Umstand, daß ich jetzt richtig sehen konnte – all dies gab mir großes Selbstvertrauen. Ich glaube, in der Welt des Entertainment gibt es etwas, das gerade Menschen anzieht, die in ihrer Jugend vielleicht unter Schüchternheit oder einer inneren Unsicherheit gelitten haben. Nachdem ich in Hollywood gelandet war, pflegten einige der erfolgreichsten Menschen, denen ich begegnete – viele Schauspieler und große Komödianten wie Jack Benny zum Beispiel – ganz still, sogar scheu auf einer Party dazusitzen, während einige der komischsten Leute Schriftsteller waren, die sich hier so richtig in Szene setzten und die eigentlichen »Angeber« waren. Ich fragte mich, ob manche Unterhaltungskünstler nicht deshalb diesen Beruf ergriffen hatten, weil sie sich ein bißchen unsicher fühlten und der Job ihnen die Möglichkeit bot, zumindest zeitweise jemand ganz anderer zu sein.

4

In den zwanziger Jahren besuchten weniger als sieben Prozent der High-School-Absolventen in Amerika anschließend ein College, aber ich wollte unbedingt zu ihnen gehören. Jack nahm es mir nicht übel, als ich ihm sagte, ich hätte mir ein höheres Ziel gesteckt als die Arbeit im Geschäft, und wenn er es tat, dann zeigte er es jedenfalls nicht. Ich glaube fast, es erfüllte ihn mit Stolz, daß einer seiner Söhne oder vielleicht auch beide aufs College gehen könnten. Aber er betonte immer, daß er uns finanziell nicht helfen könnte, falls nicht ein Wunder geschähe. Wenn wir eine College-Erziehung haben wollten, dann müßten wir schon selbst das Geld dafür verdienen.

Moon glaubte nicht, daß er das schaffen könnte, und als er die High School beendet hatte, fand er einen Job in der Zementfabrik am Ort und verdiente bald fast soviel wie Jack. Ein Collegebesuch, erklärte er mir, sei reine Zeitverschwendung.

Aber ich hielt an meinem Traum vom Collegebesuch fest und wollte mich nicht so leicht entmutigen lassen.

Ein College zog mich besonders an. Solange ich denken konnte, war einer der größten Helden in Dixon der stämmige Sohn eines Pastors gewesen, der an unserer Kirche gepredigt hatte, bevor Margarets Vater das Amt übernahm. Nachdem er als *fullback* (Läufer) in unserem High-School-Team angefangen hatte, war er ans Eureka College gegangen und hatte dort seinen Ruhm sogar noch gemehrt.

Meine Verehrung für Garland Waggoner war grenzenlos, und so wollte ich ihm unbedingt nach Eureka folgen, wo alle geisteswissenschaftlichen Fächer, aber auch Mathematik, Naturwissenschaften und Soziologie gelehrt wurden. Es gehörte den Disciples of Christ und lag hundertfünfundsiebzig Kilometer südlich von Dixon.

Obwohl ich es nie gesehen hatte, gewann das Eureka College während meiner High-School-Jahre allmählich eine fast mystische Bedeutung für mich. Nach einer Weile fand ich es schon aufregend, im stillen den Namen vor mich hin zu sprechen.

Ich würde gern von mir behaupten können, daß mich vor allem das große Verlangen nach einer guten Ausbildung an das College zog. Aber mit siebzehn war ich, glaube ich, mehr durch die Liebe zu einem hübschen Mädchen und zum Football motiviert.

Wenn ich das College besuchte, hatte ich Gelegenheit, vier Jahre länger Football zu spielen. Und meine Entscheidung für Eureka stand endgültig fest, als Margaret sagte, daß sie ihren beiden Schwestern dorthin folgen wolle.

Wollte ich dies ebenfalls tun, so war allerdings noch ein großes Hindernis zu überwinden: Ich hatte immer noch nicht genug Geld fürs College. Seit ich die Arbeit mit Spitzhacke und Schaufel begonnen hatte, war so gut wie alles selbstverdiente Geld, außer dem Kirchenzehnten, den meine Mutter den »Anteil des Herrn« nannte, auf mein Bankkonto gewandert. Ich hatte vierhundert Dollar gespart. Aber das reichte nicht, um vier Jahre in Eureka zu finanzieren, wo die Studiengebühren pro Jahr allein schon 180 Dollar und die Kosten für Unterkunft und Verpflegung fast noch einmal soviel betrugen.

Als ich Margaret in jenem September nach Eureka chauffierte, damit sie sich dort als *freshman* einschreiben konnte, sah ich den Campus zum erstenmal und war überwältigt. Er war sogar noch schöner, als ich ihn mir vorgestellt hatte.

Es standen dort in einem Halbkreis fünf Backsteingebäude im Georgianischen Stil des frühen 19. Jahrhunderts mit weißen Fensterrahmen. Die efeuberankten Gebäude waren von ausgedehnten Rasenflächen umgeben, auf denen vereinzelte Bäume noch immer ihr saftiges Sommerlaub zur Schau trugen.

Ich wußte, daß ich dort studieren mußte. Ich wußte auch, daß meine einzige Chance ein Stipendium war. Während Margaret sich einschrieb, stellte ich mich dem neuen Direktor von Eureka, Bert Wilson, und dem Footballtrainer, Ralph McKinzie, vor und versuchte sie mit meinen Erfolgen als Footballspieler sowie als jemand zu beeindrucken, der für das Schwimmteam von Eureka ein paar Trophäen erringen konnte.

Wie viele kleine kirchliche Colleges hatte auch Eureka ständig Finanzprobleme. Es konnte sich nicht leisten, auf Studiengebühren zu verzichten. Aber zu meinem Glück war ich so überzeugend in meinem Auftreten, daß sie mir ein Bedürftigen-Stipendium gewährten, wodurch sich die Studiengebühren für mich auf die Hälfte ermäßigten, und auch einen Job versprachen sie mir – im Austausch gegen kostenlose Mahlzeiten.

Die halbe Studiengebühr und die zweieinhalb Dollar pro Woche für meine Unterbringung, plus Bücher sowie andere Kosten, mußte ich von meinen Ersparnissen bestreiten.

Der Freund einer Schwester von Margaret stellte mich seinen *fraternity*-Brüdern in der Studentenverbindung Tau Kappa Epsilon vor. Sie nahmen mich als Anwärter auf, und ich zog in das TKE-Haus, wo ich im Austausch gegen freie Mahlzeiten einen Job als Geschirrspüler und »Kellner« erhielt.

Mit siebzehn Jahren trat ich mein Studium in Eureka an. Ich war nun fast ein Meter fünfundachtzig groß und wog an die achtzig Kilogramm. Mein Haar war zum Crew-Cut gestutzt und in der Mitte gescheitelt, ähnlich dem Comic-Strip-Helden »Harold Teen«. Und dazu kam die verhaßte Brille mit den dicken Gläsern. In meinem Überseekoffer war fast alles, was ich besaß, und mein Kopf steckte voller Träume.

Eureka ist griechisch und bedeutet »Ich habe es gefunden«. Das beschrieb denn auch genau mein Gefühl, etwas Wunderbares entdeckt zu haben, das mich am Tag meiner Ankunft im Herbst 1928 bewegte. Eureka war die Erfüllung all meiner Träume – und mehr als das.

In meinem späteren Leben habe ich einige der berühmtesten Universitäten der Welt besucht. Als Gouverneur von Kalifornien war ich verantwortlich für ein Universitätssystem, das als eines der besten gilt. Aber wenn ich mein Leben noch einmal beginnen könnte, würde ich sofort wieder nach Eureka oder an ein anderes kleines College gehen.

In großen Universitäten nehmen relativ wenig Studenten an Aktivitäten außerhalb des Studienplans teil: Sie besuchen den Unterricht, gehen in ihre Wohnheime, in die Bibliothek und dann wieder zurück zum Unterricht. Es mag vielleicht vieles für solch große Einrichtungen sprechen, aber ich glaube, zu viele junge Leute übersehen leicht den Wert eines kleinen Colleges und den immensen Einfluß, den die Teilnahme an studentischen Aktivitäten in den Jahren zwischen Jugend und Erwachsensein haben kann.

Auf einer großen Universität hätte ich mich wahrscheinlich in der Menge verloren und niemals all das entdeckt, was ich in Eureka in mir an Begabungen erkannte. Mein Leben wäre anders verlaufen.

Als ich in Eureka war, gab es dort weniger als 250 Studenten, Jungen und Mädchen hielten sich in etwa die Waage, und jeder kannte jeden beim Vornamen.

Genau wie in einer Kleinstadt konnte man auch in einem kleinen College nicht anonym bleiben. Jeder wurde gebraucht. Ob *glee club* (Kirchenchor) oder Mitarbeit bei der Herausgabe des Jahrbuchs, für jeden gibt es einen Job, und jeder bekommt Gelegenheit, sich in irgend etwas hervorzutun und sein Selbstvertrauen aufzubauen. Man entdeckt Fähigkeiten in sich, die in der Anonymität eines größeren Colleges vielleicht für immer im Verborgenen geblieben wären.

Man hat mir vorgeworfen, ich hätte in Eureka im Hauptfach »Außerlehrplanmäßige Veranstaltungen« belegt. Das trifft sachlich nicht zu. Mein Hauptfach waren die Wirtschaftswissenschaften. Aber es ist wahr, daß ich in Aktivitäten außerhalb des Studienplans aufblühte und darin Erfolg hatte – obwohl sich meine Erwartung, wie ein Sturmwind über den Campus zu fegen und über Nacht zur Football-Sensation zu werden, gelinde gesagt, nicht erfüllte.

Unser Trainer, »Mac« McKinzie, war in Eureka eine Legende. Er hatte als Student zwölf Auszeichnungen errungen und war in drei Sportarten Mannschaftskapitän gewesen. Während eines Footballspiels hatte er im Alleingang sämtliche Punkte gemacht und unseren Erzrivalen, Bradley Tech, 52:0 geschlagen. Noch als Student war er zum stellvertretenden Trainer der Footballmannschaft und kurz danach zu deren Cheftrainer gewählt worden.

Legende oder nicht, ich kam bald zu dem Schluß, daß McKinzie mich nicht mochte. Er blieb nicht nur von meinen Leistungen in der High School unbeeindruckt, sondern ließ mich auch den größten Teil der Saison auf der Reservebank sitzen, und ich verbrachte mein Freshman-Jahr überwiegend im Schmollwinkel und ärgerte mich.

Wenn ich in jenem Herbst auch nicht viel zum Footballspielen kam, so fand ich doch Geschmack an einer anderen Art von Kampf – dem politischen.

Im Herbst 1928 waren der Börsenkrach und die große Depression noch ein Jahr entfernt. Aber im Mittleren Westen spürten die Farmer bereits die ersten Anzeichen der Wirtschaftskrise, und am Eureka, das zum großen Teil von der finanziellen Unterstützung aus der Umgebung lebte, machte sich das durch einen Rückgang des Spendenaufkommens bemerkbar.

Um mit dem reduzierten Budget zurechtzukommen, beschloß der neue Direktor, Bert Wilson, einen Teil der Lehrkräfte zu entlassen und an allen Ecken und Enden Einsparungen vorzunehmen. Seinen Plan wollte er in die Tat umsetzen, wenn die Studenten zu Thanksgiving für eine Woche nach Hause fuhren.

Als Studentenschaft und Lehrkörper von diesem Vorhaben Wind bekamen, breitete sich der Unmut wie ein Präriefeuer über den Campus aus, denn die Kürzungen würden bedeuten, daß viele *juniors* und *seniors* – Studenten der letzten beiden Jahre – nicht mehr die Kurse belegen konnten, die sie zum Abschluß ihres Studiums brauchten.

Wir waren besonders darüber verärgert, daß Wilson beschlossen hatte, die höheren Semester den Wölfen vorzuwerfen, ohne zuvor die Lehrer- und die Studentenschaft zu fragen, ob sie vielleicht alternative Vorschläge zur Kostensenkung hatten, und weil wir fanden, daß er uns die Kürzungen als *fait accompli* unterjubeln wollte, während wir zu Haus ahnungslos unseren Thanksgiving-Truthahn verzehrten.

Am Freitagnachmittag vor den Herbstferien, an dem die Studenten gewöhnlich die Heimreise antraten, blieb alles da, und es herrschte eine Spannung, die, wie uns schien, jeden Augenblick zu einer Explosion führen konnte.

Ein Studentenausschuß wurde gebildet, um Streikmöglichkeiten zu erwägen, und man erwählte mich dazu, die Freshmen in diesem Ausschuß zu vertreten. Am Samstagabend wartete unser Ausschuß die Entwicklung ab, während das Kuratorium zusammenkam, um die Kürzungen des Direktors zu ratifizieren.

Als sie aus der Sitzung kamen, sahen wir bereits ihren Gesichtern an, daß die Entscheidung gefallen war: Die Kürzungen sollten vorgenommen werden.

Ein paar Minuten später begann die Glocke der Collegekapelle zu läuten; es war ein Mitglied unseres Ausschusses, das am Glockenseil zog. Auf dieses Zeichen hin marschierten die Studenten und auch viele unserer Professoren über den Campus zur Kapelle, die bald so überfüllt war, daß viele draußen bleiben mußten.

Da ich als Freshman nicht das gleiche unmittelbare Interesse daran hatte, die Kürzungen rückgängig zu machen, wie die höheren Jahrgänge, wurde ich dazu erwählt, den Streikaufruf unseres Ausschusses zum Vortrag zu bringen.

Ich wies zunächst darauf hin, daß die Kürzungen nicht nur die Diplome unserer höheren Semester, sondern auch den akademischen Ruf von Eureka gefährdeten; ich beschrieb, wie die Verwaltung uns übergangen hatte, als wir alternative Einsparungsvorschläge unterbreiten wollten, um den Coup dann hinterrücks durchzuführen, während wir in den Ferien waren.

Diese Rede – meine erste – war für mich nicht weniger aufregend als irgendeine, die ich in späterer Zeit hielt. Zum erstenmal in meinem Leben spürte ich, daß meine Worte nach den Zuhörern griffen und sie packten, und das war ein herrliches Gefühl. Wenn ich etwas sagte, schrien sie ihren Beifall, nach jedem Satz und manchmal nach jedem Wort, und nach einer Weile kam es mir vor, als wären die Zuhörer und ich eins. Als ich zur Abstimmung über den Streik aufrief, erhoben sich alle, klatschten donnernd Beifall und stimmten so dem Streik durch Akklamation zu.

Der Streik setzte ein, als wir nach Thanksgiving auf den Campus zurückkehrten. Die meisten Studenten weigerten sich, den Unterricht zu besuchen, blieben auf ihren Zimmern und lernten dort; die meisten unserer Professoren erschienen in den Hörsälen, verzeichneten die abwesenden Studenten als anwesend und gingen dann nach Haus.

Eine Woche nach Streikbeginn trat der Direktor zurück, der Streik endete, und im Eureka College wurde alles wieder so, wie es vorher gewesen war.

In den folgenden Sommerferien nahm ich wieder meinen alten Bademeisterjob im Lowell Park auf und stellte am Ende des Sommers fest, daß ich mir Mac McKinzies Mißachtung meiner Football-Künste lange genug hatte gefallen lassen.

Der größte Teil meiner Ersparnisse war aufgebraucht, ich hatte für das zweite Jahr in Eureka nicht mehr genug Geld – und wußte auch gar nicht, ob ich wirklich wieder dorthin zurück wollte. Ich glaube, es kommt gar nicht selten vor, daß Collegestudenten sich am Ende ihres ersten Studienjahres fragen, ob sie sich das richtige College ausgesucht haben, und ich machte wohl den gleichen Prozeß durch. Dann begann jene Reihe scheinbar unbedeutender Vorkommnisse, anhand deren man sich über Gottes Vorsehung zu wundern beginnt.

Ich hatte an der High School einen Freund, der einem Landvermesser assistierte, und manchmal führte sie ihre Tätigkeit auch in den Lowell Park. Mein Freund wußte, daß ich dringend Geld brauchte und mir über meine Zukunft Sorgen machte. Als der Park am Ende der Saison schloß, vertraute er mir an, daß er seinen Job aufgeben wolle, und schlug vor, daß ich mich darum bewerben sollte.

Als der Geometer von meinem Interesse erfuhr, gab er mir nicht nur den Job, sondern erbot sich auch, mir für das folgende Jahr ein Stipendium zu besorgen. Er hatte die University of Wisconsin besucht und dort im Ruderteam Auszeichnungen errungen, und durch unsere Begegnungen im Park wußte er, daß ich viel ruderte. Nachdem ich ein Jahr für ihn gearbeitet hätte, so sagte er, würde er mir helfen, ein Sportlerstipendium in Wisconsin für die Rudermannschaft zu bekommen, das den größten Teil meiner Kosten decken würde. So ein gutes Angebot konnte ich nicht ablehnen. Ich beschloß, nicht nach Eureka zurückzukehren, im nächsten Jahr eine Menge Geld zu sparen und dann an die University of Wisconsin zu gehen.

Am Abend vor Margarets Rückkehr nach Eureka sagten wir einander traurig Lebewohl. Als ich am nächsten Morgen aufstand, ging ein Gewitterregen über Dixon nieder, und das hieß, daß unser Team nicht arbeiten konnte. Es war ein nasser, trüber Tag, und ich hatte nichts zu tun. Ich begann bereits, Margaret zu vermissen, und beschloß, sie vor ihrer Abfahrt anzurufen. Sie und ihre Eltern wollten gerade nach Eureka aufbrechen, und sie fragten mich, ob ich vielleicht mit ihnen fahren wollte, da ich an diesem Tag ja ohnehin nichts zu tun hätte.

Kaum war ich zurück auf dem Campus, als Eureka mich von neuem bezauberte. Ich ging in das TKE-Haus, traf all meine Freunde wieder und suchte dann Mac McKinzie auf. Ich war angenehm berührt, wie enttäuscht er wirkte, als ich ihm sagte, ich hätte mich zum Abbruch des Studiums entschlossen.

Als ich ihm erzählte, daß ich pleite sei und mir ein weiteres Jahr in Eureka nicht leisten könne, setzte er sich sofort für mich ein: Innerhalb von ein, zwei Stunden erneuerte das College mein Bedürftigenstipendium und erklärte sich einverstanden, mir den Rest der Gebühren bis nach Abschluß meines Studiums zu stunden. Als *sophomore* konnte ich meinen alten Job als »Kellner« im TKE-Haus nicht wiederbekommen, denn der war für Freshman-Anwärter reserviert, aber der Trainer sorgte dafür, daß ich einen der angenehmsten Jobs bekam, den Eureka einem männlichen Wesen zu bieten hatte: Geschirrspülen in »Lyda's Wood«, dem Haus der Studentinnen.

Da war ich also doch wieder in Eureka. Ich habe mich oft gefragt, was aus mir hätte werden können, wenn es an jenem Tag nicht geregnet hätte.

Ich rief meine Mutter an und bat sie, mir meine Kleidung zu schikken, denn ich würde in Eureka bleiben. Dann teilte sie mir eine Neuigkeit mit: Nachdem er drei Jahre lang für die Zementfabrik Kalk geschaufelt hatte, war Moon der Kragen geplatzt, und nun wollte er auch aufs College.

Ich ging zum Trainer zurück und erzählte ihm von meinem Bruder, dem großen Footballspieler. Es dauerte nicht lange, da hatte auch Moon ein Bedürftigenstipendium, und – er erbte meinen alten Küchenjob im TKE-Haus.

Überflüssig zu sagen, daß es eine große Genugtuung war, mich als Sophomore von meinem älteren Bruder bei Tisch bedienen zu lassen.

5

Einen Monat nach Moons Ankunft in Eureka kam der Börsenkrach. Und hinter ihm drohte bereits die große Depression. Das ganze Ausmaß der ökonomischen Katastrophe, in die dieser Crash Amerika stürzen sollte, war jedoch auf dem Campus noch nicht spürbar. Mit Beginn des neuen Studienjahrs galt meine Aufmerksamkeit vor allem Margaret Cleaver, die meine TKE-Nadel trug, was gleichbedeutend mit einer Verlobung war, und meinem Bemühen, meinen Hintern von Mac McKinzie's Reservebank wegzubekommen.

Trotz seiner anscheinenden Bereitschaft, mich wieder in die Mannschaft aufzunehmen, setzte mich McKinzie auf den fünften Rang und überzeugte mich davon, daß er mich noch immer nicht mochte. Er brauchte mich nur anzusehen, und schon war ich mir meiner ganzen Unzulänglichkeit bewußt.

Ich beschloß, beim Training so hart ich konnte zu blocken und anzugreifen, um seine Aufmerksamkeit zu erregen, und nach ein paar Wochen beglückte er mich dann auch gelegentlich mit einem Lob.

An einem regnerischen Tag in der Mitte der Saison übten wir eine neue Taktik – einen weiten Bogen um meine Seite der Kampflinie herum –, und Mac erklärte mir, sie könne nur gelingen, wenn der *guard* (Halbstürmer) – ich – den *defensive halfback* (Verteidiger) der

Gegenseite zu Boden riß, bevor dieser sich auf unseren *running back* (Läufer) mit dem Ball stürzte. Er bat einen Hilfstrainer – einen seiner früheren Teamkameraden, der sich als unbezahlter Volontär betätigte –, die Rolle des gegnerischen Verteidigers zu übernehmen, während ich demonstrieren sollte, was aus dieser Situation zu machen war.

Das Ganze sollte ohne *scrimmage* (Anstoß) ablaufen, jeder sollte nur dorthin rennen, wo sich sein jeweiliges Ziel befand. »Sie wollen doch nicht, daß ich ihn echt außer Gefecht setze?« fragte ich Mac. Bevor er antworten konnte, rief unser Trainer-Volontär: »Aber sicher. Komm und versuch mich zu stoppen!«

Der Ball wurde eingeworfen, und ich rannte los. Nie zuvor und nie wieder habe ich dem Gegner einen solchen Block entgegengeworfen. Als ich mit unserem amtlichen Hilfs-Trainer zusammenstieß, hob der vom Boden ab, als hätte ihn ein Kugelstoßer hochgeschleudert, und schien ein paar Augenblicke über uns in der Luft zu hängen, bevor er wieder zu Boden stürzte. Als ich zum *huddle*, der Spielerbesprechung, zurückkehrte, hinkte er vom Feld, während sich Mac ein Räuspern verkniff. Am folgenden Sonnabend stand ich von Anfang an auf dem Spielfeld und brachte es dann bis zum Ende der Saison sowie in den beiden folgenden Spielzeiten auf knapp zwei Minuten pro Match. Ich verdanke Mac sehr viel. Er hatte keine Abneigung gegen mich; er sah nur ein paar Eigenschaften in einem achtzehnjährigen Burschen, die ein wenig korrigiert werden mußten.

Bei einem unserer Auswärtsspiele sollten wir in Dixon übernachten. Mac erklärte, daß ich mit dem Team im Hotel zu schlafen hätte, und so fuhr ich mit ihm zu einem Hotel im Stadtzentrum, um bei der Anmeldung zu helfen. Doch der Geschäftsführer erklärte: »Ich habe für alle Zimmer, nur für Ihre beiden farbigen Jungen nicht.«

»Dann suchen wir uns eine andere Unterkunft«, erwiderte Mac.

»Kein Hotel in Dixon nimmt Farbige auf«, erwiderte der Mann wie aus der Pistole geschossen.

Mac wurde wütend und meinte, dann würden wir alle im Bus schlafen. Ich schlug eine andere Lösung vor: »Mac, warum sagen Sie den beiden nicht, das Hotel hätte nicht genügend Platz für alle, so daß wir das Team aufteilen müssen? Dann setzen Sie mich mit den beiden in ein Taxi, und wir fahren zu mir nach Hause.«

Mac sah mich mit großen Augen an. Gerade hatte er aus erster Hand erfahren, was die Leute in Dixon von Schwarzen hielten, und hatte so seine Zweifel, was meine Eltern zu meinem Vorschlag sagen würden. »Bist du sicher?« fragte er.

Ich kannte meine Eltern und sagte ja. Wir fuhren zu mir nach Haus, ich läutete, Nelle kam an die Tür, und ich erklärte, im Hotel wären nicht genug Zimmer frei. »Ja, dann kommt doch herein«, sagte sie, und ihre Augen strahlten eine Wärme aus, die wir alle drei spürten.

Sie war in Rassenfragen absolut farbenblind. Diese beiden Jungen waren einfach zwei Freunde von mir. So war es immer bei uns, so haben sie und Jack uns erzogen.

Wie viele Studenten probierte auch ich im College so manches aus. Mein Vater hat immer seine zwei oder drei Schachteln Zigaretten am Tag geraucht, und mein Bruder begann mit fünfzehn zu rauchen. Ich habe Zigaretten nie gemocht, wurde damals aber von einer Anzeigenserie beeindruckt, in denen Frauen erklärten: »Mir gefällt ein Mann, der Pfeife raucht.« Ich hatte es immer gern gesehen, wenn jemand Pfeife rauchte, also sparte ich und kaufte mir eine. Aber ich habe nie inhaliert. Ich sog nur den Rauch ein, schmeckte ihn und blies ihn aus – und selbst das nur außerhalb der Footballsaison. Ich hielt mich an die Trainingsregeln.

Aus reiner Neugier experimentierte ich auch kurze Zeit mit Alkohol herum. Es herrschte Prohibition, und viele Filme stellen das illegale Trinken als »College-typisch« dar. Ich glaube, ich wollte mal sehen, wie Alkohol wirkte. Eines Abends besuchten Moon und ich zwei Verbindungsbrüder, die für einen Arzt arbeiteten und dafür kostenlos ein Apartment bewohnen durften. Sie fingen an, eine Flasche herumzureichen. Trotz meiner hinreichenden Erfahrungen mit Jack hatte ich keinerlei Ahnung, welche Wirkung Whiskey in Wirklichkeit hat, als also die Flasche an mich kam, nahm ich einen tiefen Zug, als wäre es Sprudelwasser. Bald darauf stellte man fest, daß ich sternhagelvoll sei und man mich in diesem Zustand nicht ins Verbindungshaus zurückbringen könne, während ich mich doch für absolut nüchtern hielt. Ich versuchte etwas Vernünftiges zu sagen, aber bei allem, was ich herausbrachte, wälzten sich Moon und meine Verbindungsbrüder vor Lachen. Sie fuhren mit mir vor die Stadt und führten mich auf einer Landstraße auf und ab, damit ich wieder nüchtern wurde. Als das nichts half, brachten Sie mich ins Verbindungshaus und stellten mich unter die Dusche. Dies mußte heimlich, still und leise geschehen, weil alle längst schliefen. Am nächsten Tag erwachte ich mit einem fürchterlichen Kater. Das reichte mir. Wenn ich in späteren Jahren auch gelegentlich einen Cocktail vor dem Essen oder ein Glas Wein zum Dinner trank, so hatte ich doch meine Lektion gelernt. Wenn das die Folge des Trinkens war – dieses Gefühl der Hilflosigkeit –, dann wollte ich damit nichts zu tun haben.

Obwohl meine Noten über dem Durchschnitt lagen, so war mein akademischer Ehrgeiz in Eureka doch hauptsächlich darauf gerichtet, den Notendurchschnitt C (befriedigend) zu halten, den ich brauchte, um weiter an den sportlichen – Football, Schwimmen, Leichtathletik – und sonstigen studentischen Aktivitäten teilnehmen zu können, die mich interessierten. So verbrachte ich zwei Jahre im studentischen Senat, drei Jahre als Cheerleader beim Basketball, drei Jahre als Präsident des Eureka Boosters Club, zwei Jahre als Feature-Redakteur des Jahrbuchs und mein letztes Jahr als Vorsitzender der Studentenschaft und Trainer der Schwimmermannschaft.

Trotz meiner außerlehrplanmäßigen Aktivitäten bin ich davon überzeugt, in Eureka eine solide geisteswissenschaftliche Ausbildung erhalten zu haben – vor allem in Ökonomie. Ich wählte die Wirtschaftswissenschaften als Hauptfach, weil ich annahm, ich würde eines Tages so oder so mit Dollars umgehen müssen, wenn nicht im Geschäft meines Vaters, dann in einem anderen Unternehmen.

Zu Beginn des Jahres 1930 trat das volle Ausmaß der Depression zutage, und eines ihrer ersten Opfer war meines Vaters größter Traum.

In Dixon war es in der Landwirtschaft schon Monate vor dem Börsenkrach zu Schwierigkeiten gekommen, und als sich die Krise dann voll auswirkte, traf sie unser Städtchen wie ein Wirbelsturm: Der Milchpreis sank auf ein so niedriges Niveau, daß es sich für die Farmer nicht mehr lohnte, ihre Kühe zu melken, Hunderte von Menschen hatten keine Arbeit mehr, die Zementfabrik entließ erst einen Teil der Arbeiter und machte dann ganz dicht. Wie Straßenlaternen, die bei Tagesanbruch flackernd erlöschen, ließen viele der angesehensten Geschäfte in Dixon nach und nach ihre Rollgitter herunter.

Darunter auch der Fashion Boot Shop.

In einer Stadt, in der sich nur noch wenige Menschen ein neues Paar Schuhe leisten konnten, mußte Mr. Pitney, dessen Vermögen durch den Börsenkrach zusammengeschmolzen war, den Laden meines Vaters schließen. Damit schwand Jacks einzige Chance, je ein eigenes Geschäft zu besitzen, für immer dahin.

Die Depression legte sich wie ein schwarzes Sargtuch über alle Bereiche des täglichen Lebens. Doch in all dem Elend gab es einen kleinen Hoffnungsschimmer: Wie immer, wenn ein Unglück viele Menschen auf einmal trifft, brachte auch die Depression die Menschen auf wunderbare Art und Weise einander näher. Es kam ein Geist von Freundschaft, Hilfsbereitschaft und menschlicher Güte überall im Land auf, der mich inspirierte und mir Mut machte, während wir uns alle an den Glauben klammerten, daß es früher oder später wieder besser werden würde.

Um irgendwie zurechtzukommen, nahm meine Mutter für vierzehn Dollar in der Woche eine Arbeit als Änderungsschneiderin in einem Kleidergeschäft an, und Jack ging auf Achse, um sich einen Job zu suchen. Anfangs verdienten sie noch ein bißchen dazu, indem sie einen Teil des Hauses untervermieteten, doch dann wurde die Lage so schlimm, daß sie nicht einmal mehr die Miete des Hauses aufbringen konnten und in ein Apartment ziehen mußten, das sich im Obergeschoß eines großen ehemaligen Einfamilienhauses befand. Wenn Moon und ich nach Haus kamen, schlief er auf der Couch und ich auf einem Feldbett oben auf dem Treppenabsatz.

Einen Weihnachtsabend während der Depression werde ich nie vergessen.

Ein richtiges Weihnachtsfest mit allem, was dazugehört, hatten wir uns nie leisten können, aber Jack und Nelle war es stets gelungen, je ein kleines Geschenk füreinander sowie für Moon und mich aufzutreiben. Wenn wir keinen Weihnachtsbaum kaufen konnten, besorgte sich Nelle genügend Bänder und Kreppapier, um den Tisch zu schmücken, oder bastelte aus einem Pappkarton einen Kamin, um unserem Heim ein festliches Aussehen zu verleihen. Ich werde nie die Weihnachtsfeste jener Jahre vergessen, da wir nicht viel Geld hatten, unser Heim aber in soviel Liebe und Freundlichkeit erstrahlte, daß mir dies wesentlich wichtiger war als bunt verpackte Geschenke.

An diesem besonderen Heiligabend machten Moon und ich uns gerade ausgehfertig, als ein Einschreibebrief für Jack abgeliefert wurde. Seine Augen leuchteten auf. Er hatte kurz zuvor einen Job als Schuhvertreter gefunden – ohne Festgehalt, nur auf Provisionsbasis – und dachte, der Brief könnte vielleicht einen Weihnachtsbonus enthalten.

Wir sahen zu, wie er ein Blatt aus dem Umschlag zog, und warteten auf eine gute Nachricht. »Na, wenn das nicht ein großartiges Weihnachtsgeschenk ist«, sagte er bitter. »Ich bin entlassen.«

Nachdem Moon und ich nach Eureka zurückgekehrt waren, rief mich meine Mutter an und fragte, ob ich ihr fünfzig Dollar leihen könnte. Jack hätte noch keine Arbeit gefunden, und sie könne die Rechnung beim Lebensmittelhändler nicht bezahlen. Ich hatte noch immer ein paar Ersparnisse von meiner Arbeit als Bademeister und freute mich, ihr die fünfzig Dollar schicken zu können. Sie bat mich, Jack nichts davon zu sagen, und das habe ich auch nie getan.

Dann fand Jack einen Job als Geschäftsführer und einziger Verkäufer im Schuhgeschäft einer Ladenkette nahe Springfield, dreihundert Kilometer von Dixon und Nelle.

Während der Football-Saison übernachtete ich mit unserem Team einmal in Springfield, und Moon und ich überredeten Mac, uns ein paar Stunden freizugeben, damit wir das Hotel verlassen und Jack besuchen konnten. Wir fanden ihn in einer heruntergekommenen Gegend am Rande von Springfield. Sein Laden war eine winzige, düstere Klitsche. Obwohl er aufgeräumt und saubergemacht hatte, war damit nicht viel Staat zu machen. In den Fenstern hingen grelle orangefarbene Reklamezettel, die auf Sonderangebote hinwiesen, und die einzige Einrichtung war eine kleine Holzbank mit eisernen Armlehnen, auf der seine Kunden Platz nahmen, um die Schuhe anzuprobieren.

Als ich diesen Laden sah, mußte ich an die Stunden denken, die er in unserer Kinderzeit damit verbracht hatte, über das großartige Geschäft zu reden, das er eines Tages eröffnen würde. Und an den Fashion Boot Shop, mit dem sich sein Traum erfüllt hatte, bis er ihn wieder verlor.

Mir kamen die Tränen, und ich wandte mich ab, denn ich wollte nicht, daß er mich weinen sah.

Viel von Nelles religiöser Überzeugung hat auf mich abgefärbt, und so habe ich immer viel gebetet; in jener Zeit betete ich darum, daß das

Land wieder auf die Beine kam und daß es für unsere Familie und für Dixon eines Tages wieder aufwärts gehen würde. Ich betete sogar vor Footballspielen.

Ich war der einzige Spieler in der ersten Mannschaft, der direkt von der High School nach Eureka gekommen war. Die meisten anderen waren erwachsener und einige sogar beträchtlich älter als ich. Nach der High School waren sie – in den Goldenen Zwanzigern, als es Jobs im Überfluß gab – in die Arbeitswelt eingetreten, um dann, als die Depression einsetzte, lieber aufs College zu gehen, als tatenlos auf der Veranda herumzusitzen.

Bei einem *chalk-talk* vor dem Spiel wollte Mac McKinzie wissen, ob einer von uns betete.

Ich hatte nie einen Anstoß mitgemacht, ohne zuvor gebetet zu haben. Ich habe nicht für den Sieg gebetet – ich erwartete nicht, daß Gott Partei ergriffe –, sondern darum, daß niemand verletzt wurde, daß wir alle unser Bestes gaben und keinen Grund zu Selbstvorwürfen hatten, wie das Spiel auch ausgehen mochte.

Aber ich scheute mich, das meinen älteren und erfahreneren Mitspielern gegenüber einzugestehen. Doch wie verblüfft war ich, als alle im Raum sagten, daß sie beteten – und zu meiner Überraschung beteten sie im gleichen Sinne, in dem ich es tat.

Das war das letzte Mal, daß ich gezögert habe zuzugeben, daß ich betete.

6

Anfang 1932, ein paar Monate vor dem Examen, stand ich vor der gleichen Frage, die an allen *college seniors* nagt: Was fange ich mit dem Rest meines Lebens an?

Es ist leicht, jetzt im Rückblick zu sagen, ich hätte die Antwort schon lange gewußt. Vermutlich trifft das zu, aber ich konnte es noch nicht laut sagen, gestand es nicht einmal mir selbst ein: daß ich Schauspieler werden wollte.

Der Traum hatte sich wahrscheinlich in jenen Thanksgiving-Ferien während meines ersten Collegejahrs in mir festgesetzt, als wir auf den Beginn des Studentenstreiks warteten. Margarets Eltern nahmen uns zu der Vorstellung einer Wandertruppe mit, die *Journey's End* aufführte, eine Tragödie, die während des Ersten Weltkriegs spielte und in deren Mittelpunkt die Gefühlswelt eines erschöpften, von seinen Verwundungen gezeichneten Armeeoffiziers, Captain Stanhope, steht. Ich fühlte mich an diesem Abend von der Bühne magnetisch angezogen, war beeindruckt von diesem Zauber, daß ein ganz normaler Mensch ein Publikum davon überzeugen kann, er sei ein ganz anderer.

Wieder einmal griff das Schicksal ein – als hätte Gott die Akte mit meinem Namen in Arbeit. So wie gerade zum Zeitpunkt meiner Matrikulation ein Lehrer mit einem Talent für die Vermittlung schauspielerischer Darstellung den Dienst an der Dixon High aufgenommen hatte, war in Eureka eine neue Englischprofessorin mit einer großen Liebe – und Begabung – für den Dramaturgie-Unterricht eingestellt worden. Sie hieß Ellen Marie Johnson, und sie nahm die Schauspielerei ebenso ernst wie B. J. Frazer.

Nachdem sie Fachberaterin für Darstellungskunst im Bereich »Außerschulische Aktivitäten« geworden war, steigerte sie die Zahl der studentischen Inszenierungen, und ich versuchte mein Talent an sämtlichen Stücken. Eines der Stücke, die sie auf die Bühne brachte, war *Journey's End,* und als ich die Rolle des Captain Stanhope erhielt, fühlte ich mich wie im siebten Himmel.

Miss Johnson gründete einen Theaterclub, der es allen interessierten Studenten ermöglichte, das ganze Jahr über zusammenzuarbeiten, und nicht nur die wenigen Wochen vor der Premiere eines neuen Stücks. Während meines dritten Collegejahrs schaffte sie es, daß Eureka zu einem renommierten Festival für Einakter an die Northwestern University eingeladen wurde.

Für Collegeschauspieler war dieser Wettbewerb das, was die Super Bowl für die Footballwelt ist. Hunderte von Colleges überall im Land, darunter die großen Universitäten – Princeton, Yale und so weiter – bewarben sich um eine Einladung ihrer Ensembles. Ich habe nie erfahren wie, jedenfalls brachte es Miss Johnson fertig, für uns, das winzige Eureka College mit seinen 250 Studenten, eine Einladung herauszuschlagen. Wir waren in jenem Jahr das einzige eingeladene College, das über keinen eigenständigen Fachbereich für Schauspielkunst verfügte.

Als unseren Festival-Beitrag wählte sie *Aria da Capo* aus, einen Einakter von Edna St. Vincent Millay, der im antiken Griechenland angesiedelt war und ein Antikriegsthema zum Inhalt hatte. Ich spielte einen

Schäfer und mußte mich in der Schlußszene von Bud Cole, meinem Footballkameraden, Verbindungsbruder und guten Freund, erwürgen lassen. Sterbeszenen sind für einen Schauspieler immer sehr ergiebig, und ich versuchte meine Rolle bis zum Äußersten auszuspielen.

Zu unserer Freude belegte Eureka bei diesem Wettbewerb den zweiten Platz, und während wir uns im Erfolg sonnten, wurde bekanntgegeben, daß ich einer der drei Darsteller sei, denen noch zusätzlich Preise für die beste schauspielerische Darstellung verliehen werden sollten. Danach rief mich der Leiter der Abteilung für Sprechkunde der Northwestern University und Leiter des Festivals in sein Büro und fragte mich, ob ich schon einmal an eine Laufbahn als Schauspieler gedacht hätte.

Ich sagte: »*Well no*«, und er darauf: »*Well*, das sollten Sie aber.« Es war ganz schön aufregend für einen jungen Mann, der seinem Leben eine Richtung zu geben versuchte.

Wahrscheinlich war das der Tag, an dem mich der Virus der Schauspielerei endgültig packte, wenn ich auch glaube, daß er schon ziemlich lange in mir sein Unwesen trieb, sogar noch vor *Journey's End* und meinen Schulaufführungen an der Dixon High.

Als wir nach Dixon gezogen waren, entdeckte ich meine Liebe zum Film. Ich weiß nicht, wie viele Stunden ich in der Dunkelheit unseres einzigen Kinos bei William S. Hart und Tom Mix verbrachte, wenn sie über die Prärie galoppierten, oder mit feuchten Augen die Filmabenteuer von Mary Pickford und Pearl White verfolgte. Als ich zehn oder elf war, kam eine Schwester meiner Mutter zu Besuch, und wir gingen alle miteinander in einen Stummfilm. Ich erinnere mich nicht an den Titel, aber er handelte von den Abenteuern eines sommersprossigen Jungen, und er gefiel mir sehr. Danach hörte ich, wie meine Tante mit meiner Mutter über diesen Kinderstar sprach und erklärte, ihrer Meinung nach hätte auch ich das Zeug zu einem kleinen Schauspieler. »Wenn das mein Junge wäre«, sagte sie, »würde ich ihn nach Hollywood bringen, und wenn ich den ganzen Weg laufen müßte.«

Ihre Bemerkung war kein Anlaß für mich – oder Nelle –, stehenden Fußes nach Hollywood aufzubrechen. Aber sie tat mir gut, und von da an stellte ich mir, wenn in einem Film ein Junge in meinem Alter mitspielte, stets vor, wie lustig es doch sein mußte, eine Rolle in einem Film darzustellen.

Als mein letztes Jahr in Eureka begann, hatte mein geheimer Traum, Schauspieler zu werden, feste Wurzeln geschlagen. Aber ich wußte, daß ich 1932 in Illinois nicht lauthals verkünden konnte: »Ich möchte Schauspieler werden.«

Zu sagen, ich wolle ein Filmstar werden, wäre so exzentrisch gewesen, als hätte ich erklärt, ich wolle zum Mond. 1932 waren Hollywood und der Broadway von Dixon mindestens ebenso weit entfernt wie der Mond. Wenn ich irgend jemandem erzählt hätte, ich wolle Filmschauspieler werden, hätten sie mich in eine Anstalt gesteckt.

Aber ich hatte eine Idee. Zum Broadway und nach Hollywood war es von Dixon ein weiter Weg, jedoch nicht nach Chicago, dem Rundfunkzentrum der Vereinigten Staaten.

Damals fing der kommerziell betriebene Rundfunk gerade an, die Herzen Amerikas zu erobern. Wenn »Amos und Andy« in den Äther gingen, blieben alle Räder stehen: Befand man sich gerade im Kino, wurde der Projektor abgestellt, das Licht ging an, ein Rundfunkapparat wurde auf die Bühne gestellt, und alle saßen dann still auf ihren Sitzen und hörten sich eine halbe Stunde lang die neueste Episode an.

Das Radio war Magie. Es war im Geiste miterlebtes Theater. Man saß in seinem Wohnzimmer, wurde an glanzvolle Schauplätze in aller Welt versetzt und lauschte romantischen und abenteuerlichen Handlungen, die von einer Handvoll Schauspieler und mittels lebhafter Geräuscheffekte – das Quietschen einer Tür oder der Galopp eines Pferdes über harten Wüstenboden – zum Leben erweckt und von Radiowellen übertragen wurden. Es ist schade, daß inzwischen mehrere Generationen aufgewachsen sind, die nie Gelegenheit hatten, ihre Phantasie auf die gleiche Weise einzusetzen, wie wir es taten.

Während das Medium seinen Einfluß in Amerika ausdehnte, hatte der Rundfunk einen neuen Beruf hervorgebracht – den des Sportreporters. Leute wie Graham McNamee und Ted Husing waren für ihre Livereportagen von Footballspielen so berühmt wie mancher Hollywoodstar geworden und oft bekannter als die Sportler, über die sie berichteten.

In Eureka lauschte ich ihren Sendungen mit fanatischer Inbrunst, und im TKE-Haus nahm ich oft einen Besenstiel, tat so, als wäre er ein Mikrophon, und »interviewte« den einen oder den anderen meiner Verbindungsbrüder »in der Kabine«, um ein paar Lacher zu kassieren.

Nach meinem College-Abschluß im Juni 1932 arbeitete ich noch einen Sommer im Lowell Park, um etwas Geld zu sparen und mit der Zahlung der gestundeten Studiengebühren zu beginnen. Im Park gab es das Sommerhotel »The Lodge«, in dem wohlhabende Familien Jahr für Jahr abstiegen, die meisten von ihnen aus Chicago, um Urlaub auf dem Land zu machen. Im Laufe der Jahre hatte ich vielen Kindern aus diesen Familien das Schwimmen beigebracht, und ihre Väter hatten mir oft gesagt, sie würden mir nach dem College-Abschluß helfen, einen Job zu finden. Die Depression hatte das alles geändert: Im Sommer 1932 kamen nur noch wenige Familien im Urlaub in den Lowell Park, und unter ihnen war kaum einer in der Lage, mir bei der Arbeitsuche zu helfen.

Doch es gab eine Ausnahme: Ein Geschäftsmann aus Kansas City sagte mir, er hätte Kontakte zu Leuten in verschiedenen Branchen, und fragte mich, was ich nach dem Examen vorhätte. Ich brachte es nicht über die Lippen, daß ich in die Unterhaltungsbranche wollte. Das hätte zu lächerlich geklungen. Aber er drängte mich erbarmungslos zu einer Antwort: »Sie müssen mir schon sagen, was Sie tun wollen.«

Zwar konnte ich es auch jetzt noch nicht über mich bringen, von der Schauspielerei zu reden, doch erinnerte ich mich an die »Interviews« mit dem Besenstil im TKE-Haus und sagte: »Ich muß Ihnen gestehen, daß ich eigentlich am liebsten Sportreporter im Radio werden würde.« (Ich hatte mehrere Filme gesehen, in denen Sportreporter sich selbst spielten, und dachte, es gäbe da eine entfernte Möglichkeit, auf diese Weise zum Film zu kommen.)

Da gab er mir einen der – wie sich herausstellen sollte – besten Ratschläge, die ich je im Leben empfangen habe. Er erklärte, er hätte zwar keine Beziehungen zum Rundfunk, aber das wäre vielleicht sogar besser für mich. Wenn er einen Freund bäte, mir einen Job zu geben, so könnte dieser ihm vielleicht den Gefallen tun, würde sich aber darüber hinaus vermutlich kaum zu etwas verpflichtet fühlen. Es wäre wahrscheinlich besser, ich kümmerte mich von Anfang an selbst um alles. Dann kam sein zweiter Ratschlag: Ich solle losziehen und bei den Sendern anklopfen, ohne jedoch die Sportberichterstattung zu erwähnen, sondern ich solle statt dessen betonen, ich sei von dieser neuen Industrie begeistert und bereit, *jede* Art von Job anzunehmen, um überhaupt zum Funk zu kommen. Und er sagte, ich solle mich durch

Ablehnungen nicht entmutigen lassen. Vertreter müßten oft an 250 Türen klopfen, bevor sie einen Verkauf tätigen könnten.

Ende des Sommers schloß die Badeanstalt, und ich sagte meiner Mutter, daß ich den Rat des Geschäftsmannes befolgen wollte. Ich würde mit Moon zusammen nach Eureka fahren, wo er sich für ein weiteres Jahr einschreiben wollte, und dann nach Chicago weitertrampen, um mir einen Job als Radiosprecher zu suchen.

Nachdem ich mit Moon in Eureka angekommen war, verbrachte ich einige Stunden mit Margaret, deren Vater gerade zum Pfarrer der Disciples-of-Christ-Kirche von Eureka ernannt worden war. Sie packte ihre Koffer für die Fahrt in einen abgelegenen Ort im ländlichen Illinois, wo sie mit viel Glück eine Anstellung als Lehrerin gefunden hatte.

Es war ein trauriger Abschied. Aber wir wußten, daß Trennungen während der Depression unvermeidlich waren. Die Lage wurde von Tag zu Tag schlimmer, und jeder mußte Jobs dort annehmen, wo er sie finden konnte.

In Chicago stieß ich überall auf Ablehnung. Wenn ich sagte, daß ich Radiosprecher werden wollte (mein eigentliches Ziel, Sportreporter zu werden, erwähnte ich nirgendwo), lachte man mich glatt aus und wies mir ohne ein weiteres Wort die Tür. Die einzige Ermutigung bekam ich von der Programmdirektorin der NBC-Sendestation in Chicago. Diese nette Frau hörte sich meine Bitte um einen Job an und sagte mir, ich wäre am falschen Ort. »In Chicago können wir uns Leute ohne Erfahrung nicht leisten. Es ist durchaus vernünftig von Ihnen, einen Job beim Rundfunk zu suchen, aber gehen Sie erst mal in die ›finsterste Provinz‹, wie wir es nennen. Da werden Sie jemanden finden, der Sie nimmt und bei dem Sie Erfahrungen sammeln können, und dann kommen Sie eines Tages nach Chicago zurück.«

Enttäuscht trampte ich im Regen nach Dixon zurück. Inzwischen war mein Sommerverdienst fast aufgebraucht, und ich brauchte dringend irgendeine Arbeit. Ein paar Tage später, nachdem ich mir große Hoffnungen auf den Job in der Sportabteilung von Montgomery Ward gemacht hatte, wurde ich wieder enttäuscht.

7

Nach der Enttäuschung mit Montgomery Ward gestand ich Jack meine erfolglose Jobsuche in Chicago und erwähnte den Vorschlag der Dame von der NBC, es in der »finstersten Provinz« zu versuchen.

Jack war ein praktisch veranlagter Mann, der fest an diese Radiodurchsagen glaubte, die den Leuten rieten, zu Haus zu bleiben, weil nirgendwo Jobs zu finden seien. Er war selbst auf Achse gewesen und wußte aus eigener Erfahrung, wie hart die Zeiten waren. Aber er wußte auch, wie enttäuscht ich war, nachdem es mit dem Job in Dixon nicht geklappt hatte, und als ich mit meinem Traum herausplatzte, daß ich zum Rundfunk wollte, empfand er aus ganzem Herzen mit mir. Er war ein stolzer, ehrgeiziger Mann, dessen eigene Träume sich in der Depression zerschlagen hatten, und ich denke, er verstand die Leidenschaft, die in mir brannte. Wahrscheinlich hatte das gleiche Feuer – der Wunsch, etwas aus sich zu machen – auch in ihm gebrannt. Einen Augenblick lang sah ich Jack wieder in diesem winzigen Schuhladen in Springfield. Mitgefühl überkam mich.

Er fragte mich, was ich über Radiosender außerhalb von Chicago wüßte – in Dixon hörte man nur Chicagoer Sender. Der Rundfunk war so neu, daß manche Städte im Mittelwesten noch keine kommerziellen Sender hatten, aber ich sagte, mir wären zwei oder drei im Städtedreieck Davenport–Moline–Rock Island an der Grenze zwischen Illinois und Iowa bekannt, und es gäbe noch mehrere andere weiter im Westen.

Jack hörte sich alles an und meinte, wenn ich den Rat dieser Frau in Chicago auf die Probe stellen wolle, sei er bereit, mir das Familienauto zu leihen, so daß ich losfahren und mir einen Job beim Rundfunk suchen könne.

Ein paar Tage später stieg ich in unseren Oldsmobile aus dritter Hand und machte mich auf den Weg in das erwähnte Städtedreieck, das etwa 120 Kilometer südwestlich von Dixon am Mississippi liegt.

Ich begann mit Sendern auf der Illinois-Seite des Mississippi, hatte aber keinen Erfolg und überquerte den Fluß nach Iowa. Mein erster Versuch dort galt dem Sender WOC in Davenport. WOC war die Abkürzung von »World of Chiropractic« (Welt der Chiropraktik).

Den Sender hatte Oberst B. J. Palmer gegründet, der Eigentümer der Palmer School of Chiropractic, dessen Optimismus und Weitblick in bezug auf die Zukunft des Rundfunks ihn motiviert hatten, auch den Sender WHO in Des Moines zu erwerben.

Bei meiner Jobsuche in Chicago hatte ich gelernt, daß man sich an den Programmdirektor zu wenden hatte, wenn man einen Job als Radiosprecher haben wollte.

Nachdem ich das Gebäude der Palmer School of Chiropractic, ein Bürogebäude im Zentrum von Davenport, gefunden hatte, fuhr ich mit dem Fahrstuhl in den obersten Stock und fragte, ob ich den Programmdirektor sprechen könnte. Ein paar Sekunden später schüttelte ich einem rotgesichtigen Schotten die Hand, der sich beim Gehen auf zwei dünne Rohrstöcke stützte.

Peter MacArthur hatte als Sänger, Tänzer und Mitglied von Harry Lauders erster Vaudeville-Truppe den Atlantik überquert und Tourneen durch Amerika mitgemacht, bis die Arthritis ihn fast zum Krüppel machte. Da er schrecklich litt, gab er seinen Beruf in Davenport auf und ging zur Palmer School of Chiropractic in der Hoffnung, daß man ihn dort von den furchtbaren Schmerzen in seinen Gelenken befreien könnte. Diese Hoffnung erfüllte sich nicht, aber wegen seiner Erfahrung im Showgeschäft bot man ihm den Job eines Ansagers und später den des Programmdirektors bei WOC an. In diesem Teil des Landes war Peters rollender, harter Highland-Akzent den Leuten ebenso vertraut wie das Duo »Amos and Andy«, wenn er sagte: »WOC Davenport – wo der Westen beginnt, in dem Staat, wo der hohe Mais wächst.«

Pete, dessen Wangen von den kalten Winden der schottischen Highlands gegerbt worden waren, bis sie die Farbe von Kupfer angenommen hatten, hörte mir zu, während ich meine übliche Litanei hersagte, daß ich bereit sei, *jeden* Job anzunehmen, um nur ja beim Rundfunk anfangen zu können.

»Wo waren Sie gestern?« wollte er wissen. »Der Job ist besetzt.«

Er sagte, er hätte eine Stelle für einen Ansager gehabt und sich am Tag zuvor die Bewerber angehört, nachdem er den Job einen Monat lang über den Sender ausgelobt hätte.

Ich wollte ihm nicht sagen, daß in Dixon kaum jemand WOC hörte.

Nachdem ich in der Woche zuvor schon den Job bei Montgomery Ward verloren hatte, war das jetzt zuviel für mich. Wie betäubt verließ ich sein Büro und steuerte erschüttert den Fahrstuhl an. »Wie zum Teufel«, sagte ich im Hinausgehen leise vor mich hin, aber laut genug, daß er es hören konnte, »soll man Sportreporter werden, wenn man nicht mal einen einfachen Job beim Radiosender bekommen kann?«

Ich erreichte das Ende des Flurs und drückte auf den Fahrstuhlknopf. Als die Tür aufging, hörte ich Pete mit seinen Stöcken auf mich zutappen, dann seine krächzende Stimme, so rauh wie Sandpapier: »Bleiben Sie stehen, Sie großer Bastard.«

Ich drehte mich um, sah ihn mit seinen Rohrstöcken auf mich zukommen und ließ den Fahrstuhl ohne mich hinunterfahren.

»Was haben Sie da von Sportreporter gesagt?« fragte er.

Ich erklärte ihm, daß ich einen Job beim Rundfunk suchte, um irgendwann einmal Sportreporter werden zu können.

»Verstehen Sie was von Football?«

»Ich habe in der High School und auf dem College acht Jahre lang Football gespielt...«

»Können Sie mir von einem Footballspiel berichten, so daß ich es vor mir *sehen* kann, als würde ich zu Haus am Radioapparat sitzen?«

»Ja... sicher könnte ich das«, erwiderte ich mit dem unerschütterlichen Selbstvertrauen der Jugend.

»Kommen Sie mit!« sagte er.

Pete führte mich in ein Studio und stellte mich vor ein Mikrophon.

»Wenn das rote Licht aufleuchtet«, erklärte er, »bin ich in einem anderen Raum und höre zu. Beschreiben Sie mir irgendein imaginäres Footballspiel und sorgen Sie dafür, daß ich es *sehe*.«

Ich zermarterte mir das Hirn, wie ich ihn am besten beeindrucken konnte. Es mußte ein höchst dramatisches Spiel mit einem aufregenden Finish sein, Namen mußten genannt und spezifische Spielzüge geschildert werden. Die Namen waren das wichtigste. Wie sollten mir zur rechten Zeit all die unterschiedlichen Namen einfallen?

Ich entschied mich dafür, eines der Spiele in Eureka zu beschreiben, an denen ich selbst teilgenommen hatte, da kannte ich die Spielzüge und die Spieler.

In der letzten Saison hatten wir ein Spiel in den letzten zwanzig Sekunden für uns entschieden – nach einem Sechzig-Yard-Lauf und anschließendem Touchdown durch Quaterback Bud Cole, meinen Fraternitybruder, der mich auf der Bühne der Northwestern University »erwürgt« hatte. Es war eines der aufregendsten Spiele, an denen ich je teilgenommen hatte.

Als ich vor dem Mikrophon stand, bestand meine einzige Probe für diesen Ernstfall lediglich in jenen imaginären Interviews mit dem Besenstiel im TKE-Haus. Plötzlich ging das rote Licht an. Ich sah das Mikrophon an und improvisierte:

»Wir sind im letzten Spielviertel. Western State University führt gegen Eureka College sechs zu null...

Lange blaue Schatten breiten sich über das Spielfeld aus, und ein kalter Wind bläst ins Stadion herein...«

(Wir hatten kein Stadion, wir hatten nur eine unüberdachte Zuschauertribüne, aber ich nahm nicht an, daß er das wußte.)

Ich ließ die Teams fast fünfzehn Minuten lang kreuz und quer über das Spielfeld rennen, leitete dann allmählich zu dem letzten Spielzug über – einem Angriff über die Flanke. Ich habe nie begriffen, wie Bud es eigentlich bis zur Torlinie geschafft hat. In diesem Spielzug sollte der *guard* (Halbstürmer) – das war ich – sofort nach dem Anstoß aus der Linie vorpreschen, unser Störmanöver durch die gegnerische Linie hindurchtragen und sich auf den ersten gegnerischen Verteidigungsspieler der zweiten Reihe stürzen.

Ich verfehlte den *linebacker* um Meilen und weiß bis heute nicht, wie Bud den Durchbruch und Touchdown geschafft hat. Aber während des Spiels, das ich für Pete MacArthur »übertrug«, fuhr ein Verteidiger namens *Reagan* mit einem so vehementen Block dem *linebacker* in die Parade, daß es ihn fast umgebracht hätte.

Bud erreichte nicht nur die Endzone und den Einstand, sondern er drop-kickte auch noch den Zusatzpunkt nach dem Touchdown und gewann das Spiel sieben zu sechs für Eureka. Während die Eureka-Fans jubelten, beendete ich die Übertragung mit den Worten: *»Und damit schalten wir in unser Hauptstudio zurück...«*

Als Pete ins Studio kam, lag ein Lächeln auf seinem Gesicht. »Das hast du Klasse gemacht, du großer Bastard«, sagte er. »Komm Sonnabend wieder. Du berichtest vom Eröffnungsspiel Iowa gegen Minnesota. Du kriegst fünf Dollar und das Fahrgeld für den Bus.«

In der folgenden Woche las ich alles, was ich auftreiben konnte, über diese sowie die übrigen Big-Ten-Collegeteams. Am Sonnabend nahm ich einen Bus nach Davenport, traf Pete im WOC und fuhr mit ihm und einem WOC-Reporter, den Pete offensichtlich in Reserve behielt für den Fall, daß ich versagen sollte, nach Iowa City.

Sobald ich mit meiner Reportage »auf Sendung« war, versuchte ich aus meiner Chance das Beste zu machen. Ich wählte plastische und bildhafte Ausdrücke in der Hoffnung, den Hörern den Eindruck zu vermitteln, sie säßen im Stadion, und reicherte meine Beschreibung mit Hintergrundinformationen über die Spieler und Teams an, die zeigen sollten, daß ich wußte, wovon ich redete.

Als das Spiel vorbei war, sagte Pete, ich hätte den Test bestanden und ich sollte über Iowas weitere drei Spiele bis zum Ende der Saison für je zehn Dollar berichten.

Jetzt konnte ich mich also nicht nur Sportreporter nennen, sondern hatte auch gleich mein Honorar innerhalb einer Woche verdoppelt.

Für einen Einundzwanzigjährigen, der frisch vom College kam, waren diese Reportagen von den Spielen der Big Ten wie ein Traum, und zum Ende der Saison betete ich, daß die Leute bei WOC mir einen dauerhaften Job anbieten würden. Doch nach dem letzten Spiel erklärte mir Pete, der Sender hätte keine Stelle frei. Aber sobald sich etwas fände, würde er sich melden. Da die Depression jedoch mit jedem Tag schlimmer wurde, klang das, als bestünde wenig Aussicht.

Wieder einmal fuhr ich enttäuscht und verzweifelt nach Haus.

In Dixon erfuhr ich von Jack, daß es viel Wichtigeres als diese Footballspiele gab: Während ich von *forward passes* und *quaterback sneaks* geredet hatte, war Franklin D. Roosevelt in einem »Erdrutschsieg« zum 32. Präsidenten der Vereinigten Staaten gewählt worden, und Jack prophezeite, Roosevelt werde das Land vor dem Abgrund retten.

Es gab in Dixon nicht viele Anhänger der Demokratischen Partei, und Jack war wahrscheinlich der freimütigste von ihnen. Er ließ keine Gelegenheit aus, sich für den einfachen Arbeiter einzusetzen oder ein Loblied auf Roosevelt zu singen.

Ich bin vermutlich durch Geburt Demokrat geworden, und ein paar Monate nach meinem einundzwanzigsten Geburtstag stimmte ich bei meinem ersten Wahlgang für Roosevelt und ausschließlich für Kandidaten der Demokratischen Partei. Und genau wie Jack – und Millionen anderer Amerikaner – vergötterte ich FDR schon bald. Er war während eines nationalen Notstandes ins Weiße Haus eingezogen, wie ihn das Land schlimmer noch nicht erlebt hatte, und hatte bereits innerhalb kurzer Zeit einen Aktionsplan in Kraft gesetzt, um der Krise zu begegnen.

Bei seinen Fireside Chats (Plaudereien am Kamin) hallte seine kräftige, freundliche, zuversichtliche Stimme im ganzen Lande von einer Beredsamkeit wider, die in der von Wirtschaftsnöten gebeutelten Nation Trost und neue Hoffnung aufkommen ließ, und er gab uns die Gewißheit, daß wir mit jedem Problem fertig werden konnten. Das werde ich ihm nie vergessen.

Mit seiner Vielfalt von Bundesbehörden mit ihrem Buchstabensalat setzte FDR in vielerlei Hinsicht jene Kräfte in Gang, die später eine riesige Regierungsmaschinerie zu schaffen und in Amerika eine Art verkappten Sozialismus einzuführen versuchten. Aber ich glaube, viele Leute vergessen, daß Roosevelt mit einem politischen Programm in den Wahlkampf um die Präsidentschaft zog, durch welches Verschwendung und überflüssiger Speck in Regierung und Verwaltung abgebaut werden sollten. Er rief zur Beschneidung der Bundesausgaben um 25 Prozent auf, wollte nutzlose Gremien und Ausschüsse abschaffen und den Bundesstaaten und Gemeinden jene Macht und Rechte zurückgeben, welche die Bundesregierung unrechtmäßig an sich gerissen hatte. Wäre er nicht durch den Krieg davon abgelenkt worden, dann hätte er meiner Überzeugung nach der unbarmherzigen Expansion der folgenden Administration einen Riegel vorgeschoben. Einer seiner Söhne, Franklin Roosevelt, Jr., hat mir oft erzählt, daß sein Vater wiederholt gesagt habe, seine Wohlfahrts- und Hilfsprogramme während der Depression seien nur als Überbrückungsmaßnahmen gedacht gewesen, um der Notsituation zu begegnen, nicht als Saat, aus der andere nach ihm einen permanenten Wohlfahrtsstaat aufzuziehen versuchten. Sozialhilfe-Programme der Regierung, so sagte FDR, »legen den menschlichen Unternehmungsgeist lahm«, und er hatte recht. So klug er war, so glaube ich doch, daß nicht einmal FDR es erkannte: Sobald eine Bürokratie ins Leben gerufen wird, entwickelt sie sehr schnell ein Eigenleben. Hat man sie erst mal geschaffen, so ist es fast unmöglich, sie wieder loszuwerden.

Nach Roosevelts Wahl wurde Jack, als einer der wenigen Demokraten in der Stadt, damit beauftragt, einige der Hilfsprogramme der Bundesregierung in Dixon in die Tat umzusetzen. So belastete er nicht mehr die Arbeitslosenstatistik, und ich erhielt zum erstenmal Gelegenheit, die Regierung »in Aktion« zu erleben.

8

Als Beauftragter für das Hilfsprogramm der Bundesregierung teilte sich Jack in Dixon ein kleines Büro mit dem Country Supervisor of Poor, dem Sozialhilfe-Inspektor des Bezirks. Jede Woche kamen Arbeitslose in das Büro, um Mehl, Kartoffeln, andere Nahrungsmittel und Bezugsscheine abzuholen, mit denen sie in den Geschäften der Stadt Lebensmittel erwerben konnten.

Gelegentlich ging ich dort vorbei und wartete auf Jack, damit wir zusammen nach Hause gehen konnten. Ich war betroffen, die Väter vieler meiner Schulkameraden nach Almosen anstehen zu sehen – Männer, die ich den größten Teil meines Lebens gekannt hatte und die Arbeitsplätze gehabt hatten, die in meinen Augen bis dahin so sicher und dauerhaft gewesen waren wie die Stadt selbst.

Jack wußte, daß die Selbstachtung dieser Männer darunter litt, daß sie Almosen annehmen mußten, und entwickelte deshalb einen Plan, wie man ihnen helfen konnte, sie wenigstens teilweise zurückzugewinnen. Er ging frühmorgens los, fuhr im Bezirk herum und fragte, ob jemand Hilfsarbeiten zu vergeben hätte, und wenn das der Fall war, überredete er die Leute, es ihm zu überlassen, jemanden dafür zu finden. Wenn dann die Arbeitslosen in sein Büro kamen, um ihre Unterstützung abzuholen, bot Jack denen, die am längsten ohne Lohn und Brot waren, die Arbeiten an, die er gefunden hatte.

Nie werde ich die Gesichter dieser Männer vergessen, wenn Jack ihnen sagte, er hätte einen Job für sie: Ihre Gesichter strahlten auf wie eine Neonreklame. Und wenn sie Vaters Büro verließen, gingen sie ein wenig aufrechter – das schwöre ich. Sie wollten *Arbeit*, keine Almosen.

Nicht lange danach erklärte Jack mehreren Männern, er hätte für eine Woche Arbeit für sie gefunden. Doch sie reagierten auf diese Nachricht mit betretenem Füßescharren. Schließlich brach einer das Schweigen und sagte: »Jack, das letztemal, als du mir eine Arbeit besorgt hast, haben die Leute von der Wohlfahrt meiner Familie die Unterstützung gestrichen. Sie erklärten, ich hätte einen Job, und obwohl er nur vorübergehend war, sagten sie, ich sei nicht mehr berechtigt, Unterstützung zu bekommen. Ich kann es mir einfach nicht leisten, noch eine Arbeit anzunehmen.«

Später übernahm Jack, wiederum dank seiner Parteibeziehungen, das Büro der Works Project Administration in Dixon. Die WPA war eines der produktivsten Elemente unter Roosevelts Regierungsbehörden mit ihrem Buchstabensalat von Abkürzungen, weil sie Arbeitskräfte zum Bau von Straßen, Brücken und anderen Projekten einsetzte. Wie Jacks Privatprogramm vermittelte sie Männern und Frauen die Möglichkeit, zu ein wenig Geld zu kommen, zusammen mit dem Bewußtsein, es *verdient* zu haben. Aber kaum hatte Jack das Programm in Gang gesetzt, stellte er fest, daß die Zahl der Bewerber um Arbeit an diesen Projekten abnahm. Da er wußte, daß die Arbeitslosigkeit in Dixon keineswegs behoben war, fing er an, Fragen zu stellen, und entdeckte, daß die Angestellten der Bundeswohlfahrtsbehörde arbeitsfähigen Männern in Dixon empfahlen, lieber keine WPA-Jobs anzunehmen, sie wären ja versorgt und brauchten keine Hilfe von der WPA.

Nach einer Weile konnte Jack keine seiner Arbeitsbeschaffungsmaßnahmen mehr in Gang bringen; er konnte einfach nicht genügend Männer von dem Almosenprogramm loseisen. Ich war noch nicht erfahren genug, um zu begreifen, was ich später lernte: Der Bürokratie geht es in erster Linie darum, die Bürokratie zu erhalten. Wenn die für das Wohlfahrtsprogramm zuständigen Leute zugelassen hätten, daß ihre »Klientel« andere Wege für ihren Lebensunterhalt fand, so wäre dadurch ihre eigene Wichtigkeit und ihr Budget beschnitten worden.

Der Winter 1932/1933 war sehr kalt. Wie viele andere Leute aus Dixon verbrachte ich Weihnachten und Neujahr ohne Arbeit und ohne Aussichten. Der einzige Job am Horizont war ein weiterer Sommer als Bademeister im Lowell Park. Im Februar jedoch bekam ich einen Telephonanruf, der alles änderte: Pete MacArthur sagte, einer seiner beiden Stammsprecher bei WOC hätte gekündigt, und er bot mir dessen Job zu einem Anfangsgehalt von 100 Dollar im Monat an.

»Morgen bin ich da«, sagte ich.

Nelle hatte mir beigebracht, zehn Prozent meines Einkommens der Kirche zu geben, und das habe ich immer getan. Sobald mir die Stelle sicher war, besuchte ich unseren Pfarrer und fragte ihn: »Mein Bruder hat noch ein Jahr im College vor sich, aber er wird Eureka verlassen müssen, weil ihm das Geld ausgeht. Glauben Sie, daß der Herr es als Zehnten verstehen würde, wenn ich meinem Bruder zehn Dollar im Monat schicke, statt sie in die Kollekte zu geben?« Der Pfarrer, ein freundlicher und weiser Mann, dachte einen Augenblick lang nach und meinte dann: »Ich glaube, der Herr wäre damit einverstanden.«

Schon an meinem Ankunftstag in Davenport ging ich auf Sendung. Ich war bereits Diskjockey, bevor dieser Ausdruck erfunden wurde: Als Ansager spielte ich Schallplatten ab, verlas Werbetexte und machte die Überleitung zwischen unserem Lokalprogramm und den überregionalen Sendungen. Ich war allerdings, gelinde gesagt, nicht unbedingt ein Senkrechtstarter als Radiosprecher.

Niemand hatte sich die Mühe gemacht, mich auf meine Aufgaben als Sprecher vorzubereiten, und das rächte sich prompt. Ich verhaspelte mich, und mein Vortrag war so hölzern wie eine Prärieeiche. Für einige der von mir verlesenen Werbetexte hätte ich mich als Auftraggeber prompt geweigert, auch nur einen Cent zu zahlen. Aber es war der Text, den ich *nicht* verlas, der mich dann in Schwierigkeiten brachte.

In unserem Programm gab es eine halbe Stunde Orgelmusik aus dem örtlichen Bestattungsinstitut. Dieses stellte den Organisten im Austausch gegen unseren diskreten Hinweis auf die Herkunft der süßen Klänge. Aber mir hatte niemand diesen Zusammenhang erklärt, und eines Abends gefiel es mir ganz und gar nicht, einem romantischen Song wie »I Love You Truly« die Schleichwerbung für ein Begräbnisinstitut folgen zu lassen. Ich ließ den Hinweis weg.

Verständlicherweise war das Begräbnisinstitut ungehalten und beklagte sich. Nach den Schnitzern, die ich mir in den Wochen davor schon geleistet hatte, befand die Leitung des Senders, es sei an der Zeit, daß ich mir eine andere Laufbahn suchte.

Doch dann kam es zu einem jener Ereignisse, bei denen man sich fragt, ob Gott nicht doch für jeden von uns einen Plan hat.

Der Sender gab meinen Job einem jungen Lehrer und mir den Auftrag, ihn einzuarbeiten. Dabei erwähnte ich, wie man mich geheuert und dann gefeuert hatte. Daraufhin verlangte er von WOC einen Vertrag mit Kündigungsschutz. Er wollte nicht die relative Sicherheit seiner Arbeit als Lehrer aufgeben, um dann möglicherweise wie ich auf der Straße zu stehen. Aber WOC machte keine Verträge und lehnte ab. Der Lehrer verschwand, und der Sender bat mich, so lange zu bleiben, bis jemand anderes gefunden war.

Ich erklärte, unter der Bedingung zu bleiben, daß sie jemanden abstellten, der mir half, meine Präsentationsweise zu verbessern.

Daraufhin machten sich Pete und andere Freunde an die Arbeit und verpaßten mir einen Schnellkursus als Rundfunksprecher. Ich las mir die Werbetexte vor der Sendung durch, übte meine Ansagen, bis sie den richtigen Tonfall und Rhythmus besaßen, und legte mehr Gefühl in meine Worte. Alles, was ich anpackte, gelang mir, und nach ein, zwei Wochen sprach niemand mehr von meiner Entlassung.

Dann ereignete sich ein weiterer Durchbruch für Dutch Reagan.

Ich war noch keine drei Monate in Davenport, als Pete mich in sein Büro rief und fragte: »Verstehen Sie etwas von Leichtathletik?«

Ich sagte: »*Hell, yes,* ich bin die Viertelmeile gelaufen und habe an einem Meisterschafts-Staffellauf teilgenommen.«

WHO, die Schwesterstation in Des Moines, suche jemanden, meinte Pete, der von den Staffelläufen an der Drake University berichtete, einer der wichtigsten Leichtathletik-Veranstaltungen des Landes. Ich bekam den Job.

Wenige Wochen später erhielt die Palmer Company die Genehmigung, einen 50000-Watt-Sender in Des Moines einzurichten. Man sagte uns, WOC mache zu und wir kämen alle zu WHO.

Bis dahin hatten beide Sender nur schwache 1000-Watt-Sender mit begrenzter Reichweite betrieben. Es gab damals in ganz Amerika nur 15 Sender mit einer Sendekapazität von 50000 Watt, und es war eine ganz große Sache in der Rundfunkbranche, für einen von ihnen zu arbeiten. Über Nacht wurde WHO einer der leistungsfähigsten NBC-Sender im Land, und weil ich für meine Reportagen von den Staffelläufen an der Drake University gute Kritiken bekommen hatte, bot man mir den Posten eines Sportberichterstatters an.

Ich verbrachte vier Jahre beim Sender WHO in Des Moines, und sie gehörten zu den angenehmsten meines Lebens. Mit zweiundzwanzig hatte ich meinen Traum verwirklicht: Ich war Sportreporter. Hätte ich mich damit begnügt, ich wäre vermutlich für den Rest meines Lebens zufrieden gewesen. Ich hatte mein Ziel erreicht und genoß das in vollen Zügen. Es dauerte nicht lange, und ich verdiente – in der tiefsten Depression – 75 Dollar in der Woche und wurde im Mittelwesten so bekannt, daß man mich hier und da zu Vorträgen einlud, durch die ich ein Extraeinkommen erzielte, mit dem ich meine Eltern unterstützen konnte, deren finanzielle Situation sich weiter verschlechtert hatte, seit Jack wegen seiner Herzkrankheit nicht mehr arbeiten konnte.

Nach seinem Examen in Eureka besuchte mich Moon in Des Moines. Eines Freitagabends war er im Studio, als ich meine Voraussagen über die Sieger der Footballbegegnungen am Sonnabend abgab. Als ich sah, daß er bei einigen meiner Prophezeiungen den Kopf schüttelte, teilte ich dies meinen Hörern mit und bezog ihn damit in die Sendung ein. Pete MacArthur hörte uns, und unser Dialog gefiel ihm so sehr, daß wir daraus eine regelmäßige Freitagabendsendung entwickelten, in der wir unsere Tips miteinander verglichen. Später wurde Moon Sprecher und Programmdirektor bei WOC und kletterte die Leiter beim Rundfunk empor, um nach und nach Direktor, Produzent, Leitender Angestellter im gesamten Netzwerk und schließlich Vizepräsident einer der größten Werbeagenturen des Landes zu werden.

Während meiner Jahre in Des Moines besuchte ich eine endlose Reihe von Footballspielen, Autorennen, Leichtathletikveranstaltungen und Schwimmwettbewerben und »berichtete« durch die Magie der Funktechnik über Hunderte von Baseballspielen der Chicago Cubs und der Chicago White Sox, ohne überhaupt ins Stadion zu gehen.

Auf der Pressetribüne am Wrigley Field, oder wo immer die Cubs gerade spielten, setzte ein Telegraphist nach jedem Ballwurf und nach jedem *inning* einen Bericht in Morsecode ab. In Des Moines saß ich am Mikrophon und mir gegenüber – durch eine Glasscheibe getrennt – ein zweiter Telegraphist mit Kopfhörern über den Ohren.

Nach jedem *inning* entschlüsselte er eine Reihe von Strichen und Punkten aus dem Stadion, tippte ein paar Worte auf der Maschine und reichte mir den Zettel durch einen Schlitz in der Glasscheibe. Dann schilderte ich den Spielverlauf, als säße ich auf der Pressetribüne, obwohl auf dem Zettel vielleicht nur »Out 4 to 3« stand; 4 war das zweite Mal und 3 war das erste, also war es ein *grounder* (Bodenball), den der nahe dem zweiten Mal plazierte *second baseman* gefangen und damit den Schlagmann am ersten Mal »ausgemacht« hatte. Es mußte schnell gehen, weil wir nicht die einzigen waren, die vom Spiel berichteten. Sechs oder sieben andere Sender übertrugen die Spiele der Cubs ebenfalls, und die meisten taten es live von der Pressetribüne aus. Manchmal verglichen die Leute meine Sendungen mit den Liveübertragungen, und sie sagten mir, ich würde dem Spielverlauf lediglich einen halben Wurf hinterherhinken.

Zwischen *pitches* (Würfen) und *innings* war gewöhnlich eine Menge

»tote Zeit« auszufüllen, in der ich Anekdoten über die Spieler erzählte und sie selbst, das Spielfeld und das Wetter beschrieb. Weiß der Kukkuck, auf wie viele verschiedene Arten ich geschildert habe, wie die Strahlen der Nachmittagssonne über den Stadionrand von Wrigley Field fielen.

An einem Sommertag – und diese Geschichte habe ich wahrscheinlich öfter als jede andere zum besten gegeben – wurde meine Phantasie auf eine harte Probe gestellt. Zwischen den Cubs und den St. Louis Cardinals stand es im neunten Inning immer noch Null zu Null unentschieden, Dizzy Dean befand sich auf dem Wurfmal und Billy Jurges von den Cubs war »am Schlag«.

Ich schilderte, wie Dean mit einer Körperdrehung ausholte und den Ball warf. Da schüttelte Curly, unser Telegraphist, den Kopf und schob mir einen Zettel zu. Ich erwartete, darauf die Beschreibung des Wurfs zu finden.

Statt dessen las ich: *Die Verbindung ist tot.*

Da ich den Ball bereits auf die Reise geschickt hatte, mußte ich auch sehen, daß er irgendwo ankam. Ich hätte meinen Hörern zwar gestehen können, daß die Verbindung tot war, doch dann hätten sie sofort zur Konkurrenz umgeschaltet. So beschloß ich, Jurges den Ball ins Aus schlagen zu lassen, und hoffte inständig, daß Western Union den Schaden in der Übertragungstechnik rasch behoben haben würde. Um die Zeit auszufüllen, beschrieb ich, wie sich ein paar Kids auf der Tribüne um den Ball stritten.

Als Curly mir Zeichen gab, daß der Draht noch immer tot sei, ließ ich Jurges einen weiteren Ball ins Aus schlagen. Ich beschrieb minutiös, was Dean tat: Er nahm den Harzbeutel, bekam einen Wink, schüttelte den Kopf, erhielt noch einen Wink, und dann ließ ich ihn werfen. Ich behauptete, Jurges hätte den Ball wieder ins Aus geschlagen, aber diesmal einen Homerun nur um Zentimeter verfehlt.

Ich suchte in Curlys Gesicht nach ermutigenden Anzeichen, aber er schüttelte den Kopf.

Ich beschrieb, wie Dean sich drehte, ausholte und noch einen Ball losschickte. Jurges schlug ihn ins Aus .... und dann noch einen ... und noch einen. Einmal schnappte sich ein rothaariger Junge auf der Zuschauertribüne den Ball und hielt seine Trophäe triumphierend hoch.

Inzwischen steckte ich so tief drin, daß ich nicht mehr zugeben konnte, daß der Draht tot war. Also verschlug Jurges immer weiter die von Dean geworfenen Bälle, und seine Pechsträhne dauerte fast sieben Minuten. Ich weiß nicht, wie viele Bälle im Aus landeten, aber man erzählte mir, jemand hätte die schier unglaubliche Serie als Rekord für »Ripley's Believe It Or Not«-Kolumne gemeldet.

Schließlich begann Curly wieder zu tippen – die Verbindung war wiederhergestellt. Erleichtert griff ich nach dem Zettel, den er mir durch den Schlitz schob, und las: *»Jurges hat gleich den ersten Ball erstklassig getroffen.«*

Tagelang hielten mich die Leute auf der Straße an und fragten, ob Jurges einen Rekord an verschlagenen Bällen aufgestellt hätte. Und ich meinte: »*Yeah*, er hat da sehr lange gestanden.« Ich hielt eisern an meiner Darstellung fest.

Ich habe nur ein einziges Footballspiel auf diese Art von »Fernübertragung« über den Sender geschickt.

Damals befürchteten viele der großen Universitäten, der Kartenverkauf könne durch die Radioübertragung ihrer Footballspiele leiden. Die University of Michigan erlaubte es uns nicht, ihr Spiel gegen Iowa zu übertragen, daher beauftragte man mich, es mit Hilfe der Telegraphie zu machen. Das denkwürdigste Detail an diesem Spiel war der Name von Michigans *center*: Gerald Ford.

Meine Arbeit in Des Moines bestand nicht nur aus Sportreportagen. Außerhalb der Saison sprang ich als Sprecher ein, und das gab mir Gelegenheit, Filmstars und andere Berühmtheiten zu interviewen, die in Des Moines waren. Eines Abends war die Evangelistin Aimee Semple McPherson bei uns zu Gast, die zu einer Evangelisationsveranstaltung nach Des Moines gekommen war – nicht lange nachdem man ihr vorgeworfen hatte, sie hätte eine unbotmäßige Romanze mit einem ihrer Anhänger unterhalten und dafür Mitgliedsbeiträge ihrer Kirche zweckentfremdet.

Ich bat sie nach dem Interview, unseren Zuhörern von der Evangelisationsveranstaltung zu erzählen, setzte mich hin, dachte über die nächste Werbung nach – und hörte, wie sich Aimee Semple McPherson von den Hörern verabschiedete.

Ich warf einen Blick auf die Uhr und merkte, daß noch vier Minuten bis zum nächsten Programm blieben, sprang ans Mikrophon, ließ den Zeigefinger kreisen – das Zeichen für den Tontechniker, eine Schallplatte abzuspielen – und sagte: »Wir beschließen dieses Interview mit der bekannten Evangelistin Aimee Semple McPherson, indem wir ein bißchen Musik spielen ....«

Der Toningenieur nickte, und ein Lied schmetterte über den Studiolautsprecher. Die Evangelistin blitzte mich wütend an, drehte sich um und marschierte mit wehendem Mantel zum Studio hinaus.

Der Toningenieur hatte die erste Schallplatte gespielt, die auf seinem Stapel lag: die Mills Brothers mit »Minnie the Moocher's Wedding Day« (Die Hochzeit von Minnie, der Schnorrerin).

Ich fand eine Liebe in Des Moines und verlor eine andere. Dort habe ich zum erstenmal den Satz gehört: »Nichts ist für das Innere eines Mannes so gut wie das Äußere eines Pferdes.«

Ich glaube, meine Zuneigung zu Pferden habe ich erstmals als Bademeister im Lowell Park entdeckt. In einem Parkwächterhaus wohnte ein Einwanderer aus Dänemark, der einen großen Grauschimmel besaß, und auf dem kam er gelegentlich zum Badehaus heruntergeritten. Wenn niemand am Strand war, durfte ich manchmal aufsitzen. Dadurch machte er mich mit einer der Freuden meines späteren Lebens bekannt, auch wenn ich es damals noch nicht wußte. In Des Moines gewann ich ein paar Freunde, die gern ritten. Sie luden mich ein, an einem freien Nachmittag zu einem Stall hinauszufahren, um uns Pferde auszuleihen, und ich genoß das sehr.

Dann erzählte mir ein Sprecherkollege bei WHO, ein Reserveoffizier der Kavallerie, daß das Vierzehnte Kavallerieregiment in Fort Des Moines jungen Männern die Chance bot, sich durch das Citizens Military Training Program des Kriegsministeriums zum Reserveoffizier ausbilden zu lassen. Ich verspürte keinen besonderen Drang, Armeeoffizier zu werden – ich dachte immer noch, wir hätten den »Krieg zur Beendigung aller Kriege« hinter uns –, aber das Angebot war zu verlockend: Im Austausch für den Einritt in die Reserve bot die Armee eine kostenlose Ausbildung bei einigen der besten Kavalleristen im Lande und die unbegrenzte Benutzung von Armeepferden. Seit ich ein Fan der Sonntagsmatineen im Kino geworden war, hatte ich ein Faible für die Szenen, in denen ein Trupp Kavalleristen in blauen Uniformröcken mit goldenen Tressen, mit flatternden Wimpeln und Hornsignal über die Prärie geprescht kam, um die belagerten Siedler zu retten.

In Des Moines setzte ich einige meiner Kindheitsphantasien in die Wirklichkeit um und entdeckte meine lebenslange Liebe zu Pferden und zum Reiten. Ich verliebte mich in das Reiten und begann davon zu träumen, selbst eine Ranch zu besitzen. Es gab für mich keinen schöneren Platz auf Erden als auf dem Rücken eines Pferdes.

Seit meiner zehnten High-School-Klasse in Dixon hatte ich geglaubt, Margaret Cleaver eines Tages zu heiraten. Auch unsere Familien und unsere Freunde waren davon ausgegangen. Sie war das erste Mädchen, das ich je geküßt habe. Ich hatte ihr meine Fraternitynadel und bald nach unserem Examen auch einen Verlobungsring geschenkt, und wir waren übereingekommen, daß wir heiraten würden, sobald wir es uns leisten konnten. Aber nachdem Margaret Lehrerin in einem entlegenen Teil von Illinois geworden und ich nach Iowa gezogen war, sahen wir einander immer seltener. Wir schrieben uns oft, aber unsere Begegnungen waren selten, und große Abstände lagen dazwischen. Zwei Jahre nachdem ich nach Des Moines gezogen war, öffnete ich eines Tages einen Brief von ihr: Meine Fraternitynadel und mein Verlobungsring fielen heraus.

Margaret schrieb, sie sei mit ihrer Schwester auf einer Kreuzfahrt in Europa gewesen, hätte dort einen Beamten im diplomatischen Dienst kennengelernt und sich in ihn verliebt.

Wenig später rief mich meine Mutter aus Dixon an. Sie sagte, sie hätte in der Zeitung gelesen, Margaret Cleaver sei verlobt und werde in einigen Wochen heiraten.

Nelle fürchtete sicherlich, ich würde vom Dach springen, und bat meinen alten High-School-Lehrer, B.J. Frazer, Verbindung mit mir aufzunehmen.

Er schickte mir einen wundervollen, mitfühlenden Brief, in dem er schrieb, ich hätte mein Leben noch vor mir und müsse in die Zukunft blicken, nicht in die Vergangenheit. Am Ende würde alles gut werden.

Und meine Mutter wiederholte natürlich ihre bekannte Redensart: Alles würde sich zum Besten wenden, und jeder Rückschlag im Leben trüge den Keim zu etwas Besserem in sich.

Margarets Entscheidung traf mich tief, doch weniger, weil sie mich nicht mehr liebte, sondern vielmehr, weil ich niemanden mehr hatte, den ich lieben konnte.

Trotzdem war mir innerlich bewußt geworden, daß wir uns während unserer langen Trennung auseinandergelebt hatten, und etwas in mir mahnte mich, es würde alles gut werden. Nach einer Weile ließ der Schmerz nach, und ich begann einzusehen, daß Nelle und B. J. Frazer recht hatten.

9

Wie jeder weiß, der einmal in Zentral-Iowa gelebt hat, können die Winter dort ewig dauern, um dann fast ohne eine Andeutung von Frühling in die Hitze des Sommers überzugehen. Seit ich mit meinen Reportagen über die Cubs angefangen hatte, war mir eine Idee gekommen, wie ich dem eisigen Winter in Iowa zumindest zum Teil entgehen konnte: Ich wollte WHO anbieten, das Team zu seinem alljährlichen Frühlingstraining in ein Camp in Kalifornien zu begleiten. Wenn ihr mir meine Kosten erstattet, sagte ich, fahre ich mit nach Kalifornien und opfere dafür meinen Jahresurlaub. Die Reise wird sich für euch sicher bezahlt machen, weil ich viel mehr über das Team erfahre und diese farbigen Details in der folgenden Saison in meine Berichte einfließen lassen kann.

Der Vorschlag, den sie akzeptierten, entstammte nicht so sehr meiner Nächstenliebe, wie es scheinen mochte: Ein Baseballreporter bekommt ohnehin keinen Sommerurlaub, und durch meinen Plan kam ich zu einem bezahlten Urlaub unter der Sonne Kaliforniens und außerdem zu der Chance, mit Artikeln für Zeitungen zu Hause ein paar Dollar extra zu verdienen. Da ich auch über die Spiele der Chicago White Sox berichtete, konnte ich mir außerdem ihr Trainingszentrum in Pasadena in der Nähe von Los Angeles ansehen.

Die Cubs, die der Wrigley-Kaugummi-Familie gehörten, absolvierten ihr Frühlingstraining auf Catalina, einer Felseninsel vor der südkalifornischen Küste, die ebenfalls der Familie Wrigley gehörte.

Meine jährlichen Reisen nach Südkalifornien begannen 1935. Für jemanden, der sich seit seiner Kindheit an Wildwestfilmen berauscht hatte und seit Jahren den Traum hegte, Schauspieler zu werden, lag Catalina aufreizend nahe bei Hollywood, aber auch wieder ganz schön abseits. Jede Woche stiegen Hunderte junger Leute – aus Iowa, Illinois und so gut wie jedem anderen Staat – in der Union Station von Los Angeles aus dem Zug, die den gleichen Traum wie ich hatten, und kamen der Erfüllung doch nicht näher als bis zu einem Studiotor.

Eine Woche vor meiner Abreise nach Kalifornien geschah 1937 allerdings etwas, das Hollywood und Des Moines einander ein wenig näherzubringen schien. Unser Sender brachte samstagsabends ein sehr beliebtes Programm mit Country-Musik, in dem eine phantastische Band zu hören war, die sich die Oklahoma Outlaws nannte. Gene Autry hatte von ihnen gehört und nahm sie für einen seiner Singing-Cowboy-Filme unter Vertrag. Die Studios suchten damals unablässig nach Möglichkeiten, ein breiteres Publikum zu erreichen, und die Oklahoma Outlaws hatten im mittleren Westen eine große Anhängerschaft.

Als ich im April zu meiner zehntägigen Reportagetour in Los Angeles eintraf, wütete ein ungeheurer Orkan in Südkalifornien. Die Straßen waren überflutet, und der Sturm knickte die riesigen Palmen der Stadt wie Weizenhalme.

Ich beschloß, mich erst einmal von den Cubs abzusetzen, und fuhr mit der Straßenbahn zu den Republic Studios, um dort zu sehen, was meine Freunde von den Oklahoma Outlaws aus ihrer neuen, wenn auch nur vorübergehenden Rolle als Filmschauspieler machten. Eigentlich hatte ich am selben Abend nach Catalina übersetzen wollen, aber der schwere Seegang im dreißig Kilometer breiten Catalina-Kanal zwang die Schiffe zur Umkehr, Flugboote konnten nicht abheben, und das Hotel der Cubs auf der Insel war durch Erdrutsche von der Stadt Avalon abgeschnitten.

So nahm ich mir ein Zimmer im »Biltmore Hotel« im Zentrum von Los Angeles, in dem die Cubs wohnten, wenn sie gegen die Los Angeles Angels spielten, und schlenderte hinunter in die »Biltmore Bowl«, einen Nachtklub im Untergeschoß des Hotels, um dort eine Sängerin aus Iowa, Joy Hodges, zu begrüßen.

Joy hatte auch einmal für WHO gearbeitet und war einige Jahre zuvor in der Hoffnung nach Los Angeles gekommen, beim Film landen zu können. Sie hatte auch mehrere kleine Rollen erhalten, sang aber abends zur Bandbegleitung im »Biltmore«. Ich schickte ihr eine Nachricht in die Garderobe, und sie leistete mir zwischen ihren Auftritten Gesellschaft beim Dinner.

Joy war eine hübsche, dunkelhaarige Frau von angenehmem Wesen, das unter ihrer kurzen Berührung mit dem Showgeschäft nicht gelitten hatte. Ich hatte mich auf ein gutes Essen in Gesellschaft einer attraktiven jungen Dame gefreut und vorgehabt, ihr den neuesten Klatsch aus Des Moines zu erzählen. Aber in meinem Kopf spukten noch die Eindrücke meines Studiobesuchs herum. Der Anblick der Schauspieler, Kameras, Lampen, die ganze Atmosphäre hatte mich in meinem Wunsch nur noch bestärkt, auch dazuzugehören. Strahlend vor Begeisterung gestand ich Joy, wie sehr ich mich schon immer danach gesehnt hate, Schauspieler zu werden.

»Dann muß die Brille weg«, stellte sie fest.

Die Studios nähmen keine Schauspieler mit Brille, fügte sie hinzu. Wenn ich zum Film wolle, müßte ich erst einmal »diese schrecklichen Gläser loswerden«.

Joy sagte, sie kenne einen Agenten, der vielleicht bereit sei, mir zu sagen, ob ich wirklich Chancen hätte, es in Hollywood zu etwas zu bringen – und der es mir auch ehrlich beibringen würde, wenn ich seiner Ansicht nach meine Zeit verschwendete.

Punkt zehn Uhr am folgenden Morgen sah ich über einen riesigen Schreibtisch hinweg in den fleischfarbenen, verschwommenen Fleck, der das Gesicht des Agenten Bill Meiklejohn war, und bemühte mich, »Starqualität« auszustrahlen (was immer das sein mochte).

Ich hatte Joys Rat beherzigt und zu meinem Termin mit Meiklejohn keine Brille aufgesetzt; folglich konnte ich ihn während des vielleicht wichtigsten Vorstellungsgesprächs meines Lebens kaum erkennen.

Mit klopfendem Herzen und hoffnungslos kurzsichtig schilderte ich ihm reichlich übertrieben meine Qualifikationen als Filmstar.

Nachdem ich mich derart präsentiert hatte, fragte ich Meiklejohn schüchtern, ob er meine, es lohne sich für mich, an ein paar Studiotüren in Hollywood zu klopfen.

Ohne ein Wort griff er zum Telephon und rief Max Arnow an, einen Besetzungs-Chef bei Warner Brothers.

»Max«, sagte er, »ich habe einen neuen Robert Taylor hier bei mir sitzen.«

»Gott hat nur einen Robert Taylor erschaffen«, befand Arnow über Hollywoods männlichen Top-Star – laut genug, daß ich seine feine Ironie mitbekam.

Dennoch war Arnow bereit, einen Blick auf mich zu werfen. Das

Vorstellungsgespräch bei Arnow war kurz und hinterließ in mir den Eindruck, daß ich wie ein Stück Fleisch taxiert wurde.

Ich habe mich oft gefragt, was aus mir geworden wäre, wenn Max Arnow meine Stimme nicht gefallen hätte.

Er und Meiklejohn umschwirrten mich wie ein Kolibripaar, redeten über mein Gesicht, meine Schultern und meine Größe, als wäre ich gar nicht da.

Aus irgendeinem Grund sagte Arnow, meine Stimme sage ihm zu. Sie erinnere ihn an die Stimme eines jungen Schauspielers, den Warner Brothers unter Vertrag genommen hätten, der dem Studio aber aus Gründen, an die ich mich nicht erinnern kann, Schwierigkeiten gemacht hätte. Ich nehme an, Arnow sah in mir einen Ersatz für den Jungen, dessen Stimme so ähnlich wie meine klang.

Meiklejohn war offenbar ein guter Geschäftsmann, denn er überredete Arnow, Probeaufnahmen von mir machen zu lassen. Arnow gab mir ein paar Seiten aus dem Skript des Broadwaystücks *The Philadelphia Story*. Ich sollte sie auswendig lernen und in ein paar Tagen wiederkommen.

Als ich abends schließlich auf Catalina eintraf, stauchte mich Charley Grimm, der Manager der Cubs, zusammen, weil ich mich ohne Erlaubnis von der Truppe entfernt hatte.

Ich wagte es nicht, ihm zu gestehen, daß ich mit dem Herzen ganz woanders war; daß ich Visionen einer Zukunft hatte, in der er keine Rolle mehr spielen würde.

Ich fuhr zu den Probeaufnahmen nach Los Angeles zurück. Sie dauerten nur ein paar Minuten: Ein Starlet von Warner und ich wechselten ein paar Dialogsätze aus der *Philadelphia Story*.

Am nächsten Tag rief Arnow Meiklejohn an und sagte ihm, er würde die Probeaufnahmen Jack Warner, der Warner Brothers wie ein Feudalherr leitete, zeigen, sobald dieser Zeit dafür erübrigen könne.

»Sie werden in ein paar Tagen im ›Biltmore‹ anrufen«, sagte Meiklejohn zu mir.

»Dann werde ich leider nicht mehr hier sein«, erwiderte ich. »Morgen geht mein Zug. Ich muß zu meinem Job in Des Moines zurück. In ein paar Tagen wird die Saison eröffnet, und ich muß über die Cubs berichten.«

Arnow und Meiklejohn konnten kaum fassen, daß ich nicht bereit war, meine Rückreise nach Iowa zu verschieben. Obwohl ich es nicht bewußt tat, war das wahrscheinlich ein kluger Schachzug: Hollywood war es gewöhnt, daß sich die Leute die Knöchel wund klopften; es war ganz ungewöhnlich, daß jemand erklärte: »Tut mir leid, aber ich muß nach Hause.«

Aber als ich dann im Zug saß und Amerika an mir vorbeifliegen sah, dachte ich: Was bist du doch für ein verdammter Narr gewesen.

Doch kaum achtundvierzig Stunden nach meiner Rückkehr erhielt ich ein Telegramm:

»Warner bietet Siebenjahresvertrag stop Ein Jahr Option stop $ 200 die Woche Anfangsgehalt stop Was soll ich tun

Meiklejohn.«

Ich brach alle Geschwindigkeitsrekorde, als ich zum Telegraphenbüro der Western Union fuhr und die Antwort übermitteln ließ:

»Unterzeichnen bevor sie es sich anders überlegen

Dutch Reagan«

Zwar berichtete ich noch einen Monat lang über die Spiele der Cubs, war aber nicht mehr ganz bei der Sache. Nach vielen traurigen Abschieden von meinen Freunden in Des Moines packte ich meine Habe in ein Nash-Kabriolett, das ich kurz zuvor für 600 Dollar gekauft hatte, und brach nach Kalifornien auf.

Waren die Monate nach meinem Collegeabschluß in Eureka, in denen ich so viele Ablehnungen bekommen hatte, der Tiefpunkt meines Lebens, dann war die Fahrt quer über den Kontinent im offenen Kabrio, als der Fahrtwind über mich hinwegstrich und mir die Sonne auf den Kopf schien, der absolute Höhepunkt. Ich war auf dem Weg nach Hollywood.

Nachdem ich mich im »Biltmore« einquartiert hatte, warnte mich George Ward, einer von Meiklejohns Assistenten, daß es Wochen oder Monate dauern könnte, bis Warner Brothers mir eine Rolle gäben, weil sie sehr viele neue Vertragsschauspieler hätten, die mit mir um Rollen konkurrierten.

Er irrte sich. Ich trat schon wenige Tage später in meinem ersten Film auf, aber erst, nachdem ich die Zuschauerrolle in einem außerfilmischen Drama gespielt hatte, das man »Die Verwandlung des Dutch Reagan« nennen könnte.

Mein Glück war es, daß ihnen meine Stimme gefiel, denn eine Zeitlang kam es mir vor, als wäre das auch schon alles, was ihnen an mir zusagte.

Erste Station: Maske.

»Das Haar muß anders werden«, sagte Max Arnow einer Friseuse.

Die Friseuse beäugte mich wie eine Paläontologin ein gerade entdecktes, aber noch nicht identifiziertes Fossil, das gerade aus einem prähistorischen Flußbett geborgen worden war.

»Wo haben Sie denn den Haarschnitt her?« wollte sie wissen.

»Er sieht aus, als hätte man Ihnen einen Topf übergestülpt und dann alles Heraushängende abgeschnitten«, fügte sie hinzu, bevor ich etwas erwidern konnte.

Ich trug noch immer meinen Haarschnitt à la Harold Teen – kurz und Scheitel in der Mittel.

Dann erklärten sie, es gäbe da ein weiteres Problem. Mein Kopf war zu klein.

»Wo haben Sie sich denn das Jackett zugelegt?« fragte Arnow und warf einen abfälligen Blick auf meinen neuen Sportsakko, den ich mir einzig und allein gekauft hatte, um ihn zu beeindrucken. »So einen Outfit können Sie nicht tragen. Die Schultern sind zu breit. Dadurch wirkt Ihr Kopf zu klein.«

Nächste Station: Garderobe.

»Sehen Sie mal zu, was Sie mit seinem Kopf machen können«, sagte Arnow zu einem Kostümbildner.

Ein Schneider riß mir mein Jackett herunter und verging sich mordlüstern daran, schlitzte die Schultern auf, riß rücksichtslos Falten und Säume heraus.

Das verbesserte einiges, aber nicht alles. Arnow erklärte, wenn ich auf der Leinwand erschiene, wie Gott mich geschaffen hatte, sähe ich einfach unproportioniert aus.

»Ihre Schultern sind zu breit, und Ihr Hals ist zu kurz für Ihren Kopf«, wiederholte er nicht gerade taktvoll, wie ich fand.

Auf seiten der Schneider gab es viel Gemurmel, aber keiner von ihnen trat vor, um zu sagen: »Ich finde, sein Kopf sieht ganz okay aus.«

Alle betrachteten mich mit sorgenvollen Mienen. Dann erinnerte sich jemand an Jimmy Cagney, einen der größten Stars von Warner Brothers. »Er hat das gleiche Problem, den kurzen Hals«, sagte die Stimme.

Cagney, erläuterte der Experte, hätte sein Problem dadurch gelöst, das er sich von seinem Hemdenmacher einen besonderen Kragen hatte entwerfen lassen, durch den sein Hals länger und sein Kopf größer wirkte.

Hinten im Nacken hätten Cagneys Hemden ganz normale Kragen, sie würden nach vorn aber immer flacher, bis ganz vorn gar nichts mehr vom Kragenband übrig wäre. Die Ecken seines Kragens lägen auf seiner Brust, dadurch wären *en face* ein paar Zentimeter mehr von seinem Hals zu sehen und er wirke durchaus wohlproportioniert.

»Besorgen Sie den Namen von Cagneys Hemdenmacher«, riet jemand dringlich.

Das geschah, und mich schickte man los, damit ich mir ein paar Hemden mit Kragen à la Cagney machen ließ. Als ich wieder im Studio erschien, sagten die Experten, meine Schultern und Brust kämen ihnen im Vergleich zu meinem Kopf noch immer ein bißchen zu breit vor.

Bis dahin hatte ich schmale Krawatten und Hemden mit schmalen Kragen getragen, da das gerade modern war. Nun rieten mir die Kostümspezialisten, mir meine Hemden mit einem extra breiten Kragen anfertigen zu lassen und mir einen großen Windsorknoten zu binden – einfach alles zu tun, um den Raum zwischen meinen Revers zu füllen und meine Schultern schmaler wirken zu lassen.

Ich muß zugeben, daß sie ihr Geschäft verstanden. Bis zum heutigen Tag trage ich die Art von Hemden, die sie – und Jimmy Cagneys Hemdenmacher – entworfen haben.

Nächste Station: Werbung.

Erster Punkt auf der Tagesordnung war die Entscheidung über meinen Namen.

Max Arnow und mehrere Presseagenten von Warner Brothers saßen um einen Tisch herum und starrten mich an, so daß ich mir wie ein Mannequin vorkam, das zwar gesehen, aber nicht gehört werden darf.

Sie zermarterten sich die Köpfe mit der Frage: Nach welchem Namen sieht er aus?

Ohne mich zu beachten, schlugen sie einen Namen vor, einen zweiten, verwarfen sie und fingen von vorn an, fanden jedoch keinen, der paßte.

Schließlich unterbrach ich sie, und sie sahen mich an, als hätte ich eine Todsünde begangen. Das Mannequin konnte sprechen!

»Darf ich darauf hinweisen«, sagte ich, »daß mein Name in einem großen Teil des Landes schon sehr bekannt ist, besonders im mittleren Westen, wo ich als Sportberichterstatter beim Funk gearbeitet habe. Ich glaube, eine Menge Leute würden meinen Namen auf Filmplakaten wiedererkennen.«

Einer von ihnen meinte: »Dutch Reagan? Sie können Dutch Reagan doch unmöglich auf ein Filmplakat setzen.«

Ich hatte meinen Vornamen nie gemocht, weder in der Schule noch beim Rundfunk, und immer meinen Spitznamen verwendet. Aber ich beschloß spontan, daß es mir lieber wäre, meinen richtigen Namen zu benutzen, als irgendein Pseudonym, das sich ein Presseagent ausgedacht hatte, und so fragte ich sie:

»Wie wäre es mit Ronald?... Ronald Reagan?«

Sie sahen einander an und wiederholten immer wieder: »Ronald Reagan... Ronald Reagan...«

»Hey, das klingt nicht schlecht«, sagte einer.

Schon bald hätte man meinen können, sie hätten ihn sich ausgedacht. Alle drückten unisono ihre Zustimmung aus.

Und so war dann beschlossen, daß ich Ronald Reagan bleiben konnte.

10

Ein Traum war wahr geworden. An einem Montagmorgen der ersten Juniwoche 1937 steuerte ich mein Kabrio auf das Studiogelände von Warner Brothers in Burbank, bereit zur Arbeit und mit einem Loch im Magen so tief wie eine Ölquelle. Was mache ich eigentlich hier? fragte ich mich. Wieder kam ich mir vor wie »der Neue« in der Schule.

Da verkehrte ich, ein sechsundzwanzigjähriger Rundfunksprecher aus Iowa, auf einmal mit Stars wie Errol Flynn, Pat O'Brien und Olivia de Havilland. Sie waren professionelle Schauspieler. Fünf Jahre war es her, daß ich zum letztenmal irgend etwas gespielt hatte, und das war ein Theaterstück im College gewesen.

Ich war zwar kein Hinterwäldler aus Iowa, war aber niemals östlich von Chicago, nördlich von Minneapolis oder südlich der Ozarks gewesen.

Als man mich Edward Everett Horton vorstellte, sagte er freundlich: »Nett, Sie kennenzulernen, Reagan. Wir brauchen hier ein paar neue Gesichter. Ich hoffe, Sie bleiben bei der Truppe.«

Ich blieb.

Ich erfuhr, daß eine Klausel im Vertrag Warner Brothers das Recht einräumte, mich nach sechs Monaten zu feuern, wenn sie mit mir nicht zufrieden waren. Soviel zu der Verlautbarung der Presseabteilung, Warners hätten mit mir einen »Langzeitvertrag« abgeschlossen.

In einer Studiovorführung zeigte man mir am ersten Tag die Probeaufnahmen, die Warners dazu bewogen hatten, mir einen Vertrag anzubieten, und am liebsten wäre ich unter meinen Sitz gekrochen. Es war schauderhaft. Ich fand mich entsetzlich. Danach rechnete ich damit, Weihnachten wieder im Zug nach Des Moines zu sitzen.

Mir ging es nicht anders als allen Vertragsschauspielern. Das Studio hielt einen gern ein bißchen im Ungewissen darüber, wie lange sie einen behalten würden. George Ward suchte mich mit der Versicherung zu trösten, Warner Brothers brauchten gewöhnlich länger als sechs Monate, um einen neuen Vertragsschauspieler einzuschätzen, aber damit hatte er nicht viel Erfolg. Am Abend lud er mich zu sich nach Haus zum Essen ein, und danach fuhren wir zum Miniwagenrennen ins Gilmore-Stadion, wo ich zu der beleuchteten Pressetribüne hinaufsah und eine Gruppe von Reportern erblickte, die sich köstlich amüsierten. Da wurde mir zum erstenmal klar, daß ich nun nur noch einer von vielen auf der Zuschauertribüne und kein Mitglied der Presse mehr war, und ich fragte mich, wie lange es wohl dauern würde, bis ich wieder auf der Pressetribüne saß.

Die Hollywoodstudios stellten damals zwei Arten von Filmen her: A-Movies, die als erste im Doppelprogramm der Kinos liefen und die großen Stars zeigten, die Zuschauer in die Filmtheater locken konnten, und billig hergestellte B-Movies, die die neuen und die weniger bekannten Darsteller zeigten und den zweiten Teil des Programms bildeten. Wie andere »Neue« wurde auch ich der B-Mannschaft von Warner Brothers zugeteilt.

Außer zur Auffüllung ihrer Doppelprogramme setzten die Studios die B-Filme vielfach genauso ein, wie heute Firmen bestimmter Industriezweige ihre Forschungs- und Entwicklungsabteilungen nutzen. Wenn sie einen neuen Schauspieler oder eine neue Schauspielerin unter

Vertrag genommen hatten, setzten sie ihn oder sie in einem B-Film ein, um die Reaktion der Zuschauer zu testen. Kamen sie beim Publikum an, erhielten sie viel Fan-Post, dann gab man ihnen größere Rollen, und sie rutschten mit Nebenrollen in einen A-Film hinein. Danach testete man weiter, ob sie das Potential zu einem Star hatten.

Vielleicht war es ein Zufall, aber mein erster Auftritt bei Warner Brothers kam mir ganz wie eine Festlegung auf ein bestimmtes Rollenfach vor: Ich spielte einen Rundfunksprecher in einem Film, der zuerst *Inside Story* hieß und dann in *Love Is On The Air* umbenannt wurde. Es war ein typischer B-Streifen – schnell abgedreht und wert, vergessen zu werden.

Meine Vorbereitung für die Rolle beschränkte sich darauf, daß ein »Dialog-Trainer« mit mir einen Tag lang die Rolle durchging; immer noch besser als gar keine Vorbereitung wie bei meiner Rolle als Radiosprecher in Davenport. Der »Trainer« sprach mit mir die Dialoge durch und sagte mir, ich solle mich am nächsten Tag zur Arbeit melden.

Als ich am folgenden Morgen aufwachte, wäre ich am liebsten so schnell wie möglich aus der Stadt verschwunden. Ich überlegte ernsthaft, ob ich mich ins Auto setzen und nonstop nach Iowa zurückfahren sollte.

Nichts – kein Lampenfieber vor einer Collegeaufführung, einem Hürdenspringen oder einem Kopfsprung vom Zehnmeterbrett –, nichts, was ich je durchgemacht hatte, war so schlimm wie mein Nervenflattern, an jenem Morgen, als ich die »Bühne 8« bei Warner Brothers betrat.

»Immer mit der Ruhe, Junge«, sagte mir ein alter Schauspielerhase, der in meiner ersten Szene mitspielte. »Bleib einfach locker, und alles geht klar.«

Sie tupften mir Make-up ins Gesicht, ich nahm meinen Platz ein, die Lampen gingen an, und der Regisseur Nick Grinde sagte: »Camera ... Action!«

Plötzlich war mein Zittern vorbei. Der alte Charakterdarsteller hatte recht gehabt. Sobald ich die Worte des Regisseurs hörte, vergaß ich Kamera, Lampen, technischen Stab und konzentrierte mich darauf, meine Sätze so herauszubringen, daß B. J. Frazer stolz auf mich sein konnte.

Ein paar Minuten später sagte der Regisseur: »Schnitt.« Zu meiner Verwunderung war er mit dem ersten Take zufrieden. Er bereitete die nächste Einstellung vor, und ich setzte mich auf einen jener mit Segeltuch bespannten Stühle, wie man sie beim Film hat (ohne meinen Namen), und sagte mir: Vielleicht kann ich es hier schaffen.

Obwohl wir *Love Is On The Air* schon nach drei Wochen abgedreht hatten, würde der Streifen erst vier Monate später in den Verleih kommen. Mir blieb also viel Zeit zum Kopfzerbrechen und Grübeln, ob Warner Brothers meinen Vertrag verlängern würden. Aber sie hielten mich in Betrieb. Ein paar Tage nachdem der erste Film fertig war, bekam ich die Aufgabe, einen Kavalleristen in einem Film zu spielen, der auf der wahren Geschichte des Wunderpferdes »Sergeant Murphy« beruhte, das das Grand-National-Hürdenrennen in Großbritannien gewonnen hatte. Die Zeitung *Des Moines Register* hatte mich gebeten, Berichte über meine Erlebnisse in Hollywood zu schicken. Nachdem wir *Sergeant Murphy* abgedreht hatten, schrieb ich: »Ganz gleich, was irgendwer sagen oder was die Zukunft bringen mag, jetzt kann ich jedenfalls behaupten, Schauspieler gewesen zu sein.

Hätte ich nur einen Film gemacht, könnte man es Glück nennen. Aber jetzt habe ich schon zwei hinter mir, und das macht mich zu einem Schauspieler – wenn auch nur dem Namen nach.«

Vier Monate darauf hatte *Love Is On The Air* Premiere, und ich rannte in der Stadt herum und suchte mir die Kritiken meines ersten Films zusammen. Die meisten von ihnen waren freundlich. Der *Hollywood Reporter,* eines der wichtigsten Branchenblätter, schrieb: »*Love Is On The Air* macht uns mit einem neuen Hauptdarsteller bekannt; Ronald Reagan ist natürlich und zeigt eine der besten Darstellungen in einem Erstfilm, die Hollywood seit langer Zeit zu bieten hatte.«

Ein paar Tage darauf verlängerten Warner Brothers meinen Vertrag um weitere sechs Monate und erhöhten meine Gage.

Ich rief Nelle und Jack an und bat sie, nach Kalifornien zu kommen. Wenige Wochen später waren sie auf dem Weg. Und in gewisser Weise war ich das wahrscheinlich auch, obwohl ich jetzt das gleiche Problem hatte wie während meines ersten Jahres am Eureka College, als Mac McKinzie mich auf die Reservebank relegierte: Ich hatte es geschafft und war im Team, jetzt mußte ich mich in die erste Mannschaft hinaufarbeiten.

11

In meinen ersten eineinhalb Jahren bei Warner Brothers habe ich 17 Filme gemacht. Normalerweise waren drei oder vier Wochen Dreharbeiten für einen Film nötig. Man arbeitete von acht Uhr morgens bis sieben Uhr abends.

Zwischen den Filmen ging ich im Griffith Park reiten, lernte im Pazifik surfen und versuchte den Anforderungen der Publicity-Maschinerie des Studios gerecht zu werden. Presseagenten waren ständig bemüht, mich mit meinen Filmpartnerinnen und neuen Starlets zusammenzubringen, ein zusätzlicher Bonus, gegen den ich gewöhnlich nichts einzuwenden hatte, und wohin ich auch ging – überall schickten sie einen Photographen mit, der Material für die Fan-Magazine zu sammeln hatte. Diese Erfahrung hat bei mir eine lebenslange Abneigung gegen Phototermine hinterlassen.

Nachdem wir *Love Is On The Air* gedreht hatten, sagte einer unserer Kameraleute zu mir: »Junge, ich glaube, du solltest kein Make-up tragen. Es gibt Leute mit einem Teint, der aus diesem oder jenem Grund einfach kein Make-up verträgt, und ich glaube, du gehörst dazu. Will sagen: Man kann das Make-up auf deiner Haut förmlich riechen.«

Er meinte, ich würde sicher bald aufgefordert, bei Probeaufnahmen für einen anderen neuen Vertragsschauspieler mitzuwirken, und dann solle ich es einmal ohne Make-up versuchen. »Manche Leute sehen ohne Make-up besser aus als mit.« Wir drehten die Probe, und er hatte recht. Ich trug nie wieder Make-up.

Ich hatte meine Brille stets verabscheut, und in Hollywood wurde ich ein begeistertes Versuchskaninchen für die ersten Kontaktlinsen, die es in Amerika gab. Sie waren groß, starr, saßen auf den Augäpfeln wie ein Paar Footballhelme, und ich fand nicht viel Gefallen an ihnen. Jede Linse hatte eine kleine Blase über der Hornhaut, die mit einer Salzlösung gefüllt bleiben mußte, und alle paar Stunden wurde die Salzlösung grau und man »erblindete«, bis die Flüssigkeit erneuert war. Aber die Eitelkeit siegte, wenn ich auch feststellte, daß ich bei den Dreharbeiten nicht viel mit ihnen anfangen konnte, weil sie mich auf der Leinwand ein bißchen glotzäugig aussehen ließen. Also benutzte ich sie bei den Aufnahmen nur, wenn Totale oder Stunts zu drehen waren und es mehr darauf ankam, daß ich gut sah, als daß ich gut aussah.

Ich war stolz auf einige meiner B-Filme, aber viele von ihnen waren ziemlich schlecht. Es waren Streifen, bei denen es dem Studio nicht darauf ankam, daß sie gut ausfielen, sondern daß sie am Donnerstag fertig waren.

Bis ich die Rolle des George Gipp in *Knute Rockne – All American* erhielt, war ich der Errol Flynn der B-Pictures. Gewöhnlich spielte ich einen raketengetriebenen Zeitungsmann, der mehr Verbrechen löste als ein Lügendetektor. Mein unveränderlicher Satz, den ich immer in ein Telefon schnauzte, lautete: »Geben Sie mir die Lokalredaktion! Ich habe hier eine Story, die die Stadt aus den Angeln hebt!«

Wurde man vom Studio in einem A-Film eingesetzt, hoffte man immer, er würde so gute Kritiken, jede Menge Fan-Post und positive Publikumsreaktionen bei Testaufführungen hervorbringen, daß man die B-Mannschaft hinter sich lassen konnte. Aber es gab viele Enttäuschungen. Man drehte einen A-Film und dachte, man wäre ganz gut gewesen, fand sich dann aber doch bei den Bs wieder, war ein bißchen verzweifelt und sagte allerlei Unfreundliches über das Urteilsvermögen des Studios.

Als ich nach Hollywood kam, hatten die Schauspieler und Schauspielerinnen gerade einen harten, fünfjährigen Kampf gegen die Studios zugunsten der gewerkschaftlichen Organisation und der Anerkennung der Screen Actors Guild als ausschließlichem Verhandlungspartner der Schauspieler gewonnen. Wie alle Vertragsschauspieler mußte ich der Gewerkschaft beitreten und war nicht sehr glücklich darüber. Daß man mich zur Mitgliedschaft zwang, ob ich es wollte oder nicht, hielt ich für eine Verletzung meiner Rechte. Vermutlich bezweifelte ich auch, daß Schauspieler überhaupt eine Gewerkschaft brauchten. Aber als ich mit einigen der älteren, erfahrenen Schauspieler bei Warner Brothers sprach und erfuhr, wie sehr man sie in der Vergangenheit ausgebeutet hatte, änderte sich meine Meinung. Die großen Stars hatten keine Probleme, gute Verträge und Arbeitsbedingungen für sich auszuhandeln, aber das war bei den Schauspielern, die die Nebenrollen spielten, durchaus nicht der Fall. Viele von ihnen hatten die Studios auf schwarze Listen gesetzt und ihnen keine Arbeit mehr gegeben, nachdem sie eine Gewerkschaft zu gründen versucht hatten.

Meiner Ansicht nach haben manche Studiobosse ihre Macht mißbraucht. Ich glaube, in meinem ganzen Leben hat mich etwas mehr als alles andere geärgert: wenn man die Menschen mißbrauchte und sie ihrer demokratischen Rechte beraubte, ob das nun durch eine totalitäre Regierung, einen Arbeitgeber oder wen auch immer geschah. Das habe ich wahrscheinlich von meinem Vater; Jack hat sich stets am meisten aufgeregt, wenn er der Meinung war, daß arbeitende Menschen ausgebeutet wurden.

Sobald ich von der Berechtigung der Gewerkschaft überzeugt war, wurde ich in den Vorstand der Screen Actors Guild delegiert. Man fragte mich nicht. Ich wurde dazu bestimmt, die jüngeren Vertragsschauspieler zu vertreten.

Meine erste Vorstandssitzung war ganz anders, als ich mir so etwa vorgestellt hatte. Ich dachte, die Gewerkschaft würde von den Schauspielern geführt, die von Studios ausgebeutet worden waren, aber statt dessen saßen viele der Top-Stars wie Cary Grant und Jimmy Cagney im Vorstand. Die meisten waren so beliebt, daß sie ohne weiteres riesige Gagen verlangen konnten und die Hilfe der Guild bei ihren Verhandlungen nicht nötig hatten. Aber sie opferten ihre Zeit und warfen ihr Prestige in die Waagschale, um dafür zu sorgen, daß auch die weniger Großen wie ich einen gerechten Lohn bekamen. An jenem Abend sagte ich mir, wenn ich je ein Star würde, wollte ich tun, was ich konnte, um den Schauspielern und Schauspielerinnen weiter unten auf der Leiter zu helfen.

Die Studios waren selbstverständlich daran interessiert, ihren Vertragsschauspielern zum Starruhm zu verhelfen. Aber wir waren alle ihren Entscheidungen unterworfen, ob diese nun richtig oder falsch sein mochten, und ihre Entscheidungen waren keineswegs immer richtig. Ich erkannte, daß ich meine Karriere selbst in die Hand nehmen mußte – und rückte mit einer Idee heraus, wie ich meinen neuen Job in Hollywood mit meiner alten Liebe zum Football verbinden konnte.

Mich faszinierte die Lebensgeschichte von Knute Rockne, dem legendären, in Norwegen geborenen Trainer bei Notre Dame, der 1931 bei einem Flugzeugabsturz ums Leben kam, nachdem er den Football revolutioniert hatte.

Beim Lunch in der Kantine von Warner Brothers fing ich an, über meine Idee zu reden. Es sollte ein Film über Rocknes Leben werden, und ich bat einige unserer Autoren um Tips, wie ein Drehbuch über ihn aussehen müßte. Ich versuchte mich an einem Skript und sagte eines Tages beim Lunch zu Pat O'Brien – einem Iren wie ich, der ein guter Freund von mir geworden war –, daß er den perfekten Rockne abgeben würde.

Selbstverständlich hatte ich für mich auch eine Rolle in dem Film vorgesehen: George Gipp, der eines Tages auf Rocknes Trainingsplatz geschlendert kam und dann als sein größter Star fast ebenso berühmt wurde wie der Trainer selbst, bis er zwei Wochen nach seinem letzten Spiel starb.

Während ich an meinem Drehbuch arbeitete, rechnete ich nie damit, dafür auch Geld zu bekommen. Mein Lohn war die Rolle des George Gipp – des unsterblichen Gipper. Dann sah ich eines Tages einen Artikel in *Variety:* Warner Brothers planten einen Film über das Leben von Knute Rockne mit Pat O'Brien in der Titelrolle.

Als ich einige Freunde fragte, wie das möglich sei, erwiderten sie, ich wäre eben zu redselig. Es sei eine gute Idee, also hätten Warners die Rechte an Rocknes Lebensgeschichte gekauft. Aber dann erzählten sie mir auch, daß Warners schon zehn Schauspieler für die Rolle des Gipp getestet hätten. Ich rannte zum Büro des Produzenten und bat um eine Probeaufnahme für die Rolle. Er lehnte ab und sagte, ich sähe nicht gerade wie der größte Footballspieler unserer Zeit aus. Ich fragte: »Sie meinen, Gipp muß ungefähr zweihundert Pfund wiegen? Würde es Sie interessieren, daß ich fünf Pfund schwerer bin als George Gipp, als er bei Notre Dame spielte?«

Nun, er suchte einen Schauspieler, der ein Riese war. Viele Footballspieler sehen ohne ihren Dreß nicht wie Footballspieler aus, während manche, die keine Footballer sind, mit Uniform so aussehen, als wären sie es.

Ich erinnerte mich an einen Kameramann, der mir einmal gesagt hatte, die Leute im Büro glaubten nur, was sie auf der Leinwand sähen. Ich stieg ins Auto und fuhr so schnell wie möglich nach Haus und suchte in dem Riesenkoffer herum, den ich aus Dixon mitgebracht hatte. Ich fand ein Jahrbuchphoto von mir in meiner College-Footballuniform, raste zurück ins Studio und legte es dem Produzenten auf den Tisch.

Er betrachtete es, blickte hoch und fragte: »Kann ich das eine Weile behalten?« Ich war kaum eine Stunde zu Hause, als das Telephon läutete. Man sagte, ich solle am nächsten Morgen früh um acht zu Probeaufnahmen für die Rolle des George Gipp im Studio sein.

Pat O'Brien bot an, dabei Rocknes Part zu spielen. Am nächsten Tag rief der Produzent an: »Reagan, Sie spielen den Gipper.«

Nachdem wir *Knute Rockne – All American* abgedreht hatten, saß ich wenige Wochen später in der letzten Reihe des kleinen Filmtheaters in Pasadena, in dem Warner Brothers oft ihre neuen Filme zur Probe aufführten. Pat war auch da, sowie ein paar Studiochefs. Wir wollten die Reaktion der Zuschauer auf den Film testen.

Als der Film zu laufen begann, spürte ich, daß eine Glut vom Publikum ausging wie ein warmes Feuer. Ich war nur ein paar Minuten in dem Film zu sehen, hatte aber eine sehr bewegende Szene. Kurz bevor Gipp starb, sagte er – ich – zu Rockne: »Eines Tages, wenn die Zeiten hart sind und alles sich gegen die Jungen zu verschwören scheint, bitte sie, ein Spiel für den Gipper zu gewinnen. Ich weiß nicht, wo ich dann sein werde, aber ich werde es erfahren und glücklich sein.«

Als ich diese Worte sprach, holten Männer und Frauen im dunklen Kino ihre Taschentücher hervor. Dann hörte ich sie reihenweise schniefen und schnaufen, und ich dachte: Ist das der Durchbruch, auf den ich gewartet habe?

Ich fuhr zufrieden nach Hause und war kaum im Bett, als das Telephon läutete. Es war jemand im Studio, der mir sagte, ich solle mich am nächsten Morgen früh zur Kostümprobe melden: »Sie spielen General Custer in *Santa Fe Trail*.«

Es war ein Film mit Errol Flynn, und ich spielte die zweite Hauptrolle – nicht als Co-Star, aber als einer der beiden Hauptdarsteller in einem A-Film. Im Studio am nächsten Tag stellte ich fest, daß die Leute mit einem Mal viel freundlicher zu mir waren. Dann ging ich in die Garderobe und wurde Zeuge einer Szene, die ich nie vergessen werde.

Näherinnen hatten die ganze Nacht durchgearbeitet, um Uniformen für mich zu nähen. Als ich auf die Anprobe wartete, warf ich einen Blick auf eine Reihe fertiger Uniformen an einem Kleiderständer. Ich wunderte mich. Sie trugen den Namen »Custer« und den eines anderen Schauspielers. Ich sah einen Garderobier hereinkommen, die Uniformen zusammenraffen und sie wie Lumpen in eine Ecke werfen. Dann hängte er die blauen Uniformen mit den goldenen Tressen und dem

Wort »Custer«, die meinen Namen trugen, an den Kleiderständer. Ich sah mir das Bündel am Boden an und sagte mir: Das kann mir eines Tages auch passieren.

Im selben Jahr, in dem ich den Film über Knute Rockne drehte, heiratete ich Jane Wyman. Sie hatte wie ich einen Vertrag bei Warner Brothers. Wir bekamen zwei wundervolle Kinder, Maureen und Michael, aber unsere Ehe war nicht von Dauer und wurde 1948 geschieden.

Nach dem Film über Rockne wurde ich regelmäßig in Hauptrollen und A-Filmen eingesetzt. Ich konnte meinen Eltern ein Haus kaufen, das erste, das jemand in unserer Familie je besaß. Und ich glaube, Jack dabei geholfen zu haben, ein bißchen von seinem Stolz zurückzugewinnen, nachdem er nach seinem ersten Herzanfall nicht mehr soviel arbeiten konnte.

Obwohl ich das Haus auf ihren Namen gekauft hatte, wußte ich doch auch, daß er sich dabei unbehaglich fühlen würde. Nachdem ich mit meiner Mutter darüber geredet hatte, kam ich mit einem Plan heraus, der Wunder wirkte. Ich erklärte ihm, mittlerweile bekäme ich mehr Fan-Post, als ich beantworten könnte. »Sieh mal«, sagte ich, »du brauchst das nicht zu machen, wenn du es nicht willst, aber du könntest mir wirklich helfen. Ich habe große Schwierigkeiten mit dieser Fan-Post, muß jede Menge Autogrammpostkarten verschicken und so weiter; was hältst du davon, wenn ich dir einen Betriebsausweis und ein regelmäßiges Gehalt im Studio besorgen würde, und du würdest jeden Tag kommen, um die Post abzuholen? Dann siehst du sie durch, bestellst die Photos und so weiter?«

Jack war begeistert. Es war ein richtiger Job, er gab ihm Selbstvertrauen, und er hat es großartig gemacht.

Eines Tages zeigte er mir den Brief einer jungen Frau. Sie schrieb, sie wäre todkrank und hätte gern ein Photo von mir, bevor sie starb.

Ich nahm an, daß sich jemand diese Geschichte ausgedacht hatte, um so vielleicht schneller an ein Autogramm zu kommen. Jack drängte mich, das Photo trotzdem zu unterschreiben, und das tat ich. Ungefähr zehn Tage später bekam ich den Brief einer Krankenschwester, die mir mitteilte, daß die Frau – sie hieß Mary – mit dem Photo in ihren Händen gestorben sei.

Jack hat nie erklärt: »Ich habe es dir doch gesagt.«

Er kümmerte sich weiter um meine Fan-Post, bis sein Herz schließlich versagte und er im 58. Lebensjahr in dem Haus in Kalifornien starb, das er sehr geliebt hat.

Für seinen frühen Tod machte ich zunächst sein Problem mit dem Alkohol verantwortlich. Heute glaube ich, daß sein Herz schließlich versagte, weil er ein so starker Raucher war. Jack war stets ein Mann gewesen, der pro Tag seine drei Schachteln Zigaretten, aber nur ein Streichholz brauchte: Morgens zündete er seine erste Zigarette an, und danach wanderte die Glut einer Kippe zur nächsten Zigarette weiter.

Das Haus in Kalifornien und sein Job im Studio haben ihm vielleicht schließlich geholfen, den Fluch zu überwinden, der ihn so lange verfolgt hatte. Ich war gerade aus beruflichen Gründen an der Ostküste, als meine Muter anrief und mir seinen Tod mitteilte. Während unseres Gesprächs erzählte sie, daß sie ihn einmal nachts hellwach am Fenster angetroffen habe. Er hätte dann vom Alkohol zu sprechen begonnen und sich gefragt, wie anders ihr Leben doch hätte verlaufen können, wenn er kein Trinker gewesen wäre. Er sagte zu meiner Mutter, er hätte beschlossen, nie wieder einen Drink anzurühren, und sie erwiderte: »Jack, wie oft habe ich das nicht schon von dir gehört?«

»Ja«, meinte Jack, »aber du hast mich ja niemals so etwas tun sehen!« Und damit sei er verschwunden und mit einer Flasche Wein zurückgekommen, die er vor meiner Mutter versteckt hatte. Dann hätte er den Wein in den Ausguß geschüttet und die Flasche zerschlagen.

Meine Mutter erzählte mir auch, daß Jack wieder in die Kirche gegangen sei, in eine katholische Kirche in ihrer Nähe. Wie hatte es Jimmy Cagney mir gegenüber einmal beschrieben? »Er hatte das Rauschen der Schwingen vernommen.«

Nachdem ich nach Kalifornien zurückgeeilt war, erzählte mir Nelle noch etwas, das ich nie vergessen werde.

Als der Rockne-Film seinerzeit im Notre-Dame-College Premiere hatte, wollte Jack, typisch Ire, unbedingt dabeisein, und ich lud ihn ein, uns in dem Warner-Brothers-Zug zu begleiten. Und so fuhren wir gemeinsam nach South Bend in Indiana, um an den Premierenfeierlichkeiten teilzunehmen.

Bevor er starb, hatte Jack Nelle erklärt, wieviel ihm diese Reise bedeutet hatte: »Ich war dabei«, sagte er, »als unser Sohn ein Star wurde.«

Wenn auch Jack den Fluch, der ihn zum Sklaven machte, vielleicht doch nie völlig besiegt hat, haben er und meine Mutter aber viele Jahre in großer Liebe zueinander verbracht.

Sie folgte ihm 21 Jahre später – nach jahrelanger Qual durch ein Leiden, das wir heute Alzheimersche Krankheit nennen.

12

Als Schauspieler habe ich ein paar meiner besten Auftritte im Bett gehabt: erst Gipps Tod in *Knute Rockne – All American,* dann eine Szene in *Kings Row,* in der ich entdecken muß, daß mir ein sadistischer und rachsüchtiger Chirurg die Beine amputiert hat, weil er nicht verwinden konnte, daß seine Tochter und ich ein Liebespaar waren.

Ich bereitete mich schon tagelang vor der Aufnahme auf diese Szene vor. Die Szene verlangte, daß ich bewußtlos im Bett lag, aufwachte, feststellte, daß meine Beine nicht mehr da waren, und meiner Frau (gespielt von Ann Sheridan) zurief: »Randy, wo ist der Rest von mir?« Lange bevor wir diese Szene drehten, hatte sie mich bereits beschäftigt. Müßte ich infolge meines Zustandes nicht halb bewußtlos und daher unfähig sein, zu schreien? Ich wollte Ärzte fragen, was mit einem Menschen in derartiger Situation vor sich geht, fand jedoch nie eine Gelegenheit dazu. Schließlich war der entscheidende Tag da. Als ich auf der Szene eintraf, hatten sie für meine Beine ein Loch in die Matratze geschnitten und meinten, ich solle mich ins Bett legen, um festzustellen, was für ein Gefühl es war und wie es aussah. Als ich unter die Decke schlüpfte, verschwanden meine Beine in der Matratze. Es sah wirklich so aus, als würde mein Körper an den Hüften enden: von da an war die Bettdecke glatt und flach. Als man mir sagte, ich könnte aufstehen, während die Szene ausgeleuchtet wurde, erwiderte ich: »Nein, ich bleibe liegen, bis ihr drehfertig seid.«

Ich hatte einen Riesenschreck bekommen, als ich mich mit einem »halben« Körper da so liegen sah, starrte nur weiter auf die Stelle, an der mein Körper endete. Der Schrecken ließ nicht nach. Als das Kamerateam erklärte, es sei fertig, flüsterte ich dem Regisseur Sam Wood zu: »Keine Probe. Drehen Sie einfach los.« Ich glaube, er verstand. Als er »Action« sagte, schrie ich: »Randy, wo ist der Rest von mir?«, während ich die Hände dahin ausstreckte, wo meine Beine hätten sein müssen.

Es wurde kein zweiter Take gedreht. »Die nehmen wir«, sagte Sam ruhig. Ich begriff, daß ich eine der größten Hürden meiner Karriere genommen hatte. Ich halte *Kings Row* noch immer für den besten Film, in dem ich aufgetreten bin, und er hob mich in die Höhen des Starruhms, von denen ich geträumt hatte, als ich vier Jahre zuvor nach Hollywood gekommen war.

Bob Cummings, mein Co-Star, muß sich später gefragt haben, ob ihm vielleicht die Gabe des Zweiten Gesichts verliehen war: In *Kings Row* hatte Bob einen Satz in seinem Dialog, den er später ständig zu zitieren pflegte: »Eines Tages werde ich für diesen Burschen als Präsidenten stimmen.«

Kings Row war der einzige Film, für den ich als Oscar-Anwärter im Gespräch war. Doch in diesem Jahr drehten Warner Brothers auch *Yankee Doodle Dandy* mit Jimmy Cagney als George M. Cohan. In jenen Tagen nominierten die Studios gewöhnlich jeweils nur einen ihrer Filme für die Teilnahme am Rennen um den Oscar, und Warner Brothers wählten *Yankee Doodle Dandy*. Ich habe Jimmy Cagney die Auszeichnung ganz gewiß nie mißgönnt: Es war nicht nur ein großartiger Film, sondern auch er war hervorragend. Dieser Schauspieler, der so oft mit seinen Rollen als knallharter Bursche identifiziert wurde, hatte seine Karriere ursprünglich als Tänzer begonnen, und in diesem Film war er brillant.

Ich bekam keinen Oscar, aber schon bevor *Kings Row* anlief, boten Warners mir einen Siebenjahresvertrag mit einer beträchtlich höheren Gage im Vergleich zu meinem bestehenden Vertrag an, der in ein paar Jahren auslaufen würde. Das war ein Indiz dafür, daß man sich viel von *Kings Row* versprach und daß ich nach der Premiere des Films in der Lage sein könnte, mehr zu verlangen, als sie mir boten, oder das Auslaufen des alten Vertrags abzuwarten und dann von Film zu Film meine Gage frei auszuhandeln.

Die Verhandlungen über meinen neuen Vertrag liefen gerade, als ich eines Sonntagmorgens den Anruf meines Bruders bekam, der mir mitteilte, die Japaner hätten Pearl Harbor bombardiert. Der Drehbeginn eines weiteren Films mit Errol Flynn in der Hauptrolle stand kurz bevor. Er hieß *Desperate Journey,* und wir spielten RAF-Piloten, die hinter den deutschen Linien abgeschossen wurden.

Mein Agent damals war Lew Wassermann, der spätere Chef von

MCA Inc. Er riet mir, das Angebot des Studios anzunehmen, und wies darauf hin, daß ich als Reserveoffizier schon bald einberufen werden konnte. Also warum nicht das zusätzliche Geld mitnehmen, solange noch Zeit dafür war? Ich muß gestehen, daß ich noch gar nicht an die Möglichkeit eines aktiven Einsatzes gedacht hatte. Wahrscheinlich weil die Armee mich wegen meiner eingeschränkten Sehkraft als »begrenzt einsatzfähig« eingeteilt hatte.

Dem Himmel sei Dank, daß ich Lew hatte. Er war ein großartiger Agent und Freund, und ich hatte das Glück, mich in beiden Eigenschaften auf ihn verlassen zu können. Drei Monate nach Pearl Harbor erhielt ich einen Brief vom Kriegsministerium. Ich brauchte ihn nicht zu öffnen, um Bescheid zu wissen. In roter Tinte stand auf dem Umschlag: »Immediate Action«, also aktiver Dienst. Ich sollte mich innerhalb von 14 Tagen in Fort Mason einfinden, dem Einschiffungshafen von San Francisco.

Für *Desperate Journey* standen immer noch mehr als zwei Wochen auf dem Drehplan. Vieles wurde umgestellt, damit meine letzten Szenen noch gedreht werden konnten. Totalen und Einstellungen, in denen nur mein Rücken zu sehen war, wurden für das Double aufgehoben, das mich nach meiner Abreise ersetzen würde.

Am Morgen des 14. Tages meldete ich mich bei Oberst Philip T. Booker – 34 Jahre alt, Berufsoffizier des Heeres und Absolvent des Virginia Military Institute. Zusammen mit einigen ROTC-Kadetten von der University of Arizona sollte ich als Verbindungsoffizier bei der Einschiffung von Truppen-Konvois Richtung Australien fungieren. Japan sollte daran gehindert werden, sich in Australien festzusetzen und von dort aus die amerikanische Westküste anzugreifen.

Bei meiner Musterung erwies es sich, daß ich bis auf meine Sehkraft körperlich völlig in Ordnung war. Einer der Ärzte sagte mir nach dem Sehtest, wenn sie mich nach Übersee schickten, würde ich einen General abschießen. Der andere Arzt meinte: »Er würde danebenschießen.« In meiner Beurteilung stand: »Nur innerhalb der Grenzen des Kontinents verwendbar, geeignet nur für Tätigkeit in Dienststellen des Wehrbereichskommandos oder des Kriegsministeriums.« Also war ich Verbindungsoffizier. Wir Neuankömmlinge waren alle Kavalleristen. Und dann fanden wir heraus, daß der kommandierende General von Fort Mason ein Kavallerieoffizier war.

Meine Karriere im Beladen von Schiffen dauerte nur ein paar Monate, dann rief mich Oberst Booker zu sich und zeigte mir einen Befehl, der mich zur Army Air Force Intelligence in Los Angeles versetzte.

Damals war General Hap Arnold seinem Traumziel nahe: der Schaffung einer unabhängigen Luftwaffe. Er hatte die nachrichtendienstliche Einheit eingerichtet, um Fortbildungs- und Dokumentarfilme für die Luftwaffe herzustellen, Kamerateams auszubilden und unsere Flugzeuge bei Kampfeinsätzen zu begleiten. Mich schickte man wegen meiner Filmerfahrungen zu dieser Einheit.

Meine erste Aufgabe bestand darin, Techniker und Künstler aus der Filmbranche für die Einheit zu rekrutieren, die nicht kriegsdiensttauglich waren, und schon bald bot ich, der nur die Leutnantsstreifen trug, Filmregisseuren, die eine halbe Million Dollar im Jahr verdienten, den Majorsrang an. Wir hatten auch das Recht, kriegsdiensttaugliche Leute aus der Filmindustrie zu uns zu holen.

Unsere Einheit übernahm das Hal-Roach-Filmstudio in Culver City und eine nahe gelegene, kurz zuvor geschlossene Schule, die unser Ausbildungszentrum für die Frontberichterstatter mit der Filmkamera wurde. Es dauerte nicht lange, und man nannte unseren Posten »Fort Roach« (Fort Küchenschabe), eine absolut inoffizielle Bezeichnung, die, wie ich annehme, keinesfalls als Kompliment gedacht war.

Ich wurde schließlich Adjutant und Personaloffizier der Einheit. Unsere Frontberichterstatter-Kameraleute reisten in jedes Kriegsgebiet der Welt, und unsere Trainingsfilme wurden in allen Army-Air-Corps verwendet. In gewisser Weise wurden wir die »Fernmeldeaufklärungstruppe« für Hap Arnolds neue Luftwaffe.

Unsere größte und ungewöhnlichste Leistung bestand darin, daß wir eine neue Methode entwickelten, um Piloten und Bombenschützen vor ihren Einsätzen zu schulen.

Die alte Methode bestand darin, daß ein Schulungsoffizier vor einer Landkarte stand und der Mannschaft die Flugroute ihres Einsatzes und die Angriffsziele zeigte.

Unsere uniformierten Zauberer für Spezialeffekte übernahmen fast die ganze Fläche eines Tonstudios und schufen mit Hilfe von Vorkriegsphotos und Geheimberichten ein erstaunlich vollständiges Modell von Tokio mit Tausenden von Gebäuden und der nahe gelegenen

Küste; dann montierten sie eine Kamera auf einen beweglichen Kran und filmten von oben aus die Modellstadt so, wie die Flugzeugbesatzungen sie sehen würden, wenn sie sich Tokio näherten und dann darüber hinflogen. Nach jedem Bombenangriff wurden neue Luftaufnahmen gemacht, und unser Modell wurde so verändert, daß man die neuesten von unseren Flugzeugen verursachten Bombenschäden sah.

Keine Karte, kein Zeigestock mehr. Die Filme wurden per Luftbrücke zu unseren Stützpunkten im Pazifik gebracht und ersetzten die altmodischen Instruktionen. Meine Arbeit bestand darin, die Filme zu kommentieren, auf Kennzeichen hinzuweisen, an denen sich die Piloten orientieren konnten, um ihre Ziele zu erreichen und dann, im richtigen Augenblick, »Bomben ab« zu sagen.

In Fort Beach wurde ich einer der ersten Amerikaner, der die volle Wahrheit über die Schrecken des Nationalsozialismus erfuhr. Eine unserer Aufgaben bestand darin, geheime Filme über den Kriegsverlauf vorzubereiten, die Mitgliedern des Generalstabs in Washington vorgeführt wurden. Folglich hatten wir mit einer Menge geheimen Filmmaterials zu tun, das Frontberichterstatter überall auf der Welt aufgenommen hatten und das die Öffentlichkeit niemals zu sehen bekam.

In den letzten Kriegsmonaten bekamen wir immer mehr als geheim eingestufte Filme unseres Signal Corps zu sehen, die die Befreiung von Hitlers Todeslagern zeigten. Sie prägten Bilder in mein Gedächtnis, die mir unvergeßlich bleiben werden.

Besonders an einen werde ich mich immer erinnern. Er zeigte das Innere eines riesigen Gebäudes. Unsere Truppen hatten gerade ein Lager eingenommen und das Gebäude betreten. Es war höhlenartig, wie ein Lagerhaus. Der Boden war mit Leichen bedeckt. Und dann, während wir entsetzt zusahen, richtete sich einer der Körper mühsam halb auf, und eine Hand streckte sich empor – eine Hand, die sich aus einem Meer von Leichen erhob, als wollte sie um Hilfe bitten.

Es gab noch andere furchtbare Bilder: Lagerinsassen, die so entsetzlich abgemagert, so ausgezehrt waren, daß man sich fragte, wie sie noch am Leben sein konnten; mit Leichen gefüllte Gräben, die mit dem Bulldozer in die Erde gepflügt wurden; Filmmaterial, das deutsche Familien zeigte, die man aus nahe gelegenen Dörfern herbeibrachte, damit sie sich mit eigenen Augen von den unaussprechlichen Unmenschlichkeiten ihrer Landsleute überzeugten.

Einer dieser Streifen war verblüffend. Der Kommandeur unserer Truppen hatte angeordnet, daß die Deutschen zum Lager geführt werden sollten. Als sie ihr Dorf verließen, waren einige von ihnen in einer beinahe festlichen Stimmung, sie lachten und amüsierten sich, als wäre es ein Ausflug zu einem attraktiven Ort, den sie noch nie gesehen hatten.

Dann folgte die Kamera diesen Dorfbewohnern durch das Lager, und die Einstellungen wechselten zwischen ihnen und den furchtbaren Dingen, die sie sahen, hin und her. Bald veränderten sich ihre Reaktionen: Die Männer ließen die Schultern hängen und krümmten die Rükken, und ihre Gesichter wurden aschfahl. Viele der Frauen begannen zu weinen, einige wurden ohnmächtig, während sich andere von der Kamera abwandten und sich übergaben. Sie hatten etwas über ihr Land erfahren, von dem sie zuvor nichts gewußt hatten.

Als der Krieg endete und das Fort Roach geschlossen wurde, beschloß ich, die Kopie eines der Filme zu behalten. Ich erinnerte mich, wie oft nach dem Ersten Weltkrieg die Rede davon gewesen war, daß man die Amerikaner durch falsche Propaganda über den Feind zum Narren gehalten hätte, und ich dachte, ein solcher Film könnte durchaus als Gegenargument wirken.

Ein paar Jahre später kamen ein Produzent und dessen Frau zum Essen. Wir sprachen auch über den Krieg, und er meinte: »Ich frage mich wirklich, ob das, was wir über die Deutschen hören, wirklich alles wahr ist. Ich weiß nicht, ob ich es glauben soll oder nicht.«

»Ich habe da einen kleinen Film, den ich Ihnen gern zeigen würde«, erwiderte ich.

Ich stellte meinen 16-Millimeter-Projektor auf, installierte die Leinwand und ließ den Film ablaufen.

In diesem Streifen gibt es auch eine Szene, die einen Stacheldrahtzaun zeigt. Eine Gruppe Juden hatte aus dem Konzentrationslager zu fliehen versucht. Sie waren am Zaun von deutschen Maschinengewehren niedergemäht worden. Ihre Leichen lagen übereinander, und die Hände von einigen, die es fast in die Freiheit geschafft hatten, klammerten sich noch immer am Zaun fest.

Es war eine schreckliche und ergreifende Szene: diese dünnen, mageren Finger, die sich noch im Tod verzweifelt an verrosteten Strängen des Stacheldrahts festhielten.

Als der Film endete, saßen der Produzent und seine Frau wortlos und mit Tränen in den Augen da.

13

In Fort Roach kam ich erstmals seit jenen Tagen während der Depression, als Jack für das Notstandsprogramm in Dixon arbeitete, wieder mit den eigenartigen Methoden der Bundesbürokratie in Berührung. Ungefähr seit Mitte des Krieges kritisierte der Kongreß den weitverbreiteten Einsatz von Zivilangestellten beim Militär. Er sagte, das beeinträchtige die Arbeit der Rüstungsindustrie und ziehe zuviel wehrdiensttaugliche Männer in zivile Bereiche ab. Es erging die Anordnung, die Zahl der Zivilangestellten zu verringern. Wir waren davon nicht betroffen. Obwohl wir um zivile Kräfte gebeten hatten, damit sie unseren Autoren beim Tippen ihrer Manuskripte halfen, wurden sie uns verweigert. Unsere Arbeit galt als zu geheim, als daß wir Zivilangestellte beschäftigen durften. Oft erfuhren wir von den Zielen künftiger Bombenangriffe lange vor dem Einsatz, daher mußten für unsere Arbeit enorme Sicherheitsvorkehrungen getroffen werden. Aber eines Tages besuchten mich zwei Männer aus Washington. Sie erklärten, sie wollten prüfen, inwieweit wir Zivilangestellte brauchten. Ich erwiderte, daß wir keine beschäftigen dürften. Sie lächelten einander zu und sagten: »Sie werden welche bekommen.«

Und tatsächlich traf eines Tages ein Trupp von fünfzig Zivilbediensteten ein. Sie erklärten, sie würden ein Personalbüro für die ungefähr 200 Zivilangestellten einrichten, die man uns schicken würde.

Damals hatten wir etwa zwölfhundert Militärs auf der Basis, und unsere Personalabteilung bestand aus ganzen 18 Leuten.

Als die neuen Zivilangestellten eintrafen, stellte sich heraus, daß alle von irgendeiner anderen militärischen Einrichtung zu uns versetzt worden waren. Eigentlich hatte man geplant, die Zahl der Zivilangestellten beim Militär zu reduzieren, aber statt dessen beschäftigte das Militär am Ende mehr Zivilisten als vor Beginn dieses Regierungsprogramms: Die Bürokratie hatte sie einfach von einem Posten auf einen anderen versetzt.

Durch meine Aufgaben als Adjutant und Personaloffizier (bei Kriegsende war ich Hauptmann) kam ich in engen Kontakt zur Zivilbürokratie, und ich brauchte nicht lange, um zu dem Schluß zu gelangen, daß ich von der Ineffizienz, dem Machthunger und der Gleichgültigkeit nicht viel hielt, die es während des Krieges bei der Zivilverwaltung gab. Wenn ich andeutete, daß wir einen Mitarbeiter entbehren könnten, sah mein Vorgesetzter mich an, als hätte ich den Verstand verloren. Er wollte den Umfang seiner Abteilung nicht verringern. Die Höhe seines Gehalts hing weitgehend davon ab, wie viele Leute er unter sich hatte. Er wollte mehr, nicht weniger Untergebene.

Ich stellte fest, daß es fast unmöglich war, einen unfähigen oder faulen Angestellten loszuwerden, und daß eine der beliebtesten Methoden, mit einem inkompetenten Angestellten umzugehen, darin bestand, daß der Vorgesetzte ihn oder sie für einen höheren Posten in einer anderen Abteilung empfahl.

Wir hatten ein Lagerhaus voller Aktenschränke mit alten Akten, die keinerlei, auch keinen historischen, Wert besaßen. Sie waren total überholt. Da wir uns im Krieg befanden, brauchten wir das Lagerhaus und die Aktenschränke, also wurde ein Antrag an die zuständige Stelle mit der Bitte losgeschickt, die überflüssigen Papiere vernichten zu dürfen. Zurück kam die Antwort: Antrag genehmigt unter der Voraussetzung, daß von allen zu vernichtenden Papieren Kopien angefertigt werden.

Ein Auftrag führte mich für eine Zeitlang von Fort Roach fort. Während des Ersten Weltkrieges hatte Irving Berlin eine große Broadway-Show – *Yip, Yip Yaphank* – produziert, bei der die meisten Darsteller zum militärischen Personal gehörten und deren Erlös in den Unterstützungsfonds der Armee floß.

Während des Zweiten Weltkrieges inszenierte Berlin eine Reprise mit dem Titel *This Is The Army*. Warner Brothers boten ihm an, sie zu verfilmen und die Einnahmen demselben Zweck zugute kommen zu lassen. Wiederum waren die meisten Darsteller beim Militär, und ich fand mich in einer Starrolle wieder. Es heißt, der Film habe dem Army Emergency Relief mehr als zehn Millionen Dollar eingebracht.

In Hollywood war folgendes üblich: War ein Vertragsschauspieler suspendiert oder aus anderen Gründen abwesend, zu denen auch der Militärdienst gehörte, verlängerte das Studio den Vertrag des Schauspielers oder der Schauspielerin um den Zeitraum, den man verloren hatte. Diese Regel bedeutete für mich, daß nach meiner Rückkehr nach

Hollywood die Laufzeit meines Vertrages noch genau so lang sein würde wie bei Beginn des Krieges.

Aber Olivia de Havilland klagte gegen dieses Verfahren und gewann. Ihr Sieg vor Gericht schuf einen Präzedenzfall für uns alle, und für mich hieß das, daß die vier Jahre, die in meinem Vertrag bei Warner Brothers noch offen waren, um die vier Jahre meines Kriegsdienstes verringert wurden, so daß ich bald frei wurde, um günstigere Verträge abschließen zu können.

In *Stallion Road,* meinem ersten Film nach dem Krieg, trat ich in einer Hauptrolle zusammen mit Zachary Scott und Alexis Smith auf, und es war wie ein Willkommens-Geschenk, mit dem man meine Rückkehr begrüßte. In der Geschichte kamen Pferde, Fuchsjagden, Hürdenritte und Pferdeshows vor. Ich spielte den Tierarzt Larry Hanrahan, den Besitzer eines Vollblutrappen namens »Tar Baby«, eines wunderbaren Jagdpferdes.

Aufgrund des Krieges waren meine reiterischen Fähigkeiten etwas eingerostet. Ein paar Wochen vor Drehbeginn rief ich Dan Dailey an, der auch Reserveoffizier bei der Kavallerie war, und sagte: »Dan, es ist vier Jahre her, daß ich das regelmäßige Reiten aufgeben mußte. Kennst du zufällig jemanden, der mir wieder in den Sattel helfen könnte?« Er erzählte mir von einem italienischen Herzog, Nino Pepitone, einem früheren Hauptmann in der italienischen Armee, der seit der Jahrhundertwende als Meister der Reitkunst galt. Ich besuchte ihn und entdeckte bei ihm die schwarze Vollblutstute namens »Baby«, die als Jagdpferd ausgebildet war. Nino brachte mir Dinge über das Springen und Reiten bei, von denen ich bis dahin nichts geahnt hatte, und ich verliebte mich in das Pferd. Nino hatte früher in Nebenrollen mitgespielt, und so überredete ich das Studio, ihm eine kleine Rolle in dem Film zu geben und »Baby« von ihm auszuleihen, so daß ich sie im Film reiten konnte. »Baby« war ein ausgezeichnetes Pferd, und ich saß beim Springreiten selbst im Sattel, arbeitete ohne ein Double.

Bevor wir den Film fertiggedreht hatten, kaufte ich »Baby«, und nicht lange danach konnte ich mir meine eigene Ranch kaufen – acht Morgen im San Fernando Valley –, die mir meinen Traum erfüllte, den ich seit Des Moines in mir herumtrug. Mit Ninos Hilfe ging ich ins Pferdegeschäft, züchtete Vollblüter und verkaufte sie auf dem Einjährigenmarkt.

Während dieser ersten Nachkriegsjahre bekam ich immer mehr mit Vertragsverhandlungen und anderen Aktivitäten für die Screen Actors Guild zu tun.

Wenn ich heute zurückblicke, glaube ich, daß damals auch meine politische Veränderung einsetzte. Sie entstand in einem Kessel voll Täuschung, Betrug und Unterwanderung, der seinerzeit zu brodeln begann und der mit der Filmarbeit selbst nichts zu tun hatte. Meine persönliche Entdeckungsreise begann, die in mir einen immer größeren Widerwillen gegen *big government* erzeugte, die übermächtige Regierungsmaschinerie.

Ich wußte es damals nicht, aber damit hatte ich einen Weg eingeschlagen, der mich weit weg von Hollywood führen sollte. Aber bis dahin würde noch viel Zeit vergehen, und noch ahnte ich nicht, was die Zukunft bringen würde.

Ich war wieder beim Film und glücklich darüber. Nachdem Warner Brothers mehrere erfolgreiche Broadwaystücke verfilmt und mich in der Starrolle eingesetzt hatten, konnte ich mich nicht beklagen. Aber ich wünschte mir doch, daß Jack Warner mich mehr mit Cowboyhut auf den Rücken eines Pferdes setzen würde.

Er wollte mich immer als Salonlöwe in Komödien haben, in Rollen, die üblicherweise Cary Grant spielte. Ich war versessen auf Arbeit in Action-Filmen. Ich dachte, durch den Krieg wäre das Publikum auf den Geschmack an Action gekommen – nicht unbedingt an noch mehr Kriegsfilmen, weil es die vier Jahre lang gesehen hatte, aber an Abenteuerfilmen und Filmen, die in der freien Natur spielten, speziell an Western. Aber wenn ich Jack bat, mir eine Rolle in einem Western zu geben, setzte er mich trotzdem wieder als Salonlöwe in einer Komödie ein, in der ich einen grauen Flanellanzug tragen mußte.

Zu seinen Gunsten muß ich sagen, daß nicht nur Jack Warner so handelte. Das war das Hollywoodsystem: Hätte ich einen Seemann in einem Film gespielt, der viel Geld eingespielt hätte, dann hätte ich mir mit Sicherheit einen riesigen Vorrat an Pillen gegen die Seekrankheit zulegen müssen, weil ich auf Jahre hinaus nicht mehr an Land gekommen wäre.

»Wenn Sie mich nur einmal in einem Western einsetzen würden«, sagte ich zu Jack Warner, »dann müßte ich in dem Streifen wahrscheinlich den Rechtsanwalt von der Ostküste spielen.«

14

Als der Zweite Weltkrieg endete, war ich ein überzeugter Anhänger des New Deal. Ich meinte, die Regierung könne alle unsere Nachkriegsprobleme lösen, genau wie sie die Depression beendet und den Krieg gewonnen hatte. Den Leuten vom Big Business traute ich nicht. Ich fand, der Regierung, nicht privaten Unternehmen, sollten unsere großen öffentlichen Versorgungseinrichtungen gehören. Wenn es nicht genug Wohnungen für die amerikanische Bevölkerung gab, dann sollte die Regierung sie bauen. Wenn wir eine bessere medizinische Versorgung brauchten, dann war ein öffentlicher Gesundheitsdienst die Antwort.

Mein Bruder hatte mittlerweile beschlossen, Republikaner zu werden. Wir stritten uns oft stundenlang und ziemlich heftig über die Zukunft des Landes. Er beklagte sich über das Anwachsen der Regierungsmaschinerie und behauptete, Washington versuche die gesamte amerikanische Wirtschaft zu übernehmen, von den Eisenbahnen bis zum Laden an der Ecke. Er sagte, wir könnten unserem Verbündeten während des Krieges, Rußland, nicht länger trauen. Ich behauptete dagegen, er rühre die Propagandatrommel für die Republikanische Partei.

Wie viele Leute meiner Generation hatte ich nach der Depression und einem Kriege gedacht, daß wir nun eine bessere und gerechtere Welt bekommen würden. Ich hatte wirklich geglaubt, wir hätten den Krieg zur Beendigung aller Kriege ausgefochten.

Aber manche Dinge, die ich nach dem Krieg bei uns sah, gefielen mir nicht.

Wenn man einen neuen Wagen kaufen wollte, sagte einem der Verkäufer, zunächst müsse man eine beträchtliche Vermittlungsgebühr unterderhand zahlen. Jenen von uns, die vier oder fünf Jahre in einer Uniform gesteckt hatten, paßte so etwas nicht. Mittlerweile kamen alte Formen des Rassismus wieder auf, nachdem Schwarze und Weiße Seite an Seite für dieselbe Sache gekämpft hatten. Mein eigener Industriezweig, der Film, wurde von einem bitteren Streit um Arbeitnehmerrechte zerrissen. Was mir am meisten Sorgen machte, war etwas, das ich als das Aufkommen des Faschismus im eigenen Land ansah; genau das, was wir so lange bekämpft hatten, um es aus der Welt zu schaffen.

Dutzende von neuen Veteranengruppen waren überall im Land entstanden und versuchten etwas von dem Gift faschistischer Heuchelei unter die Leute zu bringen, das wir gerade im Krieg besiegt hatten.

In Hollywood endet man, wenn man nicht singt oder tanzt, als Bankettredner, wie ich oft gesagt habe. Und bevor ich mich recht versah, hielt ich Reden gegen das Aufkommen des Neofaschismus in Amerika.

Ich trat so gut wie jeder Organisation bei, die sich die Rettung der Welt zum Ziel gesetzt hatte, zum Beispiel den United World Federalists und dem American Veterans Committee, das mich mit dem Slogan »Erst Bürger, dann Veteran« begeisterte. Ich wollte wirklich eine bessere Welt, und ich war der Meinung, was ich sagte, könnte helfen, sie zustande zu bringen.

Eines Tages, nachdem ich eine meiner Reden im Männerkreis der Hollywood Beverly Christian Church gehalten hatte, der ich angehörte, kam unser Pastor auf mich zu und sagte, er stimme mit dem überein, was ich über das Aufkommen des Neofaschismus gesagt hätte. Aber er fügte hinzu: »Ich glaube, Ihre Rede wäre noch besser gewesen, wenn Sie auch folgendes erwähnt hätten: Wenn der Kommunismus je zu einer Bedrohung würde, wären Sie genauso dagegen wie gegen den Faschismus.«

Während des Krieges waren die Russen unsere Verbündeten gewesen, und wenn man sie nach dem Krieg als närrisch und paranoid bezeichnete, hatte ich widersprochen.

Ich sagte dem Pfarrer, ich hätte noch nicht viel über die Bedrohung durch den Kommunismus nachgedacht, aber der Vorschlag klänge ganz gut und von nun an würde ich das auch sagen: Wenn der Tag käme, an dem er auch die amerikanischen Werte bedrohte, würde ich mich genauso entschieden dagegen aussprechen wie gegen den Faschismus.

Nicht lange danach bat man mich, vor einer örtlichen Bürgerorganisation zu sprechen. Ich hielt meine übliche Rede, in der ich die amerikanischen Werte gegen den neuen Faschimus verteidigte, der im Lande aufzukommen schien, und erhielt nach fast jedem Absatz Beifall. Ich kam großartig an. Zum Schluß brachte ich dann meinen neuen Text: »Ich habe mich gegen die auch nach diesem Krieg fortdauernde Bedrohung durch den Faschismus ausgesprochen, es gibt jedoch einen anderen Ismus, den Kommunismus, und wenn ich je Beweise dafür finde, daß der Kommunismus all das bedroht, woran wir glauben und wofür wir einstehen, dann werde ich mich ebenso entschieden gegen den Kommunismus aussprechen, wie ich mich gegen den Faschismus gewandt habe.« Dann verließ ich das Podium – Totenstille!

Ein paar Tage später erhielt ich den Brief einer Frau, die an jenem Abend unter den Zuhörern gewesen war. »Ich mache mir schon seit einiger Zeit Sorgen«, schrieb sie. »Und ich habe den Verdacht, daß sich in dieser Organisation etwas Unheilvolles abspielt, das mir nicht gefällt.« Und dann fügte sie hinzu: »Ich bin sicher, Sie haben die Reaktion auf Ihren letzten Absatz bemerkt, als Sie den Kommunismus erwähnten. Ich hoffe, Sie begreifen, was das heißt. Ich glaube, die Gruppe entwickelt sich zu einer kommunistischen Tarnorganisation. Ich wollte Ihnen nur sagen, daß ich genug davon habe. Ich bin am nächsten Tag aus der Organisation ausgetreten.«

Dank meinem Pfarrer und dieser Dame wachte ich allmählich auf und sah die Welt so, wie sie wirklich war – und was sich in meinem Bereich, der Filmindustrie, abspielte.

Es gab in der Filmindustrie damals 43 Gewerkschaften. Ein paar davon waren unabhängig, aber die meisten gehörten der American Federation of Labor (AFL) an. Dies galt auch für die Screen Actors Guild sowie die International Association of Theatrical and Stage Employees (IATSE), besser bekannt als die Bühnenarbeitergewerkschaft.

Während so viele von uns kriegsbedingt abwesend gewesen waren, hatte sich etwas Neues entwickelt. Einige der Gewerkschaften hatten sich zusammengeschlossen, um die sogenannte Conference of Studio Unions, kurz CSU, zu bilden.

Die IATSE hatte sich von ihrer Vorkriegskrise erholt, als Gangster aus Chicago sie übernommen und von den Studiobossen unterderhand Schmiergelder erpreßt hatten, während sie gleichzeitig in Konkurrenz zur Screen Actors Guild eine Schauspielergewerkschaft aufzubauen versuchten. Das war vor meiner Zeit, aber ich hatte die Geschichte von Schauspielern erfahren, die dagegen angegangen waren und denen es gelungen war, die AFL zum Hinauswurf der Gangster zu bewegen.

Nun gab es ein anderes Problem. Der Kern der CSU-Gruppe wurde von einem Herb Sorrell geführt. Er war Vorsitzender der Studiomalergewerkschaft und versuchte eine Gruppe von Arbeitern, die sich Set

Erectors (Kulissenbauer) nannten und eine eigene Organisation innerhalb der IATSE bildeten, mit seiner Gewerkschaft zu vereinigen und seiner Zuständigkeit zu unterwerfen. Es gab nur 350 Set Erectors in der ganzen Filmbranche, aber die CSU rief zum Streik auf und forderte, daß die Studios sie, die CSU, als ausschließlichen Verhandlungspartner akzeptierten.

Die IATSE sagte ihren Mitgliedern, sie sollten sich dem Streik nicht anschließen, sondern an den Streikposten vorbei an ihre Arbeitsplätze gehen. So brach der Krieg zwischen den beiden Organisationen aus. Natürlich kamen Schauspieler und Schauspielerinnen zu den Vorsitzenden der Actors Guild und fragten, wie sie sich verhalten sollten.

Bei einer Vorstandssitzung unserer Gewerkschaft schlug ich vor, auf einer Zusammenkunft zwischen der Leitung der Filmstudios, den CSU-Führern und denen der IATSE erst einmal zu klären, worum es ging. Die Studiomanager wollten zunächst nicht so recht mitspielen, aber wir versicherten ihnen, die Guild würde als neutrale Partei auch anwesend sein, um als Schiedsrichter zwischen ihnen zu vermitteln und darauf zu achten, daß es nicht zu irgendwelchen faulen Tricks käme.

Als wir uns dann tatsächlich trafen, stellte sich deutlich heraus, daß der Streik der CSU unberechtigt war. Es ging keineswegs um die Verbesserung des Lohns und der Arbeitsbedingungen ihrer Mitglieder, sondern darum, einer anderen Gewerkschaft etwas wegzunehmen, das ihr von Rechts wegen gehörte.

Die Schauspieler befanden sich in einer Schlüsselposition: Wenn wir uns weigerten, an den Streikposten der CSU vorbeizugehen, mußten die Studios die Arbeit einstellen. Wenn nicht, ging die Arbeit weiter, und Filme wurden gedreht.

Nach der Zusammenkunft berichteten wir dem Vorstand der Guild, daß der Streik unserer Ansicht nach nicht legitim, sondern ein Disput um Zuständigkeiten zwischen zwei Gewerkschaften sei, und empfahlen, daß die Schauspieler wie gewohnt die Studios betreten sollten.

Der Vorstand berief eine Vollversammlung aller Mitglieder für die folgende Woche in das Hollywood Boxing Stadium ein, bei der ich unsere Untersuchungsergebnisse vorstellen und empfehlen sollte, daß wir an dem Streikposten vorbei an unsere Arbeit gingen.

Zwei oder drei Tage vor dieser Vollversammlung im Boxstadion war ich zu Dreharbeiten außerhalb an einem Strand, als ich zum Telephon gerufen wurde, das sich in einer nahe gelegenen Tankstelle befand. Der Anrufer nannte seinen Namen nicht, sagte aber, wenn ich diese Rede hielte, würden sich ein paar Leute meiner annehmen.

»Man wird Ihr Gesicht nie wieder in einem Film sehen«, drohte er.

Ich berichtete dem Regisseur des Films von dem Anruf, und als wir an dem Abend zum Studio zurückfuhren, kamen Polizeibeamte des Bezirks Burbank auf mich zu, schnallten mir ein Schulterhalfter unter den Arm und gaben mir eine Pistole, die ich die nächsten sieben Monate bei mir trug. Sie stellten auch eine Wache an meinem Haus auf, die rund um die Uhr auf dem Posten blieb.

Später erfuhr ich, daß man mir Salzsäure ins Gesicht hatte schütten wollen, was meine Filmkarriere in der Tat beendet hätte.

Ich berichtete unseren Mitgliedern wie geplant, daß der Streik der CSU eine faule Sache war. Sie stimmten mit 2748 gegen 509 dafür, die Streikpostenlinie zu überschreiten.

An den Studioeingängen kam es bald zu blutigen Auseinandersetzungen, als täglich Leute, die arbeiten wollten, mit den Streikposten und von außen zur Unterstützung herbeigeholten Agitatoren zusammenstießen. Eine in San Francisco beheimatete Hafenarbeitergewerkschaft, die man kommunistischer Beziehungen verdächtigte, schickte massenhaft Streikposten, die den Streikenden von der CSU helfen sollten. Bombenattentate auf Häuser und Autos wurden unternommen, und viele Menschen erlitten an der Streikpostenlinie ernsthafte Verletzungen. Arbeiter, die aufs Studiogelände zu fahren versuchten, wurden von Streikposten umringt, die die Autotür aufrissen oder ein Fenster herunterkurbelten und am Arm des Arbeiters zerrten, bs die Knochen brachen, und ihm dann sagten: »Nun geh arbeiten und sieh zu, wieviel du heute schaffst.«

Wir fuhren bald nur noch in Autokonvois und in gemieteten Bussen in die Studios. Um Mitternacht erfuhren die Schauspieler, die am nächsten Tag arbeiten mußten, telephonisch, wo am nächsten Morgen der Bus auf sie wartete. Eines Tages traf ich am verabredeten Ort ein und sah, wie unser Bus nach einem Anschlag mit einem Molotow-Cocktail in Flammen aufging.

Unterdessen trafen sich führende Vertreter der Guild weiterhin mit Streikführern von der CSU, um nach Wegen für eine vernünftige Einigung zu suchen. Diese fast täglichen Zusammenkünfte zogen sich über Monate hin.

An manchen Tagen kam ich nach stundenlangen Verhandlungen nach Hause und dachte, wir hätten gewisse Fortschritte erzielt. Aber am nächsten Morgen trafen wir uns wieder, und die Streikenden kamen mit ihren Anwälten und neuen Forderungen an, über die wir noch nie zuvor gesprochen hatten, die aber, wie sie erklärten, erfüllt werden müßten, bevor sie den Streik absagten.

Am Ende waren wir erfolgreich. Der Streik brach im Februar 1947 zusammen. Die Entscheidung der Schauspielergilde und mehrerer anderer Gewerkschaften, die Streikposten zu ignorieren, brach schließlich nicht nur dem Streik, sondern auch der Conference of Studio Unions das Genick.

Später gingen mehrere Mitglieder der Kommunistischen Partei in Hollywood, die an der versuchten Übernahme durch die IATSE beteiligt gewesen waren, an die Öffentlichkeit und beschrieben in allen Einzelheiten, wie Moskau die Filmindustrie zu unterwandern versuchte. Der Ausschuß für unamerikanische Umtriebe des Kalifornischen Senats bestätigte nach einer längeren Untersuchung, daß der Streik Teil eines Versuches der Sowjetunion war, Hollywood und den Inhalt der dort produzierten Filme unter ihre Kontrolle zu bringen. Obwohl der eigentliche Streikführer dem Kongreß erzählte, er wäre nie Kommunist gewesen, erbrachte die Untersuchung Beweise, die nach Ansicht des Kongresses auf seine heimliche Parteimitgliedschaft hindeuteten, und ein Jahr später kamen die Vorsitzenden seiner Gewerkschaft zu dem Ergebnis, daß er sich »mutwillig und bewußt mit Gruppen zusammengetan« hatte, »die der Kommunistischen Partei untergeordnet und dienstbar sind«.

In den ersten Jahren nach dem Zweiten Weltkrieg machten amerikanische Filme siebzig Prozent aller Kinoprogramme der Welt aus, und es wurde mir allmählich immer klarer, daß Josef Stalin sich vorgenommen hatte, Hollywood in eine Propagandamaschine für sein sowjetisches Expansionsprogramm zu verwandeln, um die ganze Welt kommunistisch zu machen.

So dauerte der Kampf um die Kontrolle über Hollywood auch nach dem Streik an. Lange Zeit meinte ich, die Kommunisten seien am wirksamsten mit den Kräften der Liberalen Demokratie zu schlagen, die gerade Hitlers Art von Totalitarismus besiegt hatte: Liberale Demokraten meinten, die Bevölkerung solle selbst entscheiden, was am besten für sie war, nicht – wie die Kommunisten, Nazis und anderen Faschisten meinten – ein paar wenige, die für uns übrige entschieden, was gut für uns ist.

Aber ich mußte feststellen, daß viele »Liberale« einfach nicht akzeptieren konnten, daß Moskau Böses im Schilde führte, oder daß es Hollywood und viele andere Industrien durch Unterwanderung erobern wollte, oder daß Stalin ein mörderischer Gangster war. Für sie war der Kampf gegen den Totalitarismus eine »Hexenjagd« und »Kommunistenfresserei«.

15

Während des Streiks klopfte es eines Abends kurz vor der Schlafenszeit an meiner Haustür. Ich sah durch einen Spion in der Tür und erblickte zwei Männer, die FBI-Ausweise vorzeigten. Ich öffnete, und sie fragten mich, ob sie mir ein paar Fragen stellen könnten. Ich forderte sie auf einzutreten, fragte sie aber, was ich denn schon wissen könnte, das dem FBI nicht längst bekannt war. Einer von ihnen antwortete: »Jeder, den die Kommunisten so hassen, muß etwas wissen, das uns helfen kann.« Das ließ mich natürlich aufhorchen, und ich fragte ihn, was er damit meinte.

Er sagte, mein Name sei ein paar Tage zuvor bei einem Treffen der Amerikanischen Kommunistischen Partei im Zentrum von Los Angeles erwähnt worden. Während des Meetings hätte eines der Parteimitglieder gesagt: »Was zum Teufel werden wir mit diesem Hundesohn, diesem Reagan, tun?«

Sie vertrauten mir an, daß die Partei, wie Nachforschungen des FBI zeigten, nicht nur die Kontrolle über die Arbeiterschaft in Hollywood zu gewinnen, sondern auch den Inhalt der Filme zu beeinflussen suchte, und zwar durch die Arbeit verschiedener prominenter Filmautoren und Schauspieler, die Mitglieder oder Sympathisanten der Partei waren. Die FBI-Leute fragten mich, ob sie mich regelmäßig treffen könnten, um einige der Dinge zu diskutieren, die in Hollywood vor sich gingen. Ich sagte, natürlich könnten sie das.

Nicht lange danach erklärte ich mich bereit, in den Vorstand des

Hollywood Independent Citizens Committee of the Arts, Sciences, and Professions (HICCASP) einzutreten, nachdem dort ein Platz frei geworden war. Diese Vereinigung hatte es sich zum Ziel gesetzt, Präsident Franklin D. Roosevelt zu unterstützen. Es handelte sich um eine angesehene liberale Organisation, die einige der bekanntesten Namen in Hollywood zu ihren Mitgliedern zählte.

Wie viele andere Institutionen, denen ich beigetreten war, hatte sie sich dem Kampf gegen den Faschismus und der Bewahrung unserer nationalen Freiheiten verpflichtet, und ich empfand es als große Ehre, daß man mich bat, in den Vorstand einzutreten, so sah ich meinem ersten Meeting denn erwartungsvoll entgegen.

Es waren bei dem Treffen etwa sechzig Vorstandsmitglieder anwesend, von denen ich viele nicht kannte. Vor allem galt das für den Exekutivausschuß, der den Vorstandsmitgliedern gegenüber an einem Tisch saß.

Als die Versammlung eröffnet war, ärgerte ich mich ein bißchen über die Verfahrensweise: Ein Tagesordnungspunkt wurde zur Diskussion gestellt, aber dann sagte eines der Ausschußmitglieder: »Nun, wir brauchen das Thema nicht mit dem ganzen Vorstand zu besprechen, darum kann sich der Exekutivausschuß kümmern.« Ich fand es auch nicht richtig, daß einige bekannte Hollywoodautoren Jimmy Roosevelt, den Sohn des Präsidenten, persönlich angriffen, nachdem er gesagt hatte, daß Organisationen wie die unsere auf der Hut sein müßten, nicht von Sympathisanten der Kommunisten benutzt beziehungsweise mißbraucht zu werden.

Dore Schary, der Chef vom MGM, saß neben mir, und ich stieß ihn an und fragte: »Wo sind denn all die Leute, die sonst hier waren, die Studiochefs und so weiter?«

Er warf mir einen Blick zu, beugte sich herüber und flüsterte: »Kommen Sie nach dem Treffen in das Apartment von Olivia de Havilland.«

Olivia war ein Mitglied des Exekutivausschusses des HICCASP. Zehn von uns trafen sich später am Abend in ihrem Apartment, und ich war verblüfft, als sie und andere sagten, sie hätten den Verdacht, daß Kommunisten die Organisation übernehmen wollten. Während wir über die Situation sprachen, flüsterte ich ihr zu: »Wissen Sie, Olivia, ich habe immer gedacht, Sie gehörten vielleicht dazu.«

Sie lachte: »Das ist komisch. Ich dachte, Sie gehörten dazu.«

Ich hatte ursprünglich vorgehabt, als neues Vorstandsmitglied meinen Mund zu halten und den anderen zuzuhören. Aber da ich durch meine Kontakte zum FBI ein bißchen über die Taktik der Kommunisten wußte, schlug ich vor, einen Entschließungsantrag in den Exekutivausschuß einzubringen, der eine Sprache sprach, die ein Kommunist nicht akzeptieren konnte. Olivia sollte ihn bei der Zusammenkunft in der folgenden Woche stellen, und dann würden wir sehen, was geschah.

Wir formulierten etwas, das im wesentlichen eine harmlose Grundsatzerklärung war, aber mit einem Satz endete, in dem der Exekutivausschuß im Namen von HICCASP noch einmal ausdrücklich seinen »Glauben an das freie Unternehmertum« beteuerte und »den Kommunismus als unerwünscht für die Vereinigten Staaten ablehnt.«

In der nächsten Woche kamen wir wieder zusammen, während Olivia an der Sitzung des Exekutivausschusses teilnahm. Nach etwa einer Stunde läutete das Telephon. Es war Olivia. »Sie haben dagegen gestimmt«, sagte sie. Später kam sie zu uns und sagte, sie sei als einzige für unsere Resolution gewesen.

Das war der Beweis, den wir gebraucht hatten: Das HICCASP war zu einer kommunistischen Tarnorganisation geworden, die sich hinter ein paar wohlmeinenden Hollywoodgrößen versteckte, die ihm Glaubwürdigkeit verleihen sollten.

Am nächsten Tag traten wir zwölf zurück, nicht nur aus dem Vorstand, sondern aus der Organisation selbst. Wir waren die letzte Tarnung des HICCASP gewesen, hatten dem Ansehen der Organisation in der Öffentlichkeit gedient. Innerhalb einer Woche löste sie sich auf – aber die Leute, die dahinterstanden, arbeiteten weiter.

Sie entfernten den Namen HICCASP von der Tür des Büros, brachten den Titel einer neuen Institution an – es waren dieselben Leute mit denselben Zielen, die eine neue Tarnorganisation bildeten.

Eines Abends, nachdem ich vor der Guild eine Rede gehalten hatte, in der ich betonte, es sei wichtig, daß Hollywood sich zusammenschlösse, um den kommunistischen Versuch, die Filmindustrie zu übernehmen, zurückzuschlagen, kam ich ein paar Minuten zu spät zu einer Vorstandssitzung der Veteranenorganisation, der ich beigetreten war. Sie fand in einem ehemaligen Laden statt, den man uns für diese Veranstaltung überlassen hatte.

Ich ging den Mittelgang zwischen den Klappstühlen herunter, die man zu beiden Seiten aufgestellt hatte, und suchte nach einem freien Sitzplatz.

Ich sah einen und ging darauf zu. Es dauerte einen Augenblick, bis ich begriff, daß da etwas verabredet war. Sobald ich mich setzte, erhoben sich alle Mitglieder des Vorstandes, die auf meiner Seite des Ganges gesessen hatten, gingen auf die andere Seite, und ich saß allein da.

Kurz darauf erfuhr ich, daß diese Gruppe zu einer weiteren Tarnorganisation der Kommunistischen Partei in Hollywood geworden war.

Die Kommunisten gewannen die Kontrolle über die Vereinigungen und Institutionen durch harte Arbeit und gute Organisation: Eine Minderheit von vielleicht einem Prozent trat ein, kam früh, blieb länger als alle anderen und übernahm freiwillig die harte Arbeit für die wohlmeinenden, liberalen Mitglieder (wie mich).

Der Streik und die Versuche, die Kontrolle über HICCASP und andere Organisationen zu gewinnen, hatten auf mich eine nachhaltige Wirkung. Mehr als alles andere war es der Versuch der Kommunisten, Hollywood zu übernehmen und damit einen Einfluß auf dessen weltweites Publikum von mehr als fünfhundert Millionen Menschen wöchentlich zu gewinnen, der mich die Nominierung zum Vorsitzenden der Screen Actors Guild annehmen ließ und mich, jedenfalls indirekt, auf den Weg brachte, der mich in die Politik führen sollte.

Eine der besten Kritiken, die ich je bekommen habe, betraf nicht meine Filmarbeit, sondern kam von einem Schauspielerkollegen bei seiner Aussage vor Gericht. Sterling Hayden, der wie andere mit dem Kommunismus liebäugelte, bevor er sich später davon lossagte, hat hinsichtlich der versuchten kommunistischen Übernahme von Hollywood während des Streiks von 1946 gesagt: »Ronald Reagan war ein Ein-Mann-Bataillon des Widerstands.«

Schließlich haben wir den Kommunisten in Hollywood Einhalt geboten, aber der Kampf hatte auch eine traurige Seite; es war nicht nur eine Geschichte der Schurken, sondern auch eine der Opfer.

Ein paar Mitglieder des Ausschusses für unamerikanische Umtriebe des Repräsentantenhauses kamen mehr auf Suche nach Eigenwerbung nach Hollywood als auf der Suche nach Kommunisten. Viele anständige Menschen wurden einfach nur deshalb fälschlich als Kommunisten angeklagt, weil sie Liberale waren.

Als sich die Nachricht verbreitete, daß Moskau Hollywood zu übernehmen versuchte, wurde die Filmstadt wegen des von ihr ausgehendem Zaubers zu einer beliebten Zielscheibe für Politiker, die für sich Werbung machen wollten und zu diesem Zweck auch die Macht ihres Amtes mißbrauchten. Ich war sehr dafür, die Kommunisten aus Hollywood hinauszuwerfen, aber einige Mitglieder des Ausschusses für unamerikanische Umtriebe mißachteten die Gebote der Wahrheitsliebe und des Fair play, fielen über Unschuldige her und versuchten sie auf eine schwarze Liste zu setzen.

Jimmy Cagney, Humphrey Bogart und andere gute Amerikaner wurden fälschlich beschuldigt, Kommunisten zu sein. Petitionen trafen in Hollywood ein, von Tausenden unterzeichnet, worin es hieß, man werde nicht ins Kino gehen, wenn in den betreffenden Filmen gewisse Schauspieler mitspielten – und dann folgten die Namen von Dutzenden von Hollywoodstars. Das Ganze war außer Kontrolle geraten.

Wir sahen uns einem Dilemma gegenüber: Olivia und andere, mit denen mich inzwischen sehr freundschaftliche Beziehungen verbanden, waren entschlossen, die Kommunisten loszuwerden, aber wir mußten diejenigen schützen, die unschuldig waren. Um das Problem in den Griff zu bekommen, bildeten wir einen Rat der Filmindustrie, der mit Filmleuten Kontakt aufnahm, die auf den schwarzen Listen standen und deren Existenz bedroht war – einschließlich jener, die nicht wußten, daß man sie boykottierte –, und sagten zu ihnen: »Seht mal, wir können eure Namen nicht reinwaschen, aber wir können euch dabei helfen, das selbst zu tun.«

Wir rieten ihnen dringend, öffentlich ihre Gegnerschaft zum Kommunismus und ihre Bereitschaft zu erklären, vor dem FBI und dem Ausschuß für unamerikanische Umtriebe zu erscheinen – zwei Dinge, zu denen kein Kommunist bereit sein konnte. Wir versprachen, die nötigen Termine für sie zu verabreden, und dann würden wir uns für ihre Unschuld verbürgen.

Wenn jedoch jemand erklärte: »Das werde ich nicht tun«, dann erwiderten wir nur: »Dann können wir dir nicht helfen.«

Die Methode ermöglichte es den Betreffenden, sich zu entlasten, und sie funktionierte, sie funktionierte wirklich. Die Filmindustrie und die Öffentlichkeit akzeptierten unsere Empfehlungen, die Unschuld des Betreffenden anzuerkennen.

Das waren die Jahre, in denen mir die Augen aufgingen. Als ich nach dem Kriege zu Warner Brothers zurückgekommen war, hatte auch ich die gängige liberale Ansicht vertreten, Kommunisten – falls es wirklich welche gab – seien vorübergehend aus der Bahn geworfene Liberale oder was auch immer, jedenfalls bedrohten sie weder mich noch irgend jemanden sonst in nennenswerter Weise. Ich hatte zwar Leute flüstern hören, Moskau wolle das mächtigste Unterhaltungsmedium der Welt infiltrieren, hatte sie aber für irrationale und leicht erregbare »Kommunistenfresser« gehalten und ihre Warnungen in den Wind geschlagen.

Nun wußte ich aus eigener Erfahrung, wie Kommunisten sich mittels Lügen, Betrug, Gewalt und jeder anderen Taktik, die ihnen geeignet erschien, für die Sache des sowjetischen Expansionismus einsetzten. Ich wußte aus meiner Erfahrung der handgreiflichen Gewalt, daß Amerika von keiner heimtückischeren und größeren Gefahr als dem Kommunismus bedroht war.

16

Von den 53 Filmen, in denen ich gespielt habe, sind 31 vor und 22 nach dem Krieg entstanden. Außer auf *Kings Row* und *Knute Rockne – All American* bin ich besonders stolz auf mehrere der Nachkriegsfilme, besonders auf *The Voice Of The Turtle*, *John Loves Mary*, *The Hasty Heart* und *The Winning Team*, in dem ich den großen Baseballspieler Grover Cleveland Alexander dargestellt habe.

Aber Hollywood veränderte sich nach dem Krieg grundlegend, und nicht immer zum Besseren.

Als ich 1937 in meinem Nash-Kabrio nach Hollywood kam, gab es dort sieben Studios. Jedes besaß ein riesiges Produktionsareal, beherrscht von scheunenartigen Tonstudios, in denen die Innenszenen der Filme gedreht wurden; ein täuschend ähnlich nachgebautes New-York-City-Viertel; eine Western-Town mit Saloons, die nur aus Fassaden bestanden, und einer staubigen Main Street für die Außenaufnahmen. Die Studios besaßen auch große Ranches im San Fernando Valley, wo die Western und andere Filme gedreht wurden, die in der freien Natur spielten.

Damals funktionierte Hollywood in etwa wie ein altmodischer Süßwarenladen: Hinten im Hof wurde das Zuckerwerk fabriziert und vorn im Laden verkauft. Jedes Studio hatte ein großes Reservoir an Vertragsschauspielern, Autoren, Regisseuren, Musikern und Produzenten sowie ein über das ganze Land ausgebreitetes Netz von Kinos, in denen es seine Filme zeigte. Das Studio war eine Art Fließband, es mußte in stetiger Folge Filme erzeugen, die dann an die Kinos gingen.

Auf diese Art entstanden viele der besten Filme, die je gedreht worden sind. Jedes Studio war wie eine große Familie. Man gehörte zu Warner Brothers, zu MGM oder zu Paramount, und die Freunde, die man hatte, waren größtenteils andere Schauspieler, Autoren und Regisseure desselben Studios. Manchmal gab es Streitigkeiten in der Familie, aber das herrschende System verlieh der Filmindustrie Stabilität. Man war irgendwo zu Haus, man gehörte dazu.

Aber das alles änderte sich nach dem Krieg. Eine private Kinokette berief sich auf das Antikartellgesetz und klagte. Schließlich erließ das Justizministerium eine Reihe von Dekreten. Darin hieß es, die Studios könnten entweder Filme produzieren oder Kinos betreiben, beides zugleich dürften sie nicht.

Das krempelte Hollywood über Nacht völlig um. Die Studios entschieden sich natürlich dafür, weiter Filme zu drehen. Aber nun konnten sie es sich nicht mehr leisten, Schauspieler und andere Mitarbeiter in großer Zahl unter Vertrag zu halten. Jetzt mußten sie bei der Filmproduktion darauf spekulieren, daß die Kinos sie auch zeigen wollten.

Um Steuern zu sparen, waren viele Stars bereit, die Sicherheit eines Studiovertrags und einer Wochengage aufzugeben. Ich gehörte zu ihnen. Ich war in der Steuerklasse, in der ich 94 Prozent meines Einkommens an die Regierung abführen mußte. Ich war schon immer der Meinung gewesen, daß das Steuersystem den Schauspielern gegenüber ungerecht war. Ich hatte Karrieren gesehen, die sich kometengleich entwickelten, kurz aufleuchteten und dann fast über Nacht ausgebrannt waren und erloschen. Während der kurzen Phase des Starruhms hatten die Steuern den größten Teil des Einkommens dieser Leute aufgefressen. Danach blieb ihnen nur noch wenig.

Demnach hielt ich die Entscheidung der Regierung für falsch, die zur Zerstörung des Studiosystems führte. Damit vernichtete sie die Stabilität der Filmindustrie. Es geschah mit der Begründung, die Studios übten ein Monopol in der Filmbranche aus. Aber sie besaßen kein Monopol; es gab einen intensiven Wettbewerb, von dem alle profitierten. Man hatte sieben Unternehmen, die permanent im Wettstreit miteinander lagen, wer einen besseren Film machen konnte – und wenn den Zuschauern ein Film nicht gefiel, dann zeigten sie es, indem sie mit den Füßen abstimmten.

Daß ihnen die Kinos gehörten, gab den Studios eine gewisse Sicherheit: Wenn sie sich mit einem Film verschätzten, bekamen sie wenigstens einen Teil ihrer Investitionen zurück, indem sie ihn in ihren Kinos zeigten. Das erlaubte ihnen, Risiken einzugehen, neuen Leuten und ungewöhnlichen Stories eine Chance zu geben.

Dem Publikum war es möglich, echte Stars zu »machen« – legendäre Stars, die sich in der Gunst der Zuschauer hielten, wie Clark Gable, Olivia de Havilland, Gary Cooper, Jimmy Stewart und viele andere.

Schauspieler wie Judy Garland oder Mickey Rooney kamen nicht als große Stars auf die Welt. Wenn ein Studio jemanden entdeckte, von dem es annahm, er hätte Talent und wäre vielversprechend – zum Beispiel ein hübsches Mädchen in einer Collegeaufführung –, gab es ihm einen Vertrag und ein kleines Gehalt und schickte es zum Unterricht, wo es schauspielen, singen und tanzen lernte. Das Studio hegte und pflegte seinen »Nachwuchs« und versuchte, ihn zu entwickeln.

Die Studios wußten, daß nicht *sie* die Stars machten. Die Stars machte das *Publikum*. Aber sie konnten Filme machen, die den besonderen Talenten eines Schauspielers zum Durchbruch verhalfen. Sie konnten ihm wunderbare Charakterdarsteller zur Seite stellen, die selbst nie Stars werden würden. Damals wurden die großen Stars allmählich aufgebaut. Dann wurden ihre Namen und Gesichter den Zuschauern so vertraut wie die ihrer nächsten Angehörigen. Dafür sorgte die Publicitymaschinerie der Studios. Jeder Darsteller hatte einen Publicity-Agenten, der dafür verantwortlich war, daß dieser Name und dieses Gesicht in der Fachpresse, in den Klatschspalten und den Filmzeitschriften erschienen: So wurde ein Image aufgebaut. Das brachte die Leute an die Kinokassen.

Als freiberuflicher Schauspieler vereinbarte ich mit Warner Brothers die Arbeit an drei Filmen in drei Jahren, einen Film pro Jahr. So konnte ich auch bei Paramount, MGM, RKO und Universal Filme drehen. Schließlich ging auch mein Wunsch in Erfüllung, und ich drehte einige Western. Unter ihnen waren zwei meiner Lieblingsfilme: *The Last Outpost* und *Cattle Queen Of Montana* mit Barbara Stanwyck. In *The*

Last Outpost erschien ich mit meinem Lieblingspferd, »Baby«, der Stute, die ich während der Dreharbeiten von *Stallion Road* geritten und erworben hatte.

Gegen Ende der vierziger Jahre war eine Nebenwirkung der versuchten kommunistischen Infiltration unserer Industrie eine Art von nationaler Entrüstung über Hollywood. Die Filmindustrie wurde zu einer Art populärer Zielscheibe für Politiker, die sie als eine Brutstätte des Kommunismus und der Unmoral bezeichneten. Überall im Lande bildeten sich Vereinigungen mit dem erklärten Ziel, die Filme zu zensieren.

Wie jede größere Gruppe hatten auch wir unsere schwarzen Schafe, aber sie waren in der Minderheit, und der größte Teil der Anti-Hollywood-Propaganda beruhte auf falschen Tatsachen. Als Vorsitzender der Screen Actors Guild hielt ich Reden, um die Filmindustrie zu verteidigen.

Anfangs redete ich nur vor Kollegen in Hollywood und vor Filmtheaterbesitzern. Ich ermunterte sie, sich zusammenzuschließen, um das Image unserer Industrie und ihre Public Relations zu verbessern. Ich kritisierte die Kritiker und Zeitungsartikelschreiber, die uns unfairerweise beschimpften und verleumdeten. Ich beschrieb, wie wir auf die kommunistische Bedrohung in der Filmindustrie reagiert hatten, wies darauf hin, daß der Lebensstil der meisten Menschen in Hollywood völlig unauffällig war, und versuchte zu betonen, wie wichtig die Filme für die amerikanische Kultur waren. Es dauerte nicht lange, und ich hielt mehrere Reden pro Woche, und mit der Zeit sprach ich seltener vor Angehörigen der Filmindustrie und immer häufiger vor Organisationen wie dem Rotary Club und örtlichen Handelskammern.

Allmählich machte ich, glaube ich, eine politische Verwandlung durch. Meine Anschauungen nach dem Krieg waren, wie gesagt, die eines Liberalen: Wie mein Vater mißtraute ich den Arbeitgebern und glaubte, daß die Regierung alle Probleme unseres Landes lösen könnte, wie sie das während der Depression getan hätte. Erst später begriff ich, daß es wahrscheinlich der Zweite Weltkrieg gewesen war, der die Depression beendet hatte. Meine politische Verwandlung begann vermutlich, als ich mit der Gleichgültigkeit vieler Bürokraten des öffentlichen Dienstes während des Krieges in Berührung kam; dann folgte die versuchte Übernahme der Filmindustrie durch die Kommunisten, von der viele meiner liberalen Freunde nicht zugeben wollten, daß es sie je gegeben hat; als nächstes lernte ich kurz das Leben in einem Land kennen, das jene Art utopischer Wohltätigkeit von der Wiege bis zum Grabe versprach, die viele meiner liberalen Freunde in Amerika einführen wollten. 1949 verbrachte ich vier Monate in England, als wir *The Hasty Heart* drehten, während die Labour Party an der Macht war. Ich sah mit eigenen Augen, wie der Wohlfahrtsstaat vielen Leuten in einem wundervollen und dynamischen Land die Lust zum Arbeiten nahm.

Wahrscheinlich aufgrund des Einflusses meines Vaters und meiner Erfahrungen während der Depression war ich ein Anhänger der Demokratischen Partei gewesen. Ich stimmte deren Gründer Thomas Jefferson zu, der gesagt hatte: »Demokraten sehen im Volk den sichersten Hort der Macht; sie halten es daher hoch in Ehren und wollen ihm all die Macht überlassen, zu deren Ausübung es fähig ist ... die Gleichberechtigung der Menschen und das Glück eines jeden Individuums werden als die einzig legitimen Ziele des Regierens betrachtet.«

Aber die Partei hatte sich in den dreißiger Jahren unseres Jahrhunderts drastisch verändert. Jefferson hat wiederholt betont, daß die beste Regierung die *kleinste* Regierung sei, daß »Regierungen nicht die Herren des Volkes, sondern die Diener des Volkes sind, das sie regieren«. Abraham Lincoln hat einmal gesagt: »Die Grundsätze von Jefferson sind die Definitionen und Axiome einer freien Gesellschaft.« Aber während der Depression fingen die Demokraten an, viele dieser Grundsätze zu verwerfen, indem sie eine Regierung schufen, die immer größer wurde und die zunehmend das Recht für sich in Anspruch nahm, das gesellschaftliche und wirtschaftliche Leben des Landes zu regulieren und zu planen sowie in Gebiete vorzudringen, die man am besten den privaten Unternehmern überläßt.

Ich glaube, ich begann damit, einen meiner eigenen Grundsätze im Hinblick auf die Aufgaben einer Regierung zu entwickeln: Abgesehen von der nationalen Sicherheit gibt es wahrscheinlich keine Aufgabe auf der Welt, die sich nicht effizienter von den Kräften des privaten Unternehmertums handhaben ließe als von der Bundesregierung.

Unsere Bundesbürokratie dehnte sich in den Nachkriegsjahren unerbittlich aus und begann, fast immer mit den besten Absichten, Amerika in eine verkappte Form von Sozialismus zu führen. Unsere Regierung verstaatlichte nicht die Eisenbahn oder die Banken, aber sie eignete sich einen unverhältnismäßig großen Teil des Nationaleinkommens durch unverhältnismäßig hohe Steuern an. Indirekt übernahm sie die Kontrolle über die tägliche Ausübung unserer Geschäfte durch Regeln und Bestimmungen, die den Bürokraten in Washington oft die Macht über deren Gedeih oder Verderb verlieh.

Bald nahmen meine Reden, die ich zur Verteidigung von Hollywood hielt, einen neuen Ton an. Und ich bekam einen Telephonanruf, der mein Leben verändern und dauerhaft bereichern sollte.

17

Der Anruf kam von Regisseur Mervyn LeRoy, der mir sagte, eine Schauspielerin, die in einem seiner Filme arbeite, brauche meine Hilfe. Die junge Frau, Nancy Davis, sei äußerst empört, da sie mit einer Kollegin verwechselt werde, deren Name in den Mitgliederlisten mehrerer kommunistischer Tarnorganisationen erschienen war. Und nun erhielt sie mit der Post Einladungen zu deren Versammlungen.

Mervyn sagte, er sei davon überzeugt, daß die junge Frau absolut kein Interesse an linksradikalen Themen habe, und da er von unserer Arbeit wußte, daß wir Kollegen entlasteten, die man unberechtigterweise als Kommunisten bezeichnet hatte, fragte er mich, ob ich mich der Sache annehmen könne.

Als Vorsitzender der Screen Actors Guild stellte ich ein paar Nachforschungen an und bekam heraus, daß es mehrere Nancy Davis mit Beziehungen zum Showbusiness gab, und ich brauchte nur ein paar Minuten, um zu ermitteln, daß Mervyns Nancy Davis nicht diejenige war, die mehreren kommunistischen Tarnorganisationen angehörte. Ich sagte ihm, er solle »seiner« Nancy Davis ausrichten, daß wir sie entlastet hätten und sie sich keine Sorgen zu machen brauche.

Wenig später rief Mervyn zurück und sagte, seine Versicherungen hätten nicht genügt, die junge Dame zufriedenzustellen.

»Sie ist ein Mensch, der sich dauernd Sorgen macht«, sagte er. »Sie fürchtet immer noch, daß man denken könnte, sie sei eine Kommunistin. Warum rufen Sie sie nicht mal an? Ich glaube, sie wird es Ihnen eher glauben als mir. Laden Sie sie doch mal zum Dinner ein und erzählen Sie ihr die ganze Geschichte selbst.«

Ich war einverstanden, und außerdem fand ich es ganz reizvoll, eine junge Schauspielerin auszuführen, die bei MGM unter Vertrag stand, auch wenn ich sie noch nie gesehen hatte. Und ich konnte es ja als Bestandteil meiner Pflichten als Vorsitzender der Guild bezeichnen.

Um aber Eventualitäten vorzubeugen, sagte ich zu ihr: »Ich erwarte morgen ganz früh einen Anruf, werde also heute abend nicht allzuviel Zeit haben.«

»Schön«, sagte Nancy. »Ich erwarte ebenfalls ganz früh am Morgen einen Anruf. Ich kann auch nicht zu lange ausbleiben.«

Sie hatte auch ihren Stolz.

Wir logen beide.

Als ich sie an jenem Abend in ihrem Apartment abholte, stand ich à la Pete MacArthur auf zwei Krücken. Mehrere Monate zuvor hatte ich mir bei einem Wohltätigkeits-Softballspiel meinen rechten Oberschenkelhalsknochen gebrochen und humpelte deshalb noch immer herum.

Ich führte sie in ein Restaurant am Sunset Strip aus und stellte bald fest, daß Mervyn nicht übertrieben hatte, als er sagte, sie sei sehr aufgebracht darüber, mit einer anderen verwechselt worden zu sein.

Ich meinte, es wäre vielleicht eine Lösung, wenn sie einen anderen Namen annähme – Schauspielerinnen täten das ja ständig.

Als ich das sagte, sah mich Nancy mit ihren haselnußbraunen Augen an und erwiderte mit umwerfender Logik: »Aber ich *heiße* Nancy Davis.«

Schon bald redeten wir nicht mehr über ihr Problem, sondern über ihre Mutter, die eine Broadwayschauspielerin gewesen war, ihren Vater, einen prominenten Chirurgen, und unser Leben im allgemeinen. Obwohl wir vereinbart hatten, daß es nicht lange dauern sollte, wollte ich nicht, daß der Abend endete, also sagte ich: »Haben Sie je Sophie Tucker gesehen? Sie singt im »Ciro's« nicht weit von hier. Gehen wir doch zu ihrem ersten Auftritt.«

Nun, sie hatte Sophie Tucker noch nie gehört, also gingen wir ins »Ciro's«, um uns die erste Show anzusehen. Wir sahen auch den zweiten Auftritt und kamen erst gegen drei Uhr morgens nach Hause. Von den frühen Anrufen war keine Rede mehr gewesen. Ich lud sie für den folgenden Abend zum Dinner ein, und wir fuhren zum »Malibu Inn«.

Danach gingen wir gelegentlich miteinander aus, manchmal gemeinsam mit unseren Freunden Bill und Ardis Holden, aber beide gingen wir auch weiterhin mit anderen Leuten aus, und dabei kreuzten sich dann ebenfalls hin und wieder unsere Pfade.

Das ging mehrere Monate so, bis ich eines Tages eine Rede vor dem Kongreß der Wohltätigkeitsorganisation Junior League im »Del Coronado Hotel« in San Diego zu halten hatte. Schon lange hatte ich mich auf diese Fahrt über die Küstenstraße gefreut. Damals, als es noch keine Autobahn gab, war es meine Lieblingsstrecke: rechts von mir der blaue Pazifik und links die sanften grünen Hügel Kaliforniens.

Ich wollte nicht allein fahren und überlegte, wen ich bitten sollte, mich zu begleiten. Dann wurde mir plötzlich klar, daß es nur einen Menschen gab, den ich dabeihaben wollte – Nancy Davis. Ich rief sie an, sie sagte zu und meinte, sie sei Mitglied der Junior League in Chicago.

Schon bald ging ich nur noch mit Nancy aus. Und eines Abends beim Dinner, als wir uns an einem Tisch für zwei gegenübersaßen, sagte ich: »Laß uns heiraten.«

Sie hätte einen romantischeren Antrag verdient, aber – sie legte ihre Hand auf die meine, sah mir in die Augen und sagte: »Ja.« Kurz darauf begann ich mit Dreharbeiten, daher mußten wir zwei oder drei Monate mit der Heirat warten.

Hätte die Hollywoodpresse von unseren Plänen Wind bekommen, hätte sie die Kirche gestürmt. Also schlug ich Nancy vor, daß wir still und heimlich heiraten sollten. Sie war einverstanden, und so wurden wir mit einer bewegenden kleinen Feier in der Little Brown Church im San Fernando Valley am 4. März 1952 getraut. Wir waren nur zu fünft in der Kirche: Nancy und ich, Bill Holden als mein Best Man, Ardis Holden als Nancys Brautjungfer und der Pfarrer.

Nachdem wir »ja« gesagt hatten, gaben Bill und Ardis ein Dinner für uns in ihrem Haus. Dort machte ein Photograph auch unsere Hochzeitsbilder. Nach dem Essen fuhren wir nach Riverside, etwa 110 Kilometer südöstlich von Los Angeles, wo wir übernachteten, bevor wir nach Phoenix weiterfuhren, um Nancys Eltern zu besuchen, die dort Ferien machten.

Wenn Gott mir je einen Beweis dafür gegeben hat, daß er einen Plan für mich hatte, dann an dem Abend, an dem er Nancy in mein Leben treten ließ.

Ich habe viele Stunden meines Lebens damit verbracht, Reden zu halten und meine Meinung offen auszusprechen. Aber es ist mir fast unmöglich auszudrücken, wie sehr ich Nancy liebe und wie sehr sie mein Leben erfüllt hat.

Manchmal glaube ich, mein Leben hat erst mit Nancy wirklich begonnen.

Vom ersten Augenblick an war unsere Ehe wie der Traum eines Heranwachsenden von einer Ehe. Sie war von Anfang an reich und erfüllt und wurde das mit jedem Tag mehr.

Nancy zog in meinem Herzen ein und füllte eine Leere, die ich lange zu ignorieren versucht hatte. Zu ihr heimzukommen ist, als würde man aus der Kälte in ein warmes, vom Kaminfeuer erleuchtetes Zimmer kommen. Sie fehlt mir schon, wenn sie nur den Raum verläßt.

Nach unserer Heirat bat Nancy um Entlassung aus ihrem Siebenjahresvertrag bei MGM: Manche Frauen können vielleicht gleichzeitig einem Beruf nachgehen und verheiratet sein, meinte sie, aber sie wolle das nicht versuchen. Sie wolle meine Frau sein.

Ich kann unsere Ehe in einem Satz zusammenfassen, den ich sprach, als ich den großen Baseballspieler Grover Cleveland Alexander spielte. Er hat ihn zu seiner Frau Aimee gesagt: »Gott muß viel von mir halten, daß er dich mir gegeben hat.«

Ich danke ihm jeden Tag dafür, daß er mir Nancy gegeben hat.

Im College hatte ich einen Philosophiekursus, in dem unser Professor uns erzählte, daß es zwei Arten von Menschen auf der Welt gäbe: jene, die anderen gegenüber skeptisch sind, bis die anderen sich bewähren, und jene, die annehmen, daß andere Menschen gut und anständig sind, bevor nicht das Gegenteil bewiesen wurde.

Ich glaube, das beschreibt sehr gut einen der Unterschiede zwischen Jack und Nelle. Und vielleicht beschreibt es auch einen Unterschied zwischen Nancy und mir. Ich kann nicht sagen, wer von uns öfter recht gehabt hat als der andere. Ich glaube, daß die Menschen im allgemeinen von Natur aus gut sind, und erwarte das Beste von ihnen. Nancy sieht das Gute in den Menschen, aber sie besitzt den Instinkt, der es ihr erlaubt, Fehler auch zu erkennen, wenn sie vorhanden sind.

Sie ist eine Nestbauerin, und sie verteidigt die Ihren. Wenn man schon einmal ein Bild von einem Bären gesehen hat, der sich auf seinen Hinterbeinen aufrichtet, wenn sein Gefährte oder ein Junges in Gefahr ist, hat man eine ganz gute Vorstellung davon, wie Nancy auf jemanden reagiert, von dem sie denkt, daß er einen ihrer Angehörigen zu verletzen oder zu verraten versucht.

Obwohl ich mit einigen der Filme zufrieden war, die ich als freiberuflicher Schauspieler drehte, gab es auch zwei oder drei, von denen ich wünschte, ich hätte mich nicht dazu überreden lassen – und nach einer Weile fing ich an, mir über die Richtung meiner Karriere und über Hollywood im allgemeinen Gedanken zu machen.

Der durch die Entscheidungen des Justizministeriums ausgelöste Tumult hallte immer noch in der Filmindustrie nach, und niemand wußte, wohin der Weg führen würde. Und manchmal sah es so aus, als würden die Studios auf die Krise damit reagieren, daß sie schlechte und nicht bessere Filme produzierten.

Nachdem ich mit Nancy darüber gesprochen hatte, beschloß ich, Rollen in schlechten Filmen künftig abzulehnen und zu warten, bis ein wirklich gutes Angebot kam.

Mehr als ein Jahr drehte ich keinen Film. Obwohl man mir eine Menge Drehbücher schickte, waren nicht viele darunter, die mir gefielen, und ich schlug Rollen aus, mit denen ich mehr als 500 000 Dollar verdient hätte. Ich füllte die Finanzlücke, indem ich Gastauftritte im Fernsehen absolvierte.

Patricia Ann, unser erstes Kind, wurde geboren und erfüllte den Haushalt der Reagans mit noch mehr Freude und Glück. Aber finanziell waren es ziemlich magere und mitunter schwierige Zeiten. Bevor ich beschlossen hatte, Filmangebote abzulehnen, die mir nicht gefielen, hatten wir ein Haus in Pacific Palisades gekauft. Mir gehörte schon die Ranch im San Fernando Valley, auf der ich Vollblüter züchtete. Aber es lag eine hohe Hypothek auf dem Haus, und aufgrund des Steuersatzes von 94 Prozent hatten wir kaum Ersparnisse.

Während ich schlechte Filmrollen ablehnte, hatte ich mehrere Möglichkeiten, die Familie zu ernähren.

Ich konnte immer noch nicht singen oder tanzen, aber ich zeigte – mit Nancy im Publikum, Abend für Abend – zwei Wochen lang eine Art Kabarettvorstellung im Nachtklub des Hotels »Last Frontier« in Las Vegas, in der ich der Conférencier für eine Gruppe war, die sich die Continentals nannte. Die Publikumsreaktion war gut, die Kritiken waren gut, die Bezahlung war phantastisch, und man lud mich ein wiederzukommen. Aber Nancy und mir fehlte unser Leben in Kalifornien, und keiner von uns hielt viel von rauchgeschwängerten Nachtklubs, daher waren wir froh, als die beiden Wochen herum waren und wir wieder nach Haus fahren konnten.

Ich hätte einen Job am Broadway bekommen können, dort suchte man immer Hollywoodschauspieler, aber Nancy und ich waren überzeugte Kalifornier und an einer langfristigen Beziehung mit New York nicht interessiert.

Es gab viele Angebote, in Fernsehserien Starrollen zu übernehmen, aber ich lehnte sie entschieden ab.

Ich war überzeugt, daß eine Fernsehserie der berufliche Todeskuß für einen Filmschauspieler sein konnte: Die Kinobesitzer meinten, niemand würde bei ihnen eine Eintrittskarte kaufen, um jemanden zu erleben, den er auch in seinem Wohnzimmer kostenlos sehen konnte. Außerdem liefen die meisten Fernsehserien nach zwei oder drei Jahren aus, und von da an sahen die Zuschauer und die Produzenten in einem nur noch die Rolle, die man in der Fernsehserie gespielt hatte.

Am Ende halfen uns die Fernsehgastspots nicht nur finanziell über die Runden, sondern führten mich auch zu einem weiteren unerwarteten Wendepunkt in meinem Leben – in eine jener Kurven, die einen weit von dem Ziel abbringen können, das man anzusteuern geglaubt hatte.

18

Taft Schreiber, der die Fernsehabteilung von MCA leitete, kannte meine eingefleischte Abneigung gegen Fernsehserienrollen. Aber 1954 machte er mir einen Vorschlag: Die Firma General Electric war im Gespräch für ein neues Fernsehprogramm, und er wollte eine wöchentliche »Dramen-Anthologie« vorschlagen, in der ich pro Saison nur ein paarmal eine Rolle übernehmen, aber jede Woche als Host auftreten sollte.

Ich wußte, daß mein wöchentliches Erscheinen auf dem Bildschirm für meine Karriere als Filmschauspieler fatale Folgen haben konnte. Trotzdem gefiel mir die Idee, weil ich auf die Art an den zunehmenden finanziellen Möglichkeiten des Fernsehens beteiligt sein würde, während ich jene Typisierung vermied, die eine Rolle in einer regelmäßig ausgestrahlten Fernsehserie mit sich bringt.

Ich erklärte mich bereit, die Gastgeberrolle zu übernehmen, und so wurde das »General Electric Theater« geboren, das acht Jahre lang jeden Sonntagabend um neun Uhr eines der meiner Meinung nach besten Programme im »Goldenen Zeitalter des Fernsehens« zeigte, wie Show-Business-Historiker diese Zeit heute wehmütig nennen. Das GE-Theater brachte jeden Sonntag eine andere Story mit anderer Besetzung, und praktisch jeder Oscar-Preisträger trat in einem unserer Stücke auf.

Mein neuer Job bot mir eine »Nebenrolle« in einem außergewöhnlichen Experiment der amerikanischen Industrie. Bis dahin hatten die meisten industriellen Giganten Amerikas unter einem starken zentralen Management in einer einzigen geographischen Region operiert: United States Steel in Pittsburgh und General Motors in Detroit zum Beispiel. Aber Ralph Cordiner, der Vorsitzende von General Electric, ein bemerkenswerter und weitblickender Geschäftsmann, war der Ansicht, daß General Electric sich dynamischer entwickeln würde, wenn man die Betriebe weit über das Land verteilte. Kleinere Einheiten, von fähigen Managern vor Ort geleitet, die in bezug auf ihre Produkte und Arbeitsmethoden weitgehend autonom arbeiteten, hielt er für konkurrenzfähiger. Sie würden schneller auf den Markt reagieren als eine große, schwerfällige, von einem mächtigen Zentralbüro beherrschte Organisation, und ich glaube, er hatte recht.

Cordiner setzte seine Vorstellungen in großem Maßstab um und richtete in 39 Bundesstaaten 139 General-Electric-Fabriken ein.

Dabei war ihm durchaus bewußt, daß eine solche radikale Dezentralisierung einige Probleme für die Moral seiner Direktoren mit sich bringen konnte. GE-Manager, die weit entfernt von der Firmenzentrale in New York saßen, konnten sich beispielsweise wie »Bürger zweiter Klasse« vorkommen, die von der Zentrale vergessen wurden.

Daher bat er mich, zusätzlich zu meinem Job in der Fernsehshow, auf einer Goodwill-Tour als Botschafter der Zentrale die GE-Fabriken überall im Land aufzusuchen. Wenn er den Gastgeber des General-Electric-Theaters in diese entlegenen Produktionsstätten sandte, bewies er damit seiner Meinung nach, daß sich die New Yorker Zentrale um ihre Mitarbeiter kümmerte, ganz gleich, wo sie sich befanden, und außerdem würde das auch der Festigung der Beziehung zwischen den Fabriken und den Gemeinden dienen, in denen sie lagen. Die Manager am jeweiligen Ort wurden aufgefordert, mich zu Veranstaltungen in den Gemeiden mitzunehmen.

Anfangs ging ich lediglich an den Fließbändern der GE-Fabriken entlang oder redete – wenn das die Produktion nicht störte – von einer Plattform aus mit kleineren Gruppen von Mitarbeitern. Ich erzählte ihnen ein bißchen von Hollywood und unserem Programm, beantwortete Fragen und fuhr dann zur nächsten Fabrik weiter.

Etwa ein Jahr nach Beginn meiner Tour bat mich der GE-Repräsentant, der mich immer begleitete, vor einer Gruppe von Firmenarbeitern zu sprechen, die gerade für einen wohltätigen Zweck gesammelt hatten. Ich glaube, alle erwarteten von mir, daß ich aufstand und wie üblich ein paar Hollywoodgeschichten erzählte, um mich dann wieder zu setzen. Statt dessen entschloß ich mich zu einer Rede über den Stolz, den man empfindet, wenn man etwas spendet, und wie wichtig es ist, selbst etwas zu tun und nicht darauf zu warten, daß die Regierung es für einen tut. Ich wies darauf hin, daß nichts von den Spendengeldern für Verwaltungskosten draufging, wenn einzelne oder private Gruppen sich bemühten, Notleidenden zu helfen – im Gegensatz zu den Hilfsprogrammen der Regierung, bei denen oft von drei Dollar zwei für die Verwaltung ausgegeben wurden und nur einer bei den Bedürftigen ankam.

Als ich mich setzte, ertönte donnernder Applaus. Während wir die Fabrik verließen, sagte der GE-Vertreter: »Ich wußte gar nicht, daß Sie Reden halten können.« Ich erwiderte: »Das mache ich schon seit einigen Jahren.«

Das veränderte alles. Nun vereinbarten sie, daß ich bei meinem Besuch einer GE-Fabrik außer den Begegnungen mit den Arbeitern auch ein oder zwei Reden vor lokalen Organisationen wie United Fund oder der Handelskammer halten sollte. Es dauerte nicht lange, und GE bekam Anfragen, ob ich nicht vor größeren Auditorien – Tagungen von Wohltätigkeitsorganisationen und Vereinigungen wie dem Executives Club in Chicago oder dem Commonwealth Club in San Francisco – sprechen könnte.

Acht Jahre lang reiste ich für General Electric per Eisenbahn und Auto kreuz und quer im Lande herum und besuchte jede der 139 GE-

Fabriken, manche von ihnen mehrmals. Dabei kam ich mit mehr als 250 000 Mitarbeitern von General Electric zusammen – schüttelte ihnen nicht nur die Hand, sondern redete mit ihnen und hörte mir an, was sie auf dem Herzen hatten.

Wenn ich jetzt zurückblicke, weiß ich, daß das keine schlechte Lehrzeit für jemanden war, der eines Tages ins öffentliche Leben eintreten sollte – obwohl ich damals wirklich nicht einmal im Traum an etwas Derartiges dachte.

Als Sportreporter im Rundfunk war ich manchmal mit Lederhelm und Schutzbrille in einem offenen Doppeldecker zu Baseballspielen und anderen Veranstaltungen geflogen und hatte es sehr genossen. Aber Anfang der fünfziger Jahre kam es zu einer ganzen Reihe von Flugzeugabstürzen, und etwas in mir sagte, es sei für mich nicht die richtige Zeit, mich in ein Flugzeug zu setzen. Man kann es Aberglauben nennen, aber ich hatte das Gefühl, wenn ich mich zum Fliegen überreden ließe, würde ich eines Tages ins falsche Flugzeug steigen. Daher hatte ich mir von General Electric vertraglich zusichern lassen, daß ich für GE nicht zu fliegen brauchte.

Ich wußte, daß ich eines Tages wieder fliegen würde, aber ich selbst würde es merken, wenn die Zeit dafür gekommen war. Solange sah ich mir das Land durch die Fenster eines Eisenbahnabteils an; ich kann mir noch immer keine bequemere Art zu reisen vorstellen als mit dem Super Chief von Los Angeles nach Chicago.

Anfangs handelten meine Reden nur von der Filmindustrie, aber nach einer Weile machte ich aus Hollywood ein warnendes Beispiel: So ist es in der Filmbranche gewesen; wenn die Angehörigen anderer Berufe nicht aufpaßten, könnten sie sich bald in der gleichen Kalamität befinden, und dann würde die Regierung vielleicht auch ihnen eine faire Behandlung verweigern: Wenn so etwas den Mitarbeitern der Filmindustrie zustoßen konnte, dann könnte es auch die jeder Branche treffen.

Als ich derartige Überlegungen in meine Reden einfließen ließ, geschah ewas Seltsames: Überall, wohin ich kam, warteten nach der Rede Zuhörer auf mich, um mit mir zu sprechen, und alle sagten: »Wenn Sie meinen, daß es in Ihrer Branche schlecht aussieht, dann will ich Ihnen mal erzählen, wie es in meinem Geschäftszweig aussieht ...«

Ich hörte ihnen zu, und sie zitierten Beispiele für Einmischungsversuche der Regierung und daß Bürokraten ihnen mit einer Fülle von Bestimmungen diktieren wollten, wie sie ihr Geschäft zu betreiben hätten.

Diese GE-Touren entwickelten sich für mich fast zu einem Fortgeschrittenenkurs in Politischer Wissenschaft. Ich sah, wie die Regierung tatsächlich funktionierte und welche Auswirkungen das auf die Amerikaner hatte. Und das sah anders aus als das, was man am College lehrte.

In allen Teilen des Landes hörte ich Klagen von Hunderten von Menschen darüber, wie die stetig wachsende Bundesregierung sie ihrer Freiheiten beraubte, die wir immer für unveräußerlich gehalten hatten. Ich hörte das so oft, daß ich nach einer Zeit zu der Überzeugung gelangte, einige unserer fundamentalen Freiheiten seien ernsthaft in Gefahr durch das Aufkommen einer *permanenten Regierung*, die die Väter unserer Verfassung niemals vorgesehen hatten: eine Bundesbürokratie, die so mächtig wurde, daß sie den politischen Kurs bestimmen und sich nicht nur über die Wünsche der normalen Bürger, sondern auch über die ihrer gewählten Vertreter im Kongreß hinwegsetzen könnte.

Ich notierte, was man mir gesagt hatte, stellte zu Hause ein paar Nachforschungen an und nahm einige dieser Fälle dann in meine nächste Rede auf. Schon bald hatte ich eine ganze Reihe derartiger Beispiele. So erfuhr ich unter anderem, daß die Regierung sechs Programme entwickelt hatte, um Hühnerfarmen bei einer Steigerung der Eierproduktion zu helfen. Es gab jedoch noch ein siebtes Programm, das fast soviel wie alle anderen insgesamt kostete und dazu diente, die durch die sechs Programme erzeugte Überproduktion aufzukaufen ...

Mit der Zeit wurde der Teil meiner Rede, in dem ich die Regierung kritisierte, immer umfangreicher, und ich begann, den Teil zu kürzen, der sich mit Hollywood befaßte. Dann entwickelte sich die Rede im Grunde zu einer Warnung vor der Bedrohung, die die Regierung für die Menschen darstellte. Und schließlich fiel der Hollywoodteil ganz weg, und ich fuhr umher und rief zur Verteidigung des privaten Unternehmertums auf.

Noch nie hatte eine Regierung ihre Befugnisse freiwillig reduziert – und das wurde sozusagen mein Thema.

Ich betonte, daß wir uns als Amerikaner zusammenschließen sollten, um uns die Freiheiten zurückzuholen, die wir im Begriff waren zu verlieren; daß bei vielen Bundeswahlen weniger als sechzig Prozent der Wähler ihre Stimme abgaben, war so, als würden wir uns dem Feind ausliefern. Unser ganzes Regierungssystem beruhe auf dem Grundsatz »We the people«, aber wenn »wir, das Volk« nicht darauf achteten, was vor sich ging, hätten wir kein Recht, Bauchschmerzen zu bekommen oder zu murren, wenn die Sache schiefging.

Ich war schon immer der Ansicht, daß man ein Publikum nicht fesseln kann, wenn man eine Rede abliest, aber wenn man drei oder vier Reden am Tag hält, wie ich das tat, ist es nicht leicht, sich jedes einzelne Wort einzuprägen, das man sagen will. Daher verfeinerte ich eine Technik, die ich erstmals bei meinen Reden in Hollywood ausprobiert hatte: Ich entwickelte eine Art Kurzschrift, mit deren Hilfe ich nur ein paar Stichworte auf Karteikarten notierte.

General Electric gab mir zwar eine Plattform, überließ es aber mir, was ich sagen wollte. Als eingefleischter Liberaler hatte ich von Jugend an dem Big Business mißtraut und konnte mir nicht vorstellen, daß die Firma nicht eines Tages doch anfangen würde, mir vorzuschreiben, welche Reden ich halten sollte. Doch das ist kein einziges Mal geschehen.

1958 wurde unser zweites Kind, Ron, geboren und brachte noch mehr Freude in unser Leben. 1960, nachdem ich die Screen Actors Guild während meiner fünften Amtszeit als Vorsitzender in den ersten großen Streik ihrer Geschichte geführt hatte, trat ich zurück. Ich war Partner einer Produktionsgesellschaft geworden und so vom Standpunkt der Gewerkschaft aus gesehen kein Arbeitnehmer mehr, sondern ein Produzent.

Manche Autoren haben behauptet, meine Arbeit in der Screen Actors Guild und der Kampf gegen die Studios habe meiner Karriere geschadet, so wie sie der Karriere einiger Gewerkschaftspioniere geschadet hatte, aber ich habe mir nie irgendwelche bitteren Gedanken darüber gemacht. Einem Zeitungsreporter, der mich nach dem Streik von 1960 fragte, ob ich der Ansicht wäre, daß die Arbeit für die Gewerkschaft meiner Laufbahn geschadet hätte, entgegnete ich: »Ich glaube, sie hat etwas geschadet, wenn auch gewiß nicht so, daß jemand sagen würde: ›Ich bin so wütend auf diesen Kerl, daß ich ihn nicht in meinen

Filmen einsetzen werde!‹ In all meinen Jahren bei der Gewerkschaft habe ich es nie erlebt, daß irgendein Groll gegen mich absichtlich aus dem Sitzungsraum hinausgetragen worden wäre. Wenn meine Karriere gelitten hat, dann bestimmt nicht auf Grund einer Vergeltungsmaßnahme. Allerdings sind eine Menge Leute an der Produktion eines Films beteiligt, und die machen sich ein festes Bild von einem auf der Grundlage dessen, was sie über einen wissen und was vielleicht nichts mit den Filmen zu tun hat, in denen man auftritt. Sie sehen einen nicht mehr als Schauspieler. Das Image, das sie von einem haben, hat nichts mit der letzten Rolle zu tun, die man gespielt hat, sondern mit dem Kerl, der einem am Konferenztisch gegenübergesessen und gemeckert hat. Und das ist tödlich! Man entwickelt eine Art Aura. Die Leute vergessen mit der Zeit sogar, wie diese Aura entstanden ist. Der Name des Betreffenden wird einfach nicht mehr erwähnt, wenn über die Rollenvergabe diskutiert wird.«

Ich war aber nicht unglücklich. Ich hatte in Hollywood mehr erreicht, als ich mir je erträumt hätte. Aus vielen, vielen Gründen waren es sehr glückliche Jahre für Nancy und mich. Mein Einkommen von General Electric hatte es uns gestattet, ein Traumhaus mit Blick auf den Pazifischen Ozean zu bauen, das General Electric mit allen erdenklichen elektrischen Apparaturen ausgestattet hat. Wir kauften uns auch eine Ranch von 140 Hektar Größe in den Bergen von Santa Monica nördlich von Los Angeles, einer Gegend, in der es uns sehr gefiel. Und obwohl ich für GE viel unterwegs war, gab es in jenen acht Jahren auch Wochen und Monate, in denen sich mein Alltag ausschließlich um meine Familie, unsere Ranch und ein Pferd drehte.

Ich finde, nichts gleicht der Freundschaft zwischen Mensch und Tier, die man auf dem Rücken eines Pferdes findet. Ich bin nicht sicher, was es ist, aber da sitzt man und ist verantwortlich für ein Tier mit mehr Muskeln im Hals, als man selbst in seinem ganzen Körper hat. Von dem Augenblick an, da das Pferd den ersten Schritt tut, fängt jeder Muskel im Reiter an, darauf zu reagieren. Wieviel dieser Erfahrung körperlich und wieviel geistig-seelisch ist, weiß ich nicht, aber ich kann mir zum Nachdenken keinen besseren Platz vorstellen als den Pferderücken.

Wenn man dann so dahinreitet, das Klappern der Hufe und das Knarren des Leders hört, und die Sonne scheint einem auf den Kopf, und die Gerüche des Pferdes, des Sattels und der Bäume umgeben einen, dann werden die Dinge einfach und klar. Irgendwie kommt es mir vor, als fiele es mir auf dem Rücken eines Pferdes viel leichter, ein Problem zu lösen.

Ich habe in all diesen schönen Jahren viel nachgedacht, wenn ich auf »Baby« ausritt, und ich habe im Sattel einige wichtige mein Leben betreffende Entscheidungen gefällt.

19

Ich glaube, es war 1960, in dem Jahr, als Richard Nixon gegen John F. Kennedy um die Präsidentschaft kämpfte, daß meine politische Wandlung vom liberalen Demokraten zum engagierten Republikaner ihren Abschluß fand.

Eines Tages kam ich nach Hause und sagte zu Nancy: »Weißt du, mir ist gerade etwas klargeworden: Da halte ich pausenlos Reden gegen Regierungswillkür, aber alle vier Jahre gehe ich hin und wähle genau die Leute, die für diese Dinge verantwortlich sind.«

Als liberaler Demokrat war ich natürlich gegen Richard Nixon. 1950 bewarb er sich in Kalifornien um einen Sitz im US-Senat. Er trat gegen die Kongreßabgeordnete Helen Gahagan Douglas an, die Frau eines Schauspielers und Freundes von mir, Melvyn Douglas, und ich unterstützte selbstverständlich sie und nicht Nixon. Nixon gewann nach einem bitteren Schlagabtausch, in dem Helen Douglas auch kommunistischer Sympathien verdächtigt wurde. Damals arbeitete ich im Wahlkampf für nahezu jeden Demokraten, der meine Hilfe wollte. 1958 hatte ich mich für Hubert Humphrey und Harry Truman eingesetzt und bin bis heute überzeugt, daß Truman ein hervorragender Präsident war – mit einer Ausnahme. Er besaß einen gesunden Menschenverstand, der ihm half, zu den Wurzeln der Probleme vorzudringen. Er blieb den Bürokraten gegenüber hart und wich einer schweren Entscheidung nicht aus. Und er war kein Demokrat mit dem Motto: »Die Steuern hoch und dann hinaus mit dem Geld.« In den letzten sechzig Jahren gab es nur acht, in denen das Budget der Bundesregierung ausgeglichen war, davon vier unter Truman. Im Rückblick glaube ich, daß Truman und ich im Hinblick auf die Arbeit der Regierung in vielen Dingen übereinstimmten, und ich denke, wenn er länger gelebt hätte, wäre er vielleicht auch zur anderen Seite übergelaufen. Meiner Ansicht nach hat Harry Truman nur in einer Frage versagt und damit historische Größe verfehlt: als er beschloß, sich nicht hundertprozentig hinter General Douglas MacArthur zu stellen, um den Koreakrieg zu gewinnen.

Wie MacArthur seinerzeit finde ich, wenn unsere Nation unsere Soldaten in fremde Länder schickt, damit auf sie geschossen wird, dann haben wir die moralische Verpflichtung, *alles* zu tun, um den Krieg zu gewinnen, in dem wir sie einsetzen. Eine prophetische Bemerkung von MacArthur werde ich nie vergessen: »Wenn wir diesen Krieg in Korea nicht gewinnen, werden wir noch einen Krieg führen müssen – diesmal in einem Land namens Vietnam.« Bis dahin hatte ich noch nie von Vietnam gehört. Ich kannte nur ein Land namens Indochina. Wie recht er hatte.

Ich habe auch den Mann sehr bewundert, der Truman ins Weiße Haus folgte: Dwight D. Eisenhower. 1952 schickten mehrere andere Demokraten und ich Ike ein Telegramm und beschworen ihn, sich als Präsidentschaftskandidat der Demokraten zu bewerben. Damals zögerte er sehr, überhaupt die Präsidentschaft anzustreben. Aber ich habe immer gemeint, daß ihm nichts anderes übrigbleiben würde: Wenn es um die Präsidentschaft geht, entscheiden nicht die Kandidaten, ob sie sich bewerben, sondern es ist die öffentliche Meinung – das Volk trifft die Entscheidung.

Als Ike sich von den Republikanern aufstellen ließ, dachte ich: Wenn ich ihn für den besten Mann gehalten habe, sich als Demokrat zu bewerben, dann sollte ich ihn auch jetzt wählen. Also warb und stimmte ich für Ike – zum erstenmal wählte ich einen Republikaner. Als sich Nixon 1960 auf den Kampf um die Präsidentschaft gegen Kennedy vorbereitete, trug ich noch immer etwas von meinem Groll wegen des Senatswahlkampfes von 1950 mit mir herum. Als ich das Ralph Cordiner gegenüber erwähnte, meinte er: »Ich glaube, Sie könnten sich im Hinblick auf Nixon irren.«

Er sagte, er hätte Nixon gerade vor Geschäftsleuten reden hören, die ihn ursprünglich abgelehnt hätten, die er jedoch für sich gewann. Nixon hatte sie davon überzeugt, ein zuverlässiger Bürger zu sein.

Inzwischen war ich ein so begeisterter Anhänger von Ralph Cordiner, daß ich beschloß, einiges von dem, was die Liberalen (auch ich) über Nixon gesagt hatten, noch einmal zu überdenken. Als ich danach einsah, daß er keineswegs der Schurke war, für den ich ihn gehalten hatte, erklärte ich mich bereit, für ihn und gegen Kennedy zu arbeiten. Ich sagte Nixon, daß ich mich als Republikaner einschreiben lassen würde, aber er meinte, ich würde mehr für ihn erreichen, wenn ich als Demokrat für ihn arbeitete. Also einigten wir uns darauf, daß ich vor der Wahl meine Parteizugehörigkeit nicht verändern würde.

Als John Kennedys Vater, Joseph Kennedy, der oft in Hollywood war, von meiner Entscheidung hörte, bat er um ein Gespräch mit mir. Er versuchte mich zu überreden, es mir anders zu überlegen und seinen Sohn zu unterstützen, aber ich lehnte ab.

Wenn ich auch Nixon zugesagt hatte, mich nicht als Republikaner registrieren zu lassen, war ich 1960 im Grunde kein Demokrat mehr.

Ich sollte noch zwei Jahre länger in der Demokratischen Partei bleiben, aber 1960 hatte ich den Prozeß meiner geistigen Wandlung abgeschlossen.

Je mehr ich danach erfuhr, wie manche liberale Demokraten die Kräfte des freien Unternehmertums und des Kapitalismus an die Kandare nehmen, einen Wohlfahrtsstaat schaffen und uns eine subtile Art von Sozialismus auferlegen wollten, um so mehr veränderte sich meine Meinung.

Wenn ich darüber nachdenke, bin ich allerdings gar nicht sicher, ob *ich* mich so sehr verändert habe oder ob es die Parteien getan haben.

Einer der größten Liberalen, Thomas Jefferson, hat einmal gesagt: »Eine weise und genügsame Regierung, die die Menschen daran hindert, einander weh zu tun, wird sie im übrigen in Ruhe lassen, so daß sie ihre Ziele, was sie tun und was sie verbessern wollen, selbst bestimmen können, und wird von dem Mund des Arbeitenden nicht das Brot wegnehmen, das er sich verdient hat – das allein macht eine gute Regierung aus.«

Bei meiner ersten Wahl habe ich für Franklin D. Roosevelt gestimmt. In seinem Wahlprogramm verlangte er eine Kürzung der Ausgaben der Bundesregierung um 25 Prozent und eine Rückgabe der Autonomie und Autorität an die Bundesstaaten und Gemeinden, die Washington ihnen genommen hatte. Er sagte auch: »Die Bundesregierung muß und wird das Unterstützungsunwesen beenden. Dauerhafte Abhängigkeit von Unterstützung führt zu einer geistigen und moralischen Desintegration, die sich grundsätzlich destruktiv auf die Nation auswirkt.«

Viele der Wohlfahrtsprogramme, die FDR während der Depression in die Wege leitete, waren notwendige Maßnahmen in einer Gefahrensituation, aber ich bin nach wie vor überzeugt, daß es nie seine Absicht noch die vieler seiner liberalen Anhänger war, Sozialhilfeprogramme, die manche Familien für immer in einer Tretmühle der Abhängigkeit gefangenhielten, zu einer dauerhaften Einrichtung unseres Regierungssystems zu machen. »Für die Menschen etwas zu tun, was sie selbst tun können und tun sollten«, so sagte der große Arbeiterführer Samuel Gompers, »ist ein gefährliches Experiment. Letzten Endes hängt das Wohlergehen der Arbeiter von ihrer eigenen Initiative ab.«

Der klassische Liberale war davon überzeugt, daß der einzelne sein Schicksal selbst meistern sollte und daß die beste Regierung so wenig Regierung wie möglich ist. Das sind die Prinzipien der Freiheit und Selbständigkeit, die der amerikanischen Lebensweise und dem Geist Amerikas zugrunde liegen.

Aber dann kamen die neumodischen Liberalen und verwarfen diese Ansichten. Sie behaupteten, die Regierung sei weiser als die Individuen und wisse besser, was für diese gut sei, deshalb müsse sie unser wirtschaftliches und berufliches Leben ihren Zielen und Wertvorstellungen entsprechend einrichten – den Bundesstaaten, Städten und Gemeinden vorschreiben, was ihre Rechte und Verpflichtungen seien, und von den Einkommen der produktiven Arbeiter einen immer größeren Anteil abbeißen und an jene umverteilen, die nicht produktiv sind. In ihren Augen war die Regierung die Quelle aller Weisheit, und je größer sie wurde, desto besser.

»Die Freiheit ist nie von einer Regierung gekommen«, hat Woodrow Wilson, einer von Roosevelts Vorgängern und ebenfalls Demokrat, gesagt. »Die Geschichte der Freiheit ist die Geschichte der Beschränkung der Regierungsgewalt, nicht die ihrer Vergrößerung.«

Irgendwo auf ihrem Weg haben die liberalen Demokraten das vergessen und ihre Partei radikal verändert. Es war nicht mehr die Partei von Thomas Jefferson oder Woodrow Wilson.

Das System des Wettbewerbs und des freien Unternehmertums hat uns den höchsten Lebensstandard der Welt gegeben, Generation auf Generation von technischen Zauberern hervorgebracht, die, auf der

Welt führend, ständig neue Erfindungen und Neuerungen auf den Markt bringen. Es hat unbegrenzte Möglichkeiten geschaffen, die es fleißigen Amerikanern aus ärmlichen Verhältnissen erlaubten, die Leiter des Erfolgs emporzuklettern.

1960 hatte ich eingesehen, daß der wirkliche Feind nicht Big Business, sondern Big Government war.

Nach den Wahlen in jenem Jahr bekam ich allmählich immer mehr Einladungen von den Republikanern, bei ihren Banketten und Wahlspendenaktionen zu reden, und sie »adoptierten« mich mehr oder weniger als einen der Ihren, obwohl ich immer noch eingeschriebenes Mitglied der Demokratischen Partei war. Als sich eine große Anzahl der führenden Demokraten für eine Vergesellschaftung der Medizin aussprach, wandte ich mich öffentlich dagegen. Wenn wir das nicht abwendeten, erklärte ich, würden »Sie und ich eines Tages unseren Lebensabend damit verbringen müssen, daß wir unseren Kindern und Enkelkindern erzählen, wie es einst in Amerika war, als wir unsere Freiheit noch nicht verloren hatten«.

1962, als ich während Nixons erfolglosem Versuch, den demokratischen Gouverneur von Kalifornien Edmund G. (Pat) Brown (einen Liberalen, der für hohe Steuern und Ausgaben war) aus dem Sattel zu heben, für Nixon auftrat, zog ich offiziell die Konsequenzen. Ich sprach bei einer Spendenaktion der Republikaner in der Nähe meines Wohnorts Pacific Palisades, als eine Frau mitten in meiner Rede aufstand und mich fragte: »Haben Sie sich schon zum Republikaner umschreiben lassen?«

»Nein«, sagte ich. »Noch nicht. Aber ich werde es tun.«

»Ich bin von der Registratur«, sagte sie, kam den Mittelgang herunter und legte ein Antragsformular vor mich hin. Ich unterschrieb und wurde Republikaner. Dann fragte ich das Publikum: »Wo war ich stehengeblieben?«

20

Anfang der sechziger Jahre bekam General Electric mehr Vortragseinladungen für mich, als ich annehmen konnte. Und obwohl ich noch immer die gleichen Dinge sagte, die ich sechs Jahre lang während der Eisenhower-Regierung geäußert hatte, nannte man mich nun plötzlich einen »Rechtsradikalen«. Die Liberalen hörten es eben nicht gern, daß jemand sagte, die Regierungsgewalt müsse beschränkt werden.

Einige der Pfeile, die ich in mein altes politisches Lager abschoß, schienen getroffen zu haben. Nachdem die Demokraten 1960 das Weiße Haus gewonnen hatten, erschien überall da, wo ich eine Rede hielt, ein Kabinettsmitglied oder ein anderer hoher Beamter der Kennedy-Administration und hielt am gleichen Tag auch einen Vortrag. Beim Fernsehen pflegten wir das »Gegenprogrammierung« zu nennen – ein Versuch, die Konkurrenz mit einem gleichartigen Programm zu schlagen. Ich habe keinen Beweis dafür, daß das so geplant war, aber ich glaube nicht, daß es zufällig geschah.

1962 gab es bei General Electric eine Veränderung im Management, die meiner so erfreulichen achtjährigen Beziehung zu der Company ein Ende setzte. Ralph Cordiner zog sich aus dem Berufsleben zurück, und die neue Geschäftsleitung bat mich, meine Rolle als Gastgeber der GE-Theatersendungen fortzusetzen, mich aber zusätzlich auf die Landstraße zu begeben und für die Erzeugnisse von GE zu werben – mit anderen Worten, ein Vertreter zu werden.

Ich sagte ihnen, nachdem ich mit meinen Vorträgen eine so große Anhängerschaft gewonnen hätte, würde ich nun nicht losziehen, um Toaster zu verkaufen.

Sie bestanden auf ihrer Forderung, und als ich mich weiterhin weigerte, stellten sie die Sendung ein.

Ich sah ein, daß mich mein jahrelanges Auftreten im »General Electric Theater« wahrscheinlich bei den Filmtheaterbesitzern von Amerika nicht gerade beliebt gemacht hatte. Aber etwas in mir wollte noch immer Filmschauspieler sein, und 1964 drehte ich meinen letzten Film – *The Killers.*

Zum erstenmal in meiner Laufbahn als Schauspieler stellte ich einen Schurken dar – und die Reaktion hat vielleicht bewiesen, daß Jack Warner doch richtig lag, wenn er mich in all seinen Salonkomödien immer wieder den *good guy* hatte spielen lassen.

The Killers war das Remake eines Films aus dem Jahr 1946 mit Burt Lancaster in der Hauptrolle, der auf einer Story von Ernest Hemingway beruhte. Ich hatte den Originalfilm gesehen, und er hatte mir nicht sehr gefallen, weil es in dem Skript nur Schurken gab und man sich mit keinem von ihnen identifizieren konnte.

Als Universal mich bat, einen Gangster in dem Remake von *The Killers* zu spielen, riet mir mein Instinkt, nein zu sagen. Aber ich fürchte, sie packten mich bei meiner schauspielerischen Eitelkeit:

»Aber Sie haben nie zuvor einen Schurken gespielt«, meinten sie.

Das war eine Herausforderung, der kein Schauspieler widerstehen könnte. Und prompt sagte ich: »Okay, ich mach's.«

Viele Besucher des Films, so wurde mir gesagt, hätten darauf gewartet, daß ich mich am Ende doch noch als anständiger Kerl entpuppte und die Schurken zum Teufel jagte – so hatten sie mich zuvor immer erlebt. Aber ich tat es nicht, und der Film kam, aus welchen Gründen auch immer, nicht so gut an und spielte kein Geld ein.

Obwohl meine Filmkarriere sich dem Ende näherte, bekam ich immer noch viele Angebote, als Gaststar im Fernsehen aufzutreten. Es dauerte nicht lange, und ich erklärte mich bereit, eine andere Sendereihe zu übernehmen, wieder als Gastgeber und gelegentlich als Darsteller – in »Death Valley Days«.

Wenn ich keine Verpflichtung beim Fernsehen hatte, fuhr ich von unserer Ranch ins Studio hinunter, verbrachte etwa eine Stunde damit, die Einführung für die nächste Fernsehepisode aufzunehmen, und fuhr dann wieder nach Haus; manchmal brauchte ich zum Filmen nicht mal meine Rancherkleidung zu wechseln.

Der Job ließ mir viel Zeit für politische Ansprachen und andere Aktivitäten bei den Republikanern, und als man mich bat, bei Barry Goldwaters Präsidentschaftskandidatur 1964 die Rolle des stellvertretenden Wahlkampfleiters in Kalifornien zu übernehmen, zögerte ich keinen Augenblick. Ich hatte Barry mehrere Jahre zuvor schon im Haus von Nancys Eltern in Phoenix kennengelernt und bewunderte ihn sehr. Sein Buch *The Conscience of a Conservative* enthielt eine Menge Punkte, die ich auch in meinen Reden zu erwähnen pflegte, und ich war fest überzeugt, daß das Land ihn brauchte.

Es war die Ära der sogenannten Great Society. Nachdem er John Kennedy ins Weiße Haus gefolgt war, entwickelte Lyndon B. Johnson ein Steuer- und Ausgaben-Programm, das die meisten Demokraten vor ihm geradezu als Geizhälse erscheinen ließ. Er überzog das amerikanische Leben mit einem dichten Netz von Big Government, und ich fand, wir hatten Goldwater bitter nötig, um diesen Trend umzukehren. Ich wollte alles tun, um ihm zum Sieg zu verhelfen.

Während ein anderer stellvertretender Wahlkampfleiter sich um die bei unserer Wahlkampagne täglich anfallende Arbeit kümmerte, bestand meine Aufgabe darin, im Land herumzureisen und für Barry zu sprechen und ihm beim Auftreiben des erforderlichen Geldes behilflich zu sein.

Im Sommer und Herbst 1964 sprach ich bei vielen dieser Versammlungen, die dem *fund raising* dienten, aber eine war für mich wichtiger als alle andere: eine Ansprache gegen Ende jenes Sommers vor etwa 800 Republikanern im Coconut Grove, einem großen Nachtklub im *Ambassador Hotel* in Los Angeles.

Ich hielt im Grunde die gleiche Rede wie schon seit Jahren, veränderte sie ein bißchen, damit sie sich in die Kampagne für Barry einfügte. Ich sprach von der unbarmherzigen Expansion der Bundesregierung, von der wuchernden Ausweitung der Regierungsbürokratie, die die amerikanische Geschäftswelt ihrer Kontrolle unterwerfen wollte, und kritisierte die liberalen Demokraten, die Amerika in den Sozialismus hinabführten. Wie gewöhnlich stellte ich anhand einiger Fälle dar, wie Bürokraten Geschäfts- oder Privatleben von Amerikanern qualvollen Prozeduren unterzogen hatten, und nannte Beispiele für die Verschwendung von Steuermitteln durch die Regierung, darunter auch ein Berufsausbildungsprogramm der Bundesregierung, das den Steuerzahler pro Auszubildenden etwa siebzig Prozent mehr kostete, als hätte man ihn zum Studium nach Harvard geschickt.

Ich sagte, Amerika stünde an einer Wegkreuzung: Wir hätten die Wahl, diesen Weg weiterzugehen oder den Kampf um die Rückgewinnung unserer Rechte aufzunehmen, die man uns geraubt hatte. Es war eine Rede, wie ich sie, von gewissen Veränderungen abgesehen, schon Hunderte von Malen gehalten hatte.

Nach dem Essen kamen fünf oder sechs Leute aus dem Auditorium zu mir und fragten, ob ich mich für ein paar Minuten zu ihnen an den Tisch setzen würde.

Das Coconut Grove war inzwischen fast leer. Außer den Kellnern, die geräuschvoll Teller und Gläser abräumten, waren bis auf dieses Grüppchen, zu dem, wie ich später erfuhr, einige der größten Geldgeber der Kampagne in Kalifornien gehörten, alle Zuhörer fort, und ich setzte mich zu ihnen.

Sie fragten, ob ich bereit wäre, meine Rede im Fernsehen zu halten, wenn sie das Geld aufbringen könnten, um die Sendung zu bezahlen, die in den ganzen Vereinigten Staaten ausgestrahlt werden sollte.

»Sicher«, sagte ich, »wenn Sie meinen, daß es zu irgend etwas gut sein könnte.«

Es wäre vielleicht noch wirkungsvoller, schlug ich vor, wenn ich meine Rede vor Publikum in einem Rahmen ähnlich dem im »Coconut Grove« hielt, statt sie vor der Kamera eines Senders zu wiederholen. Sie waren einverstanden, und innerhalb weniger Tage hatten sie genug Geld aufgebracht, um eine Woche vor der Wahl eine halbe Stunde Fernsehzeit bei NBC zu kaufen. Wir zeichneten die Rede in einem großen NBC-Studio vor einem Auditorium von geladenen Republikanern auf und simulierten so die Art von Versammlung, vor der ich jahrelang meine Reden gehalten hatte.

Ein paar Tage vor der geplanten Ausstrahlung der Rede bekam ich einen Anruf von Barry Goldwater. Er klang recht ängstlich und unsicher.

Einige seiner Ratgeber, sagte Barry, hätten sich dafür ausgesprochen, die für meine Rede gekaufte Sendezeit für die nochmalige Ausstrahlung der Aufzeichnung einer Begegnung zwischen ihm und Ike Eisenhower in Gettysburg zu nutzen.

Er meinte, sie befürchteten, daß sich meine Rede so kurz vor der Wahl wegen der darin enthaltenen Hinweise auf Probleme mit der Sozialversicherung ungünstig für ihn auswirken könnte. Die Sozialversicherung war natürlich ein Thema, das vielen älteren Wählern sehr am Herzen lag, und Barry sagte, er hätte fast ein Jahr darauf verwendet, Behauptungen der Demokraten zurückzuweisen, daß er sie abschaffen wolle. Einige Mitglieder seines Stabes meinten, durch meine Rede würde das heikle Thema erneut zur Sprache gebracht, und all ihre Bemühungen, es vom Tisch zu bekommen, wären umsonst.

In meinem Vortrag befürwortete ich das Konzept der Sozialversicherung eindeutig, wies jedoch auch auf notwendige Verbesserungen hin. Ich hatte beispielsweise erklärt, daß man die Amerikaner hinsichtlich der Sicherheit ihres Geldes, das man ihnen in Form der Sozialversicherungsbeiträge von ihrem Einkommen abgezogen hatte, betrogen hätte. Jahrelang hatte man uns allen erzählt, wir leisteten unsere Beiträge für einen Altersversicherungsfonds, den man für die Zeit unseres Ruhestandes beiseite gelegt habe, aber in Wirklichkeit sei gar kein

»Fonds« vorhanden. Es sei daraus eine Pflichtabgabe beziehungsweise Steuerabgabe geworden, die Einkünfte erzielte, die der Kongreß für jeden beliebigen Zweck verwenden konnte – und das auch tat, während er die Reserven, die für künftige Zahlungen gebraucht wurden, um 298 Millionen Dollar in die roten Zahlen abrutschen ließ.

»Barry«, sagte ich, »ich halte diese Rede schon seit langem überall in Kalifornien, und ich muß dir sagen, daß man sie sehr gut aufgenommen hat, einschließlich der Bemerkungen über die Sozialversicherung. Ich kann die Rede nicht absagen und die Redezeit weggeben; dazu habe ich nicht das Recht. Diese Herren haben das Geld aufgebracht und die Sendezeit gekauft. Sie allein könnten die Rede absagen oder das Programm ändern.«

»Ich habe die Rede weder gehört noch gesehen«, meinte Barry. »Sie haben ein Band hier, also werde ich sie mir anhören und zurückrufen.«

Barry war irgendwo im Osten unterwegs, in Cleveland, glaube ich, und mein Bruder, dessen Werbegesellschaft für seine Wahlkampagne tätig war, gehörte zu seiner Begleitung.

Mein Bruder hat mir später erzählt, daß Barry nach dem Gespräch mit mir den Hörer aufgelegt hätte, um sich danach mit den Mitgliedern seines Stabes in seiner Hotelsuite ein Tonband der Rede anzuhören.

Als es abgelaufen war, hätte Barry den Kopf gehoben, die anderen angesehen und gefragt: »Was zum Teufel ist daran denn falsch?«

Dann rief er mich an: Er sei einverstanden, die Rede sei gut und solle gesendet werden.

Selbstverständlich war ich ziemlich nervös geworden.

Wer war ich denn, daß ich einem Präsidentschaftskandidaten sagen durfte, was er in seinem Wahlkampf tun oder lassen sollte?

Ich hatte den Film von der Begegnung zwischen Barry und Eisenhower in Gettysburg gesehen und fand ihn nicht besonders beeindrukkend. Aber seine Mitarbeiter waren die Experten, und die sagten, Ike würde Goldwater mehr nützen, als ich das könnte.

Nach Barrys zweitem Anruf überlegte ich eine Weile, ob ich die Geldgeber nicht anrufen und bitten sollte, meine Rede zurückzuziehen. Barrys Berater hatten mein Selbstvertrauen doch ins Wanken gebracht. Aber dann dachte ich an einige andere Gelegenheiten zurück, bei denen ich die Rede gehalten hatte – die Reaktion war stets positiv gewesen –, und beschloß schließlich, sie nicht anzurufen.

Am Abend des 27. Oktober 1964 gingen Nancy und ich zu Freunden und sahen uns dort die Sendung mit der Rede an:

> Ich bin den größten Teil meines Lebens Anhänger der Demokratischen Partei gewesen. Kürzlich habe ich es für angebracht gehalten, einen anderen Kurs einzuschlagen ...
> Ich glaube, daß die Themen, die uns beschäftigen, die Parteigrenzen überschreiten. In diesem Wahlkampf sagt uns die eine Seite, das Thema dieser Wahlen sei die Aufrechterhaltung von Frieden und Wohlstand. Man sagt uns: »Es ist uns noch nie so gut gegangen!« Aber ich habe das unangenehme Gefühl, daß dieser Wohlstand nichts ist, worauf wir unsere Hoffnungen für die Zukunft aufbauen könnten. Keine Nation der Geschichte hat je eine Steuerlast überlebt, die ein Drittel ihres Nationaleinkommens betrug. Heute gehören 37 Cent jedes erarbeiteten Dollars in diesem Land dem Steuereintreiber, und trotzdem gibt unsere Regierung weiterhin pro Tag 17 Millionen Dollar mehr aus, als sie einnimmt ...
> Der Grundsatz, daß die Regierung dem Volk verpflichtet ist, daß sie keine andere Quelle der Macht hat als das souveräne Volk, ist noch immer das neueste und einmalige Prinzip in der ganzen langen Geschichte der Beziehung der Menschen untereinander. Darum geht es bei dieser Wahl: Sind wir von unserer Fähigkeit zu selbständigen Entscheidungen überzeugt, oder wollen wir uns von der Amerikanischen Revolution abwenden und zugeben, daß eine kleine intellektuelle Elite in einer entfernten Hauptstadt unser Leben besser planen kann als wir selbst.
> Ihnen und mir wird immer häufiger gesagt, wir müßten uns zwischen links oder rechts entscheiden. Es gibt nur ein Aufwärts oder Abwärts: aufwärts zum uralten Traum des Menschen, zur endgültigen individuellen Freiheit im Einklang mit Recht und Ordnung – oder abwärts zum Ameisenhaufen des Totalitarismus. Und ungeachtet ihrer Aufrichtigkeit, ihrer humanitären Motive: Jene, die unsere Freiheit gegen Sicherheit eintauschen möchten, haben sich auf den Kurs begeben, der hinabführt. In dieser Zeit des Stimmenfangs benutzen sie Begriffe wie Great Society oder, wie es uns vor ein paar Tagen vom Präsidenten gesagt wurde: Wir müssen eine »größere Regierungsaktivität in den Angelegenheiten des Volkes« akzeptie-

ren. Aber in der Vergangenheit und untereinander haben sie sich deutlicher ausgedrückt...

Es war wie gesagt eine Kompilation vieler Überlegungen, die ich seit Jahren ausgedrückt hatte, aber wenn ich sie in wenigen Worten zusammenfassen sollte, würde ich sagen, daß sie meine Zuhörer an die drei Worte erinnern sollten, mit denen die Verfassung der Vereinigten Staaten beginnt: »We the people...« (Wir, das Volk...)

Ich beendete die Rede mit diesen Worten:

> Sie und ich haben eine Verabredung mit dem Schicksal. Wir können für unsere Kinder die letzte, beste Hoffnung der Menschheit bewahren oder sie dazu verurteilen, den letzten Schritt in eine tausendjährige Dunkelheit zu gehen.
>
> Wir werden daran denken, daß Barry Goldwater Vertrauen in uns hat. Er vertraut darauf, daß Sie und ich die Fähigkeit, die Würde und das Recht haben, unsere Entscheidungen selbst zu fällen und eigenverantwortlich über unser Schicksal zu bestimmen...

Als die Sendung vorüber war, sagten die anderen im Raum, ich hätte meine Sache gutgemacht. Aber ich war noch immer nervös, und als ich zu Bett ging, hoffte ich, Barry keinen Bärendienst erwiesen zu haben.

Gegen Mitternacht wurden Nancy und ich von einem Telephonanruf aus Washington geweckt, wo es inzwischen drei Uhr früh war. Ein Mitglied des Goldwater-Teams teilte mir mit, die Telephone der Goldwater-for-President-Wahlkampfleitung wären nach der Sendung heißgelaufen. Tausende von Leuten hätten angerufen und ihre Unterstützung für Barry und die Partei zugesagt.

Danach schliefen Nancy und ich beruhigt wieder ein.

In den folgenden Tagen wurde meine Rede immer wieder bei den Sammelaktionen für die Wahlkampagne und von lokalen Fernsehsendern überall im Land abgespielt, und schließlich kamen dadurch acht Millionen Dollar für Goldwater und die Partei zusammen.

Natürlich wußte ich es damals noch nicht, aber diese Rede war einer der bedeutendsten Meilensteine in meinem Leben – eine weitere der unerwarteten Wendungen auf einem Weg, den ich nie einzuschlagen gedacht hatte.

21

Die Präsidentschaftswahl von 1964 war, wie Historiker und Journalisten ausführlich dargestellt haben, eine Katastrophe für unsere Partei. Nicht nur, daß Goldwater durch einen erdrutschartigen Sieg Lyndon Johnsons weggefegt wurde, die Partei ging aus der Wahl, wegen einer mörderischen Vorwahl-Schlacht zwischen Goldwater und Nelson Rockefeller, auch heillos zerstritten hervor. Viele liberale Republikaner weigerten sich, Goldwater gegen Johnson zu unterstützen. Die Spaltung ging in Kalifornien besonders tief, wo gemäßigte und konservative Gruppen innerhalb der Partei einander schon seit Jahren befehdet hatten.

Nach der Wahl kehrte ich zu dem zurück, was ich zuvor schon getan hatte: Ich hielt Reden über Themen, die die Nation betrafen, und kümmerte mich um meinen Job bei den »Death Valley Days«. Im folgenden Frühjahr rief mich Holmes Tuttle an, ein Automobilhändler in Los Angeles, der zu den Republikanern gehört hatte, die ich im »Coconut Grove« getroffen und die später die Sendezeit für meine Rede für Goldwater gekauft hatten. Er fragte mich, ob er und einige Freunde uns in unserem Haus in Pacific Palisades besuchen könnten.

Nachdem ich ihren Vorschlag gehört hatte, hätte ich sie fast aus dem Haus gelacht. An meine genauen Worte kann ich mich nicht erinnern, aber dem Sinn nach sagte ich: »Sie sind wohl nicht recht bei Verstand.«

Tuttle und seine Freunde sagten, sie wären dafür, daß ich mich 1966 um den Gouverneursposten bewarb, wenn der liberale Demokrat Pat Brown, der Nixon 1962 geschlagen hatte, erwartungsgemäß für eine dritte Amtszeit kandidierte.

Ich hatte nie daran gedacht, mich um ein Amt zu bewerben. Nachdem ich so viele Nachforschungen über die Arbeit der Regierung angestellt hatte, war eine Beteiligung daran das Letzte, was ich wollte. Ich wollte lediglich weiterhin Reden darüber halten.

»Ich bin Schauspieler und kein Politiker«, betonte ich wiederholt. »Ich bin im Showbusiness.«

Aber sie meinten, nach der Wahl von 1964 befände sich die Partei in einem solchen Chaos, daß ihr Überleben als politische Kraft in Kalifornien in Frage gestellt sei. Sie erwähnten meine Rede für Goldwater und äußerten die Überzeugung, ich wäre vielleicht der einzige Republikaner weit und breit, der die Chance hätte, Brown zu schlagen und die Partei wieder zu einen.

Nebenbei bemerkt, fiel kein Wort darüber, ob ich einen guten Gouverneur abgeben würde oder nicht. Sie betonten nur, ich wäre der einzige, der die Partei einen könnte.

Eine Kandidatur für den Gouverneursposten käme für mich nicht in Frage, erklärte ich ihnen. Aber da ich der Partei gern helfen wollte, schlug ich ihnen folgendes vor: Zuerst sollten sie jemanden suchen, den sie für einen guten Gouverneur hielten, und dann würde ich für ihn so hart kämpfen, wie ich das für Barry getan hatte. »Sucht euch einen Kandidaten, und ich garantiere euch, daß ich für ihn kämpfen werde, wer es auch ist«, versprach ich.

Als sie gingen, hoffte ich, daß die Idee damit aus der Welt war. Aber sie kamen immer wieder, und dann schickte der Federated Republican Women's Club mir eine Delegation ins Haus, die mich ebenfalls zur Kandidatur drängte. Ich sagte auch ihnen, an einem politischen Amt sei ich nicht interessiert, ich sei glücklich im Showbusiness.

Nancy war ebensowenig wie ich daran interessiert, daß ich mich um das Amt des Gouverneurs bewarb. Uns gefiel unser Leben so, wie es war, und wir wollten es nicht ändern.

Wir hatten unsere Kinder, unsere Freunde in Hollywood, unser Haus, unsere Ranch, unser Privatleben. Wir hatten unser Auskommen und jede Möglichkeit, über die Themen zu reden, die mir am Herzen lagen.

Ich näherte mich dem Alter, in dem manche meiner Bekannten bereits über den Ruhestand nachzudenken begannen. Ich hatte jedoch nicht vor, mich aus dem Berufsleben zurückzuziehen. Ich hatte einen guten Job, führte ein gutes Leben, und mit vierundfünfzig war der Beginn einer neuen Karriere das Letzte, was mir vorschwebte.

Ich erzählte Nancys Vater, der die Schattenseiten der Politik in Chicago kennengelernt hatte, daß man mir nahelegte, mich um den Gouverneursposten zu bewerben. Loyal Davis sagte, ich wäre verrückt, wenn ich mich um ein Amt bewürbe. Ein Mann müsse in der Politik zwangsläufig seine Aufrichtigkeit und seine Ehre opfern. Denn ganz gleich wie gut seine Absichten – als Politiker würde er von den Realitäten des politischen Lebens unweigerlich zu Kompromissen gezwungen.

Ich erwiderte, mich brauche man nicht zu überzeugen, ich würde nicht kandidieren.

Aber der Druck ließ nicht nach. Ich sagte nein, aber Holmes Tuttle und seine Freunde kamen immer wieder und sagten, sie fänden sich mit einem Nein als Antwort nicht ab.

Bald war der Punkt erreicht, an dem Nancy und ich an Schlafstörungen zu leiden begannen. Die ständige Betonung, ich sei der einzige Mensch weit und breit, der Brown schlagen und die Kluft innerhalb der Partei überwinden könne, lag wie ein Gewicht auf unseren Schultern. Nach einer Weile wälzten wir uns schlaflos im Bett und fragten uns: Wenn sie nun recht haben, und die Situation der Partei verschlimmert sich, obwohl wir etwas dagegen hätten tun können. Werden wir dann je wieder ruhig schlafen können?

Schließlich beschloß ich, den Leuten, denen an meiner Kandidatur zum Gouverneur lag, ein Angebot zu machen: »Obwohl ich überzeugt bin, daß Sie sich irren, wenn Sie meinen, ich sei der einzige Republikaner, der Brown eventuell besiegen könnte, möchte ich einen Vorschlag machen. Wenn Sie dafür sorgen, daß ich einige der Vortragseinladungen annehmen kann, die ich von Vereinigungen im Staat erhalte, dann will ich das machen. In sechs Monaten, am letzten Tag des Jahres 1965, komme ich zurück und sage Ihnen, ob Sie recht haben oder ob es besser ist, wenn Sie sich einen anderen Kandidaten suchen.«

Ich dachte, wenn ich weitere sechs Monate meine Reden hielt, würde ich schon jemanden finden, den sich die Menschen als guten Gouverneur vorstellen konnten, um dann für ihn zu kämpfen.

Mein Plan funktionierte, aber nicht ganz so, wie ich erwartet hatte.

Holmes Tuttle und seine Freunde beauftragten eine politische Beraterfirma in Kalifornien, die von Stuart Spencer und William Roberts geleitet wurde. Sie sollten meine Einladungen sichten und diejenigen aussuchen, die mich kreuz und quer durch den Staat führten. Ein Verzicht auf republikanische Parteiveranstaltungen sollte garantieren, daß ich mich aus dem Streit der Parteiflügel heraushielt und nur zu kalifornischen »Normalbürgern« sprach.

Ich fuhr Anfang Juli 1965 los, sprach sechs Monate lang auf Lunch- und Dinnermeetings von San Diego im Süden bis zu den Fischerdörfern an der Grenze zu Oregon.

Ich hielt meine Rede, stieg wieder ins Auto und fuhr zum nächsten

Termin. Ich sprach vor den Mitgliedern von Organisationen wie dem Rotary Club, den Handelskammern und dem United Fund.

Die Reden ähnelten denen, die ich in den letzten Jahren auf meinen Besuchen der GE-Fabriken gehalten hatte, und nach meinen Ansprachen hörte ich aus dem Auditorium meistens genau die gleichen Klagen, die ich jahrelang auf meinen Reisen für General Electric gehört hatte: Die Leute hatten die verschwenderischen Regierungsprogramme satt und waren empört über die Steuerschraube, die ständig weitergedreht wurde, die immer neuen Regierungsbestimmungen sowie über die anmaßenden Bürokraten und Regierungsbeamten, die meinten, alle Probleme der Menschheit ließen sich dadurch lösen, daß man mit dem Geld der Steuerzahler um sich warf.

Ihre Kommentare überraschten mich nicht. Inzwischen wußte ich schon, was mich erwartete, wenn ich in die ländlichen Gegenden kam. Aber etwas überraschte mich doch: Wohin ich auch kam, ob nach San Jose oder Modesto, nach Los Angeles oder Newport Beach – immer kamen die Menschen nach meiner Rede zu mir und fragten: »Warum kandidieren Sie nicht für den Gouverneursposten?«

Ich lachte und gab ihnen meine Standardantwort: »Ich bin Schauspieler und kein Politiker.« Und dann bat ich sie, jemanden vorzuschlagen, der für den Gouverneursposten wirklich qualifiziert war. Aber alles, was ich hörte, waren weitere Stimmen, die in den Chor derer einstimmten, die mich zur Kandidatur gegen Brown drängten.

Natürlich fragte ich mich anfangs, ob das nicht ein abgekartetes Spiel war, ob diejenigen, die mich drängten, mich um den Gouverneursposten zu bewerben, nicht ihre Leute unter den Zuhörern verteilt hatten. Aber schon bald begriff ich, daß sich das an zu vielen verschiedenen Orten abspielte, als daß es abgesprochen sein konnte; das waren Menschen, die keine besonderen Interessen in der Politik verfolgten.

Nach etwa drei Monaten kam ich eines Abends nach Haus und sagte zu Nancy: »Die Sache läuft nicht so, wie ich es mir vorgestellt hatte. Weißt du, sie könnten recht haben. Nach meinen Reden sagen mir die Zuhörer immer wieder, ich solle mich als Kandidat aufstellen lassen. Das könnte uns ganz schön in Bedrängnis bringen.«

Dann fuhr ich wieder los, hielt einen Vortrag, hörte die gleichen Argumente, kam nach Hause, und wieder redeten Nancy und ich darüber. Es dauerte nicht lange, und wir begannen wieder unruhig zu schlafen. Wir lagen im Bett und sagten: »Werden wir je zur Ruhe kommen, wenn wir uns verweigern, und Pat Brown gewinnt zum drittenmal?«

Als die sechs Monate fast um waren, fragte ich sie: »Wie kann man sich über die Wünsche all dieser Menschen hinwegsetzen?« Wir begannen einzusehen, daß mir vielleicht keine andere Wahl blieb, als mich aufstellen zu lassen.

Wenn ich mich für eine Kandidatur entschied, würde sich das Leben, das wir kannten und liebten, dramatisch, vielleicht für immer, verändern. Aber ich sagte zu Nancy: »Ich glaube nicht, daß wir uns davor drücken können.« Sie teilte meine Meinung.

Ich rief die Leute an, die ein Interesse an meiner Kandidatur hatten, und sagte: »Okay, ich mache es.« Am 4. Januar 1966 gab ich in einer Fernsehsendung meine Absicht bekannt, mich um die republikanische Kandidatur für den Gouverneursposten zu bewerben.

22

Als Pat Brown einen TV-Wahlwerbespot in Auftrag gab, in dem er zu einer Gruppe kleiner Kinder sagte: »Ich kandidiere gegen einen Schauspieler, und ihr wißt doch, wer Abe Lincoln getötet hat, oder?«, da wußte ich, daß ihm klar war, daß er in Schwierigkeiten steckte.

Ich gewann die republikanische Kandidatur nach einem mitunter harten Tauziehen, vor allem wegen der fortdauernden Spaltung der Republikanischen Partei Kaliforniens in Konservative und Gemäßigte.

Mein Hauptgegner bei den Vorwahlen war George Christopher, ein früherer Bürgermeister von San Francisco, der mich einerseits als Rechtsextremisten hinstellte, mich aber gleichzeitig beschuldigte, zugegebenermaßen Mitglied in kommunistischen Tarnorganisationen gewesen zu sein – ohne zu erwähnen, daß ich meine Mitgliedschaft dort aufgekündigt und ihnen den Krieg erklärt hatte, sobald ich begriff, was sie in Wirklichkeit waren.

Ich war ein Neuling in der Politik, und manchmal merkte man das auch. Bei einer Versammlung schwarzer Republikaner trat nach meiner Rede Christopher auf, der in seiner Rede andeutete, ich sei ein verkappter Rassist.

Ich kochte einen Augenblick lang vor mich hin, stand dann auf und sagte (manche meinen: *schrie*), das sei nicht wahr. Ich sei nie ein Rassist gewesen und nähme diesen Angriff auf meine Integrität sehr übel. Dann verließ ich das Podium, fuhr nach Hause und ließ ein verblüfftes Auditorium zurück.

In meinen fast dreißig Jahren in Hollywood hatte ich mich daran gewöhnt, Kritikern als Zielscheibe zu dienen. Aber ich war in einer Familie aufgewachsen, in der es keine schlimmere Sünde gab als rassistische Vorurteile, und ich wollte mir das von Christopher nicht gefallen lassen.

Zwei Mitglieder meines Wahlkampfteams kamen zu mir nach Hause und überredeten mich, zu der Versammlung zurückzukehren. Ich beruhigte mich, war rechtzeitig wieder vor meinem Auditorium und versuchte zu erklären, wie und wo ich aufgewachsen war und warum mich Christophers Bemerkung so empörte. Ich glaube, die Zuhörer verstanden, weshalb ich nach dem Angriff auf meine Integrität explodiert war. Aber es war das letzte Mal, daß ich während einer politischen Debatte das Podium verließ. Der Tag war sicher auch Teil meiner politischen Erziehung.

Die persönlichen Angriffe auf mich wurden während der Vorwahlen schließlich so heftig, daß der Vorsitzende der Partei in Kalifornien, Gaylord Parkinson, sein »Elftes Gebot« verkündete: »Du sollst über einen republikanischen Parteifreund nichts Schlechtes sagen.« Es ist eine Regel, die ich seither peinlich genau befolgt habe.

Nachdem ich Christopher in den republikanischen Vorwahlen geschlagen hatte, bekam ich es mit Brown zu tun, dessen Kampagne gegen mich, vereinfacht ausgedrückt, in der Frage gipfelte: Was hat ein Schauspieler in diesem Wahlkampf zu suchen, bei dem es um einen so wichtigen Job wie den des Gouverneurs von Kalifornien geht?

Zu Beginn des Wahlkampfs schien Brown sicher zu sein, daß er die dritte Amtszeit spielend gewinnen würde. Er hatte zuvor nicht nur Dick Nixon, einen früheren Vizepräsidenten der Vereinigten Staaten, sondern auch den US-Senator William F. Knowland geschlagen, einen Verleger aus Oakland, um den sich die dortigen starken republikanischen Kräfte scharten, und ich nehme an, Brown rechnete damit, mit dem Neuling aus Hollywood ein sogar noch leichteres Spiel als mit seinen früheren Gegnern zu haben.

Ich wollte mich in meinem Wahlkampf auf bestimmte Themen konzentrieren, konnte aber Browns Angriffe nicht ignorieren, daß ich als Schauspieler ohne praktische Erfahrungen in der Politik für das Amt nicht qualifiziert sei. Ich beschloß, den Spieß umzudrehen und mich als der zu präsentieren, der ich war: ein ganz normaler Bürger, der endlich damit beginnen wollte, das Chaos in Ordnung zu bringen, das die Politiker angerichtet hatten, die an der Regierung waren.

»Sicher«, sagte ich. »Der Mann, der den Job hat, hat mehr Erfahrung als irgendwer sonst ... deshalb kandidiere ich.«

Pat Brown holte Senator Edward Kennedy nach Kalifornien, damit er ihm im Wahlkampf half, und Kennedy begann eine Wahlkampfreise quer durch den Staat, auf der er erklärte: »Reagan hat noch nie ein politisches Amt ausgeübt, und da bewirbt er sich um den höchsten Posten in der Regierung von Kalifornien.«

Er verzichtete auf dieses Thema nach meiner nächsten Rede, in der ich sagte: »Ich höre, es ist ein Senator aus Massachusetts nach Kalifornien gekommen, und er sagt, ich hätte vor der Kandidatur für diesen Job nie zuvor ein Amt ausgeübt. Also, wenn ich darüber nachdenke: Der Senator von Massachusetts hat, bevor er Senator wurde, überhaupt noch keinen Beruf ausgeübt.«

Trotzdem begriff ich sehr wohl, daß mir dieses Argument – »Er ist ja nur ein Schauspieler« – durchaus schaden konnte, wenn ich es nicht richtig anpackte. Wie ich wußte, gab es viele, die den Beruf des Schauspielers falsch interpretierten: Wenn du Schauspieler bist, dann kannst du nichts anderes als schauspielern ... Sicher, du hast viele Rollen auf der Leinwand gespielt, aber das ist nur eine Scheinwelt, und das ist auch alles, was du kannst: So tun als ob ... Die, die etwas können, tun es; die, die nichts können, tun nur so.

Daß ich mich als Schauspieler um ein politisches Amt bewarb, hatte aber nicht nur Nachteile: Viele Menschen entwickeln eine Art Anhänglichkeit und Sympathie jemandem gegenüber, den sie gern auf der Leinwand sehen, und das konnte mir im Wahlkampf helfen.

Aber ich wußte, daß ich mehr bieten mußte als ein bekanntes Gesicht.

Eines von Browns Lieblingsargumenten war: »Reagan ist nur ein Schauspieler, er lernt Reden auswendig, die andere Leute geschrieben haben, genau wie er die Dialoge auswendig gelernt hat, die ihm die

Drehbuchautoren für seine Filme geschrieben haben. Zugegeben, er ist ein guter Redner, aber wer schreibt seine Reden?«

Ich schrieb meine Reden. Aber ich konnte schlecht aufstehen und einem Auditorium sagen: »Hey, ich schreibe meine Reden selbst.«

Wir beriefen eine Sitzung ein, und Stu Spencer und Bill Roberts, die Manager meiner Kampagne, meinten, Brown käme durch diese Argumente so gut voran, daß wir etwas dagegen unternehmen mußten, um die Wahl nicht zu verlieren.

»Da hätte ich einen Vorschlag«, sagte ich. »Von jetzt an spreche ich nur noch ein paar einleitende Worte auf der betreffenden Veranstaltung und eröffne dann sofort die Diskussion, damit die Anwesenden Fragen stellen können. Dann denken die Zuhörer vielleicht, jemand hätte die Einleitung für mich entworfen, aber wie sie bald feststellen werden, ist es unmöglich, daß mir jemand Antworten auf Fragen schreibt, die ich zuvor nicht kannte.«

Die politischen Profis wurden ganz blaß, als ich das sagte.

Sie waren daran gewöhnt, Kandidaten zu verstecken, nicht, sie auf die Leute loszulassen. Ich glaube, die Vorstellung, daß sie den Kandidaten sich selbst überlassen sollten, jagte ihnen Angst ein. Wollen Sie das wirklich tun? fragten sie.

»Ich glaube, ich muß es tun«, erwiderte ich.

Es wirkte Wunder. Von da an machte ich ein paar einleitende Bemerkungen und nahm dann Fragen entgegen – ganz gleich, ob drei oder dreitausend Leute im Saal saßen. Ich hatte es ursprünglich nicht so geplant, aber es stellte sich heraus, daß das eine wunderbare Methode war, von den Menschen zu erfahren, welche Themen sie beschäftigten.

Zu dieser Zeit gingen die staatlichen Hochschulen in Kalifornien in Rauch auf: Aufrührerische Studenten steckten sie buchstäblich in Brand.

Die Kalifornier waren mit Recht stolz auf ihr großartiges Bildungssystem – vor allem auf die neun Lehrstätten der University of California – und aufgebracht über das, was dort vor sich ging.

Nachdem wir im Wahlkampf mit der Frage-und-Antwort-Methode begonnen hatten, sprach ich ein paar einführende Worte und bat um Fragen, und überall, wohin ich kam, hoben die Zuhörer die Hände, bevor ich ausreden konnte, und fragten: »Was werden Sie gegen diese Unruhen an den Universitäten unternehmen?«

Ich mußte mir ein paar Antworten einfallen lassen.

Ich sagte, meiner Meinung nach hätten die Studenten kein Recht, die Universität zu besuchen, wenn sie nicht bereit wären, sich an die Regeln zu halten; dann sollten sie doch lieber anderswohin gehen.

Immer, wenn ich das sagte, jubelte die Menge. Die Kalifornier mochten nun einmal keine Studenten, die das Universitätssystem zerstörten, auf das sie so stolz waren.

Als ich die Wahlkampagne erst einmal in Gang gebracht hatte, stellte ich zu meiner Verwunderung fest, daß ich Spaß daran hatte. Und ich wollte gewinnen.

Ich glaube, ich bin seit meiner Kindheit in Dixon eine Kämpfernatur gewesen, und eine politische Kampagne war eine andere Art von Kampfspiel, nur daß die Einsätze höher waren.

Die Frage, wie mit den rebellierenden Studenten umzugehen sei, wurde zwar zu einem zentralen Wahlkampfthema, war jedoch nur eines von vielen Problemen, mit denen sich Kalifornien 1966 herumschlug. Die Kalifornier zahlten pro Kopf die höchsten Steuern in den Vereinigten Staaten, die Verbrechensrate war die höchste aller Staaten; Kalifornien besaß das verschwenderischste Wohlfahrtsprogramm der Nation, zunehmende Probleme der Wasser- und Luftverschmutzung bedrohten unser Leben. Mehr als ein Jahrhundert lang war Kalifornien ein Land der unbegrenzten Möglichkeiten gewesen und hatte einen ständig wachsenden Strom von Zuwanderern aus anderen Teilen der Union und von Einwanderern aus der ganzen Welt angelockt. Das Klima und der ungezwungene Lebensstil trugen zu seiner Beliebtheit bei, aber mehr als alle anderen Staaten stand Kalifornien für gute Berufschancen: Dort konnte man einen neuen Anfang wagen – und mit harter Arbeit konnte man es schaffen.

Zwar zogen noch immer Menschen zu, aber die Zuwanderungsrate war zum erstenmal seit dem Goldrausch gefallen, weitgehend deshalb, weil der Zuwachs an neuen Jobs zum erstenmal seit der Depression zurückgegangen war. Immer mehr Geschäftsleute klagten über ein Übermaß an gesetzlichen Bestimmungen, hohe Steuern und eine »feindselige« Haltung der Staatsbeamten ihnen gegenüber. Sie hatten kein Vertrauen mehr zu Kalifornien, sie errichteten ihre neuen Fabriken lieber außerhalb des Staates, oder sie beschlossen, zusammenzupacken und das Feld ganz und gar zu räumen.

Pat Brown war einer jener Liberalen, die meinten, alle Probleme der Welt ließen sich mit dem Geld der Steuerzahler lösen, und das erleichterte in gewisser Weise meinen Wahlkampf.

Während er den eigentlichen Problemen auswich, die den Kaliforniern Sorgen bereiteten, hielt er monoton an seinem Argument fest, ich sei ja nur »dieser Hollywoodschauspieler da mit dem Make-up«.

Seit dem Film *Love Is on the Air* im Jahr 1937 hatte ich kein Make-up mehr getragen, und einen der größten Lacherfolge während des Wahlkampfs erntete ich, als man uns beide zu der Sendung »Meet the Press« einlud. Als wir vor den Kameras Platz nahmen, trug Brown Make-up – das traf auch für alle Journalisten zu, die uns interviewen sollten –, und ich war als einziger im Raum nicht geschminkt.

Browns Kampagne erreichte ihren Höhepunkt an schlechtem Geschmack, als er mich gegen Ende des Wahlkampfs in seiner Wahlwerbung mit dem Schauspieler John Wilkes Booth – Lincolns Mörder – verglich.

Am Wahltag schlug ich Brown mit einem Vorsprung von 58 zu 42 Prozent der Stimmen.

Bis zu diesem Tag hatte er meiner Meinung nach nicht begriffen, daß in Amerika ein neuer Wind wehte. Brown und ein paar schlaue Journalisten machten die Konservativen und »Extremisten« für meinen Wahlsieg verantwortlich. Aber eine Analyse der Wahlergebnisse zeigte, daß die meisten meiner Wähler nicht aus der rechten oder auch nur konservativ-republikanischen Ecke kamen, sondern daß es Gemäßigte aus beiden Parteien waren.

Über Studenten und andere junge Menschen, die in den sechziger Jahren gegen die Gesellschaft rebellierten, ist viel geschrieben worden. Aber es gab noch eine andere, stillere Revolution, die sich in diesem Jahrzehnt ereignete.

Es war eine Rebellion der ganz normalen Bürger. Einer Generation von Amerikanern der Mittelklasse, die hart gearbeitet hatten, um etwas aus ihrem Leben zu machen. Sie begannen der Regierung zu mißtrauen, die ihnen im Durchschnitt 37 Cents von jedem verdienten Dollar wegnahm und trotzdem mit jedem Tag tiefer in Schulden geriet.

Ein zunehmendes Gefühl der Hilflosigkeit und Verzweiflung breitete sich im Lande über eine Regierung aus, die sich zu einer selbstherrlichen Macht entwickelte und über das Leben der Menschen bestimmte – statt umgekehrt.

Die Leute ärgerten sich immer mehr über die Bürokraten, deren vorrangige Aufgabe darin zu bestehen schien, ihre eigenen Jobs zu sichern, indem sie teure Programme weiterlaufen ließen, nachdem diese längst ihren Sinn eingebüßt hatten. Sie verloren die Achtung vor Politikern, die für Wohlfahrtsprogramme ohne Ende, Fässer ohne Boden stimmten, die von Korruption und Ineffizienz gekennzeichnet waren und die Generation auf Generation einer Familie abhängig von der Fürsorge machten. Und sie fingen an, der selbsternannten Elite in Washington zu mißtrauen, die behauptete, sie wisse besser als die Bevölkerung von Amerika, wie sie zu leben, ihre Geschäfte zu führen und ihre Gemeinden zu verwalten habe.

Es war eine Unruhe im Land entstanden, und sie breitete sich wie ein Präriefeuer aus.

23

An diesem Novemberabend 1966, als ich erfuhr, daß ich zum Gouverneur von Kalifornien gewählt worden war, feierten drei von unseren vier Kindern – Maureen, Mike und Ron – mit Nancy und mir den Wahlsieg. Patti war in Arizona auf der Schule, und als wir sie anriefen und von meinem Sieg erzählten, begann sie zu weinen. Sie war erst vierzehn Jahre alt, aber als Kind der sechziger Jahre teilte sie die Abneigung ihrer Generation und ließ mich wissen, wie wenig es ihr paßte, ein Mitglied des Establishments in der Familie zu haben.

Auf unterschiedliche Art und Weise veränderte die Wahl das Leben von jedem einzelnen in unserer Familie.

So seltsam es klingt: Als ich den Appellen folgte, für das Gouverneursamt zu kandidieren, hatte ich kaum an die Möglichkeit gedacht, daß ich gewinnen könnte. Mir war es vor allem darum gegangen, durch meine Kandidatur die Partei wieder zu einen. Ich hatte gedacht: »Nun ja, ich mach's und helfe der Partei, sich wieder zusammenzuraufen, und im November ist dann alles vorbei.«

Es war nicht vorbei. Es blieben mir keine zwei Monate, um mich auf das Gouverneursamt vorzubereiten, in dem ich meine Vorstellungen in die Praxis umsetzen wollte. Nancy begann, für den Umzug nach Sacramento zu packen, und wir boten die Ranch zum Verkauf an.

Obwohl ich vielleicht ein (wie die Zeitungen es nannten) *citizen politician* (Bürger-Politiker) war, den die Reporter mit dem von Jimmy Stewart verkörperten Mr. Smith in dem Film *Mr. Smith Goes to Washington* zu vergleichen pflegten, wußte ich, daß die Realität sich oft als viel komplizierter herausstellte, als Hollywood sie darstellte, und ich wußte, daß ich schnell ein paar Hausaufgaben machen mußte, bevor ich nach Sacramento aufbrach und meinen neuen Job übernahm. Nachdem ich die Regierung jahrelang kritisiert hatte, sollte ich nun meinen Kopf in die Höhle des Löwen stecken – und die Löwen erwarteten mich schon.

Freunde brachten mich mit einem älteren, erfahrenen republikanischen Abgeordneten in Kontakt, der viele Jahre im Parlament des Staates in Sacramento gearbeitet hatte, damit er mich mit den Feinheiten der Regierung des Staates bekannt machte. Ich wußte in großen Zügen, wie Gesetze im State Capitol erlassen wurden, aber in einem Schnellkursus von mehreren Tagen bei mir zu Haus informierte er mich über das politische Leben in Sacramento. Wir gingen die Regeln und Verfahrensweisen sowie Schlüsselgestalten der Legislatur durch, er umriß das Haushaltssystem und die gesetzmäßigen Befugnisse des Amtsinhabers, und er erklärte mir ein paar der Dinge, die von einem Gouverneur erwartet wurden.

Inzwischen hatte ich eine Liste der wichtigsten Punkte zusammengestellt, die ich in Sacramento durchbringen wollte. Ganz oben auf dieser Liste stand mein Entschluß, eine neue Art von Staatsbeamten in die Regierung zu holen.

Während meines Wahlkampfes hatte ich den Wählern versprochen, keine Leute zu meinen Mitarbeitern zu ernennen, die es auf Jobs bei der Regierung abgesehen hatten. Statt dessen würde ich mich um hervorragende Persönlichkeiten außerhalb der Regierung bemühen, die diese Posten gar nicht suchten, die man aber überreden könnte – so wie man mich überredet hatte –, ein Opfer zu bringen und mitzuhelfen, die Regierung wieder auf den richtigen Kurs zu bringen.

Als ich mein Kabinett zusammenstellte und Anwärter für die anderen leitenden Positionen zu suchen begann, stellte ich fest, daß viele, sehr viele gute Leute dazu bereit waren, begabte Menschen, die genau wie ich fanden, daß die Bürger eine bessere Regierungspolitik verdienten, als sie bekamen.

Einige der Geschäftsleute, die mich ursprünglich überredet hatten, für das Gouverneursamt zu kandidieren – Holmes Tuttle, Henry Salvatori, Justin Dart, Leonard Firestone, Cy Rubel und eine Handvoll andere, die alle später als mein »Küchenkabinett« bekannt wurden – durchstöberten die Wirtschaftswelt auf der Suche nach Topmanagern und Verwaltungsspezialisten und halfen mir dann, sie zu überzeugen, mit mir nach Sacramento zu gehen und dort für ein geringeres Gehalt zu arbeiten. So brachten wir Dutzende von guten Leuten in die führenden Stellungen.

Für mich war es der Anfang der Verwirklichung eines Traums, diese Menschen zu finden und ihnen ihre Aufgaben zuzuweisen. Nachdem ich jahrelang gepredigt hatte, wie eine Regierung arbeiten sollte, hatte ich nun Gelegenheit, das, was ich gepredigt hatte, auch zu praktizieren.

Kurz nach der Wahl war eine Zusammenkunft aller Gouverneure der Vereinigten Staaten geplant, und in einer Geste, die ich zu schätzen wußte, schlug Pat Brown mir vor, an seiner Stelle Kalifornien zu vertreten, weil er ohnehin bald aus dem Amt ausscheiden werde.

Bei dieser Konferenz bekam ich von Jim Rhodes, dem Gouverneur von Ohio, einen Tip, der sich für mich als unbezahlbar herausstellte – nicht nur in Sacramento, sondern auch später in Washington. Um die Regierung seines Staates in Schwung zu bringen, so erzählte mir Gouverneur Rhodes, hatte er eine Gruppe führender Wirtschaftsleute in Ohio aufgefordert, die Tätigkeit aller Dienststellen seines Staats zu bewerten und Vorschläge zu unterbreiten, wie man deren Effizienz durch die Anwendung moderner Geschäftspraktiken erhöhen könnte. Diese Ratgeber hatten ihm Hunderte von Empfehlungen gegeben, erklärte er.

Da ich noch nie eine Regierungsbehörde gesehen hatte, die so effizient oder so ökonomisch wie ein gut geleiteter Geschäftsbetrieb funktionierte, hielt ich das für eine hervorragende Idee und scheute mich nicht, sie nachzuahmen. Ich lud einige führende kalifornische Geschäftsleute zum Lunch ein und erklärte ihnen, was ich auf dem Herzen hatte. Ich sagte: »Ich überlasse es Ihnen. Sie werden mir sagen, wie wir es schaffen, daß die Regierung unseres Staates besser funktioniert.«

Innerhalb weniger Tage hatten sie einen Koordinierungsausschuß gebildet sowie ein Komitee, das Geld für die entstehenden Kosten besorgte, und dann fingen sie an, die Tätigkeit jeder einzelnen Behörde der Staatsregierung zu überprüfen.

Inzwischen hatte ich erfahren, daß die Dinge für Kalifornien noch schlechter standen, als ich während der Wahlkampagne angenommen hatte. Durch buchhalterische Tricks hatte die Regierung die Tatsache zu verbergen gewußt, daß der Staat *pleite* war.

Eines Tages, nachdem er mit Mitgliedern der Brown-Regierung zusammengesessen hatte, kam Caspar Weinberger, ein Anwalt aus San Francisco – einer der ersten, die wir »von draußen« hinzugezogen hatten, damit er uns in der Übergangszeit in Finanzdingen half –, zu mir und sagte: »Der Staat gibt pro Tag über eine Million Dollar mehr aus, als er einnimmt, und das geht schon seit einem Jahr so.«

Die Demokraten in Sacramento hatten seit fast einem Jahr von dem steigenden Defizit gewußt, hatten es aber durch Veränderungen in der Kontoführung so vertuscht, daß das Manko erst im folgenden Finanzjahr auftauchte; dann hatten sie das Geld so verschwenderisch wie immer ausgegeben, um der Peinlichkeit einer Steuererhöhung im Wahljahr zu entgehen.

Nun war der Staat unversehens mit seiner schlimmsten Finanzkrise seit der Depression konfrontiert, und mir, dem neuen Gouverneur, kam die Aufgabe zu, sie zu beseitigen.

In meiner Amtseinführungsrede am 2. Januar 1967 informierte ich die Kalifornier über die finanzielle Katastrophe, die wir vorgefunden hatten, und versprach, so bald wie möglich alles in meiner Macht Stehende zu tun, um die finanziellen Verhältnisse des Staates wieder in Ordnung zu bringen.

»Wir werden den Etat an allen Ecken und Enden so lange zusammenstreichen, bis wir die Ausgaben verringert haben«, erklärte ich. »Das wird nicht leicht sein, und es wird nicht angenehm werden.«

Und das war es auch nicht.

24

Eine Zeitlang kam es mir so vor, als wartete jeden Morgen, wenn ich ins State Capitol kam, jemand auf mich, um mir von einem neuen Problem zu berichten, von dem wir noch nichts gewußt hatten.

Es war, als hätten sie jedesmal um Mitternacht eine weitere Schublade geöffnet und eine neue Krise entdeckt.

Cap Weinberger sagte mir, der Staat hätte ein Defizit von mindestens 200 Millionen Dollar, und innerhalb von zwei Wochen nach meiner Amtseinführung mußte ich dem Staatsparlament ein ausgeglichenes Budget vorlegen. Im Gegensatz zur Bundesregierung mußte Kalifornien einen ausgeglichenen Etat haben, bevor das neue Finanzjahr – am 1. Juli – begann, und es war meine Aufgabe, den vorzubereiten.

Wir verfügten einen Einstellungsstopp und eine zehnprozentige Ausgabenkürzung für alle Staatsbehörden und unternahmen weitere Anstrengungen, das Abrutschen in die roten Zahlen zu beenden; wir verkauften Pat Browns staatseigenes Flugzeug, kürzten das Reisebudget für Staatsangestellte radikal zusammen, stornierten mehrere Bauvorhaben und kauften weder neue Autos noch Lastwagen für die Regierung. Aber es waren drastischere Schritte nötig, und bald befand ich mich in einer heftigen Fehde mit den gesetzgebenden Organen.

Die Kalifornier hatten zwar nach acht Jahren den demokratischen Gouverneur abgewählt, aber die General Assembly – das Staatsparlament – und den Senat des Staates hatten sie in den Händen der Demokraten gelassen – und den Demokraten gefiel der neue republikanische Gouverneur gar nicht, der ihnen sagte, wie sie das Geld des Steuerzahlers ausgeben sollten.

Nachdem Pat Brown fort war, wurde Jesse Unruh, der Präsident des Abgeordnetenhauses, der mächtigste Demokrat in Sacramento. Der wegen seines Körperumfangs und seiner Reputation als politischer Hinterzimmer-Manipulator »Big Daddy« genannte Mann war ein typischer Liberaler von der Art, die gern die Steuern erhöht und das Geld nach dem Gießkannenprinzip verteilt. Er regierte das Parlament mit eiserner Hand und unterhielt enge Beziehungen zu den steuerhungrigen Lobbyisten, die von den Abgeordneten Gefälligkeiten erwarteten. In der Vergangenheit hatte er sich bei Pat Brown gewöhnlich durchgesetzt.

Von meinem Standpunkt aus betrachtet, vertrat Unruh vieles von dem, was ich am Regieren für falsch hielt. Ihm muß ich wie der unerfahrene und naive Bewohner eines anderen Sterns vorgekommen sein, der sich seinen Weg in etwas zu bahnen versuchte, das er und seine Freunde als ihren privaten Klub betrachteten – mit dem Exklusivrecht, das Geld der Steuerzahler auszugeben.

Mit der Zeit bekam ich sogar widerwillig etwas Respekt vor Unruhs Künsten als parlamentarischer Taktierer – er war gut in dem, was er tat –, aber ihm galt die Parteizugehörigkeit mehr als alles andere, und er kannte kein Pardon.

Ich habe mich oft über ein Paradox im amerikanischen Regierungssystem gewundert: Alle vier Jahre wählt die Bevölkerung einen Präsidenten und in Kalifornien einen Gouverneur – die einzigen Amtsinhaber, die vom *ganzen* Volk gewählt werden; aber dann wählen dieselben Leute in ihren jeweiligen Bezirken eine Volksvertretung bzw. einen Kongreß, die oft von der Opposition beherrscht werden, und ermöglichen dadurch, daß der Präsident oder Gouverneur an der Durchführung der Politik gehindert wird, derentwegen sie ihn gewählt haben.

Ich weiß, daß manche das für positiv halten, weil sie es als Bestandteil unseres Systems der gegenseitigen Kontrolle zur Verhinderung von Amtsmißbrauch ansehen. Nun, wenn das der Fall ist – warum haben wir dann nicht öfter eine republikanische Mehrheit im Parlament, wenn wir einen demokratischen Gouverneur haben? Alle zehn Jahre, nach jeder Volkszählung, werden die Grenzen unserer Wahlbezirke neu festgelegt, um Veränderungen in der Bevölkerungsstruktur zu berücksichtigen, und während des größten Teils des vergangenen halben Jahrhunderts ist eine einzige Partei – die der Demokraten – an der Macht gewesen und hat ihre Macht dazu benutzt, die Grenzen der Wahlbezirke in einer so eklatant parteiischen Weise zu bestimmen, daß die Bezirke selten die wirkliche politische Stimmung in der Nation reflektiert haben. Infolgedessen wurde ein großer Teil der Wirkung des erwähnten Präriefeuers – die stille Revolution, in der die Mittelklasse-Amerikaner versucht haben, die Kontrolle über ihre Regierung zu gewinnen – von den empörenden Manipulationen dieser parlamentarischen Mehrheit erstickt.

Ich beschränke das keineswegs auf die demokratischen Abgeordneten.

Die Manipulierung der Wahlbezirksgrenzen ist eine alte politische Waffe, aber in der Zeit der moderen Computer ist sie zu einer Wissenschaft geworden. Abgeordnete beider Parteien sitzen nur deshalb weiter in den Parlamenten und bleiben an der Macht, weil sie die Grenzen der Wahlbezirke so ziehen, daß ihre Wiederwahl gesichert ist, sie umgehen den Willen der Öffentlichkeit mit so seltsam gezackten Grenzen, daß das *gerrymandering* der Wahlbezirke durch frühere Generationen verglichen damit ordentlich und symmetrisch wirkt.

Ich fürchte, viele republikanische Amtsträger haben den Veränderungen von Wahlbezirksgrenzen nur zu bereitwillig zugestimmt, die die Wähler um ihr Wahlrecht bringen, wenn sie dafür einen »sicheren« Bezirk bekamen, der ihre Wiederwahl garantiert.

Nun, da ich den größten Staat in der Union zu regieren hatte, wurde mir klar – man nenne es gesunden Menschenverstand, wenn man will –, daß das allerwichtigste für meine Arbeit war, die fähigsten Köpfe in meine Regierung aufzunehmen – Leute, auf die ich mich verlassen konnte. Das geschah, indem wir auszogen, um Spitzenkräfte aus der Privatwirtschaft und anderswoher zu rekrutieren.

Dann mußte ich die Politik und die Ziele festlegen, die diese Leute durchführen und erreichen sollten, und alles in meiner Macht Stehende tun, um ihnen dabei zu helfen, daß sie die gesteckten Ziele erreichten. Es kam mir wie eine einfache, gesunde Managementpolitik vor. Ich bewirkte damit etwas in Sacramento, und später bewirkte ich damit etwas in Washington.

Man hat meinen Arbeitsstil kritisiert, den manche »Hands-off-management« (Nichteinmischung) genannt haben. Aber ich glaube, diese Kritik stammte von Leuten, die nicht verstanden haben, wie unsere Arbeit ablief.

Ich bin nicht der Ansicht, daß der Mann (oder die Frau) an der Spitze jedes Detail von dem, was in seiner (ihrer) Organisation vor sich geht, überwachen sollte. Der »Chef« sollte die Richtlinien und die generellen Spielregeln festlegen, sollte den Leuten sagen, was getan werden soll, und sie es dann tun lassen. Er (oder sie) sollte zugänglich sein, so daß man sich an ihn (sie) wenden kann, falls ein Problem auftaucht. Wenn es eines gibt, kann man zusammen an der Lösung arbeiten und, falls nötig, Veränderungen in der Vorgehensweise vornehmen. Aber ich meine nicht, daß ein führender Mann (oder eine führende Frau) denjenigen, die die Verantwortung für ein Projekt übernommen haben, ständig über die Schulter sehen und ihnen alle paar Minuten sagen sollte, was sie zu tun haben.

Ich halte das für den Eckpfeiler eines guten Managements: Man setze klare Ziele und ernenne fähige Leute, die einem helfen, sie zu erreichen. Solange sie tun, was man sich vorstellt, sollte man sich nicht einmischen. Aber wenn jemand den Ball fallen läßt, muß man eingreifen und eine Veränderung vornehmen.

Damit die führenden Leute kluge Entscheidungen treffen können, müssen sie natürlich gut über das informiert sein, was in ihrer Organisation und darüber hinaus vor sich geht.

Als wir die in Sacramento vorgefundenen Probleme anpackten, sagte ich den Mitgliedern meines Kabinetts, daß ich vor meinen Entscheidungen über alle Aspekte des Themas informiert werden möchte, daß es aber etwas gäbe, das ich nicht hören wollte: *welche politischen Folgen* sich aus meinen Entscheidungen ergeben würden.

»Sobald Sie anfangen zu sagen: ›Das ist politisch gut‹ oder ›Das ist politisch schlecht‹«, so erklärte ich, »fangen Sie an, Kompromisse einzugehen. Die einzige Überlegung, die ich hören möchte, besteht in der Frage, ob es für die Bevölkerung gut oder schlecht ist.« Unsere erste Kabinettssitzung in Washington eröffnete ich mit der gleichen Feststellung.

Wie das Kabinett des Präsidenten besteht auch das Kabinett eines Gouverneurs aus Fachleuten – den Ministern für die Ressorts Finanzen, Arbeit, Landwirtschaft und so weiter.

Genau wie später in Washington erklärte ich den Kabinettsmitgliedern in Sacramento, daß ich ihre Meinung nicht nur über die ihre Ressorts betreffenden Angelegenheiten hören wollte. Sie wären alle meine Berater, sagte ich, und ich wollte erfahren, was jeder von ihnen über die anstehenden Themen zu sagen hatte, ob es ihr Ministerium betraf oder nicht, einschließlich aller Vorbehalte oder Einwendungen, die sie gegen einen Vorschlag haben mochten. Das gab mir die Gelegenheit, Meinungen aus unterschiedlichsten Perspektiven einzuholen, nicht nur von jenen, die ein bestimmtes Projekt oder Programm befürworteten.

Manche haben gesagt, meine Kabinettssitzungen in Sacramento wie auch in Washington glichen den Vorstandssitzungen einer Firma. Ich glaube, das stimmt, aber einen Unterschied gab es: Wir haben nie über irgend etwas abgestimmt.

Jeder leistete seinen Beitrag, nahm am Hin und Her der Debatte teil, aber wenn die Diskussion vorüber war, wußten sie alle, daß ich, ich allein, die Entscheidung traf.

Ich habe während dieser ersten paar Monate in Sacramento viel gelernt. Ich bin sicher, daß Jesse Unruh, der Gouverneur werden wollte, und andere demokratische Abgeordnete meine Ankunft in Sacramento als den Beginn eines »Lanzenstechens« betrachteten, bei dem sie entschlossen waren, den Neuling aus Hollywood aus dem Sattel zu werfen.

Das hat nicht geklappt. Aber es gab in jenen ersten Monaten sehr viele Tage, an denen ich mich ziemlich fest an meinen Sattel klammern mußte.

25

Als ich nach Sacramento kam, lagen die Unruhen von Watts knapp zwei Jahre zurück, bei denen ein großer Teil von Los Angeles in Rauch aufgegangen war. Ich wollte die Gründe besser verstehen, die zu dem Aufruhr geführt hatten, die Narben heilen, die er hinterlassen hatte, und dafür sorgen, daß Angehörige von Minderheiten die gleichen Chancen wie alle anderen Kalifornier hatten.

Um herauszufinden, was dort vor sich ging, beschloß ich »Schwarzenviertel« in verschiedenen Teilen des Staates wie auch das große mexikano-amerikanischen *barrio* in East Los Angeles zu besuchen. Ich habe meine Besuche bei dort lebenden Familien vor Journalisten geheimgehalten und auch sonst niemandem davon erzählt. Ich verschwand für ein paar Stunden, fuhr incognito zu den Familien und redete mit ihnen, um zu erfahren, was sie auf dem Herzen hatten. Manchmal baten sie Nachbarn oder Verwandte zu unseren Gesprächen hinzu, und einige dieser Zusammenkünfte wurden so groß, daß wir in eine Schule oder in einen Laden ausweichen mußten.

Eine der häufigsten Klagen war die, daß Schwarze bei Einstellungen in den Staatsdienst keine Chancen bekamen. Ich forschte nach und stellte fest, daß praktisch die einzigen Schwarzen, die der Staat Kalifornien beschäftigte, Pförtner oder andere Arbeiter in niedrigeren Positionen waren, vor allem deshalb, weil die Einstellungstests sie benachteiligten.

Manche Schwarze hatten einfach nicht die Gelegenheit gehabt, die gleiche schulische Ausbildung wie andere Kalifornier zu bekommen. Sie waren ebenso fähig wie jeder andere, aber die Tests waren so abgefaßt, daß sie größere Schwierigkeiten als die Weißen damit hatten, wenn es um bessere Jobs ging, so daß sie für immer unten auf der Leiter festgehalten wurden. Daraufhin änderten wir die Tests und die Arbeitsplatzkriterien, um sicherzustellen, daß in Zukunft jeder die gleichen Chancen hatte.

Bei meinen Besuchen gewann ich auch neue Einsichten in das Wirken der Staatsbürokratie. Ein Schwarzer erzählte mir, er hätte jungen Männern aus Familien, die von Wohlfahrtsunterstützung lebten, bei der Arbeitssuche helfen wollen und sei mit etwa einem halben Dutzend von ihnen zu einem Arbeitsvermittlungsbüro des Staates gegangen, damit sie sich dort um Jobs bemühten.

Als sie wieder draußen waren, hätte er die jungen Männer über ihre Bewerbungen befragt und erfahren, daß zwei oder drei von ihnen ein paar der Fragen auf den Formularen nicht beantwortet hatten. Also ging er mit ihnen zusammen noch einmal hinein, damit sie die leeren Rubriken ergänzen konnten.

Als sie ins Büro zurückkamen, hätten die Angestellten erklärt, sie könnten die Bewerbungsbögen nicht finden.

Da sie vor ein paar Minuten erst dagewesen waren, sei er aufgrund einer Ahnung zu einem Papierkorb gegangen und hätte darin tatsächlich die Bewerbungen der jungen Männer gefunden. Ich traf Vorkehrungen, daß so etwas nicht noch einmal geschehen konnte.

Bei einem Besuch in East Los Angeles erzählten mir mehrere Mütter, ihre Kinder wären in der Schule nicht besonders erfolgreich – unter anderem deshalb, weil ihre Lehrer die Tatsache ignorierten, daß ihre Muttersprache Spanisch war.

Eine Mutter berichtete, daß ihr Sohn von seiner Lehrerin in eine Sonderklasse für lernbehinderte Kinder geschickt wurde. Zum Glück erkannte eine andere Lehrerin, daß der Junge nur mit der englischen Sprache Probleme hatte. Er wurde aus dieser Klasse wieder herausgenommen und hat die High School schließlich mit einem hervorragenden Zeugnis abgeschlossen. Diese Mutter erzählte mir, sie wisse von anderen Kindern, die nicht soviel Glück wie ihr Sohn gehabt hätten. Ich schlug diesen Müttern vor, abwechselnd die Klassen ihrer Kinder zu besuchen, um festzustellen, ob ihre Kinder Sprachprobleme hätten. Sie sahen einander an, dann mich, und sagten, das würden sie sehr gern tun, aber leider sei das unmöglich, da nur ausgebildete Lehrer am Unterricht teilnehmen dürften.

Ich fand es absurd, daß eine Mutter oder ein Vater nicht am Unterricht teilnehmen durften, und sorgte dafür, daß diese Bestimmung geändert wurde. Als Konsequenz wurde Kalifornien später Vorreiter in einem Programm, das Eltern in den ersten Klassen am Unterricht ihrer Kinder beteiligte. (Dieses Programm wurde schließlich von anderen Staaten übernommen.)

Obwohl wir durch unsere Etatkürzungen »an allen Ecken und Enden« die Ausgaben des Staates beträchtlich reduzierten, blieben uns nur sechs Monate bis zum Beginn des neuen Fiskaljahres, um das Defizit auszugleichen, und mir wurde klar, daß diese Zeit nicht ausreichte, um mit dem Debakel fertig zu werden, das die Brown-Regierung hinterlassen hatte.

Wir beauftragten ein Team unabhängiger Wirtschaftsprüfer mit der Herstellung einer Dokumentation über den Ernst der finanziellen Situation, und dann erklärte ich im Fernsehen, es bliebe mir keine andere Möglichkeit als eine Steuererhöhung.

Es war nicht angenehm, diese Rede zu halten. Ich hatte mit dem Versprechen kandidiert, die Steuerschraube zum Stillstand zu bringen, und nun forderte ich höhere Steuern. Aber ich schluckte meinen Stolz hinunter und sagte, ich würde so schnell wie möglich dafür sorgen, daß die Menschen einen Teil ihres Geldes zurückbekamen.

In den nächsten acht Jahren erfüllten wir dieses Versprechen viermal, aber damit greife ich der Geschichte vor.

26

Ein Journalist gab seinem Bericht über mein erstes Jahr in Sacramento die Überschrift: »Die politische Bildung von Ronald Reagan«. Ich denke, diese Beschreibung meiner Einführung in das politische Leben ist nicht so falsch, wenn der Journalist auch hätte hinzufügen können, daß es für Nancy ebenfalls eine »Bildungs«-Periode war.

Während des größten Teils dieses ersten Jahres lief nichts so, wie ich es geplant hatte: Immer wieder stießen wir auf Probleme, von denen mir vorher niemand etwas erzählt hatte, an unseren Universitäten setzte sich die Welle der Gewalt fort, die demokratischen Abgeordneten lehnten meine Vorschläge durch die Bank ab; Gemäßigte und Konservative in meiner eigenen Partei kamen nicht miteinander aus, und ich beging aufgrund meiner Unerfahrenheit eine Menge Fehler.

Wie sagte ich in einer meiner Reden? »Draußen in Kalifornien halten wir es mit dem Lernen beim Tun: Als ich nach Sacramento kam, fühlte ich mich wie ein ägyptischer Panzerfahrer, der eine Betriebsanweisung in Russisch liest ...«

Ja, ich merkte, daß das Predigen darüber, daß der Umfang der Regierung reduziert werden müsse, eine Sache, das Ingangsetzen einer solchen Aktion aber eine ganz andere Sache war, wenn man gegen ein feindseliges Parlament kämpfen mußte, das entschlossen war, ihren Umfang weiter auszudehnen.

In Hollywood hatten Nancy und ich uns daran gewöhnt, daß Kritiker ihre Pfeile auf uns abschossen und daß wir Dinge über uns in der Zeitung lesen mußten, die nicht zutrafen. Aber verglichen mit dem, was wir in Sacramento vorfanden, kamen uns unsere Erfahrungen in Hollywood recht harmlos vor.

Nach einer Weile wußte ich schon, wo Nancy war, wenn ich aus dem State Capitol nach Hause kam – in der Badewanne.

Ich roch das Badesalz schon an der Tür und hörte ihre Stimme aus dem Badezimmer über den Korridor.

Sie hatte ihre eigene Methode, mit Angriffen auf mich fertig zu werden: Sie nahm ein heißes Bad und hielt ein imaginäres Zwiegespräch mit demjenigen, der es an diesem Tag gerade auf mich abgesehen hatte – sie redete einfach die Wand an und machte ihrem Herzen Luft.

Ich wollte, ich hätte auch eine so bequeme Methode gefunden, um mit den Attacken auf sie zu Rande zu kommen. In mancherlei Hinsicht sind Nancy und ich wie *ein* Wesen: Wenn einer von uns ein Problem hat, wird es automatisch ein Problem des anderen; ein Angriff auf einen von uns ist ein Angriff auf uns beide. Wenn einer von uns leidet, leidet der andere auch.

Mit den Jahren habe ich mir oft Vorwürfe gemacht, daß sie so viele Anfeindungen erdulden mußte, die eigentlich mir galten. Wenn jemand etwas Unwahres oder Niederträchtiges über Nancy sagte und ich mich darüber aufregte, bekam ich oft zu hören: »Ach, so ist das nun mal in der Politik.«

Ich habe mich nie damit abgefunden noch je daran gewöhnt. Es gibt keine Rechtfertigung für einen politischen Gegner oder einen Vertreter der Presse, die Ehefrau anzugreifen, nur weil der Mann Politiker ist.

In den ersten Monaten in Sacramento begriff Nancy allmählich, daß die Tatsache, die Frau eines Politikers zu sein, einen unerwünschten

Nebeneffekt für sie barg: Zielscheibe für Angriffe zu sein, die eigentlich ihm galten. Aber es war nicht leicht für sie, und sie hat stets darunter gelitten. Auch ich habe darunter gelitten.

Wir waren erst ein paar Monate in Sacramento, als ich eines Tages nach Hause kam und zu Nancy sagte: »Ich habe dreizehn Jahre bei Warner Brothers verbracht und kein Magengeschwür dabei bekommen; ich glaube, jetzt kriege ich eins.«

Ich hatte heftige Schmerzen im Magen verspürt, die nicht weggehen wollten. Als ich Nancys Vater und ihrem Bruder, der gleichfalls Arzt war, davon erzählte, meinten auch sie, daß es nach einem Magengeschwür klang, und dann bestätigte mein Hausarzt die Diagnose.

Ich weiß nicht, wann es angefangen hatte. Möglicherweise damals, als ich zum erstenmal unter Druck geriet, mich um den Gouverneursposten zu bewerben, und die Leute nicht davon überzeugen konnte, daß nein auch nein bedeutete. Wie es auch entstanden sein mochte, meine Scharmützel mit den Abgeordneten, der fortgesetzte Aufruhr an unseren Colleges und die anderen Probleme, mit denen wir es in jenen ersten Jahren zu tun hatten, trugen zu meinen Magenschmerzen bei.

Es war mir peinlich, denn ich hatte Magengeschwüre immer als Zeichen von Schwäche betrachtet, und nun hatte ich eins.

Ich wollte nicht, daß irgend jemand davon erfuhr, und so hielt ich es bis auf meine Familienangehörigen geheim. Ich wollte auf jeden Fall vermeiden, daß die Presse sagte, die Demokraten hätten mir ein Geschwür an den Magen geärgert. Ich achtete auf meine Diät, vermied das (schier unvermeidliche) Hähnchen, nahm meine tägliche Dosis Maalox und betete, das Magengeschwür möge verschwinden. Aber da wir fortwährend neue Schubladen aufzogen und weitere Probleme entdeckten, verschlimmerte sich der Schmerz in meinem Magen.

Nach einem guten Jahr griff ich eines Morgens wie gewohnt nach meiner Maalox-Flasche, aber etwas in mir sagte: Du brauchst das nicht mehr. Also stellte ich das Medikament weg und verzichtete an diesem Morgen darauf. Ein oder zwei Stunden später war ich mit einem Mann aus Südkalifornien verabredet, der ein Problem hatte, das er mit dem Gouverneur besprechen wollte. Als er mein Büro verließ, drehte er sich noch einmal um und sagte: »Governor, vielleicht interessiert es Sie – ich gehöre zu einer Gruppe von Leuten, die sich jeden Tag treffen und für Sie beten.«

Ich war verblüfft über seine Worte, aber ich dankte und versicherte ihm, daß ich auch sehr auf die Kraft des Gebets vertraute. Am selben Tag kam später noch ein Nordkalifornier zu mir, um mich in einer anderen Angelegenheit zu sprechen. Und als er ging, geschah etwas Ähnliches: Er drehte sich um und sagte mir, er träfe sich mit einer Reihe von Leuten, die täglich für mich beteten.

Nicht lange danach ging ich zu meiner regelmäßigen Untersuchung zu meinem Arzt. Er drückte mir auf dem Bauch herum, machte die übliche Reihe von Tests, hob dann den Kopf, sah mich an und meinte, es sähe ganz so aus, als hätte ich kein Magengeschwür mehr.

Als weitere Testergebnisse eintrafen, erklärte er, es gäbe keinerlei Anzeichen dafür, daß ich überhaupt je ein Magengeschwür gehabt hatte. Die Kraft des Gebets? Ich weiß es nicht, aber ich betete täglich um ein Verschwinden der Schmerzen, und ich kann diesen Impuls nicht vergessen, auf meine Medizin zu verzichten, und wie ich dann von diesen Gebeten hörte, die andere Menschen für mich sprachen.

Außer unserem Privatleben und der Ranch mußte ich noch etwas anderes aufgeben, nachdem ich mich entschieden hatte, für den Gouverneursposten zu kandidieren: meine Abneigung gegen das Fliegen. Vor den Wahlen mußte ich auch ein paar Reden außerhalb Kaliforniens halten, darunter zwei in Texas: je eine in El Paso und in Fort Worth. Ich bat meine Mitarbeiter, mir einen Platz im Zug von Los Angeles nach El Paso zu buchen und außerdem einen Schlafwagenplatz in einem Nachtzug von El Paso nach Fort Worth, mit dem ich schon einmal gefahren war. Sie kamen zu mir zurück und sagten, der Nachtzug hätte inzwischen keine Schlafwagen mehr. Ich hatte nicht die Absicht, die ganze Nacht sitzend in einem Eisenbahnwagen zu verbringen, und erinnerte mich daran, daß ich mir immer gesagt hatte: Der Tag wird kommen, an dem mir irgend etwas sagt, daß der Zeitpunkt zum Fliegen gekommen ist.

Jetzt war er da, stellte ich fest. Ich bat meine Mitarbeiter, mir eine Fahrkarte für den Zug nach El Paso und das Morgenflugzeug von El Paso nach Fort Worth zu besorgen. Am anderen Ende des Telephons entstand ein langes Schweigen. So etwas hatten sie noch nie von mir gehört. Aber ich versicherte ihnen, daß es mir ernst war, und sie veranlaßten das Notwendige. Ich holte meine Tickets ab und fuhr nach

Hause. An einer Kreuzung auf dem Sunset Boulevard hielt ich an und kaufte von einem Zeitungsjungen eine Nachmittagszeitung. Während ich auf das grüne Licht wartete, legte ich die Zeitung auf den Beifahrersitz und überflog die Titelseite: Dort stand eine Nachricht über eine Linienmaschine, die am Tag zuvor beim Start in El Paso ein Rad verloren hatte und über dem Flugplatz von Forth Worth hatte kreisen und ihre Tanks entleeren müssen, während die Feuerwehrmannschaften Schaum auf die Landebahn sprühten, bevor sie eine Bauchlandung machte. Es war der gleiche Flug, für den ich gerade ein Ticket abgeholt hatte. Als ich die Meldung las, hob ich den Kopf und sagte laut: »Entscheide dich.« Ich nahm das Flugzeug, landete sicher in Forth Worth, und seither hat es in meinem Leben viele Flugzeuge gegeben.

Ungefähr zur gleichen Zeit, in der mein Magengeschwür verschwand, begann sich die Lage in Sacramento für mich zu bessern. Durch unsere Ausgabenkürzungen und die Steuererhöhung kamen die Staatsfinanzen allmählich in Ordnung, ich lernte, wie man mit einer feindseligen Mehrheit im Parlament umgeht, ich begriff, wie wertvoll die gesetzliche Möglichkeit des Gouverneurs ist, gegen einzelne Posten im Haushaltsplan ein Veto einzulegen, wenn er es mit einer unfreundlichen Mehrheit zu tun hat, und ich lernte meine wahrscheinlich wichtigste politische Lektion in meinen Jahren als Gouverneur in Sacramento: wie nützlich es ist, mit einem Anliegen an die Öffentlichkeit zu gehen.

Zwar kontrollierten die Demokraten dank ihrer Mehrheit das Abgeordnetenhaus, aber mir fiel ein, daß es eine Möglichkeit für mich gab, mich über ihre Köpfe hinweg ans Volk zu wenden. Franklin D. Roosevelts »Fireside Chats«, die während der Depression einen unauslöschlichen Eindruck bei mir hinterlassen hatten, brachten mich auf den Gedanken.

Wenn ich über das Fernsehen oder den Rundfunk sprach und der Bevölkerung sagte, was im Parlament vor sich ging und was wir als Regierung dagegen zu tun versuchten, könnte es mir gelingen, die öffentliche Meinung für mich zu gewinnen, dachte ich.

Es funktionierte großartig, besser, als ich es mir erträumt hatte.

In den acht Jahren, in denen ich für General Electric im Lande umhergereist war, und während meines Wahlkampfes um den Gouverneursposten hatte ich einen Eindruck von dem bekommen, was die Menschen bewegte. Sie wollten eine faire Regierung, die ihr Geld nicht vergeudete und sich so wenig wie möglich in ihr Leben einmischte. Viele Abgeordnete in Sacramento hatten andere Vorstellungen von einer Regierung, und das sagte ich der Öffentlichkeit.

Wenn es einem gelang, der Öffentlichkeit klarzumachen, was vor sich ging, dann übernahm sie den Rest, stellte ich fest. Die Menschen schrieben Briefe oder riefen ihre Abgeordneten und Senatoren an und übten Druck auf sie aus. Die Abgeordneten wußten, daß sie den Wählern früher oder später wieder gegenübertreten mußten, und wie ich vermutete, gab es eine Grenze, bis zu der sie gehen und es sich leisten konnten, dem Willen ihrer Wähler daheim zuwiderzuhandeln.

Während der ersten ein oder zwei Jahre in Sacramento hielt ich Abstand zu den Legislatoren. Nancy und ich waren in Hollywood nie viel zu Parties ausgegangen – wir waren zufrieden damit, den Abend daheim mit den Kindern zu verbringen –, und als wir nach Sacramento kamen, stürzten wir uns auch dort nicht ins gesellschaftliche Leben, so daß uns manche Abgeordnete für Snobs hielten.

Vom Wahlkampf her war noch immer ein gewisser Groll mir gegenüber zurückgeblieben, da ich im Eifer des Gefechts erklärt hatte, ich hielte die Berufspolitiker in Sacramento für meine natürlichen Feinde. Meine Loyalität galt dem Volk, nicht dem politischen Establishment – und das hatte ich ziemlich deutlich gesagt. Wenn sich diese Einstellung auch nie geändert hat, wurde mir doch nach einer Weile klar, daß ich mit den Abgeordneten reden mußte, um meine Vorhaben zu erreichen. Und das hieß, daß ich eine Art Waffenstillstand mit der Opposition schließen, gesellschaftlich mit ihr zusammenkommen, sie zu einem Drink einladen, sie kennenlernen mußte. Und das tat ich dann auch. Und je mehr Zeit ich in der Regierung verbrachte, um so mehr begriff ich, daß die Abgeordneten und Kongreßmitglieder oft weniger verantwortlich für das Anwachsen des Regierungsapparats und des Steuervolumens waren als die Staatsbürokratie, die Leute in den Institutionen, die ihre Macht und ihre Budgets fortwährend zu steigern und Programme zu verlängern trachteten, für die längst keine Notwendigkeit mehr bestand. Wie ich schon in Dixon gelernt hatte, lautet die erste Regel der Bürokratie: Schutz der Bürokratie!

Ich begann, mich mit den Abgeordneten zu treffen, und bei meinem »Lernen-durch-Tun« entdeckte ich auch, wie nützlich es sein konnte, zum Telephonhörer zu greifen, einen Abgeordneten (oder eine Abgeordnete) anzurufen und ihm oder ihr zu sagen, warum ich meinte, daß er oder sie für etwas stimmen solle, das ich durchsetzen wollte.

Wenn ich auch Schauspieler gewesen war, so wußte ich doch auch, wie man mit der anderen Seite verhandelt: Als Vorsitzender der Screen Actors Guild hatte ich mit einigen der besten, härtesten und schlausten Taktiker der Welt verhandelt, Leuten wie Jack Warner, Y. Frank Freeman, dem Präsidenten von Paramount, Louis B. Mayer von MGM und den Chefs der anderen Studios.

Als ich mich auf das »Geben und Nehmen« der Verhandlungen mit dem Abgeordnetenhaus in Sacramento einließ, gefiel das vielen der radikaleren Konservativen gar nicht, die mich im Wahlkampf unterstützt hatten. »Kompromiß« war ein häßliches Wort in ihren Ohren, und sie wollten sich nicht mit der Tatsache abfinden, daß wir nicht alles an einem Tag erreichen konnten. Sie wollten alles oder nichts, und das sofort. Wenn du nicht alles bekommst, sagten einige, dann nimm lieber gar nichts.

Ich hatte bei meinen Verhandlungen um gewerkschaftliche Forderungen gelernt, daß man selten alles bekommt, was man verlangt. Und ich stimmte mit FDR überein, der 1933 sagte: »Ich erwarte nicht, daß ich jedesmal einen Treffer lande, wenn ich zuschlage. Was ich anstrebe, ist die höchstmögliche Trefferquote.«

Wenn man fünfundsiebzig oder achtzig Prozent von dem bekommt, was man verlangt hat, dann sollte man es nehmen und später um den Rest kämpfen. Das habe ich diesen radikalen Konservativen gesagt, die sich aber nie damit abfinden konnten.

Wenn das erste Jahr in Sacramento für uns manchmal auch ziemlich hart war, haben Nancy und ich doch eine Menge gelernt. Eines Abends beim Essen stellten wir übereinstimmend fest, daß wir Spaß an dem hatten, was wir taten.

Jahrelang hatte ich Reden über die Probleme in der Regierung gehalten. Jetzt, nachdem man mich gegen meinen Widerstand ins Amt gezerrt hatte – in einer Zeit, in der sich der Staat in einer wirklichen Notsituation befand und ich Probleme entdeckte, von denen ich zuvor nichts gewußt hatte –, war mir die Gelegenheit gegeben, etwas dagegen zu unternehmen.

So groß die Probleme auch waren, ich saß am Ruder. Es war aufregend. Statt nur immer zu versuchen, die Leute aufzurütteln, damit sie etwas taten, waren es plötzlich meine Probleme, mußte ich selbst etwas dagegen unternehmen; und das machte viel mehr Spaß, als nur darüber zu reden.

Nach dem Essen waren Nancy und ich übereinstimmend der Ansicht, daß mein neuer Job alles, was wir je zuvor getan hatten, so langweilig wie Abwaschwasser erscheinen ließ.

27

Nancy und ich lernten in Sacramento, daß eine der unvermeidlichen Begleiterscheinungen eines öffentlichen Amtes ein gewisses persönliches Risiko ist. Morddrohungen und Sicherheitsbeamte wurden zum Bestandteil unseres Lebens.

Nach Robert F. Kennedys Ermordung in Los Angeles am 6. Juni 1968, an dem Abend, an dem er die Präsidentschaftskandidatur der Demokraten gewonnen hatte, schickte Washington Secret-Service-Trupps los, um die Gouverneure verschiedener Staaten zu schützen. Es waren Berichte eingegangen, daß ausländische Agenten weitere Anschläge auf amerikanische Spitzenpolitiker planten. Kurz nachdem die Sicherheitsbeamten in Sacramento eingetroffen waren, mußte ich nach Los Angeles reisen. Während meines Aufenthalts dort war ich neugierig darauf, meine alte Ranch in der Nähe des Lake Malibu wiederzusehen. Ich habe schon immer Spaß an Schießübungen gehabt, und während wir dort draußen in der freien Natur waren, beschlossen mehrere der Sicherheitsleute und ich, ein bißchen zu schießen. Wir stellten ein paar Konservendosen auf einen gefällten Baumstamm und fingen an. Während wir unsere Waffen nachluden, erwähnte ich einen Artikel, den ich vor kurzem gelesen hatte und der die Methoden beschrieb, wie man aus der Hüfte feuert, und einer der anderen sagte: »*Oh yeah,* das müssen wir machen.«

Als ich an der Reihe war, ging ich in die Hocke, hob den Revolver und schoß aus der Hüfte.

Ich bin Rechtshänder, aber manchmal glaube ich, ursprünglich zum

Linkshänder bestimmt gewesen zu sein, denn manches erledige ich ganz automatisch mit der linken Hand – beispielsweise schieße ich links.

Jedenfalls schoß ich an jenem Nachmittag mit der linken Hand aus der Hüfte, wobei ich mich an die in dem Artikel beschriebene Methode hielt, und mein Schuß ging meilenweit an der Konservendose vorbei. Dann trat einer der Secret-Service-Agenten vor, zog seinen Revolver aus dem Halfter und fing an, aus der Hüfte zu schießen. Aber er ging nicht in die Hocke! Er stand aufgerichtet da und traf die Dose mit fast jedem Schuß.

Ich sagte: »Gut gemacht – aber Sie sind ja nicht in die Hocke gegangen.«

»Nein, wir verlieren unsere Qualifizierung, wenn wir das tun«, erwiderte er.

»Wie meinen Sie das?« fragte ich. »Ist es denn falsch, was in dem Artikel steht? Da heißt es, daß man in die Hocke gehen soll.«

Da kam der Chef des Secret-Service-Trupps seinem Kollegen zur Hilfe: »Governor, falls wir je auf jemanden schießen, dann befinden wir uns zwischen ihm und seinem Ziel, dann gehen wir nicht in die Hocke.«

Ich sah diese Männer an, fremde Menschen, die eine Aufgabe übernommen hatten, bei der sie, falls jemand auf mich schoß, zwischen dem Attentäter und mir aufrecht stehenbleiben und sich zur Zielscheibe machen würden. Ich war erstaunt – und dankbar.

Auf dem Höhepunkt der Krawalle an unseren Universitäten wurde ich eines Nachts durch ein lautes Geräusch vor unserem Fenster wach, das nur ein Schuß gewesen sein konnte, der sehr nahe an der Residenz des Gouverneurs abgefeuert worden sein mußte. Ich sprang aus dem Bett, lief in die Halle und begegnete einem Sicherheitsagenten, der auf mich zurannte und schrie: »Bleiben Sie weg von den Fenstern.«

Die Posten vor der Gouverneursresidenz hatten zwei Männer unter unserem Fenster dabei ertappt, wie sie gerade einen Molotowcocktail zünden wollten. Als man sie entdeckte, waren die Männer zu einem wartenden Auto gesprintet, und einer der Posten hatte einen Schuß abgefeuert, aber sie waren in dem Auto entkommen. Ich weiß nicht, was geschehen wäre, wenn es den Männern gelungen wäre, die Benzinbombe ins Haus zu schleudern. Nancy war natürlich sehr aufgeregt, aber ich beruhigte sie und versicherte ihr, daß die beiden Männer weg wären.

Innerhalb weniger Minuten erschien eine große Zahl Reporter vor der Gouverneursresidenz. In meinem Bademantel über dem Pyjama ging ich hinaus, um ihnen zu erklären, was geschehen war, und sagte, einer der Sicherheitsleute hätte einen Warnschuß abgefeuert. Als ich das etwa zum drittenmal sagte, unterbrach uns der Wachtposten und sagte: »Governor, wir feuern keine Warnschüsse ab. Ich habe den Bastard nur nicht getroffen.«

Nicht lange danach fuhr ich nach Modesto. Das ist eine kleine Stadt im üppigen San Joaquin Valley. Dort hatten die Bewohner mit großem Erfolg Geld für ein Gesundheitszentrum gesammelt und mich eingeladen, bei ihrem Bankett zum Abschluß der Spendenaktion zu sprechen. Wir befanden uns immer noch auf dem Höhepunkt der Campus-Krawalle, und darüber hinaus traf die Regierung Maßnahmen, die mich nicht gerade beliebt gemacht hatten – unter anderem eine Reform des kalifornischen Wohlfahrtssystems –, und unsere Sicherheitsleute erklärten mir, sie hielten den Zeitpunkt nicht für besonders günstig, um Sacramento zu verlassen. Aber ich hatte mein Kommen zugesagt und wollte mein Versprechen nicht brechen.

Als wir in Modesto ankamen, standen dort vier verschiedene Gruppen mit Protestplakaten vor dem Gebäude und demonstrierten gegen mich. Während ich drinnen meine Rede hielt, berichtete ein Bürger der Polizei, wie ich später erfuhr, daß sich ein Mann dadurch verdächtig gemacht hatte, daß er wiederholt um das Gebäude herumgegangen war und mehrere Leute gefragt hatte, durch welche Tür ich nach dem Bankett herauskommen würde.

Das alarmierte die Polizei und die Hilfssheriffs, die den Mann zunächst nicht finden konnten und daraufhin ein Fahndungsnetz installierten. Schließlich entdeckte jemand den Mann in einem Wagen, der langsam immer wieder um den Häuserblock kreiste. Als er das nächste Mal vorüberkam, stoppte ihn die Polizei, riß ihn aus dem Wagen heraus, zwang ihn mit dem Gesicht nach unten auf die Kühlerhaube seines Wagens und durchsuchte ihn.

Er begriff sehr schnell, was vor sich ging: »Nein, nein, nein«, sagte er. »Ihr Leute versteht das völlig falsch. Ich will mir diesen Misthund nur ansehen.«

Für einen Rechtsstaat schien es mir nichts Wichtigeres zu geben als die Trennung von Politik und Justiz. Weil die Richter bei uns ernannt werden, hatten die Gouverneure früherer Regierungen in Kalifornien die Richterämter oft wie Preise bei einem Betriebsausflug an ihre Freunde und Helfer vergeben. Das hatte nicht nur eine Menge unfähiger Richter produziert, es war auch eine Anzahl Parteipolitiker auf die Richterbank geraten, die meinten, die Robe ermächtigt sie, die Gesetze neu zu schreiben. Ich wollte Richter, die die Verfassung interpretierten und nicht neu schrieben. Daher ordnete ich die Einführung eines neuen Systems an, um die Politik bei der Auswahl der Richter auszuschalten: Immer wenn ein Richteramt im Staat vakant wurde, baten wir Anwälte in der betreffenden Gemeinde, über ihre lokale Anwaltskammer einen Ausschuß zu ernennen, der geeignete Kandidaten prüfte und den besten verfügbaren Mann – oder die beste Frau – für das Richteramt empfahl. Gleichzeitig baten wir Bürger dieser Gemeinde, uns zu sagen, welche Kandidaten sie für die geeignetsten hielten. Drittens baten wir alle Richter im Bezirk, uns ihre Empfehlung mitzuteilen. Jede der drei Gruppen handelte unabhängig und wußte nicht, wen die anderen empfahlen. Dann wurden alle Empfehlungen zu mir geschickt, miteinander verglichen und nach einem Punktesystem geordnet. Der am häufigsten genannte Kandidat bekam die meisten Punkte. Ausnahmslos wählte ich die Person, die ganz oben auf der Liste stand. Politische Gründe oder Parteizugehörigkeit spielten bei der Auswahl keine Rolle.

Das System erinnerte mich ein wenig an die Methode, mit der die *All-American*-Footballteams ermittelt werden. Obwohl keine der Gruppen die Empfehlungen der anderen kannte, empfahlen die drei Gruppen oft denselben Kandidaten. Folglich bekamen wir die allerbesten Leute.

1968 kam eines Tages Cap Weinberger, der Leiter des Finanzressorts, in mein Büro und sagte, er hätte die Bücher geprüft und rechne damit, daß der Staat im folgenden Finanzjahr einen Budgetüberschuß von mehr als 100 Millionen Dollar erzielen würde. Der Überschuß war ein Ergebnis der Steuererhöhung, die ich unterzeichnet hatte, um das Defizit der Brown-Regierung zu decken, das nach unseren ersten Kosteneinsparungen noch geblieben war.

Cap sagte, keiner der Abgeordneten wisse bisher von dem erwarteten Überschuß, und er fragte mich, ob ich irgendeine Vorstellung hätte, wofür ich ihn ausgeben wollte – ob ich zum Beispiel mit Projekten oder Programmen fortfahren wollte, die wir wegen der Defizit-Krise hatten kürzen müssen.

»Ich glaube, Sie sollten das jetzt entscheiden«, erklärte Cap. »Bevor die Abgeordneten von dem Geld hören und sich selbst etwas einfallen lassen, wofür sie es ausgeben wollen.«

»Ich weiß schon, was wir mit dem Geld machen«, sagte ich. »Geben es den Menschen zurück, gewähren wir ihnen einen Steuerrabatt.«

»Das ist noch nie geschehen«, erwiderte Cap.

»Sie hatten hier oben ja auch noch nie einen Schauspieler«, sagte ich.

Das Abgeordnetenhaus mußte jede Rückzahlung an die Steuerzahler genehmigen, und wenn ich eins über das Funktionieren einer Regierung gelernt habe, dann das: Wenn irgendwo noch nicht verplantes Geld herumliegt, finden die Leute in der Regierung mit Sicherheit einen Weg, wie sie es ausgeben können. Die größte Sünde in der Bürokratie war, Geld zurückzugeben, denn das bedeutete, daß der Etat im folgenden Jahr gekürzt werden konnte. Wenn sie am Ende des Fiskaljahres ihre Budgets noch nicht ganz ausgegeben hatten, beeilten sie sich, neue Möbel fürs Büro zu kaufen, auf Kosten der Steuerzahler eine Reise zu unternehmen oder das Geld für etwas anderes zu verwenden – nur um sicherzustellen, daß ihr Etat in Zukunft nicht kleiner ausfiel. Die Idee, den Steuerzahlern Geld zurückzugeben, nachdem man es ihnen einmal abgenommen hatte, war noch nie jemandem gekommen.

Ich wußte, was geschehen würde, wenn die Nachricht vom Überschuß durchsickerte. Manche Abgeordnete würden nicht zustimmen, daß den Leuten Geld zurückgegeben werden sollte. Ihrer Ansicht nach waren Steuerzahler dazu da, geschröpft und nicht gemästet zu werden.

Bevor die Abgeordneten von dem Geld erfahren konnten, wollte ich mich daher über Fernsehen und Rundfunk an die Kalifornier wenden, ihnen von dem Überschuß berichten und vorschlagen, daß sie ihn zurückbekämen. Da man den Überschuß auf etwa zehn Prozent des jährlichen Einkommensteueraufkommens Kaliforniens schätzte, schlug ich vor, die Kalifornier sollten im folgenden Jahr nach Erhalt ihres Einkommensteuerbescheides nur neunzig Prozent der geschuldeten Summe an das Finanzamt überweisen.

Als die Abgeordneten davon erfuhren, schlugen sie Krach. Aber es war zu spät. Die Menschen wußten von dem Überschuß. Sie wollten das Geld zurück – und sie bekamen es.

Ab Frühjahr 1968 begann ich, meinen neuen Job wirklich zu genießen. Das Magengeschwür war weg (kein Anzeichen davon kehrte je zurück), und ich kam mit den Dingen allmählich voran, die ich mir vorgenommen hatte. Nancy und ich wollten uns nicht noch einmal den Strapazen eines Wahlkampfes unterziehen, aber es half nichts. Gleich nachdem wir nach Sacramento gekommen waren, fing es an: Ich hielt eine Rede, und danach gab es immer eine Reihe von Menschen, die mit mir sprechen wollten und mich bedrängten, ich solle mich um das Präsidentenamt bewerben. Darauf erwiderte ich stets, ich sei nicht interessiert.

Anfang 1968 kamen dann mehrere führende Leute der Republikanischen Partei Kaliforniens zu mir und sagten, sie wollten, daß ich mich im folgenden Juni als *favorite son*-Kandidat, also der von der Parteiorganisation des Staates favorisierte Kandidat, für die Präsidentschafts-Primaries in Kalifornien aufstellen ließe. Wenn ich es täte, könnte eine Wiederholung jener blutigen Schlacht zwischen Gemäßigten und Konservativen vermieden werden, die die Partei so gefährlich gespalten hatte.

Ich stimmte ihnen zu, daß von dem Ausscheidungskampf zwischen Goldwater und Rockefeller noch immer eine Menge Groll und Bitterkeit zu spüren sei und daß eine hitzige Ausscheidungs-Schlacht zwischen den drei potentesten Kandidaten, die wir 1968 hatten – Richard Nixon, Nelson Rockefeller und George Romney – wahrscheinlich die alte Wunden wieder aufreißen würde. Aber eine Bewerbung um die Präsidentschaft sei das Letzte, woran ich dachte. Ich wäre noch nicht einmal zwei Jahre Gouverneur, betonte ich, und da würde es absurd aussehen, wenn ich für die Präsidentschaft kandidierte.

Aber sie konterten: »Ein Favorite-son-Kandidat hat eine Sonderstellung. Wenn Sie als solcher in die Primary gehen, werden die Hauptkandidaten nicht ins Rennen einsteigen, und so vermeiden wir einen katastrophalen Vorwahl-Kampf. Als Gouverneur werden Sie die Primary gewinnen, aber das heißt nur, daß Sie die Delegation beim Konvent anführen werden.«

»Okay«, erklärte ich. »Ich mache es. Ich bringe meinen Namen als Favorite son ein, aber das ist alles, und das auch nur unter der Bedingung, daß in unserer Delegation alle Flügel in diesem parteiinternen Zwist repräsentiert werden, nicht nur eine Gruppe.« Sie versprachen, die Delegation ausgewogen zu besetzen – und das taten sie dann auch.

Nachdem durchgesickert war, daß ich mich für die Primary als Favorite son aufstellen lassen würde, bekam ich aus dem ganzen Land Anrufe von Republikanern, die mich fragten, ob es wahr sei, daß ich kandidieren würde.

Ich erwiderte: »Nun ja, als Favorite son kandidiert man nun mal, aber ich bewerbe mich nicht um die Präsidentschaft.« Dann meinten sie: »Das wollten wir nur wissen; wir werden Sie als richtigen Kandidaten betrachten und unsere Kampagne darauf aufbauen.«

»Ich muß es zurückweisen, wenn Sie das tun«, entgegnete ich, »ich bin kein *richtiger* Kandidat.«

»Das wissen wir«, erklärten sie, »aber wir werden es trotzdem tun.«

Als ich in jenem Frühjahr herumreiste und Wahlreden hielt, die republikanische Idee und das Elfte Gebot predigte, traf ich ein paar dieser Leute, wiederholte, was ich ihnen am Telephon schon gesagt hatte, und lehnte es ab, bei Primaries in anderen Staaten meinen Namen auf die Kandidatenliste setzen zu lassen. Aber das änderte nicht viel. Eine Menge führender Republikaner in Kalifornien erklärten, ich sei ein Narr, mich nicht uneingeschränkt um die Präsidentschaftskandidatur zu bewerben, aber ich sagte, ich wolle nicht für die Präsidentschaft kandidieren, und dabei blieb ich.

Als der Konvent Anfang August in Miami Beach eröffnet wurde, war George Romney bereits abgeschlagen, und das Rennen fand nur noch zwischen Rockefeller und Nixon statt; Nixon erlebte nach den Niederlagen von 1960 und 1962 sein großes politische Comeback. Als wir auf dem Konvent eintrafen, stellte ich zu meiner Überraschung fest, daß eine ganze Reihe Delegierte mich unterstützten, doch ich erklärte wiederum, ich sei kein Kandidat, und ich wolle mich nicht aufstellen lassen. Sie ließen sich aber nicht davon abbringen.

Dann kam eines Tages der ehemalige Senator William F. Knowland zu mir und sagte, er wolle mir mitteilen, die kalifornische Delegation wolle die einstimmige Erklärung abgeben, daß ich ihrer Ansicht nach als echter Kandidat für die Nominierung zu betrachten sei.

»Verdammt, du weißt, daß das nicht stimmt, Bill«, sagte ich. »Wenn sie es tun, werde ich es zurückweisen müssen.« Er antwortete: »Wir wissen das, Ron, aber die Leute sind von dir so eingenommen, daß wir befürchten, du könntest zum Gespött werden, wenn nicht endlich jemand feststellt, daß wir dich als ernsthaften Kandidaten betrachten.«

Als es zur Wahl kam, erhielt ich nicht wenige Delegiertenstimmen und lag hinter Nixon und Rockefeller auf dem dritten Platz, aber Nixon errang deutlich die Mehrheit. Also lief ich nach vorn, sprang aufs Podium und bat den Vorsitzenden darum, ein paar Worte an die Delegierten richten zu dürfen.

Zuerst lehnte man es aus Gründen der Geschäftsordnung ab, aber nach einer Minute kamen sie überein, eine Ausnahme zu machen und mich reden zu lassen. Ich schlug den Delegierten vor, Richard Nixon per Akklamation zu nominieren, und das taten sie dann auch unter donnerndem Applaus.

Danach sagte mir Rockefeller: »Sie haben nicht so viele Stimmen erhalten, wie wir kalkuliert hatten. Wir hofften, Sie könnten Nixon für uns stoppen.« Ich glaube, er hatte damit gerechnet, ich würde Nixon so viel Stimmen wegnehmen, daß er die Nominierung in einer Kampfabstimmung gewinnen könne.

Am nächsten Tag brachen Nancy und ich auf der Jacht eines Freundes zu einer Erholungsreise in Richtung Florida Keys auf – nur wir beide und die Besatzung.

In der ersten Nacht schliefen wir 14 Stunden lang und empfanden beide eine größere Erleichterung als je zuvor.

Meine Zustimmung, mich 1968 als Favorite-son-Kandidat aufstellen zu lassen, haben manche so interpretiert, daß ich mir schon damals den Floh ins Ohr gesetzt hatte, Präsident werden zu wollen. Doch das stimmt nicht. Als Nixon die Nominierung gewann, war ich ungeheuer erleichtert. Ich wußte, daß ich auf das Präsidentenamt noch nicht vorbereitet war.

Wir verbrachten fast drei Tage auf der Jacht und kümmerten uns nicht mehr um den Konvent. Entspannt und sehr glücklich kehrten wir nach Kalifornien zurück. Mir war bewußt, daß es in Sacramento noch viel zu tun gab.

28

Während des Höhepunkts der Unruhen an unseren Hochschulen kamen Studentenführer der neun Lehrstätten der University of California nach Sacramento und baten um ein Gespräch mit mir. Ich war mit dem größten Vergnügen bereit, sie zu empfangen. Wäre ich in jenen Tagen an einem College aufgetaucht, hätte ich damit einen Aufruhr ausgelöst. In meinem Wahlkampf um den Gouverneursposten hatten mir die Studenten zugejubelt, weil ich gegen einen amtierenden Gouverneur antrat, der Teil des Establishments war. Nun war ich das Establishment.

Als die Delegation im Capitol eintraf, waren einige von ihnen barfuß, und etliche trugen zerrissene T-Shirts. Als ich in den Raum trat, blieben sie ruhig sitzen, wo sie waren, manche lagen ausgestreckt auf dem Boden. Keiner stand auf. Ihr Sprecher begann:

»Governor, wir möchten mit Ihnen reden, aber ich glaube, Sie sollten sich klarmachen, daß es für Sie unmöglich ist, uns zu verstehen ... Es ist bedauerlich, aber es ist für Angehörige Ihrer Generation unmöglich, Ihre eigenen Kinder zu verstehen ...

Sie sind nicht im Zeitalter moderner Kommunikationsmittel, der Satelliten und Computer aufgewachsen, die in Sekunden Probleme lösen, deren Lösung früher Stunden oder Tage oder sogar Wochen dauerte. Sie haben nicht in der Ära der Raumfahrt, der Mondfahrt, der Düsenflugreisen oder der Hochgeschwindigkeitselektronik gelebt ...«

Als er eine Pause machte, um Luft zu holen, warf ich ein:

»Sie haben völlig recht. Wir haben in Ihrem Alter diese Sachen nicht gehabt. Wir haben sie erfunden ...«

Als siebzehnjähriger College-Freshman hatte ich selbst an Studentendemonstrationen teilgenommen. Aber was sich Ende der sechziger Jahre auf den Universitäten von Kalifornien abspielte, hatte keinerlei Ähnlichkeit mit unserem gemütlichen Protest am Eureka College gegen eine Verwaltung, die Dutzende von Studenten der fortgeschrittenen Semester um die Chance ihres Examens bringen wollte.

Zu Beginn hatten die Studenten an der University of California vielleicht Gründe für ihre Beschwerden gegen die Institution, in die sie eingetreten waren: Voller Träumer und voll von Ehrgeiz, waren sie in riesigen Klassen zusammengepfercht und Professoren übergeben worden, die sie selten zu Gesicht bekamen, die ihre meiste Zeit auf »Forschung« verwandten und die Verantwortung für die Lehre unerfahrenen Assistenten und Tutoren überließen, die nicht viel älter waren als die Studenten selbst. Dem einzelnen Studenten schenkte man wenig Beachtung.

Ich verstand ihr Gefühl der Entfremdung, aber was auch der Grund dieser Entfremdung gewesen sein mochte – sie wurde von wortgewandten Agitatoren ausgenutzt, von denen viele nie einen College-Unterrichtsraum von innen gesehen hatten, die sie dann in Gewalt verwandelten, die nicht geduldet werden konnte.

Eine großartige Bildungseinrichtung wurde paralysiert. In späteren Jahren haben Teilnehmer dieser revolutionären Zeiten diese als heroisch oder edel darzustellen versucht.

Was es auch im Anfang gewesen sein mag – der Aufruhr, der so viele unserer Colleges erschütterte, als ich Gouverneur war, war keine ritterlich-tapfere oder idealistische Rebellion, um ein paar Ungerechtigkeiten zu beseitigen: Es war gewaltsame Anarchie; die Hochschulen wurden vom aufrührerischen Mob im Namen der »Redefreiheit« buchstäblich in Brand gesteckt.

Im Zeitraum von elf Monaten kam es allein auf dem Campus von Berkeley zu acht Bombenanschlägen oder versuchten Bombenanschlägen; in diesen elf Monaten beschlagnahmte die Polizei mehr als zweihundert Gewehre, Pistolen und Schrotflinten und fast eintausend Dynamitstäbe und Dutzende von Molotowcocktails.

Es waren zweifellos auch wohlmeinende Studenten in die Demonstration verwickelt, die meinten, sie täten das Richtige. Sie hatten ein Recht darauf, ihre Beschwerden anzubringen – ihr von der Verfassung garantiertes Recht auf freie Meinungsäußerung. Aber es war nichts Edles an jenen, die in der Anonymität eines Mobs andere verletzten, die Brandsätze legten und sich auf den Straßen von Berkeley und anderen Städten wie Hitlers SA aufführten.

Die große Mehrheit der Studenten an der Universität wollte nur studieren. Aber monatelang wurden sie von einer rasenden Minderheit daran gehindert; währenddessen wurden viele moderate Stimmen in der Fakultät durch Einschüchterung zum Schweigen gebracht – und zwar von seiten linksradikaler Professoren, deren Vorstellung von Redefreiheit auf das beschränkt war, womit sie übereinstimmten.

Wie ich bereits erwähnte, hatte ich bei meiner Kandidatur für das Gouverneursamt erklärt, die Randalierer sollten »sich an die Regeln halten oder abziehen«, und diese Politik wandte ich auch an, als ich Gouverneur wurde.

Der Staat war verantwortlich für das Aufstellen von Verhaltensmaßregeln für die Studenten, denen er eine Ausbildung gab, und als Gouverneur war es meine Aufgabe, sie durchzusetzen.

Eines Tages im Frühjahr 1969 stürmten mehr als zweitausend Krawallmacher in Berkeley eine Straße hinunter und auf eine Polizeiabsperrung zu und trampelten sie buchstäblich nieder, so daß 47 Polizisten ins Krankenhaus eingeliefert werden mußten. Der Präsident der Universität rief mich aus dem Büro des Rektors auf dem Berkeley-Campus an und sagte, der Bürgermeister und der Polizeichef der Stadt seien bei ihm. Sie seien übereinstimmend der Meinung, die Sicherheit der Bürger in Berkeley nicht mehr gewährleisten zu können, und wollten, daß ich die Nationalgarde schickte, um den Aufruhr zu ersticken.

Es waren stürmische Tage, aber ich werde einen sehr ruhigen Augenblick während dieser Zeit nie vergessen. Eines Tages traf ich zu einer Besprechung mit dem Verwaltungsrat der University of California in San Diego auf dem dortigen Campus ein, und draußen wartete eine riesige Menge von Demonstranten.

Die Sicherheitsleute sagten, ich solle im Wagen bleiben, damit sie um das Gebäude herum zu einem Hintereingang fahren könnten. Ich wollte das nicht. Ich sagte ihnen, ich würde das Verwaltungsgebäude wie geplant durch den Vordereingang betreten.

Der Weg zum Eingang des Gebäudes war lang, ungefähr 130 Meter. Auf der einen Seite befand sich ein Hügel und auf der anderen eine flachere Erhebung; auf beiden Seiten standen die Demonstranten dicht an dicht von der Straße bis zum Eingang des Gebäudes, und ich mußte diesen langen Weg zwischen ihnen hindurch allein gehen.

Die Protestierer hatten beschlossen, eine Schweigedemonstration abzuhalten. Kein Laut war zu hören, alle standen da und starrten mich an, während ich den Weg entlang ging. Das Schweigen verfehlte seine Wirkung nicht, und bald fand ich, daß es eine überaus lange Strecke war, und hatte ein etwas unangenehmes Gefühl. Ich war fast am Gebäude angekommen, als ein Mädchen sich aus der Menge löste und von dem Hügel herunter genau auf mich zukam. Ich dachte, Herrgott, was hat sie vor? Ich ging weiter, sie wartete auf mich. Dann streckte sie ihre Hand aus, und ich ergriff sie. Ihre Stimme brach das lastende Schweigen, und sie sagte: »Ich möchte Ihnen nur sagen, mir gefällt alles, was Sie als Gouverneur tun.«

Ich werde nie vergessen, wie sich der Klang ihrer Stimme aus der schweigenden Menge erhob. Ich ging weiter in das Gebäude, und sie blieb draußen bei ihren Altersgenossen – in einer Menge, der zu widersprechen sie den Mut gehabt hatte.

Wenn ich in den folgenden Jahren eine Entscheidung treffen mußte und sich ein leichter Ausweg dadurch anbot, daß ich mich der Mehrheit anschloß, habe ich an den Mut dieser jungen Frau gedacht. Und es immer bereut, mich nicht nach ihrem Namen erkundigt zu haben, um ihr zu sagen, wieviel mir ihr Verhalten an jenem Tag bedeutet hat.

Nachdem die Nationalgarde die Ordnung auf dem Campus wiederhergestellt hatte, wurden weder Polizisten noch andere mehr von Aufrührern angegriffen, und allmählich kehrte wieder Frieden an unseren Universitäten ein.

Sobald es an den Hochschulen ruhiger wurde, konnte ich mich wieder unseren Bemühungen zuwenden, die Kosten zu senken und die Regierung effizienter zu gestalten. Die Teams von Wirtschaftsvertretern, die von mir sofort nach der Wahl ernannt worden waren, hatten die Arbeit von 64 Staatsbehörden gründlich untersucht und bestätigten meine Vermutung: Viele wurden auf so altmodische und ineffiziente Art betrieben, daß sie in der Welt außerhalb der Regierung höchstens ein paar Wochen überlebt hätten.

Die Mitglieder unserer Projektgruppe – sie nannten sich »Reagan's Raiders« und hatten sich Manschettenknöpfe mit einer Abbildung meines Kopfes anfertigen lassen – opferten monatelang ihre Zeit, so daß mitunter ihre eigenen Betriebe darunter litten, und halfen Tausende von Empfehlungen in die Tat umzusetzen, durch die die Effizienz der verschiedenen Ressorts der Verwaltung des Staates erhöht wurde.

Sie ersparten den Steuerzahlern Hunderte von Millionen, vielleicht Milliarden Dollar, oft einfach dadurch, daß sie die einfachsten Grundsätze der modernen Betriebsführung, die man in jedem vorausschauenden Unternehmen anwendet, in die Verwaltung des Staates einführten.

Dieses Projekt lehrte mich nebenbei etwas über die Psychologie von Auditorien.

Als wir in der Kosteneinsparung langsam vorankamen, erzählte ich hier und da der Öffentlichkeit davon und stellte fest, daß es vielen Leuten schwerfällt, sich hundert Millionen Dollar oder auch nur eine Million Dollar vorzustellen.

Sagte ich beispielsweise, daß wir durch diese oder jene Maßnahme Millionen Dollar an Kosten sparen konnten, erntete ich abwesende Blicke und höflichen Applaus.

Als ich in einer Rede vor Geschäftsleuten und Freiberuflern in San Francisco fast zufällig erwähnte, daß wir etwa 200 000 Dollar hatten einsparen können, indem wir den Autobesitzern die Mitteilung über die jährliche Erneuerung ihrer Zulassung mehrere Wochen früher als in der Vergangenheit geschickt hatten – die Postgebühren sollten erhöht werden, und wir hatten uns beeilt, um die Absendung der Mitteilungen noch vor der Portoerhöhung zu schaffen. Als ich das gesagt hatte, sprangen Zuhörer von den Sitzen, klatschten und jubelten. 200 000 Dollar konnten sie sich vorstellen. 200 Millionen nicht.

Nachdem ich festgestellt hatte, daß Minderheiten bei Personaleinstellungen des Staates oft unbeabsichtigt diskriminiert wurden, verwandte ich sehr viel Zeit darauf, mehr Schwarze und Hispanics auf wichtigen Posten in der Staatsregierung unterzubringen. Trotzdem hielt sich der Mythos, daß ich kein Verständnis für Minderheiten hätte. Einmal riefen mich mehrere Interessenvertreter der Schwarzen aus dem Gebiet der San Francisco Bay an und sagten, sie würden gern über meine »Behandlung der Schwarzen« reden.

Als sie in mein Büro kamen, war klar, was sie beabsichtigten; es war ein feindseliger Ausdruck in ihren Gesichtern, und kein Zweifel bestand daran, daß sie darauf aus waren, mich als Rassisten anzugreifen. Also fragte ich sie:

»Ist Ihnen bekannt, daß ich mehr Schwarze auf Verwaltungsposten und in politisch entscheidende Positionen berufen habe als alle früheren Gouverneure von Kalifornien zusammen?«

Einer sagte: »Ja, aber warum erzählen Sie das den Leuten da draußen nicht? Wie kommt es, daß Sie sich damit nicht gebrüstet haben?«

Nun, die Frage erstaunte mich.

»Mit der Anstellung dieser Leute habe ich nur getan, was ich für richtig hielt«, sagte ich. »Ich glaube, es wäre eine billige Art von Politik gewesen, wenn ich losgegangen wäre und es an die große Glocke gehängt hätte. Außerdem waren sie die besten für den Job. Ich habe sie nicht einfach deshalb ernannt, weil es Schwarze sind ...«

Das veränderte die Atmosphäre des Gesprächs. Sie hätten gemeint, sagten sie, daß ich deshalb nicht davon gesprochen hätte, weil ich meine konservativen weißen Wähler nicht verärgern wollte.

Als wir den Raum verließen, taten wir das buchstäblich Arm in Arm.

Meine Arbeit machte mir immer mehr Spaß, und Nancy half mir wie stets dabei, aber nicht auf die Art und Weise, wie manche meiner Kritiker in all den Jahren oft behauptet haben. Das war pure Verleumdung.

Ich weiß, daß man sie beschuldigt hat, eine Art »Schatten-Gouverneurin« oder »Schatten-Präsidentin« zu sein, die mich auf unzulässige Weise beeinflusse. Das ist wieder so ein Mythos, der auf nichts begründet ist. Es stimmt, daß ich sie manchmal als Tribüne benutze, aber Nancy hat sich nie in politische Angelegenheiten eingemischt oder die wichtigen Entscheidungen, die ich zu treffen hatte, zu beeinflussen versucht. Wie das in jeder guten Ehe ist, schätze ich ihre Meinung, und wir reden über alles, aber sie weiß ein Lied davon zu singen, was für ein halsstarriger Bursche ich sein kann, wenn ich nicht ihrer Meinung bin.

Allerdings hat mir Nancys Instinkt für Menschen sehr geholfen. Ich neige, wie gesagt, dazu, den Menschen zu vertrauen, bis sie mich vom Gegenteil überzeugt haben, während Nancy die Menschen, vor allem die, die mir schaden können, gewöhnlich mit Skepsis betrachtet. Sie hat eine gute Menschenkenntnis, und das ist mir in all den Jahren sehr zugute gekommen.

In jeder führenden Position läuft man Gefahr, sich von den Menschen zu isolieren: Die Leute erzählen einem, was man hören möchte, und zögern, einem von jemandem zu berichten, der vielleicht nicht so engagiert bei der Sache ist oder in der Regierung Schaden anrichtet. Nicht viele der unmittelbaren Mitarbeiter sind bereit, einem zu sagen: Sie haben unrecht. Nancy war immer bereit, dem Kaiser – unter anderem mir – zu sagen, daß er keine Kleider anhabe. Manchmal haben sich

Menschen mit ihren Problemen (weil sie zögerten, zu mir zu kommen) an sie gewandt, und sie hat mit mir darüber gesprochen. Dann bin ich der Sache selbst auf den Grund gegangen.

Ende 1969 wurde mir klar, daß die restliche Zeit meiner ersten Amtszeit nicht ausreichte, um das zu bewirken, was ich mir als Gouverneur vorgenommen hatte. Außerdem hatte ich genug Erfahrung mit – und Freude am – Amt, daß ich es nicht aufgeben wollte. Kurze Zeit hatte ich einen Geschmack davon bekommen, wie es ist, wenn man als Gouverneur mit einer republikanischen Mehrheit regieren kann: Infolge besonderer Wahlen hatten wir ein Jahr lang eine knappe Mehrheit im Abgeordnetenhaus und brachten rund vierzig Gesetze zur Verbrechensbekämpfung durch, die bis dahin im Ausschuß auf Eis gelegen hatten. Ich wußte, daß ich eine zweite Amtszeit gewinnen konnte. Zwar war die Wahrscheinlichkeit groß, daß ich es wieder mit einer demokratischen Mehrheit zu tun bekommen würde, aber ich wollte nicht aufgeben, bevor ich mein wichtigstes Ziel nicht erreicht hatte: eine Reform der aufgeblähten kalifornischen Sozialhilfe.

Ich habe nie in Frage gestellt, daß für Menschen gesorgt werden muß, die ohne eigenes Verschulden nicht für sich selbst sorgen können. Das muß die Allgemeinheit übernehmen. Aber ich bin gegen ausufernde Wohlfahrtsprogramme, die Generation auf Generation potentiell produktiver Menschen dazu einladen, von Sozialhilfe zu leben; diese Programme rauben denen, die körperlich dazu fähig wären, den Anreiz zu arbeiten und zwingen produktive Menschen, andere, die körperlich und geistig arbeitsfähig sind, zu unterstützen, während sie jenen endlosen Kreislauf der Abhängigkeit in Gang setzen, der Männern und Frauen ihre Menschenwürde nimmt. Ich wollte nach Möglichkeiten suchen, einige dieser Menschen von der – wie FDR es nannte – »Droge« der Sozialunterstützung zu befreien.

Und so beschloß ich 1970, mich um eine zweite Amtszeit zu bewerben – aber nur um *eine* weitere Amtszeit. Mein Kontrahent war der demokratische Fraktionsvorsitzende des Abgeordnetenhauses, Jesse Unruh, der steuer- und spendierfreudige Liberale, der sich unseren Reformen von Anfang an erbittert widersetzt hatte. Ich gewann die Wahlen mit 53 zu 45 Prozent der Stimmen – wie ich fand, ein klares Votum dafür daß die Reformen fortgesetzt werden sollten.

29

Wäre Kalifornien ein eigenständiger Staat, wäre es die siebtstärkste Wirtschaftsmacht der Welt. Als Gouverneur stellte ich fest, daß sich die Probleme und Risiken Kaliforniens nicht von denen anderer Industriestaaten unterscheiden: die Erhaltung und Modernisierung der Wirtschaftskraft; Vollbeschäftigung; Verbesserung der Chancen für alle Einwohner; Unterstützung der Unternehmen bei ihrem Bemühen, konkurrenzfähig zu sein und zu prosperieren, ohne sie durch übermäßige Verordnungen zu behindern; Hilfe für jene, die sich selbst nicht versorgen können; die Garantie, daß jeder Mann, jede Frau und jedes Kind abends ruhig einschlafen und morgens in Freiheit aufwachen kann, um weiter eine Verbesserung ihres Lebens anzustreben.

Sogar internationale Beziehungen waren für einen Staat wie Kalifornien wichtig. Über unsere Grenzen gingen mehr Importe und Exporte als über die irgendeines anderen Staates der USA und mehr als über die Grenzen der meisten Nationen der Welt, und fremde Märkte waren für unser Wohlergehen lebenswichtig. Zum Glück sammelte ich so auch einige Erfahrungen mit ausländischen Regierungsvertretern, die mir später nützten, als ich ein anderes Amt zu leiten hatte.

In meiner Amtszeit als Gouverneur schickte uns Präsident Nixon viermal an seiner Stelle auf Goodwill-Mission ins Ausland. Ich überbrachte ausländischen Staatschefs Botschaften von ihm, aber es gelang mir auch immer, in wirtschaftlicher Hinsicht etwas für Kalifornien zu tun und seine Marktchancen zu verbessern.

Auf unseren vier Überseetrips kamen Nancy und ich mit den Staatsoberhäuptern von 18 Ländern in Europa und Asien zusammen, und unsere persönlichen Begegnungen werden wir nie vergessen.

In Manila beherbergten uns Präsident Ferdinand Marcos und seine Frau Imelda im Malacañang-Palast.

In Australien erwähnte ich bei meiner Ansprache während eines Mittagessens, daß Nancy viel Freude an ihrer Mitarbeit am Foster Grandparents Program hatte, bei dem ältere Menschen zurückgebliebenen oder benachteiligten Kindern durch Liebe und Unterstützung helfen. Danach wurde Nancy nach Einzelheiten ausgefragt, und als wir das Land verließen, riefen sie bereits ebenfalls ein australisches Foster Grandparents Program ins Leben.

In Japan war ich der erste ausländische Regierungsvertreter, der – ohne Staatsoberhaupt zu sein – Kaiser Hirohito offiziell vorgestellt wurde. Als sich unser Flugzeug Tokio näherte und die Stadt unter uns erschien, mußte ich an das riesige Modell von Tokio denken, das wir während des Kriegs streng geheim angefertigt hatten. Schon damals sah man deutlich, daß sich unser einstiger Kriegsgegner zu einer führenden Industriemacht entwickelte.

Präsident Nixon bot Nancy und mir an, unsere Kinder auf die Reisen mitzunehmen. Es wurde uns ein Regierungsflugzeug ähnlich der Air Force One zur Verfügung gestellt, und Angehörige vom Secret Service sowie Regierungsangestellte flogen mit, um für alles Nötige zu sorgen. Wir hatten auf diesen Reisen nie viel Geld dabei. Die Sicherheitsleute wollten nicht, daß wir auf die Straße und einkaufen gingen oder die Hotelrechnung selbst bezahlten. Sie erledigten alles und schickten uns die Rechnungen, nachdem wir wieder zu Hause waren.

Eines Abends in Paris hatten wir keine Verpflichtungen und luden Ron ins Maxim ein. Wir waren mitten beim Essen, als sich der Stehgeiger des Restaurants unserem Tisch näherte.

Ich wußte, daß er ein Trinkgeld erwartete, und griff in die Tasche, um eine Dollarnote herauszuholen (in jenen Tagen der angemessene Obolus für einen Stehgeiger), aber alles, was ich fand, war eine Fünfdollarnote, ein Zehncentstück und ein Cent – mehr Geld hatte ich nicht mitgenommen.

Da fünf Dollar ein zu üppiges Trinkgeld waren, bat ich Nancy um einen Dollar. Sie sagte, sie hätte kein Bargeld bei sich. Also fragte ich Ron, der damals noch ein Kind war. »Dad, machst du Witze?« wollte er wissen.

»Okay, haltet die Köpfe gesenkt«, ordnete ich an. »Seht nicht hoch, eßt weiter. Vielleicht kommt er nicht an unseren Tisch.«

Wir senkten die Köpfe, aber er kam unerbittlich auf uns zu, und als er nur noch ein paar Zentimeter von unserem Tisch entfernt war, fing er »California, Here I Come« zu spielen an.

Ich griff in die Tasche, nahm den Fünfdollarschein und gab ihm den.

Nun hatte ich nur noch ein Zehncentstück und einen Cent. Ein paar Tage später kamen wir in Irland in Begleitung eines jungen irischen Fremdenführers an einem Grabstein vorbei, in dessen Nähe der heilige Patrick der Legende zufolge das erste Kreuz in Irland errichtet hatte. Auf dem Grabstein stand: »Gedenke mein, wenn du vorübergehst, denn so wie du war einst auch ich, und so wie ich wirst auch du einst sein, also mache dich bereit, daß du mir folgen wirst.« Das war einem anderen Iren offenbar zu kitschig erschienen, denn er hatte in den Stein unter die Inschrift die Worte eingekratzt: »Bereit, dir zu folgen, bin ich wohl, nur wüßte ich gern, in welche Richtung.«

Der Führer zeigte uns eine Wunschquelle und regte an, daß wir eine Münze hineinwarfen. Ich griff in die Tasche, gab Nancy das Zehncentstück und schnippte den Penny in die Quelle.

Als ich nach Haus kam, erzählte ich gern, wie es ist, mit fünf Dollar und elf Cents durch Dänemark, Belgien, Frankreich, Spanien, Italien, England und Irland zu reisen.

Als meine zweite Amtszeit begann, war die Sozialreform mein wichtigster Programmpunkt. Aufgrund unklarer Maßstäbe für die Bezugsberechtigung hatte sich die Zahl der Sozialhilfeempfänger in Kalifornien von 1960 bis 1970 fast vervierfacht, und es bezogen mehr als zwei Millionen Menschen Sozialunterstützung. Während die Bevölkerung Kaliforniens etwa zehn Prozent der Gesamtbevölkerung der USA ausmachte, hatte es für mehr als 16 Prozent aller Sozialhilfeempfänger der Nation zu sorgen. Der Staat war ein Magnet für all jene geworden, die lieber von der Unterstützung lebten, als zu arbeiten. Während meiner ersten Amtszeit ernannte ich eine spezielle Projektgruppe, die das Wohlfahrtsprogramm überprüfen sollte. Sie kam zu folgendem Ergebnis: Selbst wenn es uns gelang, das Defizit zu beseitigen und das finanzielle Chaos zu entwirren, in das der Staat während der Brown-Jahre geraten war, wuchsen doch die Ausgaben für Sozialunterstützung so rasch an, daß Kalifornien bald wieder bankrott sein würde, wenn gegen die endlose Kostenlawine nichts unternommen würde.

Die Projektgruppe versuchte Verschwendung und Betrügereien einzudämmen und die Effizienz des Sozialhilfeprogramms durch eine Verwaltungsreform zu verbessern, stieß jedoch auf eine Betonwand: Das letzte, was viele der für das Wohlfahrtsprogramm Verantwortlichen wollten, war eine Reduzierung ihrer Sozialfälle, weil das ihre Jobs hätte gefährden können. Wie immer war es das erste Ziel der Bürokratie, die Bürokratie zu schützen. Die Projektgruppe kam zu dem Schluß, daß der Staat eine völlig neue Sozialgesetzgebung brauchte.

Die Maßstäbe bei der Vergabe von Sozialhilfe waren so großzügig, daß sie einer Aufforderung zum Diebstahl gleichkamen. Durch Computer-Cross-checking entdeckten wir, daß Tausende Sozialhilfe erhielten, obwohl sie beschäftigt waren und ein Einkommen erzielten, und viele Leute bekamen Hilfe, die sie nicht brauchten. Ein Ehepaar zum Beispiel verdiente zusammen mehr als 100 000 Dollar im Jahr, hatte aber eine Haushaltshilfe für sein behindertes Kind, für die der Steuerzahler aufkam.

Die Sozialunterstützung raubte den Menschen das, was sie am nötigsten brauchten: die Initiative, für sich selbst zu sorgen. Zugleich unterminierte sie die Familien: Teenager aus Innenstadtbereichen, die aus diversen Gründen beschlossen hatten, von zu Hause wegzuziehen, stellten fest, daß sie durch eine Schwangerschaft (und sie brauchten nicht einmal auf die Geburt des Kindes zu warten) eine Sozialunterstützung bekommen konnten, die es ihnen erlaubte, sich eine Wohnung zu mieten. Und sie entdeckten, daß sie ihre monatliche Unterstützung jederzeit dadurch erhöhen konnten, daß sie erneut schwanger wurden.

Währenddessen hatte der Vater des Kindes vielleicht einen guten Job und wollte mit seiner Familie zusammenleben. Aber er erfuhr, daß sich seine Familie finanziell besser stand, wenn er sie verließ; wenn er blieb, bekam sie keine Unterstützung.

Dieses Sozialunterstützungsprogramm war nicht nur ein mit Steuern finanzierter Anreiz zu einer Unmoral, die die Familien zerstörte, es war auch für den endlosen und heimtückischen Kreislauf der Verzweiflung verantwortlich, in dem Generation für Generation von Sozialhilfe lebte und nie einen Anreiz erhielt, sich davon zu befreien.

Manche meiner radikalkonservativen Wähler versuchten mich dazu zu bewegen, das Wohlfahrtsprogramm in Bausch und Bogen abzuschaffen; aber ich fand, daß wir denjenigen Menschen die Hilfe nicht nehmen sollten, die sie wirklich brauchten und verdienten, die wirklich verarmten älteren, blinden, behinderten Menschen. Ich wollte nur dem Mißbrauch ein Ende setzen, Leute aus den Empfängerlisten streichen, die nicht dorthin gehörten, und versuchen, den endlosen Kreislauf zu beenden, der für zu viele Menschen den monatlichen Scheck vom Sozialamt zu einer Lebensphilosophie hatte werden lassen.

Die Demokraten im Abgeordnetenhaus stimmten mit uns überein, daß die Sozialhilfekosten ins Astronomische schossen, behaupteten aber, die Lösung sei eine riesige Steuererhöhung – mit anderen Worten: Sie wollten auch künftig immer mehr Geld in ein Faß ohne Boden werfen.

Ich war zu lange in Sacramento gewesen, als daß ich nicht eins gewußt hätte: Um eine echte Sozialhilfereform an den Bürokraten und dem Abgeordnetenhaus vorbeizubugsieren, mußten wir uns direkt an die Bevölkerung wenden, und diesmal machten wir richtig Druck.

Ich zog wieder los, erläuterte unsere Sozialhilfereform und legte den Zuhörern nahe, von ihren Abgeordneten zu fordern, daß das Chaos beseitigt wurde. Wir richteten in allen 58 Counties des Staates Komitees ein, um die Abgeordneten unter Druck zu setzen. Es wurde ein durchschlagender Erfolg.

Eines Tages kam Bob Moretti, der Nachfolger Jesse Unruhs als Präsident des Abgeordnetenhauses, in mein Büro. Er hob beide Hände, als hätte ich einen Revolver auf ihn gerichtet, und stöhnte: »Hören Sie bloß mit diesen Postkarten und Briefen auf!«

»Setzen Sie sich«, sagte ich.

»Hören Sie, wir sitzen in dieser Sache im selben Boot. Wir wollen persönliche Gefühle beiseite lassen, gemeinsam an die Arbeit gehen und sehen, was wir erreichen können.«

Während der nächsten Woche saßen wir beide mit unseren Mitarbeitern fast rund um die Uhr zusammen und schnürten ein Reformpaket, das die Sozialhilfekosten um Hunderte von Millionen Dollar pro Jahr senkte, während wir zugleich die Sozialhilfeleistungen für die wirklich Bedürftigen im Staat erhöhten und den gestiegenen Lebenshaltungskosten anpaßten.

Indem wir strengere Maßstäbe bei der Vergabe anlegten und Schlupflöcher, Hintertürchen und Gesetzeslücken stopften, verwandelten wir monatliche Zunahmen um 40 000 Sozialhilfeempfänger in eine Abnahme um 8000 im Monat. Kalifornien war nicht länger das Sozialhilfe-Dorado der Nation.

Von der Bundesregierung, die über viele soziale Gesetze zu bestimmen hatte, erhielten wir die Genehmigung zu einem Experiment, bei dem körperlich arbeitsfähigen Sozialhilfeempfängern Arbeitsplätze vermittelt werden sollten. Wir fragten auf allen Ebenen der Verwaltung im ganzen Staat nach, ob es Aufgaben gebe, die sie in Angriff nehmen würden, falls sie Geld und Arbeitskräfte dafür hätten. Wir bekamen die unterschiedlichsten Antworten – aber alle positiv, und bei jeder ging es um ein in irgendeiner Weise sinnvolles Projekt. Washington gab uns allerdings erst grünes Licht für das Experiment, nachdem Präsident Nixon sich für uns eingesetzt hatte. Wir vermittelten die arbeitsfähigen Unterstützungsempfänger für diese Arbeiten, die sie als Gegenleistung für ihre Unterstützung ausführen sollten. Und als sie dabei berufliche Fähigkeiten erworben hatten, wurden sie an Arbeitgeber der Privatwirtschaft weitervermittelt.

Während der Rezession 1973/1974 konnten wir mit diesem Programm 76 000 Menschen von den Sozialhilfelisten streichen und in produktiven Jobs unterbringen. Später schrieben mir viele, bedankten sich für das Programm und sagten, zum erstenmal in ihrem Leben hätten sie ein Gefühl der Selbstachtung empfunden, weil sie als Gegenleistung für ihre monatlichen Schecks etwas taten. Ihre Feststellungen erinnerten mich an das Lächeln, das ich auf den Gesichtern der Menschen gesehen hatte, denen mein Vater während der Depression bei der Jobsuche geholfen hatte.

Während meiner zweiten Amtszeit konnte ich die vierte Steuerrückerstattung bekanntgeben, die bis dahin höchste. Ich werde nie vergessen, was nach meiner Ankündigung geschah, ich würde den Steuerzahlern einen Teil ihrer Zahlungen rückerstatten. Der demokratische Vorsitzende des Senats von Kalifornien kam zu mir ins Büro gestürzt und rief: »Den Leuten dieses Geld zurückzugeben stellt eine unnötige Verausgabung öffentlicher Mittel dar.«

Alles zusammengerechnet, weitgehend durch Rückerstattung von Vermögenssteuern, gaben wir den Steuerzahlern mehr als fünf Milliarden Dollar Steuern zurück – den Leuten, denen das Geld eigentlich gehörte.

Ich rühme mich nicht gern, aber in den acht Jahren haben wir die Staatsregierung weniger kostspielig, kleiner und effizienter gemacht; es gelang uns, fähigere Menschen für die Arbeit in Regierungsämtern zu interessieren und die Expansion des Apparats auf eine Wachstumsrate zu verringern, die mit der der Bevölkerung Kaliforniens übereinstimmte oder sogar darunter lag. Wir erhöhten die Verantwortlichkeit der Bürokratie gegenüber der Öffentlichkeit; und wir fingen an, einen

Teil der Macht und der Steuerhoheit, die der Staat den Gemeinden entzogen hatte, dorthin zurückzugeben, wohin sie gehörten – an die Gemeinden.

In den acht Jahren habe ich mein Recht, gegen einzelne Budgetposten mein Veto einzulegen, 943mal genutzt und wurde dabei in keinem Fall vom Abgeordnetenhaus überstimmt. Wenn ein Gesetzesentwurf sinnvoll erschien, die Abgeordneten aber zuviel Geld dafür vorgesehen hatten, konnte ich ihn unterzeichnen, die Kosten aber auf ein vernünftiges Maß reduzieren. So konnte ich Prioritäten setzen und den Staat befähigen, innerhalb seiner finanziellen Möglichkeiten zu leben. Das Recht dieses *line-item*-Vetos besitzen 43 Gouverneure in den Vereinigten Staaten. Wie sollte es mir später in Washington fehlen! Präsidenten haben dieses besondere Vetorecht nicht.

Obwohl viele meiner Anhänger mich 1974 auch noch zu einer dritten Kandidatur für das Gouverneursamt zu bewegen suchten, hatte ich doch das meiste von dem erreicht, was ich mir zum Ziel gesetzt hatte, und ich hatte mir von Anfang an geschworen, daß ich nach zwei Amtszeiten aufhören würde.

Nancy und ich verließen Sacramento Anfang 1975. Die zurückliegenden acht Jahre hatten uns beide verändert – und wir hatten eine neue Liebe gefunden.

Die neue Liebe hieß Rancho del Cielo, wenn man sie auch, als wir sie zum erstenmal sahen, Tip Top Ranch nannte.

Nachdem ich Gouverneur geworden war und die Steuern uns zwangen, unsere Ranch nahe Malibu zu verkaufen, hatten Nancy und ich ein großes Stück Land in einer einsamen Gegend nördlich von San Diego gekauft, wo wir uns nach dem Ende meiner Amtszeit unser Ranch-Versteck schaffen wollten. Das Grundstück war zwar nicht an das Versorgungsnetz angeschlossen, aber man hatte uns versichert, daß Wasserleitung und Elektrizität in Kürze dorthin verlegt werden würden. Doch als das Ende der Amtszeit nahte, waren die Leitungen immer noch nicht da, und man sagte uns, daß damit auch nicht so bald zu rechnen sei.

Als unser Freund Bill Wilson von unserem Problem hörte, meinte er, Gerüchten zufolge käme vielleicht bald eine Rinderzucht-Ranch nicht weit von seiner Farm nördlich von Santa Barbara auf den Markt. Er bot an, Erkundigungen einzuziehen, ob wir sie uns ansehen könnten. Wir waren oft bei ihm zu Gast auf seiner Ranch gewesen, auf der er Zitronen anbaute, und fanden die Gegend herrlich, aber wir wußten nicht, worauf wir uns einlassen würden.

Bill und seine Frau Betty, Nancy und ich stiegen in Bills Wagen und fuhren los, eine schmale, gewundene Straße in die Berge von Santa Ynez hinauf – eine Kette von Granitgipfeln, die sich ein paar Meilen nördlich von Santa Barbara über dem Pazifischen Ozean erheben.

Die Straße schien sich ewig weiter hinaufzuwinden, und als wir höher und höher den Berg hinaufgelangten, meinte Betty: »Bill, hier oben kann es aber wirklich nichts geben, was die beiden interessieren könnte. Warum drehst du nicht endlich um?« Doch Bill antwortete nicht und fuhr weiter.

Obwohl ich mich nicht äußerte, kamen mir allmählich die gleichen Zweifel wie Betty: Die Straße war so steil und die Gegend so einsam, daß ich dachte: Nun, vielleicht hat jemand ein Haus hier oben, das er »Ranch« nennt, aber hier können doch nur Ziegen herumklettern. Wo könnte man hier ein Pferd reiten?

Auf eine mehr als zehn Kilometer lange Straße voller Windungen und Kehren folgte ein kurzes Stück geraden Weges, und wir kamen durch einen kleinen Eichenwald. Dann bogen wir von der Straße ab, fuhren durch ein Gatter und dann eine andere schmale Straße hinunter.

Schon bald kamen wir durch einen hübschen kleinen Hain, und plötzlich sahen wir eine riesige grüne Grasfläche vor uns liegen, hinter der sich wild zerklüftete Berge erstreckten. Am Ende der Wiese entdeckte ich ein winziges Haus.

Ein Blick auf das Ganze, und schon war ich bereit zu kaufen, noch bevor wir das Haus erreicht hatten, aber Bill sagte immerzu: »Sei doch bloß still. Wenn du es kaufen willst, erzähle dem Eigentümer ja nicht, daß es dir gefällt.«

Der Eigentümer war ein Viehzüchter namens Ray Cornelius. Er gab uns ein paar Pferde, und wir sahen uns das Gelände vom Pferderücken aus an. Danach war ich wirklich begeistert.

Am Heiligabend des vorangegangenen Jahres hatten Ray und seine

Frau ihre Tochter (die zufällig eine Klassenkameradin von Patti gewesen war) bei einem Autounfall verloren. Bis dahin hatten sie die Ranch hauptsächlich behalten, damit sie dort reiten konnte. Nun wollten sie sie nicht mehr, befürchteten jedoch, daß jemand sie kaufen könnte, der die Ranch nicht so lieben würde wie sie.

Nancy und ich versicherten, wir würden alle Liebe der Welt auf die Ranch konzentrieren, und schon bald verkauften wir unser Land in der Nähe von San Diego und erwarben dafür die Tip Top Ranch.

Die 278 Hektar umfassende Ranch hieß »Tip Top« nach dem Berggipfel, der eine Wasserscheide für den Regen bildete, der in der Bergkette von Santa Ynez fiel: Das Regenwasser floß auf der einen Seite zum Pazifischen Ozean, auf der anderen Seite versickerte es im Santa-Ynez-Tal und fand dann seinen Weg in den Ozean.

Nancy und ich wählten einen anderen Namen: Rancho del Cielo (Himmelsranch), denn dem Himmel nahe war sie tatsächlich.

Das winzige getünchte Lehmziegelhaus auf der Ranch war 1872 erbaut und mußte dringend renoviert werden. Auf zwei Seiten hatten die früheren Besitzer eine behelfsmäßige Veranda mit einem häßlichen Wellblechdach und Seitenwänden aus grünem Kunststoff errichtet. Dies war nicht sehr hübsch, noch war der größte Teil des Hauses selbst sehr anziehend, in dem seit Jahren niemand mehr längere Zeit gewohnt hatte. Meistens hatte es Viehhirten als Absteige gedient.

Wir rissen die Veranda heraus, ließen den Zementfußboden bestehen und errichteten mit Hilfe eines Bauunternehmens einen großen L-förmigen Raum mit Kamin und großen Fenstern. Das Haus hatte nun eine Grundfläche von etwa einhundertvierzig Quadratmetern, kein großes Haus nach manchen Maßstäben, aber unsere Anbauten und die Fenster, die einen wunderbaren Ausblick auf die Wiese boten, bewirkten Wunder und ließen es größer erscheinen, als es war.

Mit Hilfe von Barney Barnett, einem pensionierten kalifornischen *highway patrolman,* der in Los Angeles unser Fahrer und Freund gewesen war, und einem anderen Freund, Dennis LeBlanc, ersetzten wir die verwitterten Asbest-Dachplatten durch ein neues Dach aus nachgemachten spanischen Ziegeln, sowohl auf dem Haupthaus wie auch auf dem neuen Anbau, so daß das Ganze nun wie ein mexikanisches Lehmziegelhaus aus dem 19. Jahrhundert wirkte.

Unser Schlafzimmer war nur 2,70 mal 4,30 Meter groß, und schon bald begann Nancy unter Platzangst zu leiden. Also schlugen Barney und ich eine Wand heraus und vergrößerten den Raum. (Meine Erfahrung im Umbau von Häusern als Vierzehnjähriger in Dixon kam mir nie besser zustatten.) Doch damit nicht genug. Von dem Bauunternehmer, der die Veranda errichtet hatte, ließen wir das Schlafzimmer noch größer ausbauen.

Vom ersten Augenblick an hat uns Rancho del Cielo verzaubert. Nie zuvor hat ein Ort Nancy und mir soviel Freude und Ruhe gegeben wie sie.

Rancho del Cielo kann einem den Eindruck vermitteln, man befände sich auf einer Wolke und blicke auf die Welt hinab. Vom Haus sehen wir über die Wiese zu einem von Eichen gekrönten Hügel hinüber, und dahinter erstrecken sich Berge bis zum Horizont. Von einigen Punkten der Ranch aus kann man Boote auf dem Santa Barbara Channel kreuzen sehen, und wenn man dann den Kopf dreht, breitet sich das Santa-Ynez-Tal wie ein riesiges Amphitheater der Wildnis aus.

Wenn wir ausreiten wollen, können wir zwischen mindestens einem halben Dutzend Routen wählen, und jedesmal sehen wir bei unseren Ausritten etwas anderes, entdecken wir etwas Neues an der Ranch.

Als ich noch als Schauspieler tätig war, hatte ich mein Pferd »Baby« von einem Apfelschimmel decken lassen, und »Baby« hatte eine Apfelschimmelstute zur Welt gebracht, die ich »Nancy D« nannte, weil ich jemandem dieses Namens den Hof machte. Als »Baby« in die Jahre kam, trainierte ich »Nancy D«, und sie wurde ein wunderbares Jagd- und Springpferd. Später ließ ich »Baby« noch einmal decken und bekam ein schönes schwarzes Fohlen, das ich »Little Man« nannte, weil es ein sehr großer Kerl war.

Ich verlor »Nancy D« durch einen extremen Fall von Gastroenteritis, als sie 16 Jahre alt war, und danach ritt ich vor allem mit »Little Man«, dem Sohn von »Baby«.

Ein Freund von uns, ein Chirurg, der auch gern reitet, hat mir einmal erzählt, daß er vor einer wirklich komplizierten Operation immer frühmorgens ausreitet. Danach fühle er sich der Operation gewachsen.

Auf mich hat das Reiten die gleiche Wirkung.

Seit dem Tag, an dem wir die Ranch gekauft haben, kennen wir keinen besseren Ort zum Nachdenken als Rancho del Cielo.

An der wilden Szenerie und der Heiterkeit und Stille der Ranch sowie an dem Gefühl, ein Pferd zwischen den Knien zu haben, ist etwas, das es mir leichter macht, ein Problem zu bewältigen. Ich glaube, Leute, die das noch nicht probiert haben, könnten überrascht sein, wie leicht die Gedanken zusammenkommen, wenn man auf dem Rücken eines Pferdes sitzt, reitet und sonst nichts zu tun hat, als über eine Entscheidung nachzudenken, die man treffen muß.

In diesen ersten Monaten nach unserem Abschied von Sacramento verbrachte ich viel Zeit auf dem Rücken von »Little Man«, ritt auf der Ranch umher und dachte an die Zukunft.

Gesundheitlich war ich in ausgezeichneter Verfassung, und obwohl ich fast fünfundsechzig war, kam ich mir nicht alt vor und dachte gar nicht daran, mich zur Ruhe zu setzen. Ich bekam mehr Einladungen, Reden zu halten, als je zuvor. Nancy war mit ihrem Foster Grandparents Program beschäftigt; ich hatte eine Zeitungsspalte und einen regelmäßigen Spot im Radio, das gab mir die Chance, weiter über die Dinge zu sprechen, die mich interessierten. Wir hatten unser Haus in Pacific Palisades, wir konnten die Kinder oft sehen, wir freuten uns darauf, die Ranch einzurichten und mehr Zeit dort zu verbringen.

Ich glaube, wir wären zufrieden gewesen, den Rest unseres Lebens auf diese Weise zu verbringen.

Doch verging kaum ein Tag, an dem nicht jemand anrief und mich bat, mich 1976 als Präsidentschaftskandidat aufstellen zu lassen. Es waren nicht nur Anrufe aus Kalifornien, sondern sie kamen aus allen Staaten – von Menschen, denen ich bei meinen Reden begegnet war.

Acht Jahre zuvor hatte man mich gegen meinen Widerstand in die Politik gezerrt. Aber jetzt hatte ich eine andere Meinung über die Arbeit in einem öffentlichen Amt.

Ich stellte mich nicht automatisch taub gegenüber all den Appellen, die man an mich richtete. Ich hatte mich wahrscheinlich verändert, denke ich, weil ich als Gouverneur die Aufregung und Befriedigung verspürt hatte, die man empfindet, wenn man etwas verändern kann, statt nur davon zu reden.

Es war spannend gewesen, es hatte Spaß gemacht, und ich war stolz auf das, was wir erreicht hatten. Aber zugleich hatte ich im Verlauf meiner Amtszeit auch erkannt, daß die größten Probleme, die wir im Hinblick auf Big Government hatten, sich nur in Washington lösen ließen, in Washington, das allmählich, aber unerbittlich den Bundesstaaten ihre Macht wegnahm.

Das erinnerte mich an etwas, das James Madison 1788 gesagt hatte: »Seit der allgemeinen Zivilisierung der Menschheit sind Völker häufiger durch allmähliche und stillschweigende Übergriffe der Machthabenden um ihre Freiheit gebracht worden, als durch gewaltsame und jähe Usurpationen.«

Sein Freund und Nachbar Thomas Jefferson dachte ganz ähnlich. »Was hat die Freiheit und die Menschenrechte unter allen Regierungen zerstört, die je unter der Sonne existiert haben?« fragte er und gab dann die Antwort: »Die Verallgemeinerung und Konzentration aller Fürsorge und Macht auf eine Körperschaft.«

Als Gouverneur hatte ich erfahren, daß die Bürokratie der Bundesregierung überall die Finger drin hatte und »alle Fürsorge und Macht auf eine Körperschaft konzentrierte«. Washington beschloß ein neues Programm, das die Bundesstaaten umsetzen sollten, erließ dann aber so viele Durchführungsbestimmungen und Regeln, daß der Staat in Wahrheit nicht umsetzte, sondern nur ausführte – man folgte einfach den Befehlen, die aus Washington ergingen. Die meisten dieser Programme könnten nicht nur effektiver, sondern auch ökonomischer unter eigenen Gesetzen gehandhabt werden.

Die Bundesregierung hat nicht die Bundesstaaten, sondern die Bundesstaaten haben die Bundesregierung geschaffen. Washington mißachtete Prinzipien der Verfassung und versuchte, die Bundesstaaten in bloße administrative Distrikte zu verwandeln. Und der Weg, den die Bundesregierung auf ihrem Weg zur Übermacht einschlug, war zum großen Teil durch die Gewährung von Bundesfinanzhilfen gebahnt worden. Von unseren Schulen bis zu unseren Farmen versuchten die Bürokraten in Washington den Amerikanern überall zu diktieren, was sie tun durften und was nicht, und sie stellten die Bürokratenherrschaft so dar, als wäre sie der Preis, den die Amerikaner für die von Washington gewährte Bundesfinanzhilfe zahlen mußten. Das Geld war an Bedingungen geknüpft, und irgendwelche Leute in Washington hielten alle Fäden in der Hand.

Gewöhnlich in allerbester Absicht hatte der Kongreß ein neues Programm verabschiedet, das Geld dafür bewilligt und dann die Bürokraten in Washington damit beauftragt, das Geld zu verteilen. Fast immer reagierten die Bürokraten so, daß sie den Bundesstaaten, Städten, Bezirken und Schulen sagten, wie sie dieses Geld auszugeben hatten.

Mit Madisons Worten: Washington usurpierte die Macht der Bundesstaaten »durch allmähliche und stillschweigende Übergriffe der Machthabenden«.

In immer größeren Beträgen ergossen sich diese Almosen der Bundesregierung über die Bundesstaaten und Gemeinden. Oft waren es Programme, die sie weder brauchten noch wünschten, aber sie nahmen das Geld, weil es *da* war; es schien »umsonst« zu sein.

Mit der Zeit wurden sie so abhängig von dem Geld, daß sie es – wie Fixer – fast unmöglich fanden, mit dieser Gewohnheit zu brechen, und erst als sie wirklich süchtig waren, erfuhren sie, wie umfassend die mit dem Geld verknüpften Bedingungen und Bestimmungen waren.

Während das alles geschah, nahm die Bundesregierung einen immer größeren Teil des gesamten Steueraufkommens der Nation für sich in Anspruch und machte es den Bundesstaaten und lokalen Regierungen immer schwerer, selbst Steuern zu erheben. Folglich waren sie immer mehr gezwungen, sich an die Bundesregierung zu wenden, wenn sie Geld brauchten, und wurden so zu Gefangenen der unbarmherzigen Regierung in Washington und ihrer Vielzahl von Verwaltungsapparaten. Im Austausch für Bundeszuschüsse lieferten die Regierungen der Bundesstaaten und Gemeinden die Macht über ihr Schicksal einer gesichtslosen Bürokratie in Washington aus, die behauptete, sie wisse besser, wie die Probleme einer großen oder kleinen Stadt zu lösen seien, als die Menschen, die dort lebten. Und wenn die Verwaltung vor Ort oder die Kongreßabgeordneten des Wahlbezirks versuchten, ein Programm abzusetzen, das ihnen nicht gefiel oder das sie für unproduktiv und verschwenderisch hielten, stellten sie fest, daß die Nutznießer des Programms und die Bürokraten, die es administrierten, ein so festes Bündnis geschlossen hatten, daß es den gewählten Gemeindevertretern fast unmöglich war, es zu stoppen. Sobald ein Bundesprogramm erst einmal gestartet ist, das irgendeiner speziellen Gruppe von Nutznießern zugute kommt, ist es praktisch unmöglich, es wieder abzuschaffen, und die Kostenlawine rollt unaufhaltsam weiter.

Wir hatten uns von den Visionen unserer Gründerväter von Amerika weit entfernt. Sie hatten es als Verantwortlichkeit der zentralen Regierung betrachtet, für die Sicherheit der Nation zu sorgen, unsere demokratischen Freiheiten zu beschützen und Einmischungen der Regierung in unser Leben einen Riegel vorzuschieben – mit anderen Worten, den Schutz des Lebens, der Freiheit und des Strebens nach Glück zu garantieren. Nie hatten sie sich riesige Ämter in Washington vorgestellt, die unseren Farmern sagen würden, was sie anbauen, unseren Lehrern, was sie lehren, unserer Industrie, was sie produzieren sollen. Die von ihnen geschriebene Verfassung sah die Errichtung souveräner Bundesstaaten und nicht die von Verwaltungsbezirken der Bundesregierung vor. Sie glaubten, daß es richtig war, die Regierung so volksnah wie möglich zu gestalten. Wenn es Eltern nicht gefiel, wie ihre Schulen geleitet wurden, konnten sie die Schulkommission bei der nächsten Wahl absetzen; aber was konnten sie gegen die elitären Bürokraten im Bundesbildungsministerium tun, das den Lehrern Ultimaten in die Klassenräume schickte, wie der Lehrplan auszusehen habe und welche Lehrbücher sie benutzen mußten?

Natürlich hatte mich die Expansion der Bundesregierung und ihre Beeinträchtigung unserer durch die Verfassung verbrieften Freiheiten schon lange beunruhigt, aber die Probleme vergrößerten sich während meiner Amtszeit als Gouverneur und mit Beginn von Lyndon Johnsons »Great Society« und seinem Feldzug gegen die Armut dramatisch.

Jene Jahre waren ein Wendepunkt in der Entwicklung unserer Zentralregierung, dem, wie ich meine, viele Historiker noch nicht genügend Beachtung geschenkt haben.

Zwischen 1965 und 1980 verfünffachte sich das Budget der Regierung in Washington nahezu, während das Defizit des Bundes auf das Dreiundfünfzigfache anstieg, und die unter verschiedenen »Hilfsprogrammen« gewährten Bundeszuschüsse vervierfachten sich auf fast 300 Milliarden Dollar pro Jahr; gleichzeitig wurde ein großer Teil der Entscheidungsbefugnisse, die traditionell bei den Gemeinden, Städten und Bundesstaaten gelegen hatten, nach Washington transferiert.

Und trotzdem: Wenn man auf diese Unzahl neuer Bundesprogramme zurückblickt, findet man schwerlich eines, das den Armen im Lande im ganzen gesehen viel Gutes erwiesen hätte.

Vieles von diesem Geld versickerte einfach in den Verwaltungskanälen. Hunderte von Milliarden wurden als Unterstützungsprogramme für die Armen ausgegeben, und dennoch verschlimmerte sich deren Not. Man hatte also Milliarden für Maßnahmen ausgegeben, nach denen es den Menschen schlechter ging.

Die Verschwendung von Dollars und Cents war aber gering – gemessen an der Verschwendung menschlichen Potentials. Dieses wurde durch die Droge der Almosenprogramme vergeudet, die den Lebensmut der Familien untergruben und schwächten, den Anreiz zu arbeiten für die Menschen verringerten, Familien zerstörten und ein Anwachsen der Armut von Frauen und Kindern zur Folge hatten; die das Schulwesen verschlechterten und die gewachsenen nachbarschaftlichen Strukturen in den Gemeinden vernichteten.

Die Liberalen hatten in den sechziger Jahren ihre Gelegenheit gehabt, und sie waren gründlich gescheitert.

Als ich im Frühjahr auf »Little Man« über Rancho del Cielo ritt, dachte ich viel über die verlorene Vision unserer Gründerväter nach und darüber, wie wichtig es war, sie zurückzugewinnen; und an die Stimmen von überall aus dem Land, ich sollte für das Präsidentenamt kandidieren. Und ich erinnerte mich an etwas, das ich vor vielen Jahren gesagt hatte: Kein Kandidat trifft die Entscheidung, ob er für das Präsidentenamt kandidiert, selbst; das Volk trifft sie für ihn.

31

Wenn ich auch einmal über ein Footballspiel der University of Michigan im Rundfunk berichtet hatte, bei dem er als Spieler agierte, kannte ich Gerald Ford nur flüchtig, bevor er Richard Nixons Nachfolger im Weißen Haus wurde. Er ließ mir die Wahl, praktisch jede Position in seinem Kabinett zu übernehmen, aber ich wollte meine zweite Amtszeit als Gouverneur zu Ende führen und sagte ihm, daß ich es vorzog, in Sacramento zu bleiben.

Nachdem er Präsident geworden war, begannen mich nach und nach führende Republikaner überall im Land zu bedrängen, Ford bei der Nominierung 1976 herauszufordern. Eine Kandidatur für das Präsidentenamt war in meinen Plänen bis dahin nicht vorgekommen. Doch wie ich schon betont habe, war es stets meine Überzeugung, daß es keineswegs der Kandidat ist, der beschließt, sich um die Präsidentschaft zu bewerben, sondern daß das Volk diese Entscheidung trifft. Die Bevölkerung läßt einen wissen, ob man sich zur Wahl stellen soll oder nicht. Und so erklärte ich mich mit einer Bewerbung um die Nominierung einverstanden, verpflichtete mich jedoch zur getreulichen Einhaltung des Elften Gebotes.

Paul Laxalt, der Senator aus Nevada, den ich kennen und schätzen gelernt hatte, als wir Gouverneure benachbarter Staaten gewesen waren, war bereit, meine Wahlkampagne zu leiten. Da sich das erprobte Team unter Stu Spencer und Bill Roberts, das mich bei meinen Bemühungen um den Gouverneursposten unterstützt hatte, bereits zur Arbeit für Ford verpflichtet hatte, brachten meine Anhänger John Sears als Wahlkampfmanager ins Gespräch, einen hochangesehenen Anwalt aus Washington, der während der Nixon-Jahre im Weißen Haus gearbeitet hatte.

Für die Vorwahlen entschieden wir uns für eine einfache und direkte Strategie: Unsere Angriffe würden sich ausschließlich gegen die Demokratische Partei und das Big Government richten, nicht aber gegen Gerald Ford.

Unser Hauptargument bestand darin, daß ich nicht zum Washingtoner Establishment gehörte und so als Außenseiter eine klare und eindeutige Alternative zu den Demokraten bot.

Als ich mich zum ersten Mal um den Gouverneursposten bewarb, hatte ich das Vorurteil widerlegen müssen, ein Filmschauspieler ohne jede Regierungserfahrung zu sein. Das hatten inzwischen meine acht Jahre als Gouverneur besorgt. Jetzt, bei einer Kandidatur um das Präsidentenamt, würde ich mich einem anderen Klischee gegenübersehen: dem Vorurteil, das viele Menschen im Nordosten der Vereinigten Staaten gegen Kalifornien hegen. Sie meinen oft, da Kalifornien ein Land der Früchte und Nüsse ist, sei es ein paradiesischer Ort – für eine Orange...

Meine Themen auf der Vorwahlkampfreise sollten die sein, die jedem bekannt waren, der im Laufe der Jahre Reden und Ansprachen von mir gehört hatte: Es sei an der Zeit, die Befugnisse der Bundesregierung einzuschränken, für einen Haushaltsausgleich zu sorgen, die Steuern und den Einfluß der Regierung auf das tägliche Leben zu reduzieren und den Menschen endlich die Freiheiten zurückzugeben, die ihnen von den Bürokraten genommen worden waren.

Ich nahm mir vor, den Amerikanern im Wahlkampf zu erzählen, wie wir in Kalifornien darangegangen waren, die Verschwendung und den Mißbrauch von Sozialhilfegeldern einzuschränken, und ich versprach, Staaten und Kommunen die direkte Kontrolle über eine Vielzahl von Bundesprogrammen wie Fürsorge, Ausbildungshilfen, Wohnungsbau wiederzugeben, sie aber gleichzeitig mit den Steuermitteln auszustatten, die nötig waren, sie zu bezahlen.

Unsere erste Schlacht im Wahlkampf waren die Vorwahlen in New Hampshire Ende Februar. Ich hätte das Wochenende vor diesen Wahlen eigentlich damit zubringen sollen, den Staat von einer Ecke zur anderen zu durchqueren, aber statt dessen hatte John Sears arrangiert, daß wir New Hampshire verließen und nach Peoria flogen, wo ich Auftritte für die Vorwahlen in Illinois absolvierte. Später sagten mir Freunde in New Hampshire, daß ich durch meinen Abflug den Wählern von New Hampshire das Gefühl vermittelt hatte, ich sei überzeugt, sie längst in der Tasche zu haben, daß mir New Hampshire nicht wichtig war.

Zum Wahlsieg fehlten mir knapp 1500 Stimmen an den notwendigen 108 000. Wir verloren auch in Florida und dann die Vorwahlen in meinem Heimatstaat Illinois. Nach drei großen Einbrüchen zu einem so frühen Zeitpunkt des Wahlkampfes fing die Presse an, meine Chancen abzuschreiben – und auch meine politische Zukunft. Doch da ich mich nun einmal für das Rennen um die Nominierung entschieden hatte, wollte ich es auch durchstehen.

Ende März stand die Vorwahl in North Carolina an, und dort mußte ich einen Sieg erringen, um ein glaubwürdiger Kandidat zu bleiben. Ich war Tag und Nacht in diesem Staat unterwegs und gab in einem letzten verzweifelten Versuch eine beträchtliche Summe unseres restlichen Wahlkampffonds aus, um eine halbe Stunde Sendezeit im Rundfunk zu kaufen, in der ich kurz vor der Wahl meinen Standpunkt erläuterte.

Es wirkte. Die Rede brachte mir genügend Unterstützung, um das Steuer herumzureißen, und wir gewannen in North Carolina. Das half uns wiederum, die nötigen Gelder zusammenzubringen, um den Wahlkampf auch weiterhin finanzieren zu können. Danach gewannen wir in Texas, Alabama, Georgia, Kalifornien und einigen anderen Staaten, was zu einer Konfrontation zwischen Ford und mir auf dem Wahlparteitag in Kansas City führte.

Für den Gewinn der Nominierung waren 1140 Delegiertenstimmen nötig. Kurz vor dem Parteitag kämpften wir erbittert um die Delegierten, und ich geriet unter den zunehmenden Druck meiner mehr konservativen Anhänger, zum direkten Angriff auf Ford überzugehen.

Wenn ich auch deutlich machte, daß mir einige Dinge nicht paßten, die während seiner Amtszeit entschieden worden waren, so zum Beispiel das Zugeständnis, die Kontrolle über den Panamakanal abzugeben, den die Amerikaner gekauft und für den sie bezahlt hatten, hatte ich doch etwas dagegen, das Elfte Gebot zu verletzen. Daher weigerte ich mich, Gerald Ford anzugreifen.

Nachdem die Stimmzettel ausgezählt waren, hatten sich 1070 Delegierte für mich entschieden – also fehlten mir siebzig Stimmen zum Sieg –, während Ford 1187 errungen hatte. Er war nominiert. Ich war weit gekommen, aber nicht weit genug. Es war eine große Enttäuschung, denn ich verliere nicht gern. Doch andererseits war mir immer bewußt gewesen, daß es schwer sein würde, einen amtierenden Präsidenten herauszufordern.

Fords Leute signalisierten mir, daß ich zum Vizepräsidenten nominiert werden könnte, wenn ich wollte; aber ich hatte monatelang versichert, daß das für mich nicht in Frage kam. An der Vizepräsidentschaft war ich nicht interessiert.

Nach der Stimmenauszählung holte mich Präsident Ford auf die Bühne. Nancy und ich folgten seiner Aufforderung, und ich forderte die Delegierten auf, sich einstimmig für Ford zu entscheiden, und verpflichtete mich, ihn uneingeschränkt zu unterstützen. Es war ein aufregender und unvergeßlicher Abend.

32

Nachdem Gerald Ford in Kansas City die Nominierung gewonnen hatte, traf ich mich mit den Mitgliedern der kalifornischen Delegation und sagte: »Nancy und ich werden nun keineswegs zurückgehen, um uns in unsere Schaukelstühle fallen zu lassen und zu sagen: Das wär's dann wohl für uns!«

An diesem Tag gehörte Nancy zu denen, die Tränen in den Augen hatten. Nie hat sie versucht, mich in dieser oder jener Richtung zu beeinflussen, ob ich mich um das Präsidentenamt bewerben sollte oder nicht, aber ich wußte, daß es ihr für mich leid tat. Sie wußte, wie sehr ich es verabscheute, zu verlieren. Doch ich bin auch sicher, daß Nancy ein Gefühl der Erleichterung empfand. Nun konnten wir nach Hause fahren und unser gewohntes Leben wiederaufnehmen.

Und ich glaube, wir wußten beide auch, daß Kansas City nicht das Ende war, nicht sein konnte. Nachdem ich zehn Jahre unseres Lebens meinen Überzeugungen gewidmet hatte, konnte ich nun nicht einfach davongehen und sagen: Das interessiert mich alles nicht mehr.

Nach dem Nominierungsparteitag war ich in mehr als zwanzig Staaten auf Wahlkampfreise für Präsident Ford – und nachdem er gegen Jimmy Carter verloren hatte, fing ich wieder an, meine Zeitungsartikel und Funkmanuskripte zu schreiben. Ich warb für die Ziele der Republikanischen Partei und stellte fest, wie weit wir uns inzwischen von den Visionen unserer Gründerväter entfernt hatten. Mit Geldern, die von meinem Wahlkampf übrig waren, rief ich die Organisation Citizen for the Republic ins Leben, um mit ihrer Hilfe das Augenmerk der Öffentlichkeit auf diese Probleme zu richten.

Nach Fords Niederlage war mir klar, daß einige meiner Anhänger erneut bei mir anklopfen und mich bedrängen würden, mich 1980 erneut zur Wahl zu stellen, und das taten sie auch. Ich erklärte ihnen, daß ich mich zum augenblicklichen Zeitpunkt noch nicht entscheiden könne.

Ich wußte nicht, was ich als nächstes tun würde. Aber ich war fest davon überzeugt, daß Gott einen Plan für mich hatte und daß das, was geschehen sollte, auch geschehen würde.

Ich war nicht mehr der zögernde Kandidat, der ich 1965 und 1976 gewesen war. Ich wollte Präsident werden. Aber ich war mir auch sicher, daß es nicht von mir abhing, was nun mit mir geschah, sondern daß das eine Entscheidung der Bevölkerung war. Falls es zu einer echten Volksbewegung mit der Forderung kommen sollte, mich der Wahl zu stellen, dann würde ich es tun, aber zunächst würde ich abwarten.

Paul Laxalt wollte von mir wissen, ob er prophylaktisch mit dem Aufbau einer Wahlkampforganisation für den Fall beginnen sollte, daß ich mich positiv entschied. Dagegen hätte ich keinerlei Einwände, erklärte ich ihm, aber es müsse ganz unverbindlich bleiben. Er akzeptierte meine Bedingung und machte sich emsig an die Vorbereitung eines Wahlkampfes, der unter Umständen gar nicht stattfinden würde.

Unterdessen nahmen wir unser gewohntes Leben in Südkalifornien wieder auf und genossen es sehr. Nach der durch den Wahlkampf erzwungenen Trennung konnten wir nun auch die Kinder wieder häufiger sehen. Nancy, von Natur aus eine Nestbauerin, war unermüdlich damit beschäftigt, unser Haus in Pacific Palisades zu renovieren und umzubauen und war darüber hinaus mit dem Foster Grandparents Program beschäftigt. Wir hatten mehr Zeit denn je für die Ranch und auch mehr Muße zum Reisen. Bei einem Aufenthalt in England traf ich zufällig Justin Dart, einen jener Kalifornier, die meinem Küchenkabinett angehört hatten, und er meinte, er würde mich gern mit einer Bekannten von ihm zusammenbringen, die kürzlich zur ersten weiblichen Vorsitzenden der Konservativen Partei gewählt worden war.

Eigentlich hatte ich vorgehabt, mich nur ein paar Minuten mit Margaret Thatcher zu unterhalten, doch dann sprachen wir fast zwei Stunden lang miteinander. Sie gefiel mir auf Anhieb, war herzlich, feminin, kultiviert und intelligent. Schon bei unseren ersten Worten wurde mir klar, daß wir verwandte Seelen waren, wenn es darum ging, die Regierungsgewalt zu beschränken und den Spielraum der freien Wirtschaft zu erweitern. Auf einem Empfang am selben Abend fragte mich ein Engländer, der von unserem Zusammensein gehört hatte: »Was halten Sie von unserer Mrs. Thatcher?«

Ich erklärte, ich wäre tief beeindruckt. »Ich glaube, sie wäre eine hervorragende Premierministerin.«

Er sah mich aus den Augenwinkeln mit einer Art spöttischen Widerwillens an und wollte offenbar andeuten, daß eine solche Vorstellung schlicht absurd war. »*My dear fellow*, eine Frau als Premierminister?«

»England hatte einmal eine Königin namens Victoria, die ihre Sache gar nicht so schlecht machte«, entgegnete ich.

»Donnerwetter«, meinte er, »das hatte ich ganz vergessen.«

Selbstverständlich hätte ich nicht einmal im Traum daran gedacht, daß Margaret und ich uns wenige Jahre später als Chefs unserer jeweiligen Regierungen gegenübersitzen könnten.

Mit jedem weiteren Monat der Carter-Administration machte ich mir größere Sorgen um das, was in Washington geschah – und das, was nicht geschah.

Jimmy Carter hatte in seinem Wahlkampf versprochen, Abstriche an den Verteidigungsausgaben vorzunehmen und das in die Wege zu leiten, was die Demokraten »nationale Wirtschaftsplanung« nannten. Für mich hieß das nichts anderes, als daß die Demokraten etwas von den Prinzipien der gescheiterten Fünfjahrespläne in der Sowjetunion übernehmen wollten, daß Washington nationale Produktionszahlen festsetzen und entscheiden wollte, wo die Menschen arbeiten, was sie taten, wo sie lebten, was sie produzierten.

Auf der Wahlplattform der Demokraten war auch von einer »gerechten Verteilung von Wohlstand, Einkommen und Einfluß« die Rede gewesen – Codewörter, die für mich bedeuteten, daß das Einkommen der Menschen, die arbeiteten und produktiv waren, konfisziert werden sollte, um jenen zugute zu kommen, bei denen das nicht zutraf.

Ich gehe davon aus, daß sie gute Absichten hatten – die haben Liberale meistens –, aber unsere Wirtschaft ist eines der großen Weltwunder. Sie hat keine Meisterplaner nötig. So funktioniert so gut, weil sie auf den Prinzipien der Freiheit beruht, weil Millionen Menschen ihrer täglichen Beschäftigung nachgehen und frei darüber entscheiden, wie sie arbeiten und leben wollen, wie sie ihr Geld ausgeben, und dabei den Lohn ihrer individuellen Arbeit ernten.

Unser Land braucht keine Sozialwissenschaftler oder ökonomische Meisterplaner. Unser Wirtschaftssystem basiert auf dem Gesetz von Angebot und Nachfrage sowie dem Recht des einzelnen, die Art seiner Arbeit selbst zu bestimmen, seine Lebensweise, wo und wie er lebt – solange er damit nicht in das Recht der anderen eingreift, die gleichen Freiheiten zu genießen.

Außerdem hielt ich die Entscheidung der Regierung auf dem Gebiet der nationalen Sicherheit für höchst verhängnisvoll. Während sie unser Militärpotential immer weiter einschränkte, verloren wir überall auf dem Globus Boden an den Kommunismus, sank die Moral unserer Armee, veralteten unsere strategischen Waffensysteme. Und andererseits wurde nichts unternommen, um die Bedrohung einer atomaren Katastrophe zu verhindern, die einen Großteil der Erde innerhalb einer Stunde zerstören konnte.

Und da gab es weitere ernsthafte Probleme: Arbeitslosigkeit, Inflation, steigende Zinsen, und es sah ganz so aus, als würde die Regierungspolitik das Land in eine schwerwiegende Rezession führen.

Doch das schlimmste von allem schien mir zu sein, daß Amerika das

Vertrauen in sich selbst verlor. Es verging kaum ein Tag, an dem der Präsident dem amerikanischen Volk nicht zu verstehen gab, daß Amerika seine besten Tage hinter sich hatte, daß die Amerikaner sich damit abfinden müßten, in Zukunft mit weniger zufrieden zu sein, daß wir keineswegs mehr die Hoffnung in die Zukunft setzen dürften, die uns einst beseelt hatte, und daß wir an alldem nur uns selbst die Schuld zu geben hätten.

Im Verlauf der Monate, in denen die Probleme immer schwerwiegender wurden, erreichten mich drängende Bitten, mich um die Präsidentschaft zu bewerben; und auch ich näherte mich der Entscheidung, erneut die Wahlkampfarena zu betreten.

George Bush besuchte mich mit ein paar Freunden in Los Angeles und sagte, er gehe davon aus, 1980 für das Präsidentenamt zu kandidieren. Ich nehme an, er hätte sehr gern gehört, daß ich mich nicht bewerben würde, aber ich entgegnete ihm: »Wissen Sie, ich habe mich zwar noch nicht endgültig entschieden, aber ich könnte unter Umständen selbst kandidieren.«

Ungefähr zu dieser Zeit luden mich etwa 15 meiner konservativsten Anhänger zu einem Treffen im »Madison Hotel« nach Washington ein. Sie forderten mich auf, mich als unabhängiger Kandidat um die Präsidentschaft zu bewerben.

Sie hatten die Absicht, eine nationale konservative Bewegung ins Leben zu rufen – mit mir an der Spitze. Einige aus der Gruppe hatten mir vier Jahre zuvor das gleiche Angebot gemacht, und ich hatte abgelehnt. Diesmal sagte ich, sie wären nicht recht bei Trost. Der größte Teil der konservativ Eingestellten in Amerika seien Republikaner, betonte ich, und die würden die Partei nie zugunsten einer dritten Kraft verlassen. Falls ich je Fortschritte in der Verfolgung der Ziele machen würde, an die ich glaubte, dann nur innerhalb der Republikanischen Partei. Aber sie wollten nicht auf mich hören, also verabschiedete ich mich.

Ein paar dieser Erzkonservativen haben mir das nie vergessen. (Später hörte ich, daß etliche von ihnen daraufhin eine geheime Zusammenkunft abgehalten haben, auf der sie Alexander Haig fast überzeugt hätten, gegen mich zu kandidieren.)

Wenn ich mich zu einer Kandidatur 1980 entschloß, würde ich mich zwei neuen Problemen gegenübersehen: Ich müßte den Menschen an der Ostküste, die gegenüber allem argwöhnisch waren, was von der Westküste, besonders aber aus Kalifornien, kam, beweisen, daß ich kein Extremist war, und ich müßte mit dem Vorurteil gegen mein Alter fertig werden.

Wenn ich 1980 gewann, würde ich kurz nach der Amtseinführung siebzig Jahre alt werden und der älteste Präsident in der Geschichte der Vereinigten Staaten sein. (Doch im Grunde wäre dieser Geburtstag das 31. Jubiläum meines 39. Geburtstages. Als ich 65 geworden war, hatte ich wie Jack Benny zu witzeln angefangen, daß alle kommenden Geburtstage lediglich die Wiederkehr meines 39. Wiegenfestes seien.)

Tatsache war, daß ich mich wie 39 empfand. Ich fühlte mich auch nicht anders oder älter, als ich mich immer gefühlt hatte. Doch ich machte mir klar, daß sich die Presse unweigerlich auf mein Alter stürzen würde.

Nie habe ich Mittagsschläfchen gehalten oder mir die Haare färben lassen, was Reporter jedoch nicht davon abgehalten hat, das Gegenteil zu behaupten. (Das Gerücht, ich würde mir die Haare färben, war, nebenbei bemerkt, während meiner Zeit als Gouverneur aufgekommen. Mein Friseur erzählte mir, daß kurz nachdem ich sein Geschäft verlassen hatte, mitunter Leute bei ihm erschienen seien. Sie fragten, ob sie ein paar meiner Haare aufheben könnten, um zu sehen, ob sie an der Wurzel grau waren. Meines Wissens bin ich der erste Mensch, der wirklich froh war, als ihm endlich graue Haare wuchsen.)

Während der Zeit, in der ich mich der Entscheidung näherte, 1980 für das Präsidentenamt zu kandidieren, begann die allgemeine Verärgerung über die Besteuerung und Regierungswillkür, die ich erstmals während meiner Reisen für General Electric bemerkt hatte, sich bei Abstimmungen auszuwirken.

1978 stimmten die Wähler in Kalifornien für Proposition 13, erteilten damit Vermögenssteuern eine Absage und starteten eine Steuerzahlerrevolte in der gesamten Nation. Zu meinen Zeiten als Gouverneur hatte ich fünf Jahre zuvor eine ähnliche Bestimmung eingebracht, war aber abgewiesen worden. Die Zeit war noch nicht reif dafür gewesen. Aber jetzt begehrten die Menschen auf und versuchten, sich die Regierung vom Hals zu schaffen. Der Präriebrand, von dem ich gesprochen hatte, breitete sich tatsächlich über das Land aus, und das hätte eigentlich niemanden überraschen dürfen.

Zwischen 1960 und dem Ende der siebziger Jahre waren die Personalkosten der Bundesregierung von weniger als 13 Milliarden auf mehr als siebzig Milliarden Dollar angestiegen.

Die Gesamtausgaben der Bundesregierung waren um das Sechsfache auf mehr als 500 Milliarden Dollar geklettert, die nationalen Schulden hatten sich nahezu verdreifacht und näherten sich einer Billion Dollar. Aber während derselben Zeitspanne hatten die Bevölkerungszahlen lediglich um zwanzig Prozent zugenommen.

Die Menschen waren es leid, vier Monate im Jahr nur für ihre Steuerverpflichtungen zu arbeiten. Und die Steuern stiegen weiter. Die einzige Konsequenz dieses Systems bestand in der Tatsache, daß eine Steuer nie wieder abgeschafft wurde, wenn sie erst einmal eingeführt worden war.

In unseren Fabriken und Werkstätten verhinderten die hohen Steuern Investitionen für Neubauten und Ausstattung, höhlten die Produktivität amerikanischer Arbeiter – der besten der Welt – aus, während veraltete und restriktive Maßnahmen der Regierung die dynamischen Kräfte des freien Marktes hemmten und einschränkten.

Nach einem halben Jahrhundert, das ihnen den New Deal und die Great Society beschert und eine Regierung hervorgebracht hatte, die durchschnittlich 45 Prozent des Nationaleinkommens auffraß, hatten die Menschen einfach genug.

33

Meine Entscheidung, mich um die Präsidentschaft zu bewerben, gab ich am 13. November während einer Rede im »New York Hilton Hotel« bekannt. Unmittelbar nach der Ansprache begaben wir uns auf Wahlkampfreise nach Washington, New Hampshire, Illinois und anderen Orten. Mir wurde erzählt, daß sich der Bus mit der begleitenden Presse auf dem Weg zum Flughafen LaGuardia verfuhr.

Vielleicht war das ein Omen, denn der Wahlkampf hatte keinen sehr guten Start.

Zur Leitung des Wahlkampfes hatten wir uns hauptsächlich für das Team von 1976 entschieden, mit Paul Laxalt als Leiter und John Sears als Verantwortlichem für den täglichen Ablauf. Mike Deaver, ein enger und geschätzter Assistent aus meiner Zeit in Sacramento, kam als politischer Stratege und Zuständiger für die Geldbeschaffung an Bord. Lyn Nofziger, ein weiterer Freund aus Sacramento, wurde Pressesekretär, während Ed Meese bereit war, mir als Berater für Kernfragen des Wahlkampfes zur Verfügung zu stehen.

In den Wochen vor der Rede in New York war es in der Spitze des Teams zu Spannungen gekommen. John Sears ging dazu über, sich das Recht absoluter Kontrolle über den Wahlkampf zu sichern und einige der Leute zur Seite zu drängen, mit denen ich in Kalifornien gut zusammengearbeitet hatte. Obwohl ich intervenierte und einen Versuch unterband, Paul Laxalt als obersten Leiter des Wahlkampfes abzusetzen, wechselte John Sears Lyn Nofziger gegen einen eigenen Mann – Jim Lake – als Pressesekretär aus und setzte einen neuen Berater für Kernfragen ein – Charles Black –, nachdem er Martin Anderson hinausgedrängt hatte, einen weiteren wertvollen Berater aus Kalifornien.

Besonders mißfiel John meine Verbundenheit mit Mike Deaver und Ed Meese. Er versuchte, sie aus dem Wahlkampfstab zu boxen. Ende November, wir befanden uns gerade zwei Wochen im Wahlkampf, hatten die Spannungen und Streitigkeiten ein solches Ausmaß angenommen, daß ich beschloß, alle Beteiligten in mein Haus in Pacific Palisades einzuladen und zu sehen, ob ich die Wogen nicht glätten konnte.

Kaum angekommen, stellten mir Sears, Jim Lake und Charles Black praktisch ein Ultimatum: Mike Deaver hätte zu gehen. Sie argumentierten, er besäße zu viele Kompetenzen und würde oft den Zielen entgegenarbeiten, die sie mit ihrer Wahlkampfführung bezweckten. Das zwang mich dazu, zwischen Mike und den anderen drei wählen zu müssen, aber bevor ich etwas sagen konnte, ergriff Mike das Wort.

»Hören Sie, wenn das auf eine Entscheidung zwischen John und mir hinausläuft, können Sie es sich meiner Ansicht nach nicht leisten, John zu verlieren. Also werde ich gehen.«

Damit stand Mike auf und verließ den Raum. Er hatte geholfen, John Sears ins Team zu holen, war von dessen Fähigkeiten absolut überzeugt und nun bereit, sich selbst zu opfern.

Ich lief Mike nach und holte ihn an der Haustür ein. Ich bemühte mich, ihn zum Bleiben zu überreden, aber er meinte: »Nein, Governer, Sie brauchen John Sears mehr als mich.«

Als ich in den Raum zurückkehrte, war ich äußerst verärgert. »Verdammt noch mal«, sagte ich. »Sie haben da gerade einen Menschen in die Wüste geschickt, der vermutlich ein besserer Mann ist als Sie drei.«

Nachdem Mike gegangen war, ließen die Spannungen im Stab – für eine Weile – nach, und der Wahlkampf kam endlich in Schwung.

Als ich meine Entscheidung bekanntgab, mich um die Präsidentschaftskandidatur der Republikanischen Partei zu bewerben, war das Feld bereits gut besetzt: Mit sieben Kandidaten im Rennen sah es ganz danach aus, als würde es ein langer Wahlkampf werden.

Wie schon 1976 erklärte ich meinem Stab auch diesmal, daß ich die feste Absicht hatte, das Elfte Gebot einzuhalten: Ich würde lediglich Mitglieder der Demokratischen Partei angreifen und ansonsten versuchen, den Wählern meinen Standpunkt klarzumachen.

Ich ging davon aus, daß ich die Skepsis einiger Bewohner des Nordostens durchaus überwinden konnte, wenn ich mich ihnen stellte, ihre Fragen beantwortete und ihnen erläuterte, worum es mir ging.

Mein Alter hatte ich nie als entscheidendes Thema betrachtet. Ich konnte es jedoch auch nicht ignorieren, und um den Wählern und der Presse zu zeigen, daß ich so vital war wie jeder andere Kandidat, hielten wir uns an ein Wahlkampfprogramm, das vom frühen Morgen bis zum späten Abend dauerte. Üblicherweise war es dann so, daß Vertreter der begleitenden Presse über Erschöpfung zu klagen begannen, während wir noch frisch und munter waren. Es gab viele Nächte, in denen ich nach anstrengenden Wahlkampfauftritten über den abgedunkelten Mittelgang unseres Flugzeuges ging, während alle um mich herum fest schliefen. (Als einer meiner Anhänger scherzte, ich sei der älteste und weiseste Kandidat im Rennen, hatte ich dagegen absolut nichts einzuwenden.)

Ich lernte eine Menge darüber, wie die überregionale US-Presse über einen Präsidentschaftswahlkampf berichtet. Nach meinen Erfahrungen ging es vielen begleitenden Journalisten lediglich darum, mich bei Patzern in meinen Reden zu ertappen oder mich zu einem belanglosen Fehler bei obskuren oder unwichtigen Themen zu verleiten, die mit dem eigentlichen Wahlkampf absolut nichts zu tun hatten. Dann liefen sie befriedigt im Rudel davon und berichteten ihre identischen Stories über einen kleinen Schnitzer, vernachlässigten darüber aber andere, bedeutende Dinge, die an diesem Tag geäußert wurden, und unterließen es, die Oberfläche zu durchdringen, um Dinge zutage zu fördern, die die Unterschiede zwischen den einzelnen Kandidaten hätten deutlich machen können. Ich gewann den Eindruck, daß ihre Arbeit recht oberflächlich war.

Bis 1976 galt die Vorwahl von New Hampshire, die für gewöhnlich alle vier Jahre Mitte Februar stattfand, als erster Test der Stärke eines Präsidentschaftskandidaten. Doch in diesem Jahr war Jimmy Carter aus dem Nichts aufgetaucht und hatte sich zum überzeugenden Kandidaten dadurch gemacht, daß er während eines eintägigen Wahlfeldzuges wenige Wochen vor den Vorwahlen in New Hampshire die Mehrheit der Stimmen in vielen Gemeinden von Iowa auf sich vereinen konnte.

Als Folge davon wurden 1980 die Wahlversammlungen in Iowa, die auf den 21. Januar festgesetzt waren, als erste Bewährungsprobe der Kandidaten angesehen.

John Sears sagte, es deute alles darauf hin, daß ich mich auf einen beruhigenden Vorsprung in Iowa verlassen könne, wo sich viele Menschen noch aus meinen Rundfunktagen an mich erinnerten, daher brauche ich in diesem Staat nicht allzu viele Auftritte zu absolvieren. Er riet mir auch von der Teilnahme an einer von der *Des Moines Register and Tribune* finanzierten Diskussion ab, zu der die meisten anderen Kandidaten zugesagt hatten. Und es endete damit, daß wir lediglich eine Handvoll Alibi-Veranstaltungen absolvierten, anstatt uns darum zu bemühen, alle Kommunen in Iowa aufzusuchen, in denen die Wahlversammlungen stattfanden.

Nun, wir fanden heraus, daß das ein großer Fehler war.

George Bush lebte vor den Wahlversammlungen praktisch in Iowa (was auch ich hätte tun sollen), und er gewann mit knappem Vorsprung.

Diese Niederlage war eine große Überraschung und eine tiefe Enttäuschung für mich. Selbst nach all den Jahren, die ich in Hollywood verbracht hatte, betrachtete ich Iowa noch immer als meine Wahlheimat. Obwohl inzwischen eine lang Zeit vergangen war, seit ich dort gelebt hatte, sah ich mich als verpflanzten *Iowan* und hatte fest mit einem Sieg gerechnet. Wir hatten den Fehler begangen zu glauben, Iowa bereits in der Tasche zu haben, und in gewisser Weise war es so wie 1976 bei den Vorwahlen in New Hampshire.

Am Tag nach der Wahlversammlung stimmten die meisten der politischen Gurus darin überein, daß George Bush durch den Sieg über mich nun über genügend Stoßkraft verfügte, um die Nominierung gewinnen zu können.

Unerwartet nahmen die Vorwahlen von New Hampshire am 26. Februar die Form einer Frage von Leben oder Tod für mich an. Wenn mich Bush auch dort schlug, würde es – das war mir und jedem aus unserem Team klar – extrem schwierig werden, unsere Kampagne auf Siegeskurs zu bringen.

Die Wahlversammlungen in Iowa erinnerten mich sehr an meine Niederlage in New Hampshire vier Jahre zuvor, als ich den Staat kurz vor der Stimmabgabe aufgrund des Hinweises verließ, ich läge vorn, also brauchte ich keine Auftritte mehr zu absolvieren.

Doch diesmal, beschloß ich, würden wir diesen Fehler nicht noch einmal begehen. Mir wurde bewußt, daß ich zu sehr auf Sears' Rat gehört hatte, anstatt mich auf meinen Instinkt zu verlassen. Und ich wußte auch, daß ich eine direkte Kontrolle über den Verlauf der Kampagne übernehmen mußte.

Ich rief die Mitglieder des Teams zusammen, und wir beschlossen, uns in New Hampshire buchstäblich die Hacken abzulaufen – was wir auch taten.

Tag für Tag waren wir vom frühen Morgen bis zum späten Abend auf den verschneiten Autobahnen des Staates unterwegs. Ich redete mit jedem, der bereit war, mir zuzuhören; dann kehrten wir zu unserem Konvoi von Personenwagen und Bussen zurück und fuhren in den nächsten Ort. Selten kamen wir vor Mitternacht ins Bett.

Ich nehme an, daß die Niederlage in Iowa meinen Kämpfergeist entfacht hatte, denn auf keinen Fall wollte ich noch einmal verlieren.

Häufig habe ich mich darüber gewundert, wie sehr unser Leben durch scheinbar kleine oder irrelevante Ereignisse verändert werden kann; meins beispielsweise durch den Verlust meines Jobs bei Montgomery Ward.

In diesem Winter gab es eine flüchtige und scheinbar unwichtige Episode, die nur Sekunden dauerte und sich in der Sporthalle der High School von Nashua ereignete, von der ich aber glaube, daß sie dazu beitrug, mich ins Weiße Haus zu bringen.

In den letzten Tagen vor der Wahl in New Hampshire stimmte mit Ausnahme der anderen Kandidaten wohl jeder darin überein, daß es bei der Stimmabgabe auf ein Rennen zwischen George Bush und mir hinauslief – mit Bush in der Rolle des Favoriten.

Als der *Nashua Telegraph* dann anbot, eine Diskussion zwischen uns beiden am Sonntagabend vor der Wahl zu finanzieren, stimmten wir zu. Verständlicherweise waren die anderen Kandidaten nicht sonderlich begeistert. Einer von ihnen, Senator Bob Dole, legte bei der Bundeswahlkommission Beschwerde dahingehend ein, daß die Zeitung durch die Finanzierung der Diskussion zwischen nur zwei Kandidaten einen unerlaubten Beitrag zur Bush- beziehungsweise Reagan-Kampagne leistete.

Die Kommission teilte Doles Einschätzung. Doch statt die angekündigte Diskussionsveranstaltung ausfallen zu lassen, schlugen wir dem Bush-Lager vor, daß wir beide uns die Kosten der Veranstaltung teilten. Und als das abgelehnt wurde, boten wir an, die Summe – ein paar tausend Dollar – allein zu tragen. Da stimmten sie zu.

Ich hielt es für unfair, die anderen Kandidaten von der Veranstaltung auszuschließen, von denen die meisten an diesem Wochenende ebenfalls in New Hampshire Wahlkampf machten, und da wir inzwischen Sponsor des Abends waren, lud ich sie ein, sich an der Debatte zu beteiligen. Vier der anderen Kandidaten – Bob Dole, Howard Baker, John Anderson und Phil Crane – nahmen die Einladung an (John Connally machte gerade woanders Wahlkampf).

Als wir am Sonnabendabend die Bühne der Turnhalle der Nashua High School betraten, gab es dort einen Tisch, zwei Stühle und sechs Kandidaten.

Beim Anblick der anderen vier Kandidaten legte Jim Baker, George Bushs Wahlkampfmanager, Protest ein und erklärte, George würde so lange an der Diskussion nicht teilnehmen, bis sie gegangen waren.

Da ich sie eingeladen hatte, konnte ich seinem Wunsch kaum entsprechen. Wir befanden uns in einer ausgesprochen peinlichen Sackgasse.

George hockte wie erstarrt auf seinem Platz und sagte kein Wort, ich saß auf dem anderen Stuhl, während die anderen Kandidaten hinter mir standen – unangenehm berührt, da ihnen gerade vor zwei- bis dreitausend Zuhörern gesagt worden war, sie hätten zu verschwinden.

Das Auditorium, das nicht recht begriff, was auf der Bühne eigentlich vor sich ging, schrie und johlte, wir sollten endlich anfangen.

Ich beschloß, den Zuhörern zu erklären, was es mit der Verzögerung auf sich hatte, und wollte gerade zu sprechen beginnen.

Doch in diesem Moment rief ein Redakteur der Zeitung dem Tontechniker zu: »Schalten Sie Mister Reagans Mikrophon ab.«

Das ging mir entschieden gegen den Strich. Wir bezahlten für die Diskussion, aber er tat so, als wäre seine Zeitung noch immer der Geldgeber. Also wandte ich mich bei noch immer eingeschaltetem Mikrophon an ihn und sagte das erstbeste, was mir in den Sinn kam: »Ich zahle für dieses Mikrophon, Mister Breen.«

Meine Worte trafen das ohnehin bereits aufgeheizte Publikum wie ein Vorschlaghammer. Die Menge tobte und geriet außer Rand und Band.

Es ist gut möglich, daß ich die Diskussion, die Vorwahlen – und die Nominierung – in Nashua gewonnen habe. Nach der Veranstaltung berichteten mir meine Mitarbeiter, der Parkplatz der Sporthalle wäre mit *Bush for President*-Abzeichen regelrecht übersät gewesen.

Während der Wochen nach den Wahlversammlungen in Iowa, in denen ich mich um ein Comeback bemühte, erreichten die Streitereien und Spannungen in unserem Team aufgrund von Sears' Bemühungen, Kontrolle über unsere Wahlkampagne auszuüben, einen neuen Höhepunkt.

Ich hielt John Sears für klug und fähig, aber er reagierte wütend, wenn ich mit irgendeinem anderen als ihm über Wahlkampfangelegenheiten sprach, und verlangte weiterhin von mir, mich von Ed Meese und anderen im Stab zu trennen, die ich sehr schätzte. Ich denke auch, daß ich ihm noch immer nicht verziehen hatte, was er Mike Deaver angetan hatte, und als der Wahltag heranrückte, beschloß ich: Was genug ist, ist genug.

Die Spannungen und das Gezänk waren keineswegs die einzigen Probleme unseres Wahlkampfes: Wir hatten außerdem so viel Geld ausgegeben, daß wir in Gefahr waren, die Grenzen zu überschreiten, die von der Bundeswahlgesetzgebung gezogen sind. Und das hieß, daß uns für die wichtigen Vorwahlen im Frühjahr nicht mehr genügend Mittel zur Verfügung standen.

An der Spitze des Wahlkampfstabes war ein Wechsel fällig. Mir war klar, daß das geschehen mußte, bevor die Ergebnisse aus New Hampshire eintrafen. Denn wenn ich verlor und Sears dann von seinen Aufgaben entband, könnte man sagen, ich wollte ihn zum Sündenbock für meine Niederlage machen. Das wollte ich vermeiden.

Daher lud ich am Tag, an dem die Wähler in New Hampshire zur Abstimmung gingen, John, Jim Lake und Charles Black in mein Hotelzimmer und bat sie um ihren Rücktritt. Sie nahmen es gut auf, und ich glaube, sie wußten selbst, daß Veränderungen notwendig waren.

Ich hatte bereits Bill Casey, einen ehemaligen Vorsitzenden der Securities and Exchange Commission, den ich während des Wahlkampfes in New York City kennengelernt hatte, gebeten, den Posten des Wahlkampfleiters zu übernehmen, unsere Finanzen in Ordnung zu bringen und sicherzustellen, daß uns nicht vorzeitig die Mittel ausgingen. Ed Meese übernahm die Verantwortung für den täglichen Ablauf der Kampagne, und schon bald stießen auch Mike Deaver, Lyn Nofziger und Martin Anderson zu unserem Team. Später wurde außerdem noch Stu Spencer Mitglied der Führungsgruppe.

Wenige Stunden nach der Zusammenkunft in meinem Hotel schlossen die Wahllokale, und ich erfuhr, daß ich die New-Hampshire-Vorwahl mit 51 Prozent der Stimmen gewonnen hatte.

Im nachhinein betrachtet, war es tatsächlich der entscheidende Tag der gesamten Vorwahlkampagne für uns. Von da an, mit den von uns getroffenen Veränderungen an der Spitze, lief die Kampagne gut, und der Sieg in New Hampshire vermittelte mir soviel Auftrieb, daß ich, abgesehen von wenigen Ausnahmen, alle verbliebenen Vorwahlen in diesem Frühjahr gewann.

Kurz nach New Hampshire zogen sich bis auf George Bush alle Kandidaten aus dem Rennen zurück, und gegen Ende März gab auch er auf.

Als Nancy und ich Anfang Juli beim Nationalkonvent der Republikanischen Partei in Detroit eintrafen, sah es so aus, als stünden mehr als genug Delegierte hinter mir, und der nächste Punkt auf meinem Programm war die Suche nach einem Kandidaten für die Vizepräsidentschaft.

Noch vor unserer Landung in Detroit hatten eine Reihe von hohen Persönlichkeiten der Partei und Mitglieder meines Teams, darunter auch Paul Laxalt, über die Möglichkeit gesprochen, Gerald Ford zu bitten, mit mir zusammen in den Ring zu treten. Am ersten Tag des Wahlparteitages hatte sich diese Vorstellung bereits herumgesprochen, und jedermann nannte uns ein *dream ticket*, ein »Traumpaar«.

Natürlich hatte sich noch nie ein ehemaliger Präsident um die Vizepräsidentschaft bemüht, aber wie ich bereits anmerkte, befanden wir uns nun einmal in einer geschichtlich ungewöhnlichen Zeit, und ich äußerte meine Zustimmung.

Hinter den Kulissen sondierten Mitarbeiter meines Teams die Möglichkeit mit Leuten aus Fords engster Umgebung, und eine Zeitlang sah es danach aus, als könnte die Rechnung aufgehen. Doch dann kamen Paul Laxalt und andere aus unserem Lager von den Gesprächen mit der Mitteilung zurück, daß es mit dem Dream-ticket gewisse Probleme geben könnte.

Einige von Fords Beratern drängten ihn dazu, eine Art Co-Präsident werden zu wollen, mit wesentlich größerer Verantwortung auf außenpolitischer Ebene und anderen Gebieten, als sie einem Vizepräsidenten üblicherweise eingeräumt wird.

Nachdem Informationen über unsere geheimen Sondierungen durchgesickert waren, sprach Gerald Ford mit Walter Cronkite im CBS-Fernsehen, und während dieses Interviews deutete er ein paar der Dinge an, die ihm seine Berater vorgeschlagen hatten, und sagte, wenn der Plan durchkäme, rechne er damit, an wichtigen Entscheidungen des Weißen Hauses beteiligt zu sein. Als ich dieses Interview sah, wurde mir klar, daß es tatsächlich einige Probleme geben würde. Ich erinnere mich daran, daß ich gedacht habe: Moment mal, er redet da im Grunde von zwei Präsidenten.

Die Gespräche wurden zwar noch für ein paar Stunden fortgeführt, doch am Abend kam Ford in meine Hotelsuite und meinte: »Hören Sie, ich fürchte, das wird nicht funktionieren.«

Bis zu diesem Zeitpunkt hatte ich immer noch gedacht, es könnte vielleicht doch eine Möglichkeit geben, zu einer Einigung zu kommen. Obwohl ich mir kaum vorstellen konnte, daß er an wesentlichen Entscheidungen beteiligt wurde, so dachte ich doch, es würde bestimmte Aufgaben geben, die er aufgrund seiner Erfahrung und seines Prestiges als ehemaliger Präsident übernehmen könnte.

Doch als er in meine Suite kam, nahm er sich selbst aus dem Rennen.

Da er schon einmal Präsident gewesen sei, betonte er, verträten seine Berater die Ansicht, es sei nur recht und billig, wenn er Verantwortlichkeiten übernähme, die über das hinausreichten, was einem Vizepräsidenten für gewöhnlich zugestanden wird. Er sagte jedoch auch, daß er aus eigener Erfahrung wisse, daß das Land nicht von zwei Präsidenten regiert werden könne.

Mehrere Tage lang hatte ich damit gerechnet, daß Gerald Ford mit mir zusammen kandidieren würde, und hatte mir kaum Gedanken über einen anderen Mitbewerber gemacht. Jetzt mußte ich mich für einen neuen Kandidaten entscheiden, denn es war höchste Zeit. In der Joe Louis Arena warteten die Delegierten auf meinen Entschluß.

Die auf der Hand liegende Lösung war George Bush. Wir hatten zwar einen mitunter erbitterten Wahlkampf gegeneinander hinter uns, aber ich habe ihn persönlich immer gemocht und hatte großen Respekt vor seinen Fähigkeiten und dem breiten Spektrum seiner Erfahrung. Ich wußte auch, daß er in der Partei große Zustimmung genoß.

George und Barbara Bush wohnten mit mir im selben Hotel. Ein paar Minuten nachdem Gerald Ford meine Suite verlassen hatte, rief ich Bush an und sagte:

»George, ich bin der Ansicht, daß derjenige, der am nächsten dran war und die zweitmeisten Stimmen für die Präsidentschaftskandidatur erhalten hat, die logische Wahl für den Vizepräsidenten sein sollte. Sind Sie einverstanden?«

Ohne einen Moment zu zögern, sprach sich George dafür aus und sagte, er wäre hocherfreut, mit mir zusammen zu kandidieren.

»Okay«, sagte ich. »Dann fahre ich jetzt zum Parteitag rüber und sage den Leuten, daß ich mich für Sie entschieden habe.«

Als ich den Delegierten, die sich in der Veranstaltungshalle drängten, meine Wahl bekanntgab, sprangen sie unter donnerndem Applaus von den Sitzen. Fast wäre die Hallendecke heruntergekommen. Als George und ich da nebeneinanderstanden, schien es fast so, als könnten wir die Partei wieder einen. Dann bat ich die Delegierten, mit mir zusammen ein stilles Gebet zu sprechen.

George und ich sahen uns nun einer gemeinsamen Aufgabe gegenüber: Jimmy Carter und Walter Mondale zu schlagen.

35

Als der Präsidentschaftswahlkampf im Spätsommer 1980 einsetzte, bemühten sich die Amerikaner nun schon im zweiten Jahr, mit den unbarmherzigen Folgen einer zweistelligen Inflationsrate fertig zu werden, die ihre Ersparnisse, ihre Löhne und Gehälter aufzehrte und ihren Lebensstandard minderte. Die Kreditzinsen lagen bei über 15 Prozent und nahmen Millionen amerikanischer Familien die Chance, sich ein Haus bauen zu können. In zahllosen Gemeinden waren neben Inflationsrate und Kreditzinsen auch die Arbeitslosenzahlen zweistellig.

Auf militärischem Gebiet war unsere Nation in der ernsten Gefahr, in einer Zeit hinter die Sowjetunion zurückzufallen, in der ein ehemaliger Marineoffizier Oberbefehlshaber der Streitkräfte war. Die Sowjets modernisierten ihre Flotte sowie ihre Boden- und Lufttruppen in ungeheuerem Ausmaß. Doch bei uns konnte die Hälfte der Schiffe wegen Mangels an Ersatzteilen und Besatzung meist nicht aus den Häfen auslaufen, die Hälfte unserer Flugzeuge wegen des Fehlens von Ersatzteilen nicht starten, bestand die überwältigende Mehrheit unseres Militärpersonals aus Schulabgängern ohne ordentlichen Abschluß.

Die Sowjetunion war in Afghanistan in einen grausamen Krieg verwickelt, und der Kommunismus streckte seine Fangarme weit nach Mittelamerika und Afrika hinein aus. Im Iran wurden seit fast einem Jahr mehr als fünfzig Amerikaner unter dem Regime eines bösartigen religiösen Despoten gefangengehalten, der an die Macht gekommen war, während ein alter, loyaler Verbündeter der Vereinigten Staaten gezwungen worden war, seinen Thron aufzugeben, und unser Land nichts unternommen hatte, um ihm beizustehen.

Ich war entschlossen, Präsident Carter im Hinblick auf den Iran nicht zu kritisieren. Mir war bewußt, daß meine Äußerungen unter Umständen die Bemühungen um die Befreiung der Geiseln behindern konnten. Während meiner Zeit als Gouverneur hatte ich gelernt, daß es mitunter Dinge gibt, von denen nur der Mann an der Spitze der Regierung etwas weiß, und ich hielt es für das beste, mich da herauszuhalten. Es konnte etwas im Gange sein, von dem ich nichts wußte.

Aber ich war mit den Geschehnissen im Iran nicht glücklich. Das plötzliche Auftauchen von fanatischen islamischen Fundamentalisten im Nahen Osten war eine Entwicklung, die für jeden westlichen Regierungschef eine Herausforderung gewesen wäre, der sich um unsere strategischen Interessen in dieser Region sorgte. Es war keine leichte Situation, mit der Carter da fertig werden mußte, und für das Erwachen dieser dunklen und fanatischen Kräfte konnte er nicht verantwortlich gemacht werden.

Doch andererseits war ich davon überzeugt, daß die Carter-Administration mit ihrem Zusehen und Zögern, eine brauchbare Alternative zur Lösung der Krise anzubieten, als der Schah von Iran Anfang 1979 zur Aufgabe der Macht gezwungen worden war, selbst die Saat zu der außenpolitischen Katastrophe gelegt hatte, der sie sich später gegenübersah.

Angehörige der Schahregierung haben mir erzählt, daß dem Schah von seinen Beratern zu Beginn der Aufstände in den Straßen von Teheran 1979 erklärt worden war, wenn sie 500 Leute festnehmen dürften – von denen die meisten korrupte Geschäftsleute und Regierungsangehörige waren –, könnten die revolutionären Brände gelöscht, die Rebellion könnte beendet werden.

Doch Angehörige der US-Botschaft rieten dem Schah, nichts zu unternehmen, und er unternahm nichts. Bis zum Schluß erklärte er seinem Stab: »Die Vereinigten Staaten waren immer unsere Freunde, sie werden mich auch jetzt nicht im Stich lassen.« Er folgte also unserem Rat, wie auf den Mob zu reagieren war, und nachdem er aus seinem Land geflohen war, wollten ihn die Vereinigen Staaten nicht einmal für die medizinische Versorgung ins Land lassen, der er so dringend bedurfte. Es war eine erschreckende Behandlung für einen Mann, der mehr als 35 Jahre lang unser Freund und zuverlässiger Verbündeter gewesen war.

Zugegeben, es ist unter dem Schah zu ernsten Verletzungen der Menschenrechte gekommen. Aber er hat auch viele gute und fortschrittliche Dinge für sein Land bewirkt, er hat es ins 20. Jahrhundert geführt. Und in den Jahren vor seinem Sturz hatte der Schah begonnen, Kritik an seiner Politik zuzulassen, und sich bemüht, die Korruption zu bekämpfen, die in seinem Land so vorherrschend war und es reif für die Revolution gemacht hatte.

Die Entscheidung unserer Regierung, untätig zuzusehen, wie der Schah aus dem Land gejagt wurde, führte zur Errichtung eines despotischen Regimes in Teheran, das bei weitem schlechter und tyrannischer war als die Regierung, die es ersetzte. Und sie hinterließ, wie ich anhand persönlicher Erfahrung lernen sollte, eine Reihe von Problemen, die unser Land noch jahrelang heimsuchten.

Im Sommer und Herbst des Jahres 1980 sah sich unsere Nation mit vielen Problemen konfrontiert: der tragischen Vernachlässigung unserer Verteidigung, der hohen Arbeitslosigkeit, der kränkelnden Wirtschaft, der stetigen Expansion des Kommunismus in aller Welt, der Geiselnahme im Iran.

Doch nichts war für mich besorgniserregender als die Tatsache, daß Amerika das Vertrauen in sich selbst verloren hatte.

Uns wurde gesagt, es gäbe in unserer Nation »eine Malaise«, Amerika hätte seine besten Tage hinter sich, wir müßten mit weniger zufrieden sein, und allein das amerikanische Volk selbst sei verantwortlich für die Probleme, denen es sich gegenübersah.

Uns wurde gesagt, wir hätten unsere Erwartungen zu reduzieren, Amerika würde nie wieder so wohlhabend sein, nie wieder eine so leuchtende Zukunft haben wie zuvor.

Nun, diese Meinung teilte ich ganz und gar nicht.

Sicher, wir hatten 1980 Probleme, von denen viele in Washington hausgemacht waren. Aber ich stimmte nicht mit jenen überein, die da sagten, die Lösung bestünde in Resignation und Beschränkung. Ich konnte weit und breit keine nationale »Malaise« entdecken, ich konnte am amerikanischen Volk nichts Falsches finden.

Wir mußten unsere Träume zurückerobern, unseren Stolz auf uns selbst und unser Land, sowie den einmaligen Geist von Bestimmung und Optimismus wiedergewinnen, durch den sich Amerika schon immer von andern Ländern unterschieden hat.

Wenn ich zum Präsidenten gewählt werden sollte, würde ich alles in meiner Macht Stehende tun, um eine geistige Erneuerung in Amerika zu bewirken.

Ich glaubte daran – und wollte das auch zu einem Thema des Wahlkampfes machen –, daß Amerika die großartigsten Jahre noch vor sich hatte, daß wir uns nur auf die Dinge zu besinnen brauchten, die unser Land zum größten, reichsten und fortschrittlichsten auf Erden gemacht hatte, um entscheiden zu können, was da falsch gelaufen war, um das Land dann wieder auf den richtigen Kurs zu bringen.

Im September mieteten Nancy und ich ein hübsches Haus im Jagdgebiet von Virginia, etwa eine Stunde von Washington entfernt. Es hatte einmal Jacqueline Onassis gehört und sollte uns nun als Refugium während der letzten Wochen dienen, in denen ich im Wahlkampf durch das Land reiste.

An den wenigen Tagen, an denen ich nicht im Wahlkampf unterwegs war, hatte ich hier die Möglichkeit, über die lieblichen grünen Hügel zu reiten und gedanklich die Probleme zu lösen, denen wir uns gegenübersahen.

Mir war klar, daß es keineswegs leicht war, einen amtierenden Präsidenten an den Wahlurnen zu besiegen. Und obwohl Meinungsumfragen eindeutig darauf hinwiesen, daß die Amerikaner von der Regierung im Weißen Haus genug hatten, besaß ich inzwischen doch ausreichend politische Erfahrung, um zu wissen, daß niemand, am wenigsten der Kandidat selbst, irgend etwas für gegeben halten sollte.

Im Wahlkampf war ich darum bemüht, mich auf Dinge zu konzentrieren, die in den vergangenen vier Jahren besonders auf wirtschaftlichem Gebiet in Amerika schiefgelaufen waren, und meine Vorstellungen zu vermitteln, wie wir als Volk in gemeinsamer Arbeit unser Land wieder auf das rechte Gleis bringen konnten, um es bei der Erfüllung seiner Bestimmung voranzubringen.

Carter suchte sein Heil in einer Reihe persönlicher Angriffe auf meinen Charakter. Da ich die Überzeugung geäußert hatte, daß die einzelnen Staaten die Rechte und Möglichkeiten zurückbekommen sollten, die ihnen von der Verfassung eingeräumt werden, gab er zu verstehen, ich sei ein Rassist, der um Stimmen aus dem Süden buhlte; nachdem ich mich gegen die Ratifizierung des SALT II-Abkommens durch den Senat ausgesprochen hatte, weil ich der Meinung war, es weise besorgniserregende Schwachstellen auf und räume den Sowjets eine gefährliche Überlegenheit an atomaren Waffen ein – mir ging es dagegen um einen *echten* Waffenabbau –, reiste Carter durch das Land und behauptete, ich sei ein Kriegstreiber, der, würde er gewählt, die Welt zerstören würde.

Ich bin sicher, daß die Wähler diese falschen und häufig niederträchtigen persönlichen Attacken durchschauten. Mich machten sie jedenfalls nur noch entschlossener, ihn zu besiegen. Noch nie hat mich etwas mehr angestachelt als der Wettkampf gegen jemanden, von dem ich annahm, er kämpfe mit unlauteren Methoden.

Im Wahlkampf 1976 hatte Carter seinen »Notlagen-Index« erfunden, um Gerald Ford anzugreifen. Er hatte die Inflationsrate mit den Arbeitslosenzahlen addiert (und war auf ungefähr zwölf Prozent gekommen), nannte das Ergebnis Notlagen-Index und behauptete, kein Mensch, der dafür verantwortlich sei, hätte das Recht, erneut nach der Präsidentschaft zu greifen. Vier Jahre später erwähnte er seinen Notlagen-Index mit keinem Wort, der 1980 auf mehr als zwanzig Prozent angestiegen war.

Ich war darauf aus, Carter für eine landesweit ausgestrahlte Fernsehdiskussion zu gewinnen, aber seine Berater lehnten ab. Ende September gab es zwischen John Anderson, der sich als unabhängiger Kandidat um den Einzug ins Weiße Haus bemühte, und mir in Baltimore eine TV-Diskussion, aber Carter blieb ihr fern. Stu Spencer meinte, wenn wir ihn weiterhin zu Debatten aufforderten, würde er schließlich durch den öffentlichen Druck zur Teilnahme gezwungen. Uns war jedoch der Zeitpunkt der Diskussion entscheidend: Je näher am Wahltag, desto größer die Wirkung.

Als sich Carter schließlich zu einer Diskussion bereitfand, wurde als Termin der 28. Oktober festgesetzt, eine Woche vor der Wahl, und wir waren begeistert. Die Debatte verlief positiv für mich, und das könnte an einem einzigen kleinen Satz gelegen haben.

Er kam mir über die Lippen, nachdem Carter behauptet hatte, ich hätte mich gegen eine Gesundheitsfürsorge für Sozialhilfeempfänger ausgesprochen.

Das traf nicht zu, daher sagte ich:

»Jetzt geht das schon wieder los ...«

Ich glaube, in mir war angestaute Verärgerung über Carters Behauptung, ich sei ein Rassist und Kriegstreiber. Genauso, wie er meine Ansichten über die Rechte der einzelnen Staaten und über Waffenkontrolle verzerrt hatte, verzerrte er meine Aussagen zum Thema Gesundheitsfürsorge, und meine Reaktion platzte ganz spontan aus mir heraus.

Dem Auditorium gefiel es, und ich glaube, Carter hat die Wirkung meiner Worte noch verstärkt, indem er auf dem Fernsehschirm ein bißchen einfältig wirkte.

Für mich war das Ende der Diskussion wahrscheinlich bedeutsamer: In meiner abschließenden Erklärung fragte ich die Zuschauer, ob sie der Meinung waren, es ginge ihnen besser als vier Jahre zuvor. Wenn ja, sollten sie für meinen Kontrahenten stimmen; wenn nicht, dann hieß das, daß sie mit mir der Meinung waren, es sei Zeit für einen Wechsel.

Nach einer letzten Wahlkampfwoche kehrten Nancy und ich für die Stimmabgabe nach Los Angeles zurück, um danach die Entscheidung des amerikanischen Volkes abzuwarten. Es ist Tradition für uns, den Wahlabend bei einem Dinner mit ein paar guten Freunden im Haus von Earle Jorgensen zu verbringen, der meinem Küchenkabinett in Sacramento angehört hatte, um danach in unser Wahlkampf-Hauptquartier zu fahren und das Ergebnis zu erwarten.

Am späten Nachmittag stand ich gerade unter der Dusche, als Nancy ins Bad kam – da sie ihr Bad bereits hinter sich hatte, nur in ein Frottiertuch gehüllt – und mir über das Rauschen des Wassers hinweg zurief, ich würde am Telephon verlangt.

»Es ist Jimmy Carter«, sagte sie.

Ich drehte das Wasser ab, stieg unter der Dusche hervor, trocknete mich flüchtig ab und griff nach dem Hörer des Nebenanschlusses im Bad, während Nancy neben mir stehenblieb.

Ich hörte ein paar Minuten lang zu, dann sagte ich: »Ich danke Ihnen, Mister President.«

Ich legte den Hörer auf, sah Nancy an und sagte: »Er hat gerade seine Niederlage eingestanden. Er hat mir gratuliert.«

Spontan fielen wir einander in die Arme.

Die Wahllokale in Kalifornien würden erst in zwei Stunden schließen. Aber ich hatte in meinem Bad, gehüllt in ein Handtuch und mit tropfnassen Haaren, soeben erfahren, daß ich der vierzigste Präsident der Vereinigten Staaten von Amerika sein würde.

ZWEITER TEIL

Das erste Jahr
Ein Neubeginn

36

Am 20. Januar 1981 verließen Nancy und ich kurz vor Mittag Blair House, das Washingtoner Gästehaus für Staatsoberhäupter, und wurden durch die Tore des Weißen Hauses bis vor das Nordportal gefahren.

Jimmy und Rosalynn Carter erwarteten uns, und wenige Minuten später bestiegen er und ich traditionsgemäß ein Auto, während Nancy und Mrs. Carter in einem anderen Platz nahmen, um zu den Feierlichkeiten anläßlich der Amtseinführung zu fahren.

Während wir die Pennsylvania Avenue hinunterfuhren, war es in der Limousine sehr still. Der Präsident und ich saßen Seite an Seite. Wenn er auch höflich war, so sagte er doch kaum ein Wort, als wir uns langsam auf das Capitol zubewegten, und ich glaube, er scheute sich, mir ins Gesicht zu sehen.

Vielleicht war er erschöpft, denn er war die vergangene Nacht hindurch bemüht gewesen, die Verhandlungen zur Freilassung der Geiseln abzuschließen. Aus welchem Grund auch immer, jedenfalls war die Atmosphäre in der Limousine so kühl wie vor ein paar Tagen im Weißen Haus, als Nancy und ich dort gewesen waren, um uns zum ersten Mal die Räume anzusehen, in denen wir künftig wohnen würden. Wir hatten erwartet, daß uns die Carters durch den privaten Bereich begleiten würden, doch sie hatten sich schnell zurückgezogen und uns dem Personal des Weißen Hauses überlassen.

Damals haben Nancy und ich das als Affront betrachtet. Es wirkte sehr unhöflich. Doch heute, acht Jahre später, glaube ich, daß wir ein wenig nachempfinden können, wie sich Präsident Carter an jenem Tag gefühlt haben muß. Er hatte dem Land als Präsident gedient, hatte alle Höhen und Tiefen des Amtes durchmessen, war darum bemüht, das zu tun, was er für das Richtige hielt, und war dann durch die Stimme des Volkes aus dem Weißen Haus gewählt worden ... Es muß sehr hart für ihn gewesen sein. Eins der großartigsten Dinge der amerikanischen Demokratie besteht in der Problemlosigkeit, in der die Macht des Präsidenten weitergegeben wird, aber nachdem ich im Weißen Haus gelebt und es verlassen habe, kann ich verstehen, wie traurig der Tag für Jimmy und Rosalynn Carter gewesen sein muß.

Zum ersten Mal fand die Amtseinführung an der Westseite des Capitol statt. Bei unserer Ankunft warteten bereits Zehntausende auf dem Gelände des Capitol und drängten sich in einem großen Menschenstrom auf der Mall. Überall waren Flaggen und Fahnen. Über den Köpfen der Menschen schimmerte der helle Obelisk des Washington Monument, dahinter, am anderen Ende der Mall erstrahlte das Lincoln Memorial unter dem bewölkten Himmel wie ein herrlicher Diamant. Seitlich konnte ich die weiße Kuppel des Jefferson Memorial erblicken.

Die Denkmäler, all die Menschen – es war ein unvergeßlicher Anblick.

George Bush wurde als Vizepräsident eingeschworen, und dann war ich an der Reihe. Als ich meinen Platz einnahm, brach die Sonne warm und strahlend durch die Wolken. Ich spürte ihre Wärme auf meinem Gesicht, als ich mit meiner Hand auf der Bibel meiner Mutter den Amtseid leistete, die bei der Zweiten Chronik aufgeschlagen war, Kapitel 7, Vers 14: »Wenn mein Volk sich demütigt, das nach meinem Namen genannt ist, daß sie beten und mein Angesicht suchen und sich von ihren bösen Wegen bekehren werden, so will ich vom Himmel hören und ihre Sünde vergeben und ihr Land heilen.«

Daneben hatte meine Mutter – Gott habe sie selig – geschrieben: »Ein ganz wundervoller Vers zur Gesundung der Nationen.«

Da das Thema so viele Amerikaner direkt betraf, widmete ich einen großen Teil meiner Amtseinführungsrede der Wirtschaftslage:

> Die wirtschaftlichen Nöte, unter denen wir leiden, haben sich im Verlauf mehrerer Jahrzehnte angehäuft. Sie sind nicht in Tagen, Wochen oder Monaten zu beseitigen, aber sie sind zu beseitigen. Sie sind zu beseitigen, weil wir Amerikaner heute wie in der Vergangenheit die Fähigkeit haben, das zu tun, was immer nötig ist, um diese letzte und bedeutendste Bastion der Freiheit zu schützen. In der gegenwärtigen Krise ist Regieren nicht die Lösung, es ist ein Problem. Von

Zeit zu Zeit waren wir versucht zu glauben, die Gesellschaft sei zu komplex geworden, um sich durch Selbstbestimmung regeln zu können, und daß das Regieren einer Elitegruppe der Selbstregierung des Volkes überlegen sei. Doch wenn niemand unter uns dazu fähig ist, sich selbst zu regieren, wer von uns besäße dann die Fähigkeit, andere zu regieren? Wir alle, inner- und außerhalb der Regierung, müssen diese Last gemeinsam tragen ... Es ist meine feste Absicht, Umfang und Einfluß der Bundesbehörden zu beschränken und eine deutliche Unterscheidung zwischen den Befugnissen zu fordern, die der Bundesregierung zustehen, und jenen, die den einzelnen Staaten oder den Menschen vorbehalten sind. Wir dürfen nicht vergessen, daß die Bundesregierung nicht die Staaten geschaffen hat, sondern daß es die Staaten gewesen sind, die die Bundesregierung geschaffen haben ... Ich habe vor, die Hindernisse zu beseitigen, die den Gang unserer Wirtschaft verlangsamt und unsere Produktivität reduziert haben. Es werden geeignete Schritte unternommen werden, um das Gleichgewicht zwischen den verschiedenen Ebenen der Regierung wiederherzustellen.

Wir mögen langsam vorankommen, eher zentimeterweise denn mit Siebenmeilenstiefeln, aber wir werden vorankommen. Es ist Zeit, den Industriegiganten wiederzuerwecken, der Regierung ihre eigentliche Bedeutung wiederzugeben und unsere extrem hohe Steuerlast zu erleichtern. Das werden unsere Prioritäten sein, und bei ihrer Durchsetzung wird es keinerlei Kompromisse geben ...

Meine Rede beendete die Feierlichkeiten, und wir begaben uns ins Capitol zum Essen mit Kongreßmitgliedern und anderen Gästen. Auf dem Weg zum Lunch hielt ich im President's Room des Capitol inne und führte meine erste offizielle Amtshandlung als Präsident aus: Ich unterzeichnete eine Durchführungsverordnung zur Aufhebung der Preiskontrolle für Öl und Benzin. Damit lieferte ich meinen ersten Beitrag dazu, die Wirtschaft von restriktiven bürokratischen Bestimmungen zu befreien.

Während des Essens konnte ich verkünden, daß Präsident Carters Bemühungen, die 52 Amerikaner zu befreien, die 444 Tage lang als Geiseln in Iran festgehalten worden waren, erfolgreich ausgegangen waren und daß sich das Flugzeug mit den Geiseln nicht mehr in iranischem Luftraum befand. Jimmy Carter war bereits auf dem Heimweg nach Georgia, und ich wünschte mir sehnlichst, er hätte diese Ankündigung machen können.

Nach dem Essen fuhren wir zurück zur Pennsylvania Avenue und nahmen unsere Plätze auf einer Tribüne ein, die auf dem Rasen vor dem Weißen Haus errichtet worden war. Dort sahen wir uns die Parade zur Amtseinführung an. Eine der Kapellen kam von der Dixon High School, und einen Moment lang sah ich die Schule vor mir, die Hauptstraße in Dixon, den Lowell Park und die grünbewachsenen Felsen am Rock River.

Dann, nach Ende der Parade, gingen Nancy und ich auf das Portal des Weißen Hauses zu.

Mit seinem Eisengitterzaun und den großzügigen Rasenflächen hatte das große weiße Gebäude schon immer eine mystische, fast religiöse Aura für mich gehabt. Zum ersten Mal hatte ich es als Teilnehmer einer Delegation von Arbeiterführern aus der Filmindustrie betreten, als Harry Truman Präsident gewesen war. Und dann war ich wieder als Gouverneur hier gewesen, als Lyndon Johnson und danach Richard Nixon Präsidenten waren. Doch nichts hatte Nancy oder mich auf die Gefühle vorbereitet, die wir empfanden, als wir das Weiße Haus zum ersten Mal als rechtmäßige Bewohner betraten.

Wir gingen durch das Vorderportal und betraten den State Floor, den Teil des Hauses, der der Öffentlichkeit zugänglich ist. Dann fuhren wir mit dem Fahrstuhl in den zweiten Stock, in die Räume, in denen wir künftig leben würden.

Als sich die Türen des Fahrstuhls wieder hinter uns schlossen, standen wir in einer riesigen langen Halle mit einer sehr hohen Decke, die sich fast über die gesamte Länge des Weißen Hauses erstreckt. Durch einen Bogengang an der Westseite der Halle konnten wir in unseren neuen Wohnraum blicken; erstaunlicherweise waren unsere Möbel aus Kalifornien bereits eingetroffen und hießen uns mit ihrer Vertrautheit willkommen. Das war das erste Beispiel für die vielen kleinen Wunder, die wir später vom Personal des Weißen Hauses fast gewohnt waren.

Ich glaube, daß mir erst in diesem Augenblick, als Nancy und ich Hand in Hand durch die große Central Hall gingen, wirklich bewußt wurde, daß ich Präsident war. Da waren die Wahl und die Wahlnacht-Parties gewesen, die wochenlangen Planungen für meine Administration, die Stunden, die ich damit zugebracht hatte, mein Kabinett zusammenzustellen, der Glanz der Amtseinführung... Aber erst in diesem Moment konnte ich das ganze Ausmaß dessen einschätzen, was mit mir geschehen war.

Vielleicht war es der Anblick unserer Möbel, der das bewirkte. Vielleicht hatte es aber auch damit zu tun, daß ich angesichts der Kapelle der Dixon High School an meine Kindheit erinnert worden war. Die Intensität des Gefühls, das wir in diesem Augenblick empfanden, ist kaum zu beschreiben. Es traf uns mit einer Wucht, die uns beiden die Augen feucht werden ließ.

Seit ich ein Kind war, hatte ich die Verehrung der meisten Amerikaner für dieses historische Gebäude geteilt. Damals in Dixon hatte ich mir als Junge vorzustellen versucht, wie es im privaten Bereich des Weißen Hauses wohl aussehen mochte, aber es wäre mir doch selbst im Traum nicht eingefallen, daß ich dort einmal wohnen könnte. Doch nun waren wir durch das Hauptportal gekommen, hatten einen Fahrstuhl betreten und sollten hier leben – zumindest für vier Jahre.

Wenn ich das geschafft habe, dachte ich, dann hat tatsächlich jedes Kind in Amerika die Möglichkeit, es zu schaffen.

Noch immer Hand in Hand gingen Nancy und ich weiter durch die Räume im zweiten Stock, die unser neues Zuhause waren. Fast konnten wir die Anwesenheit all jener spüren, die hier einmal gelebt hatten: Roosevelt, Truman, Eisenhower, Wilson, besonders Lincoln, dessen Schlafzimmer noch genauso eingerichtet ist wie zu der Zeit, als er im Weißen Haus gelebt hat. In ihm steht auch ein übergroßes hölzernes Bettgestell, das seine Frau Mary nach dem Attentat für ihn anfertigen ließ. Abraham Lincoln ist gestorben, ohne ins Weiße Haus zurückgekehrt zu sein. Neben Lincolns Schlafzimmer, mit einer Tür gegenüber der großen Treppe, ist der Treaty Room. Seine Wände sind mit historischen Abkommen und Dokumenten vollgehängt, darunter auch der Deklaration zur Befreiung der Sklaven. Auf der Südseite der großen Halle der Präsidentenwohnung befindet sich das formelle Wohnzimmer, ein neun mal zwölf Meter großes Oval, das sich zum Truman-Balkon öffnet. Obwohl uns bewußt war, daß wir uns für die abendlichen Festlichkeiten zur Amtseinführung umziehen sollten, konnte sich Nancy kaum eines Gefühls der Unwirklichkeit erwehren, als wir von Raum zu Raum gingen.

Später warf ich einen Blick in das Oval Office – zum ersten Mal als offizieller Benutzer. Ich spürte, wie sich eine Last auf meine Schultern legte. Ich sagte ein Gebet und erflehte Gottes Beistand für meine neue Aufgabe.

Am Abend tanzten wir uns auf zehn verschiedenen Bällen, die anläßlich der Amtseinführung überall in Washington abgehalten wurden, fast die Füße wund. Dann verbrachten Nancy und ich unsere erste Nacht im Weißen Haus.

Am nächsten Tag waren die Feiern vorüber, es ging an die Arbeit. Ich war mit einem festen Programm nach Washington gekommen und begierig darauf, es in die Tat umzusetzen.

37

Ich weiß nicht, was ich erwartet hatte, aber mein erster Vormittag im Oval Office war von verblüffender Vertrautheit. Er erinnerte mich stark an mein Amt als Gouverneur. Auf meinem Schreibtisch lag der Kalender mit den Terminen des Tages: Es waren Zusammenkünfte mit dem Kabinett, meinem Stab und Parlamentariern vorgesehen. Und vor meiner Tür befanden sich Ed Meese, Mike Deaver und andere, mit denen ich in Sacramento zusammengearbeitet hatte. Und es gab weitere Ähnlichkeiten: Genau wie ich zu einem Zeitpunkt nach Sacramento gekommen war, als sich der Staat der schlimmsten Finanzkrise seit Jahrzehnten gegenübersah, kam ich nun ins Weiße Haus zu einer Zeit, in der das Land das durchmachte, was viele Ökonomen die größte wirtschaftliche Krisensituation seit der Depression nannten.

Von vorrangiger Dringlichkeit war es, die zweistellige Inflationsrate, die Arbeitslosigkeit und den Eckzinssatz von 21,5 Prozent in den Griff zu bekommen, den höchsten seit dem Bürgerkrieg.

Wie schon betont, war ich davon überzeugt, daß vor allem die jahrzehntelange Politik der Bundesregierung für diese Mißstände verantwortlich war. Obwohl ich wußte, daß wir die Lage nicht über Nacht ändern konnten, wollte ich doch zumindest damit beginnen, diese Fehler zu korrigieren, und jetzt bot sich mir die Gelegenheit dazu. Bereits am Tag nach der Wahl hatte ich mit meinen Beratern damit begonnen, einen Plan zur Gesundung der Wirtschaft auszuarbeiten. Und am Morgen nach der Amtseinführung, auf unserer ersten Kabinettssitzung sowie bei einem Treffen mit Fachleuten, die ich damit beauftragt hatte, die Wirtschaftspolitik zu koordinieren, begannen wir damit, diesen Plan auch in die Wirklichkeit umzusetzen.

Seine Grundlage war eine Steuerreform, eine umfassende Senkung der föderalen Einkommenssteuersätze. Ich war ganz einfach der Ansicht, wenn wir die Steuern und den Anteil des Nationaleinkommens reduzierten, den Washington einsteckte, müßte die Wirtschaft einen Auftrieb erhalten, der die Inflation, die Arbeitslosenzahlen und die Zinsen herunterdrücken würde. Darüber hinaus würde es zu einer solchen Expansion ökonomischer Aktivität kommen, daß es schließlich eine Nettozunahme beim Steueraufkommen geben würde, wovon die wichtigen Regierungsaufgaben bezahlt werden konnten.

Exzessive Steuersätze waren das Kernproblem. Der islamische Philosoph Ibn Chaldun schrieb im 14. Jahrhundert über die Steuern in Ägypten: »Zu Beginn der Dynastie erzielt die Besteuerung hohe Einkünfte aus niedrigen Abgaben. Gegen Ende der Dynastie erzielt die Besteuerung kleine Einkünfte aus hohen Abgaben.« Mit anderen Worten: Wenn die Steuersätze niedrig gehalten werden, sind die Einkünfte hoch; werden sie hoch veranlagt, sind die Einkünfte niedrig.

Während des Wahlkampfes 1980 kam ein neuer Begriff in Mode: Angebotswirtschaft. Man sagte, ich hätte mir diese Theorie zu eigen gemacht, und etliche Ökonomen beanspruchten die Ehre für die Erfindung dieser Prinzipien, von denen sie behaupteten, ich hätte sie als Grundlage meines Planes zur Gesundung der Wirtschaft übernommen.

Um es ganz klar zu sagen: Das trifft nicht zu.

Auf dem Eureka College hatte ich Wirtschaftswissenschaften als Hauptfach, aber ich glaube, daß mich meine Erfahrungen mit den Steuergesetzen in Hollywood mehr über praktikable Wirtschaftstheorien gelehrt haben, als ich je in einem Hörsaal hätte vermittelt bekommen können, und meine Ansichten über eine Steuerreform entsprangen nicht dem, was man Angebotswirtschaft nannte.

Auf dem Höhepunkt meiner Karriere bei Warner Brothers wurde ich in die 94-Prozent-Kategorie eingestuft. Das hieß, daß ich von einer bestimmten Grenze an von jedem Dollar, den ich verdiente, nur sechs Cent bekam, während die Regierung den Rest einheimste. Die IRS steckte einen so großen Brocken meines Einkommens ein, daß ich mich nach einer Weile fragte, ob es sich denn überhaupt noch lohne, eine Filmarbeit zu übernehmen. An einem solchen System kann doch einfach etwas nicht stimmen. Wenn man einen so hohen Prozentsatz seines Einkommens abführen muß, sinkt der Anreiz zur Arbeit. Dann sagt man nicht: Ich muß mehr Filme machen, sondern man sagt: Ich arbeite doch nicht für Cents von jedem Dollar. Doch wenn ich mich dazu entschloß, weniger zu arbeiten, dann bedeutete das auch, daß andere Menschen im Studio mit niedrigeren Steuerklassen ebenfalls weniger arbeiteten. Diese Konsequenz setzte sich fort, und es standen immer weniger Jobs zur Verfügung. Ich erinnere mich an eine Szene in dem Knute-Rockne-Film, in dem nur ein Farmer und ein Pferd auftraten: Die Dreharbeiten für diese Szene garantierten immerhin siebzig Menschen einen Arbeitsplatz.

Und das Prinzip, das meine Überlegungen beeinflußte, gilt für Menschen in allen Steuerklassen. Je mehr Steuern die Regierung verlangt, desto weniger Motivation zur Arbeit haben die Menschen. Welcher Bergmann oder Fließbandarbeiter ist über das Angebot von Überstunden begeistert, wenn er weiß, daß Uncle Sam sechzig oder mehr Prozent von seinem Extraverdienst einsteckt?

Das Prinzip gilt auch für Körperschaften und kleine Unternehmen: Wenn ihnen die Regierung die Hälfte ihres Gewinns oder mehr wegnimmt, sinkt der Antrieb zur Profitmaximierung. Eigentümer und Geschäftsführer treffen aus dem Wunsch heraus, die Steuer zu umgehen, unangemessene Entscheidungen. Sie halten Ausschau nach Steueroasen und Hintertürchen, die zum Wachstum unserer Wirtschaft absolut nichts beitragen. Ihre Unternehmen expandieren nicht so schnell, wie sie könnten, sie investieren weniger in neue Produktionsstätten und Maschinen, und sie stellen weniger Arbeitskräfte ein.

Jedes System, das den Erfolg und die Leistung bestraft, ist falsch. Jedes System, das die Arbeit behindert, die Produktivität behindert, den wirtschaftlichen Fortschritt behindert, ist falsch.

Wenn man aber die Steuersätze senkt und den Menschen gestattet, mehr von ihrem Einkommen zu sparen oder auszugeben, dann werden sie arbeitsamer, verspüren den Anreiz, mehr zu arbeiten. Und das Geld, das sie verdienen, ist Treibstoff für die große ökonomische Maschine, die unseren nationalen Fortschritt antreibt. Das Ergebnis: Mehr Wohlstand für alle und mehr Einkünfte für die Regierung.

Einige Ökonomen nennen dieses Prinzip Angebotswirtschaft. Ich nenne es einfach gesunden Menschenverstand.

Schon immer habe ich die Regierung für einen Organismus mit unersättlicher Gier nach Geld gehalten, und ich war fest davon überzeugt, daß er weiterwachsen wird, solange nichts unternommen wird, um ihn verkümmern zu lassen. Mit der Steuersenkung wollte ich nicht nur einen Anreiz für die Wirtschaft schaffen, sondern auch das Wachstum der Regierung beschneiden und ihre Eingriffe in das Wirtschaftsleben des Landes reduzieren.

Übrigens sind der Philosoph Chaldun und ich nicht allein der Auffassung, daß niedrigere Steuern zu höheren Staatseinkünften führen. Präsident John F. Kennedy sagte 1962: »Unsere eigentliche Entscheidung liegt nicht zwischen einer Steuersenkung auf der einen und dem Vermeiden höherer Bundesdefizite auf der anderen Seite. Es wird zunehmend deutlicher, daß unabhängig davon, welche Partei an der Macht ist, solange die Belange unserer nationalen Sicherheit höhere Ausgaben verlangen, eine durch restriktive Steuersätze behinderte Wirtschaft nie genügend Einkünfte hervorbringen wird, um den Etat auszugleichen – ebensowenig, wie sie ausreichend Arbeitsplätze schaffen oder genügend Gewinne erzielen wird. Kurz gesagt ist es die paradoxe Wahrheit, daß die Steuersätze heutzutage zu hoch und die Steuereinnahmen zu niedrig sind. Und die beste Art, die Steuereinkünfte auf lange Sicht zu erhöhen, besteht in einer Senkung der Steuersätze.«

Glücklicherweise errang unsere Partei bei den Wahlen 1980 die Mehrheit im Senat. Im Repräsentantenhaus sahen wir uns jedoch mit einer Mehrheit der Demokraten konfrontiert, die entschieden andere Ansichten über eine Steuersenkung und eine Reduzierung der Regierungsrolle hatte.

In Sacramento habe ich durch Erfahrung gelernt, wie notwendig es war, zu meinen Opponenten in der Legislative eine effektive Arbeitsbeziehung aufzubauen, ganz unabhängig von unseren politischen Gegensätzen. Wenige Tage nach der Amtseinführung lud ich Tip O'Neill, den Präsidenten des Repräsentantenhauses, zu mir ins Weiße Haus ein.

Er war voll irischer Offenherzigkeit, ein großer Geschichtenerzähler, und ich mochte ihn. Aber es war nicht zu übersehen, daß er ins Oval Office gekommen war, um mir klarzumachen, wie die Dinge in Washington liefen.

»Sie sind ja jetzt in der Oberliga«, stellte er fest.

Nun waren ja meine acht Jahre als Gouverneur des größten Staates der Union auch nicht gerade Kreisklasse gewesen. Ich fände, ich hätte schon geraume Zeit in der Oberliga gespielt, entgegnete ich ihm.

Wir kamen darin überein, unser Bestes zu versuchen, um gut miteinander auszukommen, da wir nun einmal zusammenarbeiten mußten. Trotzdem unternahm Tip nichts, um die Tatsache zu bemänteln, daß er der festen Überzeugung war, ich sei nach Washington gekommen, um all das zu demontieren, an das er fest glaubte – Dinge, für die er und andere Demokraten jahrzehntelang gekämpft hatten, angefangen mit dem New Deal.

Für ihn war ich ein Feind. Und ich nehme an, daß er von seinem Standpunkt aus durchaus recht hatte.

Meine Erfahrungen in Sacramento hatten mir gezeigt, daß viele liberale Politiker mit fast religiöser Inbrunst an ihre Sache glauben und bereit sind, mit harten Bandagen – und anderen Mitteln – um sie zu kämpfen. In Washington war es nicht anders. Ich war erst wenige Tage im Oval Office, als ich in einen solchen Kampf verwickelt wurde. Es ging darum, daß ich den Kongreß davon überzeugen wollte, die Höchstgrenze der nationalen Verschuldung anzuheben. Aufgrund der exzessiven Ausgabenpolitik der Vergangenheit war es jedem in Washington klar, daß diese Grenze angehoben werden mußte, da das Land sonst bankrott gewesen wäre und seine Rechnungen nicht hätte zahlen können. Aber beispielhaft für jene Spiele, die sie, wie ich später erfahren sollte, ständig spielten, versuchten viele Demokraten in der Öffentlichkeit den Eindruck zu erwecken, daß der Neue im Weißen Haus als erstes die Staatsverschuldung erhöhen wollte, obwohl er sich im Wahlkampf verpflichtet hatte, die Defizite des Landes zu senken. Es war ein neues Exempel dafür, daß der Kongreß vor dem Neuling im Weißen Haus die Muskeln spielen ließ. Nach einer großen Show des Zögerns und Zauderns gaben die Demokraten schließlich nach und stimmten dafür, die Verschuldungsgrenze anzuheben. Später stellte ich fest, daß sich diese Szenarien alljährlich abspielten: Der Kongreß bewilligte Gelder, die das Bundesdefizit in atemberaubende Höhen trieben, weigerte sich dann aber, die Schuldengrenze anzuheben. Sie wollten die Öffentlichkeit glauben machen, es sei der republikanische Präsident, nicht der Kongreß, der für höhere Ausgaben sorgte.

Die wichtigste Lektion, die ich in Sacramento gelernt hatte, war die Nützlichkeit des Verfahrens, sich vor entscheidenden Abstimmungen direkt an die Bevölkerung zu wenden. Im Fernsehen oder im Rundfunk machte ich die Menschen mit den anstehenden Problemen vertraut und bat sie darum, die Parlamentarier dazu zu bringen, so abzustimmen, wie *sie* es wollten und nicht eine x-beliebige Interessengruppe. Ich hatte die Absicht, als Präsident das gleiche Verfahren anzuwenden. Es hatte in Sacramento gewirkt, also ging ich davon aus, daß es in Washington ebenfalls wirkte.

In einer landesweit vom Fernsehen übertragenen Ansprache erklärte ich den Amerikanern Anfang Februar, daß es gewisse Zeit dauern würde, all die Probleme zu bewältigen, die sich im Verlauf von Jahrzehnten angesammelt hatten, daß wir es aber schaffen könnten, wenn wir alle zusammenarbeiteten: »Sie müssen einsehen, daß es keine Patentlösung gibt ... Aber wir dürfen den Start eines Wirtschaftsprogramms nicht hinauszögern, das sowohl darauf abzielt, die Steuersätze zu senken, um die Produktivität anzukurbeln, als auch den Umfang der Regierungsausgaben zu reduzieren, damit Arbeitslosigkeit und Inflation abnehmen.«

Im Kongreß reichte ich eine Gesetzesvorlage ein, die eine lineare Steuersenkung von dreißig Prozent über einen Zeitraum von drei Jahren vorsah. Unterdessen starteten wir ein Programm unter der Federführung von Vizepräsident Bush, bei dem es darum ging, überflüssige Regierungsauflagen für die Wirtschaft zu reduzieren. Nach der Fernsehansprache stimmten Tip O'Neill und andere Steuerfreunde im Kongreß ein großes Geschrei an, und ich wußte, wir mußten auf ein Gefecht gefaßt sein. Wenige Tage später enthüllten wir unseren Plan, Milliarden an Bundesausgaben dadurch zu sparen, daß wir überflüssige Behörden, Dienststellen und Sonderprogramme strichen – ein Anfang, das Achtzig-Milliarden-Dollar-Haushaltsdefizit zu senken, mit dem sich die Bundesregierung alljährlich konfrontiert sah –, und die Demokraten schrien erneut auf und schlugen statt dessen drastische Kürzungen am Verteidigungsetat vor. Nun, ich dagegen war entschlossen, die Militärausgaben zu *erhöhen*, um die Folgen der jahrelangen Vernachlässigung unserer Streitkräfte auszugleichen.

Führende Persönlichkeiten aus dem Pentagon berichteten mir erschreckende Einzelheiten darüber, wie die Sowjets militärisch zu uns aufschlossen, sowohl auf nuklearem wie auf konventionellem Sektor. Sie gaben jedes Jahr fünfzig Prozent mehr für Waffen aus als wir, während der Sold für die Angehörigen unserer Streitkräfte mittlerweile so niedrig war, daß manche verheirateten Männer und Frauen Anspruch auf Fürsorgeunterstützung hatten. Viele Soldaten schämten sich so, daß sie ihre Zivilkleidung anlegten, sobald ihr Dienst beendet war.

Ich erklärte den Oberbefehlshabern der einzelnen Waffengattungen, daß ich alles Notwendige in die Wege leiten würde, damit unsere Frauen und Männer wieder stolz sein konnten, ihre Uniform zu tragen. Außerdem wollte ich von ihnen erfahren, welche Waffensysteme sie brauchten, um die militärische Überlegenheit über unsere potentiellen Feinde zu erlangen. Ich wußte, daß es teuer und schwierig sein würde, die Folgen der Jahre der Vernachlässigung auszugleichen. Aber im Wahlkampf hatten mir die Amerikaner immer wieder gesagt, daß ihnen nichts wichtiger sei als unsere nationale Sicherheit. Wenn ich im Land für einen ausgeglichenen Etat warb, stieß ich regelmäßig auf die Frage: »Aber was ist, wenn das auf eine Entscheidung zwischen dem Defizit und unserer nationalen Sicherheit hinausläuft?«

Und jedesmal erwiderte ich: »Ich würde mich für die Sicherheit entscheiden.« Ich bekam ausnahmslos donnernden Applaus. Niemand wollte, daß unser Land von einer zweitklassigen Armee, Marine oder Luftwaffe verteidigt wurde.

Mir ging es um einen ausgeglichenen Etat. Mir ging es aber auch um Frieden durch Stärke. Mein Vertrauen lag bei den Steuerreformen, und ich war überzeugt, daß wir in zwei oder drei Jahren einen ausgeglichenen Haushalt haben würden – spätestens 1984.

38

Eine Woche nach der Amtseinführung veranstalteten wir auf dem Rasen vor dem Weißen Haus eine Feier zur Heimkehr der 52 Geiseln, die endlich – Gott sei Dank – aus ihrer langen Gefangenschaft in Iran befreit worden waren. Es nahmen auch die Angehörigen der acht Männer daran teil, die bei dem erfolglosen Versuch unter der letzten Administration, die Geiseln zu befreien, ihr Leben verloren hatten. Ein Ehepaar hatte seinen einzigen Sohn verloren, und als ich in ihre Gesichter sah, hatte ich Mühe, die richtigen Worte zu finden, um sie zu trösten.

Für den Rest des Tages hatte ich einen Kloß im Hals. Bedauerlicherweise sollte es nicht das einzige Mal sein, daß ich mich bemühen mußte, die Familien von Männern und Frauen zu trösten, die für unser Land gestorben sind. An diesem Morgen wurde ich mit der schlimmsten Aufgabe meines Amtes bekannt gemacht.

Die algerischen und Schweizer Vermittler, die an unserer Stelle mit den Iranern über die Freilassung der Geiseln verhandelt hatten, berichteten, daß die letzten Unterredungen von der Sorge auf iranischer Seite beherrscht gewesen wären, mit der neuen Regierung verhandeln zu müssen. In den Wochen vor der Inauguration hatte ich mich dazu hinreißen lassen, öffentlich ein paar unangenehme Dinge über den Ayatollah Chomeini zu sagen. Damit hoffte ich, ihn dazu zu bringen, die Verhandlungen abzuschließen, bevor wir nach Washington kamen. Unter anderem habe ich sie einmal als Barbaren bezeichnet. Ob das etwas damit zu tun hatte, daß die Geiseln am Tag der Amtseinführung freikamen, weiß ich nicht, aber noch war unsere Aufgabe nicht beendet. Kurz vor der Freilassung der Geiseln war eine amerikanische Autorin in den Iran gefahren und bei ihrer Ankunft in Teheran unter Spionageverdacht festgenommen und ins Gefängnis eingeliefert worden.

Als die Geiseln frei waren, erkundigte ich mich und stellte fest, daß die Autorin nicht unter ihnen war. Ich forderte das Außenministerium auf, die algerischen und Schweizer Diplomaten zu bitten, ein letztes Mal für uns tätig zu werden und den Iranern gegenüber anzudeuten, die neue Administration in Washington könnte wahrscheinlich bereitwilliger sein, die Vereinbarung der Carter-Regierung einzuhalten, jene Gelder freizugeben, die auf amerikanischen Banken eingefroren waren, wenn die Autorin freigelassen werde. Darüber ließen wir nie etwas in der Öffentlichkeit verlauten. Ein paar Tage später war sie frei.

Schon lange vor meinem Einzug ins Oval Office hatte ich eine sehr einfache Ansicht im Hinblick darauf, was unsere Nation tun sollte, falls ein Amerikaner im Ausland gegen seinen oder ihren Willen gefangengehalten wurde: Wenn einem unserer Mitbürger, selbst dem geringsten unter uns, ohne eigenes Verschulden das Leben, Freiheit und das Streben nach Glück verwehrt wurden, war es unser aller Aufgabe, alles zu tun, um diese Rechte wiederherzustellen – ganz egal, was es uns abverlangte und wo auch immer in der Welt dieser Bürger gefangengehalten wurde. Diese Politik habe ich als Präsident acht Jahre lang verfolgt.

Während des Wahlkampfes hatte ich geheime Informationen über vielfältige Probleme erhalten, denen sich unser Land international gegenübersah, aber als Präsident bekam ich jeden Morgen wesentlich detailliertere Berichte über die Weltlage, und sie machten mich mit neuen Problemen und großen Chancen für das Land bekannt.

Ich erfuhr, daß sich die sowjetische Wirtschaft in einer noch schlechteren Lage befand, als ich angenommen hatte. Es war schon immer meine Überzeugung gewesen, daß der Kommunismus als Wirtschaftssystem zum Scheitern verurteilt war. Es ging nicht nur darum, daß ihr die Anstöße des Freien Marktes fehlten, die die Menschen motivierten, hart zu arbeiten und Leistungen zu bringen – die ökonomische Antriebskraft, die Amerika großen Wohlstand gebracht hatte –, sondern die Geschichte bewies auch immer wieder, daß jeder totalitäre Staat, der seinem Volk Freiheit und Entscheidungsmöglichkeiten verwehrte, letztlich zum Untergang verurteilt gewesen ist. Die bolschewistische Revolution hatte ganz einfach eine Erbherrschaft durch eine selbsternannte ersetzt – die Sowjetführung –, und die konnte wie ihre Vorgängerin gegen den natürlichen Drang der Menschen, frei zu sein, nicht überleben.

Inzwischen lieferten die Wirtschaftsstatistiken und Geheimdienstinformationen, die ich auf meinen täglichen Zusammenkünften mit dem Nationalen Sicherheitsrat erhielt, greifbare Beweise, daß sich der Kommunismus dem Zusammenbruch näherte, nicht nur in der Sowjetunion, sondern überall im Ostblock. Die sowjetische Wirtschaft war ein Flickwerk, kam gerade so über die Runden, zum Teil wegen der immensen Ausgaben für Waffen. In Polen und anderen Ostblockstaaten befand sich die Wirtschaft in einem trostlosen Zustand, und es kam zu nationalem Aufbegehren innerhalb des sowjetischen Herrschaftsbereiches.

Man mußte sich fragen, wie lange die Sowjets ihr Imperium noch zusammenhalten konnten. Wenn sie sich nicht zu gewissen Veränderungen durchrangen, war es für mich nur eine Frage der Zeit, wann der Kommunismus von selbst zusammenbrechen würde, und ich dachte darüber nach, wie die Vereinigten Staaten diese Risse im sowjetischen System nutzen konnten, um den Kollaps zu beschleunigen.

Als Reaktion auf die sowjetische Invasion in Afghanistan hatte Jimmy Carter ein Embargo gegen die Lieferung amerikanischen Weizens in die Sowjetunion verfügt. Wenn auch ich ein deutliches Signal an Moskau befürwortete, befürchtete ich doch, daß dieses Embargo vermutlich unseren Farmern mehr schadete als den Russen, da einige unserer Verbündeten ganz einfach in die Bresche gesprungen waren und das Getreide lieferten, das die Sowjetunion brauchte. Ich hatte die Absicht, unseren Farmern zu helfen, aber das war keine leichte Entscheidung. Ich wollte unbedingt den Eindruck vermeiden, daß wir die Handlungsweise der Russen billigten. Theoretisch sollten Erweiterungen des Handels einen mäßigenden Einfluß auf die Sowjets haben, aber nach meinen Erkenntnissen hatten sie sie lediglich in die Lage versetzt, weniger Mittel für die Landwirtschaft und Verbrauchsgüter ausgeben zu müssen und mehr für Waffenkäufe aufwenden zu können.

Eine Aufhebung des Embargos wäre eine große Hilfe für unsere Farmer und würde unserer Wirtschaft in einem Zeitpunkt zugute kommen, in dem sie Unterstützung nötig hatte, aber sollten wir so dazu beitragen, das Leben des Kommunismus zu verlängern? Das war ein Dilemma, mit dem ich in meinen ersten Monaten im Weißen Haus fertig werden mußte.

Aber wir sahen uns auch noch mit einem anderem Dilemma konfrontiert: Wie konnten wir dem Vordringen des Kommunismus in Lateinamerika Einhalt gebieten, ohne den Menschen dort das Gefühl zu vermitteln, Uncle Sam sei für sie eine noch größere Bedrohung als die Kommunisten?

Wenige Tage nach meinem Amtsantritt hatten unsere Geheimdienste sichere und unanfechtbare Beweise in den Händen, daß die marxistische Regierung in Nicaragua Hunderte von Tonnen sowjetischer Waffen aus Kuba an Rebellengruppen in El Salvador lieferte. Wenn auch El Salvador das unmittelbare Ziel war, zeigte das Beweismaterial doch, daß die Sowjets und Fidel Castro darauf abzielten, ganz Mittelamerika für eine kommunistische Machtübernahme vorzubereiten. El Salvador und Nicaragua waren nur der Anfang. Honduras, Guatemala und Costa Rica waren als nächste dran, und dann käme Mexiko an die Reihe.

Die Pläne lagen schon lange in kommunistischen Archiven. Mir wurde erzählt, daß Lenin einmal gesagt hat: »Zunächst werden wir Osteuropa übernehmen, dann organisieren wir die Menschen in Asien, um uns als nächstes Lateinamerika zuzuwenden. Haben wir erst einmal Lateinamerika, brauchen wir im Hinblick auf die Vereinigten Staaten von Amerika, die letzte Bastion des Kapitalismus, keine große Mühe aufzuwenden, da sie wie eine reife Frucht in unsere ausgestreckten Hände fallen werden.«

Kuba hatten wir bereits an den Kommunismus verloren. Ich war entschlossen, alles zu unternehmen, damit die Freie Welt nicht Mittelamerika oder noch mehr von der Karibik an die Kommunisten verlor, aber wir mußten behutsam vorgehen. In der Vorstellung vieler Lateinamerikaner waren die Vereinigten Staaten der »große Koloß im Norden«, der in der Vergangenheit nur zu bereitwillig Truppen losgeschickt hatte, um sich in ihre Regierungsdinge einzumischen. Die Aussicht, daß amerikanische Soldaten im Kampf gegen den Kommunismus ihre Grenzen überschreiten könnten, war diesen Menschen zuwider. Und nach Vietnam war mir bewußt, daß auch die Amerikaner unseres Landes zögern würden, ihre Söhne zum Einsatz nach Mittelamerika zu schicken. Ich hatte auch nicht die Absicht, das von ihnen zu verlangen.

Außerdem war mir bewußt, daß die Entsendung unserer Truppen nach Mittelamerika allein die Bedrohung kommunistischer Subversion keineswegs beenden würde. In vielen dieser Länder gab es große ökonomische und politische Probleme, die sie zu einem Nährboden für Castros revolutionäre Guerilleros machten, und diese Probleme mußten beseitigt werden. Millionen Menschen in Mittelamerika lebten unter den furchtbaren Bedingungen nackter Armut, und nahezu neunzig Prozent von ihnen unter Regierungen, die unbestreitbar Diktaturen waren. Sicher, wir konnten die Truppen schicken, die Bedrohung durch den Kommunismus würde jedoch nicht abnehmen, bevor nicht auch der Lebensstandard der Menschen verbessert wurde, bevor die totalitären Staaten in Mittelamerika ihnen größere Freiheiten gewährten.

Franklin D. Roosevelt, John F. Kennedy und andere amerikanische Präsidenten hatten immer wieder Pläne vorgelegt, die darauf abzielten, die wirtschaftlichen, sozialen und politischen Ungleichheiten zu vermindern, die Lateinamerika so aufnahmebereit für revolutionäre Ideen gemacht hatten, aber keiner dieser Pläne war erfolgreich gewesen. Die Länder im Süden des amerikanischen Kontinents hatten noch immer den Eindruck, der »große Koloß« käme mit einem fertigen Rezept aus dem Norden, um ihnen dieses gegen ihren Willen aufzuzwingen.

Aber irgend etwas mußte unternommen werden. Ich bat David Rockefeller um seine Mithilfe bei der Konzeption eines Planes, durch den die Wirtschaftslage in den lateinamerikanischen Ländern verbessert werden könnte, ohne daß er als erneuter Versuch des »großen Kolosses« angesehen werden konnte, diesen Ländern vorzuschreiben, was sie zu tun hätten.

Letztendlich würden die Probleme Lateinamerikas nur von den betroffenen Ländern selbst gelöst werden können, aber ich war seit vielen Jahren der Ansicht (übrigens eröffnete ich 1980 meinen Präsidentschaftswahlkampf mit einer Rede zu diesem Thema), daß sich die großen Staaten Nordamerikas (Kanada, Mexiko und die USA) enger zusammenschließen sollten, um größere Bedeutung in der Welt zu erlangen und den Lateinamerikanern bei der Beseitigung ihrer Probleme zu helfen. Das wäre nicht nur von gegenseitigem ökonomischen Nutzen, ich war darüber hinaus überzeugt, daß wir Nordamerikaner durch unsere Zusammenarbeit in der Lage sein könnten, die lateinamerikanischen Länder dabei zu unterstützen, sich selbst zu helfen.

Bei meinem ersten Auslandsaufenthalt als Präsident, einer Reise nach Ottawa, um den kanadischen Premierminister Pierre Trudeau kennenzulernen, stellte ich fest, daß mein Gastgeber mir zustimmte. Und dann erklärte Präsident José López Portillo von Mexiko, daß er gemeinsam mit Venezuela und anderen lateinamerikanischen Staaten in Verhandlungen darauf hinwirken wolle, ein Ende der kommunistischen Waffentransporte von Kuba nach El Salvador zu erreichen. Die Politik war auf einem guten Weg. Über diplomatische Kanäle signalisierte ich unseren Freunden im Süden unserer Grenzen: »Wir wollen Ihnen dabei helfen, die notwendigen Dinge zu tun, aber wir werden nicht bei Ihnen eindringen und versuchen, das für Sie zu übernehmen.«

39

Im Winter 1981 steckte die Autoindustrie in größeren Schwierigkeiten als jeder andere Bereich unserer Wirtschaft. Der Automarkt hatte sich von den Auswirkungen des arabischen Öl-Embargos nie ganz erholt, und die Schauräume standen voller unverkaufter Autos. Detroit und seine Zulieferer hatten Tausende von Arbeitern auf Zwangsurlaub geschickt, und im industriellen Kerngebiet Amerikas waren zahllose Gemeinden in großen Nöten, deren Auskommen von einer blühenden Autoindustrie abhing.

Japan setzte immer mehr Autos auf amerikanischem Boden ab, und viele in Detroit wollten die Japaner zum Sündenbock für ihre Schwierigkeiten abstempeln. Als Konsequenz regten sich im Kongreß und in den Haupstädten vieler US-Inudstriestaaten heftige Bestrebungen, gegen die japanischen Importe Einfuhrbeschränkungen zu verhängen.

Ich bin ein Befürworter des freien Handels. Daher sprach ich mich entschieden gegen Importquoten aus. Ich war davon überzeugt, daß der neue Wettbewerb, dem sich Detroit gegenübersah, wie jede Konkurrenz gut für die Stadt war und ebenso gut für den Kunden. Es würde ein Anstoß für unsere Autoindustrie sein, bessere Wagen zu produzieren. So funktioniert das System freien Unternehmertums nun einmal. Ich befürchtete, wenn wir uns erst einmal auf die Straße des Protektionismus begaben, würde es kein Zurück geben, und niemand konnte sagen, wo es enden würde.

Das hatte ich während der Weltwirtschaftskrise gelernt, als der Kongreß das Smoot-Hawley-Zollgesetz verabschiedete. Es verfügte die höchsten Zolltarife mit dem Ziel, amerikanische Farmer vor ausländischen Importen zu schützen. Doch der Schuß ging nach hinten los und endete damit, daß die Farmer den Schaden davontrugen – und große Teile der amerikanischen Industrie –, weil andere Nationen prompt ebenfalls ihre Tarife erhöhten, was dazu führte, daß unsere Farmer und Fabrikanten im Ausland weniger absetzten. Der *Smoot-Hawley Tariff Act* löste einen internationalen Handelskrieg aus, der die Weltwirtschaftskrise verlängerte und eine Plage von ökonomischem Nationalismus hervorbrachte. Ich habe stets Franklin D. Roosevelt zugestimmt, der 1933 sagte: »Der einzig praktikable Weg, den amerikanischen Handel vor schädlichen Handelsbarrieren im Ausland zu schützen, besteht darin, sich mit diesen Ländern gemeinsam darum zu bemühen, übermäßige Handelsbeschränkungen abzubauen und kommerzielle Beziehungen auf einer Grundlage der Gleichberechtigung wiederherzustellen.«

Als ich jung war und Demokrat, waren die Demokraten die Partei des freien Handels und die Republikaner die der hohen Zolltarife und der Protektion. Heute ist es genau umgekehrt. Ich habe mich gefragt, wie es dazu gekommen ist. Als die Republikaner seinerzeit das Smoot-

Hawley-Zollgesetz einbrachten, waren sie eindeutig die Partei des Big Business und wollten unsere Industrie schützen, während die Demokraten den Arbeitern näherstanden und für freien Handel eintraten. Heute sind es im Kongreß die Demokraten, die sich am heftigsten für eine protektionistische Gesetzgebung ins Zeug legen, während sich die Republikaner für gewöhnlich dagegen aussprechen. Ich glaube, diese Wandlung hat ihre Ursache darin, daß die mehr den Demokraten verbundenen Gewerkschaften mächtiger wurden, daß das Einkommen ihrer Mitglieder stieg und daß die Demokraten beschlossen, es läge in ihrem Interesse, die Konkurrenz durch Produkte ausländischer Arbeiter einzuschränken.

Obwohl ich die Absicht hatte, jedes Gesetz zur Quotierung japanischer Autoimporte abzulehnen, das den Kongreß passierte, war ich mir durchaus bewußt, daß dadurch das Problem noch längst nicht vom Tisch war. Die echte Notlage der amerikanischen Arbeiter und ihrer Familien versah dieses Thema mit politischem Sprengstoff. Und die Protektionisten im Kongreß hatten gute Argumente auf ihrer Seite: Es gab eindeutige Beweise, daß die Japaner in der Handelsarena durchaus mit gezinkten Karten spielten. Sie lehnten es ab, viele Produkte amerikanischer Farmer in ihr Land zu lassen, und sie errichteten geschickte, aber wirksame Hemmschwellen, die viele unserer anderen Güter vom japanischen Markt verdrängten: So durften beispielsweise amerikanische Zigarettenhersteller für ihre Waren in Japan ausschließlich in englischer Sprache werben.

Ich trete für einen freien, aber fairen Handel ein. Und so setzte ich eine Sonderkommission unter dem Verkehrsminister Drew Lewis ein. Sie sollte ein Konzept entwickeln, wie dem Zustrom japanischer Autos am besten zu begegnen war.

Während wir unser Programm zur Wiederbelebung der Wirtschaft einleiteten und den Grundstein für eine neue Außenpolitik legten, merkte ich in diesen ersten Wochen des Jahres 1981, daß sich mein Arbeitsalltag überraschend wenig von dem aus meinen Tagen als Gouverneur unterschied, und ich stellte fest, daß das Regieren eines Industriestaates wie Kalifornien eine gute Schule für künftige Präsidenten ist.

Und während sich Nancy und ich an unsere neuen Lebensumstände gewöhnten, bewies sie wieder einmal, daß sie vor allem anderen zunächst eine Nestbauerin ist.

Da das Weiße Haus dem gesamten amerikanischen Volk gehört, erklärte Nancy, müsse es auch das schönste Haus im Land sein. Sie ging daran, es dazu zu machen. Meiner Meinung nach hat sie es geschafft. Sie begann mit der großen Central Hall im zweiten Stockwerk, von der unser Wohnzimmer abging. Bevor sie zur Tat schritt, schienen die imposanten Kristallüster auf triste Wände und fade, abgetretene Teppiche. Das gleiche traf auf viele andere Räume im Weißen Haus zu.

Mit der Unterstützung von Ted Graber, einem Innenarchitekten und alten Freund, machte sich Nancy zunächst daran, die verblichene Schönheit der Central Hall wiederherzustellen. Sie sorgte dafür, daß die Böden abgezogen und neu versiegelt wurden – zum ersten Mal in dreißig Jahren. Und zum ersten Mal nach mehr als fünf Jahrzehnten wurden die Mahagonitüren abgezogen und neu poliert. Es wurden neue Teppiche verlegt, die Wände gestrichen, und einige erhielten prachtvolle neue Tapeten. Das Ergebnis war verblüffend. Plötzlich war die triste Halle ein wundervoll ausgestatteter Salon geworden, illuminiert von funkelnden Kristallüstern.

Und das war nur der Anfang. Mit der Zeit wurde buchstäblich jeder Raum im Weißen Haus von Nancys gutem Geschmack und ihrer Entschlossenheit geprägt, es zum schönsten Haus im Land zu machen.

Sie tat es nicht auf Kosten der Steuerzahler. Sie warb um Spenden von Amerikanern, die ihren Traum, ihren Wunsch teilten, das Weiße Haus wieder in alter Pracht erstehen zu lassen. Nachdem Nancy den Anfang gemacht hatte, legten sich auch die Angestellten ins Zeug: Altgediente forschten in ihrer Erinnerung und berichteten Nancy von prächtigen Möbeln, Spiegeln, Gemälden und so weiter, die einst das Weiße Haus geschmückt hatten, nun aber in irgendwelchen Ecken und Winkeln von Washington verstaubten. Nancy machte sich auf die Suche und brachte die besten Stücke zurück. So fand sie beispielsweise einen unschätzbaren ackteckigen alten englischen Sekretär, der dem Weißen Haus zur Amtszeit von John F. Kennedy geschenkt worden war, aber nun in einer Nissenhütte verkam, die der Regierung als Lager diente.

Nie werde ich einen Abend vergessen, als wir allein zu Abend aßen und ein Butler, der mehr als dreißig Jahre im Weißen Haus arbeitete,

Nancy das Dinner servierte, sich dann ein wenig zur Seite drehte und zur Halle hinüberblickte. »Es fängt an, wieder wie das Weiße Haus auszusehen«, stellte er ganz ruhig fest.

Ein paar Leute in den Medien kritisierten Nancys Arbeit. Ich werde nie begreifen warum. Aber sie vermittelten den Eindruck, sie gäbe verschwenderisch ein Vermögen an öffentlichen Geldern für überflüssige Veränderungen und neue Möbel aus, während die Einrichtungsgegenstände in Wirklichkeit aus dem Lager kamen oder von privaten Spendern finanziert wurden, nicht vom Steuerzahler.

Ein klassisches Beispiel dafür war das neue Tafelgeschirr, das sie für das Weiße Haus bestellte. Obwohl bei Staatsempfängen häufig genug mehr als hundert Gäste zu bewirten waren, mußte das Personal Nancy gestehen, wegen der Bruchschäden und Souvenirsammler seien einfach nicht mehr genügend Teile vorhanden, um größere Gesellschaften mit passenden Gedecken auszustatten. Als Folge davon müßten sie unterschiedliches Porzellan auflegen, wenn viele Gäste zum Essen ins Weiße Haus kamen. Da sie wußte, wie nötig es im Weißen Haus gebraucht wurde, nahm Nancy das Geschenk eines neuen Porzellan-Services mit 4372 Teilen im Wert von rund 200 000 Dollar an. Der Steuerzahler brauchte keinen Cent dafür zu bezahlen, denn es wurde von der Knapp Foundation gekauft und dem Weißen Haus geschenkt. Und doch behaupten Nancys Kritiker auch heute noch, sie hätte es gekauft. Es war eine krumme Tour, ein mieser Versuch, mir eins auszuwischen.

Einer der anderen Räume im Weißen Haus, die von Nancys gutem Geschmack profitierten, war das Oval Office, das neue Farbe sowie neuen Bodenbelag samt Teppich erhielt. Ich steuerte mein Teil bei, indem ich ein Bild von Calvin Coolidge im Cabinet Room aufhängte.

Schon immer habe ich Coolidge für einen unserer am meisten unterschätzten Präsidenten gehalten. Er war kein Mann von extravagantem Aussehen oder auffallendem Stil, er bewältigte seine Aufgaben auf eine ruhige, selbstverständliche Art und Weise. Er kam nach dem Ersten Weltkrieg ins Amt und sah sich einem Berg von Schulden gegenüber. Doch anstatt neue Steuern zu erheben, senkte er die Abgaben. Die Staatseinkünfte nahmen zu, und das gestattete ihm, die Kriegsschulden zu tilgen und darüber hinaus zu beweisen, daß das Prinzip »niedrige Steuern bringen höhere Staatseinkünfte«, das bereits Ibn Chaldun erwähnt hat, auch in der modernen Zeit noch funktioniert.

In meiner Zeit als Gouverneur fing ich an, immer wieder den gleichen Traum zu träumen, häufig sogar Nacht für Nacht: Ich bin in einem großen alten Haus mit riesigen Zimmern; es war nicht immer dasselbe Haus, doch stets eines mit großen, weiten Räumen. Jedesmal führte mich jemand durch das Gebäude, das zu einem besonders günstigen Preis zum Verkauf stand. Ich wanderte herum, ging von Raum zu Raum, sah zu hohen Decken auf, betrachtete großzügige Treppen und Balkone. Obwohl das Haus in meinem Traum leicht heruntergekommen war, erkannte ich doch die Möglichkeiten, die in ihm steckten, und ich wollte es kaufen. Ich schätze, ich habe mich unbewußt nach einem großen Haus mit riesigen Räumen gesehnt, und der Traum griff sogar auf meine wachen Stunden über. Nachdem wir zu meiner Amtszeit als Gouverneur ein Grundstück in der Nähe von San Diego gekauft hatten, um dort eine Ranch zu bauen, erklärte ich Nancy, ich wolle ganz unbedingt einen wirklich großen Raum haben, ein kombiniertes Wohn- und Eßzimmer. Doch als wir dann feststellten, daß es auf dem Grundstück für lange Zeit weder Wasser- noch Stromanschluß geben würde, verkauften wir es wieder und erwarben statt dessen unser kleines Ranchhaus aus Adobeziegeln in der Nähe von Santa Barbara. Aber ein Haus mit großen Zimmern ging mir nicht aus dem Sinn, und ich hatte noch jahrelang immer den gleichen Traum.

Es ist seltsam: Seit ich in Washington wohnte, hatte ich diesen Traum nie wieder. Irgendwie hat mich das Leben im Weißen Haus von meiner Sehnsucht kuriert, in einem Haus mit riesigen Räumen wohnen zu wollen. Ich nehme an, irgend etwas in mir hat gesagt: Du hast es geschafft.

40

Bis zu meinem Einzug ins Weiße Haus habe ich alle meine Reden selbst geschrieben. Doch Präsidenten müssen so viele öffentliche Auftritte absolvieren, haben so viele andere Verpflichtungen, daß ich sehr schnell erkannte, mir würde nicht genug Zeit bleiben, auch weiterhin jede Rede selbst zu schreiben. Ich brauchte die Hilfe des Stabes des Weißen Hauses. Da ich auf meine Reden immer sehr stolz gewesen bin, behagte mir das nicht besonders, aber mir blieb keine Wahl.

Meine wichtigeren Reden und Ansprachen schrieb ich auch künftig selbst, aber in vielen anderen Fällen setzte ich mich mit Redenschreibern des Weißen Hauses zusammen und erläuterte ihnen die Punkte, die ich deutlich machen wollte. Dann legten sie mir einen ersten Entwurf vor, den ich korrigierte. Ich gab ihnen Kopien von Reden, die ich in der Vergangenheit gehalten hatte, damit sie meinen Stil, meine Technik kennenlernten, und ich vermittelte ihnen auch ein paar meiner Grundregeln für Ansprachen: Ich bevorzuge kurze Sätze und vermeide es möglichst, ein Wort mit zwei oder mehr Silben zu gebrauchen, wenn es dafür auch eins mit einer Silbe gibt. Und wenn es geht, verwende ich Beispiele. Ein knappes Beispiel ist besser als eine lange Predigt.

Mitunter verfassen Redenschreiber Sätze, die sich auf dem Papier sehr eloquent ausnehmen, aber gewunden oder gestelzt klingen, wenn sie vor einem Auditorium ausgesprochen werden. »Bemühen Sie sich um eine einfache Sprache«, sagte ich. »Vergessen Sie nicht, daß da draußen Menschen sitzen und zuhören. Sie müssen in sich aufnehmen können, was ich sage.«

In meiner Zeit als Sportreporter habe ich etwas über die Kommunikation zwischen Menschen gelernt, das ich nie vergessen werde. In Des Moines hatte ich eine Gruppe von Freunden, und wir gingen alle zum selben Friseur. Wenn ich über eine Sportveranstaltung berichtete, stahlen sich meine Freunde mitunter aus ihren Büros oder von ihren Arbeitsstätten und trafen sich bei diesem Friseur, um mir zuzuhören. Nach einer Weile fing ich an, mir meine Freunde vorzustellen, wie sie da in dem Friseurgeschäft saßen und mir zuhörten. Ich stellte mir vor, wie meine Worte auf sie wirkten, wie sie reagierten. Und ich stellte mich auf sie ein, sprach so, als würde ich mich direkt an sie wenden.

Es geschah etwas Merkwürdiges. Aus dem gesamten Mittelwesten bekam ich Post von Hörern, die mir schrieben, sie hätten bei der Übertragung das Gefühl gehabt, ich würde *nur* zu ihnen sprechen ...

In all den Jahren habe ich das nicht vergessen, und wenn ich eine Rede vor einem Auditorium – oder im Fernsehen – halten muß, dann denke ich immer daran, daß meine Zuhörer Individuen sind, und bemühe mich so zu sprechen, als würde ich mit Freunden reden, nicht zu Millionen, sondern zu einer Handvoll Freunden in einem Wohnzimmer – oder in einem Friseurladen.

Ich trug meine Ansichten gern einem Auditorium vor und war oft genug erstaunt, wie wenig die Menschen von manchen Dingen wissen, die man meint, ändern zu müssen. Aus diesem Grund bin ich vermutlich so etwas wie ein Prediger geworden. Ich predige in meinen Reden über Probleme und versuche, die Leute aufzurütteln, damit sie zu ihren Nachbarn sagen: »Hören Sie, da sollten wir aber unbedingt etwas unternehmen.«

Meine Jahre im Showgeschäft und die Erfahrung mit Tausenden von Reden im Verlauf der Jahre haben mich einiges über Timing und Modulation gelehrt und auch darüber, wie man eine Zuhörerschaft »in den Bann zieht«. Hier ist mein Rezept: Für gewöhnlich beginne ich mit einem Witz oder einer Story, um die Aufmerksamkeit der Zuhörer zu fesseln, dann erzähle ich ihnen, was ich ihnen sagen werde, sage es ihnen, und dann sage ich ihnen, was ich ihnen gerade gesagt habe.

Ich war immer der Ansicht, daß Humor ein sehr gutes Mittel ist, um die Aufmerksamkeit von Menschen zu erregen, und habe jahrelang im Kopf Zitate und Witze gesammelt, um sie in meine Reden einzuflechten. Manche dieser Scherze habe ich so häufig erzählt, daß sie längst begraben werden müßten – wie die Geschichte von den Christen, die im Colosseum vor einer sensationslüsternen Zuschauermenge den Löwen vorgeworfen werden sollten. Als die hungrigen Löwen auf die Christen zukamen, trat einer von ihnen vor, sprach mit den Löwen, und die Raubtiere wurden sanft wie die Lämmer. Sie legten sich auf den Boden und ließen die Christen ungeschoren. Die Menge war außer sich, tobte und schrie, und manche riefen, man hätte sie übers Ohr gehauen. Da ließ der römische Imperator den Mann zu sich holen, der mit den Löwen gesprochen hatte, und fragte: »Was hast du zu ihnen gesagt, daß sie sich so verhalten?« Der Christ erwiderte: »Ich habe ihnen gesagt, daß nach dem Essen Reden gehalten werden.«

Für manche Reden in meiner Funktion als Präsident verließ ich mich auf meine alte Privatstenographie und benutzte 10 mal 15 Zentimeter große Karteikarten. Doch für wichtigere Reden bediente ich mich für gewöhnlich des Teleprompters, der den Text einer Ansprache unsichtbar für das Auditorium über einen Bildschirm laufen läßt und den Eindruck erweckt, als würde der Redner das Publikum direkt anblicken. Dennoch hatte und habe ich stets eine Kopie meiner Rede griffbereit vor mir, da ich aus Erfahrung weiß, daß Teleprompter dann und wann durchdrehen können.

Mit meinen Kontaktlinsen wende ich einen Trick an, der mir dazu verhilft, nicht nur meine Notizen und den Teleprompter, sondern auch alles andere erkennen zu können. Wie ich schon sagte, bin ich auf beiden Augen sehr kurzsichtig und trug einige der ersten in Amerika hergestellten Kontaktlinsen. Aber vor ein paar Jahren stellte ich fest, daß die Natur mir half, wenn ich nur eine der Linsen trug: Auf diese Weise verfüge ich über zwei Sehstärken. Nun trage ich nur auf meinem linken Auge eine Linse, die mich Dinge in der Entfernung deutlich erkennen läßt, während mein rechtes Auge für den Nahbereich »zuständig« ist und mir ermöglicht, auch Kleingedrucktes zu lesen. Alles ist im Lot, ausgeglichen von der Natur.

Obwohl ich als Präsident ein paar Schwierigkeiten mit Teleprompttern hatte, die mitten in einer Rede versagten, gelang es mir doch immer, die Rede zu einem guten Ende zu bringen, da ich ja immer noch meine Kopie griffbereit hatte. Einmal mußte ich jedoch erleben, daß mich selbst das nicht hundertprozentig davor bewahren konnte, einen peinlichen Fehler zu begehen. An einem kalten Tag zog ich mir einen Mantel an und ging hinunter auf den Rasen des Weißen Hauses, um den Präsidenten von Venezuela zu begrüßen, der zu einem Staatsbesuch eingetroffen war. Als der Zeitpunkt gekommen war, holte ich meine Rede aus der Tasche, überflog sie und stellte fest, daß ich – wenn ich weiterlas – Seine königliche Hoheit, den Großherzog von Luxemburg begrüßen würde.

Ich kam ein bißchen ins Stottern und konnte mir nicht erklären, warum der Stab mir die falsche Rede gegeben hatte. Doch dann, als ich anfing, aus dem Stegreif zu reden, erinnerte ich mich daran, daß ich diesen Mantel einen Monat zuvor getragen hatte, als wir den Großherzog und die Herzogin von Luxemburg zu Gast hatten. Die richtige Rede befand sich in meiner Sakkotasche. Ich griff hinein, zog sie hervor und setzte meine Begrüßungsrede fort – allerdings ziemlich peinlich berührt.

Während unserer ersten Monate im Weißen Haus gewöhnten wir uns schnell an eine gewisse Routine, die für die folgenden acht Jahre anhielt. Unser Tag begann für gewöhnlich gegen 7.30 Uhr mit einem leichten Frühstück, bestehend aus Obst oder Saft, Getreidekleie und koffeinfreiem Kaffee. Während des Frühstücks lasen Nancy und ich *The New York Times* und *The Washington Post.* Es kam auch vor, daß ich noch Arbeiten zu erledigen hatte, die vom Abend zuvor liegengeblieben waren. Dann, kurz vor neun Uhr, fuhr ich mit dem Fahrstuhl aus dem Privatbereich hinunter ins Erdgeschoß des Weißen Hauses und ging durch den Säulengang am Rosengarten vorbei zum Oval Office im Westflügel. Auf dem Weg kam ich am Arztzimmer des Weißen Hauses vorbei, vor dessen Tür üblicherweise der Arzt stand, um mich zu begrüßen.

Um neun Uhr fand eine Sitzung mit dem Vizepräsidenten und den leitenden Männern des Stabes statt, bei der der aktuelle Terminplan besprochen oder Probleme erörtert wurden, die in den zurückliegenden 24 Stunden unter Umständen aufgetaucht waren. Um 9.30 Uhr kam mein Sicherheitsberater dazu und informierte uns darüber, was sich über Nacht auf internationalem Gebiet ereignet hatte. Der Rest des Tages war ausgefüllt mit Zusammenkünften mit Kabinettsmitgliedern, Stabsangehörigen, ausländischen Besuchern und anderen, manchmal auch einer Rede oder einem anderen Ereignis außerhalb des Weißen Hauses.

Gerade in den ersten Monaten verbrachten wir sehr viel Zeit mit Diskussionen über die Besetzung von Schlüsselpositionen in der Administration. Wie schon in Kalifornien sagte ich meinen Mitarbeitern, sie sollten sich nach den besten Leuten umsehen, die sie finden konnten und die bereit waren, ihr Zuhause und ihre sicheren Positionen aufzugeben, um nach Washington zu kommen und dem Land zu dienen. Wenn ich mit jemandem über die Übernahme eines Postens sprach, sagte ich häufig: »Wir möchten keine Leute, die auf einen Regierungsjob aus sind. Wir möchten Leute, die dazu überredet werden müssen, hier zu arbeiten.«

Der Lunch bestand für gewöhnlich aus Suppe und Obst, und ich nahm ihn an meinem Schreibtisch oder in einem kleinen Arbeitszimmer neben dem Oval Office ein. Donnerstags aß ich gewöhnlich mit George Bush zu Mittag und informierte ihn dabei über alles, was gerade aktuell war.

Gegen fünf Uhr nachmittags – oder dann, wenn alle Arbeit erledigt war – ging ich hinauf, zog meine Shorts an, durchquerte die Central Hall und betrat ein Gästezimmer, das wir in einen Fitnessraum mit diversen Sportgeräten umgewandelt hatten. Ich trainierte etwa eine halbe Stunde und ging dann duschen. Wenn keine anderen Verpflichtungen bestanden, nahmen Nancy und ich für gewöhnlich danach in dem kleinen Arbeitszimmer neben unserem Schlafzimmer unser Abendessen ein, während wir die Abendnachrichten der Fernsehsender verfolgten, die vom Stab des Weißen Hauses aufgezeichnet wurden.

Nach dem Dinner hatten wir meist noch schriftliche Arbeiten zu erledigen. Wenn ich auch damals noch nicht daran dachte, dieses Buch zu schreiben, so hatte ich doch beschlossen, ein Tagebuch über meine Zeit im Weißen Haus zu führen. In vielerlei Hinsicht wurde dieses Tagebuch dann die Hauptquelle für die Erinnerungen an meine Präsidentschaft, die in diesem Buch enthalten sind. Jeden Abend schrieb ich ein paar Zeilen über die Ereignisse des Tages, und Nancy tat das gleiche in einem eigenen Tagebuch.

Nachdem alles erledigt war, gingen wir mit einem Roman oder einem anderen Buch zu Bett, oder ich griff nach einer Pferdesportzeitung. Gegen zehn oder elf Uhr schliefen wir ein.

Etwa einen Monat nach dem Amtsantritt luden wir Tip O'Neill, seine Frau und ein paar weitere Gäste zu einem Dinner in die privaten Räume des Weißen Hauses ein. Nancy hatte mit ihren Verschönerungen große Fortschritte gemacht, und Tip meinte: »Wissen Sie, ich gehe hier jetzt seit siebenundzwanzig Jahren ein und aus, aber so schön hat es noch nie ausgesehen.«

Es wurde ein angenehmer, herzlicher Abend, und alle fühlten sich wohl. Gegen Ende war ich davon überzeugt, daß Tip und ich Nancy und die anderen Gäste ziemlich mit unseren Versuchen strapaziert hatten, uns gegenseitig mit irischen Geschichten zu übertrumpfen, die wir von unseren Vätern gehört hatten. Ich war auch der Meinung, einen Freund gefunden zu haben. Doch einen oder zwei Tage später las ich in einer Zeitung einen Artikel, in dem Tip mich persönlich angriff, weil ihm mein Wirtschaftsprogramm ebensowenig gefiel wie einige der Kürzungen, die ich an den Ausgaben vornehmen wollte.

Ein paar seiner Bemerkungen waren ziemlich rüde. Ich war nicht nur überrascht, sondern auch enttäuscht und ein wenig verletzt. Ich rief ihn an und sagte: »Tip, ich habe gerade in der Zeitung gelesen, was Sie da gestern über mich gesagt haben. Und ich dachte, wir würden einander gut verstehen ...«

»*Ol' buddy*«, entgegnete Tip. »Das ist Politik. Nach sechs Uhr abends können wir Freunde sein. Aber vor sechs ist es Politik.«

Tip war ein altmodischer Politiker: Wenn er wollte, konnte er aufrichtig und herzlich sein, aber wenn es um Dinge ging, von denen er überzeugt war, konnte er seinen Charme und seine Liebenswürdigkeit ausknipsen wie einen Lichtschalter und so blutrünstig werden wie ein Piranha. Er war ein Politiker und ein Demokrat bis ins Mark. Bis sechs Uhr war ich sein Feind, und er sorgte dafür, daß ich das nicht vergaß. Daher sagte ich später, wenn ich mit ihm zusammentraf, egal wie spät es war: »Hören Sie mal, Tip, ich habe meine Uhr vorgestellt. Es ist sechs.«

41

Eine Sache, an die ich mich als Präsident nie gewöhnte, waren die Wagenkolonnen. Jedesmal, wenn wir irgendwohin fuhren, ging das in einem Konvoi mit Polizeieskorte vor sich, und jedesmal, wenn wir bei Rot eine Kreuzung überquerten und ich aus dem Fenster die langen Autoschlangen in den Nebenstraßen sah, war es mir unangenehm, denn ich wußte, was die Menschen dachten, die da so lange im Stau standen.

Wie gründlich unsere Wagenkolonne den Verkehr unterbrechen konnte, wurde mir besonders bewußt, als wir Mitte März nach New York fuhren, etwa zwei Monate nach dem Amtsantritt. Nachdem wir aus Washington kommend auf dem LaGuardia-Flughafen gelandet waren, flogen wir im Hubschrauber um die Freiheitsstatue und betrachteten die atemberaubende Skyline von Manhattan. Dann landeten wir auf einem Heliport im Zentrum Manhattans und rasten mit der üblichen Autokolonne durch die Stadt, während die Polizei alle Kreuzungen abriegelte. Wir waren zwar seit Beginn des Wahlkampfes von Polizeieskorten umgeben gewesen, aber bei dieser Fahrt gab es etwas, worauf ich nicht vorbereitet war: Bis zum »Waldorf Astoria« waren die Straßen von Menschenmengen gesäumt, als hielte New York eine Parade ab. Plötzlich wurde mir klar, daß ich die Parade war. Als wir an der Menge vorbeifuhren, jubelten und klatschten die Menschen, und ich kugelte mir beim Winken fast die Arme aus. Es war ein zutiefst beeindruckendes Erlebnis, und am Abend schrieb ich in mein Tagebuch: »Ich sage mir immer wieder, daß das nicht dauern kann, und doch scheint ihre Herzlichkeit und Zuneigung so aufrichtig, daß ich einen Kloß im Hals habe. Ich bete darum, sie nicht zu enttäuschen.«

In New York warb ich mit ein paar Reden für die Annahme meines Wirtschaftsprogrammes. Am zweiten Abend gingen wir in *Sugar Babies,* um Mickey Rooney und Ann Miller zu sehen, zwei alte Freunde aus Hollywood. Nach dem letzten Vorhang bat Mickey die Zuschauer, auf ihren Plätzen zu bleiben, bis wir den Theatersaal verlassen hätten, und als wir über den Mittelgang gingen, stimmten die Zuschauer »America the Beautiful« an. Und schon wieder hatte ich einen Kloß im Hals.

Am nächsten Abend besuchten wir eine Vorstellung des Joffrey Ballets in der Metropolitan Opera. Unser Sohn Ron war für die Vorstellung von der Tournee eingeflogen. Ich glaube, ich habe während der ganzen Zeit den Atem angehalten, aber er war großartig und hatte keinerlei väterliche Fürbitte nötig. Er bewies eine Grazie, die mich an Fred Astaire erinnerte, ein besonderes Flair, das alles, was er tat, mühelos und leicht aussehen ließ.

Als ich nach Washington zurückkehrte, bekam die ungelöste und schwierige Frage, wie der zunehmende Strom japanischer Importautos in einer Zeit, da unsere Wirtschaft jede erdenkliche Hilfe nötig hatte, eingedämmt werden konnte, immer mehr Bedeutung. Auf einer Sitzung am 19. März im Weißen Haus sprach sich die von mir eingesetzte Sonderkommission unter Drew Lewis für die Einführung verbindlicher Einfuhrquoten für japanische Importe aus. Aber mehrere Kabinettmitglieder, darunter Don Regan, der Finanzminister, und David Stockman, der Leiter der Haushaltsbehörde waren strikt dagegen. George Shultz, der den Vorsitz eines unabhängigen Wirtschaftsberatungskomitees hatte, sprach sich gleichfalls energisch dagegen aus. Sie argumentierten, daß eine solche Maßnahme unsere Verpflichtung zu freiem Unternehmertum und freiem Handel verletzen würde.

Ich war ihrer Meinung, äußerte mich jedoch nicht. Ich wandte die gleiche Taktik an, an die ich mich schon in Sacramento gehalten hatte: Ich bat alle Mitglieder des Kabinetts darum, sich zu allen Gesichtspunkten eines Themas zu äußern (alle, bis auf die »politischen Folgen« meiner Entscheidung), und manchmal bestand das Ergebnis, wie in diesem Fall auch, in einer hitzigen Auseinandersetzung. Selbst wenn ich einer bestimmten Meinung zuneigte, bemühte ich mich dennoch, meine Berater nicht zu beeinflussen, um sicherzugehen, daß ich auch wirklich alle Seiten hörte.

Während ich die Debatte verfolgte, fragte ich mich, ob es da vielleicht nicht doch einen Weg gab, die Integrität unserer Haltung im Hinblick auf den freien Handel zu wahren, während wir gleichzeitig etwas unternahmen, um Detroit zu helfen und die Notlage seiner Tausende von vorübergehend entlassenen Fließbandarbeitern zu lindern.

Die Japaner kämpften nicht nur mit fairen Mitteln auf dem Handelsmarkt. Aber ich wußte auch, wohin Einfuhrbeschränkungen führen konnten, und ich wollte keinen umfassenden Handelskrieg auslösen. Daher erkundigte ich mich, ob jemand einen Vorschlag hatte, wie beide Positionen miteinander in Einklang zu bringen waren. George Bush ergriff das Wort.

»Wir sind alle für freien Handel, aber hätte einer von uns irgend etwas dagegen, wenn die Japaner ohne jede Forderung von uns ankündigen würden, daß sie ihren Autoexport in die Vereinigten Staaten *freiwillig* reduzieren?«

Ich war sicher, daß die Japaner aus unserer Presse wußten, wie stark die Tendenz im Kongreß inzwischen war, Einfuhrquoten für ihre Autos einzuführen. Und fast ebenso sicher war ich, daß es in Japan gewisse Befürchtungen gab, daß nach der möglichen Verhängung dieser Einfuhrbeschränkungen auch für andere ihrer Güter eine Quotenregelung erfolgen könnte.

Mir gefiel Georges Idee, und ich erklärte dem Kabinett, ich hätte genug gehört und würde zu einer Entscheidung kommen. Welche das sein würde, sagte ich nicht. Nach der Sitzung traf ich mich privat mit Außenminister Al Haig und bat ihn, Mike Mansfield anzurufen, unseren Botschafter in Tokio. Der solle den japanischen Außenminister Masayoshi Ito informell wissen lassen, daß im US-Kongreß starke Bestrebungen bestanden, verbindliche Einfuhrquoten für japanische Importautos festzulegen. Er solle dem japanischen Außenminister, der in wenigen Tagen nach Washington kommen würde, aber auch sagen, daß eine freiwillige Exportbeschränkung der Japaner diese Maßnahmen abwenden könne.

Während unseres Vier-Augen-Gesprächs überraschte mich Haigs Stimmung. Er beklagte sich darüber, daß in der Administration Versuche unternommen würden, seine Position auf der außenpolitischen Ebene zu untergraben. Er erklärte, das sei sein Gebiet und er wolle nicht, daß sich andere dort einmischten. Er war sehr erregt und verärgert. Wie er das auch später aus anderen Anlässen tat, schlug er mit der Hand auf den Tisch und schien kurz vor einer Explosion zu stehen. Die Heftigkeit seiner Haltung überraschte und beunruhigte mich. Er schien jedoch besänftigt, als ich mich bereit erklärte, dreimal in der Woche mit ihm zusammenzukommen, um außenpolitische Angelegenheiten mit ihm zu besprechen, und ihm versicherte, daß niemand die Absicht habe, seine Rolle in der Regierung zu usurpieren.

Zwei Abende später besuchten Nancy und ich zum ersten Mal das Ford's Theater in Washington, um an einer Benefiz-Gala für die Erhaltung dieses historischen Gebäudes teilzunehmen. Während der Vorstellung blickte ich zur Präsidentenloge über der Bühne hinauf, in der Abe Lincoln an jenem Abend gesessen hatte, an dem er erschossen worden war. Mich überkam ein seltsames Gefühl. Wenn man dort hinaufsieht, kann man gar nicht anders, als sich die Ereignisse von 1865 vorzustellen: Man sieht die Gestalt von John Wilkes Booth vom Gang her durch die Logentür stürzen, auf den Präsidenten schießen, dann hinunter auf die Bühne springen und vor den Augen der fassungslosen Zuschauer davonstürmen.

Es ging mir durch den Kopf, daß bis zu diesem Augenblick vermutlich niemand auch nur im Traum gedacht hatte, irgend jemand könnte die Absicht haben, den Präsidenten zu töten. Während ich weiter die Show verfolgte, dachte ich an all die Sicherheitsvorkehrungen, die für mich, Nancy und die Kinder getroffen waren, und wie anders die Dinge inzwischen aussahen. Doch als ich noch einmal auf die fahnengeschmückte Loge blickte, wurde mir auch bewußt, daß es trotz der Schutzmaßnahmen des Secret Service einem genügend entschlossenen Menschen auch heute noch möglich war, nahe genug an den Präsidenten heranzukommen, um ihn erschießen zu können.

Drei Tage nach dem Abend im Ford's Theater wurde der japanische Außenminister Ito zu einem kurzen Treffen mit mir ins Oval Office geleitet, um einen Staatsbesuch des japanischen Premierministers Zenko Suzuki vorzubereiten, der einige Wochen später stattfinden sollte. Ich erklärte ihm, daß unsere republikanische Administration entschieden gegen Einfuhrbeschränkungen sei, daß jedoch unter den Demokraten im Kongreß starke Bestrebungen bestünden, sie zu erheben.

»Ich weiß nicht, ob ich in der Lage sein werde, sie zu überzeugen«, sagte ich. »Aber ich denke, wenn Ihr Land sich zu einer freiwilligen Exportbeschränkung entschließen könnte, würde das unter Umständen die Einführung von Quoten verhindern können.«

Nicht lange nach dem Gespräch mit Außenminister Ito erhielt ich einen Anruf von Al Haig, der ungeheuer erregt über meine Entscheidung war, George Bush zum Vorsitzenden einer Sondereinheit innerhalb des Nationalen Sicherheitsrates zu ernennen, die mir bei der Bewältigung möglicher internationaler Krisen helfen sollte. In der Vergangenheit war der Sicherheitsberater des Präsidenten gleichzeitig Vorsitzender des Krisenrats des Weißen Hauses gewesen. Aber Haig hatte kein Vertrauen in Sicherheitsberater Richard Allen, noch mochte er ihn besonders. Ich hatte die Angelegenheit mit den drei Männern an der Spitze des Stabes des Weißen Hauses besprochen, mit Jim Baker, Ed Meese und Mike Deaver, und wir hatten uns dazu entschlossen, George Bush die Verantwortung zu übertragen. Diese Neuerung sollte nicht nur Haigs Unbehagen über Allen die Spitze nehmen, darüber hinaus hielt ich es auch für angemessen und wichtig für das Land, wenn der Vizepräsident in der Administration eine möglichst große Rolle spielt. Ich wollte nicht, daß George, wie es Nelson Rockefeller ausgedrückt hat, »Reserve-Material« war.

Aber jetzt ging Haig am Telephon an die Decke und erklärte, er sei strikt dagegen, daß der Vizepräsident irgend etwas mit außenpolitischen Angelegenheiten zu tun habe. Das sei *seine* Zuständigkeit, und er denke an Rücktritt. Ich konnte nicht begreifen, warum er sich so erregte, und erklärte, daß es für ihn absolut keinen Grund gebe, sich Sorgen zu machen.

Ich war davon überzeugt, daß er einem Phantom nachjagte. Niemand hatte die Absicht, ihm seine Position streitig zu machen. Doch am nächsten Morgen wurde ich durch einen Anruf von Mike Deaver geweckt, der mir erzählte, am Abend zuvor hätte Haig mit dem Stab einen Streit über Georges neue Ernennung angezettelt und damit gedroht, heute seinen Rücktritt einzureichen.

Ich bat Haig um 8.45 Uhr ins Oval Office, rechnete mit seinem

Rücktritt, hatte jedoch die feste Absicht, ihm das auszureden. Doch als er kam, war er sehr ruhig und sagte kein Wort über seinen Rücktritt. Statt dessen überreichte er mir eine Erklärung und bat mich um ihre Verlautbarung. In ihr wurde festgestellt, daß er allein für die Außenpolitik zuständig wäre. Die Erklärung war viel zu weitläufig, als daß ich sie hätte akzeptieren können, daher entwarf ich selbst eine. Sie war knapp, einfach und hielt das Selbstverständliche fest: daß der Außenminister mein vorrangiger Berater in außenpolitischen Fragen war.

Das schien ihn zu beruhigen, und da das Thema Haig hinter uns lag, bemühte ich mich weiter auf dem Capitol Hill um Unterstützung für mein Wirtschaftsprogramm. Neben den üblichen Treffen und Konferenzen sowie Telephongesprächen mit Kongreßmitgliedern stand auch ein Bankett mit Fernseh- und Rundfunkkorrespondenten auf dem Programm, bei dem Rich Little eine sehr hübsche Parodie von mir auf einer Pressekonferenz lieferte, und ein Luncheon zu Ehren von Angehörigen der Hall of Fame für Baseballspieler, bei dem ich auch mit Bob Lemon und Bill Herman zusammentraf, über die ich als Rundfunkjournalist berichtet hatte. Und am Sonnabend, dem 28. März, fand das jährliche Gridiron Dinner statt, bei dem sich Reporter über Präsidenten, Kongreßangehörige und andere Mitglieder der Washingtoner Szene lustig machen, und ich erhielt eine Chance, »zurückzufeuern«.

Der Sonntag war ein herrlicher Frühlingstag, und am Morgen gingen wir in die St. John's Episcopal Church, in das Gotteshaus in der Nähe des Weißen Hauses, das »die Kirche des Präsidenten« genannt wird. Der Chor der Marineakademie in Annapolis sang wundervoll, sah so prächtig aus und hörte sich so großartig an, daß ich das Gefühl hatte, jedermann in der Kirche müßte stolz auf sein Land sein.

Das Hauptereignis auf meinem Terminkalender für den nächsten Tag war eine Ansprache vor der AFL-CIO Building and Construction Trades Conference im »Hilton Hotel« im Zentrum von Washington. Ich verbrachte den größten Teil des Sonntagnachmittags für die Vorbereitung meiner Rede, mußte aber immer wieder an die Menschen denken, die ich in der Kirche gesehen hatte, an die Zukunft Amerikas und die MAD-Politik.

Die drei Initialen stehen für *mutual assured destruction,* drei irreführend dürre Worte, um den einzigen Schutzschild unseres Landes gegen die atomare Auslöschung zu beschreiben. Es war die Bezeichnung für die strategische Politik der beiden Supermächte. Die Vereinigten Staaten und die Sowjetunion verfügten über ein genügend großes Arsenal nuklearer Waffen, um – für den Fall, daß sie angegriffen würden – noch genügend übrigzuhaben, um den Gegner zu vernichten. Es war wie die Vorstellung von zwei Spinnen in einer Flasche, die einen selbstmörderischen Kampf gegeneinander führen, bis beide tot sind.

Als Präsident hatte ich keine Brieftasche, kein Geld, keinen Führerschein, keine Schlüssel in meinen Taschen – dafür aber geheime Codes, die dazu führen konnten, die Vernichtung großer Teile der Welt einzuleiten.

Am Tag der Amtseinführung hatte ich – nachdem ich ein paar Tage zuvor darüber informiert worden war, was ich zu tun hätte, falls es je nötig sein sollte, die amerikanischen Atomwaffen einzusetzen – die größte Verantwortung meines Lebens übernommen, die größte Verantwortung, die ein Mensch übernehmen kann. Von da an trug ich, wohin ich auch ging, eine kleine, kunststoffbeschichtete Karte bei mir, und ein militärischer Berater mit einem Sonderauftrag befand sich stets in meiner Nähe. Er oder sie (es war mir eine Freude, den ersten weiblichen Offizier in dieser Position ernennen zu dürfen) hatte eine kleine Tasche bei sich, die von allen Football genannt wurde. Sie enthielt die Anweisungen für den Einsatz unserer nuklearen Waffen als Vergeltung für einen Atomangriff auf unser Land. Die kunststoffbeschichtete Karte, die ich in einer kleinen Tasche meines Sakkos hatte, enthielt die Codes, mit denen ich dem Pentagon bestätigen würde, daß es tatsächlich der Präsident der Vereinigten Staaten war, der den Einsatz unserer Atomwaffen anordnete.

Die Entscheidung über den Einsatz der nuklearen Waffen lag allein bei mir.

Es gab viele Möglichkeiten der Reaktion auf einen atomaren Angriff. Doch alles würde sich so schnell abspielen, daß ich mich fragte, wieviel Zeit in einer solchen Situation für Überlegung und Vernunft bleiben konnte. Mitunter tauchten russische U-Boote vor unserer Ostküste auf – mit Atomraketen an Bord, die in der Lage waren, das Weiße Haus in sechs bis acht Minuten in einen Haufen radioaktiven Schutts zu verwandeln.

Sechs Minuten, um zu entscheiden, wie auf einen Echoimpuls auf einem Radarschirm zu reagieren war, um zu entscheiden, ob das Ar-

Dieses Photo, das mich mit meinen Eltern und meinem Bruder Neil zeigt, wurde in Tampico aufgenommen, der kleinen Stadt in Illinois, in der ich geboren wurde. Mein »Holländer«-Haarschnitt veranlaßte meinen Vater, mich »Dutchman« zu nennen, was ich später zu »Dutch« kürzte.

Unser erstes Haus in Dixon. Als ich es Jahre später wieder besuchte, war ich erstaunt, wie klein die Zimmer waren.

Die Footballmannschaft der High School von Dixon in meinem ersten Jahr an der Schule – als ich noch 1,60 Meter klein war und knapp 50 Kilo wog. Ich bin der vierte von links in der ersten Reihe; mein Bruder ist der dritte von rechts in der letzten Reihe.

Die Schwimmermannschaft des Eureka College, an deren Gründung ich beteiligt und deren Trainer und Kapitän ich war. Das Photo rechts zeigt mich als Rettungsschwimmer im Lowell Park in Dixon; ich hatte diesen Job sieben Jahre lang jeden Sommer.

In Hollywood. Nachdem ich erfahren hatte, daß Warner Brothers meinen Vertrag erneuern würde, holte ich meine Eltern zu mir und kaufte ihnen das erste Haus, das ihnen selbst gehörte.

Eine der angenehmen Folgen meines Erfolges in Hollywood war die Einladung für mich und meine Mutter, das alljährliche Petunia-Festival in Dixon zu besuchen.

Dieses Photo mit Nancy, meiner Mutter und Nancys Eltern, Dr. und Mrs. Loyal Davis, wurde in den frühen fünfziger Jahren aufgenommen.

Die Geburt unserer Kinder Patti und Ron brachte viel Freude in unser Leben.

Hier bin ich auf »Babys« Tochter »Nancy D« zu sehen, die ich nach einer jungen Dame genannt hatte, mit der ich damals häufig ausging. Die Photos wurden auf unserer Ranch in Malibu aufgenommen, die wir später, als ich für den Gouverneursposten kandidierte, verkauften.

Nancy und ich verbrachten in den achtziger Jahren viel Zeit damit, kreuz und quer durchs Land zu reisen. Am Tag meiner Amtseinsetzung wurde ich mit einem dicken Kuß belohnt. Nancy war auch an meiner Seite, als ich ins Weiße Haus zurückkehrte, nachdem ich mich von dem Attentat im Frühling 1981 erholt hatte.

Der schlimmste Tag während meiner acht Jahre in Washington war der Tag, als durch einen Bombenanschlag auf unsere Marinekaserne in Beirut 241 Marines ihr Leben verloren. Eine der Pflichten eines Präsidenten, an die ich mich nie gewöhnen konnte, war die, den Familien jener Männer und Frauen mein Beileid auszusprechen, die im Dienst ihres Landes gestorben waren, was im Laufe meiner beiden Amtszeiten viel zu oft nötig war, etwa nach dem tragischen Absturz eines Truppentransporters über Grönland 1985 und dem Angriff auf die *USS Stark* 1987.

Am vierzigsten Jahrestag der Landung in der Normandie besuchten Nancy und ich die Gräber der Tausenden von Amerikanern, die bei der Invasion ihr Leben gelassen haben.

Auf dem Weltwirtschaftsgipfel in Williamsburg 1983 wurde ich gebeten: »Erzählen Sie uns von dem amerikanischen Wunder.« Von rechts nach links: Premierminister Pierre Trudeau, Präsident der Kommission der Europäischen Gemeinschaft Gaston Thorn, Bundeskanzler Helmut Kohl, Staatspräsident François Mitterrand, Präsident Ronald Reagan, Premierminister Yashiro Nakasone, Premierministerin Margaret Thatcher, Staatspräsident Allessandro Pertini.

Beim Besuch in Berlin 1982 anläßlich des NATO-Gipfels. Mit Bundespräsident Richard von Weizsäcker und Bundeskanzler Helmut Schmidt traf ich mich am Grenzübergang Checkpoint Charlie.

Axel Springer und seine Ehefrau Friede bei ihrem Besuch im Weißen Haus 1984.

Nancy und ich auf dem Rancho del Cielo. Ich bin stolz darauf, daß ich den Steg, auf dem wir sitzen, und den Zaun auf der anderen Seite des Teichs selbst gebaut habe.

mageddon ausgelöst wurde! Wie könnte jemand in dieser kurzen Zeit zu einer vernünftigen Entscheidung kommen?

Es gab Leute im Pentagon, die dachten, man könne einen Atomkrieg führen und *gewinnen*. Für mich war das eine Sache des gesunden Menschenverstandes: Ein Atomkrieg konnte von keiner Seite gewonnen werden. Er durfte gar nicht erst geführt werden. Doch wie konnten wir ihn verhindern und unsere labile Situation verbessern?

Im Frühjahr 1981 bewegte sich das atomare Wettrennen auf der Grundlage der MAD-Politik ebenso ungestüm wie blindlings voran. Die Sowjets häuften immer neue Waffensysteme auf und investierten einen weit größeren Teil ihres Nationaleinkommens als wir. Wir konnten nicht zulassen, daß sie einen Vorsprung bekamen, daher begannen wir in Reaktion auf die sowjetische Bedrohung mit einer grundlegenden Modernisierung unserer nuklearen Streitkräfte und schickten eine neue Generation von Mittelstreckenraketen nach Europa, um unseren NATO-Verbündeten zu helfen, sich gegen sowjetische Raketen zu verteidigen.

Es schien kein Ende zu finden, keinen Ausweg zu geben.

Die Befürworter der MAD-Politik glaubten, mit ihr einen Zweck erreicht zu haben. Sie sagten, es sei das Gleichgewicht des Schreckens gewesen, das seit Jahrzehnten einen Atomkrieg verhindert hätte. Doch für mich war die MAD-Politik Wahnsinn. Zum ersten Mal in der Geschichte hatte der Mensch die Macht, die Menschheit zu vernichten. Ein Krieg zwischen den Supermächten würde große Teile der Welt zerstören und das, was von ihr übrigblieb, für immer unbewohnbar hinterlassen.

Es mußte einen Weg geben, die Bedrohung der Vernichtung aufzuheben und der Welt eine größere Überlebenschance zu sichern. An diesem Sonntagnachmittag, an dem ich zwischen diesen Überlegungen und meiner Arbeit an der Rede für Montag hin und her schwankte, dachte ich auch daran, daß der Mensch in der Vergangenheit in der Lage gewesen war, für jede Waffe, die gegen ihn erhoben wurde, einen Abwehrmechanismus zu entwickeln. Ich fragte mich, ob es möglich sein könnte, eine andere Verteidigung zu entwickeln als die fatalistische Hinnahme der möglichen Vernichtung, die in der MAD-Politik enthalten war. Wir konnten nicht für immer in dieser Sackgasse verharren. Wir durften nicht in unserer Wachsamkeit nachlassen, aber wir mußten endlich den Prozeß des Friedens einleiten. Während der Nachmittag des 29. März verstrich, dachte ich lange darüber nach, was ich tun konnte, um diesen Prozeß einzuleiten.

42

Für meine Ansprache auf der Tagung der Bauindustrie zog ich einen nagelneuen blauen Anzug an. Doch aus Gründen, die mir für immer unbekannt bleiben werden, nahm ich meine beste Armbanduhr ab, bevor ich das Weiße Haus verließ, und band eine alte um, die mir Nancy geschenkt hatte und die ich immer draußen auf der Ranch trug.

Meine Rede im »Hilton Hotel« wurde nicht gerade begeistert gefeiert – ich glaube, die meisten meiner Zuhörer waren Demokraten –, aber wenigstens bedachte man mich mit höflichem Beifall.

Nach der Ansprache verließ ich das Hotel durch einen Seitenausgang und kam an einer Reihe von Pressephotographen und Fernsehkameras vorbei. Ich hatte fast das Auto erreicht, als ich links von mir etwas hörte, das wie zwei oder drei explodierende Knallfrösche klang. Es war nur ein leises, knatterndes Geräusch: plop, plop, plop.

Ich drehte mich um und meinte: »Was zum Teufel ist das denn?«

In diesem Moment packte mich Jerry Parr, der Leiter unserer Secret-Service-Einheit, bei der Taille und schleuderte mich buchstäblich auf die Rücksitze der Limousine. Ich landete bäuchlings auf der Armlehne in der Mitte des Rücksitzes, und Jerry sprang mit einem Satz auf mich. Da verspürte ich einen unglaublichen Schmerz im oberen Bereich meines Rückens. Es war der qualvollste Schmerz, den ich je empfunden hatte.

»Jerry«, rief ich. »Machen Sie, daß Sie von mir runterkommen! Ich glaube, Sie haben mir eine Rippe gebrochen.«

»Zum Weißen Haus«, sagte Jerry, kletterte von mir herunter, setzte sich auf den Notsitz, und das Auto fuhr los.

Ich versuchte, mich auf dem Sitz aufzurichten, wurde von den Schmerzen aber fast paralysiert. Dann mußte ich heftig husten und entdeckte danach, daß meine Handfläche voll von extrem rotem, schaumigem Blut war.

»Sie haben mir nicht nur eine Rippe gebrochen. Ich glaube, die Rippe hat mir die Lunge durchbohrt«, stellte ich fest.

Jerry betrachtete sich das schaumige Blut und sagte dem Fahrer, er solle statt zum Weißen Haus zum George Washington University Hospital fahren.

Inzwischen war mein Taschentuch blutgetränkt, und Jerry gab mir seins. Plötzlich stellte ich fest, daß ich kaum noch atmen konnte, wie sehr ich mich auch anstrengte, ich bekam einfach nicht mehr genug Luft. Nun bekam ich es mit der Angst zu tun und geriet in leichte Panik. Ich war einfach nicht dazu fähig, genügend Luft zu inhalieren.

Als wir vor dem Eingang zur Notaufnahme des Krankenhauses hielten, war ich als erster aus der Limousine heraus und drinnen in der Notaufnahme. Eine Krankenschwester kam mir entgegen, und ich sagte ihr, ich hätte Atembeschwerden. Dann wurden mir urplötzlich die Knie weich. Das nächste, was ich mitbekam, war, daß ich auf einer Trage lag und mir mein nagelneuer Nadelstreifenanzug vom Körper geschnitten wurde.

Die Schmerzen in meiner Rippengegend waren noch immer qualvoll, doch ich sorgte mich weitaus mehr darüber, daß ich nicht genug Luft bekam, obwohl mir die Ärzte inzwischen einen Atemschlauch in den Hals geschoben hatten. Bei jedem Atemzug schien ich weniger Luft zu bekommen. Ich weiß noch, daß ich von der Trage hochblickte und versuchte, mich auf die quadratischen Fliesen an der Decke zu konzentrieren. Dann wurde ich für kurze Zeit ohnmächtig.

Ich war nur halb bei Bewußtsein, als ich spürte, daß jemand meine Hand hielt. Es war eine sanfte, weibliche Hand. Ich merkte, wie sie näher kam, meine Finger berührte und dann festhielt. Sie vermittelte mir ein wundervolles Gefühl. Selbst jetzt kann ich kaum erklären, wie tröstend, wie wunderbar das war.

Es muß die Hand einer Krankenschwester gewesen sein, die neben der Trage kniete, aber ich konnte sie nicht sehen. Ich fragte: »Wer hält meine Hand? ... Wer hält meine Hand?« Und als ich keine Antwort bekam, fragte ich: »Weiß Nancy Bescheid?«

Obwohl ich später herauszubekommen versuchte, wer die Krankenschwester gewesen war, ist es mir nicht gelungen. Ich wollte ihr sagen, wieviel mir der Druck ihrer Hand bedeutet hatte, doch leider war es mir unmöglich.

Irgendwann später öffnete ich die Augen und sah, daß Nancy auf mich herunterblickte.

»Honey«, sagte ich, »ich habe die Deckung vernachlässigt«, zitierte ich Jack Dempseys Worte zu seiner Frau an dem Abend, an dem er von Gene Tunney im Kampf um die Schwergewichtsweltmeisterschaft geschlagen worden war.

Daß Nancy im Krankenhaus war, war eine ungeheure Erleichterung für mich. Solange ich lebe, werde ich die Gedanken nicht vergessen, die mir durch den Kopf gingen, als ich in ihr Gesicht sah. Später schrieb ich sie in mein Tagebuch: »Ich bete darum, daß ich keinen Tag erleben muß, an dem sie nicht da ist ... Von all den Segnungen, die ich von Gott erfahren habe, ist sie die größte – weit über das hinausgehend, was ich erhoffen durfte.«

An diesem Tag standen wir unter einem besonderen Schutz.

Die meisten der im George Washington University Hospital praktizierenden Ärzte hatten an diesem Nachmittag an einer Sitzung teilgenommen und waren nur eine Fahrstuhlfahrt von der Notaufnahme entfernt. Innerhalb weniger Minuten nach meiner Ankunft war der Raum voller Spezialisten für buchstäblich jedes medizinische Fachgebiet. Als jemand meinte, sie würden jetzt operieren, sah ich mich um, entdeckte all die Ärzte und meinte: »Ich hoffe, Sie sind alle Republikaner.«

Einer der Ärzte drehte sich um und erwiderte: »Heute, Mister President, sind wir alle Republikaner.«

Ich erinnere mich auch, daß ich auf die Frage einer Krankenschwester, wie ich mich fühle, erwiderte: »Alles in allem wäre ich lieber in Philadelphia« – den alten Spruch von W. C. Fields.

Noch eine ganze Weile ging ich in der Notaufnahme davon aus, daß Jerry Parr mir eine Rippe gebrochen hatte, die dann in meine Lunge gedrungen war. Nach und nach erfuhr ich jedoch, was wirklich geschehen war: Ich hatte eine Kugel in der Lunge, Jim Brady, mein Pressesekretär, war in den Kopf geschossen worden, der Secret-Service-Agent Tim McCarthy hatte einen Brustschuß und der Polizist Tom Delehanty einen Halsschuß erlitten. Wir alle waren von der Waffe eines jungen Attentäters getroffen worden, der sich inzwischen in Polizeigewahrsam befand.

Als Jim Brady, ein fröhlicher und unbekümmerter Mann, der ebenso begabt wie bei jedem im Weißen Haus beliebt war, ohne Bewußtsein an mir vorbei in den Operationsraum gerollt wurde und mir jemand sagte, daß er so schwer verletzt sei, daß man nicht wisse, ob er überleben werde, sagte ich schnell ein Gebet für ihn. Ich glaubte nicht, daß es miteinander vereinbar war, Gott um Beistand für Jim, die anderen Opfer und mich bitten zu können, andererseits aber Haß auf den Mann zu empfinden, der auf uns geschossen hatte. Daher bat ich Gott im stillen, er möge ihm dabei helfen, mit den Dämonen fertig zu werden, die ihn zu seiner Tat verleitet hatten.

Als man mir mehr über die Ereignisse berichtete, begann ich zu begreifen, daß Jerry Parr bei seinem Sprung sein Leben aufs Spiel gesetzt hatte, um mich zu retten, und ich hatte Schuldgefühle, ihn so kurz danach heruntergeputzt zu haben. Wie Jerry war auch Tim McCarthy bereit gewesen, sich für mich zu opfern. Ein paar Wochen später zeigte man mir die Fernsehaufnahmen, die an diesem Tag gemacht worden waren. Als ich hinten in die Limousine geworfen wurde, tauchte Tim McCarthy mit ausgebreiteten Armen und gespreizten Beinen zwischen dem Schützen und mir vor der Kamera auf, um sich zu einem möglichst großen Ziel zu machen. Er wurde in die Brust geschossen. Glücklicherweise hat er überlebt.

Ich dankte Gott dafür, was er und die anderen für mich getan hatten, und während ich darauf wartete, in den Operationssaal gebracht zu werden, erinnerte ich mich an den Besuch im Ford's Theater nur eine Woche zuvor und an meine Gedanken, als ich zur fahnengeschmückten Loge hinaufgeblickt hatte, in der Lincoln gestorben war. Selbst die ausgefeiltesten Sicherheitsmaßnahmen konnten, so hatte ich damals gedacht, die Unversehrtheit des Präsidenten nicht mit hundertprozentiger Gewißheit garantieren. Jetzt war mir nicht nur die Selbstlosigkeit der beiden Männer zur Hilfe gekommen, sondern auch Gott hatte es für angebracht gehalten, seinen Segen wirken zu lassen und mir zu erlauben, noch ein bißchen länger zu leben.

John Hinckleys Kugel hatte mich wahrscheinlich genau in dem Moment getroffen, als ich von Jerry Parr in das Auto geschleudert wurde. Nachdem man sie aus mir herausoperiert hatte, betrachtete ich mir die Kugel. Sie sah aus wie ein Fünf-Cent-Stück und war auf einer Seite schwarz. Sie war zu einer kleinen Scheibe zusammengedrückt und durch den Lack der Limousine geschwärzt. Zunächst hatte die Kugel die Limousine getroffen, war abgeprallt und durch den schmalen Spalt zwischen der Karosserie und den Türaufhängungen in meinen Körper gedrungen. Sie hatte mich unter dem linken Arm getroffen, wo sie eine kleine Wunde verursachte wie ein Messerschnitt.

Mir war immer wieder gesagt worden, daß nichts so schmerzt wie ein gebrochener Knochen. Daher hatte ich angenommen, Jerry hätte mir bei seinem Sprung die Rippe gebrochen. Aber es war nicht Jerrys Gewicht gewesen, das ich gespürt hatte. Nach Aussage der Ärzte hatte die abgeflachte Kugel meine Rippe geschrammt, sich dann wie eine Münze gedreht und war in meine Lunge eingedrungen, um gut zwei Zentimeter über meinem Herzen steckenzubleiben.

Wie ich schon sagte, stand ich an diesem Tag unter einem besonderen Schutz.

Vor etlichen Auftritten in der Öffentlichkeit hatte mich der Secret Service dazu überredet, eine kugelsichere Weste unter meinem Anzug zu tragen. Doch an diesem Tag hatte niemand meine eiserne Unterwäsche für nötig gehalten – obwohl ich vor ein paar hartnäckigen Demokraten reden würde, die von meinem Wirtschaftsprogramm nicht viel hielten –, da ich lediglich dreißig Schritte vom Hotel zum Auto zurückzulegen hatte.

Ich habe Hinckley im »Hilton« gar nicht bemerkt, nur die Menge der Reporter vor dem Hotel. Im Krankenhaus erfuhr ich, daß er sich einen Film angesehen hatte – *Taxidriver* –, sich in eine Schauspielerin in dem Streifen verliebte und sie daraufhin quer durchs ganze Land in der Hoffnung verfolgte, ihr zu begegnen und seine Liebe gestehen zu können. Ich habe den Film nie gesehen, aber gehört, daß es in ihm eine Schießerei gibt. Aus irgendeinem Grund hatte Hinckley beschlossen, sich eine Waffe zu besorgen und irgend jemanden zu erschießen, um seine Gefühle für die Schauspielerin zu demonstrieren.

Mir wurde berichtet, daß er geplant hatte, Jimmy Carter zu töten, und mit seiner Waffe überall hingegangen ist, wo sich auch Carter aufhielt. Aber es bot sich ihm nie eine Gelegenheit, daher schoß er statt dessen auf mich. Er war ein verwirrter junger Mann aus guter Familie. Am Tag des Attentats habe ich Gott gebeten, ihm zu helfen – das tue ich noch heute.

Nachdem ich das Krankenhaus verlassen hatte und mich wieder im Weißen Haus befand, schrieb ich ein paar Worte über das Attentat in mein Tagebuch und schloß: »Was immer mir geschieht – ich verdanke mein Leben Gott und will versuchen, ihm auf jede erdenkliche Weise zu dienen.«

43

Im George Washington University Hospital genoß ich eine wundervolle Pflege, für die ich ewig dankbar sein werde. Aber es dauerte nicht lange, bis ich mich danach sehnte, wieder auf die Beine zu kommen, nach Hause und an die Arbeit zurückzukehren; und ich fürchte, es gab Zeiten, in denen ich nicht gerade der perfekte Patient war. In den ersten Tagen, als ich noch fest im Bett lag und an einem Tropf hing, mußte ich einmal auf die Toilette. Da ich die Schwestern nicht belästigen wollte, stand ich auf und nahm den Tropf mit auf das WC. Als das die Schwestern entdeckten, schimpften sie mit mir, aber ich überredete sie dazu, mich häufiger aufstehen zu lassen, und schon bald durfte ich mein Zimmer verlassen, um über den Korridor zu einem kleinen ovalen Raum zu gehen und ein paar gymnastische Übungen machen. Ich war entschlossen, das Krankenhaus auf meinen zwei Beinen zu verlassen, und das schaffte ich auch.

Am 12. April schrieb ich in mein Tagebuch: »Der erste volle Tag zu Hause. Ich reiße zwar noch keine Bäume aus, und mein Alltag besteht noch immer aus Bluttests, Röntgenaufnahmen und dem Tropf, aber ich bin zu Hause. Nach dem Absetzen der Antibiotica habe ich auch wieder Appetit, und das Essen schmeckt mir.«

Übrigens legte ich mich in den ersten drei oder vier Wochen nach meiner Entlassung aus dem Krankenhaus nachmittags ein wenig hin, aber ungeachtet der Berichte über das Gegenteil, war das die erste und einzige Zeit seit meiner Kindheit, in der ich es nötig hatte.

Am 14. April, drei Tage nachdem ich nach Hause gekommen war, kehrte die Raumfähre *Columbia* nach ihrer Jungfernfahrt im Triumph zur Erde zurück. Die Landung verursachte überall im Land große Begeisterung und überzeugte mich mehr denn je davon, daß die Amerikaner wieder stolz auf ihr Land sein wollten. Ich sah mir die Landung im Fernsehen vom Lincoln-Schlafzimmer aus an, in das man für meine Rekonvaleszenz ein Krankenhausbett gestellt hatte. Während ich da lag oder in Bademantel und Pyjama im Wintergarten im dritten Stockwerk des Weißen Hauses entspannte, hatte ich viel Zeit, über die

Probleme unseres Landes und das nachzudenken, wie wir sie lösen konnten.

In der Innenpolitik machte unser Wirtschaftsprogramm zwar recht gute Fortschritte im Kongreß, aber ich wußte, daß uns dennoch ein harter Kampf bevorstand. Es galt, die Unterstützung weiterer Demokraten gewinnen, um es verabschieden zu können. Auf der außenpolitischen Ebene erinnerte ich mich an meine Überlegungen über die MAD-Politik vom Sonntag vor dem Attentat. Ich wünschte mir nichts mehr, als während meiner Amtszeit als Präsident das Risiko eines Atomkrieges zu verringern. Doch wie sollte das bewerkstelligt werden?

Unsere Beziehungen zu den Sowjets basierten auf Détente, einem französischen Begriff, den die Russen als die Freiheit übersetzt hatten, überall in der Welt nach ihrem Belieben subversiv, aggressiv und expansionistisch vorgehen zu können. Seit Lenin hatte jeder Sowjetführer einschließlich des augenblicklich amtierenden, Leonid Breschnew, es zum Ziel der Sowjetunion erklärt, die gesamte Welt unter kommunistische Herrschaft zu bringen. Bis auf eine kurze Zeit während des Zweiten Weltkrieges waren die Russen seit nunmehr fast fünfundsechzig Jahren unsere *de facto*-Feinde. Und die ganze Zeit über war ihre Politik beständig und mit fast fanatischem Eifer auf ein einziges Ziel gerichtet: Die Zerstörung der Demokratie und die Errichtung des Kommunismus.

In den Nachkriegsjahren hatte sich Amerika der Bedrohung durch die sowjetische Expansion wiederholt entgegengestellt und in fernen Gegenden der Welt – in der Türkei, Griechenland, Korea, Südostasien – die Freiheit verteidigt. Es ist unsere Überzeugung, daß unsere großartige Demokratie die besondere Verpflichtung hat, dabei mitzuhelfen, anderen Völkern die Freiheit zu bringen – so wie wir es nach dem Zweiten Weltkrieg getan haben, als wir den Nationen halfen, die ihre koloniale Vergangenheit abschüttelten. Wir gaben Milliarden aus, um den Ländern beim Wiederaufbau zu helfen, die im Zweiten Weltkrieg verwüstet worden waren, auch unseren ehemaligen Feinden. Wir gaben weitere Milliarden aus, um amerikanische Truppen in Westeuropa und Südkorea zu dem Zweck zu stationieren, dem Kommunismus Einhalt zu gebieten. Mitunter war der Preis für die Verteidigung der Freiheit sogar noch höher: Viele tapfere Amerikaner brachten das größte und letzte Opfer. Amerika ist stets bereit gewesen, den Preis für die Verteidigung der Freiheit zu zahlen.

Gegen Ende der siebziger Jahre hatte ich die Empfindung, daß unser Land begonnen hatte, seine historische Rolle als geistiger Führer der Freien Welt und ihr vorrangiger Verteidiger der Demokratie aufzugeben. Etwas von unserer Entschlossenheit war geschwunden, wie auch von unserem Engagement, die Werte weiter hochzuhalten, die wir schätzten.

Genauso wie sie die Vorstellung akzeptiert hatte, Amerika habe auf wirtschaftlichem Gebiet seine besten Tage hinter sich, und sagte, unser Volk müsse sich künftig mit weniger bescheiden, hatte die vorangegangene Administration auch die Vorstellung akzeptiert, Amerika sei nicht mehr die Weltmacht, die es einmal gewesen ist, es sei zu machtlos geworden, um die Ereignisse der Welt beeinflussen zu können. Bewußt oder unbewußt hatten wir die Botschaft in die Welt hinausgeschickt, Washington sei sich seiner selbst nicht mehr sicher, seiner Ideale und seiner Verpflichtung gegenüber den Verbündeten, und sähe den sowjetischen Expansionismus als unabwendbar, besonders in den armen und unterentwickelten Ländern.

Ich weiß nicht, was die Wurzel dieses Rückzugs war. Vielleicht hing es mit dem Vietnam-Krieg zusammen, der Energiekrise, der Inflation und anderen Wirtschaftsproblemen der Regierung Carter – oder den Frustationen der Carter-Administration über das Scheitern ihrer Politik im Iran. Was auch immer die Gründe gewesen sein mochten – ich hielt es für sinnlos, unbegründet und gefährlich für Amerika, wenn sich die Vereinigten Staaten von ihrer Rolle als Supermacht und Anführer der Freien Welt zurückzögen.

Wie vorherzusehen war, hatte die Sowjetunion unser Zaudern und Zögern sowie unser nachlassendes nationales Selbstbewußtsein als Schwäche ausgelegt und versucht, das nach allen Regeln der Kunst auf dem Weg zu ihrem erklärten Ziel auszubeuten – einer kommunistisch regierten Welt. Angesichts der atemberaubenden Ereignisse, zu denen es seither in Osteuropa gekommen ist, kann leicht vergessen werden, wie die Welt im Frühjahr 1981 ausgesehen hat: Mehr denn je waren die Sowjets entschlossen, Lenins Ziel einer kommunistischen Welt zu erreichen. Mit der »Breschnew-Doktrin« nahmen sie sich das Recht, »nationale Befreiungskriege« zu unterstützen und durch militärische Interventionen jedes Aufbegehren gegen kommunistische Regierungen überall in der Welt zu unterdrücken.

Wir konnten die Breschnew-Doktrin tagtäglich in ihrer praktischen Anwendung sehen. In El Salvador, Angola, Äthiopien, Kambodscha und sonstwo waren die Sowjets und ihre Stellvertreter Kuba, Nicaragua, Libyen und Syrien am Werk, nicht-kommunistische Regierungen durch gewalttätige Kampagnen von Subversion und Terrorismus zu unterminieren und zu zerstören. In Afghanistan versuchten sie einen Aufstand gegen die kommunistische Herrschaft brutal mit Panzern und Raketen niederzuschlagen. In Polen reagierten sie auf die tastenden Versuche einer demokratischen Bewegung mit dunklen Andeutungen einer Invasion. Die gleiche Methode hatten sie angewandt, um tapfere Freiheitskämpfer zu vernichten, die Ungarn und der Tschechoslowakei die Demokratie bringen wollten.

Ein Grundstein meiner Außenpolitik war meine Entschlossenheit, den Russen so nachdrücklich wie möglich zu vermitteln, daß wir künftig nicht mehr zusehen würden, wenn sie Terroristen bewaffneten und finanzierten oder demokratische Regierungen unterhöhlten. Unsere Politik würde auf Stärke und Realismus basieren. Ich wollte Frieden durch Stärke, keinen Frieden durch ein Stück Papier.

In meinen Reden und Pressekonferenzen sagte ich daher voller Absicht ein paar deutliche Dinge über die Russen, um sie wissen zu lassen, daß es in Washington ein paar neue Burschen gab, die einen realistischen Blick dafür hatten, was sie planten, es aber nicht zulassen würden. Auf meiner ersten Pressekonferenz wurde ich gefragt, ob der Sowjetunion zu trauen sei. Ich sagte, die Antwort darauf sei in den Schriften der Sowjetführer zu finden. Es sei stets ihre Philosophie gewesen, daß es durchaus moralisch sei, zu lügen und zu betrügen, wenn es dem Ziel der Verbreitung des Kommunismus diene. Ohne es zu wollen, hätten sie uns damit gesagt, daß ihnen nicht zu trauen ist. (Viele Zeitungen berichteten danach, ich hätte die Sowjets Lügner und Betrüger genannt. Dabei vergaßen sie jedoch zu erwähnen, daß ich lediglich zitierte, was die Russen selbst gesagt hatten.)

Ich wollte ihnen zu verstehen geben, daß jeder Versuch der Fortsetzung ihrer Expansionspolitik nur das Wettrennen der atomaren Aufrüstung verlängern und die Welt am Abgrund der Katastrophe halten würde. Ich wollte ihnen gleichfalls signalisieren, daß wir uns nicht durch Worte zu der Annahme verleiten lassen würden, sie hätten ihre Richtung geändert: Wir wollten Taten, keine Worte. Und ich hatte die Absicht, sie wissen zu lassen, daß wir bereit waren, das auszugeben, was es kostete, ihnen beim Wettrüsten voraus zu sein. Mit dem zweiten Platz würden wir uns nie zufriedengeben.

Der große dynamische Erfolg des Kapitalismus hat uns eine mächtige Waffe im Kampf gegen den Kommunismus in die Hand gegeben: Geld. Die Russen konnten das Wettrüsten nie gewinnen. Wir konnten immer mehr ausgeben als sie. Darüber hinaus besaßen wir durch die dem kapitalistischen System innewohnenden Antriebskräfte die industrielle Basis, ihnen technologisch stets einen Schritt voraus zu sein.

Aber zusätzlich zu der Botschaft, daß die Vereinigten Staaten von einer neuen, realistischen Grundlage aus mit der Sowjetunion verhandeln würden, wollte ich sie auch wissen lassen, daß wir eingesehen hatten, wie sinnlos und gefährlich das atomare Wettrüsten für uns alle war, und daß wir keinerlei Absichten im Hinblick auf ihr Territorium hegten. Daß sie nichts von uns zu befürchten hatten, solange sie sich anständig benahmen. Wir wollten die Spannungen abbauen, die uns an die Schwelle der nuklearen Katastrophe geführt hatten.

Es war absurd für beide Nationen, diesen kostspieligen, unbegrenzten Wettbewerb um immer größere, immer bessere Angriffswaffen fortzusetzen, die die Welt auslöschen konnten. Das Geld, das wir für Waffen ausgaben, könnte weit besser für viele andere Dinge verwandt werden. Irgendwo im Kreml mußte es doch Leute geben, dachte ich, denen bewußt war, daß wir uns wie zwei Cowboys gegenüberstanden und daß unsere auf den Kopf des Gegners gerichteten Waffen ein tödliches Risiko für das Überleben sowohl der kommunistischen als auch der Freien Welt darstellten. Irgend jemand im Kreml mußte doch erkennen, daß sie die drückenden Wirtschaftsprobleme, die das offensichtlichste Zeichen für das Scheitern des Kommunismus waren, nur weiter vergrößerten, wenn sie sich bis an die Zähne bewaffneten.

Offen gesagt, bezweifelte ich jedoch, daß ich einem solchen Menschen je begegnen würde.

44

Nicht lange nach meinem Einzug ins Weiße Haus machte Anatolij Dobrynin, der sowjetische Botschafter in Washington, ein paar Andeutungen gegenüber Außenminister Al Haig, daß die Russen daran interessiert wären, die Ost-West-Gespräche über atomare Rüstungskontrolle wiederaufzunehmen. Aber er meinte, die sowjetischen Führer wären über ein paar rauhe Töne, die ich ihnen gegenüber angeschlagen hatte, nicht gerade glücklich. Ich sagte Al, er möge Dobrynin darüber informieren, daß meine Bemerkungen als Botschaft gedacht gewesen wären: Im Weißen Haus gab es mit der neuen Administration auch einen neuen Realismus im Hinblick auf die Russen, und bis sie sich in ihrem Verhalten nicht änderten, hätten sie noch mehr von dieser Art zu erwarten.

Ich hatte nicht viel Zutrauen zum Kommunismus, noch maß ich den Worten sowjetischer Führer große Bedeutung bei. Dennoch war es äußerst gefährlich, das nukleare Wettrennen immer weiter fortzusetzen. Wenn die Russen nicht den ersten Schritt taten, dann würde ich ihn tun.

Als ich in diesem Frühjahr in Bademantel und Pyjama im sonnendurchfluteten Wintergarten des Weißen Hauses saß und darauf wartete, daß mir die Ärzte gestatteten, mein volles Arbeitspensum wieder aufzunehmen, fragte ich mich, wie dieser Prozeß am besten in Gang zu setzen wäre. Vielleicht vermittelte mir die Tatsache, dem Tod so nahe gekommen zu sein, das Gefühl, ich müßte in den Jahren, die Gott mir geschenkt hatte, alles in meiner Macht Stehende tun, um die Bedrohung durch einen Atomkrieg abzubauen. Vielleicht gab es einen Grund dafür, daß ich verschont worden war.

Schließlich kam ich zu dem Entschluß, einen persönlichen Brief an Breschnew zu schreiben, den ich kurz in meiner Eigenschaft als Gouverneur in Kalifornien kennengelernt hatte, als er zu einem Treffen mit Präsident Nixon nach San Clemente gekommen war. Ich wollte ihn davon zu überzeugen versuchen, daß Amerika im Gegensatz zur sowjetischen Propaganda keine »imperialistische« Nation war und wir keinerlei Besitzansprüche in irgendeinem Teil der Welt stellten. Ich wollte ihn wissen lassen, daß wir uns über die Ziele der Sowjetunion keine Illusionen machten, ihm aber gleichzeitig signalisieren, daß wir daran interessiert waren, das Risiko atomarer Vernichtung zu reduzieren.

Eine Woche nach meiner Heimkehr aus dem Krankenhaus holte ich mir einen Schreibblock und verfaßte den ersten Entwurf eines Briefes an Breschnew – noch nicht ganz sicher, ob ich ihn auch abschicken würde, aber begierig darauf, ein paar Gedanken festzuhalten.

Vor dem Attentat hatte ich daran gedacht, das von der Carter-Regierung verhängte Getreide-Embargo aufzuheben. Es schadete unseren Farmern mehr als den Russen. Ich wollte den Sowjets keineswegs Konzessionen ohne Gegenleistung machen, dachte aber daran, bei einer Aufhebung des Embargos anzudeuten, das sei eine Demonstration der Aufrichtigkeit unserer Absichten, die sowjetisch-amerikanischen Beziehungen zu verbessern. Gleichzeitig würde es unseren Verbündeten signalisieren, daß wir bereit waren, die Initiative bei dem Versuch zu übernehmen, die Spannungen des Kalten Krieges abzubauen.

Unter anderem wegen gewisser Sorgen in Westdeutschland und anderen europäischen Staaten gab es eine zunehmende Neigung zu einseitiger Abrüstung. Al Haig wollte sich sehr schnell zu Abrüstungsverhandlungen mit den Russen an einen Tisch setzen, war aber gegen ein frühes Gipfeltreffen. Er sprach sich auch gegen versöhnliche Gesten gegenüber den Sowjets aus, bevor sie ihre Bereitschaft zu erkennen gegeben hatten, ihre Vorgehensweise zu ändern. Daher war er auch gegen die Aufhebung des Getreide-Embargos und meinte, das sei die falsche Botschaft an die Russen. Ich verstand seine Argumente, meinte jedoch, daß die Vorteile die Nachteile aufwiegen würden.

Als ich ihn von meiner Absicht in Kenntnis setzte, einen persönlichen Brief an Breschnew zu schreiben, zögerte Al. Wenn ich tatsächlich einen Brief schreiben wolle, so meinte er, solle der vom Außenministerium konzipiert werden.

Das war für mich vermutlich der erste Hinweis darauf, daß Al nicht nur andere Mitglieder des Kabinetts und den Stab des Weißen Hauses aus außenpolitischen Dingen heraushalten wollte. Wie ich im folgenden Jahr noch deutlicher erfahren sollte, wollte er nicht einmal, daß ich als Präsident mich mit Initiativen in der Außenpolitik befaßte – das betrachtete er ausschließlich als seine Domäne. Er wollte nicht die Außenpolitik des Präsidenten vertreten und ausführen; er wollte sie selbst formulieren und in die Tat umsetzen.

Ich hatte Haig sehr bewundert, seine Leistungen als NATO-Oberbefehlshaber respektiert und ihn wegen seines Rufes und seiner Erfahrungen während der Nixon-Jahre in Washington zu meinem Außenminister erwählt. Aber er zeigte eine Härte und Aggressivität bei der Wahrung seiner Position und seines Terrains, die zu Schwierigkeiten innerhalb der Regierung führten. An dem Tag, an dem auf mich geschossen wurde, hielt sich George Bush nicht in Washington auf. Haig erschien unverzüglich im Weißen Haus und behauptete, nun für die Geschicke des Landes verantwortlich zu sein. Selbst als der Vizepräsident wieder in Washington war, behauptete Haig immer noch, eigentlich müsse er und nicht George die Amtsgeschäfte weiterführen, hat man mir erzählt. Während der aktuellen Vorgänge habe ich davon nichts gewußt. Aber später erfuhr ich, daß das Kabinett außer sich war. Man sagte, er habe so getan, als sei es sein Recht, im Oval Office zu sitzen – eine Ansicht, die jeder verfassungsrechtlichen Grundlage entbehrte.

Jedenfalls erklärte ich Al, daß ich das Getreide-Embargo trotz seiner Einwände aufheben wolle und daß ich einen persönlichen Brief an Breschnew schreiben würde, in dem ich mich von Mensch zu Mensch an ihn wandte, zusammen mit einem mehr offiziellen Schreiben, das ihn davon in Kenntnis setzte, daß die Vereinigten Staaten trotz der Aufhebung des Getreide-Embargos eine neue realistische Haltung gegenüber dem sowjetischen Expansionsstreben einnahmen. Das Außenministerium nahm meinen Briefentwurf und schrieb ihn um, ersetzte ein paar meiner Wendungen durch spröde Diplomatensprache, die meinen Brief unpersönlicher klingen ließ, als ich beabsichtigt hatte. Mir gefiel nicht, was sie gemacht hatten, also korrigierte ich ihre Korrekturen und schickte den Brief im großen und ganzen so, wie ich ihn ursprünglich formuliert hatte. Am 24. April 1981 gingen zwei Briefe von mir an Breschnew ab. In der offiziellen Botschaft bezeichnete ich »den unablässigen und umfassenden militärischen Ausbau der Sowjetunion in den vergangenen 15 Jahren« als bedenklich und fuhr fort, daß »diese Zunahme unserer Überzeugung nach die reinen Verteidigungserfordernisse übersteigt und beunruhigende Implikationen des Verlangens nach militärischer Überlegenheit in sich birgt«. Ich setzte ihn davon in Kenntnis, daß wir die sogenannte Breschnew-Doktrin nicht länger hinnehmen würden und kritisierte –

wiederholte Erkärungen verantwortlicher sowjetischer Amtsträger, die Form des politischen, gesellschaftlichen und wirtschaftlichen Systems eines Landes verleihe der Sowjetunion besondere Rechte oder sogar Pflichten, eine bestimmte Regierungsform zu bewahren. Ich muß Sie offen und nachdrücklich davon in Kenntnis setzen, daß die Vereinigten Staaten derartige Deklarationen als unvereinbar mit der Charta der Vereinten Nationen und anderer internationaler Abkommen betrachten. Wie auch immer definierte Behauptungen besonderer »Rechte« können nicht dazu benutzt werden, die Souveränität eines Landes zu verletzen, um seine politische, wirtschaftliche und gesellschaftliche Situation zu bestimmen.

Unter Anspielung auf einen möglichen US-Sowjet-Gipfel betonte ich, ihm müßten »sorgfältige Vorbereitungen und ein günstiges internationales Klima vorausgehen. Ich glaube nicht, daß diese Bedingungen zur Zeit gegeben sind, und neige daher eher dazu, ein Treffen von solcher Bedeutung auf später zu verschieben.«

Und das ist der Text des handgeschriebenen Briefes, den ich ebenfalls nach Moskau schickte:

Herr Präsident, beim Schreiben des beigefügten Briefes erinnerte ich mich an unsere Begegnung vor etwa einem Jahrzehnt in San Clemente. Damals war ich Gouverneur von Kalifornien, und Sie schlossen eine Reihe von Treffen mit Präsident Nixon ab. Diese Treffen hatten die Phantasie der ganzen Welt beflügelt. Nie schienen Frieden und guter Wille unter den Menschen greifbarer zu sein.

Bei unserer Begegnung fragte ich Sie, ob Sie sich bewußt wären, daß die Hoffnungen und Sehnsüchte von Millionen Menschen in der ganzen Welt auf die Ergebnisse Ihrer Begegnungen gerichtet wären. Sie umfaßten meine Hand mit Ihren Händen und versicherten mir, Sie seien sich dessen bewußt und würden mit Ihrem ganzen Herzen und Ihrer ganzen Entschlossenheit danach trachten, diese Hoffnungen und Träume zu erfüllen.

Die Menschen der Welt haben diese Träume noch immer. Trotz der Unterschiede in Rasse und ethnischer Herkunft haben die Menschen sehr viel gemein. Sie wünschen sich die Würde einer gewissen Kontrolle über ihr individuelles Schicksal. Sie wollen im Beruf ihrer

Wahl arbeiten und dafür gerecht entlohnt werden. Sie möchten ihre Kinder in Frieden aufziehen, ohne jemandem Schaden zuzufügen oder selbst Schaden zu erleiden. Regierungen sind zum Nutzen der Menschen da, nicht umgekehrt. Wenn sie so unfähig sind, sich selbst zu regieren, wie uns manche gern glauben machen wollen, wie sollten wir dann unter ihnen Menschen finden, die dazu fähig sind, andere zu regieren?
Ist es vielleicht möglich, daß wir zugelassen haben, daß Ideologien, politische und ökonomische Vorstellungen uns davon abhalten, die sehr realen, alltäglichen Probleme der Menschen in Betracht zu ziehen? Wird es der durchschnittlichen sowjetischen Familie dadurch besser gehen, oder ist sie sich überhaupt bewußt, daß die Sowjetunion dem Volk von Afghanistan eine Regierung ihrer Wahl aufgezwungen hat? Ist das Leben der Menschen auf Kuba besser, weil das kubanische Militär bestimmt, wer das Volk von Angola regiert?
Oft wurde angedeutet, daß solche Dinge wegen der territorialen Ambitionen der Vereinigten Staaten nötig waren, daß wir imperialistische Absichten hegen und so eine Bedrohung für Ihre eigene Sicherheit und die neu entstehender Nationen darstellen. Es gibt jedoch keinerlei Beweise für eine derartige Behauptung. Es gibt im Gegenteil massive Beweise dafür, daß die Vereinigten Staaten nichts dergleichen unternommen haben, als es ihnen möglich gewesen wäre, die Welt ohne jedes eigene Risiko zu dominieren.
Als der Zweite Weltkrieg zu Ende ging, besaßen die Vereingten Staaten die einzige unversehrte Industrie der Welt. Unsere militärische Macht war auf ihrem Höhepunkt – und wir verfügten über die entscheidende Waffe, die Atombombe, sowie die unbestreitbare Fähigkeit, sie überall auf der Erde einzusetzen. Hätten wir damals nach der Weltherrschaft gestrebt – wer hätte sich uns entgegenstellen sollen? Doch die Vereinigten Staaten verfolgten einen ganz anderen Kurs – einen in der gesamten Menschheitsgeschichte einmaligen Kurs. Wir nutzten unseren Wohlstand dazu, die im Krieg zerstörten Wirtschaften der Welt wiederaufzubauen, einschließlich der unserer ehemaligen Feinde. Darf ich also festhalten, daß Behauptungen, die Vereinigten Staaten hätten sich des Imperialismus schuldig gemacht oder versucht, anderen Staaten ihren Willen aufzuzwingen, absolut haltlos sind.

Herr Präsident, sollten wir uns nicht darum bemühen, die Hindernisse zu beseitigen, die unsere Völker davon abhalten, ihre sehnlichsten Ziele zu erreichen? Und ist es nicht vorstellbar, daß manche dieser Hindernisse aus Regierungsabsichten enstanden sein könnten, die mit den tatsächlichen Wünschen und Bedürfnissen unserer Völker nichts zu tun haben?
In diesem Sinne, in der Absicht, den Menschen unserer beiden Nationen zu helfen, habe ich das Getreide-Embargo aufgehoben. Vielleicht kann diese Entscheidung dazu beitragen, die Bedingungen zu schaffen, die zu dem bedeutungsvollen und konstruktiven Dialog führen können, der uns dabei hilft, unsere gemeinsame Verpflichtung zu erfüllen, dauerhaften Frieden zu finden.

Wenige Tage später erhielt ich eine frostige Antwort von Breschnew. Er betonte, auch er sei gegen sofortige Pläne für ein Gipfeltreffen, wies alles zurück, was ich über die Sowjetunion gesagt hatte, beschuldigte die Vereinigten Staaten, den Kalten Krieg angefangen und fortgesetzt zu haben, und erklärte dann, es sei nicht unsere Aufgabe, den Sowjets vorzuschreiben, was sie wo auch immer in der Welt tun könnten und was nicht.

Soviel zu meinem ersten Versuch in persönlicher Diplomatie.

Unterdessen tauchten andere wichtige Themen auf außenpolitischem Gebiet auf. Mit unserem Entschluß, das amerikanische Frühwarnsystem AWACS an Saudi-Arabien zu liefern, lösten wir einen heftigen Proteststurm bei vielen Angehörigen der jüdischen Gemeinde in Amerika aus, der sich über Monate hinzog. Und wir setzten unsere unauffälligen Sondierungen mit dem Ziel fort, den großen Druck abzuschwächen, der sich im Kongreß aufbaute, Importbeschränkungen gegen japanische Autos zu verfügen.

Am 1. Mai zahlte sich diese Politik aus, denn Japan kündigte an, es würde seine Exporte von Kraftfahrzeugen in die Vereinigten Staaten freiwillig auf 1,68 Millionen Stück pro Jahr beschränken. Wie von mir erwartet worden war, nahm diese Ankündigung den Bemühungen im Kongreß die Spitze, Quoten verhängen zu wollen, was durchaus den Beginn eines ernsten Handelskrieges hätte darstellen können.

Um die Mittagszeit des Tages, an dem Japan die Kürzung seiner Exporte verkündete, kam der Prince of Wales zu einem informellen

Besuch ins Weiße Haus, einen Tag vor dem Dinner, das Nancy und ich für ihn geben wollten. Ich mochte Prinz Charles gern. Er hatte mich Jahre zuvor für sich eingenommen, als er anläßlich seines 21. Geburtstages interviewt wurden und der Fernsehreporter von ihm wissen wollte, wie es denn gewesen sei, in einem Königshaus aufzuwachsen und eine Mutter zu haben, die Königin von England war.

»Nun«, sagte er, »ich weiß nicht; ich nenne sie einfach Mummy.«

Als der Prinz im Oval Office eintraf, war er wie immer: charmant, lebhaft und voller Energie. Als ihn ein Butler des Weißen Hauses fragte, ob er lieber Kaffee oder Tee trinken wolle, bat er um Tee. Sie brachten ihn ihm auf einem Tablett, das sie neben ihn stellten.

Nach ein paar Minuten bemerkte ich, daß der Prinz eher skeptisch in seine Tasse blickte, und ich hatte den Eindruck, daß er ein bißchen besorgt war. Wir plauderten weiter, und die Atmosphäre war sehr herzlich, dennoch merkte ich, daß ihn irgend etwas beschäftigte. Allerdings kam ich nicht darauf, was das sein könnte. Er hob seine Tasse, sah hinein und stellte sie dann wieder ab, ohne etwas getrunken zu haben. Die ganze Zeit beobachtete ich ihn und versuchte herauszubekommen, was da nicht stimmte. Schließlich dämmerte es mir: Man hatte ihm eine Tasse mit einem Teebeutel gebracht. Ich dachte: Nun ja, vielleicht hat er noch nie einen gesehen.

Nach meiner Entdeckung hielt ich den Mund, um ihn nicht in Verlegenheit zu bringen, sprach ihn aber während des Dinners am nächsten Abend darauf an und scherzte darüber: »Ich wußte nur nicht, was ich mit dem kleinen Beutel machen sollte«, erwiderte er.

45

Nach dem Attentat vor dem »Hilton« ließ mich der Secret Service nicht mehr so oft in die Kirche gehen, und ich mußte auf viele öffentliche Ereignisse verzichten, an denen Präsidenten üblicherweise teilnahmen – so auch auf das jährliche Ostereiersuchen auf dem Rasen des Weißen Hauses. Und wenn ich mich in die Öffentlichkeit begab, bestand der Secret Service nun häufiger darauf, daß ich meine eiserne Unterwäsche trug. Es ist nicht sehr leicht, sich in einer kugelsicheren Weste wohl oder gut angezogen zu fühlen, besonders an heißen und sonnigen Tagen. Aber ich befolgte ihren Rat.

Eine der ersten Fragen, die ich den Ärzten im George Washington University Hospital stellte, war die, ob ich wieder reiten könne. Sie versicherten es mir. Einen Monat nach meiner Entlassung gestatteten sie, daß ich über das Memorial-Day-Wochenende die Ranch besuchte, und meinten, wenn ich es nicht übertrieb, könnte ich auch ein bißchen reiten.

Nach fast einem Jahr Wahlkampf, nach fast fünf Monaten im Weißen Haus mit nur einem kurzen Aufenthalt im Februar auf der Ranch, fragte ich mich während unseres Fluges, ob der Rancho del Cielo vielleicht etwas von seinem alten Zauber eingebüßt haben könnte. Aber ich hätte mir keine Sorgen zu machen brauchen. Das Wetter war wunderbar, und das war auch die Ranch. Die ursprüngliche Landschaft und die Einsamkeit machten mir bewußt, wie sehr wir sie liebten und wie sehr wir unser Leben in Kalifornien in letzter Zeit vermißt hatten.

Während der nächsten acht Jahre war die Ranch für uns ein Zufluchtsort wie kein anderer. Jedesmal, wenn wir in der Air Force One von der Andrews Air Force Base starteten und nach Westen flogen, spürten wir bereits ihren Zauber. Ich nahm mir stets etwas Arbeit mit, aber auf dem Rancho del Cielo konnten Nancy und ich unsere Stiefel und alten Sachen anziehen, unsere Energien aufladen und wurden wieder daran erinnert, woher wir kamen. Und ich fand immer Zeit, ein paar Stunden zu reiten und nachzudenken.

Bei diesem ersten Besuch nach dem Attentat entdeckten wir eine Freiheit wieder, die wir im Weißen Haus nicht mehr hatten, und bei unseren folgenden Aufenthalten folgten wir für gewöhnlich dem gleichen Muster: Wir ritten morgens aus, und nach dem Lunch beschnitt ich Sträucher oder erledigte andere Dinge. Nach ein bißchen präsidentlicher Arbeit nahmen Nancy und ich schließlich unser Dinner am Kamin ein.

Da die Ranch abgelegen und ein recht unberührtes Land ist, halten sich auf ihr auch etliche wilde Tiere auf. Ein- oder zweimal wurden Bärenspuren entdeckt, was einige der Leute vom Secret Service ein bißchen nervös machte. Sie errichteten überall auf der Ranch Sicherheitsposten, darunter auch einen auf dem Hügel oberhalb des Hauses, von wo es ein Sicherheitsbeamter im Auge behalten konnte. Eines Tages kam der mit Augen so groß wie Untertassen von seinem Ausguck herunter. Er habe auf seinem Klappstuhl gesessen und das Haus beobachtet, als ein großer Puma nahe an ihm vorbeigelaufen sei, erklärte er. Er sei ganz ruhig sitzen geblieben und habe abgewartet, bis das Tier im Unterholz verschwunden sei.

»Kommt das häufiger vor?« wollte er wissen.

»Nein«, erwiderte ich. »Das ist recht ungewöhnlich.«

Ich habe die Jagd nie besonders gemocht. Mir gefiel es nicht, ein Tier nur wegen des Vergnügens daran zu töten, aber ich hatte stets Freude an ungewöhnlichen Waffen und sammelte sie. Ich beschäftigte mich gern mit Scheibenschießen und habe stets eine Waffe zu unserem Schutz im Haus gehabt. Wie schon als Gouverneur schoß ich auch jetzt mitunter mit Angehörigen des Secret Service um die Wette, die uns auf die Ranch begleiteten, und schaffte es dann und wann, sie durch meine Treffsicherheit zu verblüffen. Auf der Ranch gibt es einen kleinen Teich, der mitunter kleine schwarze Schlangen anzieht. Dann und wann streckte eine von ihnen den Kopf aus dem Wasser. Wenn ich eine sah, ging ich ins Haus, kam mit einem .38er-Revolver zurück, ging in die Hocke und wartete ab, bis die nächste auftauchte. Dann schoß ich.

Da ich dabei zehn Meter oder mehr vom Teich entfernt war, verblüffte es die Männer vom Secret Service sehr, daß ich die Schlange jedesmal traf. Sie schüttelten die Köpfe und meinten: »Wie zum Teufel macht er das nur?«

Nun, sie wußten nicht, daß mein Revolver wie ein Gewehr mit Schrot geladen war, nicht mit herkömmlichen Kugeln. Eine Weile lang behielt ich mein Geheimnis für mich, entschied mich dann aber zur Beichte und erzählte ihnen von den Schrotpatronen.

Am Sonntag, nachdem wir von unserem Memorial-Day-Aufenthalt in Santa Barbara zurückgekehrt waren, lud der Zeitungskolumnist James J. (Jack) Kilpatrick Nancy und mich zum Lunch in sein Haus in Virginia ein. Die Sicherheitsleute gaben ihr Okay, und an diesem Sonntagnachmittag entdeckte ich eine der erfreulicheren Vergünstigungen des Präsidentenamtes.

An einem klaren, schönen Frühlingstag hoben wir gegen Mittag an Bord eines Marinehubschraubers vom Rasen des Weißen Hauses ab und landeten zwanzig Minuten später nicht weit von Jacks Haus im ländlichen Virginia. Er erwartete uns bereits und deutete auf dem Weg zum Haus auf ein paar Männer, die in einem Zelt arbeiteten.

»Ihre Jungs sind bereits die ganze Woche hier, um Ihre Telephonleitungen zu installieren«, stellte er fest.

»Was meinen Sie mit ›meine Jungs‹?« wollte ich wissen.

»Sie haben mir erklärt, daß sie für das Weiße Haus arbeiten. Ganz egal, wo Sie sich auch immer aufhalten, müssen Sie jederzeit mit jedem Menschen auf diesem Erdball in Verbindung treten können – falls irgendeine Krisensituation eintritt.«

Davon hörte ich zum ersten Mal. Später stellte ich fest, daß selbst die Einladung zum Dinner im Haus eines Freundes in Washington bedeutete, daß dort Telephone installiert werden und funktionsfähig sein mußten, wenn wir dort eintrafen. Aber an diesem Sonntagmittag war das absolut neu für mich. Während wir auf das Haus zugingen, erzählte mir Jack mehr über seine Unterhaltung mit den Leuten von »Signal«, der nachrichtentechnischen Abteilung des Weißen Hauses. Dabei hatte er bezweifelt, daß sie – wie sie leicht prahlend betonten – tatsächlich in der Lage waren, über ihre vorübergehend geschalteten Telephone jeden x-beliebigen Menschen an die Leitung zu bekommen. Nach Jacks Worten reagierten sie mit: »Okay, nennen Sie uns jemanden.«

Jack nannte seinen Sohn, einen Marine-Angehörigen, der an einer afrikanischen Botschaft Dienst tat. Es hätte weniger als fünf Minuten gedauert, erzählte er, da wäre sein Sohn am Apparat gewesen, und er und seine Frau hätten sich mit ihm unterhalten können.

Aus einem gewissen Stolz heraus meinte der Mann von »Signal« dann: »Noch jemanden?«

»Ja. Ich habe noch einen Sohn. Er ist Quartermaster auf der *USS Pratt*«, erwiderte Jack. Der Zerstörer der 6. Flotte war im Mittelmeer stationiert.

Ein paar Minuten später erklärten ihm die »Signal«-Leute jedoch, Jacks anderen Sohn nicht an den Apparat bekommen zu können. »Aber Sie sagten doch, Sie könnten jeden x-beliebigen Menschen überall in der Welt erreichen«, wandte Jack ein.

Sicher, normalerweise sei das auch so, aber die *USS Pratt* wäre gerade im Manöver, und solange das der Fall sei, könne nur der Präsident selbst zu ihr Kontakt aufnehmen.

Als Jack seine Geschichte beendet hatte, waren wir bereits in dem großen Farmhaus und wurden mit den anderen Lunch-Gästen bekannt gemacht, auch mit der jungen Frau des Quartermasters, der sich gerade auf Manöver irgendwo im Mittelmeer befand. Sie war eine reizende junge Frau und erwähnte, daß sie ihren Mann seit Monaten nicht mehr gesehen hätte. Ich zog mich unauffällig zurück, ging zu den Männern von »Signal« und sagte: »Ist es tatsächlich wahr, daß Sie von hier aus jeden Menschen anrufen können, einschließlich Quartermaster Kilpatrick auf der *USS Pratt*?«

»Ja, Sir«, erwiderte einer.

»Dann holen Sie ihn an den Apparat«, sagte ich.

Ich ging zurück ins Haus und erklärte der jungen Frau, sie würde gleich mit ihrem Mann sprechen können. Verständlicherweise war sie begeistert. Das Telephongespräch kam während unserer Anwesenheit auf der Farm nicht durch, aber nachdem wir gerade zehn oder fünfzehn Minuten wieder im Weißen Haus waren, riefen Jack und seine Schwiegertochter an und sagten, sie hätte gerade mit ihrem Mann gesprochen und sei überglücklich.

Ein paar Wochen später erhielt ich einen Brief von Quartermaster Kilpatrick. Er dankte mir, daß ich ihm die Möglichkeit zu einem Gespräch mit seiner Frau eröffnet hatte, und schilderte dann, was sich an diesem Tag im Mittelmeer abgespielt hatte. Wegen des Manövers hätte reger Funkverkehr geherrscht, schrieb er. Schiffe hätten mit anderen Schiffen kommuniziert, Admiräle mit anderen Admirälen. Plötzlich hätte sich eine Stimme aus dem Äther gemeldet: »Das Weiße Haus ruft die *USS Pratt*.« Und eine andere Stimme fragte: »Welcher Code ist *das* denn?«

Schließlich meldete sich eine dritte Stimme: »Vielleicht ist das gar kein Code. Vielleicht ist es tatsächlich das Weiße Haus.«

»Nicht einmal Hollywood hätte so schnell für Ruhe auf den Ätherwellen sorgen können«, schrieb der junge Kilpatrick. »Dann kamen sie, fanden einen bescheidenen Quartermaster auf einem Zerstörer und sagte ihm, er werde am Telephon verlangt.«

Der junge Seemann schloß seinen Brief mit den Worten: »Es war, als hätte Gott im Vatikan angerufen und namentlich nach einem Meßdiener gefragt.« Er unterzeichnete mit: »Ihr Meßdiener.«

In den folgenden Jahren erhielt ich noch mehrere Briefe von ihm, und alle trugen die gleiche Unterschrift. Als Jack mir sagte, sein Sohn habe sich wiederverpflichtet und stünde zur Beförderung an, sorgte ich dafür, daß beide Ereignisse im Beisein seiner Familie im Oval Office stattfanden.

An dem Sonntagabend, nachdem eine junge Frau durch meine Vermittlung mit ihrem Mann mitten im Mittelmeer sprechen konnte, sagte ich zu Nancy: »Weißt du, an manchen Tagen macht dieser Job mehr Spaß als an anderen.«

46

In diesen ersten paar Monaten im Weißen Haus gab es bestimmte Dinge, die ich so schnell wie möglich in die Wege leiten wollte. Nichts war wichtiger, als die Steuer- und Ausgabekürzungen durch den Kongreß zu bringen. Sie waren unabdingbar, um die Nation aus der wirtschaftlichen Talsohle zu führen und mit der Modernisierung unserer Streitkräfte zu beginnen. Aber ich wollte auch eine Frau an den Obersten Gerichtshof berufen.

Im Wahlkampf hatte ich mich dazu verpflichtet, daß »eine meiner ersten« Ernennungen für den Supreme Court eine Frau sein würde, aber ich war der Meinung, daß es längst allerhöchste Zeit war, daß endlich eine Frau im Obersten Gericht des Landes vertreten war. Lange bevor dort ein Posten frei war, hielten wir in meinen ersten Monaten im Weißen Haus nach einer Kandidatin Ausschau. Es war überhaupt nicht schwierig, eine Liste geeigneter Juristinnen zusammenzustellen, denn an den Gerichten unseres Landes arbeiten eine ganze Reihe hervorragender Richterinnen. Dann teilte mir Richter Potter Stewart mit, daß er die Absicht habe, mit dem Ende der laufenden Amtsperiode in den Ruhestand zu treten. Damit hatte ich meine freie Stelle. Ich bat William French Smith, den Justizminister, eine engere Wahl zu treffen.

Ich wußte, daß Richter durchaus die Neigung hatten, sehr eigene Wege zu gehen, wenn sie erst einmal auf der Richterbank saßen. Dwight Eisenhower hatte mir einmal erzählt, er hielte die Berufung von Earl Warren zum Obersten Richter des Supreme Court für den größten Fehler seiner Amtszeit. Ikes Meinung nach hatte Warren die Richtung geändert, war zu einem Liberalen geworden, der es für seine Aufgabe hielt, die Verfassung umzuschreiben. Bei meinen Berufungen in Kalifornien hatte ich ähnliche Erfahrungen gemacht.

Wenn man auch nie mit Sicherheit sagen konnte, wie die Richter, die man berufen hatte, agierten, wenn sie erst einmal die schwarze Robe anhatten, war ich doch fest entschlossen, mein Bestes zu tun, die verantwortungsvollsten und politisch neutralsten Richter auszuwählen, die ich finden konnte.

Zu meiner Zeit als Gouverneur hatten wir für die Wahl von Richtern ein System geschaffen, auf das ich sehr stolz war: Wir baten die Anwälte, Richter und Bürger in Schlüsselstellungen einer Kommune darum, den bestqualifizierten Kandidaten für eine offene juristische Position zu bestimmen. In Washington konnten wir so nicht vorgehen, weil die richterliche Gewalt des Bundes so groß ist und das ganze Land umfaßt. Aber ich forderte Bill Smith und Ed Meese auf, innerhalb des Justizministeriums ein System zur Überprüfung potentieller Richter zu entwickeln und dabei die gleichen Maßstäbe anzuwenden, an die wir uns in Kalifornien gehalten hatten. Ich betonte, ich sei dagegen, daß bei der Auswahl politische Gründe eine Rolle spielten, ich wolle den besten Mann oder die beste Frau für den Posten. Entscheidend sei die Gewißheit der Aufrichtigkeit eines Richters und seine juristische Integrität. Wie schon in Kalifornien wollte ich Richter, die die Verfassung interpretierten, und keine, die versuchten, sie umzuschreiben.

Bei einem Zusammensein mit Bill Smith am 21. Juni überprüfte ich die Kandidatinnenliste, die etliche ganz hervorragende Juristinnen enthielt, und traf eine Vorentscheidung, Sandra Day O'Connor vom Arizona Court of Appeals in den Obersten Gerichtshof der Vereinigten Staaten zu berufen.

Alles, was ich in den Monaten der Suche über sie erfahren hatte, überzeugte mich davon, daß sie eine Frau von hohem juristischem Intellekt, ausgeprägtem Gerechtigkeitssinn und großer Integrität war – das Gegenteil eines ideologischen Richters und genau das, was ich mir für den Supreme Court vorstellte.

Am 1. Juli traf ich mich mit ihr im Weißen Haus. Sie war offen und überzeugend, und ich hatte keinerlei Zweifel, daß sie die richtige Frau für die Position war. Ich ernannte sie, und Sandra Day O'Connor erfüllte alle Hoffnungen, die ich in sie gesetzt hatte.

Anfang Mai brachten FBI-Agenten einen libyschen Terroristen mit einem Mord in Chicago in Verbindung, und unsere Reaktion bestand darin, die libysche Regierung unter Muammar al Gaddafi aufzufordern, ihre Botschaft in Washington zu schließen. Gaddafi war ein Wahnsinniger, der nicht nur in den westlichen Demokratien, sondern auch bei den gemäßigten arabischen Regierungen und der zivilisierten Welt ganz allgemein zunehmend Besorgnis hervorrief. Mit Hilfe des Terrorismus versuchte er die islamische Welt zu einem einzigen Staat von Fundamentalisten unter rigider religiöser Kontrolle zu vereinen – einer Theokratie, die wie der Iran von Priestern und Mullahs regiert wird, unter Anwendung einer Rechtsform, die von vielen im Westen als barbarisch angesehen wird. Er trachtete danach, sein Ziel mit Libyens Ölreichtum, sowjetischen Waffen und Terrorismus zu erreichen.

Wie der Ayatollah Chomeini, der iranische Despot, mit dem er verbündet war und in häufigem Kontakt stand, war Gaddafi ein unberechenbarer Fanatiker. Er war davon überzeugt, daß jedes Mittel, egal wie verwerflich oder kaltblütig auch immer, gerechtfertigt war, wenn es seinen Zielen diente.

Unter Bill Casey, den ich zum Leiter der Central Intelligence Agency (CIA) ernannt hatte, verstärkten wir unsere verdeckten Aktionen in der Region und gewannen ziemlich detaillierte Kenntnisse darüber, wie die Sowjets Waffen an Libyen lieferten und daß Gaddafi eine Reihe von Terroristenorganisationen überall in der Welt unterstützte. Ich wollte ihm klarmachen, daß Amerika das nicht länger tolerieren würde und daß wir alles Notwendige unternehmen würden, um unsere Interessen und die unserer Verbündeten zu wahren.

Auf einer Sitzung des Nationalen Sicherheitsrates Anfang Juni bekam ich die Chance, meine Absichten deutlich zu machen. Ich wies die 6. US-Flotte an, im Sommer Manöver in der Großen Syrte durchzuführen, dem Teil des Mittelmeeres, der wie ein riesiger Halbmond nach Libyen hineinragt. Schiffe und trägergestützte Flugzeuge der 6. Flotte hatten sich während der alljährlichen Sommermanöver stets im Gebiet der Großen Syrte aufgehalten, bis Gaddafi in den siebziger Jahren behauptete, das Seegebiet wäre rechtlich Bestandteil des libyschen Staates, und ausländischen Flotten den Aufenthalt dort untersagte. Das war etwa so, als würden die Vereinigten Staaten eine Linie von der Spitze Floridas nach Texas ziehen und behaupten, der Golf von Mexiko gehöre zum amerikanischen Festland.

Während ihrer Verhandlungen um die Freilassung der amerikanischen Geiseln in Teheran hatte die Regierung Carter die Manöver der 6. Flotte in der Großen Syrte im vorangegangenen Jahr abgesagt. Verteidigungsminister Cap Weinberger drängte mich, die jährlichen Übungen wiederaufnehmen zu lassen. Er sagte, wenn wir auch weiterhin Gaddafis Behauptung hinnahmen, die Große Syrte sei libysches Seegebiet, würden wir einen Präzedenzfall schaffen, in dessen Folge jede Nation jedes Gewässer außerhalb der konventionellen Zwölf-Meilen-Zone für sich beanspruchen und den gesetzmäßigen Schiffsverkehr behindern könnte. Ich stimmte Cap zu und ordnete an, daß die Manöver im August wieder stattfinden würden. Dann würden wir sehen, wie Gaddafi auf unsere Entscheidung reagierte.

An dem Sonntag, an dem ich mich dazu entschied, Sandra Day O'Connor in den Obersten Gerichtshof zu berufen, mußte ich auch noch eine andere Entscheidung fällen: Verkehrsminister Drew Lewis kam an diesem Tag nach Camp David und berichtete, daß die PATCO, die Gewerkschaft der Fluglotsen, deren Mitglieder in den Kontrolltürmen und Radarzentren auf den Flughäfen der Bundesluftfahrtbehörde arbeiteten, für den nächsten Tag mit Streik drohte, da wir ihre Forderung nach unverhältnismäßigen Gehaltserhöhungen abgelehnt hatten. Wenn ich mich ihrem Argument auch nicht verschlossen hatte, daß die ungewöhnlichen Belastungen und Anforderungen ihres Berufes eine Erhöhung der Einkommen durchaus rechtfertigten, hätten Forderungen in dieser Höhe die Steuerzahler doch fast 700 Millionen Dollar jährlich gekostet. Ich beauftragte Lewis, der Gewerkschaftsspitze mitzuteilen, daß ich als ehemaliger Gewerkschaftsvorsitzender vermutlich der beste Freund war, den ihre Organisation je im Weißen Haus gehabt hatte, daß ich aber einen illegalen Streik weder tolerieren noch eine neue Verhandlungsrunde anberaumen könne, solange die alte noch lief. Und ich drückte darüber hinaus meine Hoffnung aus, die Fluglotsen würden erkennen, daß es mir ernst war.

Die PATCO (Professional Air Traffic Controllers Organization) war eine von mehreren Gewerkschaften, die im Wahlkampf auf meiner Seite gestanden hatte. Aus Instinkt und Erfahrung heraus unterstützte ich Gewerkschaften und das Recht der Arbeiter, sich zu organisieren, um Gehälter und Löhne auszuhandeln. Sechs Amtszeiten lang hatte ich meiner eigenen Gewerkschaft als Vorsitzender gedient und hatte die Screen Actors Guild in ihren ersten Streik geführt. Ich war der erste Präsident der Vereinigten Staaten, der lebenslanges Mitglied einer AFL-CIO-Gewerkschaft war, des größten amerikanischen Gewerkschaftsverbandes. Doch kein Präsident konnte einen illegalen Arbeitskampf von Bundesangestellten tolerieren. Gewerkschaften können ein Unternehmen bestreiken und zum Schließen veranlassen, aber man kann nicht zulassen, daß ein Streik lebenswichtige Bereiche des öffentlichen Dienstes lahmlegt.

Zwischen dem öffentlichen Dienst und der Privatindustrie bestehen entscheidende Unterschiede. Calvin Coolidge hat gesagt: »Niemand hat die Berechtigung, gegen die öffentliche Sicherheit zu streiken – nirgendwo und zu keiner Zeit.« Ich stimme ihm zu.

Der Kongreß hatte ein Gesetz verabschiedet, das Streiks von Regierungsangestellten untersagt, und jedes Mitglied der Fluglotsengewerkschaft hatte sich schriftlich verpflichtet, auf Arbeitskampfmaßnahmen zu verzichten. Ich sagte Lewis, er möge die Gewerkschaftsführer darauf hinweisen, daß ich von ihnen erwartete, daß sie sich entsprechend verhielten. Nach unserem Gespräch wurden die Verhandlungen vorübergehend wiederaufgenommen. Doch am Morgen des 3. August, nachdem der geschäftsführende Gewerkschaftsvorstand einen Vergleich abgelehnt hatte, traten mehr als siebzig Prozent der fast 17 000 Fluglotsen der Bundesluftfahrtbehörde in den Ausstand.

Das war wohl die erste wirkliche nationale Krisensituation, der ich mich als Präsident gegenübersah. Der Streik gefährdete die Sicherheit von Tausenden von Passagieren auf Hunderten von Flügen täglich und drohte, unserer ohnehin angeschlagenen Wirtschaft weiteren Schaden zuzufügen. Doch ich hatte nie irgendeinen Zweifel, wie darauf zu reagieren war. An diesem Morgen wandte ich mich an die Aufsichtsbeamten der Bundesluftfahrtbehörde und jene Fluglotsen, die an den Streikposten vorbei an ihre Arbeit in den Kontrolltürmen und vor den Radarschirm gegangen waren. Ich instruierte sie darüber, daß die Sicherheit des Flugverkehrs absoluten Vorrang habe. Die Zahl der Flüge sei auf die Zahl zu vermindern, die diese Sicherheit gewährleistete. Dann lud ich Reporter in den Rosengarten des Weißen Hauses und verlas eine Erklärung, die ich am Abend zuvor in meinem Arbeitszimmer verfaßt hatte.

Ich zitierte die Verpflichtung der Fluglotsen, sich aller Streikmaßnahmen zu enthalten, und betonte, wenn sie nicht innerhalb von 48 Stunden an ihre Arbeitsplätze zurückkehrten, seien ihre Arbeitsverhältnisse beendet. Es behagte mir keineswegs, das Leben und die berufliche Laufbahn dieser Menschen durcheinanderzubringen, von denen viele jahrelang ihrem Land gedient hatten. Ich sprach nicht gern Kündigungen aus. Doch ich erkannte auch, daß sie, wenn sie in Kenntnis der von mir genannten Konsequenzen nicht an ihre Arbeit zurückkehrten, ihre Jobs aus eigenem Entschluß aufgaben.

Ich fand, daß die PATCO-Mitglieder von ihrer Gewerkschaftsspitze schlecht vertreten wurden. Offenbar nahm die an, daß ich bluffte oder Spielchen spielte, wenn ich betonte, daß die Fluglotsen, die sich nicht an ihre Verpflichtung des Nicht-Streikens hielten, ihre Posten verlieren und nicht wieder eingestellt werden würden. Und ich glaube, sie unterschätzte auch die Entschlossenheit und die Energie jener Fluglotsen, die sich gegen Arbeitskampfmaßnahmen entschieden hatten. Die Fluggesellschaften, die schwerarbeitenden Angestellten der Bundesluftfahrtbehörde sowie die Flugreisenden durchliefen eine schwere Zeit. Aber mit jedem neuen Tag starteten mehr Maschinen. Wir stellten fest, daß das Flugverkehrskontrollsystem vor dem Streik etwa 6000 Fluglotsen mehr gehabt hatte, als zur Gewährung der Flugsicherheit tatsächlich nötig waren.

Die Ausbildung neuer Fluglotsen, um jene zu ersetzen, die nicht mehr zurückkehrten, sollte mehr als zwei Jahre dauern, aber letzten Endes wurde unsere Flugsicherung sicherer und effizienter als je zuvor.

Zum aktuellen Zeitpunkt habe ich das nicht so gesehen, aber heute denke ich, daß der Streik ein entscheidendes Ereignis für unsere neue Administration gewesen ist. Ich bin davon überzeugt, daß er Menschen, die vielleicht anderer Meinung gewesen waren, gezeigt hat, daß ich es ernst meinte mit dem, was ich sagte. Übrigens hätte ich ähnlich entschlossen gehandelt, wenn ich der Überzeugung gewesen wäre, daß in dieser Auseinandersetzung das Management unrecht gehabt hätte.

47

Um die von uns gewünschten Kürzungen der Steuern und Ausgaben durch den Kongreß zu bringen, benötigten wir die Hilfe einer beträchtlichen Anzahl von Demokraten ebenso wie die Stimmen jedes einzelnen Republikaners in beiden Häusern des Kongresses. In diesem Frühjahr und zu Beginn des Sommers verbrachte ich viel Zeit am Telephon und bei Zusammenkünften, um eine Koalition zur wirtschaftlichen Gesundung der Nation auf die Beine zu bringen. Unter den Auswirkungen der jahrelangen Mißwirtschaft leidend, versank unsere Wirtschaft mit jedem Tag tiefer in der Rezession. Und das würde sich nicht bessern, bevor unser Wirtschaftsprogramm nicht auf den Weg gebracht war. Ich traf mich Dutzende Male mit Kongreßabgeordneten beider Parteien auf dem Capitol Hill oder im Weißen Haus und bemühte mich, ihnen zu erklären, was wir erreichen wollten, und Presseberichte sowie falsche Behauptungen über das Programm zu entkräften, die von Tip O'Neill verbreitet wurden.

Manchmal konnte ich jemanden bekehren, manchmal nicht. Ich erinnere mich an ein Beispiel der Leistungsfähigkeit der Telephonvermittlung im Weißen Haus. Wir standen kurz vor einer wichtigen Abstimmung zu unseren Etatkürzungen, als ich darum bat, mit einem bestimmten Kongreßmitglied verbunden zu werden. Nach geraumer Zeit kam sein Rückruf, und ich meinte aufgeräumt: »Wo haben wir Sie denn aufgespürt?« Er erwiderte: »Neuseeland.« – »Wie spät ist es denn in Neuseeland?« wollte ich wissen. »Vier Uhr morgens«, antwortete er. Ich hätte am liebsten aufgelegt und so getan, als hätte ich ihn nie angerufen, aber statt dessen fuhr ich nach einer Entschuldigung mit meinem Überzeugungsgespräch fort. Als er nach Washington zurückkehrte, stimmte er mit den Republikanern.

Meinungsumfragen ergaben, daß 95 Prozent der amerikanischen Bevölkerung unseren vorgeschlagenen Ausgabenkürzungen gegenüber positiv eingestellt waren, und fast ebenso viele unterstützten die dreißigprozentigen Steuersenkungen über den Zeitraum von drei Jahren. Doch Tip O'Neill und weitere Repräsentanten der Demokraten im Kongreß wandten jeden verfahrensrechtlichen Trick an, den sie im Verlauf der Jahrzehnte auf dem Capitol Hill gelernt hatten, um diese Gesetzgebung zu blockieren.

Das bedeutete, daß ich in Franklin Roosevelts Trickkiste greifen und mich mit meinem Vorhaben an die Öffentlichkeit wenden mußte.

Es gereicht Tip zur Ehre, daß er meiner Bitte entsprach, eine Woche nach meiner Entlassung aus dem Krankenhaus auf einer gemeinsamen

Sitzung des Kongresses sprechen zu dürfen. Als ich den Saal betrat, kam es zu minutenlangen Ovationen. Dann erläuterte ich, warum ich Steuersenkungen und Ausgabenkürzungen für unabdingbar für die Beendigung der Wirtschaftskrise unserer Nation hielt. Irgendwann während meiner Rede standen etwa vierzig demokratische Abgeordnete auf und applaudierten. Mich überlief ein Schauer, und ich dachte: Junge, das verlangt Mut. Vielleicht hat unser ökonomisches Paket doch eine Chance. Später witzelte ich im Gespräch: »Dieser Empfang war es fast wert, angeschossen zu werden.«

Da Tip fest davon überzeugt war, ich wäre darauf aus, all das zu zerstören, wofür er sein Leben lang gekämpft hatte, stellte sich die Führungsspitze der Demokraten nach meiner Rede auf die Hinterbeine. Tip ließ verlauten, daß jeder Demokrat, der auch nur daran dachte, die Steuer- und Ausgabenkürzungen zu befürworten, mit ernsten Disziplinarmaßnahmen durch die Parteiführung zu rechnen hätte. Und jedesmal, wenn sich die Chance dazu bot, trat er an die Öffentlichkeit und beschuldigte mich, die Krallen zu zeigen und den Versuch zu unternehmen, die Nation zu spalten. Es ist mir nie gelungen, Tip davon zu überzeugen, daß ich die wirklich Bedürftigen nicht der Hilfe berauben wollte, die wir alle ihnen schuldig waren. Mir ging es lediglich darum, die Regierungsprogramme effizienter zu gestalten und Verschwendung auszuschließen, damit wir nicht auch weiterhin für jeden Dollar an Hilfsmaßnahmen zwei bezahlten.

Wenige Tage nach meiner Rede vor dem Kongreß gewann ich den Eindruck, daß wir es durchaus schaffen konnten. Anfang Mai schrieb ich in mein Tagebuch: »Weitere Treffen mit Kongreßabgeordneten. Diese Dems sind im Hinblick auf den Etat auf unserer Seite, und es ist interessant, jemanden zu hören, der zehn Jahre oder länger dabei ist und dennoch betont, jetzt wäre er zum ersten Mal im Oval Office. Wir scheinen tatsächlich eine Koalition auf die Beine zu stellen.«

Am nächsten Tag erhielten wir handfeste Beweise, daß wir die notwendige Koalition zusammenbekamen. 63 Demokraten versagten Tip die Gefolgschaft und stimmten mit allen Republikanern für den Gramm-Latta-Etatbeschluß, den ersten einer Serie von Kongreßentscheidungen, die 1981 Milliarden an Bundesausgaben einsparten. »Nie hätten wir mit einem solchen Erdrutsch gerechnet«, schrieb ich in mein Tagebuch. »Wir glaubten zwar, daß wir wegen der Gruppe konservativer Demokraten vielleicht gewinnen könnten, rechneten jedoch mit Überläufern bei den Republikanern, so daß wir vielleicht mit einer oder zwei Stimmen vorn liegen könnten. Es ist lange her, daß die Republikaner einen solchen Sieg erzielen konnten.«

Auf die Seite der Republikaner hatte sich eine Gruppe der Demokraten geschlagen – darunter auch das Mitglied des Repräsentantenhauses Phil Gramm aus Texas –, die sich *boll weevils* (Baumwollkapselkäfer) nannten und unsere Überzeugung teilten, daß die Regierung zu große Summen des Nationaleinkommens ausgab und das korrigieren wollte. Ohne ihre Hilfe hätten wir unser Programm zur Wiederbelebung der Wirtschaft nie durch den Kongreß bekommen.

So süß dieser erste Sieg auch war, uns stand noch ein langer Zweifrontenkrieg bei der Steuer- und Ausgabenkürzung bevor. Ich erkannte, daß ich mich vielleicht um einen Kompromiß bemühen und mich mit weniger als der von mir erwünschten Steuersenkung von dreißig Prozent im Verlauf von drei Jahren begnügen müßte, erhielt aber ein paar kleine Geschenke, mit denen ich nicht gerechnet hatte: Ende Mai kündigte eine Gruppe von Demokraten einen Gegenvorschlag zu unserem Steuerplan an, der die Kürzungen von dreißig Prozent über drei Jahre zwar ablehnte, jedoch eine geringere Senkung der persönlichen Einkommenssteuersätze akzeptierte, während er eine Reduzierung des höchsten Steuersatzes für Kapitaleinkommen von siebzig auf fünfzig Prozent vorschlug. Das waren anfangs auch meine Pläne gewesen, aber ich hatte angenommen, daß uns die Demokraten dann vorwerfen würden, wir wollten den Interessen der Reichen Vorschub leisten. Daher haben wir diesen Punkt nicht in unser Steuerpaket aufgenommen. Der neuen Anti-Steuerstimmung in der Bevölkerung entsprechend, forderten einige Demokraten inzwischen auch, die Einkommensteuersätze so zu bemessen, daß sie alljährlich entsprechend der Inflation abnahmen und nicht unverhältnismäßig wuchsen. Das waren ebenfalls meine Vorstellungen gewesen, doch auch hier hatte ich befürchtet, damit nie durchzukommen.

»Widerstrebend« stimmte ich ihren Vorschlägen zu, akzeptierte eine 25prozentige Steuersenkung in Raten von fünf, zehn und nochmals zehn Prozent innerhalb von drei Jahren und feierte das dann als großartige Zweiparteienlösung. »Donnerwetter«, schrieb ich in mein Tagebuch. »Das ist mehr, als ich zu hoffen gewagt hätte. Über die Senkung von siebzig auf fünfzig Prozent bin ich begeistert. Wir brauchten uns lediglich mit einer zehnprozentigen Senkung, beginnend mit dem vergangenen Januar, zugunsten einer fünfprozentigen vom kommenden Oktober an abzufinden. Statt dreißig Prozent über einen Zeitraum von 36 Monaten sind es nun 25 Prozent, über 27 Monate verteilt.«

Und ich bemühte mich, im Kongreß den Topf am Kochen zu halten. Anfang Juli flog ich nach Chicago; angeblich, um auf einer Veranstaltung zur Mittelbeschaffung für Gouverneur Jim Thompson zu sprechen, aber ich nutzte meinen Besuch im Wahlbezirk von Dan Rostenkowski, dem Vorsitzenden des parlamentarischen Finanzausschusses, um seinen Wählern zu erläutern, daß er das Schicksal der Steuersenkungsvorschläge in der Hand hielt. Ich forderte sie auf, sich schriftlich an ihn zu wenden. »Wenn Sie und alle Ihre Nachbarn die gleiche Botschaft nach Washington schicken, dann werden wir diese Steuersenkung in die Tat umsetzen, und das noch in diesem Jahr.« Mir wurde erzählt, daß diese Rede Hunderte von Briefen an Rostenkowski auslöste, der daraufhin so etwas wie ein Vermittler unter den demokratischen Führungspersönlichkeiten im Parlament wurde, als wir uns im Rennen um die Steuersenkungen der Ziellinie näherten.

Kurz danach erreichten die Dinge dann einen Höhepunkt. Mitte Juli flog Nancy nach London, um an der Hochzeit Seiner Königlichen Hoheit des Prinzen von Wales mit Lady Diana Spencer teilzunehmen. »Schon wenn sie für sechs Minuten nicht da ist, mache ich mir Sorgen«, schrieb ich in mein Tagebuch, »wie soll ich es da sechs Tage lang ohne sie aushalten? Ohne sie scheint selbst das Sonnenlicht seinen Glanz zu verlieren.« Doch es gab eine Menge, was mich beschäftigte.

Der 27. Juli war ein Montag und der Beginn der Woche, in der darüber entschieden werden sollte, ob unser Programm gut aus den Startblöcken kam oder von vornherein zum Scheitern verurteilt war. Fast jeder, der die Ereignisse verfolgte, von den Angehörigen unseres Stabes bis zur Washingtoner Presse, sagte, daß das Rennen sehr knapp ausgehen würde – zu knapp, um jetzt schon eine Aussage über das Ergebnis abgeben zu können.

Sechs Monate zuvor war ich nach Washington gekommen, um Vorstellungen zu realisieren, von denen ich seit Jahrzehnten überzeugt war. Jetzt war es nur noch eine Frage von Stunden. Dem Kongreß lagen zwei Steuerprogramme vor: der Plan der Administration und einer der Demokratischen Partei, mit der sie dem öffentlichen Verlangen nach Steuererleichterungen entsprechen wollte. Der Vorschlag der Demokraten sah eine 15prozentige Steuersenkung während der kommenden zwei Jahre vor, wollte die meisten der Vergünstigungen Menschen mit niedrigeren Einkommen zukommen lassen und verzichtete auf viele der Anstöße zur Ankurbelung der Wirtschaft, die meiner Meinung nach dringend notwendig waren, um Investitionen anzuregen und die Wirtschaftslage zu verbessern. Wenn das Programm zur ökonomischen Gesundung wirklich funktionieren sollte, mußte der Kongreß meiner Ansicht nach eine lineare Steuererleichterung für alle Amerikaner über einen Zeitraum von drei Jahren beschließen. Nur das würde Millionen von Arbeitsplätzen schaffen und eine Wiederbelebung der Wirtschaft auslösen.

Mir war klar, daß wir Druck ausüben mußten, wenn wir das Programm durchbekommen wollten. Diesen Montag verbrachte ich vom frühen Morgen bis halb acht Uhr abends am Telephon oder auf Zusammenkünften mit Kongreßabgeordneten und warb für die Steuersenkungen. Um acht Uhr wandte ich mich über das Fernsehen an die Nation, verglich dabei den Steuerkürzungsplan der Demokraten mit unserem und sagte: »Es ist die schlichte Wahrheit, daß wir uns dabei nicht zwischen zwei verschiedenen Plänen zur Steuerreduzierung zu entscheiden haben – wir haben zwischen einem Plan zur Steuersenkung und einer zur Steuererhöhung zu wählen.« (Nach dem Vorschlag der Demokraten würde die Summe der von den Amerikanern zu zahlenden Steuern nicht sinken, sondern steigen.) Dann forderte ich die Menschen auf, ihre Meinung dazu ihren gewählten Repräsentanten mitzuteilen. Die Telephonvermittlung des Weißen Hauses wurde von Anrufen aus allen Teilen der Vereinigten Staaten überflutet – mehr als nach jeder anderen von mir gehaltenen Rede –, und die Anrufer äußerten sich im Verhältnis sechs zu eins zustimmend zum Steuervorschlag der Regierung.

Am nächsten Tag war ich kurz nach dem Aufstehen schon wieder am Telephon und sprach mit Kongreßmitgliedern. Die meisten erklärten daß ihre Telephone seit der Rede kaum zur Ruhe gekommen wären und daß es bei den Anrufen stets um eine Unterstützung der Gesetzesvorlage der Administration gegangen sei. »Morgen ist der entscheidende Tag«, schrieb ich in mein Tagebuch, bevor ich am Abend des 28. Juli zu Bett ging, »und es wird sehr knapp werden. Aber es besteht keinerlei Zweifel, daß die Bevölkerung auf unserer Seite ist.«

> Mittwoch, 29. Juli: Den ganzen Tag habe ich mit Kongreßabgeordneten telephoniert, mit Ausnahme von ein paar Gesprächen, um Botschafter zu nominieren.
> Ich schwankte zwischen der Befürchtung des Schlimmsten und der Hoffnung, daß wir es gerade so schaffen würden. Doch im Laufe des Tages verstärkte sich in mir ein positives Gefühl. Am späten Nachmittag erhielt ich dann die Nachricht, daß der Senat das Steuergesetz (unseres) mit 89 zu 11 Stimmen angenommen hätte. Und dann gewannen wir im Repräsentantenhaus, wo es buchstäblich um die Wurst ging, mit 238 zu 195 Stimmen. Wir hatten also vierzig Stimmen von den Demokraten zu uns herübergezogen. Und bei der endgültigen Abstimmung schlossen sich uns fast hundert von ihnen an, und es kam zu einem Ergebnis von ungefähr 330 zu 107. Das, zusätzlich zum Sieg bei den Haushaltsbeschlüssen, ist der eindeutigste politische Sieg seit einem halben Jahrhundert.
> Tip O'Neill und seine Führungsspitze riefen mich an und gratulierten uns mit großer Zuvorkommenheit zu unserem Sieg.
> Jetzt müssen wir dafür sorgen, daß es auch funktioniert – und es wird funktionieren.

Das Wirtschaftsprogramm, das ich sechs Monate zuvor mit nach Washington gebracht hatte, war endlich auf dem Weg. Nun stand die Verwirklichung eines weiteren Traumes auf meinem Terminplan: Die Verringerung des Risikos eines Atomkrieges.

48

Anfang August kam ein hoher Admiral ins Weiße Haus, um das Kabinett und mich über die Manöver zu informieren, die wenige Wochen später in der Großen Syrte stattfinden sollten. Er berichtete, daß unsere Schiffe und Flugzeuge im Mittelmeerraum nördlich der Syrte bereits gelegentlich durch libysche Flugzeuge schikaniert würden. Es sei davon auszugehen, daß diese Schikanen zunehmen würden, sobald die Manöver begonnen hatten. Es war eindeutig, daß er von mir wissen wollte, wie die Navy reagieren sollte, falls die libyschen Maschinen das Feuer auf unsere Flugzeuge oder Schiffe eröffneten oder auf andere Weise ihre Bewegungsfreiheit auf hoher See einschränkten.

Meine Reaktion war sehr einfach: Wenn unsere Schiffe oder Flugzeuge beschossen oder sonstwie der Rechte beraubt wurden, die souveränen Staaten in internationalen Gewässern garantiert waren, hätte die Navy entsprechende Gegenmaßnahmen zu ergreifen. »Jedesmal, wenn wir einen Amerikaner oder eine Amerikanerin an einen Ort der Welt schicken, an dem er oder sie beschossen werden kann, haben sie das Recht zurückzuschießen«, erklärte ich.

»Und wie steht's mit Verfolgung?« fragte ein Kabinettsmitglied.

Darauf wollte er hören, in welchem Umfang es unseren Flugzeugen gestattet werden sollte, libysche Maschinen zu verfolgen, nachdem sie unsere Maschinen oder Schiffe unter Verletzung internationalen Rechtes bedrängt hatten.

Der Admiral schwieg, räusperte sich und sah mich an. Er erwartete eine Antwort von mir, und plötzlich war es still im Raum.

»Bis in den Hangar«, erwiderte ich.

Auf dem Gesicht des Admirals zeigte sich ein Lächeln, und er sagte: *»Yes sir.«*

Wenige Tage später kam der ägyptische Präsident Anwar al Sadat zu einem Staatsbesuch nach Washington. Im Oval Office erzählte ich ihm von unseren Manöverplänen. »Ausgezeichnet«, rief er, noch bevor ich geendet hatte.

Sadat war ein sehr sympathischer Mann, mit ebensoviel Humor wie Würde, und er besaß ein sehr gutes Einschätzungsvermögen der Ereignisse und Politiker im Nahen Osten. Er war ein zuverlässiger Verbündeter der Vereinigten Staaten und ein mutiger Staatsmann, dessen Bemühungen um Frieden mit Israel ihn von den meisten anderen arabischen Staaten isoliert hatten. Wie auch Jimmy Carter sah ich in ihm die führende Persönlichkeit im Nahen Osten und glaubte, er könne vielleicht den Schlüssel zur Lösung der langen und erbitterten Fehde zwischen Arabern und Juden in dieser Region in den Händen halten.

Doch während seines Besuches beschäftigten Sadat neben der komplizierten Aufgabe, den arabisch-israelischen Streit zu begraben, noch andere Dinge. Terroristen und radikale Moslems, die mit Gaddafi und dem Ayatollah Chomeini das Ziel hatten, einen fundamentalistischen islamischen Staat zu gründen, versuchten seine Regierung zu untergraben und erzielten bedeutende Erfolge im benachbarten Sudan und im Tschad. Es sei das erklärte Ziel von Libyen und den Fundamentalisten, ihn zu stürzen und Ägypten ein Regime aufzuzwingen, das dem im Iran nachempfunden war, betonte Sadat. Die Sowjetunion versuche mit allen Mitteln, Einfluß auf die islamische Fundamentalistenbewegung zu gewinnen und benutze Libyen als ihren Stellvertreter in der Region, den sie mit großen Mengen an Waffen ausstattete, die Libyen an Terroristen im Nahen Osten und anderswo weiterleite. Auf Sadats Bitten hin hatten wir Ägypten unauffällig und unter der Federführung von Bill Casey dabei geholfen, die von Libyen unterstützten Terroristen abzuwehren: Wir hatten Killer-Kommandos abgefangen, die von Libyen aus über die Grenze geschickt worden waren, um Sadat zu beseitigen, und hatten, in Reaktion auf Hinweise, daß Libyen entlang der Grenze zu Ägypten feindliche Truppen zusammenzog, begrenzte technische Unterstützung und andere Hilfe zugesagt, falls Gaddafi angriff.

Ich versicherte ihm, daß wir auch weiterhin alles in unserer Macht Stehende tun würden, um Ägypten zu helfen, und als er ging, hatte ich im Hinblick auf den Besuch ein gutes Gefühl. Ich schrieb in mein Tagebuch: »Er hat mich in meinen Überlegungen bestärkt, daß wir gemeinsam vielleicht etwas für den Frieden im Nahen Osten bewirken können.«

Zwei Wochen später, am 20. August, ließ Gaddafi zwei seiner Flugzeuge aufsteigen, und sie feuerten auf zwei F-14-Düsenjäger der *USS Nimitz,* die sich an unseren Manövern beteiligte. Der Zwischenfall ereignete sich über der Großen Syrte, etwa neunzig Kilometer von der libyschen Küste entfernt in internationalen Gewässern, und entsprechend meinen Instruktionen drehten die F-14 den Spieß um und schossen die beiden libyschen Maschinen ab.

Damit hatten wir Gaddafi eine Botschaft übermittelt: Wir würden es nicht zulassen, daß er sich im Widerspruch zu internationalem Recht Besitzrechte über ein riesiges Gebiet des Mittelmeers anmaßte. Auch anderen in der Welt wollte ich damit sagen, daß es im Weißen Haus eine neue Regierung gab, daß die Vereinigten Staaten nicht länger zögern würden, wenn die Verteidigung ihrer legitimen Interessen auf dem Spiel stand.

Ein paar Tage nach dem Zwischenfall über der Großen Syrte fingen unsere Sicherheitsbeamten geheime Informationen ab, nach denen Gaddafi einigen seiner Verbündeten mitgeteilt hatte, er habe die Absicht, mich ermorden zu lassen. Also war wieder einmal meine eiserne Weste angesagt, wenn ich mich in der Öffentlichkeit aufhielt.

Später erhielten unsere Leute von der Sicherheit höchst glaubhafte Hinweise darüber, daß nicht nur ich, sondern auch George Bush, Cap Weinberger und Al Haig Ziele libyscher Terrorkommandos waren, die sich in unser Land eingeschmuggelt hatten. Von da an wurden die Sicherheitsmaßnahmen noch strenger – nicht nur meine eiserne Weste war ein striktes Muß, auch eine Vielfalt anderer Maßnahmen trat in Kraft, über die ich auch heute noch nicht reden kann. Erwähnen kann ich jedoch, daß die Route unserer Flüge immer erst Minuten vor dem Start festgelegt wurde, wenn wir mit dem Hubschrauber unterwegs waren – aufgrund von Geheimdienstberichten, daß eine libysche Terrorgruppe mit der Absicht eingereist war, den Helikopter des Präsidenten – Marine I – mit einer auf Wärme reagierenden Rakete, die per Hand abgefeuert werden konnte, abzuschießen.

Zwei Monate nachdem Nancy und ich uns von Anwar und Jehan al Sadat im Weißen Haus verabschiedet hatten, wurde ich eines frühen Morgens durch einen Anruf von Al Haig geweckt. Er teilte mir mit, daß auf Sadat ein Attentat verübt worden sei, aber Hoffnung auf sein Überleben bestand.

Ein paar Stunden später hörten wir, daß er auf der Stelle gestorben war – ermordet von moslemischen Fundamentalisten. Ich mußte meinen normalen Verpflichtungen nachgehen, aber es war sehr schwer.

Die Neuigkeiten trafen Nancy und mich tief: Wir hatten im Verlauf von zwei Tagen zwar nur ein paar Stunden mit den Sadats verbracht, aber dabei das Gefühl gehabt, eine tiefe und dauerhafte Freundschaft mit ihnen geschlossen zu haben. Jetzt gab es diesen großartigen, liebenswürdigen Mann mit seiner menschlichen Wärme und seinem Humor plötzlich nicht mehr. Es war eine große Tragödie für die Welt und ein furchtbarer, schmerzlicher, persönlicher Verlust für uns.

Wenige Stunden nachdem wir von Sadats Tod erfahren hatten, sah ich Muammar al Gaddafi im Fernsehen. Er machte fast einen Luftsprung, freute sich diebisch über Sadats Tod, während Libyer auf den

Straßen tanzten. Wir fanden heraus, daß Gaddafi noch vor der Bestätigung von Sadats Tod über den Rundfunk im Namen des islamischen Fundamentalismus zum heiligen Krieg aufgerufen hatte – eine Propagandarede, die mit dem Attentat auf Sadat zusammenhing und vorbereitet worden sein mußte, bevor die Schüsse in Kairo abgegeben wurden. Er mußte im voraus gewußt haben, daß ein Attentat auf Anwar al Sadat verübt werden würde.

Während ich für Sadat betete, bemühte ich mich, den Haß zu unterdrücken, den ich auf Gaddafi empfand, aber es gelang mir nicht. Ich verachtete ihn für das, was in Kairo geschehen war.

Die Tatsache, daß 1700 Amerikaner in Libyen lebten, schränkte unsere Reaktionsmöglichkeiten gegen diesen schlechten Menschen ein. Doch über diplomatische Kanäle ließen wir Gaddafi wissen, daß alle gegen Amerikaner gerichteten terroristischen Aktionen als kriegerische Handlungen angesehen und entsprechend geahndet werden würden.

Nach dem Gerangel über der Großen Syrte war er sich hoffentlich darüber klar, daß ich es ernst meinte.

49

Unsere Absicht, das Risiko eines Atomkrieges zu vermindern, erklärte ich in einer Rede vor dem National Press Club in Washington am 18. November 1981, die vom Fernsehen über eine Satellitenschaltung in alle Welt übertragen wurde. Ich forderte die Sowjetunion auf, uns bei diesem Bemühen zu unterstützen. Während ich diese Rede hielt, dachte ich daran, wieviel Ironie doch in der Tatsache steckte, daß ich über den Frieden sprach, aber eine kugelsichere Weste trug. Unseren Geheimdienstleuten war mitgeteilt worden, daß sich ein libyscher Attentäter namens Jack im Land aufhielt und die Absicht hatte, während der Ansprache einen Anschlag auf mich zu verüben. Es ist sehr wahrscheinlich, daß sich mehr Sicherheitsbeamte als Journalisten im National Press Club aufgehalten haben, und niemand war darüber froher als ich: Wenn »Jack« da war, wäre er wohl kaum in der Lage, die Mauer der Sicherheit zu durchbrechen, und ich hatte die Möglichkeit, meine wichtigste außenpolitische Rede zu halten.

Die einzelnen Punkte der Ansprache hatten sich in den monatelangen Diskussionen innerhalb der Regierung herausgebildet. In der Hoffnung, daß sie von Moskau als aufrichtiger Versuch gewertet wurde, den Prozeß der Abrüstung in Gang zu bringen, schlug ich die beiderseitige Entfernung aller Mittelstreckenraketen vor, ein Angebot, das als »Null«- oder »Doppel-Null«-Lösung bekanntwerden sollte.

Darüber hinaus lud ich die Sowjetunion ein, mit uns in neue Verhandlungen über den Abbau unserer beiderseitigen Bestände an strategischen Langstreckenwaffen auf einer gleichen und überprüfbaren Ebene einzutreten. Ich schlug vor, unsere nächste Verhandlungsrunde nicht SALT (Strategic Arms Limitation Talks) zu nennen – also auf die Bezeichnung der in der Vergangenheit im allgemeinen recht fruchtlosen Gespräche zur Abrüstung von nuklearen Interkontinentalraketen zu verzichten –, sondern positiver an sie heranzugehen und sie START (Strategic Arms Reduction Talks) zu nennen – und damit von Reduzierung statt von Begrenzung zu sprechen.

Außerdem regte ich an, uns in Verhandlungen darum zu bemühen, die konventionellen Streitkräfte in Europa auf ein zwischen West und Ost ausgeglichenes Niveau zu bringen – eine Voraussetzung dafür, daß wir das Arsenal nuklearer Waffen in Europa verringerten.

Der Weg zur Abrüstung würde weder kurz noch leicht sein. Aber ich war mir bewußt, daß er mit einer Waffen*verstärkung* beginnen mußte. Wenige Wochen vor dieser Rede hatte ich dem Plan einer Modernisierung unserer strategischen Streitkräfte zugestimmt, der Milliarden Dollar beanspruchen würde. In dem Bemühen, eine militärische Überlegenheit über die Sowjetunion wiederzuerlangen und zu behalten, die ein Jahrzehnt lang den größten und kostenaufwendigsten militärischen Ausbau in der Menschheitsgeschichte vorangetrieben hatte, waren wir entschlossen, hundert B-1-Bomber zu bauen, um unsere veraltete Flotte von B-52-Bombern zu ersetzen (die Entwicklung der B-1 war von der Regierung Carter gestrichen worden); hundert neue Interkontinentalraketen, die MX-Peacekeeper, weiterhin neue Trident-Atom-U-Boote sowie eine Rakete zu entwickeln, die von diesen U-Booten abgeschossen werden konnte; darüber hinaus die Stealth-Bomber, die die Radarschirme der Sowjets durchdringen konnten, sowie eine große Anzahl von neuen Schiffen, Kampfflugzeugen und Satelliten für die Kommunikation und andere militärische Zwecke zu konstruieren. In den kommenden Jahren sollten viele meiner Kritiker immer wieder behaupten, es wäre widersprüchlich und sogar heuchlerisch, das Verlangen nach Frieden mit dem Bau weiterer Atomwaffen einzuleiten. Aber für mich lag auf der Hand, daß wir mit den Russen von der Grundlage der Stärke – nicht der Schwäche – verhandeln mußten, wenn wir sie überhaupt zu irgendwelchen Abrüstungsmaßnahmen bewegen wollten. Wer sich den Russen mit der Friedenstaube in der Hand nähert, muß in der anderen ein Schwert haben.

In den Jahren nach dem Zweiten Weltkrieg waren wir den Sowjets die meiste Zeit auf nuklearem Gebiet überlegen gewesen. Aber Ende der siebziger Jahre hatten sie aufgeholt und uns auf einer Reihe von entscheidenden Gebieten sogar überholt, einschließlich der Entwicklung ungewöhnlich leistungsstarker Interkontinentalraketen mit Mehrfachatomsprengköpfen, die über große Entfernungen enorme Zerstörungen anrichten konnten. Sie hatten außerdem neue U-Boote entwickelt, von denen aus Atomraketen gezündet werden konnten, eine riesige Flotte moderner Kriegsschiffe, Zehntausende von Panzern und andere konventionelle Waffen, die zusammengenommen das Gleichgewicht der Kräfte durcheinandergebracht hatten.

Zur Zeit der Kuba-Krise Anfang der sechziger Jahre war es relativ einfach gewesen, den Sowjets die Stirn zu bieten: Wir besaßen etwa zehnmal so viele Atomwaffen wie sie. Die Sowjets zogen ihre Raketen von Kuba ab, und Chruschtschow gab klein bei. Doch das Gleichgewicht der Kräfte hatte sich zu Beginn der achtziger Jahre verändert. Die Sowjets bauten Zug um Zug Raketen, und ihre atomaren Streitkräfte waren zahlenmäßig größer als unsere.

In der Phase der ungeheuren sowjetischen Aufrüstung hatten wir keine neuen Bomber gebaut, keine neuen Raketen entwickelt. Der Zustand unserer Waffensysteme, die Moral und die Einsatzbereitschaft in unseren Streitkräften hatten sich bedenklich verschlechtert. Wenn wir die Sowjets je davon abhalten wollten, überall in der Welt Unfrieden zu stiften, mußten wir sie davon überzeugen, daß es in ihrem Interesse lag, nach Frieden zu streben. Aus diesen Gründen begann ich bei der Vorbereitung neuer Abrüstungsgespräche damit, die Jahre der Vernachlässigung unserer bewaffneten Streitkräfte wiedergutzumachen.

Mein Vorschlag zu einer Null-Lösung hatte seine Quelle in den militärischen Gegebenheiten in Westeuropa auf atomarem Gebiet: 1979 begannen die Sowjets damit, zwei SS-20 pro Woche zu installieren, eine neue mobile Rakete mit drei Atomsprengköpfen und einer Reichweite von 4500 Kilometern. Mit ihr konnten von der Sowjetunion aus alle Städte in Westeuropa erreicht werden. Als Reaktion darauf baten uns unsere NATO-Verbündeten, ihnen Atomwaffen mit vergleichbarer Reichweite zur Verfügung zu stellen, die im Fall eines Angriffes gegen Moskau eingesetzt werden konnten. Die Carter-Regierung leitete nun die Entwicklung der Pershing II und der Cruise Missiles ein. Parallel zu dieser Entscheidung bemühten sich die NATO-Staaten darum, in Verhandlungen mit den Russen einen Abbau aller atomarer Waffen in Europa zu erreichen.

Doch dann, nachdem ich das Amt übernommen hatte und die Mittelstreckenwaffen nach Europa verschickt werden sollten, bekamen einige europäische Politiker Zweifel an der Richtigkeit dieser Politik. Von sowjetischen Propagandisten angetrieben, gingen Tausende von Europäern auf die Straßen und demonstrierten gegen das Vorhaben, zusätzliche Atomwaffen in Europa zu stationieren. Sie argumentierten, daß ihre Anwesenheit dazu führen würde, daß ein möglicher künftiger Atomkrieg auf den europäischen Kontinent beschränkt sein würde. (Ich habe mich häufig gefragt, warum diese Kriegsgegner sich gegen ihre eigenen politischen Führer wandten; schließlich waren es die Sowjets, die nukleare Waffen gegen sie in Stellung gebracht hatten.)

Helmut Kohl, der Vorsitzende der Oppositionspartei in Deutschland, sagte mir während eines Besuches im Weißen Haus, daß die ausgefeilte Propagandaoffensive große Erfolge damit habe, die Europäer davon zu überzeugen, daß die Vereinigten Staaten eine blutrünstige, militaristische Nation waren. Diese Ansicht über Amerika schockierte mich: Wir waren das moralischste und großzügigste Volk auf Erden, wir hatten seit dem Zweiten Weltkrieg dazu beigetragen, die Wirtschaft unserer ehemaligen Verbündeten und Feinde wiederaufzubauen, wir hatten in allen Ecken der Welt für die Verteidigung von Freiheit und Demokratie gekämpft, doch jetzt wurden wir – erfolgreich, wie Kohl sagte – als Schurken gebrandmarkt. Es lag auf der Hand, daß wir der Welt unsere moralischen Verpflichtungen und unsere Absichten zur Schaffung einer friedlichen, atomwaffenfreien Erde besser vermitteln mußten.

Nach ausführlichen Diskussionen im Kabinett und mit unseren führenden Abrüstungsexperten entschloß ich mich dazu, den Plan einer

Null-Lösung vorzulegen, der auch von dem damaligen Kanzler in Westdeutschland, Helmut Schmidt, befürwortet wurde: Wenn die Russen ihre SS-20 sowie zwei andere Kurzstreckenraketen – die SS-4 und SS-5 – abrüsteten, die sie auf Westeuropa gerichtet hatten, dann würden wir unsere Pläne aufgeben, die Pershing II und die Cruise Missiles aufzustellen. Dann würde es keine Mittelstreckenwaffen auf dem europäischen Kontinent geben.

Al Haig war von der Null-Lösung wenig begeistert. Er war der Überzeugung, daß die NATO die neuen Raketen brauchte, um der sowjetischen Bedrohung begegnen zu können, und argumentierte, daß die Null-Lösung nicht genügend Spielraum für Verhandlungen mit den Russen ließe. Daher meinte Haig, wir sollten beim Anbieten unserer Null-Lösung andeuten, wir könnten durchaus bereit sein, einige Mittelstreckenraketen auf beiden Seiten in Europa zu belassen – eine »Null-Plus«-Lösung. Cap Weinberger sprach sich andererseits entschieden für die Null-Lösung aus. Er sagte, sie würde die Abrüstungsgespräche auf eine realistische Grundlage stellen und die Sowjets im europäischen Propagandakrieg in die Defensive drängen.

Es war eine der vielen Gelegenheiten, bei denen ich als Präsident aufgrund meiner Politik, die Mitglieder des Kabinetts dazu zu ermutigen, ihre Ansichten und Meinungen klar und deutlich auszusprechen, »zwischen die Fronten« geriet. Die schwersten Entscheidungen waren in Situationen zu treffen, in denen beide Seiten gute Argumente hatten: Man muß vor einem Entschluß die Vor- und Nachteile beider Meinungen gründlich abwägen. Üblicherweise entwickelte sich eine hitzige Diskussion, und zum Ende des Zusammenseins erklärte ich: »Ich werde meine Entscheidung treffen, nachdem ich noch ein bißchen über das Problem nachgedacht habe.« Mitunter berief ich aber auch noch eine weitere Zusammenkunft ein und betonte, ich hätte zum Thema von beiden Seiten noch nicht genug gehört. Eine erneute Diskussion würde mir bei der Entscheidungsfindung helfen. Und dann beendete ich nach erneuter Debatte die Sitzung und traf meinen Entschluß. Bot sich die Möglichkeit zu einem Ausritt, so half mir das stets bei meiner Entscheidung, aber manchmal ging ich auch ganz einfach unter die Dusche oder überdachte das Problem vor dem Schlafengehen an meinem Schreibtisch.

In diesem Fall hatte ich Zeit, während eines Fluges in einer einmaligen und ganz besonderen Boeing 747 über meine Optionen nachzudenken. Sie wurde von manchen als »Weltuntergangs-Flugzeug« bezeichnet und war ein fensterloser Jumbojet, vollgestopft mit Nachrichten- und Kommunikationstechnik, der mich an ein U-Boot erinnerte. Bei diesem Flug wurde ich darüber informiert, daß sich die Maschine stets in meiner Nähe befinden würde, ganz egal, wo ich mich aufhielt. In einem Notfall hätte ich von ihr aus für die Regierungsgeschäfte während eines Atomangriffs zu sorgen ... Es war eine durchaus passende Umgebung, um zu einer Entscheidung über die Abrüstung atomarer Waffen zu gelangen.

Al Haigs Vorstellungen einer flexiblen Lösung hatten durchaus Vorteile, aber als Gewerkschaftsunterhändler hatte ich gelernt, daß es nie klug war, sein Blatt im voraus auszuspielen. Wenn wir ankündigten, es ginge uns um den totalen Abzug aller Mittelstreckenraketen aus Europa, dann aber unsere Bereitschaft andeuteten, durchaus einige stationiert zu lassen, würden wir unserer Verhandlungsposition den Boden entziehen, noch bevor die Verhandlungen überhaupt begonnen hatten. Ich vertrat die Ansicht, daß unser Ziel der Abzug *aller* Mittelstreckenwaffen aus Europa sein mußte. Dieser Vorschlag wäre eine überzeugende Geste, den Sowjets, unseren Verbündeten, den Menschen, die in Westdeutschland die Straßen stürmten, und anderen unsere Absichten zu demonstrieren, die Anzahl der nuklearen Waffen entscheidend zu reduzieren.

Letzten Endes erreichten wir unser Ziel einer Null-Lösung im Hinblick auf Mittelstreckenraketen in Europa. Aber es dauerte länger, als ich erhofft, und war schwieriger, als ich erwartet hätte.

50

Mein erstes Jahr im Weißen Haus näherte sich dem Ende. Ich hatte einiges erreicht: Die erste Phase der höchsten Steuersenkung in der Geschichte der Nation war eingeleitet und gestattete den Amerikanern, mehr von ihrem erarbeiteten Einkommen auszugeben oder zu sparen. Sie würde aber auch, so hoffte ich, die Saat für eine Wiederbelebung unserer Wirtschaft legen. Der Kongreß hatte in diesem Jahr mehr Kürzungen bei den Bundesausgaben beschlossen als je zuvor, während gleichzeitig ein tragfähiges Sicherheitsnetz für arbeitslose, benachteiligte und notleidende Amerikaner erhalten blieb. Die Eckzinsen waren um sechs Punkte gefallen, und auch dank einer sparsamen Geldpolitik auf seiten des Zentralbankrates (die ich unterstützte) sank die Inflation zum ersten Mal seit drei Jahren unter zehn Prozent.

Wie ich in meiner Rede zur Amtseinführung versprochen hatte, waren wir an die Aufgabe gegangen, den Einfluß der Administration auf unser aller Leben zu verringern und die Regierung so zu gestalten, daß sie uns zur Seite stand und uns nicht im Nacken saß. Die jährliche Zuwachsrate der Bundesausgaben war um fast die Hälfte gekürzt worden – auf 7,5 Prozent von vierzehn Prozent durchschnittlich in den vorangegangenen drei Jahren. Unter George Bushs Federführung hatten wir damit begonnen, die Zitadelle der unnötigen Restriktionen zu stürmen, die das Funktionieren unserer Wirtschaft hemmten, hatten Tausende von Regeln und Richtlinien der Bundesbürokratie beseitigt. Wir hatten die Autorität der Städte und Staaten wiederhergestellt, die von der Bürokratie usurpiert worden war, hatten durch »Zuschüsse en bloc« dafür gesorgt, daß Lehrer und Verantwortliche in den Kommunen eine größere Entscheidungsfreiheit darüber hatten, wie die Bundeshilfen auszugeben waren, und damit den Soziologen am Potomac die Befugnis entzogen, die Staaten und Städte durch diktatorische Bestimmungen dazu zu zwingen, die Zuschüsse »gruppenspezifisch« zu verteilen.

Auf der internationalen Ebene waren wir an den Verhandlungstisch mit den Russen zurückgekehrt, um den Prozeß der Abrüstung und der Verhinderung eines Atomkrieges einzuleiten, während wir gleichzeitig die erste umfassende Modernisierung unserer strategischen und konventionellen Streitkräfte nach zwanzig Jahren in Angriff nahmen. Indem wir die militärische Laufbahn wieder attraktiver machten, boten wir den besten und klügsten unserer jungen Menschen den Anreiz, sich wieder für den Militärdienst zu interessieren.

Und ich denke, daß in der Nation auch bereits der Prozeß der geistigen Wiedergeburt eingesetzt hatte, der so dringend erforderlich war. Sie strebte erneut danach, der Vision von Amerika zu entsprechen, der vor mehr als dreihundert Jahren John Winthrop an Deck eines kleinen Segelschiffes vor der Küste von Massachusetts Ausdruck verlieh, als er den Pilgern, die sich am Rand der Neuen Welt um ihn drängten, sagte, sie hätten die Möglichkeit, eine neue, auf Freiheit basierende Zivilisation zu schaffen, die ganz anders sei als jede vor ihr, eine einmalige und ganz besondere »strahlende und hochgebaute Stadt«.

Doch trotz all unserer Fortschritte blieb noch viel zu tun.

Wir gerieten in die seit den dreißiger Jahren größte Rezession, und die Welt war auch noch nicht viel sicherer geworden. Leonid Breschnew hatte meinen Brief mit einer kühlen, knappen Entgegnung beantwortet und damit meine Hoffnungen auf eine bessere Beziehung zwischen unseren beiden Staaten gedämpft. Im Nahen Osten war aus der gefährlichen Asche der seit biblischen Zeiten glimmenden Feindseligkeiten heftiger Streit aufgeflammt. In Afghanistan versuchten die Sowjets freiheitliche Regungen mit einer Rücksichtslosigkeit zu erstikken, die an Barbarei grenzte, und in Polen bereitete sich die Marionettenregierung darauf vor, das Kriegsrecht zu verhängen, um das weitere Wachsen einer Gewerkschaftsbewegung zu unterdrücken. In zynischer Mißachtung grundlegender Menschenrechte hielten die Sowjets Tausende von Juden in ihren Staatsgrenzen fest, verweigerten ihnen die Auswanderung und erinnerten damit an den Antisemitismus der mörderischen russischen Pogrome in der Vergangenheit. Jeden Tag gab es neue Beweise, daß Fidel Castro, der Stellvertreter Moskaus, weitere Waffen und kommunistische »Berater« nach Mittelamerika schickte, und daß Nicaragua zu einer Ausgangsbasis für die Einführung des Kommunismus in Mittelamerika wurde.

Die Sandinistenregierung von Nicaragua war 1979 nach dem Sturz des Diktators Anastasio Somoza an die Macht gekommen und hatte sich dem Volk von Nicaragua und der Organisation Amerikanischer Staaten gegenüber verpflichtet, Somozas Diktatur durch Demokratie zu ersetzen. Sie versprach freie Wahlen, eine freie Presse, Unternehmensfreiheit und eine unabhängige Gerichtsbarkeit. Doch wenige Wochen nach Somozas Sturz begannen die Sandinisten damit, eine Diktatur gegen eine andere auszutauschen: Sie bemächtigten sich des Fernsehens und der Rundfunksender, zensierten Zeitungen und unterdrückten jede demokratische Regung ebenso rücksichtslos und gewalttätig, wie es Somoza getan hatte. Und sie verbrüderten sich mit Castro, Moskau und dem Ostblock.

Schon relativ früh während meines ersten Jahres im Weißen Haus starteten wir eine Initiative mit dem Ziel, karibischen und mittelamerikanischen Ländern dabei zu helfen, die großen ökonomischen und sozialen Ungerechtigkeiten zu beseitigen, die so viele von ihnen reif für Subversion und Revolution gemacht hatten. Doch es wurde bald deutlich, daß mehr als das nötig war, um das Vordringen der marxistischen, von Castro und Breschnew finanzierten Guerilla zu stoppen. Unsere Freunde in Mexiko und Venezuela erklärten zwar, uns bei unseren Anstrengungen unterstützen zu wollen, dem Aufkommen des Marxismus in Lateinamerika Widerstand zu leisten, es zeigte sich jedoch dann, daß sie nicht bereit waren, die dazu nötigen Verpflichtungen einzugehen. Die Vereinigten Staaten würden der Herausforderung im großen und ganzen allein begegnen müssen – aber ohne unsere Truppen über die Grenzen zu schicken. Das war eine Möglichkeit, die für mich nie in Frage kam.

Bill Casey und andere CIA-Mitarbeiter entwickelten einen Plan, der kommunistischen Bedrohung in Mittelamerika durch ein Geheimprogramm zu begegnen, mit dem in den folgenden Monaten die Anti-Sandinisten Nicaraguas unterstützt werden sollten, die die Flut sowjetischer Waffen von Kuba nach Nicaragua und El Salvador zu verhindern suchten. Diese Männer, anfangs nur wenige, waren die Keimzelle der Contra-Freiheitskämpfer von Nicaragua.

Nachdem wir das Programm in allen Einzelheiten diskutiert hatten, stimmte ich formell zu und hoffte, daß es das Vordringen des Kommunismus tausend Kilometer von unserer Grenze entfernt zum Stoppen bringen würde. Doch das konnte nur die Zeit zeigen.

Während dieser Vorgänge wurden wir aber auch Zeugen der ersten Verschleißerscheinungen des Eisernen Vorhangs, einer Ernüchterung über den Sowjetkommunismus in Polen, aber wir wußten damals noch nicht, daß das ein Anzeichen kommender großer und historischer Ereignisse in Osteuropa war. In Polen hatten tapfere Männer und Frauen eines der grundlegendsten Menschenrechte gefordert, das Recht, eine Gewerkschaft zu gründen – gegen den erklärten Willen einer Regierung, die jede Institution von Befugnis oder Einfluß neben ihr untersagte.

Als dieses mutige und spontane Verlangen nach Freiheit nicht nachlassen wollte, sahen sich die polnischen Kommunisten gezwungen, Lech Walesas Solidarność einen Zentimeter Freiheit zu gewähren und sie als eine Vertreterin der Arbeiter anzuerkennen. Unter weiterem

Druck sprachen sie sogar davon, ein paar demokratische Reformen in der polnischen Kommunistischen Partei einzuleiten.

Auf diese Insubordination reagierte Moskau damit, im Frühjahr 1981 seine Truppen zu Manövern an die polnische Grenze zu schicken. Es setzte in Warschau ein Militärregime mit der Anordnung ein, die Liberalisierung zu beenden. Moskau kündigte darüber hinaus auch Kredite und brachte damit die polnische Wirtschaft, die ohnehin kaum in der Lage war, die Menschen zu ernähren, und wegen des Scheiterns des Kommunismus vor dem Auseinanderbrechen stand, an den Rand des Ruins.

Vom Oval Office aus betrachtet, waren die Geschehnisse in Polen aufregend. Hinter dem Eisernen Vorhang regte sich eine der fundamentalsten und unabdingbarsten Sehnsüchte der Menschen, der Wunsch nach Freiheit. Das war der erste Riß im totalitären Deich des Kommunismus.

Ich wollte sicherstellen, daß wir nichts unternahmen, was diesen Prozeß behindern konnte. Ich wollte alles tun, um ihn zu fördern. Das war es, worauf wir seit dem Zweiten Weltkrieg gewartet hatten. Die Ereignisse in Polen konnten sich wie eine Infektion in ganz Osteuropa verbreiten.

Doch wir waren in unseren Möglichkeiten eingeschränkt, sahen uns diversen Zwangslagen gegenüber.

Obwohl wir dem polnischen Volk deutlich machen wollten, daß wir in ihrem Ringen um Freiheit hinter ihm standen, durften wir doch kein falsches Signal ausschicken (wie es die Vereinigten Staaten vor dem gescheiterten Aufstand in Ungarn 1956 nach Meinung mancher getan hatten) und die Menschen zu der Annahme bewegen, wir würden im Fall einer Revolution auf ihrer Seite intervenieren. So sehr wir helfen wollten, gab es doch auch Grenzen für die Reaktionen, die unser Volk im Hinblick auf Polen unterstützen würde. Besonders wenn – was zu vermuten war – es zu der Farce kam, daß die polnische Regierung um das Eingreifen sowjetischer Truppen ersuchte.

Wir wollten den hungernden Menschen in Polen helfen, jedoch nichts unternehmen, was die hinfällige Regierung stützte und das Leben des Kommunismus verlängerte. Wir hatten keineswegs die Absicht, die kommunistische Regierung dadurch über Wasser zu halten, daß wir ihre Wirtschaft aufpäppelten. Doch wenn die Wirtschaft zusammenbrach, konnte das durchaus zu einem Volksaufstand führen, der sowjetische Panzer nach Polen brachte, die die keimende Demokratiebewegung vernichteten. Im Sommer unterstützten wir die Bemühungen von US- und europäischen Banken, in Verhandlungen einen Aufschub bei der Rückzahlung polnischer Schulden zu erreichen, um einen Zusammenbruch der Wirtschaft zu verhindern, und ich stimmte der Lieferung von Lebensmitteln im Wert von Millionen Dollar zu, um den polnischen Menschen zu helfen. Wir waren um einen delikaten Interessenausgleich bemüht.

Sehr schnell nach meinem Einzug ins Weiße Haus ließen wir Moskau wissen, daß wir gegen eine militärische Intervention der Sowjets in Polen mit allen uns zur Verfügung stehenden diplomatischen Mitteln vorgehen würden. Gegen Ende des Frühjahrs, nachdem Geheimdienstberichte darauf hinwiesen, daß die Sowjets eine Invasion in Polen erwogen, schrieb ich an Breschnew, daß die Vereinigten Staaten und die westliche Welt einen solchen Angriff als sehr unvorteilhaft ansehen würden. Ich betonte, daß die Sowjets weder mit einem neuen Atomwaffenabkommen noch mit besseren Handelsbeziehungen rechnen dürften, sondern ernsthafte ökonomische Sanktionen von seiten der Vereinigten Staaten zu erwarten hätten, falls es zu einer Invasion kam. Breschnew erwiderte, die Vorgänge in Polen seien eine interne Angelegenheit, mit der allein die polnische Regierung fertig zu werden hätte, und die Sowjetunion würde die Haltung der Vereinigten Staaten zu Polen nicht interessieren.

In der Folge unserer ersten Korrespondenz nach meiner Entlassung aus dem Krankenhaus im April hatten Breschnew und ich ein paar weitere kühle Briefe ausgetauscht, in denen wir unser Interesse an einer Fortsetzung des Dialogs bekundeten. Er hatte sich jedoch stets geweigert, die Breschnew-Doktrin (die er natürlich nicht so nannte) aufzugeben, während ich ihm immer wieder erklärte, es bestünde keinerlei Hoffnung auf eine Verbesserung der Beziehungen zwischen unseren Ländern, bevor die Sowjetunion nicht ihre Politik des Expansionismus und ihre Versuche beendete, demokratische Regierungen zu unterminieren. Einen Brief schloß ich mit dem Satz: »Mit einem Wort: Die Vereinigten Staaten sind mehr an Taten interessiert, die der Sache des Weltfriedens förderlich sind, denn an Worten.«

Polens tapfere Werftarbeiter setzten ihren Kampf um die Freiheit im

Herbst 1981 fort und gaben damit hartnäckigen Gerüchten und Geheimdienstinformationen weitere Nahrung, daß die Sowjets an eine Invasion dachten, gefolgt von unseren beharrlichen Feststellungen, wir lehnten eine solche Möglichkeit ab. Am Sonntag, dem 13. Dezember handelte Polen – und Moskau – schließlich: Ohne Ankündigung schloß die polnische Militärregierung die Grenzen des Landes, unterband alle Nachrichtenverbindungen mit dem Ausland, nahm die Anführer der Solidarność fest und verhängte das Kriegsrecht.

Dieses harte Durchgreifen war nicht viel weniger als die militärische Intervention, vor der wir gewarnt hatten, und unsere Geheimdienste fanden heraus, daß das Ganze von Moskau aus angeordnet und inszeniert worden war.

Ein oder zwei Tage nach dem 13. Dezember informierte mich Al Haig vertraulich darüber, daß der polnische Botschafter in Washington, Romuald Spasowski, ihm gegenüber angedeutet habe, er wolle überlaufen. Doch auf unsere Bitten stimmte er tapfer zu, so lange wie möglich auf seinem Posten auszuharren, um uns mit wertvollen Informationen zu versorgen. Sechs Tage vor Weihnachten berichtete Haig, daß das KGB und der polnische Geheimdienst Spasowski gegenüber Verdacht geschöpft hätten und daß er sofort überlaufen wolle. Es gelang unseren Leuten, ihn wegzuschaffen, bevor das KGB Hand an ihn legen konnte. Der Botschafter, seine Frau, seine Tochter und sein Schwiegersohn wurden an einen sicheren Ort gebracht.

Zwei Tage später schrieb ich in mein Tagebuch:

> [Auf der heutigen Sitzung des Nationalen Sicherheitsrates] vertrat ich den Standpunkt, daß dies die letzte Chance unseres Lebens sein könnte, eine Veränderung in der kolonialen Politik des Sowjetimperiums gegenüber Osteuropa zu bewirken. Wir sollten eine eindeutige Haltung einnehmen und den Sowjets mitteilen, daß wir die Sowjetunion und Polen ökonomisch und nachrichtentechnisch isolieren würden, bis das Kriegsrecht in Polen aufgehoben, die Gefangenen entlassen und Verhandlungen zwischen Walesa und der polnischen Regierung eingeleitet seien. Wir sollten aber auch unsere NATO-Verbündeten und andere Staaten auffordern, sich an diesen Sanktionen zu beteiligen, wenn sie keine Entfremdung zu uns riskieren wollten. Ich arbeite an einer Fernsehansprache.

Am 22. Dezember kamen Botschafter Spasowski und seine Frau zu mir in das Oval Office. Ihre Mienen schwankten zwischen Verzweiflung und Erleichterung. Doch ihre Gesichter hellten sich auf, als ich ihnen sagte, daß ich sie als wahre polnische Patrioten in Amerika begrüßen würde. Spasowski erklärte, er und seine Familie hätten bereits seit Jahren an ein Überlaufen gedacht. Dieser Entschluß sei immer fester geworden, und nach der Einführung des Kriegsrechtes und des Eingreifens gegen die Solidarność hätten sie sich zum Handeln entschlossen.

Es war eine bewegende Begegnung für uns alle, und ich empfand mehr Abscheu als je zuvor für die üblen Männer im Kreml, die der Meinung waren, sie hätten das Recht, eine ganze Nation gefangenzuhalten.

Später erfuhr ich, daß Botschafter Spasowski von den in Polen regierenden Generälen in Abwesenheit zum Tode verurteilt worden war.

Später an diesem Tag beendete ich meine Rede an die Nation. Obwohl sie als Weihnachtsbotschaft gedacht war, entschloß ich mich dazu, den Sowjets deutlich zu machen, daß ich ihr Eingreifen in Polen verurteilte. »Wir können diese Revolution gegen den Kommunismus nicht tatenlos scheitern lassen«, schrieb ich später in das Tagebuch. »Es könnte sein, daß wir eine solche Gelegenheit zu unseren Lebzeiten nicht mehr erhalten.« Dann schrieb ich eine Botschaft an Breschnew, in der ich die sowjetische Rolle bei den Vorgängen in Polen mit sogar noch deutlicheren Worten verurteilte. Sie wurde über den »heißen Draht« zwischen Washington und Moskau übermittelt.

> Die letzten Ereignisse in Polen sind ganz eindeutig keine »interne Angelegenheit«, und wenn ich an Sie als sowjetischen Regierungs-Chef schreibe, irre ich mich nicht in der Adresse. Ihr Land hat sich wiederholt in den Monaten, die den letzten tragischen Ereignissen vorangingen, in polnische Belange eingemischt... Zwischen unseren Ländern hat es Zeiten der Harmonie und Zeiten der Unstimmigkeit gegeben. Aber seit [der Invasion in] Afghanistan hat unsere öffentliche Meinung nichts so empört wie der Druck, den Ihre Regierung auf Polen ausgeübt hat, um dort jede freiheitliche Regung zu ersticken. Versuche, das polnische Volk zu unterdrücken – entwe-

der durch die polnische Armee oder Polizei, die unter sowjetischem Druck handeln, oder durch die direktere Anwendung sowjetischer Militärmacht –, werden keinesfalls zu einer langfristigen Stabilität in Polen führen, sondern könnten im Gegenteil einen Prozeß einleiten, den weder Sie noch wir kontrollieren könnten.

Weiterhin betonte ich, daß wir beide in unserem Briefwechsel den Wunsch nach einer Verbesserung der sowjetisch-amerikanischen Beziehungen geäußert hätten, daß das jedoch »durch politischen Terror, Massenverhaftungen und Blutvergießen in Polen gefährdet« würde. Es sei an der Sowjetunion, darüber »zu entscheiden, ob wir mit dieser Tagesordnung fortfahren oder aber einen anderen Weg einschlagen sollen«.

Am Weihnachtsmorgen, nachdem wir unter dem Weihnachtsbaum im Weißen Haus unsere Geschenke ausgepackt hatten, wurde mir eine Erwiderung auf meine Botschaft an Breschnew ausgehändigt, eine spröde Mitteilung, in der behauptet wurde, es wären die Vereinigten Staaten – nicht sein Land –, die sich in polnische Angelegenheiten einmischten.

»Wenn ein offener Meinungsaustausch zwischen kommunistischen Parteien und deren Ausdruck jemandem in den Vereinigten Staaten nicht gefällt«, schrieb Breschnew, »dann müssen wir ganz entschieden feststellen: Das ist eine Angelegenheit dieser Parteien, ausschließlich dieser Parteien. Und das polnische Volk sitzt nicht auf der Anklagebank anderer, die ihnen ihre Wertvorstellungen aufdrängen möchten.« Offenbar in Anspielung auf einige meiner kürzlichen Reden beschuldigte mich Breschnew, »unser gesellschaftliches und staatliches System, unsere innere Ordnung zu verleumden«. Ein Vorwurf, zu dem ich mich schuldig bekannte.

Versuche, anderen Staaten Ihren Willen zu diktieren, stehen in krassem Widerspruch zu den elementaren Normen internationalen Rechts. Ich möchte weiter gehen: Sie sind durch und durch unmoralisch. Und keine noch so raffinierte Wortspielerei mit dem Begriff Menschenrechte kann diese Tatsache verschleiern. Die Sowjetunion weist entschieden alle Versuche Dritter zurück, sich in die aktuellen Ereignisse in Polen einzumischen. Sie, Herr Präsident, deuten an, daß, falls sich die Geschehnisse in Polen auf eine die Vereinigten Staaten unbefriedigende Weise entwickeln, Schaden für den gesamten Bereich der sowjetisch-amerikanischen Beziehungen entstehen könnte. Doch wenn wir ganz offen sind, war es doch Ihre Administration, die bereits mehr als genug getan hat, um jeden positiven Ansatz zu zerstören oder doch zumindest zu unterlaufen, der unter großen Anstrengungen von früheren amerikanischen Regierungen in den Beziehungen zwischen unseren Ländern erzielt worden ist. Heute ist bedauerlicherweise nur noch wenig von den gegenseitigen politischen Errungenschaften übrig, die wir in der Vergangenheit erreicht hatten... Man kann nicht verhehlen, daß der allgemeine Ton Ihres Briefes nicht von der Qualität ist, in der Staaten wie die Sowjetunion und die Vereinigten Staaten miteinander verkehren sollten, besonders im Hinblick auf ihre Macht und Stellung in der Welt sowie ihre Verantwortung für den Zustand internationaler Angelegenheiten. Das ist unsere Meinung.

Was für ein schönes Weihnachtsgeschenk, dachte ich: Es war mir gelungen, Breschnew meinen Standpunkt deutlich zu machen.

In meiner Antwort am Weihnachtstag schrieb ich Breschnew, daß wir in Polen nicht intervenieren würden, wenn es die Russen auch nicht täten, und ich betonte, daß dem polnischen Volk lediglich das Recht auf Selbstbestimmung gewährt zu werden brauchte, das ihm auf der Konferenz von Jalta von Josef Stalin selbst zugesagt worden war. In Jalta, erinnerte ich ihn, hatte Stalin Polen und den anderen Ländern in Osteuropa das Recht auf Selbstbestimmung versprochen, aber die Sowjets hatten es nie einem von ihnen gewährt.

Kurz vor Neujahr ließen wir unseren Worten Taten folgen: Ich kündigte an, daß wir gegen Polen und die Sowjetunion als Ausdruck unserer Mißbilligung der Unterdrückung der Menschenrechte in Polen Sanktionen verhängen würden. Wir suspendierten Verhandlungen über ein langfristiges Lieferabkommen für Getreide, widerriefen die Landegenehmigung für etliche Flüge der sowjetischen Luftfahrtgesellschaft Aeroflot in den Vereinigten Staaten, kündigten mehrere Austauschprogramme und verfügten ein Embargo über die Lieferung rüstungstauglicher und hochtechnologischer US-Produkte, darunter auch Materialien, die für den Bau einer transsibirischen Gas-Pipeline benötigt wurden. Als ich mich bei unseren europäischen Verbündeten um eine Unterstützung dieser Politik bemühte, wurde ich enttäuscht. Sie waren bereit, ein Signal der Mißbilligung an die Russen zu schicken, aber nicht, wenn das beinhaltete, die Arbeiten an der Pipeline zu blokkieren. Die Reaktion einiger unserer Verbündeten ließ den Schluß zu, daß Geld für sie eine deutlichere Sprache sprach als Grundsätze. Sie sagten, daß sie Freiheit für das polnische Volk wollten, aber sie wollten gleichzeitig den Handel mit dem Ostblock ausweiten und lehnten es ab, unsere Bemühungen zu unterstützen, den Bau der neuen Pipeline zu unterbrechen, die Erdgas aus Sibirien nach Westeuropa bringen sollte.

Als ich an den Brief zurückdachte, den ich nach dem Attentat an Breschnew geschrieben hatte, wurde mir bewußt, daß ich während meines ersten Jahres im Amt mit meinen Bemühungen um eine Verminderung der Spannungen des Kalten Krieges nicht sehr weit gekommen war. Wenn Breschnews Weihnachtsbotschaft auch klargemacht hatte, daß sie wußten, daß es eine neue Mannschaft im Weißen Haus gab, verhielten sich die Sowjets doch mehr denn je wie internationale Banditen.

Bedauerlicherweise sah es am Ende meines ersten Jahres so aus, als würden wir auch bei der Lösung unserer wirtschaftlichen Probleme keine großen Fortschritte machen. Wie ein Eisenbahnzug, der sich selbständig gemacht hat und noch lange führerlos über die Geleise rattert, nachdem die Lokomotive aufgegeben hat, raste unsere Wirtschaft immer tiefer in eine Rezession, die das Ergebnis jahrelanger Mißwirtschaft in Washington war und Millionen von Amerikanern um ihr Einkommen brachte. Wenn auch der Eckzins nicht mehr bei 21,5 Prozent lag wie im Januar, war er doch mit 15 Prozent noch immer zu hoch für eine Wirtschaft, die dringend einer Starthilfe bedurfte. In diesem Jahr waren mehr als 250 000 neue Arbeitsplätze geschaffen worden, doch die Arbeitslosenzahlen lagen landesweit bei 8,4 Prozent, waren die höchsten seit sechs Jahren und stiegen weiter. In hochindustrialisierten Staaten wie Michigan und Pennsylvania waren die Quoten sogar noch höher, und Hunderte von Fabriken waren gezwungen, ihre Tore zu schließen. Der Verkauf von Eigenheimen und Autos befand sich in einer Talsohle. Insgesamt waren mehr als neun Millionen Amerikaner ohne Arbeit.

Tip O'Neill nutzte jede sich ihm bietende Gelegenheit, mich als »Präsidenten der Reichen« herunterzuputzen, der sich um den kleinen Mann, die Arbeitslosen und Armen nicht scherte. Mein Wirtschaftsprogramm nannte er einen »grausamen Schwindel«. Die Presse schrieb, mein Programm sei gescheitert, meine Flitterwochen mit dem Kongreß wären vorüber, und ich müßte alles aufgeben, wofür ich in diesem ersten Jahr gekämpft hatte. Meinungsumfragen zeigten, daß diese Anschauung von vielen Amerikanern geteilt wurde. Sie gaben uns, nicht der Regierung Carter, die Schuld an der Rezession.

Meine Erinnerungen an die Weltwirtschaftskrise waren zu persönlich und zu lebendig, als daß ich kein tiefes Mitgefühl und Bedauern für jene Amerikaner empfunden hätte, die ohne Arbeit waren. Da ich die verheerende Zeit in den dreißiger Jahren erlebt hatte, wußte ich, wie es war, wenn einem der Lohnscheck genommen war sowie der Stolz, einen zu verdienen, und was man empfand, wenn man den Schmerz im Gesicht eines lieben Menschen sah, der eine Farm oder ein Geschäft verloren hatte.

Ich betete oft in dieser Zeit, nicht nur für das Land und die Menschen, sondern auch um Hilfe und Beistand, damit ich das Richtige tat und das Vertrauen rechtfertigte, das mir die Amerikaner im vorangegangenen November geschenkt hatten.

In meiner Rede zur Amtseinführung hatte ich gesagt, Amerika stünde auf der Schwelle zu einem »neuen Anfang«. Wir hatten den neuen Anfang gemacht. Jetzt, so war meine Überzeugung, mußten wir den Kurs halten.

DRITTER TEIL

Weiter auf Kurs

51

Es standen schwierige Zeiten bevor, sowohl für mich als auch für das Land. Aber ich verlor nie die Zuversicht, daß die Steuersenkungen zu einem Anstoß werden mußten, der uns aus der Rezession führen und einen wirtschaftlichen Aufschwung einleiten würde.

Wenn ich jetzt auf diese Zeit zurückblicke, erkenne ich, daß der Umschwung ein wenig länger gedauert hat, als ich erwartet hatte. Doch ich hatte stets damit gerechnet, daß er kommen würde. Ich war überzeugt, daß das Programm zur Sanierung der Wirtschaft greifen mußte, weil ich Vertrauen hatte – Vertrauen in die Steuerkürzungen und Vertrauen in das amerikanische Volk. Ich war sicher, daß wir unsere Probleme lösen würden, weil wir über eine Geheimwaffe in diesem Kampf verfügten: unsere Fabrikarbeiter, unsere Farmer, unsere Unternehmer und all die anderen, von denen ich überzeugt war, daß sie erneut beweisen würden, daß das amerikanische Volk mit einer in der Welt einmaligen Gesinnung ausgestattet war und von ihr angetrieben wurde, einer Gesinnung, die unverdrossen darauf beharren würde, unsere Schwierigkeiten zu beseitigen und unser Leben zu verbessern, das unserer Kinder und unseres Landes. Wenn diese Kräfte von den Restriktionen befreit werden konnten, die ihnen die Bürokratie auferlegt hatte, würden sie unser Land aus der Talsohle führen.

Wie ich 1981 bei einer Feierstunde zum 200. Jahrestag unseres Sieges über die Briten bei Yorktown angemerkt hatte: »Wir haben zu Hause wirtschaftliche Probleme, und wir leben in einer unruhigen und gewalttätigen Welt. Aber unser Volk hat eine Charakterstärke, die uns mehr als entschlossen macht, die vor uns liegenden Prüfungen zu bestehen.«

Ich behielt recht. Aber es dauerte länger, als mir lieb war. Ein paar der Dinge, die ich mir gewünscht hatte, bekam ich nie, und es gab im Verlauf der Ereignisse einige Enttäuschungen.

Das Wirtschaftsprogramm beruhte auf drei Säulen: Steuersenkung, Beseitigung bürokratischer Restriktionen und Kürzung bei den Regierungsausgaben. Bei den ersten beiden erzielten wir Fortschritte, aber beim letzten Punkt kaum.

Wir kürzten etwa vierzig Milliarden Dollar an den Etatausgaben des ersten Jahres, eine Reduzierung, die ohne Beispiel war. Doch während ich im Herbst auf die Auswirkungen der Steuersenkungen auf die Wirtschaft wartete, wurde mir sehr schnell klar, wie berechtigt meine Aussage gewesen war, daß es für die Sanierung unserer Wirtschaft kein Patentrezept gab: Die Defizite nahmen zu, statt zu sinken, und ich erkannte, daß wir den Haushalt bis 1984 nicht ausgleichen konnten, wie ich es gehofft hatte. Die Situation hatte durchaus etwas Ironisches: Weil wir die Inflationsrate schneller als gedacht senken konnten, waren die Steuereinnahmen des Bundes geringer, als angenommen, was es wiederum schwieriger machte, den Etat auszugleichen.

Nach einer Sitzung des Kabinetts, auf der das Budget 1982/83 beraten wurde, drückten diese Worte in meinem Tagebuch das Gefühl der Enttäuschung aus, das ich empfand:

> Wir, die wir den Haushalt ausgleichen wollten, sehen uns nun dem größten Etatdefizit gegenüber, das es je gegeben hat. Und doch ist es in Relation zum Bruttosozialprodukt prozentual kleiner. Wir haben die Ausgabensteigerung unter Carter von 17 Prozent auf neun Prozent gesenkt. Die Rezession hat jedoch die Kosten erhöht und die Steuereinnahmen vermindert, so daß wir trotz dieser Einsparungen ein größeres Defizit haben.

Wenige Wochen vor dieser Kabinettssitzung lud ich einige der bekanntesten Wirtschaftswissenschaftler des Landes in das Weiße Haus, um sie zu fragen, warum ihrer Meinung nach das Land so tief in die Rezession geraten war und was unternommen werden konnte, um dieses Abgleiten aufzuhalten. Sie alle gaben mir unterschiedliche Antworten, und das erinnerte mich an etwas, das Harry Truman einmal gesagt hatte: *»Find me a one-armed economist, because every one I know always says, ›Well, on the other hand ...‹«*

Einem der Wirtschaftswissenschaftler erzählte ich die Geschichte von den drei Männern, die zur gleichen Zeit im Himmel ankommen. Petrus hat jedoch nur Platz für einen und meint, den würde er demjenigen geben, der den ältesten Beruf ausübe. Einer tritt vor und sagt: »Ich nehme an, als Chirurg bin ich das. Wir wissen alle, daß Gott die Erde in sechs Tagen und dann den Menschen erschaffen hat. Dann schuf er aus Adams Rippe die Frau, und das war Chirurgie.« Doch bevor er weitergehen kann, tritt der zweite Mann vor: »Moment mal, ich bin Ingenieur. In den sechs Tagen vor Erschaffung der Welt war Chaos, und Gott mußte sechs Tage und Nächte lang arbeiten, um das Chaos zu beseitigen. Das war Technik.« Bevor Petrus reagieren kann, meldet sich der Dritte und sagt: »Nun, ich bin Wirtschaftler. Was meinen Sie, wer für das ganze Chaos verantwortlich war?«

Thomas Jefferson hat einmal über Anwälte gesagt: »Zu jeder Fragestellung gibt es etwa so viele unterschiedliche Antworten, wie es Anwälte gibt. Und wenn wir nur in den Fällen handeln dürfen, in denen es keine unterschiedlichen Antworten gibt, dann könnten wir nie handeln.« Ich glaube, das gleiche gilt auch für Wirtschaftsfachleute.

Eine Sache war absolut klar: Um das Defizit zu verringern, mußten wir auf viele – zum Teil unüberlegte – Finanzierungen verzichten, die in jahrzehntelanger Mißwirtschaft Eingang in den Bundeshaushalt gefunden hatten, und den Kongreß davon überzeugen, nicht in jedem Jahr erneut Mittel zu verschleudern. Doch als es offensichtlich wurde, daß wir noch mehr Kürzungen vornehmen mußten, begann die Koalition zu zerbrechen, die sich zusammengefunden hatte, um die 25prozentige Steuersenkung im Zeitraum von drei Jahren sowie die Gramm-Latta-Budgetkürzungen beschließen zu können.

Zu den Kongreßwahlen 1982 war nur noch knapp ein Jahr Zeit. Viele der Demokraten, die über ihren Schatten gesprungen waren und die Gesetzesvorlagen unterstützt hatten, waren in den Schoß der Partei zurückgekehrt. Tip O'Neill und andere führende Demokraten hatten sie mit Hinweisen darauf auf Linie gebracht, sie könnten wichtige Ausschußposten ebenso verlieren wie Parteizuschüsse zum Wahlkampf.

Sogar viele Republikaner, darunter auch Konservative, befürchteten wegen der Rezession einen Rückschlag in den Meinungsumfragen. Ohne mein Vertrauen darauf, daß die Steuersenkungen einen Aufschwung der Wirtschaft bewirken würden, begannen sie, mir zu Steuererhöhungen und größeren Ausgaben zu raten. Es war schon so, wie einige Journalisten geschrieben hatten: Meine Flitterwochen mit dem Kongreß schienen vorüber zu sein.

Wir mußten das Vorhaben aufgeben, Milliarden Dollar an verschwendeten und erschlichenen Geldern aus der Sozialhilfe zu streichen – neben anderen Mißbräuchen hatten wir auch herausgefunden, daß monatlich an 8500 Menschen Sozialhilfe gezahlt worden war, die im Durchschnitt bereits seit 81 Monaten tot waren –, nachdem uns die Demokraten beschuldigten, unsere älteren Mitbürger den Wölfen zum Fraß vorwerfen zu wollen. (Später entwickelten beide Parteien gemeinsam ein Programm, das eine mißbräuchliche Ausnutzung des Sozialhilfesystems auf Jahrzehnte ausschloß.) Und dann erschien in *The Atlantic Monthly* ein Artikel, in dem David Stockman, der Leiter der Haushaltsbehörde, das Programm zur Wirtschaftssanierung kritisierte und betonte, es würde ja doch nicht funktionieren. Ed Meese und andere Mitglieder des Stabes drängten mich (ebenso wie Nancy), Stockman den Rücktritt nahezulegen, da er sich als illoyal erwiesen hätte.

Ich lud ihn zum Lunch ins Weiße Haus ein. Ich genoß meine Mahlzeit, er rührte keinen Bissen an. Stockman bot seinen Rücktritt an, sagte jedoch, der Autor des Artikels wäre ein Freund von ihm, der Äußerungen veröffentlicht habe, die er, Stockman, lediglich privat ausgesprochen hätte. Ich nahm seinen Rücktritt nicht an. Wenn ich diese Entscheidung auch nicht unbedingt bedaure, so ist doch festzuhalten, daß er später ein paar Dinge über das Wirtschaftsprogramm schrieb, die unzutreffend waren. In einem Buch bezeichnete er sich als jemanden, der – mitunter gegen mich – stromaufwärts schwamm, um die Ausgaben zu kürzen.

In den ersten Monaten der Administration leistete Stockman in der Verwaltungs- und Haushaltsbehörde gute Arbeit, aber er war der erste in unserem Team, der nach einer Steuererhöhung verlangte, lange bevor die Steuersenkungen überhaupt in der Wirtschaft wirksam werden konnten. Darüber hinaus reagierte er häufig auf meine Vorschläge, den Kongreß aufzufordern, die Ausgaben für ein bestimmtes Programm zu kürzen, mit dem Hinweis, das wäre auf Capitol Hill zwecklos. Stockman war einer derjenigen, die mich wenige Tage vor Weihnachten 1981 dazu drängten, mich von meinem Programm zu verabschieden und die Steuern zu erhöhen. Ich schrieb damals in mein Tagebuch:

> Die Rezession hat sich verstärkt und wirft unsere früheren Berechnungen über den Haufen. Jetzt bedrängt mich mein Team, die Steu-

ern zu erhöhen, um die Defizite niedriger zu halten. Aber ich bleibe entschlossen. Ich bin sicher, daß die Steuersenkungen letzten Endes größere Einkünfte bringen werden, indem sie die Wirtschaft anspornen. Ich werde erst einmal ein paar Ergebnisse abwarten.

In den folgenden drei Jahren sah ich mich einem fast unablässigen Druck ausgesetzt, das Wirtschaftsprogramm aufzugeben. Im Lauf der Zeit ging ich einige Kompromisse ein: Um im Kongreß die Zustimmung für zusätzliche Ausgabenkürzungen zu erhalten und der Finanzwelt zu beweisen, daß es mir mit der Senkung des Defizits ernst war, schloß ich 1982 mit den Demokraten im Kongreß einen Handel ab und war bereit, zur Lückendeckung einer begrenzten Steuererhöhung zuzustimmen, um im Verlauf der folgenden Jahre mehr als 98,3 Milliarden Dollar zu erhalten, während sie mit einer Ausgabenkürzung in Höhe von 280 Milliarden Dollar während des gleichen Zeitraumes einverstanden waren. Später brachen die Demokraten ihr Versprechen, und wir bekamen diese Kürzungen nie bewilligt. Ich war auch im Hinblick auf die Modernisierung der Streitkräfte zu einer langsameren Gangart bereit, als ich beabsichtigt hatte. Doch von diesen wenigen Ausnahmen abgesehen, war ich entschlossen, auf meinem Kurs zu bleiben, und hielt mich auch daran.

Nancy bezeichnet mich manchmal als eigensinnig. Nun, in diesem Fall *war* ich eigensinnig. Ich war fest davon überzeugt, daß ich recht hatte. Es würde nur eine gewisse Zeit dauern, bis die Steuersenkungen die wirtschaftliche Wiederbelebung in Gang setzten, die wir so dringend benötigten, um die Zinsen zu senken, die Inflation und die Arbeitslosigkeit. Ich war davon überzeugt, daß man nur Geduld zu haben brauchte.

Auszüge aus meinem Tagebuch gewähren einen Überblick über das Tauziehen im Jahr 1982, wie ich es vom Oval Office aus sah.

11. Januar: Besuch von republikanischen Spitzenpolitikern im Weißen Haus. Bis auf Jack Kemp sind sie alle ganz versessen auf neue Steuern und Streichungen am Verteidigungs-Etat. Sieht ganz so aus, als würde es ein schwieriges Jahr.

20. Januar: Erster Jahrestag [der Amtseinführung]. Der Tag war hart. Auf einer Haushaltsberatung bekam ich Druck von allen, einer Erhöhung der Verbrauchssteuern zuzustimmen. Schließlich habe ich nachgegeben, war aber keineswegs von der Notwendigkeit überzeugt.

21. Januar: Zusammensein mit einer Delegation der US-Handelskammer. Sie baten mich inständig, keinerlei Steuern zu erhöhen. Als sie betonten, es sähe ganz so aus, als würde ich von meinem eigenen Programm Abstand nehmen, berührten sie eine wunde Stelle. Genauso empfinde ich es auch. Nach dem Zusammensein sagte ich Ed [Meese], Jim [Baker] und Mike [Deaver], daß wir noch einmal von vorn anfangen müßten. Ich kann mich mit den Steuererhöhungen einfach nicht abfinden. Wir werden uns morgen früh noch einmal damit befassen ...

22. Januar: Ich habe meinen Jungs gesagt, ich könne mich einfach nicht für eine Steuererhöhung erwärmen. Wenn ich schon gescholten werde, dann lieber wegen eines Defizits als wegen eines Rückziehers von unserem Wirtschaftsprogramm. Gehe nach Camp David, um an der Rede zur Lage der Nation zu arbeiten ...

26. Januar: Ich frage mich, ob ich mich je daran gewöhnen werde, vor einer gemeinsamen Sitzung beider Häuser des Kongresses zu sprechen. Dabei habe ich doch schon unendlich viele Reden an allen möglichen Orten vor allen erdenklichen Auditorien gehalten. Doch da ist etwas beim Betreten dieser Kammer, mich überläuft eine Gänsehaut, ein Erschauern. Aber es ist gut gelaufen. Die Rede wurde gut aufgenommen, und ich glaube, sie war ein kleiner Volltreffer.

28. Januar: ... Jetzt versucht es die Presse so hinzustellen, als wolle ich den New Deal rückgängig machen. Ich rufe ihr in Erinnerung, daß ich viermal Franklin D. Roosevelt gewählt habe. Ich versuche, die Great Society rückgängig zu machen. Es war Lyndon B. Johnsons Krieg gegen die Armut, der uns in die gegenwärtige Misere geführt hat ... Hoffentlich bin ich nicht zu optimistisch, aber einige wirtschaftliche Indikatoren haben sich positiv entwickelt, und vielleicht ist die Rezession auf ihrem Tiefpunkt angekommen. Die Börse verzeichnete den größten Auftrieb seit dem vergangenen März.

22. Februar: Arbeits-Lunch. Ich bin von der Notwendigkeit überzeugt, mich zum Thema Haushalt und Wirtschaftslage an die Bevölkerung zu wenden. Die Presse hat uns in der Luft zerrissen, und die Ergebnisse sind an den Meinungsumfragen zu erkennen. In der Bevölkerung herrscht Verwirrung über unser Wirtschaftsprogramm. Ihr wurde eingeredet, es sei gescheitert, dabei ist es gerade erst in die Wege geleitet.

23. Februar: Habe mich am Vormittag mit unseren [republikanischen] Spitzenpolitikern im Kongreß getroffen. Sie sind ausgesprochen kribbelig über unser Defizit und scheinen überzeugt davon, daß wir uns von unserem Programm distanzieren müssen – Steuern und Verteidigungsausgaben. Es sieht auch so aus, als würden sie zögern, sich für die Etatkürzungen einzusetzen, die wir gefordert haben ...

26. März: Informationen über den Zustand der sowjetischen Wirtschaft. Sie stecken in einer ausgesprochen schlechten Situation, und falls wir ihnen die Kredite kürzen, müßten sie klein beigeben oder hungern. Wir hatten eine Kabinettssitzung zu Fragen unserer eigenen Wirtschaft. Es ist dringend notwendig, weitere Ausgabenkürzungen vorzunehmen. Bisher rücken die Dems nicht von ihrer Meinung ab. Unsere Strategie besteht darin, uns auf eine Zweiparteienvereinbarung über die Anspruchsgrenzen zuzubewegen. Dort liegen die einzigen wirklichen Einsparungsmöglichkeiten.

30. März: Vorbereitung der Pressekonferenz. Das übliche. Eine Reihe von Kongreßabgeordneten erschien, um sich mit mir photographieren zu lassen, und einer aus dem Gebiet von Tampico brachte Erinnerungen an meinen Geburtsort und eine Aufnahme mit, die wirklich unheimlich ist. Am Tag vor der Wahl, am 3. November 1980, wurde ein Regenbogen photographiert, und der endete exakt auf dem Haus, in dem ich geboren wurde ... Die Senatoren Bob Dole und [Russell] Long kamen, um über das Defizit zu sprechen. Ich mag Senator Long. Er ist ein Dem, der uns die ganze Zeit unterstützt hat, aber nun ist auch er der Meinung, eine große Steuererhöhung sei die einzige Lösung des Defizitproblems. Ich kann mich damit einfach nicht anfreunden ...

14. April: Bin mit unserem Team zu Etatberatungen zusammengetroffen. Ich glaube, wir nähern uns einer guten Verhandlungsposition, aber dazu ist nötig, daß Cap W. einer Streichung von fünf Milliarden Dollar zustimmt zuzüglich einer weiteren Einsparung von zwei Milliarden durch Beschränkung der Solderhöhungen auf vier Prozent in jedem der kommenden drei Jahre. Er ist nicht glücklich. Ich bin es auch nicht, aber es steht zuviel auf dem Spiel, als daß wir darauf verzichten könnten.

15. April: Einkommensteuer-Zahltag. Die Leute demonstrieren gegen ihre Steuerzahlungen, aber demokratische Kongreßabgeordnete fordern, daß wir unsere Steuersenkungen rückgängig machen oder doch zumindest teilweise.

19. April: Treffen mit den führenden Republikanern im Kongreß. Das Thema war der Etat. Ich denke, sie haben mit Erleichterung gehört, daß ich bereit bin, für ein von beiden Parteien getragenes Programm einige Kompromisse einzugehen. Ich habe Tip O'Neill angerufen, bin aber nicht sicher, daß er Abstriche machen wird. Tip ist ein wahrhafter New-Deal-Liberaler. Er ist aufrichtig davon überzeugt, wir würden die Reichen begünstigen.

23. April: ... Der Kreis, der den Haushalt berät, scheint nicht in der Lage zu sein, zu irgendeiner Übereinstimmung zu kommen. Wenn es uns nicht gelingt, angesichts des kommenden Defizits zu einer von beiden Parteien getragenen Vereinbarung zu kommen, gehe ich an die Öffentlichkeit – Fernsehen –, und dann fliegen die Fetzen.

26. April: ... Um 10.15 Uhr sprach ich vor 2000 Delegierten der Tagung der US-Handelskammer. Was für ein Schuß in den Ofen. Sie unterbrachen mich ein dutzendmal oder mehr. Ich sprach über den Etat und unser Wirtschaftsprogramm. [Später] eine Etat-Sitzung. Die Truppe setzt sich morgen wieder mit den Demokraten darüber auseinander. Ich hatte das Gefühl, daß ihnen die Luft ausgeht, während die Demokraten auf weitere Konzessionen aus sind. Die Dems versuchen ihre Tricks – sie verlangen, daß ich das dritte Jahr bei den Steuersenkungen wegfallen lasse. Nie und nimmer!

27. April: Nun, es sieht ganz danach aus, als würden die drei Wochen Haushaltsberatungen zu nichts führen. Die Dems sind auf ein Wahlkampfthema erpicht, und nach Tips und Jim Wrights Äußerungen in der Presse wird das das Scheitern meines Wirtschaftsprogrammes sein *[das noch nicht einmal begonnen hat]*. Nun, morgen nachmittag treffe ich mich mit Tip.

28. April: Das wichtigste heute war eine Sitzung mit Tip, Howard Bohling, Jim Wright, Jim Baker, Ed Meese, Don Regan und Dave Stockman. Das Ergebnis meines Anrufs bei Tip. Die »Bande der 17« war einander im Hinblick auf Streichungen und Staatseinkünfte recht nahe gekommen. Die Kombination von Einsparungen und Steuererhöhungen beläuft sich bei den Republikanern auf 60 Milliarden Dollar, bei den Demokraten auf 35 Milliarden. Es hätte auf ein hartes Feilschen hinauslaufen können, da wir in unserem ursprünglichen Etat-Paket von 101 Milliarden Dollar ausgegangen waren. Aber ich ging bei meinen Verhandlungen nicht von dieser Summe aus, sondern begann bei den 60 Milliarden. Drei Stunden später waren wir keinen Schritt weitergekommen. Schließlich bot ich an, die Differenz untereinander aufzuteilen, aber das lehnten sie ab. Ende der Sitzung.

29. April: ... Bin hinaufgegangen, um meine Rede für die heutige Fernsehübertragung zu schreiben. Gegen fünf Uhr nachmittags war ich damit fertig. Um acht Uhr war ich auf Sendung. Ich hoffe, es zeigen sich Erfolge ...

30. April
Nach der Fernsehübertragung gestern abend brachen die Telephonanrufe und Telegramme an das Weiße Haus alle Rekorde. Bis drei Uhr nachmittags sprachen sich 2723 Telegramme für unsere Vorschläge und 373 dagegen aus, von den Anrufern 4745 dafür und 1103 dagegen. Habe mich mit einigen unserer Mitglieder der »Bande der 17« getroffen. Sie werden sich darum bemühen, im Ausschuß einen Haushalt zusammenzubekommen.

4. Mai: ... [aus einer Meinungsumfrage ergab sich, daß] meine Rede weniger Fernsehzuschauer als üblich gehabt hat, vermutlich wegen der späten Programmentscheidung und fehlender Ankündigungen.

Doch in der Bevölkerung herrscht Verwirrung über das gesamte Etat-Thema, und meine Beliebtheit läßt nach.

5./7. Mai: Bin bis zum heutigen Freitag nicht zu Eintragungen ins Tagebuch gekommen. Am Mittwoch hatten sich die Dinge positiv entwickelt. Wir trafen mit Senator Pete Domenicis Haushaltsausschuß zusammen und arbeiteten ein Kompromißpaket aus. Es passierte den Ausschuß mit elf zu neun Stimmen. Es ist ein guter Etat und wird die drohenden Defizite im nächsten Jahr auf 106 Milliarden, 69 Milliarden im Jahr 1984 und 39 Milliarden 1985 herunterfahren. Die Dems schreien Zeter und Mordio. Sie behaupten, wir hätten die Sozialhilfe gestrichen. Wir haben sie nicht angerührt.

11. Mai: Die Dems haben einen parlamentarischen Haushaltsvorschlag vorgelegt. Er sieht weitere 151 Milliarden an Steuern vor und spart vor allem, wenn nicht gar alles, an der Verteidigung ein.

18. Mai: Es sieht so aus, als würde sich der Senat auf unser Etat-Programm einigen und das Repräsentantenhaus einem Kompromiß näher kommen.

19. Mai: Nancy macht sich große und berechtigte Sorgen über den Gesundheitszustand ihres Vaters. Ich würde sehr gern mit ihm über den Glauben sprechen. Er ist immer ein Agnostiker gewesen, und ich glaube, daß er jetzt wahrscheinlich zum ersten Mal in seinem Leben die Angst kennenlernt. Ich denke, das ist der Augenblick, an dem er sich Gott zuwenden sollte, und würde ihm sehr gern dabei helfen.

20. Mai: Rons Geburtstag. Doch hier war es ein frustrierender Tag. Die meiste Zeit habe ich mit Kongreßabgeordneten telephoniert und über den Etat gesprochen. Die meisten wollen mit uns stimmen. Aber einige erklärten, sie wären zwar mit unseren Zielen einverstanden, würden aber dennoch nicht für unseren Vorschlag stimmen, weil der Etat-Kompromiß nicht ihren Vorstellungen entspricht. Ein Kompromiß entspricht nie den Vorstellungen aller. Er ist einfach das Beste, was man bekommen kann, und umfaßt genug von dem, was man will, um das zu rechtfertigen, was man aufgibt.

21. Mai: Mein Kampf hat begonnen, aber er ist nicht blutig, nur un-

angenehm. Den ganzen Tag telephoniere ich mit Kongreßabgeordneten. Der Senat wird heute abend vermutlich einen Etat verabschieden, der sich nicht allzusehr von dem unterscheidet, den ich angestrebt habe. Dem Repräsentantenhaus liegen fünf Haushaltsvorschläge vor, von denen einer der Senatsvorlage ähnelt. Er wird Zweiparteien-Sanierungs-Etat genannt. Am nächsten Montag wird darüber abgestimmt. Don Regan hat angerufen: Für die ersten sechs Monate des Jahres beträgt die Inflationsrate 2,8 Prozent und für das vergangene Jahr acht Prozent.

22. Mai: Gestern abend wurde die Haushaltsvorlage des Senats mit 49 zu 43 Stimmen verabschiedet. Jetzt ist es am Repräsentantenhaus, dem sieben Etat-Vorschläge vorliegen, von denen nur einer etwas taugt. Sie werden am Montag darüber abstimmen. Zuerst über unseren Vorschlag, doch dann den Regeln entsprechend ... selbst wenn unserer angenommen werden sollte, wird er durch den letzten auf der Tagesordnung, der vom Repräsentantenhaus angenommen wird, abgelöst.

24. Mai: Ich hasse Montage. Es war wieder einer dieser Tage, die mit Sitzungen, Besprechungen und Interviews so vollgestopft sind, daß ich nicht einmal dazu kam, eine Notiz zu lesen, obwohl mein Schreibtisch voll davon war ... Wir hielten eine Sitzung über Sanktionen [wegen der Unterdrückung der Freiheit in Polen], die Beschränkung sowjetischer Kredite und Versailles [den Wirtschaftsgipfel] ab. Es wurde lange darüber geredet, daß wir mit unseren Verbündeten zu keinen gemeinsamen Aktionen gekommen seien. Ich sagte, sie könnten zur Hölle gehen. Es sei an der Zeit, ihnen begreiflich zu machen, daß dies unsere Chance sei, die Sowjets mit den Realitäten der Welt vertraut zu machen, sowie ihre, mit uns zusammenzustehen, Kredite zu kündigen und so weiter.

25./30. Mai: Seit letztem Dienstag waren wir in Kalifornien ... Von Dienstag bis Sonnabend hielten wir uns auf der Ranch auf. Ich rief Kongreßabgeordnete wegen des Etats an, mit dem wir nicht durchgekommen sind. Aber den Demokraten erging es nicht anders, daher gibt es keinen Haushalt. Bin Donnerstag, Freitag und Sonnabend geritten. Habe bis Sonnabendnachmittag keinen Sonnenstrahl zu Gesicht bekommen ...

22. Juni: Ein Tag ohne Ruhepause. Traf mich mit führenden Kongreßabgeordneten; wahrscheinlich hat sich das ausgezahlt, denn das Repräsentantenhaus billigte den ausgehandelten Haushalt mit 211 zu 208 Stimmen. Treffen mit den Senatoren [Richard] Lugar und [Jake] Garn zum Thema, Hypotheken für den Eigenheimbau finanziell zu unterstützen. Sie sind beide gute Freunde und Anhänger, aber ich fürchte, ich muß ihre Gesetzesvorlage ablehnen... Hinckley wurde aufgrund von geistiger Unzurechnungsfähigkeit für unschuldig erklärt... Hat einen ziemlichen Aufruhr verursacht.

29. Juni: Ökonomische Indikatoren weisen nach oben und deuten einen Aufschwung an. Er wird sich langsam entwickeln und nicht besonders kräftig ausfallen.

12. Juli: Wir haben unsere Absicht angekündigt, der Verfassung einen Zusatzartikel beizufügen, in dem ein ausgeglichener Haushalt verlangt wird.

21. Juli: ... Ein wirklich schwieriges und bisher ungelöstes Problem betrifft den Verteidigungshaushalt und die Zahlen, die Dave Stockman vor dem Kongreß im Hinblick auf die Etat-Defizite in den kommenden fünf Jahren nennen muß. Eine Streichung an den Verteidigungsausgaben wäre eine Botschaft an Freund und Feind gleichermaßen, die mir nicht gefällt. Doch Daves Informationen über die Defizite sind zu hoch und senden ausgerechnet zu einem Zeitpunkt Druckwellen aus, an dem wir Boden zu gewinnen glauben.

4. August: Wir haben den Zusatzartikel zur Verfassung über einen ausgeglichenen Etat im Senat mit 69 zu 31 Stimmen durchgebracht. Die entscheidende Stimme kam von Russell Long. Traf mich mit Jack Kemp (allein) und dann mit der Führungsspitze. Er beharrt darauf, daß wir mit der Steuererhöhung falsch liegen. [Ich hatte schließlich einer Erhöhung der Verbrauchssteuern in Höhe von insgesamt 98,3 Milliarden über einen Zeitraum von drei Jahren zugestimmt und dafür das Versprechen der Demokraten erhalten, 280 Milliarden an Etatkürzungen über den gleichen Zeitraum vornehmen zu können.] Er ist wirklich unvernünftig. Die Steuererhöhung

ist der Preis, den wir zahlen müssen, um die Ausgabenkürzungen zu erreichen.

6. August: Wir werden am nächsten Mittwoch nicht auf die Ranch können – der Kongreß tagt noch immer und wird vermutlich über die Steuern abstimmen. Doch die gute Neuigkeit besteht darin, daß wir eine Woche später fahren und ein Extra-Wochenende bis nach dem Labor Day anhängen können.

7. August: Im Weißen Haus. Camp David ist ausgefallen. Habe die meiste Zeit des Tages an einer Sondierungsrede zum Thema Wirtschaft und meine Unterstützung der Steuererhöhung verbracht. Es ist ein Preis, den wir zahlen müssen, um beim Haushalt mehr einsparen zu können.

8. August: Wieder im Weißen Haus. Erneut viel Sonnabend-Arbeit und ein Brief an Loyal, den ich ihm schuldig bin. Ich mache mir große Sorgen um ihn. Sein Gesundheitszustand ist bedenklich. [Als junger Mann hatte Nancys Vater ein Erlebnis, das ihn an Gott zweifeln ließ; ich glaubte fest an ein Höheres Wesen und wollte ihn davon überzeugen, daß er auf einem Irrweg war, daß er vor seinem Tod einen Pfarrer aufsuchen und seinen Glauben und sein Vertrauen in Gott setzen sollte, daher konnte ich nicht widerstehen, ihm zu schreiben und dazu aufzufordern.]

9. August: ... Nancy weinte, als ich nach Hause kam. Ihr Vater ist wieder im Krankenhaus. Sie geht ihn am Mittwoch besuchen. Ich wünschte, ich könnte ihr Leid auf mich nehmen ...

10. August: Die meiste Zeit des Tages habe ich mit Kongreßabgeordneten verbracht, um über die Steuergesetzvorlage zu sprechen. Wir stehen vor einer großen Auseinandersetzung, und es wird nicht einfach werden ...

15. August: Habe an einer Rede gearbeitet. Zum Lunch erchienen etwa dreißig republikanische Kongreßabgeordnete und Mitglieder unseres Stabes zu Gesprächen über die Steuergesetze, die gegen 14 Uhr aus dem Beratungsausschuß kamen. Ich glaube, es war eine gute Sitzung, und wir haben Fortschritte gemacht. Dann habe ich mich wieder an die Rede gesetzt. Habe mit Nancy gesprochen. Sie

ist sehr niedergeschlagen und befürchtet, daß es mit Loyal in den nächsten Tagen zu Ende gehen könnte. Wie wünsche ich mir, bei ihr sein und ihr helfen zu können.

16. August: Am Vormittag habe ich mit Wirtschaftsleuten telephoniert und mich mit Kongreßabgeordneten wegen der Steuergesetze getroffen ... Am Abend hielt ich meine Zwanzig-Minuten-Rede im Fernsehen, erläuterte die Steuergesetzvorlage und warum sie angenommen werden sollte. Die danach eingegangenen Anrufe sprachen sich fast drei zu eins dafür aus.

17. August: Die beste Reaktion auf die Rede gestern abend war die Börse ... Der zweitgrößte Anstieg in der Geschichte, 93 Millionen Papiere verkauft, fast ein Rekord. Die Citibank gesellte sich mit einem Eckzins von 14 Prozent zu den anderen. Der Wohnungsbau soll im Juli um 34 Prozent zugenommen haben. Die Sparzinsen stiegen auf 7,9 Prozent nach zehn Jahren der Abnahme.

18. August: Morgen ist D-Day im Repräsentantenhaus. Fast den ganzen Tag mit Kongreßabgeordneten verbracht, in Gruppen und einzeln. Traf mich mit den Erzkonservativen im State Dining Room, war mit etwa zwanzig Boll Weevils zusammen. Sie sind ganz auf meiner Seite. Dann gab es eine Reihe von Einzelgesprächen. Nancy sagt, daß Loyal gestern oder vorgestern mitten in der Nacht im Krankenhaus um den Besuch eines Pfarrers gebeten hat.

19. August: Heute früh ist Dr. Loyal Davis gestorben. Nancy war Gott sei Dank nicht allein. Ron und Doria [Rons Frau] waren bei ihr. Aber es war schrecklich, hier sein zu müssen und ihr nicht zur Seite stehen zu können. Den ganzen Tag verbrachte ich an meinem Schreibtisch und telephonierte mit Kongreßabgeordneten über die Steuergesetze, und heute abend wurden sie mit 103 Stimmen der Republikaner sowie fast der Hälfte der Demokraten mit 225 zu 207 verabschiedet. Tip O'Neill hielt Republikanern eine Rede, warum sie mich unterstützen sollten. Wie eigenartig. Wir beide auf derselben Seite. Am Abend beriet der Senat und nahm sie mit 53 zu 47 Stimmen an. Erneut haben uns einige unserer Ultra-Konservativen im Stich gelassen. Jetzt packe ich, um mit meinem Sweetheart nach Phoenix zu fahren. [Der Kompromiß über die Steuergesetz-

gebung war vom Tisch, aber unsere wirtschaftlichen Probleme keineswegs.]

23. September: Wirtschaftsanalyse im Kabinett. Nicht schlecht, aber auch nicht gut. Mit Sicherheit ist die Rezession an ihrem Tiefpunkt angelangt. Der Preisindex für August liegt bei einem Drittel Prozent, das wäre eine jährliche Inflationsrate von weniger als 3,3 Prozent.

1. Oktober: Sollte eigentlich früh nach Camp David aufbrechen, aber das Repräsentantenhaus erlaubte sich Scherze mit dem Zusatzartikel über einen ausgeglichenen Haushalt. Zunächst brachten sie einen Dringlichkeitsantrag ein, der zu Recht mit überwältigender Mehrheit abgelehnt wurde. Dann kam der Zusatzartikel, der eine Zweidrittelmehrheit erforderte. Er erhielt eine beträchtliche Mehrheit, schaffte jedoch die Zweidrittel nicht. Ich erschien im Presseraum und schob es der demokratischen Führung des Repräsentantenhauses zu, wo die Schuld ja auch zu suchen ist.

16./17. Oktober: Camp David.
... Die Rundfunkrede am Sonnabend befaßte sich mit Wirtschaftsfragen. Ich zitierte Franklin D. Roosevelt und erklärte, unser größtes Problem sei die Angst.

2. November: Wahltag!
Ich hatte heute keine Zeit, an die Wahlen zu denken. Eine Sitzung des Nationalen Sicherheitsrates... über die MX... dann eine Besprechung der auf uns zukommenden Haushaltslage. Wir stecken wirklich in Schwierigkeiten. Alle unsere Zukunftsprojektionen, vor der Rezession getroffen, sind zum Fenster hinaus, und wir sehen uns einem 200-Milliarden-Dollar-Defizit gegenüber, wenn nicht noch ein Wunder geschieht. Da ich gerade von Wundern spreche: Der Börsenindex ist um mehr als zwanzig Punkte gestiegen...
Die Wahlen: Haben 25 Sitze im Repräsentantenhaus verloren. Damit mußten wir rechnen. Es hätte noch schlimmer kommen können. Halten den Senat mit 54 zu 46. Millicent Fenwick hat verloren. Das tut mir leid. Aber Jubel: Wir haben in Kalifornien Gouverneur und Senator gewonnen. Bye-bye, Brown.

3. November: Gab im Rosengarten eine Pressekonferenz zum Wahlausgang. Ich bin sicher, sie haben sich über meine gute Laune gewundert. Der italienische Ministerpräsident [Giovanni] Spadolini ist zu einem Besuch eingetroffen. Er gefällt mir. Wir haben ein gutes Gespräch geführt und dann zusammen zu Mittag gegessen ... Unter ihm ist Italien ein verläßlicher Verbündeter geworden ... Eine langwierige Haushaltssitzung. Wir müssen uns tatsächlich zu ein paar harten Entscheidungen durchringen, wenn wir die Defizite verringern wollen ... Mit der Wirtschaft geht es inzwischen weiter bergauf. Heute verzeichnete Wall Street den historisch höchsten Schlußstand der Aktienkurse: 1065. Erklärt wird das mit den Wahlergebnissen, die Demokraten haben nicht genügend zugelegt, um unsere Richtung ändern zu können.

12. November: Verbrachte fast den ganzen Nachmittag mit neuerlichen Haushaltsberatungen. Es wird eine erbitterte Schlacht werden, aber wir müssen weitere Streichungen vornehmen.

18. November: Treffen mit Senator Baker und dem Mitglied des Repräsentantenhauses Bob Michel. Sie waren nicht so entsetzt über die wirtschaftliche Situation und den Wahlausgang, wie ich angenommen hatte. Dennoch sagten sie voraus, ich würde es nicht leicht haben, die Dinge durchzusetzen, die ich im Hinblick auf die anhaltende Arbeitslosigkeit und die zu erwartenden Etat-Defizite für notwendig halte.

19. November: Wieder eine Kabinettsitzung zum Thema Haushalt. Unsere Defizite sind sowohl strukturell bedingt als auch durch die Rezession verursacht. Wir haben im Etat eine ganz automatische Steigerung. Damit müssen wir fertig werden.

14. Dezember: Verbrachte die meiste Zeit des Nachmittags mit unerfreulichen Beratungen über die Defizite und unsere geringen Chancen, weitere Etat-Kürzungen vornehmen zu können ...

Vielleicht haben die Menschen recht, die sagen, vor der Morgendämmerung sei es immer am dunkelsten. Obwohl es mir bei den letzten paar Eintragungen nicht recht bewußt wurde, hatte in den Vereinigten Staaten der am längsten anhaltende Wirtschaftsaufschwung in Friedenszeiten begonnen. Wirtschaftsanalytiker sagen, daß die Wende im November 1982 eintrat, genau ein Jahr nachdem die erste Phase der 25prozentigen Steuersenkung über drei Jahre wirksam geworden war.

Es sollte ein weiteres Jahr dauern, bis die Expansion volle Fahrt aufnahm, aber wir waren auf dem richtigen Weg: Wir hatten damit begonnen, die Verwaltungsbürokratie den Menschen und der Wirtschaft vom Halse zu schaffen, und die Reaktion war eine Explosion wirtschaftlicher Aktivität, die die Arbeitslosigkeit, die Inflation und die Eckzinsen senken würde.

Als der Wirtschaftsaufschwung einsetzte, scherzte ich im Oval Office: »Ist Ihnen schon aufgefallen, daß sie es nicht mehr ›*Reaganomics*‹ nennen?« Bis zur Trendwende war *Reaganomics* ein Schimpfwort gewesen.

Die Präsidentschaftswahlen 1984 betrachtete ich als entscheidend: Nicht, weil ich für weitere vier Jahre im Weißen Haus wohnen wollte, sondern weil ich davon überzeugt war, daß die Fortschritte auf dem Spiel standen, die wir in den vergangenen vier Jahren erzielt hatten. Obwohl sie es nie erwähnt hat, glaube ich, daß Nancy vorgezogen hätte, wenn ich 1984 nicht für die Wiederwahl kandidiert hätte. Doch für mich war das nie eine Frage. Ich wollte bewahren, was wir erreicht hatten, und es gab eine ganze Reihe von Dingen, die ich in die Wege leiten wollte, zu denen ich aber noch nicht gekommen war. In der Innenpolitik standen dabei Senkung des Defizits und Etatausgleich obenan.

Obwohl inzwischen ein wirtschaftlicher Aufschwung eingesetzt hatte, glaubte ich, zur weiteren ökonomischen Belebung beitragen zu können, wenn wir unser Steuersystem gerechter und einfacher gestalteten. Ich wollte den Kongreß dazu bringen, weitere Verschwendungen aus dem Etat zu eliminieren und den Prozeß fortzusetzen, die Verwaltungsbürokratie zu verringern und deren Eingriffsmöglichkeiten in unseren Alltag zu beschneiden. Und ich glaubte immer noch, eine winzige Chance zu besitzen, in den nächsten vier Jahren den Haushalt ausgleichen zu können.

Meiner Meinung nach war der ehemalige Vizepräsident Walter Mondale, der Präsidentschaftskandidat der Demokraten im Jahr 1984, ein weiterer klassischer Vertreter der Neuen Schule der Demokratischen Partei, die sich inzwischen weit von den Überzeugungen ihrer Gründer, Thomas Jefferson und seiner Freunde, entfernt hatte. Jefferson hielt so wenig Regierung wie möglich für die beste Regierung und war davon überzeugt, daß »Regierungen nicht die Herren des Volkes [sind], sondern die Diener der von ihnen regierten Menschen«. Die Neue Schule der Demokraten lehrte inzwischen das genaue Gegenteil. 1984 war die Partei ein Konglomerat aus Fraktionen und Interessengruppen geworden, von denen es jeder einzelnen nur darum ging, mehr vom Nationaleinkommen für ihre Spezialinteressen einheimsen zu können. Thomas Jeffersons Partei war eine Partei großer Versprechen, großer Verwaltung und hoher Steuern geworden – je größer und höher, desto besser.

Aber als ich dann Mondales Rede zur Annahme der Kandidatur auf dem demokratischen Parteitag in San Francisco verfolgte, erschien es (mit einer wichtigen Ausnahme) fast so, als versuche er, wie ein Republikaner zu klingen. Offenbar mit einem Gespür dafür, daß die Bevölkerung in einer konservativen Stimmung war und von der aufgeblähten Verwaltung genug hatte, sprach er von altbewährten Werten und davon, die Leistungsfähigkeit der Regierung zu verbessern. Er versprach den Menschen, ein paar Dinge zu tun, die wir bereits taten – ließ es jedoch so klingen, als müsse er es tun, um die wirtschaftliche Krise zu bewältigen. Mondale wurde wieder er selbst, als er sich verpflichtete, die Steuern der Reichen zu erhöhen, um das Defizit auszugleichen – nachdem er von einem Millionär vorgestellt worden war: Senator Edward Kennedy, der mich als Freund der Reichen angegriffen hatte.

Mondale versuchte es so hinzustellen, als hätte er eine Metamorphose durchgemacht. Aber mir war klar, daß seine erste Amtshandlung als Präsident darin bestehen würde, wieder in sein altes Ich zu schlüpfen und gemeinsam mit dem Kongreß ungeheure Steuereinnahmen zu beschließen, die den Aufschwung zunichte machen und alles zerstören würden, was wir in vier Jahren aufzubauen versucht hatten.

Wenige Tage nach dem Ende des Parteitages der Demokraten übernahm ich eine Aufgabe bei den Eröffnungsfeierlichkeiten der Olympischen Sommerspiele in Los Angeles. Während meines Aufenthaltes dort spürte ich einen wiedererwachten amerikanischen Nationalstolz, der mich mit großer Freude erfüllte. Die von mir erhoffte geistige Erneuerung hatte eingesetzt, ähnlich lebhaft und stark wie der Aufschwung der Wirtschaft. Amerika war wieder da, empfand wieder Stolz auf sich und Vertrauen in die Zukunft. Mehr denn je mußten wir unseren Kurs weiterverfolgen, dachte ich. Ein Rückzug kam nicht in Frage.

Nachdem wir Los Angeles verlassen hatten, verbrachten Nancy und ich fast zwei Wochen auf der Ranch, die längsten Sommerferien, die wir dort je verlebt hatten. Das Wetter war mit Ausnahme eines Nebeltages herrlich, doch selbst da hielten wir uns an unseren morgendlichen Ausritt, und ich verbrachte die Nachmittage mit dem Beschneiden von Bäumen und erledigte andere Dinge auf der Ranch.

Zu dieser Zeit war die Presse voll von Berichten, daß ich im Fall meiner Wiederwahl vorhatte, die Steuern zu erhöhen. »Ihnen ist doch jede Ausrede recht, um zu sagen, ich wolle in Wirklichkeit kneifen«, schrieb ich einmal in mein Tagebuch. »Aber verdammt noch mal, es wird keine Steuererhöhungen in meiner Amtszeit geben, und Mondale ist an sein Wahlkampfversprechen gebunden, die Einkommensteuer zu erhöhen.«

Nachdem George Bush und ich ein zweites Mal nominiert und in Dallas stürmisch gefeiert worden waren, sagte ich in meiner anschließenden Ansprache, daß die Amerikaner die seit fünfzig Jahren eindeutigste Entscheidung zwischen den beiden Parteien treffen könnten: Ungeachtet der demokratischen Versuche, in den vier Tagen an der San Francisco Bay einen neuen Ton anzuschlagen, könnten sie zwischen einer Regierung »des Pessimismus, der Angst und der Einschränkungen sowie einer der Hoffnung, der Zuversicht und des Wachstums« wählen. Nach der Rede sang Ray Charles »America the Beautiful«, und ich glaube, es gab im ganzen Saal niemanden, dem nicht die Augen feucht geworden wären.

Ich bin sicher, daß wir eines Tages eine Präsidentin haben werden, vielleicht erlebe ich das sogar noch. Und ich habe stets die Meinung vertreten, daß der beste Weg dazu die Nominierung einer Vizepräsidentin wäre. Dennoch glaube ich, daß Mondale einen großen Fehler damit gemacht hat, Geraldine Ferraro zu seiner Mitkandidatin zu wählen. Meiner Überzeugung nach hat er sich bei seiner Entscheidung verschätzt, eine Kongreßabgeordnete, von der fast noch niemand etwas gehört hatte, der Präsidentschaft näherbringen zu können. Wir hatten viele erfolgreiche Gouverneurinnen im Land, die bereits bewiesen hatten, daß sie durchaus das Potential für die Präsidentschaft besaßen, aber die hat er übergangen. Ich denke, wenn die Republikaner es beispielsweise mit einer Jeane Kirkpatrick versucht hätten, unserer UN-Vertreterin, wäre es wesentlich sinnvoller gewesen. Ich weiß zwar nicht, welche Demokratin eine bessere Wahl gewesen wäre, aber es schien offensichtlich, daß sich Mondale nur deshalb für Geraldine Ferraro entschied, weil er annahm, was mich betraf, gäbe es eine »Geschlechter-Lücke«, und sie eine Frau war. Ich glaube nicht, daß man die überzeugendste Frau ausgesucht hatte.

Mit jedem Tag des Wahlkampfes wurde ich ärgerlicher auf Mondale, der offenbar nur ein Grundthema kannte: daß ich ein Lügner war. Er behauptete, ich hätte erklärt, nach den Wahlen die Steuern nicht erhöhen zu wollen, während ich dazu fest entschlossen sei und bereits Pläne dafür vorlägen. Ich betonte unablässig, daß ich die Steuern nicht heraufsetzen würde, aber er erwiderte stets und ständig, daß ich log und die Öffentlichkeit bewußt täuschte.

Viele unserer Berater sagten zu George Bush und mir, daß wir von Mondale und Ferraro nichts zu befürchten hätten, da die Wirtschaft boomte und die Menschen stets nach ihren Brieftaschen wählen. Die Inflation war auf 4,6 Prozent gesunken, die Arbeitslosigkeit hatte abgenommen, die Zinsen lagen weit unter dem Niveau von vier Jahren zuvor, und Meinungsumfragen ergaben, daß ich mit einem soliden Vorsprung vor Mondale rechnen könne.

Trotz allem, was sie erzählten, nahm ich mir vor, nicht allzu sicher zu sein. Ich habe noch nie gern verloren, daher stürzte ich mich so energisch wie möglich in den Wahlkampf um eine zweite Amtszeit. Ich hielt mich keineswegs für einen sicheren Gewinner, sondern war in diesem Sommer und Herbst ziemlich nervös.

In Wahlkämpfen stelle ich mir immer gern vor, daß ich hinten liege. Allzu großes Selbstvertrauen ist die größte Sünde eines Kandidaten. Ich weiß, daß in einem Wahlkampf alles möglich ist. Und es war auch sehr gut, daß ich mir meiner Sache nicht ganz so sicher war, denn nach

Meinung vieler hätte ich in meiner ersten Diskussion mit Mondale im Herbst fast das ganze Rennen verpatzt.

»Nun, die Debatte hat stattgefunden«, schrieb ich Anfang Oktober, nach der Veranstaltung in Louisville, in mein Tagebuch –

> und ich muß gestehen, daß ich sie verpatzt habe. Vermutlich habe ich angesichts der absolut unredlichen Dinge, die er im Wahlkampf über mich gesagt hatte, einfach zu viele Fakten und Zahlen gebüffelt, so daß ich fix und fertig war. Wie auch immer – ich kann nicht sagen, daß ich eine große Leistung gezeigt habe. Er konnte allerdings keine einzige der Tatsachen widerlegen, die ich präsentierte, und wiederholte nur wieder Behauptungen, die absolut falsch waren. Aber die Presse nennt ihn seit zwei Tagen den Sieger.

Ich hatte zu viele Stunden über Unterlagen gebrütet, zuviel Zeit mit Hintergrundinformationen und in vorbereitenden Scheindiskussionen verbracht, daß ich am Abend der Debatte wahrscheinlich einfach übertrainiert war.

Ich glaube nicht, daß irgend jemand all die Dinge hätte behalten können, mit denen ich in den Tagen vor der Diskussion mein Hirn vollgestopft hatte, und ich machte ein paar Schnitzer. Wenn ich es ihnen auch nicht vorwerfe, ist mir jedoch von Menschen geschadet worden, die mir helfen wollten. Es stand eine Diskussion vor der Tür, und um mich herum erklärte jeder: »Sie müssen dies wissen ... Sie müssen das wissen.« Und dann trichterten sie mir alle möglichen technischen Details und Statistiken ein, als müßte ich mich auf ein Examen vorbereiten. Und wenn man dann tatsächlich in der Diskussion ist, sieht man ein, daß man diese Vielzahl von Informationen nicht beherrschen und gleichzeitig ein reaktionsschneller Diskussionspartner sein kann.

Ich habe nicht oft Depressionen, und ich bin stolz auf meine Fähigkeit, öffentliche Reden halten zu können – schließlich bin ich ein altgedienter Darsteller. Nach der Diskussion haben mir viele Anhänger Mut zugesprochen. Aber ich wußte, daß ich zwei- oder dreimal ins Stottern geraten bin, als Millionen Menschen zusahen, und das war mir peinlich.

Nach Louisville hatte ich ein paar gute Gründe, im Hinblick auf den Wahlkampf nervös zu sein. Einige Umfragen nach der Diskussion deuteten an, daß etliche meiner Anhänger an mir zu zweifeln begonnen hatten, und etliche Gurus in der Presse behaupteten, mein Stottern habe bewiesen, daß ich zu alt für den Job sei. Ein TV-Korrespondent für das Weiße Haus verstieg sich zu der »Erkenntnis«, daß die Debatte in Louisville das gezeigt hätte, was er als »Senilitätsfaktor« bezeichnete.

Eine zweite Diskussion – über Fragen der Außenpolitik – sollte zwei Wochen später in Kansas City stattfinden, also hatte ich eine zweite Chance. Ein weiterer katastrophaler Auftritt könnte Nancy und mich zum Kofferpacken bewegen, um für immer auf die Ranch zurückzukehren.

Ich beschloß, mich nicht wieder mit so vielen Daten und Fakten zu belasten wie vor der ersten Diskussion. Und das war gut, denn bei der zweiten Diskussion ereignete sich etwas, das mit Sicherheit nicht geschehen wäre, wenn ich übertrainiert gewesen wäre. Einer der an der Podiumsdiskussion teilnehmenden Journalisten fragte mich, ob das Alter ein Nachteil oder sonstwie bedeutend für den Wahlkampf wäre. Ich nehme an, es war eine höfliche Art, auf mein Alter von dreiundsiebzig Jahren hinzuweisen, und die Frage spielte auf meine Schwierigkeiten bei der vorangegangenen Debatte an.

Meine Antwort kam mir ganz spontan. Ich hatte nie mit dieser Frage gerechnet, noch hatte ich mir im voraus eine Erwiderung ausgedacht. Ich sagte ganz einfach: »Ich habe nicht die Absicht, die Jugend und Unerfahrenheit meines Gegners politisch auszuschlachten.«

Die Menge tobte, und die Fernsehkameras fingen das Lachen Mondales ein. Ich bin fest davon überzeugt, daß ich auf diesen Satz nicht gekommen wäre, wenn ich mir das Hirn so vollgestopft hätte wie vor der ersten Diskussion. Wenn der Kopf so faktengesättigt ist wie vor einem Examen, ist das Hirn einfach nicht flexibel genug.

Journalisten haben zusammengerechnet, daß Mondale 22 harte persönliche Seitenhiebe bei der Diskussion in Kansas City auf mich abgab, von denen die meisten meine Führungsqualitäten in Frage stellten. Doch die Mehrheit der Menschen, die an diesem Abend die Diskussion verfolgten, erinnerten sich an diesen Satz besser als an alles andere, schrieb die Presse. Ich nehme an, daß sie meine Antwort davon überzeugt hat, daß ich nicht senil war. Nach meinen Schnitzern bei der ersten Veranstaltung halte ich es durchaus für möglich, daß mir diese 13 Worte in Kansas City die Wiederwahl gesichert haben, aber ganz sicher bin ich mir nicht. Doch der Zwischenfall überzeugte mich erneut davon, daß unvorhersehbare, sogar flüchtige Dinge viel verändern können.

Neben den Diskussionen sind mir aus dem Wahlkampf 1984 noch zwei andere Dinge besonders gut in Erinnerung: erstens die Begeisterung der Arbeiter – Wähler, die traditionell eher meinen früheren Gefährten von der Demokratischen Partei zuneigen –, auf die ich in diesem Sommer und Herbst überall im Land getroffen bin. Während Walter Mondale, Ted Kennedy und Tip O'Neill ständig darauf herumritten, ich sei »der Kandidat der Reichen«, brachten mir Arbeiterinnen und Arbeiter überall stürmische Zustimmung entgegen, wenn ich sie fragte, ob es ihnen ihrer Meinung nach jetzt besser ginge als vier Jahre zuvor. Das Land war im Aufwind, und sie waren die Nutznießer der wirtschaftlichen Wiederbelebung.

Aber noch etwas anderes werde ich stets im Gedächtnis behalten: Eine Welle der Zuneigung und Unterstützung von Hochschülern und Studenten, die ich nie erwartet hätte. Obwohl es in den Colleges und Universitäten, die ich besuchte, immer auch ein paar Zwischenrufer gab, so wurden sie für gewöhnlich von Studenten übertönt, die der Politik der vergangenen vier Jahre frenetischen Beifall spendeten. Und das war wirklich eine Überraschung für mich: Die Studenten der achtziger Jahre schienen sich sehr von jenen zu unterscheiden, mit denen ich es ein Jahrzehnt zuvor als Gouverneur zu tun gehabt hatte.

Zwei Tage nach der Diskussion in Kansas City, mitten auf einer hektischen Wahlkampfrundfahrt, die in der University of Oregon begann und mit einer großen Kundgebung auf dem Campus der Ohio State University endete, schrieb ich in das Tagebuch: »Die OSU-Studenten waren außer Rand und Band. Eine kleine Gruppe von Störern vergrößerte den Spaß nur noch. Inzwischen bin ich vom jungen Amerika so angetan, daß es mir fast den Hals zuschnürt. Zum Lunch gingen wir ins TKE-Haus, meiner Verbindung. Es waren die großartigsten vier Tage, an die ich mich erinnern kann.«

Als der Wahltag heranrückte, zeigten unsere Umfragen, daß ich nach der zweiten Debatte meine Führung vor Mondale beträchtlich ausgebaut hatte. Aber ich war noch immer nervös. Was ist, dachte ich, wenn meine Anhänger diese Umfrage lesen und zu der Meinung kommen, sie brauchten gar nicht mehr wählen zu gehen? Ich forderte meinen Stab auf, mich hart heranzunehmen und bis zum Wahltag so viele zusätzliche Auftritte wie möglich für mich einzuplanen.

Zwei Tage vor der Wahl, nachdem wir in Milwaukee aufgestanden und zu Kundgebungen in Minnesota, Missouri und Chicago geflogen waren, trafen wir für eine Kundgebung am nächsten Tag in Sacramento ein. Nancy und ich wurden in einer luxuriösen Suite im »Red Lion Inn« untergebracht, in der das Bett auf einer erhöhten Plattform stand. Gegen halb vier Uhr morgens stand Nancy auf, um sich eine zusätzliche Bettdecke zu holen, stolperte über die Plattform und zog sich eine eigroße Beule an der linken Kopfseite zu.

Am Morgen konnte sie kaum laufen, und ich machte mir große Sorgen um sie. Aber der Arzt, der sich ihre Verletzung ansah, meinte, das sei zwar sehr schmerzhaft, würde aber keine dauerhaften Schäden hinterlassen. Dennoch blieb ich besorgt, als ich meine Wahlkampfverpflichtungen aufnahm. An diesem Tag empfand ich einen Hauch von Nostalgie, als ich als Präsident zu einer riesigen Menschenmenge sprach, die sich vor dem State Capitol versammelt hatte – dem Ort, an dem ich zweimal als Gouverneur eingeschworen worden war.

Von dort aus flogen wir für ein paar abschließende Wahlkampfauftritte nach Südkalifornien und zu unserer traditionellen Wahlparty im Haus der Jorgensens, um dort das Urteil der Wähler zu erwarten. Nancys Prellung hatte noch immer nicht nachgelassen, aber sie fühlte sich inzwischen besser.

Während des Dinners wurde ich ans Telephon gerufen. Es war Walter Mondale, der seine Niederlage eingestand.

Am nächsten Tag flogen wir für drei Tage auf den Rancho del Cielo, ritten am Morgen, während ich nachmittags Äste von gefallenen Eichen schlug. Es war eine herrliche Zeit. Die Wahlergebnisse hatten mich in ein Hochgefühl versetzt: Wir hatten 49 Staaten und 59 Prozent der Wählerstimmen gewonnen, und ich betrachtete die Wahl als Zustimmung zu dem, was ich bereits getan hatte, und als Mandat für die Zukunft.

Zehn Wochen später verpflichtete ich mich an einem sehr kalten Tag in der Rundhalle des Capitol dazu, genau das zu tun. Wie es die Verfassung vorschreibt, hatten George Bush und ich unsere Amtseide am Sonntag, dem 20. Januar im Weißen Haus geleistet. Die offizielle Amtseinführung und die Parade waren für den folgenden Tag vorgesehen. Doch am Sonntagnachmittag erschien das Inaugurations-Komitee im Weißen Haus und riet mir, die Parade und die Zeremonie im Freien abzusagen, da der Wetterbericht eisige Winde und Temperaturen von zwanzig Grad minus oder mehr vorhersagte und Ärzte darauf hingewiesen hätten, daß Haut, die solchen Temperaturen ausgesetzt würde, innerhalb von 15 Sekunden erfrieren würde. Das konnten wir den Bandmitgliedern und anderen nicht zumuten, die für die Parade nach Washington gekommen waren, und so sagten wir sie ab. Am nächsten Tag legten George und ich gegen Mittag vor ungefähr tausend Menschen in der Rundhalle des Capitol zum zweitenmal unseren Amtseid ab.

Später, nach dem traditionellen Lunch zur Amtseinführung, betonte Tip O'Neill in einem privaten Gespräch, er sei sich sehr wohl bewußt, daß wir bei der Wahl 59 Prozent aller Stimmen erhalten hätten. Ich hoffte, daß das ein Signal dafür war, daß er sich bei der zweiten Runde ein bißchen kooperativer zeigte. Doch so war es dann nicht. Für ihn war es noch nicht sechs Uhr.

Mir taten all die Musiker leid, die aus fünfzig Staaten nach Washington gekommen waren, aber nun durch die Kälte an der Teilnahme an der Parade zur Amtseinführung gehindert wurden, daher flogen Nancy und ich am Nachmittag mit dem Hubschrauber zu einer großen Sporthalle in Maryland, in der sich Tausende verhinderter Paradeteilnehmer in ihren Uniformen versammelt hatten. Ich erhielt die Chance, ihnen zu danken, und sie erhielten die Chance, das zu Gehör zu bringen, was sie für die Parade geübt hatten. Es hat uns allen großen Spaß gemacht, und ich glaube, es hat ein wenig von ihrer Enttäuschung wettgemacht.

Am Abend fanden elf Inaugurationsbälle statt. Nancy und ich besuchten sie alle und tanzten auf jedem ein paar Schritte.

Am nächsten Tag, dem 22. Januar, stand wieder die Arbeit auf dem Programm. Auf dem Feld der Wirtschaft ging es mir in meiner zweiten Amtszeit vor allem darum, das Steuersystem des Bundes unkomplizierter und weniger belastend für jene Amerikaner zu machen, die in unserer Wirtschaft die eigentlichen Produzenten waren. Eine Steuerreform, dachte ich, würde nicht nur den ökonomischen Aufschwung beschleunigen, sondern unser gesamtes System der Besteuerung gerechter gestalten.

Nach fast zweijährigem Ringen mit dem Kongreß bekamen wir 1986 endlich die Steuerreform, die wir uns gewünscht hatten.

52

Eine Reihe von Ereignissen während meiner Präsidentschaft vermittelten mir eine große Befriedigung, aber am stolzesten bin ich wahrscheinlich hinsichtlich der Wirtschaft. 1981 war kein Problem des Landes ernster als die ökonomische Krise – nicht einmal die Notwendigkeit, unsere Streitkräfte zu modernisieren –, denn ohne eine Sanierung konnten wir es uns nicht leisten, die Dinge in Angriff zu nehmen, die nötig waren, um das Land erstarken zu lassen und die Gefahren eines Atomkrieges zu reduzieren. Noch konnte Amerika erneut Zutrauen zu sich gewinnen und seine Größe wiederfinden. Nichts davon war möglich, bevor wir die Wirtschaft sanierten.

Der ökonomische Aufschwung setzte im Oktober 1982 ein, ein Jahr nachdem die erste Phase der auf drei Jahre bemessenen Steuersenkung in Kraft getreten war. Als ich aus dem Amt schied, waren mehr als 18 Millionen neue Arbeitsplätze geschaffen, die größte Zunahme in einer vergleichbaren Zeit der Geschichte. Im gleichen Zeitraum erreichte die Zahl der Amerikaner, die in qualitativ guten Jobs angestellt waren, eine nie gekannte Höhe. Zu dem Zeitpunkt, an dem ich dies schreibe, befindet sich die wirtschaftliche Expansion in ihrem 92. Monat und ist immer noch stark.

Die 25prozentige Steuersenkung führte zusammen mit dem folgenden Steuerreformgesetz zu einem Wachstum in Amerika, das die Inflationsrate und die Arbeitslosenzahlen sinken ließ und der Regierung eine Vielfalt zusätzlicher Steuereinkünfte bescherte. In dem Bewußtsein, daß sie mehr aus ihrem Verdienst machen konnten, gingen die Menschen daran, mehr Geld zu erarbeiten. Dieses Geld setzten sie zum Kauf neuer Häuser, neuer Möbel, neuer Geräte, neuer Autos ein.

Sowohl die Körperschafts- als auch die privaten Steuern wurden vereinfacht und auf den niedrigsten Stand seit 1941 gebracht. Die Unternehmen begannen mehr in Anlagen und Gerät zu investieren und trugen so dazu bei, ihre Arbeiter wettbewerbsfähiger zu machen. Und anstatt Geld vor der Steuer zu retten oder in Steuerparadiese zu überweisen, steckten Privatleute und Unternehmer ihre Mittel in produktive Investitionen, bewirkten weiteres Wachstum und schufen neue Arbeitsplätze.

Wenn das Steuerreformgesetz von 1986 auch nicht die Vereinfachung brachte, auf die ich gehofft hatte, verringerte es doch die Zahl privater Steuerklassen von 14 auf drei und senkte den höchsten Steuersatz (der 1981 siebzig Prozent betragen hatte) für die meisten Amerikaner auf 28 Prozent, den niedrigsten Satz seit 1931.

In dem Wissen, daß sie nun siebzig Prozent ihres Einkommens behalten konnten, anstatt siebzig Prozent an die Regierung zahlen zu müssen, investierten die meisten wohlhabenden Amerikaner in neue Projekte und neue Ideen. Im Gegensatz zu den Unkenrufen einiger steuergieriger und ausgabenfreudiger Liberaler war die Steuerreform kein Glücksfall für die Reichen auf Kosten der Armen – es war genau umgekehrt.

Unter den neuen Gesetzen zahlten mehr als achtzig Prozent der Amerikaner den niedrigsten Satz – 15 Prozent – oder gar keine Steuern. Die Haushalte von vier Millionen Amerikanern mit niedrigen Einkommen waren von der Zahlung der Bundeseinkommensteuer befreit. Währenddessen stieg der Anteil der Einkommensteuer, der von den Spitzenverdienern gezahlt wurde, von 1981 bis 1987 um mehr als ein Drittel an – von 17,9 auf fast 25 Prozent. Im gleichen Zeitraum sank die Steuerlast der ärmeren Hälfte der amerikanischen Steuerzahler um fast 20 Prozent – von 7,4 Prozent am Gesamtaufkommen auf 6,1 Prozent. Mehr als achtzig Prozent der Einkommensteuereinkünfte seit 1981 wurden von Steuerzahlern mit Einkünften von mehr als 100 000 Dollar pro Jahr erbracht, während der von den weniger als 50 000 Dollar Verdienenden um Milliarden Dollar sank.

Im großen und ganzen waren die während der Expansion geschaffenen Arbeitsplätze *gute* Jobs. In mehr als der Hälfte von ihnen wurden Gehälter oder Löhne von mehr als 20 000 Dollar pro Jahr gezahlt, und ein großer Anteil von ihnen waren Beschäftigungen mit durchschnittlichen Einkommen von mehr als 27 000 Dollar. Die meisten der neuen guten Arbeitsplätze erhielten Frauen und Angehörige von Minderheiten. Während dieser sechs Jahre nahm das Durchschnittseinkommen der amerikanischen Familien um zwölf Prozent zu, während es im Jahrzehnt davor um 10,5 Prozent gesunken war. Das Bruttosozialprodukt der Nation (der Wert aller in den USA produzierten Waren und

Dienstleistungen, angepaßt an die Inflation) stieg um 27 Prozent, während die industrielle Produktion um 32 Prozent zunahm. Die amerikanischen Arbeiter wurden mit jeder Arbeitsstunde produktiver und machten ihre Arbeitgeber auf dem Weltmarkt konkurrenzfähiger.

Wir hatten uns die Verwaltungsbürokratie vom Hals geschafft und fingen an, die Wirtschaft den Menschen zurückzugeben, doch das halte ich mir nicht zugute: Es war das amerikanische Volk, das auf die Anstöße reagierte, die der freien Marktwirtschaft innewohnen. Ich sah bewundernd und respektvoll zu, wie es reagierte, sich auszeichnete und produzierte. Der Leistungsfähigkeit eines stolzen, freien Volkes sind keine Grenzen gesetzt.

Mit den Steuersenkungen von 1981 und dem Steuerreformgesetz von 1986 hatte ich sehr viel von dem erreicht, dessentwegen ich nach Washington gekommen war.

Doch auf der anderen Seite der Medaille, bei meinen Bemühungen, die Bundesausgaben zu kürzen und den Haushalt auszugleichen, war ich weniger erfolgreich, als ich gehofft hatte. Das war eine meiner größten Enttäuschungen als Präsident. Ich habe nicht alles halten können, was ich dem Volk versprochen hatte.

Ich hatte nie angenommen, daß wir die Ausgaben so schnell verringern konnten, um den Etat über Nacht auszugleichen. Ich hatte gewußt, daß das Zeit brauchen würde. Es gab zu viele Programme, auf die Menschen angewiesen waren. Man konnte ihnen allen nicht plötzlich den Teppich unter den Füßen fortziehen. Aber ich hatte die Absicht gehabt, mehr von der Verschwendung zu streichen, die sich in der Verwaltung angesammelt hatte wie schlaffes Muskelgewebe um die Taille eines alternden Mannes.

Ich war keineswegs so blauäugig nach Washington gekommen, daß ich angenommen hätte, es wäre ganz leicht. Auf Bundesstaatsebene hatte ich diese Schlacht schon einmal geschlagen und wußte daher, wie schwierig es war. Ich war in der Annahme nach Washington gekommen, daß es nicht leicht sein würde, aber zu schaffen sei.

Im Laufe der Zeit gelang es uns, eine Menge »Regierungsspeck« loszuwerden. Wir begrenzten die Bürokratie und verringerten die Zuwachsraten der Ausgaben, und darauf bin ich sehr stolz. Die maßgeblichen Kreise, die den Kongreß im Griff hatten, verhinderten jedoch, daß wir auch nur annähernd soviel von den Ausgaben kürzten, wie ich es erhofft hatte oder wie es für das Land nötig gewesen wäre.

Jahrelang hatte ich argumentiert, daß wir durch Steuersenkungen die Staatseinkünfte erhöhen würden, weil niedrigere Steuern das Wirtschaftswachstum stimulieren. Nun, in den ersten sechs Jahren nach den Steuersenkungen von 1981 konnte die Bundesregierung trotz niedrigerer Steuersätze eine Zunahme von 373 Milliarden Dollar an Steuereinkünften verbuchen – eine Summe, die viermal größer war als jene, mit der vor den Steuersenkungen – bei alten Sätzen – gerechnet worden war. Das war mehr als genug, um die Kosten in Höhe von 140 Milliarden Dollar für die Modernisierung unserer Streitkräfte bezahlen zu können. Im gleichen Zeitraum erhöhte der Kongreß jedoch die Ausgaben um 450 Milliarden Dollar. Und so ging die Chance verloren, das Defizit zu begrenzen.

Defizite werden, wie ich immer wieder betont habe, nicht durch zu niedrige Steuern verursacht, sondern durch zu hohe Ausgaben. Präsidenten schaffen keine Defizite, das macht der Kongreß. Präsidenten geben keinen Dollar vom Geld der Steuerzahler aus, das können nur die Kongreßabgeordneten. Und der Kongreß ist allen möglichen Einflüssen zugänglich, die mit einer guten Regierung nichts zu tun haben.

Präsidenten können einen Etatvorschlag machen, dafür werben, daß er angenommen wird, und ihr möglichstes versuchen, um sicherzustellen, daß ihnen unterstehende Regierungsbehörden das Geld nicht verschwenden, das vom Kongreß bewilligt wurde. Sie können ihr Veto gegen Gesetze einlegen, die vom Kongreß verabschiedet wurden. Aber in unserem System der Gewaltenteilung ist es der Kongreß, der über die Programme entscheidet, die von der Regierung finanziert werden, und wieviel Geld jedes von ihnen erhält.

Die Sozialbudgets der Regierung, etwa für Arbeitslosenunterstützung und Altersfürsorge – Mittel, die der Kongreß in vergangenen Jahren zur Verfügung gestellt hat und die so gut wie ausgegeben sind, bevor die Administration überhaupt eine Chance hat, ihren Haushalt zu skizzieren –, belaufen sich auf 48 Prozent der Bundesausgaben. Für viele Kongreßabgeordnete sind diese Gelder für immer tabu. Wenn ein Programm erst einmal ins Leben gerufen wurde, ist es praktisch unmöglich, es zu reduzieren oder zu stoppen. Jedes dieser Progamme – von denen die meisten während des ungeheuren Wachstums der Regierungsverwaltung in den sechziger und siebziger Jahren entstanden sind oder erweitert wurden – hat im Kongreß mächtige Fürsprecher, und die Bürokratie ist brennend an ihrer Erhaltung interessiert. Wie ich einmal in einer Rede sagte, hat die Tendenz der Regierung und ihrer Programme, ständig anzuwachsen und um sich zu greifen, die größte Ähnlichkeit mit dem ewigen Leben.

Präsidenten können versuchen, die Ausgaben durch ihre Überredungskünste einzuschränken, doch abgesehen von ihrer Möglichkeit, den Kongreßabgeordneten die Zähne zu zeigen und mit ihrem Anliegen in die Öffentlichkeit zu gehen, ist ihr Spielraum begrenzt. Im Laufe der Jahre hat die Mehrheit im Kongreß (in 55 der letzten 59 Jahre die Demokraten) ein ganzes Spektrum an Tricks entwickelt, die sich als höchst wirksam erweisen, die Anstrengungen der Exekutive im Hinblick auf Ausgabenverminderungen zu hintertreiben. Beispielsweise kommt es vor, daß der Kongreß eine wichtige Gesetzgebung vorbereitet, um dann mit ihr eine Geldzuwendung für das Lieblingsprojekt einer kleinen Interessengruppe zu verknüpfen – in dem Wissen, daß der Präsident gezwungen sein könnte, etwas zu akzeptieren, was ihm nicht behagt, um etwas zu retten, was ihm sehr wichtig ist.

Der Kongreß hat sogar die Möglichkeit, etwas so Grundsätzliches wie die Annahme eines Budgets der Bundesregierung zu verhindern, und macht das routinemäßig nahezu jedes Jahr. Jeder Etat, den ich dem Kongreß vorlegte, sah Ausgabenkürzungen vor. Wenn ich beispielsweise die Kürzungen durchbekommen hätte, die ich 1981 versprochen hatte, wäre das Gesamtdefizit zwischen 1982 und 1986 um 207 Milliarden Dollar niedriger ausgefallen. Doch es gelang mir nie, einen Etatvorschlag hundertprozentig bewilligt zu bekommen. Statt dessen gab es eine Reihe »Fortschreibungen«, die es der Regierung erlaubten, im Geschäft zu bleiben und weiterhin Geld ohne förmlichen Etat ausgeben zu können. Unterdessen machte der Kongreß in einer zynischen Verdrehung der Wahrheit das Weiße Haus für die Defizite verantwortlich und verteilte gleichzeitig über diese behelfsmäßigen Fortschreibungen für Spezialinteressen kostspielige Geldgeschenke. So wurde verhindert, daß bei Bemühungen um einen Abbau der Defizite irgendwelche Fortschritte erzielt wurden.

Wenn einer dieser Ausgabenbeschlüsse den Kongreß passierte, war er meistens ein dreißig Zentimeter dicker Wälzer von mindestens vierzehnhundert Seiten. (Einmal habe ich mir bei dem Versuch, eine dieser dickleibigen Etat-Vorlagen anzuheben, einen Finger verstaucht.) Ich bezweifle stark, daß auch nur ein Kongreßabgeordneter all diese vierzehnhundert Seiten wirklich gelesen hat. Und die Presse, die doch immer ein so wachsames Auge auf alles hat, was in Washington so vor sich geht, bohrt in diesen Fällen selten genug nach. Dabei sind in diesen Etat-Entwürfen Dinge enthalten, die den Steuerzahler Milliarden kosten.

Der Kongreß stellte buchstäblich jeden meiner Etatvorschläge ins Regal und schickte mir eine Fortschreibung. Wenn ich gegen sie mein Veto eingelegt hätte, wäre die Verwaltung nicht in der Lage gewesen, ein Gehalt auszuzahlen oder einen Sozialhilfescheck auszustellen. Dann wäre die gesamte Regierung zum Erliegen gekommen, und das Kind wäre mit dem Badewasser ausgeschüttet worden. Also hatten sie mich. Ich mußte die nächste Fortschreibung absegnen und kam so nie zu den Ergebnissen, um die wir im Hinblick auf die Ausgabenverminderung nachgesucht hatten, und ich war nie in der Lage, den Kongreß dazu zu bringen, den Haushalt auszugleichen.

Ich bin davon überzeugt, daß wir das Problem erst lösen können, wenn drei Voraussetzungen erfüllt sind: Wir brauchen eine größere Ausgabendisziplin im Kongreß. Wir brauchen einen Zusatzartikel zur Verfassung, der den Kongreß dazu verpflichtet, den Etat auszugleichen. Und wir müssen unseren Präsidenten ein Einspruchsrecht gegen einzelne Punkte einer Gesetzesvorlage einräumen.

Ich glaube, der erste Amerikaner, der einen Zusatzartikel zugunsten eines ausgeglichenen Bundeshaushalts gefordert hat, war der Begründer der Demokratischen Partei, Thomas Jefferson. Nach dem Ende des Verfassungskonvents, als die Verfassung angenommen, unterzeichnet und ratifiziert war, wies er auf eine eklatante Unterlassungssünde hin: Es gab keine Möglichkeit, die Regierung daran zu hindern, daß sie sich Geld lieh und in die roten Zahlen geriet. Daran hat sich bis heute nichts geändert: Es ist noch immer eine eklatante Unterlassungssünde in der Verfassung.

In den letzten 59 Jahren hat es nur achtmal einen ausgeglichenen Etat gegeben. In 51 Jahren wurden also Defizite verursacht, und wie ich bereits betont habe, hatten die Demokraten in 55 dieser 59 Jahre die Mehrheit im Repräsentantenhaus.

In jedem Jahr meiner Präsidentschaft verlangte ich vom Kongreß einen Zusatzartikel zur Verfassung, der einen ausgeglichenen Bundesetat bindend vorschreibt – was für einen gutgeführten Haushalt oder ein Unternehmen selbstverständlich ist. Aber der Kongreß (und ich räume ein, daß es zu beiden Seiten des Mittelgangs durchaus Opposition dagegen gab) war nicht bereit, eine solche Beschränkung seines verschwenderischen Gebarens mitzumachen. Es gab einige bedeutende Fortschritte: Die Ausgabenbeschränkungen, die dem Kongreß durch das Gramm-Rudman-Hollings-Gesetz auferlegt wurden, haben ein paar seiner Extravaganzen beschneiden können. Doch niemand unterschätze die Bereitwilligkeit von Kongreßabgeordneten, in ihrer Begeisterung zum Geldausgeben ihre eigenen Regeln und den Willen der Öffentlichkeit zu umgehen.

Ich gebe nicht alle Schuld dem Kongreß. Zum Teil ist das Problem auch in den politischen Realitäten begründet. Die Kandidatur für ein politisches Amt ist nun einmal sehr teuer. Hat er ihn endlich errungen, will kaum einer seinen Sitz im Kongreß wieder aufgeben, daher wendet er sich wegen der notwendigen Mittel für den Wahlkampf häufig an Lobbyisten zu, die besondere Aufmerksamkeiten von ihm verlangen. Nach der Wahl zahlt er die Gefälligkeiten dann zurück – mit dem Geld des Steuerzahlers.

Das ist einer der Gründe, weswegen ich glaube, daß Präsidenten ein Einspruchsrecht erhalten sollten. Als Gouverneur in Kalifornien hatte ich es, und die Gouverneure von 42 weiteren Staaten besitzen es ebenfalls. Wenn mir die Legislative ein Budget vorlegte, konnte ich zum Stift greifen, um einzelne Punkte der Ausgaben auf ein Maß zusammenzustreichen, das sich der Steuerzahler leisten konnte. Wurde mir eine gute Gesetzesvorlage übergeben, konnte ich ihr generell zustimmen, jedoch gegen gewisse Inhalte Einspruch erheben, die als Begünstigungen aus rein politischen Motiven gedacht waren. Die Gesetzgeber hatten zwar die Möglichkeit, sich über meine Entscheidungen hinwegzusetzen – aber keiner meiner 943 Einsprüche in Sacramento ist überstimmt worden, weil das Parlament die politischen Gunstbeweise nicht vor den kritischen Augen der Wähler verteidigen wollte, die sie im Interesse von Wahlkampfspendern und Sonderinteressengruppen durch die Ausschüsse geschleust hatten.

Solange unsere Präsidenten kein Einspruchsrecht gegen einzelne

Punkte einer Gesetzesvorlage besitzen, solange es keinen Verfassungszusatz gibt, der einen ausgeglichenen Haushalt fordert, wird sich das Land sehr wahrscheinlich immerwährenden Defiziten gegenübersehen, die von einem verschwenderischen Kongreß angehäuft worden sind, der entweder unfähig oder unwillig ist, die harten Entscheidungen zu treffen, die nötig sind, um die Ausgaben auf ein Maß zurückzuführen, das sich der Staat auch leisten kann.

Wenn ich auch enttäuscht war, nicht mehr bewirken zu können, machten wir im Hinblick auf das Regierungs- und Verwaltungswachstum Fortschritte. Trotz des Widerstands im Kongreß und trotz ständig steigender Bevölkerungszahlen nahm die Zahl der im öffentlichen Dienst der Bundesregierung Beschäftigten während meiner acht Jahre in Washington um rund fünf Prozent ab. In einigen Behörden wurde die Anzahl der Beschäftigten sogar um die Hälfte gekürzt, und während wir die Summe der Bundesangestellten allgemein verringerten, stieg die Beschäftigung von Angehörigen von Minderheiten um 27 Prozent sowie die der weiblichen Bundesangestellten um 34 Prozent.

Viele der Einsparungen wurden einfach dadurch möglich, daß wir den im öffentlichen Dienst Beschäftigten Möglichkeiten und Instrumente an die Hand gaben, um so effizient arbeiten zu können wie ihre vergleichbaren Kollegen in der freien Wirtschaft. 1982 bat ich J. Peter Grace, Geschäftsführer der W. R. Grace & Company und Demokrat, ein Gremium aus Wirtschaftsvertretern zusammenzustellen, um mit ihnen eine Bestandsaufnahme der Leistungsfähigkeit des öffentlichen Dienstes vorzunehmen und Vorschläge zu unterbreiten, auf welche Weise wir die Verschwendung reduzieren und die Regierung effizienter gestalten konnten. Die Grace-Kommission – auch unter der Bezeichnung Privatwirtschaftliche Untersuchung zur Kostenkontrolle bekannt – wurde nach dem Muster des Gremiums von Geschäftsleuten gebildet, das ich als Gouverneur eingesetzt hatte, um die Verwaltung von Kalifornien zu rationalisieren. Die Idee hatte in Sacramento funktioniert, warum sollte sie in Washington versagen?

Grace und seine Mannschaft fanden ein riesiges Betätigungsfeld vor. Nach seinen Worten ist die Bundesregierung der weltgrößte Energieproduzent, der weltgrößte Versicherungsgesellschafter, Kreditgeber, Gläubiger, Krankenhausverwalter, Landbesitzer, Mieter, Weidelandbesitzer, Nutzholzverkäufer, Getreideanbauer, Kaufhausbesitzer, Reeder und Fuhrunternehmer. Er setzte mehr als 2000 freiwillige Helfer aus der Geschäftswelt ein, um alle Aspekte bundeseigener Verwaltung zu überprüfen, und produzierte einen Bericht mit 2478 Empfehlungen, wie diese Dienstleistungen effizienter gestaltet werden konnten. Ich finde, sie sollten für jeden Pflichtlektüre sein, der sich für das Funktionieren des öffentlichen Dienstes interessiert.

Diese freiwilligen Prüfer entdeckten in der Regierungsverwaltung Verhaltensweisen, die in der Wirtschaft schon seit einer Generation zu den Akten gelegt worden waren. Die von ihnen gefundenen Beispielen für Verschwendung und Mißwirtschaft sind so zahlreich, daß sie ein ganzes Buch füllen könnten. Ich will hier nur ein paar dieser Punkte aufzählen:

- Es kostet die Veterans Administration zwischen 100 und 140 Dollar, einen Antrag auf ärztliche Leistungen zu bearbeiten (nicht zu bezahlen) – verglichen mit drei bis sechs Dollar bei privaten Versicherungsgesellschaften.
- Die Armee gibt durchschnittlich 4,20 Dollar an Bearbeitungskosten für die Ausstellung eines Soldschecks aus – verglichen mit durchschnittlich einem Dollar in der Privatwirtschaft.
- Obwohl die Bundesregierung ungefähr ein Viertel aller wirtschaftlichen Aktivitäten in den Vereinigten Staaten abwickelt, besaß sie kein zentrales Management für ihr Rechnungs- und Finanzwesen. Das führte zu Verschwendung, Ineffizienz und dem Problem, daß die linke Hand oft genug nicht wußte, was die rechte tat. Es gab 132 verschiedene Lohn- und Gehaltslisten-Systeme sowie 380 unterschiedliche und miteinander nicht kompatible Berechnungssysteme in den Bundesbehörden. Allein die Benutzung antiquierter Aus- und Einzahlungssysteme anstelle elektronischer Geldüberweisungstechniken kostete den Steuerzahler ungefähr 2,3 Milliarden Dollar pro Jahr.
- Von den 17000 der von Bundesbehörden verwendeten EDV-Geräten war die Hälfte so veraltet, daß sich ihre Herstellerfirmen weigerten, die Serviceleistungen zu erbringen. Das bürokratische Verfahren zur Anschaffung neuer Computer dauerte durchschnittlich zwei Jahre. Eine Zeitspanne, die weiterhin zur Überalterung beitrug.
- Trotz der 80000 Seiten umfassenden Beschaffungsvorschriften der Regierung sowie 20000 neuer pro Jahr waren Bundesbeschäftigte

buchstäblich nicht motiviert, bei den Geräten, die sie für die Regierung anschafften, die Kosten so niedrig wie möglich zu halten oder nach Wegen zu suchen, ihre Aufgaben für die Verwaltung auf weniger kostspielige Art zu erfüllen. Der Antrieb, möglichst effizient und kostengünstig zu arbeiten, der in jedem gutgeführten Privatunternehmen anzutreffen ist, existierte im öffentlichen Dienst praktisch nicht.

- Obwohl die Gehälter in vielen Bereichen des öffentlichen Dienstes mindestens ebenso hoch waren wie die von Amerikanern in vergleichbaren privatwirtschaftlichen Positionen, war der Wert ihrer Nebenleistungen um siebzig Prozent höher als in der freien Wirtschaft.
- Betrug und Verschwendung innerhalb der Sozial- und Unterstützungsprogramme der Regierung waren notorisch und beliefen sich allein bei den Lebensmittel-Bezugsscheinen des Bundes auf mindestens eine Milliarde Dollar im Jahr – eine Summe, die der Einkommensteuer entspricht, die von 450 857 Familien mit mittlerem Einkommen gezahlt wurde. Man fand auch heraus, daß die Sozialbehörde in den Jahren 1980 bis 1982 Zahlungen in Höhe von 14,6 Milliarden Dollar irrtümlich geleistet hatte.

Von den 2478 Empfehlungen der Grace-Kommission konnten wir fast achthundert in die Tat umsetzen, was dem Steuerzahler eine zweistellige Milliardensumme einsparte und das Defizit davor bewahrte, noch weiter auszuufern, als es ohnehin schon der Fall war. Aufgrund dieser Empfehlungen und der anderen Beraterausschüsse schafften wir beispielsweise 75 bundeseigene Druckereien ab, die wir nicht brauchten (und strichen die Hälfte der Bundespublikationen einschließlich so epochaler Werke wie »Wie kaufe ich Eier?«). Allein durch die Einführung moderner Buchungs- und Auszahlungssysteme in einigen Behörden zur Bewältigung des jährlichen Zahlungsverkehrs in Höhe von zwei Billionen Dollar erzielten wir für den Steuerzahler Milliarden Dollar an Zinseinkünften für Regierungsgelder. Die Anzahl der von der Regierung verwendeten Gehaltslistensysteme wurde von 132 auf weniger als fünfzig gesenkt und die Zahl der Berechnungsverfahren von 380 auf weniger als 250 verringert. Und während der Umfang der Bundesbürokratie reduziert wurde, beschränkte die Anwendung moderner und rationeller Verfahren den Zeitaufwand für die Ausstellung eines Sozialhilfeausweises von 49 auf zehn Tage, die Wartezeit auf einen Paß von 43 auf zehn Tage und die auf eine Exportlizenz von 75 auf

17 Tage. Der Anteil der Bundesaufträge, die im Ausschreibungsverfahren vergeben wurden, stieg von 40 auf 58 Prozent. Die Flut neuer Bestimmungen, die täglich im *Federal Register* veröffentlicht wurden, wurde um 43 Prozent oder durchschnittlich 149 Seiten pro Tag gesenkt. Insgesamt nahmen die von der Regierung erlassenen Bestimmungen um 41 Prozent ab, verglichen mit der Zahl der Erlasse unter der vorangegangenen Administration.

Wir wollten alle Empfehlungen der Grace-Kommission sowie die anderer Beraterteams in die Tat umsetzen, die ich damit beauftragt hatte, den Amerikanern eine Abrechnung für ihre Steuerzahlungen vorzulegen, aber viele der Vorschläge hätten für ihre Realisierung parlamentarischer Zustimmung bedurft, und die vielfältigen Gruppen, die den Kongreß im Griff hatten, vereitelten, daß wir das bekamen, was wir uns gewünscht hatten. Trotz dieses Widerstandes und meiner Enttäuschung, nicht mehr erreichen zu können, erzielten wir Erfolge, auf die ich stolz bin: 1980 stiegen die Bundesausgaben jährlich um 14 Prozent, 1987 war diese Zuwachsrate auf ein Prozent herunter. Wenn man die Inflation in Rechnung zog, dann gab es bei den Ausgaben in diesem Jahr eine Nettoabnahme, die erste seit 1973.

Ich hoffe, die Geschichte wird die achtziger Jahre nicht nur als Periode wirtschaftlicher Erholung und als eine Zeit betrachten, in der wir das Wachstum der Regierungsverwaltung begrenzten, sondern auch als eine Phase grundlegender Veränderungen in unserer Wirtschaft und eines Wiedererwachens der amerikanischen Gesinnung der Großzügigkeit, die eine beispiellose Welle guter Taten auslöste. Als ich in Dixon aufwuchs, wurde mir schon in einem relativ jungen Alter bewußt, daß für die Lösung eines Problems innerhalb einer Gemeinschaft niemand besser geeignet ist als der »Normalbürger«. Wenn meine Mutter einer Familie Essen brachte, die von ihrem Glück verlassen worden war, wenn mein Dad auf der Suche nach Verdienstmöglichkeiten für einen Arbeitslosen die Gegend durchstreifte oder eine Gruppe Nachbarn die Scheune eines Farmers wiederaufbaute, die er durch einen Brand verloren hatte – immer wieder wurde ich Zeuge, daß die tätige Hilfe der Mitmenschen ein weit effektiveres Mittel bei der Lösung von Schwierigkeiten in einer Gemeinschaft ist als jedes Hilfsprogramm der Regierung. In diesem Wissen rief ich das »White House Office of Private Sector Initiatives«, das Büro des Weißen Hauses für Privatinitiativen, ins Leben. Unter der Leitung von Fred Ryan, einem Anwalt aus Los Angeles, war es seine Aufgabe, den großartigen amerikanischen Geist der Nachbarschaftshilfe neu zu beleben. Auf seine Anregung hin nahmen zahllose Amerikaner an freiwilligen Hilfsprogrammen teil, und die privaten gemeinnützigen Spenden stiegen von 1980 bis 1988 um mehr als das Doppelte. Das Gesamtspendenaufkommen betrug 103,87 Milliarden Dollar im Jahr 1988, verglichen mit 48,73 Milliarden im Jahr 1980. Das war eine Zunahme um 113,2 Prozent.

Die Wirtschaftskrise zu Beginn der achtziger Jahre war eine harte Zeit für viele Amerikaner. Ich unterschätze keinen Moment lang das Leid, das sie erlitten, als wir gemeinsam darum kämpften, die Nation aus ihrer größten ökonomischen Krise seit einem halben Jahrhundert zu holen. Für diejenigen, die ihre Farmen oder Betriebe verloren, die ihre Arbeitsplätze in der Rezession untergehen sahen, war das Leben so trostlos, wie es für jene Amerikaner gewesen ist, die von den wirtschaftlichen Umwälzungen der Depression betroffen waren. Viele dieser Menschen nahmen sich die Zeit, an mich zu schreiben. Manche drückten Verbitterung, andere ihre Sympathie und Unterstützung für mich aus. Und an diesen Briefen war etwas, das ich sehr interessant fand: Trotz der großen Härten und des Leids, die sie erlebten, äußerten viele Amerikaner ihren Optimismus und ihr Vertrauen in die Zukunft. Sie waren der Ansicht, daß wir zwar schwierige Zeiten erlebten, daß die aber vergehen würden. Eine 27jährige Mutter von drei Kindern schrieb mir aus einer kleinen Stadt in Oregon, daß ihr Mann, ein Bauarbeiter, seit mehr als einem Jahr ohne Arbeit war, daß ihnen das Auto genommen worden war und sie zu den Großeltern hätten ziehen müssen, da sie ihre Miete nicht mehr bezahlen konnten. »Als wir dachten, nun sei alles aus«, schrieb sie, »brachten uns meine Großeltern die Fähigkeiten zum Überleben bei, die sie während der Depression gelernt hatten. Wir lernten die Kunst des Nähens und Quilt-Anfertigens und erfuhren die Freuden langer Winterabende, an denen die alten familiären Wurzeln wiederentdeckt wurden, in denen man einander wieder näherrückte. Vor allem aber lernten wir die alten Werte des Sichbescheidens und der Unabhängigkeit, die dieses Land so groß gemacht haben.« Trotz der Schwierigkeiten, die ihre Familie erlebt hätte, betonte sie, wünsche sie mir Erfolg bei unserem Wirtschaftsprogramm und den Bemühungen, die Regierungsausgaben zu kürzen, selbst wenn das zu weiteren Härten führen würde. »Ich glaube«, schrieb sie, »es ist an der Zeit, von unserem hohen Roß herunterzukommen und wieder zu beginnen, stolz und unabhängig zu leben, unseren Möglichkeiten entsprechend zu leben. Es ist Zeit, daß wir uns fragen: Was kostet das? und nicht: Wie hoch ist die Beihilfe?«

So schwierig es auch war, glaube ich doch, daß die Periode wirtschaftlicher Probleme, die in den Carter-Jahren begann und sich fortsetzte, bis das Wirtschaftsgesundungsprogramm griff, uns sehr viel über uns und unser Land gelehrt hat. Und letzten Endes ist Amerika stärker denn je aus allem hervorgegangen. Nehmen wir zum Beispiel die amerikanische Landwirtschaft. Jahrzehntelang ist sie eines der Weltwunder gewesen. Während der meisten Nachkriegsjahre produzierten quasi eine Handvoll Männer und Frauen ausreichend Nahrung, nicht nur für sich selbst, sondern für die gesamte Nation und viele Teile der Welt. In dieser Zeit wurde die Landwirtschaft aber auch zu abhängig von Zuwendungen und künstlichen Preisgarantien.

Es war der Vorschlag von Franklin D. Roosevelt, Farmer dafür zu bezahlen, daß sie ihr Land nicht bebauten. Das war eine Notmaßnahme in den schlimmsten Zeiten der Depression. Aber, sagte er 1933, die Unterstützungen dürften nur vorübergehend gezahlt werden. Es wäre falsch, wenn die Regierung Landwirte dafür bezahlte, daß sie nichts produzierten und ihr Land brachliegen ließen.

Nichtsdestotrotz wurden die Subventionen für die Landwirtschaft im Laufe der Jahrzehnte ein ebenso fester Bestandteil der Washingtoner Regierung wie andere Hilfsprogramme, vor allem wegen des Einflusses von Staatsfarmen und agrarischen Absatzorganisationen auf den Kongreß. Unsere Regierung zahlte den Farmern Milliarden Dollar dafür, daß sie (manchmal unter Anwendung künstlicher Bewässerung, die ebenfalls hoch subventioniert wurde) Produkte anbaute, die bereits im Überfluß vorhanden waren. Und dann zahlte sie erneut, damit diese Produkte nicht mehr angebaut wurden, und gab Millionen aus, um den Überschuß zu lagern, den sie mit ihren Unterstützungen geschaffen hatte. Unsere Farmer fanden heraus, daß sie statt Getreide Geld aus der Bundesbrieftasche ernten konnten – das heißt, Geld aus unser aller Brieftaschen. Im Grunde kann man ihnen keine Schuld geben. Das Geld war dazu da, daß sie sich bedienten.

Unsere Farmer hatten schon immer mit den Launen der Natur zu kämpfen – mit Überschwemmungen, Dürrekatastrophen und Tornados. Aber Ende der siebziger und Anfang der achtziger Jahre gerieten sie in die zusätzliche Tretmühle von Problemen, die von Menschen verursacht worden waren: rapide Inflation, hohe Zinsen, Preisverfall im Zusammenhang mit dem Getreide-Embargo gegen die Sowjetunion und dann eine rapide Deflation. Für viele wurde diese Tretmühle ein Weg in die Katastrophe.

Immobilienpreise und die Kosten für vielerlei Dienstleistungen stiegen ins Unermeßliche in den Jahren rapider Inflation, die 1981 endlich abzuflauen begann. In dieser Zeit nahmen Farmer Darlehen in Höhe von Milliarden Dollar auf und setzten den überhöhten Wert ihres Landbesitzes als Sicherheit ein. Dabei übernahmen sich viele in der Annahme, sie könnten diese hohen Kredite mit ebenfalls überbewerteten Dollars zurückzahlen. Aber als die Inflation abflaute, sank auch der Wert ihres Grundbesitzes und in manchen Fällen die Preise, die sie für ihre Produkte erzielten. Aber sie hatten noch immer zweistellige Zinsen zu zahlen, während die Banken nach und nach begannen, ihre Gelder mit dem Argument zurückzufordern, das Land sei inzwischen weniger wert, als die Farmer ursprünglich angegeben hatten.

Und mittlerweile hatten die amerikanischen Farmer neue Konkurrenz. Einst waren sie Hahn im Korbe und konnten sich darauf berufen, einen großen Teil dieser Welt zu ernähren. Aber in den sechziger und siebziger Jahren bauten andere Staaten – oft mit Hilfe einiger unserer besten Farmer und Agronomen – Agrarstrukturen aus, die sie nicht nur in die Lage versetzten, ihre Bevölkerung zu ernähren, sondern auch exportieren zu können. Vielen Ländern, darunter auch einigen unserer Verbündeten, genügte es nicht, den freien Markt über die Preise entscheiden zu lassen. Sie veranlaßten durch Subventionen ihre Landwirtschaft zur Überproduktion, überfluteten die Märkte und ließen die Preise für amerikanische Agrarprodukte in den Keller fallen.

Neben der zunehmenden Konkurrenz aus dem Ausland, Dürrezeiten und Naturkatastrophen zu Hause führten die erdrückenden Schulden dazu, daß Anfang und Mitte der achtziger Jahre Zehntausende von Farmern ihren Besitz verloren. Und vor allem litten jene Farmer am meisten, die durch Subventionen zu Überproduktionen verleitet worden waren.

Etwa die Hälfte der amerikanischen Farmer – beispielsweise Obst- und Gemüsebauern – arbeiten grundsätzlich ohne Subventionen. Obwohl auch sie wie alle in der Landwirtschaft Tätigen den Launen der Natur unterworfen sind, werden ihre Einkünfte doch größtenteils durch ihre individuellen Entscheidungen bestimmt. Orientiert an den Marktbedingungen, müssen sie bestimmen, wieviel von ihrem Land sie bestellen und was sie darauf anbauen. Viele, wenn nicht gar die meisten dieser Farmen konnten in den Jahren ökonomischer Härten, in denen der Rest der amerikanischen Landwirtschaft großen Problemen ausgesetzt war, durchaus prosperieren.

Während der Landwirtschaftskrise Mitte der achtziger Jahre stellten wir den Farmern mehr Milliarden Dollar zur Verfügung als jede Administration vor uns. Ich war offen gestanden nicht gerade begeistert, soviel vom Geld der Steuerzahler fortzugeben – besonders, da wir uns angestrengt bemühten, unsere Defizite zu reduzieren. Aber die Farmer befanden sich in einer echten Notlage. Und da die Regierung für viele ihrer Schwierigkeiten verantwortlich war, hielt ich es für unsere Pflicht, erst einmal den Opfern unter die Arme zu greifen, um dann dafür zu sorgen, daß die Landwirtschaft auf den freien Markt zurückkehrte.

Wir erzielten auch einige Erfolge bei der Lösung der agrarischen Probleme. Aufgrund eines 1985 von mir unterzeichneten Gesetzes reduzierte der Kongreß die bislang subventionierten Produktionsflächen, senkte die Stützungsgelder pro Bushel und gab andere Anstöße dazu, die Abhängigkeit der Farmer von Subventionen zu verringern. Mit anderen wirtschaftlichen Verbesserungen – gesunkene Arbeitslosigkeit, abgeflaute Inflation und niedrigere Zinsen – trug das neue Gesetz dazu bei, in der amerikanischen Landwirtschaft eine historische Wende einzuleiten. Ein Jahr nach seiner Verabschiedung stiegen bereits Gewinne und Exporte, während die Subventionen der Bundesregierung sanken.

Zwischen 1986 und 1989 wurden die Subventionen von mehr als 25 Milliarden Dollar jährlich auf weniger als zehn Milliarden reduziert. Ich wünschte, ich hätte die Farmsubventionierungen insgesamt streichen können, denn ich bin noch immer davon überzeugt, daß ein uneingeschränkter freier Wettbewerb das Allheilmittel ist, aber – wie ich in Washington lernte – bekommt man nur selten, was man sich wünscht, und ich gebe mich mit den Erfolgen zufrieden, die wir erzielen konnten.

Es gab während der langanhaltenden Rezession jedoch noch weitere Probleme in Amerika: In den smaragdgrünen Wäldern des pazifischen Nordwestens erlebten Holzfäller und Sägemühlenarbeiter, daß Tausende von Arbeitsplätzen vernichtet wurden, da die hohen Zinsen den Eigenheimbau verhinderten. Und in unzähligen Städten des Südens mußten Textilfabriken ihre Tore schließen, die oft genug der einzige bedeutende Arbeitgeber am Ort waren, und Tausende von Arbeitern wegen sinkender Nachfrage und neuer Konkurrenz aus dem Ausland beurlauben. Von den Industriestaaten des Nordostens bis hin zu den Bergbaustädten im Westen: Überall verringerte sich die Zahl der Arbeitsplätze.

Es war in der Tat eine sehr schwere Zeit für viele Amerikaner. Doch manchmal bergen, wie meine Mutter gesagt hatte, Schwierigkeiten den Keim zum Besseren in sich. Es waren harte Jahre, aber ihre Probleme zwangen die amerikanische Industrie auch dazu, sich einer Selbstprüfung zu unterziehen, um danach rationeller, leistungsfähiger und konkurrenzfähig zu werden. Und durch die neuen Steuergesetze boten sich Unternehmern neue Anreize, in die Zukunft zu investieren und ihre Arbeitsplätze produktiver zu gestalten.

Ich erinnere mich, daß ich eine große Sägemühle im Staat Washington besucht habe, die wie viele andere in der Region wegen des Rückgangs im Holzverkauf gezwungen gewesen war, fast die Hälfte ihrer Arbeiter vorübergehend zu entlassen. Doch zum Zeitpunkt meines Besuches hatten die Steuersenkungen und niedrigeren Zinsen bereits wieder einen Anstieg beim Immobilien- und Eigenheimverkauf bewirkt. Auch der Sägemühle ging es besser. Sie hatte viele der vorübergehend entlassenen Arbeitskräfte wieder eingestellt, doch inzwischen produzierte ein Arbeiter 25 Prozent mehr Fertigholz als vor der Rezession – dank der Rationalisierungen, die sich die Geschäftsleitung in der harten Zeit hatte einfallen lassen.

Ein weiteres Beispiel für die Flexibilität der amerikanischen Industrie sah ich in einer Motorradfabrik in York, Pennsylvania.

Früher einmal hatten Dutzende von amerikanischen Unternehmen Motorräder produziert, doch inzwischen war davon nur noch eine übrig – die Harley Davidson Company. Bis Mitte der achtziger Jahre war selbst deren Zukunft vor allem durch die zunehmende Konkurrenz billigerer Motorräder aus Japan gefährdet. Um den letzten amerikanischen Motorradhersteller zu erhalten, hatten wir vorübergehend Sonderzölle für den Import japanischer Motorräder eingeführt, um sie auf dem amerikanischen Markt teurer zu machen. Doch als ich die Harley-Davidson-Fabrik im Frühjahr 1987 besuchte, sagten mir die Geschäftsführer, daß ich diese Zölle ein Jahr früher als vorgesehen aufheben könne, da sie einen beträchtlichen Aufschwung genommen hätten und keiner Protektion mehr bedürften.

Ich hatte schon gehört, daß die amerikanische Industrie lernte, sich gegen die Konkurrenz zu behaupten, aber bei Harley Davidson erlebte ich – wie später überall im Land – zum ersten Mal aus erster Hand, was da vor sich ging. Und das war eine aufregende Erfahrung. Ich war schon immer davon überzeugt gewesen, daß die überwältigende Mehrheit der amerikanischen Arbeiter, an welchem Platz sie auch immer tätig sind, einen Stolz in sich haben, der sie dazu bringt, sich auszuzeichnen, und daß wir, wenn dieser Fundus an Stolz und Kraft motiviert wird, bei allem, was wir anfangen, unschlagbar sind.

Wir sind kein faules Volk, wir sind ein innovatives, pragmatisches, fleißiges Volk. Das haben wir in mehr als zwei Jahrhunderten immer wieder bewiesen. In der Harley-Davidson-Fabrik erfuhr ich, daß sich Direktoren und Fließbandarbeiter zusammengesetzt hatten, um nach einem Weg zu suchen, wie sie der japanischen Konkurrenz begegnen konnten. Fabrikarbeiter und ihre Bosse kamen an einem Tisch zusammen und redeten über ihre Arbeit. Sie diskutierten darüber, wie die Werkstoffe eingekauft und behandelt wurden, wie die Teile auf dem Fließband verarbeitet wurden. Die Arbeiter entwickelten Ideen und Vorstellungen, wie ihre Arbeitsplätze effizienter gestaltet, wie die Qualität des von ihnen hergestellten Produktes erhöht werden konnte. Daß die Arbeiter an den Produktionsentscheidungen beteiligt wurden, führte dazu, daß der gesamte Herstellungsprozeß drastisch verändert und das Unternehmen leistungsfähiger wurde. Darüber hinaus bot die Fabrik inzwischen eine ganze Palette Motorräder an, wo sie früher nur ein einziges Modell produziert hatte. Auch das trug dazu bei, besser mit der japanischen Konkurrenz mithalten zu können.

Die Arbeiter von Harley Davidson erklärten mir, daß sie es inzwischen mit jedem Konkurrenten auf dem Weltmarkt aufnehmen könnten. Was für ein Unterschied zwischen diesen Fabrikarbeitern, dachte ich, und denen unter dem Kommunismus, die keine Wahl des Arbeitsplatzes besaßen, denen befohlen wurde, wo sie zu produzieren hatten, und die deshalb keinerlei Anreiz verspürten, ein ordentliches Produkt herzustellen oder sich auf andere Weise auszuzeichnen. Die Männer und Frauen am Harley-Davidson-Fließband zeigten einen leidenschaftlichen Berufsstolz, der erhebend und ansteckend war.

»Das ist keine Fabrik«, sagte ich nach meinem Besuch im Gespräch. »Das ist eine Glaubensüberzeugung.«

Motorradfabrik und Sägemühle waren nur Beispiele für die stille Revolution, die überall im Land ausgebrochen war.

Wenige Branchen beklagten sich bei mir oder beim Kongreß so sehr wie unsere Textilindustrie, die restriktive Handelsschranken gegen die scharfe Konkurrenz aus dem Ausland forderte. Wir weigerten uns, derartige Konzessionen zu machen. Daraufhin leitete die amerikanische Textilindustrie das erste umfassende Modernisierungsprogramm seit Jahrzehnten ein: Unternehmer schlossen veraltete Produktionsstätten, errichteten dafür leistungsfähigere und installierten computergesteuerte Anlagen zum Spinnen und Weben sowie andere Maschinen im Wert von Millionen Dollar, die die Herstellungskosten drastisch senkten und die Produktivität jedes Arbeitsplatzes durchschnittlich um mehr als 25 Prozent steigerten. Während die Nachfrage nach ungelernten Arbeitskräften in der Textilindustrie abnahm, gab es einen Anstieg bei den besserbezahlten Jobs für Arbeiter, denen anspruchsvollere, interessantere, produktivere und verantwortungsvollere Tätigkeiten gegeben wurden.

Auf unterschiedliche Weise machte ein großer Teil der amerikanischen Industrie eine ähnliche Veränderung durch. Angesichts neuer Konkurrenz und als Reaktion auf die Kräfte des freien Marktes gingen unsere Unternehmen ans Werk, stellten bessere Produkte her und wurden im Fertigungsprozeß leistungsfähiger: Zwischen 1982 und 1987 nahm die Produktivität der amerikanischen Industrie pro Jahr um mehr als 4,2 Prozent zu – um mehr als das Anderthalbfache der durchschnittlichen Zunahme in den Nachkriegsjahren –, während die Produktivität des einzelnen Arbeiters um 1,8 Prozent im Jahr zunahm oder um das Doppelte der Steigerung in den siebziger Jahren.

Mißgeschicke machten uns widerstandsfähiger. Neue Konkurrenz ließ uns härter arbeiten.

Auch das rechne ich mir nicht als Verdienst an. Das war ein Verdienst des amerikanischen Volkes. Und es waren nicht nur die Industriearbeiter und Fabrikdirektoren, die den Aufschwung in Amerika bewirkten. Sehr viel von unserem Wachstum in den achtziger Jahren kam nicht von den Giganten der amerikanischen Industrie, sondern von kleineren, innovativen Unternehmen, die mit neuen Produkten neue Märkte erschlossen. Der größte Teil der Millionen neuer Arbeitsplätze, die während der wirtschaftlichen Expansion entstanden, wurden von kleineren Unternehmern geschaffen, von unabhängigen Geschäftsleuten, die einen der ältesten amerikanischen Träume verwirklichen wollten.

Als ich Präsident war, habe ich viele von ihnen kennengelernt. Und wenn es je eines Beweises bedurfte, warum der Kommunismus scheiterte und der Kapitalismus triumphierte, dann zeigte er sich auf den Gesichtern dieser Menschen. Sie waren die Menschen, die den Kapitalismus personifizierten. Immer wieder hörte ich davon, daß jemand mit einer Idee zur Bank ging, Geld aufnahm, hart arbeitete und dann die freudige Genugtuung hatte, ein Unternehmen aufblühen zu sehen. Es waren ganz gewöhnliche Amerikaner, die eine Idee oder einen Traum hatten oder das Verlangen nach wirtschaftlicher Unabhängigkeit, und die sich darangemacht hatten, das auch zu verwirklichen. Sie hatten Risiken auf sich genommen, gearbeitet und ihr Ziel erreicht. Nicht alle waren erfolgreich, aber Amerika hat jedem von ihnen die Chance gegeben, seinen Traum zu realisieren.

Unter anderem lernte ich eine junge Frau kennen, die nach ihrem College-Abschluß Pianistin werden wollte. Doch dann bekam sie Arthritis und konnte nicht mehr spielen. Also fragte sie sich, was sie nun aus ihrem Leben machen sollte. Eine ihrer Tanten sagte: »Du hast doch immer so wunderbare Brownies gebacken. Warum machst du nicht ein paar und verkaufst sie an das Lebensmittelgeschäft in deiner Nachbarschaft? Dann hättest du wenigstens ein bißchen Geld zur Verfügung, bis du dir endgültig darüber klargeworden bist, was du anfangen möchtest.« Nun, sie begann, und es dauerte gar nicht lange, bis sie Brownies im Wert von mehr als einer Million Dollar im Jahr herstellte und 35 Angestellte hatte.

Andere Amerikaner, die ich kennenlernte oder mit denen ich korrespondierte, verfolgten andere einmalige Träume: Ein Team aus Vater und Sohn machte aus mexikanischen Familienrezepten ein florierendes Unternehmen für Tiefkühlkost mit einem Jahresumsatz von zehn Millionen Dollar. In einer kleinen Stadt in Illinois verloren Dutzende von Einwohnern ihre Jobs, als dort eine Fabrik geschlossen wurde. Sie setzten sich zusammen und schafften es, durch Initiative, ihre Arbeit und mit ein bißchen Kapital von jemandem, der Vertrauen in sie setzte, einen florierenden Metallverarbeitungsbetrieb auf die Beine zu stellen. Und sie sind nur ein paar der unbekannten Helden, die den Aufschwung unserer Wirtschaft bewirkten.

Wie ich schon oft betont habe, schaffen Regierungen kein Wirtschaftswachstum, das tun die Menschen. Aber die Regierung kann die Menschen dazu ermutigen, ihren Fundus an Findigkeit anzuzapfen und ihren Unternehmergeist einzusetzen, um sich dann jedoch herauszuhalten.

Die Steuersenkungen und das Steuerreformgesetz erlaubten es den Menschen, Geld zu sparen und neue Unternehmungen zu gründen. Und als die Steuergesetze zu wirken begannen, taten das Tausende von Amerikanern. Damit trugen sie nicht nur zum eigenen Wohlstand bei, sondern auch zum Nationaleinkommen und halfen mit, die Welle der Prosperität durch das Land zu schicken.

Die Tatsache, daß der Regierung die Befugnisse zur Einmischung beschnitten worden waren, erwies sich ebenfalls als hilfreich. Wenn es mir auch nicht gelang, die bürokratischen Reglementierungen in dem Maß zu beseitigen, wie ich es mir gewünscht hatte, schafften wir es doch, die Eingriffe in die Wirtschaft zu verringern und mehr Geld für Investitionen in die Zukunft verfügbar zu machen.

53

Ich war der Neue in der Klasse, als ich im Sommer 1981 zu meinem ersten Wirtschaftsgipfel nach Ottawa flog, der jährlichen Konferenz der Regierungschefs von sieben Industriestaaten, die reihum in diesen Ländern stattfindet. Vor meiner Abreise sagten mir meine »Sherpas« – so werden die Fachleute und Assistenten genannt, die Präsidenten auf internationale Gipfeltreffen vorbereiten –, daß die Vereinigten Staaten

Staaten wegen ihrer hohen Zinsen in Ottawa unter Beschuß geraten könnten, die einige der Teilnehmerländer für ihre eigenen ökonomischen Schwierigkeiten verantwortlich machten. Margaret Thatcher aus Großbritannien, Pierre Trudeau aus Kanada, Zenko Suzuki aus Japan, Helmut Schmidt aus Westdeutschland, François Mitterrand aus Frankreich, Giovanni Spadolini aus Italien und ich hatten einen offenen Gedankenaustausch über den Zustand der Weltwirtschaft, und niemand von uns zeigte sich besonders begeistert über die Situation. Schmidt, ein Sozialist, war besonders düsterer Stimmung. Als Mitterrand seine Ansicht äußerte, unsere Zinssätze trügen zu den Weltproblemen bei, da sie Kapital aus anderen Ländern abzogen, fand er damit keine Unterstützung in der Runde. Jedermann wußte, daß ich neu im Amt war, und als ich das wirtschaftliche Sanierungsprogramm erläuterte, das ich durch den Kongreß bringen wollte, wünschten sie mir Glück. Ich vermute allerdings, daß etliche unter ihnen von meinen recht radikalen Vorstellungen von Steuersenkungen und einer Reduzierung der Regierungsbefugnisse auf wirtschaftlichem Gebiet nicht allzuviel hielten.

Zwei Jahre später versammelte sich der Wirtschaftsgipfel in der atemberaubend schönen Kulisse von Williamsburg, Virginia, gerade zu dem Zeitpunkt, als die ökonomische Wende in den Vereinigten Staaten eingesetzt hatte und Fahrt aufzunehmen begann. Als Gastgeber war ich Vorsitzender der Runde und ziemlich nervös. Am Abend des ersten Tages setzten wir uns zum Dinner, und alle schwiegen, bis einer – ich glaube, es war Helmut Kohl, der Schmidt im Amt des deutschen Bundeskanzlers gefolgt war – das Wort ergriff: »Berichten Sie uns doch von dem amerikanischen Wunder.«

Er wollte wissen, wie es uns gelungen war, sowohl die Inflation als auch die Arbeitslosigkeit in den Griff zu bekommen, während sich die anderen Industrieländer noch immer in einer Rezession befanden.

Ich sah in den Halbkreis der Gesichter und begann eine Variation der Rede, die ich nun schon seit Jahren immer wieder hielt. Zunächst vermittelte ich ihnen meine Überzeugung, daß zu hohe Steuern den Anreiz zum Produzieren hemmen und daß niedrigere Steuern letztendlich ein größeres Wirtschaftswachstum schaffen und dem Staat darüber hinaus höhere Einkünfte sichern. Dann erläuterte ich ihnen, welche Schritte wir zur Steuersenkung unternommen hatten und was wir weiter zu tun gedachten, um die Eingriffsmöglichkeiten der Regierung in Wirtschaftsprozesse zu verringern und einige der vom Staat übernommenen Funktionen auf die Privatwirtschaft zu übertragen. Alle am Tisch hörten – fast wie Schulkinder – schweigend zu, während ich sprach.

Nicht lange danach las ich von einer Welle von Steuersenkungen in ihren Ländern. Und auf künftigen Wirtschaftsgipfeln erzählten mir etliche Regierungschefs, daß sie in ihren Ländern wirtschaftliche und steuerpolitische Maßnahmen nach unserem Muster eingeführt hätten. Als ich sie dann wieder traf, berichteten sie, daß diese Maßnahmen bereits einen Aufschwung wie in den Vereinigten Staaten stimuliert hätten.

Niemand tat in dieser Hinsicht mehr als Margaret Thatcher. Ich nehme jedoch nicht für mich in Anspruch, sie von den Vorzügen der freien Marktwirtschaft und einer Reduzierung staatlicher Befugnisse überzeugt zu haben. Sie war mindestens ebenso entschlossen wie ich, den Staat den Menschen vom Hals zu schaffen. Von unserer ersten Begegnung an funkten wir auf der gleichen Wellenlänge. Jedesmal, wenn wir uns sahen, sagte sie mir, wie sehr es ihr unsere Erfahrungen in den Vereinigten Staaten erleichtert hätten, die Briten von den Vorzügen dieser Politik zu überzeugen. Wie jeder inzwischen weiß, lösten ihre Maßnahmen einen Wirtschaftsboom aus, der dem britischen Volk großen Wohlstand brachte. In vielerlei Hinsicht erreichte sie mehr als wir bei ihren Bemühungen um Privatisierung und schuf damit ein Modell, das seither von anderen Staaten kopiert wurde. Ich wünsche, wir hätten ähnliche Erfolge wie Margaret Thatcher gehabt. Vielleicht hat der Unterschied zwischen dem, was einem Präsidenten und was einem Premierminister möglich ist, damit zu tun, daß ein Premierminister automatisch eine Mehrheit im Parlament hinter sich weiß, während ein Präsident das von unserem Kongreß nicht behaupten kann. In meinen acht Jahren im Amt hatte die Oppositionspartei stets die Mehrheit im Repräsentantenhaus.

Bevor ich zu meinem ersten Wirtschaftsgipfel aufbrach, fragte ich mich, wie es wohl sein würde, wenn sich die Regierungschefs von sieben Staaten in einem Raum befanden: Welche Spannungen von Ego und Status würden da entstehen? Wie ich in Kürze schildern werde, kam es gelegentlich zu Konflikten. Doch bei unserem ersten Treffen stellte ich zu meiner Überraschung fest, daß die anderen einander mit dem Vornamen anredeten. Und als ich zum erstenmal das Wort ergriff, sagte ich: »Ich heiße Ron ...«

Wenn ich sie auch nie danach gefragt habe, so glaube ich doch, daß es Margaret Thatchers Idee war, die anderen Teilnehmer des Gipfels mit dem Vornamen anzusprechen. Es wirkte Wunder, machte die Zusammenkünfte herzlicher und produktiver. Ich war stets Ron für die anderen und redete sie mit ihren Vornamen an.

Als ich dann nicht mehr der Neuling in der Runde war, übernahm ich es, die »Neuen« von dieser Gepflogenheit zu unterrichten. Als der neue japanische Ministerpräsident Yasuhiro Nakasone zu seinem ersten Gipfel kam, fragte ich ihn beispielsweise: »Wie werden Sie von Ihrer Frau angeredet?«

»Yasu«, erwiderte er.

»Nun, Yasu«, sagte ich, »mein Name ist Ron. Hier nennen wir einander alle beim Vornamen.«

Mir gefiel das so sehr, daß ich nach dem Gipfel in Ottawa bei Staatsbesuchen ausländischer Regierungsvertreter das gleiche Verfahren vorschlug, es sei denn, es gab einen besonderen Brauch oder kulturelle Gründe, die das unpassend erscheinen ließen. Und auch hier brach es sehr schnell das sonst übliche diplomatische Eis. Plötzlich saßen sich nicht mehr zwei Regierungsvertreter ziemlich förmlich gegenüber, sondern zwei Menschen.

Auf dem Gipfel in Williamsburg war nicht alles so herzlich wie am ersten Abend, als ich aufgefordert worden war, das »amerikanische Wunder« zu erklären.

Wie schon erwähnt, hatte ich im November 1981 meinen Vorschlag der Null-Lösung gemacht, nach der alle atomaren Mittelstreckenwaffen aus Europa abgezogen werden sollten. Danach traten wir in Genf mit den Russen in Verhandlungen ein, bei denen dieser Vorschlag auf dem Tisch lag. Doch jetzt, ein Jahr später, hatten sich die Gespräche festgefahren. Die Sowjets lehnten es ab, ihre auf europäische Städte gerichteten Mittelstreckenraketen abzubauen, und waren nicht bereit, eine Parität mit der NATO zu akzeptieren. Ich war noch immer davon überzeugt, daß es die beste Lösung war, *alle* Mittelstreckenwaffen vom europäischen Kontinent zu entfernen. Wenn sie nicht auf ihre Raketen verzichten wollten, hielt ich es für die beste Möglichkeit, sie von dieser Notwendigkeit zu überzeugen, wenn wir mit unseren Plänen fortfuhren, die Pershing II und die Cruise Missiles als ein Gegengewicht zu ihren Raketen in Europa zu bauen.

Zu dem Zeitpunkt des Wirtschaftsgipfels in Williamsburg standen die neuentwickelten Raketen kurz vor ihrem Abtransport nach Europa. Ich eröffnete die Diskussion mit dem Hinweis darauf, daß die Genfer Verhandlungen in eine Sackgasse geraten waren, und vertrat die Ansicht, daß wir die neuen NATO-Waffen programmgemäß stationieren sollten, um die Sowjets zur Annahme der Null-Lösung zu zwingen. Nach längerer Debatte einigten wir uns auf ein Kommuniqué, das diese Position zum Inhalt hatte, und beauftragten unsere Außenminister, eine Erklärung zu dieser »Doppelstrategie« auszuarbeiten, sowohl die neuen Raketen zu stationieren als auch die Genfer Verhandlungen mit dem Ziel fortzusetzen, alle Mittelstreckenwaffen aus Europa abzuziehen.

Man war zu einer Übereinkunft gekommen – zumindest schien es so. Am nächsten Morgen erklärten jedoch François Mitterrand und Pierre Trudeau, die abgesprochene Erklärung nicht unterstützen zu können, und bezeichneten die Befürworter der Stationierung im Grunde als Kriegstreiber. Ganz offensichtlich hatten sie sich in der Nacht getroffen und beschlossen, die Vereinbarung zu torpedieren.

Es kam zu einer heftigen Auseinandersetzung zwischen den beiden und den anderen Gipfelteilnehmern. Ich war über ihren Rückzieher sehr verärgert und sagte bei der Verteidigung unserer Position ein paar sehr deutliche Worte.

Wegen unserer Debatte verzögerte sich unser Mittagessen um eine Stunde. Und als wir dann die Sitzung verließen, um uns in das Gebäude zu begeben, in dem der Lunch serviert wurde, liefen die beiden und der Rest getrennte Wege. Während des Essens sprach keine Gruppe mit der anderen auch nur ein Wort. In unserer Nachmittagssitzung beauftragten wir unsere Außenminister damit, eine revidierte Erklärung abzufassen, die Mitterrand und Trudeau zufriedenstellen konnte, die entscheidende Aussage des Kommuniqués jedoch nicht verwässerte. Dann begannen wir, eine Erklärung zur Wirtschaftspolitik auszuarbeiten, die sich für eine Liberalisierung der Handelspolitik aussprach. Wieder erhoben Mitterrand und Trudeau unvermutet Einwände.

»An einem Punkt dachte ich, Margaret Thatcher würde Pierre in die Ecke stellen«, schrieb ich an diesem Abend in mein Tagebuch. »Man erinnerte sich nur schwer daran, daß wir den Tag mit einer Andacht in der kleinen Kirche begonnen hatten. Aber vielleicht lag es gerade an diesem Gottesdienst, daß am Ende des Tages beide Probleme bereinigt waren, wieder eine herzliche Atmosphäre herrschte und es weder Gewinner noch Verlierer gab.«

Ein Jahr später kam es zu einer ähnlichen Auseinandersetzung auf dem Weltwirtschaftsgipfel in London, auf dem Mitterrand und Trudeau erneut gegen uns andere Front machten. Pierre griff Margaret hart an und beschuldigte sie als Vorsitzende des Treffens, sich ihren Einwänden gegenüber plump und undemokratisch zu verhalten. Ich war entsetzt über seine Unhöflichkeit und die beleidigende Art, in der er sie behandelte, aber sie ignorierte ihn, blieb sachlich-kühl und ließ sich nicht aus dem Konzept bringen. Nach der Sitzung sagte ich zu ihr in der Halle: »Margaret, er hatte nicht das Recht, so mit Ihnen umzugehen. Er hat sich sehr ungehörig benommen.« Aber sie meinte ganz gelassen: »Oh, wir Frauen wissen, wann Männer kindisch werden.«

Beim Dinner an diesem Abend im Buckingham Palace sagte Pierre, er habe irgendwo gelesen, ich könne das Gedicht »The Shooting of Dan McGrew« des kanadischen Dichters und Erzählers Robert W. Service rezitieren. Keine Ahnung, ob er wirklich daran glaubte oder mich nur ins Rampenlicht stellen und sehen wollte, wie ich mich aus der Affäre zog. Zwischen Pierre und mir saß die Königinmutter. Es stellte sich heraus, daß sie die Ballade kannte und schätzte, denn nach Pierres Worten wandte sie sich an mich und fragte: »Oh, Sie kennen ›The Shooting of Dan McGrew‹?«

Als ich zögernd zustimmte, bedrängte sie mich, das Gedicht aufzusagen. Sie ließ einfach nicht locker, bis die ganze Tischrunde verstummte und mich erwartungsvoll ansah. Mir gegenüber saßen die Königin und Prinz Philip. Jeder sah mich an. Ich saß auf dem Präsentierteller, und so fing ich an, das Gedicht zu rezitieren, das ich als junger Mann in Dixon gelernt hatte, und jedesmal, wenn ich zu der Zeile »the Lady named Lou« kam, stimmte die Königinmutter mit ein. Als wir geendet hatten, applaudierte die gesamte Tischrunde.

Alles in allem war es ein unvergeßlicher Abend.

Trudeau und Mitterrand waren von den Vorzügen der freien Marktwirtschaft nicht so ganz überzeugt wie wir anderen. Der Sozialist Mitterrand hatte etwas von der herablassenden gallischen Arroganz des ehemaligen französischen Ministerpräsidenten Charles de Gaulle an sich. Stets drückte etwas in seinem Verhalten den Anspruch aus, daß Frankreich dem Rest der Welt überlegen sei und daß dieser sich damit abzufinden habe. Bei einigen der Gipfeltreffen wurde aufgrund des diplomatischen Protokolls erwartet, daß ich bei den Sitzungen als letzter erschien und als erster ging. Ich nehme an, weil der älteste Teilnehmer am wenigsten auf die anderen warten sollte. Mir gefiel diese Regel nicht besonders, aber Angehörige des Außenministeriums versicherten, es wären die üblichen Gepflogenheiten der Diplomatie, die auf der ganzen Welt so gehandhabt würden, und ich solle mich an sie halten.

Mitterrand fand sich mit diesen Regeln nicht ab, noch konnte er sich an die Vorstellung gewöhnen, daß der Präsident der Vereinigten Staaten nach ihm auf der Bildfläche erschien. Nach meiner Zeit in Hollywood kannte ich mich mit Leuten ein bißchen aus, die darauf aus waren, anderen die Schau zu stehlen. Jedesmal, wenn wir zusammentrafen, suchte er nach einer Möglichkeit, doch als letzter zu erscheinen, und kam für gewöhnlich ein paar Minuten nach mir. Ich vermute, er vertrat die Meinung, Frankreich habe sich niemandem unterzuordnen.

Auf einer abendlichen Sitzung anläßlich eines Gipfeltreffens in Europa war ebenfalls vorgesehen, daß ich als letzter eintraf. Als wir uns dem Gebäude näherten, in dem die Konferenz abgehalten wurde, entdeckte ich plötzlich Mitterrand neben seinem geparkten Auto. Er war vor mir eingetroffen, hatte vermutlich erfahren, daß ich noch nicht da war, und sich geweigert, vor mir hineinzugehen. Da stand also diese untersetzte Gestalt allein auf dem dunklen Parkplatz, und sein gallischer Stolz gestattete es ihm nicht, vor mir das Gebäude zu betreten.

Sobald ich drinnen war, machte auch Mitterrand seinen Auftritt.

Anläßlich des Wirtschaftsgipfels 1986 in Tokio, als das Protokoll erneut vorsah, daß ich als letzter eintraf, bestieg ich das Auto, um zum Akasaka-Palast zu fahren, in dem das Treffen stattfinden sollte. Ein Angehöriger des Secret Service teilte mir mit, daß Mitterrands Wagenkolonne ein Stück weiter die Straße hinunter parkte. Offenbar hatte er die Absicht, sich nicht von der Stelle zu rühren, bevor mein Konvoi auf dem Weg war. Da bis zum Beginn der Konferenz nicht mehr viel Zeit war, sagte ich zum Fahrer: »Wir fahren trotzdem los.«

Sobald sich unsere Wagenkolonne in Bewegung setzte, startete auch Mitterrands Konvoi und fädelte sich hinter uns in den Verkehr ein. Vermutlich hatten französische Sicherheitsleute uns im Auge behalten und auf unseren Start gewartet, um dann über Funk Bescheid zu sagen, daß wir unterwegs waren.

Angehörige des State Department beharrten darauf, daß ich mich an das Protokoll hielt und als letzter im Palast erschien, daher sagte einer unserer Männer vom Secret Service zum Fahrer: »Halten Sie hier.« Wir fuhren auf die Auffahrt zu einem Hotel, hielten an und warteten ab.

Sobald wir das taten, erfuhr auch Mitterrand davon, und sein Konvoi hielt am Straßenrand. Er wartete ab, was ich als nächstes tun würde.

Wir blieben eine oder zwei Minuten stehen, aber dann sagte ich: »Das ist doch absurd. Wir wollen endlich mit der Konferenz beginnen.« Also fuhren wir zum Akasaka-Palast, und die Sitzung begann ohne Mitterrand. Es dauerte nicht lange, bis Mitterrand erschien, verspätet, aber stolz darauf, sein Recht gesichert zu haben, als letzter auf der Bildfläche zu erscheinen.

Auch wenn ich auf den Wirtschaftsgipfeln ein paar Probleme mit Mitterrand hatte, waren die Treffen doch im großen und ganzen produktive Foren für die freimütige Diskussion wirtschaftlicher Schwierigkeiten, die sich in der heutigen Welt immer häufiger grenzüberschreitend auswirken.

Ein Thema, das immer wieder auf die Tagesordnung kam, waren Schutzmaßnahmen für den Handel.

Meine Unterstützung eines freien und fairen Handelsverkehrs kann ich ganz einfach begründen: Das Funktionieren der freien Marktwirtschaft basiert auf dem Konzept, daß Menschen ein Produkt herstellen oder eine Dienstleistung in der Hoffnung erbringen, daß andere Menschen dafür Bedarf haben. Dann wählen die Verbraucher in millionenfacher Einzelentscheidung aus, welche Produkte oder Dienstleistungen sie kaufen wollen und wieviel sie dafür bezahlen wollen. Freier Wettbewerb und das Gesetz von Angebot und Nachfrage bestimmen über die Preise Gewinner und Verlierer bei diesem Rennen. Wenn Konsumenten aufhören, ein bestimmtes Produkt zu kaufen, weil ein anderes besser ist, dann kann der Hersteller entscheiden, ob er sein Produkt verbessert oder seine Wettbewerbsfähigkeit einbüßt.

Wenn Verbraucher aus einem Land die Möglichkeit haben wollen, in einem anderen Land hergestellte Waren kaufen zu können, muß ihr Staat über Einkünfte aus dem Verkauf von Waren und Dienstleistungen im Ausland verfügen. Wir können nicht sagen: »Wir wollen euch etwas von uns Hergestelltes verkaufen, aber schickt uns ja nicht eure Produkte.«

Damit der freie Markt funktionieren kann, muß jeder gleichberechtigt konkurrieren können. Auf diese Weise verhalten sich Preise und Nachfrage der freien Entscheidung der Menschen entsprechend. Es mag im System der freien Marktwirtschaft Gewinner und Verlierer geben, aber letzten Endes profitiert immer der Verbraucher. Freier Wettbewerb bringt bessere Produkte und niedrigere Preise. Wenn aber Regierungen Preise festsetzen oder kontrollieren, Quoten bestimmen, Fabrikanten oder Farmer subventionieren oder sonstwie mit künstlichen Restriktionen auf den Markt einwirken, dann ist er nicht mehr frei und wird nicht mehr so funktionieren, wie er es sollte.

Auf allen acht Wirtschaftsgipfeln, an denen ich teilgenommen habe, war ich darum bemüht, die Vorzüge eines uneingeschränkten Handels zu predigen. Die anderen Regierungschefs vertraten prinzipiell eine ähnliche Ansicht und verurteilten die Handelsbeschränkungen anderer Staaten. Es ist jedoch die simple Wahrheit, daß wir alle bis zu einem gewissen Maß Protektionisten waren.

Wie schon erwähnt, haben die meisten Länder (auch die Vereinigten Staaten) die Landwirtschaft mit dem Resultat subventioniert, daß mehr Getreide und andere Agrarprodukte hergestellt wurden, als der Markt aufnehmen konnte, was häufig ein Abfallen der Exportpreise unter die Produktionskosten bewirkte. Jedes Land (auch die Vereinigten Staaten) hat Handelsbeschränkungen, deren Zweck es ist, bestimmte Branchen aufgrund innenpolitischen Drucks von Gruppen zu schützen oder zu subventionieren, die ein Eigeninteresse an einem eingeschränkten Wettbewerb haben. Mitunter wurden Handelsschranken aber auch als Vergeltung für protektionistische Maßnahmen anderer Staaten verhängt.

Als ich 1981 in das Weiße Haus kam, hoffte ich, den internationalen Handel freier und fairer machen zu können. Wir kamen gut voran: Wir schlossen ein bilaterales Handelsabkommen mit Kanada ab, unserem wichtigsten Wirtschaftspartner, und schufen so den größten Markt der

Welt. Wir reduzierten die Handelsbeschränkungen im Verkehr mit Israel und Mexiko und bis zu einem gewissen Maß auch zu weiteren Staaten. 1986 traten wir mit unseren bedeutendsten Handelspartnern in eine historische Runde multinationaler Handelsverhandlungen unter dem Allgemeinen Zoll- und Handelsabkommen (GATT) ein, die sich zum Ziel setzte, weltweit alle Agrar-Subventionen in einem Zeitraum von zehn Jahren abzuschaffen. (Eine kürzere Spanne hätte sich als unmöglich erwiesen, ohne den Farmern und Industriebranchen den Boden zu entziehen, deren Existenz auf den Protektionismus eingestellt war.)

Auf jedem Wirtschaftsgipfel konnte ich spüren, daß sich die Stimmung in Richtung auf einen unbehinderten Handel bewegte, wenn uns allen auch klar war, daß es gewisse Grenzen für die Schnelligkeit gab, mit der wir den augenblicklichen Zustand verändern konnten. Selbst mit Japan, mit dem wir das größte Ungleichgewicht in den Handelsbeziehungen hatten, kamen wir zu einigen Erfolgen: Nach der freiwilligen Beschränkung japanischer Autoexporte in die Vereinigten Staaten im Jahr 1981 machte sich Premierminister Nakasone für eine Verringerung der japanischen Beschränkungen für US-Importe stark, und japanische Hersteller fingen an, einige ihrer Autos in unserem Land zu fertigen.

In meiner Amtszeit verhängten wir Vergeltungsmaßnahmen gegen eine Reihe von Staaten, einschließlich einiger unserer Verbündeter, die gegen unsere Produkte Handelsbarrieren errichtet hatten. Doch Vergeltung ist keine Lösung der Protektionismusprobleme, sie weitet sie nur weiter aus. Viele Staaten, unter anderem auch Japan, richten weiterhin Handelsschranken auf, die ihnen einen unfairen Vorteil im internationalen Handelsverkehr einräumen, und bevor sie nicht bereitwilliger werden, auf einer gerechten Basis zu operieren, müssen sie damit rechnen, daß sich die protektionistischen Tendenzen in den Vereinigten Staaten verstärken.

Die Vergrößerung unserer internationalen Handelsdefizite in den achtziger Jahren war bis zu einem gewissen Maß ein Nebenprodukt der starken ökonomischen Gesundung unseres Landes. Als Ende 1982 unser Aufschwung einsetzte, entwickelte sich unsere Wirtschaft sehr viel schneller als die unserer wichtigsten Handelspartner. Der Wert des

Dollars stieg, Importe wurden für die Amerikaner billiger, und manche US-Produkte und Dienstleistungen wurden auf ausländischen Märkten preislich unterboten. Das Ergebnis: Ein zunehmendes Handelsdefizit verursachte schwierige Zeiten für viele jener US-Fabrikanten, die vor allem auf Exporte angewiesen waren.

Doch auch hier bin ich wieder einmal überzeugt, daß diese Situation ein Beweis dafür war, daß harte Zeiten ein gutes Resultat erbringen können: Unsere Probleme beschleunigten die Modernisierung und Umstrukturierung unserer industriellen Basis und trugen letzten Endes dazu bei, Amerika produktiver und leistungsfähiger zu machen. Nach einigen Jahren der Flaute begannen unsere Exporte 1986 wieder zu steigen, und 1989 befanden sich die Handelsdefizite auf dem niedrigsten Stand seit fünf Jahren. Auch 1990 stiegen unsere Exporte weiter an, das Defizit verringerte sich und unsere Exporteure prosperierten.

Sicher haben wir inzwischen härtere Konkurrenz im Ausland als je zuvor, aber auch Amerika ist stärker geworden. Wir haben erneut bewiesen, daß wir auf Wettbewerb so reagieren, wie wir es immer getan haben. Wettbewerb und Konkurrenz haben uns stets aufblühen lassen, und das wird auch immer so bleiben.

In den acht Jahren meiner Präsidentschaft war keines unserer Bündnisse stärker als das zwischen den Vereinigten Staaten und dem Vereinigten Königreich. Margaret Thatcher und ich waren nicht nur persönliche Freunde, die eine ähnliche politische Philosophie verband – die Allianz wurde auch durch die lange besondere Beziehung zwischen unseren Ländern gestärkt, die auf gemeinsamen demokratischen Werten, gemeinsamen angelsächsischen Wurzeln, einer gemeinsamen Sprache und einer Freundschaft beruhte und durch die Erfahrung vertieft wurde, in zwei Weltkriegen Seite an Seite gekämpft zu haben. Diese besondere Beziehung machte es unmöglich, während des britischen Krieges mit Argentinien um die Falklandinseln neutral zu bleiben, obwohl das ein Konflikt war, bei dem ich sehr behutsam vorzugehen hatte.

Ende März 1982 landeten argentinische Marineeinheiten in Zivil auf South Georgia Island, einem britischen Besitz etwa 1600 Kilometer östlich der Falklandinseln im Südatlantik. Ungefähr zur gleichen Zeit informierten uns vom Geheimdienst abgefangene Nachrichten darüber, daß Argentinien eine Invasion der Falklandinseln vorbereitete, eines Archipels von etwa 200 Inseln knapp 500 Kilometer vor der argentinischen Küste. Die Inseln befanden sich seit fast anderthalb Jahrhunderten in britischem Besitz.

Nach der Landung auf South Georgia Island rief mich Margaret Thatcher an und erklärte, daß Großbritannien die Übernahme einer ihrer Kronkolonien nie hinnehmen würde. Sie bat mich, Leopoldo Galtieri, den Präsidenten der argentinischen Militärjunta, anzurufen, ihn dazu zu bewegen, die Invasionsvorbereitungen abzubrechen, und ihm zu erklären, daß Großbritannien jede für den Erhalt ihrer Kolonie nötige Gewalt anwenden würde.

Ich sprach etwa vierzig Minuten lang mit Galtieri, konnte ihn aber nicht umstimmen. Er behauptete, die Falklandinseln (die er Malvinas nannte) würden aus historischen, kulturellen und geographischen Gründen rechtmäßig Argentinien gehören und nicht einer europäischen Kolonialmacht. Er erklärte, es sei eine Frage der argentinischen Nationalehre, sie wieder in Besitz zu nehmen.

Während wir miteinander sprachen, waren die Invasionsvorbereitungen bereits in vollem Gange. Am nächsten Morgen landeten argentinische Truppen mit etwa 1000 Mann auf den Falklandinseln, die von weniger als 2000 Menschen bewohnt waren, die meisten von ihnen britischer Herkunft. Daraufhin nahm eine Armada der British Royal Navy Kurs auf die Inseln im Südatlantik, und beide Seiten baten uns um Hilfe, falls es zum Krieg kommen sollte.

Die argentinische Militärjunta wollten die abgelegenen Inseln in ihren Besitz bringen, um ihre Macht zu retten. Wegen zunehmender Wirtschaftsprobleme und nicht nachlassender Gerüchte über ernsthafte Menschenrechtsverletzungen in Argentinien war ihre innenpolitische Position gefährdet. Galtieri nahm an, als Nachbarn auf dem amerikanischen Kontinent würden wir für Argentinien Partei ergreifen, und auch weil wir die Hilfe der Junta für unsere Bemühungen erbeten hatten, das Vordringen des Kommunismus in der Hemisphäre einzudämmen. Zwar räumte ich einer Verbesserung der Beziehungen zu unseren lateinamerikanischen Nachbarn eine hohe Priorität ein, und Argentinien war eines der Länder, in dem wir uns am intensivsten um demokratische Reformen bemüht hatten. Doch die Junta unterschätzte nicht nur Margaret Thatchers Entschlossenheit, sondern auch die Stärke unserer Bindungen an England sowie unseren Widerwillen gegen bewaffnete Aggression, wo immer sie auch auftrat, selbst nächtens an den Gestaden von ein paar Felseninseln im Südatlantik.

Trotz einigen Widerstandes von Jeane Kirkpatrick, unserer UN-Vertreterin, die unsere Position nicht teilte, ließen wir die Junta über diplomatische Kanäle wissen, daß wir keiner Seite militärische Unterstützung zukommen lassen würden, daß unsere Sympathien jedoch auf britischer Seite lägen. Wir seien zuverlässige Verbündete des Vereinigten Königreiches und unterstützten sein Recht, seine Kolonie zu verteidigen. Wir versicherten auch Margaret Thatcher, daß wir uneingeschränkt hinter Großbritannien stünden. Ich beschloß jedoch, daß es am klügsten war, unsere Reaktion gegenüber der Öffentlichkeit zu dämpfen, während wir gleichzeitig die Vermittlungsdienste der Vereinigten Staaten anboten, um den Disput zwischen zwei unserer Freunde bereinigen zu helfen.

In dieser Absicht forderte ich Al Haig auf, einen Vermittlungsversuch zu unternehmen, um eine bewaffnete Auseinandersetzung nach Möglichkeit vermeiden zu helfen. Er flog zwischen Washington, London und Buenos Aires hin und her und unternahm während der folgenden drei Wochen große Anstrengungen, den Krieg abzuwenden. Nichtdestoweniger brachen am 1. Mai offene Feindseligkeiten aus. Ich glaube, Al sah sich zwischen Unbeugsamkeit und Entschlossenheit gefangen: In sich zerstritten und in dem Bemühen, durch das Hochpeitschen nationaler Leidenschaften die eigene Haut zu retten, wies die argentinische Junta jede Lösung zurück, die eine Herrschaft Argentiniens über die Falklandinseln in Frage stellte. Margaret Thatcher war zwar, um Blutvergießen zu vermeiden, zu begrenzten Konzessionen bereit, andererseits jedoch in ihrer Entschlossenheit unbeugsam, britische Interessen zu verteidigen.

Als sich die Royal Navy auf die Falklandinseln zubewegte, erfuhren wir, daß der britischen Flotte sowjetische Schiffe folgten und über Kuba Informationen über die Briten an Argentinien lieferten. Wir erfuhren gleichfalls, daß sich die Sowjets bereit erklärten, im Fall eines Kriegsausbruchs billig Waffen an Argentinien zu liefern – ein Angebot, das Argentinien zu seiner Ehre (und mit ein bißchen Nachhilfe von uns) ablehnte.

Trotz gegenteiliger Berichte in *The Washington Post* und anderswo verhielten wir uns in dieser Zeit absolut neutral. London bediente sich für die Kommunikation mit der britischen Flotte zwar eines unserer militärischen Satelliten, doch das erfolgte auf der Grundlage eines Abkommens, das vor Ausbruch der Krise geschlossen worden war. Darüber hinaus gewährten wir den Briten keinerlei militärische Hilfe. Als die Kämpfe dann jedoch ausbrachen, nachdem Argentinien alle Angebote einer vernünftigen Lösung wiederholt ausgeschlagen hatte, erklärten wir unsere volle Unterstützung für Großbritannien und statteten unseren Bündnispartner mit jeder uns möglichen Hilfe aus.

Was zunächst ein Nervenkrieg und ein Wortgefecht gewesen war, wurde sehr schnell zu einer blutigen Angelegenheit: Sowohl Großbritannien als auch Argentinien verloren neben Kriegsschiffen und Flugzeugen in diesem Krieg insgesamt fast 1000 Menschenleben.

Wenige Tage nach Ausbruch der Feindseligkeiten teilte mir der Präsident eines lateinamerikanischen Landes mit, er habe von seinem Botschafter in Buenos Aires den Hinweis erhalten, daß die Briten einen Angriff auf Militärstützpunkte auf dem argentinischen Festland planten. Das hätte die Auseinandersetzungen besorgniserregend erweitert. Unsere Geheimdienste bestätigten, daß tatsächlich Vorbereitungen für einen derartigen Angriff angelaufen waren. Ich rief Margaret Thatcher an und betonte, daß wir es ungeachtet unserer Unterstützung der britischen Bemühungen um die Rückgewinnung der Falklandinseln für gefährlich hielten, den Krieg auf das argentinische Festland auszuweiten. Margaret hörte mich an, blieb aber in einer Demonstration des eisernen Willens, für den sie berühmt ist, unerschütterlich. Ich konnte sie nicht zu der Zusage bewegen, auf eine Invasion zu verzichten, und einige Tage lang erwarteten wir allnächtlich den Angriff britischer Flugzeuge auf das Festland – ein Angriff, der nie stattfand.

Ende Mai rief ich Margaret erneut an. Diesmal schlug ich eine Einigung vor, die keinen totalen britischen Sieg über Argentinien zum Inhalt hatte. Ein absoluter Sieg hätte mit Sicherheit die argentinische Regierung gestürzt, und einige unserer Leute glaubten, daß das zu Gewalttätigkeiten und Chaos führen würde, die von linken Guerilleros ausgeschlachtet werden könnten. Aber Margaret Thatcher erklärte, es wären bereits zu viele britische Leben geopfert worden, um sich mit weniger als einem totalen Sieg einverstanden erklären zu können, und sie überzeugte mich. Ich verstand sie.

Nicht lange danach eroberten britische Truppen die Falklandinseln von den ihnen zahlenmäßig überlegenen argentinischen Streitkräften zurück. Präsident Galtieri wurde als Chef der Junta abgesetzt, und ein Jahr später kam mit der Wahl von Raúl Alfonsín zum Präsidenten die Demokratie nach Argentinien.

Margaret Thatcher hatte meiner Überzeugung nach keine andere Wahl, als den Generälen Widerstand zu leisten, die zynisch das Leben junger Argentinier aus dem einzigen Grund aufs Spiel setzten, die Existenz eines korrupten und diktatorischen Regimes zu verlängern. Meiner Meinung nach handelte sie keineswegs – wie in Großbritannien spekuliert wurde – aus der Angst heraus so entschlossen, ihre Regierung könne anderenfalls gestürzt werden, sondern weil sie von der moralischen Berechtigung ihrer Sache fest überzeugt war, sowie von der Verpflichtung ihrer Nation, der Handvoll Menschen auf den Falklandinseln das Recht der Selbstbestimmung zu sichern.

Als ich ein paar Wochen später Al Haigs Rücktrittsgesuch annahm, bezeichnete er inoffiziell als Grund dafür das Scheitern seiner Bemühungen, die Falklandkrise gütlich zu lösen und einen Krieg zu vermeiden. Im Gegensatz dazu war ich der Ansicht, daß er unter schwierigen Bedingungen ausgezeichnete Arbeit geleistet hatte. Die Gründe, aus denen ich seinen Rücktritt akzeptierte, lagen tiefer.

Wie schon betont, stellte ich wenige Monate nach meinem Amtsantritt fest, daß Al etwas dagegen hatte, wenn außer ihm noch andere, einschließlich des Präsidenten, Einfluß auf die Außenpolitik nahmen, solange er Außenminister war. Er hatte nie irgendwelche Skrupel, diesen Anspruch auch durchzusetzen. Nach einer Besprechung über ein außenpolitisches Thema schrieb ich im Frühjahr 1982 in mein Tagebuch: »Al Haig vertrat in dieser Sache eine sehr vernünftige Ansicht. Es ist verblüffend, wie sachlich er komplexe Themen behandelt, wie hochgradig paranoid er dann wieder im Hinblick auf die Menschen reagiert, mit denen er zusammenarbeiten muß.«

Ich lernte Al Haig in den siebziger Jahren kennen, als er Oberbefehlshaber der NATO war, und ich war in dieser Zeit sehr beeindruckt von ihm. Er war als Führungspersönlichkeit des atlantischen Verteidigungsbündnisses hoch angesehen, und daher fiel meine erste Wahl auf ihn als Außenminister. Doch als Außenminister war Al Haig nicht mehr der, als den ich ihn bei der NATO kennengelernt hatte. Durch seine Entschlossenheit verhalf er unserer neuen Politik des Realismus und des Friedens zwar zu einem guten Start, aber in anderen Dingen kam es zwischen uns zu Meinungsdifferenzen. Mir gegenüber äußerte er sich zwar nicht entsprechend, aber von anderen hörte ich, er hätte Kongreßabgeordnete dadurch schockiert, daß er den Eindruck vermittelte, wenn er etwas zu sagen hätte, würde er einige unserer Probleme in Mittelamerika und auf Kuba durch eine Bombardierung oder eine Invasion bereinigen. Auch über Taiwan hatten wir unterschiedliche Auffassungen: Ich betrachtete Taiwan als loyalen, demokratischen, seit langem bewährten Verbündeten, dem wir uneingeschränkte Unterstützung schuldig waren. Haig und andere im State Department waren an einer Verbesserung der Beziehungen zur Volksrepublik China jedoch so interessiert, daß sie mich dazu zu bewegen versuchten, von dieser Verpflichtung abzurücken. Doch ich beharrte darauf, daß wir der Bevölkerung von Taiwan gegenüber in der Schuld waren und daß mich nichts davon abbringen könne, die auch zu erfüllen.

Während meines ersten Amtsjahres drohte Haig wiederholt mit seinem Rücktritt, aber ich redete es ihm jedesmal wieder aus. Im Juni, als die Krise um die Falklandinseln ihrem Ende zuging, äußerte er hochrangigen Angehörigen des Stabs des Weißen Hauses gegenüber die gleiche Drohung und beschuldigte sie, auf seinem Gebiet zu wildern. Als er am nächsten Tag ins Oval Office kam, war ich darauf vorbereitet, seinen Rücktritt anzunehmen. Doch er bot ihn nicht an. Statt dessen begann er mit bitteren Vorwürfen gegen führende Mitarbeiter, legte mir eine ganze Liste mit Beschwerden vor und forderte mich auf, für Abhilfe zu sorgen. Ein paar seiner Klagen waren durchaus berechtigt: Ein oder zwei Leute im Weißen Haus versuchten, ihm mit boshaften Indiskretionen gegenüber der Presse das Leben schwer zu machen. Aber die Eifersüchteleien und Grabenkämpfe hatten das erträgliche Maß überschritten. Zwei Tage später, offenbar nachdem er zu der Ansicht gekommen war, ich ginge auf seine Forderungen nicht ein, kam er wieder zu mir und bat mich diesmal um seine Entlassung. Ich nehme an, er dachte, ich würde auch jetzt wieder ablehnen. Doch als ich das nicht tat, schien er nicht überrascht. Ich hatte den Stab gebeten, bei George Shultz zu sondieren, ob er bereit wäre, Außenminister zu werden. Ich rief ihn an, und er akzeptierte.

»Das war eine schwere Last«, schrieb ich am 25. Juni in mein Tagebuch.

> [Wir fuhren] nach Camp David, wo wir rechtzeitig ankamen, um Al im Fernsehen seine Rücktrittsbegründung verlesen zu sehen. Mir wurde gesagt, es wäre seine vierte Fassung. Vermutlich war die erste ziemlich scharf, und er hat noch einmal gründlich nachgedacht. Ich muß sagen, sie war ganz okay. Er gab nur einen Grund an und sagte, es wäre zu außenpolitischen Meinungsverschiedenheiten gekommen. Diese bestanden jedoch nur in der Frage, ob ich für die Außenpolitik verantwortlich war oder der Außenminister.

Wenige Jahre nach dem Krieg um die Falklandinseln sahen wir uns einer anderen Krise gegenüber, die einen unserer Verbündeten betraf.

Im September 1984 kam der katholische Prälat von Manila, Kardinal Jaime Sin, nach Washington und berichtete mir, daß viele auf den Philippinen Marcos für den Mord an seinem politischen Rivalen Benigno Aquino verantwortlich machten. Es sagte, es gäbe in der Bevölkerung eine zunehmende Abneigung gegen Marcos, die unter Umständen den kommunistischen Rebellen auf den Philippinen Auftrieb geben könnte. Der Kardinal sprach sich für einen Rücktritt Marcos' aus, und ich glaube, er suchte bei seinem Besuch amerikanische Unterstützung für jene Kräfte in Manila, die um eine Absetzung von Marcos bemüht waren. Ich war über die Offenheit seiner Äußerungen überrascht, ging aber keinerlei Verpflichtungen ein.

Die Zukunft der Philippinen war für die Vereinigten Staaten von großer Bedeutung. Unsere dortigen Militärstützpunkte, Clark Air Force Base und die Subic Bay Naval Base, waren mit unsere größten in der Welt und das Bollwerk unserer Verteidigung im Westpazifik. Und nirgendwo hatten wir einen entschiedeneren Verbündeten als Marcos. Im Februar nach Kardinal Sins Besuch berichteten hohe US-Diplomaten in Manila, daß Marcos ernsthaft nierenkrank sei und nur noch zwei Stunden am Tag arbeiten könne. Seine Frau Imelda hielte vieles von ihrem Mann fern und träfe wichtige Entscheidungen selbst. Doch auch sie vertraten die Ansicht, daß Marcos noch immer unser bestes Gegengewicht gegen kommunistische Aufständische war und daß wir ihn weiterhin unterstützen sollten.

Ein paar Monate später informierte mich unser Botschafter in Manila, Stephen Bosworth, daß die kommunistischen Rebellen laufend politische Gewinne erzielten und daß Marcos die Wirkung seiner Politik auf das philippinische Volk unterschätzte. Ich schickte Senator Paul Laxalt nach Manila, um den Wahrheitsgehalt dieser Berichte zu überprüfen. Er bestätigte, daß sich beträchtliche öffentliche Empörung gegen Marcos aufgebaut habe – die Kräfte, die später als »People Power« bekannt wurden. Paul bewog Marcos dazu, im kommenden Februar Präsidentschaftswahlen stattfinden zu lassen, um seinem Volk – und der Welt – zu beweisen, daß er kein Diktator war. Dann trat Corazon Aquino, die Witwe von Marcos' ehemaligem Rivalen, gegen Marcos an. Daraufhin stellte sich jedermann nur eine Frage: Würde Marcos eine freie und gerechte Wahl zulassen?

Während der Wahlkampf auf den Philippinen in Gang kam, gab es Tausende von Kilometern von Manila ein weiteres Beispiel dafür, daß die Bevölkerung die Macht in die Hand nahm: Auf der Karibikinsel Haiti kam es zu Aufständen. Seit mehr als einem Vierteljahrhundert war Haiti von einer Vater-Sohn-Diktatur regiert worden, den Duvaliers. Doch nun stand Haiti kurz vor einer Explosion. Die Bevölkerung hatte genug von der Tyrannei und Armut, die ihr das Regime Duvalier beschert hatte.

Am 6. Februar 1986, am Wahlabend in Manila, traf ich auf einer Sitzung des Nationalen Sicherheitsrates zwei Entscheidungen: Um die Karibik von einem Diktator zu befreien und einen Bürgerkrieg zu verhindern, boten wir an, Jean-Claude (Baby Doc) Duvalier mit seiner Familie und einigen Freunden aus Haiti zu schaffen und mit einem Flugzeug der Air Force nach Paris zu fliegen. Und ich stimmte einem Agentenaustausch mit den Russen zu, der einem prominenten sowjetischen Dissidenten die Freiheit garantierte: Anatolij Scharanskij.

Fünf Tage später wurde Scharanskij die Ausreise nach Israel gestattet, und es zeichnete sich ab, daß wir in diesem Monat noch einen Dritten – Ferdinand Marcos – umsiedeln mußten, um wie auf Haiti einen blutigen Bürgerkrieg zu vermeiden. Zu dieser Erkenntnis kam ich auf einem Treffen mit einer Kongreß-Delegation, die sich in Manila aufgehalten hatte, um den Ablauf der Wahlen zu überprüfen. Den Abgeordneten lagen erdrückende Beweise für einen Wahlbetrug vor.

Daraufhin beauftragte ich unseren Friedensstifter im fliegenden Einsatz, Phil Habib, mit einem Besuch in Manila. Danach bestätigte er, daß Marcos die Wahlen gefälscht hatte und daß auf den Philippinen ein Aufstand zugunsten von Frau Aquino, der eigentlichen Wahlsiegerin, unausweichlich schien. Dann entwickelten sich die Dinge sehr schnell: Zwei der höchsten Militärs des Landes – Verteidigungsminister Juan Ponce Enrile und Generalleutnant Fidel Ramos – traten zurück, versicherten Corazon Aquino ihrer Unterstützung, übernahmen die Kontrolle über Teile der philippinischen Armee und forderten Marcos zum Rücktritt auf.

Am 23. Februar erfuhr ich in Camp David, daß Marcos und ein ihm ergebener General, Fabian Ver, Panzer und Truppen zusammengezogen hätten, um die Armee-Einheiten unter Enrile und Ramos anzugreifen. Vers Panzer waren zwar von Hunderttausenden von Zivilisten zurückgehalten worden, aber ein erneuter Versuch könnte zu großen Opfern führen. Ich formulierte einen Appell an Marcos, auf Gewaltanwendung zu verzichten, und flog mit dem Hubschrauber zurück nach Washington, um am Sonnabendnachmittag an einer Sitzung im Situation Room des Weißen Hauses teilzunehmen, einem kleinen Raum im Kellergeschoß, in dem wir uns in ernsten internationalen Krisensituationen versammelten. Anwesend waren George Bush, George Shultz, Cap Weinberger, Don Regan, Phil Habib, Bill Casey, der nationale Sicherheitsberater John Poindexter und Spezialisten aus dem Außenministerium sowie anderen Dienststellen.

Wir waren uns einig, daß ein Rücktritt Marcos' unausweichlich war. Er verfügte nicht mehr über das Mandat der Bevölkerung, um weiterhin im Amt bleiben zu können. Corazon Aquino hatte die Wahl legal gewonnen, und das philippinische Volk wollte sie zur Präsidentin.

Angesichts dieser Tatsachen war meine Entscheidung nicht schwer, aber sie war auch nicht gerade erfreulich.

Alle stimmten überein, daß es uns vor allem darum gehen müsse, Blutvergießen zu vermeiden. Wir wollten nicht, daß es zu einem Bürgerkrieg kam. Ich wollte allerdings auch nicht, daß wir Marcos so schäbig behandelten, wie das in unserem Land schon einmal mit einem früheren Verbündeten geschehen war, dem Schah von Iran. Gleichzeitig war mir klar, wie wichtig es war, zur neuen Regierung der Philippinen gute Beziehungen aufzubauen.

Marcos war ein stolzer Mann, und wir mußten uns ihm gegenüber taktisch sehr klug verhalten, um das zu erreichen, was wir wollten. Ich war der Meinung, wir könnten ihm sein Verhalten nicht etwa diktieren, sondern sollten ihn mit den Tatsachen konfrontieren, um ihn freiwillig zu dem Entschluß kommen zu lassen, der uns vorschwebte. Daher beschloß ich, Marcos das Angebot zu machen, ihn und seine Familie aus den Philippinen auszufliegen und ihnen Asyl in den Vereinigten Staaten zu gewähren. Aufgrund meiner Kenntnisse seiner Charakterstruktur betonte ich, daß wir Marcos von der Aussichtslosigkeit seiner Lage überzeugen und zur Aufgbe mit dem Argument bewegen müßten, dadurch würde ein Bürgerkrieg abgewendet, der große Teile des Landes zerstören müßte, das er liebte.

Hier Auszüge aus meinem Tagebuch, beginnend mit dem erwähnten Treffen im Situation Room:

23. Februar: Es war eine lange Sitzung ohne Meinungsunterschiede, dafür aber mit vielen Frustrationen. Präsident Marcos zeigt sich hartnäckig und weigert sich zuzugeben, daß er nicht an der Regierung bleiben kann. Ich wies darauf hin, daß wir in einer Botschaft an ihn auch erwähnen müßten, daß die Vereinigten Staaten kaum noch in der Lage wären, die Philippinen weiterhin zu unterstützen, falls es zu Gewalttätigkeiten käme. Wir dürfen uns nicht über das Recht hinwegsetzen. Wir können nur diese Botschaft schicken . . . und beten.

24. Februar: Der Tag begann mit einem Anruf um 5.30 Uhr.

Die Situation auf den Philippinen ist verheerend. Die Familien Marcos und Ver hatten den Palast verlassen und waren zum Flughafen gefahren. Doch dann wurden sie von General Ver offenbar bewogen, doch nicht außer Landes zu gehen. Wieder im Palast, haben sie sich über das Fernsehen an die Öffentlichkeit gewandt. Der General äußerte die Absicht, die Armee-Einheiten anzugreifen, die zu den Marcos-Gegnern übergelaufen sind. Das lehnte der Präsident ab. All das hat mich um den Schlaf gebracht.

Um neun Uhr im Office. Bei den Sitzungen des Stabes und des Nationalen Sicherheitsrates ging es um dieselben Probleme. Ich stimmte zu, in Erklärungen den Präsidenten dazu aufzufordern, keine Gewalt anzuwenden. Dann ein Anruf von Nancy. Was sie zu Imelda Marcos sagen solle, die sie angerufen habe. Zur selben Zeit wurde mir mitgeteilt, daß Paul Laxalt, George Shultz, John Poindexter und Don R. wegen Pauls Anruf bei Marcos auf dem Weg zu mir seien. Wir einigten uns, Marcos zu sagen, daß ich ihm den Rücktritt empfehle und daß wir Verhandlungen über seine Sicherheit aufnehmen und ihm Asyl in den USA anbieten würden. Er sagte, er wolle sein Leben auf den Philippinen beenden. Nun, wir werden uns bemühen, auch darüber zu verhandeln. Beendete den Tag beim Zahnarzt. Zeit für eine Inspektion. Habe sie bestanden.

25. Februar: Heute wurde ich um 6.45 Uhr geweckt. Präsident Marcos, seine Familie und ein enger Freundeskreis sollen sich auf unserer Clark Air Force Base aufhalten, wurde mir mitgeteilt. Wir wissen nichts über sein Bestimmungsziel, aber er sagte, er wolle auf den Philippinen bleiben. Er besitzt ein Haus im Norden von Luzon. Im Office wurde ich von George Shultz, dem Vizepräsidenten, Cap, John, Don und so weiter empfangen. Wir werden unseren Botschafter auffordern, Kontakt zu Corazon Aquino aufzunehmen und zu sondieren, ob sie bereit ist, seinem Bleiben auf den Inseln zuzustimmen, und für seine Unversehrtheit garantieren kann. Im Laufe des Tages hörten wir, daß sie dazu nicht bereit ist. Er ist übrigens recht krank und auf der Clark Air Force Base ans Bett gefesselt. Am Abend erfuhren wir dann, daß er und seine Begleitung nach Guam geflogen sind. Er mußte mit einer Trage in die Maschine gebracht werden.

Nachdem die Familie Marcos Zuflucht auf Hawaii gefunden hatte, versuchte sie mehrmals, mit Nancy, mir und auch Paul Laxalt in Kontakt zu treten, um uns davon zu überzeugen, daß sie noch immer der Präsident und die First Lady der Philippinen seien. Aber es gab nichts, was wir in dieser Hinsicht hätten tun können. Wir erkannten Corazon Aquino (die ich bald bewunderte und respektierte, nachdem ich zunächst skeptisch gewesen war, sie würde die philippinischen Rebellen vielleicht nicht entschlossen genug bekämpfen) als rechtmäßig gewählte Präsidentin der Philippinen an und versicherten sie unserer uneingeschränkten Unterstützung.

Ferdinand und Imelda erkundigten sich auch wiederholt, ob wir nicht dafür sorgen könnten, daß ihnen erlaubt wurde, ihr Leben in ihrem Haus auf Luzon zu beschließen. Marcos ließ verlauten, daß er sich vorstellen könne, die Funktion eines Elder Statesman zu übernehmen, der die Regierung inoffiziell berät. Wir fragten etliche Male bei Corazon Aquino an, ob sie mit seiner Rückkehr auf die Philippinen einverstanden sein könne, wenn er dafür bereit sei, einen Teil des Geldes zurückzugeben, das er (wie ihm vorgeworfen wurde) dem philippinischen Volksvermögen entwendet hatte. Doch sie befürchtete, daß er nach einer Rückkehr seine ehemaligen Anhänger mobilisieren würde, um wieder an die Macht zu kommen. Im Hinblick auf die späteren Ereignisse hatte sie vermutlich recht: Marcos hielt sich gerade erst wenige Tage auf Hawaii auf, als er in Telephongesprächen mit Manila und anderen Orten versicherte, er bedauere es zutiefst, das Land kampflos verlassen zu haben, und seine Anhänger aufforderte, einen Staatsstreich in die Wege zu leiten, Corazon Aquino zu stürzen und ihm wieder zur Macht zu verhelfen. Wir haben, nebenbei bemerkt, einen Versuch unterbinden können, beträchtliche Mengen von Waffen an Marcos-Anhänger auf den Philippinen zu liefern.

Den Marcos gefiel ihr Leben auf Hawaii nicht. Ich nehme an, das lag vor allem daran, daß ihr Wohnsitz in den Vereinigten Staaten dazu führte, daß sie leichter von der Regierung Aquino und anderen gerichtlich belangt werden konnten. Auf ihre Bitte hin sondierten wir in etlichen anderen Staaten, so auch in Panama, Spanien, Mexiko, ob man bereit war, das Ehepaar aufzunehmen. Aber niemand wollte Ferdinand und Imelda Marcos haben.

Wir telephonierten ein letztes Mal mit ihnen während eines Zwischenaufenthaltes auf Hawaii, als Nancy und ich im April 1986 auf dem Weg zum Wirtschaftsgipfel in Tokio waren. Es gefiel ihnen auf Hawaii nicht, und sie sprachen sehnsüchtig von einer Rückkehr auf die Philippinen, wo Ferdinand – wie er betonte – begraben sein wollte. Selbst zu diesem Zeitpunkt schienen sie die tiefe Abneigung des philippinischen Volkes gegen sie noch nicht begriffen zu haben, noch die vieler Amerikaner aufgrund der Korruption, die auf den Philippinen an der Tagesordnung gewesen war. Imelda hielt Nancy fast eine Stunde lang am Telephon fest. Es war für alle sehr unangenehm. Doch ich mußte auch daran denken, wie prächtig sie im Malacañang-Palast gewohnt hatten, als wir sie kennengelernt hatten, und wie anders ihr Leben nun aussah.

Für Nancy und mich war dieses Telephongespräch ein letzter Abschied, eine traurige und bittere Trennung. Wir haben nie wieder mit ihnen gesprochen.

Bis zu seinem Todestag im Herbst 1989 hielt Marcos an der Behauptung fest, er sei Präsident der Philippinen, und Imelda behauptete, sie wäre die First Lady.

54

Die Überseereisen, die Nancy und ich während meiner Präsidentschaft unternahmen, bescherten uns eine Fülle unvergeßlicher Eindrücke. Im Frühjahr 1984 hieß unser Ziel China. Spätere Ereignisse auf dem Platz des Himmlischen Friedens haben unsere ursprüngliche Begeisterung gedämpft – doch damals, in jenem herrlichen Frühling, schien sich in China und Polen das Ende des Kommunismus anzukündigen.

Im März jenes Jahres war Finanzminister Don Regan von einer Reise nach Peking zurückgekehrt. Sein Bericht war hochinteressant: Die Volksrepublik China, so erfuhren wir, steuere langsam, aber sicher auf die freie Marktwirtschaft zu und begrüße Investitionen ausländischer Kapitalisten. Viele landwirtschaftliche Kommunen stünden im Begriff, aufgelöst zu werden. Chinesische Bauern erhielten langfristige Pachtverträge und sollten künftig ihre Produkte gewinnbringend verkaufen dürfen.

Vor allen wichtigen Auslandsreisen informierte mich der Nationale Sicherheitsrat mit einem eigens zu diesem Zweck vorbereiteten Film über die Orte, die ich besuchen, und die Personen, die ich dort treffen sollte. Das Material, das mir am Vorabend meiner Chinareise gezeigt wurde, bestätigte, daß die Fundamente des chinesischen Kommunismus nicht mehr zu übersehende Risse aufwiesen.

Am Ostersonntag, dem 22. April, bestiegen wir nach einem Kurzbesuch auf dem Rancho del Cielo das Flugzeug nach Honolulu, dem ersten Etappenziel unserer Reise. Während unseres zweitägigen Aufenthalts dort traf ich mit Barry Goldwater zusammen, der sich nach einem Besuch in Taiwan auf der Rückreise nach Washington befand. Barry war von meinem Besuch der Volksrepublik alles andere als angetan und machte aus seiner Entrüstung keinen Hehl. Obwohl ich ihm erklärte, ich wolle den politischen Führern in Peking klarmachen, daß wir nicht die Absicht hätten, alte Freunde im Stich zu lassen, um neue zu gewinnen, äußerte er den Verdacht, ich wolle Taiwan über kurz oder lang aufgeben. Ich glaube nicht, daß es mir gelungen ist, ihn vom Gegenteil zu überzeugen.

Unser Chinabesuch begann nach einer weiteren Übernachtung auf Guam an einem wolkenverhangenen Vormittag in Peking. Wir fuhren sofort zur Großen Halle des Volkes, wo die Begrüßungszeremonien stattfanden, darunter – erstmals für einen amerikanischen Präsidenten – ein Salut aus einundzwanzig Kanonen. Am Abend gab es ein Bankett mit zwölf Gängen; es war, wie sich heraustellen sollte, nur die erste einer ganzen Reihe ähnlicher Veranstaltungen. Dank entsprechender Unterweisung in Washington schafften es Nancy und ich, die Stäbchen mit angemessener Fingerfertigkeit zu handhaben. Ansonsten hielten wir uns an das, was uns von Richard Nixon, der 1972 Peking besucht hatte, geraten worden war: Stellt keine Fragen nach dem, was man euch auftischt – schluckt einfach alles runter. Dennoch bereitete mir an jenem ersten Abend die Identifizierung verschiedener Speisen auf meinem Teller einiges Kopfzerbrechen, und so drehte und wendete ich sie hin und her in der Hoffnung, auf diese Weise meine Abneigung, sie in den Mund zu stecken, zu kaschieren.

Beim Frühstück am nächsten Morgen im engsten Mitarbeiterkreis ließen wir als Vorsichtsmaßnahme gegen versteckte Mikrophone ein Tonbandgerät mit lauter Musik laufen. Wir taten gut daran: Später entdeckten wir in den von uns belegten Zimmern des Gästehauses insgesamt fünf versteckte Abhörgeräte. Ein Mitarbeiter schraubte die Abdeckung eines Lichtschalters in seinem Zimmer ab und fand darunter eine Wanze. Er entfernte sie und nahm sie als Andenken mit nach Hause.

Bei meinem ersten offiziellen Gespräch mit der politischen Führung Chinas, einer neunzigminütigen Unterredung mit Ministerpräsident Zhao Ziyang, hob ich hervor, daß wir kein Bündnis mit China anstrebten und den blockfreien Status des Landes voll akzeptierten. Als Freunde und gemeinsame Anrainer des pazifischen Beckens könnten wir aber vielleicht einen gemeinsamen Beitrag zu Frieden und Stabilität in der Region leisten. Dies war, wie ich glaube, eine gute Einleitung für den offiziellen Teil des Besuchs. Im weiteren Verlauf des Tages sprach ich zu einer Gruppe chinesischer Spitzenfunktionäre; die Rede wurde später – gekürzt um einige Passagen über die Sowjetunion, die Religion und den Wert der freien Marktwirtschaft – im chinesischen Rundfunk gesendet. Es folgte ein weiteres Treffen mit Zhao und verschiedenen Parteigrößen, bei dem es um Handelsfragen und Investitionen ging. Ein kleiner, aufdringlicher Ideologe versuchte mich davon zu überzeugen, daß wir unsere Truppen aus Südkorea abziehen sollten. Ich gab ihm sofort Kontra: Falls Nordkorea tatsächlich – wie er behauptete – seine Beziehungen zu uns verbessern wolle, so sollte er erst einmal dafür sorgen, daß der Norden die entmilitarisierte Zone zwischen den beiden Koreas nicht mehr mit illegalen Tunnels untergrabe.

Auch an diesem Abend fand ein zwölfgängiges Dinner statt, doch bewältigte ich es irgendwie leichter als das erste. Mittlerweile war es mir offenbar gegeben, Dick Nixons Rat uneingeschränkt zu beherzigen.

Tags darauf kam es zum Höhepunkt meiner Reise, der Begegnung mit Chinas führendem Mann, dem Parteivorsitzenden Deng Xiaoping. Als wir einander vorgestellt wurden, legte der kleine, breitschultrige Achtzigjährige mit den eindrucksvollen, dunklen Augen einen spielerischen Sinn für Humor an den Tag. Lächelnd bat er Nancy, die mich bei der formellen Begrüßung begleitete, doch eines Tages ohne mich nach China zurückzukehren; er wolle ihr dann das Land zeigen. Später, als wir zur Sache kamen, war das Lächeln verflogen. Ohne Umschweife hielt er mir einen ganzen Katalog angeblicher amerikanischer Sünden vor: unsere Unterstützung Israels, die seiner Ansicht nach den gesamten Nahen Osten destabilisiere; unsere Politik gegenüber den Ländern der Dritten Welt und die bisherige Erfolglosigkeit der amerikanisch-sowjetischen Verhandlungen über nukleare Abrüstung.

Als Gastgeber hatte er das Gespräch eröffnet. Dann war ich an der Reihe. Ich tat mein Bestes, seine Äußerungen Punkt für Punkt zu widerlegen, und korrigierte die von ihm erwähnten Zahlen und Fakten. Gastgeber hin oder her – er hatte nicht mit Kritik gespart, und so zahlte ich mit gleicher Münze zurück.

Zu meiner Überraschung wurde Deng daraufhin wieder freundlicher. Sein Lächeln kehrte zurück, und ich gewann den Eindruck, daß ihm an einer entspannten, herzlichen Atmosphäre gelegen war. Dies hielt ihn freilich nicht davon ab, unsere freundschaftlichen Beziehungen mit Taiwan als Einmischung in innerchinesische Angelegenheiten zu bezeichnen. Ich erwiderte darauf, daß die mit der Teilung Chinas verbundenen Probleme zwischen der Volksrepublik und Taiwan ausgehandelt werden müßten; den Vereinigten Staaten sei allerdings sehr an einer friedlichen Lösung gelegen. Jeder Versuch einer militärischen Lösung würde den Beziehungen zwischen unseren beiden Ländern irreparablen Schaden zufügen.

Als wir zur Mittagessenszeit unsere Verhandlungen unterbrachen, hatte sich die anfängliche Spannung in ein angenehmes gesellschaftliches Ereignis verwandelt, und ein Trinkspruch folgte dem anderen. Ich glaube, daß ich Deng inzwischen ebenso verstand wie er mich. Nach dem Essen holte ich Nancy ab, und wir besichtigten gemeinsam die Große Mauer. Riesige Menschenmengen säumten die Strecke und winkten uns zu. Obwohl ich die Große Mauer schon seit meiner Kindheit von Photographien her kannte, war die unmittelbare Begegnung mit ihr ein großartiges emotionales Erlebnis. Ich sah, wie sie die Landschaft überragte und in beiden Richtungen hinter den Bergen verschwand. Noch heute bereitet es mir Schwierigkeiten, meine damaligen Gefühle angemessen zu beschreiben.

Die nächsten Tage waren ebenfalls von Sightseeing-Touren beherrscht, wobei sich hie und da auch Einblicke in die gesellschaftlichen Veränderungen boten, die sich in China zu jener Zeit vollzogen. Vor allem aber bekamen wir einen faszinierenden Eindruck von der Vergangenheit des Landes. Wir flogen nach *Xian*, der alten Hauptstadt, und erreichten nach fast neunzigminütiger Fahrt das Grabmal des ersten chinesischen Kaisers und die berühmte Ausgrabungsstätte, an der die Archäologen Hunderte von lebensgroßen, in Reih und Glied aufgestellten Terrakotta-Soldaten mit Pferden und Kriegswagen freigelegt haben, deren einstige Aufgabe es war, das Grabmal zu bewachen. »Sie (die Archäologen) wissen, daß über siebentausend (Terrakotta-Soldaten) noch nicht ausgegraben sind«, schrieb ich an jenem Abend in mein Tagebuch. »Eine unvergeßliche Erfahrung. Dies und die Fahrt durch die Dörfer, die von unendlichen, hie und da mit Grabhügeln und Relikten der chinesischen Vergangenheit gesprenkelten Weizenfeldern umgeben sind, erfüllten einen Tag, an den wir noch lange zurückdenken werden.«

Auf der Stadtrundfahrt durch Peking sahen wir überall Fahrräder – und zwar ausschließlich schwarze. Die Autos gehörten, wie man mir sagte, nahezu ausnahmslos dem Staat. Einer Familie war es allerdings gerade gelungen, sich einen eigenen Wagen anzuschaffen – und anstatt sie zu bestrafen, brachte die Regierung während unseres Aufenthalts einen ausführlichen Bericht über das Ereignis. Indem man die Familie zu Helden stilisierte, wollte man offenbar eine Botschaft unters Volk bringen: Privateigentum ist nicht durchweg schlecht. Arbeitet hart und spart euer Geld – dann werdet ihr euch eines Tages vielleicht auch ein Auto leisten können.

Wir hatten darum gebeten, einen der neugeschaffenen freien Märkte besichtigen zu können, auf denen chinesische Bauern und Unternehmer in Abkehr von der kommunistischen Ideologie gewinnbringend Waren verkaufen durften. Aus Sicherheitsgründen sei dies kaum durchführbar, meinten die chinesischen Offiziellen zunächst, doch dann erklärten sie sich bereit, eigens einen kleinen Mustermarkt einzurichten. Nancy erstand bei einem jungen Mädchen Christbaumschmuck für uns und ein paar Mitbringsel für unsere Enkelkinder. Die Rechnung belief sich auf fünf Yuan, also ungefähr zweieinhalb Dollar. Ich gab dem Mädchen einen Zehn-Yuan-Schein, doch sie konnte nicht herausgeben. Die Angelegenheit war ihr furchtbar peinlich. Aufgeregt sah sie sich nach Hilfe um.

Man hatte mir zwar gesagt, daß Trinkgelder in China nicht üblich sind, doch weil mir das schier in Panik geratene Mädchen leid tat, sagte ich zu ihm: »Behalt es!«, und wir gingen weiter. Ein paar Augenblicke später holte sie uns ein und brachte mir das Wechselgeld, das sie sich inzwischen irgendwo beschafft hatte.

Nun war es an mir, peinlich berührt zu sein. Ich merkte, daß ich in meinem Bemühen, ihr zu helfen, den Eindruck erweckt hatte, ich wolle ihr ein Trinkgeld geben. Ich hatte nicht schnell genug gedacht und einen Fauxpas begangen.

Während der mir verbleibenden viereinhalb Jahre im Weißen Haus verfolgte ich die langsamen Veränderungen in China mit großem Interesse. Das Land blieb nach wie vor eindeutig kommunistisch ausgerichtet, doch durch die Förderung kleinerer Privatunternehmen und die Befreiung der Landarbeiter aus den landwirtschaftlichen Kollektiven – man bot ihnen an, das Land, das sie beackerten, zu pachten und einen Teil der erwirtschafteten Profite zu behalten – wurde eine kleine

Schicht von Unternehmern geschaffen. Wie immer man dieses System auch nennen mochte – es war der Beginn einer freien Marktwirtschaft. Und so gelang es den Chinesen, in einigen Gebieten die landwirtschaftliche Produktivität nahezu um das Vierfache zu steigern.

Ich kann nicht von mir behaupten, ich hätte 1984 all die dramatischen Veränderungen vorausgesehen, die sich mittlerweile in der kommunistischen Welt vollzogen haben. Die Ereignisse in China und Polen stimmten mich damals jedoch optimistisch; sie waren ein aufregender Silberstreif am Horizont. Zum erstenmal wurde in der kommunistischen Welt öffentlich zugegeben, daß der Kommunismus nicht funktionierte ... die ersten Vorboten des Zusammenbruchs.

Die Frage, wie es in China weitergehen wird, kann nur die Geschichte beantworten. Nachdem die chinesische Führung den Protest der demokratische Grundrechte einfordernden Studenten brutal niedergeschlagen hat, liegt die Zukunft des Landes im Ungewissen. Für mich bestätigten die tapferen Studenten, die auf dem Platz des Himmlischen Friedens vor den Panzern nicht zurückwichen und dabei ihr Leben ließen, meine alte Überzeugung, daß keine totalitäre Gesellschaft den kreatürlichen Freiheitsdrang der Menschen unterdrücken kann und daß ein unterdrücktes Volk, dem man ein bißchen Freiheit gewährt, sich damit nicht zufriedengeben, sondern mehr verlangen wird. Dennoch: Als ich sah, wie sich das Drama entfaltete, und als ich von dem schlimmen Schicksal der Studenten erfuhr, konnte ich nicht umhin, mich zu fragen, ob es nicht besser gewesen wäre, wenn sie noch einige Zeit gewartet hätten. Ich begriff ihr Anliegen, und ich sympathisierte mit ihnen wie jeder andere auch, doch ich wußte, daß es in der Regierung ihres Landes Menschen gab, die Schritt für Schritt die Freiheit und die Demokratie in China stärken wollten. Es ist gut möglich, daß die Studentenrevolte, so couragiert sie war, diesen Leuten die langfristig angelegte Realisierung ihres Vorhabens erheblich erschwert hat.

Die Zukunft Chinas ist, wie gesagt, schwer vorauszusagen. Trotzdem wette ich darauf, daß eines Tages die Sturmflut der Freiheit, die gegenwärtig um den Globus fegt, auch dort triumphieren wird.

Ein paar Wochen nach unserer Rückkehr aus China flog ich zum Weltwirtschaftsgipfel nach London. Die Reise war mit zwei unvergeßlichen Abstechern verbunden.

In Irland brachte uns ein Hubschrauber nach Ballyporeen in der Grafschaft Tipperary. Aus jenem Dorf stammte mein Urgroßvater Michael Reagan, der Mitte des neunzehnten Jahrhunderts, als in Irland eine große Hungersnot herrschte, nach Amerika ausgewandert war. Mein Vater war bereits mit sechs Jahren verwaist, so daß weder er noch ich viel über Jacks Familie wußten. Doch Präsidenten genießen gelegentlich recht angenehme Privilegien: Aus Anlaß unseres Besuchs hatte die irische Regierung Ahnenforschung betrieben – und nun präsentierte sie mir die Ergebnisse ihrer Bemühungen.

Ein Priester in Ballyporeen zeigte mir den handschriftlichen Eintrag aus dem Jahre 1829, mit dem die Taufe Michael Reagans registriert worden war. Anschließend gingen wir über die Straße und besichtigten die Kirche, in der die Taufe stattgefunden hatte. Danach schlenderte ich durch die Stadt, in der Michael Reagan aufgewachsen war. Auf dem Weg zu einem Pub, das meinen Namen trug, schüttelte ich so viele Hände, wie ich nur konnte. Im Gasthaus trank ich ein Bier und bekam einen von *Burke's Peerage* zusammengestellten Stammbaum meiner Familie geschenkt, aus dem hervorging, daß ich nicht nur mit Königin Elisabeth II., sondern auch mit John F. Kennedy entfernt verwandt bin.

Unsere Gastgeber eröffneten mir bei dem Empfang im Pub, daß sie einige entfernte Verwandte von mir eingeladen hätten, darunter einen, der mir sehr ähnlich sähe. Nun hatte ich schon des öfteren von Leuten gehört, die mir angeblich ähnlich sehen, doch wenn sie dann leibhaftig vor mir standen, vermochte ich nie besonders viel Ähnlichkeit zu entdecken. An jenem Tag in Irland aber fuhr mir der Schreck in die Glieder: Ein junger Mann, etwa Mitte Zwanzig, wurde hereingeführt. Ich mußte zweimal hinsehen, um es zu glauben: die Augen, die Haare, der Schnitt seines Gesichts – die Ähnlichkeit zwischen uns beiden war frappierend. Da es schon über ein Jahrhundert zurücklag, daß mein Urgroßvater Ballyporeen verlassen hatte und nach Amerika ausgewandert war, empfand ich diese Begegnung als geradezu unheimlich.

Der Besuch in jenem Dorf, aus dem mein Zweig der Familie Reagan hervorgegangen war, aber auch die Erkenntnis, daß einige meiner Vorfahren in Armengräbern lagen, berührten mich innerlich tief. Obwohl ich sonst wenig zu Selbstbetrachtungen und längeren Reflexionen über die Vergangenheit neige, überkam mich beim Anblick der schmalen

Hauptstraße jener kleinen Gemeinde, von der aus ein Emigrant namens Michael Reagan einst ausgezogen war, um sich einen Traum zu erfüllen, eine Flut von Gedanken. Und ich dachte nicht nur an Michael Reagan, sondern auch an seinen Sohn, meinen Großvater, den ich nie kennengelernt hatte. Ich dachte an Jack und seine Geschichten aus Irland und an seinen unablässigen Drang voranzukommen. Ich dachte an meine Kindheit in Dixon, das ich verlassen hatte, um nach Hollywood – und später nach Washington – zu gehen.

In was für einem unglaublichen Land leben wir doch! In einem Land, in dem der Urenkel eines armen Einwanderers aus Ballyporeen Präsident werden konnte. Ich vermochte mich des Gedankens nicht zu erwehren, daß Jack an diesem Tag wahrscheinlich Stolz empfunden hätte. Mein Wunsch, daß er und Nelle noch am Leben wären, war nie so stark wie in dieser Stunde. Ich hätte sie so gerne an meiner Seite gehabt.

Nach Beendigung unseres Besuchs in Irland und einem kurzen Aufenthalt in London flogen wir im Helikopter über den Ärmelkanal nach Frankreich, um dort an den Feierlichkeiten zum vierzigsten Jahrestag der alliierten Invasion in der Normandie teilzunehmen. Unsere erste Landung brachte uns zur Pointe du Hoc, wo 225 amerikanische Soldaten während der frühen Morgenstunden des D-Day gegen enormen deutschen Widerstand ein über dreißig Meter hohes Kliff erstürmt und damit einen wichtigen Brückenkopf erobert hatten. Mehr als hundert von ihnen wurden bei der Aktion getötet oder verwundet. 62 Überlebende nahmen an der Gedenkfeier teil. Grauhaarig und mit vom Alter und den Erfahrungen eines langen Lebens gegerbten Gesichtern kamen sie mir vor wie ältere Geschäftsleute, und einige von ihnen waren es sicher auch – aber es waren eben *auch* die Jungen, die damals – einige von ihnen in einem Alter, in dem man gerade anfängt, sich zu rasieren – so viel gegeben hatten, so tapfer gewesen waren in den ersten Stunden der Attacke. Auf jener windgepeitschten Klippe, für die so viel Blut vergossen worden war, versuchte ich mir die Geschichte ihrer Tapferkeit ins Gedächtnis zurückzurufen. Ich glaube, die Gedenkfeier hat alle Teilnehmer zutiefst bewegt.

Nancy und ich besichtigten noch eine Bunkerstellung des Atlantikwalls aus massivem Beton, von der aus die deutschen Soldaten bei

Tagesanbruch erstmals die fünftausend Schiffe der Invasionsflotte gesichtet hatten, und flogen dann weiter zum Omaha Beach, wo sich uns ein herzzerreißender Anblick bot: endlose Reihen weißer Kreuze und Davidsterne – insgesamt mehr als neuntausend –, und doch repräsentierten sie nur einen Bruchteil der Opfer, die der D-Day gefordert hatte.

Nachdem Präsident Mitterand eingetroffen war, legten wir gemeinsam Kränze an einer Gedenkstätte nieder. In meiner anschließenden Rede zitierte ich mehrfach aus einem Brief, den ich einige Wochen zuvor von einer Kalifornierin namens Lisa Zanatta Henn erhalten hatte, deren Vater, Peter Zanatta, noch keine zwanzig Jahre alt gewesen war, als er am 6. Juni 1944 aus einem schwankenden Landungsboot sprang und mit der ersten Welle der Invasoren bei Omaha Beach an den Strand watete.

Lisa hatte in ihrem Brief geschrieben, daß ihr Vater zeitlebens davon geträumt hatte, eines Tages in die Normandie zurückkehren zu können. »Irgendwann, Lis«, pflegte er zu sagen, »werde ich zurückkehren und mir das alles noch einmal ansehen. Ich werde den Strand sehen, die Barrikaden und die Gräber. Auf die Gräber der Jungs, die ich gekannt habe, und auf das Grabmal des Unbekannten Soldaten werde ich Blumen legen – für jeden meiner Kriegskameraden eine.« Doch dann, so Lisa, sei ihr Vater vor einigen Jahren einem Krebsleiden erlegen, ohne sich zuvor seinen Traum erfüllen zu können. Sie hatte mir geschrieben, um mich zu fragen, ob sie an seiner Statt an der Gedenkfeier teilnehmen dürfe.

»Mein Vater sah viele seiner Kameraden sterben«, hieß es in ihrem Brief, »und ich weiß, daß er jeden Tod in seinem Inneren mit erlitt. Doch er erklärte mir sein Verhalten mit den folgenden Worten: ›Man tat, was man tun mußte, und machte einfach weiter.‹«

Ihr Leben lang hatte Lisa ihren Vater vom D-Day erzählen hören. »Er hielt sich oder das, was er getan hatte, keineswegs für etwas Besonderes«, meinte sie. »Er war ein einfacher Mann, Sohn italienischer Einwanderer, die eigentlich nie genug Geld gehabt hatten. Aber er war auch stolz – stolz auf seine Herkunft, stolz auf sein Land und stolz darauf, daß er im Zweiten Weltkrieg gekämpft und D-Day miterlebt hatte.«

Wir sorgten dafür, daß Lisa und ihre Familie in unsere Delegation aufgenommen wurden, und ermöglichten ihr somit, bei der Gedenkfeier dabeizusein. Ihre Worte im Namen des Vaters schienen auszudrücken, was all jene Männer fühlten, die für die Verteidigung der Freiheit an besagtem Morgen ihr Leben aufs Spiel gesetzt hatten – einschließlich jener, die inzwischen längst unter den weißen Kreuzen lagen, die sich in endloser Reihe bis zum Horizont erstreckten. »Er ließ mich die Angst spüren, die vor der Landung alle an Bord befallen hatte«, sagte ich, erneut aus Lisas Brief zitierend. »Ich kann den Ozean riechen und fühle die Seekrankheit. Ich sehe die Augen in den Gesichtern seiner Kriegskameraden, die Beklommenheit, die entsetzliche Angst, die Ungewißheit über das, was ihnen bevorstand. Und dann gingen sie an Land – und ich spüre die Kraft und den Mut derjenigen, die als erste durch die Brandung wateten, obwohl sie damit rechnen mußten, daß sie vermutlich nur noch wenige Augenblicke zu leben hatten ...«

Nach ein paar Minuten konnte ich fast nicht mehr weitersprechen. Meine Stimme brach. Irgendwie hielt ich dann doch noch durch und war froh, als ich zum Ende kam: »Durch die Worte seiner liebevollen Tochter, die hier und heute unter uns weilt, hat uns ein D-Day-Veteran die Bedeutung jenes Tages weit eindrucksvoller vor Augen geführt, als jeder Präsident es vermag. Für uns mag es daher genügen, wenn wir über den Soldaten Zanatta und alle die mutigen und ehrenvollen Männer, die vor vierzig Jahren gemeinsam mit ihm kämpften, sagen: Wir werden uns immer an euch erinnern. Wir werden immer stolz auf euch sein. Wir werden immer auf der Hut sein, damit wir niemals unsere Freiheit verlieren.«

Weniger als ein Jahr danach war ich wiederum in Europa und sprach erneut an einer Stätte, an der Gefallene aus dem Zweiten Weltkrieg ruhen. Es war ebenfalls eine denkwürdige Erfahrung – wenn auch aus einem anderen Grund.

Im Frühjahr 1985 fand in Bonn die Gipfelkonferenz der wichtigsten Industrienationen statt. Bundeskanzler Helmut Kohl hatte dies zum Anlaß genommen, mich zu einem Staatsbesuch einzuladen. Ich sagte zu und stimmte mit ihm darin überein, daß dies der geeignete Augenblick sei, nicht nur des vierzigsten Jahrestags des Kriegsendes zu gedenken, sondern auch des Beginns einer vierzigjährigen Epoche des Friedens und der Freundschaft zwischen zwei ehemaligen Feinden.

Nachdem ich die Einladung zum Staatsbesuch akzeptiert hatte, erhielt ich noch eine weitere Einladung: Ein bayerischer Politiker schlug mir vor, während meines Besuchs die unweit Münchens gelegene Gedenkstätte auf dem Gelände des berüchtigten NS-Konzentrationslagers Dachau zu besichtigen. Da ich in Deutschland als offizieller Gast der Bundesregierung weilen würde, erschien es mir unangebracht, die Gestaltung des Besuchsprogramms persönlich zu beeinflussen. Ich lehnte also die zweite Einladung ab. (Später erfuhr ich, daß der Brief von einem Rivalen Kohls stammte, der aus meinem Besuch in seiner Region politisches Kapital schlagen wollte.)

Als die westdeutsche Regierung bekanntgab, daß zu dem vorgesehenen Reiseprogramm auch ein Besuch auf dem Soldatenfriedhof Bitburg gehöre, erhob sich Protest unter den jüdischen Organisationen in den Vereinigten Staaten. Man nahm daran Anstoß, daß sich unter den ungefähr zweitausend Toten, die dort bestattet liegen, auch 48 Leute der Waffen-SS befänden – eine Tatsache, die unserem Voraustrupp, als er sich mit dem Reiseverlauf einverstanden erklärte, unbekannt gewesen war. Die jüdischen Organisationen forderten, ich solle den Besuch in Bitburg absagen und statt dessen nach Dachau fahren.

Selbst Nancy war diesmal gegen mich. Auszüge aus meinem Tagebuch vermitteln eine Vorstellung davon, wie mir in jenen Tagen zumute war:

4.–14. April [1984] Auf der Ranch.
Fast die ganze Woche über hackt die Presse auf mir herum, weil ich Helmut Kohls Einladung angenommen habe, anläßlich unseres Besuchs in Bonn einen deutschen Soldatenfriedhof zu besuchen. Ich hatte zuvor die nicht-offizielle Einladung eines westdeutschen Politikers zu einem Besuch in Dachau abgelehnt. All dies wird nun so dargestellt, als sei ich willens, ehemaligen Nazis meine Reverenz zu erweisen und dabei den Holocaust zu ignorieren. Helmuts Absicht war es, am vierzigsten Jahrestag des Kriegsendes sowohl an das Ende des Hasses als auch an den Beginn einer nun bereits vierzig Jahre währenden Epoche der Freundschaft und des Friedens zu erinnern. Ich habe wiederholt gesagt, daß wir den Holocaust nie vergessen dürfen und uns stets daran erinnern müssen, damit dergleichen nie wieder geschieht. Aber einige unserer jüdischen Freunde sind jetzt

auf dem Kriegspfad. Ich werde aber unter keinen Umständen einen Rückzieher machen und in Deckung gehen. Helmut ist allerdings ziemlich aufgebracht. Er hält eine Ausweitung der Proteste für möglich und fürchtet, daß der gesamte Wirtschaftsgipfel darunter leidet. Vielleicht ändert er das Programm ja noch. Warten wir's ab. Ich bin nach wie vor der Meinung, daß unsere Entscheidung richtig war. Jawohl. Die deutschen Soldaten waren damals der Feind und ein Bestandteil der ganzen Nazi-Haß-Epoche. Aber wir haben gesiegt und diese Soldaten getötet. Was ist falsch an dem Satz: »Laßt uns nie wieder Feinde sein?« Wäre es denn auch falsch, wenn Helmut bei einem Besuch in den Vereinigten Staaten den (National-)Friedhof Arlington besuchen würde?
Walter Annenberg rief heute an. Über den Fernschreiber war ein Bericht der *Prawda* gekommen, in dem wegen der jüdischen Kritik an meiner Weigerung, nach Dachau zu fahren, auf mich eingedroschen wird. Ich will der *Prawda* antworten und darauf hinweisen, daß heute, vierzig Jahre nach dem Holocaust, die Sowjets die einzigen sind, die ganz offiziell Antisemitismus praktizieren.
Wir sind zurück in Washington und versuchen, uns nach acht herrlichen Tagen auf der Ranch wieder einzuleben.

15. April: ... ein Telegramm von Helmut Kohl traf ein, und Mike Deaver ist nach Bonn abgeflogen. Sehr gut möglich, daß Helmut unser Problem betr. Holocaust gelöst hat. Die Dachau-Einladung war eine Privatsache. Helmut macht sie offiziell. Er wird mich sowohl dorthin als auch auf den Friedhof einladen. Nun, da alles offiziell ist, kann ich beides akzeptieren.

16. April: Nach dem Mittagessen mit dem Vizepräsidenten ins E. O. B. (Executive Office Building des Weißen Hauses), dort Rede vor Kirchenkonferenz über Religionsfreiheit. Davor beschäftigten wir uns erneut mit meinem deutschen Problem. Die Presse hat sich darin verbissen und heizt die Sache nach Kräften an. Am Ende meiner Rede nahm ich dazu Stellung. Gab zu, daß es wegen des Vorschlags Dachau bei uns einige Verwirrung gegeben hat. Sagte, daß Dachau nun Teil des offiziellen Reiseprogramms sei und daß ich *sowohl* den deutschen Soldatenfriedhof in Bitburg *als auch* ein Konzentrationslager besuchen wolle.

19. April: Der Tag begann mit einer kurzen Unterzeichnungszeremonie. Dann kamen wir wieder auf meinen »Fall Dreyfus« zu sprechen – diesen Besuch auf einem deutschen Friedhof. Ich habe unseren Leuten gesagt, daß ich angesichts der immer schriller werdenden Proteste und des unaufhörlichen Gezeters der Presse keine Möglichkeit für einen Rückzieher sähe. Mike Deaver ist wieder da; er sagte, Kohl wolle mich anrufen. Unser Botschafter Arthur Burns hatte eine mehrstündige Unterredung mit Kohl. Unsere Leute wollen, daß ich als Ersatz für den Soldatenfriedhof eine nationale deutsche Kriegsgedenkstätte vorschlage. Nur wenn Kohl dadurch keine Probleme bekommt, sagte ich. Der Anruf kam noch während unserer Konferenz. Helmut teilte mir mit, wir würden nicht Dachau, sondern das Lager Bergen-Belsen besuchen. Dann sagte er, daß meine Bemerkung, die toten Soldaten seien ebenso Opfer des Nationalsozialismus wie die im Holocaust umgekommenen Juden, in Deutschland positiv aufgenommen worden sei. Mit großem Nachdruck betonte er, daß eine Absage des Friedhofbesuchs zum gegenwärtigen Zeitpunkt in seinem Land eine Katastrophe wäre und überdies eine Beleidigung des deutschen Volkes. Ich erwiderte, daß ich nicht absagen würde.
Während meines Gesprächs mit Kohl war der Vizepräsident samt unserem Team anwesend und bekam daher auch das Ende der Unterredung mit. Später erhielt ich vom VP folgende Notiz:
»Mister President, Ihre Haltung hat mich mit Stolz erfüllt. Wenn Sie glauben, daß ich als Blitzableiter fungieren kann, dann schicken Sie mich in die Schlacht. Es wird nicht leicht sein – aber Sie haben recht!!
George«
Wir ließen dann Elie Wiesel, einen Überlebenden des Holocaust, und ein paar andere kommen, die wegen der Feiern zur *Jewish Heritage Week* (auf der ich Elie die Goldene Ehrenmedaille des Kongresses verliehen hatte) zufällig gerade verfügbar waren. Ich erklärte ihnen die Situation und konnte ein paar Pluspunkte verbuchen – obgleich mich Elie danach in einem vorgefertigten Statement beschwor, den Friedhofsbesuch unter allen Umständen abzusagen. Wir luden Elie ein, uns auf der Reise zu begleiten. Er war einverstanden – mit der Einschränkung, daß er nicht mit auf den Friedhof kommen wolle.

20.–21. April: Camp David. Herrliches Wetter, um die 25 Grad. An beiden Tagen geschwommen, am Samstag auch geritten. Sonntag schon früh zurück. Nancy gleich weiter nach Kalifornien, nur für eine Nacht, um dort ein Haus anzusehen. Fällt unter die Rubrik Zukunftsplanung. Mermy (meine Tochter Maureen) zum Abendessen hier.

26. April: Senator Metzenbaum und andere brachten eine nichtverbindliche Resolution durch, derzufolge Deutschland gebeten werden soll, mir den Besuch auf dem Bitburger Friedhof zu ersparen. Wurde leider auch von ein paar republikanischen Parteifreunden befürwortet. Wie dem auch sei, ich will das gar nicht. Ich glaube, ich tue das, was moralisch richtig ist.

27. April: Den ganzen Tag gelesen, bis mir die Augen weh taten. Lauter Informationsmaterial für die Reise. Die Presse nörgelt noch immer an dem Bitburg-Besuch herum. Ich halte weiterhin daran fest, zu beten.

28. April: Weitere Hausaufgaben. Schöner Tag mit Lunch draußen auf dem Truman-Balkon. Anruf bei Jerry Ford. Ich dankte ihm für seine Worte betr. Bitburg. Mache mir Sorgen wegen Nancy. Sie ist furchtbar wütend über die Sache. Ich kann sagen, was ich will, sie läßt sich nicht besänftigen. Werde das in meine Gebete einschließen.

29. April: Abreisetag. Kritzle an den Manuskripten einiger der insgesamt vierzehn Reden herum, die ich in Europa halten werde. Wir hatten wieder mal eine Kabinettssitzung über die geplante Vereinfachung der Steuergesetze. Ein bißchen sind wir vorangekommen. Verhandlungspause bei den Genfer Abrüstungsverhandlungen, deshalb ist unsere Delegation hier. Kurzes Treffen mit den drei Chefunterhändlern. Sonst nicht viel Neues.
Ich hoffe, ich bin nicht zu optimistisch – aber wie es scheint, gibt es Anzeichen, daß die Stimmung in der Bitburg-Frage doch noch umschlägt.

21.25 Uhr: Kurze Presseerklärung, bevor mich der Helikopter *Marine I* zum Flughafen bringt und die Reise nach Bonn beginnt. Wegen der Schwierigkeiten bei der Zeitverschiebung – sechs Stunden Unterschied – probierten wir diesmal was Neues aus. *Air Force I* startete in Washington um 22 Uhr Ortszeit. Zu diesem Zeitpunkt war es in Bonn bereits 4 Uhr morgens. Die Flugdauer sollte sieben Stunden und fünfundzwanzig Minuten betragen. Wir legten uns gleich, nachdem wir an Bord gegangen waren, schlafen. Ich kann nicht behaupten, daß wir besonders gut schliefen, aber auf jeden Fall konnten wir für eine ganze Weile mit geschlossenen Augen ruhen. Unsere Uhren stellten wir bereits auf Bonner Zeit um, das heißt, wir gingen um 4 Uhr früh zu Bett und trafen um 11.25 Uhr ein. Am Flughafen begrüßten uns Botschafter Burns und Außenminister Genscher gemeinsam mit ihren Gattinnen. Per Hubschrauber flogen wir zu Schloß Gymnich, das der deutschen Regierung als Gästehaus dient. Schon bei unserem Besuch im Jahre 1982 hatten wir dort gewohnt.

Je näher der Zeitpunkt meines Friedhofsbesuchs rückte, desto einhämmernder hallten die Trommelwirbel der Kritik. Es gab Stimmen, die behaupteten, mit meiner Weigerung, den Besuch in Bitburg abzusagen, hätte ich antisemitische, nationalsozialistische Gesinnung an den Tag gelegt. Über meine Entschlossenheit, an dem Besuch festzuhalten, war, glaube ich, wohl niemand unglücklicher als Nancy. Sie zieh mich schlicht der Sturheit.

Im Gegensatz zu mancherlei Mutmaßungen versuchte Nancy mich während meiner gesamten Präsidentschaft nur ganz selten zu beeinflussen. Was allerdings Bitburg anbetraf, so hielt sie mit ihrer Meinung keineswegs hinterm Berg. Nur ist es nicht ihre Art, mich anzublaffen oder an mir herumzunörgeln, wenn wir unterschiedlicher Auffassungen sind. Dinge, die ihr besonders am Herzen liegen, streift sie eher beiläufig, indem sie – zum Beispiel beim Abendessen – mit der ihr eigenen leisen Stimme eine Frage stellt wie: »Hältst du es wirklich für eine gute Idee, das zu tun?« Oder sie meint: »Ich an deiner Stelle würde das wahrscheinlich nicht noch einmal sagen ...« Jedesmal, wenn Nancy in dieser Form mit mir spricht, weiß ich, daß sie nicht etwa versucht, sich in meine Amtsgeschäfte einzumischen. Ihr geht es vielmehr darum, mich zu beschützen, mir unnötigen Ärger zu ersparen.

Nancys Meinung habe ich stets sehr zu schätzen gewußt. Und ich bin mir, ehrlich gesagt, nicht sicher, ob man überhaupt ein guter Präsident sein kann ohne eine Frau, die jederzeit dazu bereit ist, einem so offen ihre Meinung zu sagen, wie sich dies in einer guten Ehe gehört. In solch einer gefestigten Partnerschaft sind Mann und Frau einander die besten Freunde. Wenn man von seiner Frau nicht absolute Aufrichtigkeit erwarten kann – von wem dann? Sie wird dir Dinge sagen, die dir sonst keiner sagt, darunter manchmal auch unangenehme, die man gar nicht gerne hört – doch muß es nicht genau so sein? Eine Frau, die mir am Abendbrottisch gegenübersäße und sich nicht traute, mir zu sagen, daß sie in diesem oder jenem Punkt nicht meiner Meinung ist, nein, das wäre nichts für mich. Und eben darum, weil Nancy meine beste Freundin war, legte ich Wert darauf zu wissen, wie sie über die Angelegenheit dachte.

Sie war der Ansicht, daß mein Besuch auf dem Friedhof in Bitburg einen Affront gegenüber den Juden bedeutete und zudem den Eindruck erwecken könne, es mangele mir an Sensibilität für die Opfer des Holocausts. Ich erwiderte, daß ich Helmut Kohl, nachdem ich die Einladung nun schon einmal angenommen hätte, nicht durch eine Absage bloßstellen dürfe. Doch dies war nicht der einzige Grund für meine Weigerung, den Besuch ausfallen zu lassen.

Nach meinem Dafürhalten konnte es nicht angehen, jeden einzelnen Deutschen – einschließlich jener Generation, die zu Hitlers Zeiten noch gar nicht geboren war – auf immer und ewig für den Holocaust büßen zu lassen. Ich glaube nicht, daß es gerecht ist, alle Deutschen das Stigma der Taten Hitlers tragen zu lassen. Wie bereits erwähnt, sah ich während der letzten Kriegstage einen Film des *Army Signal Corps* mit den erschütternden Bildern von deutschen Dorfbewohnern, denen man die Todeslager in ihrer Nachbarschaft zeigte. Zum erstenmal ging diesen Menschen wirklich auf, was Hitler begangen hatte; ich erkannte es an ihren Blicken, aus denen fassungslose Ungläubigkeit und Entsetzen sprachen. Viele Deutschen erfuhren erst nach dem Krieg, was geschehen war. Und um zu verhindern, daß Hitlers grauenhafte Verbrechen jemals in Vergessenheit geraten können, wurden seitens der Bundesrepublik die ehemaligen Konzentrationslager in Museen des Todes umgewandelt, in denen die furchtbarsten Bilder ausgestellt sind, die man sich denken kann, und deutsche Schulkinder zum Besuch dieser Museen angeregt.

Hier nun noch einige Tagebuchauszüge aus jenem Frühjahr, beginnend mit unserer Ankunft in Deutschland vor dem Weltwirtschaftsgipfel.

2. Mai: Der Tag begann mit einem Arbeitsfrühstück, an dem alle Mitarbeiter unseres Stabs teilnahmen. Um 9.35 Uhr kam Nancy dazu. Mit dem Helikopter ging es nach Bonn, von dort aus im Wagen zur Villa Hammerschmidt, dem Wohnsitz des Präsidenten Richard von Weizsäcker. Er, seine Frau, eine Begrüßungsdelegation unserer Botschaft sowie eine Reihe deutscher Offizieller empfingen uns. Es handelte sich dabei um eine formelle Begrüßungszeremonie. Gemeinsam schritten wir die Ehrengarde ab usw. Nancy verließ uns anschließend und flog nach Rom zu einer Audienz beim Papst und anderen Terminen, die sie bis zum 4. Mai in Anspruch nehmen werden.

Nach einem halbstündigen Gespräch mit dem Präsidenten (in Begleitung unserer Stäbe) ging es weiter zum Bundeskanzleramt, wo eine Unterredung mit Kanzler Helmut Kohl anberaumt war. In einem dreiviertelstündigen Gespräch unter vier Augen versicherte ich ihm, daß meinerseits wegen des Aufschreis der Presse angesichts der geplanten Kranzniederlegung auf dem Soldatenfriedhof in Bitburg keine Verstimmung ihm gegenüber bestünde. Er sagte, durch meine Standhaftigkeit hätte ich das Herz Deutschlands gewonnen. ... Der nächste Besucher war Frankreichs Präsident Mitterrand. Er drängt nach wie vor auf die Einberufung einer förmlichen Konferenz über Währungs- und Finanzfragen, die sich mit Wechselkursen und dergleichen befassen soll. Unsere Minister und eine spezielle Expertengruppe haben seit dem Gipfel von Williamsburg vor zwei Jahren intensiv über Währungs- und Finanzfragen diskutiert. Ihr Bericht soll im Juni vorliegen. Ich schlug vor, den erst einmal abzuwarten und dann zu entscheiden, was darüber hinaus noch notwendig sei. Mitterand ist damit nicht zufrieden; er will alle Handelsgespräche mit einer Währungs- und Finanzkonferenz verknüpfen. Ich gab ihm auch einen kurzen Überblick über unsere Strategische Verteidigungsinitiative und spürte bei ihm eine deutliche Zurückhaltung, was eine mögliche französische Beteiligung betrifft. Danach ging es zurück nach Schloß Gymnich, wo ich mit unserer zuverlässigen Verbündeten Margaret Thatcher zusammentraf. Das Gespräch dauerte eine halbe Stunde und drehte sich hauptsächlich um die bevorstehende Konferenz. Dann ging es zurück in den Helikopter und weiter nach Schloß Augustusburg zu einem Treffen mit Helmut und auf einen total überfüllten Empfang; später per Wagenkolonne zum Schloß Falkenlust, dort offizielles Dinner des Wirtschaftsgipfels. Erzähle bei dieser Gelegenheit über den Erfolg von Nancys Antidrogentagung mit siebzehn weiteren First Ladies. Die anderen griffen das Thema auf, und wir kamen überein, ein gemeinsames Programm zur Drogenbekämpfung in die Wege zu leiten.

3. Mai: Die eigentliche Gipfelkonferenz fängt an. Ich darf noch einfügen, daß alle Straßen, durch die wir fahren, von applaudierenden, winkenden, jubelnden Menschen gesäumt sind.... Ich bin sicher, sie alle wollen mir damit zu verstehen geben, daß sie mit der fortgesetzten Kampagne gegen den bevorstehenden Besuch in Bitburg nicht einverstanden sind. Die Konferenz selbst nahm einen recht guten Verlauf; in den meisten Punkten, die in die Schlußerklärung Eingang finden werden, herrschte Übereinstimmung. Dann kamen wir zu dem Problem einer für Anfang '86 vorgesehenen Gesprächsrunde über Handelsfragen. Präsident Mitterrand gab seiner persönlichen Abneigung gegen Protektionismus Ausdruck, weigerte sich aber partout, einer Gesprächsrunde im Frühjahr '86 mit dem Ziel der weiteren Einschränkung oder gar Abschaffung zur Zeit noch existierender protektionistischer Maßnahmen zuzustimmen. Keiner von uns ist auf diesem Gebiet völlig unschuldig. Mitterrands großes Problem liegt in der Tatsache, daß Frankreich seine Landwirtschaft derart subventioniert, daß es im Außenhandel die Weltmarktpreise unterbieten kann. Wenn man darüber hinaus bedenkt, daß ihm 1986 Wahlen ins Haus stehen, dann weiß man, wo der Hase im Pfeffer liegt.
Wir taten unser Möglichstes und schrieben die strittige Klausel mehrfach um. Die Debatte wurde immer hitziger, und schließlich warf er den Vereinigten Staaten vor, sie mischten sich in europäische Angelegenheiten ein usw. Die Auseinandersetzung dauerte weit über die vorgesehene Mittagspause hinaus an. Wir einigten uns schließlich auf einen Wortlaut, aus dem unverblümt hervorging, daß die meisten von uns eine Handelskonferenz begrüßten und daß die

zuständigen Minister im Juli zusammenkommen und erste Pläne diskutieren sollten. Gegen 14.30 Uhr gab es dann Mittagessen. Am abendlichen Dinner nahmen nur die Staatsoberhäupter teil. Statt uns den politischen Geschäften zu widmen, gerieten wir ins Erzählen. [Der kanadische Ministerpräsident] Brian Mulroney fing damit an, und ich steuerte auch ein paar Anekdoten bei. Alle amüsierten sich prächtig – mit Ausnahme von Mitterrand.

5. Mai: Nun dämmert also der Tag herauf, von dem die Welt seit Wochen spricht. Gegen neun Uhr fuhren wir mit den Kohls zum Grab Konrad Adenauers, wo unsere Frauen Blumen niederlegten. Die Presse war darüber erst eine Stunde vorher informiert worden. Wir wollten nicht, daß später behauptet würde, wir täten dies nur, um ihre Bitburg-Kritik zu mildern. Mit dem Hubschrauber flogen wir dann zum ehemaligen Konzentrationslager Bergen-Belsen. Es war eine ergreifende Erfahrung. Wir besichtigten das kleine Museum, in dem noch vergrößerte Photos das einstige Grauen dokumentierten. Zu Fuß gingen wir dann zu den mit Heidekraut bepflanzten Hügeln, von denen jeder ein Massengrab für fünftausend oder noch mehr Menschen birgt. Bei den Toten handelt es sich überwiegend um Juden, doch wurden in Bergen-Belsen auch viele Christen – darunter mehrere katholische Priester – und Zigeuner ermordet, sofern man sie nicht einfach verhungern ließ. Ich hielt dort eine Ansprache, mit der ich die falschen Vorwürfe zu entkräften hoffte. Ich erklärte, ein Vergessen dürfe es nicht geben, und es sei ein Muß für alle, dafür zu sorgen, daß so etwas nie wieder geschehen könne. Die ersten Berichte noch am selben Tage zeigten, daß meine Rede, die in Deutschland und im übrigen Europa live im Fernsehen übertragen wurde, den gewünschten Effekt erzielte.
Am Spätnachmittag erreichten wir Bitburg. Die Straßen waren voller Menschen – die meisten freundlich, doch gab es auch einige Demonstranten. Auf dem Friedhof trafen wir General Matthew Ridgway, 91 Jahre alt, den letzten noch lebenden Amerikaner aus der obersten Militärführung während des Zweiten Weltkriegs, und General Johannes Steinhoff, der als Jagdflieger nach einem Treffer mit seiner brennenden Maschine abgestürzt war und dessen schwere Gesichtsverstümmelungen bei Kriegsende von einem amerikani-

schen Militärarzt behandelt wurden. Kohl, ich und die Generäle durchschritten den winzigen Friedhof. An der Gedenkstätte legten die Generäle Kränze nieder. Der »Große Zapfenstreich« wurde geblasen, worauf die Generäle in einem wahrhaft dramatischen Augenblick einander die Hand reichten. Daß sie ebenfalls zugegen sein würden, war der Presse gegenüber bis zuletzt verschwiegen worden. Anschließend fuhren wir zum Luftwaffenstützpunkt, auf dem sowohl deutsche als auch amerikanische Einheiten stationiert sind. Mehrere tausend Menschen waren dort, Familienangehörige der Soldaten, zahlreiche Bürger Bitburgs, der Bürgermeister, die Stadträte usw. Ein Musikcorps der Bundeswehr spielte unsere Nationalhymne, der die deutsche, von Amerikanern gespielt, folgte. Die Rede, die ich hielt, knüpfte in gewisser Weise an jene von Bergen-Belsen an. Sie traf auf begeisterte Zustimmung, und unsere Leute meinten, damit habe sich das Blatt endgültig gewendet. Ich hatte ein sehr gutes Gefühl. Später berichtete man mir, daß die beiden Generäle Hand in Hand nebeneinandergesessen hätten. General Ridgway und seine Frau kehrten mit uns an Bord der *Air Force I* nach Bonn zurück.

Wieder auf Schloß Gymnich, machten wir uns fertig für das abendliche Staatsbankett. Nach einem kleinen Empfang wurde gespeist. Im Anschluß daran wurde eine halbe Stunde Kammermusik dargeboten. Das war also der Tag, dem alle – nein, nicht alle, aber doch ein Großteil der Presse – einen katastrophalen Verlauf prophezeit hatten.

Einen der denkwürdigsten Momente auf jener Reise erlebte ich nicht auf dem Friedhof in Bitburg, sondern am darauffolgenden Tag, dem letzten unseres Deutschlandbesuchs. Ein Helikopter brachte Nancy, mich sowie das Ehepaar Kohl in eine landschaftlich reizvolle Waldgegend, wo wir in einen Wagen umstiegen, der uns über eine steile Bergstraße zu einem alten deutschen Schloß hinauffuhr. Die ganze Strecke säumten jubelnde Menschenmengen. Auf dem Vorplatz des Schlosses hatten sich an die zehntausend Jugendliche versammelt. Nachdem ich ein paar Worte an sie gerichtet hatte, begannen die jungen Leute, die etwas oberhalb von mir auf einer Anhöhe standen, plötzlich zu singen. Aus zehntausend Kehlen erklang in perfektem Englisch »The Star

Spangled Banner«. Eigens für meinen Besuch hatten sie wochenlang unsere Nationalhymne gelernt und geprobt. Als sie geendet hatten, stand ich da und lauschte dem in meinem Geiste widerhallenden Echo ihrer Stimmen. Hätte ich in diesem Augenblick meinen Mund aufgetan – ich wäre nicht imstande gewesen, auch nur ein einziges Wort hervorzubringen.

Meine Weigerung, die Reise nach Bitburg abzusagen, habe ich nie bereut. Im nachhinein glaube ich, daß mein Besuch auf dem dortigen Friedhof und die ebenso dramatische wie unerwartete Versöhnungsgeste zwischen den beiden alten Soldaten, die sich einst als Gegner auf dem Schlachtfeld bekämpft hatten, dazu beitrugen, die Allianz mit unseren europäischen Verbündeten zu stärken und viele der noch immer schwärenden Wunden des Krieges ein für allemal zu heilen.

General Ridgway hatte mir von sich aus angeboten, mich zu begleiten, nachdem wegen meiner Besuchspläne ein Sturm der Entrüstung losgebrochen war. Es sei an der Zeit, sagte mir dieser Mann, der zu den größten Kriegshelden unseres Landes zählt, Frieden zu schließen.

55

Eine der unerwarteten wie erfreulichen Seiten der Präsidentschaft hat nichts mit Wirtschaftsproblemen oder internationalen Krisen zu tun: Es ist die Möglichkeit, daß man hie und da die Gelegenheit hat, seinen Mitmenschen ein wenig zu helfen.

Mit großer Empörung las ich im Mai 1982 in der Presse, was einer schwarzen Familie, die in der Nähe der Universität von Maryland lebte, angetan worden war. Der Mann und seine Ehefrau waren beide in einer staatlichen Druckerei beschäftigt. Man hatte sie wiederholt belästigt und auf dem Rasen vor ihrem Haus ein Kreuz verbrannt.

Ich bat meinen Stab, am Spätnachmittag einen Termin freizuschlagen, und rief Nancy an, die sich sofort und gerne bereit erklärte, mit mir gemeinsam jene Opfer der Intoleranz zu besuchen. Es handelte sich um ein nettes Ehepaar mit einer vierjährigen Tochter. Auch die Oma, eine außerordentlich liebenswerte Dame, lebte bei ihnen im Haus. Die Wohnung war gemütlich, und die Einrichtung verriet Geschmack. Wir fühlten uns sehr wohl bei unseren Gastgebern. Als wir wieder fort mußten, begleiteten sie uns zum Wagen. Unser Troß war natürlich nicht unbemerkt geblieben. Viele Leute aus der Nachbarschaft hatten sich auf der Straße versammelt und applaudierten herzlich, als wir uns verabschiedeten. Es erübrigt sich zu sagen, daß diese nette Familie fortan in Ruhe gelassen wurde.

Ein andermal erfuhr ich aus der *New York Times* von einem 29jährigen Vater von acht Kindern, der während der ärgsten Zeit der Rezession bereits seit 13 Monaten ohne Arbeit war. Auf dem Rückweg von einem Vorstellungsgespräch wurde er in einer U-Bahn-Station Zeuge, wie einem älteren blinden Herrn sein Blindenstock brach und er auf die Schienen stürzte. Der tapfere junge Mann sprang ihm nach und rettete ihn. Nachdem wir seine Telefonnummer herausgefunden hatten, rief ich ihn an. Ich fragte ihn, ob er inzwischen den Job bekommen habe, um den er sich vor jenem Vorfall bemüht hatte, worauf er erwiderte, er sei gerade im Begriff, das Haus zu verlassen, weil man ihn zu einem zweiten Gespräch gebeten habe. Ich rief daraufhin bei der Firma an. In der Telefonzentrale zweifelte man zunächst an meiner Identität und weigerte sich, das Gespräch zum Geschäftsführer durchzustellen. Schließlich bekam ich ihn dann doch zu sprechen. Ich weiß nicht genau, ob mein Anruf damit etwas zu tun hatte – auf jeden Fall bekam der junge Mann den Job.

Es erfüllte mich auch immer wieder mit Begeisterung, von meinem vorteilhaften Posten im Oval Office die Freundlichkeit und Hilfsbereitschaft des amerikanischen Volkes zu beobachten. Man konnte sie ablesen an den sich ständig erweiternden freiwilligen Hilfsprogrammen überall im Land und sah sie bei Überschwemmungskatastrophen, Wirbelstürmen und anderen Notfällen wirksam werden: Amerikaner taten sich zusammen, um anderen Amerikanern zu Hilfe zu eilen. Unzählige Male beobachtete ich dieses Phänomen auch in kleinerem Rahmen. Da gab es zum Beispiel ein Ehepaar in Connecticut, das zwölf mißgebildete und behinderte Kinder bereits im Babyalter adoptiert hatte. Solche Kinder also, die bedauerlicherweise häufig Opfer von Tötungen werden. Ich rief bei der Familie an und sprach zunächst mit den Eltern und dann mit allen Kindern. Die Liebe und Lebensfreude, die in diesem Haus herrschte, teilte sich sogar über die Telefonleitung mit und berührte mich wie ein warmer Sonnenstrahl. Wenn es Menschen gibt, dachte ich bei mir, die des Beweises bedürfen, daß Gott jedem von uns eine Bestimmung zugewiesen hat, dann schickt sie zu dieser Familie.

Von Kindern wurde ich einmal gefragt, ob mir mein Beruf als Präsident Spaß mache. Ich bejahte ihre Frage aus vollem Herzen, räumte aber auch ein, daß es auch sorgenerfüllte Augenblicke gäbe. Was mir – ich habe das schon einmal erwähnt – am schwersten fiele, sei, daß ich gelegentlich nicht umhin könne, junge Männer und Frauen in gefährliche Krisensituationen zu entsenden, und dann später der einen oder anderen Familie erklären müsse, warum der Sohn oder die Tochter nicht zurückkehren würde.

Abgesehen davon gebe es, wie ich den Kindern versicherte, auch viele sehr schöne Momente im Leben eines Präsidenten, die ich sehr genösse. Unter anderem zähle dazu der Umstand, daß ich, nachdem ich jahrelang meine Ansichten über die Probleme der Regierung und des Regierens wie ein Prediger unters Volk gebracht hätte, nun selber den Steuerknüppel in der Hand hielte. Endlich könnte ich versuchen, selber etwas in Gang zu setzen.

Sogar das ständige Austeilen und Einstecken in den Auseinandersetzungen mit dem Kongreß samt Tip O'Neill mache mir Spaß. Doch es gäbe noch Schöneres: Was mir mit am besten gefalle, sagte ich zu den Kindern, sei, daß ich als Präsident, wenn mir jemand in einem Brief ein Problem schildere, zum Telefon greifen, einen Mitarbeiter anrufen und zu ihm sagen könne: »Kümmern Sie sich doch bitte darum!«

Ich genoß aber auch die zeremoniellen Seiten der Präsidentschaft. Selbst noch nach acht Jahren lief mir, wenn ich das vollbesetzte Repräsentantenhaus betrat, um eine Rede zu halten, ein Schauer über den Rücken. Nichts begeisterte mich mehr als zu einer im Winde flatternden amerikanischen Flagge emporzuschauen und dabei einem Chor zuzuhören, der »The Battle Hymn of the Republic« sang. Auf Auslandsreisen fand ich es immer sehr bewegend, wenn in den entferntesten Winkeln der Welt unsere Nationalhymne gespielt wurde. Und ich werde nie vergessen, wie mir eine Gruppe armenischer Priester nach einem Treffen mit Papst Paul II. im Vatikan »America the Beautiful« vorsang. Es war die schönste Darbietung dieses Liedes, die ich je gehört hatte. Nancy und mir kamen die Tränen.

Es gab viele, viele kleinere Begebenheiten, die mir mein Amt zur Freude machten. Dazu gehörte zum Beispiel ein Besuch in dem bescheidenen Refugium des japanischen Ministerpräsidenten Yasu Nakasone in den Wäldern außerhalb von Tokio. Gemeinsam saßen wir auf dem Fußboden seines typisch japanischen Heims und aßen auf echt japanische Art; oder etwa auch der Augenblick, da uns ein Helikopter anläßlich unseres Besuchs bei Königin Elisabeth auf dem Rasen von Windsor Castle absetzte. (Der spätere Gegenbesuch der Königin und Prinz Philips auf dem Rancho del Cielo fand im Februar statt, mitten in der Regenzeit. Über Santa Barbara ging damals gerade ein fürchterliches Unwetter nieder. Während wir auf der Ranch auf sie warteten, bemühte sich ihre Wagenkolonne, über eine steile Bergstraße zu uns durchzukommen. An drei Stellen liefen Sturzbäche über die Straße, und die Limousinen kamen nicht weiter. Mit Allrad-Fahrzeugen holten unsere Leute sie raus. Als sie den Berg endlich bewältigt hatten und bei uns eintrafen, war es so neblig, daß man kaum noch die Hand vor Augen sehen konnte. Ich versuchte, unseren Gästen zu erklären, in was für einer schönen Gegend sie sich eigentlich aufhielten, und entschuldigte mich für das Wetter, doch die Queen sagte: »Ja, wenn es bloß scheußlich wäre – aber das ist ja ein richtiges *Abenteuer*!« Trotz des trüben Wetters waren Nancy und ich gewiß genauso stolz auf unsere Ranch wie unsere Gäste auf Schloß Windsor.)

Gerne empfing ich fremde Staatsoberhäupter in unserem Land. Nie werde ich zum Beispiel den Besuch des damals vierundachtzigjährigen italienischen Staatspräsidenten Sandro Pertini vergessen. Er war ein kluger, warmherziger alter Gentleman und ein italienischer Patriot mit einem Faible für Amerika. Auf dem Weg ins Weiße Haus blieb er beim Fahnenträger der Marines stehen, griff nach unserer Flagge und küßte sie.

Nie verlor ich die Lust an Besuchen bei unseren Männern und Frauen in Uniform. Dabei gelang es mir, wie ich hoffe, eine neue präsidiale Tradition zu begründen. Ich war der Oberkommandierende der Streitkräfte, weshalb es sich, wie ich bald entdeckte, für unsere Soldatinnen und Soldaten gebot, zu salutieren, wann immer sie meiner ansichtig wurden. Verließ ich zum Beispiel einen Hubschrauber, so stand stets ein Soldat des Marine Corps bereit, um vor mir zu salutieren. Man ließ mich wissen, daß von einem Präsidenten nicht erwartet wurde, den militärischen Gruß zu erwidern, und daran hielt ich mich auch, obgleich mir dabei nicht ganz wohl in meiner Haut war. Normalerweise wartet ein Salutierender, bis der Gruß erwidert wird, und läßt danach den Arm sinken. Mir fiel auf, daß in manchen Fällen der vor mir salutierende Infanterie-, Navy-, Marine-Corps- oder Air-Force-Angehörige unsicher war, ob und wann er die Hand sinken lassen durfte.

Anfangs nickte ich ihnen zu, lächelte, sagte »Hallo!« und dachte, vielleicht bringt das den Arm runter, aber meistens war dies nicht der Fall. So wandte ich mich eines Abends, als ich mit Nancy im Hauptquartier des Marine Corps ein Konzert besuchte, an den Kommandanten des Corps und sagte zu ihm: »Mir ist bekannt, daß vor einem Präsidenten üblicherweise salutiert wird. Aber ich war selber einmal Offizier und weiß daher, daß man in Zivilkleidung nicht salutieren soll. Meines Erachtens sollte es eine Bestimmung geben, die es dem Präsidenten ermöglicht, den militärischen Gruß zu erwidern – und zwar mit der Begründung, daß er der Oberkommandierende der Streitkräfte ist und als Uniform Zivilkleider trägt.«

»Ich glaube nicht, daß irgend jemand etwas dagegen hätte, wenn Sie den militärischen Gruß erwidern«, sagte der General.

Bei nächster Gelegenheit tat ich es dann auch. Ein breites Grinsen zeichnete sich auf dem Gesicht des Marine-Corps-Soldaten ab, und der Arm ging runter. Von nun an erwiderte ich den militärischen Gruß regelmäßig, und als George Bush mir ins Weiße Haus nachfolgte, empfahl ich ihm, diese Tradition beizubehalten.

Zu den vorteilhaftesten Gewinnen des Steuerzahlers gehören, wie ich herausgefunden habe, die First Ladies. Sie bekommen kein Gehalt, arbeiten ganztägig und sind immer unterwegs. Nancy war eine der meistbeschäftigten First Ladies unseres Landes, und ihre Aktivitäten umspannten ein weites Feld: von der Drogenbekämpfung über die Restaurierung der Schönheit des Weißen Hauses bis hin zu der Unterstützung, die sie mir bei der Repräsentation unseres Landes im Ausland angedeihen ließ. Daß viele Amerikaner ihr Engagement anerkannten und zu schätzen wußten, geht aus Tausenden von Dankesbriefen hervor. Was ich nie begriff und woran ich mich auch nie gewöhnte, waren indes die vielen Attacken, denen sie sich ausgesetzt sah. Manchmal war es so schlimm, daß ich sie in Tränen vorfand, wenn ich abends die Treppe hinaufkam.

Da war ich, der Präsident, und konnte meine eigene Ehefrau nicht vor den persönlichen Ehrverletzungen schützen! Es fiel mir sehr schwer zu akzeptieren, daß sie bloß deshalb leiden mußte, weil sie mit mir verheiratet war. Meine Haltung – die ich bei mehreren Gelegenheiten auch zum Ausdruck brachte – war folgende: Wenn ihr unbedingt an jemandem herumnörgeln wollt, dann haltet euch, verdammt noch mal, an mich und laßt meine Frau aus dem Spiel. Ich sitze auf diesem Stuhl, nicht sie. Selbst Nancys Versuche, unter Hinweis auf den tatsächlichen Sachverhalt die Dinge richtigzustellen, führten häufig nicht weiter.

Daß das Weiße Haus in den acht Jahren, die wir dort lebten, zu einem richtigen *Heim* für uns wurde, lag daran, daß Nancy es mit großem Arbeitsaufwand dazu machte. Persönlich habe ich Kalifornien immer vermißt; ja, ich habe oft gesagt, daß ein Kalifornier (selbst ein aus dem Mittleren Westen zugewanderter wie ich) unter chronischem Heimweh leidet, wenn er, aus welchen Gründen auch immer, gezwungen ist, woanders zu leben. Kalifornien, das ist mehr als eine geographische Bezeichnung; Kalifornien verkörpert eine ganz bestimmte Art zu leben. Zu Margaret Thatcher habe ich einmal gesagt, ihr Volk hätte einst über den anderen Ozean nach Amerika kommen sollen – dann läge die Hauptstadt der Vereinigten Staaten heute nämlich in Kalifornien.

Nancy jedenfalls gelang es, das Weiße Haus in ein wunderbares Heim für uns zu verwandeln. Sie richtete es mit Möbeln von zu Hause ein, und ich fühlte mich dort sehr wohl – es *war* ein Zuhause. Nach der Renovierung des tristen Mittelfoyers im ersten Stock schlossen wir nur noch selten die Türen, die von unserem Wohnzimmer nach draußen führten; das Foyer wurde gewissermaßen mit einbezogen. Jedesmal wenn ich von meinem Platz aus die andere Seite des Gebäudes betrachtete, erfüllte mich seine eindrucksvolle Schönheit mit Bewunderung.

Nancy war daran gelegen, die Staatsbankette im Weißen Haus lokkerer zu gestalten; die Gäste sollten das Gefühl haben, an einer privaten Dinnerparty teilzunehmen. Mit großer Sorgfalt kümmerte sie sich darum, daß interessante Gästelisten zusammengestellt wurden. Zu den Eingeladenen zählten Wissenschaftler, Sportler, Geschäftsleute, Künstler aus der Unterhaltungsbranche und viele andere. Der äußere Ablauf der Veranstaltungen blieb weitgehend immer der gleiche: Nach einem privaten Empfang im ersten Stock gingen wir die große Treppe hinunter und begrüßten die Gäste der Reihe nach. Dann geleiteten Nancy und ich den jeweiligen Ehrengast und seinen (oder ihren) Ehepartner in den offiziellen Speisesaal. Handelte es sich um einen verheirateten Ehrengast männlichen Geschlechts, so nahm ich neben seiner Gemahlin unter dem Lincoln-Porträt Platz, während er selbst auf der gegenüberliegenden Seite des Saals neben Nancy zu sitzen kam. Auf diese Weise erreichten wir, daß sich die Gäste in beiden Saalhälften gleichermaßen gewürdigt fühlten. Sobald das Dessert aufgetragen wurde, betraten die Armeegeiger der *Strolling Strings* den Speisesaal und musizierten. Ich brachte einen Toast aus, der Ehrengast erwiderte ihn, und man verfügte sich zum Kaffee ins Blaue Zimmer. Anschließend wurde im East Room ein kleines Unterhaltungsprogramm dargeboten. Von dort aus erreichte man schließlich die Halle, wo eine Marine-Corps-Band Tanzmusik spielte.

Bei unserem Staatsbankett zu Ehren des italienischen Präsidenten Pertini hatten die *Strolling Strings* gerade begonnen, zwischen den Tischen aufzuspielen, als mir auffiel, daß eine bildhübsche junge Geigerin aus der Gruppe sich in Pertinis nächster Nähe aufhielt. Da mir gesagt worden war, daß der vornehme alte Herr noch immer ein Auge für schöne Mädchen hatte, suchte ich Nancys Blick – sie saß neben ihm – und lächelte ihr zu. Als wir nach dem Empfang nach oben gingen, fragte ich sie, ob ihm die hübsche Musikantin aufgefallen sei, und erklärte ihr, warum ich den Blickkontakt mit ihr gesucht hatte.

»Du machst wohl Witze«, sagte sie.

»Was meinst du damit?«

»Zu dem Zeitpunkt hatte er ihr bereits zweimal die Hand geküßt«, sagte Nancy.

Bei einem Empfang zu Ehren von François Mitterrand gingen der französische Präsident, seine Frau, Nancy und ich nach der Begrüßung der Gäste vom East Room aus in den offiziellen Speisesaal. Nancy geleitete François zu ihrem Tisch und ich Madame Mitterrand zu dem meinen am gegenüberliegenden Ende des Saals. Von den anderen Gästen erwartete es das Protokoll, daß sie sich erst setzten, wenn wir Platz genommen hatten.

Nancy und François gingen also zu ihrem Tisch. Madame Mitterrand hingegen rührte sich nicht von der Stelle. Auch das diskrete Zeichen eines Butlers konnte sie nicht zum Weitergehen veranlassen. »Wir nehmen dort drüben Platz, auf der anderen Seite«, flüsterte ich ihr zu. Aber sie blieb stehen. Dann sagte sie etwas zu mir, sehr leise und auf französisch. Ich verstand es nicht. Sie wiederholte es, und ich schüttelte den Kopf. Ich wußte immer noch nicht, worauf sie hinauswollte. Plötzlich eilte ein Dolmetscher auf uns zu und klärte mich auf: »Sie sagt, Sie stehen auf ihrem Kleidersaum.«

Nancy sorgte nicht nur für eine entspanntere Atmosphäre auf den großen Staatsbanketten, sondern ging auch dazu über, einige unserer Gäste, darunter Prinz Charles und den japanischen Kronprinzen, zum Essen im kleineren Kreise zu uns einzuladen. An so einem Beisammensein, das oben im Speisezimmer unserer Privaträume stattfand, nahmen in der Regel jeweils an die dreißig geladene Gäste teil. Der Ablauf entsprach dem eines privaten Dinners: Vor dem Essen wurde im gelben ovalen Zimmer der Apéritif gereicht, und hinterher folgte gelegentlich ein wenig musikalische Unterhaltung.

Ich muß in diesem Zusammenhang betonen, daß wir im Weißen Haus keineswegs immer so feierlich zu Abend aßen. Stand allerdings ein Staatsbankett bevor, speisten wir gelegentlich in unserem Eßzimmer jenseits der Halle »zur Probe«. Nancy wollte auf diese Weise sicherstellen, daß die Menüzusammenstellung in Ordnung ging.

Zu den Berufsrisiken eines Präsidenten zählte, wie ich herausfand, unter anderem das Händeschütteln. Es gab Empfänge im Weißen Haus – für die Mitglieder des Kongresses und ihre Familien, die Presse usw. –, auf denen ich an einem Abend bis zu tausend Hände schütteln mußte. Ob Sie es glauben oder nicht – nach einer solchen Prozedur steht man am Ende oft mit einer ziemlich schmerzenden Hand da.

Ein weiteres Problem: Ich verfüge über kein besonders gutes Gedächtnis für Namen und Gesichter. Im politischen Leben begegnet man so vielen Leuten aus allen Teilen des Landes, daß man sich unmöglich an jeden einzelnen erinnern kann. Ich hatte daher immer Angst, dadurch jemanden vor den Kopf zu stoßen. Im Wahlkampf kam es vor, daß ich an einem Tag fünf oder sechs Staaten besuchte und dabei einer Vielzahl republikanischer Parteifunktionäre vorgestellt wurde. Traf ich sie später bei anderen Gelegenheiten wieder, so rechnete verständlicherweise jeder damit, daß ich mich an ihn erinnerte.

Manchmal fiel es mir sogar schwer, die Namen sämtlicher Mitglieder im Stab des Weißen Hauses zu behalten. Es gab Hunderte von ihnen. Irgendwann stellte man mir einen neuen Mitarbeiter vor, und ich hörte einmal seinen Namen. Später begegnete ich ihm (oder ihr) dann irgendwo im Weißen Haus und stand vor der peinlichen Situation, daß mir nicht sofort einfiel, wie der Betreffende hieß. Ich habe in meinem Leben so viele Menschen kennengelernt, daß ich eigentlich immer damit rechnen muß, jemandem zu begegnen, den ich irgendwann schon einmal gesehen und gesprochen habe. Um mich diesbezüglich nicht zu blamieren, suche ich daher immer nach bestimmten Anhaltspunkten und verhalte mich dann entsprechend. Nur geht diese Methode manchmal auch ins Auge. Während meiner Hollywood-Zeit kam in der Lobby des New Yorker Plaza-Hotels einmal ein Mann auf mich zu, streckte mir die Hand entgegen und sagte: »Sie kennen mich nicht...« Viele Leute begrüßten mich mit diesen Worten, so daß ich erwiderte: »Augenblick... natürlich kenne ich Sie, ich versuche bloß, mich zu erinnern...«

»Nein, nein«, antwortete der Mann, »Sie können mich gar nicht kennen. Ich wollte Ihnen ja nur sagen, wie gut Sie mir im Fernsehen gefallen haben.«

Ich gehe davon aus, daß ich nicht der einzige bin, der mit diesem Problem zu kämpfen hat. Mir sind da so einige Tricks zu Ohren gekommen, mit denen versucht wird, damit fertig zu werden. Wenn die Baseball-Legende Babe Ruth jemandem begegnete, von dem er nicht wußte, ob er ihn zu kennen hatte, lächelte er freundlich und sagte: »Wie war doch gleich Ihr Name?«

Lautete die Antwort zum Beispiel »John«, so erwiderte Babe: »*John!* Aber natürlich, weiß ich doch! Nur Ihr Nachname ist mir entfallen.« Antwortete der Betreffende dagegen *Smith*, so drehte Babe den Spieß um und sagte: »Na klar, hab' ich nicht vergessen. Doch wie lautete gleich nochmal Ihr Vorname?«

Wenn ich bei einem Empfang eine Reihe von Leuten begrüßen muß, strecke ich meistens dem jeweils nächsten lächelnd die Hand entgegen und gehe dabei davon aus, daß ich der Person schon einmal irgendwo begegnet bin. Wenn der oder die Betreffende dann sagt: »Das letztemal begegneten wir uns in...«, erwidere ich: »Oh, ja...«

Wenn man niemanden verletzen will, bleibt einem in solchen Situationen oft gar nichts anderes übrig. An einem normalen Arbeitstag im

Weißen Haus traf ich im Durchschnitt mit etwa achtzig Personen zusammen, wobei die Skala von Präsidenten und Premierministern bis hin zu einem Kind reichte, das auf Plakaten zur Unterstützung von Multiple-Sklerose-Kranken aufrief. Es gab Tage, an denen zwischen neun Uhr vormittags und – mindestens – fünf Uhr nachmittags mehr als zwanzig Gesprächstermine in meinem Kalender verzeichnet waren. Daher konnte es durchaus vorkommen, daß man sich im Laufe eines Tages in Sekundenschnelle von einer Krisensitzung, die einem ernsthaften internationalen Problem galt, auf ein Treffen mit der neugekürten Miss Amerika oder der Begegnung mit erfolgreichen Leichtathleten im Rosengarten umstellen mußte. Oder es steht der ans Herz gehende Besuch bei einem behinderten Kind mit anschließendem Phototermin auf dem Programm. Hunderte von Leuten werden einem vorgestellt, man hört nur einmal ihren Namen – und schafft es dann eben nicht immer, Namen und Gesicht auf Anhieb miteinander in Einklang zu bringen.

Jahrelang wurde ich immer wieder mit der Frage konfrontiert: »Wie ist es möglich, daß ein Schauspieler Präsident wird?« Ich selbst habe mich des öfteren gefragt, wie man als Nicht-Schauspieler Präsident sein kann.

In dem Beruf, den ich einst ausgeübt habe, gewöhnt man sich mit der Zeit an Pressekritik – berechtigte und unberechtigte, faire und unfaire. Und man lernt, bei allem, was man über sich und andere in den Zeitungen liest, eine gehörige Portion Skepsis walten zu lassen. Klatschkolumnisten und Kritiker werden zu festen Bestandteilen des Lebens. Es kann passieren, daß ein Film, in dem man mitgewirkt hat, von einem Kritiker in der Luft zerrissen wird, und man zu sich selbst sagt: »Du weißt doch, daß es ein recht guter Film ist, der beim Publikum ankommt.« Der Schauspielerberuf lehrt einen, daß die Presse nicht immer recht hat, und bereitet einen auf die Kritik vor, die im politischen Leben auf einen zukommt. Man entwickelt ein kritisches Bewußtsein gegenüber dem geschriebenen Wort und lernt, mit Kritik gelassen umzugehen – eine Erfahrung, die einem später hilft, das, was über den Präsidenten geschrieben wird, besser zu verarbeiten.

Es war stets meine Überzeugung, daß eine freie Presse für Amerika ebenso wichtig ist wie die Verfassung und die *Bill of Rights.* Journalistische Verantwortung beinhaltet nicht nur die Information der Öffentlichkeit über die Aktivitäten der Regierung, sondern auch, den Dingen nachzugehen, mit wachsamem Auge einen Beitrag zur Aufdeckung von Korruption, Verschwendung und Mißwirtschaft zu leisten.

Nach Watergate kam es in Washington allerdings zu einer unerfreulichen Entwicklung. Verständlicherweise waren die Medien – namentlich das Pressecorps im Weißen Haus – äußerst skeptisch gegenüber allem, was ihnen über den Präsidenten und sein Verhalten verlautbart wurde. Erfüllt von der Überzeugung, daß ein Skandal selten allein kommt, verstärkten einige Reporter in Washington ihr detektivisches Engagement.

Wie gesagt, eine freie und unangepaßt kämpferische Presse ist unerläßlich für das Wohl unserer Demokratie. Wer anders als die Presse sollte uns darüber informieren, was Sache ist? Doch aus dieser Freiheit erwächst auch eine besondere Verantwortung zu korrekter und fairer Berichterstattung. Presseleute sollten immer bedenken, wie sehr sie mit ihren Worten das Leben eines Menschen beeinflussen können. Bedauerlicherweise wird etwa aus Fragen nach der Schuld in den Köpfen mancher Leser und Zuhörer bereits der Schuldspruch. Das soll in keinster Weise heißen, daß Journalisten aufhören sollen, ihrem Beruf so nachzugehen, wie sie es tun – nur ein Mehr an Behutsamkeit scheint angebracht zu sein.

Mir ist völlig klar, daß es zu den Aufgaben der in Washington akkreditierten Journalisten gehört, den Präsidenten festzunageln und die Nation ungeschminkt über das, was im Weißen Haus vorgeht, in Kenntnis zu setzen. Es läßt sich daher gar nicht vermeiden, daß die Beziehungen zwischen Presse und Präsident gelegentlich Belastungen unterworfen sind. Ich für meinen Teil habe diese Augenblicke stets bedauert. Wir verbargen nichts, und es bedrückte mich, daß es mir nie gelang, die Presse davon zu überzeugen.

Was mich ebenfalls von Zeit zu Zeit bekümmerte, war die Tatsache, daß einige Journalisten es offenbar darauf anlegten, mir Fehler anzukreiden. Ich kenne niemanden, der nicht hin und wieder Fehler gemacht oder sich mißverständlich ausgedrückt hat. Bei einem Menschen, der so viele Reden halten und so viele Fragen beantworten muß wie ein Präsident, ist die Wahrscheinlichkeit dabei natürlich besonders groß. Es gab Journalisten in Washington, die sich anscheinend darauf spezialisiert hatten, mir Schnitzer nachzuweisen, besonders während meiner Pressekonferenzen. Gegen kritische Fragen zu unserer Politik oder der Art und Weise, wie wir bestimmte Probleme anpackten, war gewiß nichts einzuwenden. Aber ist es nicht ein bißchen kleinkariert, einem jeden fehlenden I-Punkt und jeden vergessenen Querstrich im »t« anzukreiden?

Unsere persönlichen Beziehungen zur Presse ließen sich Nancy und ich durch solche Unerfreulichkeiten nicht vergällen. Jedes Jahr zu Weihnachten gaben wir eine Party für das Pressecorps des Weißen Hauses, und im Sommer luden wir die Journalisten, Photographen und Techniker, die uns auf unseren Reisen rund um die Welt begleiteten, zum Barbecue nach Santa Barbara ein. An die Begegnungen mit ihren Familien und Freunden knüpften sich einige unserer schönsten Erinnerungen. Obwohl wir unterschiedliche Aufgaben zu erfüllen hatten, verband uns bei diesen Gelegenheiten das sehr angenehme Gefühl gemeinsam erlebter Abenteuer.

Auf der ganzen Welt gibt es heute wahrscheinlich keinen Politiker mehr, der nicht den einen oder anderen Konflikt mit der Presse gehabt hat. Das liegt einfach am Metier. Wir mögen hin und wieder miteinander im Clinch gelegen haben, doch teilten wir auch einige ganz besondere Augenblicke. Persönlich waren mir die meisten Männer und Frauen, die aus dem Weißen Haus berichteten, sehr sympathisch.

56

Obwohl ich ständig neue Leute traf und an öffentlichen Veranstaltungen mit Tausenden von Menschen teilnahm, kam ich um die Feststellung nicht herum, daß die Präsidentschaft mit einem Gefühl der Isolation verbunden war, dem Eindruck, in einem goldenen Käfig zu sitzen. Es geschah mehr als einmal in den acht Jahren, die ich im Weißen Haus lebte, daß ich zum Fenster hinaussah und mich dabei ertappte, wie ich die Menschen, die jenseits der großen Rasenfläche auf der anderen Seite des schwarzen Eisenzauns die Pennsylvania Avenue entlangschlenderten, um ihre Freiheit beneidete. In solchen Momenten sagte ich mir: »Du kannst nicht einmal mehr in den nächsten Laden gehen und dir die Zeitungen ansehen. Wirst du jemals wieder dazu in der Lage sein?«

1981, vor unserem ersten Valentinstag in Washington, wollte ich Nancy ein Geschenk kaufen. Ich wandte mich also an die Sicherheitsbeamten und sagte ihnen, ich wolle das Weiße Haus kurz verlassen, um ein paar Besorgungen zu machen. Ihre Reaktion: ein einhelliges Hochziehen der Augenbrauen. Worauf ich erwiderte, ich hätte Nancy seit über dreißig Jahren zum Valentinstag etwas geschenkt und sei nun nicht gewillt, darauf zu verzichten. Sie fuhren mich also in einen kleinen Geschenkladen in der Nähe des Weißen Hauses, und ich erstand ein paar Kleinigkeiten für Nancy.

Nancy hatte ohne mein Wissen das gleiche getan, und so überraschten wir uns am Abend mit unseren Valentinstagsgeschenken.

Doch für mich war es praktisch der letzte Einkaufsbummel außerhalb des Weißen Hauses. Die Unruhe, die er verursacht hatte, wollte ich keinem Ladenbesitzer mehr zumuten.

In Hollywood hatte ich die Erfahrung gemacht, daß ein bekanntes Gesicht gelegentlich peinliche Aufmerksamkeit erregen kann. Während meiner Zeit als Gouverneur hatten Nancy und ich feststellen müssen, daß Sicherheitserfordernisse unsere Bewegungsfreiheit einschränken konnten. Wir hatten uns daran gewöhnt. Aber verglichen mit dem, was uns im Weißen Haus erwartete – vor allem nach den Schüssen im Hilton –, war dies noch gar nichts.

Gleichgültig, was wir taten oder wohin wir gingen – stets waren ausgefeilte Sicherheitsvorkehrungen erforderlich, die im Normalfall wochenlange Vorplanungen verlangten. Jedesmal, wenn wir fortfuhren, bewegten wir uns in einer Karawane von fünf oder sechs Fahrzeugen, die von einem Feuerwerk aus roten Blinklichtern und heulenden Sirenen angeführt wurde. Gestattete uns der Secret Service einen Kirchgang, so fuhren wir auch vor dem Gotteshaus im Konvoi und mit Sirenengeheul vor, stets umgeben von Legionen von Sicherheitsbeamten und Reportern. Der Besuch der Kirche war keine angenehme Sonntagmorgenerfahrung mehr, sondern ein Medienereignis: Die anderen Kirchgänger mußten einen Metalldetektor passieren, bevor man sie einließ. Hatten Nancy und ich endlich unseren Platz in der Kirche gefunden, so fühlten wir uns oft nicht wohl in unserer Haut, weil so viele Leute uns anstarrten, anstatt der Predigt zuzuhören.

Noch schlimmer wurde es, nachdem uns Berichte über terroristische Kommandoaktionen erreicht hatten. Man sagte uns, daß unsere Kirchenbesuche zu Attentatsversuchen ausgenutzt werden könnten, bei denen auch das Leben vieler anderer Menschen gefährdet wäre. Schweren Herzens gingen wir daraufhin überhaupt nicht mehr zur Kirche. Ein Verzicht, der uns sehr schwer fiel.

Selbst innerhalb des Weißen Hauses war unsere Bewegungsfreiheit eingeschränkt. Ich durfte manchen Fenstern nicht zu nahe kommen, weil die Möglichkeit bestand, von Scharfschützen unter Feuer genommen zu werden, und auch im Park des Weißen Hauses gab es nur wenige, von Hecken oder Gebäuden umgebene Flecken, an denen wir spazierengehen durften, weil überall sonst die Gefahr bestand, ins Schußfeld eines Attentäters zu geraten.

Im Grunde möchte ich mich darüber aber nicht beklagen. Es gab viele Dinge, die die verlorene Freiheit wettmachten. Das schönste war Camp David – ein kleines Paradies, eine halbe Hubschrauberstunde vom Weißen Haus entfernt. Umgeben von über sechzig Hektar herrlicher Wälder, verbrachten wir dort viele Wochenenden.

Pat Nixon hatte zu Nancy gesagt: »Ohne Camp David drehen Sie durch.« Heute kann ich verstehen, was sie damit meinte.

Die Tage, die ich während meiner Präsidentschaft am meisten haßte, waren jene, an denen, ohne jede Pause zum Nachdenken, eine Konferenz die andere jagte und von mir erwartet wurde, überall ein paar Bemerkungen von mir zu geben oder eine kurze Rede zu halten. Am liebsten waren mir jene Freitage, an denen ich ein bißchen früher Schluß machen und nach Camp David fliegen konnte.

Das Präsidentendomizil in Camp David, Aspen genannt, ist ein schönes rustikales Haus mit Balkendecken, holzgetäfelten Wänden und großen Fenstern mit Blick auf den Wald. Nancy und ich empfanden in Camp David, ähnlich wie auf dem Rancho del Cielo, immer ein Gefühl der Befreiung, wie wir es in Washington nicht kannten. Da das Gelände bewacht war, brauchten wir nur eine Tür zu öffnen und konnten spazierengehen. Dies ist, nebenbei bemerkt, eine Freiheit, die man erst dann voll zu schätzen weiß, wenn man sie verloren hat.

Berichten zufolge erholte sich Lyndon Johnson psychisch von der Isolierung im Weißen Haus, indem er sich in sein Lincoln-Cabriolet setzte und mit hoher Geschwindigkeit in der Nähe seiner Ranch in Texas herumbrauste. Einmal wurde er ertappt, weil er zu schnell gefahren war. Als der Polizist an den Wagen kam und feststellte, daß der

Präsident der Vereinigten Staaten am Steuer saß, sagte er: »Oh, mein allmächtiger Gott«, worauf Lyndon erwiderte: »Jawohl merken Sie sich's!« Irgend jemand erzählte mir eine andere Anekdote über Lyndon, die sich auf dem Rasen vor der Südseite des Weißen Hauses zugetragen hatte. Als Lyndon vor dem Abflug zu einer Reise versehentlich auf den falschen Hubschrauber zuging, lief ihm ein Secret-Service-Mann hinterher, um ihn darauf aufmerksam zu machen: »Mister President, Ihr Helikopter steht dort drüben.« Johnson drehte sich um und sagte: »Mein Sohn, das sind alles meine Helikopter.«

Normalerweise nahm ich immer einen Stapel Papiere als »Hausaufgaben« mit nach Camp David, wo ich auch meine allwöchentliche Rundfunkansprache vorbereitete. Dennoch fand sich fast immer die Zeit, mit einem Buch in der Hand vor dem Kamin zu sitzen und zu entspannen. Bei schönem Wetter gingen wir schwimmen, und im Sommer nahmen wir unsere Mahlzeiten oft auf der Terrasse ein. Stets begleitete uns etwa ein Dutzend Stabsmitglieder aus dem Weißen Haus. Am Freitag- und Samstagabend saßen wir meistens zusammen und sahen uns Filme an, jeder mit einer großen Schale Popcorn vor sich.

In gewisser Hinsicht bildeten wir dort eine große Familie. Dazu gehörten der Camp-Kommandant, der leitende Secret-Service-Agent, der Chef-Pilot unserer Hubschrauberflotte sowie mein Militär- und mein Nachrichtenadjutant; außerdem Mark Weinberg vom Presseamt, unser Chefsteward Eddie Serrano, Dr. John Hutton mit seiner Frau Barbara und mein persönlicher Assistent Jim Kuhn mit seiner Frau Carole, die meistens auch ihre beiden Kinder mitbrachten. Bei den Filmen, die wir uns ansahen, handelte es sich anfangs um neue oder ziemlich neue Produktionen aus Hollywood. Später begann ich, ab und zu den einen oder anderen Streifen aus meiner Generation einzuschieben. Es dauerte nicht lange, und die – überwiegend recht jungen – Stabsmitglieder wollten nur noch Filme aus der guten alten Zeit sehen. Also ließen wir jeden Samstagabend einen alten Film mit Stars wie Clark Gable und Barbara Stanwyck, Humphrey Bogart und Jimmy Cagney laufen – und gelegentlich auch mit einem Leinwandpärchen namens Reagan und Davis.

Jeden Monat erreichten das Weiße Haus Tausende von Briefen, die an den Präsidenten adressiert waren. Eine Gruppe von Freiwilligen aus dem Mitarbeiterstab sah sie durch und legte mir jede Woche eine Auswahl von zirka dreißig Briefen vor. An den Wochenenden in Camp David bemühte ich mich, so viele wie möglich davon zu beantworten.

Die Briefe ließen kein Thema unter der Sonne unberührt. Und wie sich aus meinem folgenden Antwortbrief an einen jungen Mann in South Carolina entnehmen läßt, waren manche Schreiben weniger ernst gemeint als andere:

Lieber Andy,
tut mir leid, daß ich erst so spät antworte, aber ich war, wie Du weißt, in China und fand Deinen Brief erst nach meiner Rückkehr hier vor.
Dein Antrag auf Katastrophenhilfe ist ordnungsgemäß registriert worden. Ich muß Dich allerdings auf ein technisches Problem hinweisen: Der Antrag muß von der Behörde gestellt werden, die den Katastrophenzustand ausgerufen hat, in diesem Fall also von Deiner Mutter.
Davon abgesehen, muß ich auch auf das noch gravierendere Problem der verfügbaren Mittel hinweisen. Wir haben ein wahres Katastrophenjahr: 539 Wirbelstürme allein bis zum vierten Mai, und seither auch schon wieder einige, dazu zahlreiche Überschwemmungen, Waldbrände, eine Dürre in Texas und diverse Erdbeben. Will damit sagen: In der Kasse herrscht gefährliche Ebbe.
Darf ich Dir einen Vorschlag machen? Da diese Regierung davon überzeugt ist, daß die staatlichen Behörden früher viele Dinge getan haben, die von Freiwilligen auf lokaler Ebene weitaus besser erledigt werden können, hat sie ein Programm zur Förderung von Privatinitiativen ins Leben gerufen, dessen Ziel es ist, zahlreiche örtliche Probleme durch Selbsthilfe in Griff zu bekommen.
Deine Situation scheint eine ganz natürliche zu sein. Ich bin sicher, daß Deine Mutter vollkommen recht hatte, als sie Dein Zimmer zum Katastrophengebiet erklärte. Du bist daher geradezu dazu prädestiniert, ein weiteres Freiwilligenprogramm in die Wege zu leiten – eines von mittlerweile über dreitausend, die in unserem Lande bereits im Gange sind. Herzlichen Glückwunsch!
Bitte grüße Deine Mutter von mir.
Herzlichst,
Ronald Reagan

Ein anderes Schreiben stammte von einem Geistlichen aus einem Vorort von New York, der einen mit meiner Unterschrift versehenen Brief erhalten hatte, in dem die Republikanische Partei um Spenden für den Senatswahlkampf bat. Ein Computer hatte es, aus welch unerfindlichen Gründen auch immer, für angebracht gehalten, den Mann mit »Lieber Herr Gott« anzureden.

»Ich habe Gott schon um viele Dinge gebeten, vor allem, seit ich in diesem Amt bin«, schrieb ich dem Geistlichen. »Um eine Wahlkampfspende bat ich ihn aber noch nie. Vielleicht sollte ich darum bitten, daß dieser geldgierige Computer korrigiert wird. Eines muß man ihm allerdings lassen: Er ist erheblich anspruchsvoller geworden. Der einzig vergleichbare Fall dieser Art, von dem mir berichtet wurde, betrifft eine Dame, deren preisgekröntes Pferd schon mal einen solchen Brief erhielt.«

Falls es das Wetter zuließ, unternahmen wir in Camp David auch Ausflüge zu Pferd. An manchen Wochenenden öffneten wir das hintere Tor und ritten durch die Staatsforste. Wir hielten uns an eine alte Straße, die an der verfallenen Ruine eines ehemaligen Sommerhotels vorbeiführte. Anfang der dreißiger Jahre hatte das Hotel einer jungen Frau namens Bessie Darling gehört, die mit einem Arzt aus der Gegend befreundet war. Nach den Erzählungen ihres Zimmermädchens, das noch immer in der Nähe wohnte, hatte der Arzt erfahren, daß Bessie sich mit einem anderen Mann traf. So kam er eines Abends ins Hotel und verlangte, seine Geliebte zu sehen. Das Zimmermädchen ging hinauf, um Bessie, die allein in ihrem Bett lag und schlief, Bescheid zu sagen. Doch der Arzt, der offensichtlich von furchtbarer Eifersucht befallen und fest davon überzeugt war, einen anderen Mann bei ihr zu finden, folgte dem Zimmermädchen mit gezückter Waffe die Treppe hinauf. Bessie sprang aus dem Bett und griff nach der Pistole, die sie zu ihrem Schutz unter dem Kopfkissen versteckt hatte. Als ihr ärztlicher Liebhaber sie vor den Augen des Zimmermädchens erschoß, hielt sie die Pistole bereits in der Hand. Der Doktor wurde verhaftet und behauptete, in Notwehr gehandelt zu haben, doch da der Hahn an Bessies Pistole nicht gespannt und die Waffe noch gesichert war, wurde er verurteilt und ins Gefängnis gesteckt.

Während des Zweiten Weltkriegs diente das alte Haus im Wald Präsident Roosevelt gelegentlich als sicherer geheimer Treffpunkt für Begegnungen mit ausländischen Geheimdienstoffizieren. Später wurde es durch ein Feuer zerstört und verfiel. Alle Leute in der Gegend witzelten, in der Ruine spuke der Geist der jungen Frau, die dort gestorben war, und jedesmal, wenn ich an der Stelle vorbeiritt, sagte ich: »Hallo, Bessie!«

Das einzige, was mir während unserer Wochenenden in Camp David stets fehlte, war die Möglichkeit, zur Kirche zu gehen. Doch ich betete, Gott möge erkennen, daß ich draußen in dem herrlichen Wald immer das Gefühl hatte, in seinem Tempel zu sein.

Der Geist der Bessie Darling war übrigens nicht der einzige, mit dem wir es während meiner Amtszeit zu tun bekamen.

Nicht lange nach unserem Umzug ins Weiße Haus warf Nancy einmal einen Blick ins Schlafzimmer Abraham Lincolns im ersten Stock. Dabei bemerkte sie, daß eines der Gemälde an der Wand – angeblich eines von Abe Lincolns Lieblingsbildern – umgedreht war und schief hing. Als Nancy sich daran machte, es wieder gerade zu hängen, sagte ein Zimmermädchen, das gerade zugegen war: »Oh, er war wieder da!«

Später berichtete einer der Butler des Weißen Hauses, er habe aus dem Mittelfoyer, wo das Klavier stand, Musik gehört. Als er näher gekommen sei, sei sie verstummt.

Die Legende, daß Lincolns Geist in einigen Bereichen der ersten Etage sein Unwesen treibe, war uns natürlich bekannt, doch nahmen wir sie nicht allzu ernst. Dann aber trug sich ein merkwürdiges Ereignis zu, an dem unser Hund Rex beteiligt war und das mich fast von ihrem Wahrheitsgehalt überzeugte.

Eines Abends saßen wir in unserem privaten Wohnzimmer, als Rex plötzlich ins langgestreckte Mittelfoyer starrte, das zum anderen Ende des Gebäudes hinüberführt. Seine Augen waren wie fixiert, die Ohren standen stramm wie zwei Fahnenmasten.

Ich warf einen Blick hinaus, sah aber nichts Besonderes. Auf einmal fing Rex laut an zu bellen und schlich langsam in den Gang. Ich behielt ihn im Auge. Ungefähr auf halber Höhe des Ganges blieb er stehen und starrte etwas an, das sich vor ihm zu befinden schien. Ich fragte mich: Ist da draußen vielleicht etwas, das du aus deinem Blickwinkel nicht sehen kannst?

Meine Neugier war geweckt, und so ging ich dem Tier nach und versuchte es dazu zu bewegen, wieder mit ins Wohnzimmer zu kommen. »Komm, Rex, komm zurück!« Doch der Hund stand da wie festgewurzelt, noch immer bellend, noch immer mit starrem Blick. Da ich mich inzwischen fast beim Lincoln-Schlafzimmer befand, wandte ich mich seitwärts und ging hinein. Rex folgte mir bis zur Türschwelle und verharrte dort. Aus seinem Gebell wurde ein tiefes Knurren, wobei er langsam rückwärts wich. Meine Versuche, ihn zum Betreten des Raums zu bewegen, fruchteten nicht. Statt dessen machte er kehrt und floh voller Angst vor irgend etwas, das sich für ihn in jenem Zimmer befand.

Bei einer anderen Gelegenheit saß ich in meinem Arbeitszimmer auf der anderen Seite des Ganges, als Rex sich plötzlich auf die Hinterbeine stellte und »Männchen« machend, mit zur Decke gewandtem Blick, durch das Zimmer trippelte. Ich habe nie, weder vorher noch nachher, ein solches Verhalten an ihm beobachtet. Es war, als ob er irgend etwas hinterherspürte; er umkreiste meinen Schreibtisch, begab sich auf die andere Seite des Zimmers und trollte sich schließlich. Am nächsten Tag berichtete ich dem Secret Service von dem Vorfall. Von unseren Geheimdienstexperten wußte ich, daß die Russen bei unserer Botschaft in Moskau mit elektronischer Hilfe versucht hatten, unser Personal zu belauschen sowie Nachrichten und Briefe zu entziffern, die von Schreibautomaten ausgedruckt worden waren. Ich fragte daher, ob Rex vielleicht auf irgendeine Art elektronische Signale reagiert habe. Unsere Nachrichtentechniker überprüften das Zimmer, konnten aber nichts Ungewöhnliches entdecken – abgesehen von einem unendlich feinen Summen aus einem Fernsehgerät, das noch aus den Tagen Präsident Johnsons stammte.

Mir kam das alles ziemlich merkwürdig vor. Eines möchte ich aber an dieser Stelle klarmachen: Daß Abe Lincolns Geist im Weißen Haus lebe und es sich dort wohlsein ließe, behaupte ich *nicht*. Ich möchte nicht eine neue Fabel in die Welt setzen.

Die Mär über mich selbst, die mich stets am meisten störte, war die, ich sei scheinheilig und ein verkappter Rassist. In Sacramento war es mir gelungen, dieses Bild zu korrigieren, indem ich mehr Farbige mit wichtigen Positionen in der kalifornischen Regierung betraute als alle früheren Gouverneure zusammengenommen. Doch aus irgendeinem

Grund hing mir diese Legende noch immer an, als ich das Präsidentenamt übernahm.

In Washington bemühten wir uns nach Kräften, alle Regierungsprogramme von Verschwendung und Schwindel frei zu bekommen. Einige wollte ich ersatzlos ganz streichen, weil ich der Meinung war, die Bundesregierung solle keine Programme planen und durchführen, die bei Staats- oder Kommunalbehörden weit besser angesiedelt waren. Auch vertrat ich den Standpunkt, daß *jedes* auf Rasse, Religion oder Hautfarbe basierende Quotensystem unmoralisch sei. Diese Politik führte dazu, daß mir viele schwarze Politiker, wenn schon keine Scheinheiligkeit, so doch zumindest vorwarfen, ich hätte für die Bestrebungen der Schwarzen und anderer Minderheiten nichts übrig.

Richtig war weder das eine noch das andere, und ich glaube, meine Regierungsbilanz zeigt dies deutlich. Es stimmt, daß ich Quotenregelungen am Arbeitsplatz, im Erziehungs- und Bildungswesen sowie auf anderen Gebieten ablehnte. Ich betrachte Quoten, ob sie nun Schwarze oder Weiße, Männer oder Frauen begünstigen, als eine neue Form der Diskriminierung, die ihren Vorgängern in nichts nachsteht. Auf jeden Fall zog unsere Regierung viele Gerichtsverfahren zur Korrektur von Bürgerrechtsverstößen durch – genauso viele oder mehr als alle früheren Regierungen der Vereinigten Staaten. Die Finanzmittel für die Durchsetzung der Bürgerrechte wurden im Laufe meiner achtjährigen Amtszeit um 18 Prozent aufgestockt. Wir ergriffen die Initiative zu einer neuen Bürgerrechtsgesetzgebung, die den *Fair Housing Act* von 1968 stärkten. Und von unserer Wirtschaftspolitik profitierte, proportional gesehen, keine andere ethnische Gruppe so sehr wie die Schwarzen.

Noch immer klafft in unserem Land ein zu großer Unterschied zwischen dem Durchschnittseinkommen der Schwarzen und dem anderer Amerikaner. Doch während der achtziger Jahre verringerte sich diese Diskrepanz erheblich: Zwischen November 1982 und November 1988 wuchs die Beschäftigungsrate bei der schwarzen Bevölkerung um 29 Prozent, während gleichzeitig der Anteil schwarzer Familien in der höchsten Einkommensklasse (50 000 Dollar und darüber) um nahezu 86 Prozent zunahm. In der gleichen Periode erhöhte sich die Zahl der Schwarzen im zivilen Wirtschaftsleben um 2,6 Millionen, die Zahl der Schwarzen in den bestbezahlten Jobs des Landes schnellte um 40 Prozent nach oben, und die Arbeitslosenquote unter den Schwarzen sank von 20,2 Prozent zu Beginn der Expansion auf etwas mehr als zehn Prozent.

Während der Amtszeit der vorherigen Regierung war das Pro-Kopf-Einkommen bei den Weißen um 2,4 Prozent und bei den Schwarzen um ein Prozent gewachsen. Zwischen 1982 und 1984 wuchs es bei den Weißen um 14, bei den Schwarzen aber um mehr als 19 Prozent.

Was immer hinter der Legende, ich sei ein Rassist, auch stecken mag – mir geht jedesmal, wenn ich sie höre, der Hut hoch. Richter Thurgood Marshall vom Obersten Gerichtshof gab im Jahr 1987 einmal ein Fernsehinterview, in dem er mich als den schlimmsten Rassisten im Weißen Haus seit Herbert Hoover bezeichnete. Eine private Aussprache zwischen uns beiden wurde anberaumt.

Wir unterhielten uns ungefähr eine Stunde lang in meiner Privatwohnung im Obergeschoß. Ich erzählte im buchstäblich meine Lebensgeschichte – wie Jack und Nelle mich praktisch von Kindesbeinen an in dem Glauben erzogen hatten, daß rassische und religiöse Diskriminierung die schlimmste Sünde der Welt sei; wie ich sie als Sohn irischer Katholiken in einer protestantischen Stadt am eigenen Leibe erfahren hatte; wie ich als Sportreporter mit zu den ersten im Lande gehört hatte, die sich für die Rassenintegration im professionellen Baseball einsetzten; und wie ich als Gouverneur versucht hatte, neue Beschäftigungsmöglichkeiten für Schwarze zu eröffnen. An jenem Abend gewann ich, glaube ich, einen neuen Freund.

Als Adjutant gehörte es während des Krieges zu meinem Verantwortungsbereich, die Eltern im Felde gefallener Kriegsphotographen zu benachrichtigen und ihnen zu sagen, daß ihre Söhne nicht mehr nach Hause kommen würden. Ich machte die Erfahrung, daß man Menschen in einer solchen Situation nicht viel tröstliche Worte sagen kann, es aber nichtsdestoweniger versuchen muß. Alles, was ich ihnen sagen konnte, war, daß sie allen Grund hatten, stolz zu sein, und daß wir an Gottes Versprechen glauben müßten, daß wir eines Tages alle wieder mit den Menschen, die wir lieben, vereint sein werden.

Als Präsident mußte ich oft mit den Familienangehörigen von Männern und Frauen sprechen, die im Dienst für ihr Land das Leben ließen. Aufgrund meiner Tätigkeit während des Krieges war diese Erfahrung nicht neu für mich; dennoch war es etwas, woran ich mich nie gewöhnen konnte, und diese Verantwortung lastete wie ein tonnenschweres Gewicht auf meinen Schultern.

An einem tragischen Tag im Januar 1986 begann der Vormittag für mich – nach den üblichen Besprechungen mit meinem Stab – mit einer Konferenz, an der führende Kongreßabgeordnete beider Parteien teilnahmen. Ich wechselte ein paar Worte mit Tip O'Neill über meine fortgesetzten (und immer noch behinderten) Bemühungen, die Ausgaben des Bundes zu senken. Dann brachte Senator Frank Murkowski aus Alaska eine Familie aus seinem Wahlkreis herein, die er mir vorstellen wollte. Es folgte ein Informationsgespräch mit Larry Speakes, dem amtierenden Pressesprecher. Ein paar Minuten danach sollte ich, laut Terminkalender, mit den Moderatoren der großen Fernsehanstalten zu Mittag essen; es ging um die Vorbereitung meiner für den Abend vorgesehenen Rede zur Lage der Nation. Mitten in der Besprechung stürzten mehrere Mitarbeiter ins Zimmer, um mir zu sagen, daß die Raumfähre *Challenger* kurz nach dem Start explodiert sei.

Wir gingen sofort zum nächsten Fernsehgerät und sahen, wie Millionen anderer Amerikaner an jenem traurigen Tag, den Film, der den Ablauf der Katastrophe zeigte und nun ein ums andere Mal wiederholt wurde.

Christa McAuliffe, eine Astronautin an Bord der Fähre, war einst zusammen mit anderen Lehrern, die in den Weltraum hatten fliegen wollen, ins Weiße Haus gekommen, und ich hatte ihr verkündet, daß die Wahl auf sie gefallen war. Diese persönliche Nähe zu der Tragödie führte wohl dazu, daß mir die Sache ganz besonders zu Herzen ging.

Ich verschob die vorgesehene Rede zur Lage der Nation und beschränkte mich auf eine fünfminütige Ansprache, in der ich unsere kollektive Trauer über die Tragödie zum Ausdruck brachte. Wir würden uns dadurch aber nicht abschrecken lassen, sagte ich, und die Erforschung des Weltraums fortsetzen: »Nichts geht hier zu Ende. Unsere Hoffnungen und unsere Reise gehen weiter.«

Den Rest des Tages über mußte ich mich wieder nach meinem Terminkalender richten. Es wurde einer der härtesten Tage, die ich je im Oval Office verbringen mußte.

Am nächsten Tag rief ich bei den Familienangehörigen der sieben Astronauten an und versuchte ihnen das eine oder andere tröstende

Wort zu sagen. Sie baten mich, jeder für sich, mich mit allen Kräften für die Fortsetzung des Weltraumprogramms einzusetzen; alle meinten sie, dies entspräche auch dem Willen der Verstorbenen.

Drei Tage später – in Washington war Neuschnee gefallen – traten Nancy und ich vom Luftwaffenstützpunkt Andrews aus unsere traurige Reise zum Johnson Spacecraft Center in Houston und zum Gedenkgottesdienst für die Astronauten an. Es war eine sehr schwere Zeit für alle Betroffenen, insbesondere aber für die Familien der Astronauten. Nancy und ich saßen zwischen der Frau von Francis Scobee, dem Kommandanten der *Challenger*-Crew, und der Frau des Crew-Mitglieds Michael Smith. Ich fand kaum Worte. Wir konnten die Angehörigen nur umarmen und versuchen, unsere Tränen zurückzuhalten.

Das *Challenger*-Desaster war eine Katastrophe, die alle Amerikaner mit Schmerz und Trauer erfüllte. Doch als nach langwierigen und gründlichen Untersuchungen die Ursache der Explosion herausgefunden war, griffen wir das Weltraumprogramm wieder auf, der *Space Shuttle* flog wieder, und wir initiierten ein neues Projekt, dessen Ziel die Errichtung einer ständigen Raumstation war. Ich bin sicher, daß dieses Projekt mit der Zeit nicht nur unser Wissen über das Universum erweitern, sondern auch den Standard der amerikanischen Technik erhöhen und sich eines Tages auch auf der Erde in bisher noch nicht vorhersehbarer Weise wirtschaftlich auszahlen wird.

Heute bin ich mehr denn je davon überzeugt, daß es ganz im Sinne der sieben, die an Bord der *Challenger* starben, ist, daß wir das Raumfahrtprogramm fortsetzen. Während des Gedenkgottesdienstes reichte mir Mrs. Smith eine Karte, auf die ihr Mann einige Worte von H. G. Wells notiert hatte, die er vom Weltraum aus hatte vorlesen wollen. Besser, als ich es formulieren könnte, drücken sie aus, warum die sieben Astronauten der *Challenger* an jenem Morgen des 28. Januar 1986 in den blauen Himmel gestartet waren:

»Für den Menschen gibt es keine Rast und kein Ende. Er muß weiter voran – Eroberung jenseits der Eroberung. Dieser kleine Planet mit all seinem Kleinkram und all den Gesetzen von Geist und Materie schränken ihn ein. Dann die Planeten über ihm, und endlich hinaus über die große Weite zu den Sternen. ... Und wenn er alle Tiefen des Raumes und alle Geheimnisse der Zeit ergründet hat – so wird er gerade erst am Anfang stehen.«

VIERTER TEIL

Der Nahe Osten
Der Libanon
Grenada

57

Es ist eine gemeinsame Erfahrung aller Präsidenten seit dem Zweiten Weltkrieg, daß keine Region der Welt Amerika mit so schwierigen, frustrierenden und verwickelten Problemen konfrontiert wie der Nahe Osten. Die Wurzeln des Hasses reichen in dieser Region bis zum Anbeginn der Zeiten zurück. Seit biblischen Tagen wird hier im Namen des Glaubens sinnlos Blut vergossen, und alle Ereignisse der Gegenwart sind geprägt von folgenschweren Begebenheiten in der Vergangenheit – vom Auszug der Kinder Israel aus Ägypten bis hin zum Holocaust.

Ich hatte mich niemals der Illusion hingegeben, es könnte ein Kinderspiel werden, doch hegte ich, als ich ins Weiße Haus einzog, durchaus die Hoffnung, den von Jimmy Carter in Camp David eingeleiteten Friedensprozeß im Nahen Osten weiter vorantreiben zu können. (In Camp David hatten Ägypten und Israel einen Vertrag unterzeichnet, der einen dreißigjährigen Kriegszustand beendete.) Zwar erzielten wir kleine Fortschritte, und mitunter gelang es uns sogar, die Barbarei, die seit Urgedenken im Sand des Nahen Ostens lauert, wenigstens vorübergehend einzudämmen – doch als ich acht Jahre später wieder aus dem Weißen Haus auszog, war das Gebiet nach wie vor ein wahres Schlangennest an Problemen.

Zwei unauflöslich miteinander verwobene Konflikte – der eine territorial, der andere religiös – schwelen in diesem Hexenkessel aus Haß und Hader, und beide gehen auf jahrhundertealte Wurzeln zurück.

Da ist zum einen der Streit zwischen Arabern und Juden über das Land, das Palästina genannt wird. In diesem Winkel des alten fruchtbaren Halbmonds blühte und gedieh vor über dreitausend Jahren, zur Zeit der biblischen Urväter Abraham und Moses, eine große jüdische

Kultur – die später in unaufhörlicher Folge von den Armeen der Assyrer, Babylonier, Perser, Griechen, Römer und Araber überrannt wurde.

Im ausgehenden 19. Jahrhundert begann eine Handvoll Juden, Zionisten genannt, auf der Suche nach einer Zuflucht vor dem in Europa weitverbreiteten Antisemitismus neuerlich Anspruch auf das uralte Territorium zu erheben: Es sollte eine nationale Heimstatt aller Juden werden. Im Jahre 1948 – die ganze Welt beklagte das ungeheuerliche Verbrechen des Holocausts – erreichten die Zionisten ihr Ziel: Der Staat Israel wurde gegründet. Doch mit der Schaffung einer neuen Heimat für die Juden wurden die in Palästina seit Jahrhunderten ansässigen Araber zu einem staatenlosen Volk und damit zu einer unberechenbaren frustrierten Macht, die mit großem Nachdruck das Land zurückforderte, das sie als ihre Heimat betrachtete.

Die arabische Welt erklärte Israel den Krieg. Dreimal – 1948, 1967 und 1973 – schlug das kleine Volk mit großer Tapferkeit seine Feinde zurück. Der moderne Staat Israel lebte seit seiner Gründung permanent im Kriegszustand, ständig bedroht durch den palästinensischen Terror. Ein kleines Land kämpft um die Anerkennung durch seine Nachbarn, die sich zu seiner Vernichtung verschworen haben.

Allein dieser Konflikt würde ausreichen, den Nahen Osten zum Pulverfaß zu machen. Doch innerarabiche Animositäten, Vorurteile und Spaltungen sorgen für zusätzlichen Zündstoff. Da sind zunächst einmal die Stammesrivalitäten, die über Jahrhunderte die Zusammenarbeit und die nationale Einigung der Araber verhindert haben. Hinzu kommen unüberwindliche Zwiste der Palästinenser untereinander. Zwar erhebt die Palästinensische Befreiungsorganisation (PLO), die sich einen unabhängigen Palästinenserstaat zum Ziel gesetzt hat, den Anspruch, das Sprachrohr aller Palästinenser zu sein, doch ist sie selber in rivalisierende Fraktionen aufgespalten, die das gesamte Spektrum von relativ Gemäßigten bis hin zu blutrünstigen Fanatikern umfassen. Außerdem wäre die Etablierung eines unabhängigen, von der PLO beherrschter Palästinenserstaates für viele arabische Führer in der Region trotz aller öffentlichen Lippenbekenntnisse so ziemlich das Letzte, was sie sich wünschen.

Zu all diesen Problemen kommt noch hinzu, daß die innerarabischen Religionskonflikte ebenso emotional ausgetragen werden wie die zwischen arabischen und nichtarabischen Moslems im Iran und in Afghanistan, welche mit den Arabern nur ein einziges Ziel gemeinsam haben, nämlich die Vernichtung Israels.

Das Schisma, das die Moslems schon vor Jahrhunderten in Sunniten und Schiiten spaltete, beruht auf unterschiedlichen Interpretationen der Schriften des Propheten Mohammed. Später brachen auch die Schiiten in zahlreiche rivalisierende Gruppen auf, einschließlich mehrerer radikal-fundamentalistischer Sekten, die alle weltlichen Regierungen durch von Geistlichen gelenkte Theokratien ersetzen wollen. Zur Erreichung ihrer Ziele haben sie – im Namen Gottes – Mord und Terror zur Institution erhoben und versprechen ihren Anhängern für den Fall, daß sie für ihren Glauben sterben oder einen Ungläubigen ermorden, die sofortige Aufnahme ins Paradies. Zweimal in jüngerer Zeit hat Amerika durch solche Fanatiker treue Verbündete im Nahen Osten verloren – den Schah von Persien und Anwar Sadat. Die Bedeutung des wachsenden islamischen Fundamentalismus für den Rest der Welt im kommenden Jahrhundert kann kaum überschätzt werden, insbesondere nicht angesichts der nicht ganz auszuschließenden Möglichkeit, daß dessen fanatische Elemente eines Tages vielleicht über Atomwaffen, chemische Kampfstoffe und die Trägersysteme für ihren Einsatz verfügen werden.

Zu den Konflikten zwischen Arabern und Juden und zwischen Moslems und Moslems kommen im Libanon nicht minder unselige Spannungen zwischen unterschiedlichen christlichen Sekten einerseits und christlichen und islamischen Sekten andererseits hinzu. In der ehedem französischen Kolonie einigte man sich 1943 aufgrund einer aus dem Jahre 1932 stammenden Volkszählung, derzufolge die Christen die Mehrheit stellten, auf einen wackligen Proporz. Der Präsident, der das Kabinett und den Ministerpräsidenten ernennt, sollte demnach ein maronitischer Christ sein, der Ministerpräsident ein Sunnit und der Parlamentspräsident ein Schiit. Diese Übereinkunft sah allerdings nicht das rapide Wachstum des islamischen Bevölkerungsteils nach dem Zweiten Weltkrieg voraus, das letztlich mitverantwortlich war für den Ausbruch des Bürgerkriegs.

Die Sowjetunion versuchte, aus der durch eine Vielzahl uralter Antagonismen hervorgerufenen Instabilität im Nahen Osten jahrzehntelang mit Aufwendungen in Milliardenhöhe politischen Nutzen zu ziehen. Moskau und seine Ostblock-Verbündeten erwiesen sich als bereitwillige Waffenlieferanten für Libyen, Syrien und die PLO. Die Waffen dienten nicht allein dazu, den Hexenkessel im Nahen Osten am Kochen zu halten, sondern schürten auch den Terrorismus in anderen Teilen der Welt. Syrien wurde unter Präsident Hafis Assad buchstäblich zum Satelliten Moskaus. Die Armee wurde von den Sowjets ausgebildet und versorgt. Russisches Geld, russische Waffen und russischer Einfluß machten sich überall im Nahen Osten bemerkbar.

Im Laufe der siebziger und zu Beginn der achtziger Jahre führte die rasche Ausbreitung der fanatischsten Spielarten des islamischen Fundamentalismus, die den Sturz der weltlichen Regierungen anstrebten und sie durch Theokratien à la Iran ersetzen wollten, dazu, daß der Nahe Osten immer unberechenbarer wurde – mit der Folge, daß die Sowjets neue Möglichkeiten sahen, die herrschende Instabilität auszunutzen. In einer Region, deren Ölexporte für den Westen lebenswichtig sind, durften die Vereinigten Staaten keinerlei Einmischung seitens der Sowjets dulden. Alle unsere Präsidenten seit dem Zweiten Weltkrieg, mich eingeschlossen, fühlten sich dazu verpflichtet, einen Beitrag zur Stabilisierung und zum Frieden in jener Region zu leisten.

Ich habe im Laufe meines Lebens schon viele Dinge geglaubt, doch nichts war stärker als meine Überzeugung, daß die Vereinigten Staaten unter allen Umständen den Fortbestand Israels sichern müssen.

Ich glaube fest daran, daß Amerika aus dem Holocaust die moralische Verantwortung erwuchs, dafür Sorge zu tragen, daß das, was den Juden unter Hitler widerfuhr, nie wieder passieren kann. Wir dürfen das auf keinen Fall zulassen. Die zivilisierte Welt hat gegenüber dem Volk, das dem Wahnsinn Hitlers die größten Opfer brachte, eine Schuld abzutragen.

Als ich das Weiße Haus verließ, war mein Bekenntnis zur Erhaltung Israels nicht schwächer als bei meinem Einzug, wenngleich mir dieser winzige Verbündete, mit dem wir die Demokratie und viele andere Wertvorstellungen gemeinsam haben, während meiner Amtszeit oft Anlaß zu großer Sorge gab.

Meine erste Bekanntschaft mit den aufgeputschten Emotionen, die nahezu alle Ereignisse im Nahen Osten begleiten, machte ich bereits wenige Wochen nach meinem Amtsantritt. Die Carter-Regierung hatte in den letzten Monaten vor ihrer Ablösung entschieden, mehrere luftgestützte Frühwarnsysteme vom Typ AWACS – fliegende Radarstationen, die feindliche Flugzeuge und Raketen aufspüren können – an Saudi-Arabien zu verkaufen, den Beschluß jedoch noch nicht ausgeführt. Noch vor meiner Amtseinführung wurde ich von verschiedenen jüdischen Organisationen in Amerika gedrängt, den Verkauf rückgängig zu machen. Nach meinem Einzug ins Weiße Haus ordnete ich eine eingehende Prüfung des geplanten Handels an. Da man mir versicherte, daß das Machtgleichgewicht im arabisch-israelischen Konflikt durch die Lieferung der Flugzeuge kaum beeinträchtigt würde, beschloß ich, an dem Verkauf festzuhalten. Die arabische Welt würde darin, so glaubte ich, eine Geste sehen, die unseren Wunsch nach Ausgewogenheit im Nahen Osten unterstrich.

Obwohl Saudi-Arabien die Camp-David-Vereinbarungen abgelehnt hatte, erschien es mir wichtig, die Beziehungen zu diesem relativ gemäßigten arabischen Land zu festigen, und dies nicht nur deshalb, weil unsere Wirtschaft auf die saudiarabischen Ölexporte angewiesen war, sondern auch, weil sich dieses Land ebenso wie Israel als Bollwerk gegen den sowjetischen Expansionismus in der Region begriff. In mancher Hinsicht stimmten unsere eigenen Interessen im Nahen Osten mit denen Saudi-Arabiens überein. Auf die Ölvorkommen des Landes, die zu den größten der Welt zählen, hatten sowohl die kommunistische Welt als auch der benachbarte Iran ein begehrliches Auge geworfen, und sie wurden nur von einer relativ kleinen saudischen Militärmacht geschützt.

Zur Verteidigung ihrer Ölfelder brauchten die Saudis die Freundschaft und, wenn nötig, auch die Hilfe einer Großmacht. Unser Ziel war es nicht nur, die Sowjets aus der Region herauszuhalten, sondern wir wollten auch ein Übergreifen der radikalen, antiamerikanischen Revolution im Iran auf Saudi-Arabien mit all den Auswirkungen, die sich dadurch für unsere Wirtschaft ergeben konnten, verhindern. Mit einem Satz: Ich wollte nicht, daß aus Saudi-Arabien ein zweiter Iran wurde. Obwohl mir klar war, daß wir von unserer Verpflichtung, den Fortbestand Israels zu sichern, niemals abgehen würden, war ich der Meinung, wir sollten einen Kurs einschlagen, der die gemäßigten Araber davon überzeugte, daß wir fair spielen konnten und daß die Vereinigten Staaten ein vertrauenswürdiger Verbündeter waren.

Nach der Entscheidung der vorherigen Regierung, dem Sturz des Schahs im Iran tatenlos zuzusehen, lag mir außerdem daran, sowohl unseren Verbündeten als auch Moskau zu signalisieren, daß die Vereinigten Staaten ihre Freunde unterstützten und nicht beabsichtigten, ihren Einfluß im Nahen Osten auf die Unterstützung Israels zu beschränken. Darüber hinaus war ich der Ansicht, gefestigte Beziehungen zu gemäßigten arabischen Staaten könnten auf lange Sicht bei dem Versuch, wenigstens einige der großen Probleme im Nahen Osten zu lösen, nur von Nutzen sein. Sollte es uns jemals gelingen, die kriegführenden Parteien an einen Tisch zu bringen und einen Frieden auszuhandeln, so mußten wir zunächst die Araber von der Aufrichtigkeit und Fairneß unserer Absichten überzeugen. Für die gemäßigten arabischen Länder wurde 1981 die geplante AWACS-Lieferung zum Symbol unserer Fairneß und unseres Engagements für sie. Israel und seine Verbündeten im amerikanischen Kongreß sahen jedoch bedauerlicherweise aus Gründen, die keinerlei Bezug zur Realität hatten, in der großen Auseinandersetzung um die Frühwarnsysteme ein Symbol für einen Verrat der Vereinigten Staaten an Israel. Sie beschlossen, es auf eine Kraftprobe mit der Regierung ankommen zu lassen, und brachen eine wüste Auseinandersetzung im Kongreß vom Zaun, die zu verlieren wir uns meiner Meinung nach nicht leisten konnten. Für mich stand fest, daß wir die Schlacht gewinnen *mußten*, wenn wir den Friedensprozeß im Nahen Osten voranbringen wollten. Überdies war mir klar: Eine verlorene Schlacht um AWACS unterminierte auch unsere Fähigkeit, dem Kongreß die Zustimmung zu unserem wirtschaftlichen Wiederaufbauprogramm und zur Aufrüstung des Pentagon abzuringen.

Die Schlacht entbrannte nur wenige Tage nach meinem Einzug ins Weiße Haus. Ich erhielt zahllose Anrufe, und die Führer der jüdischen Organisationen in Amerika sowie ihre Freunde im Kongreß meldeten ihren Besuch bei mir an. Alle brachten ihre Abneigung gegen die geplante AWACS-Lieferung zum Ausdruck. Gegen Mitte April – ich erholte mich gerade von den Schüssen im Hilton – stand ich so sehr unter Sperrfeuer, daß mich das Thema AWACS fast ebensoviel Zeit kostete wie das Wirtschaftsförderungsprogramm. Im selben Monat schrieb ich eines Abends in mein Tagebuch:

Die Reaktion und die Opposition so vieler Gruppen [gegen meine

Unterstützung für die AWACS-Lieferung] beunruhigt mich. Sie alle müßten doch wissen, daß Israel niemals einen besseren Freund im Weißen Haus hatte als gerade jetzt! Wir tun unser möglichstes, den Nahen Osten zu stabilisieren und die sowjetische Bedrohung dort zu reduzieren. Die Basis dafür kann nur ein Frieden zwischen Israel und den arabischen Nationen sein. Die Saudis haben dabei eine Schlüsselposition inne. Sind sie erst einmal imstande, dem gleichen Kurs zu folgen, den Ägypten eingeschlagen hat, so könnte sich alles andere von allein ergeben. Die AWACS bekommen sie ja erst 1985. Bis dahin kann der Camp-David-Prozeß in vielfacher Hinsicht gefördert werden.

Wir haben den Israelis versichert, daß wir alles Nötige tun werden, damit die den arabischen Staaten gewährte Hilfe das Machtgleichgewicht zwischen ihnen und den Arabern nicht beeinträchtigt.

Zur gleichen Zeit, da die Auseinandersetzung um AWACS im Kongreß in ihre heiße Phase trat, flammten auch die Feindseligkeiten im Nahen Osten wieder auf. In Israel wuchs die Besorgnis über Überraschungsangriffe von PLO-Terroristen, die vom Libanon aus israelisches Gebiet attackierten. Und syrische Streitkräfte, die 1976 als Teil einer arabischen »Friedenstruppe« in den Libanon eingedrungen waren und ihn seither nicht mehr verlassen hatten, lieferten sich in der Bekaa-Ebene im Zentrallibanon Gefechte mit der Falange, einer christlichen Miliz. Nachdem die Syrer begonnen hatten, Boden-Luft-Raketen aus sowjetischer Produktion im Libanon aufzustellen, erhielten wir aus Israel erste Berichte, denen zufolge man erwog, in den Südlibanon einzumarschieren, um dort die den Norden Israels bedrohenden Stellungen der PLO und der Syrer anzugreifen.

In dem Bemühen, eine neuerliche Bedrohung des Friedens im Nahen Osten abzuwenden, bat ich unseren Sonderbotschafter und diplomatischen Feuerwehrmann Philip Habib, seinen Ruhestand aufzugeben und auf einer Sondermission in Syrien, im Libanon und in Israel zu erkunden, ob sich nicht eine Vereinbarung zur Wahrung des Friedes in der Region finden ließe. Das ganze Jahr bemühte Habib sich darum, einen Krieg im Libanon zu verhindern – während palästinensische Terroristen unverdrossen ihre sporadischen Angriffe auf Israel fortsetzten, während die Syrer immer mehr sowjetische Raketen aufstellten, die Schlüsselziele im nördlichen Israel erreichen konnten, und während israelische Kommandos auf der Jagd nach ihren Feinden immer wieder über die Grenze vorstießen.

Im Spätfrühling 1981 stimmte Saudi-Arabien zu, Habib auf seiten der Syrer und der PLO bei seinen Vermittlungen zu unterstützen, was bei uns die Hoffnung erweckte, der Krieg könne vielleicht doch noch vermieden werden. Habib, dessen phantastische Tüchtigkeit mich immer wieder in Erstaunen versetzte, erreichte schließlich einen Waffenstillstand, der mit wenigen Unterbrechungen das ganze Jahr über eingehalten wurde – und das, obwohl Anfang Juni die anti-israelischen Wellen in der arabischen Welt besonders hoch schlugen, nachdem die Israelis mit Flugzeugen aus US-Produktion einen im Bau befindlichen irakischen Atomreaktor bombardiert hatten.

Der israelische Premierminister Menachem Begin, der uns erst hinterher über den Angriff informierte, erklärte, Israel habe auf Grund von Informationen gehandelt, die belegten, daß das irakische Atomkraftwerk zur Herstellung spaltbaren Materials und zur Produktion von Atomwaffen gegen Israel dienen sollte. Eine Schiffsladung »heißen« Urans aus Frankreich sei bereits unterwegs, sagte Begin. Er habe die Bombardierung nicht länger hinauszögern können, da sonst, zu einem späteren Zeitpunkt, die irakische Hauptstadt Bagdad radioaktiv verseucht worden wäre.

»Ich kann seine Befürchtungen verstehen«, schrieb ich am 9. Juni 1981 in mein Tagebuch, »aber ich fürchte, er hat die falsche Entscheidung getroffen.«

> Er hätte uns und die Franzosen informieren sollen. Wir hätten etwas unternehmen können, um die Bedrohung abzuwenden. Wie auch immer – wir werden uns nicht gegen Israel wenden. Das käme einer offenen Einladung an die Araber zum Angriff gleich. Es ist an der Zeit, die Welt aufzurütteln und sich gemeinsam um eine Konfliktlösung im Nahen Osten zu bemühen. Die jüngsten Ereignisse beruhen auf Angst und Mißtrauen auf beiden Seiten. Wir brauchen einen echten Durchbruch zu einem stabilen Frieden ...
> Die Gesetzeslage läßt mir aber keine andere Wahl, als den Kongreß zur Untersuchung des Falls aufzufordern und herauszufinden, ob ein Rechtsbruch vorlag, weil in Amerika produzierte Flugzeuge

nicht zu Angriffszwecken eingesetzt werden dürfen. Offen gesagt: Sollte der Kongreß zu diesem Ergebnis kommen, werde ich eine präsidiale Ausnahmegenehmigung gewähren. Der Irak befindet sich praktisch noch immer im Kriegszustand mit Israel, und ich bin überzeugt, daß er versucht, eine Atombombe zu bauen.

Dem Buchstaben nach hatte Israel tatsächlich eine Vereinbarung mit uns gebrochen, die besagte, daß in den USA hergestellte Waffen nicht zu Angriffszwecken verwendet werden dürfen. Mehrere Kabinettsmitglieder verlangten von mir ein deutliches Wort an Israel, weil es eine Zusage nicht eingehalten hatte. In einer diplomatischen Note an die israelische Regierung verurteilten wir den Angriff. Außerdem zögerten wir, um unser Mißfallen kundzutun, die Lieferung zusätzlicher Militärflugzeuge hinaus. Dennoch hatte ich Verständnis für Begins Beweggründe und war persönlich davon überzeugt, daß wir im Zweifel für den Angeklagten sein sollten. Für mich bestand nicht der geringste Zweifel daran, daß der Irak versucht hatte, eine Atombombe zu bauen.

In Saudi-Arabien und anderen arabischen Ländern hatte der israelische Bombenangriff einen gewaltigen Aufschrei hervorgerufen, und er goß auch in der AWACS-Frage noch zusätzliches Öl ins Feuer. Unter Hinweis darauf, daß die israelischen Flugzeuge auf ihrem Weg in den Irak saudischen Luftraum verletzt hatten, teilten mir die Saudis mit, daß Israel eine Bedrohung für alle arabischen Länder darstelle. Außerdem führten sie den Angriff als weiteren Beleg dafür an, daß sie die AWACS tatsächlich brauchten, um im Falle eines israelischen Luftangriffs rechtzeitig gewarnt zu sein.

Den ganzen Sommer über hatte die AWACS-Kontroverse im Kongreß vor sich hin gebrodelt, bis sie dann im Frühherbst den Siedepunkt erreichte. Nach dem Gesetz konnte der Verkauf der Flugzeuge mit der Majorität der Stimmen beider Häuser des Kongresses blockiert werden. Die Anhänger Israels hatten bereits die Mehrheit im Repräsentantenhaus gewonnen. Die entscheidende Schlacht fand im Senat statt, in dem unsere Partei eine knappe Stimmenmehrheit besaß. Allerdings saßen auch dort viele Freunde Israels.

Ministerpräsident Menachem Begin traf Anfang September in Washington ein, kurz nachdem der Kongreß die für unser wirtschaftliches Wiederaufbauprogramm erforderlichen Steuersenkungen beschlossen hatte. Plötzlich beschäftigte sich ganz Washington mit dem vorgesehenen AWACS-Verkauf, und alle anderen Gesetzesvorhaben schienen nebensächlich. Nach einer formellen Begrüßungszeremonie auf dem Südrasen des Weißen Hauses begaben sich Begin und ich gemeinsam ins Oval Office, um uns bei einer Plauderei ein wenig kennenzulernen. Ich sagte ihm, es würde mich freuen, wenn wir uns mit Vornamen anreden könnten. Später trafen wir in Begleitung unserer Berater im Kabinettssaal zusammen, und Begin bschwor uns erwartungsgemäß, auf den Verkauf der Flugzeuge zu verzichten. In Camp David, sagte er, sei Israel den Arabern mehr als die Hälfte der Strecke auf dem Weg zum Frieden entgegengekommen. Als Gegenleistung für die Anerkennung des Existenzrechts Israels durch Ägypten (eine Konzession, für die Anwar Sadat aus der Arabischen Liga ausgeschlossen worden war) habe er sich nicht nur dazu bereit erklärt, im April 1982 die seit dem Sechstagekrieg 1967 von Israel besetzte Sinai-Halbinsel zurückzugeben, sondern auch mehr als einer Million Palästinensern im Gazastreifen und im Westjordanland – Territorien, die Israel im gleichen Krieg erobert hatte – Autonomie versprochen.

Die Vereinigten Staaten schuldeten den Israelis nunmehr, so argumentierte Begin, alles in ihrer Macht Stehende zu tun, um die Sicherheit Israels zu gewährleisten. Ich hatte Verständnis für seine Sorge. Israel war nur ein kleines Land und buchstäblich von Feinden umringt: Es mußte mit dem internationalen Druck der Resolution 242 des Sicherheitsrats der Vereinten Nationen leben, die Israel zum Rückzug aus allen seit 1967 besetzten Gebieten aufforderte, einschließlich des Jordan-Westufers. Ohne die West-Bank war das Land an manchen Stellen schmaler als die Reichweite eines Kanonenschusses.

Begin äußerte große Besorgnis gegenüber allem, was dazu angetan gewesen wäre, die Machtbalance im Nahen Osten zu verschieben. Ich erwiderte daraufhin, unsere Militärs seien davon überzeugt, daß die AWACS-Flugzeuge das Machtgleichgewicht nicht sonderlich beeinflussen würden. Mehrmals hob ich hervor, die Vereinigten Staaten seien entschlossen, den Fortbestand Israels zu sichern, und würden nichts unternehmen, was Israels militärische Überlegenheit gegenüber den Arabern schmälern könnte. Im übrigen versuchte ich zu erklären, daß wir für einen dauerhaften und sicheren Frieden im Nahen Osten nicht nur die Unterstützung Ägyptens, sondern auch die anderer gemäßigter arabischer Länder benötigten. Am Abend schrieb ich über mein Treffen mit Begin ins Tagebuch:

> Ich sagte ihm, daß uns nach unserer jetzigen Überzeugung [der AWACS-Verkauf] dabei helfen könne, die Saudis in den Friedensprozeß mit einzubeziehen. Ich habe ihm versichert, wir (Israel und die USA) seien Verbündete. Daß wir von dieser Partnerschaft ebenso profitierten wie Israel, und daß wir nicht zuließen, daß ein Risiko für Israel entstünde. Er nahm zwar seine Einwände nicht zurück, wurde aber doch etwas milder. Als die Verhandlungen und das Staatsbankett schließlich vorüber waren, meinte er, dies sei der herzlichste Empfang gewesen, der ihm jemals von einem Präsidenten der Vereinigten Staaten bereitet worden sei. Ich glaube, wir haben gute Geschäftsgrundlagen für den schwierigen Friedensprozeß im Nahen Osten geschaffen. Meinem Gespür nach sind bilaterale Verträge wie mit Ägypten der richtige Ansatz dazu, und deshalb wollen wir mit Saudi-Arabien anfangen.

Obwohl ich das Gefühl hatte, unsere Beziehungen ließen sich gut an und Begin vertraue mir, daß wir alles Notwendige zur Gewährleistung von Israels Sicherheit unternehmen würden, erfuhr ich später, daß der Ministerpräsident sich praktisch unmittelbar nach Verlassen des Weißen Hauses zum Kapitol begeben und dort mit Vehemenz versucht hatte, die Abgeordneten gegen mich, die Regierung und den AWACS-Verkauf einzunehmen – und das, nachdem er mir zuvor zugesichert hatte, eben dies *nicht* tun zu wollen.

Ich mochte es nicht, wenn sich Repräsentanten eines fremden Landes – welchen Landes auch immer – in unsere innenpolitischen Angelegenheiten und in die Planung unserer Außenpolitik einzumischen versuchten. Also wies ich das Außenministerium an, Begin deutlich zu machen, daß mir seine Handlungsweise nicht gefiel und daß ich Gefahren für die engen Beziehungen zwischen unseren Staaten sähe, sofern er damit nicht aufhöre. Persönlich betrachtete ich sein Verhalten als glatten Wortbruch und ärgerte mich darüber. Gegen Ende des folgenden Monats gewannen wir die parlamentarische Schlacht um die AWACS: Mit hauchdünner Mehrheit lehnte der Senat einen Antrag ab, der den Verkauf blockiert hätte. Unser Ziel, den gemäßigten Arabern ein Zeichen zu geben, daß wir zu unparteiischem Handeln imstande seien, hatten wir damit erreicht – obgleich Israel in einer Botschaft, die deutlich Begins Handschrift trug, unsere Regierung des Antisemitismus und des Verrats zieh.

Die parlamentarische Auseinandersetzung in den Wochen zuvor war eine der schwersten Schlachten, die ich während meiner achtjährigen Amtszeit in Washington zu schlagen hatte. Israel besaß wortgewaltige Fürsprecher im Kongreß. Abgesehen von der Überzeugung von zwei oder drei Abgeordneten, deren Stimmen ich für unser Gesetz zur Steuer- und Ausgabensenkung gewinnen mußte, kostete mich nichts so viel Zeit wie die Telephonate und die Gespräche unter vier Augen, die dem Sieg in der AWACS-Abstimmung vorausgingen. Zu Beginn des Monats lagen wir im Senat noch mit zwanzig Stimmen zurück; am Ende gewannen wir mit 52 gegen 48.

Und das war nur das erste einer Reihe von Problemen mit dem Nahen Osten, die auf mich zukamen.

58

Nach der tragischen Ermordung Anwar Sadats im Oktober 1981 verfinsterte sich die Zukunft des Nahen Ostens mehr und mehr. Über dem Libanon hingen die düsteren Wolken des Krieges, die mit jedem Tag bedrohlicher wurden. Der Nachfolger Sadats, Vizepräsident Hosni Mubarak, sah sich mit der gleichen Lage konfrontiert wie sein Vorgänger: mit ernsten Wirtschaftsproblemen im Inneren, mit der Isolierung Ägyptens in der arabischen Welt infolge des Camp-David-Abkommens und der damit verbundenen Anerkennung des Existenzrechts Israels; sowie mit der politischen Gärung in seinem Land aufgrund des wachsenden Einflusses fundamentalistischer Moslems. Mubarak wußte aus erster Hand, was die Sadatsche Politik seinem Mentor eingebracht hatte – schließlich hatte er während des Attentats neben ihm gesessen. Ob er es für richtig halten würde, den gleichen Kurs zu steuern wie Sadat, stand keineswegs von vornherein fest. Es war sogar denkbar, daß er nach erfolgter Rückgabe der Sinai-Halbinsel an Ägypten das Camp-David-Abkommen aufkündigen, von neuem der Arabischen Liga beitreten und womöglich auch die engen Bindungen zur Sowjetunion, die unter Sadats Vorgänger Gamal Abdel Nasser bestanden hatten, wiederherstellen würde.

Auch die Möglichkeit war keineswegs von der Hand zu weisen, daß Menachem Begin, der gegenüber der neuen Führung in Kairo verständlicherweise unsicher und skeptisch war und sich darüber hinaus große Sorgen machte wegen der wachsenden militärischen Macht der PLO im Libanon, zu dem Schluß kam, eine Aufkündigung des Camp-David-Abkommens und ein neuerlicher Krieg gegen die Araber diene der Sicherheit Israels am besten.

Welche Bedeutung hatten nun all diese Ereignisse, die sich Tausende von Meilen von den Küsten unseres Landes entfernt zutrugen, für uns Amerikaner? Die Sowjetunion unter Leonid Breschnew war darauf aus, jede Gelegenheit zur Erweiterung ihres Einflusses wahrzunehmen und die Vereinigten Staaten als dominierende Supermacht in jener ölreichen und strategisch wichtigen Weltregion abzulösen. Der Nahe Osten war eine jener entlegenen, aber wichtigen Bühnen der Welt, auf der im ausgehenden 20. Jahrhundert eine Fehlberechnung oder Fehleinschätzung den Dritten Weltkrieg heraufbeschwören konnte.

Wir hatten die irreversible Verpflichtung übernommen, das Überleben und die territoriale Integrität Israels zu garantieren. Als Führungsmacht der Freien Welt fiel Amerika zudem eine besondere Verantwortung bei dem Versuch zu, das Töten zu beenden und die Konflikte zwischen verschiedenen Völkern zu lösen, die wir, jedes für sich, als Freunde und Verbündete betrachteten.

Als Freund sowohl Israels als auch der gemäßigten arabischen Länder sah ich hierin eine Pflicht der Vereinigten Staaten – waren wir doch die *einzige* Nation, die bei der Suche nach Frieden in dieser geplagten Region die Rolle eines Vermittlers übernehmen konnte. Abgesehen von den palästinensischen Extremisten und den radikalen islamischen Fundamentalisten blickten nahezu alle Schlüsselfiguren auf die Vereinigten Staaten und erhofften sich von ihnen Hilfe bei der Suche nach einer Lösung der anstehenden Probleme. Nun lag es also an uns, die Dinge voranzutreiben und eine Lösung zu finden.

Der von Philip Habib ausgehandelte Waffenstillstand im Libanon blieb im Winter 1981/82 sowie im anschließenden Frühjahr bestehen, obwohl er erheblichen Belastungen ausgesetzt war: Es gab sporadische terroristische Attacken gegen Israel seitens der Palästinenser; die syrischen Truppen und die PLO im Libanon wurden mit Raketen, Artillerie und anderen Waffen sowjetischer Herkunft ausgerüstet; wiederholt griffen die Israelis palästinensische Stellungen im Libanon an, und in und um Beirut kam es unter dem Einfluß syrischer, christlicher und moslemischer Milizen, die alle den Anspruch auf Vorherrschaft im Libanon erhoben, zu einem allgemeinen Zerfall von Recht und Ordnung.

Syrien behauptete, seine ererbten Rechte auf das Heilige Land seien noch älter als die der biblischen Hebräer, und bestritt das Existenzrecht des Libanon, weil es sich um eine Schöpfung Frankreichs, also der ehemaligen Kolonialmacht, handele. Das langfristige Ziel der Syrer bestand darin, den Libanon zu einer de-facto-Kolonie zu machen und die dortigen Christen jeglicher politischer Macht zu berauben.

Die Spannungen im Nahen Osten wurden im Dezember zusätzlich angeheizt, als Israel die Annexion der strategisch wichtigen Golan-Höhen verkündete, die es im Sechstagekrieg 1967 den Syrern entrissen und seither besetzt gehalten hatte. Die Annexion bedeutete eine Verletzung der UN-Resolution 242. Mit der fortwährenden Besiedlung der anderen besetzten Gebiete, die ebenfalls im Widerspruch zur Resolution und zur Weltmeinung stand, goß Israel weiteres Öl ins Feuer.

Um unserer Mißbilligung der Annexion der Golan-Höhen durch Israel Ausdruck zu verleihen, stornierten wir die Unterzeichnung einer kurz vor ihrer Fertigstellung stehenden gemeinsamen Regierungsvereinbarung (eines sogenannten *Memorandum of understanding*), in der Einzelheiten über eine Verstärkung der militärischen Zusammenarbeit zwischen unseren beiden Ländern festgehalten werden sollten. Begin reagierte darauf mit einem wütenden Brief, in dem er die Ansicht vertrat, die Vereinigten Staaten könnten sich nach Vietnam nicht mehr anmaßen, Israel darüber zu belehren, was Recht und was Unrecht sei. »Das Volk Israel lebt seit 3700 Jahren ohne *Memorandum of understanding*, und wir werden auch noch weitere 3700 Jahre ohne es auskommen«, schrieb er und wiederholte seine Weigerung, die Golan-Höhen aufzugeben.

Während die Ereignisse ihren Lauf nahmen, erhielten wir glaubhafte Berichte aus Israel, denen zufolge Begin – er glaubte an die biblische Maxime »Auge um Auge, Zahn um Zahn« – und sein Verteidigungsminister Ariel Scharon, ein Recke, der geradezu nach einem Krieg zu gieren schien, im Rahmen ihrer Auseinandersetzung mit der PLO eine großangelegte Invasion des Libanon vorbereiteten. Wie es hieß, rechneten sie damit, bei der geringsten Provokation losschlagen zu können.

Während ich Begin zur Zurückhaltung drängte, setzte Habib seine Bemühungen um ein Rahmenabkommen für eine künftige Friedenslösung fort. Den politischen Führern Israels teilten wir mit, daß sie nach unserer Meinung wegen der Annexion der Golan-Höhen, der Bombardierung eines irakischen Atomkraftwerks, ihrer Luftangriffe auf den Libanon, die zahlreiche Opfer unter der palästinensischen Zivilbevölkerung gefordert hatten, sowie einer Reihe anderer gegen die Araber gerichteter Aktionen beträchtliche Sympathien in der nichtarabischen Welt verloren hätten. Ich hob allerdings bei jedem direkten Kontakt mit ihnen hervor, daß sowohl ich persönlich als auch die Vereinigten Staaten zu ihrer Verpflichtung, Israel zu unterstützen, stünden. Ich bestärkte Israel in seinem Recht, sich gegen einen Angriff zu *verteidigen*, appellierte jedoch an die Israelis, nicht von sich aus anzugreifen, es sei denn, sie würden das Opfer einer derart extremen Provokation, daß in der Welt keinerlei Zweifel an der Berechtigung eines Vergeltungsschlages aufkämen.

Israels Antwort lautete unter dem Strich: Kümmert euch um euern eigenen Kram. Allein Israel kann entscheiden, was es zur Sicherung seiner Überlebensfähigkeit tun muß.

Während sich die Situation im Libanon immer mehr zuspitzte, versuchten wir, unsere Beziehungen zur neuen Führung in Kairo auf eine solide Grundlage zu stellen. In Botschaften an Mubarak gaben wir unserem Wunsch Ausdruck, die Bindungen, die sich unter Sadat zwischen unseren beiden Ländern entwickelt hatten, aufrechtzuerhalten, und ließen ihn wissen, daß wir auch an einer Fortsetzung des in Camp David begonnenen Prozesses interessiert seien. Zu Beginn des neuen Jahres schien auch Mubarak beschlossen zu haben, *uns* eine Botschaft zukommen zu lassen: Er akzeptierte das Angebot Moskaus, ein russisches Beraterteam nach Kairo zu entsenden, das technische Hilfestellung beim Ausbau der ägyptischen Industrie geben sollte. Wir fragten uns daraufhin, ob er tatsächlich vorhatte, die Beziehungen zu Moskau wieder nach dem Nasserschen Vorbild zu gestalten. Ebenso, wie man sagen kann, daß einige israelische Spitzenpolitiker die Spannungen zwischen den Vereinigten Staaten und der UdSSR zu einem stärkeren amerikanischen Engagement in Israel nutzen wollten, glaube ich, daß Mubarak versuchte, uns zu signalisieren, daß wir uns auch Ägyptens nicht allzu sicher sein sollten.

Als sich der ägyptische Präsident Anfang Februar 1982 bei einem Staatsbesuch in Washington vorstellte, brachte ich die neuen sowjetischen Berater zur Sprache, worauf er erwiderte, Ägypten sei ein unverbrüchlicher Freund Amerikas und habe keinerlei Absicht, ins Lager der Sowjets zu wechseln. Es war allerdings klar, daß Ägypten – ohnehin schon ein bevorzugtes Empfängerland amerikanischer Unterstützung – sich diese Freundschaft noch etwas besser honorieren lassen wollte. Es bestand bereits ein Vertrag über Waffenkäufe in Höhe von 1,3 Milliarden Dollar, der eine direkte Subvention in Höhe von 200 Millionen Dollar beinhaltete. Um Mubarak etwas an die Hand zu geben, das er daheim als Erfolg seiner Reise und Beleg der amerikanischen Freundschaft vorweisen konnte, erhöhten wir diesen Betrag auf 400 Millionen Dollar.

Je näher der Termin für die Rückgabe der Sinai-Halbinsel an Ägypten rückte, desto mehr verschärften sich die Feindseligkeiten zwischen Israel, der PLO und syrischen Einheiten im Libanon. Nach wie vor fragte ich mich, ob Begin sich an die Vereinbarungen von Camp David halten würde. Es war inzwischen deutlich geworden, daß das in den Verträgen geforderte Ziel der Palästinenser-Autonomie in den besetzten Territorien zu wenig vorbereitet war; dieser Teil der Vereinbarungen ließ sich also nicht erfüllen. Dennoch kam der Tag der Sinai-Rückgabe immer näher, von dem ich annahm, daß er bei Begin traumatische Gefühle auslösen könne.

Es handelte sich um besetzte Gebiete, die anderen Ländern weggenommen worden waren, gewiß, doch Israel hatte den Sinai in einem Krieg erobert, der ihm von eben diesen Ländern aufgezwungen worden war. Die Rückgabe des Sinai bedeutete die Räumung einer strategisch wichtigen Pufferzone zwischen Israel und seinen Feinden, die geschworen hatten, Israel zu vernichten. Außerdem hieß es, ein Gebiet aufzugeben, in dem israelische Siedler seit 1967 Häuser und Schulen gebaut, Farmen angelegt und Familien gegründet hatten.

Obwohl es in Israel starke Kräfte gab, die auf eine Aufkündigung der Verträge drängten, stand Begin zu seinem Wort. Die Rückgabe des Sinai an Ägypten wurde am 25. April 1982 termingemäß abgeschlossen. Am Vormittag jenes Tages rief ich Mubarak und Begin an, um ihnen zu dieser historischen Leistung zu gratulieren und ihnen alles Gute für die Fortsetzung ihres Wegs zum Frieden zu wünschen.

Meine Sympathien galten vor allem Menachem Begin. Während meiner Amtszeit hatte ich oft Schwierigkeiten mit ihm, doch er war ein israelischer Patriot, dem nichts mehr am Herzen lag, als die Überlebensfähigkeit seines Landes zu erhalten. Er war von dem leidenschaftlichen Glauben beseelt, daß der moderne Staat Israel rechtmäßiger Erbe jener Gebiete war, die einst den alten Israeliten gehört hatten. Als Überlebender des Holocaust, der nur knapp dem Tod entronnen war, wußte er aus eigener Erfahrung, welch furchtbarer Haß und abgrundtiefe Bosheit den Juden nur deshalb, weil sie Juden sind, bisweilen entgegenschlägt. Wie er mir einmal erzählte, hatte er sich geschworen, dafür zu sorgen, daß nie wieder ungestraft das Blut eines Juden vergossen werden dürfe.

Ich spürte die Trauer in seiner Stimme und konnte daraus entnehmen, wie ihm an jenem Tag zumute war. Beiden, Begin und Mubarak, versicherte ich, daß Amerika auch weiterhin alles, was in seiner Kraft stünde, unternehmen wolle, um den Friedensprozeß zu fördern. Nach den Gesprächen war ich optimistisch: Wir waren auf dem richtigen Weg.

Nach der Rückgabe des Sinai machten wir uns daran, einen Kompromiß für die zwischen Israel und Ägypten bestehenden Differenzen in der Frage der Autonomie Palästinas zu erarbeiten. Unglücklicherweise eskalierte genau zu jenem Zeitpunkt die Libanon-Krise. Die Autonomiegespräche wurden unterbrochen, und der Friedensprozeß stagnierte. Nach Auskunft von Phil Habib, der sich Tag und Nacht um die Einhaltung des wackeligen Waffenstillstands bemühte, versuchten radikale Elemente in der PLO, die in Opposition zu deren Führer – Jassir Arafat – standen, die Camp-David-Vereinbarungen zu Fall zu bringen und Israel mit terroristischen Anschlägen auf das israelische Kernland zu einem Angriff auf die Palästinenser im Libanon zu provozieren. Dies, so hofften die Radikalen, würde zu einem Krieg führen, in dem Araber und Sowjets sich auf ihre Seite schlügen. Sie spekulierten auf einen Machtverlust des gemäßigteren Arafat innerhalb der PLO sowie die endgültige Zerschlagung sämtlicher vielleicht noch vorhandener Perspektiven für eine Fortsetzung des Camp-David-Prozesses.

Wir bemühten uns nach Kräften, Begin und Scharon davon zu überzeugen, daß diese radikalen palästinensischen Elemente versuchten, sie mit allen Mitteln zu manipulieren, aufzustacheln und zum Loschlagen zu provozieren. Begin und Scharon hörten uns an, aber sie hörten nicht auf uns: Nach ihrem Verständnis stellte jeder Terrorakt der Palästinenser, egal, in welchem Teil der Welt er stattfand, eine Verletzung des Waffenstillstands im Libanon dar, und sie behielten sich das Recht vor, sämtliche Schritte zu unternehmen, die sie zur Verteidigung des israelischen Volkes für notwendig hielten. Anfang Juni, als ich mich auf die Teilnahme am Wirtschaftsgipfel in Versailles vorbereitete, war bereits erkennbar, daß Israel sich entschieden hatte, im Libanon einzumarschieren, und nur noch auf einen passenden Vorwand wartete.

Die Invasion begann am 5. Juni. Nach der Ermordung eines israelischen Diplomaten in London hatte Israel zunächst mit Bombenangriffen auf PLO-Ziele im Libanon reagiert, woraufhin Arafat neuerlich Granaten auf Israel abfeuern ließ. Nach diesem Vorgeplänkel startete Israel eine großangelegte, gut vorbereitete Invasion. Die Israelis informierten uns über die militärische Zielsetzung, die allein darin bestünde, die PLO-Verbände aus einer Fünfundzwanzigmeilenzone jenseits der israelisch-libanesischen Grenze zu vertreiben und ihnen damit die Möglichkeit zu nehmen, israelische Siedlungen in Nord-Galiläa willkürlich mit Artilleriebeschuß zu belegen.

Die israelische Invasion veranlaßte Leonid Breschnew zu einer wütenden Reaktion. Es war der Beginn eines verbalen Schlagabtauschs über die Direktverbindung Washington-Moskau, den sogenannten »heißen Draht«. Die Vorwürfe Breschnews gipfelten in der Behauptung, wir seien Komplizen der Israelis. Zumindest hätten wir im voraus von der Invasion gewußt. »Die Fakten weisen darauf hin«, sagte er, »daß es sich bei der israelischen Invasion um eine im voraus geplante Operation handelt, von deren Vorbereitung die Vereinigten Staaten Kenntnis gehabt haben müssen.« Ich gab ihm zur Antwort, daß wir zwar an das Recht der Israelis, ihre Nordgrenze zu verteidigen, glaubten, die Libanon-Invasion jedoch nicht unterstützten. Seine Behauptung, wir seien im voraus informiert gewesen, sei »bar jeder Grundlage«.

»Darüber hinaus«, fuhr ich fort, »sehe ich mich genötigt, darauf hinzuweisen, daß Ihre Regierung durch ihre Weigerung, die Verträge von Camp David zu unterstützen und bei Syrien und der PLO auf eine Stabilisierung der Lage hinzuwirken, in nicht geringem Maße mitverantwortlich für die gegenwärtige Krise im Nahen Osten ist.«

In Paris diktierte ich eine Botschaft an Begin, in der ich an ihn appellierte, seine Truppen aus dem Libanon zurückzuziehen. Außerdem stimmten wir einer UN-Resolution zu, die den Rückzug der Israelis und einen Waffenstillstand forderte. Die Truppen und Panzer Ariel Scharons jedoch setzten, nachdem sie nördlich der Grenze nur auf wenig Widerstand gestoßen waren, ihren Vormarsch fort. Scharon sah eine historische Chance für Israel, die PLO ein für allemal aus dem Libanon zu vertreiben. Die israelischen Streitkräfte rückten auf Beirut vor. Mit einem Angriff auf syrische Raketenstellungen in der Bekaa-Ebene sorgten sie zudem für eine drastische Ausweitung des Krieges und legten sich mit einem neuen Feind an.

Was – laut Begin und Scharon – als begrenzte Operation zum Schutz der unweit der israelischen Nordgrenze lebenden Bevölkerung begonnen hatte, verwandelte sich auf einmal in einen Feldzug zur Auslöschung der PLO und einen offenen Krieg zwischen Israel und seinem Erzfeind Syrien.

Innerhalb weniger Tage hatten die vorrückenden israelischen Truppen Tausende von PLO-Mitgliedern in den moslemischen Westteil von Beirut getrieben, wo sie in zivilen Wohngebieten Zuflucht suchten. Die israelischen Piloten hatten in der Zwischenzeit auf Grund ihrer militärischen Überlegenheit der syrischen Luftwaffe (die mit sowjetischen Mig-Jägern ausgerüstet war) eine vernichtende Niederlage zugefügt und Dutzende von syrischen Raketenstellungen zerstört.

Die Israelis gewannen zwar den Krieg, steckten aber dadurch, wahrscheinlich unwissentlich, tief in der Patsche. Nachdem sie die PLO-Truppen gezwungen hatten, sich mitten unter der Zivilbevölkerung von Westbeirut zu verschanzen, verlegten sich Begin und Scharon auf eine Strategie, die viele Menschen in der Welt entsetzte und die Verurteilung Israels international noch erheblich verstärkte.

Zu diesem Zeitpunkt, gegen Mitte Juni, gelangten wir zu der Überzeugung, die beste Chance für eine Beendigung des blutigen Konflikts bestehe darin, die rivalisierenden christlichen und moslemischen Lager im Libanon zu einer gemeinsamen Aktion zu bewegen. (Angesichts der langen Geschichte ihrer Auseinandersetzungen wußten wir, daß dies kein leichtes Unterfangen sein würde.) Sie sollten die PLO-Verbände im Libanon entwaffnen und danach PLO, Syrer und Israelis des Landes verweisen. Die Überwachung der Einhaltung der entsprechenden Abkommen in geeigneter Form obläge dann der internationalen Völkergemeinschaft.

Wir entschlossen uns zu dieser Strategie in dem klaren Bewußtsein, daß deren Umsetzung alles andere als einfach sein würde. Am 16. Juni schrieb ich in mein Tagebuch:

> Ein Drahtseilakt. Ca. 6000 bewaffnete PLO-Kämpfer haben sich in Beirut verkrochen. Der libanesische Präsident [Elias] Sarkis kann es zwar nicht öffentlich zugeben, doch anscheinend wäre es ihm lieb, wenn die Israelis bis zur Entwaffung der PLO in der Nähe blieben. Danach möchte er die libanesische Zentralregierung wiederherstellen, den Palästinensern das Bürgerrecht einräumen und alle ausländischen Truppen zum Verlassen des Landes auffordern. Die Welt erwartet von uns, daß wir ein Machtwort sprechen und die Israelis zum Abzug veranlassen, doch wenn wir Sarkis helfen wollen, können wir das nicht tun. Aber wir können diese Situation auch niemandem erklären. Manche Tage sind schlimmer als andere.

Fünf Tage später traf Menachem Begin in Washington ein. Zu diesem Zeitpunkt hatten israelische Kampfflugzeuge, Kanonenboote und Artillerieeinheiten mit einer offenbar rücksichtslosen und wahllosen Bombardierung der Außenbezirke von Westbeirut begonnen. Die dort lebenden libanesischen Zivilisten hatten mit dem Konflikt zwischen Israel und der PLO nicht das geringste zu tun. Als dann die Israelis auch noch die Wasser- und Stromversorgung dieser Viertel kappten, verstärkten sie damit zusätzlich das Leid der Zivilbevölkerung.

Als wir uns zur Begrüßung die Hände schüttelten, sagten wir zwar noch »Menachem« und »Ron« zueinander, doch war unsere Begegnung im Gegensatz zu den vorangegangenen von Kühle geprägt. Die Unterredung, an der außer uns nur noch unsere Botschafter teilnahmen, dauerte fast eine Stunde und verlief äußerst kontrovers: Ich sagte Menachem, gleichgültig wie heimtückisch der Anschlag auf den israelischen Diplomaten in London auch gewesen war, so könne er doch keine Rechtfertigung für den brutalen Angriff auf Beirut sein. Begin rückte keinen Millimeter von seiner Position ab. Die Invasion sei durch die ständige Beschießung israelischer Dörfer durch die PLO gerechtfertigt, meinte er und ging dann gleich zum Gegenangriff über, indem er gegen bevorstehende Verkäufe amerikanischer Kampfflugzeuge an

Jordanien protestierte. Als ich sagte, ich wolle »mehrere Ägypten« schaffen – arabische Länder, die sich bereit erklärten, mit Israel Frieden zu schließen –, erwiderte er ärgerlich, dies sei unmöglich, denn kein anderes arabisches Land würde tun, was Ägypten getan habe, und Israel anerkennen.

Hinter seiner kompromißlosen, kämpferischen Stimmung verbarg sich bei Begin jedoch, wie ich vermutete, der Wunsch, den Kämpfen ein Ende zu setzen. Obwohl die israelische Militärmacht ihren Feinden, den Syrern und Palästinensern, vernichtende Schläge versetzte, zahlte Israel einen hohen Preis für seine Erfolge. Die Invasion forderte auch unter den Israelis immer mehr Menschenleben, und ich nahm an, daß Begin inzwischen der Meinung war, der Raufbold Scharon habe den Bogen überspannt. Er hatte die PLO-Verbände nach Beirut getrieben, sich aber keinerlei Gedanken darüber gemacht, was danach geschehen solle.

Nach seiner Rückkehr nach Israel unterstützte Begin unseren Plan, der die Entfernung der PLO sowie aller anderen ausländischen Truppen aus dem Libanon vorsah. Das israelische Kabinett überraschte mich mit dem Vorschlag, die Vereinigten Staaten sollten bei den Verhandlungen über den Abzug der PLO die Federführung übernehmen. Bis dahin hatten wir auf Drängen Israels jede direkte Verhandlung mit der PLO abgelehnt, solange sie nicht das Existenzrecht Israels anerkannte, was bisher nicht der Fall gewesen war.

In den folgenden Wochen jagte im Libanon ein Waffenstillstand den anderen – und wurde ebenso oft wieder gebrochen. Philip Habib trieb die Verhandlungen voran, sah sich jedoch immer wieder vor neue Hürden gestellt, darunter Forderungen der PLO, daß einige ihrer Mitglieder doch im Libanon verbleiben dürften; hinzu kamen starke Widerstände der meisten anderen arabischen Nationen gegen eine Aufnahme der Palästinenser in ihre Länder, wie dies der Evakuierungsplan vorsah. Das Töten in Beirut ging indessen unvermindert weiter.

Ende Juni erhielt ich eine Note von Breschnew, in der er sich darüber beschwerte, daß bei den israelischen Bombardements viele unschuldige Zivilisten umkämen, und hinzufügte, daß unsere Unterstützung Israels die Bemühungen um eine Verbesserung der amerikanisch-sowjetischen Beziehungen gefährde. Ich erwiderte, daß wir uns darum bemühten, Israel zum Rückzug zu bewegen, und drängte ihn, den sowjetischen Einfluß auf Syrien geltend zu machen, um dort dasselbe zu bewirken. »Ich muß außerdem darauf hinweisen«, schrieb ich, »daß einem Ihre Bemerkung über die Leiden der Zivilbevölkerung in Beirut angesichts der Tatsache, daß die Sowjetunion mit ihren umfangreichen Waffenlieferungen an Elemente, deren Ziel es war, die politische Stabilität des Libanon zu unterminieren und Israel durch Angriffe auf seine Nordgebiete zum Gegenschlag zu provozieren, wie Ironie vorkommen muß.«

Je länger die israelische Offensive andauerte, desto öfter galten Breschnews Schuldzuweisungen uns. Mitte Juli, nach einer weiteren Note, wies ich einmal mehr seine Vorwürfe zurück und setzte ihn davon in Kenntnis, daß die Vereinigten Staaten und andere westliche Länder von den libanesischen Behörden gebeten worden seien, eine multinationale Friedenstruppe für den Libanon aufzustellen. Ich ließ ihn wissen, daß wir eine mögliche Beteiligung in Erwägung zögen, daß es sich aber in jedem Fall nur um einen vorübergehenden Schritt handeln werde, der nicht als Versuch der Vereinigten Staaten zu betrachten sei, das bestehende Ost-West-Gleichgewicht im Nahen Osten zu ihren Gunsten zu verschieben.

Gegen Ende Juli erhielt ich einen hoffnungsvollen Bericht von Habib, in dem es hieß, daß er Fortschritte mache und optimistisch sei, ein Abkommen erzielen zu können. Danach verschlimmerten sich die Dinge jedoch wieder. Obwohl der Waffenstillstand dem Buchstaben nach weiterbestand, wurde er von beiden Seiten regelmäßig gebrochen, und die Situation wurde explosiv.

Anfang August hatten Scharons Truppen Beirut praktisch eingeschlossen und führten furchtbare Angriffe gegen die Außenbezirke von Westbeirut. Nach einer neuerlichen Beschwerde von Breschnew am 2. August antwortete ich: »Ich hoffe, daß die Sowjetunion nichts unternehmen wird, was eine Behebung dieser Tragödie zusätzlich erschwert. Ich darf hinzufügen, daß die amerikanische Regierung zwar enge und freundschaftliche Beziehungen zu Israel unterhält, daß wir aber nicht für die Handlungsweisen der israelischen Regierung, der eines souveränen Staates, verantwortlich sind. Mir erscheint es daher angebracht, daß sich die sowjetische Regierung mit ihren eigenen diesbezüglichen Vorstellungen direkt mit den israelischen Stellen ins Benehmen setzt.«

Dann, am 4. August, zwei Tage nachdem ich den israelischen Außenminister Yitzhak Schamir im Oval Office empfangen und mit den eindringlichsten Worten, deren ich fähig war, um israelische Zurückhaltung gebeten hatte, wurde ich morgens um halb sieben von meinem Nationalen Sicherheitsberater geweckt. Er berichtete mir, daß die Israelis innerhalb Westbeiruts neue Stellungen bezogen hätten und den Beschuß der Stadt mit furchtbarer Vehemenz fortsetzten. Immer mehr Zivilisten kämen ums Leben. Aus Beirut erreichte mich ein Anruf von Philip Habib, der mir wutentbrannt mitteilte, daß es ihm aufgrund der Intensität des unablässigen Artilleriebeschusses unmöglich sei, die von ihm selbst anberaumten Verhandlungstermine wahrzunehmen.

Um Habib den erfolgreichen Abschluß seiner Verhandlungen zu ermöglichen, beschloß ich, mich persönlich bei Begin für die Einstellung der Kämpfe und die Einhaltung des Waffenstillstands zu verwenden. In meinem Appell an Begin ließ ich durchblicken, daß er im Falle der Nichtbeachtung mit einem drastischen Wandel in den israelisch-amerikanischen Beziehungen rechnen müsse. »Der unverhältnismäßige Beschuß Westbeiruts«, hieß es in meiner Botschaft, fordere »inakzeptable menschliche Opfer und macht Verhandlungen unmöglich.« Falls er nicht aufhöre, fuhr ich fort, wäre es mir künftig nicht mehr möglich, der Behauptung beizupflichten, Israel benutze Waffen amerikanischer Herkunft nur zu Verteidigungszwecken. »Wir müssen eine Lösung am Verhandlungstisch suchen, keine militärische«, erklärte ich. Ich erinnerte Begin daran, daß George Shultz und ich erst vor zwei Tagen Schamir darüber informiert hätten, daß die Verhandlungen Habibs, deren Ziel es sei, die PLO zum Abzug aus Beirut zu bewegen, Fortschritte machten und daß weitere Angriffe zu diesem kritischen Zeitpunkt alle Erfolgschancen zunichte machen könnten. »Die Tatsache, daß Israel schwere Artillerie nach Westbeirut gebracht hat, zeigt uns, daß unsere Botschaft beim Außenminister auf taube Ohren gestoßen ist. Das sinnlose Blutvergießen, namentlich unter unschuldigen Zivilisten, muß ein Ende haben. Ich bestehe auf der Wiederherstellung und Einhaltung des Waffenstillstands, bis die PLO Beirut verlassen hat.«

In seiner Antwort, die einen Tag später eintraf, bemerkte Begin, daß Israels Politik im Libanon von zwei Grundsätzen geleitet sei: Der erste sei die Einhaltung des Waffenstillstands, vorausgesetzt »er ist absolut und beruht auf Gegenseitigkeit. Keine dieser beiden Voraussetzungen ist von den Terroristen in Beirut erfüllt worden; nach unserer Zählung gab es bereits mindestens zehn Waffenruhen, die allesamt von den Terroristen gebrochen wurden, während Israel sich an die Vereinbarungen hielt.« Begin fügte hinzu, er könne unter keinen Umständen »Angehörige der israelischen Verteidigungskräfte auffordern, im Falle ihrer Beschießung auf Verteidigungsmaßnahmen zu verzichten.«

Das zweite Prinzip, so Begin, sei das Ziel, eine politische Lösung zu erreichen, die den Rückzug der PLO aus dem Libanon vorsehe. Allerdings müsse sich Israel die militärische Option vorbehalten, weil es ohne dieselbe über keine Handhabe zur Durchsetzung der politischen Lösung verfüge. Die UN-Resolution mit der Forderung nach einem israelischen Rückzug sowie ähnlich lautende Stellungnahmen hoher amerikanischer Regierungsvertreter seien lediglich dazu angetan, die PLO zum Ausharren zu bewegen und ihren Widerstand gegen die Evakuierung zu verlängern. Infolgedessen sei Israel gezwungen gewesen, den militärischen Druck auf die PLO aufrechtzuerhalten. Begin wies darauf hin, daß er gerade einen Brief von Philip Habib erhalten habe, in dem dieser ihm mitteile, es gebe »wachsende Anzeichen« dafür, daß die PLO bereit sei, über einen Abzug aus Beirut mit sich reden zu lassen. Habib habe allerdings seine Zuversicht dahingehend eingeschränkt, daß die Frage erst in vierundzwanzig bis achtundvierzig Stunden geklärt werden könne. Die PLO-Führung müsse erst noch über seinen letzten Vorschlag beraten, und außerdem bemühe man sich noch, arabische Länder zu finden, die zur Aufnahme der PLO-Führer und -Kombattanten bereit seien. »Botschafter Habib wußte trotz seines guten Willens und seiner Energie nicht, ob die PLO es wirklich ernst meint, und wies darauf hin, daß es ihm bisher nicht gelungen sei, zufriedenstellende Zielorte« für die Palästinenserführer zu finden, schrieb Begin. »So stellt sich die Lage heute, am 5. August dar, zum Zeitpunkt, da ich Ihnen diesen Brief schreibe, und am Ende einer 45-tägigen Frist, die Botschafter Habib für den Abschluß der Verhandlungen zur Verfügung stand, deren Ziel die Evakuierung der terroristischen Organisationen aus Beirut und dem Libanon ist und Ihrem Entschluß entsprach, Mister President. Die Sicherheit Israels und das Leben seiner Bürger stehen auf dem Spiel.«

Unterm Strich hatte mir Begin damit einmal mehr zu verstehen gegeben, daß ich mich um meinen eigenen Kram kümmern sollte.

Die Berichte, die ich in den folgenden Tagen von Habib erhielt, ließen mir immer noch ein wenig Hoffnung, daß seine rastlose Verhandlungstätigkeit trotz der immer heftigeren Angriffe der Israelis, die einen immer höheren Blutzoll unter den Frauen und Kindern von Beirut forderten, vielleicht doch Früchte trug. Am 9. August fragte Ariel Scharon per Depesche bei mir an, ob er mich am Tag darauf sehen könne; er wolle mit mir über die Krise reden. Anscheinend wollte er den Angriff rechtfertigen. George Shultz kabelte zurück, daß ich ihn nicht empfangen würde, weil ich Habib nicht in den Rücken fallen wolle. Scharon solle sich mit ihm, Shultz, unterhalten. Am nächsten Tag suchte mich Schimon Peres, der israelische Oppositionsführer, im Oval Office auf. Ich fand ihn weniger militant und wesentlich vernünftiger als Begin. Er stimmte mit mir darin überein, daß der israelisch-arabische Konflikt ohne eine für alle Seiten akzeptable Lösung des Problems der Autonomie der Palästinenser nie bewältigt werden könne, und ermunterte uns – anders als Begin – zur Fortsetzung unserer Bemühungen um freundschaftliche Beziehungen mit Jordanien und anderen gemäßigten Araberstaaten, in der Hoffnung, daß dadurch der arabisch-israelische Konflikt entschärft werden könne.

Trotz unserer Bitten um Zurückhaltung griffen die Israelis am 12. August neuerlich und mit noch nie dagewesener Brutalität zivile Wohnviertel in Beirut an. Ich und viele andere im Weißen Haus empfanden Abscheu darüber. Ich sah mich zu einer wütenden Forderung nach der sofortigen Beendigung des Blutvergießens veranlaßt. Hier Auszüge aus meinem Tagebuch:

> 12. August: Erfuhr von dem bisher furchtbarsten Bomben- und Artillerieangriff der Israelis auf Westbeirut, der insgesamt vierzehn Stunden dauerte. Habib kabelte – voller Verzweiflung –, daß er die grundsätzliche Zustimmung von allen beteiligten Parteien habe, wegen der Beschießung aber nicht imstande sei, die Einzelheiten des PLO-Abzugs zu regeln.
> König Fahd [von Saudi Arabien] rief an und bat mich, irgend etwas zu tun. Versprach ihm, unverzüglich Ministerpräsident Begin anzurufen. Was ich dann auch tat. Ich war wütend.
> Sagte ihm [Begin], entweder sei jetzt sofort Schluß, oder unsere gesamten zukünftigen Beziehungen gerieten in Gefahr. Benutzte dabei

bewußt das Wort »Holocaust« und sagte, »das Bild eines sieben Monate alten Babys, dem eine Explosion beide Arme fortgerissen hat« würde zum Symbol seines Landes werden.

Er erwiderte, daß er die Einstellung der Bombenangriffe befohlen habe. Ich fragte ihn nach dem Artilleriefeuer. Er behauptete, die PLO habe damit angefangen, und die israelischen Truppen hätten Verluste zu beklagen. Ende des Gesprächs. Zwanzig Minuten später rief er wieder an, um mir mitzuteilen, daß er den Befehl gegeben habe, die Beschießung einzustellen, und bat um die Fortsetzung unserer Freundschaft.

Die Anrufe verfehlten ihre Wirkung nicht und führten zumindest vorübergehend zur Beendigung des Blutbads in Beirut. Bei der Beschreibung der willkürlichen Bombardierung Beiruts hatte ich mich bewußt des Wortes »Holocaust« bedient, weil mir klar war, daß es für Begin eine besondere Bedeutung hatte.

Nach den Telefonaten verringerte Israel die Intensität seiner Bombenangriffe auf Beirut, doch begannen Luft- und Bodentruppen nun verstärkt, bewohnte Gebiete im Nordlibanon anzugreifen. Dahinter steckte anscheinend die Absicht, die in jener Region gelegenen PLO-Hochburgen zu vernichten. Habibs heikle Verhandlungen mit den Syrern und Palästinensern drohten erneut torpediert zu werden.

Um meinen telefonischen Bemerkungen Nachdruck zu verleihen, schickte ich am nächsten Tag folgenden Brief an Begin:

Im Anschluß an unser Telefongespräch möchte ich mit dieser Botschaft noch einmal meiner tiefen persönlichen Betroffenheit über die jüngsten israelischen Militäraktionen und ihre zerstörerischen Folgen Ausdruck verleihen; ... in dieser entscheidenden Phase der Mission von Botschafter Habib, der nur noch wenige Tage braucht, um die letzten Details des Kataloges für den Abzug der PLO aus Beirut auszuarbeiten, haben israelische Luftangriffe und israelischer Artilleriebeschuß den Fortgang der Verhandlungen unterbrochen. Ich finde dies unverständlich und inakzeptabel. Israel muß einem sofortigen Waffenstillstand vor Ort zustimmen und sich strikt daran halten. Die Beteuerungen, die wir aus Jerusalem hören, müssen im Verhalten der israelischen Verteidigungskräfte Entsprechung finden, deren massive Überreaktionen auf jede Provokation aufzuhö-

> ren haben. Ich kann gar nicht genug betonen, für wie ernst ich die Lage halte. Unsere gesamten zukünftigen Beziehungen stehen auf dem Spiel, wenn diese militärischen Überreaktionen anhalten. ... Der Botschafter muß imstande sein, die letzten Schritte seiner Mission zu erfüllen. Die israelischen Militäraktionen während der letzten Stunde können dazu geführt haben, daß eine weitere Fortschreibung des Katalogpaketes nicht mehr möglich ist. Sollte dies tatsächlich der Fall sein, so erwarten wir von Israel, daß es uneingeschränkt angenommen wird, damit Beiruts Agonie ein Ende findet. ... Ich kann diesen neuerlichen militärischen Vorstoß nicht mit den Beteuerungen in Einklang bringen, nach denen Israel zum Rückzug aus dem Libanon bereit ist und die Entstehung einer stabilen libanesischen Regierung unterstützt ...

Begin reagierte am nächsten Tag. Er habe nicht sogleich geantwortet, erklärte er, weil seine Frau ihn, der nach einem langen und schweren Tag gerade eingeschlafen sei, nicht habe wecken wollen, als abends meine Botschaft eintraf. Des weiteren führte er aus, daß er mir gegenüber immer offen gewesen sei und daß er mir daher nun sagen wolle, wie sehr er sich durch den Ton jenes Briefes, den ich nach den beiden Telefongesprächen geschrieben habe, gekränkt fühle.

> Ich hätte dafür volles Verständnis gehabt, wenn er nach unserem ersten Gespräch geschrieben worden wäre, in dem Sie Ihrem Ärger Ausdruck verliehen und mich persönlich tief verletzten, namentlich durch die Verwendung des Begriffs »Holocaust«, über den mir einige Dinge bekannt sind, die meinen Mitmenschen möglicherweise entgangen sind. ... Doch das zweite Gespräch beendeten Sie mit den Worten »Menachem, Schalom.« Wie kann mein Geist nach der Lektüre Ihrer schriftlichen Botschaft *Schalom* finden?

Hinsichtlich meiner Feststellung, daß die neue militärische Kampagne der Israelis im Nordlibanon weitere Änderungen an der von Habib ausgehandelten Paketlösung möglicherweise ausschließe und Israel daher die bestehende akzeptieren müsse, meinte Begin: »Wir werden keine Paketlösung akzeptieren, wenn wir nicht rechtzeitig, bevor das Paket zugeschnürt wird, genauestens über dessen Inhalt konsultiert werden.« Zur neuerlichen israelischen Offensive meinte er:

Unsere gesamte Truppenpräsenz im Libanon steht in einem unmittelbaren Bezug zu unserem entschiedenen Recht, die Geißel des Terrorismus auszumerzen; mit unserem Entschluß, unsere Truppen zur gleichen Zeit aus dem Libanon zurückzuziehen, zu der – wie mir Mr. Habib aus eigener Initiative darlegte –, die ausländischen syrischen Truppen das Land verlassen, hat das überhaupt nichts zu tun.

Hochachtungsvoll

Menachem Begin

Während der nächsten beiden Wochen gelang es Habib schließlich doch, alle Beteiligten dazu zu bewegen, unserem Plan zuzustimmen. Vorgesehen war ein neuer Waffenstillstand, der Abzug der PLO aus dem Libanon unter internationaler Überwachung sowie der nachfolgende Abzug sowohl der syrischen als auch der israelischen Streitkräfte. Auf Ersuchen führender libanesischer Politiker stimmte ich zu, ein Kontingent des US Marine Corps als Teil einer multinationalen Friedenstruppe, die die Abreise der PLO-Kräfte nach Tunesien und anderswohin überwachen sollte, für drei oder vier Wochen nach Beirut zu entsenden.

Die Feuereinstellung war für George Shultz und mich der Moment in der brisanten Geschichte des Nahen Ostens, der möglicherweise eine goldene Gelegenheit für einen Neuanfang bot, an dessen Ende vielleicht eine langfristige Lösung der Probleme dieser Region stehen konnte. Daher beschlossen wir, Rahmenvorschläge für eine neue Friedensinitiative anzubieten.

Jede langfristige Lösung erforderte nach unserer Überzeugung zunächst einmal die Anerkennung des Existenzrechts Israels durch die arabische Welt sowie angemessene Garantien für die Sicherheit des Landes und die Unantastbarkeit seiner Grenzen. Des weiteren sollte, in Erfüllung des Abkommens von Camp David, den Palästinensern in den von Israel 1967 eroberten Territorien die volle Autonomie eingeräumt werden, einschließlich freier Wahlen und der Gewährung der vollen Selbstregierung. Vorgesehen war eine fünfjährige Übergangsperiode, in der Israel keine neuen Siedlungen in den besetzten Gebieten errichten und die Autorität auf friedliche und geordnete Weise an die Palästinenser übertragen sollte.

Wir wußten, daß Israel, nachdem es jahrelang die PLO bekriegt hatte, der Schaffung eines unabhängigen Palästinenserstaates im Gaza-

Streifen und im Westjordanland, also in unmittelbarer Nachbarschaft, nicht zustimmen würde (genausowenig übrigens wie einige arabische Länder, die sich vor einem starken Palästinenserstaat fürchteten). Gleichzeitig waren wir jedoch der Auffassung, daß der Nahe Osten nicht zur Ruhe kommen würde, solange Israel die permanente politische Kontrolle über die besetzten Gebiete ausübte. Wir glaubten, daß den Palästinensern, die in diesen Gebieten lebten, Freiheit und sowohl das Recht auf Selbstbestimmung wie auf Selbstregierung gegeben werden müsse. Der beste Weg, dies zu ereichen, war nach unserer Meinung jedoch nicht die Gründung eines palästinensischen Staates, sondern eine Art politische Assoziation der betroffenen Gebiete mit Jordanien, die den Palästinensern Selbstregierung und Autonomie einräumen würde, vergleichbar etwa mit einem amerikanischen Bundesstaat.

Wir glaubten also, die Lösung liege in einer, wie es später hieß, »Land gegen Frieden«-Option: Israels Rückzug aus dem Gaza-Streifen und dem größten Teil des Westjordanlands und ein ungeteiltes Jerusalem gemäß der UN-Sicherheitsratsresolution 242 als Tausch gegen Frieden und die Anerkennung des Existenzrechts Israels seitens der Araber. Ich war schon damals davon überzeugt – und bin es bis heute –, daß Israel seinen Konflikt mit den Arabern nie lösen wird, es sei denn, es gibt einen Teil der im Sechstagekrieg von 1967 eroberten Territorien als Gegenleistung für Frieden und sichere Grenzen frei. Auch glaube ich, daß die Fortsetzung der Siedlungstätigkeit in den besetzten Gebieten jede dauerhafte Friedenslösung extrem schwierig macht.

So wie ich es sehe, müßte Israel allerdings nicht den gesamten, etwa sechzig Kilometer breiten Landstrich zwischen dem Mittelmeer und dem Westufer des Jordan aufgeben. Punktuell könnte Israel auf zwei oder drei Gebiete im Westjordanland, die an den schmalsten Teil des israelischen Kernlands von vor 1967 angrenzen, aus legitimen Sicherheitsinteressen Anspruch erheben, um dadurch beispielsweise eine Beschießung durch feindliche Artillerie von dort aus zu verhindern. Doch ohne Israels Zustimmung zur »Land gegen Frieden«-Option wird es, glaube ich, nie Frieden geben im Nahen Osten.

Gegen Ende August 1982 – der Waffenstillstand hatte nach wie vor Bestand – hatten wir die Einzelheiten unserer neuen Nahost-Friedensinitiative ausgearbeitet. Ich hatte vor, sie am 1. September in einer Fernsehrede an die Nation bekanntzugeben. Einige Tage zuvor war ein

Entwurf des Plans von hohen Beamten unserer Regierung der politischen Führung Saudi-Arabiens und Jordaniens vorgestellt worden. Dies war unter anderem auch Teil unserer langfristig angelegten Bemühungen, König Hussein zur Teilnahme an Verhandlungen mit Israel zu bewegen. Es gelang uns jedoch nie, ihn wirklich an Bord zu bekommen. Da wir von vornherein davon ausgingen, daß Begin auf jeden Plan, der von Israel die Rückgabe eines Teils des Westjordanlands oder die Aufgabe des Anspruchs auf Groß-Jerusalem forderte, ablehnend reagieren würde, schrieb ich einen persönlichen Brief, in dem ich ihm den Plan, den ihm unser ausgezeichneter Botschafter in Israel, Samuel Lewis, unterbreitet hatte, noch etwas genauer erläuterte. In meinem Brief hieß es unter anderem:

> Lieber Menachem,
> seit unserem Treffen in Washington im vergangenen Juni ist viel geschehen. Wir beide waren Zeuge historischer Ereignisse, die im Abzug der PLO aus Beirut und dem Verlust ihrer dominierenden Position im Libanon gipfelten ...
> Die Bevölkerung Nordisraels lebt nun in Sicherheit, und ich hoffe, es wird auch so bleiben. Nach der militärischen Schwächung der PLO, und nachdem sich einmal mehr gezeigt hat, daß die Sowjetunion auf die wirklich bedeutsamen Entwicklungen im Nahen Osten nur minimalen Einfluß hat, bieten sich uns, wie ich glaube, neue Möglichkeiten.
> Bei meiner Bemühung, herauszufinden, wie sich die neue Situation in einer Weise nutzen läßt, die sowohl den Interessen der Vereinigten Staaten als auch denen Israels entgegenkommt, habe ich eine Menge Gewissensforschung getrieben. Nach meiner Überzeugung ist es für uns beide an der Zeit, eine neue gemeinsame Anstrengung zur Förderung des Friedensprozesses von Camp David zu unternehmen ... Die Geschichte wird es uns nicht verzeihen, wenn wir diese Chance nicht wahrnehmen ... Wir haben die einzigartige Gelegenheit zu einem großen Schritt in Richtung auf einen umfassenden Frieden, welcher sowohl die Sicherheit Israels als auch die Anerkennung der legitimen Rechte des palästinensischen Volkes berücksichtigt ...
> Ich habe Botschafter Lewis gebeten, Ihnen meine Gedanken zu je-

nen Schlüsselfragen mitzuteilen, die gelöst werden müssen, wenn wir den von Israel und den Vereinigten Staaten so innig gewünschten Frieden erreichen wollen.

Mir ist sehr wohl bekannt, daß Ihre Ansichten von einigen meiner Auffassungen erheblich abweichen. Dennoch bin ich überzeugt, daß die von uns vertretenen Positionen in ihrer Gesamtheit zu einer gerechten, umfassenden und dauerhaften Lösung führen können, wie sie im Rahmen von Camp David in Aussicht gestellt wurde ... Welchen Verlauf die Verhandlungen nehmen mögen: Ich stehe zu meinem absoluten Bekenntnis zu Israels Sicherheit.

Mein Freund, ich bin überzeugt, daß wir gemeinsam am Beginn einer Reise von historischen Dimensionen stehen. Ich weiß, daß der Weg nicht leicht zu bewältigen sein wird, doch bin ich entschlossen, den Kurs zu halten, weil ich darauf vertraue, daß die Welt unsere Bemühungen als notwendige Voraussetzung zur langfristigen Gewährleistung der Sicherheit Israels anerkennen wird. Es stimmt mich zuversichtlich, daß Sie bereits einmal – vor dem Friedensschluß mit Ägypten – eine schwere Wegstrecke erfolgreich hinter sich gebracht haben. Ich werde bei unserer gemeinamen Arbeit für die Sache des Friedens Ihren Rat und Ihren Beistand suchen. Ron

Als Begin merkte, daß wir mit dem Vorschlag an die Öffentlichkeit gehen wollten, ersuchte er Botschafter Lewis, mir das Versprechen abzunehmen, die israelischen Behörden spätestens vierundzwanzig Stunden vor meiner Ansprache zu informieren. Darauf antwortete ich jedoch: »Angesichts der Tatsache, daß israelische Regierungsvertreter und israelische Medien bereits Auszüge meines Briefes an den Ministerpräsidenten zur Kenntnis gebracht haben, habe ich nach meinem Dafürhalten keine andere Wahl, als unverzüglich selbst mit meinen Vorschlägen an die Öffentlichkeit zu gehen. Ich habe daher beschlossen, mich noch heute, am Abend des 1. September, an die Öffentlichkeit zu wenden.«

Die Zurückweisung meines Vorschlags durch das israelische Kabinett ließ nicht lange auf sich warten. Begins Antwort auf den Brief, in dem ich um eine ernsthafte Prüfung der Friedensinitiative gebeten hatte, war unverblümt. Hier einige Auszüge:

Beiliegend eine Resolution, die das Kabinett einstimmig verabschiedet hat. Es bedarf wohl keiner weiteren Ausführungen, doch kann ich Ihre Worte aufgreifen und sagen, daß die israelische Regierung mit totaler Entschlossenheit zu dieser Entscheidung steht.

Ich stimme Ihnen zu, daß seit unserer Begegnung im Juni bedeutsame Ereignisse stattgefunden haben, doch bewerte ich dieselben anders als Sie ...

Am 6. Juni 1982 überschritt die israelische Verteidigungsstreitmacht die Grenzen des Libanon. Ihr Ziel war nicht die Eroberung neuer Territorien, sondern die Bekämpfung und Zerschlagung bewaffneter Banden, die von dort aus gegen unser Land und unsere Bürger operierten.

Unsere Truppen erfüllten ihre Aufgabe. Sie werden sich erinnern, daß wir Ihrem Vorschlag, am Donnerstag, dem 10. Juni einen Waffenstillstand auszurufen, nicht entsprechen konnten, denn zu diesem Zeitpunkt befand sich der Feind noch immer nur 18 Kilometer von Metullah an unserer Nordgrenze entfernt. Innerhalb der nächsten 24 Stunden jedoch drängten wir den Feind weiter nach Norden zurück, und am Freitag, dem 11. Juni verkündeten wir einen einseitigen Waffenstillstand. Nachdem dieser von den Terroristen abgelehnt worden war, wurden die Kampfhandlungen fortgesetzt. Und am 27. Juni machten wir den Vorschlag, alle Terroristen sollten Beirut, Libanon, verlassen, was sie dann viele Wochen später auch taten, wobei Botschafter Habib wichtige und gute Dienste leistete ...

Die Verluste Israels [in den dazwischenliegenden Kämpfen] betrugen 340 Tote und 2200 Verwundete, darunter 100 Schwerverletzte. Nachdem die syrische Armee unsere Appelle, sich nicht in die Kämpfe einzumischen, zurückgewiesen hatte, zerstörten die israelischen Verteidigungskräfte 405 syrische Panzer sowjetischer Bauart, darunter neun T-72, die in NATO-Kreisen als unverwundbar gelten; wir schossen 102 sowjetische MiGs der syrischen Luftwaffe ab, darunter eine MiG-25, und zerstörten 21 Batterien mit SAM-6-, SAM-8- und SAM-9-Raketen, einer tödlichen Waffe ...

Doch weder in Ihrem Brief an mich noch in Ihrer Rede an das amerikanische Volk haben Sie, Mr. President, die Tapferkeit der israelischen Kämpfer und die großen Opfer der israelischen Armee und des israelischen Volkes auch nur mit einer Silbe erwähnt. Man hätte den Eindruck gewinnen können, als habe allein Mr. Philip Habib mit der Hilfe von ein paar Expeditionstruppen diese Ergebnisse erzielt. Mr. President, Ihre Unterlassung hat mich erschüttert, doch um es klar zu sagen: Ich beklage mich darüber nicht.

Ich erhebe allerdings Protest dagegen, daß Sie Israel nicht vor Ihrer Entscheidung konsultiert haben, Ihre Vorschläge Jordanien und Saudi-Arabien zu unterbreiten; ersteres ist ein ausgesprochener Gegner der Verträge von Camp David, während das letztgenannte absolut nichts mit diesen Verträgen zu tun hat und sie ebenfalls ablehnt. Mangels vorheriger Konsultationen konnte die Regierung der Vereinigten Staaten die Position vertreten, daß das Westjordanland wieder an Jordanien angeschlossen werden soll; was von manchen Leuten Westjordanland oder (West Bank) genannt wird, Mr. President, ist Judäa und Samaria, und diese simple historische Wahrheit wird sich niemals ändern. Es gibt Zyniker, die sich über die Geschichte lustig machen; sollen sie es meinetwegen auch weiterhin tun, wenn ihnen daran liegt. Ich hingegen bleibe bei der Wahrheit. Und die Wahrheit lautet: Vor Jahrtausenden gab es ein jüdisches Königreich Judäa und Samaria, in dem unsere Könige vor Gott die Knie beugten, unsere Propheten die Vision vom ewigen Frieden entwarfen und in dem wir eine reiche Kultur entwickelten, die wir auf unserer langen, über achtzehn Jahrhunderte währenden Wanderung durch die Welt in unseren Herzen und Köpfen mit uns nahmen und wieder mit nach Hause brachten.

König Abdullah [von Jordanien] drang 1948 in Teile von Judäa und Samaria ein und eroberte sie. 1967, nachdem wir von König Hussein angegriffen worden waren, befreiten wir mit Gottes Hilfe jenen Teil unserer Heimat in einem höchst legitimen Selbstverteidigungskrieg. Judäa und Samaria werden nie wieder das »Westjordanland« des haschemitischen Königreichs Jordanien sein, das vom britischen Kolonialismus geschaffen wurde, nachdem die französische Armee König Faisal aus Damaskus vertrieben hatte.

In Camp David, so Begin, sei die Vereinbarung, den palästinensischen Einwohnern der Region nach einer fünfjährigen Übergangsphase Autonomie einzuräumen, auf Initiative Israels zustande gekommen, doch habe Israel sich geweigert, das Land selbst preiszugeben.

Von überragender Bedeutung ist die Sicherheit. Judäa und Samaria sind gebirgiges Land, und zwei Drittel unserer Bevölkerung leben in der Küstenebene, die von eben diesen Bergen beherrscht wird. Von den Höhen aus kann man jede Groß- oder Kleinstadt, jedes Dorf und jeden Weiler in der darunterliegenden Ebene treffen – und nicht zuletzt auch unseren wichtigsten Flughafen.

Wir lebten eingekeilt in einen zwölf Kilometer breiten Küstenstreifen – und da machen Sie uns, Mr. President, in Ihren Plänen den Vorschlag, zu nahezu demselben Zustand wieder zurückzukehren.

Mr. President, Sie erklären, daß Sie die Gründung eines Palästinenserstaats in Judäa, Samaria und dem Gaza-Bezirk nicht unterstützen wollen. Der Palästinenserstaat wird ganz von selbst entstehen, sobald Judäa und Samaria der jordanischen Jurisdiktion unterstellt worden sind, und dann werden Sie in Null Komma nichts im Herzen des Nahen Ostens einen sowjetischen Stützpunkt haben. Unter gar keinen Umständen werden wir es hinnehmen, daß eine solche Situation entsteht, die unsere Existenz unmittelbar bedrohen würde.

Es war unser Wille in den letzten zwei Jahren, unsere beiden Länder als Freunde und Verbündete zu bezeichnen; und wenn dem so ist: Ein Freund schwächt nicht seinen Freund, und ein Verbündeter bringt seinen Verbündeten nicht in Gefahr. Genau dies aber wäre die unvermeidliche Konsequenz, falls die mir am 31. August übermittelten Positionen in die Tat umgesetzt werden würden.

Ich vertraue darauf, daß sie es nicht werden.

»Um Zions willen will ich nicht schweigen, und um Jerusalems willen will ich nicht innehalten.« (Jesaja, Kapitel 62)

Menachem

In meiner Antwort an Begin am folgenden Tag führte ich aus, ich bliebe trotz der schnellen, sogar noch vor seiner Veröffentlichung erfolgten Zurückweisung des Vorschlags durch das israelische Kabinett überzeugt, daß er »die wesentlichen Elemente zur Erreichung eines dauerhaften Friedens im Nahen Osten unter voller Berücksichtigung der Sicherheitsbedürfnisse Israels enthält. Nach genauerem Studium werden Sie, wie ich hoffe, diese Auffassung mit mir teilen . . . Einmal mehr möchte ich unsere Verpflichtung und meine Verpflichtung betreffend die Sicherheit Israels und des israelischen Volkes wiederholen.

Sicherheit kann es nur geben im Zusammenhang mit einem echten Frieden, der auf soliden und dauerhaften Verträgen zwischen Israel und seinen arabischen Nachbarn aufbauen muß.«

Im Spätsommer 1982 war ich, was die Zukunft des Nahen Ostens betraf, noch immer von vorsichtigem Optimismus beherrscht und glaubte daran, daß es uns gelingen könne, den Friedensprozeß voranzutreiben. In Beirut schien die von Habib ausgearbeitete Vereinbarung zu funktionieren: Gemeinsam mit französischen und italienischen Truppen hatten unsere Marines mehr als zehntausend PLO-Kämpfer friedlich aus Beirut evakuiert und bereiteten sich nun selbst auf ihren Abzug aus dem Libanon vor.

Zwar hatten Begin und sein Kabinett die weitergehende Friedensinitiative zurückgewiesen, doch hatte es den Anschein, als reagierten Ägypten, Jordanien und Saudi-Arabien positiv. Ich hielt es für gut möglich, daß man auch in Israel nach eingehender Abwägung der Alternativen und ausreichender Vertrauensbildung dem Plan zustimmen würde. In den verbleibenden Monaten des Jahres wollte ich Begin weiter bearbeiten. Ich war einfach nicht von meiner Überzeugung abzubringen, daß das nach jahrzehntelangen militärischen Auseinandersetzungen kriegsmüde israelische Volk unsere Vorschläge unterstützen und entsprechenden Druck auf die Regierung Begin ausüben würde – vorausgesetzt, es hatte erst einmal erkannt, daß sie die besten Aussichten für einen sicheren Frieden im Nahen Osten boten.

Ja, ich war damals optimistisch. Ich ahnte nicht, daß das Schlimmste im Libanon noch bevorstand.

59

Unsere Hoffnung, daß die Evakuierung der PLO-Truppen aus dem Libanon den Beginn eines neuen und umfassenden Friedensprozesses sowie den ersten Schritt auf dem Weg zu einer endgültigen Lösung der großen Probleme bedeuten könne, von denen der Nahe Osten heimgesucht war, löste sich drei Wochen, nachdem die PLO Beirut verlassen hatte, im Rauch eines terroristischen Bombenanschlags auf.

In der dazwischenliegenden Zeit hatten wir aus gemäßigten arabischen Ländern als Reaktion auf meinen am 1. September verkündeten Friedensplan eine Reihe weiterer positiver Signale empfangen. Ich hatte darüber hinaus neue Versuche unternommen, Menachem Begin von den Vorteilen dieses Plans zu überzeugen. Am 5. September schrieb ich ihm einen Brief, in dem ich ihm mitteilte, daß ich mich durch seinen öffentlichen Tadel eines Plans, den ich für einen ernsten und realistischen Friedensvorschlag hielt, verletzt fühlte, aber auch durch den in seinen öffentlichen Stellungnahmen anklingenden Vorwurf, die Vereinigten Staaten – und indirekt ich – verrieten die Freundschaft zwischen unseren beiden Ländern. Ich redete ihm gut zu, den Vorschlag doch noch einmal zu überdenken. »Der Augenblick ist gekommen, einem Prozeß, dessen Erfolg die dauerhafte Sicherheit Israels garantieren wird, neues Leben einzuhauchen«, schrieb ich. »Ich möchte, daß wir gemeinsam auf der Straße des Friedens voranschreiten. Es ist dies nicht die Zeit für Vorwürfe, sondern eher der Moment, da wir gemeinsam herausfinden sollten, wie man das verwirrende gegenwärtige Patt am besten überwindet und die vor uns liegende Chance ergreift.«

Ich wiederholte, sowohl ich als auch das amerikanische Volk stünden fest an der Seite Israels, und drängte Begin, sich »im Geiste unserer fortdauernden Freundschaft« die »fairen und ausgewogenen« Vorschläge noch einmal anzuschauen »und diese Initiative als geeignetes Mittel für einen neuen Start des Camp-David-Prozesses« zu sehen.

Am 14. September zerstörte ein terroristischer Bombenanschlag in Beirut das Gebäude, in dem gerade der designierte libanesische Präsident Beschir Gemayel eine Rede hielt. Eine Nation, für die seit über einem Jahrzehnt das Chaos zum Alltag gehörte, stürzte dadurch in noch größere Verwirrung. In unmittelbarer Reaktion auf Gemayels Ermordung marschierten israelische Truppen in Westbeirut ein und lieferten sich dort schwere Gefechte mit Teilen der libanesischen Armee und linksgerichteten Moslems, einschließlich jener Gruppen, bei denen man die Drahtzieher des Attentats vermutete.

Samstag, der 18. September hätte eigentlich ein ruhiger Tag sein sollen: Nancy war in Sachen Anti-Drogen-Kampagne unterwegs, und für mich war außer meiner Radioansprache um 12 Uhr mittags nichts vorgesehen. Doch mein Tagebuch erinnert mich: »Unglücklicherweise hat sich die Lage verändert. In Beirut sind Haddads christliche Falange-Milizen in ein palästinensisches Flüchtlingslager eingedrungen und haben dort Männer, Frauen und Kinder massakriert. Die Israelis haben nichts getan, um sie daran zu hindern oder ihnen Einhalt zu gebieten. Treffen mit George Shultz und Absprache über eine unmißverständliche Stellungnahme, die er dem israelischen Botschafter übermittelte. Ein trauriger Tag, der für unsere Friedensbemühungen einen schweren Rückschlag bedeuten kann.«

Der Vorfall löste einen neuen Sturm anti-israelischer Empörung aus, der zum Großteil gegen uns gerichtet war. Breschnew schickte mir eine Note, in der er Israel vorwarf, eine »Blutorgie« begangen zu haben, und uns indirekt der Mittäterschaft zieh. In meiner Antwort sagte ich: »Ich teile den Abscheu des gesamten amerikanischen Volkes vor den verdammenswerten Ereignissen, die vor kurzem in Beirut stattgefunden haben.« Ich fügte hinzu, daß die Sowjetunion gleichfalls eine Mitverantwortung hinsichtlich der Beendigung des tödlichen Chaos im Libanon trüge.

Die Ermordung Beschir Gemayels genau zu diesem Zeitpunkt, da Philip Habib bei seinen Bemühungen, die diversen Konfliktparteien zusammenzubringen, große Fortschritte zu machen schien, änderte alles. Danach weigerten sich sowohl Israel als auch Syrien, ihre Zusage, den Libanon zu verlassen, einzuhalten. Die Feindseligkeiten gingen weiter, und gut ein Jahr später sollte Beirut zum Kristallisationspunkt für den traurigsten Tag meiner Präsidentschaft, ja vielleicht für den traurigsten Tag meines Lebens werden.

Hier nun einige meiner Tagebuchnotizen aus der Zeit unmittelbar nach Gemayels Ermordung:

19. September: Arbeitsreicher Tag für Nationalen Sicherheitsrat, Außenamt, Verteidigungsministerium und Stab. Vormittags Besprechung wegen Massaker in Beirut. Die Israelis haben endlich versucht, die Killer rauszuwerfen. Haben öffentlich ihre Entrüstung bekundet. Sagte unserer Mannschaft zum Schluß, wir müßten jetzt aufs Ganze gehen.
Sagen wir doch den Leuten, daß wir auf Ersuchen des Libanon wieder die multinationale Truppe hinschicken. Italien hat schon zugestimmt, und Frankreich wird vermutlich auch mitmachen. Wir werden die Israelis auffordern, zu intervenieren und die Syrer zum Rückzug aus dem Libanon zu bewegen. Wenn es soweit ist, werden

wir die Israelis auffordern, das gleiche zu tun. In der Zwischenzeit wird der Libanon eine Regierung bilden sowie die Fähigkeit zur Selbstverteidigung entwickeln. Keine Halbheiten mehr. Die ganze Lage muß bereinigt werden, solange die multinationale Truppe dort ist und für Ordnung sorgen kann.
George Shultz und Jeane Kirkpatrick fanden die Idee großartig, anscheinend gab es keine Meinungsverschiedenheiten. Die Räder laufen an ...

20. September: Verbrachte den Vormittag in einer NSPG-Sitzung [*National Security Planning Group*, Planungsgruppe des Nationalen Sicherheitsrats]. Es ging um die Vorbereitung meiner Fernsehansprache. Was wir im Libanon vorhaben, was ich darüber sage – oder besser: *wie* ich es sage. Um 17 Uhr war es dann soweit: alle drei Fernsehstationen sendeten aus dem Oval Office ...

26. September: Unsere Marines hätten eigentlich heute im Libanon an Land gehen sollen. Es wird jedoch bis Dienstag dauern. Es ist Jom Kippur, daher gehen die Israelis nicht vor Dienstag raus. Aber sie haben dem Rückzug zugestimmt.
Gestern haben wir im Libanon zwei Regierungsbeamte verloren. Sie waren als Beobachter den Vereinten Nationen unterstellt. Zusammen mit einem irischen und einem finnischen Offizier waren sie unterwegs nach Damaskus, als ihr Fahrzeug auf eine Landmine fuhr. Alle tot.

27. September: Verbrachte den größten Teil des Tages mit Hausaufgaben für die Pressekonferenz morgen abend. Unsere Truppen werden wahrscheinlich am Mittwoch an Land gehen.

28. September: Cap W. unterzeichnete Landungsbefehl für die Marines. Mittwoch vormittag ist es soweit. Die Israelis werden sich auf Stellungen südlich des Flughafens zurückziehen; die Marines werden direkt auf dem Flughafen stationiert ... Verbrachte den Nachmittag mit Vorbereitung auf die Pressekonferenz. Habe sie gerade hinter mir; lief okay. Alle sagen: »Die bisher beste.« Am besten gefiel mir meine Antwort auf die Frage von Sam D. [Donaldson], ob ich nicht der Meinung sei, auch ich hätte etwas mit unseren Wirtschaftsproblemen zu tun, für die ich das letzte Jahr über die Dem.s

verantwortlich gemacht hätte. Ich sagte: »O ja, gewiß, ich teile diese Verantwortung – ich war ja selber jahrelang Demokrat.«

30. September: Der Kongreß bekam die 218 Namen zusammen, die nötig waren, um den »Budgetausgleich«-Verfassungszusatz abzuschmettern. Begab mich zum Kapitol, um mit ihnen zu reden ... ein trauriger Tag, weil einer unserer Marines in Beirut auf eine Mine oder den nicht detonierten Teil einer Cluster-Bombe getreten ist. Wir kennen noch nicht alle Einzelheiten. Es gab einen Toten – einen Corporal namens Reagan –, die anderen sind verwundet.

Der Terrorismus und die Mordanschläge hielten den gesamten Frühherbst 1982 hindurch an. Dennoch gab es einigen Grund zum Optimismus, was den Nahen Osten betraf. Nachfolger des ermordeten Präsidenten Beschir Gemayel wurde dessen Bruder Amin, ein bescheidener, fähiger junger Mann, der sich ganz dem Ziel verschrieben hatte, die blutigen Unruhen, die sein Vaterland zerrissen, zu beenden. Er sagte zu, unsere Friedensbemühungen zu unterstützen. Anläßlich eines Besuchs in Washington drängte er mich, die Marines im Libanon zu belassen, solange die Bemühungen um eine Lösung des Konflikts andauerten. Ich war einverstanden.

Inzwischen hatten sich auch einige Führer der jüdischen Gemeinde in Amerika zugunsten meiner Friedensinitiative vom 1. September ausgesprochen. Sie stimmten mit mir überein, daß die Initiative möglicherweise den Keim für eine langfristige Lösung des arabisch-israelischen Konflikts enthalte. Die oppositionelle Arbeiterpartei in Israel unter Schimon Peres unterstützte den Plan – trotz Begins anhaltendem Widerstand – ebenfalls, und auch aus arabischen Führungskreisen erhielten wir nach wie vor positive, wenngleich mit einigen Vorbehalten versehene Zeichen.

Im November kehrte Phil Habib in den Libanon zurück, um zu versuchen, das wieder auf die Reihe zu bringen, was ursprünglich vorgesehen war: den simultanen Rückzug der syrischen und israelischen Truppen. Ihm zufolge hatte sich die Ausgangslage seit der Ermordung Beschir Gemayels grundlegend verschlechtert. Die Israelis sperrten sich nun hartnäckig gegen einen Rückzug aus Beirut, weil sie fürchteten, die PLO würde dann zurückkehren, und die arabischen Führer klagten, daß die weiter bestehende Präsenz israelischer Truppen in Beirut alle möglicherweise bestehenden Aussichten für unsere Friedensinitiative gefährde.

Anfang Dezember, nach meiner Rückkehr von einer kurzen Reise nach Lateinamerika, traf ich mich mit Habib zu einem Mittagessen in meinem Arbeitszimmer. Er war ein weiteres Mal im Nahen Osten gewesen und sehr pessimistisch von dort zurückgekommen. Er meinte, die Aussichten auf eine Beendigung des blutigen Kriegs im Libanon verschlechterten sich von Tag zu Tag. Solange die Israelis sich weigerten, Beirut zu verlassen, würden die Araber eben diese Weigerung als Beweis dafür werten, daß sie in Wirklichkeit gar keinen Frieden wollten; Verhandlungen mit ihm hielten die Araber für Zeitverschwendung. Der Nahe Osten sei so unberechenbar und explosiv, meinte Habib, daß es jetzt vor allem entscheidend um den Faktor Zeit ginge: So schnell wie möglich müsse es jetzt zum Rückzug aller ausländischen Truppen kommen, andernfalls würden wir der historischen Chance für einen dauerhaften Frieden im Nahen Osten verlustig gehen. Je länger sich der Prozeß fortzöge, desto schwieriger würde es wegen des wachsenden Einflusses radikaler Kräfte in der PLO, den Frieden durchzusetzen. Von moderaten Palästinenserführern sei anzunehmen, daß sie Israel als Realität, wenn auch zähneknirschend, akzeptieren würden. Ihnen stünden jedoch von terroristischen Hardlinern beherrschte PLO-Fraktionen gegenüber, die nie zu einem solchen Zugeständnis bereit wären und es bis auf den Tod bekämpfen würden. Wenn die Israelis nicht bald den Libanon verließen und damit den Weg für eine politische Lösung der Probleme öffneten, würden, so Habib, die Extremisten bei der palästinensischen Bevölkerung an Glaubwürdigkeit gewinnen und das Lager der Radikalen und ihrer islamischen Verbündeten stärken. Käme es jedoch dazu, so sei nicht abzusehen, ob es je wieder eine echte Chance für eine langfristige Lösung der Probleme geben werde.

Ich wies Habib an, nach seiner Rückkehr in den Nahen Osten Begin klarzumachen, daß Israels Unnachgiebigkeit zum Verlust der besonderen Beziehungen des Landes zu Amerika führen könne, darauf könne ich ihm mein Wort geben. Bevor es jedoch soweit kam, traf König Hussein von Jordanien zu einem Besuch in Washington ein. Er erkannte an, daß der israelisch-arabische Konflikt zwei Seiten habe, und schien sehr daran interessiert zu sein, gemeinsam mit uns eine für alle Parteien akzeptable Lösung zu finden. »Ich mag ihn wirklich«, schrieb ich nach seinem Besuch in mein Tagebuch. »Unsere Hoffnung, die arabische Seite und die PLO an einen Verhandlungstisch mit den Israelis zu bekommen, ruht auf ihm. Er will das Vertrauen der anderen arabischen Länder nicht verlieren; das bereitet ihm einiges Kopfzerbrechen. Außerdem sei Israel momentan ein schwieriger Fall. Ich sagte zu König Hussein, daß dies bei mir zur Zeit höchte Priorität habe, daß wir gemeinsam alles daransetzen sollten, dem Nahen Osten Frieden zu bringen, und daß wir auf Jordaniens Seite stünden ...«

Während König Hussein im Winter 1982/83 und im darauffolgenden Frühjahr die Syrer bearbeitete, setzten wir unsere Bemühungen fort, Menachem Begin zum Rückzug der israelischen Truppen aus dem Libanon zu bewegen, um auf diese Weise eine Wiederaufnahme des größeren Friedensprozesses in die Wege zu leiten und den Mitgliedern der multinationalen Friedenstruppe die Heimkehr zu ermöglichen. Doch Begin beharrte darauf, die israelischen Truppen im Libanon zu belassen; andernfalls, so meinte er, riskiere Israel, der Vorteile, die es gegenüber der PLO und Syrien gewonnen habe – und dies in einem Krieg, der das Land Hunderte von Toten und Verwundeten gekostet hatte –, wieder verlustig zu gehen. Die Reaktion der Sowjets auf die vernichtende Niederlage der mit russischen Waffen ausgerüsteten syrischen Truppen bestand mittlerweile darin, daß sie die Syrer mit einer stattlichen Auswahl ihrer modernsten Waffen versorgten.

Wir bestritten nicht, daß Israel Grund hatte, sich um die Sicherheit der Bevölkerung in den Dörfern und Städten unweit der Nordgrenze des Landes Sorgen zu machen. Doch Habib, George Shultz und ich versicherten Begin ein ums andere Mal, die Vereinigten Staaten würden es nicht zulassen, daß Israel aus der Realisierung des Abkommens, das den Abzug der ausländischen Truppen aus dem Libanon vorsah, irgendwelche Nachteile entstünden. Begin indes gab nicht nach, und so geriet meine Nahost-Friedensinitiative ins Stocken. Außerdem errichtete Israel in der Zwischenzeit weitere Siedlungen im Westjordanland, was sowohl eine permanente Verletzung der UN-Sicherheitsratsresolution 242 als auch die Mißachtung eines Eckpfeilers meiner Friedensinitiative darstellte. Eine langfristige Lösung der Probleme des Nahen Ostens schien weiter entfernt denn je.

Über den ganzen Nahen Osten verstreut lebten Millionen von Palästinensern, und sie alle sahen Israel und das Westjordanland (wo bereits 1,7 Millionen Palästinenser lebten) als ihre natürliche Heimat an. Eine dauerhafte Friedenslösung für den Nahen Osten, dies lag auf der Hand, würden wir nur dann finden, wenn es der Welt gelang, diesen Palästinensern eine Heimstatt zu verschaffen. Selbst wenn die Israelis aus der Tatsache, daß das Land einst ihren Vorfahren gehörte, einen modernen Rechtsanspruch auf seinen Besitz ableiten, steht außer Zweifel, daß im Westjordanland auch die Palästinenser uralte Ansprüche geltend machen können: Auch ihre Vorfahren lebten dort schon seit Jahrhunderten.

Während eines Besuchs in Washington Anfang 1983, bei dem er seinen Wunsch nach enger Freundschaft mit den Vereinigten Staaten wiederholte, sagte mir der ägyptische Präsident Mubarak, daß Israels beharrliche Weigerung, den Libanon zu verlassen, sowie die Errichtung immer neuer Siedlungen im Westjordanland die Gemüter in der arabischen Welt immer mehr in Wallung bringe und die anfänglich positive Einstellung gegenüber meiner Initiative vom September merklich an Bedeutung verloren habe. Komme es nicht sehr bald zu Fortschritten, meinte Mubarak, so würde Israels Unbelehrbarkeit letztlich dazu führen, daß meine Friedensinitiative »am Baum vertrockne«. Ich stimmte ihm zu, sagte ihm aber auch, daß keineswegs die gesamte Schuld bei Israel liege. In diesem Punkt stimmte er mir zu. »Er glaubt«, schrieb ich in mein Tagebuch, »daß [Israel] und die Syrer einander in die Hände spielen . . . Obwohl sie miteinander verfeindet sind, [würden sie am liebsten] den Libanon unter sich aufteilen.«

Scharons Bombenangriffe auf Beirut, die in all ihrer Drastik überall in der Welt auf den Fernsehschirmen zu sehen gewesen waren, hatten sowohl in Amerika als auch in Israel viele Juden schockiert. Das gleiche galt für Behauptungen, er habe es unterlassen, dem von christlichen Milizen verübten Massaker an Hunderten von Palästinensern in den Flüchtlingslagern Sabra und Schatila Einhalt zu gebieten. Nach ihrer Meinung stand der israelische Angriff in diametralem Gegensatz zu den moralischen Werten ihrer Kultur. Die Politik Begins und Scharons, so sagten sie mir, widerspreche den Prinzipien, auf denen Israel gegründet sei. Viele ließen mich wissen, daß sie unsere Friedensinitiative unterstützten und uns alles Gute wünschten. Einige von ihnen übten auch öffentlich Kritik an Begin und Scharon, was ihnen, davon bin ich überzeugt, wegen ihrer engen Verbundenheit mit Israel alles andere als leicht fiel. Sie taten es dennoch, weil ihnen sehr an einem dauerhaften und sicheren Frieden für das von ihnen geliebte Land gelegen war. Mit ihrer Hilfe, und indem ich Begin und Scharon deutlich klarmachte, daß ihre Politik die amerikanische Unterstützung Israels gefährde, hoffte ich noch immer, Israel zum Rückzug aus dem Libanon überreden zu können. Doch den ganzen langen Winter hindurch bis in das nächste Frühjahr hinein kam ich bei Begin keinen Schritt weiter. Seine Entschlossenheit wurde, wie ich vermute, noch durch sein Vertrauen in die Freunde Israels im Kongreß verstärkt: Sie würden schon dafür sorgen, daß die Vereinigten Staaten ihre Hilfe für Israel nie reduzierten. Außerdem verließ er sich auf meine oft wiederholte Zusage, stets auf seiten Israels stehen zu wollen.

Nachdem ihm eine gerichtliche Untersuchungskommission im Februar 1983 die indirekte Mitverantwortung für die Massaker in den palästinensischen Flüchtlingslagern vorgeworfen hatte, trat Ariel Scharon von seinem Posten als israelischer Verteidigungsminister zurück und wurde ersetzt durch den israelischen Botschafter in Washington, Mosche Arens. Ich hoffte, daß es dadurch zu einem Wandel in der israelischen Politik und damit zu einer Wiederbelebung des Friedensprozesses kommen könne.

Als in jenem Frühjahr der libanesische Außenminister nach Washington kam, sagte ich ihm, daß ich mich mit größerer Entschlossenheit denn je für einen Rückzug aller ausländischen Truppen aus dem Libanon einsetzen wolle und daß unsere Marines so lange im Lande bleiben würden, bis dies geschehen sei. Er erwiderte daraufhin, daß nach seiner Erfahrung jeder amerikanische Präsident zu Beginn seiner Amtszeit willig und bereit sei, die Probleme des Libanon in Angriff zu nehmen, letztlich aber »nur bis zu einem gewissen Punkt komme und dann den Rückzug antrete«. Meine Antwort darauf: »Ich habe keinen Rückwärtsgang.«

Gegen Ende März kamen – teilweise, wie ich annehme, dank Mosche Arens – erste versöhnliche Signale aus Israel, aus denen hervorging, daß man unter vernünftigen Bedingungen zum Rückzug aus dem Libanon bereit sei. Wir reagierten auf die neue Haltung positiv, und einmal mehr wuchs mein Optimismus, daß es uns vielleicht doch gelingen könne, einen Frieden im Nahen Osten zustande zu bringen. Wir sollten jedoch schon bald die tragische Erfahrung machen, daß es viele Menschen im Nahen Osten gab, die gar keinen Frieden wollten – zumindest nicht, solange er mit der Anerkennung des Existenzrechts Israels verbunden war.

Am 18. April wurden Nancy und ich vor dem Morgengrauen durch einen Anruf geweckt. Ich erfuhr, daß vor unserer Botschaft in Beirut soeben eine Autobombe explodiert war. Dutzende von Amerikanern und libanesischen Angestellten waren ums Leben gekommen, darunter die fünf Marines, die Wache gestanden hatten, und acht CIA-Angehörige, unter ihnen unser führender Nahostexperte.

Die Verantwortung für die barbarische Tat übernahmen schiitische Fundamentalisten aus dem Iran, die sich, wie unser Geheimdienst kurz zuvor erfahren hatte, in jüngster Zeit in die verwickelte Situation im Libanon einmischten, um die Islamische Revolution voranzutreiben. »Herr, vergib mir für den Haß, den ich auf Menschen empfinde, die eine so grausame und feige Tat begehen können«, schrieb ich an jenem Abend in mein Tagebuch.

Fünf Tage später war ich auf dem Luftwaffenstützpunkt Andrews, als die Leichen der sechzehn bei dem Anschlag ermordeten Amerikaner nach Hause kamen. Mein Tagebucheintrag an jenem Abend:

> Nancy und ich trafen einzeln mit den Familien der Verstorbenen zusammen. Wir weinten beide. Ich konnte nichts anderes tun, als ihre Hände ergreifen; jedes Wort wäre mir im Hals steckengeblieben ... [Später] nach Hause zum Umziehen und weiter zum Dinner mit den Korrespondenten im Weißen Haus. Man erwartete die üblichen Scherze usw. von mir, aber der Gangwechsel fiel mir schwer. Um den Abend nicht zu verderben, ... wartete ich bis zum Ende und bat sie dann um Verzeihung dafür, daß ich wegen unserer traurigen Reise zur Andrews Air Force Base diesmal nicht »für mein Abendbrot gesungen« hätte.

Es gab während meiner Präsidentschaft viele solcher Tage – zu viele.

Wie wir alle zutiefst erschüttert über die Tragödie, machte George Shultz den Vorschlag, selber in den Nahen Osten zu fliegen und zu versuchen, dem Friedensprozeß, den Phil Habib mit soviel Geschick über ein Jahr lang aufrechterhalten hatte, neu zu beleben. Habib, in einem Alter, in dem einen die Pflicht eigentlich nicht mehr ruft, wollte, ausgelaugt von seiner Mission, wieder in den Ruhestand zurückkehren, aus dem ich ihn im Jahr zuvor herausgelockt hatte.

Kurz nach seiner Ankunft im Nahen Osten schickte mir George eine Depesche, in der es hieß, seinem Eindruck nach sei bei allen Konfliktbeteiligten ein wachsendes Interesse an der Beendigung des Blutvergießens und der Zerstörung spürbar; er sei einigermaßen optimistisch, seine Mission könne Erfolg haben.

Sie hatte: Innerhalb von zwei Wochen arbeitete George in intensiven Verhandlungen eine vertragliche Vereinbarung aus, in der Israel zusagte, simultan mit Syrien seine Truppen aus dem Libanon zurückzuziehen. Als zweiter Staat im Nahen Osten (nach Ägypten) erkannte der Libanon die Existenz Israels formell an und stimmte der Einrichtung einer Sicherheitszone an seiner Südgrenze zu, durch die ein besserer Schutz der Siedlungen in Nordisrael gewährleistet werden sollte.

Einmal mehr hatten wir also Anlaß, die Zukunft des Nahen Ostens in einem etwas hoffnungsvolleren Licht zu sehen. Doch dann signalisierten die Syrer plötzlich – anscheinend ermutigt durch ihre brandneuen russischen Waffen und die Ankunft von Tausenden neuer sowjetischer »Berater« –, *sie* wollten nunmehr den Libanon nicht verlassen. Das bedeutete wiederum, daß auch die hart erkämpfte libanesisch-israelische Vereinbarung nicht in Kraft treten konnte.

Einmal mehr baten wir Jordanien und Saudi-Arabien, das allen Grund hatte, sich über die wachsende sowjetische Präsenz in Syrien Gedanken zu machen und darin eine ernsthafte Bedrohung seiner Ölfelder zu sehen, auf Syrien einzuwirken, um doch noch einen Truppenabzug zu erreichen. Ich versicherte dem nervös gewordenen Präsidenten Gemayel, daß wir, solange unsere Bemühungen um eine Lösung des Konflikts andauerten, die Marines im Libanon belassen und sein Land nicht aufgeben würden.

George Shultz kehrte wieder in den Libanon zurück, um zu eruieren, ob sich der Rückzug der Syrer nicht beschleunigen ließe. Zu seiner Enttäuschung mußte er feststellen, daß die arabische Welt tief gespalten und entweder unfähig oder nicht willens war, den notwendigen Druck auf Syrien auszuüben. Er und Robert C. (Bud) McFarlane vom Nationalen Sicherheitsrat, der die Aufgaben Phil Habibs als Sonderbotschafter im Nahen Osten übernommen hatte, hatten sich den ganzen Sommer 1983 bis in den Herbst hinein nach Kräften bemüht, die Syrer zum Abzug aus dem Libanon zu bewegen, doch die Lage verschlechterte sich ständig. Die syrischen und die israelischen Truppen blieben in ihren Stellungen, während sich die alten Fehden zwischen libanesischen Christen und Moslems in einem mit zunehmender Erbitterung geführten Bürgerkrieg entluden.

Neue Probleme im Nahen Osten kamen hinzu. Der führende Terrorist der Region, Muammar Gaddafi aus Libyen – wie Syriens Präsident Hafis Assad ein Schützling Moskaus –, wollte anscheinend die Gunst der Stunde nutzen und unternahm, während alle Welt von den Ereignissen im Libanon abgelenkt wurde, neue Vorstöße gegen zwei seiner nordafrikanischen Nachbarn, den Tschad und den Sudan. Frankreich, die ehemalige Kolonialmacht, entsandte Truppen zum Kampf gegen die von Libyen unterstützten Rebellen in den Tschad, und wir stellten auf Ersuchen Frankreichs mehrere AWACS-Flugzeuge samt Abfangjäger-Eskorten zur Überwachung libyscher Kampfflugzeuge ab.

Gegen Ende des Sommers verschärften sich im Libanon die Kämpfe zwischen rivalisierenden Christen-, Moslem- und Drusenmilizien und drohten, den fragilen Waffenstillstand und alle Früchte unserer Arbeit zu gefährden. Der sich rapide ausweitende Bürgerkrieg bedrohte die Stabilität der Regierung Gemayel, und es war unsicher, wie Israel und Syrien darauf reagieren würden. Das Chaos in Beirut verwandelte sich innerhalb kürzester Frist in Anarchie, die weitere tragische Ereignisse nach sich zog. Syrische Truppen, iranische Schiiten und radikale PLO-Anhänger schlugen sich auf die eine oder andere Seite, und die Kämpfe nahmen an Heftigkeit zu. Drusische und moslemische Heckenschützen nahmen immer öfter Angehörige der multinationalen Truppe auf ihren Patrouillen in Beirut ins Visier. Es kam auch zu einem Angriff auf unsere Unterkünfte am Beiruter Flughafen, bei dem mehrere Marines ums Leben kamen.

Im folgenden Auszüge aus Tagebucheinträgen, die sich mit der im September 1983 eskalierenden Libanonkrise beschäftigen:

6. September: Gestern abend verloren wir zwei weitere Marines in Beirut. Der Bürgerkrieg tobt ungehindert und könnte zum Ende der Regierung Gemayel führen – und dann geht's erst richtig los. Rief die Eltern der beiden Marines an – nicht einfach.

7. September: Wieder der Libanon. Wir müssen Flagge zeigen für die Marines. Ich werde den Gedanken nicht los, daß, wenn ein paar F-14 von der *Eisenhower* in nur sechzig Meter Höhe über die Marines hinwegdonnerten und einigen Artilleriestellungen den Garaus machten, dies eine höchst belebende Wirkung auf die Marines ausüben und gleichzeitig diesen schießwütigen Nahost-Terroristen einen Denkzettel verpassen würde.

8. September: Die Artillerie unserer Marines und ein vor der Küste von Beirut liegendes Schiff erwiderten das Feuer der drusischen Artillerie in den Bergen und brachten sie zum Schweigen. Mehrere F-14 von der *Eisenhower* hatten einen Aufklärungsflug unternommen. Rief den befehlshabenden Colonel an. Die Moral sei hervorragend, meinte er.
Treffen mit George Shultz . . . In der Hauptsache ging es um den Libanon. Die Lage wird immer schlimmer. Kann sein, daß wir vor die Wahl gestellt werden, entweder rauszugehen oder aber unsere Mission zu verstärken. Die Stabschefs wollen die *New Jersey* hinschicken. Habe Bedenken, das könnte sich negativ auf die Moral unserer Freunde in Zentralamerika auswirken. Wir schicken sie erst mal durch den Kanal in den Atlantik, bevor wir entscheiden, ob sie Kurs auf den Libanon nehmen soll.

11. September: Nat. Sicherheitsrat tritt . . . zusammen [Es geht] um den Libanon wg. neuer Depesche von Bud McFarlane. Offenbar handelt es sich um einen neuen Angriff auf die libanesischen Armee durch PLO- und syrische Truppen. Unser Problem: Erweitern wir unsere Mission dahingehend, daß wir der libanesische Armee mit Artillerie- und Luftunterstützung helfen? Das könnte so aussehen, als wollten wir in den Krieg eingreifen.
George Shultz, Bill Casey und Jim Baker sind gerade (14 Uhr) gegangen, um mehr Informationen über die Geschehnisse einzuholen und herauszufinden, was unsere Partner in der MNF [multinationalen Streitmacht] meinen. Deren Einverständnis vorausgesetzt, habe ich den Einsatz von Schiffsartillerie befohlen. Meine Rechnung ist die: Er ließe sich als Schutzmaßnahme für unsere Marines erklären – und wird von den Syrern hoffentlich als Aufforderung zum Rück-

zug begriffen. Ich glaube nicht, daß sie einen Krieg mit uns wollen. Wenn es nicht klappt, müssen wir entscheiden, ob wir abziehen oder vor den Kongreß gehen und uns für ein stärkeres Engagement einsetzen. Nat. Sicherheitsrat tritt um 18 Uhr wieder zusammen.
Die Konferenz [fand statt und] änderte nichts. Habe daher den Einsatz von Navy-Geschützen gefordert, falls nötig: Luftangriffe.

12. September: Nat. Sicherheitsrat zum Thema Libanon. Lage hat sich ein wenig beruhigt. Konferenz in Beirut, wo Gemayel sich um einen Waffenstillstand bemüht. Die Drusen haben den lange Zeit aufgehaltenen Rot-Kreuz-Konvoi in das Dorf gelassen, in dem 40 000 christliche Flüchtlinge belagert werden...

14. September: Nat. Sicherheitsrat: Saudi-Arabien übt eventuell stärkeren Druck auf Syrien aus. Kleine Atempause im Libanon...

19. September: Nat. Sicherheitsrat: Navy-Geschütze greifen ein, um libanesischer Armee beizustehen, eine Stellung oberhalb des Quartiers unserer Marines auf dem Beiruter Flughafen zu halten. Fällt noch unter die Rubrik Verteidigung. Überließen wir die Stellung den Leuten, die unsere Marines beschossen haben, dann wäre der Stützpunkt der Marines nicht mehr zu halten.
Später Treffen mit George Shultz, Cap W. usw. Es ging um einen Kompromiß, von dem wir hoffen, ihn im Kongreß durchzubringen, betreffenden War Powers Act und die Zustimmung des Kongresses zur Anwesenheit unserer Marines im Libanon. Sen. Baker meint, er kann das im Senat durchbringen. Würde u. a. bedeuten, daß unsere Präsenz im Libanon erst mal für 18 Monate abgesegnet ist.

30. September: [Neueste Meinungsumfrage] zeigen, daß meine Werte, was Arbeits- und Wirtschaftpolitik angeht, steigen. Aber außenpolitisch – Libanon – bin ich im Keller. Die Leute wissen einfach nicht, warum wir dort sind. Es gibt eine tiefsitzende isolationistische Strömung in unserem Land.

Jedesmal, wenn in jenem September ein Marine-Corps-Soldat gefallen war, rief ich die Eltern an und versuchte sie zu trösten. Es waren schwierige, furchtbare Telefonate. Ein Vater fragte mich: »Gibt es irgendeinen Grund für unsere Anwesenheit im Libanon, der das Leben meines Sohnes wert wäre?«

Ich schluckte und sagte, ja, den gebe es. »Meine Worte werden Sie nie für den Verlust Ihres Sohnes entschädigen können, aber vielleicht finden Sie ein wenig Trost in dem Wissen, daß Ihr Sohn in Erfüllung einer der besten Traditionen dieses Landes und des Marine Corps starb... Amerika ist ein Land, dessen Menschen immer daran geglaubt haben, daß wir eine besondere Verantwortung besitzen, anderen Menschen in der Welt Frieden und Demokatie zu bringen. Tapfere Männer und Frauen sind immer bereit gewesen, ihr Leben für die Verteidigung des Friedens zu opfern – und genau das ist es, was unsere Marines in Nahen Osten tun.«

Es gibt Menschen, so sagte ich zu einem anderen Vater, die ihr Leben lang nie in eine Situation geraten, in der man von ihnen verlangt, einen dieser harten Jobs zu übernehmen, die einfach getan werden müssen. Manche nehmen ihn an – und versagen. Doch die meisten Amerikaner akzeptieren die harten Jobs und erledigen sie auch, weil ihnen klar ist, daß niemand sonst diese Aufgabe übernimmt, und ihr Herz ihnen sagt, daß sie erledigt werden muß.

Es war beinahe unmöglich, einen trauernden Vater mit Worten davon zu überzeugen, daß sein Sohn für eine gerechte Sache gestorben war. Dennoch glaubte ich fest an das, was wir im Libanon taten. Und es hatte ja auch so ausgesehen, als könnten unsere Bemühungen Früchte tragen – vorausgesetzt, die Libanesen, Syrer und Israelis hätten genug Zeit gehabt, eine Lösung ihrer Probleme zu erarbeiten.

Es gab also einige Amerikaner, die – wie jener Vater – Zweifel an unserer Präsenz im Libanon hatten. Ich versuchte, sie davon zu überzeugen, daß es Amerikas Pflicht war, dort präsent zu sein. »Der Nahe Osten«, sagte ich dann, »geht jeden von uns an, er ist für jeden von uns von großer Bedeutung.« Dies jedoch den betroffenen Familien erklären zu müssen – eine Aufgabe, die, wie ich kurze Zeit später erfahren sollte, gerade erst begonnen hatte –, war sehr schwierig und sehr, sehr schmerzvoll.

Während ich den Kongreß und trauernde Eltern davon zu überzeugen versuchte, daß die Vereinigten Staaten ihre friedensbewahrende Rolle im Libanon aufrechterhalten müßten, tobte der Bürgerkrieg unerbittlich weiter. Die Angriffe auf den Flughafen und auf die ebenfalls zur multinationalen Friedenstruppe gehörenden französischen Truppen häuften sich. Um die gleiche Zeit ersuchte mich Bill Clark, der seit fast zwei Jahren mein Berater in Fragen der nationalen Sicherheit war, ihn von seinem Posten zu entbinden. Er erklärte sich bereit, das etwas weniger hektische Amt des Innenministers zu übernehmen; er war erschöpft und wollte einen Wechsel.

Als Jim Baker davon erfuhr, sagte er mir, daß ihn die Routinearbeit in seinem Amt als Stabschef des Weißen Hauses ein wenig langweile, und bat mich, ihm den freiwerdenden Posten im Nationalen Sicherheitsrat zu geben. Als seinen Nachfolger schlug er Mike Deaver vor, der mir aus unserer Zeit in Kalifornien gut bekannt war.

Ich war einverstanden. Doch dann versuchten Ed Meese, Bill Clark, Bill Casey und Cap Weinberger gemeinsam, mich davon zu überzeugen, daß diese Idee nichts tauge. Zum einen hielt sich die Begeisterung für Mike, zu dessen neuem Aufgabenbereich die Überwachung der politischen Beziehungen des Weißen Hauses sowie der Öffentlichkeitsarbeit gehört hätte, in Grenzen; zum anderen gab es aber auch Widerstände gegen Jim im Amt des Sicherheitsberaters. Ich änderte daher meine Meinung und verzichtete auf das vorgesehene Revirement. Andernfalls, so dachte ich, würde es zu Reibereien zwischen dem Kabinett und dem Stab des Weißen Hauses kommen.

»Jim trug es mit Fassung, aber Mike war ziemlich aufgebracht«, schrieb ich in mein Tagebuch. »Ein rundum unseliger Tag. Libanon-Besprechung der Planungsgruppe des Nationalen Sicherheitsrats. Keine Beschlüsse, nur eine Auflistung der Probleme. Auch der Abend alles andere als angenehm mit all dem Gezeter über den Posten im Nat. Sicherheitsrat.«

Bill Casey und einige meiner mehr konservativen Anhänger drängten mich in der Folgezeit, Jeane Kirkpatrick zur Sicherheitsberaterin zu ernennen. Nach mehr als zwei Jahren bei den Vereinten Nationen war sie entweder amtsmüde oder gelangweilt. Sie war sehr an dem Job interessiert und sagte es mir auch. Ich bewunderte Jeane, doch war mir aufgefallen, daß die Chemie zwischen ihr und George Shultz nicht so recht stimmte. Deshalb beschloß ich, Bud McFarlane den Job zu geben.

Meine Entscheidung gegen Jim Baker als Sicherheitsberater, war, wie ich glaube, ein Wendepunkt in meiner Regierungszeit. Von der Tragweite dieser Entscheidung hatte ich damals allerdings noch keine Ahnung.

60

Am Freitag, dem 21. Oktober 1983, vier Tage, nachdem Bud McFarlane seinen neuen Posten als Sicherheitsberater angetreten hatte, flogen Nancy und ich nach Georgia. Geplant war ein Golfwochenende mit George Shultz, Don Regan, dem ehemaligen Senator Nicholas Brady und ihren Ehefrauen auf dem National Golf Course von Augusta. Nach dem Streit um den Job beim Nationalen Sicherheitsrat und weiteren Auseinandersetzungen mit den Demokraten über den Haushalt freute ich mich auf ein paar Tage Entspannung, obwohl ich schon lange nicht mehr Golf gespielt hatte und daher nicht unbedingt damit rechnen konnte, auf dem Rasen zu brillieren.

Am Samstag, kurz nach vier Uhr morgens, wurden Nancy und ich durch einen Anruf geweckt. Es war Bud, der sich als Mitglied des Reisestabs des Weißen Hauses ebenfalls in Augusta aufhielt. Er sagte, ich müßte sofort mit ihm und George Shultz im Salon unserer Unterkunft zu einer Besprechung zusammenkommen; es sei sehr dringend. Wir wohnten im *Eisenhower Cottage*, in dem auch Ike während seiner Golfferien in Augusta immer übernachtet hatte. In Pyjama und Morgenrock hörte ich mir an, was die beiden mir zu sagen hatten: Die Organisation der Ostkaribischen Staaten hatte uns um eine militärische Intervention auf der Insel Grenada gebeten, einer Karibikinsel etwa 140 Kilometer nördlich von Venezuela. Via abhörsicherer Telefonleitung nahm auch George Bush von Washington aus in seiner Funktion als Chef des Krisenstabs im Weißen Haus an der nächtlichen Konferenz teil.

Wir hatten die Ereignisse auf Grenada schon seit einigen Tagen sehr aufmerksam verfolgt. In der Vorwoche war Grenadas Premierminister Maurice Bishop, ein marxistischer Schützling Fidel Castros, der sich gerade von kubanischen Arbeitern einen verdächtig großen neuen

Flugplatz auf der Insel bauen ließ, bei einem blutigen Staatsstreich ums Leben gekommen. Bei den linken Putschisten, die ihn exekutiert hatten, handelte es sich um noch radikalere Marxisten, als er selbst einer war. Die politischen Führer der benachbarten Inseln Jamaika, Barbados, St. Vincent's, St. Lucia, Dominica und Antigua berichteten uns, daß ihnen die anscheinend von Kuba gesponserte, weit über die Bedürfnisse der Insel hinausgehende militärische Aufrüstung unter Bishop große Sorgen gemacht habe; inzwischen, meinten sie, hätten die neuen radikalmarxistischen Machthaber eine mörderische Terrorkampagne gegen ihre Feinde entfesselt. Gebiete man ihnen nicht Einhalt, so die karibischen Nachbarn, sei es nur noch eine Frage der Zeit, wann die Grenader und Castro gegen *ihre* Länder losschlagen würden. Sie sagten, daß sie sich zur Vertreibung der Kubaner aus Grenada zusammenschließen wollten, bevor es zu spät sei, daß ihnen aber das militärische Know-how dazu fehle. Aus diesem Grunde bäten sie uns, sich ihnen bei der Verjagung der Radikalen anzuschließen.

Ein weiterer Aspekt, den wir berücksichtigen mußten: Achthundert Amerikaner studierten auf Grenada an einer medizinischen Hochschule. Sie stellten allesamt potentielle Geiseln dar.

Unter diesen Umständen konnte ich McFarlane, Shultz und den sechs Ländern, die uns um Hilfe baten, nur eine Antwort geben.

Einige Tage zuvor, gleich nach dem Staatsstreich und der Exekution Bishops, hatte ich einem kleinen Flottenverband der Navy, der gerade im Rahmen einer routinemäßigen Ablösung von Marine-Corps-Soldaten Kurs auf den Libanon nahm, den Befehl erteilt, einen Umweg über Grenada zu machen, um dort im Falle einer erforderlichen Evakuierung der Studenten bereitzustehen. Ich fragte McFarlane, wieviel Zeit nach Meinung des Pentagons für die Vorbereitung einer Rettungsaktion auf Grenada zu veranschlagen sei.

Er antwortete, das Gemeinsame Oberkommando der Streitkräfte sei der Ansicht, daß dies in achtundvierzig Stunden zu schaffen sei.

Ich sagte: »Dann los.«

Wir stimmten darin überein, daß die Operation strengste Geheimhaltung erfordere, um den grenadischen Truppen und den Kubanern auf der Insel gar nicht erst die Zeit zur Verstärkung ihrer Truppen oder zur Festsetzung der amerikanischen Studenten an der Medizinischen Hochschule der St. George's University zu geben. Kuba lag so nahe, daß es bei entsprechender Vorwarnung rasch Truppen nach Grenada verlegen konnte. Eine undichte Stelle bei uns hätte daher zur Geiselnahme von Hunderten von Amerikanern und sogar zu einem von uns nicht gewollten Krieg mit Kuba führen können.

Zur Vermeidung von Indiskretionen beschlossen wir, niemanden im voraus über unsere Rettungsaktion zu unterrichten. Grenada war vor seiner Unabhängigkeit im Jahre 1974 fast zwei Jahrhunderte lang britische Kolonie gewesen und gehörte nach wie vor zum Britischen Commonwealth. Wir informierten nicht einmal die Engländer vorab von unseren Plänen, weil ich das Risiko eines »Lecks« auf unserer Seite und die Gefahr für unsere Studenten nicht erhöhen wollte.

Es gab, offen gesagt, noch einen weiteren Grund für mein Pochen auf strikte Geheimhaltung. Dabei handelte es sich um das, was ich das »Post-Vietnam-Syndrom« nenne, das heißt, den aus den Vietnam-Erfahrungen unserer Nation resultierenden Widerstand vieler Kongreßmitglieder gegen den Einsatz jedweder militärischen Gewalt im Ausland, aus welchen Gründen auch immer. Kein vernünftig denkender Mensch wird jemals aus reiner Willkür militärische Gewalt entfesseln. Aber ich glaube, daß es Situationen gibt, in denen die Vereinigten Staaten dazu gezwungen sind – insbesondere dann, wenn es um die Verteidigung von Freiheit und Demokratie geht oder wenn Leben und Freiheit amerikanischer Mitbürger bedroht sind. Mir war klar, was Vietnam für unser Land bedeutet hatte. Dennoch war ich der Meinung, die Vereinigten Staaten dürften sich nicht auf immer und ewig von dieser Erfahrung traumatisieren lassen – bis hin zu dem Punkt, daß sie auf die Verteidigung ihrer legitimen nationalen Sicherheitsinteressen verzichteten. Ich befürchtete, daß im Falle einer Einweihung der Kongreßführung, selbst wenn sie unter dem Siegel strengster Vertraulichkeit erfolgte, der eine oder andere nicht dichthalten und die Operation, versehen mit dem Hinweis, Grenada drohe »ein neues Vietnam« zu werden, der Presse »stecken« würde. Schon bei unseren Bemühungen, der Ausbreitung des Kommunismus in Zentralamerika Einhalt zu gebieten, waren wir auf dieses Phänomen gestoßen. Einige Kongreßabgeordnete brachten auch – im Zusammenhang mit ihrem Bestreben, die verfassungsmäßigen Vollmachten des Präsidenten als Oberbefehlshaber der Streitkräfte einzuschränken –, das Thema eines »zweiten Vietnam« im Libanon auf.

Wir konnten den sechs kleinen Ländern, die uns um Hilfe gebeten hatten, keine abschlägige Antwort erteilen. Unsere Glaubwürdigkeit und unser Ansehen auf dem amerikanischen Kontinent wären dahin gewesen. Wäre eine solche Absage jemals bekannt geworden – und ich zweifelte nicht im geringsten daran, daß dies geschehen würde –, so hätten fortan nur noch wenige unserer Freunde in aller Welt uns als Verbündete ihr volles Vertrauen geschenkt.

Ich wußte im voraus, was ich aus den Reihen des Kongresses im Fall eines vorzeitigen Bekanntwerdens unserer Rettungsaktion zu hören bekommen würde: »Sicher, es fängt klein an – aber mit diesem ersten Engagement wird Grenada zwangsläufig zu einem zweiten Vietnam.« Nun, das wäre einfach nicht richtig gewesen. Und dies ist ein Grund dafür, daß die Rettungsaktion auf Grenada unter totaler Geheimhaltung durchgeführt wurde. Wir fragten niemandem um Rat – wir handelten.

Nachdem ich der Operation zugestimmt hatte, legte ich mich wieder schlafen. Ungefähr eine Stunde später stand ich auf, um auf den Golfplatz zu gehen. Wie ich schon vermutet hatte, befand ich mich in argem Trainingsrückstand. Ich hatte in den drei zurückliegenden Jahren nur viermal Golf gespielt – und das merkte ich jetzt.

Am sechzehnten Loch wurden wir plötzlich von einer Gruppe von Secret-Service-Agenten umzingelt. Sie unterbrachen unser Spiel und drängten uns in bereitstehende Limousinen des Weißen Hauses. Folgendes war geschehen: Ein bewaffneter Mann hatte mit einem Lieferwagen ein nahegelegenes Golfplatztor durchbrochen und sieben Geiseln genommen, darunter zwei Mitarbeiter des Weißen Hauses. Mit ihnen hatte er sich in dem zu dem Golfplatz gehörenden Laden verschanzt. Er drohte, seine Geiseln zu töten, falls ich mich nicht bereit erklärte, mich mit ihm zu treffen.

Normalerweise hätte ich auf terroristische Forderungen nicht reagiert – so etwas regt nur zu weiteren terroristischen Verbrechen an. Doch in diesem Fall sagte man mir, der Täter sei sehr labil und das Leben der Geiseln unmittelbar gefährdet. Ich rief also vom Autotelephon aus im Laden an und sagte: »Hallo, hier ist Ronald Reagan ...«

Am anderen Ende der Leitung herrschte Schweigen, dann legte der Mann auf, ohne ein Wort gesagt zu haben. Wir wählten den Laden erneut an – insgesamt viermal –, doch jedesmal legte er sofort wieder auf, wenn ich mich meldete. Er bestand darauf, mit mir persönlich zu sprechen, und das ließen die Secret-Service-Agenten nicht zu.

Während Sicherheitsbeamte den Golfplatz und die umliegenden Wälder nach möglichen Komplizen durchkämmten, bedrängten mich ihre Kollegen, sofort nach Washington zurückzukehren. Ich legte mein Veto ein. Ich befand mich in Sicherheit und hielt nichts von einem übereilten Ortswechsel. Dem hätte sofort der Beigeschmack der Krise angehaftet, und der hätte möglicherweise die Presse zu Nachforschungen inspiriert und die bevorstehende Grenada-Operation ans Tageslicht gebracht. Wir kehrten zum *Eisenhower Cottage* zurück. Ein paar Stunden später ließ der Revolverheld die Geiseln unverletzt frei und wurde festgenommen.

(Der eine der beiden Mitarbeiter des Weißen Hauses wurde, strenggenommen, nicht *freigelassen.* Er sagte zu dem Täter: »Puhh, ist das heiß hier drin. Meinen Sie nicht, ein Sechserpack Bier würde uns guttun?« Der Täter war mit dem Vorschlag einverstanden. Unser Mann verließ den Laden zu einem Einkaufsbummel, von dem er nicht mehr zurückkehrte.)

Nach einem netten Abendessen mit unserer Gruppe gingen Nancy und ich ein wenig früher ins Bett als sonst, weil uns die frühmorgendliche Unterbrechung des Schlafes noch in den Knochen steckte. Doch gegen 2.30 Uhr morgens klingelte das Telefon erneut. Wieder war es Bud McFarlane: Er berichtete, daß ein »Kamikaze-Bomber« soeben einen Lastwagen voller Dynamit an unseren Wachtposten vorbei ins Hauptquartier der Marines am Beiruter Flughafen gesteuert habe. Nach ersten Berichten seien bei dem Anschlag mindestens hundert Marines getötet worden.

An Schlaf war in jener Nacht nicht mehr zu denken. Ich rief im Pentagon an, um sicherzustellen, daß alle Maßnahmen zum Schutz der in Beirut verbleibenden Marines getroffen würden. Dann konferierte ich einige Stunden lang in demselben Raum, in dem wir schon einen Teil der vergangenen Nacht verbracht hatten, mit George Shultz und Bud. Um 6.30 Uhr fuhren wir zum Flughafen, bestiegen *Air Force One* und flogen nach Washington. Ein Tag voller Konferenzen stand uns bevor. Eine Sitzung des Nationalen Sicherheitsrats im Situation Room des Weißen Hauses jagte die andere. Wir diskutierten über die Bombenanschläge und die Vorbereitungen für die Grenada-Operation, deren

Beginn für den späten Abend angesetzt war; es war geplant, Kommandotrupps einzuschleusen, die Lage-Informationen sammeln und damit die für den darauffolgenden Tag vorgesehene Landung vorbereiten sollten.

Am Montag, dem 24. Oktober wurden die aus Beirut eintreffenden Nachrichten immer entsetzlicher. Während einige schwerverletzte Marines starben und die Rettungsmannschaften beim Durchsuchen der Trümmer auf immer mehr Tote stießen, wurde langsam das ganze Ausmaß der Katastrophe deutlich: Insgesamt waren 241 Marines im Schlaf vom Tod überrascht worden; waren getötet worden, als sie sich von den Pflichten ausruhten, die ihnen ihre Bemühung, den Frieden im Libanon zu wahren, auferlegt hatte. Zwei Meilen vom Tatort entfernt waren nur zwei Minuten nach der Explosion am Flughafen 58 französische Soldaten, die ebenfalls der multinationalen Truppe angehörten, bei der Detonation einer zweiten Autobombe ums Leben gekommen.

Die Indizien deuteten darauf hin, daß beide Kamikazefahrzeuge von radikalen schiitischen Fundamentalisten aus dem Iran gesteuert worden waren, die mit ihrem Einsatz den Märtyrertod anstrebten. Es handelte sich um Mitglieder derselben Gruppe, die im April für den barbarischen Bombenanschlag auf unsere Beiruter Botschaft verantwortlich gewesen war – einer Gruppe, deren religiöse Führer jedem, der einen Feind der iranischen Theokratie tötete und dabei sein eigenes Leben ließ, die sofortige Aufnahme ins Paradies versprachen.

Nancy und ich waren angesichts der Schwere der Verluste nahezu sprachlos vor Trauer. Doch ich war gezwungen, meine Termine einzuhalten: ein wichtiges Treffen mit unserem Botschafter in Moskau, Arthur Hartman; der Empfang des Präsidenten von Togo; mehr als ein Dutzend Gäste im Oval Office, deren Besuch von verschiedenen Mitgliedern des Kongresses seit langem geplant war – eine Studentin, die für die Entwicklung einer verbesserten Methode zur Altersbestimmung fossiler Reptilien eine wissenschaftliche Auszeichnung gewonnen hatte; ein junger Blinder, der gerade quer durchs Land von Idaho nach Maryland gewandert war, um zu beweisen, daß Behinderte alles schaffen können, wenn sie es nur wirklich wollen; mehrere neuernannte Botschafter sowie weitere Personen. Ich werde nie vergessen, wie schwer es mir fiel, all diesen Dingen, die im Leben jener Amerikaner eine so bedeutende Rolle spielten, die gebührende Aufmerksamkeit zu zollen, während ich gleichzeitig noch bemüht war, den gewaltigen Verlust an Menschenleben in Beirut irgendwie zu begreifen.

Um 14 Uhr informierten mich die Stabschefs über die letzten Einzelheiten der Grenada-Operation, die um 21 Uhr beginnen sollte. Unsere Befürchtungen, es könne doch etwas von den Vorbereitungen nach außen gedrungen sein und die Studenten gefährden, ließen uns den ganzen Tag über keine Ruhe. Doch diesmal gab es zur Abwechslung weder im Weißen Haus noch im Pentagon eine undichte Stelle. Es war ein Geheimnis, das wir wahren konnten.

Am Abend – unsere Truppen waren längst unterwegs – lud ich führende Mitglieder des Kongresses – Tip O'Neill, Jim Wright, Robert Byrd, Howard Baker und Bob Michel – zusammen mit Außenminister Shultz in unsere Privatwohnung im Weißen Haus ein. Ich hatte ihnen von vornherein gesagt, die Angelegenheit, die ich mit ihnen besprechen wolle, sei so geheim, daß sie nicht einmal ihre Frauen über das Treffen im Weißen Haus informieren sollten. Das Gespräch begann kurz nach 20 Uhr. Cap Weinberger, Bud McFarlane und der Vorsitzende des Vereinigten Generalstabs, General John Vessey, erläuterten gemeinsam die vertrauliche und dringende Bitte, mit der sich die Nachbarländer Grenadas an uns gewandt hatten, sowie die Pläne für unsere Rettungsaktion.

Kurz vor neun wurde ich aus der Konferenz gerufen, um einen Anruf von Margaret Thatcher entgegenzunehmen. Kaum hörte ich ihre Stimme, da wußte ich bereits, daß sie sehr aufgebracht war. Sie sagte, sie habe soeben von unserer bevorstehenden Operation erfahren (wahrscheinlich von britischen Beamten auf Grenada), und forderte mich mit den denkbar stärksten Worten auf, die Operation abzublasen. Sie erinnerte mich daran, daß Grenada Teil des Britischen Commonwealth sei und daß die Vereinigten Staaten sich nicht in die inneren Angelegenheiten des Landes einzumischen hätten.

Es war ursprünglich meine Absicht gewesen, sie gleich nach dem Treffen mit den Kongreßführern und nach dem eigentlichen Beginn der Operation anzurufen. Doch nun hatte sie Wind von der Sache bekommen, ehe mir die Chance gegeben war, sie persönlich zu unterrichten. Ich setzte sie von dem Hilfeersuchen in Kenntis, das wir von der Organisation Ostkaribischer Staaten erhalten hatten, und fügte hinzu, daß nach meiner Überzeugung schnelles und verdecktes Handeln angebracht sei. Jede Vorabinformation könne zur Indiskretion führen und den Überraschungseffekt gefährden.

Sie war unnachgiebig und beharrte darauf, daß wir unsere Landungsoperationen auf Grenada abblasen müßten. Ich konnte ihr aber schlecht sagen, daß diese bereits angelaufen war; ein Umstand, der mir wegen unserer engen Beziehung einiges Kopfzerbrechen bereitete.

Am frühen Morgen des nächsten Tages, nachdem mehr als 1900 Army-Rangers und Marines an zwei Stellen der Insel gelandet waren, gaben wir die Nachricht von unserer Rettungsoperation auf Grenada an die Presse. Obwohl sie auf mehr Widerstand stießen als anfänglich erwartet, gewannen unsere Truppen schnell die Kontrolle über die beiden Flughäfen der Insel und sicherten den Campus, auf dem sich die amerikanischen Studenten aufhielten. Die Marxisten und ihre kubanischen Drahtzieher waren besiegt. Nachdem ich die Nachricht erhalten hatte, daß die Studenten in Sicherheit und die Marxisten unschädlich gemacht waren, schrieb ich in mein Tagebuch: »Der Erfolg scheint uns hold zu sein, ich danke dem Herrn dafür. Er hat wahrhaftig Seine Hand über mich gehalten.«

Der Preis, den wir für die Sicherheit der Freiheit Grenadas zu zahlen hatten, war hoch: 19 tote Amerikaner und über hundert Verwundete. Doch wir hätten einen viel höheren Preis zahlen müssen, wenn der Sowjetunion gestattet worden wäre, die Unterwanderung unserer Hemisphäre fortzusetzen. Sie hätten sich von dort aus nur noch weiter ausgebreitet.

Vor der Landung auf der Insel hatte es geheißen, daß an dem besagten Flughafenprojekt ungefähr zweihundert kubanische Arbeiter beschäftigt waren. Wir rechneten damit, daß diese Leute als Mitglieder der kubanischen Militärreserve im Umgang mit Waffen geübt sein könnten. Tatsächlich aber stießen unsere Truppen auf den Widerstand von mehr als siebenhundert hervorragend ausgebildeten und bestens bewaffneten kubanischen Kämpfern. Für uns war dies der erste Beweis dafür, daß der kommunistische Einfluß auf Grenada sogar noch größer war, als wir und die Nachbarländer vermutet hatten.

Vom militärischen Standpunkt aus können wir die Operation im nachhinein als lehrbuchhaften Erfolg bezeichnen. Damals gab es jedoch eine Fülle von Unwägbarkeiten und potentiellen Problemen, vor allem, was die Sicherheit unserer Studenten betraf. Ich nehme an, daß keiner von uns, die wir mit der Planung der Operation befaßt waren, in der Nacht davor ruhig schlafen konnte.

Den Marxisten gelang ein übler Trick: Hoch oben auf einer Anhöhe stand eine Nervenheilanstalt, und gleich daneben befand sich ein Hauptquartier der grenadischen Armee sowie eine Kaserne. Die Einrichtung der Armee war ein legitimes Angriffsziel für unsere Flugzeuge. Die marxistischen Schurken zogen die Flagge über ihrem Gebäude ein und hißten sie über der Heilanstalt. Infolgedessen wurden diese von unseren Flugzeugen angegriffen, bis unsere Bodentruppen die Piloten auf die Hinterlist aufmerksam machten.

In den darauffolgenden Tagen entdeckten wir, daß Grenada mit der sanften Ferieninsel, als die sie die Reiseprospekte beschrieben, nur sehr wenig zu tun hatte. In weit größerem Maße, als uns bis dato bewußt gewesen war, hatte es sich bereits in eine sowjetisch-kubanische Karibik-Bastion verwandelt. Die Nachbarländer hatten recht gehabt. Wir kamen gerade noch rechtzeitig. Grenadas neuer Flughafen mit seiner langen Start- und Landebahn war nicht, wie von Maurice Bishop behauptet, für den Fremdenverkehr konzipiert, sondern als Basis für das Auftanken und die Wartung sowjetischer und kubanischer Militärmaschinen. Die von den kubanischen »Arbeitern« bewohnten Unterkünfte enthielten genug Waffen und Munition, um damit Tausende von Terroristen auszurüsten. In der kubanischen Botschaft fanden wir ausgehöhlte Mauern, die ebenfalls mit Waffen vollgestopft waren, sowie Dokumente, die über die Verbindungen von Grenadas Marxisten zu Havanna und Moskau Aufschluß gaben. Darunter befand sich ein sechs Monate alter Brief an den Kommandeur der Armee Grenadas, in dem der Absender, ein sowjetischer General, prahlte, der Inselstaat könne stolz darauf sein, daß er dabei sei, der dritte Außenposten des Kommunismus in der Neuen Welt zu werden – nach Kuba und Nicaragua. Er fügte noch hinzu, daß mit El Salvador bald ein vierter folgen werde.

Unsere Truppen brachten diesen Brief und Hunderte von anderen Dokumenten mit, aus denen eindeutig hervorging, daß die Sowjetunion und Kuba die Marxisten auf Grenada finanziert hatten – im Rahmen eines großangelegten Konzeptes, das der gesamten Region den Kommunismus bescheren sollte. Grenada bildete nur den Anfang; beabsichtigt war die Einbeziehung der gesamten Karibik und Zentralamerikas. Wir verfrachteten diese gewaltige »Schatzkammer« an Dokumenten in einen Hangar des Luftwaffenstützpunktes Andrews vor den Toren Washingtons und luden die Presse ein, sich die Unterlagen näher anzusehen. Die Reporter hätten für jedes Wort, das wir sagten, die entsprechenden Beweise finden können. Aber nur wenig gingen auf dieses Angebot ein. Statt dessen griffen die meisten Nachrichtenkommentatoren in den nächsten Tagen Berichte auf, denen zufolge unsere Landung auf Grenada unverantwortlich gewesen sein sollte. Sie argumentierten, ich versuche, die Karibik in ein »zweites Vietnam« zu verwandeln – bis ihnen langsam dämmerte, daß das amerikanische Volk sehr wohl begriff, was sich auf Grenada zugetragen hatte, und mit uns darin übereinstimmte, daß die Operation ein notwendiger Schritt gewesen war, um die kommunistische Unterwanderung unserer Hemisphäre zu unterbinden.

Was nun die achthundert amerikanischen Studenten betraf, so gehörte ich zu den vielen Menschen in unserem Land, die mit feuchten Augen vor dem Fernsehapparat deren Heimkehr miterlebten und sahen, wie etliche von ihnen, kaum daß sie die Flugzeuge verlassen hatten, sich niederbeugten und den Boden Amerikas küßten. Als einige der Studenten später im Weißen Haus jene Soldaten, die sie gerettet hatten, umarmten, war dies ein recht bewegender Anblick für mich als einstigem Gouverneur, der seinerzeit College-Studenten gesehen hatte, die jeden Träger einer militärischen Uniform anspuckten. In meinem Tagebucheintrag zu jenem Tag notierte ich, daß wir »heute die bisher schönste Feier auf dem Südrasen ... hatten. Ungefähr 400 der von uns auf Grenada geretteten Medizinstudenten hatten sich eingefunden, dazu vierzig Soldaten, die allesamt vor Ort dabeigewesen waren. Vier Truppengattungen ... es war beglückend, ja begeisternd, mit anzusehen, wie diese jungen Menschen die Männer in Uniform an ihr Herz drückten.«

Einige der Studenten erzählten mir rührende Geschichten, darunter mehrfach die, wie sie sich über 24 Stunden unter ihren Betten versteckt hatten, während draußen vor den Fenstern die Kugeln vorbeipfiffen. Und dann auf einmal der Ruf: »Okay, ihr könnt jetzt rauskommen.« Sie gingen die Treppe hinunter, weil sie, wie einer sich ausdrückte, gerade den tollsten Sound aller Zeit gehört hatten: die Stimme eines Army-Sergeants, eines unerschrockenen tapferen Mannes, der anschließend, gemeinsam mit den anderen jungen Soldaten, seinen Körper zum Schutzschild für die Studenten gegen das feindliche Feuer werden ließ und sie zu den Rettungshubschraubern eskortierte.

Von einem der beteiligten Helikopterpiloten erhielt ich später einen Brief, in dem er darauf hinwies, daß Grenada die Hälfte der Welt-Muskatproduktion erzeuge. »Ein Eierflip ist ohne Muskat undenkbar«, schrieb er. »Und es gibt manche, die sagen, daß man ohne Eierflip nicht Weihnachten feiern kann. Die Russen versuchen, uns durch Grenada Weihnachten wegzunehmen. Aber wir haben ihnen einen Strich durch die Rechnung gemacht.«

Die Bevölkerung von Grenada empfing unsere Soldaten mit ähnlicher Begeisterung wie einst die Franzosen und Italiener unsere GIs, nachdem diese sie gegen Ende der Zweiten Weltkriegs von den Nazis befreit hatten. Die Grenader waren Gefangene eines totalitären Staates gewesen, genauso wie damals die Völker Europas. Später reiste ich selbst nach Grenada und erlebte dort eine Form der Begrüßung, die zeigte, wie sehr uns die Grenader für unsere Bemühungen in ihrem Auftrag dankbar waren. Auf Grenada gab es keine *Yankee Go Home*-Transparente, nur überschwengliche Zuneigung von Zehntausenden von Menschen – dem größten Teil der Bevölkerung – und Transparente mit der Aufschrift *God Bless America.*

Wahrscheinlich fühlte ich mich an keinem Tag meiner Präsidentschaft so glücklich wie an jenem. Ich glaube, unsere Entscheidung, Castro und Konsorten auf Grenada Paroli zu bieten, bremste nicht nur die Kommunisten in jenem Teil der Welt, sondern verhalf möglicherweise allen Amerikanern zu einem aufrechteren Gang.

Auch wenn jene Woche einen der schönsten Höhepunkte meiner achtjährigen Präsidentschaft bedeutete, so ändert dies nichts daran, daß der Bombenanschlag auf das Marines-Quartier in Beirut der absolute Tiefpunkt war.

61

Anfang November 1983, an einem Freitagmorgen, flogen Nancy und ich nach Camp Lejeune in North Carolina zu einem Trauergottesdienst für die im Libanon ermordeten Marines und die amerikanischen

Soldaten, die auf Grenanda ihr Leben gelassen hatten. »Ein trübseliger Tag«, schrieb ich am Abend in mein Tagebuch. »Es regnete ununterbrochen. Aber irgendwie paßte das Wetter dazu.«

> Alle Feierlichkeiten fanden unter freiem Himmel statt, Regen hin oder her. Ein bewegender Gottesdienst, mit das Härteste, was wir bisher durchgemacht hatten. Der Große Zapfenstreich am Ende ging uns beiden sehr nahe. Drinnen nur die Begrüßung der Angehörigen der Verstorbenen. Sie waren ganz wunderbar, manchmal umarmten mich Witwen oder Mütter einfach, legten ihren Kopf an meine Brust und weinten leise. Ein kleiner Junge, vielleicht acht oder neun, überreichte mir höflich eine Mappe und sagte, darin sei etwas, was er über seinen Vater geschrieben habe. Als ich es später lesen konnte, fand ich heraus, daß es sich um ein Gedicht mit dem Titel *Einsamkeit* handelte. Mit dem Helikopter zurück nach Cherry Point, wo ich vor Marines und ihren Familien eine Rede hielt. Bevor wir Lejeune verließen, sprach ich kurz mit den Angehörigen, die sich aufgereiht hatten ... Der Herr stand mir bei; ich fand die richtigen Worte. Wir flogen zurück nach Washington – ein paar Besprechungen noch, dann ab nach Camp David, wo es schneite.

Mit einigen der Familien, die durch das barbarische Selbstmordkommando in Beirut liebe Angehörige verloren hatten, korrespondierte ich später noch, mit anderen sprach ich auch persönlich wieder. Viele von ihnen – Gott segne sie – kamen von sich aus auf mich zu und versuchten, mir über meinen Kummer hinwegzuhelfen. Einer der Briefe, die ich erhielt, sei hier wiedergegeben:

> Lieber Präsident Reagan,
> ich bin die Mutter von L[ance] C[orporal] David Cosner, der kürzlich im Libanon getötet wurde.
> Es ist mir ein Anliegen, Ihnen für Ihren freundlichen Brief zu danken, in dem Sie Ihre Anteilnahme an meiner Trauer zum Ausdruck gebracht haben. Ich weiß, wie schwer es Ihnen gefallen sein muß, weil Sie glauben, daß alle Welt Sie für diese Tragödie verantwortlich macht. Ich war sehr wütend auf alle, Sie eingeschlossen. Ich war nicht bereit, David zu verlieren, und ich hatte das Gefühl, es war nicht *unser* Land, dem er den Frieden bewahrte.

Während sich dieser 23. Oktober immer weiter in die Länge zog, mußte ich unablässig daran denken, daß ich Gott gebeten hatte, auf David achtzugeben. Wenn er wohlbehalten war, das wußte ich, würde Gott ihm die Kraft geben, seinen gefallenen Kameraden beizustehen. Sollte er aber tot sein, auch dies wußte ich, so würde er in Frieden in Gottes Armen ruhen. Die Verwirrung dauerte bis gegen 21 Uhr. Dann kam gesegneter Friede und Trost über mich und sagte mir, daß David seinen Platz im Himmel gefunden hatte.

Ich glaube wirklich, daß es ganz einfach Davids Schicksalsbestimmung war, dort gewesen zu sein.

Er war ein hervorragender Marine und konnte daher unter allen Stützpunkten auf der Welt *wählen.* Er blieb aber in Camp Lejeune, obwohl er wußte, daß er in den Libanon verlegt würde.

Er wurde weder hingeschickt, noch mußte er dorthin. Und deshalb erzähle ich Ihnen dies alles: Sie sollen wissen, daß David in der Tat Amerika das Wertvollste geschenkt hat, das er besaß, und zwar völlig uneigennützig. Und irgend etwas Gutes muß bei dieser Tragödie herauskommen.

Er hat uns eine bildhübsche zweieinhalbjährige Enkeltochter, Leanna, hinterlassen und wunderschöne Erinnerungen an die 22 Jahre, die wir miteinander teilten.

Ich bin so stolz, Davids Mutter zu sein, und ich weiß, daß er einst die Umarmungen, die mir jetzt versagt sind, alle nachholen wird.

Ich habe unsere schöne Stadt gebeten, Sie, unseren gewählten Führer, zu unterstützen, damit unsere Feinde wissen, daß wir stark sind. Eine Nation, unter Gott.

Ich bete zu Gott, daß Er Ihnen die Stärke gibt, die richtigen Entscheidungen zu treffen, und Sie schützend in Seinen Armen hält.

Hochachtungsvoll Marva Cosner

Nach der Trauerfeier in Camp Lejeune machte es sich der Secret Service zur Gewohnheit, die Flugroute von *Marine I* spontan zu ändern, da Geheimdienstberichten zufolge islamische Terroristen planten, den Helikopter des Weißen Hauses mit Raketen zu beschießen. Ein Informant aus dem Libanon meldete zudem, daß schiitische Terroristen meine Tochter Maureen töten wollten. Ihre Leibwache wurde daraufhin verstärkt.

Während sich nach dem Bombenanschlag tiefe Trauer über das Land legte, mußte ich entscheiden, wie es im Libanon weitergehen sollte. Aus dem Kongreß kam, nicht überraschend, neuer Druck mit dem Ziel, die Truppen aus dem Land abzuziehen. Zwar tat ich mein Bestes, dem amerikanischen Volk die Gründe für die Anwesenheit unserer Truppen im Libanon auseinanderzusetzen, doch war mir klar, daß viele Mitbürger sie noch immer nicht verstanden.

Ich glaubte nach wie vor – und tue dies auch heute noch – an die Politik und die Entscheidungen, die zur Entsendung der Marines in den Libanon geführt hatten. Die von uns und drei weiteren Nationen im Libanon stationierten Truppen erfüllten die Aufgabe, bei der Bewahrung des Friedens zu helfen und der libanesischen Armee jenen Freiraum zu verschaffen, den sie brauchte, um sich gegen die verschiedenen, das Land terrorisierenden Kriegsherren und Milizen wenden zu können. Uns in den libanesischen Bürgerkrieg hineinziehen zu lassen war nie unsere Absicht.

Eine Zeitlang schien unsere Politik sich auszuzahlen. Auf den Straßen von Beirut herrschte echter Friede. Eine Frau schrieb mir, sie könne zum erstenmal seit acht Jahren ihre Kinder in die Schule schikken. Eine junge Amerikanerin, deren Verlobter im Libanon tätig war, schrieb, daß es dort ohne die multinationalen Truppen bereits bestimmt zu mehreren Massakern an Christen gekommen wäre.

Wir mußten jedenfalls die Erfahrung machen, daß die Lage in Beirut weitaus schwieriger und komplizierter war, als wir sie uns anfangs vorgestellt hatten. Die Zentralregierung des Libanon, der wir zu helfen suchten, hatte an Bedeutung verloren und war praktisch nicht mehr existent. Ursächlich hierfür war, daß die Basis der Übereinkunft von 1943, unter der der Libanon seine Unabhängigkeit von Frankreich gewonnen hatte, nicht mehr trug, die den Machtproporz zwischen Christen und Moslems regelte. Mit der Aufspaltung der moslemischen und der christlichen Glaubensgemeinschaft in zahlreiche rivalisierende Sekten hatte sich die politische Landschaft des Libanon in ein einziges Gewirr aus Unruhen, Gewalt und schierem Chaos verwandelt. Unsere Politik basierte auf der Erwartung, daß es der libanesischen Armee gelingen möge, die Milizen dieser rivalisierenden Gruppen zu unterwerfen und das Land wieder unter die Kontrolle der Zentralregierung zu bringen. Die multinationale Truppe sollte währenddessen zur Aufrechterhaltung der Ordnung beitragen. Es erwies sich jedoch, daß die libanesische Armee einfach nicht stark genug war, den seit Jahrhunderten im Libanon brodelnden sektiererischen Haß zu ersticken. Auch merkten wir erst, als es bereits zu spät war, daß viele Angehörige der libanesischen Armee mit dem einen oder anderen Miliz- oder Stammesführer sympathisierten und gar nicht gewillt waren, gegen ihre eigenen Landsleute zu kämpfen, vor allem nicht gegen solche mit gleichgearteten religiösen Überzeugungen. Zudem hatten wir nicht erkannt, daß unsere Marines, als sie die Verantwortung für die Offenhaltung des Beiruter Flughafens übernahmen, ausgerechnet an der wohl verwundbarsten Stelle der Stadt stationiert wurden – einer weiten, offenen Fläche, die Heckenschützen in den umgebenden Hügeln freies Schußfeld bot. Anfangs mußten die Marines in Zelten kampieren. Als sich dann aber die Angriffe durch Heckenschützen häuften und die Feuergefechte immer heftiger wurden, hielten ihre Offiziere es aus Sicherheitsgründen für besser, sie in einem Stahlbeton-Gebäude am Flughafen schlafen zu lassen. Mit dem Fanatismus eines Selbstmordkommandos hatten die Offiziere allerdings nicht gerechnet.

Der Preis, den wir in Beirut bei dieser Tragödie zahlen mußten, war so groß, und die den Libanon heimsuchenden Probleme ebenfalls, daß eine Fortsetzung jener Politik, die zur Entsendung unserer Marines geführt hatten, ohne eine Neuprüfung nicht möglich war. Unsere Optionen waren beschränkt, und keine von ihnen war leicht. In den Wochen unmittelbar nach dem Bombenanschlag war ich überzeugt, daß nichts schlimmer wäre, als nur einfach den Schwanz einzuziehen und davonzulaufen. Für die Terroristen in aller Welt wäre dies ein Signal gewesen, daß die Ermordung von ein paar Amerikanern genügt, um die amerikanische Außenpolitik zu verändern.

Ein Rückzug wäre außerdem gleichbedeutend gewesen mit der Aufgabe unserer moralischen Verpflichtung gegenüber Israel, dem ursprünglichen Anlaß für die Entsendung der Marines in den Libanon. Wir hätten sämtliche Fortschritte unserer fast zweijährigen Bemühungen um eine Lösung des Nahostkonflikts preisgegeben. Wir hätten zum Ausdruck gebracht, daß das Opfer der Marines umsonst gewesen war. Wir hätten die Russen geradezu dazu eingeladen, die Vereinigten Staaten als einflußreichste Supermacht im Nahen Osten zu ersetzen. Nach über einem Jahr kriegerischer Auseinandersetzungen und wachsenden Chaos in Beirut wäre Syrien, ein Schützling der Sowjets, als größter Sieger dagestanden. Und trotzdem: Die Irrationalität der nahöstlichen Politik zwang uns dazu, unsere eigene Strategie zu überdenken.

Wie verhält man sich gegenüber einem Volk, dessen Angehörige, getrieben von religiöser Inbrunst, bereit sind, für den Tod eines Feindes ihr Leben zu opfern – und dies nur, weil er nicht denselben Gott verehrt wie sie? Gegenüber Menschen, die glauben, daß sie für eine solche Tat sofort in den Himmel kommen? Im irakisch-iranischen Krieg schickten radikale islamische Fundamentalisten mehr als tausend junge Männer im Teenageralter oder darunter in die Minenfelder – und freudig gehorchten die Jungen ihnen, weil sie glaubten: »Heute abend sind wir im Paradies.«

Anfang November entstand ein weiteres Problem im Nahen Osten: Der Iran drohte, die Straße von Hormus zu schließen, eine Meerenge, deren Offenhaltung für den Öltransport aus dem Persischen Golf lebenswichtig war. Ich sagte, die Realisierung dieser Drohung stelle eine illegale Beeinträchtigung der internationalen Seeschiffahrt dar, und kündigte an, daß wir entschlossen seien, die Meeresstraße unter Einsatz von Gewalt offenzuhalten. Währenddessen versprach zu jener Zeit eine andere Entwicklung im Nahen Osten einen Wandel: Menachem Begin war nach dem Tod seiner geliebten Frau deprimiert, der alte rastlose Kampfgeist gegen Israels arabische Feinde und die ernsthaften Wirtschaftsprobleme des eigenen Landes war dahin. Begin trat von seinem Amt als Ministerpräsident zurück.

König Fahd von Saudi-Arabien legte uns, vielleicht in der Annahme, Amerikas Entschlossenheit, Israel beizustehen, habe sich duch den entsetzlichen Blutzoll in Beirut verringert, einen neuen Friedensplan vor, von dem er meinte, er könne nicht nur den Kämpfen im Libanon ein Ende setzen, sondern auch Syrien aus dem sowjetischen Lager herauslösen und in das unsere überführen. Doch der Vorschlag hätte eine Einschränkung unseres Engagements für Israel verlangt, und so sagte ich nein, danke.

Eine Lösung des Nahostkonflikts, davon war ich nach wie vor überzeugt, erforderte die Fortsetzung der Zusammenarbeit mit gemäßigten Arabern, und um unsere Freundschaft mit ihnen unter Beweis zu stellen, setzte ich mich auch weiterhin für den selektiven Verkauf amerikanischer Waffen an jene Kräfte ein. All meine diesbezüglichen Bestrebungen wurden aber nach dem AWACS-Verkauf regelmäßig durch den starken Widerstand der Israel-Lobby im Kongreß blockiert. Unsere Bemühungen um eine Verbesserung der Beziehungen zu den gemäßigten Arabern wurden dadurch unterminiert. Zur gleichen Zeit keimten in mir aber auch erste Zweifel auf, ob die arabische Welt mit ihren uralten Stammesrivalitäten, ihrer jahrhundertelangen Tradition der Gewalt und ihrem fast pathologischen Haß auf Israel unsere Friedensbemühungen im Nahen Osten tatsächlich so ernsthaft unterstützte, wie König Fahd von Saudi-Arabien und König Hussein von Jordanien behaupteten. Ich glaubte den Beteuerungen der beiden Monarchen, daß sie, während wir von neuem versuchten, Israel zum Rückzug zu überreden, Druck auf Syrien ausübten, um ebenfalls einen Truppenabzug zu erreichen, doch war sich die arabische Welt in dieser und in vielen anderen Fragen alles andere als einig, und ich begann mich zu fragen, inwieweit wir uns bei unseren Bemühungen um Erfolg auf ihre Hilfe verlassen konnten.

Doch wie dem auch sein mochte, Israel wich nicht von der Stelle. Syrien mit seinen neuen sowjetischen Waffen und Beratern wurde von Tag zu Tag arroganter und lehnte mehrere saudische Vorschläge für einen Truppenrückzug aus dem Libanon ab.

Mit Bestimmtheit zu sagen, wer letztlich für den Anschlag auf das Quartier unserer Marines verantwortlich war, bereitete unseren Geheimdienstexperten erhebliche Schwierigkeiten. Diverse gegen potentiell Schuldige geplante Luftangriffe untersagte ich, weil unsere Experten sich nicht absolut sicher waren, ob es sich wirklich um die richtigen Ziele handelte. Ich wollte keine Unschuldigen töten. Während unser Geheimdienst also daranging, weiteres Beweismaterial zu sammeln, griffen israelische und französische Verbände, überzeugt von der Stichhaltigkeit *ihrer* Informationen, genau jene in den Bergen gelegenen Schlupfwinkel schiitischer Moslems an, die anzugreifen auch wir erwogen hatten.

Als einige Woche nach dem Anschlag drusische Milizionäre damit begannen, die Stellungen der Marines erneut unter Beschuß zu nehmen, standen wir vor der Entscheidung, die Attacken entweder zu ignorieren oder aber zurückzuschießen und damit unser Engagement im libanesischen Bürgerkrieg auszuweiten. »Die Ansichten sind geteilt«, schrieb ich Anfang Dezember nach einer Sitzung des Nationalen Sicherheitsrats in mein Tagebuch. »Ich glaube nun einmal, daß die Ausschaltung von ein paar Geschützstellungen denen ein bißchen Zeit zum Nachdenken geben könnte. Die Oberkommandierenden meinen, das würde zu einer drastischen Veränderung unserer Mission und zu erheblichen Truppenverschiebungen führen ...« Und am nächsten Tag:

> Drei Viertel des Tages hektische Auseinandersetzungen im Stab und im Kabinett; unterschiedliche Meinungen bei mehreren Themen. Im Nat. Sicherheitsrat ging es um Angriffe auf syrische Ziele in der Umgebung von Beirut als Reaktion auf die Beschießung unserer Marines. Einige sind dafür, egal ob sie [die Syrer] verantwortlich sind oder nicht. Entschied mich schließlich dafür, nur zu reagieren, wenn unser Ziel auch der Ursprung [der Beschießung] ist – *es sei denn,* dieser Ursprung liegt in Wohngebieten. In dem Fall in der Nähe gelegenes Ziel auswählen, soweit es derselben Organisation, also Drusen, PLO usw., angehört. Auf die Syrer nur schießen, wenn sie auf uns geschossen haben.

Dann unternahmen die Syrer eine Aktion, die uns mehr oder weniger die Entscheidung abnahm: Am Abend des nächsten Tages, einem grauen und kalten Samstag, den Nancy und ich in Camp David verbrachten, wurde ich sowohl von Bud McFarlane als auch von Cap Weinberger angerufen. Unabhängig voneinander teilten sie mir mit, daß Syrien eine Boden-Luft-Rakete auf eines unserer unbewaffneten Aufklärungsflugzeuge abgefeuert habe, welches sich auf einem Routineflug über Beirut befand. Obwohl Cap und die Vereinigten Stabschefs Bedenken gegen einen Vergeltungsschlag anmeldeten, trug ich ihm auf, Order zu geben für einen Luftangriff gegen die betreffenden syrischen Flugabwehrbatterien.

Wir hatten die Syrer bereits bei früherer Gelegenheit wissen lassen, daß unsere Aufklärungflüge rein defensiven Charakter hätten und nur der Sicherheit unserer Marines dienten, die keiner der Konfliktparteien angehörten. Jede gegen sie gerichtete Offensive würde daher entsprechend beantwortet werden. Am nächsten Morgen stiegen zwei Staffeln Marineflugzeuge auf, um diese Mission durchzuführen. Ein Pilot kam dabei ums Leben, ein weiteres Besatzungsmitglied geriet in syrische Gefangenschaft. Eliminiert wurden durch unsere Maschinen nahezu ein Dutzend syrische Flugabwehr- und Raktenabschußstellungen, eine Radarstation und ein Munitionslager. Als die Syrer dennoch ein zweites Mal eines unserer Aufklärungsflugzeuge beschossen, befahl ich, die schweren Geschütze des Schlachtschiffes *New Jersey* auf ihre Stellungen abzufeuern. Am nächsten Tag fing unser Geheimdienst einen Funkspruch zwischen zwei syrischen Einheiten ab, der soviel besagte wie: »Hilfe! Wir wollen nicht mehr von der *New Jersey* beschossen werden.«

48 Stunden später gab es im Libanon wieder einmal einen Waffenstillstand – als Folge des Drucks, den die mächtigen Rohre der *New Jersey* ausgeübt hatten. Allerdings war er – wie fast alle Feuerpausen im Libanon – nicht von langer Dauer.

Einige Wochen nach dem Bombenanschlag auf das Hauptquartier der Marines schickte mir Cap Weinberger einen Bericht, den er, wie er verlautbarte, zur Veröffentlichung freigeben wollte. In dem Papier hieß es, das Massaker sei auf Nachlässigkeit der befehlshabenden Marine-Corps-Offiziere in Beirut zurückzuführen. Ich hingegen hatte die Absicht, selbst die volle Verantwortung für diese Tragödie zu übernehmen.

Ich machte mir Sorgen hinsichtlich der Auswirkungen des Berichts auf die Familien, die in Beirut Angehörige verloren hatten. Zudem malte ich mir aus, wie die Presse sich nun auf die Befehlshaber des Corps stürzen würde, die nach meiner Überzeugung unter schwierigen Bedingungen das Beste für ihre Leute getan zu haben glaubten und an dem Geschehen ohnehin schon schwer genug zu tragen und darunter zu leiden hatten. So übernahm ich die volle Verantwortung, denn schließlich war ich derjenige gewesen, der die Marines dorthin entsandt hatte.

Zu Beginn des Jahres 1984 wurde immer deutlicher, daß die libanesische Armee den Bürgerkrieg, in den wir widerstrebend mit involviert worden waren, entweder nicht beenden wollte oder nicht beenden konnte. Er würde vielmehr, soviel stand fest, noch über einen längeren Zeitraum hinweg andauern. Nachdem die Unterkünfte unserer Soldaten weiterhin von Heckenschützen und Artillerie beschossen wurden, gab ich den Befehl, alle Marines zu evakuieren und sie auf vor der libanesischen Küste ankernden Schiffen unterzubringen. Ende März zogen die Schiffe der Sechsten Flotte und die Marines, die im Libanon für die Erhaltung des Friedens gekämpft hatten, ab und übernahmen andere Aufgaben.

Wir mußten abziehen. Inzwischen stand außer Frage, daß unsere Politik nicht funktionierte. Wir konnten nicht dortbleiben und unsere Marines dem Risiko weiterer Kamikaze-Attacken aussetzen. Niemand wollte unsere Truppen in einen großen Nahostkrieg verwickeln. Doch auf der Basis einer »halben« Kriegsbeteiligung war unsere Anwesenheit im Libanon nicht länger haltbar. Unsere Männer hätten sich mit gebundenen Händen fortgesetzter terroristischer Angriffe erwehren müssen.

Die Marines waren nicht aus einer spontanen Eingebung heraus nach Beirut entsandt worden, und wir waren auch nicht allein dort. Frankreich, Italien und England waren ebenfalls an der multinationalen Truppe beteiligt. Anfangs hielten wir den Plan alle für gut – und eine Zeitlang hatte er ja, wie ich bereits sagte, auch funktioniert.

Ob wir der Katastrophe im Hauptquartier der Marines hätten vorbeugen können, vermag ich nicht zu sagen. Vielleicht unterschätzten wir die Dimension des Hasses und die Komplexität der Probleme, die den Nahen Osten zu einem solche Dschungel machen. Vielleicht war auch die Vorstellung von einem Selbstmordfahrer, der sich durch einen Massenmord die unmittelbare Aufnahme ins Paradies erhofft, unseren Wertvorstellungen und unserem Bewußtsein zu fremd, um in uns das Verständnis für die eigentlich erforderlichen Sicherheitsvorkehrungen zu wecken. Vielleicht hätten wir von vornherein wissen müssen, daß es in Kreisen des libanesischen Militärs, dem wir zu helfen versuchten, Leute gab, die einfach ihre Waffen niederlegten und sich weigerten, gegen ihre eigenen Landsleute zu kämpfen. Für mich erwies sich die Entsendung der Marines nach Beirut auf jeden Fall als Anlaß für den größten Kummer und die tiefste Trauer meiner Präsidentschaft.

Seit dem Tod dieser Jungs habe ich jeden Tag für sie und ihre Angehörigen gebetet.

Unsere Erfahrungen im Libanon führten dazu, daß ich und andere Mitglieder der Administration in den kommenden Monaten und Jahren einen Prinzipienkatalog entwickelten, der Amerika als Leitlinie für die Anwendung militärischer Gewalt im Ausland dienen sollte und den ich auch künftigen Präsidenten empfehlen würde. Die von uns übernommene politische Strategie enthielt unter anderem die folgenden Prinzipien:

1. Die Streitkräfte der Vereinigten Staaten sollen nur dann zu militärischen Aktionen in Übersee eingesetzt werden, wenn ein für unsere nationalen Interessen lebenswichtiger Anlaß besteht.
2. Wenn die Entscheidung zu einem Auslandseinsatz unserer Streitkräfte getroffen wird, so muß dahinter die klare Absicht stehen, zu *gewinnen*, und für die dazu erforderliche Unterstützung gesorgt werden. Es soll sich nicht um ein halbherziges oder provisorisches Engagement handeln, und die Ziele müssen klar definiert und realistisch sein.
3. Vor einem Kampfeinsatz unserer Streitkräfte muß in vernünftigem Maße gewährleistet sein, daß die Sache, für die wir kämpfen, und die Aktionen, die wir dabei vornehmen, die Unterstützung des amerikanischen Volkes und des Kongresses haben. (Der Vietnamkrieg war nach unser aller Empfinden deshalb zu einer solchen Tragödie geworden, weil man zu militärischen Mitteln gegriffen hatte, ohne ausreichend zu gewährleisten, daß das amerikanische Volk auch dahinterstand.)
4. Selbst wenn all diese Kriterien erfüllt sind, sollte der Kampfeinsatz unserer Streitkräfte im Ausland nach Ausschöpfung sämtlicher Alternativen immer nur *das letzte Mittel* sein.

Nachdem die Marines Beirut verlassen hatten, setzten wir unsere Suche nach Frieden und einer diplomatischen Lösung für die Probleme des Nahen Ostens fort. Doch der Krieg im Libanon verschärfte sich immer mehr, der arabisch-israelische Konflikt wurde immer bitterer, und der Nahe Osten blieb für mich und unser Land ein ständiger Krisenherd.

FÜNFTER TEIL

Iran – Contra

62

Acht Jahre lang bezeichnete mich die Presse als den »Großen Kommunikator«. Daß es mir während dieser acht Jahre aller Kommunikationsversuche zum Trotz nicht gelang, das amerikanische Vok und den amerikanischen Kongreß von der Ernsthaftigkeit jener Bedrohung zu überzeugen, der wir uns in Zentralamerika gegenübersahen, gehörte nichtsdestoweniger zu meinen größten Negativerlebnissen.

Zu Beginn der achtziger Jahre stellte der sowjetische Kommunismus keineswegs nur ein konkurrierendes Wirtschaftssystem dar, mit dessen Führern wir über die Verdienste von Kapitalismus und freiem Unternehmertum stritten. Wir hatten es vielmehr mit einer räuberischen, absoluten, autoritären Herrschaft zu tun, die über einen geradezu unersättlichen Expansionsdrang verfügte; einem System, das entschlossen war, überall dort, wo es sich einmischte, Tyrannen einzusetzen, die Menschen ihrer elementarsten Rechte zu berauben, demokratische Regierungen zu stürzen, Kirchen und Gewerkschaften zu unterwandern, die Justiz und die Presse zu Erfüllungsgehilfen der Diktatur umzuwandeln, freie Wahlen zu unterbinden, Regimekritiker ohne Anklage oder Prozeß gefangenzusetzen und zu exekutieren und die wenigen Figuren an der Spitze des Monolithen mit den Pfründen der Korruption und der diktatorischen Machtvollkommenheit zu belohnen. Kurzum – es war ein System, das allem zuwiderlief, wofür sich Amerikaner in den vergangenen zwei Jahrhunderten eingesetzt haben.

Ich war beileibe nicht der erste Präsident, der sich über Verschwörungen und Intrigen ferner Mächte in der westlichen Hemisphäre Gedanken machte. Seit der Verkündung der Monroe-Doktrin im Jahre 1823 durch unseren fünften Präsidenten haben sich die Vereinigten Staaten vehement gegen jede Einmischung europäischer Nationen in die Angelegenheiten der beiden amerikanischen Halbkontinente gewehrt.

Zweimal hatte die Sowjetunion die Monroe-Doktrin ungestraft verletzt: das erste Mal in Kuba und das zweite Mal in Nicaragua. 1959 war Fidel Castro in Havanna einmarschiert, um 140 Kilometer vor unserer Küste einen sowjetischen Satellitenstaat zu errichten. 1962 bot John F. Kennedy Castro und Moskau die Stirn und verhinderte die Errichtung einer sowjetischen Raketenbasis auf kubanischem Boden, von der aus die Vereinigten Staaten mit Atomwaffen hätten erreicht werden können. Zwanzig Jahre später erfüllte Kuba dennoch genau die Funktion, die Kennedy damals zu seinem Machtwort gegenüber Chruschtschow veranlaßt hatte: Die Insel war ein De-facto-Stützpunkt für raketenbestückte sowjetische U-Boote und Flugzeuge, die imstande gewesen wären, die Vereinigten Staaten nuklear zu verwüsten. Die Bestätigung dafür erhielten wir 1981, als in kubanischen Gewässern ein sowjetisches Schiff auftauchte, dessen einziges Ziel darin bestand, amerikanische Bemühungen um die Ortung raketentragender Unterseeboote in unserem Küstenbereich zu vereiteln.

Ich habe Präsident Kennedys Entscheidung, die kubanischen Freiheitskämpfer während der Invasion in der Schweinebucht von 1961 im Stich zu lassen, immer für einen tragischen Irrtum gehalten. Hätte er es nicht getan, so wäre die historische Entwicklung in Mittelamerika möglicherweise ganz anders verlaufen. Mit der Ausbildung einer Invasionstruppe aus Kubaflüchtlingen war bereits unter Präsident Eisenhower begonnen worden. Die von Eisenhower gebilligte Strategie sah während der exilkubanischen Invasion den heimlichen flankierenden Einsatz amerikanischer Kampfflugzeuge gegen Castros Luftwaffe, Panzer und schwere Waffen vor. Ferner sollte der Stützpunkt der kubanischen Luftwaffe bombardiert werden. Alles lief wie geplant – die kubanische Kampftruppe war an Land gegangen, und vor der Küste warteten unsere Flugzeugträger mit den einsatzbereiten Maschinen –, als unser damaliger UN-Botschafter Adlai Stevenson in höchster Eile von New York nach Washington reiste und zu Präsident Kennedy sagte: »Ich habe den Vereinten Nationen versprochen, daß wir in keiner Weise auf Kuba intervenieren werden ...«

So erging, nachdem die kubanischen Freiheitskämpfer bereits auf der Insel gelandet waren, folgender Befehl an die Flugzeugträger: Laßt die Maschinen an Bord! Man hatte Präsident Kennedy dazu überredet, die mutigen Männer am Strand sich selbst und damit dem Tod oder der

Gefangenschaft zu überlassen. Das mindeste, was er hätte tun können, wäre gewesen, sie mit Hilfe von Hubschraubern zu retten.

Zur Zeit meines Amtsantritts im Weißen Haus hatte sich Kuba längst gut verschanzt als Vorposten der sowjetischen Kolonisierung Amerikas. Es verfügte über die größte Armee Lateinamerikas, sowjetische Waffen im Wert von mehreren Milliarden Dollar und militärische Trainingslager, deren Zweckbestimmung die Verbreitung des Kommunismus, des Terrors und der Revolution überall in der Karibik und in Mittelamerika war – ganz zu schweigen von Angola, Moçambique und Äthiopien.

Zwanzig Jahre nach Castros Sieg gelang dem Marxismus mit der Machtübernahme der Sandinisten in Nicaragua sein zweiter Triumph in der Neuen Welt. Diktator Anastasio Somoza war durch eine oppositionelle Koalition, die mit seiner despotischen Herrschaft unzufrieden war, gestürzt worden. Doch gleich nach seinem Abgang preschten die Sandinisten, die am besten organisierte Gruppe, vor und rissen die Revolution an sich.

Vor der Revolution hatten die nicaraguanischen Rebellen die Organisation Amerikanischer Staaten (OAS) gebeten, Somoza zum Rücktritt aufzufordern, um so den Bürgerkrieg und das Töten zu beenden. Von der OAS daraufhin nach ihren Zielen gefragt, hatten sie geantwortet: Selbstbestimmung für das nicaraguanische Volk, freie Wahlen, freie Gewerkschaften, eine freie Presse und eine Verfassung nach dem Vorbild der amerikanischen. Doch kaum war Somoza weg, da installierten die Sandinisten eine rigide Militärherrschaft, entmachteten die Führer der anderen Gruppen, die während der Revolution auf ihrer Seite gekämpft hatten – und verkündeten, daß ihre Revolution nicht an den Grenzen Nicaraguas haltmachen würde.

Von da an hatten die Sowjets einen zweiten Satelliten auf dem amerikanischen Kontinent. Und dann erbeuteten wir – als hätten wir nicht schon genügend Beweise für deren Intentionen gehabt – auf Grenada auch noch geheime Dokumente, aus denen eindeutig hervorging, wie die UdSSR und Kuba in ihrem Bestreben, die Karibik zu einem kommunistischen Binnenmeer zu machen, zusammenarbeiteten.

Warum war ich überzeugt, daß Amerika über diese Entwicklung besorgt sein müsse? Ganz abgesehen von der Monroe-Doktrin und der Tatsache, daß wir Amerikaner es immer als unsere besondere Verantwortung angesehen haben, anderen bei der Erlangung und Erhaltung jener Freiheiten, die wir bereits genießen, behilflich zu sein, sprachen auch Gründe des nationalen Interesses dafür, die Ereignisse in Mittelamerika mit einiger Sorge zu betrachten: Fast die Hälfte der amerikanischen Aus- und Einfuhren, darunter nahezu die Hälfte der für uns lebenswichtigen Ölimporte, liefen durch jene Region. Zwei von drei Schiffen, die den Panamakanal durchfuhren, transportierten Güter, die entweder aus den Vereinigten Staten kamen oder dorthin gebracht wurden. Mittelamerika war nicht nur Herkunftsregion von Importgütern, sondern auch ein Markt für unsere Produkte. Die Sicherheit unserer Grenzen mußte ebenso berücksichtigt werden wie die Frage nach der Belastung, die sich durch die Aufnahme eines schier unendlichen Flüchtlingsstroms für unsere Wirtschaft ergeben würde: Sollte der Kommunismus in Lateinamerika die Oberhand behalten, so wäre dies gleichbedeutend mit dem Ende jeder Hoffnung auf sozialen und wirtschaftlichen Fortschritt, die für die Prosperität jener Region so notwendig sind. Die Zahl der illegalen Einwanderer, die, von Armut getrieben, schon heute in manchen Teilen unseres Landes soziale Einrichtungen und Schulen vor kaum noch zu bewältigende Probleme stellen, würde rapide anschwellen. Anlaß zur Sorge ergab sich aber auch noch aus einem anderen Grund: Kuba war unter Castro nicht nur zum Satelliten Moskaus, sondern auch zu einem potentiellen Sprungbrett für gegen uns operierende Terroristen unter seiner oder Oberst Gaddafis Führung geworden.

Gestattete man der Sowjetunion und ihren Vasallen auch weiterhin die terroristische Unterwanderung der Demokratie und die Anzettelung sogenannter „nationaler Befreiungskriege“ in Mittelamerika, so war kein Ende abzusehen. Ein Übergreifen auf den südamerikanischen Kontinent bis hinauf nach Mexiko stand zu erwarten. Und dann würde sich bewahrheiten, was Lenin einst gesagt haben soll: »Sobald wir Lateinamerika haben, brauchen wir die Vereinigten Staaten, die letzte Bastion des Kapitalismus, gar nicht erst einnehmen. Sie werden uns in die ausgestreckten Hände fallen wie überreife Früchte …«

Während meiner ersten Monate im Weißen Haus erhielten unsere Geheimdienstexperten schlüssige Beweise für die Tatsache, daß die Sandinisten in zunehmendem Maße mit sowjetischen und kubanischen

Geldmitteln und Waffen ausgestattet wurden und ihrerseits damit begannen, die Untergrundkämpfer in El Salvador zu unterstützen sowie Honduras, Guatemala und Costa Rica zu infiltrieren. So wurde Ende 1981 Bill Casey von mir autorisiert, eine Reihe von verdeckten Operationen einzuleiten, deren Ziel es war, die Waffenlieferungen nach Nicaragua und anderen zentralamerikanischen Ländern zu unterbinden.

Daß Armut, soziale Ungerechtigkeiten und Menschenrechtsverletzungen die Länder Lateinamerikas für Revolutionen von links oder von rechts empfänglich machten, lag auf der Hand, und durch unsere begrenzten Geheimoperationen allein ließ sich die Flut kaum eindämmen: Die Zukunft jener Region schien entweder dem Marxismus oder extrem rechten Diktaturen zu gehören. Die einzige langfristige Lösung bestand in der wirtschaftlichen Entwicklung jener Länder, einer Hebung des allgemeinen Lebensstandards, demokratischen Regierungsformen und größerer sozialer Gerechtigkeit.

In der Vergangenheit hatten die Vereinigten Staaten viel Geld darauf verwendet, das Los ihrer lateinamerikanischen Nachbarn zu verbessern. Doch der Erfolg war hinter den Erwartungen zurückgeblieben: Das Unternehmertum bekam durch unsere Programme zu wenig Anreize, und die wirtschaftlichen Chancen des kleinen Mannes verbesserten sich kaum. Nach einer Regierungsstudie wurde mehr als die Hälfte der Staatsausgaben in Mittelamerika aus US-Mitteln finanziert – doch gerade auf dem Sektor der wirtschaftlichen Entwicklung, auf den es am meisten ankam, trugen unsere Bemühungen kaum Früchte.

Anfang 1982 lancierten wir unser Entwicklungsprogramm für die Karibik (Caribbean Basin Initiative). Durch steuerliche Anreize für private Investitionen in der Region, direkte Finanzhilfen, technische Unterstützung, die Herabsetzung von Handelsschranken und eine Reihe anderer Maßnahmen hofften wir, unseren südlichen Nachbarn Hilfe zur Selbsthilfe zu geben. Ungefähr zur gleichen Zeit schlug ich Fidel Castro auf diskret diplomatischem Wege vor, sich wieder der westlichen Hemisphäre anzuschließen. Ich dachte, die sich verschärfenden Wirtschaftsprobleme der Insel und die verlockenden Möglichkeiten des US-Handels könnten ihn vielleicht zu einem Seitenwechsel bewegen. Doch Castro beschied meinen Gesandten, Vernon Walters, abschlägig: kein Interesse – und setzte die finanzielle Unterstützung von Guerillakämpfern in der Region fort.

Niemals habe ich die Entsendung amerikanischer Kampftruppen nach Lateinamerika in Erwägung gezogen. Da mir klar war, daß weder unser Volk noch die Völker südlich der Grenzen unseres Landes den Einsatz amerikanischer Truppen gegen kommunistische Vorstöße gutheißen würden, schlug ich Mexiko und anderen lateinamerikanischen Ländern gemeinsame Programme zur Bekämpfung der Subversion vor. Die Reaktion auf meine Anregungen beschränkte sich im allgemeinen auf Lippenbekenntnisse. Trotz unermüdlicher Bemühungen gelang es mir nie, das Problembewußtsein unserer Gesprächspartner so zu schärfen wie unser eigenes. Über allem schwebte, glaube ich, die alte Angst vor dem großen Koloß aus dem Norden – die Befürchtung, wir könnten versuchen, in Lateinamerika beherrschenden Einfluß zu gewinnen.

Ich wartete nach meinem Amtsantritt weder auf die Kontaktaufnahme seitens lateinamerikanischer Politiker, noch hatte ich vor, ihnen einen neuen Hilfsplan unsererseits zu unterbreiten. Mir war bekannt, daß mehrere derartige Hilfsangebote früherer Administrationen nur bescheidenen Erfolg gezeitigt hatten. Ich war bei meiner Amtsübernahme entschlossen, einige unserer Nachbarn zu besuchen, ohne ihnen jedoch einen Plan zur Lösung ihrer Probleme vorzulegen. Im Dezember 1982 reiste ich, geleitet von der Absicht, keine Ratschläge zu erteilen, sondern zuzuhören, nach Brasilien, Kolumbien, Costa Rica und Honduras: Überall wurde ich vom Staatsoberhaupt empfangen, und überall fragte mich der betreffende Politiker nach meinem Plan für Lateinamerika. Meine Antwort lautete jedesmal: Ich habe keinen Plan. Ich bin hier, um *Ihren* Plan kennenzulernen. Die Verblüffung war so augenfällig und die jeweiligen Reaktion so phantastisch, daß ich auf jeder Station meiner Reise Erfolgserlebnisse verbuchen konnte. Ich versuchte, deutlich zu machen, daß es mein Ziel sei, den Lateinamerikanern Hilfe zur Selbsthilfe zu gewähren, und daß eine Entsendung der Marines nicht in Frage käme. Ich muß allerdings gestehen, daß ich auch jede sich bietende Gelegenheit dazu nutzte, ein paar Worte über die Vorzüge der Demokratie und des freien Unternehmertums zu sagen.

Der brasilianischen Regierung erklärte ich in São Paulo, daß Amerika die Rezession überwinden und seine Wirtschaftspolitik in Ordnung bringen würde: »Irgendwo unterwegs vergaßen die politischen Führer Amerikas, wie das amerikanische Wachstumswunder geschafft worden ist. Wir ersetzten Investitionen zur Erhöhung der Produktivität durch erhöhte Regierungsausgaben; Innovationen und die Schaffung neuer Arbeitsplätze im privatwirtschaftlichen Bereich durch ein Aufblähen der Bürokratie; Vermögensbildung und die Belohnung von Risikobereitschaft und harter Arbeit durch Vermögensverteilung sowie die aus der Magie des Marktes resultierende Disziplin und Konkurrenz durch Regierungssubventionen und eine Verordnungsinflation.« Wenn wir der Ausbreitung der marxistischen Revolution in Lateinamerika Einhalt gebieten wollten, sagte ich, müßten wir uns zu allererst an das Prinzip halten, »daß, wie Thomas Jefferson es ausgedrückt hat, ›die Menschheit nicht von ein paar wenigen Glücklichen regiert‹ wird. Das zweite Prinzip liegt darin, daß wir jedem Mann, jeder Frau und jedem Kind versichern müssen: Egal, woher du kommst; egal, wie niedrig dein gesellschaftlicher Stand auch sein mag – deine Fähigkeit, nach den Sternen zu greifen, darf nicht beschränkt werden. Du mußt so weit kommen können, wie deine gottgegebenen Talente dich bringen. Habe Vertrauen in die Menschen; glaube daran, daß jedes menschliche Wesen den Keim zur Größe und die Fähigkeit zur Selbstregierung in sich trägt ... Eine dynamische, prosperierende, fortschrittliche und freie Gesellschaft ist nur möglich mit Menschen, die volle religiöse und schöpferische Freiheit besitzen, die persönlichen Anteil an der Gestaltung ihres eigenen Schicksals nehmen und die die Früchte ihrer eigenen Risikobereitschaft ernten können.«

Beim Begrüßungsempfang in Bogotá betonte der kolumbianische Präsident, daß seine Landsleute es nicht gerne hätten, wenn man stets ihr Einverständnis zu allem und jedem voraussetze. Unter vier Augen erzählte er mir, daß John F. Kennedy bei einem Besuch in Kolumbien wirtschaftliche Versprechungen gemacht habe, die später nie erfüllt wurden. Dies gab mir die Chance, zu erwidern, daß ich ohne Versprechungen und vorgefertigte Antworten in sein Land gekommen sei, sondern lediglich, um Fragen zu stellen: Welche gemeinsamen Probleme gab es, und wie ließen sie sich lösen? Ich erzählte ihm von meinem Traum einer neuen Allianz aller Länder der westlichen Hemisphäre und erinnerte an unser gemeinsames Erbe: Aus allen Teilen der Welt seien wir einst in diesen Kontinent gekommen, und von Pol zu Pol verehrten wir den gleichen Gott. Er erzählte mir von seiner einfachen Herkunft, und ich ihm von der meinen. Dann wies ich darauf hin, daß wir beide nun Präsidenten unserer Länder seien, und sagte, daß alle Menschen in Nord- und Südamerika die gleichen Chancen haben sollten wie wir. Zum Zeitpunkt der Abschiedszeremonie auf dem Flughafen von Bogotá bestand, wie ich glaube, bereits eine echte Freundschaft zwischen uns. Dennoch mußte ich immer wieder die Feststellung machen, daß die meisten politischen Führer Lateinamerikas die kommunistische Bedrohung nicht so ernst nahmen, wie ich es tat. Und das gleiche galt, wie ich erfahren sollte, auch für viele Kongreßmitglieder.

Meine Instruktionen zu Beginn unserer Geheimoperationen in Zentralamerika enthielten die Forderung, daß alles, was wir unternahmen, streng im Rahmen unserer Gesetze bleiben müsse. Durch die CIA halfen wir zunächst jenen Nicaraguanern, die gemeinsam mit den Sandinisten gegen Somoza gekämpft hatten, den Strom der russischen Waffenlieferungen an ihr Land und an El Salvador zu unterbrechen. Anfangs wehrten sich die Nicaraguaner vor allem durch den Einsatz selbstgebastelter Minen gegen Schiffe, mit denen Waffen in ihr Land gebracht wurden. Im Laufe der Zeit organisierte die CIA diese Freiheitskämpfer in den Contra-Verbänden, einer militärischen Kampftruppe, die sich mit unserer Hilfe und Unterstützung der Aufgabe unterzog, Nicaragua die Demokratie zu bringen – genauso, wie einst die Freiheitskämpfer der amerikanischen Revolution unserem Land die Demokratie gebracht hatten.

Das Programm stand unter der Leitung von Bill Casey und hat in der ersten Hälfte der achtziger Jahre möglicherweise eine kommunistische Machtübernahme in El Salvador verhindert. Allerdings blieben uns Spannungen im Kabinett nicht erspart. George Shultz, dessen Entschlossenheit, dem Kommunismus in Zentralamerika Einhalt zu gebieten, der meinen in nichts nachstand und der die Contras aus ganzem Herzen unterstützte, warf Casey (der im übrigen die volle Unterstützung Bill Clarks, Ed Meeses und anderer Kabinettsmitglieder genoß) überzogene Risikobereitschaft vor. Casey, so meinte er, treibe de facto seine eigene Außenpolitik ohne Beteiligung des Außenministeriums. Mehr als einmal drohte Shultz Caseys wegen mit seinem Rücktritt. Mehrfach mußte ich die beiden wieder versöhnen. Sie räumten dann den größten Teil ihrer Differenzen aus, und es gelang mir, George zum Weitermachen zu bewegen.

Ende 1982 regte sich im Kongreß erster Widerstand gegen unsere Hilfe für die Contras und die Regierung von El Salvador. Die Auseinandersetzung mit dem Capitol über die Mittelamerikapolitik sollte sich über die gesamte Dauer meiner Amtszeit hinziehen.

Den emotionalen Widerstand mancher Kongreßmitglieder gegen die Unterstützung der Regierung von El Salvador habe ich nie begriffen. Ihre Absichten mochten honorig sein oder nicht – auf jeden Fall spielten sie Moskaus Plänen für Lateinamerika in die Hände. Schon unter Präsident Carter hatten die Vereinigten Staaten damit begonnen, El Salvadors Widerstand gegen marxistische Guerillas mit Waffen und Munition zu unterstützen. Ich beschloß, die Lieferungen fortzusetzen. Ja, es stimmt, daß es in jenem Land kriminelle Elemente auf der extremen Rechten gab, darunter Mitglieder der Sicherheitskräfte der Regierung, die sich flagranter, schwerer Menschenrechtsverletzungen schuldig gemacht und dabei manchmal unschuldige Salvadorianer getroffen hatten. Doch das Verhalten der brutalen marxistischen Rebellen, die bei ihrem Feldzug mit dem Ziel, das Land unter ihre Kontrolle zu bringen, unschuldige Bauern niedermetzelten und deren Ernte plünderten oder vernichteten, die Stromleitungen zerstörten und Dämme in die Luft sprengten, war unendlich barbarischer. Unfähig, die Herzen der Menschen zu gewinnen, nahmen sie ihnen Lebensmittel, Trinkwasser und elektrischen Strom sowie die Möglichkeit, sich ihren Lebensunterhalt zu verdienen. Die Regierung El Salvadors hatte auf unsere wiederholten Vorhaltungen den Weg zu einer Demokratisierung der Gesellschaft eingeschlagen. Sie hatte ein gerechteres Strafrecht eingeführt und sorgte für freie Wahlen. Zu Beginn der achtziger Jahre versuchten wir die Regierung jahrelang durch kontinuierlichen Druck dazu zu bewegen, die Armee von rechtsradikalen Elementen zu säubern. Mit unserer Hilfe konnte sich in El Salvador unter Präsident José Napoleón Duarte schließlich die erste demokratische Regierung in der Geschichte des Landes etablieren.

Der Ernst der Lage in Mittelamerika war für mich so unverkennbar, daß uns gar keine andere Wahl blieb: Ausgehend von dem Unterschied zwischen richtig und falsch stand fest, daß wir den Menschen in der Region in ihrem Kampf gegen blutrünstige Guerillas beistehen mußten, die nichts anderes im Sinne hatte, als ihnen ihre Freiheit zu rauben.

Ich verliere selten meine Beherrschung. Einmal jedoch fuhr ich aus der Haut, und das war, als Tip O'Neill im Oval Office einen seiner Kreuzzüge gegen unsere Mittelamerikapolitik führte. Wütend sagte ich: »Die Sandinisten haben öffentlich den Kommunismus in ihrem Land verkündet und erklärt, daß sie marxistische Revolutionen überall in Zentralamerika unterstützen wollen ... Sie töten und foltern! Was glaubt der Kongreß eigentlich, wie ich darauf reagieren soll?«

Wiederholt habe ich während meiner achtjährigen Amtszeit meine Frustration (und gelegentlich meine regelrechte Erbitterung) über die Schwierigkeiten zum Ausdruck gebracht, mit denen ich bei meinen Bemühungen, das amerikanische Volk und den Kongreß vom Ernst der Bedrohung in Mittelamerika zu überzeugen, zu kämpfen hatte. Das Weiße Haus erhielt regelmäßig die Ergebnisse von Meinungsumfragen, aus denen hervorging, wie die aktuelle Regierungspolitik bei den Amerikanern ankam. Wieder und wieder sprach ich im Fernsehen, vor beiden Häusern des Kongresses und bei anderen Gelegenheiten über die problematische Lage in Mittelamerika, und jedesmal hoffte ich auf eine Welle der Unterstützung seitens der Bevölkerung. Ich hoffte, die Amerikaner würden dem Kongreß in ähnlicher Weise einheizen wie im Falle des wirtschaftlichen Sanierungsprogramms, das unter anderem aufgrund des öffentlichen Drucks verabschiedet worden war.

Doch was die Meinungsumfragen ergaben, war meist folgendes: Eine große Anzahl von Amerikanern interessierte sich wenig oder überhaupt nicht für das, was in Mittelamerika vorging – ja, ein überraschend großer Prozentsatz wußte nicht einmal, wo Nicaragua und El Salvador lagen. Und unter den wenigen, die Interesse bekundeten, waren zu wenige, die sich über die kommunistische Unterwanderung Amerikas Gedanken machten. Ihre Unterstützung allein reichte nicht aus, um jenen Druck auf den Kongreß auszuüben, den ich brauchte.

Ich bin sicher, daß der Widerstand zum Teil auf das »Post-Vietnam-Syndrom« zurückzuführen war. Der Isolationismus im Land war so stark wie seit der Großen Depression nicht mehr. Doch gab es, glaube ich, auch noch einen anderen Grund dafür, daß ich meine Botschaft nicht unters Volk bringen konnte: Die Sandinisten und die Guerillas in El Salvador waren mit die erfolgreichsten Manipulanten der Presse und der öffentlichen Meinung, die mir je untergekommen sind. Sie stellten sich dar wie eine Mischung aus Abe Lincoln und George Washington und beauftragten eine PR-Agentur mit einer ausgetüftelten Propagandakampagne, die den Gipfelpunkt der Heuchelei bildete. Die ohne Wahl an die Macht gekommene, despotische Regierung Nicaraguas beschuldigte uns scheinheilig einer Verschwörung zu ihrem Sturz – während sie selbst zur gleichen Zeit die gewählten Regierungen benachbarter zentralamerikanischer Staaten mit Gewehren und Mörsern aus dem Amt zu jagen versuchte.

Die Desinformationskampagne verlief, wie ich glaube, auch deshalb so erfolgreich, weil viele Reporter sich weigerten, sie mit derselben journalistischen Skepsis zu hinterfragen, die sie bei anderen Themen an den Tag zu legen pflegten. Vielleicht wollten sie nach Vietnam, wo viele Reporter Uncle Sam in die Rolle des Bösewichts steckten, den Freiheitskämpfern der Contras allein schon deshalb nicht gerecht werden, weil diese von der amerikanischen Regierung unterstützt wurden. Vielleicht waren sie aber auch der Meinung, der Kampf der »Kleinen« – also der Sandinisten und der Rebellen in El Salvador – gegen den Goliath im Norden gebe als Story einfach mehr her.

Einmal erhielten wir die Information, ein sowjetisches Schiff, das nach der Durchquerung des Panamakanals die Westküste Mittelamerikas hinauffuhr, habe eine Ladung Waffen für Nicaragua an Bord. Da die Sandinisten immer behauptet hatten, sie erhielten keine sowjetischen Waffen, ging ich mit der betreffenden Information an die Öffentlichkeit. Die Sandinisten schworen daraufhin hoch und heilig, dieser Vorwurf sei falsch und das Schiff habe nur landwirtschaftliche Maschinen geladen. Schließlich gaben sie bekannt, sie wollten die internationale Presse einladen, dem Löschen des Schiffes beizuwohnen, und damit den Beweis erbringen, daß ich sie verleumdet hätte. Mir wurde ein wenig mulmig, und ich fragte mich: Kann es sein, daß sie die Waffen noch irgendwo bei einem Zwischenstop loswerden?

Nun, das Schiff lief in den Hafen ein, und die Presse war tatsächlich eingeladen worden – allerdings nur die *kubanische,* deren Vertreter dann pflichtschuldig berichteten, daß sich an Bord des Schiffes nur landwirtschaftliche Maschinen befunden hätten. Verschiedene amerikanische Zeitungen werten diese Berichte als Beweis dafür, daß ich nicht wisse, worüber ich rede.

Nur: Die Ladung des Schiffes bestand aus Kampfhubschraubern.

Was die Presse anbetrifft, so standen ihr genügend andere Informationen zur Verfügung, aus denen eindeutig hervorging, daß Nicaragua – wie Kuba – zu einer Exportzentrale der Revolution nach Lateinamerika geworden war. Im April 1983 schickte Libyen ein Flugzeug nach Nicaragua, das angeblich nur medizinische Hilfsgüter geladen hatte. Unser Geheimdienst fand heraus, daß es sich in Wirklichkeit um eine ganz andere Ladung handelte, und machte die brasilianischen Behörden darauf aufmerksam. Als die Maschine dort zum Auftanken zwischenlandete, wurde sie durchsucht. Die Fracht: Tonnenweise Waffen und Sprengstoff für die Sandinisten, deren Führer nahezu täglich in der Presse mit der Bemerkung zitiert wurden, daß sie von keiner Seite Waffen erhielten. Die Brasilianer sorgten dafür, daß die Maschine nicht nach Nicaragua weiterflog.

Der *comandante* der Sandinisten, Daniel Ortega, und seine Frau flogen einmal nach einer Tagung der Vereinten Nationen in New York mit Designer-Sonnenbrillen im Wert von 3500 Dollar nach Hause. Dennoch gelang es ihm, vor allem in Europa, sich als einfacher Bauer darzustellen, der von dem großen Riesen Amerika schikaniert und fertiggemacht wird.

Zwei mittelamerikanische Geistliche – ehemalige Gefangene der Sandinisten, die einander nicht kannten – kamen bei zwei unterschiedlichen Gelegenheiten ins Weiße Haus, wo ich sie der Presse vorstellte. Beiden waren von den Sandinisten mit Bajonetten die Ohren abgeschnitten worden; einer hatte schwere Schnittwunden am Hals und war gerade noch mit dem Leben davongekommen. Vor laufenden Fernsehkameras berichtete ich, was ihnen zugestoßen war, doch die Reaktion, die ich für angemessen gehalten hätte, blieb auch in diesen Fällen aus.

Als einige Kongreßabgeordnete in bester Absicht nach Nicaragua reisten, um sich selbst ein Bild von der Lage zu machen, veranstalteten die Sandinisten geführte Touren zur Besichtigung ihrer angeblichen Reformen. Die Besucher bekamen nur zu sehen, was sie sehen sollten. Einige Abgeordnete, darunter eine ganze Reihe von Demokraten, reisten jedoch privat nach Nicaragua. Sie bereiteten sich gut vor, stellten unabhängige Nachforschungen an, unterhielten sich mit den Menschen und brachten auf diese Weise die Wahrheit ans Licht: Das, was einem auf den von der Regierung organisierten Touren gezeigt wurde, war nichts weiter als Potemkinsche Dörfer – eine Kulissendemokratie, reine Illusion ohne jede Substanz. Diese Kongreßabgeordneten stimmten in den Debatten über die Contra-Hilfe für uns.

Andere Abgeordnete jedoch, und mit ihnen einige Geistliche, die ebenfalls nach Nicaragua gereist waren, kehrten tief beeindruckt von den Potemkinschen Dörfern und der Desinformationskampagne der Sandinisten zurück. Sie bezeichneten die Sandinisten als Helden und ließen sich durch nichts davon abbringen, daß das nicaraguanische Volk aus lauter begeisterten Anhängern der Sandinisten bestand. Ich wußte es besser, doch gelang es mir nie, jemanden zu überzeugen.

Nach den jüngsten Wahlen in Nicaragua würde ich mich gerne noch einmal mit ihnen unterhalten.

63

Die Auseinandersetzungen zwischen mir und dem Kongreß über Mittelamerika erstreckten sich fast über die gesamte Dauer meiner achtjährigen Amtszeit im Weißen Haus und waren gutes Mahlgut für die journalistischen Mühlen. Ein handfester politischer Streit kommt bei Reportern verständlicherweise immer gut an. Bei unserem ständigen Tauziehen drehte es sich allerdings meiner Ansicht nach um Themen, die weit über das hinausgingen, worüber man sich in politischen Kreisen Washingtons sonst zu streiten pflegt.

Das Repräsentantenhaus wird seit beinahe sechs Jahrzehnten überwiegend von den Demokraten beherrscht. In jüngster Zeit haben sie allerdings, wie ich glaube, ihre Kontrolle über das Haus weniger durch die Popularität ihrer politischen Ansichten aufrechterhalten als vielmehr mit Hilfe der enormen Machtbefugnis, die ihnen aus ihrer Stellung im Kongreß erwächst. Kongreßabgeordnete sind aufgrund ihrer Position in der Lage, politische Gefälligkeiten zu erweisen; sie können Öffentlichkeit schaffen und erhalten von diversen Lobbyisten, die sich ihrer Gunst versichern wollen, gewaltige Wahlkampfspenden. Ohne die Verstrickung in einen größeren Skandal ist es daher fast unmöglich, daß ein Kongreßabgeordneter seinen Sitz verliert oder freiwillig auf das Mandat verzichtet.

Mehr als 95 Prozent der Kongreßabgeordneten, die sich alle zwei Jahre um ihre Wiederwahl bemühen, werden auch tatsächlich wiedergewählt. Die Würfel sind einseitig zu ihren Gunsten beschwert. Ich glaube, dies ist weder gut für die demokratische Willensbildung, noch ist es gut für Amerika.

Weil es für Mandatsinhaber so leicht ist, wiedergewählt zu werden, und weil die Mehrheitspartei sich bei der alle zehn Jahre stattfindenden Neuordnung der Wahlkreise »sichere« Bezirke zuschanzen kann, gelang es den Demokraten, ihre Mehrheit im Repräsentantenhaus und meistens auch im Senat zu bewahren. Aus Meinungsumfragen und den Ergebnissen der Präsidentschaftswahlen in jüngster Zeit geht jedoch eindeutig hervor, daß republikanische Ideale immer mehr Anklang bei den Amerikanern finden, während viele Spitzenpolitiker der Demokraten sich von den Wertvorstellungen des amerikanischen Durchschnittsbürgers entfernt haben, den zu repräsentieren sie eigentlich vorgeben.

Da in der öffentlichen Meinung die Unterstützung ihrer politischen Ansichten abnimmt und damit ihre Hoffnung auf die Wiedereroberung des Weißen Hauses sinkt, versuchen die Demokraten, ihren Standpunkt über den legislativen Prozeß durchzusetzen – vor allem, indem sie ihre beherrschende Stellung im Kongreß und ihre Macht über das Portemonnaie der Regierung ausnützen. Sie haben dadurch in zunehmendem Maße die unsichtbare Grenzlinie überschritten, die durch die unserer Verfassung innewohnenden Prinzipien der Gewaltentrennung vorgegeben wird.

Im Gegensatz zu den Abgeordneten des Kongresses wird der Präsident vom *gesamten* Volk gewählt. Er ist der oberste Beamte des Staates, und seine Hauptverantwortung ist die Sicherheit der Nation und des Volkes. Ich stelle nicht die Forderung, daß er (oder eines Tages sie) alles tun und lassen darf, was ihm (oder ihr) paßt. Doch alle vier Jahre wählt das amerikanische Volk einen Präsidenten – nach einem langen Wahlkampf, der jedem die Gelegenheit gibt, seinen Kandidaten in Aktion zu erleben, seine Ansichten kennenzulernen und seine Urteilskraft zu testen. Dann treffen die Wähler ihre Entscheidung. Sie haben gehört, wofür er (oder sie) sich einsetzt. Und schließlich schenken sie ihr Vertrauen dem Sieger.

Man kann nicht 535 Mitglieder von Repräsentantenhaus und Senat die Außenpolitik bestimmen lassen. Und wenn der Präsident nicht tut, was das Volk von ihm verlangt, dann wird es ihm das schon zu verstehen geben.

Es war immer meine Überzeugung, daß gerade auf außenpolitischem Gebiet beide Parteien zusammenarbeiten sollten. Und bis in die siebziger Jahre hinein war dem auch so: Es gab in Amerika eine starke Tradition des überparteilichen Konsenses in der Außenpolitik. Sie basierte auf dem Eintreten für Frieden, Demokratie, individuelle Freiheit und die Herrschaft des Gesetzes. Dann folgte eine Flut von Initiativen aus den Reihen des Kongresses, deren Ziel es war, die Machtbefugnis des Präsidenten auf vielen Gebieten einzuschränken. Betroffen waren beispielsweise Handelsfragen, die Menschenrechtspolitik, Waffenexporte, Auslandshilfe, Geheimdienstoperationen und die Entsendung von Truppen in Krisenzeiten. Bei seinem Pochen auf neue Befugnisse versäumte es der Kongreß oft, mit einer einzigen einheitlichen und verantwortungsbewußten Stimme zu sprechen, wodurch bei anderen Nationen der Eindruck entstehen mußte, in der amerikanischen Außenpolitik herrsche heillose Unordnung. Außerdem wurde unseren Diplomaten die Durchführung einer geradlinigen Politik erschwert. Ich verhehle nicht, daß es im Kongreß viele vernünftige, patriotische Männer und Frauen gibt, und ich bin auch nicht der Meinung, daß sie darauf verzichten sollen, sich für ihre Grundsätze und Überzeugungen einzusetzen. Sowohl auf außen- wie auf innenpolitischem Gebiet sind der Präsident und der Kongreß Partner, und Klugheit ist nicht nur dem jeweiligen Bewohner des Weißen Hauses gegeben. Dennoch gibt es Situationen, in denen nur der Präsident den genauen Sachverhalt kennt und kennen darf. Es sollte ihm erlaubt sein, die Nation zu *führen* und Entscheidungen zu treffen, die sowohl auf den ihm vorliegenden Informationen als auch auf dem Vertrauen beruhen, das ihm von den Wählern ausgesprochen wurde – wobei ich allerdings nie der Meinung war, daß diese Ansichten die Übertretung oder Nichtbeachtung rechtmäßig verabschiedeter Gesetze rechtfertigen.

Nach meiner Erfahrung erinnert uns der Kongreß zu oft daran, daß er ein politischer Organismus ist. Das Hauptinteresse vieler seiner Mitglieder gilt der eigenen Wiederwahl. Dadurch bleibt in vielen Fällen die staatsmännische Verantwortung der Legislative auf der Strecke – zugunsten im Grunde zynischer Posen und Schmeicheleien vor den Wahlkampfsponsoren mit den dicksten Brieftaschen.

1984, 1985 und 1986, als Tip O'Neill und seine Verbündeten ihre Kampagne zur Preisgabe der Contras verstärkten, machte sich bei den nicaraguanischen Freiheitskämpfern der Mangel an Waffen und Munition, ja manchmal sogar das Fehlen medizinischer Versorgungsgüter und Lebensmittelknappheit bemerkbar. Daß Tip die Bekanntgabe seines für 1986 geplanten Rücktritts mit der Bitte an seine demokratischen Parteifreunde verband, ihm zum Abschied ihre Stimme gegen die Contras zu schenken, machte die Situation nicht besser. Auf einmal war die Gestaltung unserer Außenpolitik verquickt mit den Emotionen, die einem sehr beliebten Sprecher des Repräsentantenhauses entgegengebracht wurden.

Noch während ich mit dem Kongreß um die Wiederaufnahme der Contra-Unterstützung kämpfte, fühlte ich, daß wir im Rahmen der Gesetze alles tun mußten, um den Fortbestand der Truppe zu sichern. Zu meinem Stab sagte ich: »Wir dürfen das Gesetz nicht brechen, doch müssen wir innerhalb der gesetzlichen Möglichkeiten alles tun, um das Überleben der Contras zu gewährleisten.«

Ich wußte, daß es unter unseren Verbündeten Länder geben mußte, die unsere Sorge über die Bedrohung der Demokratie in Lateinamerika teilten, und hielt es für angebracht, sie darüber zu unterrichten, da wir der Bedeutung konkreter internationaler Unterstützungsmaßnahmen für die Contras großen Wert beimäßen. Einige Länder reagierten auf diese Initiative und halfen tatsächlich – ein Fall, bei dem mehrere befreundete Nationen in der Überzeugung, daß der Kampf für die Demokratie uns alle angeht, zusammenwirkten.

Ich glaubte damals – und tue es auch heute noch –, daß der Präsident das absolute verfasssungsmäßige Recht und die Pflicht hat, solche Gedanken und Ziele mit den Führern anderer Nationen zu teilen.

Ungefähr zur gleichen Zeit bildeten kirchliche und andere Gruppen überall im Land Aktionskomitees zur Unterstützung der Freiheitskämpfer und der Menschen, die vor den Sandinisten auf der Flucht waren. Die Komitees setzten sich aus Privatbürgern zusammen, die sowohl über die Bedrohung Lateinamerikas durch den Kommunismus besorgt waren als auch über die verfehlten Aktivitäten des Kongresses, von denen sie in den Zeitungen gelesen hatten.

Ich wollte nicht, daß sich Mitarbeiter meiner Administration aktiv bei diesen Bürgern um Spendengelder bemühten. Allerdings sagte ich:

»Es muß eine Möglichkeit geben, diesen Bürgern beizustehen, die sonst gar nicht wissen, wie sie ihre Hilfe an die Contras weiterleiten sollen und welche Güter am dringendsten benötigt werden. Wir müssen sie auf irgendeine Weise beraten. Wenn einer kommt und sagt, wir haben Geld gesammelt und wollen damit den Contras helfen, dann sollte es eine Anlaufstelle geben, bei der er erfahren kann, welche Kanäle ihm offenstehen.« Der Stab bat mich ferner, jenen Bürgern zu danken, die den Contras humanitäre Hilfe hatten zukommen lassen – eine Bitte, der ich sehr gerne nachkam. Wiederholt wies ich jedoch darauf hin, daß alles, was wir taten, strikt im Rahmen der Gesetze zu geschehen habe, und ich ging immer davon aus, daß meine Anweisungen auch befolgt wurden.

Während ich meine Bemühungen fortsetzte, das amerikanische Volk aufzuklären, um mit seiner Hilfe den Kongreß zur Bewilligung der dringend benötigten Unterstützung für die Freiheitskämpfer zu bewegen, liefen die ersten Geld- und Sachspenden engagierter amerikanischer Bürger ein. Eine Frau spendete genug, um davon einen Hubschrauber zu kaufen. Auch war es jetzt möglich, eine Anzeigenserie gegen die sandinistische Madison-Avenue-Desinformationskampagne zu schalten. All diese Bürger waren für mich Patrioten, bodenständige Amerikaner, die freiwillig dazu beitragen wollten, unseren Nachbarn in Zentralamerika die gleiche Freiheit zu verschaffen, die wir bei uns in den Vereinigten Staaten genießen.

Erst viel später, nach Abschluß der Untersuchung der Tower-Kommission und des Kongresses, erfuhr ich, daß Oliver North und andere Stabsangehörige des Nationalen Sicherheitsrats bei ihren Bemühungen, den Contras zu helfen, weiter gegangen waren, als von mir beabsichtigt.

Lassen Sie mich eines ganz deutlich festhalten: Ich wollte – unter voller Ausschöpfung aller gesetzlichen Möglichkeiten – den Fortbestand der Contras als Truppe bis zu jenem Zeitpunkt sicherstellen, an dem es mir gelänge, den Kongreß zur Bewilligung neuer Gelder für die Freiheitskämpfer zu überreden. Dennoch war ich betroffen, als bei den Untersuchungen später herauskam, wie stark der Stab des Nationalen Sicherheitsrats in die Contra-Operation verwickelt war. Als in Presseberichten erstmals der Vorwurf erhoben wurde, daß North, der Nationale Sicherheitsrat und die CIA die durch das Boland-Amendment festgelegten Grenzen überschritten hätten und – wie einige Kongreßmitglieder behaupteten – einen illegalen Krieg in Nicaragua führten, bat ich John Poindexter und Bill Casey um Aufklärung. Sie sagten mir, die Berichte seien unzutreffend. Einen Teil ihrer Beteuerungen wiederholte ich später vor dem amerikanischen Volk und versicherte, daß wir uns strikt an die Gesetze gehalten hätten.

1986 wurde über Nicaragua ein amerikanisches Transportflugzeug abgeschossen, das Nachschubgüter für die Contras an Bord hatte. Ich las darüber in der Zeitung und bat Poindexter um nähere Auskünfte. Er erklärte mir, zwischen dem Piloten und unserer Regierung bestünde keinerlei Verbindung; ich glaubte ihm und sagte dies daher auch so dem amerikanischen Volk. Später erfuhr ich freilich, daß der Versorgungsflug von Leuten organisiert worden war, die offenbar North unterstellt waren. In der Presse erschienen neue Berichte über angeblich illegale Aktivitäten der amerikanischen Regierung in Zentralamerika. Diesmal erklärte mir Bill Casey, die Darstellungen seien falsch oder verzerrt. Ich glaubte und vertraute Casey. Er hatte eine unter der vorherigen Regierung arg demoralisierte Behörde übernommen und sie wieder zu einem der größten Geheimdienste der Welt gemacht.

Spätere Untersuchungen legen den Schluß nahe, daß sich die CIA unter Casey eine Reihe von Dingen zuschulden kommen ließ, die nicht zulässig waren, und daß er die vom Boland-Amendment gesetzten Grenzen überschritt. Casey ist tot und kann sich daher nicht mehr verteidigen. Möglicherweise werden wir die genaue Wahrheit niemals erfahren. Ich weiß allerdings, daß sich in jener Zeit in Caseys Kopf ein tödlicher Tumor entwickelte, der sich, wie mir angesehene Neurochirurgen bestätigten, in der letzten Phase seines Lebens auf sein Urteilsvermögen und sein Verhalten ausgewirkt haben kann.

Oliver North hatte ich während seiner Tätigkeit für den Nationalen Sicherheitsrat nur flüchtig kennengelernt, doch die wenigen Eindrücke, die ich von ihm hatte, waren positiv. Am besten waren mir aus der Zeit vor dem Ausbruch der Iran-Contra-Affäre noch die guten Beurteilungen im Gedächtnis haften geblieben, die er als Offizier des Marinecorps in Vietnam erhalten hatte. Obwohl er laut Presseberichten vor anderen behauptet haben soll, oft mit mir zusammengetroffen zu sein, kannte ich ihn persönlich kaum und sah auch im Weißen Haus nicht viel von ihm. Privat habe ich mich mit ihm nie getroffen – und bevor ich ihn an seinem letzten Tag im Nationalen Sicherheitsrat anrief, um ihm alles Gute zu wünschen, hatte ich mich auch noch nie privat mit ihm unterhalten. Ich glaube, er hat höchstens an einer Handvoll Konferenzen in meiner Gegenwart teilgenommen und war selbst dann in seiner Rolle als untergeordnetes Stabsmitglied unter Bud McFarlane oder John Poindexter immer nur Teil einer Gruppe.

McFarlane, Poindexter, Casey und, wie ich annehme, North wußten, wie sehr mir das Überleben der Contras als demokratischer Widerstandskraft in Nicaragua am Herzen lag. Sie wußten auch, wie sehr mich die Auseinandersetzungen mit dem Kongreß frustrierten. Dieses Wissen, verbunden mit ihrer persönlichen Überzeugung von der Bedeutung der Contras und deren Fortbestand, dazu aber auch ihr Festhalten an der Regel, daß Geheimdienstoperationen nur unter Wahrung strengster Verschwiegenheit durchgeführt werden dürfen, sowie der Glaube, der Nationale Sicherheitsrat sei von den Bestimmungen des Boland-Amendments ausgenommen, mögen dazu geführt haben, daß diese Männer die Contras heimlich unterstützten und mich darüber nicht informierten.

Bis heute sind einige Fragen unbeantwortet geblieben.

Als Präsident stand ich an der Spitze, und deshalb bin ich derjenige, der letztlich die Verantwortung trägt. Doch all jenen, die fragen, warum ich nicht besser Bescheid wußte, möchte ich folgendes sagen: Mittelamerika war nur eines von vielen Themen, mit denen ich damals beschäftigt war. Abgesehen davon, daß wir zu jener Zeit versuchten, die Rezession zu überwinden, betrieben wir die Modernisierung unserer Streitkräfte, versuchten eine neue Initiative zur atomaren Abrüstung in die Wege zu leiten, versuchten, die Staatsausgaben einzuschränken, versuchten, die Kämpfe im Libanon und im Nahen Osten beizulegen ... und vieles andere mehr. Ein Präsident ist einfach nicht dazu imstande, die alltägliche Amtsführung aller seiner Untergebenen zu überwachen. Er muß sich so weit wie irgend möglich darauf konzentrieren, den Ton anzugeben und die Richtlinien der Regierungsarbeit zu bestimmen. Er muß den Rahmen der Politik abstecken und gute Leute finden, die diese Politik umsetzen. Dabei kommt es dann bedauerlicherweise gelegentlich zu Regelverstößen. Hätte ich jedoch versucht, mich mit Detailfragen aus den Arbeitsgebieten einzelner Stabsmitglieder des Nationalen Sicherheitsrats zu befassen, so wäre ich nicht dazu in der Lage gewesen, den anderen umfangreichen Themen, mit denen ich damals zu tun hatte, die nötige Aufmerksamkeit zu schenken.

64

Anfang 1985, zwei Wochen vor jenem bitterkalten Wochenende, an dem George Bush und ich in unsere zweite Amtszeit eingeführt wurden, kamen unabhängig voneinander Finanzminister Don Regan und Jim Baker zu mir und machten einen Vorschlag, der auf eine Idee Regans zurückging. Don sagte, daß ihn sein Job allmählich langweile. Als er dies Jim Baker gegenüber erwähnt habe, habe dieser erwidert, er sei nach vier Jahren als Stabschef des Weißen Hauses ebenfalls amtsmüde. Sie sagten mir, sie wollten ihre Posten tauschen. Nach kurzem Nachdenken stimmte ich zu, weil ich der Meinung war, der Schwung, den beide in ihre neuen Position einbrächten, könne der Administration nur guttun.

Vier Tage nach der Amtseinführung unterbreitete Don mir einige Vorschläge zur Veränderung administrativer Zuständigkeiten im Weißen Haus, von denen er sich einen beschleunigten Verfahrensablauf und eine Vereinfachung der Organisation versprach. Ich stimmte zu, ohne zu erkennen, wie sehr diese Veränderungen Regans Machtbefugnisse zu Lasten anderer Mitglieder des Stabs erweiterten und deren unmittelbaren Zugang zu mir erschwerten, woraus sich später noch andere Probleme ergeben sollten. Regan und ich kamen überein, daß Jim Brady – ein geistreicher und mutiger Mann, der noch immer nicht von den Schüssen des John Hinckley, Jr., genesen war und sich schwierigsten Therapien unterziehen mußte – den Titel eines Pressesprechers des Weißen Hauses bis zu meinem Ausscheiden aus dem Amt führen sollte.

Beim Essen fragte mich Don nach den Hauptzielen meiner zweiten Amtszeit. Innenpolitisch, sagte ich, wolle ich unsere Bemühungen um die Reduzierung der Bundesausgaben und die Herabsetzung des Defizits, die Steuerreform und die Modernisierung unserer Streitkräfte fortsetzen. Die außenpolitischen Zielvorgaben lauteten: Aushandlung eines soliden Abrüstungsabkommens mit der Sowjetunion, Verbesserung der Beziehungen zu unseren lateinamerikanischen Nachbarn bei gleichzeitiger Fortsetzung des Widerstands gegen die kommunistische Unterwanderung Mittelamerikas sowie verstärkte Anstrengungen zur Entwirrung des gordischen Knotens im Nahen Osten.

Zum damaligen Zeitpunkt – Anfang 1985 – war es schon fast ein Jahr her, daß die Marines Beirut verlassen hatten. Die Lage im Nahen Osten stellte sich verworrener und explosiver dar denn je:

- Israelische und syrische Truppen hielten noch immer große Teile des Libanon besetzt. Mit sowjetischer Hilfe hatte die syrische Regierung ein umfangreiches Wiederaufrüstungsprogramm durchgezogen, um »strategische Parität« mit Israel zu erreichen. Was die Differenzen zwischen gemäßigten und radikalen Elementen innerhalb der Palästinensischen Befreiungsorganisation anbelangte, so hatte sich Syrien mittlerweile auf die Seite der Radikalen geschlagen und einigen der fanatischsten PLO-Mitgliedern Unterschlupf geboten.
- Die Palästinenser, die sich einst damit zufriedenzugeben schienen, daß gemäßigte arabische Länder wie Saudi-Arabien und Jordanien bei eventuellen Verhandlungen über eine dauerhafte Friedenslösung ihre Interessen verträten, zeigten sich immer stärker auf Unabhängigkeit bedacht. Die PLO forderte einen Sitz am Verhandlungstisch. Daß die Israelis bei diesem Ansinnen die Wände hochgehen würden, war uns klar.
- Der libanesische Bürgerkrieg dauerte mit unverminderter Gewalt an und richtet alles zugrunde, was von jenem einst so schillernden Tor zum Nahen Osten noch übriggeblieben war.
- Unsere Dienste deckten immer neue Verbindungen zwischen Libyen und dem internationalen Terrorismus auf.
- In Teheran ließ das brutale Regime des Ayatollah Chomeini Hunderte von Iranern im Schnellverfahren hinrichten und versuchte, die islamische Revolution in benachbarte Staaten zu tragen.
- Berichten zufolge war der Ayatollah schwer krank und ein Ende absehbar. Dadurch drohte diesem strategisch wichtigen Land neue Instabilität, und wir mußten mit an Sicherheit grenzender Wahrscheinlichkeit davon ausgehen, daß die Sowjets versuchen würden, daraus Kapital zu schlagen.
- Das Patt im Krieg mit dem Irak veranlaßte den Iran, mit der Blockierung der freien Schiffahrt in der Straße von Hormus zu drohen.

Beide Länder beanspruchten für sich das Recht, Öltanker von Drittländern anzugreifen, die in Reichweite ihrer Truppen kamen.

- Die pro-iranische Organisation »Heiliger Islamischer Krieg« und die vom Iran dominierte Hisbollah (»Partei Gottes«), eine Terroristengruppe mit Basis in Syrien, ausgebildet, bewaffnet und kontrolliert von iranischen Revolutionswächtern, hatten sich auf etwas eingelassen, das sich nur als blindwütige Terrorkampagne gegen amerikanische Bürger beschreiben ließ. Wir waren davon überzeugt, daß die Hisbollah sowohl für das Attentat auf das Hauptquartier der Marines als auch für die Anschläge auf unsere Beiruter Botschaft 1983 sowie auf dessen Seitengebäude ein Jahr später verantwortlich war.

Die Geiselnahme an der amerikanischen Botschaft in Teheran und Amerikas gehemmte Reaktion darauf hatten die Hisbollah auf eine Idee gebracht. Die systematische Entführung und Folter unschuldiger Amerikaner war Teil ihrer Kriegsführung geworden. Ziel dieser Strategie war es, uns zur Aufgabe unserer Nahostpolitik zu bewegen. Anfang 1985 hielten sie fünf amerikanische Geiseln gefangen, darunter William Buckley, der das Büro der CIA in Beirut leitete. Das neue Jahr war erst ein paar Tage alt, da nahmen sie eine sechste Geisel, Father Lawrence Martin Jenco, Leiter der *Catholic Relief Services* im Libanon, und er sollte nicht das letzte Opfer sein.

In meiner gesamten Amtszeit gab es für mich kein frustrierenderes Problem als unsere Bemühungen, die Geiseln nach Hause zu holen. Es war ein Problem, das ich mit Jimmy Carter gemeinsam hatte – ein Problem, mit dem ich mich bei meinem Einzug ins Weiße Haus konfrontiert sah und das mich bis zum Ende meiner beiden Amtszeiten begleitete.

Während einer unserer morgendlichen Lagebesprechungen reichte mir jemand ein Photoalbum. Anfangs hielt ich die darin enthaltenen Bilder für ganz gewöhnliche Luftaufnahmen einer Wildnis – doch dann erkannte ich den Rancho del Cielo, sah mein Pferd El Alamein und Nancys No Strings auf ihrer Koppel weiden. Die Bilder stammten von einem unserer Hunderte von Meilen entfernt im All stationierten Satelliten, und irgendwer war auf die Idee gekommen, er könne mir damit eine Freude machen.

Unsere Weltraumsatelliten versorgten uns mit Informationen von unschätzbarem Wert. Sie versetzten uns auch in die Lage, die militärische Stärke anderer Länder korrekt einzuschätzen. Durch den Einsatz von Satelliten und anderen Technologien konnten wir viele Dinge über uns feindlich gesinnte Nationen in Erfahrung bringen. Darüber hinaus aber arbeiteten auch Geheimagenten aus Fleisch und Blut für uns – tapfere Männer und Frauen, deren Namen das amerikanische Volk niemals hören oder gedruckt sehen wird. Unter Einsatz ihres Lebens vereitelten sie in der Zeit meiner Präsidentschaft potentiell verheerende Terroranschläge gegen unser Land. Doch zu den Einzelheiten der verschiedenen Operationen muß ich mich ausschweigen, weil ansonsten Menschen kompromittiert würden, die nach wie vor auf diesem Sektor tätig sind.

Dennoch: So phänomenal unsere Technologie im Zeitalter der Raumfahrt auch war, so hervorragend ein Geheimdienst wie die CIA unter Bill Casey auch wurde, so stark, wie Amerika militärisch auch sein mochte: Ich mußte, ebenso wie Präsident Carter vor mir, erfahren, wie ohmächtig sich die mächtigste Nation der Erde fühlen kann, wenn es um die scheinbar einfache Aufgabe geht, einen gegen seinen Willen in einem fremden Land festgehaltenen amerikanischen Staatsbürger zu finden und heimzuholen.

Die Terroristen, die im Libanon Amerikaner kidnappten, wechselten – gewöhnlich bei Nacht und Nebel – mit ihren Opfern ständig die Aufenthaltsorte, wobei die Geiseln voneinander getrennt untergebracht wurden. Unseren Geheimdiensten gelang es hie und da, die eine oder andere nahöstliche Terroristenorganisation zu infiltrieren – aber das war auch schon alles. Es gab Dutzende solcher Organisationen, dazu Splittergruppen und Splittergrüppchen von Splittergruppen. Allen gemeinsam war ihr Haß auf die Vereinigten Staaten. Aber allein festzustellen, welche spezielle Organisation dieser Halsabschneider hinter einem bestimmten Terror-Anschlag steckte, war extrem schwierig. Die Täter waren unablässig unterwegs, suchten Zuflucht in der Anonymität städtischer Wohngebiete oder hatten ihre Schlupfwinkel in abgelegenen Wüsten- oder Gebirgsgegenden. Manchmal übernahmen Gruppen die Verantwortung für Greueltaten, die sie gar nicht begangen hatten; oder gleich zwei oder drei Organisationen erklärten sich zuständig für ein und dasselbe Verbrechen.

Wo bestimmte Geiseln sich jeweils befanden, ließ sich jedenfalls nur äußerst schwer eruieren. Dennoch gaben wir nie auf. Wir hatten zwar zwei speziell für Geiselbefreiungen ausgebildete Anti-Terror-Kommandos aufgestellt, aber wir konnten natürlich nicht einfach Gebäude stürmen, in denen wir festgehaltene Geiseln vermuteten. Das Risiko, daß sie sofort zu Beginn einer derartigen Aktion von den Terroristen getötet wurden, war viel zu groß. Allein schon das Gerücht oder eine falsche Pressemeldung über einen angeblichen Befreiungsversuch hätte ihren Tod bedeuten können.

Doch auch anderweitig waren uns die Hände gebunden: Mit Entführern konnten wir nicht verhandeln; dadurch wären die Terroristen nur zu weiteren Geiselnahmen ermutig worden. Und auch als Nation hatten wir uns Grenzen gesetzt. Zwar plädierten sogar einige Regierungsmitglieder dafür, daß wir uns Menachem Begins Devise »Auge um Auge« zu eigen machen und die Anführer der blutrünstigsten Gruppen, denen Anschläge gegen die USA und ihre Bürger nachzuweisen waren, kurzerhand ins Jenseits befördern sollten, doch darauf konnte und durfte sich Amerika nicht einlassen. Schon zu Beginn meiner Regierungszeit hatte ich eine Anordnung unterzeichnet, die strikt jedwede direkte und indirekte Beteiligung unsererseits an Mordanschlägen im Rahmen von verdeckten Operationen untersagte. Dies war mit einer der Gründe, warum die CIA mit Infiltrationsversuchen solche Schwierigkeiten hatte, denn viele Terrorbanden verlangten von neuen Mitgliedern, gleichsam als Legalitätsbeweis, den Mord an einem Feind ihrer Organisation.

Das Beweismaterial, das unsere Experten bei der Terroristenverfolgung – wie beispielsweise nach dem Anschlag auf das Hauptquartier der Marines in Beirut – sammelten, lieferte zwar mitunter aufschlußreiche Hinweise auf den möglichen Aufenthaltsort der Terroristen, doch blieb der letzte, entscheidende Beweis oft aus. Gelegentliche Vorschläge, diese Schlupfwinkel doch einfach anzugreifen, lehnte ich ab, weil ich nicht das Risiko eingehen wollte, daß dabei Unschuldige ums Leben kamen. George Shultz und Cap Weinberger teilten meine Auffassung. Zudem war uns bewußt, daß jeder derartige Angriff auch eine zusätzliche Gefahr für die Geiseln heraufbeschwor. De facto standen uns nur wenig Optionen offen, und nicht selten lag ich in der Nacht stundenlang wach und fragte mich, während Bilder von jenen einsamen Amerikanern in terroristischer Gefangenschaft vor meinem geistigen Auge aufstiegen, wie wir die Geiseln retten konnten. Im Mai 1985 gesellte sich ein neues Gesicht zu diesem nächtlichen Alp: David P. Jacobsen, Verwaltungsangestellter an der American University in Beirut, wurde die siebente amerikanische Geisel im Libanon.

Für mich als der Präsident der Vereinigten Staaten war es keine Frage, daß ich die Pflicht und Schuldigkeit hatte, diese amerikanischen Staatsbürger nach Hause zu holen.

Es gab kaum eine morgendliche Lagebesprechung im Nationalen Sicherheitsrat, die ich nicht mit der Frage eröffnete: »Gibt's irgendwelche Fortschritte in Hinblick auf unsere Geiseln im Libanon?«

Nach wie vor war ich davon überzeugt, daß der Schlüssel zu einem dauerhaften Frieden im Nahen Osten und zur Beendigung der Zwistigkeiten, die auch zu den Geiselnahmen geführt hatten, darin lag, zusätzlich zu Ägypten noch weitere gemäßigte arabischer Länder für eine vertragliche Lösung zu gewinnen.

Ich war gewillt, zusätzliche Brücken zu den gemäßigten arabischen Staaten zu schlagen, und brachte dies gegenüber König Fahd von Saudi-Arabien, dem ägyptischen Präsidenten Hosni Mubarak und König Hussein von Jordanien anläßlich ihrer Staatsbesuche im Frühjahr 1985 auch deutlich zum Ausdruck. Ein jeder von ihnen versprach mir, mich bei der Suche nach einer friedlichen Lösung im Nahen Osten zu unterstützen. Als Gegenleistung erwarteten sie freilich alle die Lieferung amerikanischer Waffen sowie eine – in ihrem Sinne – »ausgewogenere« amerikanische Nahostpolitik.

Saudi-Arabien machte sich verständlicherweise vor allem Sorgen um die Sicherheit seiner Ölquellen. König Hussein, der bei seinen arabischen Nachbarn bereits mehrfach couragiert darauf hingewirkt hatte, sie mögen sich doch mit der Realität Israels abfinden, teilte mir mit, er fühle sich aufgrund der Anfeindungen, die ihm aus seinen Bemühungen um eine friedliche Lösung erwachsen waren, von Syrien und dessen mit sowjetischen Waffen ausgerüsteter Armee bedroht. Hussein wie Fahd gaben zu verstehen, sie benötigten moderne US-Waffen zu Verteidigungszwecken – Waffen, die Israel als Bedrohung betrachten würde.

Den Nachfolger Begins im Amt des israelischen Ministerpräsidenten, Schimon Peres, mochte ich. Er war ein Staatsmann, der die Lage im

Nahen Osten realistischer einschätzte als Begin, und erkannte, daß sich die Konflikte der Region ohne eine Lösung des palästinensischen Flüchtlingsproblems nicht bereinigen ließen. Ich war aber dennoch enttäuscht, daß es ihm während seiner Amtszeit nicht gelang, seine gemäßigten Ansichten in die Tat umzusetzen, wobei man allerdings berücksichtigen muß, daß er in der Knesset, dem israelischen Parlament, auf hartnäckigen Widerstand gegen jede Vereinbarung mit den Palästinensern und den gemäßigten Arabern stieß. Zwar erhob auch Peres, ebenso wie Begin, Einspruch gegen unsere Waffenlieferungen an Saudi-Arabien und Jordanien, doch brachte er meinem Wunsch nach besseren Beziehungen zu den gemäßigten Arabern mehr Verständnis entgegen als sein Amtsvorgänger. Auch war Peres' Bereitschaft zur Diskussion von Alternativlösungen größer als die vieler Israel-Lobbyisten in unserem eigenen Land. Obwohl unsere Administration Anfang 1985 die Finanzhilfen für Israel ganz wesentlich erhöht und dafür die erforderliche Zustimmung des Kongresses erhalten hatte, ließ die pro-israelische Lobby nichts unversucht, unsere Bemühungen um mehr Ausgewogenheit in der Nahostpolitik zu blockieren. Sie veranlaßte doch tatsächlich den Kongreß dazu, die Weitergabe moderner Waffen an gemäßigte Araberstaaten abzulehnen. Dies hatte zur Folge, daß ich unsere Beziehungen zu diesen Ländern niemals in dem Maße festigen und ausbauen konnte, wie ich es mir wünschte. Wieder einmal bestimmte der Kongreß – ein Gremium aus 535 Köpfen – die Richtlinien der Außenpolitik.

Mitte Juni 1985 brach eine neuerliche Krise im Nahen Osten aus, die ich im folgenden so schildern will, wie ich sie damals aufgezeichnet habe:

14. Juni: Wurde schon vor 7 Uhr früh geweckt: Vollbesetzte TWA-Boeing 727, gestartet in Athen und mit überwiegend amerikanischen Touristen an Bord, und wurde nach Beirut entführt. Weiterflug im Lauf des Vormittags nach Algier. Die Highjacker – zwei mit Pistolen und Handgranaten bewaffnete Männer – ließen dort 19 Frauen und Kinder frei. Die Luftpiraten forderten die Freilassung von Schiiten, die in israelischen Gefängnissen einsaßen, andernfalls wollten sie die Passagiere töten. Ließen aber dennoch wieder 21 frei,

hauptsächlich Frauen und Kinder. Am frühen Nachmittag (hiesiger Zeit) befanden sie sich wieder in der Luft, erneut mit Ziel Beirut.

15. Juni: Wieder Anruf frühmorgens. Flugzeug etwa gegen 2.20 Uhr Ortszeit in Beirut gelandet. Töteten eine Geisel per Kopfschuß und warfen die Leiche auf die Rollbahn. Erst später erfuhren wir, daß in dem dort herrschenden Durcheinander – die Schiitenmilizen unter Nabih Berri kontrollierten den Flughafen – zehn weitere Terroristen an Bord gingen. Noch vor Ende der Nacht waren sie wieder unterwegs nach Algier, wo sie mehrere griechische Passagiere freiließen, im Austausch gegen einen Griechen, der ihnen in Athen geholfen hatte und verhaftet worden war. Der Mann ging an Bord und schloß sich seinen Spießgesellen an. Erneut wurden 53 Geiseln, Frauen, freigelassen. Nur noch ungefähr 40 Männer an Bord, überwiegend Amerikaner. Dann Freilassung von 10 Männern. An Bord jetzt noch insgesamt drei Besatzungsmitglieder und 30 männliche Passagiere ...

16. Juni: Nach vielem Hinundhertelephonieren in der Nacht und am frühen Morgen kamen wir alle überein, meinen Termin am Nachmittag abzusagen. Rückkehr ins W. H.; Sitzung des Nat. Sicherheitsrats. Frustrierende Situation. Auf Zypern steht eine Spezialeinheit bereit, kann jedoch wegen der in Beirut herrschenden feindseligen Stimmung nicht eingesetzt werden.
Forderung lautet unverändert: Freilassung der Schiiten in Israel. Es geht um Leute, die die Israelis ohnehin in ein paar Wochen entlassen wollen. Sie wollen aber nicht den Anschein erwecken, als beugten sie sich den Forderungen der Entführer. Haben beschlossen, den Ausgang der israelischen Kabinettssitzung abzuwarten.

17. Juni: Tag beginnt mit Anruf von Bud M. [McFarlane] – wird allmählich zur Gewohnheit. Nabih Berri hat die Geiseln von den Entführern übernommen und hält sie irgendwo in Westbeirut fest. Sein Preis ist die Freilassung von 760 in Israel einsitzenden Schiiten. Israel erklärt sich öffentlich dazu bereit, vorausgesetzt, daß es auf höchster Regierungsebene von den Vereinigten Staaten darum gebeten wird. Das heißt natürlich, daß ich – nicht sie – unseren poli-

tischen Grundsatz, mit Terroristen nicht zu verhandeln, brechen müßte. Verhandlungen mit Terroristen sind eine Ermutigung zu noch mehr Terrorismus ...

18. Juni: Heute hat Berri drei Geiseln freigelassen, einen Griechen und seine amerikanische Freundin sowie einen 18jährigen Armenier ... Pressekonferenz am Abend lief gut, war aber ein ziemlicher Drahtseilakt wegen der vielen Fragen zu der Entführung ... Anrufe und Telegramme wie nie zuvor ... Ca. 74 Prozent Zustimmung.

19. Juni: Das einzig Neue im Zusammenhang mit der Entführung war ein Interview mit dem Flugkapitän durch das Cockpitfenster. Bestätigte, daß außer den schiitischen Aufpassern nur noch drei Besatzungsmitglieder an Bord sind. Toller Bursche, dieser Kapitän, vollkommen gelassen ...

20. Juni: Stimmten dem generösen Vorschlag Algeriens zu, das Nabih Berri anbieten will, die Geiseln zu übernehmen. Damit kann Berri sein Gesicht wahren. Algerien möchte, daß wir herausfinden, was Israel mit den 766 Schiiten macht, wenn keine Geiseln mehr im Libanon verbleiben. Wir sollen die Antwort an die Algerier weiterleiten, wäre ihnen bei ihrem Handel mit Berri von Nutzen. Unterdessen sind die Israelis keine große Hilfe. Haben öffentlich angekündigt, daß sie die Gefangenen entlassen, wenn wir sie darum bitten. Das geht aber nicht, weil es einer Belohnung der Terroristen gleichkäme und weitere terroristische Anschläge herausfordert.

21. Juni: Nach Dallas zu einer Rede vor dem Lions Club International. Dort hinter den Kulissen Begegnung mit einigen Familienangehörigen der Geiseln: Sie waren natürlich sehr aufgebracht und suchten nach einem Hoffnungsschimmer. Versuchte, ihnen den zu geben, plus die Zusicherung, daß wir ihre Lieben nicht durch militärische Aktionen in Gefahr bringen wollen. Verfolgen weiter den Plan, die Algerier als Vermittler einzuschalten. Sie sollen darum bitten, daß die Geiseln an sie überstellt werden. Dafür wollen sie Berri sagen können, daß die Israelis nach der Befreiung der Geiseln mit der Freilassung der bei ihnen einsitzenden Schiiten fortfahren. Wir ha-

ben ein Statement mit annähernd dieser Aussage erreicht. Israels [Außenminister] Rabin hat mit seiner öffentlichen Forderung, die USA sollten [Israel] um Freilassung der Schiiten bitten, alles nur noch schlimmer gemacht, weil er ein Junktim herstellte, dessen Existenz wir bestreiten.

24. Juni: Sitzung der Planungsgruppe des Nat. Sicherheitsrats wg. Lage in Beirut. Bill Casey meint, wir müßten uns ein Feigenblatt für Berri ausdenken, anderenfalls würde der nach der Freilassung der Geiseln durch Fanatiker ermordet. Bill schlug vor, jemanden zu ihm [Berri] zu schicken, der ihn dazu bringen soll, Israel eine Sicherheitsgarantie im Südlibanon anzubieten. Im Gegenzug sollten dann sie [die Israelis] die 700-plus Schiiten freilassen, die bei ihnen einsitzen. Ich sprach mich nachdrücklich dafür aus, Assad von Syrien einzuschalten. Er soll zu Berri gehen und ihn vor die Alternative stellen: Entweder er läßt unsere Leute frei und wird ein Held – oder aber er stellt sich stur, und dann werden wir einiges unternehmen, etwa den Flughafen von Beirut dichtmachen oder alle libanesischen Häfen blockieren usw., so lange, bis er unsere Leute freiläßt. Um die Einzelheiten kümmert sich jetzt der Stab. Ich kann verstehen, daß ein Feigenblatt her muß, aber ohne Drohung mit (nichtmilitärischer) Aktion geht's auch nicht.

26. Juni: Nat. Sicherheitsrat und neueste Entwicklung in der Geiselfrage: ein Licht am Ende des Tunnels! Berri hat (auf Assads Veranlassung) angeboten, die Geiseln in die Botschaft eines westlichen Landes in Beirut oder Syrien zu entlassen, wohl um dort zu bleiben, bis Israel die festgehaltenen Schiiten entläßt. Syrien ist uns lieber, und wir haben nicht die Absicht, sie [die Geiseln] dort festhalten zu lassen. Die Israelis treffen bereits die Vorbereitungen für die Entlassung ihrer Gefangenen. Wir wollen das, was sie tun, mit der Freilassung der Geiseln verbinden. Berri hat heute eine [Geisel] wegen eines Herzleidens freigelassen. Wir sind wirklich optimistisch. Habe eben erfahren, daß Berri hier in den USA zwei Läden und mehrere Tankstellen besitzt. Möglicherweise als Druckmittel einsetzbar.

27. Juni: Eine Geisel zu Hause und viel Gerede über Berri, der die restlichen [Geiseln] der französischen Botschaft in Beirut oder Damaskus überstellen soll. Kein weiteres Wort. Berri hat gesagt, er hätte weder Kontrolle über noch Einfluß auf die Entführungsopfer. Gaddafi redet mit Iran und Syrien über einen gemeinsamen Terrorkrieg gegen uns ...

28. Juni: [Reise nach Chicago] ... Treffen mit den Familien einiger Geiseln und mit einem Angehörigen von Reverend Jenco, einem der sieben Entführungsopfer. Tat mein Bestes, sie über unsere Bemühungen zu informieren. Gott segne sie. Als ich gehen mußte, sagte mir ein junger Mann, dessen Vater als Geisel festgehalten wird, er billige unser Vorgehen und stimme mit uns darin überein, daß wir uns auf ja keinen Handel einlassen dürften, der die Terroristen belohne ... Die anderen applaudierten ihm. 17.15 Uhr zurück in Washington. Sitzung mit der Planungsgruppe des Nat. Sicherheitsrats. Zwischendurch Meldung, daß Syrien unsere Presse benachrichtigt hat. Sie soll am nächsten Vormittag (morgen) in Damaskus sein, wenn sie die Ankunft der Geiseln beobachten will. Das könnte es sein, worauf wir alle warten. Verfolge Plan für einen Luftangriff auf einen Guerillastützpunkt, der mit den Mördern unserer vier Marines zu tun hat.

29. Juni: Erfuhren, daß die Geiseln (bis auf vier) mit Rot-Kreuz-Bus zu einem Gebäude etwa eine Meile westlich vom Beiruter Flughafen gebracht worden sind. Hatte für 9 Uhr eine Presseerklärung bereit. Frühstückten im Bett und sahen dabei fern. Da waren die Geiseln – statt in Damaskus immer noch in Beirut. Anscheinend hat es weder Mr. Berri noch Assad geschafft, den Hisbollah-Schuften die fehlenden vier abzuluchsen. Die Stunden vergingen, und mit der Zeit wurde klar, daß sich heute nichts mehr tun würde.

30. Juni: Meldung, daß die Geiseln in einer Fahrzeugkolonne des Roten Kreuzes nach Damaskus aufbrechen sollen. Fahrt dauerte sehr lange. Dann wurde uns gesagt, daß sie durch Dorffeste entlang ihrer Route aufgehalten würden. Etwa Viertel vor drei unserer Zeit kamen sie im Hotel Sheraton in Damaskus an.

Abends zum Dinner mit George und O'Bie in Georg Shultz' Wohnung. Sehr nettes und schließlich auch entspanntes Essen. Vorher vom Oval Office aus Fernsehrede an die Nation, danach beantwortete George im Presseraum Fragen. Während ich sprach, verließen unsere Leute gerade in einer Militärmaschine den syrischen Luftraum...

Montag, 1. Juli: Erwachte in dem Wissen, daß unsere Leute auf unserem Stützpunkt in Wiesbaden sind. Soviel wir wissen, werden sie und ihre Familienangehörigen – soweit diese ihnen nach Deutschland entgegengeflogen sind – morgen nachmittag hier eintreffen. Nancy und ich wollen sie am Flughafen begrüßen.
Sitzung der Planungsgruppe des Nat. Sicherheitsrats zur weiteren Strategie. Uns sind die Hände gebunden, weil die sieben Entführungsopfer immer noch festgehalten werden. Rief Assad an und dankte ihm. Appellierte an ihn, sich für deren Freilassung einzusetzen. Er ist der einzige, der diese fanatischen Entführer möglicherweise beeinflussen kann. Er reagierte leicht gereizt und behauptete, ich drohe mit einem Angriff auf den Libanon. Nein, erklärte ich ihm, nichts dergleichen, aber wir würden alles in unserer Macht Stehende tun, um die Mörder unserer jungen Leute vor Gericht zu bringen. Große Kabinettssitzung mit Bericht über den gesamten Fall...

2. Juli: ... Nancy und ich am Grab von Robby [Navy-Taucher Robert] Stethem, dem Opfer des Geiselmords. Seine Schwester war da. Dann per Helikopter zum Luftwaffenstützpunkt Andrews zum Empfang der heimkehrenden Geiseln und ihrer Angehörigen. Schöne Willkommensfeier – und eine herzerwärmende dazu.

3. Juli: Frustrierende Sitzung der Planungsgruppe des Nat. Sicherheitsrats wg. der sieben Entführungsopfer und der Lage im Libanon allgemein. Einige meinen, wir müßten Vergeltung üben. Ich meine, das bringt das Leben der 7 erst recht in Gefahr. Wir wollen andere Nationen für eine Schließung des Beiruter Flughafens gewinnen... Die Identität der beiden Entführer, die Robbie Stethem ermordeten, steht fest. Fragt sich nur, wie wir sie vor ein amerikanisches Gericht bringen können. Alles in allem ist die Lage frustrierend, trotz übergroßer Freude, daß wir die Geiseln wohlbehalten nach Hause bringen konnten.

Bei der Entführung des TWA-Flugs 847 verlor zwar ein Amerikaner sein Leben, doch die anderen neununddreißig kehrten unversehrt nach Hause zurück. Nach 17 Tagen hatten wir sie wieder – ohne uns auf irgendeinen Handel mit den Terroristen eingelassen zu haben. Es war ein glimpfliches Davonkommen, und Amerika hatte allen Grund zur Freude über die Freilassung der Geiseln. Aber noch immer wurden sieben Amerikaner im Libanon gefangengehalten, und ich war entschlossen, sie ebenfalls heimzuholen.

65

Als *Marine I* mich eineinhalb Wochen nach der endgültigen Beilegung der Krise um TWA-Flug 847 zum Bethesda Naval Hospital in Maryland flog, beschäftigte ich mich in Gedanken mit der Ausbreitung des internationalen Terrorismus. Das Außenministerium hatte in der Zwischenzeit ausgelotet, welche unserer Verbündeten zu gemeinsamen Sanktionen gegen jene Länder bereit wären, die internationalen Terroristen Zuflucht gewährten. Der Erfolg war jedoch gering: mehrere unserer westeuropäischen Verbündeten hatten immer noch enge Bindungen an ihre ehemaligen Kolonien im Nahen Osten und wollten die gewinnträchtigen Wirtschaftsbeziehungen nicht aufs Spiel setzen.

Ich ging von einem eintägigen Aufenthalt aus und wollte am nächsten Morgen, einem Samstag, nach Camp David weiterfliegen.

Mein Schwiegervater, ein Chirurg, hatte mir immer wieder eingebleut, wie wichtig eine alljährliche medizinische Generaluntersuchung sei. Sie versetze die Ärzte in die Lage, eine potentiell bedrohliche Krankheit wie etwa Dickdarmkrebs schon im frühesten Stadium zu erkennen und zu behandeln, solange sie noch behandelbar ist.

Nancy und ich hatten stets den Rat ihres Vaters befolgt und uns jedes Jahr gründlich untersuchen lassen. Unsere Erfahrungen bestärken uns darin, allen Mitmenschen wärmstens zu empfehlen, diesen Rat ebenfalls zu beherzigen.

Bei einer Routineuntersuchung im Frühjahr hatten die Ärzte bei mir einen kleinen Polypen im Dickdarm festgestellt. Sie meinten, er sehe harmlos aus, wollten ihn jedoch entfernen – eine übliche Vorsichtsmaßnahme, der ich mich schon früher einmal unterzogen hatte. Ich wußte also, was auf mich zukam.

Nachdem ich am Freitagmorgen fast zweieinhalb Liter eines medizinischen Gebräus namens *Go Lightly* geschluckt hatte, das dazu dient, den Darm vor bestimmten Untersuchungen zu entleeren (und das auf eine Art tut, die es in sich hat), begab ich mich also am Freitagnachmittag in die Klinik und war überzeugt, sie am folgenden Tag wieder verlassen zu können. Doch dann wurden meine Pläne über den Haufen geworfen. Nachdem die Ärzte den bereits festgestellten kleinen Polypen entfernt hatten, entdeckten sie bei der anschließenden Gesamtuntersuchung des Dickdarms in wenigen Zentimeter Entfernung einen großen, flachen Polypen von jener Art, die sich mit der Zeit zum Krebs entwickeln kann. Nancy, ich und Dr. John Hutton, ein erfahrener Arzt des Weißen Hauses, führten ein strategisches Gespräch: Sollte ich, wie geplant, nach Camp David fliegen, in ein paar Tagen zurückkommen und mich erneut der *Go-Lightly*-Prozedur unterziehen? Oder war es ratsam, noch eine Nacht zu bleiben und es gleich hinter mich zu bringen?

Ich konnte *Go-Lightly* nicht ausstehen, daher fiel mir die Entscheidung nicht schwer: »Bringen wir's gleich hinter uns.«

Bevor ich in den Operationsraum gerollt wurde, unterzeichnete ich einen Brief, in dem ich George Bush unter Berufung auf den Fünfundzwanzigsten Verfassungszusatz für die Dauer meiner Anästhesierung zum amtierenden Präsidenten ernannte. Man verabreichte mir eine Pentathol-Spritze, und mehrere Stunden später wachte ich wieder auf, verwirrt und wie zerschlagen mit einem Schnitt, der an meinem Nabel vorbei bis zur Brust verlief. Mein Körper hing an Schläuchen der unterschiedlichsten Größe, und ich fühlte mich ganz schön mitgenommen.

Die Ärzte sagten mir, der Polyp sei suspekt und sie seien dabei, die dazugehörigen Lymphknoten zu untersuchen; die genaue Diagnose stünde erst am Montag nach der histologischen Untersuchung fest.

Später, als ich wieder auf der Höhe war, unterschrieb ich erneut einen Brief, mit dem ich die Präsidentschaft von George zurückforderte. Nancy begann derweilen, das Zimmer mit Bildern zu schmücken, die sie von zu Hause mitgebracht hatte. Sagte ich nicht, daß sie ein echtes Hausmütterchen ist? Die Bilder munterten mich zwar etwas auf, doch hatte ich das ganze Wochenende über ziemlich viel Schmerzen und fand nur wenig Schlaf. Einmal dachte ich bei mir, wiederum in Erinnerung an W. C. Fields' berühmten Ausspruch: »Alles in allem wäre ich doch lieber in Camp David.«

Was für ein Zufall, dachte ich, daß sich mein Bruder vor nicht einmal zwei Wochen genau der gleichen Operation unterziehen mußte!

Am Montag schrieb ich, nachdem man es mir aus dem Weißen Haus gebracht hatte, in mein Tagebuch: »Nancy brachte noch mehr Bilder mit und hält mich auf dem laufenden mit Genesungswünschen, Blumengrüßen usw. Immerhin bin ich heute morgen wieder eingeschlafen und erst mittags wieder aufgewacht. Es hat sich herausgestellt, daß Krebszellen in dem untersuchten Gewebe waren. Aber sie schwören hoch und heilig, daß sie alles rausgeholt haben. Das bedeutet allerdings, daß ich mich in den kommenden fünf Jahren regelmäßig nachuntersuchen lassen muß ... Montagnacht war schlimm. Immer wieder aufgewacht, konnte einfach nicht richtig schlafen. Bin ein wenig herumgegangen.«

Am Dienstag kam Don Regan, und wir erledigten ein paar Büroangelegenheiten. Nancy brachte wieder Bilder mit und hängte sie an die Wände. Auch jetzt war sie – wie nun schon seit über dreißig Jahren – stets, wenn ich sie brauchte, bereit, mir ihr liebliches Lächeln zu schenken. Sie sah frisch aus, strahlend und wunderschön. Was bin ich doch für ein glücklicher Mann!

Es dauerte nicht lang, und Nancy hatte die Wände fast vollständig mit gerahmten Photos bedeckt – von der Ranch, von Camp David, von der ganzen Familie. Vor dem Zimmer türmten sich, versehen mit den besten Genesungswünschen, Blumensträuße und -gestecke aus aller Welt. »Sie helfen tatsächlich«, notierte ich damals. »Habe schon kurze Spaziergänge im Gang unternommen. Nancy besuchte die Kinderabteilung und nahm die Luftballons und ein paar von den Blumen mit, die mir geschickt worden waren. Die Kinder bedankten sich mit selbstgemalten Karten. Als Nancy ans Bett eines 13jährigen trat, beschleunigte sich sein Puls von 70 auf 130. Dienstagnacht endlich gut geschlafen. Durchgeschlafen bis morgens fünf ...«

Am Mittwoch, dem 17. Juli, ging es mir besser, obwohl ich natürlich noch spürte, daß ich einiges hinter mir hatte. George Bush, Don Regan und andere Mitarbeiter des Weißen Hauses kamen ins Krankenhaus, um mit mir über unsere jüngsten Budget-Schlachten mit dem Kongreß zu sprechen. In meinem nächsten Tagebucheintrag zeichnete ich damals, ohne zu ahnen, wohin es führen würde, ein Ereignis auf, das als Beginn der späteren Iran-Contra-Affäre bezeichnet werden kann:

»Wunder über Wunder«, schrieb ich, »durfte erstmals wieder durch den Mund Nahrung zu mir nehmen. Eine Tasse Tee. Warte ab, was passiert. Am Abend das gleiche Menü. Es ging wieder gut. Der Arzt sagt, er kann die Ernährungssonde vielleicht schon morgen ziehen. Seltsame Töne lassen sich von einigen Iranern vernehmen. Bud M. kommt morgen, um mit mir darüber zu sprechen. Offenbar bricht die iranische Wirtschaft unter der Last des Krieges schnell zusammen.«

Selbst heute noch regt mich die Presseberichterstattung über meine Operation ein wenig auf. »Der Präsident hat Krebs!« hieß es. Tatsache war, daß der Präsident Krebs *gehabt hatte*. Sicher, die Ärzte hatten ein kleines Ding in meinem Körper gefunden, das krebsig war. Aber sie hatten es entfernt, und da das Risiko bestand, daß einige maligne Zellen vielleicht schon aus dem Polypen ausgetreten waren, hatten sie auch ein Stück meines Darms entfernt. Doch davon abgesehen, stellten sie noch fest, daß sich nirgendwo sonst im Körper Krebszellen ausgebreitet hatten. Nur der Polyp war krebsig, sonst nichts – und der Polyp war nun entfernt worden. Es war ein großer Eingriff, gewiß, aber es war kein schwerer Fall.

Kaum zehn Tage später, kurz nach meiner Entlassung aus dem Bethesda-Hospital, war's schon wieder soweit.

Seit vielen Jahren schon zierte ein kleiner Huppel meine Nase. Ich hatte ihn immer für einen Pickel gehalten. Bei meiner Heimkehr aus dem Krankenhaus war er ein bißchen mehr entzündet als gewöhnlich. Ich schob es auf eine Reizung, verursacht durch das Pflaster, mit dem meine Ernährungssonde befestigt gewesen war. Nancys Dermatologe warf einen Blick darauf, schnitt ein kleines Stückchen heraus, und die Histologie ergab, daß es sich um einen harmlosen Krebs handelte – nichts, das man unbehandelt lassen sollte, aber in keiner Weise lebensbedrohend.

Ein paar Zeitungen konnten's nicht lassen und berichteten wiederum, ich hätte Krebs. Derartige Karzinome, meinten die Ärzte, kämen bei Menschen, die sich zu lange in der Sonne aufhalten, ziemlich häufig vor. Im Jahr zuvor hatte sich Nancy eines von der Oberlippe entfernen lassen. Bei mir war es die simple Folge eines vorwiegend im Freien verbrachten Lebens. Seit meinen Ferienjobs als Rettungsschwimmer hatte ich es stets genossen, im Freien zu sein. Ich wurde schnell braun und holte mir nur selten einen Sonnenbrand. Als ich mit dem Filmen anfing, *mußte* ich auf gleichmäßige Bräune achten. Da ich kein Make-up vertrug, war ich immer der erste, der sich um des dunklen Teints willen in der Sonne tummelte. Von nun an, meinten die Ärzte, müsse ich die Sonne entweder meiden oder dürfe nur noch mit Hut und zugeknöpft von oben bis unten ins Freie gehen. An jenem Abend schrieb ich in mein Tagebuch: »Erst haben sie mir das Popcorn verboten, jetzt auch noch das Sonnenbaden.« Während meiner Operation hatten die Chirurgen Hinweise auf eine Diverticulitis gefunden, eine Darmentzündung, die durch kleine Nahrungsteilchen entsteht. Daher hatten sie angeordnet: Keine Erdnüsse und kein Popcorn mehr. Ich war seit frühester Kindheit Popcornfan und hätte notfalls von Popcorn allein leben können. Oft ging ich in die Küche und bereitete es mir selbst zu. Nie hätte ich geglaubt, daß ich imstande sein könnte, es aufzugeben – doch nun tat ich's.

Drei Wochen, nachdem ich das Krankenhaus verlassen hatte, gaben uns die Ärzte grünes Licht: Nancy und ich durften die Zeit bis zu meiner endgültigen Rekonvaleszenz auf der Ranch verbringen.

Auf dem *Rancho del Cielo* war es schöner denn je, und beinahe drei Wochen lang hatten wir ununterbrochen reinstes Bilderbuchwetter. Für eine bestimmte Sorte von Bildern war das Wetter sogar viel zu schön. An jenen Tagen hätten Nancy und ich nichts gegen ein wenig Nebel einzuwenden gehabt.

Die Ruhe, die wir auf diesem Fleckchen Erde genossen, war uns stets lieb und teuer gewesen, doch diesmal kam alles anders: Kaum hatten wir an jenem ersten Abend auf der Ranch den Fernseher eingeschaltet, da erblickten wir uns selbst. Die Fernsehgesellschaften hatten in fast drei Meilen Entfernung auf einem Berggipfel, der nur über eine Feuerschneise zu erreichen war, einen Platz ausgemacht, von dem aus sie ihre Kameras auf die Ranch richten und uns permanent beobachten konnten. Wir hatten das nicht sehr gerne.

Wie schon einmal erwähnt, war die Ranch der einzige Ort außer Camp David, an dem wir ungestört waren – und wie ganz normale Menschen spazierengehen konnten. In den vorangegangenen vier Jahren hatten wir gelernt, diese Ungestörtheit höher einzuschätzen als alles andere. Und nun konnte uns die ganze Welt dabei zusehen, wie wir auf der Farm herumliefen. Die Kameraobjektive waren so stark, daß sie uns sogar durch die Fenster des Hauses folgen konnten!

Aber Nancy hat es ihnen gezeigt. Wenn sie merkte, daß die Kameras auf uns gerichtet waren, schwenkte sie ein Plakat, das nur drei Worte enthielt – den Slogan ihrer Anti-Drogen-Kampagne: *Just say no.*

66

Bei seinem Besuch im Bethesda Naval Hospital sowie bei späteren Begegnungen berichtete mir Bud McFarlane, daß Vertreter Israels vertraulichen Kontakt mit ihm aufgenommen hätten, um ihn auf eine Gruppe gemäßigter, politisch einflußreicher Iraner hinzuweisen. Sie wurden uns als enttäuschte Mitglieder der iranischen Regierung beschrieben, denen an der Etablierung vertraulicher Kontakte zur amerikanischen Führung gelegen sei, gleichsam als Vorspiel zur Wiederaufnahme formeller Beziehungen zwischen unseren beiden Ländern nach dem Tod des Ayatollah Chomeini. Bud wollte sich mit den Iranern treffen, um herauszufinden, ob die Sache Hand und Fuß habe, und bat mich um meine Zustimmung.

Weltweit kursierten damals Berichte, daß der Ayatollah sehr schwer erkrankt sei. Irans langer Krieg gegen den Irak hatte sich festgefahren, der Zustand der iranischen Wirtschaft ließ sehr zu wünschen übrig, und Geheimdienstberichten war zu entnehmen, daß sich bereits mehrere Fraktionen gebildet hatten, die sich auf einen Machtkampf nach dem Tod des Ayatollah vorbereiteten. Aus unserer Sicht erschien die Wiederherstellung freundschaftlicher Beziehungen mit diesem Land in strategisch wichtiger Lage sehr attraktiv – vor allem, wenn es uns gelang, identische Absichten der Sowjetunion zu durchkreuzen. Unter dem Schah hatte der Iran eine zentrale Rolle bei unseren Bemühungen gespielt, die benachbarte UdSSR im Auge zu behalten. Uns lag sehr daran, daß die nächste Regierung in Teheran gemäßigt und freundlich war.

Durch stille Diplomatie hatten wir versucht, den iranisch-irakischen Krieg zu beenden und mehr Stabilität in die Lage im Nahen Osten zu bringen, in der wir eine Einladung an die Sowjets zur Einmischung sahen. Wir hatten auch schon viel Zeit damit verbracht, darüber nachzudenken, welche Szenarien für die Zukunft des Iran nach dem Tode Chomeinis in Frage kämen. Vor meiner Wahl zum Präsidenten hatte ich den Iran besucht. Es war in der Zeit kurz vor dem Sturz des Schahs. In Teheran und anderen Teilen des Landes war ich mit vielen einfachen iranischen Bürgern zusammengetroffen. Es waren keine Fanatiker wie die Leute im Umkreis Chomeinis. So war ich nicht überrascht, als ich erfuhr, daß es gemäßigte Kräfte in der Regierung gab, die die von Chomeini und seinen Kohorten errichtete tyrannische Theokratie wieder loswerden wollten. Das Angebot Israels, als Vermittler zu fungieren und uns eine Verbindung zu den potentiellen künftigen Führern des Iran zu verschaffen, kam uns daher sehr interessant vor.

Buds Bericht war aber auch noch aus einem anderen Grund aufregend: Die Israelis sagten, die gemäßigten Iraner, von denen die Avancen kamen, hätten zum Beweis ihrer Aufrichtigkeit angeboten, die Terroristen der Hisbollah zur Freilassung der sieben amerikanischen Geiseln zu überreden. Ich kann mich nicht daran erinnern, daß mir das Angebot der israelischen Regierung damals welterschütternd vorkam. Wir hatten schon einige Enttäuschungen hinter uns. Mehrere, anfangs vielversprechende geheime Bemühungen um die Freilassung der Geiseln hatten sich als Totgeburten erwiesen, waren gleichsam im Problemsumpf des Nahen Ostens versunken. Dennoch wollte ich keine Möglichkeit ungenutzt lassen, die vielleicht doch eine Chance bot, die Geiseln im Libanon freizubekommen. Okay, sagte ich, schicken wir ein Team nach Israel und unterhalten uns dort mal mit jenen Israelis, die sich bereit erklärt haben, zwischen uns und den gemäßigten Iranern zu vermitteln.

Und so fing die Iran-Contra-Affäre an.

Nach Beginn der Gespräche sagten uns die Israelis, die gemäßigten Iraner wollten von Israel eine kleine Anzahl von TOW-Panzerabwehrraketen kaufen und erbäten dazu unsere Einwilligung. Die Israelis wollten damit, wie sie sagten, ihr Prestige bei den Iranern erhöhen und ihnen demonstrieren, daß sie tatsächlich über Verbindungen zu hohen amerikanischen Regierungsvertretern verfügten. (Bis dahin war von Waffen keine Rede gewesen.)

Israel besaß bereits ein ansehnliches Arsenal an TOW-Raketen. Das Geschäft sollte folgendermaßen funktionieren: Die Israelis baten uns

ıläßlich meiner Amtseinsetzung 1985 kam die gesamte Familie Reagan zusammen. ıks vorn stehen Bess und Neil, hinter ihnen Maureen und Dennis, dann Michael und ılleen mit Ashley Marie; Cameron steht vor mir, und rechts folgen Pattie, Nancy, ın, Doria, Geoffrey und Anne Davis, Dick und Patricia Davis.

Bei der täglichen Arbeit im Oval Office und bei einer Besprechung mit George Bush und George Shultz.

Wann immer möglich, aßen George und ich donnersta zusammen zu Mittag, wobei ich Gelegenheit hatte, ihn über die anstehenden Probleme und die Tagesordnung der Administration zu informieren. Wir freuten uns beide auf diese privaten Mittagessen.

s war mir eine besondere
hre, Mutter Teresa 1985
ie Freiheitsmedaille
u überreichen.

Als der kanadische Premierminister Brian Mulrony und ich während des Treffens, das die Presse den »Kleeblatt-Gipfel« genannt hat, unsere Frauen auf uns zukommen sahen, sagte ich zu ihm: »Wir haben gut gewählt«, und er pflichtete mir bei.

1985 besuchten Nancy und ic
die Bundesrepublik Deutsch
land. Wir werden nie den
Schauer vergessen, den wir ve
spürten, als zehntausend jun
Leute »The Star-Spangled Ba
ner« zu singen begannen – in
perfektem Englisch. Bundes
kanzler Helmut Kohl war ur
Gastgeber bei diesem Besuch

Im ehemaligen Konzentratic
lager Bergen-Belsen legte ich
nen Kranz am Mahnmal für
Opfer des NS-Regimes nied

Mit Margaret Thatcher beim Spaziergang im November 1986 in Camp David. Wir hatten viele gemeinsame Probleme zu besprechen. Margaret war mehr als eine Verbündete – sie war eine Freundin.

Am Brandenburger Tor in Berlin sagte ich im Juni 1987: »Mister Gorbatschow, reißen Sie diese Mauer nieder!« Zwei Jahre später sollte dieser Traum in Erfüllung gehen.

Zu Besuch bei Papst Johannes Paul II. im Juni 1987.

Königin Elizabeth II. und ich teilen die Liebe zu Pferden – sie ist eine exzellente Reiterin. Wir ritten zusammen in Windsor Castle.

·ine königliche Hoheit, der Prinz von Wales, und Prinzessin Diana zu Besuch in
ıserer Wohnung im Weißen Haus.

Welcome Home NANCY

n Teil meines Jobs – Pressetermine. Hier im Freien auf dem Südrasen des
eißen Hauses.

ncys Begrüßung im Weißen Haus nach ihrer Mastektomie im Jahre 1987. Sie war nie
tiger gewesen als zu dieser Zeit.

ncy und ihre Mutter Deede, kurz bevor sie starb. Ich habe nie eine engere Bindung
ischen zwei Menschen gesehen als die zwischen Nancy und ihrer Mutter.

Im Dezember 1987 kamen Michail und Raissa Gorbatschow zur Unterzeichnung des INF-Vertrages nach Washington – des ersten in der Geschichte, mit dem eine ganze Klasse von Atomwaffen abgeschafft wurde. Im Mai des nächsten Jahres reiste ich nach Moskau, und wir unterzeichneten die formellen Ratifikationsdokumente. Während meines Aufenthalts in Moskau bekam ich Gelegenheit, in der Moskauer Staatsuniversität vor einigen der zukünftigen Führer der Sowjetunion über die Segnungen von Freiheit, Demokratie und freiem Unternehmertum zu sprechen. Bei dieser Rede stand eine (auf dem Photo nicht zu sehende) riesige Leninstatue hinter mir.

Marie und Cameron au[illegible]
dem Steg auf dem Ranc[illegible]
del Cielo.

An einem Wintertag mit unserem Hund Rex in Camp David.

Zu Weihnachten 1987 hatten wir die Familie zu uns ins Weiße Haus eingeladen. Das Photo zeigt uns mit (von links nach rechts) Anne Davis Peterson, Jon Peterson, Geoffrey Davis und Patricia Davis.

ir waren einfach zwei Menschen, die nach Hause gehen. Hinter uns auf den Stufen s Capitols sind der neue Präsident der Vereinigten Staaten, George Bush, und die ue First Lady, Barbara Bush, zu sehen. Wir hatten uns gerade von ihnen verabschie- t und waren nun auf dem Weg zu dem Hubschrauber, der uns in unser neues Leben private Bürger bringen sollte.

um die Genehmigung, den moderaten Iranern ein paar Raketen zu verkaufen. Die Vereinigten Staaten sollten daraufhin Israels Raketenvorräte wieder auffüllen – und von den Israelis entsprechend bezahlt werden. So wie Bud mir den Plan erklärte, handelte es sich bei der Transaktion ausschließlich um ein Geschäft zwischen Israel und den gemäßigten Iranern, an dem unser Land nicht beteiligt war. Erforderlich war allerdings, daß wir für Israel von unserer Politik abwichen, die jedwede Lieferung amerikanischer Waffen an den Iran untersagte.

Meine erste Reaktion auf diesen Vorschlag war: Nein, mit Ländern, die den Terrorismus finanzieren, machen wir keine Geschäfte. Ich sagte zu Bud, er solle den Vorschlag ablehnen.

Doch dann bedrängten uns die israelischen Regierungsvertreter, den Handel doch zu genehmigen. Sie schickten uns Material, aus dem, wie sie sagten, hervorging, daß ihre iranischen Gesprächspartner den Terrorismus ablehnten und aktiv dagegen gekämpft hätten. Wir hatten große Hochachtung vor den Leistungen des israelischen Geheimdienstes im Nahen Osten und hielten ihre Behauptungen daher in hohem Maße für glaubwürdig. Man sagte mir, der israelische Ministerpräsident Schimon Peres unterstütze den Vorschlag, und die mit den Geheimkontakten befaßten Israelis stünden allesamt Peres nahe.

Zu jener Zeit meldeten die Medien, daß sich der Gesundheitszustand des Ayatollah mittlerweile derart verschlechtert habe, daß möglicherweise schon vor Ablauf der nächsten Woche mit seinem Ableben zu rechnen sei. Bud mußte mir also nicht erst die Pistole auf die Brust setzen, um mich davon zu überzeugen, daß die Einrichtung eines direkten Drahts zu verantwortlichen iranischen Politikern, bei denen es sich möglicherweise um die zukünftigen Führer des Landes handelte, angeraten wäre. Hier bot sich eine *bona fide*-Gelegenheit, an der zukünftigen Gestaltung des Nahen Ostens mitzuwirken, die Initiative zu ergreifen und den Sowjets in einer bedeutenden Weltregion zuvorzukommen. Uns lag, wie bereits erwähnt, sehr daran, daß im Iran gemäßigte Politiker an die Macht kamen. Hätten die Israelis gesagt, sie wollten dem Ayatollah oder seinen unabhängig von der Armee operierenden Revolutionsgarden amerikanische Waffen verkaufen, so hätte ich den Plan sofort abgelehnt. Es klang jedoch nicht unplausibel, daß gemäßigte Iraner, die gegen das autoritäre Regime des Ayatollah opponierten, uns um Waffen angingen, um ihre Position zu stärken und ihre

Glaubwürdigkeit gegenüber der iranischen Militärführung zu erhöhen. Die iranischen Streitkräfte waren bis zu einem gewissen Grade vom Ayatollah unabhängig. Uns waren viele Fälle bekannt, in denen Gruppen, die um die Macht in ihrem Lande kämpften – und zwar oftmals, um ihm Demokratie zu bringen –, es für notwendig erachteten, das Militär auf ihre Seite zu ziehen.

Um die Wahrheit zu sagen: Nachdem uns die Israelis glaubhaft versichert hatten, daß ihre iranischen Gesprächspartner vertrauenswürdig waren, brauchte ich keine dreißig Sekunden mehr, um dem Vorschlag zuzustimmen. Ich sagte also ja zu der geplanten Aktion einer anderen Regierung, nämlich der israelischen. *Wir* würden keine Waffen in den Iran liefern. Ich erteilte mein Plazet auch deshalb, weil man mir darüber hinaus versichert hatte, daß die Lieferung von ein paar TOW-Raketen das Kräfteverhältnis im iranisch-irakischen Krieg nicht wesentlich verändern würde. Wir wollten dieser einen kleinen Lieferung, die – indem sie bewies, daß die Israelis tatsächlich über Kontakte zu höchsten amerikanischen Regierungsstellen verfügten – dazu angetan war, die Glaubwürdigkeit der israelischen Vermittler zu erhöhen, nicht im Wege stehen. Ich stellte jedoch eine Bedingung: Die gemäßigten Iraner müßten ihren Einfluß bei der Hisbollah geltend machen und sich für die Freilassung der Geiseln einsetzen.

Die Antwort lautete: Ja, man sei dazu bereit – und in der Lage dazu. Also stimmte ich einem Plan zu, dem zufolge die Geiseln im September an einem Strand nördlich von Tripoli freigelassen werden sollten. Israel versprach für den Fall, daß die Geiseln nicht freigelassen würden, die Waffenlieferung sofort zu unterbrechen und die Transportflugzeuge mit den Raketen umkehren zu lassen.

Nur wenige Stunden nach der Lieferung wurde Reverend Benjamin Weir, ein Amerikaner, der seit sechzehn Monaten in Beiruter Geiselhaft saß, entlassen. Während der nächsten beiden Tage herrschte große Spannung im Weißen Haus: Wir rechneten jeden Augenblick mit der Freilassung der anderen sechs Geiseln. Man ließ uns wissen, die Terroristen, in deren Gewalt sie sich befänden, zögerten die Freilassung hinaus, doch sei es nichtsdestoweniger nur eine Frage der Zeit, bis es soweit sei. Wir waren enttäuscht, gewiß, doch war auch die Heimführung einer Geisel bereits ein Erfolg. Ich hatte ein gutes Gefühl. Wir warteten nun alle auf die Befreiung der übrigen Geiseln.

Im Weißen Haus gab es zu jener Zeit viel zu tun: Ich bereitete mich auf mein erstes Gipfeltreffen mit dem neuen sowjetischen Parteichef Michail Gorbatschow vor; wichtige innenpolitische Gesetzesvorhaben standen an, und wir beobachteten die Ereignisse auf den Philippinen, die später zum Sturz von Ferdinand Marcos führten. Der Geheimdienst erhielt immer neue Beweise dafür, daß Libyen in verschiedenen Teilen der Welt Terrorakte – deutlicher gesagt: grausame Morde – finanzierte. Und im Nahen Osten, wo ohnehin selten genug Ruhe herrschte, verschärfte sich die Lage Anfang Oktober erneut, als Israel Arafats PLO-Hauptquartier in Tunis bombardierte.

Der Angriff, bei dem eine Anzahl Frauen und Kinder ums Leben kam, löste Vergeltungsdrohungen radikaler Palästinenser gegen Israel und die Vereinigten Staaten aus. Drei Tage danach verkündete die Organisation »Islamischer Heiliger Krieg« die Hinrichtung einer Geisel – des CIA-Manns William Buckley – als Vergeltung für die Attacke in Tunis. (Später fanden wir heraus, daß Buckley wahrscheinlich schon einige Monate früher an den Folgen der Haft gestorben war.) Und sechs Tage nach dem Angriff kaperten vier schwerbewaffnete Palästinenser im Mittelmeer das italienische Kreuzfahrtschiff *Achille Lauro.*

Wieder einmal herrschte also Krisenstimmung im Nahen Osten, und wieder einmal stand das Leben amerikanischer Bürger auf dem Spiel. Ungefähr hundert Passagiere, von denen mindestens die Hälfte Amerikaner waren, wurden auf dem Schiff als Geiseln gehalten, und die Entführer drohten mit ihrer Ermordung, falls Israel sich nicht bereit erklärte, fünfzig palästinensische Gefangene aus seinen Gefängnissen zu entlassen. Als erste sollten die an Bord befindlichen Amerikaner getötet werden. Den größten Teil der folgenden achtundvierzig Stunden verbrachten wir damit, einen Plan zum Einsatz der Seals, einer Eliteeinheit der Navy, auszuarbeiten. Die Seals sollten die *Achille Lauro* stürmen und die Geiseln aus den Händen der Terroristen befreien. Die Zeit sei reif für einen Gegenschlag, sagte ich, obwohl wir uns alle darüber im klaren waren, daß die Erstürmung des Schiffes höchste Risiken barg.

Daß schnelles Handeln vonnöten war, wurde durch die kaltblütige Ermordung des an den Rollstuhl gefesselten 69jährigen Amerikaners Leon Klinghoffer noch unterstrichen. Nachdem sie ihn erschossen hatten, warfen die Palästinenser seine Leiche einfach ins Meer.

Obwohl die Vorbereitungen für die Mission kurz vor dem Abschluß standen, bekamen die Seals nie eine Chance, ihren Rettungsplan in die Tat umzusetzen. Die Entführer – sie glaubten möglicherweise, der Anschlag habe bereits seinen Zweck erfüllt – dirigierten das Kreuzfahrtschiff zu seinem ursprünglichen Bestimmungsort, der ägyptischen Hafenstadt Port Said, und ergaben sich den dortigen Behörden. Auf diplomatischem Wege richteten wir das dringende Ersuchen an Ägypten, die Entführer zur Strafverfolgung den amerikanischen oder italienischen Behörden auszuliefern. Präsident Mubarak indessen gab bekannt, die Täter seien bereits Vertretern der PLO übergeben worden, die sie außer Landes gebracht hätten.

Am nächsten Tag flog ich nach Chicago, wo ich zwei bereits seit längerem geplante Reden halten wollte. Dort erfuhr ich, daß Mubarak nach Erkenntnissen unseres Geheimdiensts nicht die Wahrheit gesagt hatte: Die Entführer befanden sich nach wie vor in Ägypten. Mubarak war zwar an freundschaftlichen Beziehungen zu uns gelegen, doch wollte er offensichtlich neue Konflikte zwischen seinem Land und anderen arabischen Staaten vermeiden. Vielleicht fürchtete er im Falle einer Auslieferung der Palästinenser mögliche Vergeltungsschläge der PLO. Wir erfuhren, daß ein ägyptisches Flugzeug startklar gemacht wurde, mit dem die Kidnapper nach Tunesien ausgeflogen werden sollten; dort wollte ihnen die PLO einen triumphalen Empfang bereiten. Auf geheimdienstlichem Wege brachten wir auch die genaue Abflugzeit in Erfahrung.

Als *Air Force One* zum Rückflug von Chicago nach Washington abhob, gab ich mein Einverständnis zu einem Plan, der vorsah, das Flugzeug mit den Entführern von amerikanischen Kampfflugzeugen abfangen zu lassen und zur Landung auf einem amerikanischen Stützpunkt im Mittelmeerraum zu zwingen. Wir hatten vor, die Täter entweder in die Staaten zu bringen oder sie den italienischen Strafverfolgungsbehörden auszuliefern. Auf dem Rückflug gen Osten schrieb ich in mein Tagebuch: »Wir werden das Flugzeug natürlich nicht angreifen, sondern es nur zum Abdrehen auffordern und ihm ein bißchen auf den Pelz rücken.«

Diesmal, so dachte ich, haben wir eine echte Chance, ein paar Terroristen vor den Richter zu bringen. Glücklicherweise sollte ich recht behalten.

Ungefähr zur gleichen Zeit, da *Air Force One* auf dem Luftwaffenstützpunkt Andrews bei Washington landete, fingen vier auf dem Flugzeugträger *Saratoga* stationierte F-14-Kampfflugzeuge der Navy die ägyptische Boeing 737 mit den Entführern der *Achille Lauro* ab und zwangen sie zur Landung auf einem sizilianischen Stützpunkt, der von Italien und den Vereinigten Staaten gemeinsam unterhalten wird. Die halbe Nacht saß ich am Telephon und überwachte den Ablauf der Operation und ihre Folgen.

Das Einsatzkommando der Seals, das auf schnellstem Wege nach Sizilien gebracht worden war, versuchte nach der Landung der Boeing die Entführer festzunehmen, damit sie in Amerika vor Gericht gestellt werden konnten. Doch die italienische Polizei verweigerte ihre Zustimmung und nahm die Täter selbst in Gewahrsam. Spät am Abend rief ich den italienischen Ministerpräsidenten Bettino Craxi an und bat ihn unter Berufung auf die amerikanische Staatsbürgerschaft Klinghoffers um die Genehmigung, die Entführer zur Strafverfolgung in die Vereinigten Staaten ausfliegen zu lassen. Craxi erwiderte daraufhin jedoch, er habe nicht die Befugnis, die Täter freizugeben. Gemäß italienischem Recht seien die Richter unabhängig; das Schicksal der vier Männer liege also ganz legal in ihrer Hand. (Ich nehme an, Craxi fürchtete ebenfalls politische Verwicklungen, mit denen er im Falle einer Auslieferung der Entführer des italienischen Schiffs an uns rechnen mußte.)

Als ich die Nachricht von der Festnahme der Entführer der Presse bekanntgab, drückte ich gleichzeitig meine Hoffnung aus, daß die Terroristen aus dem Vorfall eine Lehre zögen: Ihr könnt davonlaufen, aber ihr könnt euch nicht verstecken. In mein Tagebuch schrieb ich: »Amerikaner und ihre Freunde im Ausland haben Lorbeeren eingeheimst. Wir werden mit Telegrammen und Anrufen überflutet.«

Ganz zufriedenstellend war der Ausgang der Affäre jedoch nicht: Italien, das die vier Entführer schließlich vor Gericht stellte, brachte mich in Rage, weil es einen fünften Palästinenser – den Anführer und Drahtzieher der *Achille Lauro*-Entführung, der gleichzeitig ein Stellvertreter Yassir Arafats war – nach Jugoslawien schmuggelte. Ich hatte dafür kein Verständnis und ließ es Craxi wissen. Präsident Mubarak ließ unterdessen in mehreren Stellungnahmen (die sich allerdings, wie ich glaube, vor allem an das Publikum im eigenen Land richteten) seiner Empörung über das amerikanische Vorgehen freien Lauf und bezeichnete es als Akt der Luftpiraterie. Eine Woche später überbrachte mir der ägyptische Botschafter ein langes Schreiben von Mubarak, in dem er mich um Verständnis bat: Die erzwungene Landung des ägyptischen Flugzeugs sei für ihn eine politische Erniedrigung gewesen – besonders angesichts der unabhängigen Position, die Ägypten innerhalb der arabischen Welt einnehme.

Fast im Flüsterton sagte der Botschafter: »Versetzen sie sich mal in unsere Lage.«

»Und Sie sich in die meine«, erwiderte ich.

Ende November, nach meiner Heimkehr von der Gipfelkonferenz in Genf, erklärte mir Bud McFarlane, er wolle zum Jahresende von seinem Posten als Sicherheitsberater zurücktreten. Nach dreißig Jahren Arbeit im Dienst der Regierung sei er es seiner Familie schuldig, mehr Zeit als bisher zu Hause zu verbringen. Bud war ein Mann, der achtzig Stunden in der Woche arbeitete. Ich sagte ihm, er könne bleiben, solange er wolle, doch wolle ich ihn nicht zum Bleiben überreden; ich hatte viel Verständnis für seinen Wunsch, mehr Zeit für seine Familie zu haben. Zum Nachfolger Buds ernannte ich seinen Stellvertreter, John Poindexter, der für die erfolgreiche Operation gegen die *Achille Lauro*-Terroristen verantwortlich war.

Am 5. Dezember 1985 führte Bud zum letztenmal als Sicherheitsberater den Vorsitz in der Lagebesprechung. Dann übernahm John. Thema der Konferenz war nach meinen Tagebuchaufzeichnungen »unsere Geheimoperation zur Befreiung der Geiseln, die von Terroristen im Libanon festgehalten werden. Eine komplizierte Angelegenheit, über die nur wenige von uns informiert sind.« Zwei Tage später schrieb ich folgendes:

Samstag, 7. Dezember – Pearl-Harbor-Tag:
Tag beginnt mit »Rex« [unserem neuen Hund, einem einjährigen King-Charles-Spaniel] auf unserem Bett. Dann Besprechung mit Don R., Cap W., Bud M., John P., George S. und McMahon von der CIA. Hängt zusammen mit dem komplizierten Plan, fünf Geiseln freizubekommen und einigen Offiziellen im Iran zu helfen, die das Land von seinem gegenwärtigen Kurs abbringen und bessere Bezie-

hungen mit uns durchsetzen wollen. [Der Plan] sieht vor, daß Israel Waffen an den Iran verkauft. Sie sollen in Raten per Luftfracht geliefert werden, parallel zur Freilassung der Geiseln. Die Waffen gehen an gemäßigte Armeeführer, ohne die ein Wechsel zu einer stabileren Regierung kaum denkbar ist. Wir verkaufen dann Israel Ersatz für die gelieferten Waffen. Geschenkt wird ihnen nichts. Die Iraner zahlen bar für die Waffen – und die Israelis ebenso.
George Shultz, Cap und Don sind dagegen. Der Kongreß hat ein Gesetz verabschiedet, das uns den Verkauf von Waffen an den Iran oder an andere Länder, die sie an den Iran weiterverkaufen, untersagt. George meint außerdem, daß dadurch unser Grundsatz, Terroristen nicht zu bezahlen, verletzt wird. Ich betone, daß die Waffen für jene Leute sind, die einen Regierungswechsel im Iran anstreben, und daß wir kein Lösegeld für die Geiseln zahlen. Es soll kein direkter Waffenverkauf an den Iran stattfinden, sondern wir wollen die von Israel verkauften Waffen ersetzen.
Wir haben ein Patt. Bud fliegt nach London, wo die israelischen und iranischen Agenten sind. Großbritannien hat kein Embargo gegen den Iran ... Der Plan soll am Mittwoch anlaufen.

9. Dezember: Bud ist aus London zurück, aber noch nicht im Büro. Sein Treffen mit den Iranern hat seinen Zweck, sie zur Freilassung der Geiseln zu überreden, bevor wir die Waffen liefern, nicht erfüllt. Ihr Anführer hat gesagt, wenn er den Terroristen mit diesem Vorschlag kommt, bringen sie unsere Leute um.

10. Dezember: Morgens gleich eine Sitzung mit der dem[okratischen] und der republikanischen Kongreßführung. (...) Bud M. aus England und von seinem Treffen mit dem iranischen »Mittelsmann« [dem iranischen Waffenhändler Manucher Ghorbanifar] zurück, der sich als zwielichtiger Charakter entpuppt. Unser Plan betr. der Geiseln war ein Schlag ins Wasser.

Am 12. Dezember wurde die Nation erneut an den hohen Preis erinnert, den wir für die andauernden Unruhen im Nahen Osten und unsere Anstrengungen zur Beilegung des arabisch-israelischen Konflikts zu zahlen hatten. Fast 250 amerikanische Soldaten, die nach sechsmonatiger Dienstzeit bei der unter den Bestimmungen des Camp-David-

Abkommens auf der Sinai-Halbinsel stationierten internationalen Friedenstruppe in die Heimat zurückkehrten, kamen ums Leben, als ihr Flugzeug kurz nach dem Auftanken in Neufundland abstürzte.

Keine drei Wochen später – zwei Tage nach Weihnachten – folgte die nächste Erinnerung: Palästinensische Terroristen überfielen die Flughäfen von Rom und Wien und feuerten aus automatischen Waffen auf die Passagiere. Unter den zwanzig Todesopfern befanden sich fünf Amerikaner, darunter ein elfjähriges Mädchen. Oberst Muammar Gaddafi bezeichnete die Kamikaze-Aktion prompt als »noble Tat«.

Bei der Leiche eines der Terroristen fand sich ein tunesischer Paß. Der Paß war einem tunesischen Arbeiter bei seiner Ausweisung aus Libyen abgenommen worden. Man konnte sich leicht vorstellen, woher der Terrorist den Paß bekommen hatte.

Ich war der Meinung, daß wir diesen verrückten Clown in Libyen nicht länger ignorieren konnten. Wir hatten mittlerweile ein ganzes Regal voller Einsatzpläne, die alle darauf abzielten, ihm in konkreter Weise unser Mißvergnügen über seinen Terrorismus kundzutun – doch mußten wir bei allem, was wir taten, berücksichtigen, daß in Libyen fast eintausend amerikanische Ölarbeiter tätig waren. Gaddafi hätte sich bedenkenlos an ihnen gerächt.

Zwei Mitglieder meines Kabinetts, Cap Weinberger und George Shultz, die ich beide sehr bewunderte, kamen nie besonders gut miteinander aus. Die Atmosphäre zwischen ihnen war immer ein wenig frostig, ein wenig gespannt. Die Ursachen dafür gingen, wie ich annehme, auf jene Zeit zurück, in der sie beide Manager des Bechtel-Konzerns in San Francisco waren. Was immer dahinterstecken mochte – es gab viele Dinge, die die beiden unterschiedlich sahen. So glaubte Cap mitunter, George lasse sich zu schnell auf bestimme Abrüstungsabkommen mit den Sowjets ein. Er versuchte dann, mich zu einer langsameren Gangart zu überreden, als George lieb gewesen wäre. (Darauf komme ich später noch zurück.) Es gab zahlreiche Konflikte zwischen den beiden. Ich glaube jedoch nicht, daß das für das Land oder die Regierung unbedingt schlecht war: Jedes Kabinettsmitglied mußte die Probleme der Nation und die weltpolitischen Ereignisse aus der speziellen Sicht seiner oder ihrer Ressortverantwortung sehen und sich dabei zum Teil auch auf den Rat der Experten in den jeweiligen Ministerien stützen.

Konflikte zwischen dem Pentagon und Foggy Bottom, dem Außenministerium, waren unvermeidlich, unabhängig von den Personen, die dort die Verantwortung trugen. Es gab sie auch unter früheren Regierungen. Nach meiner Überzeugung ist es wichtig, daß Präsidentenratgeber statt ewiger Einmütigkeit unterschiedliche Sichtweisen präsentieren und ihre Meinungsverschiedenheiten offen ausdrücken. Ich habe die Mitglieder meines Kabinetts immer darin bestärkt, weder mir noch den Kollegen abweichende Meinungen vorzuenthalten.

Doch wenn George und Cap auch auf vielen Gebieten uneins waren – in einer Frage stimmten sie überein: Sie lehnten den von Bud McFarlane eingebrachten israelischen Vorschlag für Waffenverkäufe an den Iran praktisch vom ersten Tag an ab. Sie warnten mich vor der Beteiligung an jeder Vereinbarung, die die Interpretation zuließ, daß unsere Bemühungen zur Befreiung der Geiseln mit Waffenlieferungen verknüpft waren. Auf der Sitzung am Pearl-Harbor-Tag 1985, auf der wir die Fortsetzung und mögliche Ausweitung der im Sommer zuvor begonnenen Geheimoperation erörterten, machten sie mir ihre ablehnende Haltung unmißverständlich klar. Sie behaupteten nicht, daß der Plan einen Tauschhandel Waffen gegen Geiseln enthalte. Sie sagten auch nicht, daß wir unsere Politik, mit Terroristen keine Verhandlungen zu führen und kein Lösegeld für Geiseln zu zahlen, dadurch verletzten, doch sie beharrten darauf, daß es, sobald von der Sache etwas an die Öffentlichkeit durchsickerte (wovon George fest überzeugt war), so aussehen würde *als ob*.

Ich antwortete ihnen, daß wir eben *nicht* Waffen gegen Geiseln eintauschten und daß wir *keine* Verhandlungen mit Terroristen führten.

»Schauen Sie«, sagte ich, »wir sind uns alle einig darüber, daß wir der Hisbollah kein Lösegeld für die Geiseln bezahlen können. Aber wir verhandeln doch gar nicht mit der Hisbollah, wir rühren keinen Finger für sie. Wir versuchen lediglich, einigen Leuten zu helfen, die sich Chancen ausrechnen, die nächste iranische Regierung zu stellen. Und diese Leute bekommen die Waffen als Gegenleistung dafür, daß sie ihren Einfluß für die Befreiung der Geiseln geltend machen. Es wäre das gleiche, wenn eines meiner Kinder entführt würde und eine Lösegeldforderung auf dem Tisch läge. Sicher, ich halte nichts von Lösegeldzahlungen, weil sie nur weitere Entführungen nach sich ziehen.

Aber wenn ich jemanden finde, der Kontakt mit dem Kidnapper hat und mir mein Kind zurückbringen kann, ohne daß der Entführer dafür etwas bekommt, dann nehme ich diese Chance doch wahr. Und es wäre doch von meiner Seite absolut angemessen, jene Person, die mir mein Kind zurückgebracht hat, zu belohnen. Das wäre doch kein Lösegeld für die Entführer.«

Aufgrund von Caps und Georges Opposition beschloß ich, erst einmal abzuwarten. Die Sitzung am Pearl-Harbor-Tag endete ohne eine Entscheidung, wenngleich ich sagte, ich wolle die Kanäle auf jeden Fall offenhalten. Ich bat Bud McFarlane, den nächsten Schritt zu unternehmen und sich erneut mit den Hauptbeteiligten an den Verhandlungen zu treffen. Ich trug ihm auf, die Forderung nach einem direkten Dialog zwischen uns und verantwortlichen Iranern zu stellen. Die Iraner könnten ihre Verantwortlichkeit durch die Befreiung der Geiseln beweisen. Zu einem Geschäft Waffen gegen Geiseln seien wir jedoch nicht bereit.

Als Bud später in jenem Monat aus London, wo er sich mit der Gruppe getroffen hatte, zurückkehrte, berichtete er mir, daß die Leute zusätzliche Waffenlieferungen forderten und gesagt hätten, jede Indiskretion über die Verhandlungen sowie unsere Weigerung, Waffen zu liefern, würde nicht nur das Leben der in die Kontakte verwickelten gemäßigten Iraner, sondern auch das der Geiseln gefährden. Bud sagte, Ghorbanifar, ein im Exil lebender iranischer Waffenhändler, der bei den Verhandlungen die erste Geige spielte, sei nicht vertrauenswürdig. Er machte mir unverblümt klar, daß er größte Bedenken gegenüber einer Fortsetzung der Initiative habe.

Ich hatte jedoch das Gefühl, daß uns nicht viele andere Optionen zur Heimführung der Geiseln offenstanden. Möglicherweise gab es überhaupt keine anderen. Ich glaubte, daß wir keine Mittel und Wege scheuen durften, um unsere Leute aus Beirut herauszuholen, und daß wir ebenfalls alles daransetzen mußten, um mit den künftigen Führern des Iran ins Gespräch zu kommen. Obwohl es Schwierigkeiten gab, glaubte ich, jene Gruppe biete noch immer die beste Hoffnung auf Durchsetzung beider Ziele.

Ich traf also auf jener Sitzung am Pearl-Harbor-Tag keine Entscheidung, doch war ich innerlich davon überzeugt, daß wir an der Initiative festhalten und sie Schritt für Schritt weiterführen mußten – vorsichtig und unter strikter Wahrung des Gesetzes. Wir mußten sehen, wohin sie uns führen würde. Wie gesagt, spürte ich eine schwere Last auf meinen Schultern – die Verantwortung dafür, die Geiseln nach Hause zu bekommen. Wieder näherte sich das Weihnachtsfest, und noch immer gab es amerikanische Bürger, die fern der Heimat in Gefangenschaft saßen, getrennt von Eltern, Frauen und Kindern, ihrer Grundfreiheiten beraubt und nahezu unaussprechlichen Lebensbedingungen ausgesetzt. Welcher Amerikaner, der unter solchen Umständen in der Falle saß, hätte nicht von mir verlangt, alles zu tun, um ihn aus dieser Situation zu befreien? Und welche Amerikaner, die *nicht* unter solchen Umständen leben mußten, hätten nicht das gleiche von mir verlangt?

Es war die *Pflicht* des Präsidenten, die Geiseln nach Hause zu bringen. Ich wollte nicht rasten und nicht ruhen und keine Möglichkeit ungenutzt lassen, bis sie wieder sicher im Kreise ihrer Familien waren.

Als das Jahr zu Ende ging, verbrachten wir – wie meistens um die Neujahrszeit – ein paar Tage im Hause des ehemaligen Botschafters Walter Annenberg unweit von Palm Springs. Dort spielte ich meine alljährliche Runde Golf und beschloß das Jahr mit folgendem Tagebucheintrag: »Beendete 1985 mit 18 Löchern Golf; wie üblich ein paar ganz erfreuliche Schläge, aber viel mehr von der anderen Sorte ... Dann die Neujahrsparty, die wie immer sehr schön war. Über allem hing natürlich eine Wolke, die wir zeitweise zu ignorieren versuchten – die Angelegenheit mit Gaddafi und seiner Verbindung zu den Massakern auf den Flughäfen von Rom und Wien. Alle haben wir das Gefühl, wir müssen etwas unternehmen; trotzdem gibt es Probleme, darunter 1000 Amerikaner, die im Lande des verrückten Clowns leben und arbeiten.«

67

Die ersten Wochen des Jahres 1986 bildeten ein einziges Gewirr aus Tragik und internationalen Krisen: das *Challenger*-Desaster; der Sturz des Präsidenten der Philippinen, Ferdinand Marcos; ein neuerlicher Krach mit den Japanern wegen ihrer Einfuhrbeschränkungen für amerikanische Waren; neuerliche Versuche des Kongresses, die Contras auszuhungern – und fortgesetzte Probleme im Nahen Osten. Am 7. Januar schrieb ich in mein Tagebuch: »Nach einer ganz schön langen Sitzung habe ich schließlich entschieden, sämtliche Amerikaner, Privatpersonen und Geschäftsleute, mittels präsidialer Verfügung aus Libyen abzuziehen sowie die Beziehungen – Handelsbeziehungen usw. – mit den Libyern abzubrechen. Gleichzeitig verstärken wir die Sechste Flotte im Mittelmeer. Entscheidet sich Mr. Gaddafi, auf weitere terroristische Anschläge zu verzichten, na schön, dann hatte die beabsichtigte Drohung Erfolg. Hält er unsere Reaktion jedoch für ein Zeichen von Schwäche und greift wieder zum Terror, so sind wir schon auf bestimmte Ziele vorbereitet und werden umgehend verdammt hart zurückschlagen. Die präsidiale Verfügung gebe ich heute abend in der Pressekonferenz bekannt.«

Bei all der Publizität, die der Iran-Contra-Affäre seither zuteil wurde, mag es, wie gesagt, im nachhinein so aussehen, als hätten wir uns damals im Weißen Haus ausschließlich mit der Iran-Initiative beschäftigt. Sie war jedoch nur eines von vielen, vielen Themen, mit denen wir uns damals befaßten. Da waren nicht nur zahlreiche außenpolitische Angelegenheiten wie die Rüstungskontrolle, Krisen in Nicaragua und auf den Philippinen sowie Besuche verschiedener Staatsoberhäupter, sondern auch eine ganze Reihe innenpolitischer Dinge, namentlich die Auseinandersetzung über die Steuerreform und die Reduzierung des Haushaltsdefizits, aber selbstverständlich auch die *Challenger*-Tragödie. Tagaus, tagein hatte ich Dutzende von Dokumenten zu lesen und mußte im Durchschnitt achtzig Personen empfangen. Ich legte zwar die Richtlinien der Politik fest, doch Routinearbeiten und die Details überließ ich den Spezialisten. Ich gestehe offen ein, daß ich bei all der Turbulenz Mühe hatte, mir sämtliche Einzelheiten und den Ablauf jeder einzelnen Konferenz in jener Zeit zu merken – zumindest nicht in dem Ausmaß, wie es das spätere öffentliche Interesse an den Ereignissen von mir verlangt hat. Ich habe mir vorgenommen, in diesem Buch alles zu berichten, was mir von der Iran-Contra-Affäre im Gedächtnis haften geblieben ist.

Auf der Sitzung des Nationalen Sicherheitsrats an jenem 7. Januar, auf der ich die Präsidentenverfügung bezüglich Libyens erließ, machten John Poindexter und der Stab des Nationalen Sicherheitsrat den Vorschlag, die Iran-Initiative zu beschleunigen. Im Klartext hieß das: Billigung einer zusätzlichen Lieferung von TOW-Raketen, wobei allerdings besondere Betonung auf Direktverhandlungen mit gemäßigten Mitgliedern der iranischen Regierung anstelle der Mittelsmänner gelegt werden sollte.

Ich glaube, ich habe wohl von Anfang an gewisse Zweifel an der Zuverlässigkeit jener Leute gehegt, mit denen wir es bei den Verhandlungen, die nach Bud McFarlanes Besuch an meinem Krankenbett im Sommer 1985 begonnen hatten, zu tun bekamen. Sie hatten mehrmals die unmittelbar bevorstehende Freilassung der Geiseln angekündigt, doch in Wirklichkeit kam keine mehr frei. Bill Casey allerdings meinte, in der Welt der verdeckten Operationen wimmele es von Leuten, die alle keine Engel wären. Immerhin hatten diese Leute eine Geisel tatsächlich freibekommen, und seit wir mit ihnen in Verbindung standen, hatte die Hisbollah keine größeren terroristischen Anschläge mehr gegen Amerikaner verübt.

Anfang Januar wurde mir neuerlich versichert, daß Ghorbanifar und Co. über gute Verbindungen im Iran verfügten. Um es klar zu sagen: Sie stellten unsere beste Hoffnung für die Befreiung der Geiseln dar. Ich entschied mich also, trotz der tiefen Meinungsverschiedenheiten im Kabinett und Stab, für die Fortsetzung der Initiative: Ed Meese, Bill Casey und vor allem John Poindexter – der nach McFarlanes Rücktritt zum Chefmanager der Initiative wurde – plädierten fürs Weitermachen; Cap Weinberger und George Shultz blieben bei ihren Einwänden, wobei vor allem Shultz sehr heftig gegen die Initiative opponierte. Beide behaupteten steif und fest, ich mache einen Fehler, aber ich sprach schließlich ein Machtwort.

Ich hielt die Operation damals (und auch später) nie für ein »Waffen gegen Geiseln«-Geschäft, denn das war sie nicht. Cap und George verfügten beide über Erfahrungen aus früheren Regierungen. Ich konnte ihre Warnungen, die Initiative würde fehlinterpretiert, sobald auch nur ein Wort darüber an die Öffentlichkeit käme, also nicht einfach überhören – doch war mein Gefühl, die Gelegenheit rechtfertige das Risiko, stärker. Ich rechnete nicht mit einem Scheitern des Plans. Sollte er es dennoch tun, so war ich bereit, den Kopf dafür hinzuhalten.

Den ganzen Februar über rechneten wir beinahe täglich mit der Freilassung der Geiseln. Aber sie kam nicht. Wir drängten verstärkt auf direkte Kontakte zu moderaten iranischen Offiziellen, wobei wir stets auf strengste Geheimhaltung achteten. Jede Indiskretion hätte wahrscheinlich nicht nur die Geiseln, sondern auch die iranischen Kontaktpersonen in Gefahr gebracht. Inzwischen sahen wir uns auch noch mit anderen nahöstlichen Problemen konfrontiert.

Im März begann eine neue Runde von Manövern der Sechsten Flotte in »Gaddafis Teich«, in der Kleinen Syrte, und wir warteten gespannt auf seine Reaktion. Die Befehlshaber der Flotte hatten Order, Gaddafis sogenannte »Todeslinie« zu überqueren – eine imaginäre Grenze auf See, über hundert Meilen von der Küste seines Landes entfernt (also weit jenseits der vom internationalen Seerecht festgesetzten Zwölf-Meilen-Zone) –, von der Gaddafi behauptete, sie sei die libysche Landesgrenze. Ich hatte befohlen, im Falle eines libyschen Angriffs auf unsere Flugzeuge oder Schiffe entsprechend zurückzuschlagen, allerdings unter Wahrung der Verhältnismäßigkeit.

Zwei Tage nach Beginn der Manöver beschossen (und verfehlten) Gaddafis Truppen mehrere unserer von Flugzeugträgern aus operierenden Maschinen mit SAM-Raketen und näherten sich mit Raketenbooten unserer Flotte bis auf Sichtweite – was in internationalen Gewässern als aggressiver Akt gilt. Wir antworteten mit der Versenkung der libyschen Schiffe und der Zerstörung der Radarstation, die die Raketen gelenkt hatte. Danach wurden unsere Geheimdienste in Alarmbereitschaft versetzt und warteten auf Gaddafis nächsten Schritt.

Ende März flogen Nancy und ich nach Kalifornien, um ein paar Tage auf der Ranch zu verbringen. Eines Nachts rief mich John Poindexter dort an und berichtete, in einer mit Vorliebe von US-Soldaten frequentierten Westberliner Diskothek sei soeben eine von Terroristen gelegte Bombe explodiert. Eine Türkin und ein amerikanischer Soldat seien dabei getötet und über 200 weitere Menschen, darunter mindestens 50 amerikanische Soldaten, verletzt worden.

Die Ermittlungen über die Hintergründe des Bombenattentats konzentrierten sich rasch auf Libyen. Obwohl Gaddafi den Anschlag im Fernsehen (völlig korrekt) als sinnlosen terroristischen Akt gegen Unschuldige verurteilte, brauchten unsere Geheimdienstexperten nicht einmal einen Tag, um zweifelsfrei festzustellen, daß zwischen libyschen Diplomaten in Ost-Berlin und Gaddafis Hauptquartier in Tripoli sowohl *vor* als auch *nach* dem Attentat Gespräche über den Anschlag geführt worden waren. Die Beweise waren unwiderlegbar. Die geheimdienstlichen Erkenntnisse belegten eindeutig, daß Libyen für das Attentat verantwortlich war. Unsere Geheimdienste erhielten darüber hinaus Informationen über weitere von Libyen geplante Anschläge auf Amerikaner und Staatsangehörige anderer Länder. Rechtzeitig vorgewarnt, konnten sie die Anschläge verhüten.

Nachdem inzwischen unsere Erdöl-Arbeiter Libyen verlassen hatten, war mir klar, daß wir etwas gegen den Spinner in Tripoli unternehmen mußten. Meinem Gefühl nach blieb uns nur noch die militärische Alternative. Im Rahmen der Selbstverteidigung hat jede Nation, die das Opfer terroristischer Anschläge ist, das unveräußerliche Recht, Gewaltmaßnahmen zu ergreifen und den Gegner auf diese Weise von weiteren Terrorakten abzuschrecken. Ich hatte das Gefühl, Gaddafi müsse ein für allemal klargemacht werden, daß er nicht ungestraft so weitermachen durfte. Ich wandte mich also an den Vereinigten Generalstab und bat um einen Plan: Was, so fragte ich, können wir tun, wenn wir Gaddafi ein unmißverständliches Zeichen geben wollen, ohne dabei Unschuldige in Gefahr zu bringen?

Auf der Sitzung des Nationalen Sicherheitsrats am 7. April sichteten wir Landkarten und Luftaufnahmen von Libyen und erwogen verschiedene Optionen. Darunter befanden sich auch Angriffsziele in Tripoli, bei denen Opfer unter der Zivilbevölkerung nicht ausgeschlossen werden konnten. Am Abend schrieb ich in mein Tagebuch: »Um Opfer unter der Zivilbevölkerung zu vermeiden, ziehe ich militärische Ziele vor, zumal wir glauben, daß große Teile der libyschen Bevölkerung den Oberst gerne los wären.« Zwei Tage später findet sich folgender Eintrag: »Eine lange – eigentlich zwei lange Konferenzen des Nat. Sicherheitsrats, Planung von Angriffszielen für den Vergeltungsschlag gegen Gaddafi. Nun liegen uns alle Beweise dafür vor, daß er hinter dem Bombenattentat auf die Westberliner Disco steckte, bei dem ein amerikanischer Sergeant umkam und 50 GIs verwundet wurden. Wir haben fünf Ziele im Auge, ausschließlich militärische.« Am 10. April schrieb ich: »Wieder mit Admiral [William J.] Crowe [dem Vorsitzenden des Vereinigten Generalstabs] über potentielle Ziele in Libyen konferiert. Ich denke, Montagabend wird's soweit sein. Habe Premierministerin Thatcher eine lange Depesche mit allgemeinen Erläuterungen über unser Vorhaben geschickt. Sie antwortete mit einer langen Botschaft, in der sie uns ihre Unterstützung zusagt, aber auch Sorge um eventuelle Zivilopfer ausdrückt. Das ist auch unsere Sorge.«

In jene Zeit, als wir nach Angriffszielen suchten, die es erlaubten, unseren Standpunkt klarzumachen, ohne dabei Unschuldige zu treffen, fiel, nebenbei bemerkt, eines der wenigen Male, da ich wirklich die Geduld mit der Presse verlor. Die unvermeidliche Indiskretion – und schon bekamen einige Reporter Wind von dem geplanten Vergeltungsschlag gegen Gaddafi. Die Informationen, über die sie verfügten, waren zum Teil ziemlich exakt. Sofort posaunten sie ihre Neuigkeiten hinaus und warnten Gaddafi damit vor einem möglichen amerikanischen Angriff. Wir hielten das für die Offenlegung von Staatsgeheimnissen und versuchten, die Reporter zum Stillhalten zu bewegen. Was mich betrifft, so ist für mich Geheimhaltung im Krieg gegen den Terrorismus ebenso wichtig wie einst im Zweiten Weltkrieg, und damals akzeptierte die Presse bereitwillig eine Einschränkung der Berichterstattung, um keine wichtigen Operationen und keine Menschenleben zu gefährden. Doch in unserem Fall wollte niemand etwas davon hören. Jede Indiskretion wurde sofort an die Öffentlichkeit getragen, auch wenn dadurch Menschenleben gefährdet wurden.

Am 13. April legten wir das Hauptziel fest: Gaddafis militärisches Hauptquartier und Kasernen in Tripoli – in sicherem Abstand zu zivilen Wohngebieten. Auf demselben Gelände war auch die Geheimdienstzentrale untergebracht, von der aus Libyens weltumspannendes Programm des staatlich geförderten Terrorismus gesteuert wurde.

Die Attacke zielte nicht darauf ab, Gaddafi zu töten; das wäre ein Bruch jenes Gesetzes gewesen, das uns verbot, fremde Staatsoberhäupter zu ermorden. Unser Ziel war vielmehr, Gaddafi unmißverständlich klarzumachen, daß wir seine terroristischen Anschläge nicht länger hinzunehmen gedachten. Auch sollte er wissen, daß er, wenn er so weitermachte, erneut von uns zu hören bekäme. Es war für uns ohnehin unmöglich, seinen genauen Aufenthaltsort zum Zeitpunkt des Angriffs in Erfahrung zu bringen. Die Möglichkeit oder sogar die Wahrscheinlichkeit, daß er sich während des Luftangriffs in der Nähe der Geheimdienstzentrale oder auch im Gebäude selbst befinden konnte, war uns allerdings bewußt.

Unsere F-111-Bomber sollten Tripoli von einem Stützpunkt in England aus anfliegen und den Angriff gemeinsam mit den auf den Flugzeugträgern der Sechsten Flotte stationierten Maschinen ausführen. Frankreich und Italien weigerten sich jedoch, unseren F-111 die Genehmigung für die Durchquerung ihres Luftraums zu erteilen. Die Maschinen mußten daher über den Atlantik und das Mittelmeer fliegen – ein Umweg von mehr als 1600 km, der ihre effektive Reichweite verkürzte und sie wegen der geringeren Treibstoffreserven während des Angriffs möglicherweise erhöhter Gefahr aussetzte. Die Genehmigungsverweigerung erboste mich, denn ich war überzeugt, daß beim Kampf gegen den Terrorismus alle zivilisierten Nationen im selben Boot saßen. Zumindest bei den Franzosen hatten ökonomische Erwägungen Vorrang: Frankreich verurteilte zwar den Terrorismus öffentlich, unterhielt aber stillschweigend enge Handelsbeziehungen zu Libyen und trieb somit ein typisches Doppelspiel.

Am Abend des 14. April, dem Zeitpunkt des Angriffs, setzte ich die Führer des Kongresses über die bevorstehenden Ereignisse in Kenntnis und berichtete ihnen über die abgehörten Gespräche, aus denen hervorging, daß libysche Geheimdienstagenten für das Bombenattentat auf die Diskothek verantwortlich waren. Am späten Abend saß ich an meinem Schreibtisch in der Privatwohnung und notierte in mein Tagebuch: »Es ist soweit, der Angriff fand statt, Schlag 19 Uhr unserer Zeit. Etwa 11 Minuten über den Zielgebieten. Vorläufiger Bericht. Alle Maschinen auf dem Rückflug, aber von zwei F-111 keine Meldung. Vielleicht ist nur der Funkkontakt unterbrochen, Genaues läßt sich zur Zeit noch nicht sagen. Eins aber scheint festzustehen: Es war ein Erfolg.«

In den ersten vierundzwanzig Stunden nach dem Angriff erhielt das Weiße Haus 126 000 Anrufe – 15 000 kamen nicht durch – und in den darauffolgenden vierundzwanzig Stunden noch einmal 160 000 (diesmal kamen 16 000 nicht durch). Über siebzig Prozent der Anrufer äußerten sich zustimmend.

Tragisch war, daß eine unserer Raketen vom Ziel abkam, in ein ziviles Wohngebiet einschlug und dort Todesopfer verursachte. Es war unsere Intention gewesen, ausschließlich militärische Ziele zu treffen, und diese Panne tat mir unendlich leid. Tiefe Trauer empfand ich über den Tod von zwei Besatzungsmitgliedern, die abgeschossen worden waren, sowie eines weiteren Amerikaners, der vermutlich ebenfalls als Folge unseres Luftangriffs sein Leben verlor: Glaubhaften Berichten zufolge nahm Gaddafi nach dem Bombardement Kontakt mit jenen Terroristen auf, die Peter Kilburn, einen Bibliothekar der American

University in Beirut, entführt hatten, und bot ihnen ein Vermögen als Lösegeld für ihn an. Kilburn und zwei britische Geiseln – letztere offenkundig wegen Großbritanniens Kooperation bei dem Überfall – wurden daraufhin kaltblütig ermordet.

So tragisch diese Opfer auch sein mochten – ich glaube nicht, daß sie umsonst waren: Nach dem Angriff auf Tripoli hörte man kaum noch etwas von Gaddafis Terroristen.

Im Monat darauf unterbrach Bud McFarlane seinen kurzen Rückzug ins Privatleben und begab sich auf geheime Mission nach Teheran. Von den israelischen Mittelsmännern war ihm gesagt worden, er werde die gemäßigten Iraner, die angeblich einen Dialog mit den Vereinigten Staaten anstrebten, persönlich kennenlernen. Im Anschluß an das Treffen, so hieß es, sollten die vier noch lebenden Geiseln – Terry Anderson, Reporter bei Associated Press, Father Lawrence Jenco, Thomas Sutherland und David Jacobsen – freigelassen werden.

Bud und seine kleine Delegation trafen am 25. Mai in Teheran ein. Geplant war, daß die Geiseln spätestens am 28. Mai von der Hisbollah freigelassen werden sollten. Doch kurz nach seiner Ankunft rief mich Bud über eine abhörsichere Leitung an und teilte mir mit, daß die Vermittler uns in die Irre geführt hätten; er hege Zweifel an der Vertrauenswürdigkeit seiner iranischen Gesprächspartner. In einem zweiten Anruf berichtete er später, für die Freilassung der Geiseln durch die Hisbollah seien unverschämte Forderungen gestellt worden – darunter Israels Rückzug von den Golanhöhen und aus dem Südlibanon. Auch sollten wir die Garantie dafür übernehmen, daß Kuweit eine Anzahl rechtmäßig verurteilter Terroristen entließ. Als Bud ihnen sagte, damit seien die Gespräche beendet, behaupteten die Iraner, sie wollten die Verhandlungen fortsetzen, doch am Ende kehrte Bud ohne die Geiseln heim. »Es war eine herzzerreißende Enttäuschung für uns alle«, schrieb ich in mein Tagebuch.

68

Ende Juli, kurz nach der Feier zum hundertsten Geburtstag der Freiheitsstatue, erhielt Father Lawrence Martin Jenco, vormals Leiter der *Catholic Relief Services* im Libanon, in Beirut seine Freiheit zurück.

»Er ist jetzt in Westdeutschland und auf dem Weg nach Hause«, schrieb ich am 26. Juli ins Tagebuch. »Die Hisbollah gab ihm ein Videoband mit, auf dem eine der verbliebenen Geiseln – [David] Jacobsen – mich und unsere Regierung herunterputzt, weil wir angeblich keinen Finger zu ihrer Freilassung rühren. Jencos Freilassung ist ein später Fortschritt in einem Plan, an dem wir seit Monaten gearbeitet haben. Sie macht uns Hoffnung, daß auch der Rest unseres Plans noch funktionieren wird. Wir hätten beinahe schon aufgegeben.«

Es war wie eine Fahrt mit der Achterbahn: Zuerst hegten wir hochfliegende Erwartungen, weil die Leute, mit denen wir verhandelten, die baldige Heimkehr *aller* Geiseln versprochen hatten; dann sanken unsere Hoffnungen wieder, da die Versprechen nicht eingehalten wurden und wir erkannten, daß wir es mit Leuten zu tun hatten, die ihre Kompetenzen übertrieben dargestellt hatten. Und schließlich wurde dann doch wieder eine Beiruter Geisel freigelassen.

Es war in der Tat eine Achterbahnfahrt, doch insgesamt hatte ich noch immer ein gutes Gefühl bezüglich der Iran-Initiative. Die Gemäßigten in Teheran hatten durch die Verhandlungen mit uns nicht nur ihr Leben aufs Spiel gesetzt, sondern auch zum zweitenmal bewiesen, daß sie imstande waren, ihre Zusagen einzuhalten. John Poindexter meinte, die Freilassung Father Jencos sei von den gleichen Iranern und Israelis arrangiert worden, die im vergangenen September Reverend Benjamin Weir aus Beirut herausgebracht hatten; es handele sich um das direkte Ergebnis von Bud McFarlanes Iran-Mission im Mai. Poindexter fügte hinzu, die Gruppe rechne damit, demnächst die Freilassung aller Geiseln in die Wege leiten zu können. Ein weiteres ermutigendes Ergebnis der Iran-Initiative liege darin, daß die öffentlichen Verlautbarungen iranischer Offizieller gegenüber den Vereinigten Staaten in jüngster Zeit einen etwas versöhnlicheren Ton erkennen ließen.

Problemlos verlief die Sache allerdings nicht: Die Geiselnehmer von der Hisbollah versuchten, mehr Unabhängigkeit von den iranischen Revolutionswächtern zu gewinnen, und verlangten als Preis für die Freilassung der verbliebenen amerikanischen Geiseln, daß die Vereinigten Staaten Druck auf Kuweit ausübten. Das Scheichtum sollte 17 schiitische Terroristen, die 1983 Bombenattentate auf die amerikanische und die französische Botschaft verübt hatten, aus seinen Gefängnissen entlassen. Auf diese Forderung konnten wir nicht eingehen, sie war für uns schlichtweg nicht verhandelbar. Sosehr uns auch an der Freilassung der amerikanischen Geiseln lag, so wenig konnten wir von einem anderen Land verlangen, daß es verurteilte Terroristen auf freien Fuß setzte, während wir gleichzeitig in der ganzen Welt dafür warben, den Terrorismus mit allen Mitteln zu bekämpfen.

Trotz dieses Problems und verschiedener anderer Verzögerungen, Enttäuschungen und Beklemmungen schien die Iran-Initiative zu funktionieren – und immerhin kauften wir die Geiseln *nicht* mit Waffen frei. Nicht eine der von uns in den Iran gelieferten Waffen war in die Hände jener Terroristen geraten, die amerikanische Staatsbürger entführt hatten.

Nach Father Jencos Freilassung schlugen Bill Casey und der Nationale Sicherheitsrat vor, sozusagen als Zeichen unseres guten Willens und unserer Dankbarkeit eine zusätzliche kleine Lieferung von Raketenersatzteilen zu veranlassen. Unterließen wir es, meinte Casey, so sei es gut möglich, daß unser wichtigster Kontaktmann in der iranischen Regierung sein Gesicht verlöre, ja, es wäre nicht einmal auszuschließen, daß er von seinen Gegnern hingerichtet würde. Ohne ein Zeichen unseres guten Willens bestünde überdies die Gefahr, daß mindestens eine der drei noch festgehaltenen Geiseln exekutiert würde. Ich stimmte folglich der zusätzlichen Lieferung zu – und das unruhige Warten auf die Freilassung der Geiseln begann von neuem.

Irgendwann in jenen Tagen kam George Shultz zu mir und erklärte, er wolle zurücktreten. Trotz seiner wiederholten Hinweise darauf, daß er unsere Iranpolitik nicht billige, lag der eigentliche Grund für seinen Rücktrittswunsch woanders: George vermutete, Cap Weinberger, Bill Casey und John Poindexter konspirierten gegen ihn und verfolgten hinter seinem Rücken außenpolitische Ziele, die er entschieden ablehnte. Er hatte das Gefühl, nicht länger mein Vertrauen zu besitzen. »Das ist nicht wahr«, schrieb ich in mein Tagebuch. »Was mich betrifft, kann er bleiben, solange ich im Amt bin.« Ich beteuerte George, der mich im Oval Office aufgesucht hatte, daß wir uns auf der gleichen Wellenlänge befänden, und redete ihm seine Rücktrittspläne aus. Gott sei Dank – denn bei den bevorstehenden Abrüstungsverhandlungen mit den Sowjets war er für uns unentbehrlich.

Ich weiß nicht, was ich erwartete, als Father Jenco mit seiner Familie kurz nach seiner Freilassung und einer Audienz beim Papst in Rom zu mir ins Oval Office kam. Er war ein warmherziger Mann, beeindrukkend sanft und sehr liebenswert – doch es verblüffte mich, daß er sich weigerte, seine Entführer zu verurteilen. Ich hatte fast den Eindruck, er hege sogar Sympathien für die Moslems, die ihn 19 Monate lang gefangengehalten hatten. Er schien sie nicht kritisieren zu wollen und zeigte keine Erbitterung. Ich fragte mich unwillkürlich, ob das ein Zeichen für das »Stockholm-Syndrom« sei – eine nach langer Gefangenschaft mitunter entstehende emotionale Bindung zwischen Entführten und Entführern –, oder ob es einfach an seiner Frömmigkeit lag, daß er selbst jenen vergab, die ihn mißhandelt hatten.

Father Jenco brachte zwei Briefe mit. Der erste war eine Kopie eines Schreibens, das er auf Bitte seiner Entführer an Papst Johannes Paul II. gerichtet hatte. Es bestand im wesentlichen aus einer scharfen Verdammung seitens der Schiiten wegen »der Ausbeutung des weiblichen Körpers«. Außerdem wurde der Papst darin um Hilfe für die moslemischen Schiiten gebeten – »die Ärmsten der Armen«. Jenco meinte, ihnen bliebe alles versagt, von anständigen Wohnungen und ärztlicher Betreuung über Bildungsmöglichkeiten und anständige Arbeit bis hin zu einer Beteiligung an der Regierung.

Dann händigte er mir einen Brief aus, der an mich gerichtet war:

Sehr geehrter Mr. President!
Eine Stunde bevor ich mein Gefängnis verließ, bat mich der Führer der Gruppe, deren Geiseln wir in den zurückliegenden Monaten waren, Seiner Heiligkeit Papst Johannes Paul II., Ihnen und den Familien von Terry Anderson, David Jacobsen und Thomas Sutherland eine mündliche Botschaft zu übermitteln. Er bat mich außerdem, der Familie Anderson sein Beileid zum Tode von Terry Andersons Vater und Bruder sowie Rev. Ben Weir sein Beileid zum tragischen Tod seiner Tochter in Kairo zu übermitteln.
Die Botschaft an Sie sollte ich vertraulich behandeln und niemandem außer Ihnen und der Familie der verbliebenen drei Amerikaner mitteilen sowie alle Empfänger ersuchen, sie streng vertraulich zu behandeln. Mr. President, ich wünschte, ich könnte Ihnen bessere Nachrichten bringen. Die Botschaft an Sie, Mr. President, lautet:

»Die Freilassung von Mr. Terry Anderson, Mr. David Jacobsen und Mr. Thomas Sutherland erfolgt nur unter der Bedingung, daß die siebzehn in Kuweit Inhaftierten freigelassen werden. Das Leben dieser und anderer Amerikaner ist von der – baldigen – Erfüllung dieser Bedingung abhängig.«

Diese Leute glauben, Mr. President, Sie brauchten nur zum Telefon zu greifen, den Emir von Kuweit anzurufen und ihm aufzutragen, die 17 Gefangenen zu entlassen. Wenn es doch nur so einfach wäre!

Eine Stunde vor dieser letzten Unterredung informierte mich ein anderer Anführer über den Tod von Terry Andersons Vater und Bruder und von Rev. Ben Weirs Tochter. Außerdem sagte er, Mr. William Buckley sei von ihnen getötet worden, weil er ein böser Mensch und der CIA-Chef in jener Region der Welt gewesen sei. Ich persönlich glaube, daß Mr. Buckley eines natürlichen Todes gestorben ist, daß aber meine Entführer andere radikale Gruppen glauben machen wollen, sie hätten ihn exekutiert.

Beide Männer baten mich um Vergebung für die neunzehn Monate währenden Leiden, die ich zu erdulden hatte; beide zitierten die letzten Worte Jesu: »Vater, vergib ihnen, denn sie wissen nicht, was sie tun.« Sie drückten außerdem ihr Bedauern über die Entführungen aus. Sie wissen, daß Entführungen falsch sind, aber sie haben kein anderes Forum, auf dem sie der Welt ihr Anliegen unterbreiten könnten. Sie baten außerdem darum, die amerikanische Regierung möge sich in ihrer Nahost-Politik um Gerechtigkeit bemühen. Gegenwärtig ist sie einseitig pro-israelisch ausgerichtet. Und nicht alle Araber sind Ölmillionäre. Im Nahen Osten gibt es Millionen von armen Arabern, denen die Erfüllung ihrer legitimen menschlichen Bedürfnisse und Rechte versagt bleibt.

In jenen letzten Minuten hoben meine Entführer hervor, sie wünschten nicht, daß die Syrer in die Verhandlungen über die Freilassung der drei Amerikaner einbezogen würden.

Ich habe Ihnen die Botschaft ausgehändigt, die ich Papst Johannes Paul II. in Rom übermittelte, damit Sie auch mit deren Inhalt vertraut sind. Ich habe in Rom nichts von den 17 in Kuweit und die an sie geknüpfte Bedingung erzählt. Ich gehe davon aus, daß sie ohnehin Bescheid wissen.

Ich bete zu unserem lieben Herrgott, daß es mir gelungen sein möge, die letzten Gespräche (mit meinen Entführern) richtig zu verstehen und ihre Botschaften getreulich zu übermitteln.
Mr. President, es hat Zeiten gegeben, da ich wenig freundliche und nachsichtige Gedanken gegenüber meiner Regierung, meinem Serviten-Orden, meiner Kirche und dem *Catholic Relief Service* hegte. Ich habe Gott um Vergebung dieser sündigen Gedanken gebeten, und ich bitte auch Sie um Vergebung. Ich danke Ihnen für Ihre Gebete und für alles, was Sie für uns getan haben. Vielleicht werde ich in Zukunft wieder einmal zornig – haben Sie Geduld mit mir.
Möge der Gott Abrahams, Isaaks und Jakobs, der Gott Jesu, der Gott Mohammeds, unser Gott, unsere Gebete erhören für die Freilassung unserer amerikanischen Brüder (...), die noch immer irgendwo als Geiseln gefangengehalten werden.
In Dankbarkeit
Ihr Father Lawrence Martin Jenco, Servit

In den auf Father Jencos Freilassung folgenden Wochen gab es neue Enttäuschungen. In Beirut wurden drei weitere Amerikaner entführt, diesmal nicht von einer Hisbollah-Fraktion, sondern von einer anderen Terroristengruppe. Auf der Habenseite konnte der Nationale Sicherheitsrat verbuchen, daß er einen anscheinend vielversprechenden zweiten Kommunikationskanal zu hochgestellten Personen innerhalb der iranischen Regierung aufgetan hatte, darunter ein Verwandter von Parlamentssprecher Hadschatolislam Haschemi Rafsandschani. Dieser Verwandte schien unsere Sorge um die potentielle Bedrohung des Iran durch die Sowjetunion zu teilen und wollte die amerikanisch-iranischen Beziehungen wieder kitten. Der junge Mann wurde heimlich zu Gesprächen in die Vereinigten Staaten gebracht. Ich bekam ihn zwar nicht zu Gesicht, doch John Poindexter berichtete mir, Rafsandschani habe seinen Verwandten gebeten, ihm signierte Fotos von mir und andere Geschenke, darunter auch eine christliche Bibel, mitzubringen. Auf Johns Bitte signierte ich die Bibel und schrieb einen Vers dazu, von dem es hieß, daß Rafsandschani ihn besonders schätze.

Im Frühherbst 1986 hatten wir im Weißen Haus alle Hände voll zu tun: Die Gesetzesvorlage zur Steuerreform mußte vollendet werden, und es gab eine Krise wegen der Verhaftung des Journalisten Nicholas Daniloff in Moskau. Auch meine zweite Gipfelkonferenz mit Michail Gorbatschow und eine Reihe anderer Angelegenheiten hielten uns auf Trab, nicht zuletzt die Kongreßwahlen.

Anfang November gab es erneut Indizien dafür, daß die Iran-Initiative funktionierte: Eine dritte amerikanische Geisel – David Jacobsen – wurde freigelassen, und die Moslems, die ihn gefangengehalten hatten, versprachen, auch ihre letzten beiden Geiseln innerhalb von 48 Stunden freizugeben.

Bei der Freilassung Jacobsens hatte die Organisation Islamischer Heiliger Krieg vage angedeutet, sie reagiere auf nicht näher bezeichnete amerikanische Vorleistungen. Ich entschied, dies nicht zu kommentieren, denn nur so ließ sich die Freilassung der anderen Geiseln gewährleisten und die neue Verbindung nach Teheran geheimhalten. Die Vereinigten Staaten sollten zu der Freilassung Jacobsens eine gewisse Distanz wahren. Einen Tag später, am 3. November 1986 – wir erwarteten die Befreiung von Anderson und Sutherland –, erschien in einer kleinen Beiruter Zeitschrift ein Artikel, in dem die Behauptung aufgestellt wurde, Amerika tausche Waffen gegen Geiseln ein. Außerdem wurde Bud McFarlanes Mission vom Mai erwähnt.

Für die Presse war das natürlich ein gefundenes Fressen. In kürzester Zeit gaben alle Zeitungen und Fernsehsender in Amerika denselben irreführenden Bericht wieder: Ich hätte mich nicht nur auf einen Tauschhandel Geiseln gegen Waffen eingelassen, sondern auch mit dem Ayatollah Chomeini verhandelt.

Mein Tagebucheintrag vom 7. November lautet:

> Übliche Sitzungen. Diskussion darüber, wie wir der Presse begegnen sollen, die nach einer in Beirut verbreiteten, unfundierten Geschichte, wir hätten uns Jacobsens Freiheit mit Waffenlieferungen an den Iran erkauft, geradezu verrückt spielt. Wir haben es mit »Kein Kommentar« versucht. Auf meinen Vorschlag hin wird unsere Botschaft lauten: »Wir können und wollen keinerlei Fragen zu diesem Thema beantworten, weil jede Antwort das Leben jener in Gefahr bringen wird, denen wir zu helfen versuchen.«

Ich wünschte mir Stillschweigen über die Ereignisse im Iran und in Beirut. Nicht etwa, weil ich mich ihrer schämte – im Gegenteil, ich war stolz darauf, drei Geiseln frei bekommen zu haben –, sondern weil ich die bevorstehende Freilassung der anderen Geiseln nicht behindern oder gar jene Iraner in Gefahr bringen wollte, die uns halfen. Doch in diesem Fall erzeugte Schweigen kein Schweigen.

David Jacobsen kam am 7. November mit seiner Familie ins Weiße Haus. Die Presseberichte über den Geiselhandel regten ihn noch mehr auf als mich. Er sagte mir, die Lage der verbliebenen Geiseln sei verzweifelt, und wenn die Presse mit ihrem Gezeter nicht aufhöre, würde die Hisbollah weder Anderson noch Sutherland freilassen. Dann ging er mit mir in den Rosengarten und appellierte an die Presse, Zurückhaltung zu üben, ja er flehte sie geradezu an: »Um Gottes Willen, denken Sie an Ihre Verantwortung und halten Sie sich zurück, ja?!«

Doch der journalistische Flächenbrand griff immer weiter um sich, und ich erkannte, wie sich dadurch all unsere Hoffnungen, Terry Anderson und Thomas Sutherland bald nach Hause holen zu können, in Rauch auflösten. Ich sah es geschehen, hoffte, es würde nicht geschehen, und mußte schließlich einsehen, daß die anderen Geiseln eben doch nicht nach Hause kamen: dies ein Erlebnis, das zu den unerfreulichsten meiner Präsidentschaft gehörte. Am 10. November, drei Tage nach Jacobsens Besuch, schrieb ich in mein Tagebuch:

> Ein schöner, sonniger Tag . . . 11.30 Uhr Konferenz im Oval Office: Don R., George Shultz, George Bush, Cap W., Bill Casey, Ed Meese, John Poindexter und zwei Leute aus seinem Stab. Thema: Der Sturm in der Presse, die uns beschuldigt, wir verhandelten mit terroristischen Entführern über die Freilassung von Geiseln und zahlten Lösegeld in Form von Waffen. Außerdem heißt es, wir verstießen gegen unser eigenes Gesetz betr. Waffenverkäufe an den Iran. Wie das Evangelium zitieren sie jede ungenannte Quelle, dazu solche Autoritäten wie einen dänischen Seemann, der behauptet, auf einem Schiff angeheuert zu haben, das Waffen von Israel in den Iran brachte usw., usf. . . . Ich ordnete eine öffentliche Stellungnahme an, mit der klargestellt werden soll, daß wir *nicht* auf Lösegeldbasis verhandeln usw., aber auch keine Vorwürfe oder Fragen beantworten werden, die das Leben der Geiseln oder jener Menschen in Gefahr bringen könnten, durch deren Vermittlung wir Kontakt zu den Terroristen aufnehmen.

Am 12. November schlug sich meine Verzweiflung über den Tenor der Berichterstattung in folgendem Tagebucheintrag nieder:

> Dieser ganze unverantwortliche Pressequatsch über Geiseln und Iran läuft total aus dem Ruder. Die Medien erwecken den Eindruck, als wollten sie ein zweites Watergate schaffen. In der Vormittagssitzung habe ich die Richtlinien abgesteckt. Ich werde mich persönlich an die Öffentlichkeit wenden und den Leuten die Wahrheit sagen. Wir versuchen, das für morgen zu arrangieren.

In meiner zwölfminütigen Ansprache an die Nation am folgenden Abend machte ich die Iran-Initiative publik und sagte: »Wir haben keine, ich wiederhole: keine Waffen oder sonst irgend etwas gegen Geiseln eingetauscht, noch werden wir das jemals tun.«

Wenn ich geglaubt hatte, durch meine Offenheit und Aufrichtigkeit würde sich der Sturm legen, so hatte ich mich geirrt. Auf einer Pressekonferenz versuchte ich erneut zu erkären, was mich zu der Iran-Initiative bewogen hatte. Ich gab zu, daß George Shultz und Cap Weinberger von Anfang an dagegen gewesen waren. »Ich habe ihre Ansichten in Erwägung gezogen«, sagte ich. »Ich habe das Risiko eines Fehlschlags und die Früchte des Erfolgs gegeneinander abgewogen und mich dann entschlossen, den Schritt zu wagen. Die Verantwortung für diese Entscheidung und für die gesamte Operation liegt bei mir, ganz allein bei mir. Mr. Lincoln hat über eine andere Präsidentenentscheidung einmal gesagt: »Geht's gut aus, spielt die Kritik keine Rolle. Geht's schlecht aus, können zehn Engel schwören, ich hätte recht gehabt, und es würde mir auch nichts helfen.«

George und Cap sagten nie: »Ich hab's Ihnen doch gleich gesagt!« Aber sie hatten mich von Anfang an klug und richtig beraten: Wo immer die Wahrheit liegen mochte – so, wie die Iran-Initiative beschaffen war, mußte sie einfach wie ein Waffen-gegen-Geiseln-Geschäft aussehen. Wir erfuhren, daß unsere verdeckte Operation von einem politischen Gegner Rafsandschanis enthüllt worden war. Er hatte die Geschichte jener Beiruter Zeitschrift übergeben, um Rafsandschani politisch zu kompromittieren. Leider hat er sie falsch dargestellt. Er behauptete, wir machten Geschäfte mit der iranischen *Regierung* – will heißen, mit dem Ayatollah persönlich – und tauschten Waffen gegen Geiseln ein. Unsere Presse übernahm die Geschichte, druckte sie genauso falsch ab – und behauptet zum Teil bis heute noch, wir hätten uns auf einen solchen Kuhhandel mit dem Ayatollah eingelassen. Wir taten dies mitnichten. Niemals unterhielten wir Kontakte zu den Entführern, und stets achteten wir darauf, daß die in den Iran gelieferten Defensivwaffen nicht in die Hände der Geiselnehmer gerieten. Aber die Presse glaubte der Aussage jener Beiruter Zeitschrift mehr als der unseren.

Am 20. November – es war ein Donnerstag, und die Aufregung hielt nun schon über zwei Wochen an – erfuhr ich von Don Regan, daß George Shultz, der inzwischen seine Unzufriedenheit mit der Iran-Affäre öffentlich kundgetan hatte, mich sprechen und mir ein Ultimatum stellen wolle. Entweder werde John Poindexter gefeuert, oder er, George, wolle gehen. Ich bat George und Don noch am gleichen Abend in meine Wohnung im Weißen Haus zur Lagebesprechung. Die Vorwarnung war berechtigt: George war tatsächlich mehr als aufgebracht und drängte mich, Poindexter fristlos zu entlassen. Poindexter, so sagte er, habe mich und andere Regierungsmitglieder über die Waffenlieferungen falsch informiert. Obwohl George nicht ausdrücklich mit Rücktritt drohte, notierte ich in mein Tagebuch: »Ich fürchte, er ist drauf und dran, mich vor die Alternative zu stellen: ›Entweder ich oder ein anderer.‹ Für Montag nachmittag habe ich eine Sitzung einberufen – Don und George, ich und Cap W., Bill Casey, John P. und der VP –, damit in der Iran-Sache endlich mal reiner Tisch gemacht wird.«

Vor George Shultz, einem Mann von höchster Integrität, hatte ich große Achtung. Sein Verhalten ließ in mir die Frage aufkeimen, ob in der Iran-Initiative nicht doch Dinge geschahen, von denen ich nichts wußte. Daher bat ich gleich am nächsten Morgen Justizminister Ed Meese ins Weiße Haus und erzählte ihm, was George gesagt hatte.

Ed meinte, im Justizministerium sei man bereits auf gewisse Widersprüche in unseren auf Poindexters Einlassungen fußenden Aussagen zu den Waffenlieferungen an den Iran gestoßen. Ich bat ihn, eine sofortige gründliche Überprüfung der Vorgänge durchzuführen; wir wollten jetzt genau wissen, was geschehen war. Es war ein Freitag. Ich bat ihn, übers Wochenende zu recherchieren und mir am Montag Bericht zu erstatten.

Nancy und ich verbrachten das Wochenende in Camp David, wo klirrende Kälte herrschte. Ein gut Teil des Samstags und Sonntags sah ich mich selbst auf dem Bildschirm – an den Pranger gestellt wegen der Iran-Initiative.

Montag morgen war die Iran-Affäre Thema einer zweistündigen Sitzung im Lageraum. Danach schrieb ich in mein Tagebuch: »George Shultz beharrt noch immer hartnäckig darauf, wir hätten dem Iran keine Waffen verkaufen sollen. Gab ihm Kontra. Im wesentlichen liegt nun alles auf dem Tisch.«

Um 16.30 Uhr ließen Ed Meese und Don Regan dann die Bombe platzen: Einer von Eds Assistenten hatte am Wochenende eine Notiz entdeckt, aus der hervorging, daß der mit den Verhandlungen über die Freilassung der Geiseln befaßte Lieutenant Colonel Oliver North einen Teil des Geldes, das die Iraner für die Waffen zahlten, zur Unterstützung der Freiheitskämpfer in Nicaragua umgeleitet hatte – und John Poindexter hatte davon gewußt.

Mein erster Gedanke war: Poindexter und North würden so etwas ohne mein Wissen nie tun – da mußte ein Irrtum vorliegen. Doch Ed blieb dabei: Ein Irrtum sei ausgeschlossen, die Notiz belege klar und deutlich, was passiert sei.

Am Abend rief ich mir die Sitzung für mein Tagebuch noch einmal ins Gedächtnis und beschrieb die Enthüllung mit folgenden Worten: »Nach der Sitzung im Lageraum berichteten mir Ed M. und Don R. von einer tickenden Zeitbombe. Die Iraner hatten für eine der Waffenlieferungen Israel einen höheren Preis gezahlt, als wir bekamen. Die Israelis deponierten den Differenzbetrag auf einem geheimen Bankkonto. Dann leitete unser Col. North [vom Nat. Sicherheitsrat] das Geld an die Contras weiter ... North hat mir nichts davon gesagt. Das übelste daran ist: John P. hat es entdeckt, mich aber nicht davon informiert. Da werden wohl einige Rücktritte fällig.«

Nach meiner ersten Reaktion auf Ed Meeses Entdeckung – Verblüffung, Schock, Fassungslosigkeit – ließ ich das Kabinett und den Stab des Weißen Hauses unverzüglich wissen, daß wir alles tun müßten, um der Sache auf den Grund zu gehen. Die Entdeckung sei sofort publik zu machen, und nichts dürfe unterm Tisch bleiben. Nichts sei jetzt schlimmer als der Versuch, die Angelegenheit zu vertuschen. Am frühen Nachmittag des darauffolgenden Tages berichtete ich den Führern des Kongresses – beider Häuser und beider Parteien in ein und derselben Sitzung – über Eds Entdeckung. Danach gab ich sie der Presse bekannt. Ed beantwortete eine Stunde lang deren Fragen, und wir verheimlichten nichts. John Poindexter reichte seinen Rücktritt vom Amt des Nationalen Sicherheitsberaters ein, und Oliver North wurde von seinen Pflichten als Mitarbeiter des Nationalen Sicherheitsrats entbunden. Dann wendete ich mich über das Fernsehen an das amerikanische Volk und berichtete über unsere Entdeckung. Ich bat Ex-Senator John Tower, den ehemaligen Außenminister (und ehemaligen Senator) Edmund Muskie sowie den ehemaligen Sicherheitsberater des Weißen Hauses, Brent Scowcroft, um eine umfassende und unabhängige Untersuchung der Vorgänge in all ihren Einzelheiten. Außerdem bat ich um die Ernennung eines unabhängigen Staatsanwalts, der sich mit der Sache befassen und herausfinden sollte, ob irgendwelche Gesetze gebrochen worden seien.

69

Jene ersten Monate, in denen die Iran-Conta-Affäre die Schlagzeilen beherrschte, waren frustrierend für mich. Zum erstenmal in meinem Leben glaubten mir die Menschen nicht. Ich hatte die Wahrheit gesagt, und dennoch wurde sie mir nicht abgenommen. Die Situation machte mich zwar unglücklich, aber sie deprimierte mich nicht: Über dem Oval Office hing weder Schwermut noch »Unbehagen«, wie manche Schreiberlinge andeuteten. Ich tat meine Arbeit wie immer.

Nancy behauptet, ich sei niemals deprimiert, und es stimmt, daß ich eher dazu neige, die positiven Seiten des Lebens zu sehen. In diesem Fall hatte ich nicht das Gefühl, irgend etwas getan zu haben, das mich hätte bedrücken müssen. Es ist ein Unterschied, ob man etwas falsch gemacht hat und sich deswegen bedrückt fühlt, oder ob man sich im Grunde seines Herzens sagen kann: Du hast gar nichts falsch gemacht. Und ebenso ging es mir. Ich wußte genau, daß jede meiner Handlungen im Rahmen der Gesetze und der präsidialen Machtbefugnisse geblieben war. Doch wenn mich die Ereignisse auch nicht deprimierten, so war ich doch unglücklich und frustriert – einfach, weil ich meine Botschaft nicht über die Rampe brachte.

Jedes Jahr im Herbst wird dem Präsidenten kurz vor Thanksgiving am Turkey Day [Truthahn-Tag] ein riesiger Truthahn präsentiert; 1986 wog er 26 Pfund. Nur wenige wissen, daß der Präsident sich nicht am Eßtisch niederläßt und gemeinsam mit seiner Familie den Riesenvogel vertilgt: Er dient nur zu rituellen Photoaufnahmen. Danach kehrt er wieder heim, um nach Möglichkeit im folgenden Jahr erneut zu erscheinen. Er bekommt niemals einen Backofen von innen zu sehen. An jenem Thanksgiving-Tag jedoch, den wir auf dem Rancho del Cielo verbrachten, kam ich mir selber vor wie auf einem heißen Rost.

Die Auguren behaupteten, die Regierung sei »gelähmt« und treibe »wie ein toter Fisch im Wasser«. Das traf keineswegs zu. Wir setzten unsere innen- und außenpolitischen Programme fort. Wir schlugen weiterhin unsere täglichen kleinen Schlachten für alle möglichen Dinge. Allerdings sorgte der Iran-Contra-Rummel für ziemlich viel Aufregung in der Regierung, und mir war klar, daß die Wolken, die über dem Weißen Haus hingen, nicht weichen würden, bevor wir nicht genau Bescheid wußten. Tagtäglich gab es eine neuerliche »Enthüllung« in der Affäre. Kongreßabgeordnete stellten Fragen, die sie beantwortet haben wollten, und etliche stellten sogar die Forderung nach einer Sondersitzung des Kongresses – der ersten seit 1948.

Auch mich verlangte nach Antworten. Im Kongreß wurden zwei Ausschüsse zur Untersuchung der Affäre gebildet, und ich sagte ihren Vorsitzenden, sie könnten bei ihrem Bemühen, der Sache auf den Grund zu gehen, auf meine volle Unterstützung zählen. Ich bat sie, die Anhörungstermine so bald wie möglich anzusetzen, und bot ihnen an, auf das Exekutivprivileg des Weißen Hauses zu verzichten, damit Poindexter und North als Zeugen gehört werden und wir alle die Wahrheit erfahren konnten. Mein Ersuchen hatte zur Folge, daß ein unabhängiger Ausschuß zur Aufklärung möglicher Gesetzesbrüche im Zusammenhang mit der Iran-Contra-Affäre eingesetzt wurde. Ich zitierte unseren NATO-Botschafter David Abshire herbei und machte ihn zum Verantwortlichen für die Reaktion des Weißen Hauses auf die Untersuchungen. Ich wies ihn an, dafür zu sorgen, daß kein Mitarbeiter der Administration dem Kongreß oder der Tower-Kommission etwas verheimlichte. Außerdem ließen wir die Anwälte von Oliver North und John Poindexter, die Bescheid wußten über die Ereignisse, wissen, mir sei daran gelegen, daß beide die volle Wahrheit sagten und nichts unternähmen, um mich zu schonen.

Der Skandal schlug so hohe Wellen, daß ich gedrängt wurde, personelle Veränderungen vorzunehmen. Einige dieser Ratschläge kamen von Menschen, die mir sehr nahe standen, darunter von Nancy, meinen Kindern sowie ehemaligen politischen Ratgebern wie Mike Deaver und Stu Spencer.

Manche forderten, George Shultz solle seinen Hut nehmen, weil er öffentlich gesagt hatte, er sei gegen die Iran-Initiative. Das konnte ich überhaupt nicht begreifen: George war ein Patriot, der nichts anderes getan hatte, als seine Meinung zu äußern und seinen Prinzipien treu zu bleiben. Er und Cap Weinberger hatten recht behalten: Sie hatten haargenau vorausgesehen, was geschehen würde, sobald die Iran-Initiative an die Öffentlichkeit geraten sollte.

Viele forderten von mir die Entlassung Don Regans. Er habe die Iran-Operation unterstützt, behaupteten sie, doch kaum seien die ersten Schwierigkeiten aufgetreten, da sei sie seinen Händen entglitten. Nach meinem Dafürhalten konnte man ihm in der Iran-Contra-Affäre nichts vorwerfen. Als ich den Vorschlag machte, ein Treffen mit Iranern in verantwortlicher Position in die Wege zu leiten, um mögliche Beziehungen zu Leuten anzuknüpfen, die eines Tages vielleicht den Iran regieren würden, hatte mich schließlich niemand drängen müssen.

Andere Kritiker schossen sich auf Bill Casey ein und drängten mich, auch ihn zu entlassen. So etwas konnte ich jedoch einem Mann, der an einem Gehirntumor litt und um sein Leben kämpfte, nicht antun.

Mike Deaver beschwor mich, einen Strafverteidiger zu nehmen. Er meinte, es sei durchaus möglich, daß ich mich gegen eine Anklage wegen krimineller Vergehen verteidigen müsse, weil North und Poindexter eventuell versuchen würden, mir alle Schuld in die Schuhe zu schieben. Ich erwiderte ihm, ich hätte nichts zu verbergen: Gleichgültig, wer nun was behauptete – ich hatte mir nichts zuschulden kommen lassen und wollte nichts unternehmen, was auch nur entfernt als ein Versuch meinerseits, die Wahrheitsfindung zu behindern, hätte interpretiert werden können.

Das Weihnachtsfest in Washington war in jenem Jahr recht trübsinnig, und es war für uns alle eine schwierige Zeit. Während wir auf die Untersuchungsergebnisse des Tower-Ausschusses warteten, war mir Nancy, wie stets, eine Stütze, wann immer ich ihrer bedurfte, obgleich die Affäre auch ihr und den Kindern schwer zu schaffen machte. Nancy glaubte, der eine oder andere habe mir einen Bärendienst erwiesen. Ich sollte, so meinte sie, rasch etwas unternehmen, um das Vertrauen des amerikanischen Volkes in mich und meine Aufrichtigkeit wiederherzustellen. Auch meinte sie, ich solle deutlichere Kritik an North und Poindexter üben, weil sie mir manches verheimlicht hätten. Ich sagte ihr, die Verantwortung für die Iran-Initiative läge bei mir, und wir wüßten noch immer nicht genau über die Einzelheiten Bescheid. Ein solches Tun wäre daher nicht fair.

Heiligabend hatten wir bei unseren Freunden Charles und Mary Jane Wick verbracht, und am Weihnachtstag packten wir unsere Geschenke im Weißen Haus aus. Die ganze Familie rief uns an – ausgenommen Patti und ihr Mann Paul sowie mein Bruder und seine Frau. Als ich mit Ron sprach, spürte ich, daß ihn etwas bedrückte. Zwei Tage später – wir waren in Los Angeles – fand ich heraus, was ihm auf dem Herzen lag. Er wollte mich mit Maureen unter sechs Augen sprechen. Es ging, wieder einmal, um die Iran-Contra-Sache. Was sie mir zu sagen hatten, war, simpel ausgedrückt, folgendes: Sie machten sich Sorgen um ihren alten Herrn – Sorgen über die Prügel, die ich von der Presse bezog – und drängten mich, meinem Ärger über die Beteiligten an der Affäre Luft zu machen und zumindest einige von ihnen sofort zu entlassen.

Maureen und Ron versuchten, mir zu helfen. Das war mir klar. Doch ich war davon überzeugt, daß meine Art, mit der Affäre umzugehen, richtig war, und das sagte ich ihnen auch. Es sei *nicht* meine Art, jemanden zu feuern, bloß um meinen eigenen Hals zu retten.

Wenige Tage nach Neujahr waren wir nach Washington zurückgekehrt, und ich mußte erneut das Bethesda Naval Hospital aufsuchen, diesmal eines kleineren Prostata-Eingriffs wegen. Bei meiner Entlassung sagten mir die Ärzte, ich solle erst einmal für eine Weile langsam treten. Ich nahm also meine Arbeit mit gekürztem Terminkalender wieder auf. Dem Kabinett und meinem Stab sagte ich, die Regierung habe sich zu lange einseitig mit der Iran-Contra-Affäre befaßt und müsse nun wieder nach vorne schauen.

Noch immer bemühten wir uns um die Befreiung der Geiseln im Libanon, wenn auch mit wenig Erfolg. Seit sich im November alle unsere Bemühungen in Rauch aufgelöst hatten, hatte sich die Lage sogar noch verschlimmert: Kurz nach Neujahr hatten Terroristen in Beirut drei amerikanische College-Professoren entführt. Wir schickten unser Delta-Force-Kommando mit dem Befehl, eine Befreiungsaktion vorzubereiten, nach Zypern, wurden dann jedoch von britischer Seite beschworen, die Operation nicht durchzuführen. Der Angriff sei nicht geheimzuhalten, behaupteten sie, und allein schon Gerüchte darüber könnten das Leben der Geiseln und das des britischen Sonderbeauftragten Terry Waite, der sich zu Verhandlungen über die Befreiung der Entführten in Beirut aufhielt, in Gefahr bringen.

Später, nachdem wir die Rettungsaktion gestrichen hatten, wurde Waite selbst als Geisel genommen; die Geiselnahmen rissen nicht ab. »Es ist frustrierend«, schrieb ich am 26. Januar 1987 in mein Tagebuch. »Du willst am liebsten auf *irgendwen* losgehen, aber wie willst du das machen, ohne daß einige der Geiseln dabei umkommen? Wir brauchen mehr Informationen – wer dahintersteckt und wo ...« Tags darauf begann der Vereinigte Generalstab eine Liste von möglichen Zielen im Iran für Vergeltungsschläge wegen der Geiselnahmen zusammenzustellen; allerdings war uns klar, daß jede militärische Gewaltanwendung die Geiseln in Gefahr bringen konnte.

Ich ernannte Frank Carlucci, einen ehemaligen CIA-Beamten, zum Nachfolger von John Poindexter im Amt des Sicherheitsberaters, und er wiederum ernannte Lieutenant General Colin Powell, einen hervorragenden Armee-Offizier, zu seinem Stellvertreter. Gemeinsam machten sie sich daran, im Nationalen Sicherheitsrat die Zügel zu straffen, während die Kompetenz zur Sondierung einer möglichen Wiederaufnahme der Beziehungen zum Iran dem Außenministerium übertragen wurde.

Bill Caseys fortgesetzte Abwesenheit schuf Probleme in der CIA. Seine Ärzte waren zwar der Meinung, es sei kaum damit zu rechnen, daß er jemals wieder sein Amt versehen könne, doch sagten sie auch, die wenigen Chancen auf eine Gesundung würden sich zusätzlich verringern, wenn er davon erführe. Das brachte uns in die Zwickmühle. Wir beschlossen, noch ein paar Wochen zuzuwarten; sollte er bis dahin, wie die Ärzte voraussagten, immer noch nicht gesund genug sein, um in die CIA zurückzukehren, wollte ich ihm einen Kabinettsposten anbieten, während wir in aller Stille nach einem Nachfolger Ausschau hielten. (Ich bot ihm schließlich den Posten des Präsidentenberaters an, den Ed Meese einst innegehabt hatte, und Bill war sehr glücklich darüber.) Als Nachfolger favorisierte ich anfangs den ehemaligen Senator Howard Baker, dem wegen seiner großen Integrität ein guter Ruf vorauseilte und der ein hervorragender Mehrheitsführer im Senat gewesen war; aber auch Edward Bennett Williams, einen Anwalt aus Washington. Williams hätte den Posten gerne übernommen – doch noch bevor wir ihn ihm anbieten konnten, mußte er erfahren, daß er, wie Bill Casey, an einer tödlichen Krebserkrankung litt. Schließlich überredeten wir den FBI-Direktor William Webster, den CIA-Posten zu übernehmen, und fanden für Howard Baker einen anderen Job.

Presseberichten zufolge löste ich Don Regan von seinem Posten als Stabschef des Weißen Hauses ab, weil er es im Laufe der Iran-Contra-Affäre angeblich nicht geschafft hätte, mich vor politischem Schaden zu »bewahren«. Tatsache ist jedoch, daß ich niemals dieser Meinung war und daß seine Ablösung mit der Iran-Contra-Geschichte überhaupt nichts zu tun hatte. Ich hatte Don ursprünglich auf den Rat einiger Mitglieder meines alten Küchenkabinetts in Kalifornien zum Finanzminister ernannt; sie hatten ihn als »Zauberkünstler« in Fragen der Ökonomie bezeichnet. Im Finanzministerium hatte er hervorragende Arbeit geleistet, vor allem, als es darum ging, die Steuerreform aus den Startlöchern zu bringen und die Wall Street zur Unterstützung des wirtschaftlichen Aufbauprogramms zu überreden. Im Kabinett blieb er einer der stärksten Befürworter des Programms, auch nachdem David Stockman und andere damit begonnen hatten, mich zur Aufgabe derselben zu drängen. Allerdings mußte ich die Erfahrung machen, daß seine Ernennung zum Nachfolger Jim Bakers im Amt des Stabschefs des Weißen Hauses einige Probleme heraufbeschwor.

Wie bereits erwähnt, isoliert einen das Präsidentenamt gelegentlich von Vorgängen im unmittelbaren Umfeld: Viele Menschen berichten dem Präsidenten nur ungern über Dinge, von denen sie annehmen, sie könnten ihm Sorgen bereiten; manche glauben gar, er wolle bloß »Gutes« zu hören bekommen. Viele Regierungsmitarbeiter vertrauten sich in heiklen Fragen lieber Nancy an – ich glaube, sie wußten, daß ich für Nancy stets ein offenes Ohr habe. Schon lange vor meinem Einzug ins Weiße Haus war mir bewußt geworden, daß sie mit einem besonderen Gespür begabt ist, mit dessen Hilfe sie die Motivation mancher Menschen viel besser verstehen kann als ich. In gewisser Weise verlieh sie mir ein zweites paar Augen und Ohren.

Zunächst von Nancy, dann aber auch von anderen, erfuhr ich, daß es eine Reihe von Leuten gab – Stabsangehörige, Kabinettsmitglieder und führende Kongreßabgeordnete –, die der Meinung waren, Don habe ein übersteigertes Geltungsbedürfnis und sei daher kein einfacher Gesprächspartner. Die Art und Weise, wie er mit seinen Mitarbeitern umging, hatte, wie ich erfuhr, der Arbeitsmoral im Stab nicht gutgetan. Manche meinten gar, Don hielte sich für eine Art »stellvertretenden Präsidenten« mit der Befugnis, wichtige Regierungsentscheidungen allein zu treffen. Wie ich erst später herausfand, verwehrte er es anderen, mich unter vier Augen zu sprechen, und weigerte sich, Briefe und Dokumente ungelesen an mich weiterzuleiten. Kurzum, er wollte der einzige direkte Draht zum Oval Office sein – was im Endeffekt die Isolation des Präsidenten, die mir so sehr zu schaffen machte, noch verstärkte. Nancy, stets darauf bedacht, mich zu beschützen, hatte zu den ersten gehört, die mich gleich nach dem Beginn der Iran-Contra-Affäre drängten, Don zu entlassen, obwohl ich, wie schon gesagt, nicht glaubte, daß er sie in irgendeiner Weise gefördert hatte. Die Arbeitsmoral im Stab stand jedoch auf einem anderen Blatt, und so beschloß ich, mich um die Angelegenheit zu kümmern, vor allem, nachdem in der Folge meiner Operation im Januar neue Probleme auftauchten.

Meine Ärzte hatten mir geraten, für sechs Wochen nach der Operation langsam zu treten. Nancy, nun ganz die Arzttochter, wünschte, daß ich mich daran hielt. Nach meiner Entlassung aus dem Krankenhaus meinte sie, Don halse mir zu viele Auftritte in der Öffentlichkeit auf, und einmal rief sie ihn gar deswegen an. Er beendete das Gespräch, indem er einfach auflegte. Als ich an jenem Abend – es war Anfang Februar – nach der Arbeit in unsere Wohnung hinaufkam, war Nancy sehr aufgebracht und erzählte mir von dem Vorfall. Dons Wutanfall, vor allem gegenüber Nancy, die doch immer nur mein Bestes wollte, gab mir zu denken.

Inzwischen hatten mir viele Regierungsangehörige Nancys Hinweis auf die schlechte Stimmung im Stab und Dons Bemühungen, mich buchstäblich vor jeder Meinung abzuschirmen, die nicht die seine war, bestätigt. Kaum war der Damm gebrochen, bekam ich immer wieder das gleiche zu hören: Don verlangte, daß alles über ihn abgewickelt wurde – und da zwischen seinem Büro und dem Oval Office nur der Gang lag, konnte er dies auch durchsetzen. Ich hatte Don stets gemocht und oft über seinen irischen Humor gelacht – aber diese Art der Geschäftsführung entsprach nicht meinen Vorstellungen.

Im Jahr zuvor hatte mir Don mehrmals gesagt, er wolle ins Privatleben zurückkehren, und im November hatte er mir ein schriftliches Rücktrittsgesuch vorgelegt. Doch nachdem die Iran-Contra-Affäre in ihre heiße Phase geraten war, änderte er seine Meinung: Er wolle erst gehen, wenn die Sache aufgeklärt sei, weil es sonst wie ein Schuldeingeständnis aussähe. Ich respektierte seinen Standpunkt und bat ihn zu bleiben. Da ich aber wußte, daß er eigentlich seinen Hut nehmen wollte, begann ich, mir Gedanken über seinen Nachfolger zu machen. Ich wollte nicht mit leeren Händen dastehen, wenn es soweit war.

Bis Mitte Februar – in wenigen Tagen sollte der Abschlußbericht der Tower-Kommission erscheinen – waren die Beschwerden über Don zu einem lauten Chor angeschwollen. Es gab Berichte, denen zufolge er behauptet hatte, Nancy stecke hinter meiner Ernennung von Jack Koehler zum Pressechef des Weißen Hauses. (Koehler verzichtete, nachdem die Presse enthüllt hatte, daß er als Zehnjähriger vorübergehend Mitglied der Hitler-Jugend gewesen war.) Am 22. Februar schrieb ich in mein Tagebuch: »*Jetzt reicht's.* Nancy kennt Koehler gar nicht und hatte überhaupt nichts mit seiner Ernennung zu tun.« Am nächsten Tag kam Don nach den üblichen Vormittagssitzungen des Stabs und des Nationalen Sicherheitsrats allein ins Oval Office. Ich ließ ihn wissen, daß die Zeit für seinen Rücktritt gekommen sei. Wir kamen überein, daß er gehen würde, sobald ich einen Nachfolger gefunden und die Tower-Kommission ihren Bericht veröffentlicht hätte.

Am 25. Februar, einen Tag bevor mir ein Vorabexemplar des Berichts zugeleitet werden sollte, erlebte ich eine Überraschung: Mir wurde zugetragen, Don habe seine Meinung geändert. Er wolle nun bis Ende April Stabschef bleiben und sich dann zum Vorsitzenden des Federal Reserve Board ernennen lassen, also zum Nachfolger von Paul Volcker, dessen Amtszeit im Sommer ablief. Ob dieses Gerücht der Wahrheit entsprach oder nicht, kann ich nicht sagen, da Don mir gegenüber die Sache niemals zur Sprache brachte. Auf alle Fälle ließ ich ihn wissen, daß eine solche Lösung nicht in Frage käme.

Am nächsten Tag gingen George Bush und Don gemeinsam essen. Danach erzählte mir George – wie ich später in mein Tagebuch notierte – er habe »zum erstenmal einen ihm bisher unbekannten Zug an Don«

beobachtet, nämlich »einen Wutanfall. Zum Schluß fauchte [Don], am Montag oder Dienstag sei er weg von hier.«

Am gleichen Abend bat ich Paul Laxalt zu mir und sagte ihm, daß ich ihm gerne den Job im Weißen Haus geben würde. Er erwiderte jedoch, daß er daran denke, sich um die Präsidentschaft zu bewerben; er wolle sich durch die Übernahme des Amtes nicht vorzeitig aus dem Rennen nehmen. »Sein Kandidat«, schrieb ich, »ist der ehemalige Senator Howard Baker. Die Idee ist nicht schlecht. Er glaubt, daß Howard nicht für die Präsidentschaft kandidieren will und nach einem eleganten Ausweg sucht. Ich kriege wahrscheinlich Prügel von unseren Rechtsaußen, aber damit werde ich fertig ...«

Des weiteren heißt es im Eintrag vom 26. Februar: »Der VP [George Bush] kam gerade vorbei, hatte wieder ein Gespräch mit Don. Lief diesmal ganz anders. Er sagt, der wird gleich am Montagmorgen seinen Rücktritt einreichen. Meine Gebete sind tatsächlich erhört worden.«

Und noch ein Gebet wurde im Laufe dieses Tages erhört – und zwar während eines Telephongesprächs mit Howard Baker. »Howard war in Florida auf Besuch bei seinen Enkeln. Als er zurückrief, bat ich ihn, den Job zu übernehmen. Paul hatte recht. Er sagte sofort zu und kommt morgen gleich nach Washington ...«

Der Eintrag endete mit den Worten: »Jetzt lese ich noch im Tower-Bericht, bis ich einschlafe ...«

Bei unserer Begegnung in der Woche zuvor hatte Don Regan gesagt, er wolle im Amt bleiben, bis ich einen Ersatz für ihn hätte. Ich hatte vor, gleichzeitig mit seinem Rücktritt den Namen des Nachfolgers und das Datum der Ablösung bekanntzugeben. Unglücklicherweise gab es eine Indiskretion, und mein Plan, Don durch Howard Baker zu ersetzen, drang an die Öffentlichkeit. Die Indiskretion war keineswegs beabsichtigt; ich wollte Don nicht bloßstellen.

Das nächste, woran ich mich erinnere, ist, daß Kathy Osborne mir einen Umschlag in die Wohnung hinaufschickte (es war kurz vor 18 Uhr). Er enthielt einen einzelnen Briefbogen mit folgendem Text:

> Ich trete vom Amt des Stabschefs des Präsidenten der Vereinigten Staaten zurück.
> Donald T. Regan.
> Stabschef des Präsidenten der Vereinigten Staaten.

Mit der Hand schrieb ich folgenden Antwortbrief, den Kathy dann abtippte:

Lieber Don,
ich nehme Ihren Rücktritt an, doch ich möchte Sie wissen lassen, wie sehr ich Ihnen für all das danke, was Sie für die Regierung und das Land getan haben. Als Finanzminister legten Sie den Keim für die tiefgreifendste Steuerreform in unserer Geschichte. Als Stabschef arbeiteten Sie unermüdlich und erfolgreich für die Politik und die Programme, die wir dem Kongreß vorlegten.
Ich weiß, daß Sie aus dem Gefühl heraus, in schwierigen Zeiten noch hilfreich sein zu können, über den Zeitpunkt, den Sie für Ihren Rückzug ins Privatleben vorgesehen hatten, hinaus im Amt geblieben sind. Sie waren hilfreich, und ich danke Ihnen dafür. Ob Sie an Deck Ihres geliebten Bootes oder auf dem Golfplatze stehen: Im Geiste unserer Vorfahren möge Ihnen die Sonne warm ins Gesicht scheinen, der Wind Ihnen stets im Rücken stehen und Gott Seine schützende Hand über Sie halten.
Mit vorzüglicher Hochachtung
Ronald Reagan

Nachdem diese Angelegenheit erledigt war, begann ich, die Rede an die Nation zu entwerfen, die ich anläßlich der Veröffentlichung des Berichts der Tower-Kommission halten wollte. Während ich noch daran arbeitete, kam mein Sohn Ron eines Tages aus Kalifornien angeflogen. In der Ungestörtheit unserer Privatwohnung führten wir ein Gespräch von Mann zu Mann, wie wir es in dieser Art noch nie zuvor geführt hatten. Ich werde es nie vergessen, und die Gefühle, die Ron zu dieser Reise quer über den Kontinent veranlaßten, werden mich stets mit Stolz und Glück erfüllen. Spät am Abend schrieb ich in mein Tagebuch: »Ron kam von der Westküste herüber und beschwor mich – aus reiner Liebe zu mir –, hart durchzugreifen und die Situation zu verändern [die mir und der Administration soviel Kummer bereitet hatte]. Ich war tief bewegt.« Was für ein glücklicher Vater ich doch bin, dachte ich.

In meiner Rede an die Nation am 4. März 1987 übernahm ich die volle Verantwortung für die Iran-Contra-Affäre und fügte hinzu:

»Wenn man einen Fehler macht wie diesen, sollte folgendes geschehen: Man steckt seine Schläge ein, zieht seine Lehren daraus – und macht sich wieder ans Werk.«

Howard Baker erwies sich als ein ganz hervorragender Stabschef, geradezu die Idealbesetzung für den Job. Er war klug, von angenehmem Äußeren, mit allen Wassern Washingtons gewaschen und ein grundanständiger Mann. Und Frank Carlucci und Colin Powell sorgten für eine Wiederbelebung des Nationalen Sicherheitsrats und stellten dessen Ehre wieder her.

Die Wolke, die sich während der Iran-Contra-Affäre über meine Glaubwürdigkeit gelegt hatte, beeinflußte in den letzten beiden Jahren meiner Amtszeit zweifellos auch das Schicksal einiger meiner Gesetzesvorhaben. Da die Demokraten beide Häuser des Kongresses beherrschten, läßt sich jedoch nur schwer abschätzen, wieviel mehr wir ohne die Krise erreicht hätten. Immerhin, wir konnten uns wieder an die Arbeit machen, nachdem die Tower-Kommission die Wolke vertrieben und – ebenso wie die Untersuchungsausschüsse des Kongresses – bestätigt hatte, was von Anfang an meine Rede gewesen war: daß ich nämlich von der Umleitung von Geldern an die Contras keine Kenntnis hatte.

Bis auf den heutigen Tag bin ich davon überzeugt, daß die Iran-Contra-Affäre *kein* Tauschhandel Waffen gegen Geiseln gewesen ist. Aber ich weiß auch, daß dieser Eindruck nicht von allen geteilt wird.

Ich glaube nach wie vor, daß die Politik, die uns dazu bewogen hat, den Kontakt zu gemäßigten Iranern zu suchen, nicht falsch gewesen ist. Nichtsdestoweniger wurden, wie ich auch in meiner Rede anläßlich der Veröffentlichung des Tower-Berichts sagte, bei der Umsetzung dieser Politik Fehler gemacht. Da sich meine Aufmerksamkeit ganz auf die Heimführung der Geiseln konzentrierte, habe ich wahrscheinlich nicht genügend Fragen zur Durchführung der Iran-Initiative gestellt. Ich vertraute darauf, daß sich unsere Leute an die Gesetze hielten. Bedauerlicherweise nahm eine Initiative, die ursprünglich darauf abzielte, Kontakte zu moderaten Iranern herzustellen und die amerikanischen Geiseln nach Hause zu bringen, somit eine neue Dimension an, mit der ich nie gerechnet hätte und von der mir nie etwas gesagt wurde.

Es wurden Fehler gemacht, und ich versuchte, sie wiedergutzumachen – zunächst durch die Einsetzung der Tower-Kommission zur Aufklärung der Fakten, dann aber auch durch die Neuorganisation des Nationalen Sicherheitsrats, durch die gewährleistet werden sollte, daß dort nie wieder jemand Außenpolitik auf eigene Faust treiben konnte. Mit der Zeit stiegen meine Werte in den Meinungsumfragen, doch war ich darüber nie so glücklich, wie manche vielleicht dachten: Es war, als verziehen mir die Amerikaner ein Delikt, das ich gar nicht begangen hatte.

Als erstmals durchsickerte, daß North und Poindexter Dinge getan hatten, über die ich von ihnen nicht informiert worden war, dachte ich, na gut, vielleicht hielten sie ihr Tun für richtig und wollten mich schützen. Sie taten mir beide leid. Ich wußte in jenen Tagen nach Entdekkung der »Zeitbomben«-Notiz nicht, daß North und andere Stunden damit verbracht hatten, Dokumente in den Reißwolf zu stecken. Auch hatte ich noch keine Ahnung von dem vollen Umfang meiner Irreführung.

Ehe ich diese Dinge erfuhr, rief ich North an, der inzwischen von seinen Pflichten im Nationalen Sicherheitsrat entbunden worden war. Im Verlaufe des Gesprächs bezeichnete ich ihn als Nationalhelden – wobei ich an seine Leistungen in Vietnam dachte. Wie erwähnt, erfuhr ich später, daß North angeblich behauptet hatte, im Oval Office und in Camp David oft bei mir gewesen zu sein, daß wir häufig miteinander telephoniert hätten und daß es zwischen uns einen direkten persönlichen Draht gebe. Nichts davon stimmt. Die Wahrheit ist – wie North vor dem Kongreß ja auch bezeugt hat –, daß ich ihn kaum kannte.

Bereits in den ersten Tagen nach dem Auffliegen der Iran-Contra-Affäre und bis in die letzte Woche meiner Amtszeit hinein drängten mich meine politischen Freunde, Oliver North und John Poindexter zu begnadigen. Ich habe dies niemals ernsthaft in Erwägung gezogen: Hätte ich sie vor einem Prozeß begnadigt, so wären sie für den Rest ihres Lebens weder den Schatten der Schuld noch den Verdacht, daß etwas vertuscht werden sollte, losgeworden. Nachdem das juristische Verfahren begonnen hatte, mußte das Recht seinen Lauf nehmen.

So erschöpfend die Untersuchung der Tower-Kommission auch war – sämtliche mit der Iran-Contra-Affäre verbundenen Fragen konnte auch sie nicht beantworten. Man erfuhr, daß Oliver North anscheinend Millionen Dollar »Resteinnahmen« aus den Waffenverkäufen abgezweigt hat, um die Contras auszurüsten und am Leben zu erhalten. Spekulationen zufolge belief sich die Summe der umgeleiteten Gelder auf bis zu acht oder zwölf Millionen Dollar. Bud McFarlane sagte aus, North habe ihm mitgeteilt, daß die Contras von den Waffenverkäufen an die Iraner profitierten. Doch trotz aller Verhandlungen und zehnmonatiger Untersuchungen des Kongresses sind uns bis auf den heutigen Tag viele Einzelheiten des Waffentransfers und der damit verbundenen Zahlungen unbekannt geblieben. Wir wissen zum Beispiel nicht genau, um welche Summen es genau ging und wohin die Gelder im einzelnen geflossen sind.

Obwohl die Tower-Kommission sagt, es gebe »beträchtliche Indizien für eine Umleitung von Geldern zur Unterstützung der Contras«, so hat sie doch »keine hieb- und stichfesten Beweise« dafür vorlegen können. Die Untersuchungen des Kongresses füllten einige Lücken, doch vieles bleibt nach wie vor unklar.

Bill Casey, John Poindexter, Oliver North und Bud McFarlane war bekannt, für wie wichtig ich das Überleben der Contras als demokratische Widerstandskraft in Nicaragua hielt. Ich hatte daraus kein Geheimnis gemacht. Sie wußten außerdem, daß ich fest hinter der von Israel vorgeschlagenen Initiative zur Befreiung der Geiseln und zur Kontaktaufnahme mit den künftigen politischen Führern des Iran stand. Doch bis zur Entdeckung des North-Papiers durch Ed Meese hatte ich keinen Ton davon gehört, daß Gelder aus den Waffenlieferungen an den Iran an die Contras weiterflossen. Wenn jemand mir einen solchen Vorschlag gemacht hätte, wäre der von mir nicht gutgeheißen worden.

Ja, ich glaubte daran, daß wir die Contras unterstützen sollten – doch niemand, auch ein Präsident nicht, steht über dem Gesetz. Die Iran-Initiative war eine Geheimaktion, doch wurde mir versichert, daß alles nach Recht und Gesetz zuging. Und eines hat die Iran-Initiative unabänderlich bewirkt: Wir brachten drei Geiseln nach Hause.

Wenn ich heute jedoch, mit dem Bonus der Reflexion und in Kenntnis des Tower-Berichts, zurückblicke, will mir scheinen, daß einige jener »gemäßigten« Iraner, mit denen wir es zu tun hatten, trotz Israels wiederholter Versicherung, sie seien verantwortungsbewußt und moderat, über Verbindungen zur Regierung des Ayatollah Chomeini verfügten und unter Vorspiegelung falscher Tatsachen an Waffen herankommen wollten. Und obwohl Israel sich für sie verbürgte, wissen wir jetzt, daß einige der Mittelsmänner, mit denen wir im Rahmen der Iran-Initiative verhandelten (und mit deren Hilfe wir die drei Geiseln freibekamen), sich gelegentlich wie Spitzbuben benahmen, die uns Köder vor die Nase hielten und bei Bedarf wieder fortzogen: Sie machten Versprechungen und hielten sie nicht ein. Sie belogen McFarlane, North, Poindexter und andere einzig und allein aus Profitgier. Im Verlauf dieses Prozesses haben Oliver North und andere Mitarbeiter des Nationalen Sicherheitsrats offenbar gewisse Zugeständnisse gemacht, von denen ich nie etwas erfuhr – beispielsweise Versprechen, den Iranern für ihren Krieg gegen den Irak geheimes amerikanisches Aufklärungsmaterial zur Verfügung zu stellen.

Was Bill Casey über die Iran-Contra-Affäre wußte, konnte ich aufgrund seiner Erkrankung und seines nachfolgenden Todes nie in Erfahrung bringen. Alle Antworten kennen wahrscheinlich nur John Poindexter und Oliver North. Ich habe mich daher oft gefragt, ob wir, nachdem Ed Meese jenes Dokument gefunden hatte, aus dem die Umleitung von Geldern an die Contras hervorging, nicht voreilig handelten. Ed sagte, daß Poindexter und North nicht einen Tag länger im Amt bleiben dürften. Don Regan pflichtete ihm bei; er sagte, es käme sehr darauf an, zu zeigen, daß wir nach der Aufdeckung der Transaktionen sofort entschlossen gehandelt hätten.

Ich stellte Poindexter also an jenem Tag, als er ins Oval Office kam, um seinen Rücktritt einzureichen, nicht jene Fragen, von denen ich mir heute wünschte, ich hätte sie ihm gestellt. Wenn wir nicht so schnell gehandelt hätten, wären mir von ihm und North vielleicht noch einige Dinge beantwortet worden, die mir nach all der inzwischen verflossenen Zeit bis auf den heutigen Tag schleierhaft geblieben sind.

Wäre ich noch einmal in dieser Situation, so würde ich die beiden ins Oval Office bestellen und sagen: »Okay, John und Ollie, heraus mit der Sprache. Erzählt mir genau, was geschehen ist und was ihr mir verheimlicht habt. Und laßt nichts aus.«

Hätte ich dies getan, so müßte ich jetzt, da ich an diesem Manuskript sitze, nicht immer noch über einige mir unbekannte Einzelheiten der Iran-Contra-Affäre nachgrübeln.

SECHSTER TEIL

Rüstungskontrolle Von Genf nach Reykjavik, von Washington nach Moskau

70

Die 1983 von mir verkündete Strategische Verteidigungsinitiative (*Strategic Defense Inititative*, SDI) zur Entwicklung eines Abwehrschirms gegen Atomraketen gab Anlaß zu einer gewissen Legendenbildung. Das Programm stammte in seinen Grundzügen nicht von Wissenschaftlern; sie stießen erst im späteren Verlauf zu uns und leisteten einen wesentlichen Beitrag zu dessen Erfolg.

Bei meinem Amtsantritt hegte ich einen entschiedenen Vorbehalt gegen unsere stillschweigende Übereinkunft mit der Sowjetunion in Fragen der Atomrüstung. Ich spreche über die »MAD-Politik« (*Mutual Assured Destruction*, gegenseitige Vernichtungsgarantie), das Konzept der Abschreckung, das so lange für Sicherheit sorgt, wie beide Seiten die Fähigkeit besitzen, einen atomaren Erstschlag mit einem nicht minder vernichtenden Raketenangriff zu beantworten. Dieser Zustand schien mir nicht dazu angetan, einen auf Dauer ruhig schlafen zu lassen. Er kam mir vor wie zwei Westernhelden im Saloon, die ununterbrochen ihre Pistolen auf den Kopf des Gegners gerichtet haben. Es mußte eine bessere Lösung geben.

Schon bald nach Beginn meiner ersten Amtszeit berief ich eine Sitzung des Vereinigten Generalstabs – der militärischen Führungsspitze des Landes – ein und sagte folgendes: bisher hat noch jede Angriffswaffe, die der Mensch erfunden hat, zur Erfindung entsprechender Defensivwaffen geführt. Sind wir in unserem technologischen Zeitalter nicht imstande, eine Abwehrwaffe zu entwickeln, die Atomwaffen gleich nach dem Start aus ihren Silos abfangen und zerstören kann?

Die Herren warfen sich gegenseitig bedeutungsvolle Blicke zu und baten um eine kurze Beratungspause. Schon nach kurzer Zeit teilten sie mir das Ergebnis ihrer Beratung mit: Ja, meinten sie, diese Idee sei es durchaus wert, weiter verfolgt zu werden. Meine Antwort darauf: »Packen wir's an.«

Das war die Geburtsstunde von SDI, jenem Programm, das wenig später von einigen Mitgliedern des Kongresses und in der Presse als »Krieg der Sterne« *(Star Wars)* bezeichnet werden sollte.

Die Legenden schossen wie Pilze aus dem Boden. Eine von ihnen besagte, mein Vorschlag sei nur ein Verhandlungskniff, um die Sowjets zur Abrüstung zu bewegen. Daraufhin mußte ich den Sowjets mindestens hundertmal versichern, daß es mir bei SDI nicht um einen Kuhhandel ging. Ich sagte ihnen, jedes andere Land, das gewillt sei, seine Atomraketen aufzugeben, könne meinetwegen an dem Programm teilhaben. Raketen bauen könnten wir schließlich alle. Aber eines Tages könnte ein Verrückter auftauchen, der uns mit Atomraketen erpreßt – was allerdings erfolglos wäre, wenn wir uns dagegen verteidigen könnten. Ich beendete meine Ausführungen mit dem Satz: »Gemeinsam haben wir im Jahr 1925 die Verwendung von Giftgas geächtet. Aber unsere Gasmasken haben wir behalten.«

Es mag Leute geben, die anderer Ansicht sind – doch wenn man mich fragen würde, worin in den folgenden fünf Jahren auf amerikanischer Seite der Hauptanlaß für den historischen Durchbruch bei der Suche nach Frieden sowie bei den Bemühungen um eine Verbesserung unserer Beziehungen zur Sowjetunion lag, so lautet meine Antwort: in der Strategischen Verteidigungsinitiative im Verbund mit der allgemeinen Modernisierung unserer Streitkräfte.

Rückblickend auf die Gesamtheit meiner acht Jahre in Washington muß ich allerdings sagen, daß die Verbesserungen in den Beziehungen zwischen den Vereinigten Staaten und der Sowjetunion weder rasch noch problemlos über die Bühne gingen.

Wie ich schon bemerkte, war die Politik der Sowjetunion im ersten Winter meiner Amtszeit von amoralischem und ungezügeltem Expansionismus bestimmt. In jenem ersten Jahr meiner Präsidentschaft initiierten wir ein umfassendes militärisches Renovationsprogramm mit dem Ziel, unsere Land-, See- und Luftstreitkräfte auf den neusten Stand zu bringen, und machten uns eine Außenpolitik zu eigen, die darauf abhob, den Sowjets klarzumachen, daß wir sie nunmehr durch eine realistische Brille sahen: Wir wußten, was sie vorhatten, waren nicht bereit, den Sturz demokratischer Regierungen hinzunehmen, und wollten uns im Rüstungswettlauf unter keinen Umständen auf den zweiten Platz verweisen lassen.

Da ich die Sinnlosigkeit des Rüstungswettlaufs erkannte, und mir die Gefahr, daß die Welt mit einem Knopfdruck vernichtet werden konnte, bewußt war, gab ich Moskau gleichzeitig zu verstehen, daß wir bereit wären, über eine Eindämmung des Rüstungswettlaufs zu verhandeln – vorausgesetzt, die Sowjets meinten es aufrichtig und bewiesen dies *mit Taten*.

Beide Strategien waren miteinander verknüpft: Da wir die Sowjets nunmehr realistisch einschätzten, wußten wir, daß in der Frage der Rüstungskontrolle für uns nichts zu erreichen war, solange wir aus der Position militärischer Unterlegenheit verhandelten. Wollten wir sie zum Einlenken bringen, so mußte dies aus einer Position der Stärke heraus geschehen.

Und nun, da wir sie realistisch sahen, war es auch klar, daß jedes mit den Sowjets ausgehandelte Abkommen zur Rüstungskontrolle unbedingt überprüfbar sein mußte. Auf Vertrauen allein durften sich solche Abkommen nicht gründen.

Ich wollte nicht, daß die Vereinigten Staaten, wie in der Vergangenheit mehrfach geschehen, je wieder in die Verlegenheit kamen, mit schlechteren Karten in der Hand zu Abrüstungskonferenzen zu reisen und bei den Russen mit einem Appell an deren besseres Ich um ernsthafte Verhandlungen bitten zu müssen. Aus diesem Grunde wurde »Frieden durch Stärke« zu einem Motto unserer Regierung.

Auch entschied ich, daß unser Ziel, sollten wir mit den Russen über Abrüstung verhandeln, in einer *Reduzierung* der Atomwaffen liegen müsse, also nicht nur in einer Beschränkung des Zuwachses, wie bei früheren Atomwaffenkontrollverträgen.

Es ist eine Legende, daß Rüstungskontrollverträge automatisch zur Rüstungskontrolle führen. Immerhin hatten die Sowjets von 1969, als die SALT-Verhandlungen *(Strategic Arms Limitation Talks)* begannen, bis Mitte der achtziger Jahre ihre strategischen Atomwaffen um einige tausend vermehrt. Unter den Beschränkungen, die ihnen SALT I und SALT II auferlegten, hätten es sogar noch ein paar tausend mehr werden können.

So etwas kann man vielleicht Rüstungsbeschränkung nennen – *Abrüstung* war es gewiß nicht.

Einen Blick zurück auf die jüngste Epoche der Weltgeschichte verrät eine erstaunlich schnelle Zurückdrängung zivilisatorischer Errungenschaften: Noch bis zum Ersten Weltkrieg galt die – zugegebenermaßen gelegentlich nicht eingehaltene – Regel, daß Armeen nicht gegen Zivilisten Krieg führten: Soldaten kämpften gegen Soldaten. Dann kam der Zweite Weltkrieg mit Hitlers Philosophie vom »totalen Krieg«, die besagte, nicht nur Soldaten seien zu bombardieren, sondern auch die Fabriken, in denen ihre Gewehre hergestellt wurden. Wenn dabei auch die umliegenden Städte getroffen würden, so sei das hinzunehmen. Je länger der Krieg dauerte, desto mehr gewöhnten sich die Kombattanten daran, in Angriffen auf Zivilisten nichts weiter als einen Teil der militärischen Strategie zu sehen.

Um das Jahr 1980 waren wir soweit, daß wir unser ganzes Vertrauen in eine Waffe setzten, deren *Hauptziel* die Zivilbevölkerung war.

Ein Atomkrieg richtet sich gegen die Bevölkerung, egal, wie oft Militärs auch versichern mögen: »Nein, wir zielen nur auf andere Raketen.«

Eine der ersten Statistiken, die ich als Präsident zu sehen bekam, gehörte zu den ernüchterndsten und erschreckendsten, die mir je bekannt wurden. Ich werde sie nie vergessen.

Das Pentagon hatte errechnet, daß einem Atomkrieg mit der Sowjetunion mindestens 150 Millionen Amerikaner zum Opfer fallen würden – und zwar selbst dann, wenn wir den Krieg »gewannen«.

Ich konnte mir nicht vorstellen, wie das Leben jener Amerikaner aussehen würde, die einen solchen Krieg überlebten. Die Erde wäre so vollkommen verseucht, daß es auch für die »Überlebenden« nirgendwo mehr einen Platz zum Leben gäbe.

Selbst wenn ein Atomkrieg nicht zur Ausrottung der Menschheit führte, so würde er doch gewiß das Ende der uns gegenwärtig vertrauten Zivilisation bedeuten.

Niemand könnte einen Atomkrieg »gewinnen«. Doch solange Nuklearwaffen existierten, bestand auch immer das Risiko ihres Einsatzes – und war erst einmal die erste Atomrakete abgeschossen, wer vermochte dann noch zu sagen, wohin das alles führen würde?

Eine atomwaffenfreie Welt wurde zu meinem Traum.

Nicht alle meine Berater – einschließlich mehrerer aus dem Pentagon – teilten diesen Traum mit mir. Er überstieg einfach ihre Vorstellungskraft. Sie behaupteten, eine atomwaffenfreie Welt sei nicht zu verwirklichen und wäre gefährlich für uns, sollte sie tatsächlich durchzusetzen sein. Manche behaupteten sogar, ein Atomkrieg sei »unvermeidlich« und wir müßten uns darauf vorbereiten. Sie ergingen sich in einem makabren Jargon, in dem es von »Megatonnen« und »Verlustraten« nur so wimmelte, so wie andere über Baseballergebnisse reden. Doch was mich betraf, so verließ mich mein Traum von einer atomwaffenfreien Welt während der ganzen acht Jahre meiner Präsidentschaft niemals.

Da ich wußte, daß die Befreiung der Welt von Atomwaffen eine langwierige und schwere Aufgabe sein würde, träumte ich noch einen zweiten Traum: von der Errichtung einer Abwehr gegen Atomraketen, die dazu dienen sollte, von einer Politik der garantierten Vernichtung zu einer Politik des garantierten Überlebens überzugehen.

Tief in mir hegte ich die Hoffnung, daß unsere Kinder und Kindeskinder eines Tages in einer Welt leben könnten, die nicht mehr ständig von der Gefahr eines Atomkriegs bedroht ist.

Im ersten Jahr meiner Amtszeit nahmen wir die Genfer Abrüstungsverhandlungen mit den Russen wieder auf, kamen aber praktisch keinen Schritt voran, weil die Sowjets sich weigerten, die Unterminierung demokratischer Regierungen zu beenden, ihre Aggression in Afghanistan und die brutale Unterdrückung Polens fortsetzten sowie die von mir im November 1981 vorgeschlagene Doppel-Null-Lösung mit dem Ziel der Abschaffung aller Mittelstreckenraketen in Europa ablehnten. Ich betrachtete die Doppel-Null-Lösung als den ersten Schritt auf dem Weg zur späteren Abschaffung *aller* Nuklearwaffen auf der ganzen Welt; die Sowjets sahen darin einen Versuch unsererseits, die immense Überpräsenz sowjetischer Atomraketen in Europa zu reduzieren – womit sie durchaus recht hatten.

Als die Russen dem Abzug ihrer auf europäische Städte gerichteten SS-20-Raketen nicht zustimmen wollten, erwiderten wir, daß wir im Herbst 1983, um der Bedrohung durch die SS-20 zu begegnen, NATO-Pläne zur Aufstellung von Pershing-II-Raketen und Cruise Missiles in die Tat umsetzen würden.

Nach der brutalen Niederschlagung der Opposition in Polen hatten wir gegen die polnische Regierung und die Sowjetunion Wirtschaftssanktionen verhängt. Sie hatten jedoch nicht den Effekt, den ich mir erhofft hatte, da uns unsere europäischen Verbündeten, denen ihre Handelsbeziehungen mit dem Osten mehr am Herzen lagen, uns nicht die erforderliche Unterstützung gewährten. Dadurch kam es zu einer vorübergehenden (und inzwischen überwundenen) Belastung der westlichen Allianz.

Wir führten also die Sanktionen allein durch, wenngleich ich Anfang 1982 in mein Tagebuch schrieb: »Die simple Wahrheit ist die: Wir können – auf uns allein gestellt – die Sowjets gar nicht so treffen. Es wird die Sowjets allerdings stören, daß ihr Versuch, uns und unsere Verbündeten zu spalten, fehlgeschlagen ist.« Wenige Tage nach diesem Eintrag kam Anatoli Dobrynin, der langjährige Botschafter der Sowjetunion in den Vereinigten Staaten, in Begleitung seiner Frau zu einem Bankett für Angehörige des diplomatischen Corps ins Weiße Haus. »Alles, was wir über sie gehört haben, stimmt«, schrieb ich. »Die beiden sind ein äußerst liebenswertes Paar. So liebenswert in der Tat, daß man sich wundert, daß sie immer noch zu dem sowjetischen System stehen. Kaum zu glauben – aber er und seine Frau sind sehr liebenswert und nach vierzig Jahren Ehe immer noch sehr verliebt ineinander.«

Dobrynin war ohne Zweifel ein überzeugter Kommunist, aber als Menschen konnte ich ihn einfach nur sympathisch finden. Wenn dies aber möglich ist, so fragte ich mich, haben dann nicht vielleicht auch die Völker Amerikas und der Sowjetunion eine Chance, jenes Mißtrauen abzubauen, das uns an den Rand des nuklearen Abgrunds geführt hat?

Nur einen Tag vor jenem Bankett für das diplomatische Corps war ich über den enormen Umfang der sowjetischen Aufrüstung informiert worden, deren Kosten und Ausmaß mich ebenso bestürzten wie die Gefahren, die daraus für unser Land erwuchsen. Allein schon die Stückzahl bei den Langstreckenraketen war erschütternd. Ein paar Tage später erhielt ich neue Daten, diesmal über die sowjetische Wirtschaft. Die neuesten Zahlen waren ein zusätzlicher Beweis dafür, daß die Sowjetunion ökonomisch dahinsiechte. Daß der Kommunismus als fehlgeschlagenes ökonomisches System seinem unvermeidlichen Ende entgegensah, wäre mir selbst ohne Wirtschaftsstudium am College klargewesen. Die Lage war so schlecht, daß sich die westlichen Länder eigentlich bloß zusammentun und ihre Kredite zu sperren brauchten, um das System in die Knie zu zwingen. Wie aber war es möglich, daß sich die Russen eine derartige Aufrüstung leisten konnten? Vielleicht, so dachte ich bei mir im März 1982, sollte Amerika »prüfen, ob es nicht an der Zeit ist, die Russen zu stellen und ihnen von den Dingen zu erzählen, die wir alle für sie tun könnten, vorausgesetzt, sie geben endlich ihr schlechtes Benehmen auf und schließen sich der zivilisierten Welt an ...«

Im Frühjahr 1982 erneuerte ich in einer Rede anläßlich eines Studententreffens am Eureka College, bei dem wir den fünfzigsten Jahrestag unserer Abschlußklasse feierten, meine Einladung an die Sowjetunion, die START-Gespräche *(Strategic Arms Reduction Talks)*, die nach der von den Sowjets veranlaßten Verhängung des Kriegsrechts in Polen von uns unterbrochen worden waren, wiederaufzunehmen. Zu jener Zeit sprach ich in meinen Reden vor den Vereinten Nationen und anderen Gremien bewußt offen und frei über das, was ich für den sowjetischen Expansionismus hielt. Ich wollte Leonid Breschnew immer wieder daran erinnern, daß wir genau wußten, worauf die Sowjets hinauswollten, und daß wir ihrem Versuch, die Vorherrschaft über die ganze Welt zu erringen, nicht stillschweigend und tatenlos zusehen würden. Darüber hinaus versuchte ich deutlich zu machen, daß die Vereinigten Staaten beabsichtigten, Menschen, die sich vom Kommunismus befreien wollten, überall auf der Welt zu unterstützen – eine Politik, die später von einigen Autoren als »Reagan-Doktrin« bezeichnet wurde. Meiner Meinung nach war es an der Zeit, die Wahrheit zu sagen, anstatt Phrasen zu dreschen – obwohl vielen Liberalen sowie auch einigen Mitarbeitern des Außenministeriums meine Wortwahl nicht behagte. Mehrere Kongreßabgeordnete und Leitartikler verübelten mir meine Behauptung, die Kommunisten beanspruchten ein Recht aufs Lügen und Betrügen, sowie meine Hinweise auf andere kommunistische Praktiken und griffen mich mit Adjektiven wie »kriegslüstern« und »unverantwortlich« öffentlich an. Sie behaupteten, ich sei fest entschlossen, uns in einen Atomkrieg gegen die Sowjetunion zu treiben.

Meine Kritiker im Kongreß versuchten, anfangs noch zurückhaltend, dann aber immer massiver, die für die Modernisierung unserer Streitkräfte erforderlichen Geldmittel zu beschränken. Währenddessen hatten, inspiriert von einer ähnlichen Bewegung in Europa, deren Wurzeln in Moskau zu suchen waren, viele wohlmeinende Amerikaner (sowie einige, die lediglich ihren Sympathien für die andere Seite folgten) mit der Organisation von Demonstrationen begonnen, auf denen sie das sofortige Einfrieren jeder Entwicklung und Aufstellung von Atomwaffen forderten.

Die *Nuclear freeze*-Bewegung appellierte zwar an gute und richtige Gefühle, doch war der Vorsprung der Russen bei den großen bodengestützten Atomraketen mit Mehrfach-Sprengköpfen so enorm, daß wir uns, wären wir auf den Vorschlag eingegangen, als Partner zweiter Klasse an den Verhandlungstisch hätten setzen müssen. Und wenn dennoch das Undenkbare passiert wäre, so hätte das russische Arsenal an Großraketen unser älteres, nicht modernisiertes und von daher verwundbares Vergeltungspotential möglicherweise überwältigen können. Ob wohlmeinend oder nicht – die Tagesordnung der *Nuclear freeze*-Bewegung hätte in Moskau geschrieben sein können.

Im Mai 1982 schickte ich Breschnew einen Brief, in dem ich die Wiederaufnahme der Genfer Gespräche zur Rüstungskontrolle noch vor Ende Juni vorschlug.

> Wie Sie wissen, bin ich der Ansicht, daß unsere vorangegangenen Bemühungen zur Begrenzung strategischer Offensivwaffen nicht die angemessenen Standards an Reduzierung, Ausgewogenheit und Überprüfbarkeit erreicht haben. Aus der furchterregenden Zerstörungskraft der Atomwaffen erwächst unseren beiden Ländern sowohl die praktische Notwendigkeit als auch der moralische Imperativ, alles zu tun, was in unserer Macht steht, um die Möglichkeit ihres Einsatzes in einem Krieg zu reduzieren oder sogar auszuschließen. Die Einstellung meines Landes zur nuklearen Abrüstung wurde in den vergangenen 35 Jahren von dieser Maxime geleitet ... Jetzt stehen wir vor einem weiteren historischen Scheideweg in dem Bemühen, die Gefahr eines drohenden Atomkriegs abzuwenden.

Breschnews Antwortbrief klang zwar nicht gerade herzlich, aber immerhin stimmte er neuen Gesprächen zu. »Es ist nicht unsere Schuld«, schrieb er, »daß der Prozeß zur Begrenzung der strategischen Waffen so lange Zeit unterbrochen war ... Nach Ihrer Rede vom 9. Mai zu urteilen, kann die Einstellung, mit der die Vereinigten Staaten in die Verhandlungen gehen, nur ungute Gefühle hervorrufen, ja sie gibt sogar zu Zweifeln an der Ernsthaftigkeit ihrer Intentionen Anlaß.«

Beim Lesen des Briefes kritzelte ich einige Kommentare an den

Rand. Die Randbemerkung zu den oben zitierten Sätzen lautete: *»Der macht wohl Witze!«*

Neben einem Satz Breschnews, in dem es hieß, daß »die ›substantielle‹ Reduzierung, von der die amerikanische Seite auf der Basis einer von ihr selbst präsentierten Darstellung redet, die selbstverständlich nur für die sowjetische Seite substantiell wäre«, schrieb ich: *»Weil sie die meisten haben.«*

»Aus einem solch einseitigen Ansatz«, schrieb er, »könnte nur eines entstehen – ein Umstoß des existierenden Machtgleichgewichts und ein Zusammenbruch genau jener Stabilität, die zu sichern der amerikanischen Seite angeblich so sehr am Herzen liegt.« (*»Er meint ›Ungleichgewicht‹«*, schrieb ich.)

»Ich möchte nicht, daß wir uns mißverstehen, Mr. President. Ihre Position ist unrealistisch und weist nicht den Weg zu einem Abkommen. Im übrigen sind wir, wie Sie wissen, nicht die einzigen, die dieser Ansicht sind.« (Damit spielte er offenbar auf die Friedensbewegung in Europa an.) Breschnew schlug ein sofortiges Einfrieren der Atomwaffenarsenale auf beiden Seiten vor. »Eine solche Vereinbarung würde unserer Meinung nach günstige Vorbedingungen für die Verhandlungen schaffen und es erleichtern, die gesetzten Ziele zu erreichen. Ich möchte Sie, Mr. President, bitten, diesen Vorschlag sorgfältig zu erwägen.« (Meine Randnotiz dazu: *»Das habe ich schon. Er will alles für'n Appel und 'n Ei.«)* Breschnew fuhr fort: »Das sowjetische Volk – darauf gebe ich Ihnen mein Wort – wird ein solches Abkommen entschieden unterstützen.« Ich notierte: *»Woher soll es davon erfahren? Es hat doch schon seit Jahren keine Wahrheit mehr zu hören bekommen.«* Unter den Brief schrieb ich: *»Eine einzige Lachnummer.«*

Einige meiner freimütigen Äußerungen im Frühjahr 1982 über die Sowjetunion verursachten, wie mir gesagt wurde, Besorgnis bei manchen unserer europäischen Verbündeten, die vollauf mit ihren eigenen Anti-Atomwaffen-Bewegungen beschäftigt waren. Diese Bewegungen wurden von Demagogen aufgeputscht, die mich als eine Art schießwütigen Cowboy darstellten, der es kaum erwarten konnte, seinen atomaren Revolver zu ziehen und den Weltuntergang auszulösen.

Es lag zu einem gewissen Teil an diesen Besorgnissen, daß ich, als ich im Juni 1982 zum Wirtschaftsgipfel nach Versailles reiste, Einladungen

Großbritanniens und Westdeutschlands annahm, vor ihren Parlamenten zu sprechen. Ich wollte deutlich machen, daß ich nicht mit dem Weltuntergang liebäugelte. Ich sagte den Europäern, was ich dachte: Ein Atomkrieg kann nicht gewonnen werden und darf niemals geführt werden. Doch bevor wir die Russen dazu überreden konnten, den Finger vom Abzug zu nehmen, mußten wir sie zu der Einsicht bringen, daß es für die freie Welt eine Grenze gibt, jenseits deren sie nicht mehr bereit ist, das kriminelle Verhalten eines anderen Staates hinzunehmen. Um jedoch dazu in der Lage zu sein, mußten wir aus einer Position der Stärke heraus mit den Russen verhandeln können. Zu den Abgeordneten des britischen Parlaments sagte ich:

> Unsere militärische Stärke ist eine Vorbedingung für den Frieden, aber es muß ganz klar sein, daß wir diese Stärke in der Hoffnung aufrechterhalten, daß sie niemals zum Einsatz kommt. Denn das letztlich Entscheidende in dem gegenwärtig die Welt bewegenden Kampf werden nicht Bomben und Raketen sein, sondern eine Prüfung des Willens und der Gedanken, ein Test der spirituellen Entschlossenheit, der Werte, die wir achten, der Überzeugungen, die wir hochhalten, der Ideale, denen wir uns verschrieben haben... Wenn uns die Geschichte irgend etwas lehrt, dann dies, daß Selbsttäuschung angesichts unerfreulicher Tatsachen Torheit ist. Wir sehen heute überall die Zeichen des furchtbaren Dilemmas, in dem wir stecken – Prophezeiungen des Weltuntergangs, antinukleare Demonstrationen, einen Rüstungswettlauf, an dem sich der Westen aus Gründen des Selbstschutzes widerwillig beteiligen muß. Zur gleichen Zeit sehen wir, wie totalitäre Kräfte in der Welt überall auf dem Globus nach Umsturz und Unruhe trachten, um ihre barbarische Attacke auf den Geist der Menschlichkeit weiter voranzutreiben. Was ist also unser Kurs? Muß die Zivilisation in einem Hagel glühender Atome untergehen? Muß die Freiheit in stillschweigender, tödlicher Anpassung an das totalitäre Böse dahinwelken?

Die Antwort, sagte ich, laute nein.

Die Zeit arbeitete für die Demokratien: In der ganzen Welt mehrten sich die Anzeichen dafür, daß die Demokratie im Aufwind war, der Kommunismus jedoch kurz vor dem Kollaps stand und an einer tödlichen Krankheit namens Tyrannei sterben würde. Er konnte die Kraft des menschlichen Geistes und des angeborenen menschlichen Freiheitsdrangs nicht mehr in die Flasche zurückbefehlen; sein Zusammenbruch stand unmittelbar bevor. »Der Niedergang des sowjetischen Experiments sollte uns nicht überraschen«, sagte ich.

> Wo immer direkte Vergleiche zwischen freien und geschlossenen Gesellschaften möglich sind – zwischen West-Deutschland und Ost-Deutschland, zwischen Österreich und der Tschechoslowakei, zwischen Malaysia und Vietnam –, stets sind es die Demokratien, die gedeihen und die Bedürfnisse ihrer Völker erfüllen. Und zu den ganz einfachen, aber überwältigenden Tatsachen unserer Zeit gehört die folgende: Von den Millionen Flüchtlingen, die wir heute allenthalben beobachten können, sucht nicht einer in der kommunistischen Welt Zuflucht. Sie laufen alle dem Kommunismus davon.

Abgesehen davon, daß ich die Europäer überzeugen wollte, ich sei mitnichten entschlossen, die westliche Allianz in einen Atomkrieg zu führen, hatte ich mir für jene Europareise noch etwas anderes vorgenommen. Bei meinem Amtsantritt war mir etwas aufgefallen, das mir nicht richtig erschien: Die Demokratien wehrten sich gegen ein expansionistisches Kraftwerk, das überall auf der Welt mit seinem System hausieren ging – wir jedoch, die wir ein *funktionierendes* Regierungssystem besaßen, taten gar nichts, um unsere Vorstellung von Freiheit und unser System, in dem die Regierung vom Volk kontrolliert wird und nicht anders herum, unter die Leute zu bringen.

Ich stellte also in meinen Reden vor den europäischen Parlamenten klar, daß wir, die Demokraten der Welt, zwar untereinander Differenzen haben mochten, daß wir aber doch vereint waren durch die gleichen Überzeugungen: den Glauben an die Freiheit und die Ablehnung von staatlicher Willkür; die Weigerung, die Rechte des Individuums denen des Staates unterzuordnen; und die Erkenntnis, daß Kollektivismus die besten menschlichen Impulse erstickt. Die Demokratien, so schlug ich vor, sollten wie der Kommunismus eine expansionistische Politik betreiben: Wir sollten versuchen, den neuen Staaten in Afrika und anderswo bei ihren demokratischen Gehversuchen hilfreich unter die Arme zu greifen. Wir sollten Apostel der Freiheit werden und weltweit für individuelle Freiheit, repräsentative Regierungssysteme, Presse- und Redefreiheit und die Herrschaft des Gesetzes werben.

> Freiheit ist kein Privileg einiger weniger Glücklicher, sondern das unveräußerliche und universelle Recht aller Menschen... Ich glaube, daß die erneuerte Kraft der demokratischen Bewegung, ergänzt durch eine globale Kampagne für die Freiheit, die Aussichten für die Abrüstung und eine Welt des Friedens verbessern werden.

Wenn die Demokratien ihre Entschlossenheit gegenüber dem Kommunismus aufrechterhielten und die Ausbreitung der Demokratie förderten, meinte ich, so wäre alles andere unvermeidlich:

Der Marxismus-Leninismus würde, wie alle vorangegangenen Formen der Tyrannei, auf dem Müllhaufen der Geschichte landen.

71

Obwohl ich glaube, auf dieser Reise nach Europa viele Leute davon überzeugt zu haben, daß ich kein schießwütiger Cowboy war, marschierte die Anti-Atomkriegsbewegung den Sommer und Herbst 1982 über ungerührt weiter, während gleichzeitig die demokratische Mehrheit im Kongreß viele der wichtigsten Elemente unseres militärischen Modernisierungsprogramms, einschließlich der MX-Rakete und des B-1-Bombers, und unsere Anstrengungen zur Erhöhung der Qualität unserer Freiwilligenarmee zunichte zu machen versuchten. Die Bemühungen, den Militärhaushalt zu kürzen, gingen sogar noch weiter, als sich der Erfolg dieser Bemühungen bereits deutlich abzuzeichnen begann. Nach einem Informationstreffen mit den Vereinigten Stabschefs in jenem Sommer notierte ich mir: »Es war ermutigend. Wir haben das Militär wirklich umgekrempelt. Was die Moral betrifft und in jeder anderen Hinsicht.« Ein viel größerer Anteil der Militärangehörigen besaß einen High-School-Abschluß; der Gebrauch von Marihuana in der Truppe war von fünfzig auf sechzehn Prozent gesunken; die Weiterverpflichtungsrate war in die Höhe geschnellt; und es gab ein erneuertes Ehrgefühl unter den Männern und Frauen in unseren Streitkräften: Sie waren wieder stolz darauf, eine Uniform zu tragen.

Budgetschlachten im Kongreß und die israelische Invasion des Libanon hielten uns ein gut Teil des Sommers über in Atem. Unterdessen verhinderten der fortgesetzte sowjetische Druck auf Polen, Breschnews Bestreben, uns für die israelischen Aktionen im Libanon verantwortlich zu machen, und die davon erzeugten Spannungen sowie seine Weigerung zuzugeben, daß die Sowjets sich in den Ländern der dritten Welt einmischten, und andere Probleme jede Verbesserung der amerikanisch-sowjetischen Beziehungen. Der ehemalige Außenminister Henry Kissinger drängte mich, ein stärkeres Signal an Moskau auszusenden und eine Blockade Nicaraguas zu erwägen, um klarzumachen, wie wenig uns gefiel, was die Sowjets in Mittelamerika taten. Aber eine Blockade wäre eine offene Kriegshandlung gewesen, und ich wollte keinen Kriegszustand zwischen uns und Nicaragua. Außerdem konnte niemand vorhersehen, wohin der Versuch, sowjetische Schiffe von der Fahrt nach Mittelamerika abzuhalten, geführt hätte.

Eines Nachmittags luden George Shultz und ich Botschafter Dobrynin ins Weiße Haus ein. Wir setzten uns in unserer Wohnung zusammen und diskutierten die Schwierigkeiten, die wir miteinander hatten. Er brachte den sowjetischen Wunsch nach Wiederaufnahme der Verhandlungen über ein langfristiges Lieferabkommen für Getreide zur Sprache, und ich versuchte ihm zu erklären, daß es da ein Problem mit dem amerikanischen Volk und dem Einfluß der öffentlichen Meinung in unserem System gäbe: Die Amerikaner hätten ein tiefes Gefühl für ihre Ursprungsländer; wenn anderswo Menschen verfolgt würden, könnten wir den Staaten, die sie mißhandeln, keine Zugeständnisse machen. Aber, sagte ich dem Botschafter, ein Akt des guten Willens von seiten der Sowjets würde es uns erleichtern, die Verhandlungen wiederaufzunehmen; es dürfe jedoch kein Tauschhandel sein. Ich erinnerte ihn daran, daß seit vier Jahren eine Familie, die der Pfingstbewegung angehörte, im Kellergeschoß unserer Botschaft in Moskau lebte, die verhaftet werden würde, wenn sie versuchte, das Botschaftsgelände zu verlassen. Ihr Verbrechen: Treue zu ihrer Religion und Glaube an Gott. Ich sagte weiter, daß ich die Pfingstler nicht erwähnt hätte, um darüber zu verhandeln oder ein Geschäft vorzuschlagen, sondern um darauf hinzuweisen, daß Freundlichkeit diesen Menschen gegenüber es uns leichter machen würde, etwas für seine Regierung zu tun, ohne daß wir es als Vorleistung oder Zugeständnis erwähnen würden. Nicht lange danach trafen die Pfingstler in Amerika ein, und kurze Zeit später stimmten wir der Wiederaufnahme der Verhandlungen über die Getreidelieferungen zu.

Fast das ganze Jahr 1982 über versuchte ich unsere europäischen

Verbündeten zu überreden, die Kreditvergabe an die Sowjets einzuschränken und sich unseren Sanktionen anzuschließen, die darauf abzielten, den Bau der transsibirischen Erdgaspipeline aufzuhalten. Ich hatte schließlich auch ein wenig Erfolg damit, war aber nicht in der Lage, sie dazu zu bringen, so viel ökonomischen Druck auf die Sowjetunion auszuüben, wie ich für nötig hielt, um den Niedergang des Kommunismus zu beschleunigen. Viele unserer europäischen Verbündeten sorgten sich mehr um ihre Wirtschaftsbeziehungen zu Osteuropa als darum, das Netz um die Sowjets zuzuziehen.

Im Spätsommer und Herbst jenes Jahres, als die Atomwaffengegner immer öfter die Straßen der amerikanischen und europäischen Städte bevölkerten, versuchten die sowjetischen Unterhändler in Genf diese öffentliche Stimmungslage auszunutzen: Sie stemmten sich mit aller Kraft gegen die Doppel-Null-Lösung und sorgten dafür, daß die amerikanisch-sowjetischen Beziehungen, schlicht gesagt, frostig blieben.

Im September traf Außenminister Shultz mit seinem sowjetischen Amtskollegen Gromyko zusammen, der andeutete, daß Breschnew an einem Gipfeltreffen mit mir interessiert sei. Ich sagte George, er solle Gromyko antworten, daß wir die Idee im Prinzip begrüßten, vorher aber Beweise des guten Willens von Moskau sehen wollten. Es überraschte mich nicht, als George mit Gromyko nicht weiterkam. Ich fragte mich allerdings, wie lange die Russen sich noch so sperren und soviel für Waffen ausgeben konnten, wenn sie nicht einmal in der Lage waren, ihr eigenes Volk zu ernähren.

Am 11. November wurden Nancy und ich um 3.30 Uhr nachts von einem Anruf meines Sicherheitsberaters geweckt, der mir mitteilte, daß Breschnew soeben gestorben sei. Ich bat George Bush und George Shultz, gemeinsam mit unserem Botschafter in Moskau, Arthur Hartman, an dem Begräbnis teilzunehmen.

Vor Breschnews Tod hatte ich beschlossen, Mitte November die Aufhebung der Sanktionen gegen den Bau der transsibirischen Erdgaspipeline bekanntzugeben; unsere wichtigsten Handelspartner (jene, die auf dem Weltwirtschaftsgipfel vertreten waren) hatten zugesichert, begrenzte Handels- und Kreditbeschränkungen gegen die Sowjets einzuführen – das hieß, keiner von uns würde die sowjetische Wirtschaft oder die militärische Expansion der Sowjetunion durch bevorzugte Handelsbedingungen oder billige Kredite stützen – und den Fluß von

Produkten und Technologie, die die militärische Kapazität der Sowjets steigern würden, einzudämmen.

Auszug aus meinen Tagebuchnotizen vom 13. November 1982:

> Zur sowjetischen Botschaft, um mich ins Kondolenzbuch für Präs. Breschnew einzutragen. Es herrscht dort eine merkwürdige Atmosphäre – niemand lächelt, von Botschafter Dobrynin einmal abgesehen. Zurück ins Oval Office, um die Fernsehansprache für Sonnabend zu schreiben. Dann eine Störung. Nachdem sich alle sieben Staaten auf eine einheitliche Politik im Ost-West-Handel geeinigt haben, etwas, worauf wir anderthalb Jahre hingearbeitet hatten, hören wir plötzlich, daß Mitterrand Einwände erhebt. Zweck meiner Ansprache war es, diese Einigung bekanntzugeben, und daß ich infolgedessen die Pipeline-Sanktionen aufheben würde. Das State Dept. bekam kalte Füße und wollte, daß ich mit einer Ersatzrede über das Verbrechen aufwarten sollte. Ich meldete ein Telefongespräch mit Mitterrand an. Er war nicht erreichbar. Ich hatte die Botschaften von Kanzler Kohl und Margaret Thatcher in Händen, in denen sie ihre Freude über die Einigung ausdrückten, und sagte mir, zur Hölle damit, nichts wird geändert. Ich hielt die Ansprache wie vorgesehen. Vielleicht versteht François Mitterrand den Wink, genauso wie die Nadelstreifentypen im State Dept. ... Fliegen jetzt nach Chicago zum Gedenkgottesdienst der Amerikanischen Chirurgenvereinigung für Loyal [meinen Schwiegervater]...

Am 15. November notierte ich mir:

> Neue Querschüsse aus Paris, aber wir antworten nicht darauf. Wir haben ihnen gesagt, wenn sie aus irgendeinem Grund nicht zu der Übereinkunft über den Ost-West-Handel zu stehen gedenken, sollen sie es mit uns allen aufnehmen, nicht nur mit den USA.
> Vorbereitung auf den Besuch von [Helmut] Kohl. Es wird mein fünftes Treffen mit ihm sein, aber jetzt ist er Kanzler der Bundesrepublik Deutschland.
> Wir absolvierten die ganze Begrüßungszeremonie an einem rauhen, windigen Tag. Das Treffen war gut. Er ist völlig anders als sein Vorgänger, herzlich und aus sich herausgehend. Mrs. Kohl ist genauso und sehr charmant.

Wir kamen glänzend miteinander aus, und ich glaube, wir werden ein gues Verhältnis haben. Kein Staatsessen, dafür ein Abendessen für rund vierzig Leute oben in unserem Eßzimmer. Sie nahmen es sehr gut auf und betrachteten es als etwas Besonderes.
Während des Tages [eine Besprechung] mit John Tower wegen der MX. Wir werden ohne Zweifel Schwierigkeiten bekommen – die Dem. werden versuchen, das ganze System abzuschmettern. Es wird eine Menge Druck nötig sein, um es durchzusetzen. Wenn wir es nicht schaffen, denke ich mit Schaudern daran, welche Auswirkungen es auf unsere Abrüstungsverhandlungen in Genf haben wird.

Nachdem eine Reihe von Möglichkeiten, wo und wie sie stationiert werden könnte, geprüft worden war, ordnete ich in der folgenden Woche die Aufstellnung der noch in der Entwicklung befindlichen Interkontinentalrakete *(long-range intercontinental ballistic missile* – ICBM) MX Peacekeeper in unterirdischen Silos auf der Warren Air Force Base in Wyoming an. Ich war überzeugt, daß es, um die Sowjets von einem Erstschlag abzuschrecken, notwendig war, ihnen klarzumachen, daß die Vergeltungsstreitkräfte der USA einen Angriff mit den neuesten sowjetischen Interkontinentalraketen überstehen würden. Am selben Tag schickte ich der neuen Sowjet-Führung eine Botschaft, in der ich mehrere vertrauensfördernde Maßnahmen vorschlug und unter anderem anregte, daß sich unsere beiden Länder gegenseitig über bevorstehende Raketen- und Weltraumtests informieren sollten, um auf beiden Seiten das Moment von Überraschung und Unsicherheit auszuschalten, das beim plötzlichen Auftauchen einer Rakete auf einem Radarschirm entstehen kann; daß einer dem anderen größere Militärmanöver vorher ankündigen sollte, wiederum um das Moment von Überraschung und Unsicherheit in unseren Beziehungen zu verringern; weiterhin sollten wir den heißen Draht zwischen Washington und Moskau verbessern, um ihn zuverlässiger und schneller zu machen. Darüber hinaus hielt ich an jenem Tag eine Ansprache an die Nation, die helfen sollte, den Menschen verständlich zu machen, warum es für uns so wichtig war, das militärische Modernisierungsprogramm durchzuführen – insbesondere was die MX betraf, die unter den Liberalen und den Atomwaffengegnern einen solchen Aufruhr erzeugt hatte –, und die meine Hoffnung auf einen Erfolg in Genf ausdrückte.

»Ich beabsichtige«, sagte ich, »den Frieden auf zwei parallelen Wegen zu sichern: durch Abschreckung und Abrüstung. Ich glaube, das sind die einzigen Wege, die eine wirkliche Hoffnung auf einen andauernden Frieden eröffnen.«

Da sie die damalige Situation beschreibt und da einige der in ihr angesprochenen Punkte von so großer Bedeutung waren, werde ich diese Ansprache hier in ihren wichtigsten Teilen wiedergeben:

> Ungeachtet der stagnierenden sowjetischen Wirtschaft geben die Sowjet-Führer zwölf bis vierzehn Prozent des Bruttosozialprodukts ihres Landes für militärische Zwecke aus – zwei- bis dreimal soviel wie wir. Dem ist hinzuzufügen, daß der Anteil des Verteidigungshaushalts am Bundeshaushalt der Vereinigten Staaten stetig gesunken ist ... 1962, als John Kennedy Präsident war, flossen sechsundvierzig Prozent, also fast die Hälfte, des Bundeshaushalts in die Verteidigung. In den letzten Jahren dagegen wurde nur noch rund ein Viertel des Haushalts für die Verteidigung aufgewandt, während sich der Anteil der Sozialprogramme nahezu verdoppelt hat.
>
> Die Kombination von erhöhten Ausgaben der Sowjets und anteilig geringeren Ausgaben der Vereinigten Staaten hat das militärische Gleichgewicht verändert und unsere Abschreckungskraft geschwächt. Heute befindet sich die Sowjetunion nach jedem Maßstab militärischer Macht deutlich im Vorteil.
>
> Die Sowjetunion hat ein Drittel mehr landgestützter Interkontinentalraketen aufgestellt als wir. Ob Sie es glauben oder nicht, wir haben die Zahl 1965 eingefroren und seither keine zusätzlichen Raketen stationiert.
>
> Die Sowjetunion hat in den letzten fünfzehn Jahren 60 neue raketenbestückte Unterseeboote zu Wasser gelassen. Wir hatten bis zum vergangenen Jahr in derselben Zeit nicht ein einziges neu in Dienst genommen. Die Sowjetunion hat über 200 moderne Backfire-Bomber gebaut und baut Jahr für Jahr dreißig weitere. Die Vereinigten Staaten haben seit zwanzig Jahren keine neuen strategischen Bomber mehr in Betrieb genommen. Viele unserer B-52-Bomber sind inzwischen älter als die Piloten, die sie fliegen.
>
> Die Sowjetunion hat jetzt 600 der die von beiden Seiten als am bedrohlichsten eingeschätzten Silos: solche mit landgestützten Mit-

telstreckenraketen. Wir haben keine. Die Vereinigten Staaten haben ihre landgestützten Mittelstreckenraketen vor fast zwanzig Jahren aus Europa abgezogen.
Die Welt ist auch Zeuge eines beispiellosen Zuwachses auf dem Gebiet der sowjetischen konventionellen Streitkräfte geworden. Die Sowjets sind uns in der Zahl der Panzer, Artilleriewaffen, Flugzeuge und Schiffe, die sie jährlich produzieren, weit überlegen. Mehr noch, als ich in dieses Büro einzog, erfuhr ich, daß unsere eigenen Streitkräfte Flugzeuge hatten, die nicht fliegen konnten, und Schiffe, die aus Mangel an Ersatzteilen und Besatzungsmitgliedern die Häfen nicht verlassen konnten.
Das sowjetische militärische Wachstum darf nicht übersehen werden. Wir haben das Problem erkannt und zusammen mit unseren Verbündeten begonnen, das Ungleichgewicht zu korrigieren. Wenn meine Verteidigungsvorschläge angenommen werden, wird es immer noch fünf Jahre dauern, bis wir uns dem sowjetischen Stand angenähert haben. Dennoch wird die Modernisierung unserer strategischen und konventionellen Streitkräfte sicherstellen, daß die Abschreckung funktioniert und der Frieden gewahrt bleibt.
Unsere Atomstreitmacht wurde vor dem Zeitalter der Mikroschaltkreise aufgebaut. Es ist nicht richtig, unseren jungen Männern und Frauen in Uniform zuzumuten, solche Altertümer zu warten und zu bedienen. Viele haben bereits bei Raketenexplosionen und Flugzeugabstürzen ihr Leben gelassen. Wir müssen unsere Waffen erneuern und modernisieren. Deshalb habe ich entschieden, die Produktion und Stationierung der neuen ICBM, die als MX bekannt ist, weiterzuführen. Drei frühere Präsidenten haben sich für die Entwicklung dieser Rakete eingesetzt, und ich bin, nach gründlicher Beratung durch die besten verfügbaren Fachleute, überzeugt, daß die MX die richtige Rakete zur richtigen Zeit ist ...
Einige mögen fragen, was militärische Modernisierung mit Frieden zu tun hat. Nun, wie ich bereits erklärt habe, eine verläßliche Streitmacht hält andere davon ab, uns anzugreifen, und das erhält den Frieden. Ebenso wichtig ist, daß damit auch die Aussicht wächst, zu bedeutsamen Abrüstungsvereinbarungen mit den Sowjets zu kommen, und das ist es, was wir eigentlich wollen. Die Vereinigten Staaten wollen eine deutliche Verringerung des Waffen-

arsenals der Welt. Aber wenn wir nicht den Willen demonstrieren, unsere Stärke zurückzugewinnen und das militärische Gleichgewicht wiederherzustellen, haben die Sowjets, da sie uns so weit voraus sind, wenig Anlaß, mit uns zu verhandeln. Lassen Sie mich diesen Punkt, da er ins Herz unserer Politik trifft, wiederholen: Wenn wir nicht unseren Willen demonstrieren, unsere Stärke zurückzugewinnen, haben die Sowjets wenig Anlaß, mit uns zu verhandeln. Wenn wir nicht begonnen hätten zu modernisieren, wäre den sowjetischen Unterhändlern klargewesen, daß wir außer Worten nichts anzubieten haben. Da sie wissen, welche Karten wir haben, genauso wie wir wissen, was sie in der Hand haben, wäre ihnen klargewesen, daß wir kein gutes Blatt haben und nur bluffen...

Wir wissen, daß einseitige Abrüstung nicht funktioniert. Wir haben ein ums andere Mal versucht, durch Verkleinerung unserer Streitkräfte ein Beispiel zu geben, und gehofft, daß die Sowjets es uns nachtun würden. Das Ergebnis war jedoch jedesmal, daß sie weiterrüsteten.

Ich glaube, unsere Friedensstrategie wird erfolgreich sein. Niemals zuvor haben die Vereinigten Staaten ein vergleichbares Programm der atomaren Abrüstung vorgeschlagen. Niemals zuvor in unserer Geschichte haben wir so viele Verhandlungen mit den Sowjets geführt, um die Atomwaffen zu reduzieren und einen stabilen Frieden zu sichern. Was wir ihnen sagen, ist: Wir werden unsere Streitkräfte modernisieren, um das Gleichgewicht und damit den Frieden zu erhalten, aber wäre es nicht besser, wenn wir beide unsere Arsenale einfach auf einen viel geringeren Bestand brächten?

Beginnen wir mit den Verhandlungen über die atomaren Mittelstreckenwaffen, die zur Zeit in Genf geführt werden. Wie schon gesagt, sind die bedrohlichsten dieser Waffen die landgestützten Raketen, die die Sowjetunion auf Europa, den Nahen Osten und Asien gerichtet hat. 1972 gab es 600 dieser Raketen. Die Vereinigten Staaten besaßen keine, 1977 sah es noch genauso aus: 600 zu 0. Dann begannen die Sowjets, neue leistungsstarke Raketen mit drei Sprengköpfen und einer Reichweite von Tausenden von Meilen zu stationieren – die SS-20. Seither ist jede Woche eine Rakete mit drei Sprengköpfen hinzugekommen, und obwohl die Sowjet-Führer früher in diesem Jahr erklärt haben, sie würden die Stationierung dieser gefährlichen Rakete stoppen, ist sie unvermindert fortgesetzt worden.

Letztes Jahr, am 18. November, habe ich die totale, globale Eliminierung aller dieser Raketen vorgeschlagen. Ich schlug vor, daß die Vereinigten Staaten keine vergleichbaren Raketen stationieren würden, was für Ende 1983 vorgesehen ist, wenn die Sowjetunion die ihren verschrottet. Wir würden uns an die Vereinbarung über landgestützte Raketen und die Begrenzung anderer Systeme mittlerer Reichweite halten. Die europäischen Regierungen unterstützen unsere Initiative mit Nachdruck. Aber die Sowjetunion hat bislang wenig Neigung gezeigt, diesen Hauptschritt auf dem Weg zur Null-Lösung zu tun. Trotzdem glaube und hoffe ich, daß die Sowjet-Führer, je länger die Gespräche dauern und je näher der Zeitpunkt der geplanten Stationierung unserer neuen Systeme in Europa rückt, die Vorteile einer solchen weitreichenden Vereinbarung erkennen werden.

In diesem Sommer begannen auch Verhandlungen über die Reduzierung der strategischen Waffen. START genannt. Ihr Gegenstand sind die Interkontinentalraketen – Waffen mit einer größeren Reichweite als diejenigen, über die ich gerade gesprochen habe. Unser Verhandlungsziel ist eine deutliche Verringerung dieser Waffensysteme. Ich schlug im Mai vor, die Sprengköpfe dieser Raketen beiderseits auf die gleiche Anzahl zu reduzieren, um rund ein Drittel des gegenwärtigen Arsenals. Ich schlug außerdem vor, die Anzahl der Raketen selbst zu verringern und beiderseits auf einen Stand zu bringen, der etwa der Hälfte des gegenwärtigen US-Bestandes entspricht. Unsere Vorschläge würden gut 4700 Sprengköpfe und etwa 2250 Raketen aus dem Verkehr ziehen. Ich denke, das wäre ein guter Dienst an der Menschheit...

Wir beabsichtigen, die Sowjets davon zu überzeugen, daß es in ihrem eigenen Interesse ist, diese Raketen zu reduzieren. Wir streben außerdem an, die Gesamtzerstörungskraft dieser Raketen und anderer Bestandteile der strategischen Streitkräfte der Vereinigten Staaten und der Sowjetunion zu verringern. 1977, als die letzte Administration weniger weitreichende Reduzierungen vorschlug, lehnte es die Sowjetunion ab, auch nur darüber zu reden. Diesmal war ihre Reaktion völlig anders. Sie ist mit einer ernst zu nehmenden

> Position in die Verhandlungen gegangen, und wenngleich sie nicht mit unserem Ziel einer tiefgreifenden Reduzierung übereinstimmte, besteht kein Zweifel daran, daß wir auf dem richtigen Weg sind. Ein Grund für diesen Wandel ist klar ersichtlich: Die Sowjetunion weiß, daß wir es jetzt mit unseren eigenen strategischen Programmen ernst meinen und daß sie auf echte Verhandlungen vorbereitet sein muß.

Der Anstrum von Anrufen und Briefen an das Weiße Haus und die Meinungsumfragen nach der Ansprache bewiesen mir, daß ich Millionen von Amerikanern davon überzeugt hatte, daß wir mit unserer Frieden-durch-Stärke-Politik auf dem richtigen Weg waren. Nur einen Menschen hatte ich an jenem Abend nicht überzeugen können – meine Tochter Patti.

Anders als viele unserer Vorgänger waren Nancy und ich nicht mit kleinen Kindern ins Weiße Haus eingezogen. Obwohl sie oft nach Osten reisten, führten Maureen, Michael, Patti, Ron und ihre Ehepartner während der acht Jahre, die ich Präsident war, in Kalifornien ihr eigenes Leben. Wegen der zwischen uns liegenden Entfernung von fast 5000 Kilometern sahen wir sie nicht annähernd so häufig, wie wir es gewünscht hätten. Das gehörte zu den Dingen, die Nancy und ich in Washington vermißten. Wir trafen unsere Kinder (und Enkel) für gewöhnlich zu Weihnachten und Thanksgiving und gelegentlich im Weißen Haus oder auf der Ranch. Aber wir vermißten es, einfach zum Telefon greifen zu können, die Kinder anzurufen und zu sagen: »Wollt ihr nicht heute abend zum Essen herumkommen?«

Wie alle Eltern hatten wir manchmal Probleme mit den Kindern. Alle vier besaßen ihren eigenen Kopf und neigten in unterschiedlicher Weise dazu, ihre Unabhängigkeit zu demonstrieren. Ron und Maureen bewiesen es, als sie mich aufforderten, in der Iran-Contra-Affäre entschiedener aufzutreten. Ich habe die Kinder immer ermutigt, ihre Meinung zu sagen.

Ich nehme an, es ist für Kinder niemals einfach, in einer Familie mit bekannten Persönlichkeiten aufzuwachsen, und ich bin sicher, daß die zusätzliche Prominenz, die nach meiner Wahl zum Präsidenten auf die Schultern der Kinder fiel, ihr Leben nicht gerade einfacher gemacht hat. Ron und Patti waren zeitweise besonders unglücklich darüber, daß sie sich eine Rund-um-die-Uhr-Bewachung durch den Geheimdienst gefallen lassen mußten, die noch verschärft wurde, nachdem die CIA Berichte über geplante terroristische Anschläge gegen mich und meine Familie erhalten hatte. Für Michael mag die Prominenz meiner Stellung ein Problem verschlimmert haben, mit dem er während der Jahre, als ich Präsident war, plötzlich nicht mehr fertig wurde: die Tatsache, daß er adoptiert war. Obwohl ich ihm immer genausoviel Liebe entgegenbrachte wie den anderen Kindern, fiel es ihm mit einemmal schwer, mit der Tatsache, daß er adoptiert war, zu leben; sie gab ihm das Gefühl, wertlos zu sein. Seine Frau, Colleen, versuchte ihn davon zu überzeugen, daß es keinen Grund dafür gab, aber es lastete schwer auf seiner Seele, und zwar so schwer, daß wir, nachdem ich ihn angerufen und mich mit ihm getroffen hatte, um herauszufinden, ob ich das Problem aus der Welt schaffen konnte, mehrere Auseinandersetzungen hatten, in denen er mir vorwarf, ihn nicht zu lieben. Dann geschah etwas, das an ein Wunder grenzte: Er entschloß sich, ein Buch über sein Leben zu schreiben, das kathartisch auf den Umgang mit dem Problem wirkte, das ihn belastet hatte. Nachdem Mike und Colleen ihre Kinder, Cameron und Ashley, eines Tages zu Besuch auf die Ranch gebracht hatten, schrieb ich in mein Tagebuch: »Es war ein neuer Mike. Er schreibt ein Buch, und das hat zu einer Selbstbefragung der Seele geführt, die ihn zu dem Geständnis veranlaßt hat, wie sehr er uns allen unrecht getan hat und daß er jetzt sieht, wie er wirklich gewesen ist und was er hatte sein wollen.« Später, als ich sein Buch las, erfüllte es mich mit noch mehr väterlichem Stolz auf Mike, als ich vorher schon gehabt hatte: Ich sah die Verwandlung, die sich im Fortgang des Buches vollzog, fast bildlich vor mir; man hätte meinen können, es wäre von einem unglücklichen, rebellischen jungen Mann begonnen und von einem völlig anderen Menschen, der glücklich war und im Frieden mit sich selbst lebte, beendet worden. Mike beschrieb eine Entdeckungsreise, auf der er lernte, daß er gegen das Wissen, daß seine biologische Mutter ihn nicht wollte, rebelliert und alles Mögliche getan hatte, um sich dafür zu rächen. Ich habe dieses Buch seither viele Male als eine Hilfe für jene empfohlen, die adoptiert wurden – es kann ihnen helfen, sich selbst und ihre Familien zu verstehen.

Nachdem Nancy und ich geheiratet hatten, war Maureen fern von uns in ihrer Schule, so daß wir sie nicht so oft zu Gesicht bekamen, wie wir gewünscht hätten. Als ich mich um die Präsidentschaft bewarb, engagierte sie sich stark in meiner Wahlkampagne, was Nancy und mir viel bedeutete, und nachdem wir ins Weiße Haus eingezogen waren, war sie oft bei uns – sie war Mitvorsitzende des Republikanischen Nationalkomitees –, wodurch wir uns noch näher kamen. Es war wundervoll für uns, daß wir soviel Zeit zusammen verbringen konnten, und wir waren immer erfreut, wenn unser Schwiegersohn Dennis es einrichten konnte, Maureen bei ihren Besuchen zu begleiten.

Patti hatte, wie schon erwähnt, geweint, als Nancy und ich sie in ihrer Schule anriefen, um ihr zu sagen, daß ich zum Gouverneur gewählt worden war. »Oh, nein«, hatte sie gesagt. »Wie könnt ihr mir das antun?« Sie war erst vierzehn gewesen, aber sie war ein Kind der sechziger Jahre, das kein Mitglied des Establishments in der Familie haben wollte. Später geriet sie unter den Einfluß von Leuten mit ähnlichen Ansichten, und mir scheint, daß ich sie, wenigstens weltanschauungsmäßig gesehen, verloren habe.

Als Präsident unternahm ich jede Anstrengung, um der Gefahr eines Atomkriegs entgegenzuwirken. Aber Patti war überzeugt, daß ich genau das Gegenteil tat. Sie glaubte mir einfach nicht.

Ich nehme an, daß wir, solange ich im Weißen Haus war, es beide vermieden, diesen Punkt anzusprechen; wir wußten auch so, wo wir standen. Zwei Wochen nach meiner Ansprache über die MX-Rakete und die Abrüstung fragte sie mich jedoch, ob ich bereit wäre, mit Helen Caldicott, einer der Führerinnen der Anti-Atomwaffen-Bewegung, zusammenzukommen. Ich stimmte auf Pattis Wunsch hin zu, und so verbrachten wir drei mehr als eine Stunde damit, die Probleme des Atomkriegs zu diskutieren. »Sie scheint eine nette, ehrlich besorgte Person zu sein«, notierte ich mir hinterher über Dr. Caldicott in mein Tagebuch, »ist aber völlig verblendet und hat den Kopf voller Dinge, die nicht wahr sind. Ich habe versucht, ihre Fixierung zu durchbrechen, bin aber nicht zu ihr durchgedrungen. Was das betrifft, bin ich auch zu Patti nicht durchgedrungen. Ich fürchte, unsere Tochter ist ganz von dieser Bande vereinnahmt worden. . . .«

Patti hatte mir gesagt, Dr. Caldicott habe für den Fall, daß ich bereit wäre, mit ihr zu reden, versprochen, nichts von dem Gespräch an die Öffentlichkeit zu tragen. Hinterher machte sie die Einzelheiten unseres Treffens dann jedoch postwendend publik.

Ich träume immer noch von dem Tag, an dem Patti und mich wieder eine enge Beziehung verbinden wird. Ich gebe die Hoffnung nicht auf. Nancy und ich lieben sie sehr, wie jedes unserer Kinder. Wir haben ihr nach unserem Auszug aus dem Weißen Haus die Hand entgegengestreckt, aber bisher hat sie mir nur klargemacht, daß sie meint, ich wäre im Unrecht, und daß sie gegen alles ist, wofür ich stehe.

72

Nach einer langen Sitzung des Nationalen Sicherheitsrates Anfang 1983, auf der wir die Möglichkeiten besprachen, die festgefahrenen Abrüstungsgespräche in Genf wieder in Gang zu bringen, notierte ich mir in meinem Tagebuch: »Wir werden an der Nulloption festhalten. Bemerkte, daß ich wünschte, *ich* könnte die Verhandlungen mit den Sowjets führen.«

Ich fühlte, daß es eine Chance gab, Fortschritte beim Abbau der Spannungen zwischen unseren beiden Ländern zu erzielen, wenn ich nur mit einer der Spitzen der Sowjet-Führung in einem Zimmer allein sprechen könnte. Ich habe bei der Lösung von Problemen immer eine Menge Vertrauen in die schlichte Macht des menschlichen Kontakts gesetzt.

Mit Breschnew hatte ich keine Fortschritte gemacht. Jetzt saß ein neuer Führer im Kreml, Jurij Andropow, vormals Chef des KGB. Ich erwartete nicht, daß er ein weniger doktrinärer Kommunist als Breschnew war, aber wir hatten wenigstens einen reinen Tisch vor uns. In meinen Augen hatten die Sowjets immer noch nichts getan, womit sie sich eine Einladung zum Gipfeltreffen verdient hätten – vorher war eine Menge an Vertrauensbildung erforderlich –, aber es gab andere Wege: Ich entschloß mich, es mit persönlicher Diplomatie zu probieren, über verdeckte Kanäle in den Kreml, außerhalb des Scheinwerferlichts der Öffentlichkeit, so daß beide Seiten offen miteinander sprechen konnten, ohne das verkrampfte diplomatische Bemühen, das Gesicht zu wahren, wie es für gewöhnlich formelle Gespräche zwischen den Vereinigten Staaten und der UdSSR kennzeichnete.

Für eine Weile schien die stille Diplomatie auch zu funktionieren. Doch dann trat eine Reihe von Ereignissen ein, die die amerikanisch-sowjetischen Beziehungen, zu diesem Zeitpunkt ohnehin schlecht, noch wesentlich frostiger werden ließen. Unterdessen versuchte ich weiterhin die Unterstützung unseres Volkes und des Kongresses für das Festhalten am Kurs der militärischen Modernisierung zu gewinnen. Die Demokraten kämpften mit Klauen und Zähnen, um praktisch jedes neue Programm, das wir 1981 auf den Weg gebracht hatten, zu kippen: Sie wollten den Verteidigungshaushalt in fünf Jahren um mehr als 163 Milliarden Dollar kürzen und die Sozialausgaben um 200 Milliarden sowie die Steuern um 315 Milliarden Dollar erhöhen, und um ihr Vorhaben durchzusetzen, machten sie sich auch einige der verständlichen Ängste der Bevölkerung vor einem Atomkrieg zunutze. Als einige republikanische Senatoren, teilweise wegen der medienwirksamen Ansichten einer Minderheit von Amerikanern, die für einen Stop der Atombewaffnung demonstrierten, in die Forderung nach Aufgabe des Modernisierungsprogramms des Pentagon einstimmten, schrieb ich Anfang März in mein Tagebuch:

> Ich werde unser Anliegen vor das Volk bringen, nur daß wir diesmal einige bisher geheime Berichte über die Sowjets offenlegen werden und den Leuten ein paar neue furchterregende Tatsachen mitteilen können: Wir hinken den Sowjets immer noch gefährlich hinterher und fallen ständig weiter zurück.

Aber ich wollte meine Botschaft nicht nur unters Volk bringen, sondern auch Andropows Aufmerksamkeit wecken.

Am 8. März 1983, einen Tag, nachdem ich die oben zitierte Eintragung gemacht hatte, und zwei Tage, nachdem wir Königin Elizabeth und Prinz Philip nach ihrem Besuch auf dem fast überfluteten Rancho del Cielo verabschiedet hatten, flog ich nach Florida, um dort zwei Reden zu halten. Die erste, in Walt Disneys EPCOT Center vor einer Gruppe junger Leute, befaßte sich mit den Herausforderungen, denen sich die Generation meiner Zuhörer in Zukunft gegenübersehen würde. Die zweite hielt ich in Orlando vor dem Jahreskongreß der Nationalen Evangelischen Vereinigung, einer Organisation von Pastoren.

Geistliche gehörten zu jenen in Amerika, die dem stärksten Druck ausgesetzt waren, das Einfrieren der Atomwaffen zu unterstützen. Ich wollte sie erreichen, und mit ihnen all die Amerikaner, denen – wie meiner Tochter Patti – eingeredet worden war, der einzige Weg zum Frieden wäre der totale Stop der Entwicklung und Stationierung von Atomwaffen, was, wenn danach gehandelt worden wäre, die nukleare

Überlegenheit der Sowjets besiegelt hätte und auf einen einseitigen Akt der Abrüstung seitens der Vereinigten Staaten und der NATO hinausgelaufen wäre.

Obwohl eine Menge liberaler Geister über meine Rede in Orlando hergefallen sind und behauptet haben, sie zeige, daß ich ein rhetorischer Revolverheld wäre, der ebenso leichtfertig wie gewissenlos einen Krieg mit den Sowjets provoziere, hielt ich die »Reich des Bösen«-Rede und ähnliche mit voller Absicht so und nicht anders: Ich wollte die Sowjets daran erinnern, daß wir wußten, worauf sie aus waren.

Hier einige Auszüge aus jener Rede:

> Während meiner ersten Pressekonferenz als Präsident wies ich als Antwort auf eine entsprechende Frage darauf hin, daß die Sowjet-Führer als gute Marxisten-Leninisten offen und öffentlich erklärt haben, daß die einzige Moral, die sie anerkennen, die ist, die ihre Sache voranbringt, also die Weltrevolution. Ich sollte darauf hinweisen, daß ich nur ihre Leitfigur Lenin zitiert hatte, der 1920 sagte, daß sie jede Moralität verwerfen, die sich aus übernatürlichen Ideen – das ist ihre Bezeichnung von Religion – oder Ideen herleitet, die außerhalb der Klassenkonzeption liegen. Moralität sei vollkommen den Interessen des Klassenkampfs untergeordnet. Und moralisch sei alles, was für die Zerstörung der alten, ausbeuterischen Gesellschaftsordnung und für die Vereinigung des Proletariats notwendig ist.
>
> Nun, ich denke, die Weigerung vieler einflußreicher Leute, diesen grundlegenden Bestandteil der sowjetischen Doktrin wahrzunehmen, illustriert den historischen Unwillen, totalitäre Mächte als das zu sehen, was sie sind. Wir hatten das gleiche Phänomen in den 30er Jahren. Wir können es heute viel zu oft beobachten.
>
> Das bedeutet nicht, daß wir uns isolieren und es ablehnen sollten, eine Verständigung mit ihnen zu suchen. Ich habe vor, alles, was ich kann, zu tun, um sie von unseren friedlichen Absichten zu überzeugen, und sie daran zu erinnern, daß es der Westen war, der es in den vierziger und fünfziger Jahren unterlassen hat, sein Atomwaffenmonopol zur Erlangung territorialer Zugewinne einzusetzen, und daß er es ist, der jetzt eine fünfzigprozentige Reduzierung der strategischen Raketen und die völlige Eliminierung einer ganzen Klasse landgestützter Mittelstreckenraketen vorschlägt.

Gleichzeitig muß ihnen jedoch begreiflich gemacht werden, daß wir Abstriche von unseren Prinzipien und Werten niemals zulassen werden. Wir werden unsere Freiheit niemals hergeben. Wir werden unseren Glauben an Gott niemals aufgeben. Und wir werden niemals aufhören, nach wahrem Frieden zu streben. Aber wir können uns dieser Dinge, für die Amerika steht, nicht versichern, wenn wir der sogenannten Einfrierungslösung folgen, wie sie manche vorschlagen. Die Wahrheit ist, daß ein Einfrieren zum gegenwärtigen Zeitpunkt ein sehr gefährlicher Schwindel wäre, denn es brächte nur die Illusion von Frieden. Die Wirklichkeit verlangt, daß wir Frieden durch Stärke finden müssen.

Ich würde dem Einfrieren zustimmen, wenn wir gleichzeitig die globalen Begehrlichkeiten der Sowjets zum Stillstand bringen könnten. Ein Stop auf dem gegenwärtigen Stand der Rüstung würde den Sowjets jedoch jeglichen Anreiz für ernsthafte Verhandlungen in Genf nehmen und unsere Chance verspielen, die deutliche Verringerung der Waffenarsenale, die wir vorgeschlagen haben, zu erreichen. Statt dessen würden sie durch eine solche Handlungsweise *ihre* Ziele erreichen. Ein Einfrieren würde die Sowjetunion für ihre gewaltige, noch nie dagewesene militärische Aufrüstung belohnen. Es würde die erforderliche und lange überfällige Modernisierung der Verteidigung der Vereinigten Staaten und ihrer Verbündeten verhindern und unsere überalterten Streitkräfte stetig verwundbarer machen. Außerdem würde ein ehrlicher Rüstungsstop ausgiebige Verhandlungen über die Systeme und die Anzahl, bei der verblieben werden soll, sowie die Maßnahmen, mit denen eine effektive Verifikation sichergestellt werden kann, voraussetzen. Und die Art von Einfrieren, wie sie vorgeschlagen wurde, wäre schlichtweg nicht zu verifizieren. Ein derartiges Vorhaben würde uns überdies völlig von unseren gegenwärtigen Verhandlungen mit dem Ziel substantieller Reduzierungen ablenken ...

Lassen Sie uns für die Errettung all jener beten, die in der totalitären Dunkelheit leben – daß sie die Freude des Wissens um Gott entdekken mögen. Aber bis sie das tun, seien wir uns bewußt, daß sie, indem sie den Vorrang des Staates predigen, seine Allmacht über den individuellen Menschen auf der Erde anstreben, der Brennpunkt des Bösen in der modernen Welt sind ...

> Wenn die Geschichte irgend etwas lehrt, dann, daß treuherzige Beschwichtigungspolitik und Wunschdenken über unsere Widersacher töricht sind. Sie wären Betrug an unserer Vergangenheit und Verschwendung unserer Freiheit. Deshalb bechwöre ich Sie, sich gegen jene auszusprechen, die die Vereinigten Staaten in die militärische und moralische Minderwertigkeit treiben wollen... Ich beschwöre Sie, in Ihren Diskussionen über den Vorschlag, die Atomwaffen einzufrieren, der Versuchung des Stolzes zu widerstehen – der Versuchung, sich freundlich über alles zu erheben und beide Seiten für gleichermaßen im Unrecht befindlich zu erklären, die Lehren der Geschichte und den aggressiven Drang eines bösen Reiches zu ignorieren, das Wettrüsten einfach ein gigantisches Mißverständnis zu nennen und sich auf diese Weise aus dem Kampf zwischen Recht und Unrecht, Gut und Böse herauszuhalten...
> Ich glaube, wir werden der Herausforderung gewachsen sein. Ich glaube, daß der Kommunismus nur ein weiteres trauriges und bizarres Kapitel der Geschichte ist, dessen letzte Seiten heute geschrieben werden...

Wie gesagt, ich wollte Andropow wissen lassen, daß wir die Sowjets als das erkannten, was sie waren, und ich glaube ehrlich, daß es funktioniert hat, auch wenn einige Leute – einschließlich Nancys – mich zu überreden versuchten, mein rhetorisches Temperament zu zügeln. Ich erwiderte Nancy, daß ich einen Grund dafür hätte, diese Dinge zu sagen: Ich wollte, daß die Russen wußten, daß ich ihr System und das, wofür es stand, durchschaut hatte.

Während ich durchs Land reiste und über die Realitäten der sowjetischen Politik sprach, kamen die Abrüstungsverhandlungen in Genf kaum voran. Paul Nitze, unser brillanter Chefunterhändler, sagte, er glaube, ebenso wie ich, daß die Sowjets sich in der Frage des Abbaus der auf Europa gerichteten SS-20-Raketen nicht bewegen würden, solange wir unsere INF-Raketen noch nicht stationiert hatten. Diese Prämisse blieb die feste Grundlage unserer Politik in Genf.

Zwei Wochen nach der »Reich des Bösen«-Rede erhielt ich von den Vereinigten Stabschefs die kollektive Einschätzung, daß die Entwicklung eines Schildes gegen Atomraketen möglich sein könnte, und beschloß, meinen Traum öffentlich zu machen und die Strategische Verteidigungsinitiative anzuschieben, indem ich unsere Wissenschaftler vor die Herausforderung stellte, die gewaltigen technologischen Probleme, die sie aufwarf, zu lösen.

Hier Auszüge aus meinem Tagebuch in jenem Frühjahr:

22. März: Mehr solcher Tage sollte es nicht geben. Auf meinem Schreibtisch lag der Entwurf der Ansprache zur Verteidigung, die ich morgen abend im Fernsehen halten werde. Er war vom NSC (Nationalen Sicherheitsrat), vom Außen- und vom Verteidigungsministerium durchgehechelt worden, und jetzt versuchte ich mich daran. Ich schrieb eine Menge neu, größtenteils um das Bürokratenkauderwelsch ins Allgemeinverständliche zu übersetzen. Dazu gab es den ganzen Tag über Besprechungen, mit dem Kongreß, mit unseren ehrenamtlichen Beratern aus der Geschäftswelt, nicht eingeplante Unterredungen über alle möglichen Probleme und schließlich einen Abstecher in den Capitol Club ... Während des Tages eine Rede vor unserer republikanischen Kongreßführung; zerfetzte in Abwesenheit der Presse den Haushaltsplan der Dem.s. Es tat gut, die lächerliche Unverantwortlichkeit des angeblichen Haushaltsplans bloßzustellen.

23. März: Das große Ereignis des Tages war die um 8 Uhr abends über alle Sender ausgestrahlte Fernsehansprache über die nationale Sicherheit. Wir haben 72 Stunden an ihr gearbeitet, bis kurz vor dem Sendetermin. Wir hatten einige Leute zum Abendessen im W. H. Ich sprach nur ein paar Begrüßungsworte und zog mich dann zurück. Nancy und ich nahmen oben ein frühes Abendessen ein. Zu der Gästegruppe gehörten mehrere ehemalige Außenminister und Sicherheitsberater, hervorragende Kernphysiker, die Stabschefs usw. Ich hielt die Ansprache im Oval Office um 8 Uhr und gesellte mich danach zum Kaffee zu unseren Gästen. Ich nehme an, sie war gut; sie lobten sie jedenfalls alle in den Himmel und waren der Meinung, daß sie für die nächste Zeit die öffentlichen Debatten beherrschen würde. Ich habe lang und breit darüber gesprochen, warum unsere Aufrüstung notwendig ist, und dann mit einem Aufruf an die Wissenschaftsgemeinde geendet, sich mir anzuschließen und jetzt mit der Forschung für die Entwicklung von Verteidigungswaffen zu

ginnen, die Atomraketen obsolet machen würden. Ich habe keine optimistischen Vorhersagen geäußert, sondern gesagt, es würde zwanzig Jahre oder mehr in Anspruch nehmen, aber wir müßten es tun. Ich hatte ein gutes Gefühl.

24. März: ... die Berichterstattung über die gestrige Ansprache liegt vor. Die größte Resonanz – Anrufe, Telegramme usw. – auf eine Rede bisher, überwiegend zu meinen Gunsten ...

25. März: Besprechung mit den Redenschreibern – gab ihnen den Kern für die Radioansprache am Sonnabend; es klappte recht gut. Eine Umfrage vor der Ansprache zeigt, daß ich in bezug auf die Wirtschaftspolitik an Zustimmung gewonnen, aber in bezug auf die Außenpolitik aufgrund des Trommelfeuers der Antiverteidigungspropaganda Punkte verloren habe. Es wird interessant sein, zu sehen, was die Umfragen nach der Ansprache ergeben. Stand im Presseraum den Reportern Rede und Antwort. Es lief gut, mit der Folge, daß die Fernsehnachrichten es fast völlig ignorierten ...

6. April: Erfuhr, daß George Shultz aufgebracht ist. Er denkt, der NSC untergrabe die zwischen ihm und mir abgesprochenen Schritte der »stillen Diplomatie« mit den Sowjets [die zur Ausreise der Pfingstler-Familie aus Moskau führten, aber] wir kamen später am Tag mit George zusammen und haben die Sache, glaube ich, geklärt. Einige Mitarbeiter des NSC vertreten eine zu harte Linie; sie halten es für falsch, überhaupt irgendwelche Annäherungsversuche an die Sowjets zu unternehmen. Ich bin durchaus für eine harte Linie und gegen jede Nachgiebigkeit. Aber ich will versuchen, den Russen begreiflich zu machen, daß die Welt besser dran wäre, wenn sie *durch Taten* zeigten, daß sie mit der freien Welt auszukommen gedenken.

Ich vermute, daß es der sowjetischen Führung, als ich ihr durch Dobrynin mitteilen ließ, daß wir in puncto Getreideabkommen zugänglicher wären, wenn sie den Pfingstlern die Auswanderung erlaubte, ziemlich schwerfiel, zu verstehen, warum ein amerikanischer Präsident soviel Wert auf die öffentliche Meinung legte: Die öffentliche Meinung ist das Letzte, worüber sich die Führer eines totalitären

Staates Sorge machen. Aber Dobrynin wußte eine Menge über die Amerikaner, und ich nehme an, daß er ihnen erklärt hat, wenn ein amerikanischer Präsident gesagt hat, was ich gesagt hatte, könnten sie mit einer positiven Antwort rechnen. Ich habe nie jemandem von meinem Gespräch mit Dobrynin erzählt – vielleicht mußte ich ja den gleichen Weg der stillen Diplomatie später einmal wieder benutzen.

Im Spätsommer wurde einer zweiten Gruppe von Pfingstlern erlaubt, die Botschaft und die Sowjetunion zu verlassen. Im Gesamtrahmen der amerikanisch-sowjetischen Beziehungen war die Erlaubnis der Ausreise einer Handvoll Christen kein großes Ereignis. Aber im Kontext der Zeit war es eine hoffnungerweckende Entwicklung: Die Sowjets hatten uns zum ersten Male mit einer Tat anstatt nur mit Worten geantwortet. Ich mußte jedoch lernen, daß ich zu optimistisch gewesen war, wenn ich gedacht hatte, die Russen würden sich über Nacht ändern.

73

Während ich nicht glaube, daß ich in der Lage war, das amerikanische Volk von der Ernsthaftigkeit der Bedrohung zu überzeugen, der wir von seiten der marxistischen Guerrillas in Mittelamerika ausgesetzt waren, hatte ich, denke ich, Erfolg damit, als ich mein Anliegen hinsichtlich der Notwendigkeit, die Modernisierung unserer Streitkräfte voranzutreiben, vor die Öffentlichkeit brachte. Amerikaner schätzen vor allem anderen die Sicherheit ihrer Nation. In meiner Ansprache am 23. März enthüllte ich einige bis dahin geheime Erkenntnisse über die gewaltige sowjetische Aufrüstung und legte Geheimphotos vor, die den Ausbau der sowjetischen Militäranlagen auf Kuba dokumentierten. »Ich weiß«, sagte ich, »daß Sie alle Frieden wollen, und das will ich auch. Ich weiß außerdem, daß viele von Ihnen ernsthaft glauben, daß ein Einfrieren der Atomwaffen die Sache des Friedens befördern würde. Aber ein Stop zum gegenwärtigen Zeitpunkt würde unsere Sicherheit verringern, nicht erhöhen, und die Kriegsgefahr vergrößern, nicht verkleinern.« Ich wolle die Vereinigten Staaten nicht in einen Rüstungswettlauf treiben, sagte ich; das habe die Sowjetunion bereits getan. Unser Überleben als Nation stehe auf dem Spiel. Nach dem Aufruf an das amerikanische Volk, seinen Kongreßabgeordneten zu sagen, daß es hinter dem militärischen Modernisierungsprogramm stehe, stellte ich ihm schließlich meinen Traum von einer Strategischen Verteidigungsinitiative vor:

> Lassen Sie mich eine Vision der Zukunft mit Ihnen teilen, die Hoffnung bietet. Sie besteht darin, daß wir ein Programm auf den Weg bringen, das der furchteinflößenden sowjetischen Raketendrohung mit Maßnahmen begegnet, die defensiv sind. Besinnen wir uns auf die Stärke in der Technologie, die unsere großartige industrielle Basis hervorgebracht und uns die Lebensqualität beschert hat, der wir uns heute erfreuen.
>
> Was, wenn freie Menschen sicher in dem Wissen leben könnten, daß ihre Sicherheit nicht auf der Drohung eines sofortigen Vergeltungsschlags der USA beruht, die die Sowjets von einem Angriff abschrecken soll, sondern darauf, daß wir strategische Raketen abfangen und zerstören können, bevor sie unseren eigenen Boden oder den unserer Verbündeten erreichen?
>
> Ich weiß, das ist eine ungeheure technische Aufgabe, die nicht vor dem Ende dieses Jahrhunderts bewältigt sein dürfte. Dennoch, die heutige Technologie ist auf einem Stand der Vervollkommnung angelangt, der es vernünftig erscheinen läßt, diese Aufgabe in Angriff zu nehmen. Es wird Jahre, vielleicht Jahrzehnte größter Anstrengungen an vielen Fronten bedürfen. Es wird Mißerfolge und Rückschläge geben ebenso wie Erfolge und Durchbrüche. Und während wir daran arbeiten, müssen wir ständig die atomare Abschreckung aufrechterhalten und uns die solide Fähigkeit zur flexiblen Antwort bewahren. Aber ist es nicht jede Anstrengung wert, wenn man die Welt von der Gefahr eines Atomkriegs befreien kann?
>
> ... Heute abend mache ich, im Einklang mit unseren Verpflichtungen aus dem ABM und in Anerkenntnis der Notwendigkeit ausführlicher Konsultationen mit unseren Verbündeten, einen wichtigen ersten Schritt. Ich gebe die Anweisung, ein langfristiges Forschungs- und Entwicklungsprogramm auszuarbeiten, um unserem Endziel näherzukommen, die Bedrohung durch strategische Atomraketen zu beseitigen. Das könnte den Weg für Abrüstungsmaßnahmen bahnen, die zur Abschaffung dieser Waffen führen. Wir streben weder militärische Überlegenheit noch politische Vorteile an. Unsere

Absicht – die alle Menschen teilen – besteht einzig und allein darin, Mittel und Wege zu finden, um die Gefahr eines Atomkriegs zu verringern.

Im Frühjahr und Sommer 1983, während Jurij Andropow die alte sowjetische Tagesordnung von Weltherrschaft, Unterstützung rebellierender Guerrillas und – gegenüber Polen – der eisernen Faust weiterlaufen ließ und allgemein wie alle sowjetischen Führer der Vergangenheit handelte, gewann die Administration eine Reihe hart umkämpfter Abstimmungen im Kongreß, die das MX-Programm und andere Hauptbestandteile des militärischen Modernisierungsprogramms am Leben erhielten. Und ich griff wiederum auf stille Diplomatie zurück, um mit Andropow privat ins Gespräch zu kommen und, wie ich hoffte, eine persönliche Beziehung, ähnlich wie ich sie zu Breschnew hatte, mit ihm aufzubauen, die zu besseren Beziehungen zwischen unseren Ländern führen könnte.

Andropow und ich hatten nach Breschnews Tod die üblichen Formalitäten ausgetauscht, aber seine Briefe waren steif und kalt wie ein sibirischer Winter; sie beschränkten sich auf Platitüden und versprachen »das entschlossene Eintreten der sowjetischen Führung und des Volkes der Sowjetunion für die Sache des Friedens, die Beseitigung der atomaren Bedrohung und die Entwicklung von Beziehungen, die auf gegenseitigem Nutzen und der Gleichheit aller Nationen beruhen« – während gleichzeitig den Vereinigten Staaten die alleinige Schuld am Wettrüsten zugeschoben wurde.

Am 11. Juli 1983 schickte ich Andropow eine handgeschriebene Note, in der ich ihm versicherte, daß das Volk der Vereinigten Staaten gleichermaßen für den Frieden und die Beseitigung der atomaren Bedrohung eintrete. Dann fragte ich ihn, ob es nicht an der Zeit wäre, den nächsten Schritt zu tun und diese Ziele bei den Treffen unserer Abrüstungsunterhändler in Genf zur Sprache zu bringen. »Wir tragen beide«, schrieb ich weiter, »eine gewaltige Verantwortung für die Erhaltung der Stabilität in der Welt, und ich glaube, wir können diesen Auftrag erfüllen, aber dafür ist ein weit lebendigerer Austausch erforderlich, als wir ihn bis heute zustande gebracht haben. Es gibt viel zu besprechen – in bezug auf die Situation in Osteuropa und besonders auf die in Südasien ebenso wie in bezug auf solche Themenbereiche wie die Abrüstung, den Handel zwischen unseren beiden Ländern und andere Möglichkeiten, die Ost-West-Kontakte auszuweiten.«

Rückblickend fuhr ich fort: »Unsere Vorgänger haben größere Fortschritte erzielt, wenn sie offen und ehrlich privat miteinander sprachen.« Ich schrieb, wenn er wünsche, in solche direkten Gespräche einzutreten, »werden Sie mich bereit finden. Ich erwarte Ihre Antwort. Ronald Reagan.«

Anfang August erwiderte Andropow mit einem Brief, in dem er von uns forderte, die für den Herbst vorgesehene Stationierung der neuen NATO-Raketen aufzugeben, und es ablehnte, die in meinem Brief aufgeworfenen Themen zu diskutieren, insbesondere die subversiven Aktivitäten der Sowjetunion in der Dritten Welt. Positiv war zu vermerken, daß er seine Bereitschaft ausdrückte, mit mir in privatem Kontakt zu bleiben. Hier einige Auszüge aus diesem Brief:

> Dear Mr. President!
> Haben Sie Dank für Ihren persönlichen Brief, den ich am 21. Juli erhielt. Ich habe seinen Inhalt mit allem Ernst erwogen.
> Mit Befriedigung habe ich die Versicherung zur Kenntnis genommen, daß die US-Regierung unsere Hingabe an die Sache des Friedens und die Beseitigung der atomaren Bedrohung teilt und bestrebt ist, die Beziehungen zu anderen Ländern auf der Grundlage von beiderseitigem Nutzen und gleichen Rechten aufzubauen. Das wichtigste, so scheint mir, ist heute, diese Prinzipien in der Praxis umzusetzen und für die vorhandenen Probleme Lösungen im Geiste des Friedens und der Zusammenarbeit zu suchen und zu finden. Ich stimme mit Ihnen, Mr. President, überein, daß wir verpflichtet sind, uns der Verantwortung für den Erhalt des Friedens und der internationalen Sicherheit zu erinnern, die auf unseren beiden Ländern und ihren Führern lastet.
> Natürlich kann man in der gegenwärtigen komplexen Lage kaum mit einfachen Lösungen rechnen. Aber ich denke, daß wir, wenn wir die wichtigsten und schwierigsten Punkte einfach aussparen würden, kaum in der Lage wären, die Ergebnisse zu erzielen, die wir, wenn ich Sie richtig verstanden habe, beide anstreben ...
> Am wichtigsten ist es natürlich, auf dem Gebiet der Begrenzung und Verringerung der Atomwaffen voranzukommen. Eine besonders

dringliche Notwendigkeit kommt dabei der Verhinderung eines atomaren Wettrüstens in Europa zu, dessen Folgen extrem gefährlich wären. Wenn wir das erreichen könnten, wäre uns, glaube ich, die Dankbarkeit der Völker unserer beider und vieler anderer Länder sicher.

Wir glauben, daß eine gerechte, für beide Seiten akzeptable Übereinkunft in Genf, eine Übereinkunft auf der Grundlage der Gleichheit, immer noch möglich ist. In dem Bemühen, diese Übereinkunft zu erreichen, sind wir bereits sehr weit gegangen und haben Entscheidungen getroffen, die uns äußerst schwergefallen sind. Die Sowjetunion ist also (abhängig vom Erreichen des Gleichstands in den entsprechenden Flugzeugkategorien) bereit, die Mittelstreckenraketen, die sie in der europäischen Zone hat, auf fast ein Drittel zu reduzieren. Und zwar ohne das Gegenstück eines Raketenabbaus auf seiten des Westens. Ist das in Washington verstanden und angemessen gewürdigt worden? In dieser Hinsicht wollen wir nicht mehr als ein Gegengewicht zu den Waffen, über die die Briten und Franzosen verfügen. Ist das keine ehrliche und maßvolle Position?

Ich will Ihnen, Mr. President, das gleiche sagen, was ich Kanzler Kohl gesagt habe, als ich in Moskau mit ihm zusammentraf: Wir glauben, daß wir die Gelegenheit ergreifen müssen, solange sie da ist, um eine von Grund auf ehrliche Übereinkunft zu erreichen, die die legitimen Rechte sowohl der NATO- als auch der Warschauer-Pakt-Staaten in Rechnung stellt und bewirkt, daß die atomaren Mittelstreckenwaffen in Europa nicht vemehrt, sondern vielmehr drastisch, sehr drastisch reduziert werden. Das würde eine enorme Verbesserung der Situation in Europa und der ganzen Welt bedeuten.

Solange die Vereinigten Staaten noch nicht begonnen haben, ihre Raketen in Europa zu stationieren, ist eine Übereinkunft immer noch möglich. Mehr noch, nach Abwägung der grundlegenden Sicherheitsfaktoren sind wir der Überzeugung, daß es auf beiden Seiten noch Handlungsspielraum gibt. Insofern Sie ebenfalls möchten, daß Bewegung in die Verhandlung kommt – wie ich es aus Ihrem Brief schließe –, würde es mich freuen, zu hören, wie Sie sich das in der Praxis vorstellen.

Ich möchte hinzufügen, daß wir es für durchaus möglich halten, auch in andere Richtungen beiderseitige konstruktive Schritte für eine Beendigung des Wettrüstens zu unternehmen – beispielsweise hinsichtlich der strategischen Atomwaffen und der Nutzung des Weltraums –, aber nur auf der Grundlage der Gleichheit und der aufrichtigen Rücksichtnahme auf die Interessen des anderen.

Mr. President, Sie schlagen eine Diskussion über die Situation in verschiedenen geographischen Regionen vor und erwähnen bestimmte davon. Was ist dazu zu sagen? Wir haben den Ihren entsprechende Gründe, unsere Einschätzung der US-Politik in den von Ihnen erwähnten und anderen Gegenden auszudrücken. Aber ich möchte im Augenblick nur eines betonen: Jedes Volk, jedes Land, wo immer es liegen mag, sollte Herr seines eigenen Schicksals sein. Sie sollten die Möglichkeit haben, zu leben, wie sie es wünschen; niemand hat das Recht, sich in ihre inneren Angelegenheiten einzumischen. In unserer Politik gehen wir jetzt und in Zukunft von diesem unerschütterlichen Prinzip aus, das in der UN-Charta, die von unseren beiden Ländern unterzeichnet wurde, verankert ist. Wenn auch die Vereinigten Staaten von diesem Prinzip geleitet werden, sollten unsere beiden Länder in der Lage sein, auf dieser Grundlage zum großen Nutzen für uns selbst und andere zusammenzuarbeiten.

Mr. President, es war in diesem Brief nicht mein Ziel, viele Themen anzusprechen, sondern jene auszuwählen, die ich für zentral halte. Ich würde einen konkreten, geschäftsmäßigen und offenen Meinungsaustausch mit Ihnen über diese und andere Fragen begrüßen. Ich stimme mit Ihnen überein, daß dieser Austausch vertraulich sein sollte, wenn die Interessen der Sache es erfordern. Ich für meinen Teil würde vorschlagen, dies durch den sowjetischen Botschafter in Washington und eine Person, die Sie bestimmen, zu tun.

Hochachtungsvoll
Andropow
4. August 1983

Am Ende des Briefes war ein handschriftliches Postskriptum von Andropow hinzugefügt:

> Ich hoffe ehrlich, Mr. President, daß Sie die von mir geäußerten Gedanken sorgfältig prüfen und in der Lage sein werden, in einem konstruktiven Geist darauf zu antworten.

Der Brief überzeugte mich mehr denn je davon, daß wir die Pläne zur Stationierung der neuen Mittelstreckenraketen der NATO in Europa vorantreiben mußten, weil die Sowjets, wenn diese Bedrohung erst einmal fortgefallen war, keinen Grund mehr haben würden, ihre INF-Waffen abzubauen.

Dies war meine Erwiderung an Andropow:

Sehr geehrter Herr Generalsekretär!

Haben Sie Dank für Ihren Brief, den ich am 5. August erhielt. Ich habe ihm natürlich meine vollste Aufmerksamkeit gewidmet und begrüße die Versicherung Ihres Bemühens, Lösungen für die Probleme zu finden, denen wir uns gegenübersehen. Wie ich sehe, wissen wir beide um die schreckliche Verantwortung, die die Geschichte auf unsere Schultern gelegt hat, als sie uns in dieser schwierigen und gefährlichen Zeit zu Führern der mächtigsten Staaten der Welt machte.

Ich pflichte Ihnen bei, daß wir, wenn wir in unserem gemeinsamen Bestreben Fortschritte erzielen wollen, die wichtigen Punkte nicht einfach umgehen können, nur weil sie schwierig sind. Ich pflichte Ihnen auch darin bei, daß unsere Aufmerksamkeit vor allem auf das zentrale Anliegen der Konsolidierung der Sicherheit in der Welt gerichtet sein muß.

Nach meiner Ansicht hat dieses zentrale Anliegen drei Schlüsselaspekte: erstens die für die Welt lebenswichtige Notwendigkeit, sich auf das Prinzip hinzubewegen, internationale Konflikte durch friedliche Mittel beizulegen, ohne den Einsatz von Waffengewalt oder deren Androhung; zweitens die drängende Notwendigkeit, die Waffenarsenale zu verringern, insbesondere jene der zerstörerischsten und am meisten destabilisierenden Art; und drittens die Notwendigkeit, ein ausreichendes Maß an Vertrauen zwischen uns zu schaffen, um diese beiden Ziele zu erreichen.

Es liegt auf der Hand, daß es uns unmöglich ist, all die vielen Probleme in unseren Beziehungen auf einmal zu lösen. Aber es will mir auch scheinen, daß wir es höchst schwierig finden werden, einzelne Probleme, und seien es die drängendsten, losgelöst von allem anderen zu lösen. Um erfolgreich zu sein, müssen wir, glaube ich, einen Weg finden, der es uns ermöglicht, auf allen drei Gebieten gleichzeitig ständige Fortschritte zu erreichen. Erlauben Sie mir, in aller Offenheit ein paar Betrachtungen über jeden der drei Aspekte anzustellen.

Hinsichtlich des ersten freut es mich, daß Sie die Prinzipien der Charta der Vereinten Nationen bekräftigen und der Meinung sind, daß jedes Volk und jedes Land Herr seines eigenen Schicksals sein sollte. Das freut mich, weil ich derselben Meinung bin und größten Wert auf dieses Prinzip lege, das zu den absoluten Fundamenten einer friedlichen Welt gehört. Da wir im Prinzip übereinstimmen, muß das Problem darin liegen, daß wir es verschieden interpretieren, denn wir haben Probleme in diesem Punkt, und zwar sehr ernste.

Sie haben mich gebeten zu versuchen, Moskaus Sichtweise einiger der kritischen Punkte zu verstehen, und ich kann Ihnen versichern, ich versuche es. Dürfte ich Sie nun im Gegenzug bitten, einmal einen Blick auf die Welt zu werfen, wie sie sich von Washington aus gesehen darstellt? Als Oberkommandierender habe ich nicht eine einzige im Kampfzustand befindliche Militäreinheit. Wenn jeder Staatschef das gleiche sagen könnte, wären wir auf dem besten Weg in eine sicherere Welt. Wenn jeder von uns beschließen würde, bei Problemen, welcher Art auch immer, nicht auf das Mittel des Krieges zurückzugreifen, wäre die Abrüstung einfach und leicht zu erreichen. Wenn wir uns andererseits den Problemen nähern, indem wir an dem Glauben festhalten, der Krieg wäre etwas Unvermeidliches, dann sind wir zum Versagen verdammt. Ich denke, daß wir einen Weg finden müssen, offen über diese Probleme miteinander zu reden, oder zumindest größere Rücksicht auf die Position der anderen Partei zu nehmen, wenn schicksalhafte Entscheidungen gefällt werden. Am Ende macht es wirklich keinen Unterschied, ob wir diese Probleme durch spezifische Verständigungen verringern oder dadurch, daß wir einfach so handeln, daß sie kleiner werden. Entscheidend ist, daß sie verringert werden müssen, wenn wir den anderen Punkten auf unserer Tagesordnung eine faire Erfolgschance einräumen wollen.

Was den zweiten Aspekt betrifft – die Konsolidierung der Sicherheit der Welt durch Abrüstung –, so hat mich der kürzlich erzielte Fortschritt bei den MBFR-Verhandlungen [über die konventionellen Streitkräfte] in Wien gefreut. Und obwohl weiterhin ernste Probleme bestehen, kann ich Sie des guten Willens auf unserer Seite versichern, sie zu lösen. Ich stimme Ihnen zu, daß die beiden Verhandlungsstränge in Genf, über die strategischen Waffen und die Europa bedrohenden atomaren Mittelstreckenraketen, zentral sind und unsere vollste Aufmerksamkeit erfordern. Ich glaube ebenfalls, daß eine Übereinkunft möglich ist, und was mich anbelangt, je eher, je besser.

Ich habe Ihre Erklärung zur sowjetischen Position in den INF-Verhandlungen in Genf begrüßt und kann voll verstehen, daß Ihnen das Angebot, die SS-20-Stationierung zu reduzieren, nicht leichtgefallen ist. Es fällt einem selten leicht, etwas aufzugeben, was man hat. Aber ich denke, wir müssen die Situation in einem breiteren historischen Zusammenhang betrachten, wenn wir eine Lösung finden wollen, die die Sicherheit beider Seiten gewährleistet und es uns trotzdem erlaubt, die Zahl der Atomwaffen zu verringern. Während eines Großteils der 70er Jahre hatten unsere Verbündeten und wir das Gefühl – und prominente sowjetische Führer stimmten in zahlreichen öffentlichen Äußerungen mit uns darin überein –, daß ein annäherndes Gleichgewicht in Europa vorhanden war. Doch dann begann die Sowjetunion 1977 damit, eine neue Klasse atomarer Waffen mit wesentlich größerer Reichweite und Zerstörungsfähigkeit, als es sie vorher in Europa nicht gegeben hatte, zu stationieren. Das war eine klare Bedrohung des Gleichgewichts und führte zu dem NATO-Beschluß vom Dezember 1979 [die Pershing II und die Cruise Missiles zu stationieren].

Ich führe diese wohlbekannten Tatsachen nur an, um zu erklären, warum der neueste sowjetische Vorschlag nicht in der Lage ist, unsere Sorgen zu zerstreuen. Natürlich ist es ermutigend, wenn Sie anerkennen, daß Sie weit weniger SS-20 benötigen, als Sie stationiert haben, aber ein Monopol an einem Waffensystem bleibt ein Monopol, ganz gleich, ob die Anzahl groß oder klein ist, und das ist ein Zustand, den wir nicht akzeptieren können. Sie haben die britischen und französischen Systeme erwähnt, und ich verstehe, was Sie damit sagen wollen. Aber ich glaube wirklich, daß das kein entscheidender Punkt ist. Zunächst einmal gehören die in Frage stehenden britischen und französischen Waffen nicht alle zur gleichen Kategorie wie die landgestützten SS-20, und darüber hinaus sind die französischen Systeme nicht in die Verteidigung der NATO eingebunden. Nun könnte man diese Erwägungen als zweitrangig ansehen, wenn die britischen und französischen Systeme eine realistische Bedrohung der Sowjetunion darstellen. Doch wie könnten Sie sie, bei dem gewaltigen atomaren Arsenal, das Sie besitzen (einschließlich von ICBMs, die auf Großbritannien und Frankreich gerichtet werden können), tatsächlich als Bedrohung empfinden? Ich kann einfach nicht verstehen, warum Sie das Gefühl haben, ein »Gegengewicht« zu ihnen haben zu müssen, wenn Ihre zentralen Systeme sie um ein Vielfaches übersteigen.

Die Stationierung der amerikanischen Pershing II und Cruise Missiles in Europa, die – wenn wir keine Übereinkunft erreichen können, die sie überflüssig macht – im Dezember beginnen wird, ist ebenfalls nicht als Bedrohung der Sowjetunion zu betrachten. Ihre einzige Funktion ist es, ein Gleichgewicht zu den Europa potentiell bedrohenden sowjetischen Systemen zu schaffen und sicherzustellen, daß niemand zukünftig bezweifeln kann, daß die Sicherheit von Westeuropa und Nordamerika ein und dasselbe ist. Noch einmal, versuchen Sie unsere Sichtweise zu verstehen. Wie sähe denn die Reaktion der Sowjetunion aus, wenn wir eine neue, hochgefährliche Waffe gegen ihre Verbündeten richteten und dann die Forderung erheben würden, daß Sie dem nichts Vergleichbares entgegensetzen?

Kurz, wir müssen darauf bestehen, daß unsere Übereinkunft auch die Parität der amerikanischen und sowjetischen Waffen in dieser Kategorie enthält. Ich kann nicht begreifen, wieso das mit der Sicherheit des Warschauer Pakts unvereinbar sein sollte. Wenn er ein Verteidigungsbündnis ist, kann es nicht so sein. Wir betrachten also unser Vorhaben auch als gerecht und ehrlich; es bezweckt nur ein Gleichgewicht und keine Überlegenheit. Der beste Weg, ein Gleichgewicht zu erreichen, ist ganz offensichtlich die völlige Abschaffung dieser Klasse von Waffen. Das war in der Tat unser ursprünglicher Vorschlag. Könnten Sie diesen Vorschlag nicht noch einmal überdenken? In meinen Augen scheint er in voller Übereinstimmung mit den Sicherheitsinteressen der Sowjetunion und des Warschauer Pakts zu stehen.

Sie sagen in Ihrem Brief, daß, solange »die Vereinigten Staaten noch nicht begonnen haben, ihre Raketen in Europa zu stationieren,

... eine Übereinkunft immer noch möglich« sei. Nun, ich halte eine Übereinkunft für sofort möglich, und ich hoffe zuversichtlich, daß wir sie bis zum Dezember erreicht haben werden. Sollte es jedoch länger dauern, müssen wir es weiter versuchen. Und ich kann Ihnen versichern, daß die NATO in Zukunft nicht zögern wird, bereits stationierte Waffen wieder abzuziehen, wenn eine für beide Seiten akzeptable Übereinkunft das fordern sollte.
Sie fragen, wie ich mir eine Übereinkunft in der Praxis vorstelle. Das ist schwierig zu beantworten, solange wir uns nicht über die grundlegenden Prinzipien geeinigt haben, und die Parität der amerikanischen und sowjetischen Systeme ist für uns eines der wichtigsten. Ganz gleich, ob die Parität nun durch völlige Abschaffung dieser Mittelstreckenwaffen oder die Reduzierung ihrer Anzahl erreicht wird, folgerte daraus nicht, daß wir den Frieden wahrscheinlicher gemacht hätten, da keiner von uns einen Vorteil darin erblicken könnte, diese Waffen einzusetzen?
Hinsichtlich des dritten Aspekts – der Konsolidierung der Sicherheit der Welt durch größeres gegenseitiges Vertrauen – gibt es viele Themen, die unserer Aufmerksamkeit bedürfen. Der erfolgreiche Abschluß der Madrider Konferenz könnte hilfreich sein, aber nur, wenn wir alle dafür sorgen, daß die dort getroffenen Entscheidungen und die mit ihnen verbundenen Abmachungen gewissenhaft erfüllt werden. Herr Generalsekretär, ich kann gar nicht genug betonen, wie wichtig es ist, Mißverständnisse in bezug auf die Erfüllung vertraglicher Absprachen zu klären. Denn nichts ist so schädigend für das Vertrauen wie die Auffassung der einen Vertragspartei, daß die vereinbarten Bestimmungen von der anderen Seite mißachtet werden. Ich bin sicher, Sie werden verstehen, daß es in unserem beiderseitigen Interesse liegt, wenn wir das Augenmerk Ihrer Regierung auf die Punkte lenken, die uns Sorgen bereiten; ich erwarte, daß Sie das gleiche tun, wenn sich auf Ihrer Seite irgendwelche Zweifel erheben ...
In Übereinstimmung mit dem letzten Absatz Ihres Briefes werde ich Außenminister Shultz bitten, mit Botschafter Dobrynin in Kontakt zu bleiben, um in völliger Vertraulichkeit Ihre Mitteilungen an mich entgegenzunehmen. Umgekehrt rechne ich natürlich damit, daß Botschafter Hartman meine Gedanken weiterleiten wird, und

würde es begrüßen, wenn Sie eine geeignete Person benennen, die, wenn es nötig ist, die Verbindung zu ihm herstellt. Zusätzlich könnte es sich als nützlich erweisen, wenn wir gelegentlich etwas direkter in Kontakt zueinander kommen als jetzt.

Hochachtungsvoll

Ronald Reagan

24. August 1983

Wenn die freie Welt im Sommer 1983 noch eines weiteren Beweises bedurfte, daß sie es mit einem Reich des Bösen zu tun hatte, erhielt sie ihn in der Nacht des 31. August, als ein russisches Militärflugzeug kaltblütig ein koreanisches Linienflugzeug, Flug 007, abschoß und 269 unschuldige Passagiere ermordete, einschließlich eines US-Kongreßabgeordneten und sechzig weiterer Amerikaner.

Dieses Verbrechen gegen die Menschlichkeit warf nicht nur meine »stille Diplomatie« mit dem Kreml zurück, sondern brachte buchstäblich alle unsere Anstrengungen zur Verbesserung der sowjetisch-amerikanischen Beziehungen zum Stillstand.

Ich erfuhr auf dem Rancho del Cielo von der Tragödie und teilte die Empörung, mit der die gesamte zivilisierte Welt auf diesen Akt der Barbarei reagierte. Die Sowjets leugneten zuerst jedes Wissen um den Abschuß, obwohl wir, gestützt auf den Funkverkehr der sowjetischen Piloten, der von der japanischen Luftverkehrsüberwachung aufgezeichnet worden war, von Beginn an genau im Bilde darüber waren, was passiert war. Als Andropow schließlich zugab, daß sowjetische Jagdflugzeuge den Jumbojet vom Himmel geholt hatten, behauptete er, das Massaker wäre gerechtfertigt gewesen, da die Boeing 747 der Korean Air Lines auf einer »Spionagemission« für die Vereinigten Staaten sowjetischen Luftraum überflogen habe.

Ich war außer mir. Nach einer Reihe von mitternächtlichen Konferenzschaltungen brach ich meinen Urlaubsaufenthalt in Kalifornien ab, kehrte nach Washington zurück und berief sofort, nachdem wir gelandet waren, eine abendliche Sondersitzung des Nationalen Sicherheitsrats ein, auf der wir uns entschieden, die Verbündeten zu bitten, gemeinsam mit uns Sanktionen zu verhängen und Wiedergutmachung für die Familien der Opfer zu fordern.

Wir stellten aufgrund der Umstände des Vorfalls fest, daß die Besatzung von Flug 007, der in New York gestartet und auf dem Weg nach Seoul in Anchorage, Alaska, zum Auftanken zwischengelandet war, offenbar den Computer des Autopiloten inkorrekt eingestellt hatte, mit der Folge, daß ihr Flugzeug, anstatt auf Japan zuzufliegen, nördlich in sowjetischen Luftraum abirrte. Je weiter sie flogen, desto weiter führte sie ihr Fehler natürlich vom Kurs ab, doch die Besatzung war sich offenbar zu keinem Zeitpunkt bewußt, daß etwas schieflief. Ihr Funkverkehr zeigt auch, daß sie keine Ahnung davon hatten, daß sich hoch über dem Pazifik sowjetische Flugzeuge an sie heranpirschten. Wenige Stunden zuvor war zwar ein in Alaska stationiertes amerikanisches Aufklärungsflugzeug (außerhalb des sowjetischen Luftraums) auf einer Routinepatrouille in diesem Gebiet unterwegs gewesen, aber zur Zeit des Vorfalls befand sich keines unserer Flugzeuge dort, und es gab absolut keinen Grund für Andropows Behauptung, der koreanische Jet wäre ein amerikanisches Aufklärungsflugzeug gewesen. Wir wußten aus dem aufgefangenen Funkverkehr, daß die sowjetischen Piloten der 747 zweieinhalb Stunden lang bei hellem Halbmond dichtauf folgten, und es scheint mir unmöglich zu sein, daß sie, angesichts der Größe und der Kennzeichnung der koreanischen Maschine, nicht erkannt haben sollen, daß sie ein kommerzielles Linienflugzeug beschatteten. Trotzdem schossen sie es ab – und die Sowjet-Führer sind niemals von ihrer Behauptung abgegangen, die Piloten hätten geglaubt, sie würden ein Spionageflugzeug abschießen.

Ich rief die bedeutendsten Kongreßführer am Sonntagmorgen, dem 4. September, zu mir ins Oval Office und spielte ihnen die Stelle des Tonbandmitschnitts vor, an der einer der sowjetischen Piloten sagte, er mache jetzt sein Raketensystem scharf, richte die Radarantenne auf das Ziel ein und schieße die Rakete ab. Danach sagte er: »Das Ziel ist zerstört.«

Am nächsten Tag war der Tag der Arbeit. Ich hatte vorgehabt, ihn überwiegend am Swimmingpool des Weißen Hauses zu verbringen. Statt dessen verbrachte ich ihn jedoch, mit der feuchten Badehose auf einem Handtuch sitzend, in meinem Arbeitszimmer und arbeitete eine Rede zu diesem Vorfall um, die ich von den Redenschreibern des Weißen Hauses erhalten hatte. Obwohl ich einige Absätze des Entwurfs verwendete, schrieb ich doch den größten Teil der Rede neu, um meine ungeschminkte Meinung zu diesem barbarischen Akt darzustellen und einige Auszüge aus dem aufgefangenen Funkverkehr der sowjetischen Piloten vor dem Massaker wörtlich wiederzugeben. Ich wollte dem amerikanischen Volk die absolute Gefühllosigkeit dieser Tat zeigen. Danach zog ich einen blauen Anzug an und machte meine Ansprache an die Nation: »Lassen Sie sich nicht täuschen«, sagte ich ...

> ... dieser Angriff galt nicht nur uns selbst oder der Republik Korea. Hier trat die Sowjetunion gegen die Welt und die moralischen Empfindungen an, die überall die Beziehungen der Menschen untereinander leiten. Es war ein Akt der Barbarei, geboren aus einer Gesellschaft, die die Rechte des Individuums und den Wert des menschlichen Lebens wissentlich mißachtet und ständig bestrebt ist, zu expandieren und andere Nationen zu beherrschen ... Wir sollten von solch unmenschlicher Brutalität nicht überrascht sein. Sie weckt die Erinnerung an die Tschechoslowakei, an Ungarn, an Polen, an die Gasangriffe auf afghanische Dörfer. Wenn mit dem Massaker und dem anschließenden Verhalten Einschüchterung beabsichtigt wurde, dann haben sie ihre Absicht verfehlt.

Als Antwort auf den Vorfall führten wir neue Restriktionen der Landerechte der Aeroflot, der Fluggesellschaft der Sowjets, in den USA ein und setzten die Erfüllung mehrerer bilateraler Vereinbarungen mit der Sowjetunion aus. Einige konservative Leitartikler hackten auf mich ein und sagten, ich hätte schärfer gegen die Russen vorgehen sollen und daß ich, indem ich es nicht getan habe, die konservative Sache verraten hätte. Aber unsere Abrüstungsverhandlungen standen dicht vor dem Eintritt in eine wichtige neue Phase – und ich wollte zwar das Kind beim richtigen Namen nennen, aber nicht den Abrüstungsprozeß auf dem Gebiet der Atomwaffen ersticken, bevor er überhaupt begonnen hatte.

Wenn irgend etwas, dann hat der KAL-Zwischenfall demonstriert, wie nahe die Welt dem Abgrund gekommen war und wie sehr wir die atomare Abrüstung brauchten: Wenn sich die sowjetischen Piloten, wie einige Leute spekulierten, einfach geirrt und den Jet für ein Militärflugzeug gehalten hatten, was hatte man sich dann vorzustellen, wenn man an einen sowjetischen Militär mit Zugang zum Abschußknopf von Atomwaffen dachte, der einem noch tragischeren Irrtum erlag?

Wenn ein Jägerpilot Fehler machen konnte, warum sollte dann der Kommandeur der Besatzung einer Raketenabschußrampe vor einer ähnlichen Fehleinschätzung gefeit sein?

Wenn jedoch jemand einen solchen Fehler machte – oder ein Verrückter in den Besitz einer Atomrakete gelangte –, wären wir wehrlos gewesen. Wenn eine Atomrakete erst einmal abgefeuert war, konnte niemand mehr sie zurückholen, und bis ein System wie das der Strategischen Verteidigungsinitiative in Funktion war, war die Welt Atomraketen machtlos ausgeliefert.

Schockiert, wie ich von dem skrupellosen Angriff auf das Flugzeug war, gab er mir doch die Gelegenheit, die Menschen daran zu erinnern, was diese Greueltat über die Sowjetherrschaft und ihre totalitäre Lebensweise enthüllte. Er gab mir darüber hinaus neue Munition in die Hand, die dem Kongreß und den liberalen Neinsagern bewies, was ich schon immer über die Sowjets, die Natur unseres Widersachers und die Notwendigkeit, unser Land gegen ihn zu stärken, gesagt hatte.

Der gewaltsame Abbruch des KAL-Fluges 007 verlieh dem Neubewaffnungsprogramm im Kongreß die dringend benötigte Durchschlagskraft und drängte, zumindest für eine Weile, die Versuche, unsere Anstrengungen zur Wiedererlangung der amerikanischen Militärmacht abzuwürgen, in den Hintergrund.

Einige Tage nach diesem Massenmord traf George Shultz, der von dieser Barbarei augenscheinlich entsetzt war, während einer bereits vorher anberaumten Konferenz in Madrid mit Außenminister Andrej Gromyko zusammen; die Zusammenkunft hätte Gelegenheit geben können, für irgendeinen Termin im Jahre 1984 ein Gipfeltreffen zwischen mir und Andropow zu arrangieren. Aber Gromyko, den George als abwehrend und verwirrt beschrieb, lehnte es ab, die sowjetische Schuld an dem Angriff einzugestehen, und was an Aussichten auf ein Gipfeltreffen vorhanden gewesen sein mochte, löste sich in nichts auf.

Neben dem KAL-Zwischenfall führten mir noch andere Ereignisse jenes Herbstes die Notwendigkeit vor Augen, daß die Welt vom Abgrund des Atomkriegs zurücktreten mußte. Sie überzeugten mich außerdem mehr denn je von der dringenden Notwendigkeit, eine Verteidigungsmöglichkeit gegen Atomraketen zu finden.

Hier ein Teil meines Tagebucheintrags vom 10. Oktober 1983:

> Kolumbus-Tag. Vormittags in Camp D. Ich sah mir das Band des Films an, den ABC am 20. Nov. senden wird. Er heißt »Der Tag danach« und zeigt, wie Lawrence, Kansas, in einem Atomkrieg mit den Russen ausgelöscht wird. Er ist stark gemacht und die $ 7 Mio. Produktionskosten voll wert. Er ist sehr eindringlich und hinterließ mich sehr deprimiert. Bis jetzt haben sie noch keine einzige der 25 Werbeeinblendungen verkauft, und ich kann verstehen warum ... Meine eigene Reaktion: Wir müssen alles tun, um die Abschreckung aufrechtzuerhalten, und zusehen, daß es nie einen Atomkrieg gibt.

Nicht lange danach machte ich diese Eintragung in mein Tagebuch:

> Eine ernüchternde Erfahrung mit Cap W. und Gen. Vessey im Situation Room: Darlegung unseres gesamten Plans für den Fall eines nuklearen Angriffs.

Viele Aspekte dieses Plans, den ich zwei Jahre zuvor vom Pentagon angefordert hatte, sind weiterhin streng geheim, so daß ich sie hier nicht einmal in Ansätzen besprechen kann. Es war, verkürzt gesagt, das Szenario für eine Reihe von Ereignissen, die zum Ende der Zivilisation, wie wir sie kennen, führen könnten.

Nach einer sich thematisch daran anschließenden Besprechung, diesmal über das sowjetische Atomwaffenarsenal, vermerkte ich in meinem Tagebuch:

> Ein ernüchterndes Informationstreffen über die sowjetische Offensivkraft und Pläne für einen längeren Atomkrieg. Ich wünschte, einige unserer pazifistischen Schreihälse hätten Zugang zu diesen Informationen.

Die bei diesen Gelegenheiten beschriebenen Abläufe trafen sich in vielen Punkten mit den in jenem ABC-Film dargestellten. Dennoch gab es im Pentagon immer noch Leute, die behaupteten, ein Atomkrieg wäre »gewinnbar«. Ich hielt sie für verrückt. Aber was noch schlimmer war, auch einige sowjetische Generale schienen in Begriffen zu denken, die voraussetzten, daß ein Atomkrieg zu gewinnen wäre.

Überzeugt, daß wir alles, was uns möglich war, tun mußten, um eine Verteidigung gegen die schrecklichen Waffen der Massenvernichtung zu entwickeln, die das atomare Zeitalter hervorgebracht hatte, gab ich ein paar Wochen später grünes Licht für die Intensivierung der Forschungen zur Strategischen Verteidigungsinitiative. In meinem Tagebuch notierte ich:

Nach meiner Anregung vom 23. März 1983 wurden an die 50 Wissenschaftler überredet, sich das Problem einmal durch den Kopf gehen zu lassen. Sie begannen mit Skepsis, sind inzwischen aber begeistert bei der Sache. Wir werden weitermachen.

Einige Wochen nach dem Abschuß des koreanischen Flugzeugs bekräftigten die Parlamente von Großbritannien, Italien und Westdeutschland ihre Absicht, die Pershing II und Tomahawk Cruise Missiles in Europa zu stationieren, und uns kamen die ersten Gerüchte zu Ohren, daß die Sowjets, um die öffentliche Meinung in Europa in ihrem Sinne zu beeinflussen, die INF-Verhandlungen verlassen würden. »Einige auf unserer Seite wollen, daß wir einen zusätzlichen Verhandlungsvorschlag einbringen«, notierte ich in meinem Tagebuch.

Das wäre eine lausige Verhandlungsstrategie. Es ist an der Zeit, daß die Sowjets ihrerseits einen Vorschlag machen. Wir können nicht jedesmal unsere Vorschläge ändern, wenn sie »njet« sagen. Botschafter Hartman war bei mir. Er bestätigte, was ich denke: Die Sowjets werden so lange nicht wirklich über Abrüstung verhandeln, wie wir die Pershing II nicht stationiert haben und mit der MX nicht weitergekommen sind. Er bestätigte auch, daß Andropow sich zur Zeit äußerst selten blicken läßt.

Ein paar Tage später verließen die Sowjets die Genfer Gespräche über Mittelstreckenraketen und kurz darauf auch die START-Diskussionen über Langstreckenraketen.

Sie hatten also das Spielfeld verlassen, aber ich glaubte nicht, daß das Spiel vorüber war. Wir hatten gerade die Spielregeln geändert, und das gefiel ihnen nicht. Die Vereinigten Staaten waren, wie seit zwei Jahrzehnten nicht mehr, in der Lage, mit den Russen aus einer Position der Stärke zu verhandeln. Die amerikanische Wirtschaft boomte.

Wir hatten einen langen Weg zurückgelegt seit den späten siebziger Jahren, als unser Land von Selbstzweifeln und Unsicherheit geplagt war und unsere militärische Stärke vernachlässigte. Amerika war geistig und militärisch wieder voll da, und ich nahm an, daß es bloß eine Frage der Zeit war, bis die Sowjets an den Verhandlungstisch zurückkehren würden – was mich an eine Geschichte von zwei russischen Generalen erinnert, die ich einmal gehört habe. Einer von ihnen sagte zu dem anderen: »Weißt du, mir gefiel das Wettrüsten besser, als nur einer von uns dabei war.«

Nun, jetzt waren zwei beim Rüstungswettlauf dabei, und die Sowjets wußten es. Deshalb erwartete ich zuversichtlich, daß sie nach Genf zurückkehren würden.

74

Drei Jahre Präsidentschaft hatten mich etwas Überraschendes über die Russen gelehrt: Viele der Männer an der Spitze der Sowjet-Hierarchie hatten aufrichtig Angst vor Amerika und den Amerikanern. Das hätte mich vielleicht nicht überraschen sollen, aber es tat es. Tatsächlich hatte ich zuerst sogar Schwierigkeiten, meine eigenen Schlußfolgerungen daraus zu akzeptieren. Ich hatte immer geglaubt, unsere Taten hätten jedermann klargemacht, daß die Amerikaner ein moralisches Volk sind, daß wir seit der Geburt unserer Nation unsere Macht ausschließlich zur Unterstützung des Guten in der Welt benutzt hatten. Nach dem Zweiten Weltkrieg, zum Beispiel, als wir allein die Atombombe besaßen, haben wir sie nicht für Eroberungen oder zum Zwecke der Vorherrschaft eingesetzt; wir haben statt dessen mit dem Marshallplan und General MacArthurs demokratischer Verwaltung von Japan großzügig die Wirtschaften unserer vormaligen Feinde wiederaufgebaut.

Wenn überhaupt jemand, dann hatten *wir* zahllose Gründe, auf der Hut zu sein, und zwar dem roten Bären gegenüber, der sich seit dem Tag seiner Geburt auf den Straßen Rußlands damit beschäftigte, die Demokratien der Welt zu vertilgen.

Während meiner ersten Jahre in Washington nahmen, glaube ich, viele aus der Administration als sicher an, daß die Russen es wie wir selbst für undenkbar hielten, daß die Vereinigten Staaten einen Erstschlag gegen sie führen würden. Aber je mehr Erfahrung ich im Umgang mit den Sowjet-Führern und anderen Staatschefs, die sie kannten, sammelte, desto deutlicher wurde mir, daß viele sowjetische Amtsträger uns fürchteten, und zwar nicht nur als Gegner, sondern als potentiellen Aggressor, der möglicherweise Atomwaffen auf sie abwerfen wird – *als ob es hinter dem eisernen Vorhang irgend etwas gegeben hätte, was wir haben wollten.* Deshalb – und vielleicht noch aufgrund der Unsicherheit und Paranoia, deren Wurzeln zu den Invasionen Napoleons und Hitlers zurückreichen – zielten sie mit diesem gewaltigen Arsenal von Atomwaffen auf uns.

Nun, wenn das der Fall war, verstärkte es nur noch meinen Wunsch, mit einem der obersten Sowjet-Führer unter vier Augen sprechen zu können, um ihn davon zu überzeugen, daß wir nichts Böses gegen die Sowjetunion im Schilde führten und die Russen uns nicht zu fürchten brauchten.

Im November 1983, weniger als eine Woche bevor die Sowjets die INF-Verhandlungen in Genf verließen, beschloß ich, mich ein weiteres Mal außerhalb der normalen diplomatischen Kanäle an Jurij Andropow zu wenden. Nach einer Besprechung mit George Shultz, bei der wir übereinkamen, eine kleine Gruppe innerhalb des Planungsstabs des Nationalen Sicherheitsrats zu bilden, die die Aufgabe haben sollte, neue Kanäle zum Kreml zu eröffnen, schrieb ich in mein Tagebuch:

> Ich glaube, die Sowjets sind so von Schutzgedanken erfüllt und leiden so unter der Vorstellung, sie könnten angegriffen werden, daß wir ihnen, ohne in irgendeiner Weise sanft mit ihnen umzugehen, sagen sollten, daß niemand hier die Absicht hat, etwas in der Art zu tun. Was haben sie schon, das irgend jemand haben wollte? George wird Sonntagabend gleich nach dem großen Atomkriegsfilm bei ABC auftreten. Der Film zeigt, warum wir mit dem, was wir tun, fortfahren müssen.

Anfang des neuen Jahres war der jugoslawische Staatspräsident Mika Spiljak zum Mittagessen im Weißen Haus. Er bestätigte einige meiner Gedanken. »Er ist ein umgänglicher und vernünftiger Mann«, notierte ich mir hinterher.

> Ich habe ihn über die Sowjetunion ausgefragt. Er war eine Zeitlang dort Botschafter. Er glaubt, daß sie, mit ihrer expansionistischen Philosophie gekoppelt, uns gegenüber unsicher sind und Angst vor uns haben. Er glaubt außerdem, daß, wenn wir sie ein bißchen auftauen, ihre führenden Bürger mutiger dafür eintreten würden, Veränderungen an ihrem System vorzunehmen. Ich werde diese Gedanken weiterverfolgen.

Während meine Haltung den Sowjets gegenüber sich ein wenig änderte, wiesen die Situation hinsichtlich unseres wirtschaftlichen Gesundungsprogramms und diejenige bezüglich meiner Versuche, die Russen zurück an den Verhandlungstisch zu bekommen, das ganze Jahr 1984 über gewisse Ähnlichkeiten auf.

In der Wirtschaft hatten die Steuerkürzungen zwar zu greifen begonnen, aber es gab eine Zeitverzögerung, bevor ihre volle Wirkung spürbar wurde: Die Ergebnisse waren zwar auf dem Weg, aber noch nicht eingetroffen. Infolgedessen befand sich die Wirtschaft immer noch in Schwierigkeiten, und ich wurde ständig gedrängt – nicht nur von Demokraten, sondern auch von vielen Republikanern und vielen meiner Leute in der Administration –, das Handtuch zu werfen und die Steuern wieder anzuheben.

An der außenpolitischen Front hatten wir ebenfalls eine neue Politik eingeschlagen – eine Politik des Realismus und des Friedens durch Stärke –, und in den Laboratorien und Fabriken des Landes zeigte unser militärisches Modernisierungsprogramm die ersten Früchte, eine neue Generation strategischer Waffen, deren Entwicklung in Moskau sicherlich aufmerksam verfolgt wurde.

Das Gleichgewicht im Rüstungswettlauf hatte sich bereits verschoben, und ich war mir sicher, daß es den Russen nicht entgangen war. Aber wie in der Wirtschaft gab es auch hier eine Zeitverzögerung, bevor die volle Wirkung unserer neuen Politik offenbar wurde. Und es gab genügend Leute, die sagten, sie würde nicht funktionieren; das ganze Jahr über war der Druck groß, diese Politik aufzugeben, die MX, den Gedanken des Friedens durch Stärke zu vergessen und den Russen gegenüber etwas Neues zu probieren – womit viele meiner Kritiker einfach nur Beschwichtigungspolitik meinten.

Aber wie bei dem wirtschaftlichen Gesundungsprogramm war ich auch hinsichtlich der neuen Sicherheitspolitik zuversichtlich, daß sie – wenn man ihr Zeit gab – funktionieren würde. Meine Instruktionen an unsere Sicherheitsexperten waren die gleichen wie die, die ich an diejenigen ausgegeben hatte, die für einen wirtschaftlichen Umschwung arbeiteten: Hart bleiben und den Kurs halten.

Der Abbruch der Genfer Gespräche erfüllte viele in der Welt, die ungeduldig darauf warteten, daß die Supermächte den Prozeß der atomaren Abrüstung in Gang setzten, verständlicherweise mit Sorge. Die Folge war, daß im neuen Jahr sowohl in Europa als auch in den Vereinigten Staaten der Ruf laut wurde, auf die Forderungen der Sowjets einzugehen und die Stationierung der INF-Raketen auszusetzen. Aber wie unser Chefunterhändler in Genf, Paul Nitze, war ich der Meinung, das

Letzte, was wir tun sollten, sei, den Forderungen nachzugeben – wenn wir es täten, würden wir nicht nur das Versprechen an unsere NATO-Verbündeten brechen, die Waffen aufzustellen, sondern auch den Status quo eines gefährlichen Ungleichgewichts der auf Europas Hauptstädte gerichteten Atomraketen akzeptieren und die Sowjets dafür belohnen, daß sie die Genfer Verhandlungen verlassen hatten.

Vom propagandistischen Standpunkt aus gesehen, befanden wir uns jedoch in der Defensive. Deshalb ging ich am 16. Januar 1984 mit einer Ansprache an die Nation, die von vielen anderen Ländern übertragen wurde, in die Offensive. Ich erklärte, daß ich ernsthaft für Abrüstung und Frieden sei und daß die Vereinigten Staaten, trotz der kürzlichen Rückschläge in den amerikanisch-sowjetischen Beziehungen, bereit seien, einen weiteren Versuch zu unternehmen, ein Abrüstungsabkommen mit den Sowjets auszuhandeln, und zwar

> basierend auf drei Leitprinzipien – Realismus, Stärke und Dialogbereitschaft. Realismus bedeutet, daß wir von einer unverstellten Sicht der Welt, in der wir leben, ausgehen müssen; wir müssen erkennen, daß wir uns in einem langfristigen Wettkampf mit einer Regierung befinden, die unsere Vorstellungen der individuellen Rechte im eigenen Land und des friedlichen Wandels draußen nicht teilt...
>
> Stärke ist eine wesentliche Voraussetzung, um erfolgreich zu verhandeln und unsere Interessen zu schützen. Wenn wir schwach sind, erreichen wir weder das eine noch das andere.
>
> Ich habe meine Ansichten über das Sowjet-System offen dargelegt. Ich weiß nicht, warum das eine Überraschung für die Sowjet-Führer gewesen sein soll, haben sie sich ihrerseits doch nie gescheut, ihre Ansichten über unser System zu äußern. Das bedeutet jedoch nicht, daß wir nicht miteinander reden könnten. Wir verweigern uns Gesprächen nicht, wenn die Sowjets uns als »imperialistischen Aggressor« oder Schlimmeres bezeichnen, oder weil sie an der Phantasie eines kommunistischen Triumphs über die Demokratie festhalten. Die Tatsache, daß keiner von uns das System des anderen mag, ist kein Grund, es abzulehnen, miteinander zu reden...
>
> Abschreckung ist wesentlich für die Erhaltung des Friedens und den Schutz unserer Art zu leben, aber sie ist nicht das A und O unserer Politik der Sowjetunion gegenüber. Wir müssen und wollen die Sowjets in einen möglichst ernsthaften und konstruktiven Dia-

> log verwickeln – einen Dialog, der dazu dienen wird, den Frieden in den Problemgebieten der Welt zu fördern, den Stand der Rüstung zu verringern und eine konstruktive Arbeitsbeziehung aufzubauen.
>
> Weder wir noch die Sowjetunion können die Unterschiede zwischen unseren beiden Gesellschaften und unseren Philosophien einfach vom Tisch wischen, aber wir sollten uns immer daran erinnern, daß wir gemeinsame Interessen haben, und das Herausragende unter ihnen ist es, einen Krieg zu vermeiden und die Waffenarsenale zu verkleinern.

Zwölf Tage später erhielt ich einen geharnischten Brief von Jurij Andropow, in dem er wiederum die Stationierung der INF-Waffen in Europa kritisierte und sich in buchstäblich jedem anderen Aspekt der Differenzen, die ich in bezug auf die amerikanischen und sowjetischen Positionen in Genf zur Sprache gebracht hatte, unnachgiebig zeigte. Hier einige wenige Auszüge aus seinem langen Brief:

> Wenn man heute feststellen muß, daß das Verhältnis zwischen unseren beiden Ländern sich, um es rundheraus zu sagen, extrem ungünstig gestaltet, dann ist der Grund dafür nicht in unserer Politik zu suchen – wir wollten und wollen nicht, daß es so ist...
>
> Wir sind bereit, sehr tiefgreifende Reduzierungen sowohl unserer strategischen als auch unserer europäischen Atomwaffen vorzunehmen. Was die letzteren betrifft, sogar bis zu dem Punkt, Europa ganz von Mittelstreckenraketen und taktischen Atomwaffen zu entblößen.
>
> Aber wie dem auch sei, die Vereinigten Staaten haben die Grundlage zerstört, auf der es möglich gewesen wäre, eine Übereinkunft zu erreichen. In unseren Augen stellt dieser Schritt nur eines dar – den Versuch, das beiderseitige wie das globale Gleichgewicht aus den Angeln zu heben. Also handeln wir entsprechend. Wie es scheint, hat die US-Seite unsere Entschlossenheit unterschätzt, das militärische und strategische Gleichgewicht, und nichts weniger als das, zu wahren.
>
> Seien wir offen zueinander, Mr. President, es gibt keine Möglichkeit, so zu tun, als wäre nichts passiert. Der Dialog über die wichtigste Frage ist abgerissen. Dem Prozeß der Begrenzung der atomaren Rüstung ist ein schwerer Schlag versetzt worden.
>
> Jurij Andropow

Wiederum zwölf Tage später starb Andropow, und kurz darauf hatten wir es mit einem neuen Mann – Konstantin Tschernenko – an der Spitze des Kreml zu tun. Erneut sah ich eine Chance dafür, die psychologischen Barrieren, die uns trennten, mittels stiller Diplomatie zu verringern. Die amerikanisch-sowjetischen Beziehungen waren noch nicht so, daß ich es für angebracht gehalten hätte, selbst an Andropows Begräbnis teilzunehmen. George Bush führte unsere Delegation nach Moskau an (zu der auch Senator Howard Baker gehörte), und er kehrte mit der Meinung zurück, daß Tschernenko weniger halsstarrig und widerborstig war als Andropow. Nachdem ich das vernommen hatte, notierte ich in meinem Tagebuch:

> Ich habe so ein Gefühl im Bauch, daß ich gern von Mann zu Mann mit ihm über unsere Probleme sprechen und sehen würde, ob ich ihn davon überzeugen kann, daß es von materiellem Nutzen für die Sowjetunion wäre, wenn sie sich der Völkerfamilie anschlösse, usw. Wir wollen jedoch nicht übereifrig erscheinen; das würde sie dazu verleiten, Spielchen mit uns zu treiben und uns zu düpieren. Ich habe unser Team aufgefordert, zu erwägen, ob wir ihn einladen sollen, als mein Gast im Juli an der Eröffnung der Olympischen Spiele in L. A. teilzunehmen. Dann könnten er und ich uns zusammensetzen und den Stein für ein offizielles Gipfeltreffen über Abrüstung, Menschenrechte etc. ins Rollen bringen. Man wird sehen.

Am nächsten Tag traf jedoch ein Brief Tschernenkos ein, der nicht gerade geeignet war, Erwartungen auf eine baldige Verbesserung unserer Beziehungen zu ermutigen. Nachdem er mir für das vom Vizepräsidenten übermittelte Beileid gedankt hatte, teilte Tschernenko mir mit unmißverständlichen Worten mit, daß er und andere Mitglieder der sowjetischen Führung voll und ganz mit dem Brief übereinstimmten, den Andropow mir kurz vor seinem Tod geschrieben hatte: Die Sowjetunion stehe der NATO-Stationierung der Pershing II und Cruise Missiles weiterhin in unerschütterlicher Ablehnung gegenüber.

Hier Auszüge aus diesem Brief:

> Ich wäre froh, Mr. President, wenn wir uns beide von Anfang an über den zentralen Punkt der Beziehungen zwischen der UdSSR und den USA im klaren wären.
>
> Wir sind überzeugt, daß es unmöglich ist, mit der Bereinigung der gegenwärtigen abnormen und – sehen wir den Tatsachen ins Auge –

gefährlichen Situation zu beginnen und ernsthaft über konstruktive Schritte zu sprechen, solange fortgesetzt Anstrengungen unternommen werden, das Gleichgewicht der Kräfte zu kippen und zu Lasten der Sicherheit der anderen Seite militärische Vorteile zu erlangen, und Maßnahmen ergriffen werden, die die legitimen Interessen der anderen Seite beeinträchtigen.

> Es gibt einen weiteren wichtigen Punkt, den die US-Führung verstehen sollte: Nicht nur die USA haben Freunde und Verbündete, die Sowjetunion hat sie ebenfalls; und wir werden uns auch weiterhin um sie kümmern ...
>
> Wir sehen die Dinge realistisch und erliegen nicht der Illusion, daß es möglich wäre, in völliger Abstraktion von den objektiven Unterschieden zu handeln, die es zwischen einem sozialistischen und einem kapitalistischen Land gibt. Zum Beispiel akzeptiert unsere Moral vieles nicht, was in der kapitalistischen Gesellschaftsordnung verbreitet ist und was wir als ungerecht den Menschen gegenüber betrachten. Dessenungeachtet bringen wir diese Probleme nicht in die Sphäre der zwischenstaatlichen Beziehungen ein. Genauso wie wir glauben, daß es falsch und sogar gefährlich wäre, unsere Beziehungen ideologischen Differenzen unterzuordnen.

Tschernenko beendete seinen Brief mit einer ein wenig positiveren Bemerkung: Die Sowjetunion sei »ein entschlossener Anwalt eines ernsthaften, sinnvollen Dialogs, eines Dialogs, der der Suche nach einem gemeinsamen Nenner gewidmet ist und zu konkreten, beiderseits akzeptablen Lösungen auf jenen Gebieten führen soll, auf denen es sich realistischerweise als möglich erwiesen hat«; Verbesserungen der amerikanisch-sowjetischen Beziehungen seien, »vorausgesetzt, die Vereinigten Staaten hegen denselben Wunsch, durchaus möglich«.

Trotz der Abfuhr durch Moskau hielt ich immer noch die Zeit für gekommen, die Möglichkeit eines Gipfeltreffens mit Tschernenko zu sondieren. Er war zwar aus dem gleichen Holz geschnitzt wie Breschnew und Andropow – ein beinharter Kommunist alten Zuschnitts und ergebener Anhänger von Lenins säkularer Religion der Expansion und Weltherrschaft; von dieser Seite hatte sich also an den amerikanisch-sowjetischen Beziehungen nichts geändert.

Aber etwas *anderes* hatte sich geändert: Ich spürte, daß wir, zum erstenmal seit Jahren, von einer Position der Stärke aus in ein Gipfeltreffen gehen konnten, wie diese Eintragung in mein Tagebuch, ein paar Tage nachdem ich Tschernenkos Brief erhalten hatte, belegt:

> Ich bin zum siebenten Mal mit den Vereinigten Stabschefs zusammengekommen. Es waren erregende Stunden, in denen ich erfuhr, wo wir als Ergebnis der vergangenen drei Jahre stehen. Unsere Technologie ist dem, was unsere möglichen Gegner haben, deutlich überlegen, und die Verbesserungen in der Ausbildung und Kampfbereitschaft sind erhebend. In allen Truppenteilen sind 91 Prozent der Rekruten High-School-Absolventen. Das ist die höchste Rate in unserer Geschichte. Ich wünschte, es wäre möglich, unserem Volk mitzuteilen, was bisher alles erreicht wurde, aber das meiste davon muß geheim bleiben.

Seitdem ich in Dixon erlebt hatte, wie sie sich während der Depression verhielt, habe ich nie viel Vertrauen in die Bürokratie gehabt – und die Bürokratie spielte stets eine große Rolle bei der Durchführung der amerikanischen Außenpolitik. Wann immer ich, zum Beispiel, eine Botschaft an einen ausländischen Politiker schicken wollte, durchlief der Entwurf für gewöhnlich zuerst ein halbes Dutzend oder mehr Abteilungen des Außenministeriums, das Pentagon, das Handelsministerium und andere Stellen, die alle ihren Kommentar dazu abgaben und Vorschläge machten. Häufig fügten Bürokraten der unteren Ebene (sicher in bester Absicht) etwas hinzu oder änderten den Text ab – ob es nun nötig war oder nicht. Das Ergbnis: Meine ursprüngliche Intention ging oftmals völlig unter.

Weil die Abrüstung von solcher Wichtigkeit war, beschloß ich, die Sache etwas unverblümter anzugehen und ohne die Hilfe der Bürokraten auszukommen. Auf einer Sitzung des Nationalen Sicherheitsrats Anfang März verkündete ich, daß ich mich entschieden hätte, Tschernenko eine Antwort zukommen zu lassen, und zwar ohne die Bürokratie zu bemühen. Von jetzt an würde ich nur noch eine kleine Gruppe im Planungsstab des Nationalen Sicherheitsrates konsultieren – George Bush, George Shultz, Cap Weinberger und Bud McFarlane, meinen Sicherheitsberater – und mit ihr gemeinsam herauszufinden versuchen, ob es möglich war, einen langfristigen Plan zu entwickeln, der den Russen eine Reihe kleiner Schritte anbot und ihnen zeigte, daß wir – als Vorspiel zu einem Gipfeltreffen – unsere Beziehungen ernsthaft verbessern wollten und hofften, sie wollten es ebenfalls.

Folgende Eintragungen aus meinem Tagebuch fassen die nachfolgende Entwicklung zusammen:

2. März: Ich bin überzeugt, daß die Zeit gekommen ist, mit Tschernenko zusammenzutreffen – etwa um den 1. Juli herum. Wir werden mit einigen Gesprächen auf ministerieller Ebene über eine Reihe substantieller Themen, die seit dem Abschuß der KAL 007 auf Eis liegen, beginnen.

5. März: Helmut Kohl, der westdeutsche Kanzler, ist eingetroffen. Wir hatten ein gutes Gespräch und Mittagessen. Er pflichtete mir darin bei, daß die Sowjets wenigstens teilweise von Unsicherheit und dem Mißtrauen, daß wir und unsere Verbündeten ihnen Schaden zufügen könnten, geleitet werden. Sie bewahren immer noch die Panzerfallen und den Stacheldraht auf, die zeigen, wie nah die Deutschen Moskau gekommen sind, bevor sie gestoppt wurden. Er glaubt auch, daß ich mit Tschernenko zusammenkommen sollte.

7. März: Gespräch mit George Shultz. Unsere Pläne in bezug auf die Sowjetunion kommen voran. Er wird Botschafter Dobrynin meinen Brief zur Weiterleitung an Tschernenko übergeben.

In meinem Brief an Tschernenko erklärte ich, wie vorteilhaft es sei, direkt und vertraulich miteinander in Kontakt zu treten, und dann griff ich, um ihm näherzukommen, zu der alten Schauspielertechnik der Einfühlung in andere: Man stellt sich vor, die Welt durch die Augen eines anderen zu sehen, und versucht das Publikum – bei mir war es das amerikanische gewesen – dahin zu bringen, die Welt so zu sehen, wie man sie durch jene Augen erfahren hat. »Ich verstehe voll und ganz, daß Ihre Priorität der Sicherheit des sowjetischen Staates gilt«, schrieb ich, »insbesondere angesichts der enormen Kosten, die Ihr Volk auf sich genommen hat, als es mithalf, Nazideutschland zu besiegen.«

Ich fuhr fort, soweit ich verstanden hätte, gebe es in der Sowjetunion einige Menschen, die Angst vor unserem Land haben. »Ich kann allerdings nicht verstehen, wie unsere Programme als bedrohlich betrachtet werden können«, schrieb ich. Die Sowjetunion habe seit 1970 drei neue Interkontinentalraketen, fünf neue U-Boot-Raketen und dreizehn modernisierte Versionen anderer sowjetischer Raketen entwickelt. Ja, wir hätten nach langer Zeit damit begonnen, neue Waffensysteme zu entwickeln, aber nur als Antwort auf die sowjetische Aufrüstung.

Wie wir es sehen, behaupten Sie, auf die US-Programme zu reagieren. Aber Ihre neuen Raketen wurden Jahre vor ihren amerikanischen Gegenstücken stationiert, ganz zu schweigen von der größeren Anzahl... Mir ist klar, daß keiner von uns in der Lage ist, den anderen in der Frage, wer an dem schlechten Zustand unserer Beziehungen schuld ist, zu seiner Meinung zu bekehren; es wäre auch nicht sehr produktiv, uns auf eine längere Debatte über dieses Thema einzulassen. Ich bezweifle jedenfalls, daß wir Fortschritte bei der Reduzierung des hohen Standes der Rüstung machen können, wenn einer von uns nicht willens ist, die Besorgnisse des anderen in Rechnung zu stellen.

Was mich betrifft, bin ich bereit, Ihre Besorgnisse ernsthaft zu bedenken, selbst wenn ich Schwierigkeiten habe zu verstehen, warum sie gehegt werden, und ich bin gewillt, Möglichkeiten zu finden, wie sie vermindert werden können. Aber wir werden zu keinerlei Lösungen kommen, wenn Sie sich nicht in der Lage sehen, im gleichen Geist an die Gespräche heranzugehen, oder Konzessionen als Eintrittspreise für diese Gespräche verlangen.

(Das bezog sich auf die Moskauer Forderung, wir sollten die Stationierung der neuen INF-Raketen der NATO stoppen, bevor sie nach Genf zurückkehren würden.)

Vielleicht war die amerikanische Politik in Moskau mißverstanden worden, also schrieb ich, im Gegensatz zu dem, was die Sowjet-Führer glauben mochten, hätten die Vereinigten Staaten »nicht den Wunsch, die Sicherheit der Sowjetunion und ihrer Verbündeten zu bedrohen, noch streben wir danach, militärische Überlegenheit zu gewinnen oder anderen unseren Willen aufzuzwingen«.

Mich auf die Bemerkung Tschernenkos beziehend, daß es gefährlich wäre, wenn eine Seite das vorhandene Gleichgewicht der Kräfte störte und einen militärischen Vorteil erlangte (ein verschleierter Hinweis auf die INF-Raketen), erwiderte ich:

Ich stimme Ihnen darin zu, daß solche Versuche gefährlich sind. Aber vieles von dem, was die Sowjetunion in den letzten Jahren getan hat, stellte gerade solche Versuche dar. Ich habe jedoch nicht vor, das Thema in diesem Brief weiter auszuführen; die Ansicht der Vereinigten Staaten dazu ist allgemein bekannt. Ich glaube, wir sollten über gegenseitige Vorwürfe und Schuldzuweisungen hinauskommen und konkrete Schritte finden, die wir beide unternehmen können, um unsere Beziehungen auf einen positiveren Weg zu bringen.

Ich schrieb, wir müßten uns bei unseren Abrüstungsgesprächen darüber im klaren sein, daß wir, bevor wir zu einer Einigung kommen könnten, einen schwierigen Stolperstein beiseite zu räumen hätten: Die sowjetischen strategischen Streitkräfte beständen aus verständlichen historischen und geographischen Gründen fast ausschließlich aus landgestützten Interkontinentalraketen, während die Streitkräfte der Vereinigten Staaten mit ihren land-, see- und luftgestützten Raketen über drei Standbeine verfügten. Da wir also in einem gewissen Ausmaß Äpfel mit Orangen vergleichen müßten, sei eine ausgewogene Vereinbarung sicher schwer zu erreichen, aber nicht unmöglich; aus unserer Perspektive bestehe der am meisten destabilisierende Aspekt des atomaren Wettrüstens in dem beträchtlichen Vorsprung der Sowjets auf dem Gebiet der Langstreckenraketen, aber, sagte ich, wir seien bereit, bei den Verhandlungen darüber die Unterschiede unserer Streitkräfte zu berücksichtigen und die Kluft zwischen den Vorschlägen beider Seiten zu überbrücken.

Die INF-Waffen in Europa, fuhr ich fort, stellten augenscheinlich eines der Haupthemmnisse in unseren Beziehungen dar; wenn die Sowjetunion neue Ideen hätte, wie wir den toten Punkt überwinden könnten, würden wir sie sorgfältig erwägen. Doch bis dahin, schlug ich vor, sollten wir uns anderen Dingen zuwenden, etwa der Ausarbeitung eines Vertrages über das Verbot chemischer Waffen, und damit beginnen, bessere Kommunikationswege und Prozeduren zu entwickeln, um Fehleinschätzungen oder Mißverständnisse zu verhindern, die während einer internationalen Krise zu einer Katastrophe führen könnten:

> Herr Generalsekretär, nach seinem Besuch in Moskau hat mir Vizepräsident Bush Ihre Botschaft übermittelt, daß wir Schritte unternehmen sollten, die dafür sorgten, daß sich die Geschichte unserer als Führer erinnert, die für ihre Güte und Weisheit bekannt waren. Mir ist nichts wichtiger als das, und wir sollten tatsächlich Schritte unternehmen, die das bewirken.

Dann bezog ich mich auf die sowjetische Entscheidung, den Pfingstler-Familien die Ausreise nach Amerika zu erlauben, und schrieb, wie berührt ich von dieser Geste gewesen sei.

Sie hat meiner Ansicht nach gezeigt, wie ernsthafte Anstrengungen in aller Stille sogar die sensibelsten Probleme in unseren Beziehungen lösen können. Ähnliche humanitäre Gesten in diesem Jahr würden die Herzen aller Amerikaner anrühren. In diesem Sinne möchte ich, wie Sie es getan haben, damit schließen, daß eine Wende in Richtung beständiger guter Beziehungen zwischen unseren beiden Ländern wünschenswert und möglich ist und daß ich entschlossen bin, meinen Teil dazu beizutragen.

Hochachtungsvoll

Ronald Reagan

Ich fügte dem Brief noch ein handschriftliches Postskriptum an:

P. S. Herr Generalsekretär, in Vorbereitung auf diesen Brief habe ich des längeren über die Tragödie und das Ausmaß der Verluste nachgedacht, die die Sowjetunion immer wieder durch Kriege erlitten hat. Es ist gar nicht anders denkbar, als daß diese unbeschreiblichen Verluste Ihr heutiges Denken beeinflussen. Ich möchte daher, daß Sie wissen, daß weder ich noch das amerikanische Volk irgendwelche offensiven Absichten in bezug auf das sowjetische Volk hegen. Die Wahrheit dieser Aussage wird von der historischen Tatsache unserer Zurückhaltung zu jener Zeit unterstrichen, als wir mit dem Monopol auf dem Gebiet der strategischen Streitkräfte, wenn wir uns dafür entschieden hätten, das Mittel zur Expansion in der Hand hielten. Wir haben es damals nicht getan, und wir werden es auch künftig nicht tun. Unser gemeinsames vordringliches Anliegen muß es sein, diese Tatsache in eine anhaltende Verringerung der Spannungen zwischen uns zu übersetzen. Seien Sie versichert, daß ich diesem Ziel zutiefst verpflichtet bin.

75

Moskaus Antwort auf diesen Versuch der stillen Diplomatie war eine kalte Schulter: Botschafter Dobrynin erklärte George Shultz, die Sowjet-Führung sei an einem Gipfeltreffen nicht interessiert, und in Tschernenkos Erwiderung hieß es, daß er kein Interesse daran habe, einen Dialog fortzusetzen, ohne daß »gewichtige konkrete Handlungen« seitens der Vereinigten Staaten erfolgten – womit er den Abzug der Pershing II und Cruise Missiles meinte.

Hier einige Auszüge aus seinem Brief, der wie meiner sieben Seiten lang war:

> Wir haben den Vereinigten Staaten unsere Ansichten zwar bereits mitgeteilt, aber da Sie auf das Thema der Absichten und ihrer möglichen Verwirklichung zurückkommen, werde ich unsere Gedanken dazu noch einmal darlegen und mit Beispielen illustrieren.
>
> Wenn man zusammenfassen soll, was Sie und andere Repräsentanten Ihrer Administration bei vielen Gelegenheiten öffentlich erklärt haben, so ist der Tenor der, daß die Vereinigten Staaten nur eine solche Situation akzeptieren würden, in der sie militärisch vor der UdSSR liegen. Der springende Punkt ist jedoch, daß wir uns mit einer solchen Situation niemals abfinden würden. In dieser Hinsicht haben wir einige harte Erfahrungen machen müssen. Die Geschichte unserer Beziehungen, insbesondere die der Nachkriegszeit, weist ziemlich viele Komplikationen dieser Art auf; es wurden nicht wenige Versuche unternommen, sowohl politischen und ökonomischen als auch militärischen Druck auf uns auszuüben.
>
> Eine amerikanische Redewendung spricht davon, jemanden in die Schuhe eines anderen zu stecken. Ich bitte Sie, Mr. President, die Realitäten der internationalen Situation einmal aus unserer Perspektive zu betrachten. Dann werden Sie beim ersten Blick schon feststellen, daß die Sowjetunion von einer Kette amerikanischer Stützpunkte eingekreist wird. Diese Stützpunkte sind voller Atomwaffen. Ihre Aufgabe ist gut bekannt. Sie zielen auf uns. Um Ihr Land herum ist nichts dergleichen zu finden.
>
> Und wie steht es damit, daß ganze Regionen der Welt zu lebenswichtigen amerikanischen Interessensphären erklärt und amerikanischer Militärpräsenz ausgesetzt werden? Das geschieht, von anderen Gegenden abgesehen, direkt vor unserer Haustür. Wir unsererseits tun nichts dergleichen.
>
> Welche Schlußfolgerungen sollen wir daraus in bezug auf die Absichten der Vereinigten Staaten ziehen? Die Schlußfolgerungen liegen auf der Hand: In dieser Handlungsweise drückt sich nichts anderes aus als ein übersteigerter Begriff der eigenen Interessen, der die Interessen anderer vollständig ignoriert. Nichts als das Bestreben,

milde ausgedrückt, auf Kosten der anderen Seite privilegierte Positionen zu gewinnen. Diese Handlungsweise paßt nicht zu einem Kurs der Stabilitätsicherung; im Gegenteil, eine solche Politik hilft objektiv, Spannungen zu schaffen und zu erhalten ...

Daß es im großen ganzen ein Gleichgewicht zwischen der UdSSR und den USA und in einem weiteren Rahmen zwischen den Mitgliedern des Warschauer Pakts und der NATO gibt und deshalb keinerlei Forderungen gegen die Sowjetunion erhoben werden können, ist eine Tatsache, die kein Experte, der mit dem Stand der Dinge vertraut ist, bestreiten wird. Das SALT-II-Abkommen verkörpert diese Tatsache. Es war nicht das Schlußwort in der Angelegenheit, und wir hielten es auch nicht dafür. Aber das Verdienst dieses Abkommens war es unter anderem, daß es meiner Meinung nach mit mathematischer Präzision das vorhandene strategische Gleichgewicht konstatierte.

Ich erinnere daran, daß es die Sowjetunion war, die anbot, die Zahlen auf seiten der UdSSR und der NATO auf ein Minimum zu reduzieren. Doch als Antwort darauf tauchten Pershing II und Cruise Missiles in der Nähe unserer Grenzen auf.

Wie würden Sie reagieren, Mr. President, wenn etwas Ähnliches an den Grenzen der Vereinigten Staaten passierte? Ich glaube, Ihre Einschätzung der Absichten der anderen Seite würde unter diesen Umständen ebenso die Haltung betreffen, mit der die andere Seite in Verhandlungen geht, wie den Kern ihrer Absichten selbst. Doch sogar unter diesen Umständen haben wir größtmögliche Zurückhaltung bewiesen. Die Antwortmaßnahmen, zu denen wir uns gezwungen sahen, sind in Art und Umfang nicht über die Grenze hinausgegangen, die notwendig war, um die neue Bedrohung für uns und unsere Verbündeten zu neutralisieren.

Tschernenko fuhr fort, es sei vorstellbar, daß unsere Länder ihre Zusammenarbeit in gewissem Ausmaß verstärken könnten, aber in der Abrüstung sei ein bedeutender Fortschritt unmöglich, solange die NATO fortfahre, die neuen Raketen zu stationieren, und die Vereinigten Staaten weiter an der Strategischen Verteidigungsinitiative arbeiteten. Es schrieb außerdem, daß es nicht Sache der Vereinigten Staaten sei, die Frage der Lage der Menschenrechte in der Sowjetunion aufzuwerfen.

Ich muß betonen, daß die Einführung von ausschließlich inneren Angelegenheiten unseres oder Ihres Landes in die Beziehungen zwischen unseren beiden Ländern nicht dienlich ist, um diese Beziehungen zu verbessern, wenn das denn unser Ziel ist. Ich wünschte mir, daß Fragen dieser Art unsere Korrespondenz nicht belasteten.

Nachdem ich Tschernenkos Brief gelesen hatte, notierte ich in meinem Tagebuch: »Sie werden eine Weile kühl und halsstarrig bleiben. Aber wir dürfen nicht zu Bittstellern werden. Wir werden versuchen, Vereinbarungen auf einigen weniger bedeutsamen Gebieten zu erzielen.«

Einige Wochen später erhielten wir ein noch deutlicheres Signal der Russen dafür, daß sie es nicht eilig hatten, unsere Beziehungen zu verbessern, als sie gemeinsam mit anderen Mitgliedern des Sowjet-Blocks – außer Rumänien – den Boykott der Olympischen Spiele in Los Angeles bekanntgaben: eine Antwort auf Jimmy Carters Rückzug unserer Mannschaft von den Spielen 1980 in Moskau als Reaktion auf die sowjetische Invasion Afghanistans.

George Shultz arbeitete in Gesprächen mit Dobrynin und anderen sowjetischen Politikern hart daran, den Dialog wiederzubeleben, aber ohne viel Erfolg. Wie ich in diesem Frühjahr in mein Tagebuch eintrug: »Sie mauern sich ein.«

Unterdessen hatte Tip O'Neill im Kongreß gesagt, er halte es für seine moralische Verpflichtung, die weitere Entwicklung der MX-Rakete zu blockieren, was es mir, wie ich wußte, nicht leichter machen würde, die Sowjets davon zu überzeugen, daß wir ein geeintes Land wären, das sich zur Politik der Stärke bekenne. Wieder einmal versuchte ein Komitee von 535 Mitgliedern Außenpolitik zu betreiben.

Zur gleichen Zeit setzten kleine, aber gut organisierte und medienwirksame Gruppen von Atomwaffengegnern in Europa ihre Opposition gegen unsere neue strategische Politik fort, und einige europäische Führer begannen unter diesem Druck Zweifel an der 1979 getroffenen NATO-Entscheidung zu äußern.

Was würde ich denken, fragte ich mich, wenn ich ein Sowjet-Führer wäre und diese Uneinigkeit unter den Führern der Vereinigten Staaten und der westlichen Allianz sähe? Ich würde versuchen, sie auszunutzen, und genau das taten sie. Sie intensivierten angesichts der Risse auf unserer Seite ihre Propagandaoffensive und versuchten ihre politischen und militärischen Ziele durch eine Medienkampagne zu erreichen, die uns die Schuld an dem Stillstand gab und behauptete, wir würden die Welt an den Rand eines Atomkriegs führen – während doch sie diejenigen waren, die die Gespräche in Genf abgebrochen hatten.

Ich bat George Shultz, ohne in irgendeiner Weise von unseren Grundpositionen abzuweichen, weiterhin die Möglichkeit eines Gipfeltreffens zu erkunden. »Ich habe das Gefühl, daß wir es arrangieren sollten«, schrieb ich, nachdem ich im Juni einen weiteren Brief von Tschernenko erhalten hatte, der viele seiner früheren Ausführungen wiederholte, in mein Tagebuch. »Habe seine Antwort auf meinen Brief in der Hand, und sie bestärkt mich in meiner Meinung, daß die Sowjets, während wir, und zwar aus guten Gründen, glauben, daß sie etwas gegen uns planen und uns schaden wollen, Angst vor uns haben und uns für eine Bedrohung halten.«

Die Wahl von 1984 rückte näher, und mehrere unserer Sowjet-Experten sagten mir, daß ich keinerlei Bewegung von den Russen erwarten dürfe, bevor sie vorüber war. Unsere Geheimdienstanalytiker glaubten, Tschernenko und andere Sowjet-Führer hätten beschlossen, auf Vorschläge für ein Gipfeltreffen nicht positiv zu reagieren, weil sie fürchteten, zu meiner Wiederwahl beizutragen, wenn sie es täten. Ich habe keine Ahnung, ob das zutraf, aber es würde mich nicht überraschen, wenn es so war.

Während der nächsten Monate erkannten wir, daß Tschernenko die Kommunistische Partei und das Politbüro weit weniger in der Hand hatte als Breschnew oder selbst Andropow, sondern vielmehr als Sprecher einer übereinstimmenden Führung an der Spitze der Hierarchie fungierte. Wir hörten, daß er, wie Andropow, krank war und möglicherweise nicht mehr lange zu leben hatte. Wenn er in der Öffentlichkeit erschien, sagte er selten etwas ohne Manuskript. Ein anderer Hardliner aus der Stalin-Ära, Andrej Gromyko, hatte in der sowjetischen Außenpolitik das Sagen, und er war es auch gewesen, der dafür gesorgt hatte, daß die Sowjets die Olympischen Spiele boykottierten.

Im Sommer teilten die Russen George Shultz mit, daß sie bereit wären, an den Verhandlungstisch zurückzukehren, aber nur, um einen einzigen Punkt zu diskutieren, das, was sie »Militarisierung des Weltraums« nannten – eine Reaktion auf unsere Forschungen zur Strategischen Verteidigungsinitiative. Sie forderten von uns, die Arbeit an der

SDI zu stoppen, gerade als wir von unseren Wissenschaftlern die ersten Hinweise darauf erhielten, daß sie funktionieren könnte – und zu einer Zeit, als die Sowjets bereits Raketenabwehrwaffen besaßen, die in einigen Fällen fortgeschrittener waren als unsere.

Inzwischen war der Termin des jährlichen Essens für das diplomatische Corps herangerückt, und auch diesmal wieder war der Doyen, Anatolij Dobrynin, mein Tischnachbar. Er bestätigte, daß die Sowjets im Herbst in Wien mit uns zusammenkommen wollten, aber nur, um über die Weltraumwaffen zu sprechen. Ich erwiderte, daß wir in Wien sein würden, wenn sie auch dort wären, aber um über die Reduzierung *aller* Arten von Atomwaffen zu sprechen, die im Weltraum operierten, einschließlich ballistischer Raketen. Wir verabredeten nichts, aber ich hatte mir einige Dinge von der Seele reden können.

Ende Juli, nach einem Abstecher nach Los Angeles, wo ich die Olympischen Spiele eröffnete, verbrachten Nancy und ich zwei Wochen auf der Ranch, die längste ununterbrochene Zeit, die wir jemals dort verbracht hatten. Nancy war mit der Vorbereitung von Pattis Hochzeit beschäftigt, was mir viel Zeit gab, auf dem Rücken meines Pferdes über die verfahrene Situation im Verhältnis zu den Sowjets nachzudenken, und ich kam zu einer Entscheidung.

Gromyko nahm für gewöhnlich an der Eröffnungssitzung der UN-Generalversammlung im September in New York teil, und nach Absprache mit George Shultz und Bud McFarlane entschied ich mich, ihn im Anschluß an die UN-Sitzung zu einem Besuch im Weißen Haus einzuladen, um etwas persönliche Diplomatie zu betreiben. Wie ich in meinem Tagebuch vermerkte, nachdem ich die Idee mit George und Bud diskutiert hatte: »Ich habe das Gefühl, daß wir in puncto Abrüstung nirgendwohin kommen werden, solange sie unsere Motive mit Mißtrauen betrachten, so als wären wir wie sie. Ich glaube, wir brauchen ein Treffen, um zu sehen, ob wir ihnen nicht begreiflich machen können, daß wir nichts Böses gegen sie im Schilde führen, aber denken, daß sie etwas gegen uns im Schilde führen. Wenn wir erst einmal die Luft gereinigt haben, wird es ihnen vielleicht nicht mehr so unmöglich erscheinen, ihr Waffenarsenal zu verkleinern.«

Nachdem er zuerst angedeutet hatte, kein Interesse an meiner Einladung zu haben, stimmte Gromyko schließlich zu, am 28. September ins Weiße Haus zu kommen. In meinem Tagebuch notierte ich: »Ich beabsichtige, den ganzen Komplex der Gründe, warum wir ihnen nicht trauen, zur Sprache zu bringen. Vielleicht laufen die Abrüstungsverhandlungen besser, wenn wir es schaffen, unser gegenseitiges Mißtrauen abzubauen.«

Einige Tage vor dem Treffen in Washington sollte ich vor der Generalversammlung sprechen, und ich arbeitete eine Rede aus, von der ich hoffte, daß sie die Balance hielt, einerseits unseren Sinn für die Realitäten und die Bestimmtheit unserer Haltung den Sowjets gegenüber betonte, andererseits aber nicht offensiv genug war, um die Erfolgsaussichten der Begegnung mit Gromyko zu torpedieren, wie gering sie auch sein mochten. Ich wandte mich, indem ich zugleich unsere Sorgen angesichts ihres Fehlverhaltens in Afghanistan und andernorts hervorhob, mit einem direkten Appell an die Sowjets und forderte sie auf, zu den Genfer Gesprächen zurückzukehren. Darüber hinaus schlug ich vor, den Themenkreis der Gespräche zu erweitern, um so ihre Erfolgschancen zu vergrößern.

Auf einem Empfang am Abend vor meiner Rede trafen Gromyko und ich bei der Begrüßung kurz zusammen, und als ich in sein graues Gesicht blickte, erinnerte er mich an all die Sowjet-Führer, die ich gesehen und von denen ich jemals gehört hatte: Er war hart, zäh, steif, finster und feindselig, und wenn er Sinn für Humor besessen haben sollte, hielt er ihn hinter seinen stahlharten Augen gut verborgen. Wir begegneten einander mit Freundlichkeit, und er erinnerte mich daran, daß er mich einmal in Kalifornien getroffen hätte, als ich dort Gouverneur war. Als ich am nächsten Tag meine Rede hielt, saß er mit der sowjetischen Delegation in der ersten Reihe in der Mitte, gleich unter dem Mikrophon. Ich versuchte mehrere Male, mit ihnen in Blickkontakt zu kommen, aber sie sahen durch mich hindurch, und ihr Gesichtsausdruck zeigte die ganze Zeit über keine Regung.

Am Tag vor meinem Treffen mit Gromyko im Weißen Haus hatte der NSC zufälligerweise eine Sitzung angesetzt, auf der über die sowjetische Spionagetätigkeit in unserer Botschaft in Moskau informiert wurde. Ich war überwältigt davon, was die sowjetischen Spione zustande gebracht hatten, bis hin zu Hightech-Veränderungen der Schreibmaschinen in der Botschaft, die dafür sorgten, daß sie viele höchst geheime Dokumente, die auf den Maschinen getippt wurden, per Funk übermittelt bekamen.

Hier die Zusammenfassung des Treffens mit dem sowjetischen Außenminister, wie ich sie am nächsten Tag niederschrieb:

> 28. Sept.: Der große Tag – Andrej Gromyko. Das Gespräch fand im Oval Office statt. Fünf Wellen von Photographen, soviel wie noch nie. Ich eröffnete mit meinem Monolog. Ich sagte, daß wir wahrscheinlich beide glaubten, der andere stelle eine Bedrohung dar, und erklärte dann, daß wir nach der Lage der Dinge mehr Grund dazu hätten als sie. Seine Eröffnung dauerte 30 Minuten. Danach traten wir in den Dialog ein. Ich hatte mir während seiner Ausführungen Notizen gemacht und widerlegte mit Tatsachen und Zahlen eine Reihe seiner Behauptungen. Dabei betonte ich wiederholt, daß wir die beiden Nationen wären, die die Welt zerstören oder retten könnten. Mir scheint, sie hegen den Verdacht, daß wir sie nicht als Supermacht anerkennen. Alles in allem waren die drei Stunden, einschließlich Lunch, glaube ich, gut angelegt. Auf unserer Seite sind alle überzeugt, daß er mit einem ziemlich klaren Bild unseres Standpunkts nach Hause reist.

Wir hatten Gromyko wie üblich zu einem kleinen Imbiß im Weißen Haus gebeten, wie es auch beim Besuch von Staatsoberhäuptern die Regel ist. Nancy gesellte sich als Hausherrin zu uns, und Gromyko ging vor dem Essen zu ihr hinüber, nahm sie beiseite und fragte sie flüsternd: »Glaubt Ihr Mann an den Frieden?« Nancy antwortete: »Ja, natürlich.« Und er sagte: »Dann flüstern Sie ihm jede Nacht das Wort *Frieden* ins Ohr.« Darauf Nancy: »Das werde ich. Aber ebenso werde ich es Ihnen ins Ohr flüstern.« Und zum erstenmal an diesem Tag huschte ein Lächeln über das Gesicht von »Grim Grom«, wie er von manchen genannt wurde.

Er war von der Richtigkeit der sowjetischen Position überzeugt, und es war deutlich zu spüren, daß in diesem frostigen alten Stalinisten die Gewißheit lebte, daß der Kommunismus, trotz aller Probleme, über den Kapitalismus obsiegen und am Ende einen kommunistischen Weltstaat schaffen werde. Es waren drei Stunden des ständigen Schlagabtauschs. Ich sagte ihm, daß wir bereit seien, an den Verhandlungstisch zurückzukehren, aber nur, wenn die Sowjetunion ein aufrichtiges Interesse an Verhandlungen über eine gerechte, beide Seiten zufriedenstellende Vereinbarung zeige. Wie geplant, versuchte ich ihm auch klarzumachen, daß die Sowjetunion von uns nichts zu befürchten hatte. Wenn ich irgend etwas erreicht haben sollte, ließ er es sich jedenfalls nicht anmerken. Er war hart wie Granit. Er sagte, wir säßen beide auf gigantischen Bergen von Atomwaffen, die höher und höher und immer gefährlicher würden, und ich pflichtete ihm bei. Er wollte sich zwar nicht festlegen, ließ mich aber mit dem Eindruck zurück, daß die Sowjets erwägen könnten, an den Verhandlungstisch zurückzukehren. Dennoch glaube ich nicht, daß er die Absicht gehabt hatte, vor den Wahlen irgend etwas zu unternehmen.

Nach dem Treffen mit Gromyko begann ich dem Wahlkampf mehr Zeit zu widmen. Ich sagte George Shultz und den anderen, sie sollten an unserer Politik festhalten, und erklärte, wenn ich gewänne, würden die Russen die Genfer Gespräche wiederaufnehmen.

George Shultz und Cap Weinberger stritten sich wieder einmal über unsere Politik. Cap war nicht wie George an der Eröffnung von Verhandlungen mit den Russen interessiert, und einige seiner Berater im Pentagon opponierten entschieden gegen manche meiner Ideen zur Abrüstung, die George unterstützte, einschließlich meiner Hoffnung, am Ende alle Atomwaffen aus der Welt schaffen zu können. Cap hatte Verbündete in einigen meiner konservativeren politischen Anhänger, die mich wissen ließen, daß sie glaubten, Shultz wäre den Russen gegenüber weich geworden, und mich aufforderten, ihn zu feuern – ein Gedanke, der, wie ich ihnen auch sagte, purer Unsinn war. Bud McFarlane, der ebenfalls gewisse Differenzen mit Cap hatte und ihn mit der Behauptung ärgerte, das Pentagon könne seine Streitkräfte mit einem weit niedrigeren Etat modernisieren, als Cap haben wollte, hatte sich auf Georges Seite geschlagen. Bill Casey und Ed Meese hatten sich Caps Lager angeschlossen, das eine noch härtere Linie den Russen gegenüber vertrat, wie diese Tagebucheintragung aus dem November belegt: »[Der Streit] ist derartig außer Kontrolle geraten, daß George klingt, als wollte er das Handtuch werfen. Das kann ich nicht zulassen. George führt meine Politik aus. Ich werde mit Cap und Bill zusammenkommen und ihnen das klarmachen müssen. Wird bestimmt kein Spaß, muß aber sein.« Ich stimmte mit Weinberger überein, daß die Russen eine böse Kraft in der Welt und nicht vertrauenswürdig waren, glaubte aber nicht, daß wir deshalb nicht mit ihnen reden sollten.

Wie erwartet, erklärte Gromyko ein paar Tage nach der Wahl, er wolle sich mit George in Genf treffen, um mit ihm die Eröffnung einer neuen Runde von Abrüstungsverhandlungen zu besprechen. George nahm an, und das Treffen wurde für Januar vereinbart.

Nach der Wahl erhielt ich ein sehr ungewöhnliches Schreiben, das mir zu meiner Wiederwahl gratulierte: Es kam, in Russisch auf ein winziges Stück Toilettenpapier gekritzelt, das ungefähr halb so groß war wie eine Visitenkarte – die Buchstaben waren so klein, daß man fast ein Mikroskop brauchte, um sie zu entziffern –, von zehn Frauen, die in einem sowjetischen Zwangsarbeitslager eingesperrt waren.

> Mr. President!
>
> Wir, weibliche politische Gefangene in der Sowjetunion, gratulieren Ihnen zu Ihrer Wiederwahl zum Präsidenten der USA. Wir schauen mit Hoffnung auf Ihr Land, das sich auf dem Weg der FREIHEIT und der Achtung der MENSCHENRECHTE befindet. Wir wünschen Ihnen Erfolg auf diesem Weg.

Sie hatten ein Gedicht und die Liste einer Reihe von Hungerstreiks beigelegt, die diese mutigen Frauen 1983 und 1984 in ihrem Lager trotz des grausamen Regimes, das Menschen ins Gefängnis warf, bloß weil sie ihren Glauben an die Freiheit ausgedrückt hatten oder aus religiösen Gründen aus Rußland auswandern wollten, durchgeführt hatten. Das Material war aus dem Lager und aus Rußland herausgeschmuggelt und dem Sender *Radio Free Europe* in München übergeben worden.

Hier eine Übersetzung des Gedichts, das die Frauen mir geschickt hatten:

> Am Tage Ihrer zweiten Wahl
> saßen wir im Jammertal
> und froren uns in einer Zelle
> fast zu Tode auf der Stelle.
> Keine Zeitung und kein Buch,
> weder warmes Essen noch Besuch –
> nur eisiger Wind und Sternenlicht
> durch die nackten Gitter bricht,
> wie ein Gruß aus Dantes Hölle,
> passend zur Gefängniszelle.
> Als ihr Votum andre gaben,
> wir auf unsern Pritschen lagen,
> rätselnd (welche harte Nuß!),

wie lange man noch leiden muß
diese Isolierung und Entbehrung –
und wofür?
Dann eine Wärt'rin kam herbei,
drohte, log, – daß Ruhe sei;
unsre Rechnung aber stand:
Was in Ihrem mächt'gen Land,
in Kansas, Illinois geschah,
uns Grund zu großer Freude war.
Beim »Licht aus!« war ziemlich klar,
Sie waren nicht mehr in Gefahr.
Und so krochen wir zum Schlafen
an den Ofen (Minusgrade) –
Zugluft pfiff in kalten Schwaden,
und wir seufzten: Glück dem Braven,
Ihnen, Mr. President,
dem Weißen Haus,
den USA von Küst' zu Küste,
und all jenen, die noch wachen.
Wir schlafen nicht, genau wie ihr;
halb erfroren sind wir hier,
unsre Zähne klappern traurig:
Tag des »Großen Oktober« ist morgen!

Was für eine Regierung ist das, fragte ich mich, die die Freiheitssehnsucht der Menschen erstickt, indem es sie zu Gefangenen macht?

Im Dezember hielt ich eine Reihe von Sitzungen der kleinen Gruppe innerhalb der National Security Planning Group ab, die ich gebildet hatte, um mir bei der Entwicklung einer Strategie für die neuen Gespräche mit den Russen zu helfen. Cap, ein entschiedener Vertreter der SDI, sagte, die Russen würden als Preis substantieller Verhandlungen mit ziemlicher Sicherheit von uns fordern, sie aufzugeben. Ich erklärte mit allem Nachdruck, daß die Strategische Verteidigungsinitiative nicht zur Disposition stünde und wir, ganz gleich, was die Russen wollten, an ihr festhalten würden. Die Entwicklung der SDI mochte Jahrzehnte dauern, aber welche Aufgabe wäre wichtiger als die, Mittel zu finden, mit denen die schrecklichen Waffen, die das Atomzeitalter hervorgebracht hatte, neutralisiert werden konnten?

Ich sagte, ich hätte die SDI nie als einen unverwundbaren Schild angesehen – keine Verteidigung könne hundertprozentige Sicherheit bieten. Was die Idee so vielversprechend mache, sei die Möglichkeit, daß sie, wenn sie funktioniere und wir dann in eine Ära einträten, in der die Nationen der Welt übereinkamen, die Atomwaffen abzuschaffen, als Sicherheitsventil gegen Betrug dienen könne – oder gegen Verrückte, die irgendwie in den Besitz von Atomraketen gelangt waren. Und falls wir kein Abkommen über die Abschaffung der Atomwaffen erreichen könnten, wäre das System in der Lage, genügend feindliche Raketen abzuschmettern, daß die andere Seite, wenn sie jemals auf den Knopf drücken und einen Angriff auslösen sollte, es in dem Wissen tun würde, daß sie einen katastrophalen Vergeltungsschlag dadurch nicht verhindern könne. Die SDI enthalte zuviel an potentieller Sicherheit für die Menschheit, um zulassen zu können, daß sie so einfach am Verhandlungstisch verhökert wurde.

Auf einer dieser Sitzungen sagte ich weiterhin, daß ich das Verhalten der Russen satt hätte und daß die Vereinigten Staaten in der Vergangenheit zu oft lückenhafte Abkommen akzeptiert hätten, bloß weil sie keine anderen bekommen konnten. Hinterher schrieb ich in mein Tagebuch: »Ich habe klargemacht, daß keine einseitigen Konzessionen gemacht werden dürfen, nur um die Sowjets zu erweichen ... Wir sind überzeugt, daß sie vor allem wollen, daß wir unser Recht, Abwehrwaffen gegen ballistische Raketen zu entwickeln, aufgeben. Sie fürchten unsere Technologie. Ich glaube, solch eine Verteidigung könnte Atomwaffen überflüssig machen; damit hätten wir die Welt von dieser Bedrohung befreit. Die Frage ist nur, ob sie das zum Anlaß nehmen werden, die Gespräche wiederum abzubrechen und uns die Schuld daran zuzuschieben.«

Einige Tage darauf findet sich diese Eintragung in meinem Tagebuch: »Wir hatten wieder eine NSPG-Sitzung über unsere Verhandlungspositionen für das bevorstehende Treffen mit Gromyko und die Abrüstungsgespräche. Ich glaube, die Sowjets haben den Gesprächen nur zugestimmt, um unsere Forschungen zur strategischen Verteidigung gegen Atomwaffen abzuwürgen. Ich bleibe fest dabei, daß wir in diesem Punkt nicht nachgeben dürfen, ganz gleich, was sie uns anbieten.«

Wiederum einige Tage später, am 18. Dezember, notierte ich mir folgendes: »Ein Treffen mit den Vereinigten Stabschefs zum Vergleich unserer Streitkräfte mit denen der Sowjetunion. Was die strategischen Waffen betrifft, meinen die Sowjets, wenn sie von der Erhaltung der Stabilität reden, ihre Überlegenheit, denn die haben sie. Ich glaube immer mehr daran, daß die Sowjets vorhaben, die Gespräche abzubrechen, wenn wir unsere Forschungen über ein strategisches Verteidigungssystem nicht aufgeben. Ich hoffe, ich irre mich.«

Kurz vor Weihnachten kam Margaret Thatcher nach Washington, und Nancy und ich luden sie nach Camp David ein. Ich holte sie mit einem Golf-Kart vom Hubschrauber ab und fuhr mit ihr in unser Wochenendhaus Aspen, bevor wir uns ins Konferenzgebäude – Laurel – begaben. Sie war gerade mit einem der kommenden Männer aus dem sowjetischen Politbüro zusammengetroffen, einem gewissen Michail Gorbatschow, der, wie sie berichtete, starke sowjetische Vorbehalte gegen die SDI vorgebracht habe. Sie schien einige seiner Einwände zu teilen, und ich fragte mich, ob die Briten sich über die SDI und meine Hoffnung, die Atomwaffen zu beseitigen, deshalb Sorgen machten, weil sie befürchteten, daß das konventionelle Übergewicht der Sowjets ohne den amerikanischen atomaren Schild eine Bedrohung Westeuropas darstellen würde. Ich versicherte Margaret, wir hätten einfach nur ein langfristiges Forschungsvorhaben angeschoben, ohne damit schon über den Einsatz der SDI entschieden zu haben; es würde, sagte ich, offenbar noch einige Zeit dauern, bevor wir positiv wüßten, ob sie unsere Hoffnungen erfüllte.

Während dieser Zeit, Ende 1984, sahen wir uns noch einem anderen Problem in bezug auf die Abrüstung gegenüber: Bis zu jenem Zeitpunkt hatten sich die Sowjetunion und die Vereinigten Staaten gleicherweise freiwillig sowohl an den ausgelaufenen SALT-I-Vertrag, der die Anzahl der strategischen Raketen begrenzte, als auch an den SALT-II-Vertrag gehalten, der aufgrund der sowjetischen Invasion Afghanistans nie vom Senat ratifiziert worden war.

Cap meinte, wir sollten uns nicht länger durch diese Verträge gebunden fühlen, da es starke Hinweise darauf gebe, daß die Sowjets sie verletzten; die Vereinbarungen waren allerdings so unklar abgefaßt, daß es zweifelhaft war, ob wir diese Verletzungen beweisen konnten. Die Russen bauten zum Beispiel in der Nähe der sibirischen Stadt Krasnojarsk eine hochentwickelte neue Radaranlage auf, von der unsere Wissenschaftler glaubten, daß sie speziell für ein Verteidigungssystem gegen US-Raketen entwickelt worden war, was eine Vertragsverletzung dargestellt hätte. Die Russen behaupteten jedoch, die Radarstation sei nur für die Satellitenüberwachung gedacht, und obwohl wir überzeugt waren, daß es nicht so war, hätten wir aufgrund der ungenauen Vertragstexte kaum einen Verstoß gegen den Vertrag beweisen können.

Anfang Januar 1985, während George Bush und ich uns auf die zweite Amtseinführung vorbereiteten, kam George Shultz in Genf mit Andrej Gromyko zusammen. Sie einigten sich auf eine Wiederaufnahme der Abrüstungsgespräche. Als wir die sowjetische Forderung ablehnten, sie auf das Thema der Weltraumverteidigung zu beschränken, fand sich Gromyko bereit, die offensiven Atomraketen in die Gespräche einzubeziehen, und nach einigem Hin und Her wurde festgelegt, wo und wann die Verhandlungen wiederaufgenommen werden sollten – am 12. März in Genf, fünfzehn Monate nachdem die Sowjets die letzte Verhandlungsrunde abgebrochen hatten.

Hier einige Auszüge aus meinem Tagebuch aus diesem Monat:

4. März: Unser 33. Hochzeitstag. Davon abgesehen, war es nur ein weiterer Montagmorgen. Warum scheint es jedesmal so, daß Montage sich von anderen Tagen unterscheiden?

Traf den neuen Generalsekretär der OECD [Organization for Economic Cooperation and Development (Organisation für wirtschaftliche Zusammenarbeit und Entwicklung)], Jean-Claude Paye. Es war ein kurzes, aber erfreuliches Treffen. Er ist ganz dafür, die europäischen Mitglieder der OECD zu drängen, Schritte zur Entlastung ihrer Wirtschaft etc. zu unternehmen, um mit unserer wirtschaftlichen Erholung mitzuhalten.

Wir hatten eine NSC-Sitzung mit unseren Verhandlungsführern bei den Abrüstungsgesprächen, auf der wir verschiedene Möglichkeiten diskutierten, wie wir mit den Sowjets umgehen können. Es ist eine sehr komplizierte Angelegenheit. Ich zwang ihnen eine Entscheidung auf – die Verhandlungen mit einer *Konzession* zu beginnen. Überraschung! Da sie öffentlich erklärt hätten, daß sie die Atomwaffen völlig abschaffen wollten, sagte ich zu unseren Unterhändlern, sollten wir die Gespräche mit der Erklärung eröffnen, daß wir diesem Ziel zustimmten.

Nancy kam zum Mittagessen ins Oval Office, und wir schnitten eine Hochzeitstagtorte an und luden einige Angehörige meines persönlichen Stabs ein, sie mit uns zu teilen. Das war, zuzüglich einer Flasche Chateau Margaux von 1911 zum Abendessen, alles, womit wir den Tag feierten.

7. März: Mittagessen mit Tip O'Neill ... Tip überraschte mich – er wird nicht gegen die MX auftreten, aber auch nicht für sie stimmen. Er sagte, es wäre eine Gewissensfrage; die MX, meinte er, würde die Russen zu einem Nuklearangriff provozieren. Er hatte jedoch nichts darauf zu erwidern, als ich ihn fragte, wie wir wehrlos bleiben könnten, während die Sowjets mit Tausenden von Raketen auf uns zielten.
Ein großes Ereignis war das Treffen mit Politbüromitglied Wladimir Schtscherbizki. Er hatte Botschafter Dobrynin und einige andere bei sich. Ich war in Begleitung von George Shultz, Bud M., Don Regan und einigen anderen. Es war ein ständiger Schlagabtausch. Er erging sich in den üblichen Tiraden – daß wir die destabilisierende Macht wären und sie bedrohten. Es war fast eine Wiederholung des Gesprächs mit Gromyko, nur daß wir diesmal tatsächlich miteinander diskutierten. Ich glaube, er wird mit dem Wissen nach Hause zurückkehren, daß wir zu Verhandlungen bereit sind, aber sicher nicht in unserer Wachsamkeit nachlassen oder stillhalten werden, während sie fortfahren, ihre Offensivbewaffnung auszubauen.

8. März: Ein großes Frühstück mit Mitgliedern des Senats und des Repräsentantenhauses, die zur Eröffnung der Abrüstungsgespräche mit unseren Unterhändlern nach Genf reisen werden. Mir schien ein Gemeinsamkeitsgefühl unter ihnen zu herrschen, sogar bei Senator Ted Kennedy. Dann hinüber in den Roosevelt Room zur offiziellen Verabschiedung ... Dann ging es zu meinem jährlichen Check ins Bethesda Naval Hospital. Ich bin so gesund, daß es mir schwerfiel, nicht selbstgefällig zu reagieren.

11. März: Wurde um 4 Uhr früh geweckt und erfuhr, daß Tschernenko tot ist. Ich überlegte, ob ich an der Beerdigung teilnehmen sollte. Mein Instinkt sagte nein. Ging um 9 ins Büro. George Shultz sprach für eine Teilnahme, verlor aber. Ich glaube auch nicht, daß er

mit vollem Herzen dahinterstand. George Bush ist in Genf. Er wird hinfahren, und George Shultz wird heute abend abreisen, um sich ihm anzuschließen.

Es geht das Gerücht, daß Gorbatschow als Führer der Sowjetunion benannt wurde.

Wir hatten es also wieder einmal mit einem neuen Mann im Kreml zu tun. »Wie kann man von mir erwarten, mit den Russen voranzukommen«, sagte ich zu Nancy, »wenn sie uns einer nach dem anderen wegsterben?«

76

Ich entschied mich, keine Zeit zu verschwenden und sofort den Versuch zu unternehmen, den neuen Sowjet-Führer kennenzulernen. Als George Bush zu Konstantin Tschernenkos Begräbnis nach Moskau flog, hatte er eine Einladung von mir an Gorbatschow zu einem Gipfeltreffen in den Vereinigten Staaten bei sich.

»Ich versichere Sie meines festen persönlichen Willens, mit Ihnen und der gesamten sowjetischen Führung in ernsthaften Verhandlungen zusammenzuarbeiten«, schrieb ich Gorbatschow. »In diesem Geiste möchte ich Sie einladen, mich zum frühestmöglichen Ihnen genehmen Zeitpunkt in Washington zu besuchen. Ich bin mir im klaren darüber, daß eine rasche Annahme nicht möglich sein wird. Aber ich möchte, daß Sie wissen, wie erwartungsvoll ich einem Treffen entgegensehe, das Resultate erbringen könnte, die sowohl für unsere beiden Länder als auch für die internationale Gemeinschaft insgesamt von Nutzen wären.«

Gorbatschow antwortete zwei Wochen später. Damit vervollständigte er die erste Runde einer Korrespondenz, die sich über Jahre hinziehen und ganze Berge von Briefen umfassen sollte. Wenn ich jetzt auf sie zurückblicke, erkenne ich in jenen ersten Briefen auf beiden Seiten den vorsichtigen Beginn dessen, was die Begründung nicht nur besserer Beziehungen zwischen unseren Ländern, sondern auch einer Freundschaft zwischen zwei Männern werden sollte.

Gorbatschow dankte mir für die Entsendung George Bushs zu Tschernenkos Begräbnis und ließ insgesamt weniger Feindseligkeit spüren, als ich von einem Sowjet-Führer erwartet hätte. Er schrieb, er sei der Idee, ein Gipfeltreffen abzuhalten, nicht abgeneigt, wenn auch nicht unbedingt in Washington. Alles in allem war sein Brief ermutigend. Bis auf einige Floskeln gebe ich im folgenden den gesamten Text dieses Briefes wieder:

Unsere Länder sind durch ihre Gesellschaftsordnung und die in ihnen dominierenden Ideologien verschieden, aber wir glauben, daß das kein Grund für gegenseitige Feindseligkeit sein sollte. Beide Gesellschaftsordnungen haben das Recht zu existieren und sollten ihre Vorteile nicht durch Gewalt, mit militärischen Mitteln, sondern im friedlichen Wettstreit mit dem anderen System beweisen. Und jedes Volk hat das Recht, den Weg zu gehen, den es gewählt hat, ohne daß jemand ihm von außen seinen Willen aufzwingt und sich in seine inneren Angelegenheiten einmischt. Wir glauben, daß das die einzige gerechte und vernünftige Basis für die Beziehungen zwischen Staaten ist. Wir für unseren Teil haben uns immer bemüht, die Beziehungen zu den Vereinigten Staaten und ebenso zu anderen Ländern genau auf diese Weise zu gestalten. Im übrigen ist die sowjetische Führung überzeugt, daß unsere beiden Länder ein gemeinsames Interesse haben, in dem sie sich ohne jeden Zweifel treffen: es nicht so weit kommen zu lassen, daß ein Atomkrieg ausbricht, der für beide Seiten katastrophale Folgen hätte. Beide Seiten wären gut beraten, sich im politischen Alltag häufiger daran zu erinnern.

Ich bin überzeugt, daß wir, ein solches Herangehen an das jeweilige Problem vorausgesetzt, auf der Basis einer vernünftigen Einschätzung der Realitäten der heutigen Welt und unter gebührender Rücksichtnahme auf die Rechte und Interessen der anderen Seite durchaus einigen Nutzen für unsere beiden Länder und die ganze Welt erreichen können, wenn wir uns auf den Weg einer wirklichen Verbesserung unserer Beziehungen einlassen.

Unserer Ansicht nach ist es vor allem wichtig, damit zu beginnen, auf eine Art miteinander umzugehen, die sowohl uns selbst als auch anderen deutlich macht, daß unsere beiden Länder nicht auf eine Vertiefung ihrer Differenzen aus sind und Feindseligkeit schüren, sondern vielmehr ihre Politik auf eine Neubelebung der Situation und eine friedliche, ruhige Entwicklung ausrichten. Das würde eine Atmosphäre größeren Vertrauens zwischen unseren Ländern zu schaffen helfen. Dies ist keine einfache Aufgabe; ich würde sie eher delikat nennen. Denn Vertrauen ist eine besonders empfindliche Sache von äußerster Empfänglichkeit für Taten wie Worte. Es wird, zum Beispiel, kaum vergrößert werden, wenn man den Anschein erweckt, als spräche man mit zwei Zungen, einer für private Kontakte und einer, wie man sagt, fürs große Publikum.

Die Entwicklung guter Beziehungen läßt sich vorantreiben, indem man praktische Lösungen für eine Reihe von Problemen von beiderseitigem Interesse findet. Wie ich Sie verstanden habe, sprechen Sie sich ebenfalls für diesen Weg aus.

Wir glauben, daß das die gesamte Spannbreite der Probleme betreffen sollte, sowohl internationale wie bilaterale. Ein Problem kann natürlich nur auf einer beiderseits akzeptablen Grundlage gelöst werden, was bedeutet, daß man vernünftige Kompromisse finden muß, deren Hauptkriterium darin besteht, daß keine Seite Sonderrechte oder Vorteile für sich beansprucht, weder in zweiseitigen noch in internationalen Angelegenheiten.

Ganz gleich, wie bedeutsam die unsere gegenseitigen Beziehungen betreffenden oder berührenden Fragen sein mögen, das Problem höchster Priorität ist die Sicherheit. Die gegenwärtig laufenden Verhandlungen in Genf erfordern unsere höchste Aufmerksamkeit. Es ist klar, daß wir uns wieder und wieder den dort besprochenen Fragen werden zuwenden müssen, im Augenblick jedoch habe ich nicht die Absicht, den Stand der dortigen Gespräche zu kommentieren – sie haben gerade erst begonnen. Ich möchte trotzdem sagen, daß gewisse Erklärungen, die in Ihrem Land abgegeben wurden und werden, geeignet sind, Besorgnisse hervorzurufen.

Ich möchte, daß Sie zu würdigen wissen, mit welcher Ernsthaftigkeit wir die Verhandlungen führen; es ist unser fester Wunsch, dort positive Ergebnisse zu erreichen. Wir werden unerschütterlich an der Vereinbarung über die Themen und Ziele dieser Verhandlungen festhalten. Die Tatsache, daß wir in der Lage waren, uns im Januar über diese Vereinbarung zu verständigen, ist bereits eine große Errungenschaft, die mit Sorgfalt behandelt werden sollte.

Ich hoffe, Mr. President, daß Sie diesem Brief entnehmen, daß die sowjetische Führung, einschließlich meiner selbst, die Absicht hat, energisch nach gangbaren Wegen zu suchen, wie die Beziehungen zwischen unseren Ländern verbessert werden können.

Ich glaube außerdem, daß aus meinem Brief klar wird, daß wir Kontakten auf höchster Ebene große Bedeutung beimessen. Aus diesem Grund stehe ich auch der von Ihnen geäußerten Idee, ein persönliches Treffen zwischen uns abzuhalten, positiv gegenüber. Und mir scheint, ein solches Treffen muß nicht unbedingt durch die Unterzeichnung großer Verträge beschlossen werden, wenngleich Abkommen über bestimmte Gegenstände von beiderseitigem Interesse, sofern sie bis zu jenem Zeitpunkt ausgearbeitet worden sind, durchaus während des Treffens formell in Kraft gesetzt werden könnten. Hauptanliegen dieses Treffens sollte es aber sein, daß wir uns auf der Grundlage von Gleichheit und Anerkennung der legitimen Interessen der anderen Seite um gegenseitiges Verständnis bemühen.

Was den Ort des Treffens betrifft, danke ich Ihnen für die Einladung, Washington zu besuchen. Aber einigen wir uns darauf, daß wir auf die Frage von Ort und Zeit des Treffens noch einmal zurückkommen werden.

M. Gorbatschow

24. März 1985

Ich kann nicht behaupten, daß ich von Anfang an geglaubt hätte, in Michail Gorbatschow eine *andere* Art Sowjet-Führer vor mir zu haben. Ich war vielmehr weiter auf der Hut, wie die folgende Tagebucheintragung fünf Wochen nach seiner Wahl zum Generalsekretär der Kommunistischen Partei belegt: »Traf unseren Botschafter in der Sowjetunion, Art Hartman. Er bestätigt, was ich glaube: daß Gorbatschow genauso hart sein wird wie jeder vor ihm. Wenn er kein eingefleischter Ideologe wäre, hätte ihn das Politbüro nicht ausgewählt.«

Wir müßten im Umgang mit den Sowjets genauso hart sein wie bisher, sagte ich George Shultz und den anderen aus dem Planungsstab des Nationalen Sicherheitsrats, die mir halfen, unsere Anstrengungen zur Verbesserung der Beziehungen zu ihnen zu koordinieren, aber, fügte ich hinzu, wir sollten ebenso hart daran arbeiten, auf dem Wege der stillen Diplomatie direkte Verbindungen zwischen Gorbatschow und mir herzustellen – um, wie ich es in meinem Tagebuch ausdrückte, »den Sowjets Auge in Auge entgegenzutreten, nicht in den Zeitungen«.

In bezug auf das Gipfeltreffen war er jetzt am Zug. Meine Einladung lag vor.

Die neue Runde der Abrüstungsverhandlungen in Genf war im Gange, und ich drängte den Kongreß, das MX-Programm zu bestätigen, damit wir weiterhin Druck auf Moskau ausüben konnten, um Gorbatschow von den Vorzügen ernsthafter Verhandlungen zu überzeugen. Es brauchte eine Menge Gespräche mit Kongreßabgeordneten, aber schließlich hatten wir nach mehreren engen Abstimmungen, einschließlich eines knappen 217-zu-210-Sieges im Repräsentantenhaus, die Versuche, die MX sterben zu lassen, abgeschlagen.

Ende März wurde ich von Bud McFarlane im Morgengrauen mit der Nachricht geweckt, ein Major Arthur D. Nicholson, Jr., ein siebenunddreißigjähriger Armeeoffizier, der zu den vierzehn in Ostdeutschland stationierten US-Militärs gehörte, sei von einem sowjetischen Wachposten erschossen worden, als er rechtmäßigerweise die Grenzanlagen in diesem Land inspizieren wollte. Das war vorsätzlicher Mord gewesen. Der Wachposten hatte nicht aufgehört zu schießen, als der Offizier bereits am Boden lag, und dadurch einen amerikanischen Sergeant daran gehindert, Major Nicholson Erste Hilfe zu leisten; als eine Stunde später sowjetische Sanitäter eintrafen, war der Major tot.

Einige Tage später sollten Tip O'Neill und Bob Michel, der Führer der Republikaner im Repräsentantenhaus, an der Spitze einer aus Mitgliedern beider Parteien bestehenden Kongreßdelegation in die Sowjetunion reisen und dort mit Gorbatschow zusammentreffen. Ich gab ihnen meinen Segen – und einen Brief an Gorbatschow, in dem ich gegen den Mord an Major Nicholson und die fortgesetzte Unterstützung von Rebellen in der Dritten Welt protestierte. Hier einige Auszüge aus diesem Brief:

> Ich glaube, daß sich neue Chancen für die amerikanisch-sowjetischen Beziehungen eröffnet haben. Wir sollten sie nutzen. Sie kennen meine Ansicht, daß solche Chancen auf jedem Gebiet unserer Beziehungen bestehen, einschließlich humanitärer, regionaler und bilateraler Fragen sowie der Rüstungskontrolle. Für die Erhöhung der Stabilität ist nichts wichtiger als die Abrüstungsgespräche, die wir in Genf miteinander führen. Unsere Unterhändler haben sehr flexible Instruktionen, um mit Ihren Unterhändlern Vereinbarungen auszuarbeiten, die zu einer radikalen Reduzierung führen und uns unserem gemeinsamen Ziel näherbringen, der Abschaffung der Atomwaffen …

Bei der Wahrnehmung der neuen Chancen sollten wir darauf achten, Situationen zu vermeiden, die unseren Beziehungen ernsthaften Schaden zufügen können. Über die persönliche Tragödie dieses mutigen Offiziers hinaus wird dieses Vorkommnis von vielen in unserem Land nur als das letzte Beispiel für eine militärische Haltung angesehen, die unsere besten Absichten in bezug auf die Herstellung einer auf lange Sicht erträglichen und konstruktiveren Beziehung zunichte zu machen droht.

Ich möchte, daß Sie wissen, wie wichtig mir es auch persönlich ist, daß wir Schritte unternehmen, um die Wiederholung einer solchen Tragödie zu verhindern, und ich hoffe, daß Sie alles in Ihrer Macht Stehende tun werden, um solche Vorkommnisse in der Zukunft auszuschließen.

Wie Sie wissen, sehe ich einem persönlichen Treffen mit Ihnen zu einem beiderseits genehmen Zeitpunkt voller Erwartung entgegen. Ich bin zuversichtlich, daß wir gemeinsam den bedeutenden politischen Anstoß für eine konstruktivere und stabilere Beziehung zwischen unseren beiden Ländern, den Sie in Ihrem Brief erwähnen, werden geben können.

Lassen Sie mich zum Schluß hervorheben, wieviel Wert ich auf unseren Briefwechsel lege. Auf Ihren nächsten Brief werde ich ausführlicher antworten. Ich hoffe, wir werden in zukünftigen Briefen weiterhin offen und ehrlich miteinander darüber sprechen, wie wir engere Beziehungen sowohl zwischen uns persönlich als auch zwischen unseren beiden Ländern aufbauen können.

Hochachtungsvoll

Ronald Reagan

4. April 1985

Die Sowjetunion gab daraufhin eine Erklärung heraus, in der es hieß, sie habe ihre Truppen in Ostdeutschland angewiesen, keine tödlichen Waffen mehr gegen Amerikaner einzusetzen – ein ermutigendes Signal aus dem Kreml. Fast gleichzeitig jedoch kam Gorbatschow mit Daniel Ortega zusammen und versprach ihm, die sowjetische Finanzhilfe für die Sandinisten fortzusetzen. Wir verkündeten im Gegenzug ein US-Handelsembargo gegen Nicaragua.

Im Mai reiste Handelsminister Mac Baldridge nach Moskau, um mit den Sowjets über eine Ausweitung des Handelsverkehrs zwischen unseren Ländern zu sprechen. Ich beschloß, diese Gelegenheit zu nutzen, um Gorbatschow daran zu erinnern, daß wir zwar auf verbesserte Beziehungen hofften, aber aus Moskau Beweise des guten Willens erwarteten, bevor in unseren Beziehungen von Tauwetter gesprochen werden konnte – von der Ausreiseerlaubnis für sowjetische Juden und verfolgte Christen bis hin zur Beendigung der sowjetischen Einmischung in Mittelamerika. In der Botschaft an Gorbatschow, die Baldridge für mich überbrachte, schrieb ich: »Ich glaube zwar, daß es gewisse Schritte gibt, die wir augenblicklich unternehmen können, um den Handel zu fördern, bezweifle aber, daß es ohne parallele Verbesserungen in anderen Aspekten unserer Beziehungen einen grundlegenden Wandel in unseren Handelsbeziehungen geben kann.«

Ungefähr zur gleichen Zeit sagte mir George Shultz, er sei amtsmüde und wolle noch vor dem Ende des Sommers zurücktreten. Ich erwiderte, daß ich mir, seit er den Posten des Außenministers übernommen habe, nie einen anderen an seiner Stelle vorgestellt hätte. Wenn er wirklich gehen wolle, hätte ich zwar nicht das Herz, ihn zum Weitermachen zu zwingen, aber ich bräuchte ihn wirklich, insbesondere um sich um unsere neuerlichen Annäherungsversuche an die Sowjets zu kümmern. Ich glaube, ich habe ihn davon überzeugt, wie wichtig er für unsere Hoffnungen auf verbesserte Beziehungen zu den Russen war; jedenfalls teilte er mir, kurz bevor er zu einem Treffen mit Andrej Gromyko nach Helsinki flog, mit, daß er bleiben würde. Ich bat ihn, Gromyko ein Gipfeltreffen Mitte November in Washington und, falls es dazu kommen sollte, ein Folgetreffen in Moskau vorzuschlagen. Wenn die Sowjets auf einem neutralen Ort beständen, solle er Genf vorschlagen.

Anfang Juni erhielt ich als Antwort auf meinen letzten Brief eine zehnseitige Erwiderung Gorbatschows, die mein erstes Gefühl, daß er schwer zu nehmen sein würde, bestätigte, ebenso wie meine Vermutung, daß er viele der Mißverständnisse seiner Vorgänger über Amerika teilte. Trotzdem ließ Gorbatschows Brief erkennen, daß er die Frage der Verbesserung unserer Beziehungen und die der Verringerung der Atomkriegsgefahr genauso ernst nahm wie ich. Sich auf die Vorwürfe beziehend, die ich hinsichtlich des sowjetischen Abenteurertums in Mittelamerika und anderen Teilen der Welt erhoben hatte, schrieb er:

Was die Länder der dritten Welt betrifft, so zwingen wir niemandem unsere Ideologie oder unsere Gesellschaftsordnung auf. Unterstellen Sie uns nichts, was nicht stimmt. Wenn man aber die Frage, wer der internationalen Rechtsordnung Genüge tut und wer ihr zuwiderhandelt, aufwirft und ohne diplomatische Kunstgriffe zu beantworten versucht, findet man, daß es gerade die USA sind, von denen sich herausstellt, daß sie auf der Seite jener Gruppierungen stehen, die gegen rechtmäßige Regierungen kämpfen. Und was ist mit dem direkten Druck auf Regierungen, deren Politik den USA nicht paßt? Es gibt auf verschiedenen Kontinenten genügend Beispiele für beides...

Ich denke viel darüber nach, wie sich die Beziehungen zwischen unseren Ländern gestalten sollen, und ich glaube jetzt sogar noch fester an das, was ich in meinem letzten Brief ausgesprochen habe: Eine Verbesserung der Beziehungen zwischen der UdSSR und den USA ist möglich. Dafür gibt es objektive Gründe.

Natürlich unterscheiden sich unsere Länder. Diese Tatsache ist nicht zu ändern. Aber es gibt noch eine andere Tatsache: Wie die Erfahrungen der Vergangenheit zeigen, haben wir, sobald die Führer beider Länder genügend Weisheit und Realismus aufbrachten, um die von den Unterschieden ihrer Gesellschaftsordnungen und Ideologien hervorgerufenen Vorurteile zu überwinden, mit Erfolg zusammengearbeitet und einiges getan, das nicht nur für unsere Völker, sondern für alle Völker von Nutzen war.

Natürlich blieben die Unterschiede und unterschiedlichen Ansichten bestehen, aber der ausschlaggebende Faktor war unsere Zusammenarbeit, und sie eröffnete friedliche Aussichten...

Was die Behauptung betrifft, die UdSSR arbeite angeblich an einem, wie die Amerikaner es ausdrücken, »großen Forschungsprogramm auf dem Gebiet der strategischen Verteidigung«, so verwechselt man Äpfel mit Orangen. Die Sowjetunion tut nichts, was gegen den ABM-Vertrag verstoßen würde; sie entwickelt auch keine Angriffswaffen für den Weltraum.

Mr. President, ich möchte meiner Hoffnung Ausdruck geben, daß Sie sich das Problem der Nicht-Militarisierung des Weltraums, seinen Zusammenhang mit der Lösung des Problems der Atomwaffen und insofern mit den Aussichten der Genfer Verhandlungen noch einmal durch den Kopf gehen lassen...

Gorbatschow schlug vor, wir sollten uns weiterhin freiwillig an die SALT-Verträge halten, ein Moratorium hinsichtlich Atomwaffentests verkünden, Weltraumwaffen ächten, eine Reduzierung der konventionellen Streitkräfte in Mitteleuropa aushandeln und das gegenseitige Verständnis fördern, indem wir, wie ich angeregt hatte, einander halfen, die Ereignisse durch die Augen des anderen zu sehen.

> Eine der Quellen der Spannungen in den Beziehungen zwischen der UdSSR und den USA ist die unterschiedliche Einschätzung dessen, was auf der Welt vor sich geht. Wie es scheint, ignoriert die amerikanische Seite beständig die tieferliegenden Ursachen der Ereignisse und stellt nicht genügend in Rechnung, daß heute eine große Anzahl von Staaten – und zwar sehr aktiv – Weltpolitik betreiben, jeder mit seinen eigenen Zielen und Interessen. Das alles kompliziert das allgemeine Bild enorm. Ein richtiges Verständnis der Welt hilft jedoch, ernste Irrtümer und Fehleinschätzungen zu vermeiden.

Ohne es auszusprechen, deutete Gorbatschow an, daß sich die Sowjets gern aus dem Krieg in Afghanistan zurückziehen würden, und drängte uns, die Pakistanis dazu zu bringen, den afghanischen Rebellen keine Unterstützung zukommen zu lassen. Wenn wir es täten, wäre es ein »positives Signal« seitens der USA.

> Auf dem Gebiet der streng bilateralen Beziehungen zwischen unseren Ländern scheint etwas in Bewegung geraten zu sein. Sie dürften bemerkt haben, daß wir diesen Trend unterstützen. Trotzdem sollte kein Mißverständnis hinsichtlich der Tatsache auftreten, daß wir nicht die Absicht haben, Verhandlungen über die Menschenrechte in der Sowjetunion zu führen. Wir haben diese Fragen, wie jeder andere souveräne Staat, stets in Übereinstimmung mit unseren Gesetzen und Verordnungen betrachtet und werden dies auch weiterhin tun. Lassen Sie uns, Mr. President, von dieser Tatsache ausgehen, um unsere Beziehungen nicht unnötig zu erschweren. Die Entwicklung unseres Verhältnisses kann nur auf der Grundlage gemeinsamer Interessen, von Gleichheit und gegenseitigem Vorteil sowie Achtung vor den Rechten und legitimen Interessen des anderen stattfinden ... Wir leben in einer Zeit, in der sich diejenigen, die die Politik der UdSSR und der USA prägen, notwendigerweise treffen und Kontakte zueinander haben müssen. Um es in aller Deutlichkeit zu sagen, wir treten nachdrücklich dafür ein, eine Brücke des gegen-

seitigen Verständnisses, der Zusammenarbeit und der Förderung des Vertrauens zu errichten.

Danach versicherte Gorbatschow, daß er einem Gipfeltreffen mit mir positiv gegenüberstehe.

Was den Ort betrifft, verstehe ich, daß Sie Gründe haben, eine Abhaltung des Treffens in den USA vorzuziehen. Aber ich habe nicht weniger gewichtige Gründe, diese Variante, stellt man den gegenwärtigen Zustand der sowjetisch-amerikanischen Beziehungen in Rechnung, für unrealistisch zu halten ... Schwerwiegende internationale Probleme sind berührt, und wir sollten die Zeit nutzen, um nach möglichen Vereinbarungen zu suchen, die für dieses Treffen vorbereitet werden können. Wir für unser Teil sind voll und ganz dafür.

Etwa zur gleichen Zeit, als Gorbatschow diesen Brief schrieb, tauchte eine neue Hürde auf dem Weg auf, der zu besseren amerikanisch-sowjetischen Beziehungen führen sollte: Der nicht ratifizierte, aber freiwillig eingehaltene SALT-II-Vertrag lief zum 31. Dezember aus, zur gleichen Zeit, zu der einige unserer neuen Waffen, die im Zuge unseres strategischen Modernisierungsprogramms entwickelt worden waren, einsatzbereit sein würden. Wenn wir sie in Dienst stellen wollten, würden wir ältere Waffen ausmustern müssen, um die SALT-Obergrenzen einzuhalten. Aber sollten wir unsere Politik weiter an diese Restriktionen binden, obwohl wir wußten, daß die Sowjets sie nicht beachteten?

Der Knackpunkt in dieser Frage würde später im Jahr mit dem Stapellauf unseres ersten neuen, raketenbestückten Trident-Unterseebootes kommen: Wenn wir uns weiterhin an SALT II halten wollten, würden wir ein älteres Poseidon-Unterseeboot, das über weniger hochentwickelte Raketen verfügte, verschrotten müssen.

Ich hatte immer große Bedenken gegen die SALT-Verträge gehabt. Cap Weinberger teilte diese Ansicht. Da er überzeugt war, daß die Russen die Verträge brachen, sprach er sich dafür aus, die Trident-Unterseeboote in Betrieb zu nehmen, ohne die Poseidon-U-Boote außer Dienst zu stellen, und einige meiner konservativeren Anhänger waren derselben Ansicht. Sie meinten, Amerika würde dumm dastehen, wenn es sich, angesichts der sowjetischen Vertragsverletzungen, weiterhin an die SALT-Obergrenzen hielte. Auf der anderen Seite sagten das State Department, die Vereinigten Stabschefs und einige unserer Abrüstungsunterhändler, daß es besser wäre, Zurückhaltung zu üben und die Obergrenzen nicht zu überschreiten, weil wir, argumentierten sie, militärisch wenig zu gewinnen hätten, wenn wir es täten, weil überdies die Russen die wichtigsten Vorschriften der Verträge in bezug auf die Begrenzung der Offensivwaffen befolgt hätten und weil es schließlich sowohl für sie als auch für diejenigen auf der Welt, die auf eine Verlangsamung des Rüstungswettlaufs hofften, ein rotes Tuch wäre. Dennoch stimmten wir alle darin überein, daß die Sowjets die SALT-Obergrenzen verletzten, wußten aber, daß es vor dem Gericht der Weltöffentlichkeit wegen der ungenauen Vertragstexte schwer zu beweisen gewesen wäre.

Ich entschied mich fürs erste für eine Politik der wachsamen Zurückhaltung, wie die folgenden Tagebucheintragungen aus dem Juni 1985 belegen:

> 4. Juni: Eine NSC-Sitzung darüber, was wir hinsichtlich der SALT-II-Vorschriften tun sollen, an die sowohl wir als auch die Sowjets gebunden sind, die aber von den Sowjets gebrochen werden. Im kommenden Sept. müßten wir vertragsgemäß ein raketenbestücktes Poseidon-U-Boot abwracken. Ich war wieder mit fünf Vorschlägen konfrontiert, ohne daß man sich auf einen von ihnen einigen konnte. Unsere Verbündeten wollen von uns, daß wir SALT II einhalten. Ich muß bis Montag eine Antwort gefunden haben ...
>
> 6. Juni: Ich habe meine Entscheidung über SALT II getroffen. Wir werden beim Bau von Atomwaffen weiterhin Zurückhaltung üben. Damit werden wir im großen ganzen im Rahmen von SALT II bleiben, aber nur entsprechend der sowjetischen Befolgung der SALT-II-Beschränkungen und nur so lange, wie sich die Sowjets an sie halten.
>
> 10. Juni: Heute haben wir dem Kongreß und der Welt mitgeteilt, was wir in bezug auf SALT II vorhaben. Meine Entscheidung war offenbar richtig – jedenfalls wurde ich von rechts wie links als Staatsmann bezeichnet.

Einige Tage danach traf ein aufgeregter Brief von Gorbatschow ein, in dem er die Stationierung der Pershing II und Cruise Missiles in Europa ebenso angriff wie die Einschränkung, die ich bei der Bekanntgabe unserer Entscheidung, uns auch zukünftig an SALT II zu halten, gemacht hatte (ich hatte mir das Recht vorbehalten, meine Meinung zu ändern, wenn unsere Überzeugung, daß die Sowjets gegen den Vertrag verstießen, wuchs).

Mr. President, Ihre Version der vergangenen und gegenwärtigen Sachlage hält den Tatsachen nicht stand... die Vereinigten Staaten haben eine gefährliche Schwelle überschritten, als sie es vorzogen, die praktische Anwendung des SALT-Vertrages auszusetzen, anstatt, wie vorgesehen, die Lösung der darin vereinbarten Punkte in Angriff zu nehmen... es ist kein Geheimnis, daß die USA genau das wollten, damit sie Cruise Missiles stationieren konnten. Die USA gedachten das fein ausgewogene Gleichgewicht der Interessen, das dem Abkommen zugrunde lag, zu ihren Gunsten zu kippen. Heute, nehme ich an, sehen Sie, daß es nicht funktioniert hat. Auch wir stationieren Cruise Missiles, die zu verbieten wir vorgeschlagen hatten. Aber selbst jetzt noch sind wir, falls sich die USA zu einer realistischen Haltung entschließen und zustimmen sollten, einen derart bedeutsamen Schritt zu unternehmen, zu einer Vereinbarung über ein solches Verbot bereit.

Die US-Stationierung neuer, für strategische Aufgaben vorgesehener Raketensysteme in Westeuropa ist eine klare Umgehung, das heißt Nichteinhaltung des SALT-II-Vertrages durch die amerikanische Seite. Wir, Mr. President, sehen darin einen Versuch der Vereinigten Staaten, das faktische Monopol zum Einsatz von Waffen zu erlangen, denen unser Land nichts Analoges entgegenzusetzen hat. Ich weiß um das Bedürfnis Ihrer Seite... nach einer gewissen regionalen Balance und manchmal auch Überlegenheit. Aber selbst in dieser Hinsicht ist es unbegreiflich, warum die USA sich weigern, dieses Problem in einer Weise zu lösen, die in Europa ein Gleichgewicht an Mittelstreckenraketen schaffen würde, bei dem die UdSSR nicht mehr Raketen und Sprengköpfe haben würde, als gegenwärtig im Besitz von England und Frankreich sind. Eine solche Formel würde niemandes Interessen verletzen, während die von den amerikanischen Raketen in Europa verursachte Verzerrung alles andere, nur kein Gleichgewicht ist...

Ich möchte, daß Ihnen unmißverständlich klar ist, daß in der Pra-

xis ein strategisches Gleichgewicht zwischen unseren beiden Ländern erhalten bleiben wird. Wir können eine andere Situation weder ins Auge fassen noch erlauben. Die Frage ist nur, auf welcher Ebene dieses Gleichgewicht erhalten wird – auf einer sinkenden oder einer ansteigenden. Wir sind für das erstere, für eine Reduzierung des Ausmaßes der strategischen Konfrontation. Ihre Regierung favorisiert allem Anschein nach die zweite Möglichkeit, offenbar in der Hoffnung, daß es den USA auf irgendeiner Stufe gelingen wird, sich einen Vorsprung zu sichern.
Das ist die Essenz der gegenwärtigen Situation. Ist es nicht überraschend, daß wir dennoch Verhandlungen führen, obwohl der Prozeß der praktischen Rüstungsbegrenzung weiterhin stagniert? Es wäre wahrscheinlich kein allzu großes Unglück, wenn dieser Prozeß einfach eingefroren bliebe. Aber selbst das ist nicht der Fall. Das »Star Wars«-Programm – das muß ich Ihnen in aller Deutlichkeit sagen, Mr. President – untergräbt schon heute die Stabilität. Wir raten Ihnen dringend, dieses äußerst destabilisierende und gefährliche Programm zu stoppen, solange die Dinge noch nicht zu weit gediehen sind. Wenn die Situation auf diesem Gebiet nicht korrigiert wird, werden wir keine andere Wahl haben, als die für unsere eigene Sicherheit und die unserer Verbündeten erforderlichen Schritte zu unternehmen ... der SALT-II-Vertrag ist ein wichtiges Element des strategischen Gleichgewichts, und man sollte sich über seine Rolle ebenso im klaren sein wie darüber, daß man, wie das Sprichwort sagt, den Kuchen nicht gleichzeitig behalten und essen kann.
Ihre Handlungsweise beruht auf der Tatsache, daß die strategischen Programme, die von den Vereinigten Staaten durchgeführt werden, mit den im SALT-II-Vertrag festgelegten Obergrenzen kollidieren und die Wahl zuungunsten dieser Programme ausfiel. Das kann nicht geleugnet oder verborgen werden von dem, um es offen zu sagen, unerhörten Versuch, die Sowjetunion sämtlicher Todsünden zu bezichtigen. [Die Vereinigten Staaten haben] imaginäre sowjetische Verletzungen der SALT-Vereinbarungen [kritisiert], deren Veröffentlichung nicht den geringsten Sinn macht, sofern man von dem Ziel geleitet wird, den Prozeß der Abrüstung zu bewahren und fortzusetzen. Aber warum ein Blatt vor den Mund nehmen? Das Ziel ist ein völlig anderes: die Politik der Sowjetunion

insgesamt in den Schmutz zu ziehen, Mißtrauen ihr gegenüber zu säen und einen künstlichen Vorwand für einen beschleunigten und unkontrollierten Rüstungswettlauf zu schaffen. Das alles ist uns schon vor langer Zeit klargeworden.

M. Gorbatschow

Wir führten beide eine deutliche Sprache. Aber wir sprachen miteinander. Und nachdem er es abgelehnt hatte, nach Washington zu kommen, hatte Gorbatschow jetzt zugesagt, sich im November in Genf mit mir zu treffen.

77

Während eines Besuchs an meinem Krankenbett im Bethesda Naval Hospital am 18. Juli 1985 teilte mir Bud McFarlane nicht nur mit, daß eine Gruppe gemäßiger Iraner einen Dialog mit amerikanischen Regierungsvertretern eröffnen wollte, der möglicherweise zur Freilassung unserer Geiseln in Beirut führen könnte, sondern auch, daß Michail Gorbatschow sich zustimmend zu meinem Vorschlag geäußert hatte, bis zum Gipfeltreffen unseren direkten, privaten Kontakt aufrechtzuerhalten. »Wir haben versucht, so etwas mit seinen Vorgängern zu erreichen, und es nicht geschafft«, notierte ich in meinem Tagebuch. »Ich gab Anweisung, weiterzumachen.«

Unterdessen sahen wir erste Anzeichen für Veränderungen im Kreml – obwohl wir noch nicht wußten, was sie bedeuteten. Zwei Wochen vorher hatte Gorbatschow dafür gesorgt, daß Andrej Gromyko zum Präsidenten (Vorsitzenden des Präsidiums des Obersten Sowjets) der UdSSR gewählt wurde – eine rein repräsentative Position; seine achtundzwanzigjährige Tätigkeit als Außenminister war damit beendet. Sein Nachfolger war Eduard Schewardnadse, ein kommunistischer Parteifunktionär aus der Sowjetrepublik Georgien, von dem wir relativ wenig wußten.

Ende Juli flog George Shultz zu einem Treffen mit Schewardnadse nach Finnland, um das geplante Gipfeltreffen vorzubereiten. Als George mich über eine sichere Leitung aus Helsinki anrief, sagte er mir, seine gefühlsmäßige Reaktion auf den neuen sowjetischen Außenminister sei positiv: Er sei hart, aber weniger feindselig und persönlich angenehmer als Gromyko.

Nachdem das Gipfeltreffen öffentlich angekündigt worden war, wies ich den Stab des Weißen Hauses und das Kabinett an, nichts zu tun, was allzugroße Erfolgserwartungen für Genf hervorrufen könnte. George Shultz meinte, es wäre schon ein Erfolg, wenn die Vereinbarung eines Folgetreffens das einzige Resultat des Treffens wäre. Was mich betraf, so wollte ich Gorbatschow klarmachen, daß ich ernsthaft an der Reduzierung der atomaren Gefahr interessiert war. »Malen wir mit breitem Pinsel«, sagte ich, »und geben wir der Presse keine Einzelheiten unserer Tagesordnung.«

Während dieser Zeit führten Gorbatschow und ich unseren Briefwechsel weiter. Er bestand zum großen Teil aus Wiederholungen, die der jeweils anderen Seite den eigenen Standpunkt vor Augen führen sollten. Hier ein Teil eines Briefes von Gorbatschow aus dem September 1985, der die sowjetische Sicht der Vereinigten Staaten vor dem Treffen von Genf zusammenfaßt:

Dear Mr. President!

Ich möchte gern über einige Gedanken und Erwägungen mit Ihnen sprechen und, insbesondere im Hinblick auf unser bevorstehendes persönliches Treffen, die Korrespondenz zwischen uns fortsetzen. Ich setze voraus, daß wir beide dieses Treffen sehr ernst nehmen und uns intensiv darauf vorbereiten. Die Spannweite der Probleme, über die wir zu diskutieren haben, ist bereits ziemlich klar beschrieben worden. Jedes von ihnen ist bedeutsam.

Natürlich sind die Unterschiede zwischen unseren Ländern nicht gering, und unsere Sichtweise vieler grundlegender Fragen ist unterschiedlich. All das ist wahr, aber gleichzeitig sieht die Realität so aus, daß unsere Nationen nebeneinander existieren müssen, ob es uns nun gefällt oder nicht. Wenn es jemals zu einer militärischen Konfrontation kommen sollte, wäre es eine Katastrophe für unsere Länder und die ganze Welt. Nach dem, was Sie gesagt haben, Mr. President, betrachten Sie einen militärischen Konflikt zwischen der UdSSR und den USA ebenfalls als etwas, das nicht zugelassen werden darf.

Da also, anders gesagt, die Verhinderung eines Atomkriegs und die Beseitigung der Kriegsgefahr unser beiderseitiges und, in diesem Bereich, vordringliches Interesse ist, scheint es mir zwingend, dieses Thema als Haupthebel zu benutzen, um grundsätzliche Veränderungen in der Art der Beziehungen zwischen unseren beiden Ländern zu erreichen, sie konstruktiver und stabiler zu gestalten und auf diese Weise für eine Verbesserung des internationalen Klimas insgesamt zu sorgen. Dieser zentralen Komponente unserer Beziehungen sollten wir uns während der bis zu unserem Treffen im November verbleibenden Zeit, während des Treffens selbst und danach besonders annehmen.

Wir sind überzeugt, daß es beachtliche Chancen auf diesem Gebiet gibt. Mein Treffen mit Ihnen könnte als Katalysator für ihre Verwirklichung dienen. Es hat in der Tat den Anschein, als könnten wir hinsichtlich der Unzulässigkeit eines Atomkriegs, der Tatsache, daß es in einem solchen Krieg keinen Sieger geben kann, ein klares Einvernehmen erzielen. Wir könnten uns daher entschieden gegen jedes Bestreben, militärische Überlegenheit zu gewinnen, und Versuche, die legitimen Sicherheitsinteressen der anderen Seite zu verletzen, aussprechen. Gleichzeitig sind wir überzeugt, daß ein Einvernehmen dieser Art von der deutlich ausgedrückten Absicht beider Seiten organisch ergänzt werden sollte, wesentliche Schritte materieller Natur in Richtung Rüstungsbegrenzung, Beendigung des Wettrüstens auf der Erde und seiner Verhinderung im Weltraum zu unternehmen. Ein solches Einvernehmen wäre ein Ausdruck der Entschlossenheit beider Seiten, auf die Beseitigung der Kriegsgefahr hinzuwirken. Eine Übereinkunft in diesem zentralen Punkt würde es uns erleichtern, gegenseitiges Einvernehmen hinsichtlich der Lösung anderer Probleme zu finden. Welche spezifischen Maßnahmen sollten Priorität erhalten? Natürlich jene, die sich auf die Lösung des Fragenkomplexes der atomaren und Weltraumwaffen beziehen. Eine Übereinkunft über die Nichtmilitarisierung des Weltraums ist der einzige Weg zu einer radikalen Reduzierung der Atomwaffen. Wir treten unerschütterlich dafür ein, diesem Weg zu folgen, und sind entschlossen, beiderseits akzeptable Lösungen zu finden. Ich meine, beide Seiten sollten auf diesem Gebiet energisch handeln und Entscheidungen nicht hinausschieben. Es wäre gut, wenn wir bei unserem Treffen davon ausgehen könnten, daß bereits einige positive Ergebnisse erreicht wurden.

Hinsichtlich einiger der in Ihrem Brief vom 27. Juli dieses Jahres geäußerten Gedanken möchte ich bemerken, daß wir unsere Ansicht

zu den amerikanischen Programmen zur Entwicklung von Weltraumangriffswaffen und einer großen Anzahl von Raketenabwehrsystemen bereits bei verschiedenen Gelegenheiten deutlich ausgesprochen haben. Sie ist nicht auf Gefühlen oder subjektiven Meinungen begründet, sondern vielmehr auf Tatsachen und realistischen Einschätzungen.
Eine Weiterführung dieser Programme wird das Problem der Atomwaffen nicht lösen, sondern nur verschärfen und die negativsten Konsequenzen für den gesamten Prozeß der Begrenzung und Reduzierung der Atomwaffen haben. Andererseits könnte durch parallele oder gemeinsame Anstrengungen unserer Länder, den Rüstungswettlauf zu verlangsamen und zum Stillstand zu bringen, eine Menge erreicht werden, vor allem auf dem wichtigsten Gebiet, dem atomaren. Exakt aus diesem Grunde haben wir auch eine Reihe einseitiger, praktischer Schritte unternommen.
Mr. President, wir wissen beide sehr genau, wie wichtig es für die Schlagkraft der existierenden Atomwaffen und die Entwicklung neuer Typen von Atomwaffen ist, Atomexplosionen durchzuführen. Die Beendigung der Atomwaffentests wäre folglich ein Schritt in die entgegengesetzte Richtung. Das hat uns zu der Entscheidung geführt, sämtliche Atomexplosionen zu stoppen und die USA aufzufordern, es uns nachzutun. Bitte, betrachten Sie diese Frage ohne vorgefaßte Meinungen. Es ist ziemlich offensichtlich, daß beim gegenwärtigen Stand der Atomwaffen, die unsere beiden Länder besitzen, eine beiderseitige Beendigung der Atomwaffentests keinen von uns schmerzen würde.
Wenn also tatsächlich der Wunsch besteht, das Wettrüsten zu beenden, sollte es keine Einwände gegen ein beiderseitiges Moratorium geben. Der Nutzen, den es hätte, wäre enorm. Die Fortführung der Atomwaffentests dagegen wäre – auch wenn sie in Anwesenheit von Beobachtern der anderen Seite durchgeführt würden – nichts anderes als das alte Wettrüsten. Es ist immer noch Zeit für die USA, die richtige Entscheidung zu treffen. Denken Sie nur daran, wieviel es bedeuten würde, und zwar nicht nur für die sowjetisch-amerikanischen Beziehungen, wenngleich ein Moratorium in bezug auf die Atomwaffentests natürlich noch keine radikale Lösung des Problems der Verhinderung eines Atomkriegs darstellte.

Will man das erreichen, wäre es notwendig, den gesamten Komplex der miteinander verbundenen Fragen zu lösen, die Gegenstand der Gespräche unserer Delegationen in Genf sind. Es dürfte klar sein, daß letztlich das Ergebnis dieser Gespräche entscheidend dafür sein wird, ob wir in der Lage sein werden, das Wettrüsten zu beenden und die Atomwaffen überhaupt zu beseitigen. Bedauerlicherweise gibt der Stand der Dinge bei den Genfer Gesprächen Anlaß zu ernsten Sorgen.

Wir sollten noch einmal sehr gründlich und von jeder Seite prüfen, was da getan werden könnte. Ich möchte Ihnen die folgende Formel vorschlagen: Beide Seiten stimmen überein, Weltraumangriffswaffen völlig zu verbieten und eine wahrhaft radikale Reduzierung, sagen wir um 50 Prozent, ihrer vorhandenen Atomwaffen vorzunehmen. Mit anderen Worten, wir schlagen eine praktische Lösung jener Aufgaben vor, auf die wir uns als Ziele der Genfer Verhandlungen geeinigt haben. Dadurch würde nicht nur das Wettrüsten beendet, sondern auch das Ausmaß der atomaren Konfrontation drastisch verringert werden. Das Ergebnis wäre, daß die strategische Stabilität erheblich gestärkt und das gegenseitige Vertrauen bedeutend größer würden. Ein solcher Schritt seitens der UdSSR und der USA wäre, glaube ich, ein Anreiz für andere Mächte, die im Besitz von Atomwaffen sind, sich an der atomaren Abrüstung zu beteiligen, was Sie in einem Ihrer Briefe als wichtigen Punkt hervorgehoben haben. Wir betrachten die Dinge realistisch und sind uns im klaren darüber, daß eine solche Lösung Zeit und Kraft erfordert. Trotzdem sind wir überzeugt, daß dieses Problem gelöst werden kann. Dafür ist es als erstes nötig, daß unsere politischen Absichten in ihren Grundzügen übereinstimmen.

Eine solche Übereinstimmung vorausgesetzt, ist es, zweitens, wichtig, sich auf praktische Maßnahmen zu einigen, die das Erreichen dieser Ziele fördern, einschließlich eines Entwicklungsstops auf dem Gebiet der Weltraumangriffswaffen und des Einfrierens der Atomwaffenarsenale auf ihrem gegenwärtigen quantitativen Stand sowie des Verbots der Entwicklung neuer Arten und Typen von Atomwaffen.

Darüber hinaus würden solche praktischen Maßnahmen die Aufgabe der Alarmbereitschaft und die Verschrottung einer vereinbarten Anzahl strategischer Waffen einschließen ... und die gegenseitige Verpflichtung, die Stationierung von Atomwaffen in Ländern, die derzeit atomwaffenfrei sind, zu unterlassen, die Atomwaffenlager nicht aufzustocken und in Ländern, in denen bereits Atomwaffen stationiert sind, diese nicht durch neue zu ersetzen.

Natürlich verlangt auch die Frage der atomaren Mittelstreckenraketen in Europa nach einer Lösung. Ich möchte noch einmal betonen, daß die Sowjetunion eine radikale Lösung anstrebt. Wie wir in Genf vorgeschlagen haben, will die UdSSR, in Sprengköpfen gezählt, in der Europa-Zone nicht mehr Waffen dieses Typs behalten, als Großbritannien und Frankreich besitzen ...

Wenn wir praktische Maßnahmen der Waffenbegrenzung im Zuge der Abrüstung vorschlagen, [setzen wir voraus,] daß sie von ebenso einvernehmlich beschlossenen Verifikationsmaßnahmen begleitet sein sollten. Diese könnten in einigen Fällen mit nationalen technischen Mitteln durchgeführt werden, in anderen könnten letztere, wenn nötig, in Verbindung mit bilateralen und internationalen Prozeduren eingesetzt werden.

Ich habe nicht versucht, eine erschöpfende Liste der Maßnahmen zur Begrenzung der Waffenarsenale und der militärischen Spannungen aufzustellen. Es sind genausogut auch andere Maßnahmen denkbar. Wir würden Vorschläge der US-Seite zu dieser Frage mit Interesse zur Kenntnis nehmen. Die Hauptsache ist, daß beide Seiten zu konstruktivem Handeln bereit sind, um ein haltbares Fundament zu schaffen, das, wenn möglich, auch Gegenstand des Gipfeltreffens sein könnte.

Mister President, aus naheliegenden Gründen habe ich den zentralen Fragen, die sich unseren Ländern stellen, besondere Aufmerksamkeit gewidmet. Damit soll die Bedeutung der regionalen Probleme und bilateraler Themen natürlich in keiner Weise verniedlicht werden. Ich nehme an, daß diese Fragen von E. A. Schewardnadse und G. Shultz gründlich erörtert werden dürften, um unsere Positionen einander anzunähern oder, besser noch, wo immer es möglich ist, praktische Lösungen zu finden.

Wir hoffen, daß es im Verlauf der Treffen, die unser Außenminister mit Ihnen und Ihrem Außenminister haben wird, sowie durch aktive Arbeit bei den Verhandlungen in Genf, Stockholm und Wien und den Meinungsaustausch über diplomatische Kanäle in der bis zu dem Treffen mit Ihnen verbleibenden Zeit möglich sein wird, ein günstiges Klima für ein wahrhaft produktives Treffen zu schaffen.

Wir meinen, daß die Ergebnisse dieser vorbereitenden Arbeit wie die der Diskussionen mit Ihnen auf dem Treffen selbst in einem gemeinsamen Dokument niedergelegt werden sollten. Falls Sie dem zustimmen, wäre es, denke ich, sinnvoll, unsere Minister zu bitten, festzustellen, wie die Arbeit an solch einem Abschlußdokument am besten organisiert werden kann.

Hochachtungsvoll

M. Gorbatschow

12. September 1985

Nach einer NSPG-Sitzung, einige Tage bevor Schewardnadse diesen Brief nach Washington mitbrachte, machte ich diese Eintragung in mein Tagebuch: »Habe die Entscheidung getroffen, daß wir unser Forschungsprogramm – SDI – *nicht* gegen das Versprechen der Sowjets eintauschen werden, ihre Atomwaffen zu reduzieren.«

Cap Weinberger war der festen Meinung, wir sollten allen sowjetischen Anstrengungen widerstehen, die Forschungen über die Strategische Verteidigungsinitiative zu begrenzen. Unsere Wissenschaftler und Ingenieure, sagte er, machten große Fortschritte und würden jeden Tag optimistischer, daß es möglich sei, eine Lösung für das enorm schwierige Problem zu finden, eine Rakete, die aus ihrem Silo aufgestiegen war, aufs Korn zu nehmen und im Weltraum abzuschießen.

Cap sagte, was ihn besonders aufrege, wäre, daß die Russen über unsere Forschungen zur SDI jammerten, während sie selbst ähnliche Forschungen schon seit mehr als zwanzig Jahren betrieben. Obwohl ich in diesem Punkt vollkommen mit Cap übereinstimmte, mußte ich ihn verschiedentlich bitten, in seinen öffentlichen Äußerungen über die Sowjets mit seiner Kritik ein wenig zurückzuhalten, und als er von mir verlangte, ich solle den Russen gegenüber eine schärfere Tonart anschlagen, als ich in einer Zeit, da wir versuchten, die Beziehungen zu ihnen zu verbessern, für angemessen hielt, ließ ich ihn abblitzen. Ich meinerseits hatte mich, nachdem wir uns über die Abhaltung eines Gipfeltreffens geeinigt hatten, bewußt entschlossen, den Ton meiner Reden etwas zu dämpfen, um Gorbatschow nicht mit Bemerkungen über das »Reich des Bösen« vor den Kopf zu stoßen.

In dieser Phase waren Cap und George Shultz häufig über Kreuz (es war die Zeit, als Bud McFarlane, der ebenfalls erhebliche Reibungspunkte mit Cap hatte, anfing, die beiden einmal in der Woche zum Frühstück zusammenzubringen, damit sie ihre Differenzen beilegten), was das Verhalten den Russen gegenüber betraf, wie diese Tagebucheintragung vom 11. September 1985 belegt: »... sprach mit George Shultz über das Gipfeltreffen. Mir scheint, er und Bud glauben, die ›Verteidigung‹ verhielte sich unkooperativ und wollte keinerlei Vereinbarung mit den Sowjets. Ich kann dem nicht zustimmen. Aber eines weiß ich: Ich werde unsere SDI nicht für irgendein sowjetisches Angebot von Waffenreduzierungen hergeben ... Bekam einen neuen kugelsicheren Regenmantel angemessen und ging nach Hause.«

Nachdem Eduard Schewardnadse in Washington gewesen war, um den Brief von Gorbatschow zu überbringen, traf ich ihn einmal kurz bei den Vereinten Nationen in New York. Hinterher vermerkte ich in meinem Tagebuch: »Er ist ein angenehmer Knabe, auch wenn wir unterschiedlicher Meinung waren. Ich hatte vorgehabt, ihm die Botschaft an Gorbatschow mit auf den Weg zu geben, daß ich wirklich ›Waffenreduzierung‹ meinte; sie haben zum erstenmal von *echten* Verifikationsprozeduren gesprochen. Jetzt muß ich mich entscheiden, wie ich auf Gorbatschows Brief antworten soll.«

Nach einer NSPG-Sitzung, auf der verschiedene Optionen diskutiert wurden, wie wir auf Gorbatschows Vorschlag einer fünfzigprozentigen Verringerung der Atomwaffen reagieren sollten – den gleichen Vorschlag hatte ich 1983 gemacht –, notierte ich mir: »Meine Idee ist es, ihre Propaganda zu unterlaufen, indem wir einen Gegenvorschlag machen, in dem wir einige ihrer Zahlen akzeptieren, wie etwa den 50-Prozent-Schnitt der Waffen und die Gesamtzahl von 6000 Sprengköpfen usw. Das ist so ungefähr das, was wir schon vorgeschlagen hatten.«

Hier einige Auszüge aus meiner Antwort auf Gorbatschows Brief, in der ich am Vorabend des Treffens in Genf unsere Position noch einmal zusammenfassend dargestellt habe:

> Sehr geehrter Herr Generalsekretär!
>
> Wie ich Außenminister Schewardnadse am 24. Oktober in New York gesagt habe, habe ich über Ihren Brief vom 12. September sorgfältig nachgedacht. Sie haben gewichtige Themen aufgeworfen

und in vieler Hinsicht interessante Ideen unterbreitet, und ich wollte sie erst gründlich erwägen, bevor ich auf sie antwortete.
Viele der speziellen Punkte, die Sie in Ihrem Brief angesprochen haben, werden derzeit oder demnächst von unseren Delegationen bei den Genfer Abrüstungsverhandlungen oder von unseren Außenministern diskutiert. In diesem Brief möchte ich mich deshalb auf diejenigen der von Ihnen angeschnittenen Fragen konzentrieren, die ich für die wichtigsten halte.
Sie sprechen in Ihrem Brief davon, daß wir ein Einvernehmen über die Unzulässigkeit eines Atomkrieges und andere allgemeine Prinzipien, die uns leiten sollten, erreichen können, und Außenminister Schewardnadse hat inzwischen eine diesbezügliche Sprachregelung vorgeschlagen. Wie ich wiederholt klargemacht habe, bin ich tatsächlich der Ansicht, daß ein Atomkrieg nicht gewonnen werden kann und niemals geführt werden darf. Ich habe Außenminister Shultz deshalb angewiesen, diese Frage bei seinem nächsten Treffen mit Außenminister Schewardnadse in der kommenden Woche zur Sprache zu bringen.
In bezug auf dieses und andere Elemente, die in einem in Genf herauszugebenden Dokument möglicherweise enthalten sein werden, ist es, glaube ich, wichtig, daß wir uns die Wahl unserer Worte sorgfältigst überlegen. Die Erfahrungen der Vergangenheit lehren, daß eine allzu ungenaue oder rhetorische Sprache zu Erwartungen führt, die angesichts des Konkurrenzaspekts unserer Beziehungen, auf den Sie in Ihrem Brief hinweisen, nicht erfüllt werden können.
Wenn wir anschließende Mißverständnisse und Enttäuschungen vermeiden wollen, müssen unsere Verlautbarungen klar sein und auf konkreten Ergebnissen beruhen. Ich bin überzeugt, daß es eine substantielle Übereinstimmung über die Gebiete gibt, die wir im Zusammenhang mit dem bevorstehenden Treffen in Genf besprochen haben, und ich hoffe, daß diese gemeinsame Basis während des Treffens in Genf ausgebaut werden kann. Außenminister Shultz wird bei seinem Besuch in Moskau Ihre Ideen im einzelnen mit Ihnen diskutieren können. Sie werden, glaube ich, herausfinden, daß wir wirklich bereit sind, unseren Anteil zu leisten, um sicherzustellen, daß unser Treffen produktiv wird.
Ich möchte hier nur auf Ihre Antwort auf unseren letzten Vor-

schlag bei den Abrüstungsgesprächen in Genf eingehen, die sich in Ihrem Brief angekündigt hatte und bald darauf von Ihrer Delegation in Genf auf den Tisch gelegt wurde. Wir haben Ihren Gegenvorschlag während des letzten Monats sorgfältig geprüft, und wie ich in meiner Rede vor den Vereinten Nationen am 24. Oktober gesagt habe, glaube ich, daß er Samenkörner enthält, die wir hegen und pflegen sollten, und daß wir in den kommenden Wochen einen Prozeß des aufrichtigen Aufeinanderzugehens einleiten sollten.
Um einen solchen Prozeß zu fördern, habe ich einen neuen, umfassenden Vorschlag gebilligt, der auf den positiven Elementen Ihres Gegenvorschlags aufbaut und geeignet ist, eine Brücke zwischen den Positionen unserer beider Seiten zu schlagen. Ich habe unsere Unterhändler aufgefordert, die gegenwärtige Gesprächsrunde zu verlängern, um Ihren Experten die Möglichkeit zu geben, sich gründlich mit unserem Schritt zu befassen. Dieser neue Vorschlag betrifft alle drei Bereiche, die bei den Genfer Verhandlungen zur Diskussion stehen. Er schlägt im wesentlichen eine radikale und stabilisierende Reduzierung der strategischen Offensivwaffen und ein separates Abkommen über Mittelstreckenraketen vor und vereint in beiden Fällen amerikanische mit sowjetischen Ideen. Wir schlagen außerdem vor, daß beide Seiten die Zusicherung abgeben, daß sich ihre strategischen Verteidigungsprogramme im Einklang mit dem ABM-Vertrag befinden und befinden werden. Diese Zusicherungen erforderten jedoch die vorherige Beilegung der gegenwärtigen Differenzen bezüglich der Einhaltung dieses Vertrages.

Auf dem Gebiet der strategischen Waffen stimmen die Vereinigten Staaten dem Ziel einer fünfzigprozentigen Reduzierung der strategischen Offensivstreitkräfte zu. Unser Vorschlag baut darauf auf, indem er die Fünfzig-Prozent-Marke so anwendet, daß sie sowohl gerecht als auch stabilitätssteigernd ist. Auf dem Gebiet der Atomstreitkräfte mittlerer Reichweite haben wir ebenfalls nach Elementen gesucht, die uns gemeinsam sind. Während ich weiterhin fest davon überzeugt bin, daß es am besten wäre, die Mittelstreckenraketen auf beiden Seiten vollständig abzuschaffen, haben wir uns mit unserem neuen Vorschlag in Ihre Richtung bewegt. Was das Thema von Verteidigung und Weltraum betrifft, so müssen wir damit beginnen, den Rahmen für eine gemeinsam zu vollziehende Gewichtsverlagerung zugunsten der Verteidigung zu schaffen. Wir würden es begrüßen, wenn ein intensiverer Dialog darüber in Gang käme, wie eine solche Verlagerung in gemeinsamer Anstrengung bewerkstelligt werden kann. Unser Bestreben war es, eine beiderseits akzeptable Lösung der Probleme der atomaren und der Weltraumwaffen zu finden; die Wechselwirkung zwischen Offensiv- und Defensivwaffen einzubeziehen; und jene Punkte, von denen Sie und Ihre Unterhändler erklärt haben, sie wären von großer Wichtigkeit für Sie, zu berücksichtigen. Ich bin überzeugt, dieser neue Vorschlag kann die Grundlage für einen sofortigen greifbaren Fortschritt in den zahlreichen komplexen Fragen bilden, die sich uns auf dem Gebiet der atomaren und der Weltraumwaffen stellen, und ich sehe der Gelegenheit, sie im kommenden Monat in Genf mit Ihnen zu diskutieren, voller Erwartung entgegen.

Wir werden in Genf auch Gelegenheit haben, über die anderen Aspekte unserer Beziehungen zu sprechen. Es ist noch viel zu tun, wenn wir wesentliche Fortschritte in regionalen und bilateralen Fragen bekanntgeben wollen. Ich hoffe, Außenminister Shultz' Besuch in Moskau wird als Stimulans für eine rasche Entwicklung in den kommenden Wochen wirken.

Zum Schluß möchte ich noch einmal wiederholen, daß ich unserem Treffen erwartungsvoll entgegensehe und aufrichtig hoffe, daß wir in den vor uns liegenden Jahren in der Lage sein werden, unsere Länder auf einen weniger von Konfrontation als von Zusammenarbeit geprägten Kurs zu bringen. Ich persönlich werde keine Anstrengung scheuen, um dies zu erreichen.

Hochachtungsvoll Ronald Reagan

31. Oktober 1985

Anfang November traf sich George Shultz in Moskau mit Gorbatschow zu einem vierstündigen Gespräch, in dem sie gemeinsam die Fragen durchgingen, die in Genf zur Sprache kommen würden. Es würde kein Kinderspiel werden, sagte George hinterher. »Offenbar keine großen Fortschritte«, schrieb ich in mein Tagebuch, nachdem ich über eine sichere Leitung mit George telephoniert hatte. »Gorbatschow bleibt unerbittlich dabei, daß wir SDI fallenlassen müssen. Nun, das scheint mir ein typischer Zusammenprall von unaufhaltsamer Kraft und unbeweglichem Gegenstand zu sein.«

Für mich hatte ich bereits eine Entscheidung getroffen: Ich würde anbieten, die SDI-Technologie mit den Sowjets zu teilen. Das, dachte ich, müßte sie davon überzeugen, daß sie niemals eine Bedrohung für sie darstellen würde.

Nach seinem Treffen mit Gorbatschow sagte George, er halte Gorbatschow für einen intelligenten Mann, der sich seiner selbst sicher sei, Sinn für Humor besäße und die ungeteilte Macht in der Sowjetunion innehabe. Aber Gorbatschow stecke offenbar voller antiamerikanischer und antikapitalistischer Propaganda; neben anderen Lügen über uns, glaube er zum Beispiel, daß die Amerikaner die Sowjets haßten, weil unsere Wirtschaft von der Rüstungsindustrie kontrolliert werde und diese die Leute mit antisowjetischer Propaganda überschwemme, um das Wettrüsten in Gang zu halten.

Nun, dachte ich, in Genf würde ich dafür sorgen müssen, daß ich mit ihm allein in einem Zimmer war. Dann würde ich schon einiges geraderücken können.

78

Am Vorabend unseres Abflugs nach Genf hielt ich eine Ansprache an die Nation, in der ich sagte, wir erlebten einen besonderen historischen Augenblick – mit der einmaligen Gelegenheit, das 21. Jahrhundert auf dem Kurs des Friedens anzusteuern, und ich glaubte wirklich daran. Meine Hoffnung und meine Absicht für Genf sei es, mit Michail Gorbatschow in einen Prozeß einzutreten, den unsere Nachfolger und die Völker unserer Länder, wenn wir abgetreten wären, weiterführen könnten. Das amerikanische Ziel in Genf, sagte ich, sei es, nicht nur Krieg zu vermeiden, sondern den Frieden zu stärken; nicht nur eine Konfrontation zu verhindern, sondern damit zu beginnen, die Quellen der Spannungen zuzuschütten, die Konfrontationen hervorriefen; unsere Unterschiede nicht zu übertünchen, sondern sie anzunehmen und realistisch mit ihnen umzugehen; nicht nur die Staatsführer und Diplomaten zum Gespräch zu ermuntern, sondern auch die Völker unserer Länder: »Seit dem Heraufdämmern des Atomzeitalters hat jeder amerikanische Präsident danach gestrebt, den gefährlichen Wettstreit der Atomwaffen zu begrenzen und zu beenden. Ich habe kein höheres Anliegen, als diesen Traum endlich zu verwirklichen.«

Ich wollte mich in Genf jedoch auch an ein altes russisches Sprichwort halten: *Dowerai, no prowerai – Vertraue, aber kontrolliere.*

Wir verließen an Bord der Air Force One am 16. November 1985 kurz nach acht Uhr morgens die Andrews Air Force Base. Unmittelbar vor dem Start erfuhren wir, daß die Sowjets einigen ihrer Bürger, die mit Amerikanern verheiratet waren, erlaubt hatten, zu ihren Ehegatten auszureisen. Eine Frau hatte ihren amerikanischen Ehemann seit elf Jahren nicht gesehen. Ich hatte im Verlauf meiner Annäherungsversuche mittels der stillen Diplomatie darauf hingewiesen, daß wir die Entscheidung, diese getrennten Familien wiederzuvereinigen, für förderlich halten würden, und ich nahm sie als positives Signal vor dem Gipfeltreffen.

In Genf fuhren wir zu unserem zeitweiligen Zuhause, la Maison de Saussure, einer schönen Villa am Genfer See, die uns vom Aga Khan, Prinz Karim, und seiner Frau für die Dauer des Gipfeltreffens überlassen worden war. Der Blick aus unserem Zimmer über den weitläufigen Ziergarten und den See war atemberaubend.

Am nächsten Tag besuchten wir die Villa Fleur d'Eau, ein Zwanzig-Zimmer-Château, in dem die ersten Begegnungen mit Gorbatschow stattfinden sollten. Dann gingen Nancy und ich zu dem Bootshaus am Seeufer hinunter, wohin ich Gorbatschow zu einem Gespräch unter vier Augen einladen wollte. Nancy pflichtete mir bei, daß es der perfekte Platz für die private Begegnung sei, die ich mit ihm haben wollte.

Für gewöhnlich wird bei Gipfeltreffen die eigentliche Arbeit im vorhinein erledigt, von Diplomaten und »Sherpas«, den Spezialisten beider Seiten, die auf der Grundlage der Anweisungen ihrer Vorgesetzten die Kleinarbeit machen und die Abkommen ausarbeiten, die auf dem Treffen unterzeichnet werden sollen. Erst danach treten die Führer auf den Plan und präsidieren bei den Formalitäten.

Beginnend mit Breschnew, hatte ich davon geträumt, einem Sowjetführer Auge in Auge gegenüberzutreten; ich glaubte, daß wir dabei Dinge erreichen könnten, die unsere Diplomaten nicht bewerkstelligen konnten, weil sie nicht die Kompetenz dafür besaßen. Umgekehrt hatte ich mir gesagt, daß die Bürokraten, wenn die Spitzenleute auf einem Gipfeltreffen miteinander verhandelt hatten und dann Arm in Arm herauskamen und verkündeten: »Wir haben dies und jenes vereinbart«, hinterher nicht in der Lage wären, diese Vereinbarungen zu zerpflücken. Bis zu Gorbatschow hatte ich jedoch nie die Gelegenheit bekommen, meine Idee auszuprobieren. Jetzt hatte ich meine Chance.

Nancy und ich schliefen nicht besonders gut, während wir auf den Beginn der Gespräche warteten, aber ich fühlte mich nie müde. Das Blut pulsierte. Ich wollte endlich anfangen. Genaugenommen hatten die Vorbereitungen auf dieses Treffen fünf Jahre vorher begonnen, als wir anfingen, unsere Wirtschaft zu stärken, unser nationales Selbstgefühl zu erneuern und unsere Verteidigung neu aufzubauen. Ich war bereit.

Am Morgen des 19. November wartete ich in der Villa Fleur d'Eau auf Gorbatschow. Als mir gemeldet wurde, daß sein Wagen angekommen sei, eilte ich zum Eingang und ging ihm die Treppe hinunter entgegen. Er trug einen dicken Mantel und einen Hut; ich war ohne Hut und im Anzug. Wieso die Presse soviel davon hermachte, daß er derartig eingepackt war und ich nicht, weiß ich nicht – es war vermutlich nur ein Zeichen für das enorme Interesse, das dem Gipfeltreffen gezollt wurde –, aber aus welchem Grund auch immer, die Reporter am Rande des Rings waren jedenfalls der Meinung, ich hätte die erste Runde gewonnen, weil ich ungezwungener aufgetreten war als Gorbatschow. (Was nicht in meiner Absicht gelegen hatte; das nächste Mal, als wir im Freien waren, trug ich einen Mantel – ich wollte nicht darauf herumreiten.)

Als wir uns zum erstenmal die Hand gaben, mußte ich – wie Margaret Thatcher und der kanadische Premierminister Brian Mulroney es mir prophezeit hatten – zugeben, daß etwas Sympathisches von Gorbatschow ausging. Sein Gesicht und sein Benehmen strahlten Wärme aus, nicht die an Haß grenzende Kälte, die mir von den meisten der höheren Sowjetvertreter, die ich bis dahin getroffen hatte, entgegengeschlagen war.

Unsere erste Begegnung sollte laut Plan ein fünfzehnminütiges Vieraugengespräch zum gegenseitigen Kennenlernen sein. Es dauerte fast eine Stunde, und wir schafften es, das Eis zu brechen, bevor wir uns zur Plenarsitzung begaben, auf der wir beide von unserem Expertenteam umgeben waren. Ich ließ Gorbatschow den Vortritt, und er sprach lang und breit darüber, daß die Amerikaner keinen Grund hätten, der Sowjetunion zu mißtrauen, und daß wir ohne Vorbehalte in unsere Gespräche gehen sollten. Wie schon George Shultz gegenüber erklärte er, die amerikanische Rüstungsindustrie sei auf amerikanischer Seite das Haupthindernis auf dem Weg zum Frieden: Sie sei unsere herrschende Klasse, unterstellte er, und hetze unser Volk gegen die Sowjetunion auf, nur weil sie mehr Waffen verkaufen wolle. Dann wandte er sich den amerikanischen Denkfabriken zu, die, so sagte er, das gleiche anstrebten, und beklagte sich darüber, daß die Vereinigten Staaten überall auf der Welt Gebiete besonderer Interessen für sich beanspruchten, während sie die Sowjetunion attackierten, wenn sie das gleiche täte.

Schließlich war ich an der Reihe, und ich unternahm mit Gorbatschow einen Rundgang durch die lange Geschichte der sowjetischen Aggressionen, indem ich die expansionistische Politik der Sowjetunion von 1917 an mit Kapitel und Vers belegte. Ich wollte erklären, warum die freie Welt allen Grund hatte, gegenüber dem Sowjet-Block auf der Hut zu sein.

Bevor wir zum Mittagesen aufbrachen, forderte ich Gorbatschow auf, mich in seiner Gegenrede zu widerlegen, und er versuchte es, indem er wiederholte, daß wir keinen Grund hätten, den Sowjets mit Argwohn zu begegnen – sie wären gute, friedliebende Bürger. Als ich wieder an der Reihe war, führte ich weitere Gründe für unsere Skepsis den Sowjets gegenüber an, wie zum Beispiel den Bruch des Versprechens, das Stalin in Jalta gegeben hatte, nach dem Zweiten Weltkrieg in den Staaten Osteuropas freie Wahlen abzuhalten.

Nachdem ich meine Erwiderung beendet hatte, kamen unsere Abrüstungsexperten zum Zuge, und es war während dieser Pause, daß ich Gorbatschow vorschlug, daß wir beide zum Bootshaus hinuntergehen sollten, um ein wenig frische Luft zu schnappen und uns zu unterhalten. Er sprang, kaum daß ich zu Ende gesprochen hatte, von seinem Stuhl auf.

Als wir das Häuschen betraten, knisterte ein Feuer im Kamin, und wir setzten uns einander gegenüber in die Sessel davor. Ich hatte erwogen, ihm vorzuschlagen, uns mit dem Vornamen anzureden, wie es unsere Seite bei Wirtschaftsgesprächen zu tun pflegte, aber unsere Experten hatten mir gesagt, daß er bei unserem ersten Treffen eine solche informelle Geste kaum begrüßen würde, und so sprach ich ihn als »Herr Generalsekretär« an.

Ich begann unser Kamingespräch, indem ich sagte, wir beide befänden uns in einer einzigartigen Situation. Beide in gottverlassenen Nestern irgendwo in der riesigen Weite unserer Länder geboren und aus bescheidenen Verhältnissen stammend, wären wir jetzt die Führer unserer Länder und wahrscheinlich die einzigen auf der Welt, die den dritten Weltkrieg entfachen könnten. Gleichzeitig aber wären wir wahrscheinlich auch die einzigen auf der Welt, die in der Lage seien, der Welt den Frieden zu bringen.

Ich sagte, daß wir es meiner Meinung nach der Welt schuldeten, die Gelegenheit, die sich uns biete, zu ergreifen und die Art von menschlichem Vertrauen zueinander aufzubauen, die zu wahrem Frieden führe.

Ich beobachtete, während ich sprach, wie Gorbatschow die Übersetzung meiner Worte aufnahm, und er schien zustimmend zu nicken.

Im Fortgang unserer Unterhaltung vor dem knisternden Kaminfeuer bestätigte Gorbatschow meine Vermutung, daß die Sowjet-Führer eine tiefsitzende Angst vor den Vereinigten Staaten und ihrem Atomwaffenarsenal verspürten. Ich versuchte dieses Gefühl zu zerstreuen. Nach dem Zweiten Weltkrieg, sagte ich, hätten wir das Monopol an Atomwaffen besessen, aber wir hätten es nicht für Aggressionen oder zur Verstärkung unseres Einflusses benutzt, weil Amerika eben kein expansionistisches Land sei. Wir hätten keinerlei Ansprüche gegen andere Völker oder Staaten; unsere atomare Streitmacht hätten wir nur aufgebaut, um einen sowjetischen Angriff abzuschrecken.

Dann begannen wir über die Strategische Verteidigungsinitiative zu debattieren; er zeigte sich unnachgiebig, und ich ebenfalls. Ich sagte ihm, daß es ein Forschungsprojekt zur Entwicklung nichtatomarer Verteidigungsmittel sei, das nach dem ABM-Vertrag erlaubt wäre, und daß es, wenn es tatsächlich zu einem funktionierenden Verteidigungssystem gegen Raketen führen sollte, die Welt verändern würde. Aber es würde noch Jahre dauern, bevor wir wüßten, ob es praktikabel sein würde oder nicht, doch *falls* es das sein sollte, würden sich die Vereinigten Staaten mit anderen Ländern zusammensetzen, um zu diskutieren, wie es eingesetzt werden sollte; sie würden ihre Laboratorien für die Sowjetunion öffnen und allen Staaten die Früchte ihrer Forschungen anbieten, damit die ganze Welt in den Genuß der Sicherheit vor einem atomaren Holocaust käme.

Die Wahl, die wir treffen müßten, fuhr ich fort, bestände darin, entweder Abrüstungsvereinbarungen zu erreichen oder das Wettrüsten fortzusetzen, »und ich meine, Sie sollten wissen, daß Sie im Falle des weiteren Wettrüstens nicht gewinnen können, weil wir Ihnen nicht erlauben werden, Ihre Überlegenheit uns gegenüber zu behalten«.

Nach mehr als einer Stunde hielten Gorbatschow und ich es für an der Zeit, zu den anderen zurückzukehren. Also gingen wir den Weg zum Hauptgebäude hinauf, doch ich hielt Gorbatschow auf halbem Wege, mitten auf dem Parkplatz, an und lud ihn, weil ich spürte, daß der richtige Zeitpunkt dafür gekommen war, zu einem Folgetreffen in Washington ein.

Er nahm die Einladung nicht nur an, sondern lud mich seinerseits zu einem dritten Gipfeltreffen nach Moskau ein. Keiner von uns erwähnte es den anderen gegenüber, doch als ich nach der Sitzung den Mitgliedern unserer Delegation mitteilte, daß Gorbatschow und ich zwei weitere Gipfeltreffen vereinbart hätten, hat es sie vor Überraschung fast von den Füßen geholt.

An unserem zweiten Tag in Genf war Gorbatschow Gastgeber des formellen Treffens in der sowjetischen Botschaft, wo er mich in ein kleines Zimmer führte, um das private Gespräch vom letzten Tag fortzusetzen – unter uns, nur in Anwesenheit unserer Dolmetscher.

Viele Jahre zuvor, als ich mit den Chefs der großen Hollywood-Studios verhandeln mußte, hatte ich die eine oder andere Lektion über Verhandlungstechnik gelernt: daß es unwahrscheinlich ist, *alles* zu bekommen, was man will, und daß man mehr von dem, was man will, bekommt, wenn man keine Ultimaten stellt und seinem Gegenüber Handlungsspielraum läßt; daß man sein Gegenüber nicht in die Ecke drängen, verlegen machen oder kränken sollte; und daß es für die Leute an der Spitze manchmal am einfachsten ist, etwas in Gang zu bringen, wenn sie es allein und privat erledigen.

Ich beschloß, Gorbatschow bei unserer nächsten Zusammenkunft eine Liste von Menschen zu geben, von denen wir wußten, daß sie die Sowjetunion auf der Suche nach Freiheit verlassen wollten, bisher aber daran gehindert worden waren. Einer von ihnen war ein Pianist, Wladimir Feltsman, den mein Sohn Ron in Rußland kennengelernt hatte. Ron war sehr beeindruckt gewesen von seinem Talent und seiner unglücklichen Situation. Felzman, der Jude war, hatte öffentlich erklärt, daß er nach Israel auswandern wolle, und sofort danach hatte ihm ein Moskauer Radiosprecher, den er kannte, gesagt, daß er die Anweisung erhalten habe, seine Schallplatten nicht mehr zu spielen; seine Platten wurden aus den Geschäften entfernt, und er durfte nicht mehr mit den großen Moskauer Orchestern auftreten, sondern, wenn er überhaupt noch Arbeit bekam, nur noch weitab in der Provinz. Ich erwähnte Gorbatschow gegenüber Felzmans Fall und andere, von denen ich gehört hatte, und sagte, ich würde größere Chancen haben, Unterstützung für die Dinge zu finden, über die wir uns in Zukunft einigen mochten, wie etwa einen verstärkten Handel, wenn sein Land einige der Restriktionen für ethnische und andere Minderheiten lockern würde.

Gorbatschow ist ein intelligenter Mann und ein guter Zuhörer. Er ging auf meine Bemerkungen jedoch nicht ein, sondern erwiderte mit einer Kritik der Vereinigten Staaten, die darauf hinauslief, daß ich keinen Anlaß hätte, über die Menschenrechte in der Sowjetunion zu sprechen, da die Amerikaner unter viel schlimmeren Bedingungen lebten als die Sowjetbürger. Er zitierte einige der extremsten Feministinnen, die behauptet hatten, die amerikanischen Frauen würden unterdrückt, und meinte, daß wir die Schwarzen wie Sklaven behandelten.

Das »fundamentalste Menschenrecht«, sagte er, »ist das allgemeine Recht auf Arbeit«. In der Sowjetunion habe jeder eine Arbeit, was man von den Vereinigten Staaten nicht behaupten könne. (Er verschwieg, daß sich die Sowjetbürger ihre Arbeit nicht aussuchen konnten und tun mußten, was die Regierung ihnen sagte; wurde ihnen ein Besen in die Hand gedrückt, mußten sie anfangen zu fegen.)

Es war offensichtlich, daß Gorbatschow der Propaganda gegen uns glaubte, die er wahrscheinlich sein ganzes Leben lang zu hören bekommen hatte. In manchen Dingen, die er sagte, steckte ein Körnchen Wahrheit, aber der größte Teil der »Tatsachen« über die Vereinigten Staaten, mit denen er sich bewaffnet hatte und die er so selbstsicher vorbrachte – etwa über die Behandlung der Schwarzen im Süden –, war veraltet. Er wußte zum Beispiel nichts über die gewaltigen Fortschritte, die wir in den Rassenbeziehungen gemacht hatten. »Die Dinge haben sich verändert«, sagte ich und erzählte ihm, was ich als Gouverneur in Kalifornien getan hatte, wo ich mehr Schwarze in politische und Verwaltungspositionen geholt hatte als sämtliche vorherigen Gouverneure zusammengenommen. Ich erwähnte die dynamische Energie des Kapitalismus und sagte, daß er jedem Amerikaner die Gelegenheit biete, zu arbeiten, sich zu beweisen und weiterzukommen. Wann immer ich dabei auf die ökonomischen Probleme hinwies, die im Gegensatz dazu in seinem Land grassierten, strich Gorbatschow zwar heraus, daß er an das kommunistische System glaubte, deutete aber an, daß bei seiner Verwirklichung Fehler gemacht worden waren, die er zu korrigieren versuchte. Er war sowohl ein redegewandter Streiter für seine Sache als auch ein guter Zuhörer, und unser Gespräch wurde trotz aller Meinungsunterschiede nie feindselig – er vertrat seine Sicht der Dinge und ich meine.

Später an jenem Tag kam es auf einer Plenarsitzung mit unseren beiden Delegationen erneut zu einer Auseinandersetzung über die Strategische Verteidigungsinitiative. Gorbatschow unterstellte mir sinngemäß, daß ich log, wenn ich das Angebot machte, unsere SDI-Forschungen mit den Sowjets zu teilen und die Laboratorien zu öffnen, damit sie sehen konnten, daß die SDI keine Offensivabsichten verfolgte. Kein Land würde so etwas tun, sagte er, offenbar sein Land zum Maßstab nehmend. Er war anscheinend überzeugt, daß ich den Sowjets beim Rüstungswettlauf ein Bein stellen und die SDI als Deckmantel benutzen wollte, um die offensive Erstschlagsfähigkeit gegen die Sowjetunion zu erlangen. Wiederum war ich nicht weniger unerbittlich als er, und keiner von uns ließ von seinen Positionen ab.

Als ich die sowjetische Invasion Afghanistans zur Sprache brachte, erwiderte Gorbatschow, daß er persönlich vorher nichts gewußt und erst aus dem Radio davon erfahren habe, was offenbar andeuten sollte, daß er für diesen Krieg nicht verantwortlich sei und auch wenig Begeisterung für ihn verspüre.

Ich entgegnete, daß die sowjetische Aggression gegen Afghanistan, ganz gleich, welche Ursachen sie gehabt habe, in den Augen des amerikanischen Volkes ein Beispiel dafür sei, wie ein Riese einem Zwerg seinen Willen aufzuzwingen versuche.

Am Abend waren wir an der Reihe, das Bankett zu geben, und ich bemerkte wiederum, wie am Abend zuvor, als die Sowjets uns eingeladen hatten, daß Gorbatschow bei gesellschaftlichen Anlässen herzlich sein und aus sich herausgehen konnte, obwohl wir wenige Stunden vorher noch einen scharfen Meinungsstreit gehabt hatten; er schien ein wenig von Tip O'Neill in sich zu haben. Er konnte Witze über sich und sogar über sein Land erzählen. Ich fing an, ihn zu mögen.

Während unserer Abschlußsitzung früher am Tag hatten Gorbatschow und ich über die Formulierung der Abschlußerklärung gesprochen, in der wir unser beiderseitiges Bemühen, eine fünfzigprozentige Verringerung der Atomwaffenarsenale zu erreichen, sowie verschiedene neue kulturelle und diplomatische Kontakte bekanntmachen wollten. Danach hoben wir, wie ich in mein Tagebuch schrieb, »die Sitzung auf, und unsere Delegationen machten sich daran, die Erklärung abzufassen. Er und ich gingen mit den Dolmetschern in ein kleines Zimmer und waren bald dabei, uns gegenseitig Geschichten zu erzählen.« Er fragte mich über Hollywood aus, und wir entdeckten, daß wir ähnliche Erfahrungen im Umgang mit unseren jeweiligen Bürokratien gemacht hatten. Nachdem wir uns fast eine Stunde unterhalten hatten, kamen die beiden Expertengruppen zu uns, um uns eine Reihe von Ergebnissen vorzulegen, auf die man sich bereits geeinigt hatte, und anderes, woran sie noch arbeiteten. Danach verabschiedeten wir uns, um uns für den Empfang beim Schweizer Bundespräsidenten fertig zu machen.

Nach dem Empfang gaben Nancy und ich in der Villa, die wir in Genf bewohnten, das schon erwähnte Dinner für die Gorbatschows. Als wir uns gerade zum Kaffee ins Wohnzimmer gesetzt hatten, kamen die Verhandlungsführer beider Seiten, die in einem anderen Gebäude an der Abschlußerklärung gearbeitet hatten, herein und erklärten, sie steckten in einer Sackgasse. Die Sowjets wollten etwas geändert haben, worauf man sich bereits geeinigt hatte. George Shultz war ziemlich erbost über diesen Meinungswandel in letzter Minute. Er wies auf den für das Problem verantwortlichen sowjetischen Unterhändler und sagte, indem er Gorbatschow direkt ansprach: »Herr Generalsekretär, dieser Mann will sich nicht an das halten, was Sie und Präsident Reagan früher am Tag vereinbart haben. Er wird schuld daran sein, wenn wir kein Einvernehmen erreichen.« Gorbatschow wandte sich, ohne lange zu überlegen, an seinen Mann und sagte: »Halten Sie sich an das, was wir abgesprochen haben.« Das bewies erneut, daß er ein Mann war, der sich seiner selbst und seiner Macht sicher war.

Als Nancy und ich nach dem Dinner in unser Schlafzimmer gingen, fiel mein Blick auf ein Aquarium. »O Gott!« entfuhr es mir.

Die Kinder, die normalerweise hier wohnten, hatten mich gebeten, ihre Goldfische zu füttern. Ich hatte es getan, aber einer der Fische war tot. Vielleicht hatte ich den Fischen zuviel Futter gegeben, oder ich hatte ihnen zuwenig gegeben. Was auch der Grund gewesen sein mochte, einer der Fische war unter meiner Aufsicht gestorben, und ich fühlte mich verantwortlich dafür. Ich bat unser Personal, den Fisch in eine Schachtel zu tun, in eine Tierhandlung zu gehen und zu sehen, ob es dort einen gab, der ihm genau gleich war. Glücklicherweise fanden sich zwei genau gleiche, und ich setzte sie in das Aquarium und schrieb den Kindern einen Brief, in dem ich ihnen erzählte, was passiert war.

Am nächsten Tag gaben Gorbatschow und ich unsere Abschlußerklärung heraus. Danach kehrten Nancy und ich via Brüssel, wo ich die NATO-Minister über das Gipfeltreffen informierte, nach Washington zurück.

Ich hatte während des Heimflugs ein gutes Gefühl: Gorbatschow war zwar unerbittlich und überzeugt, daß der Kommunismus dem Kapitalismus überlegen war, aber ich hatte nach fünf Jahren endlich einen Sowjet-Führer gefunden, mit dem ich reden konnte. Etwas anderes, woran ich mich erst später erinnerte, kam mir damals noch nicht in den Sinn: Gorbatschow hatte in Genf weder bei unseren privaten Gesprächen noch bei den Plenarsitzungen das alte marxistisch-leninistische Ziel eines kommunistischen Weltstaates bekräftigt, und ebensowenig die Breschnew-Doktrin des sowjetischen Expansionismus. Er war der erste Sowjet-Führer, den ich kannte, der das nicht getan hatte.

Sobald wir zu Hause angekommen waren, sprach ich, nach fast vierundzwanzig Stunden ohne Schlaf, vor einer gemeinsamen Sitzung von Senat und Repräsentantenhaus. Ich berichtete, daß wir einen Anfang in der Verbesserung der Beziehungen zu den Sowjets gemacht hätten, und erklärte, daß mir die Erfahrung von Genf Hoffnung für die Zukunft mache. »Ich kann nicht behaupten, daß wir in so fundamentalen Dingen wie der Ideologie oder der nationalen Absichten eines Geistes gewesen wären«, sagte ich, »aber wir verstehen uns jetzt besser, und das ist der Schlüssel zum Frieden ... Wir haben noch einen langen Weg vor uns, aber wir bewegen uns in die richtige Richtung.«

Ich glaube, der begeisterte Applaus und das Füßestampfen im Sitzungssaal des Repräsentantenhauses an diesem Abend, als ich meinen Bericht über das Genfer Treffen abgab, sprachen für alle Völker der

Welt, die die Hoffnung auf einen dauerhaften Frieden im Atomzeitalter teilten. Hinterher notierte ich mir: »Habe keine solche Zustimmung mehr erlebt, seit ich angeschossen wurde.«

Wir hatten einen Anfang gemacht, aber die Euphorie war, wie wir erfahren sollten, verfrüht.

79

Drei Tage nach unserer Rückkehr aus Genf teilte mir George Shultz erneut mit, daß er zurücktreten wolle; die Intensität seines Amtes habe ihn schlicht ausgebrannt. Ich vermute, er war der Differenzen mit Cap Weinberger müde geworden. Wie schon zuvor sagte ich ihm, daß ich ihn gern so lange im Amt sehen würde, wie ich im Weißen Haus bliebe, aber ich würde ihn nicht hindern, wenn er tatsächlich gehen wolle, und wieder erwies er sich als Patriot: Anstatt gerade zu dem Zeitpunkt abzutreten, an dem wir uns anschickten, den Impuls von Genf zu verstärken, blieb er auf seinem Posten und bewies während der folgenden drei Jahre wieder und wieder, daß er einer der besten und bemerkenswertesten Außenminister in der Geschichte unseres Landes war.

Eine Woche, nachdem wir aus Genf zurückgekehrt waren, schickte ich Gorbatschow einen handgeschriebenen Brief, mit dem ich den vor dem Kamin des Bootshauses in Genf begonnenen Prozeß fortsetzen und seine Einwände gegen die Strategische Verteidigungsinitiative überwinden wollte:

Lieber Herr Generalsekretär!

Jetzt, da wir beide wieder zu Hause sind und uns vor die Aufgabe gestellt sehen, unsere Länder in ein besseres Verhältnis zueinander zu führen, möchte ich keine Zeit verschwenden und Ihnen einige meiner ersten Gedanken zu unserem Treffen mitteilen. Ich werde Ihnen zwar in Kürze in formellerer Weise eine detailliertere offizielle Stellungnahme zu unseren Diskussionen zukommen lassen, möchte aber über bestimmte Dinge auf privatem, persönlichem Wege mit Ihnen sprechen.

Zuerst möchte ich Ihnen sagen, daß ich unser Treffen als sehr wertvoll empfunden habe. Wir waren übereingekommen, offen zu sprechen, und wir haben es getan. Infolgedessen habe ich aus dem Treffen ein besseres Verständnis für Ihre Haltung mitgenommen, und ich hoffe, auch Sie können jetzt meine ein wenig besser verstehen. Es liegt zutage, daß wir in vielen Punkten nicht übereinstimmen, und zwar sehr grundsätzlich. Aber wenn ich Sie richtig verstanden habe, sind Sie ebenfalls entschlossen, Schritte zu unternehmen, um sicherzustellen, daß unsere Staaten ihre Beziehungen zueinander auf friedliche Weise regeln. Wenn das der Fall ist, dann ist das ein Punkt, in dem wir völlig einer Meinung sind – und es ist doch wohl der fundamentalste von allen.

Was unsere grundsätzlichen Differenzen betrifft, lassen Sie mich ein, zwei Gedanken äußern. Hinsichtlich der strategischen Verteidigung und ihrer Beziehung zur Reduzierung der offensiven Atomwaffen hat mich Ihre Überzeugung verwundert, daß das amerikanische Programm irgendwie das Ziel verfolge, einen strategischen Vorteil oder sogar eine Erstschlagsfähigkeit zu erlangen. Ich habe ebenfalls Ihre Sorge bemerkt, daß die Forschung und Erprobung auf diesem Gebiet eine Tarnung für die Entwicklung neuer Offensivwaffen und ihre Stationierung im Weltraum sein könnte.

Wie ich Ihnen gesagt habe, ist keine dieser Sorgen begründet. Aber ich kann verstehen, was Sie so eloquent erklärt haben: daß es Dinge gibt, die nicht einfach im guten Glauben hingenommen werden können. Wir müssen beide mit dem rechnen, was die andere Seite tut, und dessen Folgen für die Sicherheit unseres Landes abschätzen. Ich verlange durchaus nicht von Ihnen, meine Versicherungen guten Glaubens hinzunehmen.

Dennoch, die Wahrheit ist, daß die Vereinigten Staaten nicht die Absicht haben, ihr strategisches Verteidigungsprogramm zu benutzen, um irgendwelche Vorteile zu erlangen, und es sind keinerlei Entwicklungsarbeiten für weltraumgestützte Waffen im Gange.

Unser Ziel ist es, jede Möglichkeit eines Erstschlags auszuschließen, von welcher Seite auch immer, und da dies so ist, sollten wir in der Lage sein, praktische Mittel zu finden, um die Besorgnisse, die sie geäußert haben, auszuräumen.

Zum Beispiel könnten unsere Unterhändler, wenn sie im Januar ihre Arbeit wiederaufnehmen, rückhaltlos und genau spezifiziert klären, welche Arten zukünftiger Entwicklungsarbeiten unsere beiden Seiten als Bedrohung empfinden würden. Keiner von uns, scheint mir, will Offensivwaffen, insbesondere Massenvernichtungswaffen, im Weltraum stationiert sehen. Sollten wir dann nicht zu definieren versuchen, welche Art von Systemen dieses Potential besitzen, und anschließend nach verifizierbaren Wegen suchen, um ihre Entwicklung zu verhindern?

Und könnten unsere Unterhändler nicht offener und ehrlicher über die Frage sprechen, wie eine Erstschlagsfähigkeit auf beiden Seiten ausgeschlossen werden kann? Ihre Streitkräfte haben zur Zeit einen Vorteil auf diesem Gebiet – einen Drei-zu-eins-Vorteil an Sprengköpfen, die befestigte Ziele ohne lange Vorwarnzeit zerstören können. Das ist für uns selbstverständlich beunruhigend und erklärt weitgehend die Anstrengung, die wir mit unserem Modernisierungsprogramm unternehmen. Sie mögen glauben, die USA hätten gewisse Vorteile auf anderen Gebieten. Wenn es so ist, weisen wir doch unsere Unterhändler an, sich diesen Gebieten zuzuwenden und einen Weg zu finden, die Sicherheit unserer beider Länder zu vergrößern, indem wir uns auf eine angemessene gleichgewichtige Reduzierung einigen. Wenn Sie genauso aufrichtig wie ich keine einseitigen Vorteile erreichen oder erhalten wollen, werden wir für diese Probleme eine Lösung finden.

Was ein anderes Schlüsselproblem betrifft, das wir diskutiert haben, kann ich Ihnen versichern, daß die Vereinigten Staaten nicht glauben, daß die Sowjetunion der Grund allen Übels auf der Welt ist. Wir glauben allerdings, daß Ihr Land örtliche Spannungen und Konflikte ausgenutzt und verschlimmert hat, indem es sie militarisierte und darüber hinaus direkt und indirekt in aus örtlichen Ursachen erwachsene Kämpfe eingegriffen hat. Wir werden beide zweifellos fortfahren, unsere Freunde zu unterstützen, aber wir müssen Wege finden, dies ohne den Einsatz militärischer Mittel zu tun. Das ist der Kern dessen, was ich in dieser Hinsicht geäußert habe.

Einer der bedeutsamsten Schritte, um die Spannungen in der Welt – und in den amerikanisch-sowjetischen Beziehungen – zu vermindern, wäre die Entscheidung auf Ihrer Seite, Ihre Truppen aus Afghanistan abzuziehen. Ich habe mir aufmerksam angehört, was Sie in Genf dazu gesagt haben, und bin ermutigt durch Ihre Bemerkung, daß Sie eine politische Lösung für möglich halten. Ich möchte, daß Sie wissen, daß ich in vernünftigem Rahmen bereit bin, mit Ihnen zusammenzuarbeiten, um solch einen Rückzug zu fördern, und daß ich verstehe, daß er in einer Weise geschehen muß, die die Sicherheit der Sowjetunion unbeschädigt läßt. Während unserer Gespräche habe ich eine Idee unterbreitet, von der ich glaube, daß sie hilfreich sein könnte, und ich würde jeden weiteren Vorschlag Ihrerseits begrüßen.

Das sind nur zwei der Hauptpunkte unserer gegenwärtigen Tagesordnung. Ich werde Ihnen bald einige Gedanken zu anderen zukommen lassen. Ich glaube, daß wir rasch handeln sollten, um den Impuls von Genf zu verstärken.

In Genf fand ich unsere privaten Gespräche besonders wertvoll. Wir haben beide Berater und Helfer, aber letztlich steht es in unserer Verantwortung, den Frieden zu bewahren und die Zusammenarbeit zwischen uns zu verstärken. Unsere Völker wollen Führung von uns, und wenn wir sie nicht bieten, wird niemand es tun. Aber wir werden als Führer nicht sehr erfolgreich sein, wenn wir uns nicht über die spezifischen, jedoch sekundären Gegenstände, die unsere Bürokratien beschäftigen, erheben und unseren Regierungen einen kräftigen Stoß in die richtige Richtung geben.

Was ich also zum Schluß sagen möchte, ist, daß wir die Zeit bis zu unserem nächsten Treffen am besten darauf verwenden sollten, bedeutsame konkrete Schritte zu finden, die unserem Willen, zu Frieden und Abrüstung zu kommen, Nachdruck verleihen können. Warum sollten wir uns nicht – privat, unter uns beiden – das Ziel setzen, bis zu unserem Treffen in Washington einen praktischen Weg zur Lösung bestimmter kritischer Fragen – der beiden, die ich erwähnt habe – zu finden?

Bitte richten Sie Frau Gorbatschow Grüße von Nancy und mir aus. Es war uns ein aufrichtiges Vergnügen, Sie in Genf kennengelernt zu haben, und wir freuen uns schon darauf, Ihnen im nächsten Jahr etwas von unserem Land zeigen zu können.

Hochachtungsvoll

Ronald Reagan

28. November 1985

Etwa eine Woche später schickte ich einen zweiten Brief nach Moskau, den Handelsminister Mac Baldridge, der zu Handelsgesprächen in die Sowjetunion reiste, Gorbatschow überbrachte. Diesmal schnitt ich andere Fragen an, von denen ich meinte, sie müßten geklärt werden, bevor wir normale Beziehungen erreichen konnten. Sie betrafen, wie ich schrieb,

> das weite Feld der Auswanderung, ob nun von Angehörigen solcher Gruppen wie der Juden, Armenier und anderer oder von einigen international bekannten Persönlichkeiten. In beiden Kategorien handelt es sich um recht aufwühlende Fälle: Der junge Pianist, den ich Ihnen gegenüber erwähnte, fällt unter die Kategorie jener, deren Ausreisebegehren abgelehnt wurde. Die politische Bedeutung solcher bekannter Fälle wie der Sacharows, Scharanskij und Jurij Orlow kann gar nicht überschätzt werden. Ihre Lösung wird es erlauben, die anderen Fragen in unseren Beziehungen stärker in den Vordergrund zu stellen ... die Fragen, die ich in diesem Brief dargelegt habe, sind sehr ernst. Fortschritte auf diesem Gebiet wären ein enormer Anstoß für die Lösung anderer anstehender Probleme. Ausbleibende Fortschritte würden uns nur aufhalten.

Ich warf auch das Thema Afghanistan auf und sprach die sowjetische Unterstützung Gaddafis an.

> Es fällt schwer, das sowjetische Interesse an Zurückhaltung in dieser Region mit der Bereitstellung fortgeschrittener Waffen für einen Führer in Einklang zu bringen, dessen rücksichtsloses Verhalten eine Hauptgefahr für die regionale Stabilität darstellt. Da wir die dortige Entwicklung mit äußerster Sorge verfolgen, war ich enttäuscht zu sehen, daß die sowjetische Reaktion auf unsere Vorhaltungen die Lieferung von [kürzlich verschifften hochmodernen] Waffen nach Libyen offenbar nicht beeinträchtigte. Unsere Minister und Experten sollten sich mit diesem wichtigen Thema befassen, da es gefährliche Zwischenfälle zur Folge haben kann, die Sie, wie ich hoffe, genauso zu vermeiden wünschen wie ich. Falls Sie zustimmen, sollten Angola und Libyen von unseren Außenministern Shultz und Schewardnadse als zusätzliche Themen in ihre nächsten Gespräche aufgenommen werden.

In seiner am Heiligabend geschriebenen Antwort auf meinen Brief vom 28. November sagte Gorbatschow, daß er meinen persönlichen Ton zu schätzen wisse und erfreut darüber sei, daß wir es in Genf geschafft hätten, eine ernste psychologische Barriere zu überwinden, die über lange Zeit einen den Führern der UdSSR und der USA würdigen Dialog verhindert hat.

> Ich habe jetzt auch das Gefühl, daß wir unsere Differenzen hintanstellen und zum Kern der Sache vordringen können – wir können eine spezifizierte Tagesordnung für die Diskussionen der kommenden Jahre darüber aufstellen, wie wir die sowjetisch-amerikanischen Beziehungen stärken können... Ich stimme Ihnen zu, Mr. President: In letzter Hinsicht kann niemand außer uns das tun.

Dann wandte er sich der Erklärung der Opposition seines Landes gegen »Raumkriegswaffen« zu – die Strategische Verteidigungsinitiative –, die in meinen Augen weitgehend an der Sache vorbeiging. Er sagte, der sowjetische Widerstand basiere auf der Überzeugung, daß solche Waffen sowohl zur Verteidigung als auch für einen Angriff eingesetzt werden könnten. »Sie sagen, Mister President, daß die USA nicht die Absicht habe, das SDI-Programm zur Erlangung militärischer Überlegenheit zu benutzen«, schrieb er.

> Ich bin sicher, daß Sie persönlich solche Absichten nicht haben. Aber wir stimmen doch wohl darin überein, daß es die Pflicht der Führer beider Seiten ist, die Handlungen der anderen Seite auf dem Gebiet der Schaffung neuer Waffentypen nicht im Hinblick auf Absichten, sondern im Hinblick auf die potentielle Fähigkeit, die durch die Schaffung einer neuen Waffe erreicht wird, zu beurteilen. Betrachtet die sowjetische Führung das SDI-Programm von diesem Standpunkt aus, kommt sie zu einem unabweisbaren Schluß: Unter den gegenwärtigen Umständen kann nur derjenige ein »Weltraumschild« haben wollen, der sich auf einen (präventiven) Erstschlag vorbereitet. Bei jemandem, der nicht diese Absicht hat, entsteht das Bedürfnis nach solch einer Waffe gar nicht erst. Tatsächlich sind die Raumkriegswaffen Rundumwaffen. Die Raumkriegswaffen, die in den USA entwickelt werden, sind Anwendungen kinetischer und weitreichender gerichteter Energie, die eine Reichweite von mehreren tausend Meilen haben und eine große Zerstörungskraft besitzen. Unsere Experten und Wissenschaftler bestätigen, daß diese Waffen in der Lage sind, sowohl im Weltraum als auch aus dem Weltraum in sehr kurzer Zeit große Mengen einzelner Objekte zu zerstören, die Tausende von Meilen entfernt sind, und daß sie über die Fähigkeit verfügen, mittels ferngesteuerter Weltraumwaffen die Überwachungs-, Steuerungs- und Kommunikationsanlagen sowie andere Weltraumsysteme zu zerstören.

Gorbatschow fuhr fort:

Im Grunde können diese Waffen nur als ein Mittel betrachtet werden, die andere Seite »blind« zu machen, sie zu überrumpeln und ihre Fähigkeit, auf einen atomaren Angriff zu antworten, zu beeinträchtigen. Mehr noch, sobald diese Waffen einmal vorhanden sind, wird der Prozeß ihrer Verbesserung beginnen und ihre Kampfeigenschaften ständig steigern. Das sei das Gesetz der Waffenentwicklung. Wie, Mister President, soll die Sowjetunion auf diese Situation reagieren? Ich möchte wiederholen, was ich in Genf gesagt habe: Die UdSSR kann und wird eine Situation nicht akzeptieren, in der die USA das SDI-Programm realisieren und gleichzeitig die Atomwaffen reduziert werden sollen. Um unsere Sicherheit, komme, was da wolle, zu gewährleisten, werden wir gezwungen sein, die strategischen Streitkräfte weiterzuentwickeln und zu perfektionieren, um ihre Fähigkeit zu erhöhen, den amerikanischen »Weltraumschild« zu neutralisieren. Gleichzeitig wären wir gezwungen, eigene Weltraumwaffen zu entwickeln, einschließlich solcher zur Raketenabwehr. Die USA würden daraufhin sicherlich ihrerseits neue Maßnahmen ergreifen, und im Ergebnis wären wir nicht mehr in der Lage, aus dem Teufelskreis auszubrechen und dem Strudel der sich weiterdrehenden Rüstungsspirale zu entkommen. Das Endergebnis einer solchen für unsere Völker und die gesamte Menschheit schädlichen Handlungsweise wäre unaussprechlich.

Ich bin überzeugt, daß der einzige vernünftige Weg der ist, dies nicht zu tun. Von welcher Seite man es auch betrachtet, der richtige Weg für unsere beiden Länder ist es, das Wettrüsten im Weltraum zu verhindern und auf der Erde zu stoppen. Darüber hinaus ist es notwendig, unter gleichen und beiderseits akzeptablen Bedingungen miteinander zu verhandeln.

Nachdem er seine Ablehnung des SDI-Programms ausgedrückt hatte, kam Gorbatschow auf meine Ansicht zu sprechen, daß die gewaltige Anhäufung landgestützter Langstreckenraketen auf seiten der Sowjets ihnen eine Überlegenheit in der atomaren Rüstung verschaffe. Die auf den amerikanischen Trident-Unterseebooten stationierten Raketen, sagte er, erlaubten es uns, einen Überraschungsangriff gegen die Sowjetunion zu starten, der viel weniger Vorwarnzeit lasse als ein Angriff mit ihren landgestützten Raketen. Sie stellten deshalb eine Bedrohung der Sowjetunion dar, die größer sei als die der Vereinigten Staaten durch die sowjetischen Raketen. Und er fragte:

Wie kann die Sowjetunion die in Europa stationierten Pershing-II-Raketen mit ihrer hohen Zielgenauigkeit und kurzen Flugdauer zu Zielen in der UdSSR als etwas anderes ansehen denn als Erstschlagswaffen? Bitte verzeihen Sie mir, wenn ich Sie in einem persönlichen Brief mit technischen Einzelheiten belaste, aber dies ist wirklich eine Situation von lebenswichtiger Bedeutung, und es ließ sich daher einfach nicht vermeiden. Glauben Sie mir, Mister President, wir betrachten die US-Atomwaffen mit außerordentlicher Besorgnis. Sie sprechen von beiderseits vorhandenen Besorgnissen. Dieses Problem ist nur durch Berücksichtigung und Bilanzierung der Gesamtsumme der entsprechenden Waffen beider Seiten zu lösen.

Danach erwiderte Gorbatschow auf das, was ich über »regionale Konflikte« – ein Euphemismus für das sowjetische Abenteuertum in der Dritten Welt – gesagt hatte:

Sehen wir die Welt, wie sie ist. Wir bieten beide solche Hilfeleistungen an. Warum also ein doppeltes Maß einführen, nach dem sowjetische Hilfe eine Quelle von Spannungen ist, während amerikanische Unterstützung ein Zeichen des guten Willens darstellt? Wir sollten uns besser von objektiven Kriterien leiten lassen. Die Sowjetunion hilft rechtmäßigen Regierungen, die uns um Hilfe gebeten haben, weil sie sich äußerer bewaffneter Einmischung ausgesetzt sahen und sehen. Die USA dagegen – und das ist Tatsache – ermuntern Aktionen gegen solche Regierungen und statten antisoziale und im Grunde terroristische Gruppen mit Waffen aus. Wenn man die Sache objektiv betrachtet, ist es insbesondere solche äußere Einmischung, die regionale Spannungen und Konfliktsituationen schafft. Gäbe es solche Aktivitäten nicht, würden, da bin ich sicher, die Spannungen abnehmen und die Aussichten für politische Regelungen besser und realistischer werden.

Unglücklicherweise weisen die Entwicklungen in eine andere Richtung. Nehmen wir, zum Beispiel, den unerhörten Druck und Terror, denen die legal gewählte Regierung von Nicaragua ausgesetzt ist. Ich will offen sprechen – was die USA in letzter Zeit getan haben, macht uns mißtrauisch. Gerade in diesem Augenblick sieht es so aus, als würde eine Wende [in der US-Politik] die regionalen Probleme noch verschärfen. Eine solche Haltung ist nicht förderlich, wenn man eine gemeinsame Sprache finden will, und kompliziert die Suche nach politischen Lösungen.

Was Afghanistan betrifft, hat man den Eindruck, daß die Vereinigten Staaten die offene Tür zu einer politischen Regelung absichtlich nicht bemerken wollen. Dabei gibt es sogar eine funktionierende Formel für solch eine Regelung. Es ist wichtig, Fortschritte in den Verhandlungen nicht zu verhindern, sondern sie zu fördern. Geschieht das, wird eine gerechte Lösung zweifellos zu finden sein.

Mister President, ich möchte, daß Sie meinen Brief als ein weiteres unserer »Kamingespräche« betrachten. Es würde mich aufrichtig freuen, wenn wir nicht nur die Herzlichkeit unserer Genfer Begegnungen beibehalten, sondern auch in der Entwicklung unseres Dialogs vorankommen könnten. Ich sehe in der Korrespondenz mit Ihnen das wichtigste Mittel zur Vorbereitung unseres Treffens in Washington. Es sind nur noch wenige Tage bis zum neuen Jahr, und ich möchte Ihnen und Ihrer Gattin unsere besten Wünsche übermitteln.

M. Gorbatschow

24. Dezember 1985

Anfang des neuen Jahres begann George Shultz mit Botschafter Dobrynin die Einzelheiten für das nächste Gipfeltreffen zu besprechen, und wir luden Gorbatschow offiziell für Ende Juni nach Washington ein. Wir erhielten keine Antwort, obwohl Gorbatschow auf meinen Brief über die Menschenrechte in der Sowjetunion antwortete, indem er feststellte, diese Dinge seien ausschließlich Sache der Sowjetunion selbst.

Dear Mister President!

Ihr durch Minister Baldridge überbrachter Brief vom 7. Dezember geht auf Fragen ein, über die wir in Genf ziemlich gründlich diskutiert haben. Dort habe ich unsere Haltung zu diesen Fragen detailliert dargelegt, und mir schien, als hätten Sie meine Ausführungen mit einigem Verständnis aufgenommen.

Es dürfte kaum nötig sein zu wiederholen, daß die angesprochenen Fragen in die Zuständigkeit unseres Staates fallen und daß sie in strenger Übereinstimmung mit den Gesetzen behandelt werden. Ich möchte nur noch einmal betonen, daß die sowjetischen Gesetze kein Hindernis darstellen, wenn Entscheidungen über Fragen der Ausreise von Sowjetbürgern aus der UdSSR getroffen werden, die legale Gründe dafür haben ... die geltenden Gesetze sind von jedem zu befolgen – sowohl von denjenigen, die die Ausreise beantragt haben, als auch von denjenigen, die über diese Anträge entscheiden. Das ist das Wesen unserer Gesetze und unserer Ordnung, und niemand hat das Recht, sie zu verletzen – ob nun unter Druck oder ohne ihn. Ich denke, das sollten die USA verstehen können.

Wir tragen natürlich der Tatsache Rechnung, daß es aufgrund verschiedener Umstände getrennte Familien gibt, die zum Teil in der UdSSR und zum Teil in den USA leben. Allein in den vergangenen fünf Jahren hat es über 400 Heiraten zwischen sowjetischen und amerikanischen Bürgern gegeben. Die überwältigende Mehrheit dieser Ehen – um genau zu sein, mehr als 95 Prozent von ihnen – warf, was die Zusammenführung der Ehegatten und ihr Zusammenleben betraf, keinerlei Probleme auf. Ja, es gibt Ausnahmen, und wir haben Ihnen wiederholt in aller Offenheit erklärt, warum es sie gibt. Aber im allgemeinen, das möchte ich noch einmal hervorheben, werden Fragen dieser Art von uns auf der Basis der Humanität und unter Berücksichtigung der Interesen der betreffenden Menschen gelöst.

Ich teile Ihren Wunsch, das Verhältnis zwischen unseren Ländern in konstruktivere Bahnen zu lenken. Die Entwicklung in dieser Richtung wird jedoch nicht durch die Existenz von Fällen dieser Art gehemmt – obwohl ich ihre Bedeutung, wenn man sie vom Standpunkt des Lebens individueller Personen aus sieht, keineswegs schmälern möchte –, sondern von Versuchen, sie in bezug auf das allgemeine Gleichgewicht der sowjetisch-amerikanischen Beziehungen übermäßig aufzublasen.

Ich möchte en passant noch eines bemerken: Wie man sieht, bringen die fortgesetzten Anstrengungen der amerikanischen Seite, die Handels- und Wirtschaftsbeziehungen mit Fragen anderer Natur zu verknüpfen, keinen Nutzen. Es ist höchste Zeit, den ganzen Problemkreis realistisch zu betrachten, und zwar vom heutigen Standpunkt aus, nicht vom gestrigen.

Wie es scheint, hängt jetzt viel davon ab, daß wir uns gemeinsam den wirklichen Prioritäten in unseren Beziehungen widmen, wenn wir bereits in nächster Zukunft eine spürbare Normalisierung zustande bringen wollen. Ich glaube, die Chancen dafür stehen nicht schlecht.

Hochachtungsvoll

M. Gorbatschow

11. Januar 1986

Vier Tage später traf ein weiterer Brief von Gorbatschow ein, den er wenige Stunden, bevor ich ihn erhielt, in Moskau veröffentlichte. (Drei Wochen vorher hatte er mir geschrieben, daß er großen Wert auf die *private* Natur unseres vertraulichen Briefwechsels lege.)

Dieser letzte Brief war eindeutig als Propagandainstrument gedacht. Er sagte darin, die Sowjetunion wolle, daß sämtliche INF-Waffen aus Europa abgezogen würden, was der Annahme meines Doppel-Null-Vorschlags für die Mittelstreckenraketen in Europa von 1982 gleichkam, auch wenn es so aussehen sollte, als stammte die Idee von den Sowjets: Er schlug weiterhin ein Moratorium in bezug auf die Atomwaffentests vor, und er sprach sich für die Abschaffung *aller* Atomwaffen auf beiden Seiten bis Ende 1999 aus – aber *nur, wenn* die Vereinigten Staaten »die Entwicklung, Erprobung und Stationierung von Raumkriegswaffen« aufgäben, mit anderen Worten: die SDI.

Es war Propaganda, ja, aber wir konnten es nicht einfach ignorieren. »Gorbatschow fordert überraschend einen Abrüstungsplan, der die Welt bis zum Jahr 2000 von den Atomwaffen befreien soll«, schrieb ich am 15. Januar in mein Tagebuch. »Natürlich hat er ein paar Stolperdrähte gezogen, die erst überwunden werden müßten. Auf alle Fälle ist es ein höllischer Propagandaschachzug. Wir werden Mühe haben zu erklären, wie wir ihn ablehnen konnten.« Nur wenige Tage später machte ich die folgende Eintragung: »... ins Oval Office zu Stabs- und NSC-Sitzungen. Dann wurden fünf afghanische Kinder hereingebracht. Es waren fast noch Babys, aber alle Opfer sowjetischer Bomben. Ein kleines Mädchen hatte ein völlig zerstörtes Gesicht. Drei besaßen nur noch einen Arm, und eins hatte ein Bein verloren. Ich würde Generalsekretär Gorbatschow gern Fotos dieser Kinder schicken.«

Obwohl ich mit den Zielen von Gorbatschows Vorschlag übereinstimmte, waren noch gewaltige Probleme zu lösen, bevor wir ein gerechtes, verifizierbares und hinsichtlich der Erhaltung unserer Sicherheit wasserdichtes Abkommen ausarbeiten konnten. Ein großes Problem für die Aushandlung eines solchen Abkommens stellten nicht nur die Unterschiede zwischen der riesigen sowjetischen Streitmacht an landgestützten Raketen und unserer dreigeteilten Streitmacht aus land-, see- und luftgestützten Raketen dar, sondern auch der große Umfang der konventionellen Streitkräfte der Warschauer-Pakt-Länder, die die der NATO vergleichsweise kümmerlich erscheinen ließen; weiterhin die französischen und britischen Atomraketen, die die Sowjets als Bedrohung empfanden, über deren Begrenzung zu verhandeln jedoch nicht unsere Sache war; und die sowjetischen Mittelstreckenraketen, die von Asien aus auf Europa zielten.

Und auch wenn ein wahrhaft abgesichertes, verifizierbares amerikanisch-sowjetisches Abkommen über die Vernichtung der Atomwaffen bis zum Jahr 2000 durchaus meinem Wunscn entsprach, was war mit den Gaddafis dieser Welt oder mit einem Verrückten, der es schaffte, eine Atombombe in die Hand zu bekommen?

Die Strategische Verteidigungsinitiative, wenn sie sich denn als praktikabel erwies, würde uns die Sicherheit geben, die wir auch noch brauchen würden, nachdem die Atomwaffen verboten worden waren – und in diesem Punkt, sagte ich mir, sah sich Gorbatschow einem unverrückbaren Gegenstand gegenüber. Hier ein Teil meiner Tagebucheintragung vom 4. Februar 1986:

> NSPG-Sitzung im Lageraum über Gorbatschows Vorschlag, die Atomwaffen abzuschaffen. Einige wollten ihn als Propagandaakt abtun. Ich sagte, nein, geben wir doch bekannt, daß wir seine allgemeinen Ziele teilen und jetzt die Einzelheiten ausarbeiten wollen. Dann wird sich schon zeigen, ob es nur ein Propagandaakt gewesen war. Ich regte außerdem an, öffentlich zu erklären, daß wir mit der SDI weitermachen würden, und sollte sich herausstellen, daß eine Verteidigung gegen Raketen möglich ist, würden wir einen Weg suchen, wie sie so eingesetzt werden kann, daß nicht nur wir, sondern die ganze Welt geschützt wäre.

Zwei Tage später schickte ich Gorbatschow einen weiteren handgeschriebenen Brief, mit dem ich ihm auf den Brief vom Heiligen Abend und den Vorschlag von Mitte Januar antwortete. Nach einem sanften Tadel dafür, daß er seinen Brief an mich veröffentlicht hatte, schrieb ich, daß es mich freue, daß wir uns bei den Mittelstreckenraketen einer gemeinsamen Basis näherten, und daß ich hoffte, daß die verbleibenden Probleme der Verifikation eines INF-Abkommens rasch bewältigt werden könnten. Ich fuhr fort, daß ich mit ihm übereinstimmte, wenn er schreibe, daß wir Entscheidungen nicht auf der Grundlage gegenseitiger Versicherungen oder Absichtserklärungen treffen könnten, sondern mit kühlem Blick für das Aktions-Potential beider Seiten.

Trotzdem verstehe ich nicht, welche Begründung hinter Ihrer Schlußfolgerung steht, daß nur ein Land, das sich auf einen entwaffnenden Erstschlag vorbereitet, an einer Verteidigung gegen ballistische Raketen interessiert sein könne. Wenn solch eine Verteidigung sich in Zukunft als durchführbar erweisen sollte, könnte sie die weitere Reduzierung der Atomwaffen fördern, indem sie ein Gefühl des Vertrauens schafft, daß die nationale Sicherheit auch ohne sie gewährleistet werden kann.

Natürlich sehe ich, wie ich schon einmal gesagt habe, die Möglichkeit, daß zusätzliche Verteidigungssysteme, wenn sie ein Arsenal von Waffen ergänzen, das eine entwaffnende Erstschlagsfähigkeit darstellt, unter bestimmten Bedingungen destabilisierend wirken können. Deshalb haben wir auch vorgeschlagen, daß beide Seiten sich zuerst auf die Reduzierung jener Waffen konzentrieren sollten, mit denen ein entwaffnender Erstschlag ausgeführt werden könnte. Wenn keines unserer beiden Länder über Streitkräfte verfügte, die sich für einen Erstschlag eignen, würde auch niemand fürchten müssen, daß eine Verteidigung gegen ballistische Raketen eine Erstschlagsstrategie möglich machen könnte.

Ich kann auch Ihre Bemerkung, »Raumkriegswaffen«, wie Sie sie nennen, seien »Rundumwaffen«, nicht nachvollziehen. Soweit ich es verstanden habe, sind die gerichtete Energie und die kinetischen Geräte, die unsere beiden Länder im Zusammenhang mit der Raketenabwehr untersuchen, potentiell am wirksamsten gegen Punktziele, die sich mit hoher Geschwindigkeit im Weltraum bewegen. Für Massenvernichtung auf der Erde wären sie ungeeignet. Wenn jemand vorhätte, Ziele auf der Erde vom Weltraum aus anzugreifen, würde seine Wahl kaum auf solche teuren und ausgefallenen Techniken fallen; die Zerstörungskraft würde niemals die der Atomwaffen, über die wir heute verfügen, erreichen. Die Atomwaffen sind das eigentliche Problem.

Herr Generalsekretär, ich möchte in aller Offenheit, wie sie für eine sinnvolle Diskussion notwendig ist, einen anderen Punkt ergänzen:

Sie sprechen häufig von Raumkriegswaffen, und Ihre Unterhändler haben diese Waffen als solche definiert, die von der Erde aus Ziele in der Atmosphäre und im Weltraum oder vom Weltraum aus Ziele im Weltraum und auf der Erde angreifen können. Welches Land besitzt denn solche Waffen? Die Antwort lautet: nur eines, die Sowjetunion. Ihr ABM-System, das um Moskau herum stationiert ist, kann Ziele außerhalb der Atmosphäre bekämpfen, und es wurde auch in dieser Weise erprobt.

Ihre orbitale Antisatellitenwaffe ist dazu bestimmt, Satelliten zu zerstören. Darüber hinaus hat die Sowjetunion vor den Vereinigten Staaten mit Forschungen darüber begonnen, wie gerichtete Energie für die Verteidigung genutzt werden kann, und sie scheint in der Erforschung (wie übrigens auch der Erprobung außerhalb der Laboratorien) von Lasern und anderen Formen gerichteter Energie den USA um einiges voraus zu sein. Ich erwähne das nicht, um Ihnen einen Vorwurf daraus zu machen oder zu unterstellen, diese Aktivitäten wären Vertragsverletzungen, aber wenn man Ihrer Logik folgt, daß die von Ihnen sogenannten Raumkriegswaffen nur von einem Land entwickelt werden würden, das einen Erstschlag plant, was soll man dann aus diesen Aktivitäten schließen?

Wir sehen, wie die Sowjetunion gewaltige Mittel in Verteidigungssysteme investiert, in Programme, die viele Jahre vor den unseren auf den Weg gebracht wurden, und wir sehen eine Sowjetunion, die eine zahlenmäßig weit größere Vergeltungsschlagsstreitmacht aufgebaut hat als wir. Wenn der einzige Zweck der Entwicklung von Verteidigungswaffen der entwaffnende Erstschlag wäre, dann hätten wir weitaus besorgter sein müssen, als wir es waren.

Wir *sind* besorgt, und zwar zutiefst, aber nicht, weil Sie eine Defensivbewaffnung entwickeln und, anders als wir, auch stationieren; wir sind besorgt, weil die Sowjetunion aus irgendeinem Grund beschlossen hat, eine wesentlich größere Anzahl von Waffen zu stationieren, die für einen entwaffnenden Erstschlag geeignet sind, als die Vereinigten Staaten. Es mag andere Gründe dafür geben als das Bestreben, die Erstschlagsfähigkeit zu erlangen, aber auch wir müssen mehr auf tatsächliche Kapazitäten blicken als auf Absichten, und wir sind uns sicher, daß Sie auf diesem Gebiet im Vorteil sind.

Rund heraus gesagt, Herr Generalsekretär, Ihre Experten haben

Sie falsch informiert, wenn sie Ihnen gesagt haben, daß die Raketen auf unseren Trident-Unterseebooten in der Lage seien, befestigte Raketensilos zu zerstören, eine Fähigkeit, die Ihre SS-18 in der Tat besitzen. Den gegenwärtigen Trident-Raketen fehlt diese Fähigkeit; sie könnten nur zur Vergeltung eingesetzt werden. Noch ist die Pershing II dazu in der Lage; sie kann die meisten der sowjetischen strategischen Waffen, potentielle Erstschlagswaffen, nicht einmal erreichen. Und ihre kurze Flugzeit unterscheidet sich nicht grundlegend von der der wirksameren und in weit größerer Anzahl vorhandenen SS-20, die auf unsere europäischen Verbündeten gerichtet sind, die zu verteidigen wir uns verpflichtet haben und von denen die meisten keine eigene Atomstreitmacht besitzen.
Unsere Streitkräfte haben nur sehr begrenzt die Fähigkeit, sowjetische Silos anzugreifen, und wir verbessern diese Fähigkeit nur, weil wir eine Situation nicht akzeptieren können, in der die Sowjetunion in der Rückschlagsbewaffnung derart im Vorteil ist.
Doch selbst wenn wir, in Ermangelung eines Übereinkommens, das ihre Zahl begrenzt, sämtliche geplanten Stationierungen vornehmen sollten, werden wir nicht die Zahl der sowjetischen Waffen mit Erstschlagsfähigkeit erreichen. Ich glaube, daß wir unsere Experten, da sie auf einigen Gebieten offenbar unterschiedlicher Meinung sind, zusammenkommen und darüber diskutieren lassen sollten. Eine offene Diskussion der jeweiligen Einschätzungen und ihrer Gründe könnte vielleicht diese Mißverständnisse, die nicht auf Tatsachen beruhen, ausräumen.
Auf jeden Fall haben wir beide dem Prinzip der fünfzigprozentigen Reduzierung der Atomwaffen zugestimmt. Die Ausführung dieses Prinzips ist die erste Aufgabe unserer Unterhändler in Genf.
Lassen Sie mich noch einmal betonen, daß wir willens sind, die Waffensysteme zu reduzieren, die die Sowjetunion als bedrohlich ansieht, sofern die Sowjetunion bereit ist, ihrerseits jene zu reduzieren, die eine besondere Bedrohung der Vereinigten Staaten und ihrer Verbündeten darstellen ...
Was die Verteidigungssysteme betrifft, möchte ich wiederholen, was ich Ihnen bereits geschrieben habe: Wenn es Ihre Sorge ist, daß solche Systeme benutzt werden könnten, um eine Erstschlagsstrategie zu ermöglichen, oder als Tarnung für die Stationierung von Mas-

senvernichtungswaffen im Weltraum, dann muß es praktische Wege geben, solche Möglichkeiten auszuschließen.
Natürlich habe ich keine allgemeinen Versicherungen im Sinn, sondern konkrete, verifizierbare Mittel, von denen beide Seiten verläßlich erwarten können, daß sie diese Eventualitäten verhindern. Keine von ihnen ist jedoch Teil der Strategie oder Planung der Vereinigten Staaten. Ich glaube aufrichtig, daß wir eine Lösung für dieses Problem finden können, wenn wir uns ihm auf praktische Art nähern und keine allgemeinen Debatten abhalten. Ich würde mir bis zu unserem nächsten Treffen nichts mehr wünschen, als daß wir einen akzeptablen Weg finden, auf dem wir dieses Problem lösen können. Aber ich glaube, dazu sind zwei Dinge erforderlich: eine Beschleunigung der Verhandlungen, um ein Einvernehmen über den Weg der Reduzierung der Offensivwaffen um fünfzig Prozent zu erzielen, und eine Diskussion über die konkreten Mittel, die sicherstellen können, daß in Zukunft die Entwicklung von Verteidigungssystemen nicht als Tarnung für eine Erstschlagsstrategie oder für die Stationierung von Massenvernichtungswaffen im Weltraum benutzt werden kann. Ungeachtet dieser weiteren Ziele glaube ich, daß uns die jüngsten Vorschläge einer Einigung über die Mittelstreckenraketen nähergebracht haben und daß auf verschiedenen anderen Gebieten Verbesserungen zu verzeichnen sind.
In bezug auf die regionalen Konflikte sind unsere Analysen der Ursachen augenscheinlich unvereinbar. Ich sehe wenig Sinn darin, weiter über etwas zu diskutieren, worüber wir zwangsläufig geteilter Meinung bleiben werden. Ich schlage vor, wir betrachten die gegenwärtige Situation einfach einmal pragmatisch. Dann zeigen sich, glaube ich, zwei wichtige Tatsachen: Die Sowjetunion ist in einem anderen Land in einen Krieg verwickelt, und die Vereinigten Staaten sind es nicht. Weiterhin ist es unwahrscheinlich, daß dieser Krieg der Sowjetunion irgendwelchen Nutzen einbringt. Warum also wird er fortgesetzt? Gewiß nicht wegen der Vereinigten Staaten. Selbst wenn wir es wünschten, hätten wir nicht die Macht, Tausende von Menschen an die Waffen zu rufen, um gegen eine gutausgebildete, mit den modernsten Waffen ausgerüstete ausländische Armee anzutreten. Und weder wir noch irgendein anderes Land außer der Sowjetunion haben die Macht, diesen Krieg zu beenden. Aber wer

kann dem Volk eines anderen Landes sagen, es solle nicht für sein Vaterland, für seine Unabhängigkeit und seine Würde kämpfen? Ich hoffe, es gibt eine offene Tür für eine politische Regelung. Und natürlich unterstützen wir Sie in diesem Prozeß und hoffen, daß er eine praktikable, realistische Wende nehmen wird.
1985 war jedenfalls durch eine Intensivierung des Konflikts gekennzeichnet. Ich hoffe, das ist kein Zeichen für die Zukunft. Wenn Sie wirklich aus Afghanistan abziehen wollen, können Sie auf jede vertretbare Art mit meiner Unterstützung rechnen. Wir hegen nicht den Wunsch, einen militärischen Rückzug der Sowjetunion aus Afghanistan zum Nachteil sowjetischer Interessen auszubeuten. Aber die Kämpfe können nur durch einen Abzug der sowjetischen Truppen, die Rückkehr der afghanischen Flüchtlinge und die Wiederherstellung eines souveränen, neutralen Staates beendet werden. Ein solches Ergebnis würde sich sofort positiv auf die amerikanisch-sowjetischen Beziehungen auswirken und mithelfen, den Weg zu Fortschritten auf vielen anderen Gebieten freizumachen ...
Das Problem der militärischen Verwicklung der Supermächte in regionale Auseinandersetzungen ist nicht auf Afghanistan beschränkt. Jüngste Handlungen der Sowjetunion sind höchst entmutigend. Was sollen wir von Ihrer deutlich erhöhten Militärhilfe für einen Diktator halten, der dem Rest der Welt und den Vereinigten Staaten im besonderen einen terroristischen Krieg erklärt hat? [Ich meinte Gaddafi, dessen Verantwortung für Bombenanschläge auf die Flughäfen von Rom und Wien wir gerade nachgewiesen hatten.] Wie kann man sowjetische Verlautbarungen gegen den Terrorismus ernst nehmen, wenn man mit solchen Handlungen konfrontiert wird? Und was noch wichtiger ist, sollen wir daraus schließen, daß die Sowjetunion bei dem Versuch, ihren Einfluß in der Welt auszudehnen, so bedenkenlos ist, daß sie ihr Ansehen (und sogar das Leben einiger ihrer Bürger) von der Gnade eines geistig labilen Diktators abhängig macht?
Sie haben Anklagen gegen die US-Politik erhoben, die ich nicht gelten lassen kann. Meine Absicht ist es hier jedoch nicht, mit Ihnen zu streiten, sondern nach einem Weg zu suchen, der aus dem Muster herausführt, nach dem einer von uns direkt oder indirekt in militärische Auseinandersetzungen verwickelt wird und dann eine Reak-

tion des anderen provoziert, so daß, was eigentlich nur eine regionale Angelegenheit gewesen war, sich zu einer sowjetisch-amerikanischen Konfrontation auswächst.
Wie ich bereits gesagt habe, glaube ich, daß es die Sowjetunion ist, die ohne Rücksicht auf diesen Zusammenhang handelt, während die Sowjetunion sagt, die Vereinigten Staaten täten es. Übereinstimmung darüber, wem die Schuld zukommt, ist jedoch auch nicht nötig, um eine Lösung zu finden. Wir müssen Wege finden, die direkte oder indirekte militärische Verwicklung unserer beiden Länder in diese Auseinandersetzungen zu beenden und weitere solcher Verwicklungen zu vermeiden...
Das ist das Ziel des Vorschlags, den ich im letzten Oktober gemacht habe; ich möchte die Konfliktparteien ermutigen, eine politische Lösung zu finden, während unsere beiden Länder diesen Prozeß unterstützen, indem sie den Zufluß von Waffen und Kriegsmaterial ins Konfliktgebiet unterbrechen.
Es gibt viele Punkte, in denen wir noch nicht übereinstimmen, und in einigen von ihnen werden wir vielleicht nie Übereinstimmung erreichen. Dennoch bin ich überzeugt, daß die kritischen Probleme gelöst werden können, wenn wir sie angemessen angehen.
Ich habe das Gefühl, als könnten wir nach und nach einige zusätzliche Punkte finden, in denen wir übereinstimmen, und ich hoffe, daß wir durch die Konzentration auf praktische Lösungen dem gesamten Prozeß eine größere Schubkraft vermitteln können.
Wenn es dazu kommen soll, müssen wir, glaube ich, den Verhandlungsprozeß beschleunigen, und ich hoffe, Sie werden Ihre Delegation in Genf, ebenso wie ich unsere, anweisen, die Ärmel hochzukrempeln und sich ernsthaft an die Arbeit zu machen.
Als Sie die in Ihrem Brief vom 14. Januar enthaltenen Ideen der Öffentlichkeit bekanntgaben, habe ich sie in einer Erklärung begrüßt. Unser Studium dieser Botschaft wird in Kürze abgeschlossen sein, und wenn es soweit ist, werde ich im einzelnen auf die von Ihnen angesprochenen Punkte erwidern. Auch in Nancys Namen sende ich Ihnen und Ihrer Frau die besten Grüße.
Hochachtungsvoll
Ronald Reagan
6. Februar 1986

Zwei Wochen später, am Präsidententag, während Nancy auf einer Vortragsreise in Texas war, beschloß ich, es noch einmal zu versuchen, und schickte Gorbatschow einen siebenseitigen, handgeschriebenen Brief, der eine Reihe neuer Vorschläge enthielt, mit denen ich auf seine Vorschläge antwortete und die, wie ich hoffte, die immer noch festgefahrenen Genfer Gespräche über den toten Punkt bringen würden. Hier einige Auszüge aus diesem Brief:

> Ich finde es ermutigend, daß Sie Schritte in Richtung auf eine Welt ohne Atomwaffen vorgeschlagen haben, auch wenn sich meine Ansicht über die dafür notwendigen Maßnahmen in vieler Hinsicht von der Ihren unterscheidet. Dennoch sollte es uns jetzt, da wir uns über das Ziel und die Notwendigkeit, konkrete Schritte zu unternehmen, einig geworden sind, leichter fallen, die Unterschiede unserer Standpunkte hinsichtlich der Art dieser Schritte zu überwinden. Die ersten Schritte sind natürlich die für den Beginn des Prozesses bedeutsamsten; wir sollten uns daher, glaube ich, in unseren Verhandlungen auf sie konzentrieren. Wenn wir uns auf eine Welt zubewegen wollen, in der es schließlich möglich sein soll, die Atomwaffen abzuschaffen, ist natürlich ein weit größeres Maß an Vertrauen zwischen unseren beiden Ländern, als es jetzt vorhanden ist, die Voraussetzung. Wir können das Mißtrauen und die Mißverständnisse, die sich während der vergangenen vier Jahrzehnte zwischen unseren beiden Ländern entwickelt haben, jedoch nicht einfach wegwischen. Der Prozeß der Reduzierung und schließlichen Beseitigung der Atomwaffen kann allein schon zu größerem Vertrauen führen. Aber viele in meinem Land, und ich glaube, auch in Ihrem, werden bezweifeln, daß es klug ist, die Atomwaffen – die beide Seiten als Garantie ihrer Sicherheit betrachten – abzuschaffen, solange sie die Haltung der anderen Seite als bedrohlich empfinden.

Das bedeute, schrieb ich weiter, daß wir, wenn wir Fortschritte in der Rüstungskontrolle machen wollten, wirksame Verifikationsmaßnahmen entwickeln und hinsichtlich der nichtatomaren militärischen Fragen, der regionalen Probleme und der Menschenrechte weiterkommen müßten.

> Der Prozeß der Abschaffung der Atomwaffen könnte sich in der Tat als anfällig erweisen, wenn wir nicht in der Lage sind, unseren Wettstreit auf friedliche und vernünftige Weise zu führen.

Wie Sie wissen, müssen sich die Vereinigten Staaten und ihre Verbündeten heute sowohl zur Abschreckung eines konventionellen wie auch zu der eines atomaren Konflikts auf Atomwaffen stützen. Die Ursache dafür ist zum großen Teil das erhebliche Ungleichgewicht, das gegenwärtig zwischen den konventionellen Streitkräften der NATO und denen des Warschauer Pakts besteht. Folglich wäre es notwendig, daß wir, während wir die Atomwaffen gegen Null fahren, gleichzeitig in einen Prozeß der Stärkung der Stabilität des umfassenden Ost-West-Sicherheitsgleichgewichts eintreten, unter besonderer Betonung der Beseitigung des bestehenden konventionellen Ungleichgewichts, der Ausweitung vertrauenbildender Maßnahmen und der Erreichung eines verifizierbaren Verbots der chemischen Waffen ...

Was das Thema von Weltraum und Verteidigung angeht, ist Ihr Vorschlag hinsichtlich der Forschungen zur strategischen Verteidigung zweideutig. Ich glaube weiterhin, daß eine Begrenzung dieser Forschungen kontraproduktiv wäre und auf jeden Fall nicht verifiziert werden könnte; deshalb sollten wir sie nicht in etwaige Abkommen aufnehmen. Von der Forschung einmal abgesehen, gäbe es, wie ich in Genf dargelegt habe, ohne Atomraketen auch keine Notwendigkeit der Verteidigung gegen sie. Ich bin überzeugt davon, daß eine gewisse nichtatomare Verteidigung einen wesentlichen Beitrag zur Sicherheit und Stabilität leisten könnte.

Hinsichtlich der Atomwaffentests glaube ich, daß wir, solange wir uns auf Atomwaffen als Element der Abschreckung stützen, fortfahren müssen, sie zu testen, um uns ihrer Sicherheit und Zuverlässigkeit zu vergewissern. Dennoch sehe ich, wie ich Ihnen im Dezember geschrieben habe, keinen Grund, warum wir, angesichts von Fortschritten in anderen Fragen der Rüstungskontrolle, nicht auch das Thema der Atomwaffentests aufgreifen sollten. Ich habe vorgeschlagen, einen bilateralen Dialog mit dem Ziel zu beginnen, konstruktive Schritte auf diesem Gebiet zu finden. Ich hege weiterhin die Hoffnung, daß Sie dieses Angebot annehmen werden.

Danach listete ich auf, was in meinen Augen ein umfassendes Paket neuer Vorschläge zur Reduzierung atomarer, konventioneller und chemischer Waffen darstellte; im strategischen Bereich forderte ich eine beiderseitige Reduzierung der Sprengköpfe auf strategischen Raketen auf viertausendfünfhundert und der Anzahl der ALCMs (Air-Launched Cruise Missiles – luftgestützte Cruise Missiles) an Bord schwerer Bomber auf eintausendfünfhundert,

womit sich eine Gesamtzahl von nicht mehr als 6000 solcher Sprengköpfe auf strategischen Atomwaffenträgern ergibt... im INF-Bereich würden sowohl die Vereinigten Staaten als auch die Sowjetunion ihre in Europa stationierten LRINF-Raketen [Longrange Intermediate Nuclear Force – weitreichende atomare Mittelstrekken-Streitmacht] bis 1987 auf jeweils nicht mehr als 140 Abschußrampen begrenzen (dies steht im Einklang mit meinem Vorschlag einer stufenweisen Reduzierung der Waffen), wobei die Sowjetunion gleichzeitig eine angemessene proportionale Reduzierung in Asien vornimmt. Während des folgenden Jahres würden beide Seiten die Anzahl der in Europa und Asien verbliebenen Abschußrampen um weitere 50 Prozent verringern. Und schließlich würden beide Seiten bis Ende 1989 die Waffenkategorie vollkommen abbauen.

Unser Vorschlag forderte darüber hinaus eine einschneidende Verringerung der konventionellen Streitkräfte in Europa.

Ich hoffe, dieses Konzept bietet eine beiderseits akzeptable Marschroute auf ein von aller Welt geteiltes Ziel zu. Das Ziel wäre es, den Prozeß zu vollenden, sobald die Bedingungen für eine atomwaffenfreie Welt geschaffen worden sind....

Abschließend möchte ich Ihnen darin beipflichten, daß wir vor Ihrem Besuch in den Vereinigten Staaten konstruktive Arbeit leisten sollten, um auf dem weiten Gebiet der Fragen, die wir in Genf diskutiert haben, Vereinbarungen zu erzielen. Keiner von uns macht sich Illusionen hinsichtlich der Hauptprobleme, die zwischen unseren Ländern bestehen bleiben werden, aber ich möchte Sie versichern, daß ich entschlossen bin, mit Ihnen gemeinsam tatkräftig daran zu arbeiten, praktische Lösungen für diese Probleme zu finden. Ich stimme mit Ihnen überein, daß wir unsere Korrespondenz als einen höchst wichtigen Kommunikationsstrang zur Vorbereitung Ihres Besuches nutzen sollten.

Nancy und ich senden Ihnen, Frau Gorbatschow und Ihrer gesamten Familie unsere besten Wünsche. Es ist unsere Hoffnung, daß dieses Jahr bedeutsame Fortschritte in Richtung auf unser gemeinsames Ziel bringen möge, bessere Beziehungen zwischen unseren beiden Ländern aufzubauen und eine sicherere Welt zu schaffen.

Hochachtungsvoll
Ronald Reagan
22. Februar 1986

80

Zu Beginn des Jahres 1986 erhielten wir immer neue Beweise dafür, daß sich die sowjetische Wirtschaft in einem entsetzlichen Zustand befand. Das weckte in mir den Glauben, daß, wenn schon nichts anderes, zumindest die Talfahrt der sowjetischen Wirtschaft Michail Gorbatschow dazu zwingen würde, sich zu einem Abrüstungsabkommen bereit zu finden, mit dem wir beide leben könnten. Wenn wir nicht von unserer Politik abwichen, war ich überzeugt, daß es so kommen würde.

Gorbatschow versuchte die Dinge zu wenden, hatte aber nicht allzuviel Erfolg damit. Wenn man die Lage von seiner Warte aus betrachtete, wurde deutlich, daß er der Reduzierung der riesigen Rubelbeträge, die die Sowjetunion für Waffen ausgab, höchste Priorität zumessen mußte. Außerdem war anzunehmen, daß er einige Vorurteile über die Vitalität unserer Wirtschaft, die die Rezession überwunden hatte und kräftig boomte, revidieren und mehr denn je erkannt haben mußte, daß wir, solange die Sowjetunion auf der Fortführung des Wettrüstens beharrte, zumindest gleichziehen konnten.

In jenem Frühjahr und Sommer hatte ich drei wichtige Entscheidungen zu treffen, die unsere Beziehungen zur Sowjetunion berührten: Im März unternahmen Tip O'Neill und einige seiner Anhänger im Kongreß als Reaktion auf Gorbatschows Aufforderung, gemeinsam mit den Sowjets ein Moratorium für Atomwaffentests zu verkünden, den Versuch, das amerikanische Volk zu überreden, Druck auf mich auszuüben, damit ich die unterirdischen Atomwaffentests stoppte. Aufgrund von Sicherheitserfordernissen konnte ich damals den wirklichen Zweck dieser Tests nicht erklären: Im Gegensatz zu dem, was Tip und die anderen behaupteten – daß es ihr Zweck sei, größere und bessere Massenvernichtungswaffen zu entwickeln –, bestand der wirkliche Zweck darin, die Zuverlässigkeit der vorhandenen Waffen zu prüfen und herauszufinden, inwieweit wir uns darauf verlassen konnten, daß sie den Strahlenblitz, der von einem atomaren Angriff ausgelöst werden würde, überlebten. Ich gab Anweisung, die Tests fortzusetzen.

Die zweite Entscheidung betraf die Frage, ob wir uns, ungeachtet der wiederholten Verletzungen ihrer Restriktionen durch die Sowjets, weiterhin an die Regelungen des SALT-II-Vertrages halten sollten. Wir wußten von Dutzenden von Verletzungen der SALT- und ABM-Verträge, einschließlich der Krasnojarsker Radarstation, die, wie wir unbestreitbar wußten, der Raketenabwehr dienen sollte. Cap Weinberger und George Shultz waren in dieser Frage wieder einmal gegenteiliger Meinung: George sprach sich für Selbstbeschränkung und Einhaltung der Verträge aus, da er glaubte, daß wir andernfalls, noch dazu in einer Zeit, in der wir versuchten, die Beziehungen zu den Sowjets zu verbessern, wenig zu gewinnen hätten. »Andere, einschließlich Cap«, schrieb ich nach einer Sitzung des Planungsstabs des Nationalen Sicherheitsrats in mein Tagebuch, »wollen davon abgehen. Ich neige dazu, dieses informelle Abkommen durch unseren Abrüstungsvorschlag in Genf zu ersetzen: den Sowjets zu sagen, wir könnten eine echte Reduzierung der Waffen haben, oder ein Wettrüsten, aber wir würden nicht dabeisitzen und zusehen, wie sie weiter mogeln.«

Für viele Liberale im Kongreß war der SALT-II-Vertrag, auch wenn er nicht ratifiziert worden war, von symbolischer Bedeutung. Er repräsentierte eines der wenigen Male, daß die Supermächte eine Vereinbarung zur Begrenzung der Atomwaffen erreicht hatten. Ich verstand diese Symbolträchtigkeit. Aber der Vertrag war voller Löcher, die die Russen ausnutzten, und nach einer Weile begann ich öffentlich zu sagen, daß wir aufgrund der sowjetischen Vertragsverletzungen möglicherweise unsere Politik der freiwilligen Selbstbeschränkung aufgeben würden – es sei denn, wir erhielten deutliche Beweise dafür, daß auch die Sowjets Zurückhaltung übten.

Anfang April kam Anatolij Dobrynin, inzwischen Sekretär des Politbüros sowie für Außenpolitik zuständiges Mitglied des Zentralkomitees der Kommunistischen Partei in Moskau und damit einer der wichtigsten Berater Gorbatschows, zu einem Besuch nach Washington. Er sagte, Gorbatschow sei unglücklich über meine Entscheidung, die Atomwaffentests fortzusetzen, und über Berichte, nach denen wir möglicherweise den SALT-II-Vertrag nicht länger einzuhalten gedachten, und glaube infolgedessen nicht, daß jetzt die richtige Zeit sei, einen Termin für das Gipfeltreffen in Washington festzusetzen. Ich betrachtete das als typisch sowjetisches Taktieren. Nach dem Treffen notierte ich in meinem Tagebuch: »Mein Gefühl sagt mir, daß das Gipfeltreffen stattfinden wird, wenn nicht im Juni oder Juli, dann irgendwann nach der Wahl.«

Hier einige Auszüge aus dem Brief, den mir Dobrynin von Gorbatschow überbrachte:

> Ich möchte mit Ihnen einige der allgemeinen Überlegungen teilen, die ich – Sie haben sicherlich ihre eigenen – hinsichtlich des Zustandes und der Aussichten des Verhältnisses zwischen unseren beiden Ländern habe. Ich glaube, wenn man das tun will, muß man unser Treffen in Genf, auf dem wir beide gewisse Verpflichtungen eingegangen sind, als Ausgangspunkt nehmen.
>
> Ich denke, unsere Einschätzung jenes Treffens deckt sich mit der Ihren: Es war notwendig und nützlich, und es hat ein gewisses stabilisierendes Moment in die Beziehungen zwischen der UdSSR und den USA sowie in die Weltlage im allgemeinen eingeführt. Es war nur natürlich, daß es außerdem nicht gerade kleine Hoffnungen für die Zukunft geweckt hat.
>
> Inzwischen sind seit dem Genfer Treffen mehr als vier Monate verstrichen, und wir fragen uns: Was ist der Grund dafür, daß die Dinge nicht den Weg eingeschlagen haben, den sie, wie es schien, hätten nehmen müssen? Wo bleibt die wirkliche Wendung zum Besseren?
>
> Wir, die Mitglieder der sowjetischen Führung, haben das Genfer Treffen als Aufruf verstanden, das dort erreichte prinzipielle Verständnis in spezifische Handlungen zu übersetzen, mit der Absicht, unseren Beziehungen neuen Auftrieb zu geben und ihnen eine positive Dynamik zu verleihen. Und wir haben nach Genf genau das getan.
>
> Mit diesem Gedanken im Kopf haben wir ein weitreichendes, konkretes Programm von Maßnahmen zur Begrenzung und Reduzierung von Waffen und allgemeiner Abrüstung unterbreitet. Die sowjetischen Delegationen in Genf, Wien und Stockholm sind dabei

vom Standpunkt neuer Versuche, beiderseits akzeptable Lösungen zu finden, ausgegangen.

Wie sahen die Reaktionen der USA darauf aus? Man muß unglücklicherweise feststellen, daß sich die Positionen bisher nicht angenähert haben, jedenfalls nicht so weit, daß sich eine echte Aussicht auf eine Übereinkunft eröffnet hätte. Ich möchte hier nicht in die Einzelheiten gehen oder Urteile über die US-Positionen abgeben. Aber eines möchte ich doch anmerken: Man erhält den Eindruck, daß regelmäßig versucht wird, unsere Initiativen und Vorschläge als pure Propaganda darzustellen, als Versuche, die öffentliche Meinung zu beeindrucken und die andere Seite in ein schlechtes Licht zu rücken. Wir hatten und haben keine solchen Absichten. Im übrigen können unsere Initiativen leicht auf ihre Praktizierbarkeit hin geprüft werden. Unser Ziel ist es, ein Einvernehmen zu erreichen und Lösungen für Probleme zu finden, die die UdSSR, die USA und im Grunde alle Länder betreffen. Ich bin näher auf dieses Thema eingegangen, um sicherzustellen, daß unsere Vorschläge korrekt, unvoreingenommen und geschäftsmäßig aufgenommen und behandelt werden.

Aber was ist in der Zwischenzeit außerhalb der Verhandlungen geschehen? Natürlich hat jeder von uns seine eigene Sicht der Politik der anderen Seite. Aber auch hier wieder: Hat die Sowjetunion in ihrer Außenpolitik oder in den bilateralen Beziehungen irgend etwas getan, das zu verstärkten Spannungen beigetragen oder den legitimen Interessen der USA geschadet hätte? Ich kann eindeutig antworten: Nein, es ist nichts dieser Art vorgefallen. Andererseits bekommen wir ständig sich steigernde Philippiken gegen die UdSSR zu hören und werden Zeuge einer ganzen Reihe von Aktionen, die direkt gegen unsere Interessen gerichtet sind, und, rundheraus gesagt, auch dagegen, daß unsere Beziehungen stabiler und konstruktiver werden. All das baut Mißtrauen gegen die US-Politik auf und schafft sicherlich kein günstiges Klima für ein Gipfeltreffen. Ich sage das ohne jeden Doppelsinn und möchte in dieser Beziehung keine Ungewißheit und kein Mißverständnis aufkommen lassen, daß etwa nur eine Seite Zurückhaltung üben und eine positive Haltung an den Tag legen sollte. Unsere Beziehungen gestalten sich nicht in einem Vakuum... Je ruhiger die Atmosphäre ist, desto einfacher ist es,

Probleme zu lösen, die für beide Seiten gleicherweise von Interesse sind.
Die Probleme müssen gelöst werden – daran besteht kein Zweifel. Und das gilt vor allem anderen für den Bereich der Sicherheit. Ihnen sind unsere Vorschläge bekannt; sie decken alle wichtigen Aspekte ab. Gleichzeitig möchte ich Ihre Aufmerksamkeit besonders auf die Tatsache lenken, daß wir nicht sagen: Alles oder überhaupt nichts. Wir sind dafür, Schritt für Schritt zu machen, und weisen nur auf bestimmte Möglichkeiten hin, insbesondere in den Verhandlungen über die Atom- und Weltraumwaffen.
Wir haben eine ernsthafte und ausgewogene Haltung zu dem Problem der Atomwaffentests eingenommen, und wir geben die Hoffnung nicht auf, daß wir Erfolg haben und eine praktische Lösung dieser Frage finden werden, wie es die Welt von uns erwartet. Es ist kaum nötig, noch einmal zu betonen, welche Bedeutung dieser Frage zukommt. Ihre Lösung trägt infolgedessen auch ein großes positives politisches Potential in sich. ...
Es war der Wunsch, daß wir bei der Einstellung der Atomwaffentests zusammenarbeiten und allen Atommächten ein gutes Beispiel geben sollten, der mich zu meinem jüngsten Vorschlag veranlaßt hat, uns in einer der europäischen Hauptstädte zu einem Gespräch speziell zu diesem Thema zu treffen. Betrachten Sie diesen Vorschlag, Mr. President, bitte noch einmal in einem breiteren politischen Kontext. Ich wiederhole: Was ich hier meine, ist ein Gespräch über ein einzelnes, spezifisches Thema. Solch ein Gespräch wäre natürlich kein Ersatz für das Gipfeltreffen, auf das wir uns in Genf geeinigt haben.
Über letzteres denke ich angestrengt nach, zuallererst mit der Absicht, es zu einem wahrhaft bedeutsamen und substantiellen Treffen zu machen, so daß wir in die Lage versetzt werden, der praktischen Umsetzung des grundsätzlichen Einvernehmens, das wir in Genf erreicht haben, näher zu kommen. Wie Sie wissen, habe ich einige der Fragen auf dem Gebiet der Sicherheit genannt, die es wert wären, in Vorbereitung unseres Treffens bearbeitet zu werden. Ich bekräftige noch einmal, daß wir bereit sind, dabei auf ernsthafteste Weise nach Lösungen zu suchen, die beiderseits akzeptabel wären und die Sicherheit keiner Seite beeinträchtigten. Den beiderseitigen Willen

vorausgesetzt, wäre es auch denkbar, mit Blick auf das bevorstehende Treffen weitere Möglichkeiten für Vereinbarungen zu ermitteln, sowohl auf dem Gebiet der atomaren und der Weltraumwaffen als auch auf den andernorts besprochenen Gebieten. Gewiß haben wir auch einigen Diskussionsstoff, was regionale Fragen betrifft.

Ich nehme an, daß Sie ebenfalls an all diesen Fragen arbeiten, und im Fortgang unseres Briefwechsels werden wir sicherlich Gelegenheit finden, unsere jeweiligen Ideen, wie unsere Positionen einander angenähert werden können, ausführlicher und substantieller miteinander zu vergleichen. Es liegt auf der Hand, daß diese gemeinsame Arbeit, einschließlich der Vorbereitungen auf unser Treffen, aus dem Gedankenaustausch auf anderen Ebenen Nutzen ziehen wird, insbesondere aus den bevorstehenden Kontakten zwischen unseren Außenministern.

Ich sehe Ihrer Antwort mit Interesse entgegen.

Hochachtungsvoll

M. Gorbatschow

2. April 1986

Nach unserem Luftangriff auf Libyen zwei Wochen danach bezeichnete ein sowjetischer Regierungssprecher Gaddafi als ein heldenhaftes, unschuldiges Opfer unserer angeblichen Aggression, und Eduard Schewardnadse sagte ein Treffen mit George Shultz ab, bei dem der Termin des Gipfeltreffens festgelegt werden sollte.

Später in jenem Monat geschah der tragische Unfall in dem sowjetischen Atomreaktor in Tschernobyl. Ich schrieb Gorbatschow einen Brief, in dem ich ihm mein Beileid aussprach, aber auch meine Enttäuschung darüber äußerte, daß das Treffen Shultz–Schewardnadse abgesagt worden war. Hier ein Auszug aus diesem Brief:

Wir haben uns in bester Absicht bemüht, die ernsthaften Diskussionen auf hoher Ebene zu eröffnen, die in Vorbereitung unseres Treffens notwendig sind. Ich bedauere, daß es nicht möglich war, sie zu beginnen. Während auf einigen Gebieten positive Schritte zu verzeichnen sind, haben wir volle sechs Monate verloren, in denen wir jene Fragen hätten erörtern können, die am meisten unsere persönliche Aufmerksamkeit verdienen. Ich hoffe, Sie pflichten mir bei, daß es an der Zeit ist, sich auf die Tagesordnung zu konzentrieren, die wir im letzten November in Genf aufgestellt haben. Ich bin bereit, meinen Teil dafür zu tun. Wie ich bereits gesagt habe, ist es mein dringlicher Wunsch, bei unserem nächsten Treffen greifbare Ergebnisse zu erzielen. Ich stimme mit Ihnen darin überein, daß eine für Fortschritte günstige Atmosphäre sehr wichtig ist. Mit meinen Vorschlägen, bei denen ich Ihre Bemerkungen mir gegenüber sorgfältig berücksichtigt habe, wollte ich denn auch einen beiderseits akzeptablen Zugang zu einigen der Schlüsselprobleme finden.

Die Atmosphäre unserer Beziehungen wird natürlich auch davon beeinflußt, was wir beide privat sagen. Die Haltung, die ich in meinen öffentlichen Erklärungen zu vermitteln beabsichtige, ist eine Bekräftigung meines starken persönlichen Engagements dafür, daß während der verbleibenden Jahre meiner Administration auf allen Gebieten unserer Beziehungen konkrete Fortschritte erreicht werden.

Herr Generalsekretär, unsere jüngste Geschichte hat zur Genüge bewiesen, daß es unwahrscheinlich ist, daß wir irgend etwas bereinigen, wenn Sie auf den idealen Moment für die Bereinigung unserer Differenzen warten. Wir sollten unsere Lehren daraus ziehen, denn wir befinden uns in einer Zeit historischer und vermutlich einzigartiger Möglichkeiten. Verpassen wir sie nicht, nur weil unsere Anstrengungen nicht ausreichen.

Einige Tage später gab ich bekannt, was jetzt offizielle US-Politik war: Solange die Sowjetunion fortfahre, gegen den SALT-II-Vertrag zu verstoßen, fühlten sich die Vereinigten Staaten ebenfalls nicht durch ihn gebunden. Offen gesagt, war ich es einfach müde, nach den Regeln zu leben, während die andere Seite sie verletzte. Ich blieb jedoch bei meiner Politik der Mäßigung in öffentlichen Äußerungen über die Sowjets. Ich erklärte, Gorbatschow sei meiner Meinung nach ehrlich um die Beendigung der atomaren Bedrohung bemüht und hoffe auf Fortschritte in der Abrüstung.

Dann fällte ich meine dritte Entscheidung: Ende Juli sandte ich Gorbatschow einen umfassenden neuen Abrüstungsvorschlag zu, der auf den Ideen basierte, die während wochenlanger Debatten innerhalb der Administration entwickelt worden waren.

Er forderte von beiden Seiten die Verschrottung *aller* ballistischen Raketen, bei Fortsetzung der Forschung über Raketenabwehrsysteme, und versprach, daß diese Systeme, falls sie sich als realisierbar erwiesen, mit allen Nationen geteilt werden würden, sobald sämtliche Atomraketen verschrottet wären. »Wenn diese Forschungen ergeben sollten, daß eine solche Verteidigungswaffe möglich ist«, schrieb ich in mein Tagebuch, »würden beide von uns Tests (des neuen Systems) durchführen, und wir würden gemeinsam erklären, daß die Stationierung nach der Beseitigung aller ICBM erfolgen würde und die Verteidigung dann für alle verfügbar wäre.«

Während der Diskussionen, in denen der Vorschlag festgehämmert wurde, verlangten einige unserer Abrüstungs- und außenpolitischen Experten von mir, den Sowjets anzudeuten, daß wir bereit wären, die SDI gegen Konzessionen auf dem Gebiet der Offensivwaffen einzutauschen. Cap Weinberger, nach mir der Chefevangelist in Sachen SDI, erwiderte, wenn die Sowjets von diesem Riß innerhalb der Administration hörten und daraufhin zu der Meinung kämen, ich wäre in bezug auf die SDI schwankend geworden, wäre das das falsche Signal an Moskau und würde unsere Verhandlungsposition schwächen. Ich glaube, er fürchtete, ich könnte mich von jenen, die für mögliche Konzessionen bei der SDI eintraten, überreden lassen, aber er hätte sich keine Sorge zu machen brauchen. Ich hatte die feste Absicht, eine Alternative für die MAD-Politik zu finden, und sagte, so nachdrücklich und so laut ich konnte, privat und öffentlich: *Die SDI ist kein Verhandlungsgegenstand.*

George Shultz sagte, daß es zweifelhaft wäre, ob die Entwicklung und Erprobung der SDI nach dem mit den Sowjets abgeschlossenen ABM-Vertrag von 1972 erlaubt sei, den der Senat ratifiziert habe und der deshalb Gesetz sei. Cap sprach sich daraufhin für eine großzügigere Auslegung des Vertrages aus, die es uns, den Experten zufolge, gestatte, bestimmte Elemente des Systems zu entwickeln und zu erproben.

Wie die folgenden Tagebucheinträge belegen, war ich Caps Meinung:

17. Juli: ... eine große NSC-Sitzung über meinen Brief an Gorbatschow. Cap und George Shultz sind in mehreren Punkten verschiedener Meinung, etwa in dem, was wir zum ABM-Vertrag sagen sollen. Ich bin in diesem Punkt näher bei Cap. Ich möchte einen neuen Vertrag vorschlagen darüber, was wir tun werden, wenn die SDI-Forschung so aussieht, als hätten wir ein praktikables System.

18. Juli: Wir haben schließlich einen Brief an Gorbatschow fertig bekommen, den ich unterschreiben kann. Er ist gut geworden und müßte die Tür zu wirklichen Abrüstungsverhandlungen aufstoßen, sofern er ehrlich daran interessiert ist.

Während ich auf Gorbatschows Antwort auf meine neue Abrüstungsinitiative wartete, verhafteten KGB-Agenten in Moskau einen Korrespondenten der *U.S. News & World Report*, Nicholas Daniloff, und klagten ihn wegen Spionage für die Vereinigten Staaten an – kurz nachdem wir einen sowjetischen Spion in den Vereinigten Staaten dingfest gemacht hatten.

Die Anklage war lächerlich. Die Umstände seiner Verhaftung waren praktisch identisch mit denjenigen, unter denen in der Vergangenheit vier andere Amerikaner in Moskau festgenommen worden waren, nachdem wir KGB-Agenten in den Vereinigten Staaten verhaftet hatten – unschuldige Amerikaner wurden eingesperrt und dann zum Austausch mit den sowjetischen Agenten angeboten.

Die folgenden Kommentare in meinem Tagebuch reflektieren meine Gefühle zu dem Vorfall:

4. September: Ich rief George wegen unseres Mannes Daniloff in der Sowjetunion an. Ich fragte ihn nach seiner Meinung zu meiner Überlegung, daß ich mich vielleicht direkt mit Gorbatschow in Verbindung setzen sollte, um ihm zu sagen, daß Daniloff nicht für die Regierung gearbeitet hat. Um 5 Uhr nachmittags unterschrieb ich eine solche Botschaft ...

7. September: ... die Nachricht kam herein, daß die Sowjets Daniloff offiziell der Spionage anklagen würden. Gorbatschows Antwort auf meinen Brief war arrogant und wies meine Erklärung, daß Daniloff kein Spion gewesen sei, zurück. Ich bin außer mir. Hatte eine Konferenzschaltung mit George Shultz, John Poindexter und Don Regan. Entschieden uns, bis Dienstag in Washington zu warten, wo wir unseren Kurs erklären können. Die ganze Sache läuft wie üblich: Wir fangen einen Spion, wie auch diesmal, und die Sowjets greifen sich einen Amerikaner – *irgendeinen* Amerikaner – und sperren ihn ein, so daß sie einen Gefangenenaustausch vorschlagen können.

9. September: Sitzung mit George S., John P. und Don R. über den Daniloff-Fall. Wir werden zu erreichen versuchen, daß er bis zum Prozeß an unseren Botschafter übergeben wird, und anbieten, das gleiche hier mit ihrem Spion zu tun. Wenn es möglich ist, werden wir einen Austausch machen, aber nur, wenn sie einige ihrer Dissidenten freilassen, Sacharow etwa. Wenn wir ihn erst einmal wiederhaben, schlage ich vor, daß wir ein halbes Hundert ihrer KGB-Agenten bei der UNO aus dem Land werfen. Es darf keine Wiederholung dieser Geiselnahme geben …

10. September: George Shultz teilte mir mit, daß der Sowjet-Botschafter das Angebot überbracht habe, Daniloff unserem Botschafter zu übergeben, wenn wir das gleiche mit ihrem Spion machen. Ich habe ihm gesagt, er solle es tun. Ich glaube, es ist sehr wichtig, unseren Mann aus dem Gefängnis und von diesen täglichen vierstündigen Verhören zu befreien.

11. September: Es war eine kurze Nacht und ein langer Tag. Das übliche Treffen mit Don R. und dem VP, dann die NSC-Sitzung. John P. war zögerlich in bezug auf den Daniloff-Handel und wollte mehr an Gegenleistungen. Da es jedoch nur um die Zeit bis zu den Gerichtsverhandlungen geht, beharrte ich auf meinem Standpunkt, daß wir ihn aus dem Gefängnis holen sollten …

12. September: … eine NSPG-Sitzung wegen Daniloff. Wir sind uns einig geworden, [Gennadi] Zacharow [den sowjetischen Spion] bis zum Prozeß dem Sowjet-Botschafter zu übergeben, wenn sie Daniloff an unseren Botschafter überstellen. Das ist kein Handel. Den werden wir nicht eingehen. Ihr Mann ist ein Spion, der auf frischer Tat ertappt wurde, und Daniloff ist eine Geisel …

15. September: Eine hastig anberaumte Sitzung mit John P. und Don R., um unsere Haltung Gorbatschow gegenüber für den Fall zu besprechen, daß Daniloff uns nicht sofort übergeben wird. Wir werden ihm sagen, daß 25 KGB-Angehörige aus ihrem UN-Stab das Land verlassen müßten …

17. September: Die Presse ist ganz besessen von der Daniloff-Affäre und meint einhellig, wir hätten den Sowjets gegenüber klein beigegeben, was sie natürlich für die schlechteste Art halten, mit ihnen umzugehen. Die schlichte Wahrheit ist, daß wir keinen Handel angeboten und die ganze Zeit mit harten Bandagen gekämpft haben ... [Am Nachmittag] eine NSC-Sitzung, um uns auf den Besuch des sowjetischen Außenministers vorzubereiten und festzulegen, wie wir ihm gegenüber in der Daniloff-Affäre auftreten sollen. Wir haben die Sowjets informiert, daß wir 25 Angehörige ihres UN-Stabes nach Hause schicken. Sie sind allesamt KGB-Agenten.

18. September: ... Den Tag über haben wir ständig Bulletins über den Daniloff-Fall herausgegeben. Gorbatschow ist im Fernsehen aufgetreten, um zu erklären, daß unser Mann ohne jeden Zweifel ein Spion ist. Ich habe ihm zweimal schriftlich versichert, daß er es nicht ist. Schewardnadse ist zu einem Treffen mit George Shultz eingetroffen. Ob ich mit ihm zusammenkommen werde oder nicht, steht in den Sternen. Der Generalsekretär der UNO hat verlauten lassen, unsere Anordnung, 25 Angehörige des sowjetischen UN-Stabes auszuweisen, verstoße gegen die UN-Charta. Er sollte sich besser vorsehen; wenn wir unsere UN-Beiträge streichen, ist die UNO nicht mehr handlungsfähig. Zurück ins W. H. und ins Bett ...
Gestern abend hat der Senat meine Nominierungen für den Obersten Gerichtshof, Rehnquist und Scalia, bestätigt.

Am nächsten Tag brachte George Shultz den sowjetischen Außenminister Eduard Schewardnadse ins Weiße Haus, um Gorbatschows Antwort auf meinen Brief zu übergeben. Als Schewardnadse eintraf, entdeckte er, daß er den Brief in der sowjetischen Botschaft liegengelassen hatte. Einige KGB-Agenten, die ihn begleitet hatten, eilten davon, und als sie eine halbe Stunde später versuchten, das Oval Office zu betreten, sagten unsere Geheimdienstleute: »O nein, das geht nicht. Wir erlauben KGB-Agenten nicht, das Oval Office zu betreten.« Sie protestierten, und schließlich, nach erheblicher Aufregung (wie ich später erfuhr), wurde ein Kompromiß erreicht: Der sowjetische Dolmetscher wurde an die Tür des Oval Office gerufen, einer der KGB-Agenten übergab ihm den Brief, und der Dolmetscher händigte ihn Schewardnadse aus, der ihn wiederum mir überreichte.

Während der Wartezeit hatte Schewardnadse mir die Grundzüge von Gorbatschows Botschaft dargelegt: Gorbatschow wollte im nächsten Monat in London oder Island mit mir zusammenkommen, um zu sehen, ob wir beide nicht den Abrüstungsprozeß beschleunigen konnten, bevor wir uns in Washington trafen. Hinterher notierte ich in meinem Tagebuch:

> Ich entschied mich für Island. Die Begegnung soll als Vorbereitung des Gipfeltreffens dienen, womit ich übereinstimmte, jedoch nur unter der Bedingung, daß Daniloff vorher zu uns zurückkehren kann. Ich habe dem Außenminister erklärt, daß ich aufgebracht sei und daß ich ihnen die Spionageanklage gegen Daniloff, nachdem ich persönlich mein Wort gegeben hätte, daß er kein Spion sei, übelnehmen würde. Dann hielt ich ihm einen kleinen Vortrag über die Unterschiede zwischen unseren beiden Systemen und sagte ihm, daß sie nicht verstehen könnten, welche Bedeutung wir dem einzelnen beimäßen, weil sie nichts dergleichen kannten.
>
> Ich habe es genossen, wütend zu sein.

Abgesehen von der Einladung zu einem improvisierten Gipfeltreffen, deutete Gorbatschows Brief an, daß er wenig Interesse an der Abrüstungsinitiative hatte, der wir im Juli so viel Zeit und Aufmerksamkeit gewidmet hatten. Hier einzige Auszüge aus diesem Brief:

> Seitdem wir Ihren Brief vom 25. Juli 1986 erhalten haben, der einer sorgfältigen Prüfung unterzogen wurde, sind gewisse Entwicklungen und Vorfälle negativer Art aufgetreten. Dies ist nur ein weiteres Anzeichen dafür, wie empfindlich die Beziehungen zwischen der UdSSR und den Vereinigten Staaten sind und wie wichtig es ist, daß die Männer an der Spitze der beiden Länder sie beständig im Auge behalten und stabilisierend eingreifen, wann immer das Ausmaß ihrer Schwankungen bedrohlich wird.
>
> Zu diesen Vorfällen – wie sie auch vorher schon passiert sind und vor denen wahrscheinlich auch in Zukunft niemand sicher sein kann – gehört der Fall Zacharow und Daniloff. Er erfordert eine ruhige Untersuchung, Prüfung und die Suche nach einer beiderseits akzeptablen Lösung. Dennoch hat die US-Seite diesen Vorfall unnötigerweise dramatisiert. Unser Land sieht sich einer massiven feindseligen Kampagne ausgesetzt, die auch auf die höheren Ebenen der Administration und des Kongresses der Vereinigten Staaten übergegrif-

fen hat. Es hat den Anschein, als würde absichtlich ein Vorwand gesucht, um die sowjetisch-amerikanischen Beziehungen zu verschärfen und die Spannungen zu erhöhen.

Angesichts dessen stellt sich eine Frage ein: Was ist mit der für den Fortgang von Verhandlungen und ganz gewiß für die Vorbereitung eines Gipfeltreffens so wichtigen Atmosphäre?

Seit unserem Genfer Treffen hat die Sowjetunion eine Menge getan, um für eine förderliche Atmosphäre zu sorgen und sicherzustellen, daß die Verhandlungen mögliche praktische Vorbereitungen für unser nächstes Treffen ergeben.

Im Hauptpunkt der Begrenzung und Reduzierung der Rüstung – atomarer, chemischer und konventioneller Art – haben wir intensive Anstrengungen unternommen, unter Beachtung einer gleichgewichtigen Sicherheit konkrete Lösungen im Sinne einer radikalen Reduzierung des Ausmaßes der militärischen Konfrontation zu erreichen.

Andererseits, Mr. President, muß ich Ihnen mit jener Freimütigkeit, die unseren Dialog kennzeichnen sollte, sagen, daß der Gesamtcharakter der Aktionen der USA in internationalen Angelegenheiten, die Positionen, auf denen ihre Repräsentanten bei Verhandlungen und Konsultationen beharren, und der Inhalt Ihres Briefes in gleicher Weise zu schwerwiegenden und beunruhigenden Gedanken Anlaß geben. Man muß daraus schließen, daß im Grunde noch nicht damit begonnen wurde, das Einvernehmen in die Tat umzusetzen, das wir in Genf in bezug auf die Verbesserung der sowjetisch-amerikanischen Beziehungen, die Beschleunigung der Verhandlungen über die atomaren und Weltraumwaffen und die Ablehnung von Versuchen, militärische Überlegenheit zu gewinnen, erreicht haben ...

Wir haben unsere Ansicht über die Ursachen solcher Entwicklungen sowohl in Briefen als auch öffentlich dargelegt, und ich für meinen Teil möchte hier unsere Einschätzung der Situation nicht noch einmal wiederholen.

Zuallererst kommt einem eine Schlußfolgerung in den Sinn: Ist die US-Führung überhaupt bereit und wirklich willens, Vereinbarungen anzustreben, die zur Beendigung des Wettrüstens und einer echten Abrüstung führen würden? Tatsache ist, daß wir trotz erheb-

licher Anstrengungen der sowjetischen Seite einem Abrüstungsabkommen noch um keinen Zentimeter näher gekommen sind.
Nach eingehender Prüfung Ihres Briefes und der in ihm enthaltenen Vorschläge habe ich mich gefragt, wohin letztere bei der Suche nach Lösungen führen würden:
Erstens: Sie schlagen vor übereinzukommen, daß der ABM-Vertrag weitere fünf bis sieben Jahre gültig bleibt, während gleichzeitig Aktivitäten fortgesetzt werden sollen, die ihn aushöhlen. Anstatt also voranzukommen, würde etwas unternommen werden, das sogar das in Frage stellte, was bisher erreicht wurde.
Wir haben vorgeschlagen, die Arbeit an Raketenabwehrwaffen auf die Laboratorien zu beschränken. Als Antwort müssen wir erleben, wie Versuche unternommen werden, die Entwicklung von Weltraumwaffen und ihre Erprobung vor Ort zu rechtfertigen, und vorsorglich Erklärungen abgegeben werden, daß die Absicht bestehe, in fünf bis sieben Jahren mit der Stationierung umfangreicher ABM-Systeme zu beginnen, womit der Vertrag hinfällig wäre. Es versteht sich von selbst, daß wir dem nicht zustimmen werden. Wir sehen darin einen Umweg, der zu militärischer Überlegenheit führen soll.
Ich bin sicher, Mr. President, daß Sie sich an die Diskussionen, die wir über diesen Punkt in Genf hatten, erinnern werden. Damals sagte ich, daß wir, wenn die Vereinigten Staaten nach Weltraumwaffen strebten, nicht anders könnten, als unser Äußerstes zu tun, um diese Anstrengungen zu entwerten und sie nutzlos zu machen. Seien Sie versichert, daß wir die Mittel besitzen, um dies zu erreichen, und wenn sich die Notwendigkeit ergeben sollte, werden wir sie auch einsetzen. Wir zögen allerdings eine Bekräftigung des ABM-Vertrages vor. Das ist auch der Grund für unsere Position, daß die Arbeit an diesen Systemen auf die Laboratorien beschränkt bleiben und der Vertrag über eine Periode von bis zu fünfzehn Jahren streng eingehalten werden sollte. Wäre das der Fall, wäre es auch möglich – und das ist unser Vorschlag –, eine tiefgreifende Reduzierung der strategischen Offensivwaffen zu vereinbaren. Wir sind dazu ohne jede Verzögerung bereit. Dadurch würde auch in der Praxis demonstriert werden, daß keine der beiden Seiten nach militärischer Überlegenheit strebt.

Zweitens: Was die Mittelstreckenraketen anbelangt, hat die Sowjetunion eine optimale Lösung vorgeschlagen – die vollständige Beseitigung der amerikanischen und sowjetischen Raketen in Europa. Wir haben darüber hinaus einer Interimsoption zugestimmt – und das, ohne die Modernisierung der britischen und französischen Nuklearsysteme in Rechnung zu stellen.
Bei Befolgung unserer wohlbekannten Schritte in Richtung Verständigung würde die Frage der Verifikation nicht länger als Hindernis erscheinen. Aber die US-Seite hat ja jetzt ein neues Hindernis entdeckt, nämlich die sowjetischen Mittelstreckenraketen in Asien. Ich glaube allerdings, daß auch auf diesem Gebiet eine beiderseits akzeptable Formel gefunden werden kann, und ich bin bereit, eine solche vorzuschlagen...
Drittens: Die Haltung der Vereinigten Staaten zu einem Moratorium für Atomwaffentests ist zutiefst enttäuschend – und nicht nur für die Sowjetunion. Die Administration der Vereinigten Staaten unternimmt alles, um dieses Schlüsselproblem [hinhaltend zu behandeln und] als untergeordneten Punkt in Gespräche über andere Themen einzubeziehen. Sie kennen meine Ansicht in dieser Sache: Die Bereitschaft eines Landes, die Atomwaffentests einzustellen, ist ein Prüfstein für seine Politik auf dem Feld der Abrüstung und internationalen Sicherheit – und der Friedenssicherung überhaupt.
Das Argument, daß Atomwaffentests notwendig seien, um sich der Zuverlässigkeit seines Atomwaffenarsenals zu vergewissern, ist unhaltbar. Es gibt heute andere Methoden, um dies zu tun, ohne Atomexplosionen. Im übrigen testen die Vereinigten Staaten keine Sprengkörper mit einer Sprengkraft von mehr als 150 bis 200 Kilotonnen, obwohl 70 Prozent des US-Atomwaffenarsenals – in unserem Fall ist der Prozentsatz nicht geringer – aus Waffen mit einer größeren Sprengkraft bestehen. Kombiniert man die moderne Wissenschaft mit der politischen Bereitschaft, angemessenen Verifikationsmaßnahmen, einschließlich Inspektionen vor Ort, zuzustimmen, wird man eine effektive Verifikation der Abwesenheit atomarer Explosionen sichern können. Es gibt also auch hier genügend Spielraum für beiderseits akzeptable Lösungen.
Ich habe diese drei Fragen speziell angesprochen, weil sie meiner Meinung nach von größter Bedeutung sind. Es sind diejenigen, zu

denen von der UdSSR und den USA positive Lösungen erwartet werden. Sie sind für die ganze Welt von Interesse und werden überall diskutiert. Natürlich sind wir auch für produktive Gespräche über andere bedeutsame Probleme offen, wie etwa die Reduzierung der Streitkräfte und die konventionelle Abrüstung, ein Verbot der chemischen Waffen, regionale Probleme und humanitäre Fragen. Auch hier sollte ein gemeinsames Herangehen und Kooperation gesucht werden. Trotzdem bleiben die drei oben angesprochenen Fragen die Schlüsselpunkte.

Aber in dem knappen Jahr, das seit Genf vergangen ist, hat sich auf diesen Gebieten nichts bewegt. Ich bin nach reiflicher Überlegung, und nachdem ich Ihren letzten Brief bedacht habe, zu dem Schluß gekommen, daß die Verhandlungen einen kräftigen Impuls erhalten müssen; andernfalls werden sie weiterhin auf der Stelle treten und nur den Anschein erwecken, als würden sie unser Treffen auf amerikanischem Boden vorbereiten.

Wenn Sie und ich nicht persönlich eingreifen, werden sie nirgendwohin führen. Ich bin überzeugt, daß wir in der Lage sein werden, Lösungen zu finden, und ich bin bereit, mit Ihnen ernsthaft alles zu erwägen, was zu ihnen hinführen könnte, und solche Schritte abzusprechen, die – wenn sie von den entsprechenden Regierungsstellen rasch aufgegriffen werden – dazu beitragen können, meinen Besuch in den Vereinigten Staaten zu einem wirklich produktiven und fruchtbaren zu machen. Das ist genau das, was die Welt von einem zweiten Treffen der Führer der Sowjetunion und der Vereinigten Staaten erwartet. Ich hoffe auf eine baldige Antwort.

Hochachtungsvoll

M. Gorbatschow

15. September 1986

Ich erklärte Schewardnadse, daß ich auf Gorbatschows Vorschlag erst antworten würde, wenn Daniloff frei wäre, und in einer Rede vor der Generalversammlung der UN in der folgenden Woche sagte ich einige starke Worte über seine Verhaftung und ebenso über die sowjetischen Aktivitäten in Afghanistan und anderswo. Ich hatte halb erwartet, daß die kommunistischen Delegationen den Saal verlassen würden, aber sie taten es nicht. Danach setzte sich das Tauziehen im Fall Daniloff fort, wie die folgenden Tagebucheintragungen zeigen:

24. September: George Shultz und Schewardnadse feilschen bei der UNO immer noch um Daniloff. Es wird immer deutlicher, daß die Sowjets auf dem Rückmarsch sind. Wir kommen der Sache näher. Die Sowjets bezeichnen ihn inzwischen nicht mehr als Spion. Sie sprechen von ihm nur noch als einem »amerikanischen Bürger«.

25. September: ... George Shultz [hat aus New York angerufen] über Daniloff und die Begegnungen mit Schewardnadse; ein Handel zeichnet sich ab, bei dem Daniloff freikäme – und Zacharow im Austausch für [Jurij] Orlow und andere, wenn möglich. Ich glaube, wir werden uns mit Orlow begnügen müssen, aber, wie ich empfohlen habe, nur, wenn Z. erst abreist, nachdem Orlow zu Hause ist. Die Sowjets wollen zuerst Z. haben und Orlow ungefähr 15 Tage später freigeben. Natürlich halten wir daran fest, daß die 25 KGB-Agenten die UN verlassen und nach Hause gehen ...

26. September: Höhepunkt war die Vereidigung von Oberrichter Rehnquist und Richter Scalia im East Room. Nach dem Mittagessen eine Sitzung mit George S., Cap W. und Bill Casey und unseren Leuten aus dem Weißen Haus, Don R., John P. etc. Es ging um den Stand der Verhandlungen zwischen George und Schewardnadse. Der Knackpunkt zwischen uns ist ihr Bemühen, es als einen Handel Daniloff gegen ihren Spion Zacharow aussehen zu lassen. Wir werden Zacharow aber gegen sowjetische Dissidenten austauschen. Wir haben die Linie abgesteckt, über die wir nicht hinausgehen werden. Danach haben wir Nancy abgeholt und sind mit dem Hubschrauber nach Ft. Meade zur Einweihung des neuen Sitzes der National Security Agency geflogen. Ich sprach vor 25 000 NSA-Angestellten. Anschließend sind wir nach Camp David geflogen und zur Krönung des Tages eine Runde geschwommen.

29. September: Habe letzte Nacht überhaupt nicht gut geschlafen. Ich brauche meine Zimmergenossin. (Nancy ist nicht da.) Ins Büro zu einer kurzen Sitzung, bevor ich weg mußte, um ein bißchen zu politisieren. George Shultz hat Erfolg gehabt. Mr. und Mrs. Daniloff werden auf dem Weg nach Hause sein, bevor der Vormittag vorüber ist. Das wird als erstes bekanntgegeben. Morgen wird

George bekanntgeben, daß Zacharow für schuldig befunden und unter der Bedingung, daß er nie wieder in die USA zurückkehrt, nach Rußland entlassen wurde und Orlow und seine Frau freigelassen werden und die Sowjetunion in einer Woche verlassen können. Danach werde ich das Treffen mit Gorbatschow am 10., 11., 12. Okt. in Island bekanntgeben.

30. September: Ein hektischer Tag. Bin ungefähr um 10.05 Uhr im Büro angekommen und wurde sofort in den Presseraum geschickt, um das Island-Treffen am 11. und 12. Okt. bekanntzugeben. George Shultz hatte gerade die Verlautbarung über Zacharow und Orlow gemacht. Schon jetzt ist klar, daß die Presse glaubt, ich hätte nachgegeben und bei dem Handel wäre Daniloff gegen Zacharow ausgetauscht worden. Am Ende des Tages schlugen die Nachrichtensprecher auf mich ein, weil ich angeblich klein beigegeben hatte ... Daniloff ist in Washington eingetroffen. Ich werde ihn morgen nachmittag sehen. Zacharow ist auf dem Heimweg nach Rußland.

Letzten Endes hatten wir zwar den Boden behauptet und die Sowjets sich zurückgezogen, aber (und das brachte mir neue Vorwürfe seitens meiner konservativen Anhänger ein) wir hatten den Bogen nicht überspannt, um die Aussichten für das Gipfeltreffen nicht zu torpedieren.

Ich glaube nicht, daß die durch Daniloffs Verhaftung ausgelöste Krise an irgendeinem Punkt das Gipfeltreffen in Reykjavík gefährdet hatte. Ich denke, sowohl Gorbatschow als auch ich wußten, daß zuviel auf dem Spiel stand, und handelten entsprechend vorsichtig, um nicht schon im vorhinein zu torpedieren, was es an Erfolgsaussichten in Island geben mochte.

81

In Reykjavík schnellte meine Hoffnung auf eine atomwaffenfreie Welt kurzzeitig hoch, um während eines der längsten, enttäuschendsten – und ärgerlichsten – Tage meiner Präsidentschaft tiefer und tiefer zu sinken.

Der Ort des Treffens war ein Haus an der Küste mit Blick auf den Atlantik. Gorbatschow und ich kamen, in Begleitung unserer Dolmetscher, zuerst kurz allein zusammen, doch dann sagte Gorbatschow, er würde gern George Shultz und Schewardnadse hinzuziehen, und dabei blieb es für den Rest der zwei Tage – während der ganzen zehn Stunden Verhandlungen unter uns vieren.

Gorbatschow versuchte unsere Diskussion auf das Thema der Rüstungskontrolle zu beschränken. Aber ich eröffnete, indem ich erneut auf die sowjetische Weigerung zu sprechen kam, ihre Bürger aus religiösen Gründen ausreisen zu lassen oder die Zusammenführung getrennter Familien zu erlauben. Ich brachte Afghanistan und die fortgesetzte sowjetische Subversion in Ländern der Dritten Welt zur Sprache, was er sich anhörte, ohne darauf zu erwidern. Ich hatte eine Liste mit Namen von eintausendzweihundert Juden mitgebracht, die Rußland verlassen wollten, und händigte sie ihm aus. Ich betonte noch einmal, daß die sowjetische Menschenrechtspolitik die Verbesserung unserer Beziehungen erschwere. Ich fragte ihn auch, warum die Sowjetunion die Verpflichtung, sechs Millionen Tonnen von US-Getreide zu kaufen, nicht einhalten würde. Er antwortete, sie könne es sich, wegen des fallenden Ölpreises, der weniger sowjetische Devisen für Weizen bedeute, nicht leisten.

Während der folgenden anderthalb Tage machten Gorbatschow und ich Fortschritte auf dem Gebiet der Abrüstung, die selbst heute noch atemberaubend wirken.

Am ersten Tag akzeptierte er das Prinzip unseres Doppel-Null-Vorschlages für die Beseitigung der Atomraketen in Europa und meinen im Juli gemachten Vorschlag zur Abschaffung *aller* ballistischen Raketen innerhalb von zehn Jahren.

Im Verlauf des Tages begann ich mich zu fragen, ob der Unfall von Tschernobyl und ein Feuer, das nur wenige Tage vor unserem Treffen an Bord eines sowjetischen Atomunterseebootes ausgebrochen war, den neuen Eifer, mit dem Gorbatschow die Abschaffung der Atomwaffen diskutierte, bewirkt haben mochten. Die in Tschernobyl freigesetzte Strahlung hatte es für Tausende von Menschen unmöglich gemacht, in ihren Häusern zu leben, aber sie war geringer gewesen als die Strahlung, die ein einziger Sprengkopf verursachen würde, und während wir miteinander sprachen, fragte ich mich: Hat Tschernobyl Gorbatschow dazu gebracht, über die Wirkung nachzudenken, die eine Rakete mit zehn Sprengköpfen haben würde?

Wir verbrachten den ganzen Nachmittag damit. Ich schlug vor, daß in der ersten Phase unseres Plans, die Atomwaffen zu beseitigen, jeder von uns fünfzig Prozent seiner Raketen verschrotten solle, während gleichzeitig die Forschung über ein Raketenabwehrsystem fortgesetzt werde. Wenn die SDI-Forschung den Punkt erreicht habe, an dem ihre Ergebnisse getestet werden könnten, und die Tests zeigten, daß das System funktionstüchtig war, könnten wir, nachdem wir bereits fünfzig Prozent unserer Raketen verschrottet hätten, den Rest unserer Raketen zerstören und die SDI-Technologie in beiden Ländern nutzen. Am Ende der zehn Jahre, wenn sämtliche ballistischen Raketen beseitigt wären, würden wir auf beiden Seiten gleichzeitig das SDI-System stationieren.

Als Gorbatschow Einwände gegen die SDI vorbrachte, sagte ich, wir würden uns an den ABM-Vertrag halten und zusagen, das System in den nächsten zehn Jahren nicht einseitig zu stationieren.

Am Ende eines langen Tages schlug George Shultz vor, wir sollten die Notizen, die wir uns während der Sitzung gemacht hatten, unseren Teams übergeben, damit sie ausformulieren konnten, worin wir übereinstimmten und an welchen Punkten es noch hakte. Sie gingen sofort an die Arbeit und blieben die ganze Nacht über, bis um halb sieben Uhr am nächsten Morgen, dabei. George und ich waren sehr aufgeregt.

Für den nächsten Tag, einen Sonntag, hatten wir vereinbart, den halben Tag, bis zum Mittag, für Gespräche zu verwenden. Wir stellten zunächst fest, daß wir den Übereinkünften des Sonnabends, wie sie von unseren Experten schriftlich fixiert worden waren, zustimmten. Dann begann die zweite Verhandlungsrunde.

Zusätzlich zu den Atomraketen, sagten wir, könnten wir auch versuchen, andere Atomwaffen zu reduzieren und möglicherweise zu eliminieren, einschließlich der Bomber, und Gorbatschow bekräftigte seine Einsicht in die Notwendigkeit gegenseitig akzeptabler Verifikationsprozeduren.

Als ich sagte, wir könnten die taktischen atomaren Schlachtfeldwaffen in Europa nicht abschaffen, weil sie die Abschreckung der NATO gegen eine Invasion der viel größeren konventionellen Streitkräfte des Warschauer Pakts sicherten, erklärte sich Gorbatschow zu einer drastischen Verringerung der konventionellen Streitkräfte bereit; das war etwas, was wir immer als Voraussetzung einer Vereinbarung zur Reduzierung der Atomwaffen betrachtet hatten, aber wir hätten nie gedacht, daß wir es in Island bekommen würden.

George und ich konnten kaum glauben, was geschah. Wir erreichten verblüffende Vereinbarungen. Während die Stunden vergingen, hatte ich immer mehr das Gefühl, daß etwas Bedeutsames Gestalt annahm.

Der Mittag, das vorgesehene Ende der Gespräche, kam und ging. Wir achteten nicht auf die Uhrzeit und arbeiteten in jenem Zimmer über dem Meer weiter, wir vier Politiker und unsere Dolmetscher.

Als der Abend dämmerte, dachte ich bei mir: Sieh nur, was wir erreicht haben – wir haben die massivste Waffenreduzierung der Geschichte ausgehandelt. Ich glaubte, daß wir uns in völliger Übereinstimmung befanden und etwas Beachtliches zustande bringen würden.

Doch dann, als alles entschieden war – jedenfalls dachte ich, daß es so war –, warf Gorbatschow uns aus der Kurve. Er sagte mit einem Lächeln auf dem Gesicht: »Das alles hängt natürlich davon ab, daß Sie die SDI aufgeben.«

Ich glaubte meinen Ohren nicht zu trauen. Ich fühlte mich wie vor den Kopf geschlagen.

»Ich habe immer wieder erklärt«, sagte ich, »daß die SDI kein Verhandlungsgegenstand ist. Und ich habe Ihnen gesagt, daß wir, wenn wir herausfinden, daß die SDI möglich und praktabel ist, Ihnen und jedem sonst die Informationen zukommen lassen werden, damit die Atomwaffen überflüssig gemacht werden können. Jetzt, wo wir soviel erreicht haben, werfen Sie diesen Stein auf den Weg, und alles ist für die Katz. Wir werden unter gar keinen Umständen die Forschungen über eine Verteidigungswaffe gegen Atomraketen aufgeben.«

Schließlich war es die Strategische Verteidigungsinitiative gewesen, die die Sowjetunion nach Genf und Reykjavík gebracht hatte. Ich würde mein Versprechen an das amerikanische Volk, mir die SDI nicht abhandeln zu lassen, nicht brechen.

Wir wußten aus Geheimdienstinformationen, daß die Sowjets selbst insgeheim nach einem Raketenabwehrsystem ähnlich der SDI suchten; ihre Technologie war der unseren unterlegen, aber wenn wir die Arbeit an der SDI einstellten, während sie weiterhin an ihrem System arbeiteten, hätte das bedeutet, daß wir uns eines Tages der Tatsache gegenüber sehen konnten, daß sie allein ein Verteidigungssystem gegen Raketen besaßen. Das konnten wir uns nicht erlauben. Die SDI war eine Versicherungspolice, die garantierte, daß die Sowjets die Vereinbarungen einhielten, die Gorbatschow und ich in Reykjavík abschlossen. Wir hatten genug Erfahrungen mit sowjetischen Vertragsverletzungen, um zu wissen, daß eine solche Rückversicherung nötig war.

»Wenn Sie willens sind, die Atomwaffen abzuschaffen«, fragte ich Gorbatschow, »warum liegt Ihnen dann soviel daran, eine Verteidigungsmöglichkeit gegen Atomwaffen loszuwerden? Ein nichtatomares Verteidigungssystem wie die SDI bedroht niemanden.«

Vom amerikanischen Standpunkt aus, sagte ich, sehe es so aus, als wollte die Sowjetunion uns an der Weiterarbeit an der SDI hindern, weil wir in dieser Technologie vorn lägen und sie aufschließen wolle. Dann wiederholte ich, um zu bekräftigen, daß wir nicht die Absicht hatten, die SDI offensiv oder als Schild für einen Erstschlag anzuwenden, noch einmal mein Angebot, unsere Laboratorien zu öffnen und das System der ganzen Welt zugänglich zu machen; ich sagte, damit würden Atomwaffen überflüssig sein, und der Tag wäre nicht mehr weit, an dem die Staaten genügend Vertrauen in ihre Sicherheit hätten, um solche Waffen aufzugeben.

»Wir wissen alle, wie man Atomwaffen herstellt«, sagte ich. »Selbst wenn wir alle versichern, daß wir sie nie wieder benutzen werden, könnte es irgendwann einen neuen Hitler geben, der sich in den Besitz von Atomwaffen bringt.«

Die Forschung über die SDI würde vermutlich Jahre dauern, und diese Zeit könnte genutzt werden, um Vereinbarungen über den Abbau der Atomwaffen abzuschließen und zu verwirklichen. Dann brachte ich meine Geschichte über die Gasmasken an: Nach dem Ersten Weltkrieg hätten die Staaten der Welt versprochen, im Kriegsfall nie wieder Giftgas einzusetzen. »Wir haben den Zweiten Weltkrieg durchgemacht, und niemand hat Giftgas eingesetzt – aber alle behielten ihre Gasmasken. Wer weiß, was für ein Verrückter auftauchen mag, wenn wir nicht mehr da sind? Wir leben in einer Welt, in der die Regierungen wechseln; in Ihrem eigenen Land hat es während meiner Amtszeit schon vier Führer gegeben. Ich glaube, Sie meinen es ernst, wenn Sie sagen, daß Sie den Frieden wollen, aber es könnte Veränderungen geben. Auf der anderen Seite ist es das gleiche: Ich glaube, Sie wissen, daß ich den Frieden will, aber Sie wissen auch, daß ich nicht in der Lage sein werde, meine Versprechen selbst einzulösen. Deshalb brauchen wir eine Absicherung dafür, daß unsere Vereinbarungen zur Abschaffung der Atomwaffen auch in Zukunft eingehalten werden.

Wenn Sie glauben, es wäre schwachsinnig von mir, die SDI-Technologie teilen zu wollen, denken Sie an folgendes: Angenommen, wir wären an dem Punkt angelangt, an dem die SDI stationiert werden kann, und wir hätten sie allein. Die Forschung ist getan, aber es wird noch Monate, wenn nicht Jahre dauern, bis alles stationiert ist. Wir besitzen jedoch auch ein großes Arsenal an Atomwaffen, und die Welt weiß es; wir müssen also in Betracht ziehen, daß die andern versucht sein könnten, auf den Knopf zu drücken, bevor unser Verteidigungssystem installiert ist, weil sie fürchten, daß wir bald in der Lage sind, die Welt zu erpressen.

Wenn die Zeit gekommen ist, um die SDI zu stationieren, werden die Vereinigten Staaten also keine andere Wahl haben, als diese Situation zu vermeiden, indem sie das System allen Ländern zugänglich machen, damit sie wissen, daß wir nicht die Macht hätten, sie zu erpressen. Wir sind nicht altruistisch. Es gibt einen guten Grund dafür, daß wir bereit sind, diese Verteidigung, wenn wir sie erst einmal haben, mit anderen zu teilen.«

Gorbatschow bekam meine Bemerkungen übersetzt, hörte jedoch nicht zu. Er wollte nicht von seiner Position abgehen. Er saß nur da, lächelte und sagte, er glaube mir immer noch nicht, daß die Vereinigten Staaten die SDI anderen Ländern zur Verfügung stellen würden.

Ich wurde immer wütender. Mir dämmerte, daß er mit einer einzigen Absicht nach Island gekommen war: die Strategische Verteidigungsinitiative zu erledigen. Er mußte von Anfang an vorgehabt haben, sie in letzter Minute aus dem Hut zu ziehen.

»Das Treffen ist beendet«, sagte ich. »Gehen wir, George! Wir reisen ab.«

Als wir unsere Wagen erreicht hatten, um Reykjavík zu verlassen, sagte Gorbatschow: »Ich weiß nicht, was ich noch hätte tun können.« Ich erwiderte: »Aber ich. Sie hätten ja sagen können.«

In meinem Tagebuch notierte ich an diesem Abend:

Er wollte eine Vereinbarung, die die SDI erledigt hätte. Der Preis war hoch, aber ich wollte nicht verkaufen, und so ging der Tag zu Ende. Unsere Leute meinten alle, daß ich genau das Richtige getan hätte. Ich hatte mein Wort verpfändet, die SDI nicht wegzugeben, und ich habe es nicht getan, aber das bedeutete, daß es auch keine Abrüstungsvereinbarungen gab. Er versuchte, sich jovial zu geben, aber ich war außer mir, und ich zeigte es. Nun, der Ball ist jetzt auf seiner Seite des Spielfelds, und ich bin überzeugt, daß er es sich anders überlegen wird, wenn er sieht, wie die Welt darauf reagiert.

Ich war tief enttäuscht – und *sehr* wütend. Doch als ich in Washington ankam, zeigte mir der Empfang, daß das amerikanische Volk hinter mir stand. Es wollte nicht, daß die SDI aufgegeben wurde.

82

Anfang Juni 1987, nach dem Wirtschaftsgipfel in Venedig, flogen Nancy und ich nach West-Berlin, wo wir wieder an die enorme Kluft zwischen unserem System und dem der Kommunisten erinnert wurden. Mir kam der Marshallplan in den Sinn: wie Amerika nach dem Zweiten Weltkrieg Milliarden ausgegeben hatte, um die angeschlagenen Wirtschaften in Europa, einschließlich derjenigen von zweien unserer vormaligen Feinde, wiederaufzubauen, und ich fragte mich, welche andere Nation auf der Welt das getan hätte. Ich sah eine Ausstellung zu Ehren der mutigen Piloten – von denen ich drei kennenlernte –, die die Stadt während der Berliner Luftbrücke am Leben erhalten hatten. Und dann sah ich die Berliner Mauer, ein Symbol für den Kontrast zwischen zwei unterschiedlichen politischen Systemen, wie es deutlicher nicht sein konnte: Auf der einen Seite wurden die Menschen durch ein verfehltes, korruptes totalitäres Regime gefangengehalten, auf der anderen gab es Freiheit, Unternehmungsgeist und Wohlstand.

Ich hatte eine Einladung angenommen, am Brandenburger Tor vor der Trennlinie zwischen West-Berlin und Ost-Berlin eine Rede zu halten. Bevor ich an der Reihe war zu sprechen, kam ich im Reichstagsgebäude nicht weit von der Mauer mit meinen westdeutschen Gastgebern zusammen. Aus dem Fenster konnte ich die Grafitti und prodemokratischen Slogans auf der freien Seite der Mauer sehen, und drüben auf der anderen Seite ein Regierungsgebäude in Ost-Berlin, in dem sich, wie man mir sagte, Abhöreinrichtungen befanden, mit deren Hilfe unsere Unterhaltung mitgehört werden konnte. »Passen Sie auf, was Sie sagen«, riet mir einer der deutschen Offiziellen.

Nun, als ich das hörte, ging ich auf einen Treppenabsatz hinaus, der noch näher an dem Gebäude lag, und machte meiner Meinung über eine Regierung Luft, die ihr Volk wie Tiere einpferchte. Ich kann mich nicht mehr genau daran erinnern, was ich gesagt habe, aber es dürften recht kräftige Worte gewesen sein, mit denen ich, in der Hoffnung, gehört zu werden, meine Ansichten über den Kommunismus ausdrückte. (In Washington hatte man mir gesagt, ich wäre, weil ich eine Hörhilfe trage, noch verwundbarer für elektronische Lauschangriffe als andere Leute. Hörhilfen könnten durch aus weiter Entfernung auf sie gerichtete Funksignale »verwanzt« werden und gäben dann alles weiter, was im Zimmer gesprochen werde; mein Hörhilfe war deshalb einem speziellen »Entwanzungs«-Prozeß unterzogen worden.)

Von diesem Gebäude gingen wir zum Brandenburger Tor, wo sich Zehntausende von Berlinern versammelt hatten. Da sie Gedanken enthält, die mir sehr wichtig sind, möchte ich hier einige Auszüge aus der Rede wiedergeben, die ich am 12. Juni 1987 in Berlin hielt:

> Hinter mir steht die Mauer, die die freien Sektoren dieser Stadt umschließt, ein Teil der massiven Schranken, die den gesamten Kontinent Europa spalten.
>
> Südlich der Ostsee schneiden diese Schranken durch Deutschland hindurch einen Riß aus Stacheldraht, Beton, Hundelaufanlagen und Wachtürmen. Weiter im Süden mag es keine sichtbare, augenfällige Mauer geben. Aber es bleiben trotzdem noch die bewaffneten Wachposten und Kontrolltürme – immer noch eine Einschränkung der Freizügigkeit, immer noch ein Instrument, Menschen den Willen eines totalitären Staates aufzuzwingen. Es ist jedoch gerade in Berlin, wo die Mauer am sichtbarsten aufragt: Sie spaltet die Stadt genau an der Stelle, wo Zeitungsphotos und Fernsehschirme diese brutale Teilung eines Kontinents für das Bewußtsein der Welt festhalten. Jeder Deutsche, der vor dem Brandenburger Tor steht, ist ein Mensch, der von seinen Landsleuten getrennt ist. Jeder dieser Menschen ist ein Berliner, der gezwungen ist, diese sichtbare Narbe zu ertragen ...
>
> Solange das Tor zu ist, so lange wird diese Mauer als Wunde fortbestehen; es ist nicht die deutsche Frage allein, die offenbleibt, sondern die Frage der Freiheit für die gesamte Menschheit. Aber ich bin nicht hergekommen, um zu lamentieren. Denn ich finde in Berlin

eine Botschaft der Hoffnung, sogar im Schatten dieser Mauer – eine Botschaft des Triumphs.

Im Frühjahr 1945, als die Berliner aus ihren Luftschutzbunkern heraustraten, fanden sie Verwüstung vor. Tausende von Kilometern entfernt bot das Volk der Vereinigten Staaten seine Hilfe an; und im Jahr 1947 verkündete Außenminister George Marshall die Schaffung dessen, was als Marshallplan bekannt werden sollte. In diesem Monat vor genau vierzig Jahren sagte er: »Unsere Politik richtet sich nicht gegen irgendein Land oder irgendeine Doktrin, sondern gegen Hunger, Armut, Verzweiflung und Chaos.«

... Im Westen wurde [der amerikanische Traum des Wohlstands für alle] Wirklichkeit. Japan erhob sich aus den Trümmern zu einer gigantischen Wirtschaftsmacht. Frankreich, Italien, Belgien – buchstäblich jede Nation Westeuropas erlebte eine politische und wirtschaftliche Wiedergeburt ... Im Westen Deutschlands und hier in Berlin wurden Wunder vollbracht, das »Wirtschaftswunder« fand statt ... [Ihre] Führer wußten um die praktische Bedeutung der Freiheit – daß die Wahrheit nur gedeihen kann, wenn dem Journalisten Redefreiheit eingeräumt wird, daß Wohlstand nur entstehen kann, wenn Landwirte und Geschäftsleute wirtschaftliche Freiheit genießen. Die deutschen Politiker setzten die Zölle herab, entwickelten den freien Handel und senkten die Steuern. Allein in den Jahren von 1950 bis 1960 verdoppelte sich der Lebensstandard in der Bundesrepublik Deutschland und Berlin.

Wo vor vier Jahrzehnten nur Trümmer lagen, haben jetzt die Westsektoren Berlins die umfangreichste industrielle Produktion aller Städte in Deutschland. Bürotürme, schöne Wohnanlagen und Siedlungen, prächtige Straßen und ausgedehnte Parks. Wo die Kultur einer ganzen Stadt zerstört zu sein schien, gibt es heute zwei große Universitäten, Orchester und eine Oper, zahllose Theater und Museen. Wo einst Bedarf bestand, herrscht heute Fülle – Lebensmittel, Kleidung, Autos, die wunderbare Warenwelt auf dem Kudamm. Aus der Zerstörung – aus bloßen Ruinen – haben Sie, die Berliner, in Freiheit eine Stadt wiederaufgebaut, die wiederum als eine der großartigsten der Erde einzuordnen ist ...

In den fünfziger Jahren prophezeite Chruschtschow: »Wir werden euch begraben.« Aber heute erblicken wir im Westen eine freie

Welt, die ein Niveau an Wohlstand und Wohlergehen erlangt hat, die in der Geschichte ihresgleichen suchen. Die kommunistische Welt leidet unter Fehlschlägen, technologischer Rückständigkeit, einer Verschlechterung des allgemeinen Gesundheitszustandes. Sogar eines der wichtigsten Grundbedürfnisse wird nicht befriedigt – Lebensmittel. Noch heute kann sich die Sowjetunion nicht selbst ernähren. Nach vier Jahrzehnten ist nun für die gesamte Welt klar: Freiheit führt zu Wohlstand. Freiheit ersetzt den Völkerhaß durch Einvernehmen und Frieden – Freiheit siegt. Jetzt wird den Sowjets auch allmählich die Bedeutung der Freiheit klar. Aus Moskau ist viel von einer neuen Politik der Reform und der Offenheit zu vernehmen. Einige politische Gefangene sind freigelassen worden. Bestimmte ausländische Nachrichtensendungen werden nicht länger gestört. Manche Wirtschaftsunternehmen können jetzt freier von staatlicher Kontrolle operieren.

Sind das die Anfänge tiefgreifender Veränderungen im Sowjetstaat? Oder sind es Scheingesten, die im Westen falsche Hoffnungen wekken oder das sowjetische System festigen sollen, ohne es zu verändern? Wir begrüßen Veränderung und Öffnung, denn wir sind der Ansicht, daß Freiheit und Sicherheit – daß das Vorrücken der Menschenrechte die Sache des Friedens nur vorantreiben kann. Es gibt ein Zeichen, das die Sowjets geben könnten, das unmißverständlich wäre und die Sache von Freiheit und Frieden auf dramatische Weise vorantreiben würde.

Dann sagte ich:

Generalsekretär Gorbatschow, wenn Sie nach Frieden streben, wenn Sie Wohlstand für die Sowjetunion und für Osteuropa wünschen, wenn Sie die Liberalisierung wollen, dann kommen Sie hierher zu diesem Tor! Mr. Gorbatschow, öffnen Sie dieses Tor! Mr. Gorbatschow, reißen Sie diese Mauer nieder!

So dicht an der Berliner Mauer, sie sowohl materiell als auch in ihrem Symbolgehalt vor mir sehend, spürte ich Wut in mir aufkommen, und ich bin sicher, daß diese Wut in meiner Stimme mitschwang, als ich diese Worte sagte.

Ich hätte mir nie träumen lassen, daß weniger als drei Jahre danach die Mauer tatsächlich niedergerissen und mir ein Drei-Tonnen-Stück für meine Präsidentenbibliothek geschickt werden würde.

Ich erzähle die Geschichte dieser Rede hier, um daran zu erinnern, daß wir, bei all den Veränderungen, die sich seither in ihrem Land und in Osteuropa ereignet haben, im Frühling 1987 den Sowjets immer noch mit großer Ungewißheit gegenüberstanden; Gorbatschow hatte zwar seine neuen Programme von Perestroika und Glasnost verkündet, und es war klar, daß in der Sowjetunion etwas vorging, aber wir wußten noch nicht genau, was es war.

Es sollte mehr als ein Jahr vergehen, nachdem wir Gorbatschow in Reykjavík hatten abblitzen lassen, bis wieder an die Erwärmung der amerikanisch-sowjetischen Beziehungen angeknüpft wurde, die in Genf begonnen hatte. Aber das heißt nicht, daß in den Beziehungen unserer beiden Länder keine wichtigen Veränderungen stattgefunden hätten.

Obwohl einige das Gipfeltreffen in Reykjavík als Reinfall betrachteten, denke ich, daß die Geschichte zeigen wird, daß es einen bedeutsamen Wendepunkt auf dem Weg zu einer sicheren und geschützten Welt darstellte.

Während jener zehnstündigen Diskussionen zwischen vier Männern in einem Zimmer mit Blick aufs Meer einigten wir uns auf die Grundbegriffe dessen, was vierzehn Monate später zum INF-Vertrag werden sollte – zu einem Abkommen, das zum ersten Mal in der Geschichte die Beseitigung einer ganzen Klasse atomarer Waffen vorsah. Darüber hinaus schufen wir einen Rahmen für den START-Vertrag über die Reduzierung der weitreichenden strategischen Raketen auf beiden Seiten sowie für eine Übereinkunft über die Reduzierung der chemischen Waffen und der konventionellen Streitkräfte, während wir uns gleichzeitig das Recht vorbehielten, die Strategische Verteidigungsinitiative weiterzuentwickeln.

Genauso, wie ich denke, daß die Sowjets an den Verhandlungstisch in Genf zurückgekehrt waren, weil wir uns geweigert hatten, die Stationierung der Mittelstreckenraketen der NATO im Herbst 1983 abzubrechen, glaube ich, daß Gorbatschow bei unserem nächsten Treffen in Washington zu echten Gesprächen bereit war, weil wir in Reykjavík konsequent geblieben waren und das SDI-Programm weiterlaufen ließen.

Aber die Fortschritte während dieser vierzehn Monate kamen nicht von selbst. Gorbatschow behielt seinen Widerstand gegen die SDI das ganze Jahr 1987 über bei. Und nicht alle Hindernisse für die Weiterführung des in Genf begonnenen Prozesses rührten aus Moskau her.

Die Monate nach dem Gipfeltreffen von Reykjavík waren sehr betriebsam. Es gab die Iran-Contra-Affäre und in deren Folge verschiedene Wechsel im Weißen Haus; es gab neue Probleme zwischen den Israelis und ihren arabischen Nachbarn; es gab Versuche des Irak und Iran, den Persischen Golf für den Schiffsverkehr zu schließen, während wir entschlossen waren, die Schiffahrtslinien offenzuhalten; und es gab den tragischen Angriff des Irak auf die USS *Stark*.

Im Kongreß unternahmen die Demokraten neuerliche Anstrengungen, die Militärprogramme zu kürzen, die für die Fortsetzung unserer Politik des Friedens durch Stärke, welche die Sowjets an den Verhandlungstisch gebracht hatte, wesentlich waren. Und im Pentagon waren wegen meines Traums einer atomwaffenfreien Welt einige Befürchtungen laut geworden. Die Vereinigten Stabschefs, die hinter unseren Bemühungen standen, neue Abrüstungsvereinbarungen zu erzielen, erklärten, daß wir auch in absehbarer Zukunft noch Atomraketen benötigen würden, um das gewaltige Übergewicht der konventionellen Streitkräfte des Sowjet-Blocks in Europa und den Unwillen des Kongresses, höhere Ausgaben zu genehmigen, auszugleichen. (Zu den Realitäten des Atomzeitalters gehört es, daß die Kosten für den Unterhalt einer atomaren Abschreckungsstreitmacht weit geringer sind als die Gehälter und Unterhaltskosten für konventionelle Armeen.) Schließlich schlugen wir, auf ihren Rat gestützt, vor, den fünfzigprozentigen Schnitt bei den ICBMs nicht in fünf, sondern in sieben Jahren anzustreben, und die Russen stimmten zu.

Unterdessen hatten einige meiner konservativeren Anhänger Protest angemeldet, weil ich durch die Verhandlungen mit den Russen ihrer Meinung nach die zukünftige Sicherheit unseres Landes aufs Spiel setzte. Ich versicherte ihnen, daß wir kein Abkommen unterzeichnen würden, das uns zum Nachteil gereichte, bekam aber immer noch genug von ihnen zu hören; viele von ihnen schienen zu glauben, wir müßten uns auf einen Atomkrieg vorbereiten, weil er »unvermeidbar« sei. (Ich fragte mich manchmal, wie *sie* auf einen Besuch in Tschernobyl reagiert hätten.) Cap Weinberger war strikt gegen die Vision, die Gorbatschow und ich in Reykjavik vor Augen gehabt hatten, als wir die Abschaffung aller Atomraketen forderten. Ich sagte Cap, ich würde trotz seines Widerstandes daran festhalten. In einem allerdings waren Cap und ich einer Meinung: George Shultz und er stritten sich den Frühling und Sommer über weiter darüber, wie wir den ABM-Vertrag interpretieren und in welchem Tempo wir die im Zuge der Strategischen Verteidigungsinitiative produzierte Hardware – falls sie sich als praktikabel erwies – entwickeln und stationieren sollten. George empfahl weiterhin eine enge Auslegung des Vertrages, womit die Erprobung gewisser Technik nicht erlaubt gewesen wäre; er und Frank Carlucci, mein neuer Sicherheitsberater, meinten, Cap sei in seinen Vorstellungen darüber, wie bald die Wissenschaftler und Ingenieure in der Lage sein würden, die technischen Probleme der Entwicklung der SDI zu lösen, allzu optimistisch. Ich schlug mich auf Caps Seite und entschied, daß es die beste Politik wäre, hart zu bleiben, die Forschungen zum SDI-System und seine Erprobung voranzutreiben, festzustellen, ob es funktionierte, und wenn es das tat, ab 1993 damit zu beginnen, es in mehreren Phasen zu stationieren. Ich glaubte außerdem, daß wir bei der großzügigen (und völlig legalen) Interpretation des Vertrages, für die Cap sich einsetzte, bleiben und gleichzeitig weiter auf ein Abkommen zum Verbot aller Atomwaffen hinarbeiten sollten.

In Genf hatte es sich als äußerst schwierig erwiesen, eine Einigung über die spezifischen Fragen des INF-Vertrages zu erzielen, obwohl Gorbatschow und ich uns bereits über das Prinzip des Doppel-Null-Vorschlags verständigt hatten. Ein Hindernis betraf zum Beispiel Westdeutschland: Helmut Kohl befürchtete, daß Westdeutschland durch die Abschaffung aller INF-Waffen der NATO ohne eine gleichzeitige Stärkung der konventionellen NATO-Streitkräfte einer Invasion durch den Warschauer Pakt zu wenig entgegenzusetzen hätte; die einzige verbleibende atomare Abschreckung würde von Raketen mit einer Reichweite von weniger als 500 Kilometern ausgehen, bei deren Einsatz aufgrund ihrer kurzen Reichweite unvermeidlich auch deutsche Bürger zu Schaden kommen würden. Er wollte auch diese Raketen mit kurzer Reichweite abgeschafft sehen. Auf dem Wirtschaftsgipfel in Venedig stritten er und Margaret Thatcher während eines Abendessens stundenlang über dieses Thema: Margaret meinte, wenn die INF-Raketen (deren Reichweite zwischen 500 und 2000 Kilometern lag) aus Europa abgezogen würden, müßten die Raketen mit weniger als 500 Kilometern Reichweite bleiben, da dann nur noch sie übrigblieben, um eine Aggression der Warschauer-Pakt-Länder gegen Westeuropa abzuschrecken. Ich stellte mich in dieser Frage auf Helmuts Seite und pflichtete ihm bei, daß auch die Raketen kürzerer Reichweite verschwinden müßten.

Dann schob Gorbatschow ein neues Hindernis auf den Weg zu einem INF-Vertrag, das wiederum Westdeutschland betraf. Seine Unterhändler in Genf sagten, ihre Zustimmung zu dem Vertrag sei davon abhängig, ob Kohl die zweiundsiebzig älteren Pershing-1A-Abschußrampen abbaue. Ich erwiderte, daß wir nicht im Namen eines dritten Landes verhandeln könnten, schlug Helmut aber privat vor, die Raketen im Interesse der Abrüstung freiwillig zu verschrotten.

Mit den Kalenderseiten des Jahres 1987 wurden auch die der Geschichte umgeschlagen. Wir erhielten immer mehr Beweise dafür, daß Gorbatschow mit der Einführung grundlegender ökonomischer und politischer Reformen in der Sowjetunion ernst machte. Die ersten freien Wahlen in der Sowjetunion waren geplant; Unternehmer wurden offiziell ermutigt, in der Sowjetunion aktiv zu werden; und am siebzigsten Jahrestag der Russischen Revolution ritt Gorbatschow eine scharfe Attacke gegen Stalin, die den Weg für eine neue Freiheit der Untersuchung der sowjetischen Vergangenheit und ihrer Fehler eröffnete.

Es gab zaghafte Anzeichen dafür, daß die »stille Diplomatie« mit Gorbatschow funktionierte: Obwohl weder er noch ich öffentlich darüber sprachen, erhielten nach und nach einige derjenigen, deren Namen auf der Liste standen, die ich ihm von Leuten gegeben hatte, von denen wir wußten, daß sie die Sowjetunion verlassen wollten, ihre Ausreiseerlaubnis. Im August weckte mich George Shultz eines Morgens mit der Nachricht, Wladimir Felzman, der Konzertpianist, den Ron in Moskau kennengelernt hatte, sei mit Frau und Kind in Wien angekommen. Einige Wochen später traf er in den Vereinigten Staaten ein, und Nancy beschloß, ihm mit einem Konzert im Weißen Haus zu einem guten Start zu verhelfen. Ich werde mich immer an die Leidenschaft erinnern, mit der er das erste Stück spielte: Es war »The Star-Spangled Banner«, und es waren, wie man sich leicht vorstellen kann, eine Menge Tränen im East Room zu sehen. Einige Tage darauf hatte ich wiederum Besuch: von der ehemaligen sowjetischen Physiklehrerin und Dichterin Irina Ratuschinskaja, der Autorin jenes gekritzelten Gedichts, das 1984 aus dem sowjetischen Gulag, in dem sie wegen »antisowjetischer Agitation und Propaganda« eingesperrt war, herausgeschmuggelt und mir zugeschickt worden war. Sie hatte die Erlaubnis erhalten, Rußland zu verlassen, und nachdem ich entdeckt hatte, daß sie in Chicago lebte, hatte ich sie ins Weiße Haus eingeladen.

Wenngleich die sowjetischen Truppen immer noch in Afghanistan kämpften und die Sowjets immer noch Guerillas in Mittelamerika und anderswo unterstützten, bekamen wir doch zumindest Taten von ihnen zu sehen.

Trotzdem weigerte sich Gorbatschow, fast zwei Jahre nachdem er meine Einladung nach Washington angenommen hatte, immer noch, einen Termin für das nächste Gipfeltreffen festzulegen, hauptsächlich wegen des Streits um die SDI, der den Sommer über und bis in den Herbst 1987 unvermindert weiterging. Er blieb bei seiner Forderung, daß wir das Recht, Forschungen über eine weltraumgestützte Raketenabwehr durchzuführen, aufgeben müßten, und ich beharrte darauf, daß wir das nicht tun würden.

Da der Termin für das Gipfeltreffen weiter in der Schwebe blieb, prophezeiten einige kluge Köpfe bereits, das nächste amerikanisch-sowjetische Gipfeltreffen würde erst stattfinden, nachdem ich meinen Stuhl geräumt hatte. Ich hatte jedoch das Gefühl, daß Gorbatschow ernsthaft an einem Treffen interessiert war und bloß versuchte, mich hinzuhalten, um soviel Konzessionen wie möglich zu bekommen. Ich vermute, daß er glaubte, der Widerstand einiger Demokraten im Kongreß gegen die Strategische Verteidigungsinitiative und meine Probleme während der Iran-Contra-Affäre würden mich veranlassen, mich seinen Forderungen in bezug auf die SDI zu beugen. Aber ich wußte, daß wir es uns leisten konnten, zu warten. Möglicherweise hatte Gorbatschow nicht erkannt, daß eins der sichersten Mittel, einer Sache in den Vereinigten Staaten Unterstützung zu verschaffen, darin bestand, daß ein Sowjet-Führer dagegen auftrat.

Mitte September kam Außenminister Schewardnadse nach Washington, um die immer noch bestehenden grundsätzlichen Hürden beim Text und den Verifikationsmaßnahmen des INF-Vertrags zu besprechen. Er brachte einen Brief von Gorbatschow mit, den ich hier in Auszügen wiedergeben möchte:

Dear Mister President!
Ich denke, Sie und ich hatten recht, als wir im letzten Oktober darin übereinstimmten, daß unsere Begegnung in Reykjavík ein bedeutender Meilenstein auf dem Weg zu spezifischen und dringend notwendigen Maßnahmen war, mit denen die Atomwaffen reduziert werden können. Während der vergangenen sieben Monate haben die Sowjetunion und die Vereinigten Staaten substantielle Fortschritte in dieser Richtung erzielt. Unsere beiden Länder stehen heute an der Schwelle eines bedeutenden Abkommens, das – zum ersten Mal in der Geschichte – zu einer tatsächlichen Verringerung der Atomwaffenarsenale führen wird. Bei der atomaren Abrüstung ist es, angesichts ihrer außerordentlichen Komplexität, am wichtigsten, den ersten Schritt zu tun, um die psychologische Barriere beiseite zu räumen, die zwischen der tief verwurzelten Idee, daß Sicherheit von Atomwaffen abhänge, und der objektiven Wahrnehmung der Realitäten der atomaren Welt steht. Danach ist der Schluß unabweisbar, daß echte Sicherheit nur durch echte Abrüstung erreicht werden kann.
Wir sind sehr dicht an diesen Punkt herangekommen, und die Frage ist jetzt, ob wir jenen ersten Schritt tun werden, den die Völker der Welt so dringlich von uns erwarten. Das ist genau das, was ich in diesem Brief ausführlicher diskutieren möchte, und zwar im vollen Bewußtsein dessen, daß uns nicht mehr allzuviel Zeit für die Vorbereitung des Abkommens zwischen uns verblieben ist. Die Verständigungen von Reykjavík haben uns die Chance eröffnet, eine Übereinkunft zu erreichen. Wir stehen vor dem Dilemma, entweder das Abkommen über Raketen mittlerer und kürzerer Reichweite rasch abzuschließen oder die Chance zu verpassen, ein Einvernehmen zu erzielen, das als Ergebnis gemeinsamer Anstrengungen bereits fast vollständig Gestalt angenommen hat. Es ist wahrscheinlich überflüssig zu sagen, daß die Sowjetunion die erste Alternative vorziehen würde. Zu unserer grundsätzlichen Verpflichtung auf das Ziel der Abschaffung der Atomwaffen, die den Ausgangspunkt unserer Politik bildet, kommt unsere Überzeugung, daß zum gegenwärtigen Zeitpunkt eine Konvergenz der Interessenlinien der Vereinigten Staaten, der Sowjetunion, Europas und der übrigen Welt zu verzeichnen ist. Wenn wir es versäumen, Vorteil aus einer so günstigen

Konstellation der Umstände zu ziehen, werden diese Linien wieder auseinanderstreben, und wer weiß, wann sie erneut konvergieren werden. Wir würden den Verlust von Zeit und Triebkraft riskieren, mit der unvermeidlichen Folge der weiteren Militarisierung der Erde und der Ausweitung des Wettrüstens in den Weltraum. In diesem Zusammenhang stimme ich mit dem Gedanken überein, den Sie geäußert haben, daß »die vor uns liegende Gelegenheit zu groß ist, um sie vorübergehen zu lassen«. Um eine amerikanische Redewendung zu gebrauchen, die Sowjetunion ist ihre Meile auf eine gerechte Einigung zugegangen, und sogar mehr als eine Meile. Natürlich liegt es mir fern, zu behaupten, die US-Seite hätte nichts getan, um die Arbeit in bezug auf die Mittel- und Kurzstreckenraketen voranzubringen. Wir wären nicht an den Punkt gelangt, von dem aus der Vertrag in Reichweite liegt, wenn die Vereinigten Staaten keine Schritte in unsere Richtung getan hätten. Dennoch ist die Frage immer noch nicht beantwortet, warum Washington seine Haltung zu einer Reihe von Punkten, die augenscheinlich einseitig und, ich würde sagen, zurechtgezimmert sind, verfestigt hat. Ich möchte Sie noch einmal bitten, alle einschlägigen Faktoren sorgfältig abzuwägen und mir ihre endgültige Entscheidung darüber mitzuteilen, ob das Abkommen jetzt abgeschlossen oder aufgeschoben oder sogar beiseite gelegt werden soll. Es ist an der Zeit, daß Sie und ich in dieser Sache deutlich Stellung beziehen.

Ich bitte Sie weiterhin, der jüngsten bedeutsamen Entwicklung in unseren Positionen zu den Mittel- und Kurzstreckenraketen Beachtung zu schenken, mit der im Grunde Einvernehmen hergestellt ist. Wir sind bereit, ein Abkommen abzuschließen, nach dem weder den Vereinigten Staaten noch der Sowjetunion eine einzige Rakete in diesen Kategorien verbliebe.

Ich kann sagen, daß wir Ihnen eine Lösung vorschlagen, die in wichtigen Aspekten faktisch identisch ist mit Vorschlägen, die die US-Seite zu verschiedenen Zeiten eingebracht hat. Insbesondere aus diesem Grund sollte es keine Hindernisse für den Abschluß eines Abkommens mehr geben; die künstlichen Barrieren, die die US-Delegation aufgerichtet hat, müßten von selbst verschwinden, wofür, wie ich meine, die Entscheidung der BRD, die westdeutschen Pershing-1A-Raketen nicht zu modernisieren, sondern sie abzubauen,

sehr förderlich ist. Natürlich haben wir nicht die Absicht, uns in die Beziehungen zwischen den USA und ihren Verbündeten, einschließlich derer zur BRD, einzumischen. Dennoch bedarf die Frage, was mit den für die westdeutschen Raketen bestimmten US-Sprengköpfen geschehen soll, der Klärung. Wir schlagen gerechte und ausgewogene Bedingungen für ein Abkommen vor. Lassen Sie es mich offen und ohne diplomatische Umschweife ausdrücken: Wir haben die Reserven unserer Positionen ausgeschöpft, um ein Übereinkommen zu erzielen. Unsere Haltung ist klar: Wir fordern die völlige Beseitigung der gesamten Klasse von Raketen mit Reichweiten zwischen 500 und 5500 Kilometern und sämtlicher Sprengköpfe für diese Raketen. Das Schicksal eines Abkommens über Mittel- und Kurzstreckenraketen hängt jetzt einzig und allein von der US-Führung und von Ihrem persönlichen Willen ab, Mister President, es abzuschließen. Was unsere Einstellung betrifft, so wird sie, darauf können Sie sich verlassen, konstruktiv sein.
Einmal angenommen, die US-Seite würde, ausgehend von Überlegungen zur gleichgewichtigen Sicherheit, den Abschluß des Vertrages vorantreiben – was, wie wir hoffen, geschehen wird –, wäre es ohne Zweifel ein starker Anstoß dafür, unsere Positionen in anderen Fragen hinsichtlich der atomaren und Weltraumwaffen, die für die Sicherheit der UdSSR und der USA sogar noch wichtiger sind und mit denen wir uns nach Reykjavík auseinandergesetzt haben, auf sehr reale Weise einander näherzubringen.
Ich denke dabei besonders an das Thema der strategischen Offensivwaffen im Weltraum. Sie sind das Schlüsselelement der Sicherheit, und unser Interesse daran, eine Übereinkunft über sie zu erreichen, wird durch die Tatsache, daß wir bei den Mittel- und Kurzstreckenraketen Fortschritte gemacht haben, in keiner Weise geschmälert. Mehr noch, dieses Gebiet ist der Dreh- und Angelpunkt des amerikanisch-sowjetischen strategischen Verhältnisses und damit des Gesamtkurses der militärisch-strategischen Entwicklungen in der Welt. Bei den Verhandlungen über diese Fragen in Genf haben unsere Delegationen, wie Sie wissen, damit begonnen, einen gemeinsamen Text für einen Vertrag über strategische Offensivwaffen zu entwerfen. Die sowjetische Seite ist bestrebt, den Fortgang dieser Arbeit im höchstmöglichen Maß zu beschleunigen, und zeigt ihre

Bereitschaft, der anderen Seite entgegenzukommen und Kompromißlösungen zu suchen. Um eine Vereinbarung zu erzielen, ist natürlich auch eine entsprechende Kompromißbereitschaft auf seiten der Vereinigten Staaten vonnöten.

Hinsichtlich der Ausarbeitung einer Vereinbarung zum ABM-Vertrag, um die Ausweitung des Wettrüstens auf den Weltraum zu verhindern, stehen die Dinge nicht so gut. Während wir einen konstruktiven Vertragsentwurf unterbreitet haben, der die US-Haltung zur Frage der Forschung über die strategische Verteidigung berücksichtigt, beharrt die US-Seite auf ihrem starren Standpunkt. Aber ohne eine beiderseits akzeptable Lösung des Weltraumproblems wird es, worüber wir bereits in Genf und Reykjavík gesprochen haben, unmöglich sein, eine endgültige Übereinkunft über die radikale Reduzierung der strategischen Offensivwaffen zu erreichen.

Wenn wir von dem Wunsch geleitet werden, eine gerechte Lösung dieser beiden organisch miteinander verbundenen Probleme zu finden, können die den Weltraum betreffenden Fragen gelöst werden. Die Sowjetunion ist bereit, zusätzliche Anstrengungen in dieser Richtung zu unternehmen, aber es versteht sich, daß unsere Anstrengungen allein nicht ausreichen werden, wenn die Versuche, einseitige Vorteile zu erlangen, nicht aufgegeben werden.

Ich schlage vor, Mister President, daß, in Genf und über andere Kanäle, insbesondere auf höherer Ebene, die notwendigen Schritte unternommen werden, um das Tempo der Verhandlungen zu beschleunigen, so daß in den nächsten Monaten umfassende Vereinbarungen sowohl über die radikale Reduzierung der strategischen Offensivwaffen als auch über die strikte Einhaltung des ABM-Vertrages erreicht werden können ... wenn alle diese Anstrengungen von Erfolg gekrönt wären, hätten wir damit für viele Jahre eine feste Basis für eine stabile und vorwärtsschreitende Entwicklung nicht nur des sowjetisch-amerikanischen Verhältnisses, sondern auch der internationalen Beziehungen insgesamt geschaffen.

Wir würden eine, offen gesprochen, komplizierte, angespannte Phase der Weltpolitik hinter uns lassen, und Sie und ich würden den in Genf begonnenen Prozeß der Interaktion auf den zentralen Gebieten der Sicherheit in angemessener Weise krönen. ...

Erscheint es Ihnen nicht paradox, Mister President, daß wir in der

Lage waren, unsere Positionen auf einem Gebiet, auf dem der Lebensnerv unserer Sicherheit liegt, substantiell einander anzunähern, aber auf einem anderen wichtigen Feld bislang keine gemeinsame Sprache finden konnten – nämlich dem der regionalen Konflikte? Sie verschärfen nicht nur die internationale Lage, sondern sorgen auch häufig für eine große Anspannung unseres Verhältnisses zueinander. Inzwischen sind in den betreffenden Regionen – ob nun in Asien, das sich immer weiter in den Vordergrund der internationalmen Politik schiebt, im Nahen Osten oder in Mittelamerika – ermutigende Veränderungen eingetreten, die das Bemühen um friedliche Regelungen widerspiegeln. Ich denke dabei insbesondere an den zunehmenden Wunsch nach nationaler Aussöhnung. Dem sollte große Aufmerksamkeit und, wie ich glaube, Ermutigung und Unterstützung entgegengebracht werden.

Wie Sie sehen, bekräftigt die sowjetische Führung nochmals ihre eindeutige Absicht, die sowjetisch-amerikanischen Beziehungen in konstruktiver, geschäftsmäßiger Weise zu entwickeln. Die Zeit mag für diese Beziehungen besonders rasch verfliegen, und wir sollten sie als etwas außerordentlich Wertvolles behandeln. Wir sind dafür, Eduard A. Schewardnadses Besuch in Washington zu nutzen, um praktische Lösungen für die Schlüsselprobleme zu finden. In der gegenwärtigen Situation kommt diesem Besuch erhöhte Bedeutung zu. Unser Außenminister ist bereit, mit den US-Führern detaillierte Gespräche über alle anstehenden Fragen zu führen, einschließlich der Möglichkeiten, wie wir zu einer Einigung über die in Genf verhandelten Probleme kommen können, sowie der Aussichten und möglichen Wege dafür, die Kontakte auf Spitzenebene fortzuentwickeln. Er verfügt in dieser Beziehung über alle nötigen Vollmachten. Ich möchte noch einmal betonen, daß ich persönlich sehr für die Fortführung eines geschäftsmäßigen, konstruktiven Dialogs mit Ihnen bin.

Hochachtungsvoll

M. Gorbatschow

15. September 1987

Zum wiederholten Male sagte ich Schewardnadse, er möge Gorbatschow bestellen, daß wir in Sachen SDI nicht nachgeben würden. Aber obwohl wir während seines Besuches nicht alle Probleme lösen konnten, meine ich doch, daß er ein Wendepunkt in unseren Beziehungen war. Wir hielten den Prozeß der Verbesserung unserer Beziehungen am Leben, und er und George Shultz unterzeichneten eine Vereinbarung über die Errichtung von Krisenzentren, die die Gefahr eines unbeabsichtigten Krieges zwischen uns verringern sollten. Mehr noch, in unseren Gesprächen mit den Sowjets war eine neue Atmosphäre zu verspüren, wie ich nach Schewardnadses Besuch in meinem Tagebuch vermerkte: »Es waren gute Gespräche, die von der üblichen Feindseligkeit frei waren, auch wenn wir nicht in allen Punkten übereinstimmten.«

Wie Gorbatschow in seinem Brief erwähnt hatte, standen unsere Unterhändler in Genf, mit Unterstützung der westdeutschen Führung, kurz vor einem Kompromiß über die älteren Pershing-Raketen der Deutschen. In den folgenden Wochen wurde dieser Kompromiß, der eine Voraussetzung für die Einigung über den INF-Vertrag darstellte, abschließend ausgehandelt. Er sah vor, daß die deutschen Pershing-Raketen von einem amerikanisch-sowjetischen Abkommen ausgenommen werden sollten, Westdeutschland aber zusagte, sie abzubauen, sobald das Abkommen in Kraft getreten war; gleichzeitig versprachen wir, die unter US-Kontrolle stehenden atomaren Sprengköpfe dieser Raketen abzuziehen und zu zerstören.

Doch selbst noch nach diesem Kompromiß lehnte Gorbatschow es ab, einen Termin für das Gipfeltreffen festzulegen. Er hielt mich hin und erwartete, vermute ich, immer noch, daß ich wegen der anhaltenden Aufregung über die Iran-Contra-Affäre hinsichtlich der SDI nachgeben würde. Ich ließ ihm durch George Shultz ausrichten, daß ich mich in der SDI-Frage nicht von der Stelle rühren würde, und so traten wir bis in den Herbst hinein weiter auf der Stelle.

83

Am 19. Oktober 1987 sackten die Börsenkurse, nach einem Rekordaufschwung, um den größten Betrag ab, um den sie seit 1914 an einem einzigen Tag gefallen waren. Das war in vieler Hinsicht eine Krise für unser Land. Aber ich muß gestehen, daß ich mir zu dieser Zeit mehr Sorgen über die Möglichkeit einer weit größeren Tragödie in meinem eigenen Leben machte als über die Situation an der Börse.

An einem Montagnachmittag Anfang Oktober war Dr. John Hutton vom medizinischen Stab des Weißen Hauses zu mir ins Oval Office gekommen und hatte gesagt, er müsse mit mir über Nancy sprechen: Bei einer der regelmäßigen Mammographien im Bethesda hätten die Ärzte in der linken Brust etwas entdeckt, was möglicherweise ein Tumor war; es sei eine Biopsie nötig, um festzustellen, ob er bösartig war. Wenn das der Fall wäre, müsse sie sich einer Operation unterziehen. Hinterher sagte John zu Nancy, ich hätte auf die Neuigkeit mit einem Gesichtsausdruck reagiert, den er nie vergessen werde. »Mir scheint«, sagte er, »der Präsident hat immer in dem Glauben gelebt, Ihnen könne nichts zustoßen.«

Er hat recht gehabt.

Als ich in unsere Wohnung kam und Nancy einen Kuß gab, spürte ich die Spannung in ihrem Körper, die, wie ich aus langer Erfahrung wußte, bedeutete, daß sie sich große Sorgen machte. »Ich wünschte, ich könnte ihre Sorgen lindern«, schrieb ich an jenem Abend in mein Tagebuch.

Das war wieder einmal einer jener Momente, die mich an die Grenzen des Menschen erinnerten: Bei aller Macht, die ein Präsident der Vereinigten Staaten besitzt, gab es Situationen, in denen ich mir hilflos und sehr klein vorkam. Alles, was ich tun konnte, war, zu beten – und ich betete während der folgenden Wochen viel für Nancy.

Die nächsten zehn Tage sind vermutlich die längsten zehn Tage unseres Lebens gewesen. Nancy erfüllte weiterhin alle ihre Pflichten und weigerte sich, Abstriche an ihrem Engagement für ihre Anti-Drogen-Kampagne und das ihr am Herzen liegende Großeltern-Pflegeprogramm vorzunehmen. Während wir auf das Untersuchungsergebnis warteten, mußte ich mit dem Kongreß um die Zustimmung zu meinem Kandidaten für das Oberste Gericht, Robert Bork, kämpfen. Und dann verhielt sich die Börse ungewöhnlich lebhaft, was ich am 16. Oktober in meinem Tagebuch so kommentierte: »Ich mache mir Sorgen wegen des Geldumlaufs. Hat sich die Fed. zu steif verhalten? Alan [Greenspan, Chef der Federal Reserve Bank] stimmt mir nicht zu und meint, es handle sich nur um eine längst überfällige Korrektur.« (Im nachhinein glaube ich, daß die Börse einfach deshalb gekracht hat, weil sie überteuert war; die Investoren erkannten plötzlich, daß die Preise zu hoch waren.)

Am gleichen Abend flog ich mit Nancy zum Bethesda, wo sie am Vorabend ihrer Operation ihr Zimmer bezog. Danach kehrte ich ins Weiße Haus zurück, fand aber die Nacht über kaum Ruhe. Am nächsten Morgen stand ich um sechs Uhr auf, um wieder zum Krankenhaus zu fliegen, aber dichter Nebel machte es für den Hubschrauber zu unsicher, so daß ich mit dem Auto fahren mußte und zu spät kam; ich hatte gerade noch Zeit, Nancy einen Kuß zu geben, und sah dann zu, wie sie auf einer Trage den Gang hinunter zum Operationssaal geschoben wurde.

Nancys Bruder Dick war aus Philadelphia herübergekommen, um bei uns zu sein, und wir versuchten uns die Zeit zu vertreiben, indem wir Zeitungen lasen, aber es klappte nicht. Dann begaben wir uns, ohne etwas Neues gehört zu haben, in eine kleine Kantine und saßen gerade beim Frühstück, als ich aufblickte und John Hutton und Dr. Ollie Beahrs von der Mayo-Klinik auf uns zukommen sah.

Ihre Gesichter signalisierten, was sie mir mitzuteilen hatten: Nancy hatte einen bösartigen Tumor, und ihre Ärzte hatten sich zu einer Mastektomie entschlossen.

Ich wußte, wie verzweifelt Nancy gehofft hatte, daß es nicht dazu kommen würde, und war zu keiner Erwiderung fähig. Ich ließ nur den Kopf hängen und weinte. Als sie gegangen waren, blieb ich, unfähig, ein Wort hervorzubringen, regunglos am Tisch sitzen. Dann spürte ich einen Arm um meine Schultern und hörte ein paar sanfte, beruhigende Worte. Sie kamen von Paula Trivette, einer der vier Militärschwestern, die ins Weiße Haus abgestellt waren, einem wundervollen, warmherzigen Menschen. Sie versuchte mich mit ihren Worten und dem um meine Schultern gelegten Arm zu trösten. Wie ich später erfuhr, hatte John Hutton ihr vorgeschlagen, es zu tun; sie kam also zu mir und war wirklich ein Engel der Barmherzigkeit. Ich kann mich an ihre genauen Worte nicht mehr erinnern, aber sie holten mich aus meinem Tief heraus und sorgten dafür, daß ich nicht wieder hineingeriet.

Am frühen Nachmittag durfte ich Nancy im Krankenzimmer besuchen. Sie schlief, als Dick und ich eintraten. Plötzlich, während wir an ihrem Bett standen, zuckte ihr Körper ein wenig. Sie öffnete nicht die Augen, aber ich hörte sie ganz leise sagen: »Meine Brust ist weg.«

Wegen der Anästhesie kaum bei Bewußtsein, mußte Nancy irgendwie gespürt haben, daß wir im Zimmer waren. Sie war niedergeschlagen wegen des Verlustes ihrer Brust – nicht weil sie sich um sich selbst sorgte, sondern weil sie sich Sorgen machte, wie ich auf sie als Frau reagieren würde.

»Das spielt keine Rolle«, sagte ich. »Ich liebe dich.« Dann beugte ich mich zu ihr herunter, gab ihr einen sanften Kuß und wiederholte, daß es keine Rolle spiele. Aber als ich die Traurigkeit in ihren Augen sah, mußte ich alle Kraft aufbringen, um nicht wieder die Fassung zu verlieren.

Zwei Tage später stürzte die Börse in den Keller. Aber Börse hin oder her, ich machte mir hauptsächlich um Nancy Sorgen, nicht über die Wall Street – und wie Tausende von Briefen und Anrufen bewiesen, war sie zu jener Zeit in den Herzen und Gedanken vieler Amerikaner.

Nancy hatte sich, wie immer, als tapfere Frau erwiesen.

Die Ärzte hatten ihr gesagt, sie habe zwei Möglichkeiten für die Entfernung des Tumors: Sie könne eine Teilresektion oder eine Mastektomie vornehmen lassen. Nachdem sie sich alles angehört hatte, entschied sie sich für eine Mastektomie, weil sie erkannte, daß sie ihren Pflichten als First Lady nicht würde nachkommen können, wenn sie sich der Bestrahlung unterzog, die nach einer Teilresektion erforderlich sein würde, und weil sie es, in ihrem Alter, für das beste hielt.

Später, wenn sie vor Frauen darüber sprach, wie wichtig es war, Mammographien durchführen zu lassen, wies sie auch darauf hin, daß dies eine persönliche Entscheidung sei, die jede Frau für sich selbst treffen müsse.

Bald darauf mußte Nancy erneut ihre Tapferkeit beweisen. Es war am 26. Oktober, ich hatte gerade ein Interview mit fünf ausländischen Fernsehreportern hinter mich gebracht, als meine Sekretärin, Kathy Osborne, ins Büro kam und sagte, sie habe soeben von Elaine Crispen, Nancys Pressesekretärin, erfahren, daß Nancys Mutter, Edith Davis, in Phoenix gestorben sei.

Ich sagte den Rest meiner Termine ab und fuhr mit dem Fahrstuhl nach oben, um Nancy die, wie ich wußte, herzzerreißende Nachricht zu überbringen. Obwohl sie sich gut erholte, hütete Nancy immer noch das Bett und war geschwächt von der Operation. Auf dem Weg zu unserer Wohnung begegnete ich Dr. Hutton. Ich sagte ihm, was passiert war, und er begleitete mich, um zur Stelle zu sein, wenn Nancy die Nachricht erhielt. Sie telephonierte gerade mit Ron, als ich hereinkam, legte aber sofort auf, als sie uns sah. Als ob sie etwas geahnt hätte.

Es war äußerst schwer für sie. Ich habe keine andere Familie mit einer derart starken Bindung zwischen Mutter und Kind kennengelernt wie die ihre. Nancy verehrte ihre Mutter, und es war selten ein Tag vergangen, an dem sie nicht mit ihr telephoniert hatte. Auch ich habe sie bewundert. Wie Nancy brachte sie Licht in jedes Zimmer, das sie betrat. Deede war eine bemerkenswerte, warmherzige und liebenswerte Frau. Nachdem ich sie kennengelernt hatte, konnte ich nie wieder einen Schwiegermutterwitz erzählen.

Wie ich erwartet hatte, nahm sich Nancy die Nachricht sehr zu Herzen.

Um neun Uhr am nächsten Morgen flogen wir nach Phoenix. Eine halbe Stunde vor unserer Abreise hatte ich eine Konferenzschaltung mit George Shultz und anderen, die ich wie folgt in meinem Tagebuch beschrieb: »*Die Sowjets haben nachgegeben,* Schewardnadse wird am Donnerstag eintreffen, um als Vertreter Gorbatschows Gespräche über INF und Pläne für das Gipfeltreffen zu führen.«

Obwohl klar war, daß ich während der nächsten Tage in Washington sein mußte, um mich jetzt, wo die Sowjets bereit waren, ernsthaft über einen Termin für das Gipfeltreffen zu sprechen, jederzeit mit Schewardnadse treffen zu können, wollte ich Nancy doch nicht allein auf die traurige Reise nach Phoenix gehen lassen. Also flog ich mit ihr hin und kehrte später am Tag nach Washington zurück.

Nach der Landung in Arizona fuhren wir zuerst zur Leichenhalle. Ihre Mutter zu sehen war zuviel für Nancy. Sie brach schluchzend zusammen und begann mit ihrer Mutter zu sprechen, sagte ihr, wie sehr sie sie liebe und wieviel sie ihr bedeute. Ich hatte Nancy noch nie so voller Schmerz gesehen. Ich hielt sie im Arm und sagte ihr, daß ihre Mutter wisse, was sie fühle, daß sie nur nicht mehr in ihrem Körper lebe. Ich war mir zwar sicher, daß ich Nancy ein wenig trösten konnte, aber nichts, was ich sagen oder tun konnte, würde Deede zurückbringen, und wieder einmal fühlte ich mich hilflos den allen Menschen gesetzten Grenzen gegenüber: Ich war Präsident der Vereinigten Staaten, aber es gab nichts, was ich tun konnte, um zu einer Zeit, als sie es am dringendsten gebraucht hätte, Glück ins Leben meiner Frau zu bringen. Alles, was ich tun konnte, war, neben ihr zu stehen, sie im Arm zu halten, zu beten und zu versuchen, etwas von dem Schmerz, den sie fühlte, in mich aufzusaugen.

Dann mußte ich Nancy, nachdem ich ihr versprochen hatte, in drei Tagen zum Begräbnis wiederzukommen, mit ihrem Kummer alleinlassen und zum Schewardnadse-Besuch nach Washington zurückkehren. Als Nancy mich bat, die Grabrede zu halten, erwiderte ich: »Ich hatte es vor, wollte mich aber nicht vordrängen.«

In Washington räumten wir die letzten Hindernisse für den INF-Vertrag aus dem Weg und verkündeten dann den Termin für das Gipfeltreffen. Hier ein Auszug aus meiner Tagebucheintragung vom 30. Oktober 1987:

> Schewardnadse hat einen Brief von Gorbatschow überbracht. Der Brief ist staatsmännisch und spricht für den echten Wunsch, alle Differenzen zwischen uns zu beheben. Das Ergebnis des Briefes und der Gespräche war ein Gipfeltreffen, das am 7. Dez. hier beginnen soll. Haben vor, das INF-Abkommen zu unterzeichnen und den START-Vertrag zur 50prozentigen Reduzierung der ICBMs auf den Weg zu bringen und ihn auf einem Gipfeltreffen im nächsten Frühjahr in Moskau abzuschließen. Von Optimismus getragen, hoben wir vom Südrasen in Richtung Andrews Air Force Base ab ... nach Phoenix zu Deedes Begräbnis.

Bis auf Patti, deren Abwesenheit Nancys Schmerz während dieses an Schmerzen so reichen Monats noch vergrößerte, war die ganze Familie zum Begräbnis nach Phoenix gekommen. Obwohl Nancy den Verlust ihrer Mutter nie verwinden wird, trug die Trauerfeier viel dazu bei, daß sie mit ihrem Kummer umzugehen lernte – sie sah, wie viele Menschen Deede geliebt hatten, und ich glaube, sie dachte auch daran, daß Deede jetzt im Himmel mit ihrem Mann wiedervereint war.

Vielleicht habe ich den Schewardnadse überbrachten Brief als »staatsmännisch« apostrophiert, weil Gorbatschow in verschiedenen Schlüsselfragen unsere Position akzeptiert hatte: Wenngleich er schrieb, daß er die Weltraumverteidigung (d. h. die SDI) in Washington diskutieren wolle, ließ er doch seine Forderung fallen, daß wir als Vorbedingung für die Unterzeichnung des INF-Vertrags, die Verhandlung des START-Vertrags und die Festlegung der Tagesordnung für unser nächstes Gipfeltreffen in Moskau Grenzen der SDI-Entwicklung akzeptieren müßten.

Mit dem Text des INF-Vertrages im Rücken, schrieb er, würden wir uns, wie er hoffe, während seines Besuchs in Washington über die Prinzipien für das START-Abkommen einigen können, um es dann bei meinem Gegenbesuch in Moskau zu unterzeichnen. Darüber hinaus schien er von seiner bisherigen Forderung abgerückt zu sein, daß der ABM-Vertrag verschärft werden müsse; er bestand nur noch darauf, daß er eingehalten werden sollte und daß wir uns für zehn Jahre darauf festlegten, nicht von ihm zurückzutreten.

Michail und Raissa Gorbatschow fuhren am Vormittag des 8. Dezember in einer großen russischen Limousine vor dem Weißen Haus vor. Nach den üblichen Begrüßungszeremonien gingen er und ich mit unseren Dolmetschern ins Oval Office, wo wir, wie ich später in mein Tagebuch schrieb, »ein gutes, angeregtes Gespräch« hatten.

Ich brachte die Verstöße gegen die Menschenrechte in der Sowjetunion zur Sprache: Ich sagte, wir wären erfreut darüber, daß es einigen sowjetischen Juden erlaubt worden war, die Sowjetunion zu verlassen, aber meinten, es sollte mehr Menschen gestattet werden, auszureisen. Wie zuvor in Genf und Reykjavík fuhr Gorbatschow hoch und erwiderte, daß er nicht auf der Anklagebank sitze und ich nicht sein Ankläger sei; ich hätte kein Recht, innere Angelegenheiten der Sowjetunion anzuführen. Tatsächlich, fuhr er fort, sei der – damals in Washington aktuelle – Vorschlag, entlang der mexikanischen Grenze einen Zaun zu errichten, mindestens genauso schlimm wie alles, was die Sowjetunion jemals getan hatte.

Ich entgegnete, daß der Zaun illegale Einwanderer abhalten solle, die in unsere Gesellschaft wollten, weil ihnen in ihr demokratische und wirtschaftliche Möglichkeiten geboten wurden – was kaum mit dem Bau der Berliner Mauer verglichen werden könne, die Menschen in ein Gesellschaftssystem einsperre, dem sie nicht angehören wollten.

»Amerikaner haben weniger Menschenrechte als Sowjet-Bürger«, beharrte Gorbatschow. »Was ist mit den Menschen, die auf der Straße schlafen, und mit all Ihren Arbeitslosen? Wo sind deren Menschenrechte?«

»Ja«, sagte ich, »aber ist Ihnen bewußt, daß wir in diesem Land etwas haben, das man Arbeitslosenversicherung nennt, daß jemand, der seine Arbeit verliert, für einen gewissen Zeitraum weiterhin eine Bezahlung erhält?«

»Und was passiert, wenn er das Ende dieses Zeitraums erreicht und immer noch keine Arbeit hat?« fragte Gorbatschow.

»Nun«, antwortete ich, »dann haben wir ein anderes Programm, das wir Wohlfahrt nennen. Sie haben Anspruch darauf, wenn sie dann immer noch keine Arbeit bekommen können.«

Er hatte noch nie etwas von Arbeitslosen- oder Wohlfahrtsunterstützung gehört.

Wir konnten uns in diesem Punkt nicht einig werden, aber mir hatte dieser Wortwechsel Spaß gemacht, und ich glaube, ihm auch. Wir stimmten überein, daß wir nicht übereinstimmten.

Anschließend unterzeichneten wir den INF-Vertrag. Ich war stolz, an einem wirklich historischen Moment teilzuhaben, etwas, wonach ich seit 1981 gestrebt hatte. Ich war sehr glücklich.

Vor der Unterzeichnung gaben Gorbatschow und ich kurze Erklärungen ab. »Wir wollen hoffen«, sagte ich,

> daß dieser Geschichte machende Vertrag keinen Endpunkt darstellt, sondern den Beginn einer funktionierenden Beziehung, die uns in die Lage versetzt, die anderen drängenden Probleme, die vor uns liegen, anzupacken: die strategischen atomaren Offensivwaffen, das Gleichgewicht der konventionellen Streitkräfte in Europa, die ebenso verheerenden wie tragischen regionalen Konflikte, die so viele Teile des Erdballs belasten, und die Achtung der menschlichen und natürlichen Rechte, die Gott allen Menschen gegeben hat.

Der INF-Vertrag, sagte ich, sorge nicht für die Beseitigung einer ganzen Klasse von Atomwaffen, sondern enthalte auch Widerhaken, die seine Einhaltung sicherten. »Wir haben uns an die Weisheit eines alten russischen Sprichworts gehalten: *Dowerai no prowerai* – vertraue, aber kontrolliere!«

»Das wiederholen Sie bei jeder unserer Begegnungen«, sagte Gorbatschow, worauf ich erwiderte: »Es gefällt mir.«

Dann machte Gorbatschow einige Äußerungen, mit denen ich übereinstimmte:

> Für jeden und vor allem für unsere beiden großen Nationen bietet der Vertrag, dessen Text auf diesem Tisch liegt, die große Chance,

> endlich den Pfad zu betreten, der von der Gefahr einer Katastrophe wegführt. Es ist unsere Pflicht, diese Chance fest zu ergreifen und uns auf eine atomwaffenfreie Welt zuzubewegen, die auch für unsere Kinder und Enkelkinder und für deren Kinder und Enkelkinder das Versprechen eines erfüllten und glücklichen Lebens ohne Angst und ohne die sinnlose Verschwendung der Ressourcen für Waffen der Vernichtung bereithält... möge der 8. Dezember 1987 ein Datum sein, das in die Geschichtsbücher eingeht als das Datum, das die Wasserscheide markiert, die das Zeitalter des zunehmenden Risikos eines Atomkrieges von dem Zeitalter der Entmilitarisierung des menschlichen Lebens trennt.

Nach dem INF-Abkommen würden mehr als eintausendfünfhundert stationierte sowjetische Atomsprengköpfe beseitigt und alle sowjetischen bodengestützten Mittelstreckenraketen in Europa, einschließlich der SS-20, zerstört werden; auf US-Seite würden alle Pershing II und bodengestützten Cruise Missiles mit einigen vierhundert stationierten Sprengköpfen vernichtet werden, plus der Ersatzraketen beider Seiten. Als Teil des Abkommens durfte jede Seite im anderen Land Inspektionen vor Ort vornehmen, um seine Erfüllung zu kontrollieren.

Es war das erste Mal in der Geschichte, daß zwei Länder übereingekommen waren, Atomwaffen nicht nur abzuziehen, sondern auch zu *zerstören*.

Am nächsten Tag kam Gorbatschow wieder ins Weiße Haus, und wir einigten uns auf unser nächstes Ziel: die fünfzigprozentige Reduzierung der strategischen Raketen beider Seiten. An diesem »Morgen danach« fühlten wir, glaube ich, beide, daß wir an etwas Bedeutendem teilgehabt hatten, und entspannten uns ein wenig. Ich sagte ihm, daß ich Geschichten über die Russen sammelte; es gab zwar eine Menge, die ich ihm *nicht* erzählen konnte, aber ich erzählte ihm eine über einen Amerikaner und einen Russen, die über die jeweiligen Verdienste ihrer Länder stritten. Der Amerikaner sagte: »Hören Sie, in meinem Land kann ich ins Oval Office gehen, mit der Faust auf den Schreibtisch des Präsidenten hauen und sagen: ›Mister President, mir gefällt nicht, wie Sie unser Land führen!‹«, worauf der Russe erwiderte: »Das kann ich auch.« Darauf der Amerikaner erstaunt: »Wirklich?« Und der Russe sagte: »Sicher kann ich in den Kreml gehen, mit der Faust auf den Schreibtisch des Generalsekretärs hauen und sagen: ›Herr Generalsekretär, mir gefällt nicht, wie Präsident Reagan sein Land führt!‹«

Der Dolmetscher übersetzte den Witz, und als er bei der Pointe angelangt war, schrie Gorbatschow vor Lachen.

Dann erzählte ich ihm von einer Anweisung an die Moskauer Verkehrspolizisten, daß in Zukunft jeder, der mit überhöhter Geschwindigkeit erwischt wurde, einen Strafzettel erhalten solle. Eines Tages, erzählte ich, hätte der Generalsekretär sein Haus auf dem Lande verlassen und, als er entdeckte, daß er spät dran war, seinem Fahrer gesagt: »Hier, setz dich auf den Rücksitz. Ich werde fahren.«

Ein Stück weiter passierten sie zwei Motorradstreifen, und eine von ihnen nahm die Verfolgung auf. Ein paar Minuten später kam der Polizist zu seinem Kollegen zurück, und der fragte ihn: »Hast du ihm einen Strafzettel verpaßt?«

»Nein«, antwortete der Verkehrspolizist.

»Warum nicht? Man hat uns doch gesagt, wir sollen jedem einen Strafzettel verpassen, egal, wer es ist.«

»Nein, der Typ war zu bedeutend«, sagte sein Kollege.

»Wer war es denn?«

»Das weiß ich nicht. Ich habe ihn nicht erkannt, aber sein Fahrer war Gorbatschow.«

Und wieder schüttete er sich aus vor Lachen.

Während der restlichen Zeit seines Besuches trafen sich unsere Delegationen buchstäblich rund um die Uhr und machten substantielle Fortschritte bei der Festlegung der Prinzipien für das START-Abkommen, das Gorbatschow und ich im Frühling in Moskau unterzeichnen wollten, obwohl wir beide wußten, daß ernste Probleme geblieben waren, insbesondere die Frage, wie die seegestützten atomaren Cruise Missiles in das Abkommen einbezogen werden sollten. Von allen Atomraketen waren sie am schwersten zu zählen und zu verifizieren; mittels Satelliten aus dem Weltraum war es unmöglich zu entscheiden, ob von einer seegestützten Abschußrampe atomare oder konventionelle Sprengköpfe abgefeuert wurden.

Am nächsten Tag kam Gorbatschow kurz vor zwölf Uhr mittags zum letzten Mal ins Weiße Haus, und wir arbeiteten weiter am START-Vertrag. Als die Sitzung vorbei war und wir zum Abendessen gingen, sagte ich ihm, daß es etwas gebe, was er tun könne, um die amerikanisch-sowjetischen Beziehungen erheblich zu verbessern: Er könnte die Lieferung sowjetischer Waffen an Nicaragua einstellen. Und während wir unter einem grauen Himmel mit bedrohlichen Wolken, aus denen es später regnen sollte, über den Rasen des Weißen Hauses gingen, sagte mir Gorbatschow, daß er das tun werde.

Das Gipfeltreffen wurde vierzig Minuten verspätet beendet, und Nancy und ich verabschiedeten die Gorbatschows bei leichtem Regen. »Nun, es ist geschafft«, schrieb ich in mein Tagebuch. »Sie sind abgereist, und ich glaube, das Ganze war das beste Gipfeltreffen, das wir jemals mit der Sowjetunion gehabt haben.«

84

Am 25. Januar 1988 sagte ich in meiner achten Erklärung zur Lage der Nation, daß ich hoffte, im letzten Jahr meiner Amtszeit das START-Abkommen abzuschließen, so daß die Sowjetunion und die Vereinigten Staaten beginnen könnten, die Anzahl der Atomsprengköpfe, mit denen wir gegenseitig aufeinander zielten, zu reduzieren. Wir wären bereits weit vorangekommen, aber noch nicht weit genug.

Ich hielt die Lage der Nation für ziemlich gut, und so äußerte ich mich auch vor der gemeinsamen Sitzung beider Häuser des Kongresses: Das Land sei stark, unsere Wirtschaft blühe, und die Stimmung sei bestens. Überall im Land habe die Beschäftigung einen Rekordstand erreicht; militärisch müßten wir uns hinter keinem anderen Land verstecken; und vor allem glaubten die Amerikaner wieder an ihr Land und an sich selbst.

Nachdem ich stolz herausgestrichen hatte, was die Amerikaner erreicht hatten, hob ich mit besonderem Stolz eine Person unter den Anwesenden hervor: Ich dankte Nancy für das, was sie in ihrem Krieg gegen illegale Drogen erreicht hatte; im Herzen jedoch sagte ich in Wirklichkeit: »Danke, Nancy, für *alles*; danke dafür, daß du seit fast vierzig Jahren mein Leben erleuchtest.«

Ein paar Tage bevor ich die Rede zur Lage der Nation hielt, las ich Michail Gorbatschows Buch *Perestroika*, in dem er seine Ziele bei der Neustrukturierung der sowjetischen Wirtschaft beschrieb. Obwohl er es nicht als solche bezeichnete, war es eine detaillierte Anklageschrift, die die Taten des Kommunismus verurteilte, und sie war mindestens genauso vernichtend wie alles, was im Westen jemals über den Kommunismus geschrieben worden war. Es war ein Epitaph: Der Kapitalismus hatte über den Kommunismus triumphiert.

Die raschen Veränderungen, deren Anfänge wir damals im Zeichen von Perestroika und Glasnost im inneren Leben der Sowjetunion beobachten konnten, waren nicht die einzigen Entwicklungen, die der freien Welt zu Beginn des Jahrens 1988 Grund zum Optimismus gaben: Gorbatschow sollte bald seine Entscheidung bekanntgeben, daß sich die Sowjetunion nach acht Jahren eines brutal geführten Krieges aus Afghanistan zurückziehen würde. In Polen erhob sich ein Volk, das fest entschlossen war, sich der Tyrannei zu entledigen, in einem historischen Aufschwung der Freiheit, der den Anfang vom Ende des Sowjet-Imperiums markieren sollte – und ja, es war ein Reich des Bösen. Nicht mehr lange, und die Berliner Mauer würde Risse bekommen und schließlich einstürzen, und die eingesperrten Nationen Europas würden in eine neue Ära der Freiheit eintreten.

Rund um die Welt befanden sich Kräfte des Kommunismus in der Umkehr dessen, was man einstmals Dominotheorie genannt hatte, im Rückzug; die Welt sagte, um einen ehemaligen »Sympathisanten« des Systems zu paraphrasieren: »Wir haben die Zukunft gesehen, und sie hat nicht funktioniert.«

In Nicaragua hatten die Sandinisten, trotz des gefährlichen und kurzsichtigen Widerstands vieler im Kongreß gegen die Unterstützung der Contras, die Schlacht um die Seele ihres Landes verloren, und in wenigen Monaten sollten Freiheit und Demokratie die Oberhand gewonnen haben und die korrupten sandinistischen *comandantes* mit ihren Designerbrillen aus ihren Büros gejagt sein.

In Dutzenden anderer Länder, von Lateinamerika bis zu den Philippinen, war eine erstaunliche Renaissance der Demokratie und wirtschaftlichen Freiheit zu beobachten. 1981 lebten weniger als ein Drittel der Völker beider Amerikas in Demokratien. 1988 waren es neunzig Prozent. Unsere Anstrengungen, ein größeres Maß an Freiheit in den freien Markt einzuführen, wurden von vielen Demokratien rund um die Welt aufgenommen, die nun ebenfalls gegen ein Übermaß an Regulierungen, hohe Steuern und aufgeblähte, dominierende Zentralregierungen zu Felde zogen und die ökonomischen Kräfte zum Besten ihrer Bürger freisetzten.

Das soll nicht heißen, daß es zu Beginn des Jahres 1988 auf der Welt keine Probleme mehr gegeben hätte.

Während wir mit den Sowjets über die Reduzierung der Atomwaffen zu verhandeln begannen, entwickelten immer neue Länder die Fähigkeit zur Produktion von Atomwaffen – nach einigen Berichten Pakistan, Taiwan, Israel und möglicherweise noch andere. China war ins Raketenexportgeschäft eingestiegen und bot damit das Potential an, atomare oder chemische Gefechtskörper über große Entfernungen zu befördern.

In Panama war ich, obwohl wir es im Frühjahr 1988 über Monate hin immer wieder versucht hatten, nicht in der Lage, Manuel Noriega zu überreden, seine korrupte Diktatur auf friedliche Weise zu beenden. Auch nach dem Ende meiner Amtszeit verschlechterte sich die Lage weiterhin. Präsident Bush beschloß daraufhin, im Interesse der Sicherheit der in Panama lebenden Amerikaner dem Volk von Panama dabei zu helfen, Noriegas kriminelle Herrschaft zu beenden und ihn wegen Drogenvergehen in den Vereinigten Staaten vor Gericht zu stellen. Ich stehe uneingeschränkt hinter George Bushs Entscheidung.

Der Nahe Osten war 1988 die gleiche Schlangengrube an Problemen wie zu der Zeit, als ich 1981 in Washington meine Koffer auspackte.

Unser Luftangriff auf Libyen hatte zwar einen Teil des von Tripolis ausgehenden, staatlich geförderten Terrorismus zum Schweigen gebracht, aber die Kräfte des radikalen islamischen Fundamentalismus waren dort und anderswo im Nahen Osten weiterhin auf dem Vormarsch. Oberst Gaddafi hatte ein Blitzprogramm zur Herstellung chemischer Waffen in Gang gebracht, um seine Revolution zu verbreiten, mit allem, was das für eine Welt bedeutete, die gute Gründe hatte, sich über die nächsten Schritte dieses unberechenbaren Clowns Sorgen zu machen. Der blutige iranisch-irakische Krieg tobte weiter, und nachdem der Iran amerikanische Schiffe, die den Persischen Golf für den rechtmäßigen zivilen Schiffsverkehr offenhielten, angegriffen hatte, mußten wir mit gleicher Münze erwidern. Der Libanon war hoffnungsloser denn je in die Gewalt eines sinnlosen, blutigen, sektiererischen Bürgerkriegs verstrickt, und Israel und seine arabischen Nachbarn hatten sich weiterhin gegenseitig an der Gurgel.

George Shultz arbeitete im Frühjahr 1988 hart an einem neuen Versuch, Frieden in diese Region zu bringen; wir boten an, eine internationale Konferenz über das Palästinenser-Problem auszurichten. Aber der israelische Premierminister Yitzhak Schamir weigerte sich, trotz aller Appelle von George und mir, auf unsere Bemühung einzugehen, und die PLO und einige ihrer arabischen Verbündeten zeigten sich kompromißloser denn je. George war nicht in der Lage, die Parteien zusammenzubringen, und damit war unsere letzte Initiative, in dieser Region Frieden zu stiften, gescheitert.

Meine Unterstützung Israels war so stark wie immer: Am vierzigsten Jahrestag der Gründung des Staates Israel erneuerten wir unsere Garantie seiner Sicherheit, und ich versicherte Schamir zum wiederholten Male unserer Unterstützung. Zur gleichen Zeit versuchte ich die Beziehungen zu den gemäßigten arabischen Staaten zu stärken; ich war überzeugt, daß eine Zusammenarbeit mit ihnen helfen konnte, eine dauerhafte Lösung für die tiefsitzenden Probleme der Region zu finden. Aber jedesmal, wenn ich eine stärker überparteiliche US-Politik anstrebte, indem ich arabischen Wünschen nach der Lieferung fortgeschrittener Waffen entgegenkam, wurde es von den Freunden Israels im Kongreß vereitelt, und einige arabische Länder begannen sich China und anderen Waffenlieferanten zuzuwenden. Der weitergehende Bau israelischer Siedlungen in den besetzten arabischen Gebieten und, später, die unnachgiebigen Anstrengungen, den arabischen Aufstand in jenen Gebieten zu unterdrücken, ließen den Frieden im Nahen Osten ferner denn je erscheinen. Ich hatte acht Jahre lang großen Wert darauf gelegt, einen dauerhaften Frieden im Nahen Osten zu erreichen, aber am Ende war es mir, wie anderen amerikanischen Präsidenten vor mir, nicht gelungen.

Michail Gorbatschow und ich hatten gehofft, den START-Vertrag während meines Besuchs Ende Mai in Moskau unterzeichnen zu können. Aber obwohl unsere Experten den Frühling über daran gearbeitet hatten, konnten sie die verbliebenen Probleme, insbesondere das der see- und luftgestützten Cruise Missiles, nicht lösen. Sie meinten zwar, sie hätten weiterhin die Hoffnung, die Hürden vor dem Ende meiner Amtszeit überwinden zu können, in Moskau jedoch könnten wir den START-Vertrag noch nicht unterschreiben.

Nancy und ich trafen am 29. Mai 1988 in der Sowjetunion ein. Während eines Zwischenstops in Finnland hatten wir erfahren, daß der Senat den INF-Vertrag, nachdem er wochenlang auf der Kippe gestanden hatte, so daß es ungewiß gewesen war, ob Gorbatschow und ich in Moskau die Ratifikationsurkunden austauschen konnten, mit überwältigender Mehrheit ratifiziert hatte.

Es war mein erster Besuch in der Sowjetunion, aber meine vierte Begegnung mit Gorbatschow und vielleicht die denkwürdigste, zum Teil auch deswegen, weil ich zum ersten Mal mit gewöhnlichen sowjetischen Menschen zusammentraf und ihnen die Hand schüttelte.

Bei unserem ersten Gespräch unter vier Augen drückte Gorbatschow wiederum seinen Wunsch nach einer Ausweitung des amerikanisch-sowjetischen Handels aus. Ich war darauf vorbereitet. Ich hatte mir zurechtgelegt, was ich erwidern würde, wenn er diesen Punkt ansprach: Einer der Gründe, weshalb wir Schwierigkeiten hätten, den Handel mit seinem Land zu erweitern, sagte ich, läge darin, daß viele Kongreßabgeordnete ebenso wie viele andere Amerikaner unter Hinweis auf das, was sie als sowjetische Menschenrechtsverletzungen betrachteten, dagegen seien.

Dann brachte ich einen Gedanken ins Gespräch, den ein Neueinwanderer nach Amerika in einem Brief an mich geäußert hatte: Amerikaner, hatte er geschrieben, kämen aus jeder Ecke der Welt, aber sobald sie erst einmal in Amerika wären, würden sie in einer Weise assimiliert, die einzigartig auf der Welt sein. Ein Einwanderer könne in Frankreich leben, ohne deshalb Franzose zu werden; er könne in Deutschland leben, ohne Deutscher zu werden; er könne in Japan leben, ohne Japaner zu werden; aber jeder, der, aus welchem Teil der Welt auch immer, nach Amerika käme, würde dort zum Amerikaner werden. »Unser Volk«, sagte ich Gorbatschow, »ist vielerlei Herkunft, aber es ist sich einig, wenn es sieht, wie andere Menschen nur wegen ihrer ethnischen Abstammung oder ihres Glaubens diskriminiert werden.«

Dann kam ich auf etwas zu sprechen, was mir schon lange auf der Seele lag: auf die Religionsfreiheit in der Sowjetunion. »Das ist kein Punkt, den ich für Verhandlungen vorschlage«, sagte ich, »sondern nur etwas, worüber ich mit Ihnen sprechen möchte. Ich versuche nicht, Ihnen vorzuschreiben, wie Sie Ihr Land führen sollen, und ich kann verstehen, daß Sie sich möglicherweise Sorgen darüber machen, daß, wenn Sie zu vielen Juden, die emigrieren wollen, erlauben, die Sowjetunion zu verlassen, ein ›brain drain‹ die Folge ist, ein Verlust an ausgebildeten Menschen, die in Ihrer Wirtschaft fehlen würden. (Nach Schätzungen, die ich gesehen hatte, wollten etwa vier- bis fünfhunderttausend Juden die Sowjetunion verlassen.) Ich verstehe sehr gut, welche Probleme das aufwerfen kann. Diese Menschen sind ein Teil Ihrer Gesellschaft, und viele von ihnen müssen wichtige Arbeitsstellen haben. Ist es Ihnen denn in bezug auf diese ganze Frage der Menschenrechte nie in den Sinn gekommen, daß diese Juden, wenn ihnen erlaubt würde, in ihrer Weise zu beten und ihren Kindern die hebräische Sprache beizubringen, vielleicht gar nicht den Wunsch hätten, die Sowjetunion zu verlassen?

So hat unser Land angefangen, mit Menschen, denen in ihren Heimatländern nicht erlaubt worden war, auf ihre Weise zu beten, so daß sie an unseren Gestaden landeten, einer Wildnis auf der anderen Seite des Atlantiks, und unsere Nation begründeten. Ich bin sicher, eine Menge Menschen, die jetzt ausreisen wollen, würden nicht weggehen wollen, wenn ihnen Religionsfreiheit gewährt würde. Sie sagen zwar, sie wollen weggehen, aber sie sind Russen. Ich weiß, daß sie ihr Land ebenso lieben wie andere Russen auch. Wenn ihnen also erlaubt würde, ihre Synagogen wiederzueröffnen und auf ihre Weise zu beten, würden sie vielleicht erkennen, daß sie gar nicht wegzugehen brauchen. Dann würde auch das Problem eines ›brain drain‹ nicht entstehen.«

Die Amerikaner, fuhr ich fort, seien sehr erfreut über die Veränderungen in der Sowjetunion und hofften, daß diese Veränderungen bald in Form von Gesetzen institutionalisiert werden würden. Und wäre es bei all den Veränderungen, die er, Gorbatschow, bewirkt habe, nicht eine gute Idee, die Berliner Mauer einzureißen? Nichts symbolisiere im Westen die Unterschiede zur Sowjetunion stärker als diese Mauer; ihre Beseitigung würde als Geste verstanden werden, die den sowjetischen Wunsch erkennen ließe, sich der weiteren Völkergemeinschaft anzuschließen.

Gorbatschow hörte mir zu und schien meine Ansichten in sich einsickern zu lassen. Von seinem Gesicht konnte ich ablesen, daß ihm einiges vor dem, was ich sagte, nicht gefiel, aber er setzte zu keiner harschen Erwiderung an. Ob meine Worte Eindruck gemacht hatten oder nicht, weiß ich nicht, jedenfalls erlaubte die sowjetische Regierung danach die Wiedereröffnung von mehr Kirchen und Synagogen, und zu gegebener Zeit sollte dann auch die Mauer einstürzen.

In der Rückschau ist deutlich zu erkennen, daß zwischen Gorbatschow und mir ein Funke übergesprungen war, der etwas herstellte, das einer Freundschaft sehr nahe kam. Er ist ein harter, schwieriger Verhandlungspartner. Er ist ein russischer Patriot, der sein Land liebt. Wir konnten von entgegengesetzten Enden des ideologischen Spektrums aus miteinander streiten – und wir taten es. Aber es gab eine unausgesprochene Verständigung zwischen uns, die bewirkte, daß wir uns von Mann zu Mann begegneten, ohne Haß und Feindseligkeit. Ich mochte Gorbatschow, auch wenn er ein überzeugter Kommunist war und ich ein entschiedener Kapitalist. Aber er unterschied sich von den Kommunisten, die vor ihm an der Spitze des Kremls gestanden hatten. Vor ihm war jeder Sowjet-Führer auf das marxistische Ziel eines kommunistischen Weltstaates eingeschworen gewesen; er war der erste, der den sowjetischen Expansionismus nicht fortsetzte, der zustimmte, Atomwaffen zu zerstören, der einen freien Markt befürwortete und freie Wahlen und Meinungsfreiheit unterstützte.

Nachdem Gorbatschow im März 1985 an die Macht gekommen war, hätte er, glaube ich, den Kurs seiner Vorgänger fortgesetzt, *wenn* der Kommunismus funktioniert hätte, nur tat er das nicht.

Als ich ihn im Herbst jenes Jahres das erste Mal traf, ließ er keinen Zweifel daran aufkommen, daß er aus vollem Herzen an das kommunistische Herrschaftssystem glaubte. Ich schloß aus seinen Bemerkungen, daß er dachte, der Kommunismus wäre nur schlecht gemanagt worden, und daß er die Absicht hatte, dieses Management zu verändern.

Ich kann nur spekulieren, warum er sich schließlich dafür entschieden hat, viele der grundlegenden Lehrsätze des Kommunismus über Bord zu werfen und das Imperium, das Joe Stalin nach dem zweiten Weltkrieg in Osteuropa errichtet hatte, aufzugeben. Vielleicht hatte die Metamorphose bereits begonnen, als er als junger Mann innerhalb der ineffizienten und korrupten kommunistischen Bürokratie emporzukommen versuchte und die Brutalität des Stalin-Regimes miterlebte. Ich glaube, daß er, als er schließlich an der Spitze der Hierarchie angekommen war, entdeckte, wie schlecht die Dinge standen, und erkannte, daß er rasch Veränderungen einführen mußte, bevor das Chaos in der Sowjetunion so groß geworden war, daß nichts mehr zu retten war.

Aus meiner eigenen Erfahrung weiß ich, daß es einige Aspekte der Führung eines Landes gibt, die man erst richtig einzuschätzen vermag, wenn man tatsächlich die Kontrolle in Händen hat, und ich glaube, er hat die gleiche Erfahrung gemacht. Vielleicht brauchte es etwas wie die Entdeckung, daß von den drei Prozent des landwirtschaftlich genutzten Bodens der Sowjetunion, die von privaten, profitorientierten Bauern bewirtschaftet wurden, vierzig Prozent der Fleischproduktion des Landes kamen. Vielleicht hat ihn auch die robuste Erholung der amerikanischen und westeuropäischen Wirtschaften nach der Rezession zu Beginn der achtziger Jahre – während die kommunistischen Wirtschaften nicht weiterkamen – davon überzeugt, daß die zentrale Planung und bürokratische Kontrolle der sowjetischen Wirtschaft, wie er in seinem *Perestroika*-Buch schrieb, den Menschen den Anreiz nahmen, zu produzieren und sich anzustrengen.

Siebzig Jahre des Kommunismus hatten die Sowjetunion ökonomisch und geistig ruiniert. Gorbatschow muß erkannt haben, daß Stalins totalitäres Kolonialreich damit nicht mehr zusammenzuhalten und zu kontrollieren war; das Überleben der Sowjetunion war ihm wichtiger. Er muß die wirtschaftliche Katastrophe, auf die die Sowjetunion zusteuerte, gesehen und daraus gefolgert haben, daß sie es sich nicht leisten konnte, einen derart großen Teil ihres Reichtums für Waffen und ein Wettrüsten auszugeben, in dem zu gewinnen wir – wie ich ihm in Genf gesagt hatte – seinem Land nie erlauben würden. Ich bin auch überzeugt, daß die Tragödie von Tschernobyl ein Jahr nach Gorbatschows Amtsantritt ihn stark berührt und dazu geführt hat, daß er sich ernsthafter bemühte, die Differenzen mit dem Westen beizulegen. Und ich glaube, daß ich bei unseren Treffen dazu beigetragen habe, ihm klarzumachen, warum wir die Sowjetunion und ihre expansionistische Politik als Bedrohung empfanden. Ich konnte ihm vielleicht begreiflich machen, daß die Sowjetunion weit weniger vom Westen zu befürchten hatte, als er dachte, und daß das sowjetische Imperium in Osteuropa für die Sicherheit der Sowjetunion nicht nötig war.

Aber welches seine Gründe auch gewesen sein mögen, Gorbatschow besaß jedenfalls die Intelligenz, zuzugeben, daß der Kommunismus nicht funktionierte, den Mut, für eine Veränderung zu kämpfen, und schließlich die Weisheit, die Grundlagen für Demokratie, persönliche Freiheit und freies Unternehmertum zu legen.

Wie ich 1987 am Brandenburger Tor gesagt hatte, stand die Sowjetunion vor der Wahl, sich entweder grundlegend zu verändern oder in der Versenkung zu verschwinden. Gorbatschow erkannte die Zeichen der Zeit und entschied sich für die Veränderung.

Bei unserer ersten Gesprächsrunde in Moskau versprachen wir uns erneut, während der letzten Monate meiner Amtszeit unser Bestes zu tun, um den START-Vertrag und parallele Abkommen zur Reduzierung der chemischen Waffen und der konventionellen Streitkräfte in Europa zu vollenden. Ich erklärte ihm jedoch, daß eine Vereinbarung über Langstreckenraketen erst möglich sein würde, wenn die Sowjets die riesige Radarstation, die sie in Verletzung des ABM-Vertrages bei Krasnojarsk aufbauten, wieder abrissen. Als ich auf die Menschenrechte und die Religionsfreiheit zu sprechen kam, erregte sich Gorbatschow nicht wie bei den vorherigen Treffen. »Es war eine gute Sitzung und ein angenehmer Start für das Gipfeltreffen«, schrieb ich am Abend in mein Tagebuch.

Nach dem Gespräch mit Gorbatschow wollten Nancy und ich auf die Straßen von Moskau, um ein paar Moskowiter kennenzulernen. Unser Sohn Ron hatte uns vom Arbat erzählt, einer von Geschäften gesäumten Straße, auf der viele Künstler ihre Werke ausstellen. »Es war erstaunlich, wie schnell die Straße von Bordstein zu Bordstein von Menschen verstopft war – warmherzigen, freundlichen Menschen, die gar nicht liebenswürdiger hätten sein können«, vermerkte ich später in meinem Tagebuch. »Neben unseren eigenen Geheimdienstleuten war auch das KGB vertreten, und ich habe noch nie ein derart brutales Vorgehen gesehen wie das, mit dem sie ihre eigenen Leute behandelten, die in keiner Weise außer Kontrolle geraten waren.« Junge, Junge! Besser hätte ich gar nicht daran erinnert werden können, daß ich mich in einem kommunistischen Land befand. Perestroika oder nicht, manches hatte sich nicht verändert.

Aber der tiefste Eindruck, den ich bei dieser und anderen Begegnungen mit Sowjet-Bürgern erhielt, war vielleicht der, daß sie sich im allgemeinen in nichts von den Menschen unterschieden, wie ich sie mein

Leben lang auf zahllosen amerikanischen Straßen gesehen hatte. Es waren einfach gewöhnliche Menschen, die sich, da bin ich mir sicher, nach den gleichen Dingen sehnten wie die Amerikaner: nach Frieden, Liebe, Sicherheit und einem besseren Leben für sich und ihre Kinder. Auf den Straßen von Moskau wurde ich, während ich in Tausende von Gesichtern schaute, daran erinnert, daß es nicht die Menschen sind, die die Kriege machen, sondern die Regierungen – und daß die Menschen im Atomzeitalter Regierungen verdienen, die nach Frieden streben.

Am nächsten Tag, während einer weiteren Gesprächsrunde mit Gorbatschow, gestanden wir uns gegenseitig ein, daß wir beide unsere Beziehung mit Fehleinschätzungen des anderen begonnen hatten und daß es dieser Gespräche unter vier Augen bedurft hatte, um Vertrauen und Verständnis aufzubauen. Genau das, dachte ich im stillen, habe ich angestrebt, seit ich 1981, ein paar Wochen, nachdem ich angeschossen worden war, meinen ersten Brief an Breschnew geschickt hatte.

Am Abend luden uns die Gorbatschows in ihr Haus im bewaldeten Umland von Moskau zum Essen ein. Hinterher, gegen Mitternacht, ging ich mit Nancy auf den Roten Platz – und wir waren uns einig, daß es ein unvergeßlicher Anblick war.

Bei der Schilderung des Abends möchte ich mich auf ein Memorandum stützen, das George Shultz für mich angefertigt hat:

Memorandum für: den Präsidenten

Von: George P. Shultz

Ich möchte Ihnen meine Gedanken zu diesem bemerkenswerten Abend, den Sie, Nancy, O'Bie und ich mit den Gorbatschows und Schewardnadses verbracht haben, darlegen, solange die Erinnerung noch frisch ist. Das Abendessen in dem zur Datscha umfunktionierten Zarenpalast war ein historisches Ereignis im Verhältnis unserer beiden Länder und verdient es, für die Nachwelt festgehalten zu werden.

Mein erster Eindruck betrifft die Lebendigkeit der Unterhaltung und die leichte, frohe Stimmung des Abends. Gorbatschow schien entschlossen, Ihnen im Erzählen von Witzen um nichts nachzustehen, und sogar Raissa erzählte welche, um die Unterhaltung aufzulokkern. Es waren, wenn überhaupt, kaum Anzeichen der Erbitterung zu spüren, die auf die harte Auseinandersetzung des Vormittags verwiesen hätten, ebensowenig wie der Wunsch, zu alten Streitpunkten zurückzukehren. Gorbatschow und Schewardnadse strengten sich vielmehr an, den Abend zu einem vergnüglichen zu machen. Es hatte sogar den Anschein, als hätten sie ihn gern noch länger ausgedehnt.

Ich war erstaunt, wie tief der Unfall von Tschernobyl Gorbatschow offenbar berührt hatte. Er bemerkte, daß er eine große Tragödie sei, die die Sowjetunion Milliarden von Rubeln koste und nur durch die unermüdlichen Anstrengungen einer gewaltigen Zahl von Menschen einigermaßen überwunden worden sei. Er erwähnte mit anscheinend echtem Schrecken die Verwüstungen, die angerichtet werden würden, wenn Atomreaktoren zum Ziel eines konventionellen Angriffs würden, ganz zu schweigen von denen, die ein atomarer Schlagabtausch zur Folge hätte. Er stimmte zu, daß Tschernobyl eine »letzte Warnung« gewesen sei, wie Dr. [Robert] Gale es in seinem Buch genannt hatte. Gorbatschows Äußerungen an diesem Abend machten deutlich, daß Tschernobyl einen starken antinuklearen Einschlag in seinem Denken hinterlassen hat.

Gorbatschow zeigte offen seinen Stolz auf das, was sie gemeinsam erreicht hatten, und bezeichnete den INF-Vertrag als einen Erfolg für die ganze Welt. Während die Gorbatschows über das gute Presseecho des Moskauer Gipfels in unseren beiden Ländern und überall auf der Welt erfreut waren, verrieten sie zugleich einige Frustration angesichts der westlichen Mediengeschichten über sie persönlich. Gorbatschow äußerte Interesse an weiteren Diskussionen mit uns über regionale Fragen, und sein Witz über eine brasilianische Fußballmannschaft, die sich als Georgier verkleidete, um ihre armenischen Gegner heiß zu machen, war eine ironische Anspielung auf die großen Nationalitätenprobleme in seinem Land.

Schließlich erzählten die Gorbatschows während des Abends auch einiges über sich selbst. Sie sind beide offenbar wahre Ballettliebhaber; sie erinnerten sich mit Rührung daran, wie sie sich in ihrer Studentenzeit auf dem obersten Rang im Stehen Ballette angeschaut hatten. Gorbatschow erwähnte, er wäre nur zweimal mit der Religion in Berühung gekommen: bei seiner Taufe, an die er keine Erinnerung habe, und bei einem kürzlichen Treffen mit einem sowjetischen Kirchenführer. Seine Bemerkung, daß er seinen juristischen Abschluß nie gebraucht hätte, rief eine vehemente Verteidigung der

Erfolge, die er in seinem Leben erreicht habe, durch Raissa hervor. Sie sprach auch mit Ihnen über die Möglichkeiten und die Belastungen der Führerschaft. Beide drückten bei ihrer Beschreibung der Vielfalt der Sowjetunion einen selbstsicheren Nationalstolz aus, der mir aufrichtig und nicht aufgesetzt zu sein schien.

Im ganzen, Mr. President, war der Abend ein würdiger Abschluß Ihres vierten Gipfeltreffens mit Generalsekretär Gorbatschow. O'Bie und ich fühlten uns geehrt, an ihm teilnehmen zu dürfen.

Nach unserer Rückkehr nach Washington schickte ich Gorbatschow einen Brief, in dem ich ihm für seine Gastfreundschaft dankte und meine Freude über die Entwicklung unserer Beziehungen ausdrückte. In seiner Antwort schrieb Gorbatschow: »Tatsächlich haben unsere Begegnungen in Moskau, neben bedeutenden politischen Ergebnissen, eine erfreuliche menschliche Dimension gehabt – nicht nur in bezug auf unsere persönliche Sympathie füreinander, sondern auch in bezug auf wärmere Beziehungen zwischen unseren Völkern und ihre richtigere gegenseitige Wahrnehmung. Die Bedeutung all dessen reicht sogar über den amerikanisch-sowjetischen Dialog hinaus.«

85

Seit mehr als dreißig Jahren hatte ich Freiheit und Liberalität gepredigt, und dann bekam ich während meines Besuchs in Moskau die Gelegenheit, etwas zu tun, was ich mir niemals hätte träumen lassen: Gorbatschow gestattete mir, vor einigen der gescheitesten jungen Leute Moskaus – unter ihnen einige der zukünftigen Führer der Sowjetunion – über die Großartigkeit der Demokratie, der individuellen Freiheit und des freien Unternehmertums zu sprechen.

Ich versuchte an diesem für mich außergewöhnlichen Tag, den ich nie für möglich gehalten hätte, in der Moskauer Staatsuniversität in ein paar Minuten die Philosophie zusammenzufassen, von der ich mich den größten Teil meines Lebens über hatte leiten lassen.

Viele Länder der Welt, sagte ich, hätten Verfassungen, aber in fast jedem Fall stellten sie Dokumente dar, in denen die Regierungen ihren Völkern sagten, was sie tun dürften. Die Vereinigten Staaten dagegen hätten eine Verfassung, die sich von allen anderen darin unterschied, daß das Volk der Regierung sagte, was *sie* tun dürfe. Ihre drei wichtigsten Worte seien die Worte »Wir, das Volk«, ihr wichtigstes Prinzip die Freiheit.

Dann sprach ich über die große Wirtschaftsmaschine, die Amerika zu dem gemacht hatte, was es war. »Die Entdeckungsreisenden der modernen Welt«, sagte ich den Studenten,

> sind die Unternehmer, Männer mit einer Vision, mit dem Mut, Risiken auf sich zu nehmen, und genug Selbstvertrauen, um sich dem Unbekannten zu stellen. Diese Unternehmer und ihre kleinen Betriebe sind fast für das gesamte wirtschaftliche Wachstum der Vereinigten Staaten verantwortlich. Sie sind die Triebfedern der technischen Revolution. Eine der größten Computerfirmen der Vereinigten Staaten, zum Beispiel, ist von zwei Collegestudenten, die nicht älter waren als Sie, in der Garage hinter ihrem Elternhaus gegründet worden. Einige Leute, sogar in meinem Land, sehen, wenn sie auf das Durcheinander von Experimenten schauen, das der freie Markt ist, nur Verschwendung. Was ist mit all den Unternehmern, die scheitern? Nun, vielen passiert das, besonders den erfolgreichen; oft sogar mehrmals. Und wenn man sie nach dem Geheimnis ihres Erfolgs befragt, pflegen sie zu antworten, er wäre das Resultat von allem, was sie während ihrer Kämpfe unterwegs gelernt hätten; ja, er resultiere aus dem, was sie aus dem Scheitern gelernt hätten. Wie bei Sportlern im Wettkampf oder bei Gelehrten in der Verfolgung der Wahrheit ist Erfahrung der größte Lehrmeister. Deshalb ist es auch so schwer für eine Regierung, wie klug sie auch sein mag, den Millionen von einzelnen, die Tag und Nacht an der Verwirklichung ihrer Träume arbeiten, die Verantwortung abzunehmen ...
>
> Wir Amerikaner machen kein Geheimnis daraus, daß wir an die Freiheit glauben. Tatsächlich ist sie fast eine Art Nationalsport ... Freiheit ist das Recht, etablierte Verfahrensweisen in Frage zu stellen und zu verändern. Sie ist die ständige Revolution des Marktes. Sie ist Voraussetzung, die es uns erlaubt, Unzulänglichkeiten zu erkennen und Lösungen für sie zu suchen. Sie ist das Recht, eine Idee in die Welt zu setzen, über die die Fachleute spotten, und abzuwarten, ob andere Feuer für sie fangen. Sie ist das Recht zu träumen – und seinem Traum zu folgen, seinem Gewissen treu zu bleiben, selbst wenn man der einzige ist in einem Meer von Zweiflern.
>
> Freiheit ist die Erkenntnis, daß kein Mensch und keine Autorität

ein Monopol auf die Wahrheit besitzt, sondern daß jedes einzelne Leben unendlich wertvoll ist, daß keiner von uns grundlos auf die Welt gekommen ist, sondern jeder etwas anzubieten hat...

Ihre Generation lebt in einer der aufregendsten, hoffnungsvollsten Zeiten der sowjetischen Geschichte. Es ist eine Zeit, in der zum ersten Mal die Brise der Freiheit die Luft bewegt und die Herzen im Rhythmus der Hoffnung schneller schlagen, eine Zeit, in der die aufgestaute geistige Energie einer langen Stille sich Bahn bricht. Das erinnert mich an die berühmte Passage gegen Ende von Gogols *Toten Seelen,* wo er sein Land mit einer rasenden Troika vergleicht und fragt, wohin es jage. Aber: »Es erwidert nichts, nur das Glöckchen hört man wunderbar erklingen...«

Wir wissen nicht, welches Ende die Reise diesmal nimmt. Aber wir sind hoffnungsvoll, daß das Versprechen der Reform erfüllt werden wird. In diesem Moskauer Frühling, in diesem Mai 1988 mag uns die Hoffnung erlaubt sein: daß die Freiheit, wie das frische Grün der Schößlinge auf Tolstois Grab, endlich im reichen, fruchtbaren Boden Ihres Volks und Ihrer Kultur erblüht. Uns mag die Hoffnung erlaubt sein, daß der wunderbare Ton einer neuen Offenheit anschwellen und weiterklingen und in eine neue Welt der Versöhnung, der Freundschaft und des Friedens führen wird.

Bedauerlicherweise bin ich während meiner Präsidentschaft nie in der Lage gewesen, Michail Gorbatschow auf eine Reise durch unser Land mitzunehmen. Ich wäre gern mit ihm im Hubschrauber losgeflogen, um ihm zu zeigen, wie die Amerikaner leben.

»Wählen Sie die Route«, hätte ich gesagt. »Ich möchte nicht, daß Sie glauben, wir würden Ihnen Potemkinsche Dörfer zeigen. Wir fliegen, wohin Sie wollen...«

Dann hätte ich ihm aus der Luft eine ganz gewöhnliche Fabrik gezeigt und auf die Parkplätze mit den Autos der Arbeiter hingewiesen. Danach wären wir über ein Wohngebiet geflogen, und ich hätte ihm gesagt, daß dort die Arbeiter aus jener Fabrik lebten – in Häusern mit einem Stück Rasen davor und einem Garten dahinter, vielleicht auch mit einem Zweitwagen oder einem Boot auf der Einfahrt, nicht in solchen Kaninchenställen, wie ich sie in Moskau gesehen hatte. Und ich würde Gorbatschow erklären: »Sie wohnen nicht nur dort, die Häuser *gehören* ihnen auch.«

Ich hatte sogar davon geträumt, in einem dieser Wohnviertel zu landen und Gorbatschow zu einem Spaziergang durch die Straßen einzuladen und ihn aufzufordern: »Suchen Sie sich irgendein Haus aus. Wir werden anklopfen, und dann können Sie die Bewohner fragen, wie sie leben und was sie von unserem System halten.«

Die Größe Amerikas liegt natürlich nicht in seinen Häusern und Autos und sonstigen materiellen Reichtümern. Die Demokratie hat den kalten Krieg gewonnen, weil er eine Schlacht der Werte war – zwischen einem System, das dem Staat den Vorrang einräumte, und einem anderen, das dem einzelnen und seiner Freiheit den Vorzug gab.

Vor nicht allzulanger Zeit habe ich eine Geschichte gehört, die diesen Unterschied illustriert: Ein amerikanischer Gelehrter unterhielt sich auf der Fahrt zum Flugplatz, von wo er in die Sowjetunion fliegen wollte, mit dem Fahrer seines Taxis, einem jungen Mann, der sagte, er befände sich noch in der Ausbildung. Der Gelehrte fragte: »Wann werden Sie sie beendet haben, was wollen Sie werden, was wollen Sie machen?« Der junge Mann antwortete: »Darüber habe ich noch nicht entschieden.« In Moskau angekommen, nahm der Gelehrte ein Taxi, und sein Fahrer war wiederum ein junger Mann, der erwähnte, daß er sich noch in der Ausbildung befände. Daraufhin fragte ihn der Gelehrte: »Wann werden Sie sie beendet haben, was wollen Sie werden, was wollen Sie machen?« Der junge Mann antwortete: »Das hat man mir noch nicht gesagt.«

Die Schlacht der Ideen und Werte zwischen dem Osten und dem Westen ist noch nicht vorüber – weit gefehlt. Wir müssen im Umgang mit der Sowjetunion wachsam und stark bleiben. Ich will es noch einmal wiederholen: *»Dowerai no prowerai* – vertraue, aber kontrolliere.«

Es wird Hinweise auf dem Weg geben. Aber nachdem ich mich mit diesen klugen jungen Leuten in Moskau unterhalten und gesehen habe, was in ihrem Land vor sich ging, kann ich nicht anders, als optimistisch zu sein: Wir stehen an der Schwelle eines neuen Zeitalters in der politischen und ökonomischen Geschichte der Welt. Ich bin sehr neugierig darauf, wohin uns dieser Weg führen wird.

Nach meinem Besuch in Moskau arbeiteten unsere Delegationen weiter am START-Vertrag, aber es waren zu viele Berge zu erklimmen – nicht nur was die komplexen Probleme einer Einigung darüber betraf, wie eine Verringerung der seegestützten und anderer Raketen zu verifizieren war, sondern auch hinsichtlich der Weigerung der Sowjetunion, die gewaltige Radarstation abzureißen, die sie bei Krasnojarsk, 3400 Kilometer östlich von Moskau, erbaute.

Anfang September, vier Monate vor meinem Auszug aus dem Weißen Haus, war es offensichtlich geworden, daß wir nicht in der Lage sein würden, die verbliebenen Probleme des START-Abkommens vor dem Ende meiner Amtszeit zu lösen. Gorbatschow schickte mir einen Brief, in dem er sein Bedauern darüber ausdrückte und auf die Wegstrecke zurückblickte, die wir gemeinsam hinter uns gebracht hatten:

Dear Mister President!

Ich möchte die Reise von Außenminister Eduard A. Schewardnadse nach Washington zum Anlaß nehmen, um unsere private Diskussion fortzusetzen.

In einem unserer Gespräche in Moskau wurde der Vorschlag gemacht, wir könnten uns noch einmal in diesem Jahr treffen, um im Zusammenhang mit der Erfüllung des ABM-Vertrages eine Vereinbarung über die drastische Reduzierung der strategischen Offensivwaffen zu unterzeichnen. Bedauerlicherweise ist dieses Ziel, das wir beide teilen, zeitlich hinausgeschoben worden, obwohl ich weiterhin glaube, daß es erreicht werden kann, wenn auch nicht mehr in diesem Jahr.

Es ist mir ein gewisser Trost, daß unsere Vereinbarung weiterhin gilt, in den verbleibenden Monaten Ihrer Präsidentschaft alles zu tun, um die Kontinuität und Konsistenz des fundamentalen Kurses, den wir eingeschlagen haben, zu gewährleisten. Wie ich mich erinnere, sagten Sie, Sie wollten Ihr Bestes tun, um den konstruktiven Geist unseres Dialogs am Leben zu erhalten, und ich erwiderte, daß in dieser Hinsicht unsere Intentionen ziemlich identisch seien. Und das sind sie tatsächlich, was eine Quelle großer Hoffnung für unsere beiden Völker ist.

Vier Monate sind seit dem Gipfeltreffen in Moskau vergangen – eine kurze Zeit angesichts der dynamischen und tiefgreifenden Entwicklungen in den internationalen Angelegenheiten sowie derjenigen, die den politischen Kalender der Sowjetunion und der Vereinigten Staaten füllen. Dennoch, es ist viel erreicht worden, indem eine gemeinsame Plattform für die weitere Entwicklung der sowjetisch-amerikanischen Beziehungen errichtet wurde. Zum ersten Mal in der Ge-

schichte wurden Atomraketen zerstört... die atomare Abrüstung wird zu einer erprobten, routinemäßigen Praxis.
In verschiedenen Regionen der Welt ist ein Prozeß der politischen Klärung und nationalen Aussöhnung auf den Weg gebracht worden. Die menschliche Dimension unserer Beziehungen, der wir übereinstimmend besondere Aufmerksamkeit schenken wollten, wird reicher. Gewöhnliche sowjetische Menschen entdecken Amerika für sich, indem sie es auf einem Friedensmarsch durchqueren, und gerade jetzt, während Sie diesen Brief lesen, findet in Tbilissi ein weiteres öffentliches Treffen zwischen sowjetischen und amerikanischen Bürgern statt.
Man könnte einwenden, daß die sowjetisch-amerikanischen Beziehungen in der Vergangenheit, sagen wir in den 30er oder 70er Jahren, bereits Aufschwünge erlebt hätten. Ich denke jedoch, daß sich der gegenwärtige Stand unseres Austauschs in verschiedenen bedeutsamen Punkten von ihnen unterscheidet. Die vier Gipfeltreffen in den vergangenen drei Jahren haben eine gute Basis für unseren Dialog geschaffen und ihn auf eine qualitativ neue Ebene gehoben. Und wie Sie wissen, ist von einem erhöhten Punkt aus leichter zu sehen, welchen Weg man zurückgelegt hat, welche Probleme der Tag stellt und welche Aussichten vorhanden sind.
Von grundlegenden politischen Erklärungen gestützt und gleichzeitig mit greifbarem Inhalt erfüllt, wurde ein bislang einmaliges Arrangement für den praktischen Austausch geschaffen. Erreicht wurde es durch die prinzipielle Herangehensweise, auf die wir uns bereits in Genf geeinigt haben, d. h. durch Realismus, ein deutlicheres Bewußtsein unserer wesensmäßigen Unterschiede und die Konzentration auf die aktive Suche nach Gebieten, auf denen unsere nationalen Interessen übereinstimmen. Wir haben uns auf diese Weise selbst vor eine ernste intellektuelle Herausforderung gestellt – das Unterscheidende und Trennende nicht als Grund für eine permanente Konfrontation zu betrachten, sondern als Motivation für einen intensiven Dialog, für gegenseitige Wertschätzung und Bereicherung.
Alles in allem haben wir dabei recht gute Ergebnisse erzielt und den Anfang für den Übergang von der Konfrontation zu einer Politik der gütlichen Einigung gesetzt. Das ist sicherlich nicht nur das

Resultat einer offenen und konstruktiven persönlichen Beziehung, aber das persönliche Verhältnis ist auch nicht der unbedeutendste Faktor in der Politik. In Anlehnung an einen Ihrer Lieblingssätze würde ich sagen, daß die Menschen mehr übereinander erfahren, wenn sie miteinander reden.

In der Hauptsache jedoch war es vor allem ein Punkt, der unsere gemeinsame neue Politik zu einem Erfolg gemacht hat, die Tatsache nämlich, daß sie ein schrittweise ausbalanciertes Gleichgewicht der beiderseitigen nationalen Interessen, wie wir es in gewissem Ausmaß herzustellen in der Lage waren, berücksichtigt hat. Wir glauben insbesondere, daß dadurch die Entwicklung eines neuen Ansatzes, eines neuen politischen Denkens begünstigt wird, zuerst und vor allem in unseren beiden Ländern – aber auch anderswo. Allein die Erfahrung der letzten Monate deutet darauf hin, daß eine wachsende Anzahl von Ländern der Dritten Welt beginnen, sich im Rahmen ihrer Interessen und Politik unserem positiven Verhältnis zueinander anzupassen.

Es mag ironisch klingen, aber wir sind der Ansicht, daß die Kraft dessen, was wir erreicht haben, nicht unerheblich auch der Tatsache zu verdanken ist, wie schwer es uns gefallen ist.

Es ist vermutlich nicht nur Zufall, daß sich der gemeinsam eingeschlagene allgemeine Kurs in den sowjetisch-amerikanischen Beziehungen heute in unseren beiden Ländern breiter Unterstützung erfreut. Soweit wir wissen, betrachten beide Ihrer möglichen Nachfolger den Abschluß eines Vertrages über die 50prozentige Verringerung der sowjetischen und amerikanischen strategischen Arsenale als eines der Hauptziele ihrer Politik. In der sowjetischen Führung besteht darüber ebenfalls ein Konsens. Und dennoch ist es nicht möglich gewesen, die Genfer Verhandlungen erfolgreich abzuschließen, was ich mit einigem Bedauern feststelle. Wir haben den Eindruck, als müßten wir allein tanzen, da unser Partner sich eine Pause gönnt.

In einem anderen Brief an Sie habe ich das Thema der Einhaltung des ABM-Vertrags, das Sie in Ihrem Brief vom 12. August aufgeworfen hatten, bereits angesprochen. Ich denke, Sie stimmen mir zu, wenn ich sage, daß es unverzeihlich wäre, wenn unsere gegenseitigen Vorwürfe, den ABM-Vertrag zu verletzen, das untergraben würden, was wir aufgrund der Anstrengungen beider Seiten für die Verbesserung der sowjetisch-amerikanischen Beziehungen erreicht haben. Ich würde mich freuen, wenn Eduard Schewardnadses Besuch in den Vereinigten Staaten und seine Gespräche mit Ihnen und Außenminister Shultz dazu führten, die gemeinsamen Anstrengungen zur Erreichung eines tiefen Schnitts bei den strategischen Offensivwaffen wiederzubeleben. Unser Minister hat die Vollmacht, auf diesem außerordentlich wichtigen Gebiet auf der Grundlage der Gegenseitigkeit rasche Fortschritte anzustreben.

Der Prozeß der atomaren Abrüstung ist heute objektiv mit den Fragen der Beseitigung der Asymmetrien und des Ungleichgewichts in der konventionellen Bewaffnung und ihrer deutlichen Reduzierung sowie des endgültigen Verbots der chemischen Waffen verbunden. Auch auf diesen Gebieten besteht eine gute Chance, Fortschritte in Richtung auf Übereinkünfte zu machen.

Ich bin zuversichtlich, Mister President, daß Sie und ich weiterhin einen Beitrag zu dem in Gang gesetzten Prozeß der Beilegung der regionalen Konflikte, besonders in bezug auf die vollständige und ehrliche Einhaltung der ersten dort bereits erzielten Übereinkommen, werden leisten können.

In Moskau haben wir auch die Grundlagen für eine dynamische Entwicklung unserer bilateralen Beziehungen gestärkt und mitgeholfen, neue Kommunikationsmöglichkeiten zwischen sowjetischen und amerikanischen Bürgern zu eröffnen, einschließlich der Künstler und der jungen Menschen. Alle diese guten Ansätze sollten nun mit praktischem Leben erfüllt werden; wir sind bereit dazu. Ich bin mir Ihres tiefen persönlichen Engagements für die Menschenrechte bewußt. Auch für mich sind sie von herausragender Bedeutung. Wie mir scheint, sind wir übereinstimmend der Meinung, daß diese Probleme gründlicher Überlegungen und des klaren Verständnisses der wahren Situation sowohl in den Vereinigten Staaten als auch in der Sowjetunion bedürfen. Der Verkehr auf dieser Straße hat jedenfalls in beiden Richtungen begonnen, und ich hoffe, daß er an Intensität zunehmen wird.

Unser Verhältnis ist ein fließender Strom, und Sie und ich arbeiten gemeinsam daran, ihn zu verbreitern. Ein Strom kann nicht verlangsamt werden, er kann nur gestaut oder umgeleitet werden. Doch das läge nicht in unserem Interesse. Politik ist natürlich die Kunst des Möglichen. Aber nur durch die Fortführung eines dynamischen Dialogs werden wir es erreichen, daß das, was wir möglich gemacht haben, auch Wirkung zeigt und daß morgen möglich wird, was heute noch unmöglich ist.

Hochachtungsvoll
Michail Gorbatschow
20. September 1988

Ein Jahr später verkündete Gorbatschow, daß die Krasnojarsker Radarstation abgerissen werden würde, und einen Monat darauf sagte Außenminister Schewardnadse in einer öffentlichen Entschuldigung, die Anlage, eine Radarstation »von der Größe der ägyptischen Pyramiden«, stelle, »um es rundheraus zu sagen, eine Verletzung des ABM-Vertrags« dar. In derselben Rede entschuldigte er sich auch für die sowjetische Invasion in Afghanistan.

Ich begegnete Gorbatschow nach dem Moskauer Gipfeltreffen noch einmal während meiner Präsidentschaft, als er im Dezember 1988 – weniger als sechs Wochen, bevor Nancy und ich das Weiße Haus verlassen würden – anläßlich einer Rede vor den Vereinten Nationen nach New York kam, in der er eine substantielle Reduzierung der konventionellen Streitkräfte des Warschauer Pakts ankündigte.

Seit ich ihn das letzte Mal gesehen hatte, waren weitere Anzeichen der Veränderung in der Sowjetunion und ihrem sich auflösenden Imperium sichtbar geworden: Was als Rinnsal weniger Oppositioneller, denen die Ausreise aus der Sowjetunion erlaubt worden war, begonnen hatte, war zu einem Strom geworden; der unermüdliche sowjetische Expansionismus in der dritten Welt schien nachzulassen; Kuba hatte, im Einklang mit einer von uns vermittelten Vereinbarung und offenbar unter Druck aus Moskau, zugestimmt, seine Truppen aus Angola abzuziehen; Vietnam würde in Kürze damit beginnen, seine Streitkräfte aus Kambodscha zurückzuziehen; Moskau finanzierte nicht länger den unersättlichen Appetit des Syrers Hafis Assad auf sowjetische Waffen und hatte aufgehört, die Sendungen von *Radio Liberty* und *Radio Free Europe* zu stören.

Als Gorbatschow nach New York kam, mußte ich mir Sorgen um

seine Sicherheit machen. Sowjetische Offizielle hatten die Befürchtung geäußert, daß während seines Besuchs in den Vereinigten Staaten auf den Straßen von New York ein Anschlag auf sein Leben verübt werden könnte. Bevor wir etwas erwidern und darauf hinweisen konnten, daß Gorbatschow von den meisten Amerikanern mit Wohlwollen betrachtet wurde und wir nicht glaubten, daß er in unserem Land in Gefahr schwebe, wurde uns zugesagt, daß ihre Befürchtungen sich nicht darauf richteten, daß ein Amerikaner versuchen könnte, ihn zu ermorden, sondern darauf, daß während seiner Abwesenheit in der Sowjetunion ein Staatsstreich stattfinden könnte – und daß als Teil davon irgend jemand aus dem Ostblock versuchen könnte, ihn auszuschalten, indem er den Anschein erweckte, als hätte ein Amerikaner es getan.

Ich weiß nicht, inwieweit die sowjetischen Befürchtungen begründet waren, aber es kostete nicht viel Anstrengung, sich vorzustellen, daß Gorbatschow in der kommunistischen Welt Feinde hatte. Unsere Sicherheitsleute wurden alarmiert, aber soweit ich weiß, wurde während seines Aufenthalts in New York kein Anschlag auf sein Leben versucht. Ich mache mir dennoch auch weiterhin Sorgen um ihn: Wie rasch und mit wieviel Nachdruck kann er seine Reformen vorantreiben, ohne sein Leben aufs Spiel zu setzen?

Nach unserem Wiedersehen in New York schrieb ich in mein Tagebuch: »Das Treffen war ein grandioser Erfolg. Die Stimmung war besser als auf jedem der vorangegangenen Treffen. Gorbatschow hörte sich, als sähe er uns als Partner bei der Schaffung einer besseren Welt.«

Gorbatschow, George Bush und ich trafen uns privat, ohne unsere Dolmetscher, auf Governors Island im New Yorker Hafen und aßen hinterher mit einer kleinen Gruppe von Regierungsvertretern beider Seiten zusammen zu Abend, wobei ich, fast schon als Außenstehender, erfreut beobachtete, wie Gorbatschow und George einander näherkamen. Ich hatte ein gutes Gefühl dabei: Sie schienen ein Verhältnis zueinander zu finden, das optimistisch in die Zukunft blicken ließ.

Tatsächlich sollten sie sich nach weiteren anderthalb Jahren zäher Verhandlungen über eine Reihe von Abkommen einigen, darunter auch, auf der Grundlage der Prinzipien, die Gorbatschow, George Shultz, Eduard Schewardnadse und ich 1986 in Reykjavík in jenem Zimmer mit Blick aufs Meer ausgearbeitet hatten, die erste Phase des START-Vertrages.

Während des Essens kam Gorbatschow darauf zu sprechen, daß George Bush Marineflieger und George Shultz, der ebenfalls anwesend war, Marineinfanterist gewesen war. Er meinte scherzhaft, er fühle sich regelrecht von amerikanischen Militärs eingekreist. Mich hatte er nicht genannt, also sagte ich: »Moment mal, Sie haben die ganze Zeit über mit einem verhandelt«, und er lachte.

Dann gingen wir zu dritt ans Ufer hinunter. George Bush und ich zeigten Gorbatschow die Freiheitsstatue und die Skyline von Manhattan. Danach ließ George uns allein, und Gorbatschow und ich gingen zu einer Pier, um uns zu verabschieden. Wir erinnerten uns daran, wie wir während unseres ersten Treffens in Genf darüber gesprochen hatten, wie wichtig es wäre, Vertrauen zwischen unseren Ländern aufzubauen, und stimmten überein, daß wir seither einen langen Weg zurückgelegt hatten.

Gorbatschow sagte, daß er es bedauere, daß ich nicht im Amt bleiben und die Sache vollenden könne, und ich muß zugeben, ein Teil von mir hätte es gern getan. Aber ich hatte großes Vertrauen in George Bush; ich wußte, das Land würde in guten Händen sein.

Die nächsten fünf Wochen vergingen wie im Flug – mit Packen, meiner Abschiedsrede, vielen herzlichen Feiern und verschiedenen letzten Entscheidungen. Eine davon war die, trotz der Appelle ihrer Anhänger und meiner eigenen Sympathie für sie, bei meiner früheren Entscheidung zu bleiben, John Poindexter, Bud McFarlane und Oliver North keinen Präsidialpardon zu gewähren. Ich war überzeugt, daß die Gerechtigkeit ihren Lauf nehmen mußte.

Am 20. Januar stand ich früher als gewöhnlich auf, erledigte einige letzte Dinge in meinem Arbeitszimmer und ging dann ins Oval Office. Dort schrieb ich eine Nachricht an George Bush, die ich in den obersten Schubkasten des Schreibtischs legte, der in wenigen Stunden ihm gehören würde. Ich schrieb die Botschaft auf einen kleinen Zettel mit dem Aufdruck: *Laß dich nicht von der Dummheit unterkriegen.* Sie lautete:

Lieber George!

Es wird Augenblicke geben, in denen du dieses spezielle Briefpapier benutzen möchtest. Nun, dann tu es.

George, ich werde die Erinnerungen, die wir miteinander teilen, stets in gutem Andenken halten und wünsche Dir das Beste. Ich werde für Dich beten. Gott segne Dich und Barbara. Ich werde unsere Essen donnerstags abends vermissen.

Ron

Die Mitglieder meines Stabes hatten alle zum 19. Januar ihren Abschied eingereicht. Ich erwartete also nicht, daß an diesem Vormittag jemand ins Oval Office kommen würde. Aber Ken Duberstein, der Howard Baker als mein Stabschef ersetzt hatte, kam zur üblichen Zeit zu unserer täglichen Besprechung, ebenso wie mein Sicherheitsberater Colin Powell, der seinen letzten Bericht abgab: »Mister President«, sagte er, »die Welt ist heute ruhig.«

Danach brachte Mark Weinberg vom Pressebüro, wie so oft in den vergangenen acht Jahren, eine Gruppe von Photographen für ein letztes Photo herein.

Als sie gegangen waren und ich allein im Oval Office war, erhob ich mich und ging auf die Tür zu. Schon halb draußen, drehte ich mich noch einmal um; ich wollte einen letzten Blick auf das Oval Office werfen. Dann schloß ich die Tür hinter mir.

Ich ging in unsere Wohnung zurück, wo Nancy und ich uns bald vom Personal des Weißen Hauses würden verabschieden müssen, das sich acht Jahre lang um uns gekümmert hatte, von den Portiers und Gärtnern bis zu den Klempnern und Köchen.

Ein paar Minuten später trafen George und Barbara Bush und Dan und Marilyn Quayle im Weißen Haus ein, zusammen mit den Kongreßführern, die uns zur Amtseinführung begleiten würden.

Um elf Uhr machten wir uns auf den Weg zum Capitol und fuhren die Pennsylvania Avenue hinauf. Um zwölf Uhr wurde George Bush als der einundvierzigste Präsident der Vereinigten Staaten vereidigt. Als er seine Antrittsrede gehalten hatte und wir unsere Rolle bei der Zeremonie erfüllt hatten, brachten uns George und Barbara Bush unter dem großen Deckengewölbe des Capitol zu dem östlich des Gebäudes auf uns wartenden Hubschrauber. Und von dort ging es nach Hause.

Epilog

Die Hubschraubertüren schlossen sich, und wir hoben ab. Ohne uns zu sagen, was er vorhatte, flog der Pilot eine Kurve und kreiste über dem Capitol. Unter uns erstreckte sich das spektakuläre Panorama dessen, was unser »Wohnviertel« gewesen war: das Washington Monument, das Lincoln und das Jefferson Memorial – und in diesem Augenblick noch dazu die Musikkapellen und Wagen der Parade zum Amtsantritt des Präsidenten und überall riesige Menschenmengen. All das sprach vom Wunder unseres Regierungssystems und der Leichtigkeit, mit der es den friedlichen Machtwechsel vollzog.

Dann verengte der Pilot den Kreis und brachte uns tiefer. Wir überflogen das Weiße Haus. Dort lag es, mitsamt seinen grünen Rasenflächen und glitzernden Fontänen. »Schau, Liebes«, sagte ich, »da ist unsere kleine Hütte.«

Es fällt mir schwer, mein Gefühl zu beschreiben. Es unterschied sich vollkommen von dem, das ich früher gehabt hatte, als ich es voller Scheu und Ehrfurcht betrachtet hatte. Jetzt schaute ich auf das Haus, das acht Jahre lang unser Zuhause gewesen war. Jedes Zimmer und jeder Flur waren uns vertraut; wir hatten die wärmsten Erinnerungen an unser Leben in diesem Domizil. Jetzt mußten wir von ihm Abschied nehmen, und wir schauten so lange zurück, bis es nicht mehr zu sehen war.

Als wir zur Landung auf der Andrews Air Force Base ansetzten, sahen wir eine große Militärabteilung, eine ebenso große Ansammlung von Zivilisten und eine Militärkapelle, die uns erwarteten. Ich schritt zum Abschied noch einmal die Front ab und gab jedem einzelnen die Hand, die Kapelle spielte die Nationalhymne, und dann stiegen wir an Bord des Flugzeugs, das acht Jahre lang die *Air Force One* gewesen war.

Auch hier umgab uns wieder eine Fülle von Erinnerungen. Wir waren mit diesem Flugzeug mehr als einmal buchstäblich um die Welt geflogen und hatten unser Land kreuz und quer mit ihm bereist. Als wir nun zum letzten Mal an Bord gingen, fiel mir auf, wie viele Dinge ganz so abliefen, wie wir sie acht Jahre lang gewohnt gewesen waren – Jim Kuhn war in meiner kleinen Kabine und besprach mit mir die Begrüßungszeremonie, die uns in Kalifornien erwartete; Ken Duberstein und M. B. Oglesby konferierten in der Lounge; Fred Ryan arbeitete am Terminkalender; Kathy Osborne und Dottie Dellinger saßen an ihren Schreibmaschinen; Dr. John Hutton warnte vor den schlimmen Folgen des Rauchens; Elaine Crispen, Jane Erkenbeck und Jack Courtemanche unterhielten sich mit Nancy; Jim Hooley telephonierte mit dem Voraustrupp; Mark Weinberg informierte die Pressephotographen darüber, was sie auf dem Los Angeles International Airport zu erwarten hatten; Pete Souza machte Schnappschüsse; und Bill Plante, Bob Abernathy, Gene Randall, Lou Cannon, Sam Donaldson, Dale Nelson, Lee May, Tom Ferraro und Jerry O'Leary waren im Pressebereich und prophezeiten, was ich nach unserer Landung sagen würde. Außerdem waren noch einige Familienangehörige unseres Stabes an Bord: Genny und Genevieve Ryan (Genevieve wurde erst fast einen Monat später geboren und war damit sicherlich der jüngste Passagier, der jemals an Bord einer Präsidentenmaschine gewesen war), Sydney Duberstein, Susan Wing (M. B. Oglesbys Frau), Carole Kuhn und Shelly Osborne (Kathys Tochter).

Eine Person jedoch fiel durch Abwesenheit auf: der Militäradjutant, der Offizier, der seit dem 20. Januar 1981, zwölf Uhr mittags, ständig an meiner Seite gewesen war, mit den Informationen, die ich brauchen würde, falls ein Atomkrieg ausbrechen sollte. Er war ab heute beim neuen Präsidenten.

Es würde keine Konferenz mit dem Sicherheitsberater und keine Telephongespräche mit Kabinettsmitgliedern aus der Luft geben. Kein Gesetz würde unterschrieben werden, keine Pressekonferenz im hinteren Teil des Flugzeugs stattfinden, keine Sitzungen mit Beratern im Stabsbereich. Heute konnte ich mir die Zeit nehmen, aus dem Fenster zu schauen und die atemberaubende Schönheit unseres Landes zu bewundern – die Smaragdberge der Appalachen, die Farmen und kleinen Städten des Mittelwestens, die Granitspitzen der Rocky Mountains, die zerklüfteten Wüsten des Südwestens und schließlich das großartige Großstadtpanorama von Südkalifornien. Es war wirklich »America, the Beautiful«, und Gott hatte tatsächlich »shed His grace on thee« (seine Gnade darüber ausgegossen). Ich blickte auf die Häuser unter uns und dachte an die Menschen, die darin wohnten. Ging es ihnen jetzt besser als vor acht Jahren? Ich hoffte es.

Trotzdem hatte ich, während ich über das Erreichte nachdachte, ein Gefühl der Unvollkommenheit – daß es immer noch viel zu tun gab. Wir brauchen einen Verfassungszusatz, der einen ausgeglichenen Haushalt verlangt. Die Umverteilungen durch den Kongreß sind zu einer nationalen Schande geworden und müssen geregelt werden. Der Präsident braucht ein Vetorecht, um unnötige Ausgaben streichen zu können.

Ich habe schon einmal erwähnt, daß man in Hollywood, wenn man weder tanzen noch singen kann, zum Tischredner wird. Ich hatte auch in Washington nicht zu singen und zu tanzen gelernt, also dachte ich daran, wieder unter die Redner zu gehen und zu versuchen, die Menschen dazu zu bringen, daß sie ihre Abgeordneten unter Druck setzten, etwas zu tun, um diese Dinge zu erreichen.

An diesem Punkt klopfte jemand an die Tür meiner Kabine, und ich erinnerte mich wieder daran, daß es unser letzter Flug an Bord der ehemaligen *Air Force One* war. Man sagte uns, daß sich alle Mitreisenden – der Stab, die Presse und der Geheimdienst – versammelten, um Abschied zu nehmen, bevor wir landeten. Es gab ein herzliches Händeschütteln, tränenreiche Umarmungen und jede Menge Photos. Schließlich wurde Champagner eingeschenkt, und wir erhoben die Gläser. »Mission erfüllt, Mister President«, rief jemand. »Mission erfüllt.«

Noch nicht, dachte ich bei mir, noch nicht.

Danksagungen

Präsidentenmemoiren sind in letzter Zeit zu einer Art Tradition geworden – zu einer Möglichkeit für einen Präsidenten, seine Geschichte in seinen eigenen Worten zu erzählen. Auch wenn *Ein amerikanisches Leben* genau das tut, so habe ich doch viel Hilfe erfahren, für die ich außerordentlich dankbar bin.

Zuallererst danke ich meiner geliebten Frau Nancy. Es gibt wirklich keine Worte, die ausdrücken könnten, was sie mir bedeutet. Mit ihr zu leben ist alles, was ich mir jemals erhofft habe.

Robert Lindsey, ein talentierter Schriftsteller, hat den Weg des Buches Schritt für Schritt begleitet. Bob hat ein Vermögen, mit Worten umzugehen, das ihm zu Recht den Ruf eines der begabtesten Schriftsteller unseres Landes eingebracht hat. Wenngleich ich froh bin, dieses Buch beendet zu haben, werde ich die Gespräche mit ihm vermissen. Gleichfalls zu Dank verpflichtet bin ich Bobs Frau Sandra, die Bobs Notizen in unermüdlicher Arbeit in die Schreibmaschien getippt hat.

Das wunderbare und durch und durch professionelle Team von Simon and Schuster, unter der gekonnten Leitung von Cheflektor Dick Snyder, war, immer liebenswürdig und hilfsbereit, Tag und Nacht für mich da. Lektor Michael Korda las geduldig wieder und wieder jedes einzelne Wort, jeden Punkt und jedes Komma – einen besseren Lektor hätte man sich nicht wünschen können. Charlie Hayward, Alice Mayhew und Jack McKeown waren ebenfalls von unschätzbarer Hilfe. Mort Janklow, mein Literaturagent, der die ganze Gruppe zusammengestellt hat, spielte eine Schlüsselrolle für die Entstehung und Vollendung dieses Buches.

Der Stab meines Büros in Los Angeles hat von Anfang an mitgearbeitet – nach Dokumenten geforscht, Photographien herausgesucht, Fakten überprüft, Erinnerungen aufgefrischt. Jeannie Chase, Dottie Dellinger, Kerry Geoghan, Cathy Goldberg, Peggy Grande, Jon Hall,

Joanne Hildebrand, Selina Jackson, Bernadette Schurz und Sheri Semon: Sie alle waren ergebene und kompetente Mitarbeiter – das beste Team, das man haben kann. Drei Personen haben besonders viel Zeit damit verbracht, mit mir an diesem Buch zu arbeiten, und verdienen es, eigens hervorgehoben zu werden: Fred Ryan, mein Stabschef, der mit mir aus dem Weißen Haus kam, wo er mit viel Geschick meinen Terminkalender gemanagt hat und der Architekt eines der Dinge war, auf die ich am stolzesten bin – des Office of Private Sector Initiatives; Kathy Osborne, die seit Sacramento meine persönliche Sekretärin ist und immer weiß, was ich gerade brauche (manchmal bevor ich es weiß!); und Mark Weinberg, mein Direktor für Öffentlichkeitsarbeit, der mir seit über zehn Jahren mit Geschmeidigkeit und Durchschlagskraft als »Botschafter« bei der Presse dient.

Dem hingebungsvollen Team der Ronald Reagan Presidential Foundation – Doris Heller, Robert Higdon, Chuck Jelloian, John Lee, Suzanne Marx, Stefanie Salata, Marilyn Siegel, Pam Trowbridge und Sandy Warfield – werde ich immer dankbar sein für ihre Arbeit in der Präsidentenbibliothek, die im Simi Valley aufgebaut wurde.

Schließlich möchte ich den Männern und Frauen danken, die Nancy und ich »hinter uns gelassen« haben. Die Frage, die mir in diesen Tagen am häufigsten gestellt wird, ist die, ob ich Washington vermisse. Ich habe die Präsidentschaft genossen, aber ich vermisse sie nicht. Was ich vermisse, sind die Menschen – die guten, anständigen Menschen aus allen Staaten der Union, aus allen Lebensbereichen, Schwarze und Weiße, Christen und Juden, Reiche und Arme, Militärs und Zivilpersonen, Politiker und Beamte, die, nur durch den Wunsch geeint, ihrem Land zu dienen, das Executive Office des Präsidenten der Vereinigten Staaten in Gang halten. Sie tun es mit der größten Hingabe und Würde. Wir vermissen sie, wir behalten sie im Herzen, und wir werden ihnen immer dankbar sein.

Ronald Reagan

Personenregister

Bildnachweis

Bildteil S. 1: AP/Wide World Photos
S. 2 oben: Ronald Reagan Home Preservation Foundation
S. 2 unten: *Dixonian*, 1926
S. 4, 6 und 7: Privatsammlung der Familie Reagan
S. 5: *The Dixon Telegraph*
S. 8 (beide): © Gene Trindl/Shooting Star
S. 9: Michael Evans
S. 15 (beide): Ullstein Bilderdienst

Alle übrigen Photos stammen von Photographen des Weißen Hauses und erscheinen mit freundlicher Genehmigung der Ronald Reagan Presidential Library.